U0498749

文旅深度融合新业态与文化遗产系统性保护协同模式研究

杨莎莎 吴 倩 赵 磊 黄婉华 著

中国财经出版传媒集团

经济科学出版社
Economic Science Press
·北 京·

图书在版编目（CIP）数据

文旅深度融合新业态与文化遗产系统性保护协同模式
研究/杨莎莎等著 . -- 北京：经济科学出版社，
2023. 12
ISBN 978 - 7 - 5218 - 5391 - 9

Ⅰ. ①文… Ⅱ. ①杨… Ⅲ. ①地方旅游业 - 旅游业发
展 - 关系 - 文化遗产 - 保护 - 研究 - 中国 Ⅳ.
①F592. 7②K203

中国国家版本馆 CIP 数据核字（2023）第 241191 号

责任编辑：李晓杰
责任校对：王肖楠　蒋子明
责任印制：张佳裕

文旅深度融合新业态与文化遗产系统性保护协同模式研究
杨莎莎　吴　倩　赵　磊　黄婉华　著
经济科学出版社出版、发行　新华书店经销
社址：北京市海淀区阜成路甲 28 号　邮编：100142
教材分社电话：010 - 88191645　发行部电话：010 - 88191522
网址：www. esp. com. cn
电子邮箱：lxj8623160@ 163. com
天猫网店：经济科学出版社旗舰店
网址：http://jjkxcbs. tmall. com
北京季蜂印刷有限公司印装
880 × 1230　16 开　51. 5 印张　1750000 字
2023 年 12 月第 1 版　2023 年 12 月第 1 次印刷
ISBN 978 - 7 - 5218 - 5391 - 9　定价：198. 00 元
（图书出现印装问题，本社负责调换。电话：010 - 88191545）
（版权所有　侵权必究　打击盗版　举报热线：010 - 88191661
QQ：2242791300　营销中心电话：010 - 88191537
电子邮箱：dbts@ esp. com. cn）

作 者 简 介

杨莎莎，女，1981年1月生，壮族，广西河池人，中共党员。广西师范大学法学学士、桂林工学院管理学硕士、中南财经政法大学法学博士，中央财经大学经济学博士后，经济学二级教授，桂林理工大学、广西民族大学硕士研究生导师，现任桂林旅游学院副校长。入选国家旅游局"旅游业青年专家培养计划"、广西教育厅"广西高等学校高水平创新团队及卓越学者计划"、广西教育厅"广西高等学校优秀中青年骨干教师培养工程"、广西教育厅"广西高等学校千名中青年骨干教师培育计划"。

杨莎莎教授主要从事城市与区域旅游可持续发展方面的教学与科研工作。主持国家社会科学基金3项（含一般项目1项、青年项目1项、后期资助一般项目1项）、省部级项目12项。出版《桂滇黔乡村旅游业态创新与空心村治理协同模式研究》《西南民族地区旅游城市化进程中的新型城乡形态演化研究（中、英、日、朝鲜四种语言版本）》等著作6部（套）：在 *Journal of Enviromental Management*、《社会科学》、《人文地理》、《自然辩证法研究》、《重庆大学学报·社会科学版》、《经济问题探索》、《统计与决策》、《广东财经大学学报》、《云南民族大学学报·哲学社会科学版》、《广西民族大学学报·哲学社会科学版》、《统计与信息论坛》等SCI源期刊、EI源期刊、CSSCT源期刊、中文核心期刊上发表论文43篇，在省级期刊上发表论文14篇，在论文集上发表论文12篇，在《中国社会科学报》、《中国旅游报》、《中国民族报》、《广西日报》（理论版）上发表论文6篇。其中被SCI检索1篇（中国科学院一区1篇），EI检索7篇，被ISTP检索2篇，被CSSCI检索25篇。学术成果获省部级优秀成果奖21项，其中广西社会科学优秀成果奖一等奖1项、二等奖4项、三等奖5项；国家民委社会科学优秀成果奖二等奖1项；团中央全国基层团建创新理论成果奖二等奖1项；民政部民政政策理论研究一等奖1项、二等奖1项、三等奖3项、优秀奖1项；国家旅游局全国旅游优秀论文奖优秀奖1项；广西高等教育自治区级教学成果奖一等奖1项、二等奖1项。

吴倩，女，1997年10月生，汉族，四川绵阳人，广西民族大学经济学硕士，主要从事城市群与区域可持续发展方向的研究，参与国家社会科学基金重大项目1项。

赵磊，女，1996年4月生，汉族，河南周口人，广西师范大学区域经济学硕士，主要从事城市群与区域可持续发展方面的研究。参加国家社会科学基金项目2项、广西哲学社会科学规划课题1项、广西壮族自治区科协青年课题1项；主持文化和旅游部万名旅游英才计划项目1项、主持研究生教育创新计划厅级项目1项；智库成果获得广西壮族自治区党委办公厅综合采用1项、智库成果获得教育部社科司采用上报1项，发表学术论文4篇，发明实用新型专利1项。

黄婉华，女，1995年4月生，汉族，福建漳州人，中共党员，广西民族大学旅游管理专业硕士研究生，主要从事区域旅游规划可持续发展方面的科研工作，参与国家社会科学基金一般项目1项。出版《低密度旅游业态创新与景区高质量发展协同模式研究》著作1部；在《云南师范大学学报·哲学社会科学版》、*Ecological Indicators* 等中文核心期刊、CSSCI源期刊、SCI源期刊上发表论文2篇。论文中有1篇被人大复印资料全文转载。学术成果获民政部民政政策理论研究三等奖1项、国家民委社会科学研究成果奖二等奖1项。

序　　一

　　在旅游消费需求日益多样化的时代背景下，文旅融合发展之路一直备受关注，文化产业与旅游产业融合发展是大势所趋。随着经济社会的快速发展和人民生活水平的日益提高，这为产业发展创造了广阔的空间，与此同时，旅游业作为一个重要的战略性产业也得到高速繁荣，其通过引导消费升级和完善服务，不断提升整体体验品质，为大众提供了更优质的休闲娱乐选择，完善了产业体系。文化旅游产业作为一种新兴产业，本质上具有环境友好、协同促进、开放包容、共建共享、重视创新的内在属性。推动遗产文化与旅游的深度融合，不仅维系了生物多样性，保护了文化遗产，而且改善和保护了生态环境，促进了区域经济发展。本书以促进文旅深度融合业态转型升级、实现文化遗产系统性保护为目标，为改善城乡环境、复兴遗产文化、积淀城市记忆、助力产业特色、提升遗产区旅游形象、扩大遗产旅游开发外延以及保护历史文脉提供了理论指导。

　　在城镇化建设的过程中，文化遗产系统性保护面临着新的挑战，既要考虑到城市发展的需要，也要保留历史文化，充分重视社会效益与经济效益并重。目前，我们面临着一个普遍存在的问题，即自然历史文化遗产保护不足。随着城镇化进程的推动，许多地区的景观结构和所处区域的自然地理特征发生了不协调的变化。进而加剧了具有乡土特色的遗产文化和民俗文化的流失现象。在现代化建设的压力下，我们往往忽视了对自然历史文化遗产的保护。然而，随着城市扩张和基础设施建设的需要，许多自然历史遗产面临着被破坏、改变或遗忘的风险。如何唤醒城市记忆、传承历史文化、激发文化遗产的现代价值，是目前需解决的问题。本书围绕"如何实现文旅深度融合新业态与文化遗产系统性保护协同"，从旅游消费需求日益多样化的背景出发，通过理论与案例分析构建出文旅深度融合三十多种业态类型与文化遗产系统性保护协同模型，为实现有效延伸旅游产业的价值链和焕发文化遗产的新活力提供理论指导。

　　探索开发保护式旅游模式，能有效缓解文化遗产被冲击、被边缘化的情况发生，更好地还原社会生活历史记忆，传承优秀文化，能够更好地探索文化遗产价值。文化遗产作为城市特色文化建设的宝贵资源，通过充分挖掘其传统文化内涵，依托城市良好的经济基础，以文化遗产旅游开发为契机，对于复兴城市文化、提升城市品位、完善城市功能和打造城市形象具有重要作用。这种做法打破了传统意义上以观光旅游为主的发展局限，从文化水平的角度提升了文化遗产旅游的发展品位和产品质量。通过将文化遗产与文化旅游相结合，进而创造更具吸引力和独特性的旅游目的地，为游客提供丰富的文化体验和深度的参与感。同时，文化遗产旅游的发展也注重保护和可持续利用遗产资源的原则，确保其可持续发展和传承。

　　杨莎莎教授长期以来对于文化旅游发展问题十分关注，通过机理分析——案例验证——实证研究——实践规划的逻辑架构对文旅深度融合新业态与文化遗产系统性保护协同模式中存在的突出问题的政策研判，本书构建了"文旅深度融合三十多种业态类型创新与文化遗产系统性保护协同模式"，并理清其相互关系的逻辑演进、理论架构、实证研究和实现路径等一系列问题，通过实现文旅深度融合业态创新与文化遗产系统性保护协同促进文化遗产保护，通过推进文化遗产旅游实现现代化、规模化、专业化发展的过程中，带动其他产业发展，进而对地区经济发展产生辐射和带动作用。通过发展文旅深度融合新业态，促进地区旅游体系和经营体系升级改造，有助于创新文化遗产发展新模式新业态，为文化遗产旅游的发展奠定了现实基础。

山东大学经济研究院院长、长江学者特聘教授、博士研究生导师

2023 年 12 月

序　二

　　我国的旅游业发展经历了一个长期的过程，新中国成立初期的旅游业经历了从无到有的关键时期；至改革开放后，中国旅游产业逐渐兴起，旅游业开始向经济产业转变。1986年，旅游产业进入产业化进程阶段，将旅游业确认为国民经济新的增长点；1998年起，国家推行"假日制度"，旅游产业市场迎来了繁荣兴旺。在旅游消费需求日益多样化的时代背景下，传统的文化旅游消费已经不能满足游客的消费需求。打造国家公园成为探索文旅深度融合新业态的初步探索，随后又出现了"文旅＋""全域旅游"等，有机整合区域资源，推进产业融合进程，形成多元化、品质化和现代化的旅游业，更好地适应旅游消费需求。随着人民生活水平的提高和消费观念的改变，尤其是人们对精神生活追求的高涨，游客跨入深度旅游阶段。文化作为国家软实力的综合体现，铸就民族之魂，同时助推国民经济发展和旅游产业高品质发展。

　　我国文化遗产数量多，发展历史悠久，蕴藏了各个时期的历史、地理、人文信息，彰显地方的文化特色，是发展旅游业的名片，寻找有效和可持续性的保护和传承路径，助力文化旅游业融合发展至关重要。文化旅游融合发展是国家重点文化发展战略，也是"十四五"期间发展文化产业的重要任务。而且文化遗产当地居民也开始意识到文化旅游的重要性，并借此发展当地经济。此外，文化与旅游深度融合发展的关键路径之一的是内容驱动，高质量文化内容的供给是提升旅游产品和服务附加值的关键。而实现内容驱动的文旅融合发展路径首先是要深挖旅游目的地的文化遗产资源，注重文化遗产资源的保护，将旅游场域、文化资本、旅游符号作为传统艺术文化遗产旅游活化路径的外生动力，在消费文化内容的同时保障文化的可持续性。在充分考虑文旅深度融合特色的基础上，结合整体文化遗产资源，将文旅深度融合新业态分为基于工业文化遗产系统性保护理念、基于农业文化遗产系统性保护理念、基于商业文化遗产系统性保护理念、基于教育文化遗产系统性保护理念及基于军事文化遗产系统性保护理念五大维度，分别描述了文旅深度融合新业态的技术创新、文化资源和利益相关者三个方面。

　　文旅深度融合新业态在党和国家的大力支持下得到了快速发展，文化旅游产业发展涉及第一、二、三产业融合发展，在转变生产生活方式、促进劳动力就业、改善生态环境等方面发挥着重要作用。利用地区文化遗产发展文旅深度融合新业态，不仅能够借助旅游业传承弘扬遗产文化，还能促进不同地区之间的文化旅游，为新文化的产生培育良好的发展环境。工业文化遗产作为一国工业发展的历史性标志，推进工业与旅游业融合发展即推进工业实现产业结构合理化和高级化的过程。从产业基础、遗产资源完整度、城镇化水平等进行综合考虑。农业文化遗产是人类与其所处环境在长期协同实践中，凭借专业的文化知识和智慧创造出的独特的土地利用系统和农业景观，是具有丰富的农业生物多样性、完善的传统知识与技术体系、独特的生态与文化景观的农业生产系统。同时也是助力精准扶贫、乡村振兴战略的一种重要模式。商业文化遗产作为发展商业旅游的基础，起着关键的作用，满足游客对旅游的精神追求。商业文化遗产蕴含着丰富的历史和文化内涵，代表了特定地区的商业传统和价值观。同时，商业文化遗产的保护和开发也为城市带来经济利益和发展机会，通过恢复和利用商业文化遗产，可以打造独特的商业旅游景点和文化街区，吸引更多游客和投资。教育文化遗产是历史演变的产物，是区域发展、文化倾向以及社会情感等文化层面的精神体现，其具有独特的历史意义和教育价值，通过教育性的展览、解说和活动，向游客传递历史知识、文化传统和社会价值观。同时，作为一个时代的政治、经济、文化和科技凝聚而成的产物，军事文化遗产是重要的历史遗留物，包括革命、战役、战斗以及其他军事活动留下的精神文化内涵和遗址。不同时代的军事文化遗产资源各有特色，但都具有重要的社会价值、经济价值和历史价值。将军事作为旅游资源系统性保护是区域发展军事旅游的前提。整合规划旅游资源，保护军事文化遗产，并通过军事游戏、军旅生活体验、军事拓展训练等项目丰富游客旅游体验，提升游客舒适度、满意度及遗产地旅游形象。

本书从典型事实描述、理论构建、实证检验和政策设计四方面，将文旅深度融合新业态与文化遗产系统性保护协同模式中存在的现实问题、分析框架、作用机理与实现路径作为研究对象进行系统性研究。同时运用调查问卷所收集到的数据对文旅深度融合新业态与文化遗产系统性保护之间的关系进行实证分析，建立结构方程模型，检验研究假设和理论模型，做到定量和定性的统一。本书能够为改善城乡环境、复兴遗产文化及提升遗产区域旅游形象提供理论支持，并深入研究了文旅深度融合新业态与文化遗产系统性保护协同模式。

同时为了保证本书的严谨性。杨莎莎教授及其团队成员多次到案例地进行深入调研，集中体现了其立足实际、求真务实的科研精神。限于自身学术水平和学术水平，本书虽然对文旅深度融合新业态与文化遗产系统性保护协同模式进行了深入的研究，其研究虽存在一些不足和未解决的问题，但总体上不失为一项较高水平的学术成果。

北京大学城市治理研究院执行院长、教授、博士研究生导师

2023 年 12 月

序　　三

　　对文化遗产进行整体性保护已被国际社会广泛接受作为文化遗产保护的原则。该原则强调在文化遗产保护中，人、物（即文物遗产）以及空间和时间要相互整合。意味着文化遗产保护不仅关注对文化遗产本身的保护，而且特别关注遗产的创造者和拥有者，以及遗产所处的环境和时间的变迁。同时通过整体性保护，可以更好地实现文化遗产的传承、研究和利用，确保其持久存在并为人们所感受。作为文化遗产大国，我国有着丰富的物质与非物质文化遗产资源。特别是一些古城镇和传统村落，它们不仅具有极高的文物价值，还蕴藏着丰富的非物质文化遗产资源。为保护和传承这些宝贵的文化遗产，许多古城镇和传统村落采取了以旅游促进地方经济发展的策略，并以此推动文化遗产保护的发展。

　　在新发展阶段，推动文化旅游发展新格局是时代所向，加快推进"旅游＋多产业"深度融合是大势所趋。将旅游业与各文化遗产相结合，带来了双重效益。一方面，这种结合挖掘了当地文化遗产的价值，将其转化为财富，优化了产业结构，有效延伸了旅游产业的价值链。通过保护和开发文化遗产，旅游业使其得到合理利用，从而实现了保护与开发的协调效果。另一方面，旅游业赋予了文化遗产全新的内涵，焕发出新的活力。通过将旅游体验与文化遗产相结合，游客能够深入了解当地的历史、传统和价值观，同时体验独特的文化特色。这种结合为文化遗产注入了活力，使其成为吸引游客的热门目的地，并为游客提供了丰富多样的旅游体验。

　　本书在充分考虑我国文化遗产系统性保护实施现状的基础上，结合整体文化遗产系统性保护的现实基础，总结提炼出文化遗产系统性保护的十五种模式，即厂区改造型、工业区域开发型、厂区城镇融合型、农业改造型、农业现代化开发型、农业旅游融合型、历史街区改造型、商业区域开发型、旧城区整合型、历史片区改造型、区域开发型、域镇融合共建型、军事基地改造型、军事现代化驱动型、特色文化依托型。在城镇化建设中，保护工业文化遗产需要平衡城市发展和历史文化保留的需求。重视社会效益和经济效益的双重价值，通过综合规划和政策，促进工业文化遗产的系统性保护和可持续发展，既满足城市发展的需求，又保留了宝贵的历史遗产。农业文化遗产是一项长期性、持续性的工作，需要综合考虑国家政策、农村发展现状和村民的保护倾向与参与意愿。通过平衡各方利益，确保保护工作与农村发展相协调，并尊重村民的主体作用，可以有效促进农业文化遗产的保护和传承。在现代商业经济发展过程中，商业文化遗产系统性保护面临着新的挑战，不仅要考虑到现代商业经济发展的需要，还要注重对商业文化遗产的保护和再利用。教育文化遗产作为一部分的文化遗产具有高的历史价值和社会价值，将其作为文化旅游资源保护和再利用是提高地方文化旅游质量的关键，具有良好的旅游发展前景。在建设文化强国的时代背景下，教育文化遗产系统性保护面临着新的机遇。此外，军事文化遗产保护也是一项长期持续的工作，需要综合考虑军事资源的保存现状、国家政策指导意见、地区的经济基础和公众的保护意识，充分发挥政府的带头作用。通过协调各方利益，确保保护工作与地方发展相协调，并重视公众参与，可以有效促进军事文化遗产的保护和传承。

　　打造创新之城，促进产业转型升级的过程中，文旅融合新业态的产生是通过创新思维、科技手段等多个要素的推动，探索文旅深度融合的元素、路径、环境和方式，进而促进文化产业和旅游产业的融合发展，实现产业链的长远、精细和多元发展。新时代背景下，国家高度重视文旅深度融合新业态的发展，并提出了促进文化遗产产业转型发展、促进文化和旅游产业协同发展的战略目标。在这一背景下，为了实现这些目标，需要明确文旅深度融合新业态的发展定位，包括重视文化遗产产业的转型发展和文化与旅游产业的协同发展，以及加强政策引导和支持，提高人才素质和创新能力。本书构建出文旅深度融合新业态与文化遗产系统性保护协同模式的分析框架、内外部影响机制和概念模型，通过结构方程模型对文旅深度融合新业态与文化遗产系统性保护协同模式进行定量分析，通过 SPS 案例研究方法对文旅深度融合新业态与文化遗产系统性保护协同模式进行案例验证分析，提出文旅深度融合新业态与文化遗产系统性保护协同模式的实现路径。从理论和实践两个方面对文旅深度融合新业态与文化遗产系统性保护协同模式进行了深入的研究，具有重要的理论指导意义和实践意义。

广西民族大学研究生院院长、教授、博士研究生导师

2023 年 12 月

目　　录

第1章 绪 论

1.1 研究背景及问题提出

1.1.1 研究背景

旅游是第三产业的重要组成部分，是促进就业、刺激经济增长、满足人们新需求的有效手段，是一种关联度高、涉及面广、辐射力强、带动性大的特殊的综合性产业，也是21世纪最具活力的新兴产业。随着经济社会的快速发展和人民生活水平的日益提高，中国产业布局趋于合理化，市场规模扩大，产品品质和环境同步提升，旅游市场格局日趋完善，并逐步繁荣兴盛。如今，旅游业作为国民经济战略性支柱产业，带领我国经济飞速发展。旅游社区成为中国外交的重要平台，从旅游外交的功能来看，自改革开放以来，旅游外交的功能不断丰富；从旅游业的定位来看，旅游业先后经历了从外交事业到经济事业的转变，又经历了从经济事业到综合性产业的转变，总体来看，中国旅游产业的发展大致经历了三阶段。

第一阶段是旅游业的探索阶段。新中国成立初期，党和政府出于对国情背景下的政治、经济、社会等多方面的综合考量，决定通过发展旅游业来提升政治影响力、宣传中国建设成就和加强友好交往的国际形象。这一阶段，旅游业经历了从无到有的关键时期。以中国外交为核心创办的旅行社以及建立的旅游行政管理机构，对我国旅游事业具有重要的推动作用。随着旅游业的发展，我国逐渐与其他国家建立正式和民间外交关系，促使我国国际地位不断提升，相继在北京、上海等多个地区建立了中国国际旅行社。在新中国成立初期至改革开放时期，中国的旅游业虽然在政治、外交方面取得了成就，但是旅游业的发展规模整体偏小，并不具备现代产业的特征。

第二阶段是文化产业和旅游产业融合发展阶段。改革开放初期，百废待兴，国民经济各行业均处在拨乱反正重新走上发展轨道的初期。党中央和国务院决定发展旅游业来满足人民日益增长的物质文化需要。因此，旅游业开始从外事接待的角色向经济产业转变。旅游业承担着为国创汇的任务，政府率先在旅游行业实行企业化管理，使旅游业摆脱了行政管理的束缚，为旅游业发展提供了良好的发展环境。在这一阶段，我国旅游业在吃、住、行、购、娱等产业要素方面已经形成了相对较为成熟的发展框架和规模，在国民经济快速发展的影响下，传统的旅游消费模式已经不能满足人们的需要，文化旅游应运而生。尽管文化产业与旅游产业的融合发展满足了旅游消费需求日益多样化的趋势，但同时也暴露了一系列问题，如文化旅游形式单一、旅游产品和服务缺乏创新性等。

第三阶段是文旅深度融合新业态的发展阶段。在旅游消费需求日益多样化的时代背景下，传统的文化旅游消费已经不能满足游客的消费需求。利用国家自然保护区、国家地质公园、国家重点风景名胜区、国家森林公园等打造国家公园成为探索文旅深度融合新业态的初步探索，继而又出现了文旅＋教育（创新研学旅行产品）、文旅＋农业（创新乡村旅游产品）、文旅＋工业（发展工业旅游产品）、文旅＋科技（提高旅游产品科技水平）、文旅＋体育（创新体育旅游产品）、文旅＋军事（开发军事旅游产品）、文旅＋康养（发展康养文旅产品）、文旅＋水利（发展水上文旅产品）、文旅＋商业（打造文商旅融合产业体系）等推进文旅深度融合新业态发展的九大举措。文旅深度融合新业态的发展，对丰富文化旅游形式，实现文化旅游与教育、农业、工业、科技、体育、军事、康养、水利、商业等多产业的融合发展具有重要意义。目前，一系列问题严重制约着文旅深度融合新业态的发展效益，乡村旅游无法通过正规的文化输出来实现高效益，旅游产品同质化问题严重，文化性凸显不足、社会效益低下、旅游功能不强，旅游产品单一、文化内涵不足，文化商业价值被低估、市场经济规律与居民利益协同率低，缺乏竞争力等问题严重制约着文旅深度融合新业态的发展效益。消费水平的提高，民众对旅游的需求持续走高，对旅游产品"质"的需求也不断提高，偏向于追求个性化、体验化和舒适化的旅游，因此，促进经济社会协调发展的全域旅游逐渐出现在大众面前，全域旅游的出现能有效解决旅游供给、市场秩序、体制方面的问题。全域旅游是指将一个特定区域的旅游产业作为该区域的优势产业，通过对环境资源、服务体系、政策法规、旅游资源、产业基础、机制体制、生态文明状况、游客素质等经济社会资源进行系统化、多角度、全方位的优化升级和规划布局，有机整合区域资源，推进产业融合进程，形成多元化、现代化、集约化和品质化的旅游业，以更好地满足旅游消费需求。

旅游经过三个阶段的发展，在经济社会中地位不断提升。根据文化和旅游部统计，2018 年国内旅游人数 55.39 亿人次，比上年同期增长 10.8%，且年人均出游 4 次，中国进入大众旅游时代；2019 年全年国内旅游人次达 60.06 亿人次，同比增长 8.4%，人均旅游 4.3 次，人均旅游消费超 4000 元。除此之外，在国内旅游收入方面，2019 年全年我国国内旅游收入达 5.73 万亿元，同比增长 11.7%，旅游业对 GDP 的综合贡献为 10.94 万亿元，占 GDP 总量的 11.05%[①]。中国发展进入新时期，尤其是 2020 年以来，政府实施了包括旅游在内的众多战略决策，旨在实现中华民族伟大复兴，旅游业的外部形势产生重大转变。2020 年虽然新冠疫情较大程度地冲击了旅游业的发展，但随着我国新冠疫情得到较好的控制，国内旅游业逐渐好转恢复。2020 年 9 月，中国旅游研究院发布了《中国国内旅游发展报告 2020》，报告明确指出了 2020 年下半年旅游经济运行持"相对乐观"预期，旅游市场将呈"W"形恢复增长态势。

旅游发展作为一个相对较为成熟的学科领域，大量的经济学家、社会学家对旅游发展进行了大量的研究，特别是在城镇化进程和乡村振兴的快速推进中，西方国家旅游发展进程加速了经济发展与环境保护、资源利用与保护等之间的矛盾。为了能够解释这些新的现象和问题，学者们将以经济学家大卫·施罗斯比和社会学家卡拉马为代表的遗产经济学理论、以沃纳菲尔特为代表的资源基础理论引入产业发展研究中，为文化旅游产业发展、经济发展奠定了理论和实践基础。

19 世纪 80 年代，经济学家大卫·施罗斯比和社会学家卡拉马提出了文化遗产经济学的概念。通过构建文化遗产的价值体系，指导和研究文化遗产旅游资源的价值构成，并针对文化遗产旅游资源的文化价值、社会价值的评估方法和具体步骤进行了研究。在理论构建方面，经济学家大卫·施罗斯比认为文化遗产的价值构成包括文化价值和经济价值，而文化价值是指在评估和认知文化遗产时所考虑的多个方面，包括审美机制、精神价值、社会价值、历史价值、象征价值和真实价值等，这些价值维度赋予了文化遗产以经济尺度的意义，通过定量的方式评估其社会价值和文化价值；社会学家卡拉马提出了文化资本的概念，认为文化资本是不同群体形成的具有差异性的群体文化。在思想创新研究方面，大卫·施罗斯比和卡拉马打破原有的文化价值评价体系，认为文化遗产价值可以定量评估。其边际贡献是遗产经济学的构建不仅为文化遗产系统性保护提供了依据，还有效地为社会提供了精神服务。

20 世纪 60 年代的彭罗斯最早提出了资源基础理论；80 年代中期，资源观的奠基人、战略学派的代表人物沃纳菲尔特对资源基础理论进行完善，认为企业经营利润来源于企业内生资源、外生环境等变量之间的不断变化，企业成长是成长变量之间相互转换发展的过程，也是企业自身不断与外界博弈的结果。在理论构建方面，沃纳菲尔特从企业资源的角度指出企业是各类资源的结合体，企业在市场中的核心竞争力来源于企业所拥有的各类异质性资源，明确了资源异质性的发展优势。在思想创新方面，学术界以沃纳菲尔特的研究为基础，将企业资源成长的学术研究称为"企业资源基础论"，打破了企业发展单纯追求规模经济的传统认知，为企业整合各类资源优势、打破地区界限、构建教育旅游产业体系、实现教育旅游高质量发展指明了方向。

文化旅游产业作为一种新兴产业，是具备环境友好、协调带动、开放互动、共建共享、创新引领等属性的产业，如今已成为国民经济的战略性支柱产业，推进文化与旅游产业融合发展的步伐刻不容缓。文化被认为是一定区域内人类精神活动和行为方式的总和，旅游被定义为能为游客提供多元体验与满足

① 中华人民共和国文化和旅游部，http://www.mct.gov.cn/。

多层次需求的新兴产业。旅游目的地的文化异质性，刺激游客产生旅游行为。旅游业的高质量发展，必定是以文化为灵魂的发展。随着人民生活水平的提高和消费观念的改变，尤其是人们对精神生活追求的高涨，游客跨入深度旅游阶段，文化作为国家软实力的综合体现，铸就民族之魂的同时助推国民经济发展和旅游产业高品质发展，文化逐步成为旅游活动的精神支柱和旅游经济的重要引领，旅游实现了对文化的教化功能与娱乐功能，发掘、弘扬、优化、保护和丰富着文化。当前，中国特色社会主义进入新时代，文化和旅游的深度融合是新时代的重要特征，提供了新时代经济发展和经济转型的增长点，使得旅游产业具备更深的文化内涵，满足了人民对美好生活的需要。长期以来，人类社会创造了多样的工业和农业生产以及丰富博大的遗产文化，而遗产文化集中反映了历史演化过程中形成的思想理念、生产技术、改革制度以及中华文明的内涵，代表着中国劳动人民几千年实践的智慧结晶。因而，推动遗产文化与旅游的深度融合，不仅维系了生物多样性，保护了文化遗产，而且改善和保护了生态环境，促进了区域经济发展。

在"一带一路"倡议不断深入推进的背景下，文旅融合发展的路径备受关注，文化产业和旅游产业的融合发展已经成为大势所趋，也是其重要发展方向。在旅游经济发展的过程中，将现代文明和历史文化注入其中，特别是在乡村社会，推动农业文化遗产与现代旅游产品进行融合，可以创建充满人文精神和文化内涵的现代旅游精品，以有效满足人们的精神需求。2009 年，《关于促进文化与旅游结合发展的指导意见》颁布，文化部和国家旅游局（2018 年整合为文化和旅游部）指出重视文化与旅游的深度结合发展。2012 年 11 月，党的十八大报告不仅初次阐释了"建设美丽中国"这个概念，而且揭示了发展文化和旅游所面临的光明前景及前进道路。2013 年，党中央将旅游视为衡量人民生活水平的指标，构建起了传播文明、交流文化、增进友谊的桥梁。2014 年 2 月，《关于推进文化创意和设计服务于相关产业融合发展的若干意见》正式发布实施，明确指出一方面将文化赋予旅游发展，提升旅游内涵质量；另一方面借助旅游的力量，拓宽文化传播渠道，扩大文化传播消费。2014 年 8 月，《关于促进旅游改革发展的若干意见》明确提出要加大创新文化旅游产品。2015 年，作为综合性产业，旅游业在改善人民生活质量、推动经济增长、刺激就业等方面作用巨大，同时为了实现文化产业的相互促进和相互协调，积极推动旅游与文化的联动发展至关重要，要充分利用旅游资源的优势和历史文化的底蕴，将其转化为社会发展的新动力。其与文化之间存在着相辅相成、密不可分的关系，正因为如此，要积极促进旅游与文化产业联动发展，将历史文化底蕴和旅游资源优势转化为新的发展力量。2017 年，全域旅游因符合党和国家发展需要，受到了极大的重视，党和政府由此强调按照"发展大旅游，开拓大市场，形成大产业"的要求，致力于发展全域旅游，以全方位、系统化的方式推动旅游产业的发展。2018 年 3 月，文化部、国家旅游局被批准整合为文化和旅游部，文化和旅游部组建以来，文化产业和旅游产业融合发展成为关系国民社会经济发展的一个重要命题，进一步成为社会关注的热点问题和国家层面高度重视的问题。文化旅游业的发展：一是重视产业和事业；二是服务于社会大众的文化生活和推动旅游经济；三是在对外开放、增加旅游消费、乡村振兴中意义深刻。基于新形势与新问题，为积极顺应文化和旅游消费提质转型升级新趋势，努力实现深化文化和旅游领域供给侧结构性改革，2019 年 8 月，国务院办公厅印发了《关于进一步激发文化和旅游消费潜力的意见》，该文件指出了促进文化、旅游与现代技术相互融合的重要性，并从供需两端提出了一系列激发文旅消费潜力的举措。2020 年两会重点强调了要大力推进文化产业发展，旅游产业作为一种新的文化产业形态，在我国经济发展中发挥着优势作用，为我国文化产业繁荣和进步提供了政策导向，进一步强调了发展遗产旅游的重要性。基于此，可以看出旅游是保护文化遗产的重要方式。

文旅融合经过长时间的磨合和探索，在"十四五"时期，文旅融合的实践将进入实质阶段，"十四五"时期将成为实打实的文旅融合新时代，成为旅游的"三新"时代，即新趋势、新要求、新思路，具体表现为：一是新趋势，随着"内循环"的推进，休闲消费呈现出新的趋势，不断增长。在这一大背景下，"网红旅游"等新兴业态、新场景和新体验正在迅速兴起；二是新要求，消费者对于旅游产品的要求也在不断提高，优质旅游产品的升级成为一项重要任务，文化和旅游需要达到"宜融则融，能融尽融"的标准，旅游产品应当具备与文化相融合的特点，能够提供丰富、深度的文化体验，只有在满足消费者对文化内涵的需求的同时，旅游产品才能获得更广泛的认可和欢迎；三是新思路，旅游要站在全域旅游的角度，服务于文化振兴、乡村振兴、生态保护、产业转型、美好生活的更好发展，做好配角。

除了不断创新文旅深度融合理念，明确和定位职能，还需要构建完善的文旅融合政策保障体系，通过刺激消费不断开辟文旅市场，强化企业合作助力开发农产品和塑造农业旅游品牌。旅游规划需要突破原有旅游开发视角，详细审视文化资源的特质与开发方式，在文化存量资源资产范围内，旅游建设需要从"增量"转为"提质"，通过改善基础设施与提升配套设施等途径，增加旅游的文化价值。与此同时，需要通过组织规划各类文艺表演和赛事活动，丰富群众的文化生活，打造本地文旅休闲空间，充分认识"用创意激活文化，而不是用建设覆盖土地"的理念，开发"软性"文旅项目，真正实现用遗产文化发展的思维来发展旅游项目，用文化发展的理念来塑造乡村形象，实现文化遗产保护与区域增收增产并存。

总体来看，依托地方资源发展优势结合当地文化特色，单一地发展文化旅游产业的发展模式已不能满足经济发展的需要，且易导致城市间旅游发展的差距较大等问题，由此所产生的城乡二元经济结构等特征在很大程度上阻碍了城乡协调发展。将文化遗产系统性保护引入文化旅游产业中，不仅为文化旅游增添了活力和创造力，还为复兴城市文化、提升城市品位提供了机遇。促进文化旅游产业发展，实现产业融合多元化、功能释放多元化，为我们在旅游业的发展中提供了一个全新的发展思路，同时也对我国文旅深度融合新业态的发展具有指导意义和实践借鉴价值。

随着工业化、现代化进程的加快，推动社会经济转型时，工业、农业、商业、教育、军事等文化被忽略甚至破坏，文化遗产传承途径缺乏创新，传承危机加重，保护制度存在明显短板。应积极发挥旅游在惠民生、减贫困、扩内需、增就业、稳增长中的独特作用。保护文化遗产不是将其向传统文本靠拢，而是通过将提炼出的文化内涵与时代精神相融合来实现保护工作，在此期间，常要面对文化和自然遗产的保护与开发，要思考如何全面展示和传播遗产文化，如何有效传承保护文物，如何利用创新手法将历史文化转化为现代发展模式。旅游活动具有人类学中提及的人类普遍性，是一种跨历史、跨地域、跨文化的现象。旅游业作为现代服务业的重要组成部分，行业关联度大、产业带动性强、发展前景广阔，并且辐射面广、性价比高，在保护生态环境，传承传统文化，优化产业结构，融合第一、二、三产业等方面发挥着重要作用，是新时期人们追求精神文化需要和美好生活的重要方式。具体而言，旅游业依托独特的创意手段，通过深入挖掘地区文化资源，实现文化资源向旅游产品的转变，并借助某些大的旅游项目的带动效应，可以推动区域价值增值，助力弘扬特定区域的历史文化、传承特定地域的民族文化精神、提升区域历史文化影响力、促进地方社会经济与文化的繁荣。在新发展阶段，推动全域旅游发展新格局是时代所向，加快推进"旅游+多产业"深度融合发展是大势所趋，因此，将旅游业与各文化遗产相结合，一方面，挖掘了当地遗产价值，使遗产资源转化为财富，优化了产业结构，有效延伸了旅游产业的价值链，达到保护和开发相协调的效果；另一方面，旅游产业赋予了文化遗产新的内涵，使其焕发出新的活力。除此之外，还有一个重要举措是大力推进文化产业与旅游产业的融合。文化被视为旅游的灵魂，而旅游则成为文化的载体，将文化产业与旅游产业相互融合具有重要意义，尤其对于全域旅游的发展至关重要。在这种融合中，特别强调了突出文化遗产的文化价值。联合国世界旅游组织的数据表明，全世界大约有37%的旅游活动涉及文化因素，文化旅游者的数量每年以15%的增长率不断增加①。具体而言，应在遗产遗存所在地以旅游业为优势产业，通过全方位、系统化地优化提升并有机整合区域内文化遗产旅游资源，推动产业融合发展，以旅游业带动和促进经济社会协调发展的突破"景点式"的发展模式，推动旅游高质量发展，不断满足人们日益升级的旅游需要和精神需求，高效传播遗产文化。

综上所述，中国的文化旅游产业要实现可持续发展，就要将理论和中国实际情况相结合进行建设，走出一条符合实际发展需求的道路，为文旅深度融合新业态发展提供中国方案。文化旅游产业的发展成果，是中国人民艰苦奋斗出来的，凝聚着中国人民的智慧和汗水，累积着具有中国特色的成功做法和经验，有必要加以总结、凝练和升华。中国作为世界上的文化大国，文化和旅游融合发展新业态是中国文化产业业态研究的主要内容之一，中国文化旅游业把握发展机遇至关重要，这是重要的研究课题和热点之一。

---

① 数据来源于联合国世界旅游组织统计资料。

1.1.2　问题提出

党的十九届四中全会提出，要健全引导新型文化业态健康发展机制，完善文化和旅游融合发展体制机制。这一重要指导思想从战略的高度提出了文旅深度融合创造新业态的总要求。文化是旅游的灵魂，旅游是文化的载体，文旅融合发展能更好地满足人民日益增长的美好生活需要，全面提高国家文化软实力和中华优秀传统文化影响力，在对外交流、促进文化输出、助力乡村振兴和旅游扶贫、"一带一路"倡议实施以及生态文明建设等方面产生了显著的合作效果，文化和旅游的融合协调发展不仅推动了旅游业的发展，也为文化遗产保护与传承作出了重要贡献。遗产旅游作为文旅深度融合和文化遗产系统性保护相结合的新业态，具有多种业态表现形式。对于遗产旅游来说，要想实现可持续发展，就要充分分析文旅深度融合新业态的问题和发展现状，反思新业态发展过程中存在的错误的理论和实践问题，进而总结提炼出适合我国实际情况的发展路径。

首先，探索产业融合新模式是发展文旅深度融合新业态的重要推动力。从理论层面来说，通过促进文旅融合发展，借助旅游产业链延伸提高资源要素收益率，拓宽旅游经济辐射范围是增强中国旅游发展对经济增长的促进作用的有效路径，这种效应的产生，并不是完全由技术创新所推动，而是融合了社会创新的方式实现产业从低端向高端的升级演进。遗产旅游作为第二、三产业融合的新业态，是加速旅游产业变革的催化剂，具有促进产业升级、带动地区经济发展的作用。从实践层面来说，尽管改革开放几十年来，第一、二、三产业融合发展成就显著，但是依然存在着发展弊端。一方面，旅游产业融合迭出多种新业态，其在发展过程中，城市资源逐渐内化为旅游资源，这在以城市旅游发展为主要吸引物的区域更为明显，城市活动空间与景区空间的边界正在模糊甚至消失。另一方面，在众多产业融合的新业态中，文化旅游产业是最为成熟的融合模式，而遗产旅游作为文旅深度融合和文化遗产系统性保护相结合的新业态，其发展备受关注，我们所面临的各种发展新问题，仅仅借鉴其他国家发展经验已不能满足发展需要，需要我们在充分总结文旅深度融合新业态发展经验的基础上，准确把握当前国际经济发展形势，探索产业融合新模式，进而推动我国经济发展实践。

其次，文旅深度融合新业态发展与市场多元对接紧密相连。一方面，文旅深度融合新业态发展需要市场多元对接。任何新业态的产生都是在继承和发展中前行的，新业态与市场多元对接不仅顺应了当前旅游业蓬勃发展的势头，还拓宽了专项旅游的资源开发路径，有利于推出具有特色的世界级的专项旅游产品。因此，重视与全国的旅游市场对接，抓住"一带一路"的机遇，拓展国际旅游市场，是新业态发展的必由之路。另一方面，市场多元对接离不开文旅深度融合新业态的发展。在经济全球化的发展大势下，旅游业具有巨大的发展潜力，加上旅游业与工业、农业、手工业、服务业、教育业等多种产业发展息息相关，文旅深度融合新业态的发展对于城市化建设、历史文化名城保护等方面有着不可估量的作用。

再次，文旅深度融合新业态发展功能需要多元释放。新时代背景下，旅游产业发展具有经济功能、社会功能、文化功能等多种功能，可为实施城镇化战略提供新的动力。一方面，文旅深度融合新业态的发展具有经济功能。具体而言，经济功能包括食物供给、原料供给、产业旅游、农民收入保障、拉动内需和资本贡献等。另一方面，文旅深度融合新业态的发展还具有生态功能、文化功能等，这使得人们越来越注重旅游对旅游者个人发展以及社会发展的作用，这有别于单从产业和经济功能的角度分析。因此，一定要符合时代发展的现实状况，寻求能够满足时代发展需求的发展模式。具体分析中国文化旅游面临的问题与矛盾，我们发现，尽管几十年来文化旅游在促进经济增长、社会稳定等方面发挥了巨大作用，但是仍然存在着以下问题。第一，城乡二元经济结构明显、城市环境污染问题严重、文化遗产遭受破坏等一系列现实问题和矛盾突出；第二，在综合分析以往发展经验和借鉴其他国家先进经验的前提下，尽管制定了相应措施以应对以上问题，但是仍没有形成完整的且适合我国发展状况的文旅深度融合新业态发展模式。

最后，不同属性的文化遗产发展环境存在差异。例如就工业文化遗产而言，随着我国第二产业和第三产业的迅速发展，工业用地需求急剧增加，对城市的空间结构、功能布局、城市环境等方面产生重大影响，在美丽中国建设和工业化进程中工业文化遗产系统性保护面临巨大挑战。就农业文化遗产而言，随着现代科技进步、城镇化进程加快以及商业化时代到来，村民保护意识、农业主体性、农业文化完整性受到考验，农业文化保护工作艰巨，农业文化遗产的系统性保护存在着共同治理问题。就商业文化遗产而言，出现重经济效益轻生态效益现象，文旅融合新业态在发展理念上存在偏差，导致商业文化遗产系统性保护陷入囚徒困境。就教育文化遗产而言，文化旅游产业的迅速发展，对我国新型城镇化建设、乡村振兴等都产生了重要影响，而教育文化遗产系统性保护是继承、弘扬中华优秀传统文化，为建设美丽中国提供发展动力的关键，在此过程中面临转型挑战。就军事文化遗产而言，随着外来文化渗入、信息时代发展，军事文化面临着重大挑战，军队主流意识、先进文化主体性、优秀文化完整性受到考验，对保护军事文化遗产产生影响。

无论是从发展动力维度、现实基础维度还是从具体实践维度都表明了研究文旅深度融合新业态与文化遗产系统性保护协同的紧迫性和重要性，要改变二者协同发展过程中的难题，就应该回答一系列问题：中国文旅深度融合新业态类型尚不明确，文化遗产系统性保护模式也有待进一步探讨，在此背景下如何构建文旅深度融合新业态与文化遗产系统性保护的分析框架？文旅深度融合新业态与文化遗产系统性保护协同发展的理论基础是什么？二者如何协同演化？影响文旅深度融合新业态与文化遗产系统性保护协同的内外部影响因素有哪些？如何在重点把握文化遗产地域特征的基础上构建出文旅深度融合新业态与文化遗产系统性保护模式？在构建出二者协同模式的基础上，如何从定性和定量上对文旅融合业态创新进行实证？二者协同度又如何？基于以上的理论构建和问题研判，如何对文旅深度融合新业态与文化遗产系统性保护协同进行路径规划？要提出哪些政策建议来指导未来文旅深度融合新业态与文化遗产系统性保护的协同发展？

综上所述，西方发达国家在保护管理模式方面的宝贵经验为我们解决文化遗产问题提供了经验参考，但是遗产旅游作为解决文化遗产的重要手段，其涉及多部门、多领域，需要多元主体共同参与进行综合性探索，因此，在充分认识文化遗产演变历程的基础上，探析其存在的价值内涵，实现文旅深度融合新业态与文化遗产系统性保护协同将成为未来研究和实践的重要领域。

1.2　研究目的与意义

1.2.1　研究目的

本书拟从典型事实描述、理论构建、实证检验和政策设计四方面，将文旅深度融合新业态与文化遗产系统性保护协同模式中存在的现实问题、分析框架、作用机理与实现路径作为研究对象进行系统性研究，以促进文旅深度融合新业态转型升级、实现各文化遗产系统性保护为目标，通过对文旅深度融合新业态与文化遗产系统性保护中存在的突出问题的政策研判，构建文旅深度融合新业态与文化遗产系统性保护协同模式，并厘清其相互关系的逻辑演进、理论架构、实证检验和实现路径等一系列问题，达到扩展理论体系，为改善城乡环境、复兴遗产文化、积淀城市记忆、助力产业特色、提升遗产区旅游形象、扩大遗产旅游开发外延以及保护历史文脉，探索文化旅游深度融合提供具有业态代表性的关键政策建议的目的。具体来说，从分析框架和演化模型角度，建立文旅深度融合新业态与文化遗产系统性保护协同模式的分析框架；从主动和被动的角度出发，推导出文旅深度融合新业态与文化遗产系统性保护的演化过程；从影响因素和形态划分角度，识别出文旅深度融合新业态与文化遗产系统性保护协同模式的内部和外部影响因素，比较静态地模拟出"文旅深度融合新业态与文化遗产系统性保护协同模式"的理论模型；从案例实证验证的角度，基于系统工程模型，测算文旅深度融合新业态与文化遗产系统性保护模式的协同度，提出文旅深度融合新业态与文化遗产系统性保护协同模式的实现路径。

1.2.2　理论意义

第一，目前国内外学者对文旅深度融合新业态与文化遗产系统性保护协同方面的研究尚处于起步阶段，相关理论基础和分析框架尚未提出。在这种背景下，本书从理论和实践出发，识别出当前的研究状况和未来的研究方向，构建出文旅深度融合新业态与文化遗产系统性保护协同模式的分析框架，通过分析内外部影响因素建立文旅深度融合新业态与文化遗产系统性保护协同模式的内外部影响机制，为研究文旅深度融合新业态与文化遗产系统性保护奠定了初步的理论基础，增加了文旅深度融合新业态与文化遗产系统性保护方面的知识积累，对丰富区域经济、文化遗产学、军事学、民族学、城市规划、乡村发展、旅游管理等学科的理论具有重要的理论意义。

第二，本书将定性研究与定量研究相结合，在理论分析的基础上构建出文旅深度融合新业态与文化遗产系统性保护协同模式的概念模型，通过设计结构问卷，运用结构方程模型（SEM）进行定量实证分析，同时运用案例研究方法展开案例验证分析，多维度分析文旅深度融合新业态与文化遗产系统性保护之间的协同关系。

第三，本书立足于前期规划和分析、中期设计和实施、后期保障和可持续发展，构建出文旅深度融合新业态与文化遗产系统性保护协同模式并提出相关实现路径，为文旅深度融合新业态与文化遗产系统性保护实践提供了理论依据，具有较强的理论指导意义，有利于缓解文化遗产消亡现象，增强文化认同感，为进一步传承优秀传统文化、刺激区域经济发展、优化转型产业结构以及促进文化遗产可持续保护提供指导。

1.2.3　现实意义

第一，社会普遍缺乏文化遗产保护意识，且大多数文化遗产地经济基础落后，产业生存空间被工业化、城市化侵蚀，文化遗产惨遭破坏，文化内涵无法顺利传承，但通常情况下遗产地拥有丰富的旅游资源和浓厚的文化气息，本书通过对文化遗产地区展开深入分析，提出文旅深度融合新业态的实现路径，有利于推进文旅深度融合新业态进一步发展，为促进发展文化遗产旅游提供了路径借鉴。

第二，调研小组深入文化遗产地，对具有代表性的文化遗产资源进行实地考察，并收集相关资料开展案例研究，一方面能够立足于遗产地的具体发展状况，提出具有针对性的保护措施，另一方面能够吸纳文化遗产发展较好地区的发展经验，借此帮助发展较为薄弱地区促进旅游推进和经济增长，指导意义较强。

第三，在文化遗产地通过重塑文旅深度融合新业态（旅游在区域经济发展中的重点任务）和文化遗产系统性保护（文化传承建设中的重点难点）之间的关系，深化文化制度改革，构建文化旅游产业融合发展体系，在规划上高效集聚地推进以文旅深度融合新业态为驱动的文化遗产系统性保护，构建起"文旅深度融合新业态与文化遗产系统性保护协同模式"，并进行系统政策设计，将会极大地增加文化产品和服务供给、促进劳动力就业和增加收益。

1.3　研究内容、技术路线及研究方法

1.3.1　研究内容

本书主要内容为：从理论与现实研判的角度对文旅深度融合新业态与文化遗产系统性保护协同模式的内涵、特征、必要性、可行性、构成维度、趋势及一般规律进行研究；从主动和被动两个角度分析文旅深度融合新业态与文化遗产系统性保护协同模式的演化过程，并建立两者之间的内外部影响机制；从静态和动态两个维度构建文旅深度融合新业态与文化遗产系统性保护协同模式的理论分析框架；运用结构方程模型和案例研究法实证检验文旅深度融合新业态与文化遗产系统性保护的协同关系；从前期规划和分析、中期设计和实施、后期保障和可持续发展角度，提出文旅深度融合新业态与文化遗产系统性保护协同模式的实现路径。具体来说，主要包括以下研究部分：

第 1 章　绪论。主要包括研究背景与问题提出、研究目的与意义、研究可行性与必要性、研究内容与创新点、研究重点与研究方法等。本书首先对文化遗产当前的发展状况进行深入分析，总结文化遗产的发展难题及保护需求，考虑到当前文化旅游已经成为我国的战略性支柱产业和产业转型升级的主攻方向，认

为亟须将文化遗产与文化旅游融合发展。

第 2 章 基于文献计量学的文旅深度融合新业态与文化遗产保护协同的研究综述。从文献回顾的角度，对文旅深度融合新业态和文化遗产系统性保护相关文献的国家、期刊、作者机构以及热点前沿进行分析，并立足于文旅融合的起源发展及文旅融合新业态的研究现状两方面，多维度、多层次探讨文旅深度融合新业态与文化遗产系统性保护的相关关系、政策走向及后续发展。针对文旅深度融合新业态、文化遗产系统性保护、文旅深度融合新业态与文化遗产系统性保护协同模式研究的文献梳理。利用 CiteSpace 软件，对文旅深度融合新业态、文化遗产系统性保护、文旅深度融合新业态与文化遗产系统性保护协同模式采取文献计量学的研究方法对进行文献综述。

第 3 章 文旅深度融合新业态与文化遗产系统性保护协同模式的内涵特征、构成维度及分析框架。在界定文旅深度融合新业态与文化遗产系统性保护的内涵和特征构的基础上，确定文旅深度融合新业态与文化遗产系统性保护协同模式的划分维度、演化机制和内外部影响机制，基于此构建文旅深度融合新业态与文化遗产系统性保护协同模式的分析框架。首先，从工业、农业、商业、教育和军事产业五方面为出发点来探讨文化遗产发展，并按照文旅深度融合新业态构成维度划分为工业博物馆、公园风景区、特色创意园、文化记忆圈、文旅一体大景区和休闲服务带的工业文化遗产系统性保护模式，生态博物馆、乡村聚落景观、文化创意农业园、文旅特色小镇、农业生态休闲度假区和田园综合体的农业文化遗产系统性保护模式，文化产业园、文化商业街、商业文化博物馆、创意产业园和旅游商业区的商业文化遗产系统性保护模式，书院文化博物馆、研学游教育学府、休闲游学综合体、文庙文化产业园、智慧风景区和文化创意产业带的教育文化遗产系统性保护模式，军事博物馆、军事文化旅游景区、军事旅游拓展、军事主题公园、军事文化旅游小镇和军事文化旅游节会的军事文化遗产系统性保护模式等。其次，按照文化遗产系统性保护模式构成维度，工业文化遗产包括厂区改造型、工业区域开发型、厂区城镇融合型 3 种系统性保护模式，农业文化遗产包括农业改造型、农业现代化开发型、农业旅游融合型 3 种系统性保护模式，商业文化遗产包括历史街区改造型、商业区域开发型、旧城区整合型 3 种系统性保护模式，教育文化遗产包括历史片区改造型、区域开发型、城镇融合共建型 3 种系统性保护模式，军事文化遗产包括军事基地改造型、军事现代化驱动型、特色文化依托型 3 种系统性保护模式。最后，基于前文关于文旅深度融合新业态与文化遗产系统性保护协同模式的必要性和可行性分析，以及主被动演化形态，剖析文旅深度融合新业态与文化遗产系统性保护的内外部影响机制，进而构建文旅深度融合新业态与文化遗产系统性保护协同模式的分析框架。

第 4 章 文旅深度融合新业态与文化遗产系统性保护协同模式的研究设计及调研方案。针对文旅深度融合与文化遗产系统性保护协同模式提出了研究设计，利用结构方程模型和案例研究范式进行分析，阐述文旅深度融合划分的新业态与文化遗产系统性保护的几种模式，对实地调研所得数据情况及 SPS 模式案例数据进行说明，构建调查问卷方案及问卷设计。通过制定研究问题和调查内容，可以明确研究目标和方向，为后续的调研提供有针对性的指导。

第 5 章 文旅深度融合新业态与工业文化遗产系统性保护协同模式研究。首先，构建文旅深度融合与工业文化遗产系统性保护协同模式的研究假设与理论模型。结合文旅深度融合划分的新业态与工业文化遗产系统性保护的几种模式，分别构建起工业博物馆—厂区改造型、公园风景区—厂区改造型、特色创意园—工业区域开发型、文化记忆圈—工业区域开发型、文旅一体大景区—厂区城镇融合型、休闲旅游服务带—厂区城镇融合型 6 种研究假设及理论模型。其次，通过感知调查问卷数据，从居民和游客两个维度构建"文旅深度融合新业态与工业文化遗产系统性保护协同模式"的结构方程模型。选取青岛啤酒博物馆进行工业博物馆与厂区改造型数据验证、选取中山岐江公园进行公园风景区与厂区改造型数据验证、选取南京晨光 1865 创意园进行特色创意园与工业区域开发型数据验证、选取鞍钢工业遗产项目进行文化记忆圈与工业区域开发型数据验证、选取江苏南通唐闸工业镇进行文旅一体大景区与厂区城镇融合型数据验证、选取杭州大运河工业遗产带进行休闲旅游服务带与厂区城镇融合型数据验证。每个部分主要包括变量度量、样本数据分析、结构方程模型、结果讨论，分析和验证影响文旅深度融合新业态与工业文化遗产系统性保护协同模式的影响因素和协同模式。最后，基于系统工程模型，测算文旅深度融合新业态与工业文化遗产系统性保护的协同度；通过对江苏、广州、南京、杭州、青岛等城市进行个性案例验证，采用实地考察法以案例讨论深入分析工业博物馆—厂区改造型（青岛啤酒博物馆）、公园风景区—厂区改造型（中山岐江公园)、特色创意园—工业区域开发型(南京晨光 1865 创意园)、文化记忆圈—工业区域开发型(鞍钢工业遗产项目)、文旅一体大景区—厂区城镇融合型(江苏南通唐闸工业镇)、休闲旅游服务带—厂区城镇融合型(杭州大运河工业遗产带)等 6 种保护利用协同模式的协同路径。

第 6 章　文旅深度融合新业态与农业文化遗产系统性保护协同模式研究。首先,构建文旅深度融合与农业文化遗产系统性保护协同模式的研究假设与理论模型。结合文旅深度融合划分的新业态与农业文化遗产系统性保护的几种模式,分别构建起生态博物馆—农业改造型、乡村聚落景观—农业改造型、文化创意农业园—农业现代化开发型、文旅特色小镇—农业现代化开发型、农业生态休闲度假区—农业旅游融合型、田园综合体—农业旅游融合型的 6 种研究假设及理论模型。其次,通过感知调查问卷数据,从居民和游客两个维度构建"文旅深度融合新业态与农业文化遗产系统性保护协同模式"的结构方程模型;农业文化遗产方面,选取浙江青田稻鱼共生文化博物馆进行生态博物馆与农业改造型数据验证、选取红河哈尼稻田乡村聚落景观—云南元阳全福庄中寨进行乡村聚落旅游与农业改造型数据验证、选取四川郫都文化创意农业园进行文化创意农业园与农业现代化开发型数据验证、选取陕西佳县千年古枣园进行文旅特色小镇与农业现代化开发型数据验证、选取陕西佳县千年古枣园进行农业生态休闲度假区与农业旅游融合型数据验证、选取江苏兴化千垛田园综合体带进行田园综合体与农业旅游融合型数据验证。每个部分主要包括变量度量、样本数据分析、结构方程模型、结果讨论,分析和验证影响文旅深度融合新业态与农业文化遗产系统性保护协同模式的影响因素和协同模式。最后,基于系统工程模型,测算文旅深度融合新业态与农业文化遗产系统性保护的协同度;通过对浙江、云南、四川、河北、陕西、江苏等城市进行个性案例分析,采用实地考察法以案例讨论深入分析,生态博物馆—农业改造型(浙江青田稻鱼共生文化博物馆)、乡村聚落景观—农业改造型(云南红河哈尼梯田乡村聚落景观—云南元阳全福庄中寨)、文化创意农业园—农业现代化开发型(四川郫都文化创意农业园)、文旅特色小镇与农业现代化开发型(河北宣化葡萄小镇)、农业生态休闲度假区—农业旅游融合型(陕西佳县千年古枣园)、田园综合体—农业旅游融合型(江苏兴化千垛田园综合体)等 6 种系统性保护协同模式的协同路径。

第 7 章　文旅深度融合新业态与商业文化遗产系统性保护协同模式研究。首先,构建文旅深度融合与商业文化遗产系统性保护协同模式的研究假设与理论模型。结合文旅深度融合划分的新业态与商业文化遗产系统性保护的几种模式,商业文化遗产方面,分别构建起文化产业园—历史街区改造型、文化商业街—历史街区改造型、商业文化博物馆—商业区域开发型、创意产业园—商业区域开发型、旅游商业区—旧城区整合型、历史文化休闲街—旧城区整合型 6 种研究假设及理论模型。其次,通过感知调查问卷数据,基于真实感知,从居民和游客两个维度构建"文旅深度融合新业态与商业文化遗产系统性保护协同模式"的结构方程模型;选取四川成都宽窄巷子进行文化产业园与历史街区改造型数据验证、选取四川成都远洋太古里进行文化商业街与历史街区改造型数据验证、选取山东烟台张裕酒文化博物馆进行商业文化博物馆与商业区域开发型数据验证、选取上海田子坊进行创意产业园与商业区域开发型数据验证、选取浙江杭州南宋御街进行旅游商业区域旧城区整合型数据验证、选取江苏南京 1912 进行历史文化休闲街与旧城区整合型数据验证。每个部分主要包括变量度量、样本数据分析、结构方程模型、结果讨论,分析和验证影响文旅深度融合新业态与商业文化遗产系统性保护协同模式的影响因素和协同模式。最后,基于系统工程模型,测算文旅深度融合新业态与商业文化遗产系统性保护的协同度;通过对四川、山东、上海、浙江等城市进行个性案例验证,采用实地考察法以案例讨论深入分析文化产业园—历史街区改造型(四川成都宽窄巷子)、文化商业街—历史街区改造型(四川成都远洋太古里)、商业文化博物馆—商业区域开发型(山东烟台张裕酒文化博物馆)、创意产业园—商业区域开发型(上海田子坊)、旅游商业区—旧城区整合型(浙江杭州南宋御街)、历史文化休闲街—旧城区整合型(江苏南京 1912)等 6 种保护利用协同模式的协同路径。

第 8 章　文旅深度融合新业态与教育文化遗产系统性保护协同模式研究。首先,构建文旅深度融合与教育文化遗产系统性保护协同模式的研究假设与理论模型。结合文旅深度融合划分的新业态与教育文化遗产系统性保护的几种模式,教育文化遗产方面,分别构建起书院文化博物馆—历史片区改造型、研学游教育学府—历史片区改造型、休闲游学综合体—区域开发型、文庙文化产业园—区域开发型、智慧风景区—城镇融合共建型、文化创意产业带—城镇融合共建型 6 种研究假设及理论模型。其次,通过感知调查问卷数据,从居民和游客两个维度构建"文旅深度融合新业态与教育文化遗产系统性保护协同模式"的结构方程模型。教育文化遗产方面，选取中国书院文化博物馆进行书院文化博物院与历史片区改造型数据验证、选取靖江王府进行研学游教育学府与历史片区改造型数据验证、选取益津书院进行休闲游学综合体与区域开发型数据验证、选取长泰文庙进行文庙文化产业园与区域开发型数据验证、选取南京夫子庙进行智慧风景区与城镇融合共建型数据验证、选取京杭大运河文化遗产带进行文化创意产业带与城镇融合共建型数据验证。每个部分主要包括变量度量、样本数据分析、结构方程模型、结果讨论，分析和验证影响文旅深度融合新业态与教育文化遗产系统性保护协同模式的影响因素和协同模式。最后，基于系统工程模型，测算文旅深度融合新业态与教育文化遗产系统性保护的协同度；就教育文化遗产方面，通过对湖南、广西、河北、福建、杭州等城市进行个性案例验证，采用实地考察法以案例讨论深入分析书院文化博物馆—历史片区改造型（中国书院博物馆）、研学游教育学府—历史片区改造型（靖江王府）、休闲游学综合体—区域开发型（益津书院）、文庙文化产业园—区域开发型（长泰文庙）、智慧风景区—城镇融合共建型（南京夫子庙）、文化创意产业带—城镇融合共建型（京杭大运河文化遗产带）等6种保护利用协同模式的协同路径。

第9章　文旅深度融合新业态与军事文化遗产系统性保护协同模式研究。首先，构建文旅深度融合与军事文化遗产系统性保护协同模式的研究假设与理论模型。结合文旅深度融合划分的新业态与军事文化遗产系统性保护的几种模式，分别构建起军事博物馆—军事基地改造型、军事文化旅游景区—军事基地改造型、军事旅游拓展—军事现代化驱动型、军事主题公园—军事现代化驱动型、军事文化旅游小镇—特色文化依托型、军事文化旅游节会—特色文化依托型的6种研究假设及理论模型。其次，通过感知调查问卷数据，基于真实感知，从居民和游客两个维度构建"文旅深度融合新业态与军事文化遗产系统性保护协同模式"的结构方程模型。军事文化遗产方面，选取中国甲午战争博物馆进行军事博物馆与军事基地改造型数据验证、选取山海关旅游景区进行军事文化旅游景区与军事基地改造型数据验证、选取黄埔军事拓展进行军事旅游拓展与军事现代化驱动型数据验证、选取天津滨海航母主题公园进行军事主题公园与军事现代化驱动型数据验证、选取青岩古镇进行军事文化旅游小镇与特色文化依托型数据验证、选取昆仑关民俗文化旅游节会进行军事文化旅游节会与特色文化依托型数据验证。每个部分主要包括变量度量、样本数据分析、结构方程模型、结果讨论，分析和验证影响文旅深度融合新业态与文化遗产系统性保护协同模式的影响因素和协同模式。最后，基于系统工程模型，测算文旅深度融合新业态与教育文化遗产系统性保护的协同度；就军事文化遗产方面，通过对山东、河北、广州、天津、贵州、广西等地进行个性案例验证，采用实地考察法以案例讨论深入分析军事博物馆—军事基地改造型（中国甲午战争博物馆）、军事文化旅游景区—军事基地改造型（山海关旅游景区）、军事旅游拓展—军事现代化驱动型（黄埔军事拓展）、军事主题公园—军事现代化驱动型（天津滨海航母主题公园）、军事文化旅游小镇—特色文化依托型（青岩古镇）、军事文化旅游节会—特色文化依托型（昆仑关民俗文化旅游节会）等6种系统性保护协同模式的协同路径。

第10章　文旅深度融合新业态与文化遗产系统性保护协同模式的实现路径。充分考虑不同时段文化遗产的发展特征、资源特色、潜在价值和文化底蕴，从前期、中期和后期分别进行规划，全方位、系统性地保护文化遗产，有效提出文旅深度融合新业态与文化遗产系统性保护协同的实现路径。首先，开展文旅深度融合新业态与文化遗产系统性保护协同的准备工作，对文化遗产进行前期规划和整体分析，主要从遗产环境修复、生态效益保护、遗产资源规划以及群众保护意识提升等四方面具体实施。其次，落实文旅深度融合新业态与文化遗产系统性保护协同的引导政策，对文化遗产进行中期设计与实施，主要从推动要素市场化改革、优化遗产资源配置，推动产业集聚化发展、培育遗产发展优势，推动遗产品牌化经营、激发遗产发展潜力，推动理念创新化转变、发动企业独特优势等四方面开展落实。最后，激发文旅深度融合新业态与文化遗产系统性保护协同的可持续动能，对文化遗产进行后期保障和可持续发展，主要从新型人才队伍建设、服务管理机制优化、全域旅游新型产业开拓、遗产旅游可持续发展等几方面落实开展。

1.3.2　技术路线

根据本书整体的研究思路，构建出文旅深度融合新业态与文化遗产系统性保护协同模式的技术路线（见图1-1）。

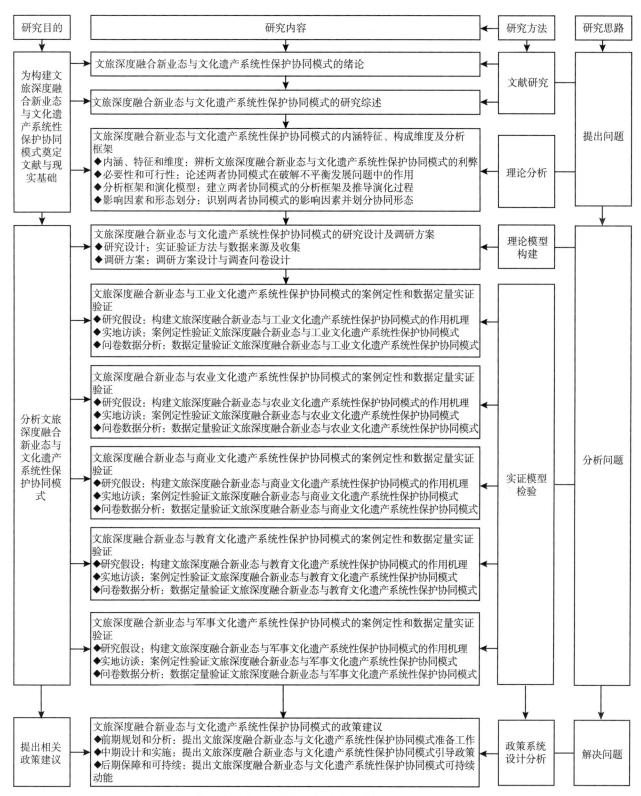

图 1-1 文旅深度融合新业态与文化遗产系统性保护协同模式的技术路线

1.3.3 研究方法

对文旅深度融合新业态与文化遗产系统性保护协同模式展开研究，主要运用的方法包括文献研究法、问卷调查法、案例分析法、理论分析法、理论模型构建法、实证模型检验法、政策系统设计分析法。

（1）文献研究法。首先是通过搜集、鉴别和整理文旅深度融合新业态与文化遗产系统性保护协同模式的相关文献，得出其内容、方法和结果，归纳出文旅融合、文旅融合新业态、文化遗产界定、文化遗产系统性保护模式等方面的研究现状，把握文旅深度融合新业态与文化遗产系统性保护的国内外研究现状、重点、未来发展趋势和不足之处。然后是通过运用 CiteSpace 文献计量学软件，从 Web of Science 和中国知网数据库出发，进一步研究总结国内外关于文旅深度融合新业态与文化遗产系统性保护协同模式研究现状的研究成果、发展趋势和存在问题。

（2）问卷调查法。根据调查目的和人群设计并发放问卷，获取所需数据，之后用数据处理方法对数据进行处理。

（3）案例分析法。通过对文旅深度融合新业态与文化遗产进行实地调研，得出文旅融合业态创新的现状、文化遗产形成的动力机制和治理手段，为下一步进行理论模型构建和实证检验奠定现实基础。

（4）理论分析法。基于相关理论基础对文旅深度融合新业态与文化遗产系统性保护协同模式的内涵进行界定，划分出文旅深度融合新业态与文化遗产系统性保护协同模式的构成维度，通过必要性和可行性分析，识别出文旅深度融合新业态与文化遗产系统性保护协同模式的内外部影响机制，进而提出全书的分析框架。

（5）理论模型构建法。基于旅游和文化保护传承相关理论，通过构建"文旅深度融合新业态与文化遗产系统性保护协同模式"的静态、比较静态理论模型，得到文旅深度融合新业态与文化遗产系统性保护协同模式的作用机理。

（6）实证模型检验法。基于文旅深度融合新业态与文化遗产系统性保护协同模式中呈现出的地域性、产业性和时代性特色，对遗产旅游项目设置观测变量，将潜在变量描述为可被观测的指标并设计出结构问卷。通过构建出文旅深度融合新业态与文化遗产系统性保护协同模式的结构方程模型，在参数估计和模型校正的基础上，对二者协同模式展开定量分析。同时，通过构建出案例分析模型，对文旅深度融合新业态与文化遗产系统性保护协同模式进行案例验证。

（7）政策系统设计分析法。从规划、分析、设计及实施四个阶段，分别通过走工业博物馆—厂区改造型、文化记忆圈—工业区域开发型、文旅特色小镇—农业现代化开发型、农业生态休闲度假区—农业旅游融合型、创意产业园—商业区域开发型、历史文化休闲街—旧城区整合型、研学游教育学府—历史片区改造型、文庙文化产业园—区域开发型、军事文化旅游景区—军事基地改造型、军事文化旅游小镇—特色文化依托型 10 种系统性保护协同的道路，制定措施来实现文旅深度融合新业态与文化遗产系统性保护协同。

第2章 基于文献计量学的文旅深度融合新业态 与文化遗产保护协同的研究综述

本书针对文旅深度融合新业态、文化遗产系统性保护、文旅深度融合新业态与文化遗产系统性保护协同模式研究进行文献梳理。文献计量研究是指以文献计量学为理论基础，以文献信息为研究对象的一种研究方法。具体是指通过对大量的历史文献数据进行探索、组织和分析，进而清晰地识别其潜在模式。

基于上述分析，利用陈朝美教授所开发的 CiteSpace 软件，对"文旅深度融合新业态""文化遗产系统性保护""文旅深度融合新业态与文化遗产系统性保护协同模式"采取文献计量学的研究方法对进行研究综述。

在充分借鉴其他 CiteSpace 文献计量相关文献的基础上，将对文旅深度融合新业态与文化遗产保护协同的研究大致分为以下几个研究步骤：

第一，选择数据来源并构建检索式。常见的检索表达式主要为三种：截词检索表达式、逻辑表达式、位置检索表达式。

第二，对所检索文献进行综合分析。主要包括对所研究领域的发文量统计、发文国家分析、期刊分析、研究团队分析（作者和机构）和重要文献分析。

第三，对所研究的前沿热点进行分析。主要通过高频关键词对所研究的前沿热点进行分析，主要原因为关键词往往是某一文章的核心和关键点，高频关键词可以很好反映出某一研究领域的热点研究方向和侧重点。

第四，根据以上研究步骤和所得结论，判断前沿研究热点问题。

2.1 文旅深度融合新业态研究的文献计量研究

2.1.1 文献计量研究

第一，研究数据和发文量的初步分析。

首先，主要从 WOS（Web of Science）获得英文研究数据，为避免利用 WOS 检索所搜集到的文献出现字段缺失的问题，采用核心数据库（Web of Science Core Collection）对其进行检索。其中，检索式为：TS =（Cultural Industry and tourism）OR TS =（The fusion of literature and travel）OR TS =（The new style of literature and travel）OR TS =（Integration of culture and tourism）；语种：English；文献类型：Article；时间跨度为：1994 年 1 月至 2020 年 9 月，检索时间为 2020 年 10 月 20 日。删除不相关文献后，共得到有效的文献数量为 1173 篇。将所得文献数据导入 CiteSpace 中对其进行初步检验，在对其进行除重后，最终进行文旅融合领域文献计量分析的有效 WOS（Web of Science）文献数据有 1173 条。

其次，主要从中国知网（CNKI）获得中文研究数据，文献检索类型先定位核心期刊及 CSSCI 期刊，其中，检索式为：主题 = 文化与旅游；时间跨度为：1994 年 1 月至 2020 年 10 月，检索时间为 2020 年 10 月 2 日；文献类型为期刊文献；期刊限定为所有期刊；共检索出文献 3604 篇，对文献进行筛选，去除不相关的文献之后，共得到有效的文献数量为 3031 篇。将所得文献数据导入 CiteSpace 中对其进行初步检验，软件运行结果良好，不存在数据丢失的现象，最终进行文旅融合领域文献计量分析所用有效的 CNKI 文献数据有 3031 条。

将上述文旅深度融合新业态领域中的数据导出，按照文献的发文年份和发文数量对其进行信息整合，整合后利用 Excel 对其进行分析，进而得到 1994 年 1 月至 2020 年 9 月的文旅深度融合新业态研究领域英文文献与中文文献的发文数量的比较图，如图 2 - 1 所示。

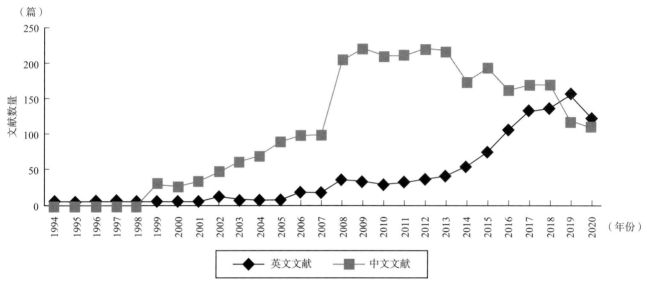

图 2 - 1　1994 ~ 2020 年文旅深度融合新业态领域中、英文研究文献分布

由图 2 - 1 可知，关于文旅深度融合新业态的中、英文研究自 2007 年开始发文量发生较大变化。在文旅深度融合新业态研究发文量方面，中文文献始终高于英文文献，说明我国在该领域研究较为成熟。自 2007 年起我国发文量迅速增加，明显高于英文文献，说明文旅深度融合新业态在这一时期，在我国是研究热点。1994 ~ 1998 年，文旅深度融合新业态研究的中、英文发文量大致相同，其中，英文文献发文量整体呈现出逐渐上涨的趋势。1994 ~ 2007 年，中、英文文献发文量整体趋势大致相同，均呈现出逐渐上涨的趋势，整体上中文文献的发文量增长趋势较为明显。自 2007 年起，文旅深度融合新业态研究中，英文发文量的增长趋势开始出现明显的差异，其中，英文文献发文量变化的幅度较小，中文文献的发文量波动幅度较大。文献检索时间为 2020 年 10 月 20 日，因此，书中所检索的 2020 年的发文量为 2020 年 1 月 1 日 ~ 2020 年 10 月 20 日，所以在图 2 - 1 中 2019 ~ 2020 年的变化趋势整体呈现出下降的趋势。

第二，文旅深度融合新业态研究的国家分析。

本书认为在文献计量的过程中，对文献国家进行分析，可以帮助学者们更好地把握某一研究领域在国际上较为权威的国家。利用 CiteSpace 得到在文旅深度融合新业态研究中的国家共现网络关键节点，进而分析得出在该研究领域中国际影响力较高的国家，不仅可以为学者们在该领域的学习中提供一定的借鉴和指导作用，还能帮助学者们对自己国家在该研究领域中的国际地位有一个清晰的认识，为其今后的研究方向、研究重点提供一定的指导。

本书将从 WOS 数据库中所得的数据导入 CiteSpace 中，其中，Node Types 设置为 Country，Selection Criteria Top N 设置为 30，其余设置均选用默认值，接着将从 CiteSpace 中所得的数据整理成 Excel 表格，分别提取"国家"和"发文量"两个字段下的数据，得到不同国家在文旅深度融合新业态研究领域发文量，由于有较多国家发表文章，本书主要选取发文量 4 篇及 4 篇以上的国家排名，如图 2 - 2 所示。从图 2 - 2 中可以看出，发文量排名前十的国家大多为发达国家。其中，美国发文量为 186 篇，排名第一；中国发文量为 158 篇，排名第二；英国的发文量为 98 篇，排名第三。

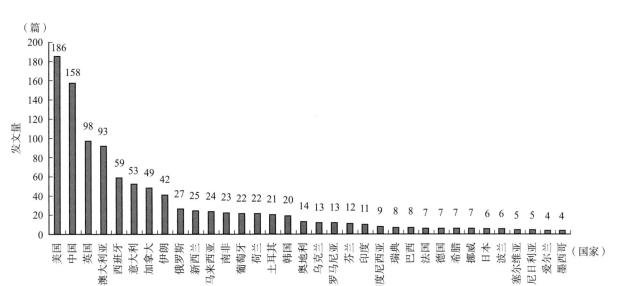

图 2 - 2　文旅深度融合新业态研究领域国家发文量分布

本书将从 WOS 数据库中所得的数据导入 CiteSpace 中，其中，Node Types 设置为 Country，Selection Criteria Top N 设置为 30，其余设置均选用默认值，通过对其进行可视化分析，得到文旅深度融合新业态研究国家知识图谱，如图 2 - 3 所示。

图 2 - 3　文旅深度融合新业态研究的国家共现图

由图 2 - 3 可知，美国在文旅深度融合的研究领域中位于核心地位，并且其与中国、英国、西班牙、加拿大、澳大利亚等国家之间有密切的合作关系。我国在文旅深度融合新业态研究领域中的地位仅次于美国，排名第二，并且与美国、西班牙、英国、澳大利亚、意大利等多个发达国家之间存在密切的合作关系，因此，我国在文旅深度融合新业态的研究领域中具有一定的地位。

在 CiteSpace 分析所得结果中，一般认为中心度数值越大表示该节点的关键性越高，中心度的数值越小表示该节点的关键性越低，基于此，对各个国家中有关文旅深度融合的发文中心性进行分析，进而得出各期刊在各个节点的关键性，并进一步判断某一国家与其他国家在该研究领域中是否存在密切的合作关系。将中心度为 0.1 看作关键节点，并以中心度大于 0.1 为标准，提取关键节点，如表 2 - 1 所示。

表 2 - 1   文旅深度融合新业态研究领域国家发文中心度排名

频次	中心度	首次发表年份	国家
93	0.26	1997	澳大利亚
86	0.25	2001	英国
186	0.24	1998	美国
158	0.23	2008	中国
53	0.20	2011	意大利
22	0.14	2015	荷兰
24	0.11	2011	马来西亚

由表 2 - 1 可以看出，在文旅深度融合新业态的研究中只有 7 个国家的中心度大于 0.1，分别为澳大利亚、英国、美国、中国、意大利、荷兰、马来西亚。因此，本书认为这 7 个国家在文旅深度融合新业态研究领域位于各个国家合作的网络关键节点。在这 7 个国家中，研究最早的国家为澳大利亚，且其发文量排名第三，因此，澳大利亚早期就已经重视文化和旅游产业的发展。中国的发文量为 158 篇，仅次于美国，且中心度为 0.23，大于 0.1，说明中国在对文旅深度融合新业态的研究上已经趋于成熟，并且在国际上具有一定的影响力和权威性。

第三，文旅深度融合新业态研究的期刊分析。

对文旅深度融合新业态研究的期刊进行分析，可以帮助学者们准确把握在该研究领域中的权威期刊，进而帮助后续学者们在研究中高效地进行文献检索。本书主要利用分析期刊共被引来对各个期刊进行分析，与此同时，还将对文旅深度融合新业态研究领域的共被引的中心度进行分析。通过对期刊转载量进行分析，探析各个期刊在文旅深度融合新业态研究领域中的信息储备、传输能力。

首先，对文旅深度融合新业态研究的英文期刊进行分析。

本书将从 WOS 数据库中所得的数据导入 CiteSpace 中，其中，NodeTypes 设置为 Cited Journal，Selection Criteria Top N 设置为 30。为确保 CiteSpace 运行后所得图像简洁易读，将对其进行修剪，选中 Pruning 栏下的 Pathfinder 以及 Pruning sliced networks，其余设置均选用默认值，通过对其进行可视化分析，得到文旅深度融合新业态研究领域英文期刊共被引可视图，如图 2 - 4 所示。

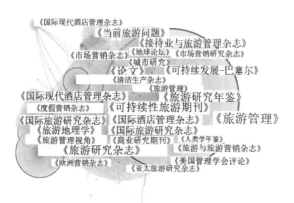

图 2 - 4   文旅深度融合新业态研究领域英文期刊共被引可视图

由图 2 - 4 可以看出，英文文献中有关文旅深度融合新业态的研究，主要集中在《旅游管理》(*Tourism Management*)、《旅游研究年鉴》(*Annals of Tourism Research*)、《旅游研究杂志》(*Journal of Travel Research*)、《可持续性旅游期刊》(*Journal of Sustainable Tourism*)、《论文》(*Thesis*) 等 5 本期刊。《旅游管理》《旅游研究年鉴》2 本期刊的引用频次明显高于其他期刊的引用频次，其中，《旅游管理》主要刊发国际、国家和区域旅游的规划和政策方面的论文，是涉及旅游具体管理的相关研究，根据 2015 年的期刊引证报告可知，该期刊 2015 年的影响因子为 2.554，在 185 种 SSCI 学科管理学期刊中排第 28 名。《旅游研究年鉴》

主要刊发环境科学、酒店休闲体育及旅游、社会学等方面的论文研究。根据 2015 年的期刊引证报告可知，该期刊 2015 年的影响因子为 2.685，在 43 种 SSCI 环境酒店休闲体育及旅游期刊中排第 16 名。

在 CiteSpace 分析所得结果中，一般认为中心度数值越大表示该节点的关键性越高，中心度的数值越小表示该节点的关键性越低，基于此，从期刊共被引的中心度角度对其进行分析，进而得出各期刊在各个节点的关键性，将中心度为 0.1 看作关键节点，并以中心度大于 0.1 为标准，提取关键节点，得到文旅深度融合新业态研究领域的英文期刊共被引网络的关键节点，如表 2-2 所示。

表 2-2　　　　　　　　　　　文旅深度融合新业态研究领域英文期刊共被引网络关键节点

期刊名称	被引频次	首次出现年份	中心度
《旅游研究年鉴》	509	1994	0.27
《旅游研究杂志》	185	2002	0.16
《可持续性旅游期刊》	109	2002	0.15
《澳大利亚地理学家》	5	2008	0.12
《美国人类学家》	13	1998	0.12
《旅游地理学》	124	2009	0.12
《环境与规划：社会与空间》	13	1999	0.10
《人类学年鉴》	17	1999	0.10

由表 2-2 可以看出，《旅游研究年鉴》（*Annals of Tourism Research*）、《旅游研究杂志》（*Journal of Travel Research*）、《旅游地理学》（*Tourism Geography*）、《可持续性旅游期刊》（*Journal of Sustainable Tourism*）4 本期刊的被引频次和中心度均较高，表明《旅游研究年鉴》《旅游研究杂志》《旅游地理学》《可持续性旅游期刊》这 4 本期刊在文旅深度融合新业态研究领域方面的论文质量较高，在该研究领域具有较高的知名度和权威性。因此，本书认为《旅游研究年鉴》《旅游研究杂志》《旅游地理学》《可持续性旅游期刊》这 4 本期刊在文旅深度融合新业态研究领域中居于核心地位，具有较高的国际地位。

从发文集中度方面来看，本书将从 WOS 数据库中所得的数据导入 CiteSpace 中，其中，NodeTypes 设置为 Source，Selection Criteria Top N 设置为 30，其余设置均选用默认值。将运行结果导入 Excel 中对其期刊名称进行计数，进而得到 1990～2020 年文旅深度融合新业态研究领域英文文献期刊分布，其载文量排名前十的期刊分布如表 2-3 所示。

表 2-3　　　　　　　1990～2020 年文旅深度融合新业态研究领域英文文献期刊分布（前十）

期刊名称	载文量（篇）	占比（%）
《旅游管理》	20	1.78
《旅游研究年鉴》	16	1.42
《旅游与文化变迁杂志》	11	0.98
《可持续性旅游期刊》	10	0.89
《亚太旅游研究杂志》	10	0.89
《当前旅游问题》	9	0.80
《旅游研究杂志》	9	0.80
《国际旅游研究杂志》	8	0.71
《旅游地理学》	8	0.71
《国际现代酒店管理杂志》	8	0.71

注：载文量相同的依次排名，下同。

由表 2-3 可知，在文旅深度融合新业态研究领域中，发文量排名靠前的期刊发文总量为 109 篇，占比约为 9.69%，没有表现出显著高于其他期刊发文总量的趋势，说明在文旅深度融合新业态研究领域中，各个期刊的发文较为均匀，并没有形成较为稳定的期刊群和代表性期刊。在发文量排名前十的期刊中，各个期刊之间的被引频次差别不大，基于此，本书从载文量的角度分析，认为在文旅深度融合新业态的研究领域中，并没有形成具有较高权威性的载文期刊。

其次，本书对文旅深度融合新业态研究领域的中文期刊进行分析。

由于通过中国知网中导出的论文文献数据，缺少"参考文献"字段，无法通过 CiteSpace 对中国知网导出的文献数据进行共被引分析，因此，对于中文文旅深度融合新业态研究的期刊，将从该领域期刊的载文量以及学科研究层次展开研究。

本书将从中国知网数据库中所得的数据导入 CiteSpace 中，其中，NodeTypes 设置为 Source，Selection Criteria Top N 设置为 30。为确保 CiteSpace 运行后所得图像简洁易读，对其进行修剪，选中 Pruning 栏下的 Pathfinder 以及 Pruning sliced networks，其余设置均选用默认值，将运行结果导入 Excel 中对其期刊名称进行计数，进而得到 1990～2020 年文旅深度融合新业态研究领域中文文献期刊分布，其载文量排名前十的期刊分布如表 2 - 4 所示。

表 2 - 4　　　　　　　1990～2020 年文旅深度融合新业态研究领域中文文献期刊分布（前十）

期刊名称	载文量（篇）	占比（%）
《旅游学刊》	23	0.76
《经济地理》	22	0.73
《人文地理》	22	0.73
《地域研究与开发》	22	0.73
《贵州民族研究》	22	0.73
《广西民族研究》	19	0.63
《思想战线》	19	0.63
《社会科学家》	19	0.63
《旅游科学》	17	0.56
《云南民族大学学报（哲学社会科学版）》	15	0.49

由表 2 - 4 可知，在文旅深度融合新业态研究领域中，发文量排名前十的期刊发文总量为 200 篇，占比约为 6.62%，没有表现出显著高于其他期刊发文总量的趋势，说明在文旅深度融合新业态研究领域中，各个期刊的发文较为均匀，并没有形成较为稳定的期刊群和代表性期刊。在发文量排名靠前的期刊中，各个期刊之间的被引频次差别不大，基于此，从载文量的角度分析，认为在文旅深度融合新业态的研究领域中，并没有形成具有较高权威性的载文期刊。

按照知网期刊检索的研究层次，对发文量排名前十的期刊进行分类，进而识别出在文旅深度融合新业态研究领域中具有较高权威性的期刊文献的研究层次，为后续研究在进行文献筛选时提供指导性建议。如表 2 - 5 所示。

表 2 - 5　　　　　　　文旅深度融合新业态研究领域中文核心期刊研究层次

研究层次	期刊名称
基础研究（社科）	《旅游学刊》《经济地理》《人文地理》《地域研究与开发》《贵州民族研究》《广西民族研究》《思想战线》《社会科学家》《旅游科学》《云南民族大学学报（哲学社会科学版）》
政策研究（社科）	《广西民族研究》

由表 2 - 5 可知，国内文旅深度融合新业态研究主要分布在基础研究（社科）方面，其中，《旅游学

刊》《经济地理》《人文地理》《地域研究与开发》《贵州民族研究》《广西民族研究》《思想战线》《社会科学家》《旅游科学》《云南民族大学学报（哲学社会科学版）》均属于基础研究（社科），因此，在研究关于英文文旅深度融合研究领域的社会科学基础研究时，可重点参考以上期刊所发的文献。《广西民族研究》又归属于政策研究（社科），因此，在研究关于文旅深度融合研究领域英文文献的政策研究时，可以重点参考《广西民族研究》所发文献。

通过对中、英文期刊的分析可知，在研究关于文旅深度融合研究领域时，英文文献可以重点参考《旅游研究年鉴》《旅游研究杂志》《旅游地理学》《可持续性旅游期刊》等期刊所刊发的文章，中文文献可重点参考《旅游学刊》《经济地理》《人文地理》《地域研究与开发》《贵州民族研究》等所刊发的文章。

第四，文旅深度融合新业态领域研究团队分析。

本书主要从作者和研究团队两个方面对文旅深度融合新业态领域进行研究团队分析。针对英文文献，主要利用 CiteSpace 进行共被引分析，对研究机构主要利用 CiteSpace 进行合作网络分析；针对中文文献，通过合作网络进行分析。

首先，对文旅深度融合新业态研究领域的英文文献作者团队和机构分析。

关于文旅深度融合新业态研究领域的英文文献作者分析，将从 WOS 数据库中所得的数据导入 CiteSpace 中，其中，NodeTypes 设置为 Cited Author，Selection Criteria Top N 设置为 30。为确保 CiteSpace 运行后所得图像简洁易读，对其进行修剪，选中 Pruning 栏下的 Pathfinder 以及 Pruning sliced networks，其余设置均选用默认值，通过对其进行可视化分析，得到文旅深度融合新业态研究领域英文文献作者共被引可视图，如图 2 - 5 所示。

图 2 - 5 文旅深度融合新业态研究领域英文文献作者共被引可视图

由图 2 - 5 可以看出，文旅深度融合新业态研究领域的英文文献作者共被引频次较高的作者主要为约翰·厄里、以法莲·科恩、格雷戈里·理查兹、克里斯汀·霍尔、科林·迈克尔·霍尔、迪恩·麦康奈尔、鲍勃·麦克彻、吉尔特·霍夫斯泰德等 8 人，将 CiteSpace 计算的结果导出，整理出文旅深度融合新业态研究领域英文文献作者共被引频次排名表，因为从 WOS 数据库中所得数据较多，考虑到被引频次较高的英文文献作者在该领域中具有较高的国际地位，因此，主要选取被引频次较高的前三名作者，如表 2 - 6 所示。

表 2 - 6　　　　　　文旅深度融合新业态研究领域的英文文献作者共被引频次排名（前三）

作者	被引频次	被引频次最高的论文
约翰·厄里	109	移动方法与实证研究
格雷戈里·理查兹	63	艺术、旅游和真实性
克里斯汀·霍尔	61	谁参观世界遗产：三个文化遗址的比较分析

由表2-6可知，在文旅深度融合新业态研究领域英文文献中，被引频次最高的是约翰·厄里，被引频次为109次，约翰·厄里（1946~2016）是英国兰卡斯特大学（University of Lancaster）社会学著名的教授，出版有《网络与旅游——移动的社交生活》《移动方法与实证研究》等著作。约翰·厄里在过去30年内，被引频次最高的论文为《移动方法与实证研究》。文旅深度融合新业态研究领域英文文献中被引频次排名第二的是格雷戈里·理查兹，其被引频次为63次，格雷戈里·理查兹在过去30年内被引频次最高的论文为《艺术、旅游和真实性》。文旅深度融合新业态研究领域英文文献中被引频次排名第三的是克里斯汀·霍尔，被引频次为61次，其论文《谁参观世界遗产：三个文化遗址的比较分析》被引频次最高。

在CiteSpace分析所得结果中，一般认为中心度数值越大表示该节点的关键性越高，中心度的数值越小表示该节点的关键性越低，基于此，本书从作者共被引的中心度角度对其进行分析，进而得出各作者在各个节点的关键性，本书将中心度为0.1看作关键节点，并以中心度大于0.1为标准，提取关键节点，得到文旅深度融合新业态研究领域的英文文献作者共被引网络的关键节点，如表2-7所示。

表2-7　　　　　　　　　文旅深度融合新业态研究领域英文文献作者共被引网络关键节点

作者	被引频次	中心度	首次出现年份
约翰·厄里	109	0.19	1997
布迪·皮埃尔	24	0.16	1997
以法莲·科恩	89	0.15	1994
伊薇特·赖辛格	32	0.12	2009
科林·迈克尔·霍尔	55	0.10	2001
亚伯拉罕·皮扎姆	38	0.10	2010
唐纳德·盖茨	25	0.10	2012
罗伯特·巴特勒	21	0.10	2012

由表2-7可以看出，约翰·厄里、以法莲·科恩、科林·迈克尔·霍尔与其他作者之间有密切的关联度，并形成了以上作者为中心的多个学术研究联盟。基于此，认为约翰·厄里、以法莲·科恩、科林·迈克尔·霍尔在文旅深度融合新业态研究领域英文文献中具有较高的权威性。

关于文旅深度融合新业态研究领域的英文文献研究机构团队分析，将从WOS数据库中所得的数据导入CiteSpace中，其中，NodeTypes设置为Institution，Selection Criteria Top N设置为30，其余设置均选用默认值，通过对其进行可视化分析，得到文旅深度融合新业态研究领域英文文献研究机构合作可视图，如图2-6所示。

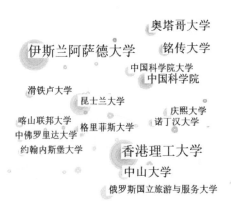

图2-6　文旅深度融合新业态研究领域英文文献研究机构合作可视图

由图2-6可以看出，香港理工大学和伊斯兰阿萨德大学的发文量最高，位居第一。总的来说，各个机构之间的连线有26条，节点（节点代表发文机构）有76个，贡献网络密度为0.0091，说明国际上在对文旅深度融合新业态研究过程中，各个机构之间的合作力度不强、合作范围较小，各个研究机构之间应该开展广泛的交流合作。

由表 2-8 可知，文旅深度融合新业态研究领域英文文献发文量较高的机构主要为伊斯兰阿萨德大学、香港理工大学、铭传大学、中山大学、奥塔哥大学、中国科学院、约翰内斯堡大学、庆熙大学、诺丁汉大学、中国科学院大学等十所高校或机构。从研究机构性质的角度分析，文旅深度融合新业态研究英文发文量大多集中于高校，机构类型非常单一。表明现阶段，国际上对文旅深度融合新业态展开研究的主要为高校，而且我国高校在文旅深度融合新业态研究领域中具有一定的国际影响力。

表 2-8　　　　　　　　文旅深度融合新业态研究领域英文文献发文量较高机构

发文量（篇）	机构名称	机构性质	国家
14	伊斯兰阿萨德大学	高校	澳大利亚
14	香港理工大学	高校	中国
10	铭传大学	高校	中国
8	中山大学	高校	中国
6	奥塔哥大学	高校	新西兰
6	中国科学院	研究机构	中国
6	约翰内斯堡大学	高校	南非
5	庆熙大学	高校	韩国
5	诺丁汉大学	高校	英国
5	中国科学院大学	高校	中国

其次，进行文旅深度融合新业态研究领域的中文文献作者和研究团队分析。

关于文旅深度融合新业态研究中文文献作者分析，本书将从中国知网（CNKI）数据库中所得的数据导入 CiteSpace 中，其中，NodeTypes 设置为 Author，Selection Criteria Top N 设置为 30。为确保 CiteSpace 运行后所得图像简洁易读，对其进行修剪，选中 Pruning 栏下的 Pathfinder 以及 Pruning sliced networks，其余设置均选用默认值，通过对其进行可视化分析，得到文旅深度融合新业态研究领域的中文文献作者合作可视图，如图 2-7 所示。

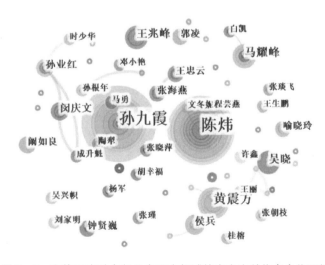

图 2-7　文旅深度融合新业态研究领域的中文文献作者合作可视图

由图 2 - 7 可以看出,孙九霞关于文旅深度融合新业态研究的发文量最高。总的来看,各个机构之间的连线只有 75 条,节点(即作者)有 216 个,贡献网络密度为 0.0032,说明国内针对文旅深度融合新业态的研究尚不成熟,且各个作者之间缺乏合作联系,整体上并未形成紧密的科研合作团队。将从 CiteSpace 中所得数据导出,整理得到文旅深度融合新业态研究领域中文文献发文量较高的作者,如表 2 - 9 所示。

表 2 - 9   文旅深度融合新业态研究领域中文文献发文量较高的作者

作者	发文量(篇)	单位
孙九霞	23	中山大学
陈炜	22	贺州学院
黄震方	10	南京师范大学
马耀峰	8	陕西师范大学
王兆峰	7	吉首大学
吴晓	7	吉首大学
闵庆文	6	中国科学院地理科学与资源研究所
孙业红	6	北京联合大学
侯兵	6	扬州大学

由表 2 - 9 可知,国内对文旅深度融合新业态研究较为重要的学者有孙九霞、陈炜、黄震方、马耀峰、王兆峰、吴晓、闵庆文、孙业红、侯兵等人,因此,在进行文旅深度融合新业态研究时可以重点参考以上学者文章,但是其发文量相比于国外针对文旅深度融合新业态研究的发文量较低,说明国内对文旅深度融合新业态的研究尚不成熟。其中,来自中山大学的孙九霞主要致力于文化治理、世界文化遗产地、旅游流动等方面的研究;来自贺州学院的陈炜主要致力于旅游安全、旅游开发、盐文化遗产、旅游开发模式、非物质文化遗产等方面的研究;来自南京师范大学的黄震方主要致力于旅游经济、旅游资源、生态旅游、旅游业、旅游开发等方面的研究;来自陕西师范大学的马耀峰主要致力于入境旅游、旅游产业、旅游动机等方面的研究;来自吉首大学的王兆峰主要致力于旅游产业集群、旅游业、旅游产业、民族文化旅游等方面的研究;来自吉首大学的吴晓主要致力于消费文化、民间艺术、民间文学等方面的研究;来自中国科学院地理科学与资源研究所的闵庆文主要致力于农业经济、环境科学与资源利用、文化等方面的研究;来自北京联合大学的孙业红主要致力于农业文化遗产、农业文化遗产地、可持续旅游、生态价值、中国旅游研究等方面的研究;来自扬州大学的侯兵主要致力于文化旅游、城市旅游、旅游影响、区域一体化等方面的研究。

关于文旅深度融合新业态研究中文文献团队分析,本书将从中国知网(CNKI)数据库中所得的数据导入 CiteSpace 中,其中,NodeTypes 设置为 Institution,Selection Criteria Top N 设置为 30。为确保 CiteSpace 运行后,所得图像能够简洁易读,对其进行修剪,选中 Pruning 栏下的 Pathfinder 以及 Pruning sliced networks,其余设置均选用默认值,通过对其进行可视化分析,得到文旅深度融合新业态研究的中文文献研究机构可视图,如图 2 - 8 所示。

由图 2 - 8 可以看出,中山大学旅游学院对有关文旅深度融合新业态研究的中文文献发文量最高,并与四川大学旅游学院、吉首大学商学院、北京联合大学旅游学院、陕西师范大学旅游与环境学院等多所机构之间有密切的合作关系。总的来说,各个研究机构之间的连线有 46 条,节点(即研究机构)有 200 个,贡献网络密度为 0.0023,说明国内针对文旅深度融合新业态研究领域的研究机构之间合作交流力度非常低,各个研究机构之间应该建立研究机构交流群体。

将 Citespace 中的数据导出,得到文旅深度融合新业态研究领域中文文献发文量排名前 10 位的机构,如表 2 - 10 所示。

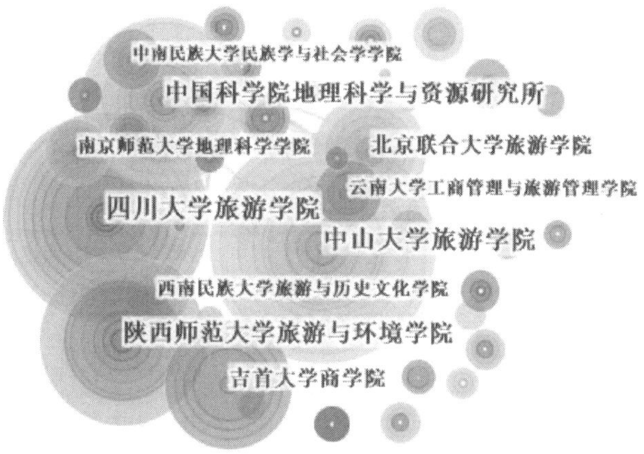

图 2 - 8　文旅深度融合新业态研究领域中文文献研究机构合作可视图

表 2 - 10　　　　　　　　　　　文旅深度融合新业态研究领域中文文献高发文量机构

发文量（篇）	机构名称	机构性质	地区
38	中山大学旅游学院	高校	华南地区
35	四川大学旅游学院	高校	西南地区
28	陕西师范大学旅游与环境学院	高校	西北地区
28	中国科学院地理科学与资源研究所	科研机构	华北地区
21	吉首大学商学院	高校	华中地区
19	北京联合大学旅游学院	高校	华北地区
11	西南民族大学旅游与历史文化学院	高校	西南地区
11	云南大学工商管理与旅游管理学院	高校	西南地区
11	南京师范大学地理科学学院	高校	华东地区
10	中南民族大学民族学与社会学学院	高校	华中地区

由表 2 - 10 可知，文旅深度融合新业态研究领域中文文献中发文量排名前三的研究机构分别为：中山大学旅游学院、四川大学旅游学院、陕西师范大学旅游与环境学院。从研究机构的类型来看，文旅深度融合新业态研究中文发文量排名前 10 位的机构，有 9 个是高校，机构类型十分单一，因此，本书认为文旅深度融合新业态的研究主力是各大高校。唯一一个科研机构为中国科学院地理与资源研究所。从研究机构的地域角度来看，文旅深度融合新业态研究的中文研究机构分布较为均衡，各个地区对该领域的研究都已初具规模。

第五，国内外针对文旅深度融合新业态研究领域的研究热点及前沿分析。

通过对文旅深度融合新业态研究领域中的共词分析和突变分析，可以直观地反映出该研究领域的研究热点和前沿，进而准确把握该领域的学术研究范式，更加清晰地发现该研究领域的学术空白，为准确选择学术研究方向提供指导。

首先，对文旅深度融合新业态领域研究热点进行分析。

将从 WOS 数据库中所得的数据导入 CiteSpace 中，其中，NodeTypes 设置为 Keyword，Selection Criteria Top N 设置为 20。为确保 CiteSpace 运行后，所得图像能够简洁易读，对其进行修剪，故选中 Pruning 栏下的 Pathfinder 以及 Pruning sliced networks，其余设置均选用默认值，通过对其进行可视化分析，得到文旅深度融合新业态研究英文文献关键词共线图后，选择 Timeline 显示，采用 Keyword 聚类，选择 Log - Likeli-hood Ratio （LLR），在对图像进行调整后得到文旅深度融合新业态英文文献研究热点图，如图 2 - 9 所示。

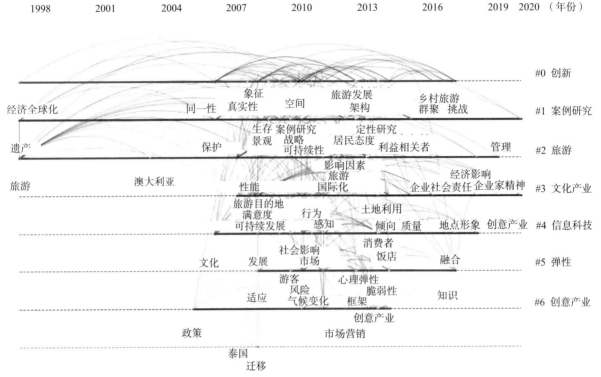

图 2 - 9 文旅深度融合新业态研究领域英文文献研究热点图

由图 2 - 9 可知，文旅深度融合新业态英文文献研究领域的高频关键词聚类共 7 个类别，分别为创新（innovation）、案例研究（case study）、旅游（tourism）、文化产业（cultural industry）、信息科技（information technology）、弹性（resilience）、创意产业（creative industries）。这 7 个类别代表了文旅深度融合新业态英文文献研究领域的研究热点。在所得聚类视图中，通过对各个关键词按照时间顺序梳理，对其进行提取，得到文旅深度融合新业态研究领域英文文献学术研究热点脉络。如表 2 - 11 所示。

表 2 - 11 　　　　　　　　　　　　文旅深度融合新业态研究领域英文文献热点关键词脉络

年份	关键词
1997	全球化、遗产、旅游
2003	澳大利亚
2005	政策
2006	身份、保护、文化
2007	可持续发展、工业
2008	泰国、多元文化、代表性、移民、适应、发展、旅游业、真实性、目的地、表现、满意度、体验
2009	社会文化变迁、民族主义、生存、旅游影响、景观、空间、管理
2010	风险、社会影响、游客、公民社会、案例研究、采用、形象、战略、视角、可持续性、文化遗产、感知、文化旅游、模式、影响
2011	国际化、金伯利、市场、遗产旅游、气候变化、行为、旅游发展、可持续旅游、中国
2012	秘鲁、先例、营销、旅游、酒店、生态旅游
2013	性别、品牌、纽约、哥斯达黎加、玛雅、定性研究、信任、自我、体现、加纳、酒店管理、岛屿、框架、地理、居民态度、社区、经济、城市
2014	进步、反思、文化资本、消费者、政治、珊瑚礁、土地使用、需求、建筑、脆弱性、弹性、民族志、食品、酒店、设计、创意产业、场所、质量、态度、创新

年份	关键词
2015	参与、利益相关者、消费
2016	集群、服务质量、合作
2017	乡村旅游、融合、挑战、知识
2018	创业精神、目的地形象、经济影响、意向
2019	企业社会责任、激励
2020	治理、文化产业

由表 2 - 11 可知，2008 年，英文文献研究热点关键词明显增多，说明此时文旅深度融合新业态研究正式成为学术界的研究热点，学者们在这一时期主要是对旅游业发展的满意度、发展经验、发展绩效进行研究。随着时间的推移，研究文旅深度融合新业态的学者越来越多，并且各个学者的研究视角、研究重点、研究方法均各有特色。2010 年，学者们开始重点关注文化旅游产业可持续性发展的重要性；2014 年，游客行为、资源再利用、创意产业、发展质量首次成为研究热点，这表明在文旅深度融合新业态的英文文献研究领域中，学者们开始重视产业发展绩效，在一定程度上反映了国际上对文旅深度融合新业态的研究逐渐开始成熟，之后学者们的研究重点主要集中在文旅深度融合新业态的发展与其他因素之间的相互作用关系上，诸如文化旅游、经济、游客行为、企业社会责任等的相互作用关系。

其次，国内针对文旅深度融合新业态研究领域的研究热点分析。

本书将从中国知网（CNKI）数据库中所得的数据导入 CiteSpace 中，其中，NodeTypes 设置为 Keyword，Selection Criteria Top N 设置为 20。为确保 CiteSpace 运行后，所得图像能够简洁易读，对其进行修剪，故选中 Pruning 栏下的 Pathfinder 以及 Pruning sliced networks，其余设置均选用默认值，通过对其进行可视化分析，得到文旅深度融合新业态中文文献研究关键词共线图后，选择 Timeline 显示，采用 Keyword 聚类，选择 Log - Likeli-hood Ratio（LLR），在对图像进行调整后得到文旅深度融合新业态研究领域中文文献研究热点图，如图 2 - 10 所示。

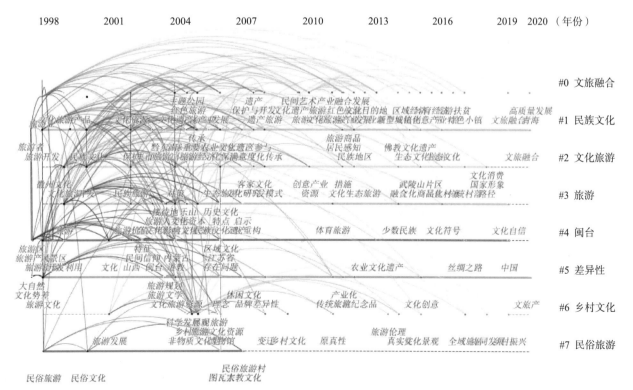

图 2 - 10　文旅深度融合新业态研究领域中文文献研究热点图

由图 2 - 10 可知，文旅深度融合新业态研究领域中文文献的高频关键词聚类共 8 个类别，分别为文旅融合、民族文化、文化旅游、旅游、闽台、差异性、乡村文化、民俗旅游。这 8 个类别代表了文旅深度融合新业态研究领域中文文献的研究热点。在所得聚类视图中，通过对各个关键词按照时间顺序梳理，对其进行提取，得到文旅深度融合新业态研究领域中文文献学术研究热点脉络。如表 2 - 12 所示。

表 2 - 12　　　　　　　　　　文旅深度融合新业态研究领域中文文献学术研究热点脉络

年份	关键词
1998	文化势差、大自然、我国古代、经济文化一体化、旅游业可持续发展、旅游区、旅游产品、民俗旅游、旅游者、旅游文化、旅游业、旅游资源、旅游开发
1999	风景区、文化旅游产品、徽州文化、开发利用、旅游、文化旅游
2000	民俗文化、开发、民俗旅游
2001	文化
2002	旅游价值、山西、文化资源、保护、民俗旅游
2003	集市旅游、发展模式、民间信仰、特征、民间信仰文化、社会文化影响、闽台、佛教文化
2004	道教、接待地、旅游文学、影响、旅游规划、内蒙古、消费、旅游形象、黔东南、社会文化、旅游人类学、文化旅游资源、民族文化旅游、对策、可持续发展、文化遗产
2005	主题公园、历史文化名城、现代化、利用、科学发展观、乐山、文化资本、贵州、传承、旅游经济、红色旅游、文化变迁、乡村旅游、文化产业非物质文化遗产
2006	民族文化遗产、存在问题、特点、休闲旅游、开发现状、全球重要农业文化遗产、图瓦人、历史文化、理念、江苏省、区域文化、旅游文化资源、博物馆、发展、生态旅游、文化保护
2007	文化研究、文化重构、品牌、宗教文化、启示、休闲文化、黑衣壮、民俗旅游村、满意度
2008	差异性、变迁、保护与开发、遗产、社区参与、客家文化、遗产旅游、开发模式、文化传承
2009	乡村文化
2010	资源、创意产业、民间艺术、文化遗产旅游、旅游产业
2011	原真性、传统文化、文化旅游产业、体育旅游
2012	措施、居民感知、旅游商品、产业化、产业融合发展、旅游影响、文化生态旅游、红色文化、旅游纪念品、融合发展、民族地区
2013	农业文化遗产、旅游目的地、产业融合
2014	新型城镇化、融合、旅游伦理、真实性、少数民族
2015	区域经济、文化商品化、文化景观、文化遗产地、武陵山片区、佛教文化遗产、文化认同、生态文化旅游、文化创意产业、文化创意
2016	民族村寨、生态文化、体育经济、文化符号、"一带一路"
2017	丝绸之路、传统村落、旅游扶贫、特色小镇、全域旅游
2018	协同发展、路径、旅游景点、国家形象、文化消费
2019	中国、文化自信、乡村振兴、文旅融合
2020	青海、东亚文化之都、高质量发展、文旅融合发展、文旅产业

由表 2 - 12 可知，文旅深度融合新业态中文文献学术研究脉络与英文文献相比较多，说明国内对文旅深度融合新业态领域的研究较为成熟。自 2004 年以来，热点突现关键词明显增多，并且主要集中在旅游文学、旅游规划、旅游形象、社会文化、旅游人类学、文化旅游资源、民族文化旅游、对策、可持续发展、文化遗产等方面，说明自 2004 年起我国针对文旅深度融合新业态的研究已经趋于成熟。其中，文化遗产这一关键词自 2004 年成为文旅深度融合新业态研究中文文献的热点关键词，这表明我国文化旅游产

业研究的重心逐渐向文化遗产方向转变。2016 年，"一带一路"成为文旅深度融合研究领域的热点关键词，这表明随着我国区域协调发展和城乡经济一体化的发展，"一带一路"倡议取得了显著的成效。2018 ~ 2020 年则更多地开始关注高质量发展、创新发展等方面的研究。

最后，文旅深度融合新业态研究领域的研究前沿分析：

研究前沿不仅可以反映科学研究的进展和发展趋势，还可以反映该科学研究是否具有研究价值。本书利用 CiteSpace 的提取词频变化率突变的关键词，进而对文旅深度融合新业态的研究进行前沿分析。

本书将从 WOS 数据库中所得的数据导入 CiteSpace 中，其中，NodeTypes 设置为 Keyword，Selection Criteria Top N 设置为 20，其余设置均选用默认值，通过对其进行可视化分析，得到文旅深度融合新业态研究领域英文文献关键词共线图后，将 Burstness 下的 Minimum Duration 设置为 4，提取突变最少保持 4 年的关键词，如表 2 - 13 所示。

表 2 - 13　　　　　　　　　　　文旅深度融合新业态研究领域英文文献前沿术语

关键词	强度	初始年份	结束年份	1994 ~ 2020 年
旅游	11. 2631	1997	2007	
全球化	3. 689	1997	2009	
同一性	4. 5943	2006	2011	
文化	3. 3517	2006	2009	
气候改变	4. 1139	2011	2014	
旅行	3. 3638	2012	2015	
生态旅游	4. 7251	2015	2018	

注：▬▬为关键词突然增加的年份，▬▬为关键词无显著变化的年份，下同。

由表 2 - 13 可知，1997 ~ 2011 年文旅深度融合新业态研究英文文献突现关键词为旅游（tourism）、全球化（globalization）、同一性（identity）、文化（culture），说明在国际上文旅深度融合新业态成为研究热点的发展初期，学者们的研究重点为文化产业和旅游产业之间的关系；2011 ~ 2018 年文旅深度融合新业态研究英文文献突现关键词为气候改变（climate change）、旅行（travel）、生态旅游（ecotourism），说明在这一时期，学者们重点关注旅游业与生态环境之间的关系。通过以上对文旅深度融合新业态英文文献研究领域的前沿分析，可以看出，在新时代背景下，学者们对于文旅深度融合新业态领域英文文献研究前沿在于文化旅游产品开发、游客行为两个方面，这与目前旅游产业的发展部署一致，因此，本书认为近年的文旅深度融合新业态领域的英文文献对我国学者研究文旅深度融合新业态具有参考价值。

本书将从中国知网（CNKI）数据库中所得的数据导入 CiteSpace 中，其中 NodeTypes 设置为 Keyword，Selection Criteria Top N 设置为 20。其余设置均选用默认值，通过对其进行可视化分析，得到文旅深度融合新业态研究领域中文文献关键词共线图后，将 Burstness 下的 Minimum Duration 设置为 5，提取突变最少保持 5 年的关键词，如表 2 - 14 所示。

表 2 - 14　　　　　　　　　　　文旅深度融合新业态研究领域中文文献前沿术语

关键词	强度	初始年份	结束年份	1998 ~ 2020 年
旅游文化	7. 7943	1998	2009	
旅游产品	5. 295	1998	2009	
旅游资源	6. 7524	1998	2004	
旅游区	3. 5239	1998	2004	
旅游业	9. 1253	1998	2005	
开发	7. 059	2000	2004	

关键词	强度	初始年份	结束年份	1998～2020 年
民族文化	3.3968	2000	2004	
民俗文化	4.9871	2000	2009	
文化	5.6395	2001	2010	
保护	9.7733	2004	2011	
可持续发展	3.5774	2004	2009	
对策	4.1931	2004	2010	
生态旅游	3.3181	2006	2010	
民族地区	4.7771	2012	2016	
旅游产业	12.4108	2013	2020	
产业融合	8.1941	2013	2020	
文化创意	5.6668	2015	2020	

由表 2-14 可知，1998 年之前未出现文旅深度融合新业态文献突现关键词，说明在 1998 年以前，我国对于文旅深度融合新业态的研究尚不成熟，没有形成鲜明的学术前沿。1998～2005 年文旅深度融合新业态中文文献突现关键词为旅游资源、旅游区、旅游业，说明国内文旅深度融合新业态的学术前沿领域形成初期，学者们的研究重点为探寻旅游资源；2000～2004 年的文旅深度融合新业态中文文献突现关键词为开发、民俗文化，说明学者们已经重视文化要素在旅游产业发展过程中的重要性；2004～2009 年的文旅深度融合新业态中文文献突现关键词为可持续发展，说明学者们已经开始重视产业发展的可持续性；2009～2011 年文旅深度融合新业态中文文献突现关键词为对策、生态旅游，说明学者们普遍认为发展生态旅游是推进新业态实现可持续性发展的有效路径；2012～2016 年文旅深度融合新业态中文文献突现关键词为民族地区，说明从研究地域的角度分析，学者们已经意识到民族地区文化产业的内在价值；2016～2015 年文旅深度融合新业态中文文献突现关键词为旅游产业、产业融合、文化创意，说明国内学者开始重视产业融合和提高文化创意水平对推进文旅深度融合新业态发展的重要性。

第六，文旅深度融合新业态研究的学术史理论梳理。

文旅融合是指文化、旅游等产业与其他要素之间在相互渗透、交叉汇合或者整合重组的过程中，逐渐打破原有自身的产业边界或者要素领域，彼此之间相互融合，进而形成一个全新的共生体的发展过程与融合现象。文旅融合的主要目的是全面推进文旅深度融合，是实现国家战略的一项重要举措，文旅融合不仅可以持续壮大旅游业发展规模、提升旅游业服务质量和产品质量，还能够让人们更加坚定文化自信，进而推进社会文化繁荣发展，给人们追求诗与远方的情怀。曹诗图（2016）最早提出了"文旅融合"的观点。相比于单一的旅游业，文旅融合不仅是为了旅游而存在，还要充分考虑旅游业与当地居民生活需求之间的关系，诸如历史街区、道路、生态环境等基础设施，因此，功能融合是文旅融合的重要表现。旅游消费群体对文旅融合的追求，更多体现在对文化与自然环境、地区风俗习惯的一种向往，希望通过旅游陶冶情操、放松身心。

国内外对文旅深度融合的研究重点不同，国外对文旅融合的研究较早，起始于 20 世纪 80 年代，其研究的最主要内容包括文化行业或活动对旅游产业发展影响、旅游产业与文化产业之间的政策关系。其中，在文化行业或活动对旅游产业发展的影响方面，谢世明（2013）指出，出境旅游对国家软实力发展具有促进作用。尤泽福维奇（Juzefovic，2015）指出，创意旅游是地域文化和民俗风情等多种要素结合而成的综合性产物，让游客对旅游的体验感不仅仅是对自然旅游景点的欣赏，更是体验一种新奇的民俗文化。国内学者对文旅融合的研究始于 20 世纪 90 年代，目前，研究的主要内容包括文旅融合的发展模式、融合机制、地区发展状况等方面。目前，文旅融合是国内研究的热点之一，其研究的主要内容主要集中在文化产业与旅游产业之间的协调关系、运行模式、实现路径和动力机制等方面。在文化产业与旅游产业的协调关系方面，毕绪龙（2018）从旅游学和经济学的角度指出，推进文旅深度融合要重点把握以下六大关系，分别为文化旅游和旅游文化之间的关系、文化资源与旅游资源之间的关系、文化产业与旅游产业之间的关系、公共文化服务与旅游公共服务之间的关系、特色文化产品与旅游纪念品之间的关系、文化遗产保护与旅游资源开发之间的关系。宋瑞（2019）从文化产业和旅游产业融合发展所涉及的内容出发，指出推进文旅深度融合，要注意平衡好以下四对关系，分别为共性与个性之间的关系、事业与产业之间的关系、政府与市场之间的关系、游客和居民之间的关系。在文旅融合的运行模式方面，潘熙宁（2019）指出，文化产业和旅游产业大致已经形成以下几种融合模式，分别为文化景观模式、主题公园模式、特色小镇模式、旅游演艺模式、文创开发模式、文化节庆模式。在文旅融合的实现路径方面，王德刚（2020）指出，在文旅融合发展过程中要充分认识文化要素的重要性，注意区别不同文化在旅游业中的作用，同时，在旅游服务过程中嵌入特色文化，让服务更有魅力。在推进文旅融合的动力机制方面，刘阳（2019）从供需的角度出发，指出旅游业资源供给的延伸性、旅游产品供需边界的不确定性是推进文旅深度融合的内在机制；传统旅游产业高质量发展的要求、旅游消费的不断升级、市场竞争的高压力及政策引导的支持力是推进文旅深度融合的外在动力。

2.1.2　文旅深度融合新业态研究的文献计量结论

本书利用 CiteSpace，对从 WOS 和 CNKI 数据库中检索的时间跨度为 2000 ~ 2021 年的有关文旅深度融合新业态、文化遗产系统性保护、文旅深度融合新业态与文化遗产系统性保护协同模式三个方面的文献数据进行了多方位的分析，并由此得出如下结论。

关于文旅深度融合新业态研究的文献计量结论如下：

一是文旅深度融合新业态研究国内外发文量统计分析得出的结论。研究发现国内关于文旅深度融合新业态的发文量高于国外文献发文量，说明目前关于文旅深度融合新业态的研究在国内是研究热点之一，其在中国文旅产业发展过程中具有重要地位。通过对发文量的统计分析发现，美国发文量排名第一，在国际上位于核心地位，并形成了以美国为核心的研究群体。中国发文量排名第二，并且已经形成以中国为核心的关键节点，因此，本书认为我国在文旅深度融合新业态的研究在国际上有一定的影响力。

二是文旅深度融合新业态研究国内外作者团队和机构分析得出的结论。研究发现文旅深度融合新业态研究的英文文献作者共被引网络结构构件良好，并形成了以约翰·厄里、以法莲·科恩、科林·迈克尔·霍尔等为核心的多个学术联盟。但是英文发文机构类型对文旅深度融合新业态的研究多集中于高校，即研究机构类型十分单一，并且中国对于文旅深度融合新业态的研究规模相对较大，说明中国高校在文旅深度融合新业态研究领域中具有较大的影响力。通过对文旅深度融合新业态研究中文文献作者共被引分析，研究发现孙九霞、陈炜、黄震方、马耀峰、王兆峰、吴晓、闵庆文、侯兵是文旅深度融合新业态研究领域中具有一定影响力的学者，同时，通过对中文发文机构的类型进行分析发现，我国针对文旅深度融合新业态研究的研究机构之间的合作交流力度非常低，各个研究机构之间应该建立研究机构交流群体，不断加强彼此之间的合作交流力度。

三是文旅深度融合新业态研究领域的国内外文献研究热点及前沿分析得出的结论。国外对文旅深度融合新业态的研究大多集中在创新、案例研究、旅游、文化产业等方面；国内对文旅深度融合新业态的研究大多集中在文旅融合、民俗文化、文化旅游等方面。

2.2　文化遗产系统性保护的文献计量研究

2.2.1　文献计量研究

本书的文化遗产包括工业、农业、商业、教育和军事五部分，涉及范围广，因此分别对这五部分进行相应的文献计量分析。

第一部分：工业文化遗产系统性保护的文献计量分析。

第一，研究数据和发文量的初步分析。

首先，主要从 WOS 获得英文研究数据，为避免利用 WOS 检索所搜集到的文献出现字段缺失的问题，采用核心数据库（Web of Science Core Collection）对其进行检索。其中，检索式为：TS = (Industrial heritage protection) OR TS = (Industrial heritage development) OR TS = (Industrial heritage utilization)；语种：English；文献类型：Article；时间跨度为：1991 年 1 月至 2020 年 10 月，检索时间为 2020 年 10 月 4 日。删除不相关文献后，共得到有效的文献数量为 750 篇。将所得文献数据导入 Citespace 中对其进行初步检验，再对其进行除重后，最终进行工业文化遗产系统性保护领域文献计量分析所用有效的 WOS 文献数据有 413 条。

其次，主要从中国知网（CNKI）获得中文研究数据，文献检索类型先定位核心期刊及 CSSCI 期刊，其中，检索式为：主题 = "工业遗产保护" OR 主题 = "工业遗产利用" OR 主题 = "工业遗产开发"；时间跨度为：1991 年 1 月至 2020 年 10 月，检索时间为 2020 年 10 月 4 日；文献类型为期刊文献；期刊限定为核心期刊；共检索出文献 523 篇，在对文献进行筛选，去除不相关的文献之后，共得到有效的文献数量为 507 篇。将所得文献数据导入 Citespace 中对其进行初步检验，软件运行结果良好，不存在数据丢失的现象，最终进行工业文化遗产系统性保护领域文献计量分析所用有效的 CNKI 文献数据有 507 条。

最后，将上述工业文化遗产系统性保护领域中的数据导出，按照文献的发文年份和发文数量进行信息整合，整合后利用 Excel 进行分析，进而得到 1991 年 1 月至 2020 年 9 月的工业文化遗产系统性保护研究领域英文文献与中文文献的发文数量比较图，如图 2 - 11 所示。

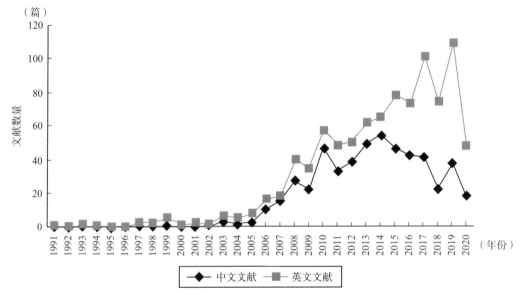

图 2 - 11 1991 ~ 2020 年工业文化遗产系统性保护研究领域中英文文献分布

由图 2 - 11 可知，工业文化遗产系统性保护中英文发文量差异不大，1991 年出现第一篇关于工业文化遗产系统性保护的英文文献；1991 ~ 2002 年关于工业文化遗产系统性保护研究领域仍只有英文文献，说明在这一阶段我国仍尚未形成较为成熟的工业文化遗产系统性保护思想体系；2003 年，国内出现第一篇涉及工业文化遗产系统性保护的文章，说明此时我国已经初步形成工业文化遗产系统性保护的思想体系；2005 ~ 2010 年，中文文献和英文文献发文量均呈现出迅速增长的趋势；2005 ~ 2020 年中文文献和英文文献发文量整体上均呈现出上升的趋势，但英文文献发文量始终高于中文文献发文量，因此，本书认为国外在工业文化遗产系统性保护水平上高于国内。

第二，工业文化遗产系统性保护研究的国家分析。

在文献计量的过程中，对文献国家进行分析，可以帮助学者们更好把握某一研究领域在国际上较为权威的国家。本书利用 CiteSpace 得到在工业文化遗产系统性保护研究中的国家共现网络关键节点，进而分析得出在该研究领域中国际影响力较高的国家，不仅可以为学者们在该领域的研究中提供一定的借鉴和指导作用，还能帮助学者们对自己国家在该研究领域中的国际地位有一个清晰的认识，为其今后的研究方向、研究重点提供一定的指导。

将从 WOS 数据库中所得的数据导入 CiteSpace 中，其中，NodeTypes 设置为 Country，Selection Criteria Top N 设置为 50，其余设置均选用默认值，接着将从 CiteSpace 中所得的数据整理成 Excel 表格，分别提取"国家"和"发文量"两个字段下的数据，得到不同国家在工业文化遗产系统性保护研究领域发文量排名，如图 2 - 12 所示。从图 2 - 12 中可以看出，发文量排名前十的国家大多为发达国家。其中，意大利发文量为 45 篇，排名第一；美国发文量为 43 篇，排名第二；中国发文量为 41 篇，排名第三。

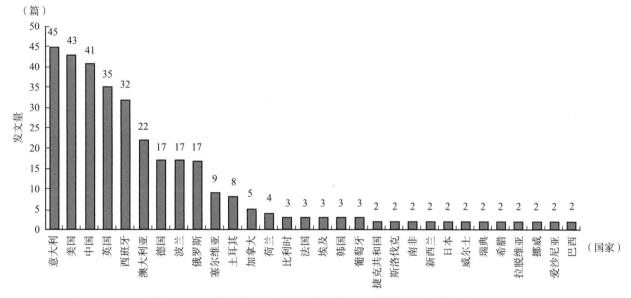

图 2 - 12　工业文化遗产系统性保护研究领域国家发文量排名分布

将从 WOS 数据库中所得的数据导入 CiteSpace 中，其中，NodeTypes 设置为 Country，Selection Criteria Top N 设置为 50，其余设置均选用默认值，通过对其进行可视化分析，得到工业文化遗产系统性保护国家知识图谱，如图 2 - 13 所示。

图 2 - 13　工业文化遗产系统性保护研究领域的国家共现图

由图 2 - 13 可知，在工业文化遗产系统性保护研究领域中，中国和美国均与英国、德国、意大利、俄罗斯、西班牙、澳大利亚等国家存在密切的合作伙伴关系。因此，本书认为我国在工业文化遗产系统性保护的研究领域中具有一定的地位。

在 CiteSpace 分析所得结果中，一般认为中心度数值越大表示该节点的关键性越高，中心度的数值越小表示该节点的关键性越低，基于此，对各个国家中有关工业文化遗产的发文中心性进行分析，进而得出各国在各个节点的关键性，并进一步判断某一国家与其他国家在该研究领域中是否存在密切的合作关系。本书将中心度为 0.1 看作关键节点，并以中心度大于 0.1 为标准，提取关键节点，如表 2 - 15 所示。

表 2 – 15　　　　　　　　工业文化遗产系统性保护研究领域国家共现网络关键节点

频次	中心度	首次发表年份	国家
17	0.34	2017	俄罗斯
35	0.33	2011	英国
17	0.29	2010	德国
43	0.22	1998	美国
32	0.19	2008	西班牙
41	0.10	2009	中国

　　由表 2 – 15 可以看出，在工业文化遗产系统性保护的研究中只有 6 个国家的中心度大于 0.1，分别为俄罗斯、英国、德国、美国、西班牙、中国，其他国家的中心度均小于 0.1，因此，本书认为这 6 个国家在工业文化遗产系统性保护研究领域位于各个国家合作的网络关键节点。在这 6 个国家中，研究最早的国家为美国，且发文量排名第二，因此，本书认为美国作为世界上最大的发达国家，高度重视工业文化遗产系统性保护问题，并且美国学者们针对工业遗产的研究在国际地位上有一定的影响力。中国在工业遗产研究领域的发文量排名第三，因此，本书认为中国在工业文化遗产系统性保护研究方面具有一定的地位和影响力。

　　第三，工业文化遗产系统性保护研究领域的期刊分析。

　　对工业文化遗产系统性保护研究的期刊进行分析，可以帮助学者们准确把握在该研究领域中的权威期刊，进而帮助后续学者们在研究中高效地进行文献检索。本书主要利用期刊共被引来对各个期刊进行分析。与此同时，本书还将对工业文化遗产系统性保护研究领域的共被引的中心度进行分析。通过对期刊转载量进行分析，探析各个期刊在工业文化遗产系统性保护研究领域中的信息储备、传输能力。

　　首先，对工业文化遗产系统性保护研究领域的英文期刊进行分析。

　　本书将从 WOS 数据库中所得的数据导入 CiteSpace 中，其中，NodeTypes 设置为 Cited Journal，Selection Criteria Top N 设置为 30。为确保 CiteSpace 运行后，所得图像能够简洁易读，对其进行修剪，故选中 Pruning 栏下的 Pathfinder 以及 Pruning sliced networks，其余设置均选用默认值，通过对其进行可视化分析，得到工业文化遗产系统性保护研究领域英文期刊共被引可视图，如图 2 – 14 所示。

图 2 – 14　工业文化遗产系统性保护研究领域英文期刊共被引可视图

由图 2 - 14 可以看出，英文文献中有关工业文化遗产系统性保护的研究，主要集中在《论文》（*Thesis*）、《旅游研究年鉴》（*Annals of Tourism Research*）、《旅游管理》（*Tourism Management*）、《国际遗产研究杂志》（*International Journal of Heritage Study*）、《城市研究》（*Urban Study*）、《文化遗产杂志》（*Journal of Cultural Heritage*）、《可持续发展 - 巴塞尔》（*Sustainability - Base*）7 本期刊，并且其期刊引用频次明显高于其他期刊。《论文》《旅游研究年鉴》《旅游管理》《国际遗产研究杂志》4 本期刊的引用频次明显高于其他期刊的引用频次，其中《论文》主要刊发政治学、国际关系、教学和教育研究、经济学、语言学、媒体研究、传播学等方面的论文。《旅游研究年鉴》主要刊发环境科学、酒店休闲体育及旅游、社会学等方面的论文研究。该期刊 2015 年的影响因子为 2.685，在 43 种 SSCI 环境酒店休闲体育及旅游期刊中排第 16 名。《旅游管理》主要刊发国际、国家和区域旅游的规划和政策方面的论文，涉及旅游具体管理的相关研究，该期刊 2015 年的影响因子为 2.554，在 185 种 SSCI 学科管理学期刊中排第 28 名。《国际遗产研究杂志》主要刊发包括遗产研究、博物馆研究、历史、旅游研究、社会学、人文学、文化地理学、法律等方面的论文，该期刊 2015 年的影响因子为 0.721，在 95 种 SSCI 学科社会学及交叉科学期刊中排第 46 名。

在 CiteSpace 5.6 软件分析所得结果中，一般认为中心度数值越大表示该节点的关键性越高，中心度的数值越小表示该节点的关键性越低，基于此，从期刊共被引的中心度角度对其进行分析，进而得出各国在各个节点的关键性，将中心度为 0.1 看作关键节点，并以中心度大于 0.1 为标准，提取关键节点，得到工业文化遗产系统性保护研究领域的英文期刊共被引网络的关键节点，如表 2 - 16 所示。

表 2 - 16　　　　　　　　　　工业文化遗产系统性保护研究领域英文期刊共被引网络关键节点

期刊名称	被引频次	首次出现年份	中心度
《旅游地理学》	25	2014	0.21
《旅游研究年鉴》	43	1999	0.18
《国际遗产研究杂志》	40	2009	0.18
《国际人居》	18	2014	0.18
《城市》	17	2015	0.18
《旅游管理》	40	2008	0.17
《大气环境》	4	2008	0.14
《全环境科学》	13	2008	0.12
《文化遗产杂志》	35	2011	0.11
《可持续性旅游期刊》	22	2015	0.11
《景观与城市规划》	14	2012	0.11
《公共科学图书馆》	14	2012	0.11
《地球论坛》	8	2015	0.11

由表 2 - 16 可以看出，《旅游研究年鉴》（*Annals of Tourism Research*）、《国际遗产研究杂志》（*International Journal Heritage Study*）、《旅游管理》（*Tourism Management*）、《文化遗产杂志》（*Journal of Cultural Heritage*）这 4 本期刊在工业文化遗产系统性保护研究领域中的论文质量较高，在该研究领域具有较高的知名度和权威性。因此，本书认为《旅游研究年鉴》《国际遗产研究杂志》《旅游管理》《文化遗产杂志》这 4 本期刊在工业文化遗产系统性保护研究领域中居于核心地位，具有较高的国际地位。

从发文集中度方面来看，本书将从 WOS 数据库中所得的数据导入 CiteSpace 中，其中，NodeTypes 设置为 Source，Selection Criteria Top N 设置为 30，其余设置均选用默认值。将运行结果导入 Excel 中对其期刊名称进行计数，进而得到 1990 ~ 2020 年工业文化遗产系统性保护研究领域英文文献期刊分布，其载文量排名前十二的期刊分布如表 2 - 17 所示。

表 2 - 17   1990~2020 年工业文化遗产系统性保护研究领域英文文献期刊分布（前十二）

期刊名称	载文量（篇）	占比（%）
《文化遗产杂志》	10	1.97
《国际遗产研究杂志》	7	1.38
《可持续发展》	7	1.38
《工业考古学评论》	5	0.99
《城市》	4	0.79
《历史环境：政策与实践》	4	0.79
《地质遗迹》	3	0.59
《海洋与海岸管理》	3	0.59
《欧洲规划研究》	3	0.59
《清洁生产杂志》	3	0.59
《历史地理学杂志》	3	0.59
《旅游管理》	3	0.59

由表 2 - 17 可知，在工业文化遗产系统性保护研究领域中，发文量排名前十二的英文文献期刊发文总量为 55 篇，占比约为 10.84%，没有表现出显著高于其他期刊发文总量的趋势，说明在工业文化遗产系统性保护研究领域中，各个期刊的发文较为均匀，并没有形成较为稳定的期刊群和代表性期刊。在发文量排名前十的英文文献期刊中，各个期刊之间的被引频次差别不大，基于此，本书从载文量的角度分析，认为在工业文化遗产系统性保护的研究领域中，并没有形成具有较高权威性的载文期刊。

其次，对工业文化遗产系统性保护研究领域的中文期刊进行分析。

由于通过中国知网（CNKI）中导出的论文文献数据缺少"参考文献"字段，无法通过 CiteSpace 对中国知网（CNKI）导出的论文文献数据进行共被引分析，因此，对于工业文化遗产系统性保护研究的中文期刊，将从该领域期刊的载文量以及学科研究层次展开研究。

将从中国知网（CNKI）数据库中所得的数据导入 CiteSpace 中，其中，NodeTypes 设置为 Source，Selection Criteria Top N 设置为 30。为确保 CiteSpace 运行后，所得图像能够简洁易读，对其进行修剪，故选中 Pruning 栏下的 Pathfinder 以及 Pruning sliced networks，其余设置均选用默认值，将运行结果导入 Excel 中对其期刊名称进行计数，进而得到 1990~2020 年工业文化遗产系统性保护研究领域中文文献期刊分布，其载文量排名前十的期刊分布如表 2 - 18 所示。

表 2 - 18   1990~2020 年工业文化遗产系统性保护研究领域中文文献期刊分布（前十）

期刊名称	载文量（篇）	占比（%）
《工业建筑》	14	2.77
《建筑学报》	12	2.37
《城市发展研究》	12	2.37
《城市规划》	10	1.98
《中国园林》	9	1.78
《规划师》	8	1.58
《经济地理》	8	1.58
《东南文化》	8	1.58
《世界地理研究》	6	1.19
《现代城市研究》	6	1.19

由表 2 – 18 可知，在工业文化遗产系统性保护研究领域中，发文量排名前十的中文文献期刊发文总量为 93 篇，占比约为 18.58%，没有表现出显著高于其他期刊发文总量的趋势，说明在工业文化遗产系统性保护研究领域中，各个期刊的发文较为均匀，并没有形成较为稳定的期刊群和代表性期刊。在发文量排名前十的期刊中，各个期刊之间的被引频次差别不大，基于此，从载文量的角度分析，认为在工业文化遗产系统性保护的研究领域中，并没有形成具有较高权威性的载文期刊。

按照知网期刊检索的研究层次，对发文量排名前十的期刊进行分类，进而识别出在工业文化遗产系统性保护研究领域具有较高权威性的期刊文献的研究层次，为后续研究在进行文献筛选时提供指导性建议。如表 2 – 19 所示。

表 2 – 19　　　　　　　　　　　工业文化遗产系统性保护研究领域中文核心期刊研究层次

研究层次	期刊名称
基础研究（社科）	《建筑学报》《城市发展研究》《中国园林》《规划师》《经济地理》东南文化》《现代城市研究》
政策研究（社科）	《工业建筑》《城市规划》《世界地理研究》

由表 2 – 19 可知，国内工业文化遗产系统性保护研究主要分布在基础研究（社科）方面，其中，《建筑学报》《城市发展研究》《中国园林》《规划师》《经济地理》《东南文化》《现代城市研究》均属于基础研究（社科），因此，在研究关于工业文化遗产系统性保护中文文献研究领域的社会科学基础研究时，可重点参考以上期刊所发的文献。《工业建筑》《城市规划》《世界地理研究》均归属于政策研究（社科），因此，在研究关于工业文化遗产系统性保护中文文献研究领域的政策研究时，可以重点参考以上期刊所发文献。

通过对中、英文期刊的分析可知，在研究关于文旅深度融合新业态研究领域时，英文文献可以重点参考《旅游研究年鉴》《国际遗产研究杂志》《旅游管理》《文化遗产杂志》等期刊所刊发的文章，中文文献可重点参考《建筑学报》《城市发展研究》《中国园林》等所刊发的文章。

第四，工业文化遗产系统性保护研究团队分析。

主要从作者和研究团队两个方面对工业文化遗产系统性保护领域进行研究团队分析。针对英文文献，主要利用 CiteSpace 进行共被引分析，对研究机构主要利用 CiteSpace 进行合作网络分析；针对中文文献，通过合作网络进行分析。

首先，对工业文化遗产系统性保护研究领域的英文文献作者团队和机构进行分析。

关于工业文化遗产系统性保护研究领域的英文文献作者分析，本书将从 WOS 数据库中所得的数据导入 CiteSpace 中，其中 NodeTypes 设置为 Cited Author，Selection Criteria Top N 设置为 30。为确保 CiteSpace 运行后，所得图像能够简洁易读，对其进行修剪，故选中 Pruning 栏下的 Pathfinder 以及 Pruning sliced networks，其余设置均选用默认值，通过对其进行可视化分析，得到工业文化遗产系统性保护研究领域英文文献作者共被引可视图，如图 2 – 15 所示。

由图 2 – 15 可以看出，工业文化遗产系统性保护研究领域的作者共被引频次在国际上较高的作者主要为联合国教科文组织、史密斯·劳拉简、格雷戈里·理查兹、谢鹏飞、约翰·爱德华兹，将 CiteSpace 计算所得结果导出，整理成工业文化遗产系统性保护研究领域英文文献作者共被引频次排名，因为从 WOS 数据库中所得数据较多，考虑到被引频次较高的作者在该领域中具有较高的国际地位，因此，本书主要列出被引频次较高的前三名作者，如表 2 – 20 所示。

由表 2 – 20 可知，工业文化遗产系统性保护研究领域英文文献中，被引频次排名第二的是史密斯·劳拉简，其被引频次为 12 次，史密斯·劳拉简在过去 30 年内，被引频次最高的论文为《社区遗产的认识与误认》，史密斯·劳拉简通过考察不同利益主体之间的关系，重新定义了遗产领域中关于"社区"的概念，认为无论是在政治领域还是在学术领域，行为主体的行为都有助于促进社会实现公平正义。被引频次排名第二的是格雷戈里·理查兹，其被引频次为 12 次，格雷戈里·理查兹在过去 30 年内，被引频次最高的论文为《斯隆数字天空测量：技术总结》。被引频次排名第三的是谢鹏飞，被引频次为 11 次，论文《发展工业遗产旅游：俄亥俄州托莱多拟建吉普博物馆的案例研究》被引频次最高。

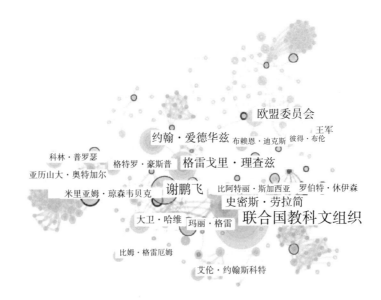

图 2-15　工业文化遗产系统性保护研究领域英文文献作者共被引可视图

表 2-20　　　　工业文化遗产系统性保护研究领域的英文文献作者共被引频次排名（前三）

作者	被引频次	被引频次最高的论文
史密斯·劳拉简	12	社区遗产的认识与误认
格雷戈里·理查兹	12	斯隆数字天空测量：技术总结
谢鹏飞	11	发展工业遗产旅游：俄亥俄州托莱多拟建吉普博物馆的案例研究

在 CiteSpace 分析所得结果中，一般认为中心度数值越大表示该节点的关键性越高，中心度的数值越小表示该节点的关键性越低，基于此，从作者共被引的中心度角度对其进行分析，进而得出各国在各个节点的关键性，将中心度为 0.1 看作关键节点，并以中心度大于 0.1 为标准，提取关键节点，得到工业文化遗产系统性保护研究领域的英文文献作者共被引网络的关键节点，如表 2-21 所示。

表 2-21　　　　工业文化遗产系统性保护研究领域英文文献作者共被引网络关键节点

作者	被引频次	中心度	首次出现年份
米里亚姆·琼森韦贝克	7	0.29	2017
欧盟委员会	4	0.27	2016
巴贝尔·特利莎	2	0.25	2016
格塔丘·阿塞法	2	0.21	2019
德尔·波佐	4	0.20	2015
维克多布·赫利	2	0.17	2017
谢鹏飞	2	0.15	2014
艾伦·麦克阿瑟太阳基金会和麦肯锡商业与环境中心	2	0.15	2019
杜埃·詹姆斯	11	0.15	2016
阿拉娜·格雷奇	2	0.14	2016
迈克尔·帕尔默	3	0.14	2016
路易斯·洛雷斯	4	0.14	2015
路易·吉福斯科吉拉德	4	0.14	2019

续表

作者	被引频次	中心度	首次出现年份
尤哈·阿帕贾拉赫蒂	4	0.14	2019
格雷戈里·埃文斯	2	0.13	2015
国际古迹遗址理事会	4	0.13	2016
蔡弗朗·索瓦	7	0.13	2017
哈维尔·博蒙特	2	0.11	2017
埃斯特班·鲁伊斯巴列斯特罗斯	2	0.10	2008
萨拉·科皮克	4	0.10	2017
埃里卡·阿夫拉米	4	0.10	2019

　　由表 2 - 21 可以看出，米里亚姆·琼森韦贝克、杜埃·詹姆斯、蔡弗朗·索瓦与其他作者之间有密切的关联度，并形成了以他们为中心的多个学术研究联盟。基于此，米里亚姆·琼森韦贝克、杜埃·詹姆斯、蔡弗朗·索瓦在工业文化遗产系统性保护研究领域具有较高的权威性。

　　关于工业文化遗产系统性保护研究领域的英文文献研究机构团队分析，本书将从 WOS 数据库中所得的数据导入 CiteSpace 中，其中 NodeTypes 设置为 Institution，Selection Criteria Top N 设置为 30，其余设置均选用默认值，通过对其进行可视化分析，得到工业文化遗产系统性保护研究领域英文文献研究机构合作可视图，如图 2 - 16 所示。

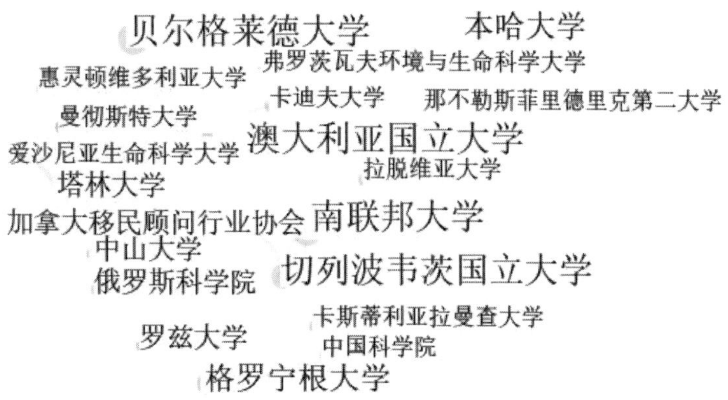

图 2 - 16　工业文化遗产系统性保护研究领域英文文献研究机构合作可视图

　　由图 2 - 16 可以看出，贝尔格莱德大学的发文量最高，位居第一。总的来说，各个机构之间的连线有 6 条，节点（节点代表发文机构）有 20 个，贡献网络密度为 0.0316，说明国际上在工业文化遗产系统性保护研究过程中，各个机构之间的合作力度不强、合作范围较小，各个研究机构之间应该开展广泛的交流合作。

　　由表 2 - 22 可知，工业文化遗产系统性保护研究英文文献发文量较高的机构主要为贝尔格莱德大学、南联邦大学、澳大利亚国立大学、切列波韦茨国立大学、本哈大学、格罗宁根大学 6 所高校，从研究机构性质的角度分析，工业文化遗产系统性保护研究英文文献发文量集中于高校，机构类型非常单一。表明现阶段国际上重点对工业文化遗产系统性保护展开研究的主要为高校。发文量较高的 6 所机构均为国外研究机构，说明我国在工业文化遗产系统性保护研究领域尚处于起步阶段，且在工业文化遗产系统性保护研究领域的国际影响力有待提高。

表 2 - 22   工业文化遗产系统性保护研究领域英文文献发文较高机构

发文量（篇）	机构名称	机构性质	地区
5	贝尔格莱德大学	高校	塞尔维亚
5	南联邦大学	高校	俄罗斯
5	澳大利亚国立大学	高校	澳大利亚
4	切列波韦茨国立大学	高校	俄罗斯
3	本哈大学	高校	埃及
3	格罗宁根大学	高校	荷兰

其次，对工业文化遗产系统性保护研究领域的中文文献作者和研究团队进行分析。

关于工业文化遗产系统性保护研究中文文献作者分析，将从中国知网（CNKI）数据库中所得的数据导入 CiteSpace 中，其中 NodeTypes 设置为 Author，Selection Criteria Top N 设置为 30。为确保 CiteSpace 运行后，所得图像能够简洁易读，对其进行修剪，故选中 Pruning 栏下的 Pathfinder 以及 Pruning sliced networks，其余设置均选用默认值，通过对其进行可视化分析，得到工业文化遗产系统性保护研究的中文文献作者合作可视图，如图 2 - 17 所示。

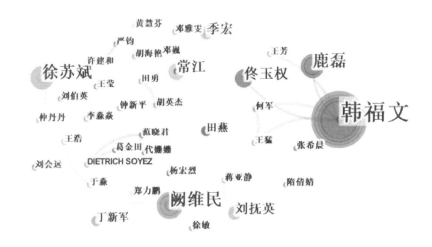

图 2 - 17   工业文化遗产系统性保护研究领域的中文文献作者合作可视图

由图 2 - 17 可以看出，韩福文关于工业文化遗产系统性保护研究的发文量最高。总的来看，各个机构之间的连线只有 34 条，节点（节点即作者）有 60 个，贡献网络密度为 0.0192，说明国内针对工业文化遗产系统性保护的研究尚不成熟，且各个作者之间缺乏合作联系，整体上并未形成紧密的科研合作团队。本书将从 CiteSpace 中所得数据导出，整理得到工业文化遗产系统性保护研究中文文献发文量较高的作者，如表 2 - 23 所示。

表 2 - 23   工业文化遗产系统性保护研究领域中文文献发文量较高的作者

作者	发文量（篇）	单位
韩福文	17	沈阳师范大学
阙维民	8	北京大学
鹿磊	7	南京工业职业技术学院
徐苏斌	7	天津大学
常江	5	中国矿业大学

续表

作者	发文量（篇）	单位
佟玉权	5	大连海事大学
季宏	4	福州大学
刘抚英	4	东北大学
丁新军	3	北京大学
田燕	3	武汉理工大学

由表 2-23 可知，国内对工业文化遗产系统性保护研究较为重要的学者有韩福文、阙维民、鹿磊、徐苏斌、常江、佟玉权、季宏、刘抚英、丁新军、田燕等人，因此，在进行工业文化遗产系统性保护研究时可以重点参考以上学者的文章，并且其发文量相比于国外针对工业文化遗产系统性保护研究的发文量较高，说明国内对工业文化遗产系统性保护的研究较为成熟。其中，来自沈阳师范大学的韩福文主要致力于工业遗产、城市文化、工业遗产旅游、中国旅游文化等方面的研究；来自北京大学的阙维民主要致力于世界遗产、遗产价值、保护建议、城镇遗产、保护建议等方面的研究；来自南京工业职业技术学院的鹿磊主要致力于旅游开发、非物质文化遗产、资源开发、工业遗产等方面的研究；来自天津大学的徐苏斌主要致力于工业遗产、创意价值、历史建筑、保护再利用等方面的研究；来自中国矿业大学的常江主要致力于风景园林、生态恢复、景观重建、工业文化遗产等方面的研究；来自大连海事大学的佟玉权主要致力于工业景观遗产、非物质文化遗产、工业遗产保护、工业遗产旅游等方面的研究；来自福州大学的季宏主要致力于工业遗产、近现代工业、工业格局、近代工业遗产等方面的研究；来自东北大学的刘抚英主要致力于工业遗产、保护与再利用、旧工业建筑、创意产业、建筑遗产等方面的研究；来自北京大学的丁新军主要致力于工业文化遗产、文化地理学、城镇化、新文化地理学、遗产保护等方面的研究；来自武汉理工大学的田燕主要致力于工业遗产、城市复兴、可持续利用、保护再利用、遗产管理、滨水工业地带等方面的研究。

关于工业文化遗产系统性保护研究领域中文文献研究团队分析，将从中国知网（CNKI）数据库中所得的数据导入 CiteSpace 中，其中 NodeTypes 设置为 Institution，Selection Criteria Top N 设置为 30。为确保 CiteSpace 运行后，所得图像能够简洁易读，对其进行修剪，故选中 Pruning 栏下的 Pathfinder 以及 Pruning sliced networks，其余设置均选用默认值，通过对其进行可视化分析，得到工业文化遗产系统性保护研究领域的中文文献研究机构可视图，如图 2-18 所示。

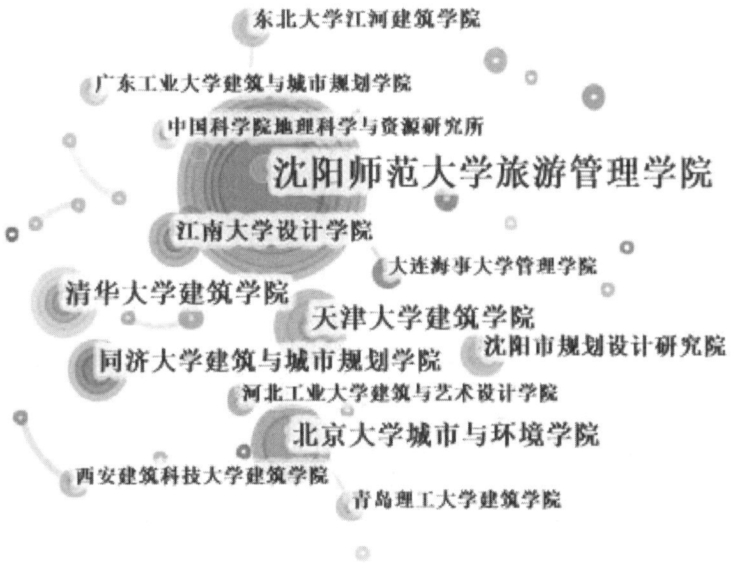

图 2-18　工业文化遗产系统性保护研究领域的中文文献研究机构可视图

由图 2-18 可以看出，沈阳师范大学旅游管理学院对有关工业文化遗产系统性保护的发文量最高，并且与江南大学设计学院、中国科学院地理科学与资源研究所等多所研究机构之间存在密切的合作伙伴关系。总的来说，各个研究机构之间的连线有 14 条，节点（节点即为研究机构）有 53 个，贡献网络密度为 0.0102，说明国内针对工业文化遗产系统性保护研究的研究机构之间合作交流力度非常低，各个研究机构之间应该建立研究机构交流群体。

将 CiteSpace 运行的数据导出，得到工业文化遗产系统性保护研究领域中文文献发文量排名前十四位的机构，如表 2-24 所示。

表 2-24　　　　工业文化遗产系统性保护研究领域中文文献高发文量机构（前十四）

发文量（篇）	机构名称	机构性质	地区
24	沈阳师范大学旅游管理学院	高校	东北地区
10	北京大学城市与环境学院	高校	华北地区
9	清华大学建筑学院	高校	华北地区
9	天津大学建筑学院	高校	华北地区
8	同济大学建筑与城市规划学院	高校	华东地区
7	江南大学设计学院	高校	华东地区
6	沈阳市规划设计研究院	研究机构	东北地区
5	东北大学江河建筑学院	高校	东北地区
4	中国科学院地理科学与资源研究所	研究机构	华北地区
4	青岛理工大学建筑学院	高校	华北地区
4	西安建筑科技大学建筑学院	高校	西北地区
4	广东工业大学建筑与城市规划学院	高校	华南地区
4	大连海事大学管理学院	高校	东北地区
4	河北工业大学建筑与艺术设计学院	高校	华北地区

由表 2-24 可知，工业文化遗产系统性保护研究领域中发文量排名前三的研究机构分别为：沈阳师范大学旅游管理学院、北京大学城市与环境学院、清华大学建筑学院、天津大学建筑学院。从研究机构的类型来看，工业文化遗产系统性保护研究中文文献发文量排名前十位的机构，有 12 个是高校，机构类型十分单一，因此，本书认为工业文化遗产系统性保护的研究主力是各大高校。仅有两所科研机构，分别为：中国科学院地理科学与资源研究所、沈阳市规划设计研究院。从研究机构的地域角度来看，工业文化遗产系统性保护研究的中文文献研究机构主要分布在华北、华南、华东、西北地区，而华中、西南等地区的研究机构针对工业文化遗产系统性保护进行研究的较少。

第五，国内外针对工业文化遗产系统性保护研究领域的研究热点及前沿分析。

通过对工业文化遗产系统性保护研究领域中的共词分析和突变分析，可以直观反映出该研究领域的研究热点和前沿，进而准确把握该领域的学术研究范式，更加清晰地发现该研究领域的学术空白，为准确选择学术研究方向提供指导。

首先，对工业文化遗产系统性保护领域研究热点进行分析。

将从 WOS 数据库中所得的数据导入 CiteSpace 中，其中 NodeTypes 设置为 Keyword，Selection Criteria Top N 设置为 30。为确保 CiteSpace 运行后，所得图像能够简洁易读，对其进行修剪，故选中 Pruning 栏下的 Pathfinder 以及 Pruning sliced networks，其余设置均选用默认值，通过对其进行可视化分析，得到英文工业文化遗产系统性保护研究关键词共线图后，选择 Timeline 显示，采用 Keyword 聚类，选择 Log - Likeli-hood Ratio（LLR），在对图像进行调整后得到工业文化遗产系统性保护英文文献研究热点图，如图 2 - 19 所示。

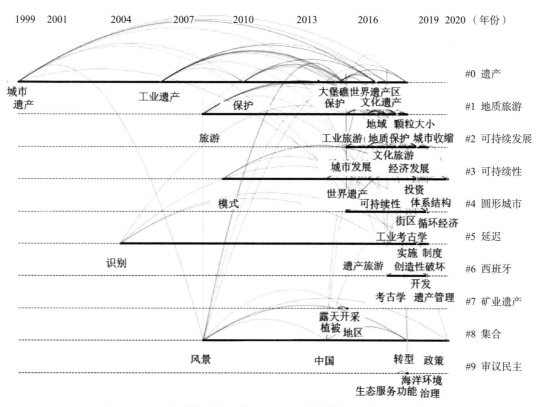

图 2 - 19　工业文化遗产系统性保护研究领域英文文献研究热点图

由图 2 - 19 可知，工业文化遗产系统性保护研究领域英文文献的高频关键词聚类共 10 个类别，分别为遗产（heritage）、地质旅游（geotourism）、可持续发展（sustainable development）、可持续性（sustainability）、圆形城市（circular city）、延迟（dematel）、西班牙（spain）、矿业遗产（mining heritage）、集合（assemblage）、审议民主（deliberative democracy）。这 10 个类别代表了工业文化遗产系统性保护英文文献研究领域的研究热点。在所得聚类视图中，通过对各个关键词按照时间顺序梳理，对其进行提取，得到工业文化遗产系统性保护研究领域英文文献学术研究热点脉络。如表 2 - 25 所示。

表 2 - 25　　　　　　　　工业文化遗产系统性保护研究领域英文文献学术研究热点脉络

年份	关键词
1999	城市、遗产
2004	鉴定
2006	工业遗产
2008	土壤、景观、旅游
2009	模型
2010	保护
2011	中子成像
2012	沉淀物
2013	博物馆

续表

年份	关键词
2014	中国、可持续性
2015	露天开采、区域开发、爱沙尼亚、工业景观、创意、植被、加利福尼亚、地区、场所、工业旅游、影响、城市、文化遗产
2016	世界遗产、大堡礁、参与、适应性再利用、管理
2017	性能、教育、大堡礁世界遗产区、澳大利亚、价值、金属、城市发展、企业、工业考古学、透视、城市更新、经济学、网络、西班牙、地区、考古学、记忆、工业、地理旅游、政策、遗产旅游
2018	粒度、伦理、转化、地质公园、地质遗迹、地球多样性、生态系统服务、经济发展、海洋环境、西部沙漠、文化旅游、改造、保护、认同、治理、城市萎缩、水资源、社区、地质保护
2019	建筑、城市转型、循环经济、社区、遗产管理、创造性破坏、投资、港口城市、实施、需求、贸易、需求、开发、保护、健康、参与、复兴创新、建成环境、工业遗产旅游、棕色地带、再生、循环城市、感知、支持、历史、设计、系统、工业、可持续发展
2020	生物多样性、政治、煤炭、建筑

由表 2-25 可知，2015 年，关于工业文化遗产系统性保护研究领域的英文文献研究热点关键词明显增多，说明工业文化遗产系统性保护正式成为学术界的研究热点，学者们在这一时期主要是对工业旅游、文化遗产、城市、影响等方面进行研究。2017 年，学者们开始注意到实施工业文化遗产系统性保护对推进城市发展的作用，这表明在工业文化遗产系统性保护的英文文献研究领域中，学者们开始将工业文化遗产系统性保护与城市发展规划相结合；2018 年，学者们开始重点研究文化旅游、经济发展、环境建设等方面，随着研究的深入，又将研究领域拓展到工业遗产的保护与管理方面，这表明学者们已经意识到通过改善地区生态环境，发展文化旅游，对于促进地区经济发展，推进工业文化遗产系统性保护进程具有重要意义；2019 年，学者们开始注重循环经济、工业遗产旅游、可持续性等方面的研究，这在一定程度上反映了国际上对工业文化遗产系统性保护的研究已经逐渐趋于成熟。

其次，对国内针对工业文化遗产系统性保护研究领域的研究热点进行分析。

将从中国知网（CNKI）数据库中所得的数据导入 CiteSpace 中，其中 NodeTypes 设置为 Keyword，Selection Criteria Top N 设置为 20。为确保 CiteSpace 运行后，所得图像能够简洁易读，对其进行修剪，故选中 Pruning 栏下的 Pathfinder 以及 Pruning sliced networks，其余设置均选用默认值，通过对其进行可视化分析，得到工业文化遗产系统性保护研究中文文献关键词共线图后，选择 Timeline 显示，采用 Keyword 聚类，选择选择 Log-Likelihood Ratio（LLR），在对图像进行调整后得到工业文化遗产系统性保护研究领域中文文献研究热点图，如图 2-20 所示。

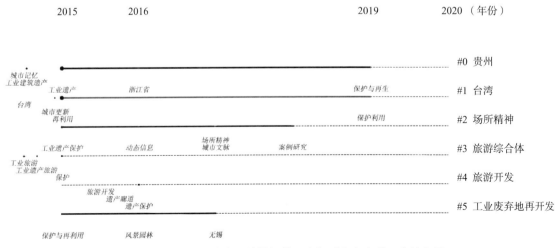

图 2-20　工业文化遗产系统性保护研究领域中文文献研究热点图

　　由图 2 - 20 可知，工业文化遗产系统性保护研究领域的高频关键词共 6 个类别，分别为贵州、台湾、场所精神、旅游综合体、旅游开发、工业废弃地再开发。这 6 个类别代表了工业文化遗产系统性保护研究领域的研究重点。在所得聚类的视图中，通过对各个关键词按照时间顺序梳理，对其进行提取，得到工业文化遗产系统性保护中文文献学术研究热点脉络，如表 2 - 26 所示。

表 2 - 26　　　　　　　　　　工业文化遗产系统性保护研究领域中文文献学术研究热点脉络

年份	关键词
2015	新型城镇化、再利用、工业遗产保护、城市更新、工业建筑遗产、保护、保护与再利用、工业遗产旅游、城市记忆、保护和再利用、贵州、台湾、产业遗产、工业旅游、旅游综合体、工业用地、发展模式、工业遗产
2016	遗产保护、保护再利用、遗产廊道、动态信息、浙江省、旅游开发、中国、风景园林
2017	城市文脉、无锡、场所精神、城市规划
2018	文化产业、案例研究
2019	保护利用、工业建筑、保护与再生
2020	工业遗产档案

　　由表 2 - 26 可知，2015 年以前，工业文化遗产系统性保护并不是国内学术界的研究热点，并且工业文化遗产系统性保护中文文献研究脉络与英文文献相比较少，说明国内对工业文化遗产系统性保护领域的研究尚不成熟。自 2015 年以来，国内关于工业文化遗产系统性保护的研究热点关键词明显增多，并且主要集中在再利用、工业遗产保护、城市更新、工业建筑遗产、工业遗产旅游、城市记忆等方面，说明从 2015 年起，工业文化遗产系统性保护已经成为国内学术界的研究热点之一。2017 年，城市规划成为国内工业文化遗产系统性保护研究领域的热点关键词，说明此时学者们已经注意到城市规划对推进工业文化遗产系统性保护实施进程的重要性。2018 年，文化产业成为国内工业文化遗产系统性保护研究领域的研究热点关键词，说明学者们已经开始重视工业文化遗产所蕴含的文化价值的重要性。2019 年，保护利用、工业建筑、保护与再生成为国内工业文化遗产系统性保护研究领域的热点关键词，说明学者们已经意识到在工业文化遗产系统性保护进程实施过程中，必须建立在可持续发展的基础上。

　　最后，对工业文化遗产系统性保护研究领域的研究前沿进行分析。

　　研究前沿不仅可以反映科学研究的进展和发展趋势，还可以反映该科学研究是否具有研究价值。本书将利用 CiteSpace 的膨胀词测算提取词频变化率突变的关键词，进而对工业文化遗产系统性保护的研究进行前沿分析。

　　本书将从 WOS 数据库中所得的数据导入 CiteSpace 中，其中 NodeTypes 设置为 Keyword，Selection Criteria Top N 设置为 10，基于前文分析可知，2015 年工业文化遗产系统性保护才正式成为国际上的研究热点，时间跨度较短，为便于观察研究结果，将时间区间设定为 2015 ～ 2020 年，其余设置均选用默认值，通过对其进行可视化分析，得到工业文化遗产系统性保护研究英文文献关键词共线图后，将 Burstness 下的 Minimum Duration 设置为 1，提取突变最少保持 1 年的关键词，如表 2 - 27 所示。

表 2 - 27　　　　　　　　　　工业文化遗产系统性保护研究领域英文文献前沿术语

关键词	强度	初始年份	结束年份	2015 ～ 2020 年
政策	2.5744	2017	2018	▬▬▬▬▬▬
地质保护	2.3142	2018	2020	▬▬▬▬▬▬
制度	2.3441	2019	2020	▬▬▬▬▬▬
可持续发展	3.6113	2019	2020	▬▬▬▬▬▬
文化遗产	2.6641	2019	2020	▬▬▬▬▬▬

由表 2 - 27 可知，2017 年以前并未出现工业文化遗产系统性保护的突现关键词，说明在 2017 年以前，虽然在国际领域上出现了一些热点关键词，但是整体上，关于工业文化遗产系统性保护的研究仍处于起步阶段，并没有形成较为鲜明的学术前沿。2017 ~ 2018 年工业文化遗产系统性保护研究英文文献突现关键词为政策（policy）、遗产旅游（heritage tourism），说明在工业文化遗产系统性保护成为研究热点的初期，学者们相对比较重视政策变化对遗产旅游的影响；2018 ~ 2020 年工业文化遗产系统性保护研究英文文献突现关键词为地质保护（geo conservation）、制度（system）、可持续发展（sustainable development）、文化遗产（cultural heritage），说明这一时期学者们的研究重点为如何制定决策，才能更好地实现地质保护，实现文化遗产的可持续性发展。通过以上对工业文化遗产系统性保护英文文献研究领域的前沿分析，可以看出，在新时代背景下，学者们对于工业文化遗产系统性保护领域研究的前沿在于加强对文化遗产的保护力度，追求发展的可持续性，这与目前工业文化遗产系统性保护的发展部署相一致，因此，本书认为近年的工业文化遗产系统性保护领域的英文文献对我国学者研究工业文化遗产系统性保护具有参考价值。

将从中国知网（CNKI）数据库中所得的数据导入 CiteSpace 中，其中 NodeTypes 设置为 Keyword，Selection Criteria Top N 设置为 20，其余设置均选用默认值，通过对其进行可视化分析，得到工业文化遗产系统性保护研究领域中文文献关键词共线图后，故将 Burstness 下的 Minimum Duration 设置为 2，提取突变最少保持 2 年的关键词，如表 2 - 28 所示。

表 2 - 28　　　　　　　　　　工业文化遗产系统性保护研究领域中文文献前沿术语

关键词	强度	初始年份	结束年份	2003 ~ 2020 年
工业旅游	4.8576	2007	2010	
工业遗产旅游	3.7914	2009	2011	
景区园林	4.0581	2012	2013	
城市更新	3.3956	2017	2020	

由表 2 - 28 可知，2007 年之前并未出现工业文化遗产系统性保护研究领域的中文文献突现关键词，说明在 2007 年以前，我国对于工业文化遗产系统性保护的研究尚不成熟，没有形成鲜明的学术前沿方向。2007 ~ 2011 年工业文化遗产系统性保护的中文文献突现关键词为工业旅游，说明在国内工业文化遗产系统性保护学术前沿形成初期，学者们已经开始重视工业旅游对于工业文化遗产系统性保护进程实施的重要性。2012 ~ 2013 年工业文化遗产系统性保护的中文文献突现关键词为景区园林，说明学者们已经重视在借助发展工业旅游，推进工业文化遗产系统性保护进程的过程中景区的生态园林建设。2017 ~ 2020 年工业文化遗产系统性保护的中文文献突现关键词为城市更新，说明学者们开始重视城市发展与工业文化遗产系统性保护之间的协调关系。

第二部分：农业文化遗产系统性保护研究领域的文献计量分析。

第一，研究数据和发文量的初步分析。

首先，本书主要从 WOS 获得英文研究数据，为避免利用 WOS 检索所搜集到的文献出现字段缺失的问题，采用核心数据库（Web of Science Core Collection）对其进行检索。其中检索式为：TS = （Agricultural heritage protection）OR TS = （Agricultural heritage）OR TS = （Agricultural cultural heritage）；语种：English；文献类型：Article；时间跨度为：2000 年 1 月至 2021 年 3 月，检索时间为 2021 年 3 月 23 日。共检索出文献 833 篇，筛选后删除不相关文献，共得到有效的文献数量为 713 篇。将所得文献数据导入 CiteSpace 中对其进行初步检验、除重，数据结果良好，最终进行农业文化遗产系统性保护领域文献计量分析所用有效的 WOS 文献数据有 700 条。

其次，主要从中国知网（CNKI）获得中文研究数据，文献检索类型先定位核心期刊及 CSSCI 期刊，其中，检索式为：主题 = "农业遗产保护" OR 主题 = "农业遗产" OR 主题 = "农业文化遗产"；时间跨度为：2000 年 1 月至 2021 年 3 月，检索时间为 2021 年 3 月 23 日；文献类型为期刊文献；期刊限定为核心期刊。本书共检索出文献 414 篇，在对文献进行筛选，去除不相关的文献之后，共得到有效的文献数量为 344 篇。将所得文献数据导入 CiteSpace 中对其进行初步检验，软件运行结果良好，不存在数据丢失的现象，最终进行农业文化遗产系统性保护领域文献计量分析所用有效的 CNKI 文献数据有 344 条。

最后，将上述农业文化遗产系统性保护领域中的数据导出，按照文献的发文年份和发文数量对其进行信息整合，整合后利用 Excel 对其进行分析，进而得到 2000 年 1 月至 2021 年 3 月的农业文化遗产系统性保护研究领域英文文献与中文文献的发文数量的比较图，如图 2 – 21 所示。

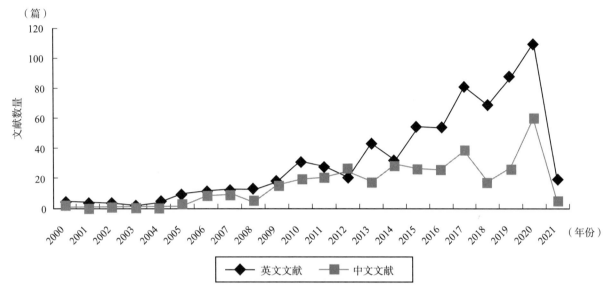

图 2 – 21　2000～2021 年农业文化遗产系统性保护领域中英文研究文献分布

由图 2 – 21 可知，农业文化遗产系统性保护中英文发文量差异不大，关于农业文化遗产系统性保护的英文文献自 2000 年便存在；2001～2004 年关于农业文化遗产系统性保护研究领域仍只有英文文献，说明在这一阶段我国仍尚未形成较为成熟的农业文化遗产系统性保护思想体系；2005 年，国内出现一篇涉及农业文化遗产系统性保护的文章，说明此时我国正在逐步形成农业文化遗产系统性保护的思想体系；2008～2020 年中文文献和英文文献发文量整体上均呈现出上升的趋势，但英文文献发文量几乎都高于中文文献发文量，因此，本书认为国外在农业文化遗产系统性保护水平上高于国内。

第二，农业文化遗产系统性保护研究的国家分析。

在文献计量的过程中，对文献国家进行分析，可以帮助学者们更好把握某一研究领域在国际上较为权威的国家。本书利用 CiteSpace 得到在农业文化遗产系统性保护研究中的国家共现网络关键节点，进而分析得出在该研究领域中国际影响力较高的国家，这不仅可以为学者们在该领域的学习中提供一定的借鉴和指导作用，还能帮助学者们对自己国家在该研究领域中的国际地位有一个清晰的认识，为其今后的研究方向、研究重点给予一定的指导作用。

将从 WOS 数据库中所得的数据导入 CiteSpace 中，其中 NodeTypes 设置为 Country，Selection Criteria Top N 设置为 50，其余设置均选用默认值，接着将从 CiteSpace 中所有的数据整理成 Excel 表格，分别提取"国家"和"发文量"两个字段下的数据，得到不同国家在农业文化遗产系统性保护研究领域发文量排名，由于有较多国家发行文章，本书主要选取发文量 5 篇及 5 篇以上的国家，如图 2 – 22 所示。从图中可以看出，发文量排名前十的国家大多为发达国家。其中，美国和意大利发文量均为 105 篇，并列排名第一；中国发文量为 78 篇，排名第三；西班牙发文量为 61 篇，排名第四。

将从 WOS 数据库中所得的数据导入 CiteSpace 中，其中 NodeTypes 设置为 Country，Selection Criteria Top N 设置为 50，其余设置均选用默认值，通过对其进行可视化分析，得到农业文化遗产系统性保护研究领域英文文献国家知识图谱，如图 2 – 23 所示。

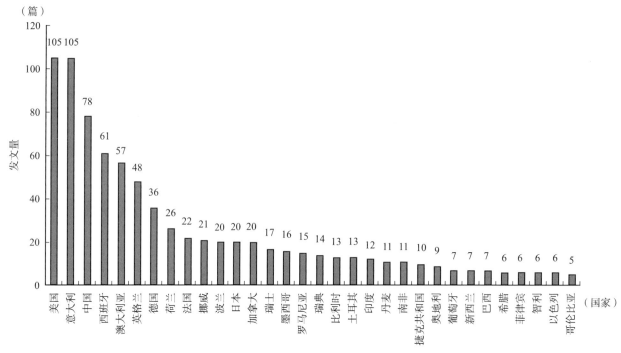

图 2 - 22　农业文化遗产系统性保护研究领域国家发文量排名分布

图 2 - 23　农业文化遗产系统性保护研究领域英文文献的国家共现图

由图 2 - 23 可知，在农业文化遗产系统性保护研究领域英文文献中，中国与意大利、美国、西班牙、澳大利亚、德国、英国、荷兰、法国等国家存在密切的合作伙伴关系。因此，本书认为我国在农业文化遗产系统性保护的研究领域中具有一定的地位。

在 CiteSpace 分析所得结果中，一般认为中心度数值越大表示该节点的关键性越高，中心度的数值越小表示该节点的关键性越低，基于此，对各个国家中有关农业文化遗产的发文中心性进行分析，进而得出各国在各个节点的关键性，并进一步判断某一国家与其他国家在该研究领域中是否存在密切的合作关系，将中心度为 0.1 看作关键节点，并以中心度大于 0.1 为标准，提取关键节点，如表 2 - 29 所示。

表 2 – 29　　　　　　　　　农业文化遗产系统性保护英文文献研究领域国家共现网络关键节点

频次	中心度	首次发表年份	国家
105	0.34	2001	美国
105	0.31	2001	意大利
36	0.20	2003	德国
35	0.20	2001	英国
61	0.14	2006	西班牙
57	0.13	2000	澳大利亚
22	0.11	2007	法国

　　由表 2 – 29 可以看出，在农业文化遗产系统性保护的英文文献研究中只有 7 个国家的中心度大于 0.1，分别为美国、意大利、德国、英国、西班牙、澳大利亚、法国，其他国家的中心度均小于 0.1，因此，认为这 7 个国家在农业文化遗产系统性保护英文文献研究领域位于各个国家合作的网络关键节点。在这 7 个国家中，研究最早的国家为澳大利亚，且发文量排名第五，因此，认为澳大利亚作为发达国家，技术手段的进步极大地保障了澳大利亚农业发展，农业文化遗产丰富，国家高度重视农业文化遗产系统性保护问题，并且澳大利亚学者们针对农业遗产的研究在国际地位上有一定的影响力。

　　第三，农业文化遗产系统性保护研究领域的期刊分析。

　　对农业文化遗产系统性保护研究领域的期刊进行分析，可以帮助学者们准确把握在该研究领域中的权威期刊，进而帮助后续学者们在研究中高效地进行文献检索。本书主要利用分析期刊共被引来对各个期刊进行分析，与此同时，还将对农业文化遗产系统性保护研究领域的共被引的中心度进行分析。通过对期刊转载量进行分析，探析各个期刊在该研究领域中的信息储备、传输能力。

　　首先，对农业文化遗产系统性保护研究领域的英文期刊进行分析。

　　将从 WOS 数据库中所得的数据导入 CiteSpace 中，其中 NodeTypes 设置为 Cited Journal，Selection Criteria Top N 设置为 30。为确保 CiteSpace 运行后，所得图像能够简洁易读，对其进行修剪，故选中 Pruning 栏下的 Pathfinder 以及 Pruning sliced network，其余设置均选用默认值，通过对其进行可视化分析，得到农业文化遗产系统性保护研究英文期刊共被引可视图，如图 2 – 24 所示。

　　由图 2 – 24 可以看出，英文文献中有关农业文化遗产系统性保护的研究，主要集中在《景观与城市规划》（*Landscape and Urban Planning*）、《土地使用政策》（*Land Use Policy*）、《农业、生态系统与环境》（*Agriculture，Ecosystems & the Environment*）、《科学》（*Science*）、《环境管理杂志》（*Journal of Environmental Management*）、《农村研究杂志》（*Journal of rural Study*）、《可持续发展——巴塞尔》（*Sustainability - Basel*）、《论文》（*Thesis*）、《美国科学院院报》（*Proceedings of the National Academy of Sciences of the USA*）9 本期刊，并且其期刊引用频次明显高于其他期刊。《景观与城市规划》《土地使用政策》《农业、生态系统与环境》3 本期刊的引用频次明显高于其他期刊的引用频次，其中，《景观与城市规划》主要刊发城市规划、城市景观、城市生态、城乡规划、地球科学、地理学、景观地理学、工程与材料、建筑环境与结构工程等方面的论文研究，该期刊 2015 年的影响因子为 3.037，在 46 种 SCI 学科地球物理学中排第 10 名；《土地使用政策》主要刊发城市和农村土地利用的社会、经济、政治、法律、物理和规划等方面的论文研究，该期刊 2015 年的影响因子为 2.631，在 100 种 SSCI 学科环境科学期刊中排第 10 名；《农业、生态系统与环境》主要刊发生态农业科学、环境科学等方面的论文研究，该期刊 2015 年的影响因子为 3.402，在 144 种 SCI 学科生态期刊中排第 36 名。

　　在 CiteSpace 分析所得结果中，一般认为中心度数值越大表示该节点的关键性越高，中心度的数值越小表示该节点的关键性越低，基于此，本书从期刊共被引的中心度角度对其进行分析，进而得出各国在各个节点的关键性，将中心度为 0.1 看作关键节点，并以中心度大于 0.1 为标准，提取关键节点，得到农业文化遗产系统性保护研究领域的英文期刊共被引网络的关键节点，如表 2 – 30 所示。

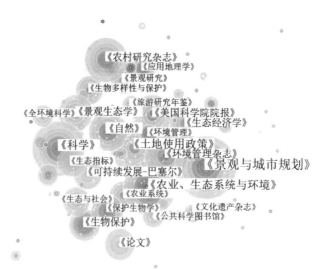

图 2 - 24　农业文化遗产系统性保护研究领域英文期刊共被引可视图

表 2 - 30　　　　　　　　农业文化遗产系统性保护研究领域英文期刊共被引网络关键节点

被引频次	中心度	首次出现年份	期刊名称
27	0.23	2000	《人类环境杂志》
79	0.14	2002	《农村研究杂志》
101	0.11	2002	《土地使用政策》
3	0.11	2005	《美国社会学评论》

由表 2 - 30 可以看出,《农村研究杂志》(*Journal of Rural Study*)、《土地使用政策》(*Land Use Policy*)这 2 本期刊在农业文化遗产系统性保护研究领域中的论文质量较高, 在该研究领域具有较高的知名度和权威性。因此, 本书认为《农村研究杂志》《土地使用政策》这 2 本期刊在农业文化遗产系统性保护英文研究领域中居于核心地位, 具有较高的国际地位。

从发文集中度方面来看, 将从 WOS 数据库中所得的数据导入 CiteSpace 中, 其中 NodeTypes 设置为 Source, Selection Criteria Top N 设置为 30, 其余设置均选用默认值。将运行结果导入 Excel 中对其期刊名称进行计数, 进而得到 2000 ~ 2021 年农业文化遗产系统性保护研究领域英文文献期刊分布, 其载文量排名前十四的期刊分布, 如表 2 - 31 所示。

表 2 - 31　　　　　　2000 ~ 2021 年农业文化遗产系统性保护研究领域英文文献期刊分布 (前十四)

期刊名称	载文量 (篇)	占比 (%)
《土地使用政策》	12	1.71
《可持续发展》	8	1.14
《景观研究》	7	1.00
《文化遗产杂志》	6	0.86
《农村研究杂志》	6	0.86
《可持续性旅游期刊》	6	0.86
《景观与城市规划》	6	0.86
《农业与人类价值观》	5	0.71
《农业、生态系统与环境》	5	0.71
《环境管理》	5	0.71
《国际遗产研究杂志》	5	0.71

续表

期刊名称	载文量（篇）	占比（%）
《民族生物学与民族医药学》	5	0.71
《土地》	5	0.71
《山区研究与开发》	5	0.71

　　由表 2 - 31 可知，在农业文化遗产系统性保护研究领域中，发文量排名前十的期刊发文总量为 86 篇，占比约为 12.26%，没有表现出显著高于其他期刊发文总量的趋势，说明在农业文化遗产系统性保护研究领域中，各个期刊发文较为均匀，并没有形成较为稳定的期刊群和代表性期刊。在发文量排名前十的期刊中，各个期刊之间的被引频次差别不大，基于此，从载文量的角度分析，认为在农业文化遗产系统性保护的英文研究领域中，并没有形成具有较高权威性的载文期刊。

　　其次，对农业文化遗产系统性保护研究领域的中文期刊进行分析。

　　由于通过中国知网（CNKI）中导出的论文文献数据，缺少"参考文献"字段，无法通过 CiteSpace 对中国知网（CNKI）导出的论文文献数据进行共被引分析，因此，对于农业文化遗产系统性保护研究的中文期刊，将从该领域期刊的载文量以及学科研究层次展开研究。

　　将从中国知网（CNKI）数据库中所得的数据导入 CiteSpace 中，其中 NodeTypes 设置为 Source，Selection Criteria Top N 设置为 30。为确保 CiteSpace 运行后，所得图像能够简洁易读，将对其进行修剪，故选中 Pruning 栏下的 Pathfinder 以及 Pruning sliced networks，其余设置均选用默认值，将运行结果导入 Excel 中对其期刊名称进行计数，进而得到 2000 ~ 2021 年农业文化遗产系统性保护研究领域中文文献期刊分布，其载文量排名前十二的期刊分布如表 2 - 32 所示。

表 2 - 32　　　　　2000 ~ 2021 年农业文化遗产系统性保护研究领域中文文献期刊分布（前十二）

期刊名称	载文量（篇）	占比（%）
《中国农史》	13	3.78
《资源科学》	8	2.33
《农业考古》	8	2.33
《中国生态农业学报》	8	2.33
《中国农业大学学报（社会科学版）》	8	2.33
《南京农业大学学报（社会科学版）》	6	1.74
《自然资源学报》	5	1.45
《生态学报》	5	1.45
《旅游科学》	5	1.45
《安徽农业科学》	4	1.16
《中国农业资源与区划》	4	1.16
《世界农业》	4	1.16

　　由表 2 - 32 可知，在农业文化遗产系统性保护研究领域中，发文量排名前十二的中文文献期刊发文总量为 78 篇，占比约为 22.67%，没有表现出显著高于其他期刊发文总量的趋势，说明在农业文化遗产系统性保护研究领域中，各个期刊的发文较为均匀，并没有形成较为稳定的期刊群和代表性期刊。在发文量排名前十二的中文文献期刊中，各个期刊之间的被引频次差别不大，基于此，从载文量的角度分析，在农业文化遗产系统性保护的中文文献研究领域中，并没有形成具有较高权威性的载文期刊。

　　本书按照知网期刊检索的研究层次，对发文量排名前十二的中文期刊进行分类，进而识别在农业文化遗产系统性保护研究领域中具有较高权威性的中文期刊的研究层次，为后续研究在进行文献筛选时提供指导性建议。如表 2 - 33 所示。

表 2 – 33   农业文化遗产系统性保护研究领域中文期刊研究层次

研究层次	期刊名称
基础研究（社科）	《中国农史》《资源科学》《农业考古》《中国生态农业学报》《中国农业大学学报（社会科学版）》《南京农业大学学报（社会科学版）》《自然资源学报》《生态学报》《旅游科学》《安徽农业科学》
行业指导（社科）	《中国农业资源与区划》《世界农业》

由表 2 – 33 可知，国内农业文化遗产系统性保护研究主要分布在基础研究（社科）方面，其中，《中国农史》《资源科学》《农业考古》《中国生态农业学报》《中国农业大学学报（社会科学版）》《南京农业大学学报（社会科学版）》《自然资源学报》《生态学报》《旅游科学》《安徽农业科学》均属于基础研究（社科），因此，在研究关于中文农业文化遗产系统性保护研究领域的社会科学基础研究时，可重点参考以上期刊所发的文献。《中国农业资源与区划》《世界农业》均归属于行业指导（社科），因此，在研究关于农业文化遗产系统性保护中文文献研究领域的政策研究时，可以重点参考以上期刊所发文献。

本书通过对中、英文期刊的分析可知，在研究关于文旅深度融合新业态领域时，英文文献可以重点参考《农村研究杂志》《土地使用政策》等期刊所刊发的文章，中文期刊可重点参考《中国农史》《资源科学》《农业考古》《中国生态农业学报》《中国农业大学学报（社会科学版）》所刊发的文章。

第四，农业文化遗产系统性保护研究团队分析。

本书主要从作者和研究团队两个方面对农业文化遗产系统性保护领域进行研究团队分析。针对英文文献，主要利用 CiteSpace 进行共被引分析，对研究机构主要利用 CiteSpace 进行合作网络分析；针对中文文献，通过合作网络进行分析。

首先，对农业文化遗产系统性保护研究领域的英文文献作者团队和机构进行分析。

关于农业文化遗产系统性保护研究领域的英文文献作者分析，将从 WOS 数据库中所得的数据导入 CiteSpace 中，其中 NodeTypes 设置为 Cited Author，Selection Criteria Top N 设置为 30。为确保 CiteSpace 运行后，所得图像能够简洁易读，对其进行修剪，故选中 Pruning 栏下的 Pathfinder 以及 Pruning sliced networks，其余设置均选用默认值，通过对其进行可视化分析，得到农业文化遗产系统性保护研究领域英文文献作者共被引可视图，如图 2 – 25 所示。

图 2 – 25　农业文化遗产系统性保护研究领域英文文献作者共被引可视图

由图 2 – 25 可以看出，农业文化遗产系统性保护研究领域的作者共被引频次在国际上较高的作者主要为马克·安特罗普、毛罗·阿格诺莱蒂、联合国粮食及农业组织、米格尔·阿尔蒂里、托拜厄斯·普林格、联合国教科文组织等，将 CiteSpace 计算所得结果导出，整理出农业文化遗产系统性保护研究领域英文文献作者共被引频次排名表，因为从 WOS 数据库中所得数据较多，考虑到被引频次较高的作者在该领域中具有较高的国际地位，因此，主要列出被引频次较高的前三名作者，如表 2-34 所示。

表 2-34　　　　农业文化遗产系统性保护研究领域英文文献作者共被引频次排名（前三）

作者	被引频次	被引频次最高的论文
马克·安特罗普	52	重温欧洲被遗弃的风景
毛罗·阿格诺莱蒂	51	梯田景观和水文地质风险：强降雨期间意大利土地废弃的影响
联合国粮食及农业组织	45	重温欧洲被遗弃的风景

由表 2-34 可知，在农业文化遗产系统性保护研究领域中，被引频次最高的是团体作者马克·安特罗普，其被引频次为 52 次，马克·安特罗普（2012）在过去 20 年内，被引频次最高的论文为《重温欧洲被遗弃的风景》，同时，被引频次为 45 次的作者团体为联合国粮食及农业组织，被引频次最高的论文也是这篇。农业文化遗产系统性保护研究领域中被引频次排名第二的是毛罗·阿格诺莱蒂，其被引频次为 51 次，毛罗·阿格诺莱蒂（2019）在过去 20 年内，被引频次最高的论文为《梯田景观和水文地质风险：强降雨期间意大利土地废弃的影响》。

在 CiteSpace 分析所得结果中，一般认为中心度数值越大表示该节点的关键性越高，中心度的数值越小表示该节点的关键性越低，基于此，从作者共被引的中心度角度对其进行分析，进而得出各国在各个节点的关键性，将中心度为 0.1 看作关键节点，并以中心度大于 0.1 为标准，提取关键节点，得到农业文化遗产系统性保护研究领域的英文文献作者共被引网络的关键节点，如表 2-35 所示。

表 2-35　　　　农业文化遗产系统性保护研究领域英文文献作者共被引网络关键节点

作者	被引频次	中心度	首次出现年份
阿伦·阿格拉瓦尔	3	0.18	2007
英国环境、食品及农村事务部	4	0.18	2005
特里·马斯登	8	0.13	2002
乔纳森·默多克	2	0.12	2002
罗恩·史密斯	3	0.10	2005
约亨·费舍尔	14	0.10	2015

由表 2-35 可以看出，约亨·费舍尔、特里·马斯登与其他作者之间有密切的关联度，并形成了以他们为中心的多个学术研究联盟。基于此，约亨·费舍尔、特里·马斯登在农业文化遗产系统性保护研究领域中具有较高的权威性。

关于农业文化遗产系统性保护研究领域的英文文献研究机构团队分析，本书将从 WOS 数据库中所得的数据导入 CiteSpace 中，其中 NodeTypes 设置为 Institution，Selection Criteria Top N 设置为 30，其余设置均选用默认值，通过对其进行可视化分析，得到农业文化遗产系统性保护研究领域英文文献研究机构合作可视图，如图 2-26 所示。

由图 2-26 可以看出，中国科学院的发文量最高，位居第一。总的来说，各个机构之间的连线有 1607 条，节点（节点代表发文机构）有 1018 个，贡献网络密度为 0.0031，说明国际上在农业文化遗产系统性保护研究过程中，各个机构之间的合作力度较强、合作范围较大，各个研究机构之间已经开展了广泛的交流合作。

由表 2-36 可知，农业文化遗产系统性保护研究领域英文文献发文量较高的机构主要为中国科学院、中国科学院大学、阿姆斯特丹自由大学、佛罗伦萨大学、瓦格宁根大学、中国农业大学、巴西利卡塔大学 7 所高校或机构，从研究机构性质的角度分析，农业文化遗产系统性保护研究英文文献发文量集中于高校，机构类型极为单一。表明现阶段，国际上对农业文化遗产系统性保护展开研究的主要为高校。发文量较高的6所机构中，中国研究机构较多，说明我国在农业文化遗产系统性保护研究领域中具有一定的权威性和代表性，在农业文化遗产系统性保护研究领域中的国际影响力较高。

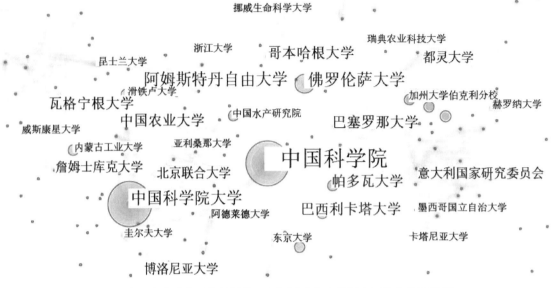

图 2 – 26　农业文化遗产系统性保护研究领域英文文献研究机构合作可视图

表 2 – 36　　　　　　　　　农业文化遗产系统性保护研究领域英文文献发文较高机构

发文量（篇）	机构名称	机构性质	地区
34	中国科学院	机构	中国
22	中国科学院大学	高校	中国
10	阿姆斯特丹自由大学	高校	荷兰
10	佛罗伦萨大学	高校	意大利
9	瓦格宁根大学	高校	荷兰
9	中国农业大学	高校	中国
9	巴西利卡塔大学	高校	意大利

其次，农业文化遗产系统性保护研究领域的中文文献作者和研究团队分析。

关于农业文化遗产系统性保护研究中文文献作者分析，本书将从中国知网（CNKI）数据库中所得的数据导入 CiteSpace 中，其中 NodeTypes 设置为 Author，Selection Criteria Top N 设置为 30。为确保 CiteSpace 运行后，所得图像能够简洁易读，对其进行修剪，故选中 Pruning 栏下的 Pathfinder 以及 Pruning sliced networks，其余设置均选用默认值，通过对其进行可视化分析，得到农业文化遗产系统性保护研究领域的中文文献作者合作可视图，如图 2 – 27 所示。

由图 2 – 27 可以看出，闵庆文关于农业文化遗产系统性保护研究领域的发文量最高。总的来看，各个机构之间的连线有 663 条，节点（节点即作者）有 443 个，贡献网络密度为 0.0068，说明国内针对农业文化遗产系统性保护的研究还不太成熟，但各个作者之间具有一定的合作联系，整体上正逐步形成紧密的科研合作团队。将从 CiteSpace5.7 软件中所得数据导出，整理得到农业文化遗产系统性保护研究领域中文文献发文量较高的作者，如表 2 – 37 所示。

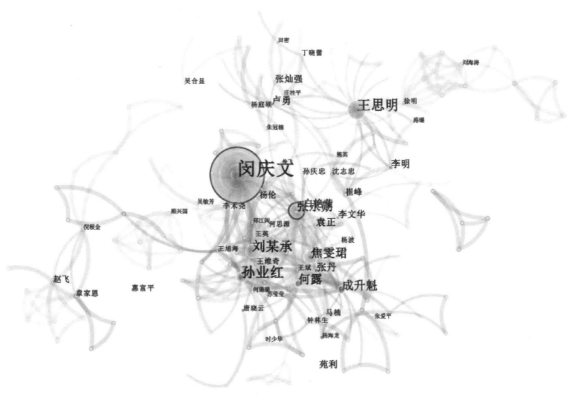

图 2 - 27　农业文化遗产系统性保护研究领域的中文文献作者合作可视图

表 2 - 37　　　　　　　　农业文化遗产系统性保护研究领域中文文献发文量较高的作者

作者	发文量（篇）	单位
闵庆文	91	中国科学院地理科学与资源研究所
王思明	29	南京农业大学中国地标文化研究中心
孙业红	28	北京联合大学旅游学院
刘某承	27	中国科学院地理科学与资源研究所
张永勋	18	中国农业科学院农业经济与发展研究所
何露	17	中国科学院地理科学与资源研究所；中国科学院研究生院
焦雯珺	17	中国科学院地理科学与资源研究所；中国科学院研究生院
成升魁	15	中国科学院地理科学与资源研究所

　　由表 2 - 37 可知，国内对农业文化遗产系统性保护研究领域较为重要的学者有闵庆文、王思明、孙业红、刘某承、张永勋、何露、焦雯珺、成升魁等人，因此，在进行农业文化遗产系统性保护研究时可以重点参考以上学者文章，并且其发文量相比于国外针对农业文化遗产系统性保护研究的发文量较高，说明国内对农业文化遗产系统性保护的研究较为成熟。其中，来自中国科学院地理科学与资源研究所的闵庆文主要致力于动态保护、重要农业文化遗产、可持续发展、哈尼梯田、生物多样性、遗产监测、节水灌溉等方面的研究；来自南京农业大学中国地标文化研究中心的王思明主要致力于农业文化遗产、"丝绸之路"、农业史、农业交流、美洲产物、农业遗产等方面的研究；来自北京联合大学旅游学院的孙业红主要致力于文化景观、可持续旅游、农业文化遗产、农业文化遗产地、旅游资源、有机农业、旅游发展、旅游社区、碳足迹等方面的研究；来自中国科学院地理科学与资源研究所的刘某承主要致力于生态补偿、国家公园、价值评估、传统农业、生态效益、生态足迹、可持续发展等方面的研究；来自中国农业科学院农业经济与发展研究所的张永勋主要致力于农业文化遗产、旅游资源、人文景观、遗产保护、生态环境与经济、景观生

态、产业融合度、联合梯田、生计策略等方面的研究；来自中国科学院地理科学与资源研究所和中国科学院研究生院的何露主要致力于多功能农业、现代农业、生态价值、青田县等方面的研究；来自中国科学院地理科学与资源研究所和中国科学院研究生院的焦雯珺主要致力于农业文化遗产、农户行为、稻鱼共生系统、碳足迹、污染足迹等方面的研究；来自中国科学院地理科学与资源研究所的成升魁主要致力于资源流动、旅游业、土地利用、旅游资源、粮食安全等方面的研究。

关于农业文化遗产系统性保护研究领域中文文献团队的分析，将从中国知网（CNKI）数据库中所得的数据导入 CiteSpace 中，其中 NodeTypes 设置为 Institution，Selection Criteria Top N 设置为 30。为确保 CiteSpace 运行后，所得图像能够简洁易读，对其进行修剪，故选中 Pruning 栏下的 Pathfinder 以及 Pruning sliced networks，其余设置均选用默认值，通过对其进行可视化分析，得到农业文化遗产系统性保护研究领域的中文文献研究机构可视图，如图 2-28 所示。

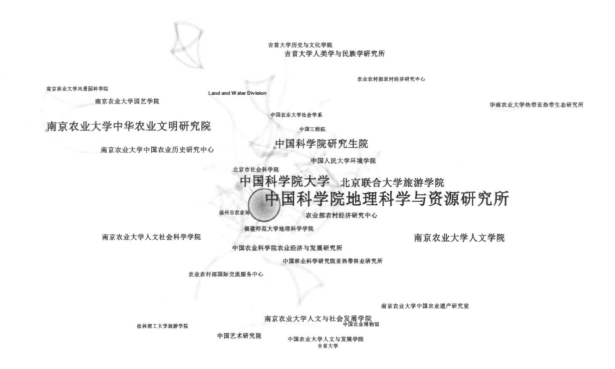

图 2-28　农业文化遗产系统性保护研究领域的中文文献研究机构可视图

由图 2-28 可以看出，中国科学院地理科学与资源研究所对有关农业文化遗产系统性保护的发文量最高，并且与中国科学院大学、北京联合大学旅游学院等多所研究机构之间存在密切的合作伙伴关系。总的来说，各个研究机构之间的连线有 241 条，节点（节点即为研究机构）有 279 个，贡献网络密度为 0.0062，说明国内针对农业文化遗产系统性保护研究的研究机构之间合作交流力度较大，但各个研究机构之间还需进一步加强建立研究机构交流群体。

将 CiteSpace 运行的数据导出，得到农业文化遗产系统性保护研究领域中文文献发文量排名前十的机构，如表 2-38 所示。

表 2-38　　　　　　　农业文化遗产系统性保护研究领域中文文献高发文机构（前十）

发文量（篇）	机构名称	机构性质	地区
101	中国科学院地理科学与资源研究所	研究机构	华北地区
39	中国科学院大学	高校	华北地区
19	南京农业大学中华农业文明研究院	研究机构	华东地区
17	中国科学院研究生院	高校	华北地区

续表

发文量（篇）	机构名称	机构性质	地区
15	北京联合大学旅游学院	高校	华北地区
10	南京农业大学人文学院	高校	华东地区
6	吉首大学人类学与民族学研究所	研究机构	华中地区
6	南京农业大学人文社会科学学院	高校	华东地区
6	南京农业大学人文与社会发展学院	高校	华东地区
6	南京农业大学中国农业历史研究中心	研究机构	华东地区

由表 2 - 38 可知，农业文化遗产系统性保护研究领域中文文献发文量排名前三的研究机构分别为：中国科学院地理科学与资源研究所、中国科学院大学、南京农业大学中华农业文明研究院。从研究机构的类型来看，农业文化遗产系统性保护研究中文文献发文量排名前 10 位的机构，有 4 个是研究机构，6 个是高校，机构类型较为单一，因此，本书认为研究机构和高校都是农业文化遗产系统性保护的研究主力。从研究机构的地域角度来看，农业文化遗产系统性保护研究的中文文献研究机构主要分布在华北、华东、华中地区，而华南、西北、西南等地区的研究机构针对农业文化遗产系统性保护进行研究的较少。

第五，国内外针对农业文化遗产系统性保护研究领域的研究热点及前沿分析。

通过对农业文化遗产系统性保护研究领域中的供词分析和突变分析，可以直观地反映出该研究领域的研究热点和前沿，进而准确把握该领域的学术研究热点，更加清晰地发现该研究领域的学术空白，为准确选择学术研究方向提供指导。

首先，对农业文化遗产系统性保护研究领域的研究热点进行分析。

将从 WOS 数据库中所得的数据导入 CiteSpace 中，其中 NodeTypes 设置为 Keyword，Selection Criteria Top N 设置为 30。为确保 CiteSpace 运行后，所得图像能够简洁易读，对其进行修剪，故选中 Pruning 栏下的 Pathfinder 以及 Pruning sliced networks，其余设置均选用默认值，通过对其进行可视化分析，得到农业文化遗产系统性保护研究英文文献关键词共线图后，选择 Timeline 显示，采用 Keyword 聚类，选择 Log - Likelihood Ratio（LLR），在对图像进行调整后得到农业文化遗产系统性保护英文文献研究热点图，如图 2 - 29 所示。

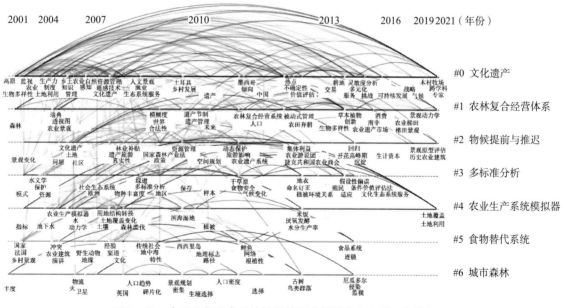

图 2 - 29　农业文化遗产系统性保护研究领域英文文献研究热点图

由图 2 - 29 可知，农业文化遗产系统性保护研究领域英文文献研究领域的高频关键词聚类共 7 个类别，分别为文化遗产（cultural heritage）、农林复合经营体系（agroforestry systems）、物候提前与推迟（phenological advance and delay）、多标准分析（multi-criteria analysis）、农业生产系统模拟器（apsim）、食物替代系统（alternative food systems）、城市森林（urban forest）。这 7 个类别代表了农业文化遗产系统性保护英文文献研究领域的研究热点。在所得聚类视图中，通过对各个关键词按照时间顺序梳理，对其进行提取，得到农业文化遗产系统性保护研究领域英文文献学术研究热点脉络，如表 2 - 39 所示。

表 2 - 39   农业文化遗产系统性保护研究领域英文文献学术研究热点脉络

年份	关键词
2000	农药、澳大利亚、沉积物、大堡礁、环境
2001	生物多样性、森林
2002	农业、法国、土地利用、格局、乡村景观
2004	管理、制度
2005	农业景观、保护、效率、增长、知识、景观、视角、生产力、乡村旅游
2006	群落、多样性、动态、食物、绿色基础设施、土地、感知、质量、水、水质
2007	文化遗产、欧洲、土壤
2008	文化、生态系统服务、指标、恢复力、价值
2009	区域、文化景观、遗传多样性、身份、影响、政策、可持续性、旅游业
2010	农民、遗产、模式、地区、农村发展、西班牙、梯田
2011	农业遗产体系、农业生物多样性、态度、中国、气候变化、历史、土地利用变化
2012	生物多样性保护
2013	适应
2014	农业遗产、框架
2015	遗弃
2016	挑战
2017	农业生态学、生态学、山区
2018	基亚、生计资产、可持续发展
2019	农业梯田、气候、梯田景观
2020	农村地区、战略
2021	分类、历史农业结构、投资、景观规划与管理

由表 2 - 39 可知，2010 年之前，英文文献中学者们主要关注农业景观、农业土地、文化遗产、水、粮食、生物多样性、政策等；2010 年之后，提出了农业遗产系统，农业遗产保护受到学术界重视；2011 年，学者们开始注意到我国农业实施农业文化遗产系统性保护对生态环境的重要作用，并逐渐合理利用土地资源；2018 年，学者们开始重点结合、思考全球重要农业文化遗产的发展情况，随着研究的深入，学者们研究持续推进农业文化遗产可持续保护，以适应当代人的现实需要，这表明学者们已经意识到保护农业遗产、改善地区生态环境、发展文化旅游，对于促进乡村经济发展、提高大众生活水平具有重要意义；2019 ~ 2020 年，学者们更加注重乡村发展、农业旅游、生态环境等方面的研究，这在一定程度上反映了国际上对农业文化遗产系统性保护的研究已经逐渐趋于成熟。

其次，针对农业文化遗产系统性保护研究领域的研究热点进行分析。

将从中国知网（CNKI）数据库中所得的数据导入 CiteSpace 中，其中 NodeTypes 设置为 Keyword，Selection Criteria Top N 设置为 20。为确保 CiteSpace 运行后，所得图像能够简洁易读，对其进行修剪，故选中 Pruning 栏下的 Pathfinder 以及 Pruning sliced networks，其余设置均选用默认值，通过对其进行可视化分析，得到农业文化遗产系统性保护研究中文文献关键词共线图后，选择 Timeline 显示，采用 Keyword 聚类，选择 Log - Likeli-hood Ratio（LLR），在对图像进行调整后得到农业文化遗产系统性保护研究领域中文文献热点图，如图 2 - 30 所示。

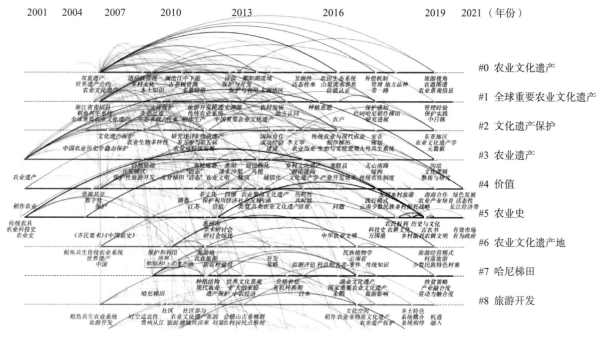

图 2 – 30　农业文化遗产系统性保护研究领域中文文献热点图

由图 2 – 30 可知，农业文化遗产系统性保护中文文献研究领域的高频关键词共 9 个类别，分别为农业文化遗产、全球重要农业文化遗产、文化遗产保护、农业遗产、价值、农业史、农业文化遗产地、哈尼梯田、旅游开发。这 9 个类别代表了农业文化遗产系统性保护中文文献研究领域的研究重点。在所得聚类的视图中，通过对各个关键词按照时间顺序梳理，对其进行提取，得到农业文化遗产系统性保护研究领域中文文献学术研究热点脉络，如表 2 – 40 所示。

表 2 – 40　　　　　　　　　　农业文化遗产系统性保护研究领域中文文献学术研究热点脉络

年份	关键词
2000	稻作农业、农业遗产、农业科技史、农业史
2005	《齐民要术》、中国农业历史学会、中国农业遗产研究室
2006	世界遗产、保护、中国、全球重要农业文化遗产、农业文化遗产、文化遗产、旅游开发、浙江省青田县、稻鱼共生系统、青田县
2007	传统农业、动态保护、哈尼族、文化遗产保护、旅游资源、浙江青田、非物质文化遗产、全球重要农业文化遗产
2008	生态旅游
2009	农业生物多样性、哈尼梯田、本土知识、稻田养鱼、联合国粮农组织
2010	传承、全球重要农业文化遗产、农业文化遗产地、多功能农业、旅游、桑基鱼塘、生态文明、生态农业、龙脊梯田
2011	农业可持续发展、旅游发展、江苏
2012	价值、保护与发展、保护利用、农业文明、农业文化、利用、可持续发展、学术研讨会、对策、研讨会综述、遗产保护
2013	中国重要农业文化遗产、保护与利用、保护与开发
2014	农业聚落文化遗产、太湖地区、工具类农业文化遗产、文化景观、生态补偿、
2015	农业历史、日本
2016	农户、生态人类学、联合梯田
2017	价值评估、旅游影响
2018	乡村振兴、农耕文化、重要农业文化遗产、风景园林
2019	农耕文明

年份	关键词
2020	农户生计、碳足迹、青田稻鱼共生系统
2021	多功能价值、旅游参与、扎根理论

由表 2−40 可知，2006 年开始，中文文献中关于农业文化遗产的研究变多，在此之前农业文化遗产系统性保护并不是国内学术界的研究热点，并且农业文化遗产系统性保护中文文献研究脉络与英文文献不相上下，说明国内对农业文化遗产系统性保护领域的研究相对成熟。自 2006 年以来，国内关于农业文化遗产系统性保护的研究热点关键词明显增多，并且注重实现"可持续保护"，主要集中在动态保护、农业文化遗产、多功能价值、旅游影响、文化景观、生态补偿、生态旅游、保护与利用开发等方面，说明自 2006 年起，农业文化遗产系统性保护已经成为国内学术界的研究热点之一。2011 年，农业可持续发展、旅游发展成为国内农业文化遗产系统性保护研究领域的热点关键词，说明此时学者们已经逐渐重视农业旅游的长期可持续推进。2018 年，乡村振兴、农耕文化成为国内农业文化遗产系统性保护研究领域的研究热点关键词，说明学者们已经开始重视农业文化遗产发展对促进乡村发展的关键重要作用。2020 年，碳足迹成为国内农业文化遗产系统性保护研究领域的热点关键词，说明学者们逐步发现农业文化遗产系统性保护进程实施过程中对生态环境的影响，必须倡导低碳旅游，以及必须建立在可持续发展的基础上。

最后，对农业文化遗产系统性保护研究领域的研究前沿进行分析。

研究前沿不仅可以反映科学研究的进展和发展趋势，还可以反映该科学研究是否具有研究价值。本书将利用 CiteSpace 的膨胀词测算提取词频变化率突变的关键词，进而对农业文化遗产系统性保护的研究进行前沿分析。

将从 WOS 数据库中所得的数据导入 CiteSpace 中，其中 NodeTypes 设置为 Keyword，Selection Criteria Top N 设置为 10，基于前文分析可知，2011 年农业文化遗产系统性保护正式成为国际上的研究热点，时间跨度较短，为便于观察研究结果，将时间区间设定为 2011~2021 年，其余设置均选用默认值，通过对其进行可视化分析，得到农业文化遗产系统性保护研究领域英文文献关键词共线图后，故将 Burstness 下的 Minimum Duration 设置为 1，提取突变最少保持 1 年的关键词，如表 2−41 所示。

表 2−41　　　　　　　　　农业文化遗产系统性保护研究领域英文文献前沿术语

关键词	强度	初始年份	结束年份	2011~2021 年
质量	3.78	2011	2013	
多样化	2.84	2012	2013	
农业景观	2.61	2013	2015	
农业	2.52	2013	2016	
土地利用	5.53	2016	2019	
环境改变	4.83	2016	2018	
框架	4.03	2017	2018	
旅游	3.44	2018	2021	
影响	3.24	2019	2021	
文化遗产	3.17	2019	2021	
持续性	5.46	2020	2021	
遗产	4.16	2020	2021	

由表 2−41 可知，2011 年起便出现了农业文化遗产系统性保护研究领域的突现关键词，说明关于农业文化遗产系统性保护的研究始终是国际学术上的重点关注对象，形成了较为鲜明的学术前沿；2013~2016 年，农业文化遗产系统性保护研究英文文献突现关键词为农业景观（agricultural landscape）、农业（agriculture），说明在农业文化遗产系统性保护成为研究热点的初期，学者们相对比较重视农业资源挖掘和农业景观开发的研究；2016~2018 年，农业文化遗产系统性保护研究英文文献突现关键词为土地利用（land use）、环境改变（climate change）、乡村发展（rural development）、区域（area）、框架（framework）、乡村旅游（rural tourism）、效能（efficiency），说明这一时期学者们的研究重点为通过发展旅游保护农业文化遗产，进而更好地改善自然环境，促进乡村发展，发挥旅游的最大效用；2018～2021 年，农业文化遗产系统性保护研究英文文献突现关键词为旅游（tourism）、土地（soil）、文化遗产（cultural heritage）、农业遗产（agricultural heritage）、政策（policy）、持续性（sustainability），说明这一时期学者们比较重视政策变化对农业遗产保护以及遗产旅游的影响。通过以上对农业文化遗产系统性保护英文文献研究领域的前沿分析，可以看出，在新时代背景下，学者们对于农业文化遗产系统性保护领域研究的前沿在于加强对文化遗产的保护力度，追求发展的可持续性，这与目前农业文化遗产系统性保护的发展部署相一致，因此，近年的农业文化遗产系统性保护领域的英文文献对我国学者研究农业文化遗产系统性保护具有参考价值。

将从中国知网（CNKI）数据库中所得的数据导入 CiteSpace 中，其中 NodeTypes 设置为 Keyword，Selection Criteria Top N 设置为 20，将时间区间设定为 2000～2021 年，其余设置均选用默认值，通过对其进行可视化分析，得到农业文化遗产系统性保护研究领域中文文献关键词共线图后，故将 Burstness 下的 Minimum Duration 设置为 2，提取突变最少保持 2 年的关键词，如表 2 – 42 所示。

表 2 – 42　　　　　　　　农业文化遗产系统性保护研究领域中文文献前沿术语

关键词	强度	初始年份	结束年份	2000～2021 年
稻鱼共生系统	4.75	2006	2011	
全球重要农业文化遗产	4.64	2006	2009	
旅游开发	3.3	2006	2011	
动态保护	3.15	2007	2009	
保护	3.73	2013	2014	
乡村振兴	4.55	2018	2021	

由表 2 – 42 可知，2006 年之前，中文文献中并未出现农业文化遗产系统性保护的文献突现关键词，说明在 2006 年以前，我国对于农业文化遗产系统性保护的研究尚不成熟，没有形成鲜明的学术前沿。2006～2011 年，农业文化遗产系统性保护的中文文献突现关键词为旅游开发、动态保护、稻鱼共生系统、全球重要农业文化遗产，说明在国内农业文化遗产系统性保护学术前沿形成初期，学者们注重各种文化遗产的持续发展，已经开始重视农业旅游对于农业文化遗产系统性保护进程实施的重要性。2013～2014 年，农业文化遗产系统性保护的中文文献突现关键词为保护，说明学者们将持续找寻高效的方法助力发展农业旅游，推进农业文化遗产系统性保护。2018～2021 年，农业文化遗产系统性保护的中文文献突现关键词为乡村振兴，说明学者们重视乡村发展与农业文化遗产系统性保护之间的协调关系。

第三部分：商业文化遗产系统性保护研究领域的文献计量分析。

第一，研究数据和发文量的初步分析。

首先，主要从 WOS 获得英文研究数据，为避免利用 WOS 检索收集到的文献出现字段缺失的问题，采用利用核心数据库（Web of Science Core Collection）对其进行检索。其中检索式为：TS =（Commercial and cultural heritage protection）OR TS =（Commercial heritage protection）OR TS =（Commercial Heritage）；语种：English；文献类型：Article；时间跨度为：1991 年 1 月至 2021 年 1 月，检索时间为 2021 年 1 月 26 日。删除不相关文献后，共得到有效的文献数量为 893 篇。将所得文献数据导入 CiteSpace 中对其进行初步检验，在对其进行除重后，最终进行商业文化遗产系统性保护领域文献计量分析所用有效的 WOS 文献数据有 893 条。

其次，主要从中国知网（CNKI）获得中文研究数据，文献检索类型先定位核心期刊及 CSSCI 期刊，其中检索式为：主题 = "商业文化遗产保护" OR 主题 = "商业文化遗产" OR 主题 = "商业文化" OR 主题 = "商业遗产"；时间跨度为：1991 年 1 月至 2021 年 1 月，检索时间为 2021 年 1 月 29 日。文献类型为期刊文献；期刊限定为核心期刊。共检索出文献 1019 篇，在对文献进行筛选，去除不相关的文献之后，共得到有效的文献数量为 1019 篇。将所得文献数据导入 CiteSpace 中对其进行初步检验，去除存在数据丢失的现象，最终进行商业文化遗产系统性保护领域文献计量分析所用有效的 CNKI 文献数据有 940 条。

将上述商业文化遗产系统性保护领域中的数据导出，按照文献的发文年份和发文数量对其进行信息整合，整合后利用 Excel 对其进行分析，进而得到 1991 年 1 月至 2021 年 1 月的商业文化遗产系统性保护研究领域内英文文献与中文文献的发文数量的比较图，如图 2 – 31 所示。

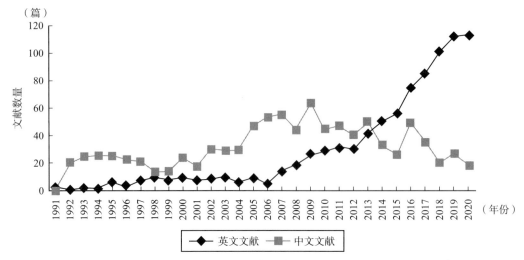

图 2 – 31　1991 ~ 2020 年商业文化遗产系统性保护研究领域中英文文献分布

由图 2 – 31 可知，商业文化遗产系统性保护中英文发文量存在较大差异，1991 年出现的第一篇关于商业文化遗产系统性保护的文献是英文文献，但在 1992 ~ 2013 年，关于商业文化遗产系统性保护的中文文献数量均高于英文文献数量，并且英文文献数量呈现出逐渐上升的趋势，说明商业文化遗产保护的问题不断受到学术界的广泛关注。2006 年，关于商业文化遗产系统性保护的外文文献数量呈现出迅速上升的趋势，说明此时国外高度重视商业文化遗产保护的问题，并且在此期间，中文文献数量最高，说明此时我国已经初步形成商业文化遗产系统性保护的思想体系。

第二，商业文化遗产系统性保护研究的国家分析。

在文献计量的过程中，对文献国家进行分析，可以帮助学者们更好把握在某一研究领域在国际上较为权威的国家。本书利用 CiteSpace 得到在商业文化遗产系统性保护研究中的国家共线网络关键节点，进而分析得出在该领域中国际影响力较高的国家，这不仅可以为学者们在该领域的研究中提供一定的借鉴和指导作用，还能帮助学者们对自己国家在该领域中的国际地位有一个清晰的认识，为其今后的研究方向、研究重点给予一定的指导作用。

将从 WOS 数据库中所得的数据导入 CiteSpace 中，其中 NodeTypes 设置为 Country，Selection Criteria Top N 设置为 50，其余设置均选用默认值，接着将从 CiteSpace 中所得的数据整理成 Excel 表格，分别提取"国家"和"发文量"两个字段下的数据，得到不同国家在商业文化遗产系统性保护研究领域发文量排名，由于有较多国家发行文章，本书主要选取发文量 3 篇及 3 篇以上的国家排名，如图 2 – 32 所示。从图中可以看出，发文量排名前十的国家大多为发达国家。其中，美国发文量为 194 篇，排名第一；英国发文量为 188 篇，排名第二；意大利发文量为 172 篇，排名第三；而中国发文量为 148 篇，排名第四。

将从 WOS 数据库中所得的数据导入 CiteSpace 中，其中 NodeTypes 设置为 Country，Selection Criteria Top N 设置为 50，其余设置均选用默认值，通过对其进行可视化分析，得到商业文化遗产系统性保护国家知识图谱，如图 2 – 33 所示。

由图 2 – 33 可知，在商业文化遗产系统性保护研究领域中，中国与美国、意大利、英国、墨西哥、法国、澳大利亚等国家之间存在密切的合作伙伴关系。因此，中国在商业文化遗产系统性保护的研究领域中具有一定的地位。

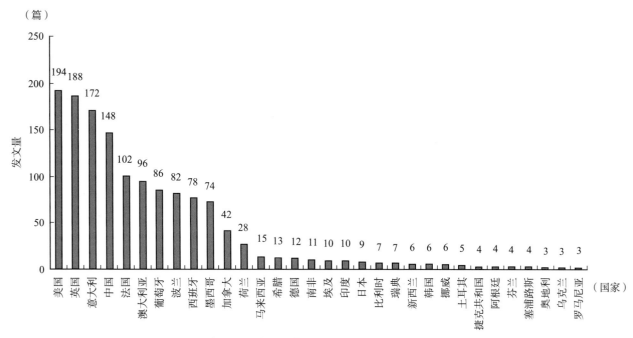

图 2 - 32　商业文化遗产系统性保护研究领域国家发文量排名分布

图 2 - 33　商业文化遗产系统性保护研究领域的国家共现图

在 CiteSpace 分析所得结果中，一般认为中心度数值越大表示该节点的关键性越高，中心度的数值越小表示该节点的关键性越低，基于此，对各个国家中有关商业文化遗产的发文中心度进行分析，进而得出各国在各个节点的关键性，并进一步判断某一国家与其他国家在该研究领域中是否存在密切的合作关系。本书将中心度为 0.1 看作关键节点，并以中心度大于 0.1 为标准，提取关键节点，如表 2 - 43 所示。

表 2 - 43	商业文化遗产系统性保护研究领域国家共现网络关键节点		
频次	中心度	首次发表年份	国家
186	0.36	1990	意大利
169	0.28	1990	英国
194	0.22	1990	美国
102	0.18	1990	法国
20	0.14	1991	德国
106	0.13	1990	澳大利亚
61	0.12	1990	加拿大

由表 2 - 43 可以看出，在商业文化遗产系统性保护的研究中只有 7 个国家的中心度大于 0. 1，分别为意大利、英国、美国、法国、德国、澳大利亚、加拿大，其他国家的中心度均小于 0. 1，因此，这 7 个国家在商业文化遗产系统性保护研究领域位于各个国家合作的网络关键节点。在这 7 个国家中，只有澳大利亚的研究时间较晚，且时间为 1991 年，其他国家的研究时间均为 1990 年。其中，美国的发文量为 194 篇，排名第一，且中心度为 0. 22；而中国的发文量为 144 篇，排名第四，中心度为 0. 03。美国高度重视商业文化遗产系统性保护问题，并且美国学者们针对商业文化遗产的研究在国际上具有一定的影响力，而中国在这方面的研究较为薄弱，影响力和国际地位均有待提升。

第三，商业文化遗产系统性保护研究领域的期刊分析。

对商业文化遗产系统性保护研究的期刊进行分析，可以帮助学者们准确把握在该研究领域中的权威期刊，进而帮助学者们在后续研究中高效地进行文献检索。本书主要利用期刊共被引来对各个期刊进行分析。与此同时，本书还将对商业文化遗产系统性保护研究领域的共被引的中心度进行分析。通过对期刊转载量进行分析，探析各个期刊在商业文化遗产系统性保护研究领域汇总的信息储备、传输能力。

首先，对商业文化遗产系统性保护研究领域的英文期刊进行分析。

将从 WOS 数据库中所得的数据导入 CiteSpace 中，其中 NodeTypes 设置为 Cited Journal，Selection Criteria Top N 设置为 30。为确保 CiteSpace 运行后，所得图像能够简洁易读，对其进行修剪，故选中 Pruning 栏下的 Pathfinder 以及 Pruning sliced networks，其余设置均选用默认值，通过对其进行可视化分析，得到商业文化遗产系统性保护研究英文期刊共被引可视图，如图 2 - 34 所示。

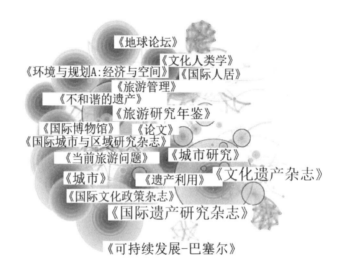

图 2 - 34　商业文化遗产系统性保护研究领域英文期刊共被引

由图 2 - 34 可以看出，英文文献中有关商业文化遗产系统性保护的研究，主要集中在《国际遗产研究杂志》(*International Heritage Study*)、《文化遗产杂志》(*Journal of Cultural Heritage*)、《旅游研究年鉴》(*Annals of Tourism Research*)、《城市研究》(*Urban Study*)、《城市》(*Cities*) 这 5 本期刊中，并且其期刊引用频次明显高于其他期刊。《国际遗产研究杂志》《文化遗产杂志》《旅游研究年鉴》3 本期刊的引用频次明显高于其他期刊的引用频次，其中，《国际遗产研究杂志》主要刊发包括遗产研究、博物馆研究、历史、旅游研究、社会学、人文学、文化地理学、法律等方面的论文，根据 2015 年的期刊引证报告可知，该期刊 2015 年的影响因子为 0. 721，在 95 种 SSCI 学科社会学及交叉科学期刊中排第 46 名。《文化遗产杂志》主要刊发有关文化遗产保护和意识问题等方面的论文，根据 2015 年的期刊引证报告可知，该期刊 2015 年的影响因子为 1. 568，在 175 种 SCI 学科地质学及多科学期刊中排第 100 名。《旅游研究年鉴》主要刊发环境科学、酒店休闲体育及旅游、社会学等方面的论文研究，根据 2015 年的期刊引证报告可知，该期刊 2015 年的影响因子为 2. 685，在 43 种 SSCI 环境酒店休闲体育及旅游期刊中排第 16 名。

在 CiteSpace 分析所得结果中，一般认为中心度数值越大表示该节点的关键性越高，中心度的数值越小表示该节点的关键性越低，基于此，本书从期刊共被引的中心度角度对其进行分析，进而得出各国在各个节点的关键性，将中心度为 0.1 看作关键节点，并以中心度大于 0.1 为标准，提取关键节点，得到商业文化遗产系统性保护研究领域的英文期刊共被引网络的关键节点，如表 2 - 44 所示。

表 2 - 44　　　　　　　商业文化遗产系统性保护研究领域英文期刊共被引网络关键节点

期刊名称	被引频次	首次出现年份	中心度
《全环境科学》	45	2002	0.19
《文化遗产杂志》	246	1990	0.17
《生物保护》	26	2000	0.17
《公共科学图书馆》	64	2012	0.16
《建筑和建筑材料》	62	2009	0.15
《海洋污染公报》	15	2002	0.14
《旅游研究年鉴》	203	1990	0.13
《考古科学杂志》	19	2007	0.12
《文物》	71	1990	0.11
《美国地理学家联合会会刊》	56	1990	0.11
《科学》	51	2005	0.11
《分析化学》	19	2007	0.11
《旅游管理》	155	1990	0.10
《国际文化政策杂志》	92	1990	0.10
《应用表面科学》	30	2009	0.10
《分析和生物分析化学》	26	2013	0.10

由表 2 - 44 可以看出，《全环境科学》（*Science of the Total Environment*）、《文化遗产杂志》（*Journal of Cultural Heritage*）、《生物保护》（*Conservation Biology*）、《公共科学图书馆》（*Plos One*）、《建筑和建筑材料》（*Construction and Building Materials*）这 5 本期刊在商业文化遗产系统性保护研究领域中的论文质量较高，在该研究领域具有较高的知名度和权威性。因此，本书认为《全环境科学》《文化遗产杂志》《生物保护》《公共科学图书馆》《建筑和建筑材料》这 5 本期刊在商业文化遗产系统性保护研究领域中居于核心地位，具有较高的国际地位。

从发文集中度方面来看，将从 WOS 数据库中所得的数据导入 CiteSpace 中，其中 Node Types 设置为 Source，Selection Criteria Top N 设置为 30，其余设置均选用默认值。将运行结果导入 Excel 中对其期刊名称进行计数，进而得到 1990 ~ 2020 年商业文化遗产系统性保护研究领域英文文献期刊分布，其载文量排名前十的期刊分布如表 2 - 45 所示。

表 2 - 45　　　　　　1990 ~ 2021 年商业文化遗产系统性保护研究领域英文文献期刊分布（前十）

期刊名称	载文量（篇）	占比（%）
《文化遗产杂志》	12	1.49
《家禽科学》	7	0.87
《旅游与文化变迁杂志》	7	0.87
《宇航学报》	6	0.74
《旅游研究年鉴》	6	0.74
《拉曼光谱学杂志》	6	0.74
《国际遗产研究杂志》	6	0.74

期刊名称	载文量（篇）	占比（%）
《建筑遗产国际杂志》	6	0.74
《有机涂料进展》	6	0.74
《海洋政策》	6	0.74

由表 2 – 45 可知，在商业文化遗产系统性保护研究领域英文文献中，发文量排名前十的期刊发文总量为 68 篇，占比约 8.41%，没有表现出显著高于其他期刊发文总量的趋势，说明在商业文化遗产系统性保护英文文献研究领域中，各个期刊的发文量较为均衡，并没有形成较为稳定的期刊群和代表性期刊。在发文量排名前十的期刊中，各个期刊之间的被引频次差别不大，基于此，从载文量的角度分析，认为在商业文化遗产系统性保护的英文文献研究领域中，并没有形成具有较高权威性的载文期刊。

其次，对商业文化遗产系统性保护研究领域的中文期刊进行分析。

由于通过中国知网（CNKI）中导出的论文文献数据，缺少"参考文献"字段，无法通过 CiteSpace 对中国知网（CNKI）导出的论文文献数据进行共被引分析，因此，对于商业文化遗产系统性保护研究的中文期刊，将从该领域期刊的载文量以及学科研究层次展开研究。

将从中国知网（CNKI）数据库中所得的数据导入 CiteSpace 中，其中 NodeTypes 设置为 Source，Selection Criteria Top N 设置为 50。为确保 CiteSpace 运行后，所得图像能够简洁易读，对其进行修剪，故选中 Pruning 栏下的 Pathfinder 以及 Pruning sliced networks，其余设置均选用默认值，将运行结果导入 Excel 中对其期刊名称进行计数，进而得到 1990 ~ 2021 年商业文化遗产系统性保护研究领域文献期刊分布，其载文量排名前十四的期刊分布如表 2 – 46 所示。

表 2 – 46　　　　1990 ~ 2021 年商业文化遗产系统性保护研究领域中文文献期刊分布（前十四）

期刊名称	载文量（篇）	占比（%）
《商业时代》	14	1.49
《商业研究》	13	1.38
《商业经济研究》	12	1.28
《江苏商论》	11	1.17
《商业经济与管理》	11	1.17
《中国金融》	8	0.85
《北京工商大学学报（社会科学版）》	7	0.74
《当代电影》	7	0.74
《当代传播》	7	0.74
《艺术百家》	6	0.64
《企业经济》	6	0.64
《金融理论与实践》	6	0.64
《建筑学报》	6	0.64
《包装工程》	6	0.64

由表 2 – 46 可知，在商业文化遗产系统性保护研究领域中文文献中，发文量排名前十四的期刊发文总量为 120 篇，占比约为 12.76%，并没有表现出显著高于其他期刊发文总量的趋势，说明在商业文化遗产系统性保护中文文献研究领域中，各个期刊的发文较为均匀，并没有形成较为稳定的期刊群和代表性期刊。在发文量排名前十四的期刊中，各个期刊之间的被引频次差别不大，基于此，研究从载文量的角度分析，认为在商业文化遗产系统性保护的中文文献研究领域中，并没有形成具有较高权威性的载文期刊。

　　本书按照知网期刊检索的研究层次，对发文量排名前十四的期刊进行分类，进而识别出在商业文化遗产系统性保护研究领域中具有较高权威性的中文期刊文献的研究层次，为后续研究在进行文献筛选时提供指导性建议，如表 2 – 47 所示。

表 2 – 47　　　　　　　　　　　商业文化遗产系统性保护研究领域中文核心期刊研究层次

研究层次	期刊名称
基础研究（社科）	《商业研究》《商业经济与管理》《中国金融》《当代传播》《北京工商大学学报（社会科学版）》《当代电影》《金融理论与实践》
行业指导（社科）	《商业时代》《商业经济研究》《江苏商论》《企业经济》《建筑学报》《包装工程》

　　由表 2 – 47 可知，国内商业文化遗产系统性保护研究主要分布在基础研究（社科）方面，其中，《商业研究》《商业经济与管理》《中国金融》《北京工商大学学报（社会科学版）》《当代电影》《当代传播》《金融理论与实践》均属于基础研究（社科），因此，在研究关于中文商业文化遗产系统性保护研究领域的社会科学基础研究时，可重点参考以上期刊所发的文献。《商业时代》《商业经济研究》《江苏商论》《企业经济》《建筑学报》《包装工程》均归属于行业指导（社科），因此，在研究关于商业文化遗产系统性保护中文文献研究领域的政策研究时，可以重点参考以上期刊所发文献。

　　通过对中、英文期刊的分析可知，在研究关于商业文化遗产系统性保护英文文献研究领域时，可以重点参考《全环境科学》《文化遗产杂志》《生物保护》《公共科学图书馆》《建筑和建筑材料》等期刊所刊发的文章，中文期刊可重点参考《商业时代》《商业研究》《商业经济研究》《江苏商论》《商业经济与管理》《中国金融》等所刊发的文章。

　　第四，商业文化遗产系统性保护研究团队分析。

　　本书主要从作者和研究团队两个方面对商业文化遗产系统性保护领域进行研究团队分析。针对英文文献，主要利用 CiteSpace 进行共被引分析，对研究机构主要利用 CiteSpace 进行合作网络分析；针对中文文献，通过合作网络进行分析。

　　首先，对商业文化遗产系统性保护研究领域的英文文献作者团队和机构进行分析。

　　关于商业文化遗产系统性保护研究领域的英文文献作者分析，本书将从 WOS 数据库中所得的数据导入 CiteSpace 中，其中 NodeTypes 设置为 Cited Author，Selection Criteria Top N 设置为 30。为确保 CiteSpace 运行后，所得图像能够简洁易读，将对其进行修剪，故选中 Pruning 栏下的 Pathfinder 以及 Pruning sliced networks，其余设置均选用默认值，通过对其进行可视化分析，得到商业文化遗产系统性保护研究领域英文文献作者共被引可视图，如图 2 – 35 所示。

图 2 – 35　商业文化遗产系统性保护研究领域英文文献作者共被引可视图

由图 2-35 可以看出，商业文化遗产系统性保护研究领域的英文文献作者共被引频次在国际上较高的作者主要为琳达·史密斯、联合国教科文组织、约翰·滕布里奇，本书将 CiteSpace 计算所得结果导出，整理出商业文化遗产系统性保护英文文献研究领域作者共被引频次排名表，因为从 WOS 数据库中所得数据较多，考虑到被引频次较高的作者在该领域中具有较高的国际地位，因此，主要列出被引频次较高的前三名作者，如表 2-48 所示。

表 2-48   商业文化遗产系统性保护研究领域的英文文献作者共被引频次排名（前三）

作者	被引频次	被引频次最高的论文
琳达·史密斯	60	构建有价值的景观：获取边缘或未使用土地的资本主义投资：坦桑尼亚的案例
约翰·滕布里奇	34	英国野生动物园的碳影响：使用测量能源数据的温室气体协议的应用
诺瓦尔·史密斯	21	圣克鲁斯德特内里费的中产阶级化、流离失所和旅游业

由表 2-48 可知，在商业文化遗产系统性保护研究领域英文文献中，被引频次最高的是琳达·史密斯，其被引频次为 60 次，琳达·史密斯过去 30 年内，被引频次最高的论文为《构建有价值的景观：获取边缘或未使用土地的资本主义投资：坦桑尼亚的案例》。被引频次排名第二的是约翰·滕布里奇，其论文《英国野生动物园的碳影响：使用测量能源数据的温室气体协议的应用》被引频次为 34 次。被引频次排名第三的是诺瓦尔·史密斯，其论文《圣克鲁斯德特内里费的中产阶级化、流离失所和旅游业》被引频次为 21 次。

在 CiteSpace 分析所得结果中，一般认为中心度数值越大表示该节点的关键性越高，中心度的数值越小表示该节点的关键性越低，基于此，本书从作者共被引的中心度角度对其进行分析，进而得出各国在各个节点的关键性，将中心度为 0.1 看作关键节点，并以中心度大于 0.1 为标准，提取关键节点，得到商业文化遗产系统性保护研究领域的英文文献作者共被引网络的关键节点，如表 2-49 所示。

表 2-49   商业文化遗产系统性保护研究领域英文文献作者共被引网络关键节点

作者	被引频次	中心度	首次出现时间
国际古迹遗址理事会	15	0.55	2011
盖伊·惠勒	11	0.18	2009
安舒曼·罗伊	2	0.17	2014
联合国教科文组织	136	0.14	1990
毛罗弗朗切斯科·拉鲁萨	15	0.13	2015
安娜·费雷拉平托	8	0.12	2016

由表 2-49 可知，国际古迹遗址理事会、盖伊·惠勒、安舒曼·罗伊、联合国教科文组织、毛罗弗朗切斯科·拉鲁萨、安娜·费雷拉平托与其他作者之间有密切的关联度，并形成了以他们为中心的多个学术研究联盟。基于此，本书认为国际古迹遗址理事会、盖伊·惠勒、安舒曼·罗伊、联合国教科文组织、毛罗弗朗切斯科·拉鲁萨、安娜·费雷拉平托在商业文化遗产系统性保护研究领域中具有较高的权威性。

关于商业文化遗产系统性保护研究领域的英文文献研究机构团队分析，本书将从 WOS 数据库中所得的数据导入 CiteSpace 中，其中 NodeTypes 设置为 Institution，Selection Criteria Top N 设置为 30，其余设置均选用默认值，通过对其进行可视化分析，得到商业文化遗产系统性保护研究领域英文文献研究机构合作可视图，如图 2-36 所示。

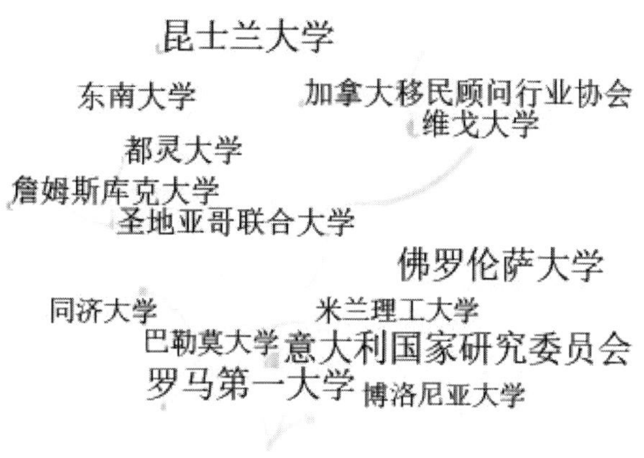

昆士兰大学

东南大学　　　　加拿大移民顾问行业协会
　　　　　　　　　　维戈大学

都灵大学

詹姆斯库克大学
　　　圣地亚哥联合大学

佛罗伦萨大学

同济大学　　　米兰理工大学

巴勒莫大学意大利国家研究委员会

罗马第一大学博洛尼亚大学

图 2 - 36　商业文化遗产系统性保护研究领域英文文献研究机构合作可视图

由图 2 - 36 可以看出，意大利国家研究委员会的发文量最高，位居第一。总的来说，各个机构之间的连线有 33 条，节点（节点代表发文机构）有 79 个，贡献网络密度为 0.0107，说明国际上在商业文化遗产系统性保护研究过程中，各个机构之间的合作力度不强、合作范围较小，各个研究机构之间应该开展广泛的交流合作。

由表 2 - 50 可知，商业文化遗产系统性保护研究英文文献发文量较高的机构主要为意大利国家研究委员会、佛罗伦萨大学、昆士兰大学三所高校或机构，从研究机构性质的角度分析，商业文化遗产系统性保护研究英文文献发文量集中于高校，机构类型非常单一。表明现阶段，国际上对商业文化遗产系统性保护展开研究的主要为高校。发文量较高的前三所机构中有一所为中国研究机构，且排名第一，说明我国在商业文化遗产系统性保护研究领域较为成熟，且在商业文化遗产系统性保护研究领域中有一定的地位和影响力。

表 2 - 50　　　　　　　　商业文化遗产系统性保护研究领域英文文献发文较高机构

发文量（篇）	机构名称	机构性质	地区
16	意大利国家研究委员会	机构	中国
11	佛罗伦萨大学	高校	意大利
9	昆士兰大学	高校	澳大利亚

其次，对商业文化遗产系统性保护研究领域的中文文献作者和研究团队进行分析。

关于商业文化遗产系统性保护研究中文文献作者分析，将从中国知网（CNKI）数据库中所得的数据导入 CiteSpace 中，其中 NodeTypes 设置为 Author，Selection Criteria Top N 设置为 50。为确保 CiteSpace 运行后，所得图像能够简洁易读，对其进行修剪，故选中 Pruning 栏下的 Pathfinder 以及 Pruning sliced networks，其余设置均选用默认值，通过对其进行可视化分析，得到商业文化遗产系统性保护研究的中文文献作者合作可视图，如图 2 - 37 所示。

由图 2 - 37 可以看出，胡平关于商业文化遗产系统性保护研究的发文量最高。总的来看，各个作者之间的连线只有 9 条，节点（节点即作者）有 37 个，贡献网络密度为 0.0135，说明国内针对商业文化遗产系统性保护的研究尚不成熟，且各个作者之间缺乏合作联系，整体上并未形成紧密的科研合作团队，将从 CiteSpace 中所得数据导出，发现胡平的发文量较高，发文量为 6 篇，其余作者的发文量均较低，说明国内对商业文化遗产系统性保护研究水平有待提高。

戴新华
马高雅
王国顺
周夏违
胡平
陈丽华
刘昕运
李发亮
本刊记者
刘开云
刘强
李军波
吴慧
张永军
马德龙
蔡骐
张献忠
王宗南
肖芃
李学工
林耿
史汉明
李燕
王乃功
陈林星
蒋晓娜
庄国萍
玉婵，玉梅
高滨健
张磊
李瑞华，曾庆均
杨敏
黄立新
张殿元
张秋英
李雯雯
王兴元

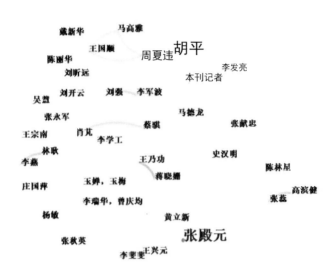

图2-37　商业文化遗产系统性保护研究的中文文献作者合作可视图

关于商业文化遗产系统性保护中文文献研究团队分析，将从中国知网（CNKI）数据库中所得的数据导入 CiteSpace 中，其中 NodeTypes 设置为 Institution，Selection Criteria Top N 设置为 30。为确保 CiteSpace 运行后，所得图像能够简洁易读，对其进行修剪，故选中 Pruning 栏下的 Pathfinder 以及 Pruning sliced networks，其余设置均选用默认值，通过对其进行可视化分析，得到商业文化遗产系统性保护研究的中文文献研究机构可视图，如图 2-38 所示。

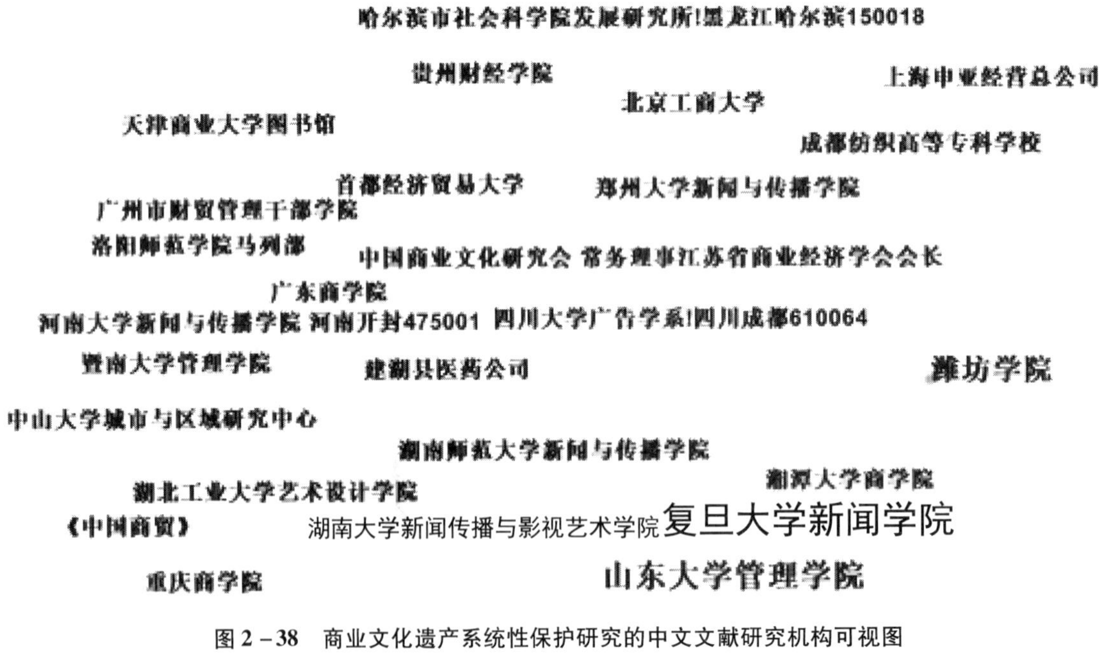

哈尔滨市社会科学院发展研究所!黑龙江哈尔滨150018
贵州财经学院
上海申亚经营总公司
北京工商大学
天津商业大学图书馆
成都纺织高等专科学校
首都经济贸易大学
郑州大学新闻与传播学院
广州市财贸管理干部学院
洛阳师范学院马列部
中国商业文化研究会 常务理事江苏省商业经济学会会长
广东商学院
河南大学新闻与传播学院 河南开封475001
四川大学广告学系!四川成都610064
暨南大学管理学院
建湖县医药公司
潍坊学院
中山大学城市与区域研究中心
湖南师范大学新闻与传播学院
湘潭大学商学院
湖北工业大学艺术设计学院
《中国商贸》
湖南大学新闻传播与影视艺术学院
复旦大学新闻学院
重庆商学院
山东大学管理学院

图2-38　商业文化遗产系统性保护研究的中文文献研究机构可视图

由图 2-38 可以看出，复旦大学新闻学院、山东大学管理学院和潍坊学院对有关商业文化遗产系统性保护的发文量较高。总的来说，各个研究机构之间的连线只有 1 条，节点（节点即为研究机构）有 26 个，贡献网络密度为 0.0031，说明国内针对商业文化遗产系统性保护研究的研究机构之间的合作交流力度非常低，各个研究机构之间应该完善交流机制，建立交流群体。

将从 CiteSpace 中运行所得数据导出，得到商业文化遗产系统性保护研究中文文献发文量排名前三的机构，如表 2-51 所示。

表 2 – 51　　　　　　　　　　　商业文化遗产系统性保护研究中文文献高发文机构

发文量（篇）	机构名称	机构性质	地区
5	复旦大学新闻学院	高校	东南地区
4	山东大学管理学院	高校	华东地区
3	潍坊学院	高校	华东地区

由表 2 – 51 可知，商业文化遗产系统性保护中文文献研究领域中发文量排名前三的研究机构分别为复旦大学新闻学院、山东大学管理学院、淮坊学院。从研究机构的类型来看，商业文化遗产系统性保护中文文献研究发文量排名前三均为高校，机构类型十分单一，因此，本书认为商业文化遗产系统性保护的研究主力是高校。从研究机构的地域角度看，商业文化遗产系统性保护的中文文献研究机构主要分布在华南和华东地区，而华中、西南等地区的研究机构针对商业文化遗产系统性保护的研究较少。

第五，国内外针对商业文化遗产系统性保护研究领域的研究热点及前沿分析。

通过对商业文化遗产系统性保护研究领域中的供词分析和突变分析，可以直观反映出该研究领域的研究热点和前沿，进而准确把握该领域的学术研究热点，更加清晰地发现该研究领域的学术空白，为准确选择学术研究方向提供指导。

首先，对商业文化遗产系统性保护研究领域的研究热点进行分析。

将从 WOS 数据库中所得的数据导入 CiteSpace 中，其中 NodeTypes 设置为 Keyword，Selection Criteria Top N 设置为 30。为确保 CiteSpace 运行后，所得图像能够简洁易读，对其进行修剪，故选中 Pruning 栏下的 Pathfinder 以及 Pruning sliced networks，其余设置均选用默认值，通过对其进行可视化分析，得到商业文化遗产系统性保护研究英文文献关键词共线图后，选择 Timeline 显示，采用 Keyword 聚类，选择 Log – Likelihood Ratio（LLR），在对图像进行调整后得到商业文化遗产系统性保护研究领域英文文献研究热点图，如图 2 – 39 所示。

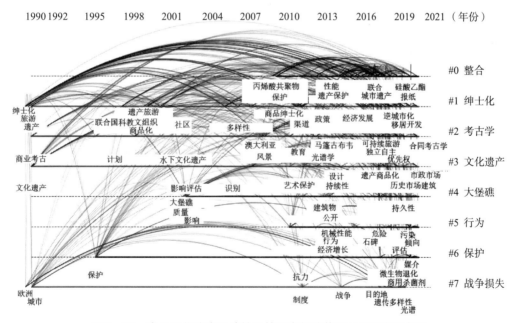

图 2 – 39　商业文化遗产系统性保护研究领域英文文献研究热点图

由图 2 – 39 可知，商业文化遗产系统性保护研究领域英文文献的高频关键词聚类共 8 个类别，分别为整合（consolidation）、绅士化（gentrification）、考古学（archaeology）、文化遗产（cultural heritage）、大堡礁（great barrier reef）、行为（behavior）、保护（conservation）、战争损失（war damage），这 8 个类别代表了商业文化遗产系统性保护英文文献研究领域的研究热点。在所得聚类的视图中，通过对各个关键词按照时间顺序梳理，对其进行提取，得到商业文化遗产系统性保护英文文献学术研究热点脉络，如表 2 – 52 所示。

表 2-52　　　　　　　　　　　商业文化遗产系统性保护研究领域英文文献学术研究热点脉络

年份	关键词
1990	文化遗产、遗产、旅游、绅士化、城市、文化、商业考古学、中国、地理、国家、欧洲
1995	保护、规划
1997	商品化
1998	考古学
1999	博物馆、历史、遗产旅游、种族主义、地缘战略
2000	社区、联合国教科文组织、水下文化遗产
2002	影响、质量、大堡礁、水
2003	影响评估
2005	差异
2006	地区
2007	识别、保存、伦理
2008	管理、景观、海洋保护区、澳大利亚、死亡率、儒艮、数量、空间风险评估
2009	涂料、保护、遗产、丙烯酸共聚物、商业化、石材固化、溶胶-凝胶反应
2010	行为、遗产管理、色素、教育、抵抗
2011	政治、制度、场所、光谱、商业绅士化、曝光、非物质文化遗产、色度学、年代、艺术保护
2012	文化遗产保护、可持续发展、激光雷达、发展、成长、自我调节
2013	模型、建筑、缓解、文化旅游、艺术品、涌现、蛋白质粘合剂、打捞
2014	石头、遗产保护、壁画、表演、创造性破坏、南非、历史城市景观、修复、战争、纤维素、设计、砖块、民族植物学、机械性能
2015	退化、海洋、日本、疏水性、幸福感
2016	真实性、表面、视角、移除、旅游影响、经济发展、档案、传输、主权、传感器、土耳其、收集、算法、植被、准确性
2017	可持续性、整合、治理、气候变化、西班牙、耐用性、适应性再利用、绘画、文档、石材表面、环境、石材保护、稳定性、氮气、香港、德国、登记、全球化、未来、溶胶、凝胶、防水、城市遗产、空间、岩石、生物退化、英国、终端、指南、国家、价值、化学清洁、城市村庄、热解、动力学
2018	退化、体验、感知、城市重建、身份、城市更新、纪念碑、颜色、政策、产品、微卫星标记、涂鸦、遗址、反射率、醇钙、历史建筑、破坏、预防性保护、低温保存、人口结构、创新、激光、涂料、进化原地、知识、放松、城市建设、壳聚糖、动机、危害、定义、自清洁、目的地、重建、高光谱成像、疏水性、工具、性别、3D重建、消费、混凝土
2019	遗传多样性、低成本、改造、城市更新、渔业、战略、巴塞罗那、记忆、长跑、框架、砂岩、危机、乡村旅游、晶体生长、建筑遗产、动力学、建模、合同考古学、采石场、过渡、遗产石、多样化、分类、网络、轮廓、红外光谱学、软件、金融危机、主成分分析、维度石、语言、颗粒、风味、遗产真实性、生态系统服务
2020	脆弱性、态度、评估、实施、城市化、加利西亚、拉曼、倒置、利益相关者、微生物、英国、罗兹、民族志、迁徙、剥夺、动物福利、健康、绿色基础设施、模式开发、分布、社会与环境责任、家庭、艺术、权力、风险、历史街区复兴、文物保护、非破坏性技术、历史市场建设、形象、加拿大、遗产商品化、支持、加固、置换、可持续旅游、追踪、城市规划旅游、驯化、新建绅士化、树木、反城市化、功效、边界、介质、污染、微生物退化、德黑兰、偏好、人类共同遗产
2021	盐

由表 2-52 可知，2017 年关于商业文化遗产系统性保护研究领域的英文文献研究热点关键词明显增多，说明商业文化遗产保护问题正式成为学术界的研究热点，学者们在这一时期主要是对可持续性、全球化、城市遗产、环境等方面进行研究。2018 年，学者们开始注意到城市更新、知识、创新等对商业文化遗产保护的重要性，这表明在商业文化遗产系统性保护的英文文献研究领域中，学者们开始将商业文化遗产系统性保护与城市发展规划相结合。2019 年，学者们开始重点研究艺术、人口、福利、风险等方面，随着研究的深入，学者们又将研究领域拓展到人类共同遗产的保护与管理方面，这表明学者们已经开始重视在

商业文化遗产系统性保护过程中的对象精准识别、风险把控等方面，这在一定程度上反映了国际上对工业文化遗产系统性保护的研究已经逐渐趋于成熟。

其次，对商业文化遗产系统性保护研究领域的研究热点进行分析。

将从中国知网（CNKI）数据库中所得的数据导入 CiteSpace 中，其中 NodeTypes 设置为 Keyword，Selection Criteria Top N 设置为 20。为确保 CiteSpace 运行后，所得图像能够简洁易读，对其进行修剪，故选中 Pruning 栏下的 Pathfinder 以及 Pruning sliced networks，其余设置均选用默认值，通过对其进行可视化分析，得到商业文化遗产系统性保护研究中文文献关键词共线图后，选择 Timeline 显示，采用 Keyword 聚类，选择 Log – Likelihood Ratio（LLR），在对图像进行调整后得到商业文化遗产系统性保护中文文献研究热点图，如图 2 – 40 所示。

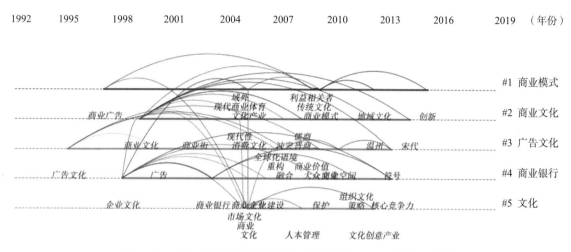

图 2 – 40　商业文化遗产系统性保护研究领域中文文献研究热点图

由图 2 – 40 可知，商业文化遗产系统性保护研究领域中文文献的高频关键词共 5 个，分别为商业模式、商业文化、广告文化、商业银行和文化。这 5 个类别代表了商业文化遗产系统性保护研究领域中文文献的研究重点。本书在所得聚类的视图中，通过对各个关键词按照时间顺序梳理，对其进行提取，得到商业文化遗产系统性保护研究领域中文文献学术研究热点脉络，如表 2 – 53 所示。

表 2 – 53　　　　　　　　商业文化遗产系统性保护研究领域中文文献学术研究热点脉络

年份	关键词
1992	商业价值观、商业伦理文化、商业工作者、商品交换、商品生产者、商品经济、文化研究、消费者、社会主义
1993	商业企业文化、市场经济、广告业、思想政治工作、文化品位、现代商业企业
1994	商业企业管理、商业道德、商品流通、物质文明、社会主义商业
1995	企业文化建设、历史氛围、广告文化
1996	中国商业文化研究会、维纳斯
1997	互相促进、企业政治思想工作、商业信誉、商业广告
1998	企业文化
1999	商业文化
2000	广告
2002	儒家文化、商业街、商业银行信贷、国有商业银行
2003	商业银行、性别建构、意识形态、本土化、社会性格
2004	人力资源管理

年份	关键词
2005	商业、商业业态空间、商业企业、商业伦理、商业银行企业文化、域外、市场文化、广州市、文化、文化产业、消费文化、现代商业体育、现代性
2006	文化建设、社区商业
2007	全球化语境、冲突、合规文化、合规文化建设、合规风险管理、融合、重构
2008	人本管理、儒商、出版业、商业大片、旅游开发、晋商
2009	传统文化、保护、利益相关者、商业价值、商业化、商业模式、大众文化
2010	商业空间、抵抗、收编、青年亚文化
2011	发展对策、消费社会、策略、组织文化
2012	中国大片、地域文化、文化创意产业、温州
2013	商业模式创新、广告翻译、核心竞争力、符号
2014	价值内涵、宋代、非物质文化遗产
2015	创新、商业电影、文化企业
2016	互动研究、文化资本、民俗文化、茶文化、视觉文化、跨文化
2017	历史文化街区、美国商业电影
2018	互联网、新时代
2019	历史街区、文化语境

由表 2-53 可知，关于商业文化遗产系统性保护的研究热点，中文文献少于英文文献，说明国内对商业文化遗产系统性保护的研究尚不成熟。商业文化遗产系统性保护的研究始于 1992 年，并且其研究主要集中于商业价值观、商业文化、商品经济等，说明此时商业文化已经成为国内学术界的研究热点之一。2005 年，商业文化遗产系统性保护的研究热点词为商业、商业业态空间、商业企业、商业伦理、商业银行企业文化、市场文化、消费文化等，说明此时学者们将商业文化遗产系统性保护的对象锁定为商业企业、市场文化、消费文化等。2014 年，价值内涵成为国内商业文化遗产系统性保护研究领域的研究热点关键词，说明学者们已经开始重视商业文化遗产本身的价值内涵。2016 年，互动研究、文化资本、民俗文化、视觉文化等成为国内商业文化遗产系统性保护研究领域的热点关键词，说明学者们已经意识到在商业文化遗产系统性保护进程实施过程中，各类文化之间的互动发展是激发商业文化遗产现代价值的落脚点。

最后，对商业文化遗产系统性保护研究领域的研究前沿进行分析。

研究前沿不仅可以反映科学研究的进展和发展趋势，还反映了该科学研究是否具有研究价值。利用 CiteSpace 的膨胀词提取出词频变化率突变的关键词，进而对商业文化遗产系统性保护的研究进行前沿分析。

将从 WOS 数据库中所得的数据导入 CiteSpace 中，其中 NodeTypes 设置为 Keyword，Selection Criteria Top N 设置为 50，基于前文分析可知，其余设置均选用默认值，通过对其进行可视化分析，得到商业文化遗产系统性保护研究领域英文文献关键词共线图后，故将 Burstness 下的 Minimum Duration 设置为 6，提取突变最少保持 6 年的关键词，如表 2-54 所示。

表 2-54 　　　　　　　　　　商业文化遗产系统性保护研究领域英文文献前沿术语

关键词	强度	初始年份	结束年份	1990~2021 年
旅游业	16.64	1990	2010	▬▬▬▬▬▬▬▬▬▬▬▬▬▬▬▬▬▬▬▬
富裕化	15.56	1990	2010	▬▬▬▬▬▬▬▬▬▬▬▬▬▬▬▬▬▬▬▬
遗产	15.26	1990	2006	▬▬▬▬▬▬▬▬▬▬▬▬▬▬

续表

关键词	强度	初始年份	结束年份	1990 ~ 2021 年
地理	11.01	1990	2007	
欧洲	10.48	1990	2007	
地位	10.03	1990	2007	
中国	9.4	1990	2011	
商业考古学	9.11	1990	2007	
文化	8.92	1990	2007	
城市	6.22	1990	2006	
文化遗产	4.57	1990	2001	

　　由表 2 - 54 可知，1990 ~ 2001 年，关于商业文化遗产系统性保护研究领域的突现关键词为文化遗产（cultural heritage），说明自 1990 年，文化遗产的保护利用问题就已经受到学术界的广泛关注，但是整体上关于商业文化遗产系统性保护的研究仍处于起步阶段，并没有形成较为鲜明的学术前沿。1990 ~ 2007 年，关于商业文化遗产系统性保护的突现关键词为遗产（heritage）、地理（geography）、欧洲（Europe）、地位（state）、商业考古学（commercial archaeology）、文化（culture）、城市（city），说明在这一时期学者们的研究重点为不同地区商业文化遗产的演化。1990 ~ 2011 年，关于商业文化遗产系统性保护的突现关键词为旅游业（tourism）、富裕化（gentrification），说明此时学者们已经注意到发展旅游业是提升商业文化遗产系统性保护效率的有效举措。通过以上对商业文化遗产系统性保护英文文献研究领域的前沿分析，可以看出，在新时代背景下，学者们对于商业文化遗产系统性保护领域研究的前沿在于加强对文化遗产的保护力度，追求发展的可持续性，这与目前商业文化遗产系统性保护的发展部署相一致，因此，本书认为近年的商业文化遗产系统性保护领域的文献对我国学者研究商业文化遗产系统性保护具有参考价值。

　　将从中国知网（CNKI）数据库中所得的数据导入 CiteSpace 中，其中 NodeTypes 设置为 Keyword，Selection Criteria Top N 设置为 20，其余设置均选用默认值，通过对其进行可视化分析，得到商业文化遗产系统性保护研究中文文献关键词共线图后，故将 Burstness 下的 Minimum Duration 设置为 5，提取突变最少保持 5 年的关键词，如表 2 - 55 所示。

表 2 - 55　　　　　　　　　　商业文化遗产系统性保护研究领域中文文献前沿术语

关键词	强度	初始年份	结束年份	1992 ~ 2020 年
商业伦理文化	4.88	1992	1996	
市场经济	6.79	1992	2001	
广告文化	6.38	1992	2004	
商业广告	5.19	1992	2012	
文化产业	3.79	1992	2017	

　　由表 2 - 55 可知，1992 年之前中文文献中并未出现商业文化遗产系统性保护研究领域的文献突现关键词，说明在 1992 年以前，我国对商业文化遗产系统性保护的研究尚不成熟，没有形成鲜明的学术前沿。1992 ~ 1996 年，商业文化遗产系统性保护的中文文献突现关键词为商业伦理文化，说明在国内商业文化遗产系统性保护学术前沿形成初期，学者们较为注重商业经营行为规范的研究。1992 ~ 2004 年，商业文化遗产系统性保护研究的中文文献突现词为广告文化，说明广告文不仅是提高商业竞争力的有效途径，还是商业文化的重要组成要素，已经受到学术界的广泛关注。1992 ~ 2017 年，商业文化遗产系统性保护的中文文献突现词为商业广告、文化产业，说明学者们已经开始重视商业广告对商业发展的作用，以及文化产业发展与商业文化遗产系统性保护之间的关系。

第四部分：教育文化遗产系统性保护研究领域的文献计量分析。

第一，研究数据和发文量的初步分析。

首先，主要从 WOS 获得英文研究数据，为避免利用 WOS 检索所收集到的文献出现字段缺失的问题，本书采用利用核心数据库（Web of Science Core Collection）对其进行检索。其中检索式为：TS =（Education and cultural heritage protection）OR TS =（Education heritage）OR TS =（Education and cultural heritage）；语种：English；文献类型：Article；时间跨度为：1990 年 1 月至 2021 年 4 月，检索时间为 2021 年 4 月 28 日。共检索到文献 2332 条，在删除不相关文献后，共得到有效的文献数量为 2332 篇。将所得文献数据导入 CiteSpace 中进行初步检验，在对其进行除重后，最终进行教育文化遗产系统性保护领域文献计量分析所用有效的 WOS 文献数据有 2332 条。

其次，主要从中国知网（CNKI）获得中文研究数据，文献检索类型先定位核心期刊及 CSSCI 期刊，其中检索式为：主题 = "教育文化遗产" OR 主题 = "教育遗产" OR 主题 = "教育非物质文化遗产" OR 主题 = "教育物质文化遗产"；时间跨度为：1990 年 1 月至 2021 年 4 月，检索时间为 2021 年 4 月 29 日；文献类型为期刊文献；期刊限定为核心期刊。共检索出文献 417 篇，在对文献进行筛选，去除不相关的文献之后，共得到有效的文献数量为 337 篇。将所得文献数据导入 CiteSpace 中对其进行初步检验，软件运行结果良好，不存在数据丢失的现象，最终进行教育文化遗产系统性保护领域文献计量分析所用有效的 CNKI 文献数据有 337 条。

将上述教育文化遗产系统性保护领域中的数据导出，按照文献的发文年份和发文数量对其进行信息整合，整合后利用 Excel 对其进行分析，进而得到 1990 年 1 月至 2021 年 4 月的教育文化遗产系统性保护研究领域内英文文献与中文文献的发文数量的比较图，如图 2 - 41 所示。

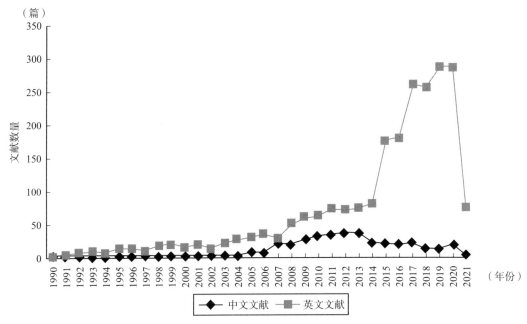

图 2 - 41　1990~2021 年教育文化遗产系统性保护研究领域中、英文文献分布

由图 2 - 41 可知，教育文化遗产系统性保护中、英文发文量差异不大，最早在 1991 年出现第一篇关于教育文化遗产系统性保护的英文文献，1991~1996 年关于教育文化遗产系统性保护研究领域仍只有英文文献，说明在这一阶段我国仍尚未形成较为成熟的教育文化遗产系统性保护思想体系；1997 年，国内出现第一篇涉及教育文化遗产系统性保护的文章，说明此时我国已经初步形成教育文化遗产系统性保护的思想体系；2003~2020 年，中文文献和英文文献发文量均呈现出增长的趋势，但英文文献发文量的增长幅度明显高于中文文献发文量的增长幅度，且在 2007 年后，英文文献的发文量明显高于中文文献的发文量，说明此时教育文化遗产系统性保护已经成为国外研究的重点领域，因此，认为国外在教育文化遗产系统性保护水平上高于国内。

第二，教育文化遗产系统性保护研究领域的国家分析。

在文献计量的过程中，对文献国家进行分析，可以帮助学者们更好地把握某一研究领域在国际上较为权威的国家。本书利用 CiteSpace 得到在教育文化遗产系统性保护研究领域中的国家共现网络关键节点，进而分析得出在该研究领域中国际影响力较高的国家，这不仅可以为学者们在该领域的学习中提供一定的借鉴和指导作用，还能帮助学者们对自己国家在该研究领域中的国际地位有一个清晰的认识，为其今后的研究方向、研究重点给予一定的指导作用。

将从 WOS 数据库中所得的数据导入 CiteSpace 中，其中 NodeTypes 设置为 Country，Selection Criteria Top N 设置为 50，其余设置均选用默认值，接着将从 CiteSpace 中所得数据整理成 Excel 表格，分别提取"国家"和"发文量"两个字段下的数据，得到不同国家在教育文化遗产系统性保护研究领域发文量，由于有较多国家发行文章，主要选取发文量 17 篇及 17 篇以上的国家排名，如图 2 - 42 所示。从图中可以看出，发文量排名前十的国家大多为发达国家。其中，美国发文量为 1069 篇，排名第一；英国发文量为 460 篇，排名第二；澳大利亚发文量为 442 篇，排名第三；中国发文量为 373 篇，排名第四。

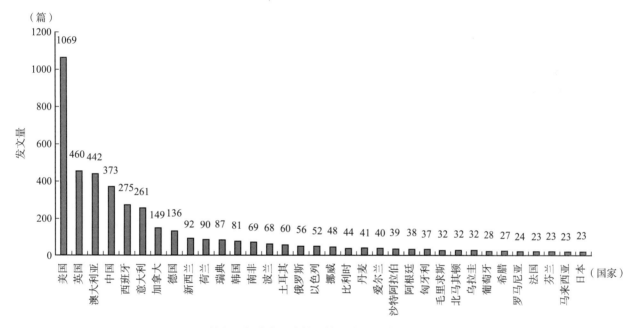

图 2 - 42　教育文化遗产系统性保护研究领域国家发文量排名分布

将从 WOS 数据库中所得的数据导入 CiteSpace 中，其中 NodeTypes 设置为 Country，Selection Criteria Top N 设置为 50，其余设置均选用默认值，通过对其进行可视化分析，得到教育文化遗产系统性保护国家知识图谱，如图 2 - 43 所示。

由图 2 - 43 可知，在教育文化遗产系统性保护研究领域中，中国、美国和澳大利亚均与西班牙、意大利、英国、加拿大、德国、新西兰等国家存在密切的合作伙伴关系。因此，认为我国在教育文化遗产系统性保护的研究领域中具有一定的地位。

在 CiteSpace 分析所得结果中，一般认为中心度数值越大表示该节点的关键性越高，中心度的数值越小表示该节点的关键性越低，基于此，对各个国家中有关教育文化遗产的发文中心度进行分析，进而得出各国在各个节点的关键性，并进一步判断某一国家与其他国家在该研究领域中是否存在密切的合作关系。将中心度为 0.1 看作关键节点，并以中心度大于 0.1 为标准，发现在教育文化遗产系统性保护领域国家贡献网络关键节点中心度均小于 0.1，说明教育文化遗产系统性保护领域并没有国家对其研究较为成熟。

第三，教育文化遗产系统性保护研究领域的期刊分析。

对教育文化遗产系统性保护研究领域的期刊进行分析，可以帮助学者们准确把握在该研究领域中的权威期刊，进而帮助学者们在后续研究中高效地进行文献检索。本书主要利用期刊共被引来对各个期刊进行分析。与此同时，还将对教育文化遗产系统性保护研究领域的共被引的中心度进行分析。通过对期刊转载量进行分析，探析各个期刊在教育文化遗产系统性保护研究领域汇总的信息储备、传输能力。

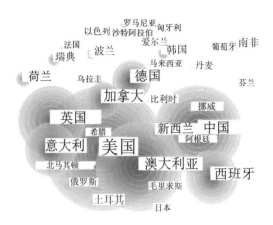

图 2 - 43　教育文化遗产系统性保护研究领域的国家共现图

首先，对教育文化遗产系统性保护研究领域的英文期刊进行分析。

将从 WOS 数据库中所得的数据导入 CiteSpace 中，其中 NodeTypes 设置为 Cited Journal，Selection Criteria Top N 设置为 30。为确保 CiteSpace 运行后，所得图像能够简洁易读，对其进行修剪，故选中 Pruning 栏下的 Pathfinder 以及 Pruning sliced networks，其余设置均选用默认值，通过对其进行可视化分析，得到教育文化遗产系统性保护研究领域英文期刊共被引可视图，如图 2 - 44 所示。

图 2 - 44　教育文化遗产系统性保护研究领域英文期刊共被引可视图

由图 2 - 44 可以看出，英文文献中有关教育文化遗产系统性保护的研究，主要集中在《论文》（*Thesis*）、《国际双语及双语教育杂志》（*International Journal of Bilingual Education and Bilingualism*）、《多语言与多文化发展杂志》（*Journal of Multilingual and Multicultural Development*）、《现代语言杂志》（*Journal of Modern Languages*）4 本期刊，并且其期刊引用频次明显高于其他期刊。《论文》《国际双语及双语教育杂志》2 本期刊的引用频次明显高于其他期刊的引用频次，其中，《论文》主要刊发政治学、国际关系、教学和教育研究、经济学、语言学、媒体研究、传播学等方面的论文。《国际双语及双语教育杂志》主要刊发语言学、社会性、心理学、教育、法律、历史和经济学等方面的论文研究，该期刊 2015 年的影响因子为 1.027，在 41 种 SCI 学科教育期刊中排第 37 名。

在 CiteSpace 分析所得结果中，一般认为中心度数值越大表示该节点的关键性越高，中心度数值越小表示该节点的关键性越低，基于此，本书从期刊共被引的中心度角度对其进行分析，进而得出各国在各个节点的关键性，将中心度为 0.1 看作关键节点，并以中心度大于 0.1 为标准，提取关键节点，得到教育文化遗产系统性保护研究领域的英文期刊共被引网络的关键节点，如表 2 - 56 所示。

表 2－56   教育文化遗产系统性保护研究领域英文期刊共被引网络关键节点

期刊名称	被引频次	首次出现年份	中心度
《旅游研究年鉴》	324	1990	0.23
《想象的共同体》	28	1997	0.19
《教育研究评论》	110	1991	0.17
《美国人类学家》	56	1999	0.15
《科学》	98	1992	0.13
《祖传语期刊》	268	1990	0.12
《国际遗产研究杂志》	293	1990	0.11

　　由表 2－56 可以看出，《旅游研究年鉴》（*Annals of Tourism Research*）、《想象的共同体》（*Imagined Communities*）、《教育研究评论》（*Review of Educational Research*）、《美国人类学家》（*American Anthropologist*）、《科学》（*Science*）、《祖传语期刊》（*Heritage Language Journal*）、《国际遗产研究杂志》（*International al Journal of Heritage Studies*）这 7 本期刊在教育文化遗产系统性保护英文文献研究领域中的论文质量较高，在该研究领域具有较高的知名度和权威性。因此，本书认为《旅游研究年鉴》《国际遗产研究杂志》《教育研究评论》《科学》《美国人类学家》这几本期刊在教育文化遗产系统性保护英文文献研究领域中居于核心地位，具有较高的国际地位。

　　从发文集中度方面来看，本书将从 WOS 数据库中所得的数据导入 CiteSpace 中，其中 NodeTypes 设置为 Source，Selection Criteria Top N 设置为 50，其余设置均选用默认值。将运行结果导入 Excel 中对其期刊名称进行计数，进而得到 1990～2021 年教育文化遗产系统性保护研究领域英文文献期刊分布，其载文量排名前十二的期刊分布如表 2－57 所示。

表 2－57   1990～2020 年教育文化遗产系统性保护研究领域英文文献期刊分布（前十二）

期刊名称	载文量（篇）	占比（%）
《国际双语及双语教育杂志》	12	0.51
《多语言与多文化发展杂志》	10	0.43
《比较教育学》	9	0.39
《语言与教育》	9	0.39
《教育史与儿童文学》	9	0.39
《地质遗迹》	9	0.39
《国际遗产研究杂志》	9	0.39
《语言、文化与课程》	8	0.34
《公共考古学》	8	0.34
《外语年鉴》	7	0.30
《教学与教师教育》	7	0.30
《公共历史学家》	7	0.30

　　由表 2－57 可知，在教育文化遗产系统性保护研究领域英文文献中，发文量排名前十二的期刊发文总量为 104 篇，占比约 4.47%，没有表现出显著高于其他期刊发文总量的趋势，说明在教育文化遗产系统性保护英文文献研究领域中，各个期刊的发文较为均匀，并没有形成较为稳定的期刊群和代表性期刊。在发文量排名前十二的期刊中，各个期刊之间的被引频次差别不大，基于此，本书从载文量的角度分析，认为在教育文化遗产系统性保护的英文文献研究领域中，并没有形成具有较高权威性的载文

期刊。

其次，对教育文化遗产系统性保护研究领域的中文期刊进行分析。

由于通过中国知网（CNKI）中导出的论文文献数据缺少"参考文献"字段，无法通过 CiteSpace 对中国知网（CNKI）导出的论文文献数据进行共被引分析，因此，对于教育文化遗产系统性保护研究的中文期刊，将从该领域期刊的载文量以及学科研究层次展开研究。

将从中国知网（CNKI）数据库中所得的数据导入 CiteSpace 中，其中 NodeTypes 设置为 Source，Selection Criteria Top N 设置为 30。为确保 CiteSpace 运行后，所得图像能够简洁易读，对其进行修剪，故选中 Pruning 栏下的 Pathfinder 以及 Pruning sliced networks，其余设置均选用默认值，将运行结果导入 Excel 中对其期刊名称进行计数，发现 1990~2021 年教育文化遗产系统性保护中文文献期刊载文量均较少，并没有形成较为权威的期刊，说明在教育文化遗产系统性保护中文文献研究领域中，各个期刊的发文较为均匀，并没有形成较为稳定的期刊群和代表性期刊。各个期刊之间的被引频次差别不大，基于此，从载文量的角度分析，认为在教育文化遗产系统性保护的中文文献研究领域中，并没有形成具有较高权威性的载文期刊。

本书通过对中、英文期刊的分析可知，在进行关于教育文化遗产系统性保护英文文献研究时，可以重点参考《旅游研究年鉴》《国际遗产研究杂志》《教育研究评论》《科学》《美国人类学家》等期刊所刊发的文章。而在教育文化遗产系统性保护中文文献研究领域中并未形成较具有权威性的期刊。

第四，教育文化遗产系统性保护研究领域的团队分析。

本书主要从作者和研究团队两个方面对教育文化遗产系统性保护研究领域进行研究团队分析。针对英文文献，主要利用 CiteSpace 进行共被引分析，对研究机构主要利用 CiteSpace 进行合作网络分析；针对中文文献，通过合作网络进行分析。

首先，对教育文化遗产系统性保护研究领域的英文文献作者团队和机构进行分析。

关于教育文化遗产系统性保护研究领域的英文文献作者分析，将从 WOS（Web of Science）数据库中所得的数据导入 CiteSpace 中，其中 NodeTypes 设置为 Cited Author，Selection Criteria Top N 设置为 50。为确保 CiteSpace 运行后，所得图像能够简洁易读，对其进行修剪，故选中 Pruning 栏下的 Pathfinder 以及 Pruning sliced networks，其余设置均选用默认值，通过对其进行可视化分析，得到教育文化遗产系统性保护研究领域英文文献作者共被引可视图，如图 2-45 所示。

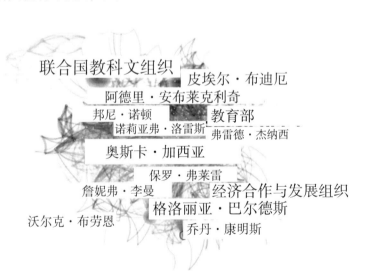

图 2-45　教育文化遗产系统性保护研究领域英文文献作者共被引可视图

由图 2-45 可以看出，教育文化遗产系统性保护研究领域的作者共被引频次在国际上影响力较高的作者主要为联合国教科文组织、皮埃尔·布迪厄、格洛丽亚·巴尔德斯、奥斯卡·加西亚、保罗·弗莱雷 5 人，将 CiteSpace 计算所得结果导出，整理出教育文化遗产系统性保护英文文献研究领域作者共被引频次排名表，因为从 WOS 数据库中所得数据较多，考虑到被引频次较高的作者在该领域中具有较高的国际地位，因此，主要列出被引频次较高的前三名作者，如表 2-58 所示。

表 2 - 58　　　　　　　　教育文化遗产系统性保护研究领域的英文文献作者共被引频次排名（前三）

作者	被引频次	被引频次最高的论文
皮埃尔·布迪厄	338	帝国主义理性的狡诈
格洛丽亚·巴尔德斯	310	双语、传统语言学习者和第二语言习得研究：失去还是抓住机遇？
奥斯卡·加西亚	305	基于指标的非本地树种对多元文化生态系统影响分析

由表 2 - 58 可知，在教育文化遗产系统性保护研究领域英文文献中，被引频次最高的是皮埃尔·布迪厄，其被引频次为 338 次，皮埃尔·布迪厄在过去 30 年内，被引频次最高的论文为《帝国主义理性的狡诈》，皮埃尔·布迪厄提出了国际循环的逻辑思想，并强调培养文化学者的是十分重要的。被引频次排名第二的是格洛丽亚·巴尔德斯，其被引频次为 310 次，格洛丽亚·巴尔德斯在过去 30 年内被引频次最高的论文为《双语、传统语言学习者和第二语言习得研究：失去还是抓住机遇？》，格洛丽亚·巴尔德斯所描述的社区专业实践和现有的学科界限，能够大幅度地影响世界少数民族的儿童教育。被引频次排名第三的是奥斯卡·加西亚，其被引频次为 305 次，在过去 30 年内被引频次最高的论文为《基于指标的非本地树种对多元文化生态系统影响分析》。

在 CiteSpace 分析所得结果中，一般认为中心度数值越大表示该节点的关键性越高，中心度的数值越小表示该节点的关键性越低，基于此，从作者共被引的中心度角度对其进行分析，进而得出各国在各个节点的关键性，将中心度为 0.1 看作关键节点，并以中心度大于 0.1 为标准，提取关键节点，得到教育文化遗产系统性保护研究领域的英文文献作者共被引网络的关键节点，如表 2 - 59 所示。

表 2 - 59　　　　　　　教育文化遗产系统性保护研究领域英文文献作者共被引网络关键节点

作者	被引频次	中心度	首次出现年份
乔丹·康明斯	152	0.11	1990
约书亚·菲什曼	32	0.10	1999
联合国教科文组织	390	0.10	1990

由表 2 - 59 可以看出，乔丹·康明斯、约书亚·菲什曼、联合国教科文组织与其他作者之间有密切的关联度，并形成了以他们为中心的多个学术研究联盟。基于此，本书认为乔丹康明斯、约书亚·菲什曼、联合国教科文组织在教育文化遗产系统性保护研究领域英文文献中具有较高的权威性。

关于教育文化遗产系统性保护研究领域的英文文献研究机构团队分析，将从 WOS 数据库中所得的数据导入 CiteSpace 中，其中 NodeTypes 设置为 Institution，Selection Criteria Top N 设置为 30，其余设置均选用默认值，通过对其进行可视化分析，得到教育文化遗产系统性保护研究领域英文文献研究机构合作可视图，如图 2 - 46 所示。

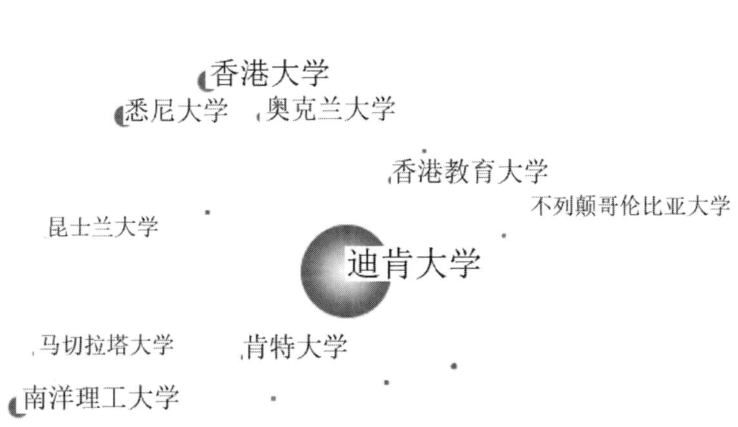

图 2 - 46　教育文化遗产系统性保护研究领域英文文献研究机构合作可视图

由图 2－46 可以看出，迪肯大学的发文量最高，位居第一。总的来说，各个机构之间的连线有 1 条，节点（代表发文机构）有 1322 个，贡献网络密度为 0，说明国际上对教育文化遗产系统性保护研究过程中，各个机构之间的合作力度非常小、合作范围较小，各个研究机构之间应该开展广泛的交流合作。

由表 2－60 可知，教育文化遗产系统性保护研究英文文献发文量较高的机构主要为迪肯大学、香港大学、南洋理工大学、悉尼大学、香港教育大学、奥克兰大学、肯特大学 7 所高校，从研究机构性质的角度分析，教育文化遗产系统性保护英文文献研究发文量集中于高校，机构类型非常单一。这表明现阶段，国际上对教育文化遗产系统性保护展开研究的主要为高校。

表 2－60　　　　　　　教育文化遗产系统性保护研究领域英文文献发文较高机构

发文量（篇）	机构名称	机构性质	国家
129	迪肯大学	高校	澳大利亚
79	香港大学	高校	中国
74	南洋理工大学	高校	新加坡
73	悉尼大学	高校	悉尼
69	香港教育大学	高校	中国
67	奥克兰大学	高校	新西兰
66	肯特大学	高校	英国

其次，对教育文化遗产系统性保护研究领域的中文文献作者和研究团队进行分析。

关于教育文化遗产系统性保护研究领域中文文献研究作者分析，将从中国知网（CNKI）数据库中所得的数据导入 CiteSpace 中，其中 NodeTypes 设置为 Author，Selection Criteria Top N 设置为 30。为确保 CiteSpace 运行后，所得图像能够简洁易读，对其进行修剪，故选中 Pruning 栏下的 Pathfinder 以及 Pruning sliced networks，其余设置均选用默认值，通过对其进行可视化分析，得到教育文化遗产系统性保护研究的中文文献作者合作可视图，如图 2－47 所示。

图 2－47　教育文化遗产系统性保护研究领域的中文文献作者合作可视图

由图 2－47 可以看出，普丽春关于教育文化遗产系统性保护研究领域的中文文献发文量最高。总的来看，各个机构之间的连线只有 191 条，节点（节点即作者）有 442 个，贡献网络密度为 0.002，说明国内针对教育文化遗产系统性保护的研究尚不成熟，且各个作者之间缺乏合作联系，整体上并未形成紧密的科研合作团队。本书将从 CiteSpace 中所得数据导出，整理得到教育文化遗产系统性保护研究领域中文文献发文量较高的作者，如表 2 - 61 所示。

表 2 - 61　　　　　　　　　　教育文化遗产系统性保护研究领域中文文献发文量较高的作者

作者	发文量（篇）	单位
普丽春	6	云南民族大学
朱祥贵	5	三峡大学
薛晓阳	4	扬州大学
王云庆	4	山东大学历史文化学院

由表 2 - 61 可知，国内对教育文化遗产系统性保护研究领域较为重要的学者有普丽春、朱祥贵、薛晓阳、王云庆等人，因此，在进行教育文化遗产系统性保护中文文献研究时可以重点参考以上学者文章，并且其发文量相比于国外针对教育文化遗产系统性保护研究的发文量较高，说明国内对教育文化遗产系统性保护的研究较为成熟。其中，来自沈阳师范大学的普丽春主要致力于宪法、高等教育、成人教育与特殊教育等方面的研究；来自三峡大学的朱祥贵主要致力于宪法、行政法及地方性法规、国际法等方面的研究；来自扬州大学的薛晓阳主要致力于教育理论与教育管理、高等教育、社会学及统计学等方面的研究；来自山东大学历史文化学院的王云庆主要致力于档案及博物馆、文化、图书情报与数字图书馆等方面的研究。

关于教育文化遗产系统性保护中文文献研究团队分析，将从中国知网（CNKI）数据库中所得的数据导入 CiteSpace 中，其中 NodeTypes 设置为 Institution，Selection Criteria Top N 设置为 30。为确保 CiteSpace 运行后，所得图像能够简洁易读，对其进行修剪，故选中 Pruning 栏下的 Pathfinder 以及 Pruning sliced networks，其余设置均选用默认值，通过对其进行可视化分析，得到教育文化遗产系统性保护研究领域的中文文献研究机构可视图，如图 2 - 48 所示。

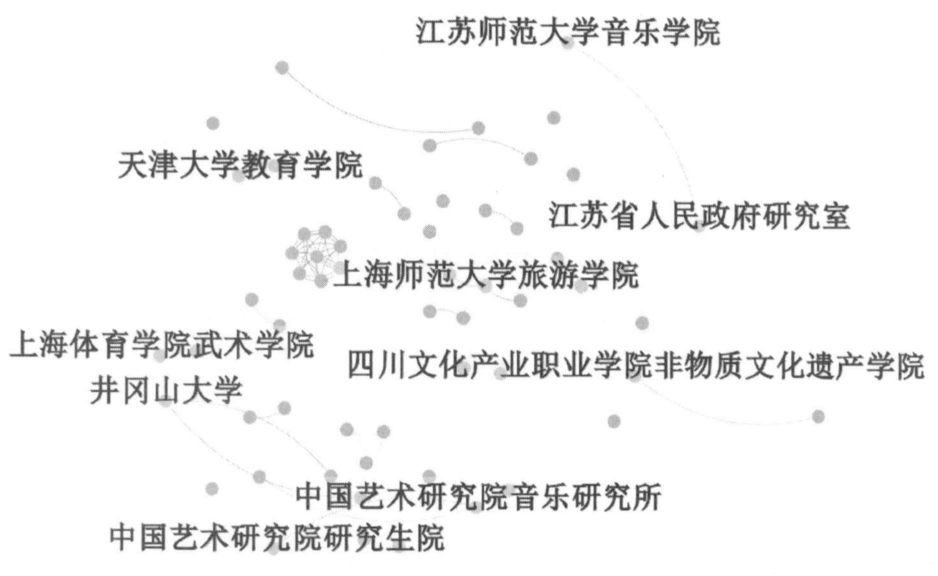

图 2 - 48　教育文化遗产系统性保护研究领域的中文文献研究机构可视图

由图 2 - 48 可以看出，重庆文理学院非物质文化遗产研究中心、云南民族大学国际教育学院关于教育文化遗产系统性保护研究的中文文献发文量最高，但是其与其他研究机构之间并没有形成固定的学术交流群体，各个机构之间缺乏交流机制。总的来说，节点（节点即为研究机构）有 297 个，但是各个研究机构之间的连线为 0 条，贡献网络密度为 0，说明国内针对教育文化遗产系统性保护研究的研究机构之间的交流力度非常低，各个研究机构之间应该建立研究机构交流群体，强化对教育文化遗产系统性保护之间的学术交流机制。

将 CiteSpace 运行的数据导出，得到教育文化遗产系统性保护研究领域中文文献发文量排名前六的机构，如表 2-62 所示。

表 2-62　　　　　　教育文化遗产系统性保护研究领域中文文献研究高发文量机构（前六）

发文量（篇）	机构名称	机构性质	地区
4	重庆文理学院非物质文化遗产研究中心	高校	西南地区
4	云南民族大学国际教育学院	高校	西南地区
3	扬州大学教育科学学院	高校	华东地区
3	中国社会科学院民族文学研究所	高校	华北地区
3	三峡大学法学院	高校	华中地区
3	三峡大学政法学院	高校	华中地区

由表 2-62 可知，教育文化遗产系统性保护研究领域中发文量排名前六的研究机构分别为：重庆文理学院非物质文化遗产研究中心、云南民族大学国际教育学院、扬州大学教育科学学院、中国社会科学院民族文学研究所、三峡大学法学院、三峡大学政法学院。从研究机构的类型来看，国内教育文化遗产系统性保护研究发文量排名前六的机构，均为高校，机构类型十分单一，因此，本书认为国内教育文化遗产系统性保护的研究主力是各大高校。从研究机构的地域角度来看，国内教育文化遗产系统性保护研究的研究机构主要分布在西南、华东、华中、华北地区，而华南、西南等地区研究机构针对教育文化遗产系统性保护进行研究的较少。

第五，国内外针对教育文化遗产系统性保护研究领域的研究热点及前沿分析。

通过对教育文化遗产系统性保护研究领域中的供词分析和突变分析，可以直观反映出该研究领域的研究热点和前沿，进而准确把握该领域的学术研究范式，更加清晰地发现该研究领域的学术空白，为准确选择学术研究方向提供指导。

首先，对教育文化遗产系统性保护研究领域的研究热点进行分析。

将从 WOS 数据库中所得的数据导入 CiteSpace 中，其中 NodeTypes 设置为 Keyword，Selection Criteria Top N 设置为 30，其余设置均选用默认值，通过对其进行可视化分析，得到教育文化遗产系统性保护研究英文文献关键词共线图后，选择 Timeline 显示，采用 Keyword 聚类，选择选择 Log - Likeli-hood Ratio（LLR），在对图像进行调整后得到教育文化遗产系统性保护研究领域英文文献研究热点图，如图 2-49 所示。

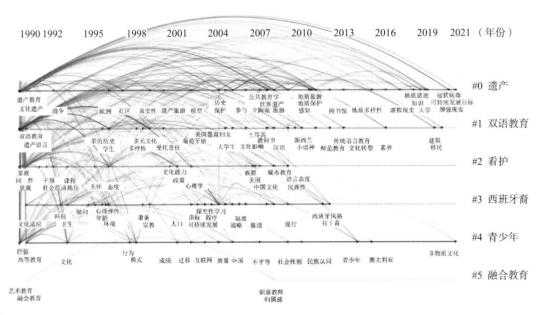

图 2-49　教育文化遗产系统性保护研究领域英文文献研究热点图

由图 2-49 可知，教育文化遗产系统性保护研究领域英文文献的高频关键词聚类共 6 个类别，分别为遗产（heritage）、双语教育（bilingual education）、看护（caregiving）、西班牙裔（hispanic）、青少年（adolescents）、融合教育（inclusive education）。这 6 个类别代表了教育文化遗产系统性保护英文文献研究领域的研究热点。在所得聚类视图中，通过对各个关键词按照时间顺序梳理，对其进行提取，得到教育文化遗产系统性保护研究领域英文文献学术研究热点脉络，如表 2-63 所示。

表 2-63 教育文化遗产系统性保护研究领域英文文献学术研究热点脉络

年份	关键词
1990	教育、遗产语言、遗产、文化遗产、视角、身份、语言、家庭、高等教育、学校、经验、遗产教育、政策、博物馆、语言意识形态、英语、教育学、意识形态、历史教育、影响、双语、动机、可持续性、西班牙语、汉语、学习者、多种语言、课堂、文化适应、城市、家长、表演、韩国、第二语言、消费、叙事、语言维护、幼儿教育、技能、纪念碑、双语、教育遗产、大学博物馆、艺术教育、跨语言、身份建构、学前教育、批判教育学
1991	社会经济地位
1992	课程、干预
1993	文化、健康、科学、语言
1995	年龄、风险、偏好、护理
1996	态度、学生、环境、背景、欧洲、贫困、无序、恢复力、生活史
1997	共同体
1998	模型、行为、信念
1999	多样性、真实性、宗教、多元文化主义、抑郁
2000	遗产旅游
2001	成就、政治、文化能力
2002	移民、模式、人口、心理学
2003	可持续发展、互联网、指标
2004	儿童、历史、素质、女性、课程
2005	保护、中国、大学生、策略、语言社会化、科学教育、葡萄牙语作为遗产语言、探究式学习、学习
2006	接触、参与、隔离、文化影响
2007	种族、不平等、种族、非裔美国人、立陶宛、社会化、权力、民族认同
2008	旅游、美国、世界遗产、中文、口译、文化响应教育学、城市教育、专业发展、职前教师、南非、海洋考古学、包容、美国、纪念、个性、中国文化、补充学校、公共教育学、土耳其、生态旅游、教科书
2009	管理、流行、新西兰、语言少数、语言态度、性别、民族主义
2010	教师教育、博物馆教育、国家认同
2011	感知、地质保护、地质旅游、文化转型、地质公园
2012	拉丁裔、传统语言教育、西班牙裔、图书馆
2013	空间、地理多样性
2014	青少年
2015	澳大利亚、中国香港
2016	虚拟现实、识字
2017	价值
2018	大学
2019	设计、知识、地理遗产
2020	移民、建筑
2021	增强现实、预防性保护、非物质文化遗产、可持续发展目标

由表 2-63 可知，1990 年，关于教育文化遗产系统性保护研究领域的英文文献研究热点关键词明显增多，说明教育文化遗产系统性保护利用正式成为学术界的研究热点，学者们在这一时期主要是对文化遗产、双语教育、教育遗产、教育历史、艺术教育等方面进行研究。2004 年，学者们开始注意到大学生、妇女、儿童等不同群体对教育文化遗产系统性保护工作的影响。2008 年，学者们开始重点从世界遗产、城镇教育、中文文化、专业性等不同层面研究教育文化遗产系统性保护工作进程，随着研究的不断深入，学者们又将研究领域拓展到教育旅游、生态教育、非物质文化遗产等领域，这表明学者们已经意识到分类别实施教育文化遗产系统性保护的重要性，这对激发地方教育文化遗产现代活力，推进教育文化遗产系统性保护工作进程具有重要意义；2021 年，学者们开始重视教育文化遗产中非物质文化遗产系统性保护、物质文化遗产系统性保护的可持续性发展，这在一定程度上反映了国际上对教育文化遗产系统性保护的研究已经逐渐趋于成熟。

其次，对教育文化遗产系统性保护研究领域的研究热点进行分析。

将从中国知网（CNKI）数据库中所得的数据导入 CiteSpace 中，其中 NodeTypes 设置为 Keyword，Selection Criteria Top N 设置为 30。为确保 CiteSpace 运行后，所得图像能够简洁易读，对其进行修剪，故选中 Pruning 栏下的 Pathfinder 以及 Pruning sliced networks，其余设置均选用默认值，通过对其进行可视化分析，得到教育文化遗产系统性保护研究中文文献关键词共线图后，选择 Timeline 显示，采用 Keyword 聚类，选择 Log - Likeli-hood Ratio（LLR），在对图像进行调整后得到教育文化遗产系统性保护研究领域中文文献研究热点图，如图 2-50 所示。

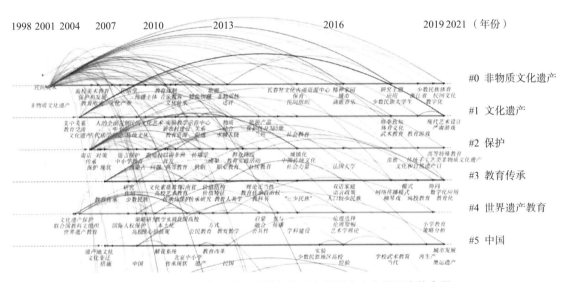

图 2-50　教育文化遗产系统性保护研究领域中文文献研究热点图

由图 2-50 可知，教育文化遗产系统性保护中文文献研究领域的高频关键词 6 个类别，分别为非物质文化遗产、文化遗产、保护、教育传承、世界遗产教育、中国。这 6 个类别代表了教育文化遗产系统性保护中文文献研究领域的研究重点。在所得聚类的视图中，通过对各个关键词按照时间顺序梳理的基础上，对其进行提取，得到教育文化遗产系统性保护研究领域中文文献学术研究热点脉络，如表 2-64 所示。

表 2-64　　　　　教育文化遗产系统性保护研究领域中文文献学术研究热点脉络

年份	关键词
2005	文化遗产、中央美术学院、联合国教科文组织、非物质文化遗产教育、非物质遗产、世界遗产
2006	非物质文化遗产、保护、非物质文化
2007	非物质文化遗产保护、档案馆、思考、措施、图书馆
2008	奥林匹克教育、青少年、奥林匹克教育遗产

续表

年份	关键词
2009	传承、现状、民族传统体育
2010	学校教育、少数民族、世界遗产教育、教育自治权、艺术设计教育
2011	高校艺术教育、传承现状、保护传承、教育
2012	教育传承
2013	少数民族非物质文化遗产、遗产
2015	高等教育、高校、社会教育
2017	教育反思、概念
2018	高校教育
2019	遗产保护、体育非物质文化遗产
2020	中国

由表 2 - 64 可知，2005 年以前，教育文化遗产系统性保护并不是国内学术界的研究热点，并且教育文化遗产系统性保护中文文献研究脉络与英文文献相比较少，说明国内对教育文化遗产系统性保护领域的研究尚不成熟。自 2005 年以来，国内关于教育文化遗产系统性保护的研究热点关键词明显增多，并且主要集中在文化遗产、非物质文化遗产教育、非物质遗产、世界遗产等方面，说明自 2005 年起教育文化遗产系统性保护已经成为国内学术界的研究热点之一。2007 年，非物质文化遗产保护、思考、措施等正式成为国内教育文化遗产系统性保护的热点关键词，说明此时国内学者们已经注意到创新教育文化遗产系统性保护，激发其现代活力的重要性。2011 年，国内学者们逐渐注意到旅游教育的教育功能对推进教育文化遗产系统性保护工作的重要性，并逐渐转向对教育文化遗产的教育传承性研究。2015 年，国内学者们开始重点研究教育文化遗产对现代高校的高等教育以及社会教育的作用。

最后，对教育文化遗产系统性保护研究领域的研究前沿进行分析。

研究前沿不仅可以反映科学研究的进展和发展趋势，还反映了该科学研究是否具有研究价值。本书将利用 CiteSpace 的膨胀词测算提取词频变化率突变的关键词，进而对教育文化遗产系统性保护的研究进行前沿分析。

本书将从 WOS 数据库中所得的数据导入 CiteSpace 中，其中 Node Types 设置为 Keyword，Selection Criteria Top N 设置为 50，基于前文分析可知，2007 年教育文化遗产系统性保护才正式成为国际上的研究热点，时间跨度较短，为便于观察研究结果，将时间区间设定为 2007 ~ 2021 年，其余设置均选用默认值，通过对其进行可视化分析，得到教育文化遗产系统性保护研究领域英文文献关键词共线图后，故将 Burstness 下的 Minimum Duration 设置为 7，提取突变最少保持 7 年的关键词，如表 2 - 65 所示。

表 2 - 65　　　　　　　　　教育文化遗产系统性保护研究领域英文文献前沿术语

关键词	强度	初始年份	结束年份	2015 ~ 2020 年
叙述的	4.38	2008	2014	■■■■■■■■■■
早期儿童教育	4.08	2008	2014	■■■■■■■■■■
学前教育	3.77	2008	2014	■■■■■■■■■■
语言维护	3.21	2008	2014	■■■■■■■■■■
技艺	2.9	2008	2014	■■■■■■■■■■
身份建构	2.86	2008	2015	■■■■■■■■■
风险	3.41	2009	2015	■■■■■■■

由表 2 - 65 可知，2008 ~ 2014 年，教育文化遗产系统性保护研究领域英文文献突现关键词为叙述的（narrative）、早期儿童教育（early childhood education）、学前教育（preschool）、语言维护（language maintenance）、技艺（skill）、身份建构（identity construction），说明在教育文化遗产系统性保护成为研究热点的初期，学者们相对比较注重教育文化遗产的基本构成及其基础作用。2009～2015 年，教育文化遗产系统性保护研究英文文献突现关键词为风险（risk），说明这一时期学者们已经开始重视教育文化遗产的现代经济价值、文化价值、应用价值、科普价值等，研究重点为分析教育文化遗产系统性保护所面临的突出问题，以及教育文化遗产流失所存在风险。通过以上对教育文化遗产系统性保护英文文献研究领域的前沿分析可以看出，在新时代背景下，学者们对于教育文化遗产系统性保护英文文献领域研究的前沿在于对教育文化遗产的类别划分、发展潜力的挖掘、现代发展瓶颈等，这是由教育文化遗产发展所面临的现实背景所决定的，因此，本书认为近年的教育文化遗产系统性保护研究领域英文文献的文献对我国学者研究教育文化遗产系统性保护具有参考价值。

将从中国知网（CNKI）数据库中所得的数据导入 CiteSpace 中，其中 NodeTypes 设置为 Keyword，Selection Criteria Top N 设置为 20，其余设置均选用默认值，通过对其进行可视化分析，得到教育文化遗产系统性保护研究中文文献关键词可视图后，并未提取出关键词，说明国内对教育文化遗产系统性保护的研究尚不成熟，且并没有形成教育鲜明的研究侧重点。

第五部分：军事文化遗产系统性保护研究领域的文献计量分析。

第一，研究数据和发文量的初步分析。

首先，主要从 WOS 获得英文研究数据，为避免利用 WOS 检索所收集到的文献出现字段缺失的问题，本书采用利用核心数据库（Web of Science Core Collection）对其进行检索。其中检索式为：TS =（Military heritage）OR TS =（Military cultural heritage）OR TS =（Ancient military remains）OR TS =（Ancient military culture）；语种：English；文献类型：Article；时间跨度为：1992 年 1 月至 2021 年 3 月，检索时间为 2021 年 3 月 30 日。删除不相关文献后，共得到有效的文献数量为 357 篇。然后将所得文献数据导入 CiteSpace 中对其进行初步检验，在对其进行除重后，最终进行军事文化遗产系统性保护研究领域文献计量分析所用有效的 WOS（Web of Science）文献数据有 348 条。

其次，主要从中国知网（CNKI）获得中文研究数据，文献检索类型先定位核心期刊及 CSSCI 期刊，其中检索式为：主题 = "军事遗产" OR 主题 = "军事设施" OR 主题 = "军事文化" OR 主题 = "军事遗址"；时间跨度为：1992 年 1 月至 2021 年 3 月，检索时间为 2021 年 3 月 30 日；文献类型为期刊文献；期刊限定为核心期刊。共检索出文献 445 篇，在对文献进行筛选，去除不相关的文献之后，共得到有效的文献数量为 242 篇。本书将所得文献数据导入 CiteSpace 中对其进行初步检验，软件运行结果良好，不存在数据丢失的现象，最终进行军事文化遗产系统性保护研究领域文献计量分析所用有效的 CNKI 文献数据有 242 条。

将上述军事文化遗产系统性保护领域中的数据导出，按照文献的发文年份和发文数量对其进行信息整合，整合后利用 Excel 对其进行分析，进而得到 1992 年 1 月至 2021 年 3 月的军事文化遗产系统性保护研究领域内英文文献与中文文献的发文数量的比较图，如图 2 - 51 所示。

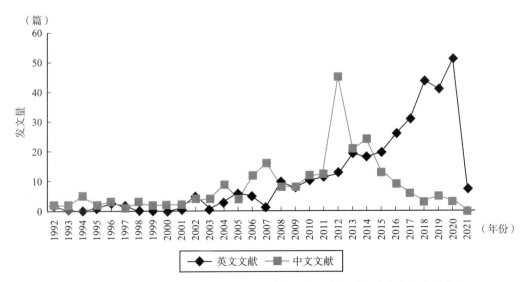

图 2 - 51　1992～2021 年军事文化遗产系统性保护研究领域研究中英文文献分布

由图 2－51 可知，军事文化遗产系统性保护研究领域中、英文发文量差异不大，1992 年便有了关于军事文化遗产系统性保护的英文文献，1993～2000 年，关于军事文化遗产系统性保护研究领域的英文文献趋于 0，说明在这一阶段国外尚未形成较为成熟的军事文化遗产系统性保护思想体系。2003～2012 年，中文文献和英文文献发文量均呈现出迅速增长的趋势。2015～2020 年，英文文献发文量整体上均呈现出上升的趋势，且英文文献发文量始终高于中文文献发文量，因此，认为国外在军事文化遗产系统性保护研究水平上高于国内。

第二，军事文化遗产系统性保护研究领域的国家分析。

在文献计量的过程中，对文献国家进行分析，可以帮助学者们更好把握某一研究领域在国际上较为权威的国家。利用 CiteSpace 得到在军事文化遗产系统性保护研究中的国家共现网络关键节点，进而分析得出在该研究领域中国际影响力较高的国家，不仅可以为学者们在该领域的学习中提供一定的借鉴和指导作用，还能帮助学者们对自己国家在该研究领域中的国际地位有一个清晰的认识，为其今后的研究方向、研究重点给予一定的指导作用。

将从 WOS 数据库中所得的数据导入 CiteSpace 中，其中 NodeTypes 设置为 Country，Selection Criteria Top N 设置为 50，其余设置均选用默认值，接着将从 CiteSpace 中所得的数据整理成 Excel 表格，分别提取"国家"和"发文量"两个字段下的数据，得到不同国家在军事文化遗产系统性保护研究领域国家发文量排名，由于有较多国家发行文章，主要选取发文量 3 篇及 3 篇以上的国家，如图 2－52 所示。从图 2－52 中可以看出，发文量排名前十的国家大多为发达国家。其中，美国发文量为 66 篇，排名第一；英国发文量为 44 篇，排名第二；意大利发文量为 29 篇，排名第三。

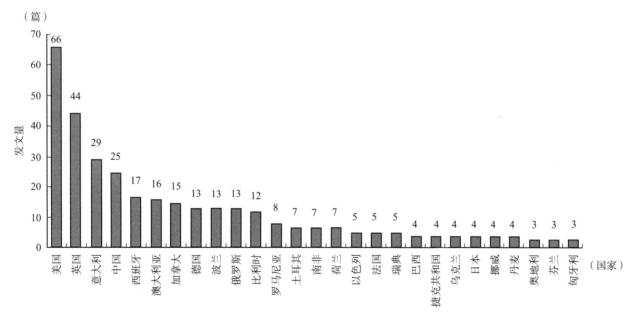

图 2－52　军事文化遗产系统性保护研究领域国家发文量排名分布

将从 WOS 数据库中所得的数据导入 CiteSpace 中，其中 NodeTypes 设置为 Country，Selection Criteria Top N 设置为 50，其余设置均选用默认值，通过对其进行可视化分析，得到军事文化遗产系统性保护国家知识图谱，如图 2－53 所示。

由图 2－53 可知，在军事文化遗产系统性保护研究领域中，美国在该研究领域中居于核心地位，并且其与德国、英国、俄罗斯、加拿大等国家之间有密切的合作关系。中国在工业文化遗产系统性保护研究领域中的地位次于美国，但与意大利、澳大利亚、突尼斯等国之间有密切的合作伙伴关系，在相应的研究领域具有一定的地位。

在 CiteSpace 分析所得结果中，一般认为中心度数值越大表示该节点的关键性越高，中心度的数值越小表示该节点的关键性越低，基于此，对各个国家中有关军事文化遗产的发文中心度进行分析，进而得出各国在各个节点的关键性，并进一步判断某一国家与其他国家在该研究领域中是否存在密切的合作关系。本书将中心度为 0.1 看作关键节点，并以中心度大于 0.1 为标准，提取关键节点如表 2－66 所示。

图 2 - 53　军事文化遗产系统性保护研究领域的国家共现图

表 2 - 66　　　　　　　　　　　军事文化遗产系统性保护研究领域国家共现网络关键节点

频次	中心度	首次发表年份	国家
66	0.40	1997	美国
4	0.25	2013	挪威
36	0.22	2002	英国
8	0.20	2016	罗马尼亚
29	0.17	2011	意大利
13	0.15	2009	德国

　　由表 2 - 66 可以看出，在军事文化遗产系统性保护的研究中只有 6 个国家的中心度大于 0.1，分别为美国、挪威、英国、罗马尼亚、意大利、德国，其他国家的中心度均小于 0.1，因此，本书认为这 6 个国家在军事文化遗产系统性保护研究领域位于各个国家合作的网络关键节点。在这 6 个国家中，研究最早的国家为美国，且其发文量排名第一，因此，认为美国作为世界上的发达国家，其高度重视军事文化遗产系统性保护问题，并且美国学者们针对军事遗产的研究在国际地位上有一定的影响力。

　　第三，军事文化遗产系统性保护研究领域的期刊分析。

　　对军事文化遗产系统性保护研究领域的期刊进行分析，可以帮助学者们准确把握在该研究领域中的权威期刊，进而帮助后续学者们在研究中高效地进行文献检索。主要利用期刊共被引来对各个期刊进行分析。与此同时，本书还将对军事文化遗产系统性保护研究领域的共被引的中心度进行分析。通过对期刊转载量进行分析，探析各个期刊在军事文化遗产系统性保护研究领域汇总的信息储备、传输能力。

　　首先，对军事文化遗产系统性保护研究领域的英文期刊进行分析。

　　将从 WOS 数据库中所得的数据导入 CiteSpace 中，其中 NodeTypes 设置为 Cited Journal，Selection Criteria Top N 设置为 30。为确保 CiteSpace 运行后，所得图像能够简洁易读，对其进行修剪，故选中 Pruning 栏下的 Pathfinder 以及 Pruning sliced networks，其余设置均选用默认值，通过对其进行可视化分析，得到军事文化遗产系统性保护研究英文期刊共被引可视图，如图 2 - 54 所示。

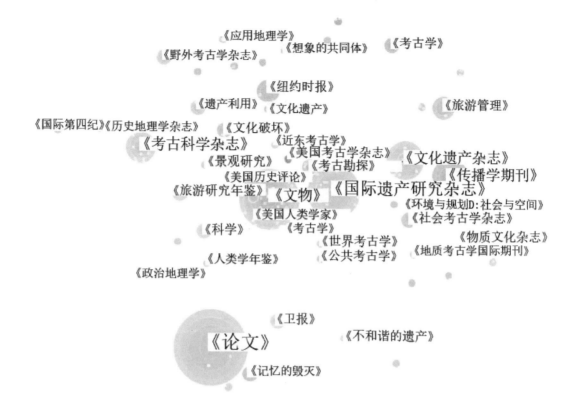

图 2 - 54　军事文化遗产系统性保护研究领域英文期刊共被引可视图

由图 2 - 54 可以看出，英文文献中有关工业文化遗产系统性保护的研究，主要集中在《论文》（*Thesis*）、《国际遗产研究杂志》（*International Journal of Heritage Study*）、《文物》（*Antiquity*）、《文化遗产杂志》（*Journal of Cultural Heritage*）、《考古科学杂志》（*Journal of Archaeological Science*）、《传播学期刊》（*Communication*）6 本期刊，并且其期刊引用频次明显高于其他期刊。《论文》《国际遗产研究杂志》《文物》3 本期刊的引用频次明显高于其他期刊的引用频次，其中，《论文》主要刊发政治学、国际关系、教学和教育研究、经济学、语言学、媒体研究、传播学等方面的论文；《国际遗产研究杂志》主要刊发包括遗产研究、博物馆研究、历史、旅游研究、社会学、人文学、文化地理学、法律等方面的论文，该期刊 2015 年的影响因子为 0. 721，在 95 种 SSCI 学科社会学及交叉科学期刊中排第 46 名；《文物》主要刊发考古学、人类学等方面的论文研究，该期刊 2015 年的影响因子为 1. 717，在 83 种 SSCI 学科人类学期刊中排第 22 名。

在 CiteSpace 分析所得结果中，一般认为中心度数值越大表示该节点的关键性越高，中心度的数值越小表示该节点的关键性越低，基于此，本书从期刊共被引的中心度角度对其进行分析，进而得出各国在各个节点的关键性，将中心度为 0. 1 看作关键节点，并以中心度大于 0. 1 为标准，提取关键节点，得到军事文化遗产系统性保护研究领域的英文期刊共被引网络的关键节点，如表 2 - 67 所示。

表 2 - 67　　　　　　　　　　军事文化遗产系统性保护研究领域英文期刊共被引网络关键节点

被引频次	中心度	首次出现年份	期刊名称
11	0. 26	2005	《美国考古学杂志》
17	0. 21	2002	《旅游研究年鉴》
9	0. 17	2010	《美国历史评论》
16	0. 12	1992	《科学》

由表 2 - 67 可以看出，《美国考古学杂志》（*American Journal of Archaeology*）、《旅游研究年鉴》（*Annals of Tourism Research*）、《美国历史评论》（*The American Historical Review*）、《科学》（*Science*）这 4 本期

刊在军事文化遗产系统性保护研究领域中的论文质量较高，在该研究领域具有较高的知名度和权威性。因此，认为《美国考古学杂志》《旅游研究年鉴》《美国历史评论》《科学》这 4 本期刊在军事文化遗产系统性保护研究领域中居于核心地位，具有较高的国际地位。

从发文集中度方面来看，将从 WOS 数据库中所得的数据导入 CiteSpace 中，其中 NodeTypes 设置为 Source，Selection Criteria Top N 设置为 30，其余设置均选用默认值。将运行结果导入 Excel 中对其期刊名称进行计数，进而得到 1992 ~ 2021 年军事文化遗产系统性保护英文文献期刊分布，其载文量排名前十三的期刊分布，如表 2 - 68 所示。

表 2 - 68   1992 ~ 2021 年军事文化遗产系统性保护英文文献期刊分布（前十三）

期刊名称	载文量（篇）	占比（%）
《国际遗产研究杂志》	9	2.59
《文化遗产杂志》	7	2.01
《社会考古学杂志》	5	1.44
《文物》	4	1.15
《美国考古学杂志》	3	0.86
《应用地理学》	3	0.86
《考古勘探》	3	0.86
《地球科学杂志》	3	0.86
《考古科学杂志》	3	0.86
《冲突考古学》	3	0.86
《景观研究》	3	0.86
《可持续发展》	3	0.86
《世界考古学》	3	0.86

由表 2 - 68 可知，在军事文化遗产系统性保护研究领域中，发文量排名前十三的期刊发文总量为 52 篇，占比约 14.93%，没有表现出显著高于其他期刊发文总量的趋势，说明在军事文化遗产系统性保护研究领域中，各个期刊的发文量较为均匀，并没有形成较为稳定的期刊群和代表性期刊。在发文量排名前十三的期刊中，各个期刊之间的被引频次差别不大，基于此，从载文量的角度分析，认为在军事文化遗产系统性保护的研究领域中，并没有形成具有较高权威性的载文期刊。

其次，对军事文化遗产系统性保护研究领域的中文期刊进行分析。

由于通过中国知网（CNKI）中导出的论文文献数据缺少"参考文献"字段，无法通过 CiteSpace 对中国知网（CNKI）导出的论文文献数据进行共被引分析，因此，对于军事文化遗产系统性保护研究领域的中文期刊，将从该领域期刊的载文量以及学科研究层次展开研究。

将从中国知网（CNKI）数据库中所得的数据导入 CiteSpace 中，其中 NodeTypes 设置为 Source，Selection Criteria Top N 设置为 30。为确保 CiteSpace 运行后，所得图像能够简洁易读，对其进行修剪，故选中 Pruning 栏下的 Pathfinder 以及 Pruning sliced networks，其余设置均选用默认值，将运行结果导入 Excel 中对其期刊名称进行计数，进而得到 1992 ~ 2021 年军事文化遗产系统性保护研究领域中文文献期刊分布，其载文量排名前六的期刊分布如表 2 - 69 所示。

表 2 - 69   1992 ~ 2021 年军事文化遗产系统性保护研究领域中文文献期刊分布（前六）

期刊名称	载文量（篇）	占比（%）
《南京政治学院学报》	15	6.20
《解放军艺术学院学报》	7	2.89

续表

期刊名称	载文量（篇）	占比（%）
《军事历史研究》	4	1.65
《中国图书评论》	3	1.24
《当代中国史研究》	3	1.24
《毛泽东思想研究》	3	1.24

由表 2-69 可知，在军事文化遗产系统性保护研究领域中文文献中，发文量排名前六的期刊发文总量为 35 篇，占比约 14.46%，没有表现出显著高于其他期刊发文总量的趋势，说明各个期刊的发文量较为均匀，并没有形成较为稳定的期刊群和代表性期刊。在发文量排名前六的期刊中，各个期刊之间的被引频次差别不大，基于此，从载文量的角度分析，认为在军事文化遗产系统性保护研究领域中文文献中，并没有形成具有较高权威性的载文期刊。

按照知网期刊检索的研究层次，对发文量排名前六的期刊进行分类，进而识别在军事文化遗产系统性保护研究领域中具有较高权威性的期刊文献的研究层次，为后续研究在进行文献筛选时提供指导性建议，如表 2-70 所示。

表 2-70　　　　　　　　军事文化遗产系统性保护领域研究领域中文核心期刊研究层次

研究层次	期刊名称
基础研究（社科）	《南京政治学院学报》《解放军艺术学院学报》《军事历史研究》《当代中国史研究》《毛泽东思想研究》
行业指导（社科）	《中国图书评论》

由表 2-70 可知，国内军事文化遗产系统性保护研究主要分布在基础研究（社科）方面，其中，《南京政治学院学报》《解放军艺术学院学报》《军事历史研究》《当代中国史研究》《毛泽东思想研究》均属于基础研究（社科），因此，在研究关于军事文化遗产系统性保护研究领域中文文献的社会科学基础研究时，可重点参考以上期刊所发的文献。《中国图书评论》归属于行业指导（社科），因此，关于军事文化遗产系统性保护研究领域中文文献，可以重点参考以上期刊所发文献。

通过对中、英文期刊的分析可知，关于军事文化遗产系统性保护研究领域英文文献，可以重点参考《美国考古学杂志》《旅游研究年鉴》《美国历史评论》《科学》等期刊所刊发的文章，中文期刊可重点参考《南京政治学院学报》《解放军艺术学院学报》《军事历史研究》《当代中国史研究》《毛泽东思想研究》《中国图书评论》所刊发的文章。

第四，军事文化遗产系统性保护研究领域的研究团队分析。

本书主要从作者和研究团队两个方面对军事文化遗产系统性保护领域进行研究团队分析。针对英文文献，主要利用 CiteSpace 对其进行共被引分析，研究机构分析主要利用 CiteSpace 对其进行合作网络分析；针对中文文献，通过合作网络对其进行分析。

首先，对军事文化遗产系统性保护研究领域的英文文献作者团队和机构进行分析。

关于军事文化遗产系统性保护研究领域的英文文献作者分析，将从 WOS 数据库中所得的数据导入 CiteSpace 中，其中 NodeTypes 设置为 Cited Author，Selection Criteria Top N 设置为 30。为确保 CiteSpace 运行后，所得图像能够简洁易读，将对其进行修剪，选中 Pruning 栏下的 Pathfinder 以及 Pruning sliced networks，其余设置均选用默认值，通过对其进行可视化分析，得到军事文化遗产系统性保护研究领域英文文献作者共被引可视图，如图 2-55 所示。

由图 2-55 可以看出，军事文化遗产系统性保护研究领域英文文献的作者共被引频次在国际上较高的作者主要为联合国教科文组织、琳达·史密斯、贝文·罗伯特、约翰·滕布里奇、尼尔·布罗迪 5 人，将 CiteSpace 计算所得结果导出，整理出军事文化遗产系统性保护研究领域英文文献作者共被引频次排名表，因为从 WOS 数据库中所得数据较多，考虑到被引频次较高的作者在该领域中具有较高的国际地位，因此，本书主要列出被引频次较高的前四名作者，如表 2 - 71 所示。

图 2 - 55　军事文化遗产系统性保护研究领域英文文献作者共被引可视图

表 2 - 71　　　　　　军事文化遗产系统性保护研究领域的英文文献作者共被引频次排名（前四）

作者	被引频次	被引频次最高的论文
联合国教科文组织	19	遥感和地理信息系统技术重建罗马边界（突尼斯段）的军事堡垒系统和确定考古遗址
琳达·史密斯	15	绿色军事化：反偷猎行动和克鲁格国家公园的空间轮廓
贝文·罗伯特	12	遭受攻击的遗产：武装冲突期间以文化财产为目标的动机
约翰·滕布里奇	12	在和平时期的北爱尔兰，通过旅游业出售冲突遗产：改变冲突还是加剧差异？

　　由表 2 - 71 可知，在军事文化遗产系统性保护研究领域英文文献中，被引频次最高的是团体作者联合国教科文组织，其被引频次为 19 次，联合国教科文组织在过去 20 年内，被引频次最高的论文为《遥感和地理信息系统技术重建罗马边界（突尼斯段）的军事堡垒系统和确定考古遗址》。军事文化遗产系统性保护研究领域英文文献中被引频次排名第二的是琳达·史密斯，其被引频次为 15 次，琳达·史密斯在过去 20 年内，被引频次最高的论文为《绿色军事化：反偷猎行动和克鲁格国家公园的空间轮廓》。军事文化遗产系统性保护研究领域英文文献中被引频次排名第三和第四的是贝文·罗伯特和约翰·滕布里奇，其被引频次为 12 次，贝文·罗伯特和约翰·滕布里奇在过去 20 年内，被引频次最高的论文分别为《遭受攻击的遗产：武装冲突期间以文化财产为目标的动机》和《在和平时期的北爱尔兰，通过旅游业出售冲突遗产：改变冲突还是加剧差异？》。

　　在 CiteSpace 分析所得结果中，一般认为中心度数值越大表示该节点的关键性越高，中心度的数值越小表示该节点的关键性越低，基于此，从作者共被引的中心度角度对其进行分析，进而得出各国在各个节点的关键性，将中心度为 0.1 看作关键节点，并以中心度大于 0.1 为标准，提取关键节点，得到军事文化遗产系统性保护研究领域的英文文献作者共被引网络的关键节点，如表 2 - 72 所示。

表 2 - 72　　　　　军事文化遗产系统性保护研究英文文献作者共被引网络关键节点

作者	被引频次	中心度	首次出现年份
林恩·梅斯凯尔	9	0.14	2005
扎伊纳布·巴赫拉尼	4	0.14	2005

续表

作者	被引频次	中心度	首次出现年份
联合国教科文组织	19	0.11	2011
汉娜·阿伦特	2	0.10	2012

由表 2−72 可以看出，林恩·梅斯凯尔、扎伊纳布·巴赫拉尼、联合国教科文组织、汉娜·阿伦特与其他作者之间有密切的关联度，并形成了以他们为中心的多个学术研究联盟。基于此，认为林恩·梅斯凯尔、扎伊纳布·巴赫拉尼、联合国教科文组织、汉娜·阿伦特在军事文化遗产系统性保护研究领域英文文献中具有较高的权威性。

关于军事文化遗产系统性保护研究领域的英文文献研究机构团队分析，本书将从 WOS 数据库中所得的数据导入 CiteSpace 中，其中 NodeTypes 设置为 Institution，Selection Criteria Top N 设置为 30，其余设置均选用默认值，通过对其进行可视化分析，得到军事文化遗产系统性保护研究领域英文文献研究机构合作可视图，如图 2−56 所示。

图 2−56　军事文化遗产系统性保护研究领域英文文献研究机构合作可视图

由图 2−56 可以看出，根特大学的发文量最高，位居第一。总的来说，各个机构之间的连线有 384 条，节点（节点代表发文机构）有 435 个，贡献网络密度为 0.0041，说明国际上对军事文化遗产系统性保护研究过程中，各个机构之间的合作力度不太强、合作范围较小，各个研究机构之间应该开展广泛的交流合作。

由表 2−73 可知，军事文化遗产系统性保护研究英文文献发文量较高的机构主要为根特大学、亚利桑那州立大学、剑桥大学、中国科学院 4 所高校或机构，从研究机构性质的角度分析，军事文化遗产系统性保护研究英文文献发文量集中于高校，机构类型非常单一。这表明现阶段，国际上重点对军事文化遗产系统性保护展开研究的主要为高校。发文量较高的四所机构有三所为国外研究机构，说明我国在军事文化遗产系统性保护研究领域中尚处于起步阶段，且在军事文化遗产系统性保护研究领域中的国际影响力有待提高。

表 2−73　　　　　　　　　军事文化遗产系统性保护研究领域英文文献发文较高机构

发文量（篇）	机构名称	机构性质	国家
7	根特大学	高校	荷兰
4	亚利桑那州立大学	高校	美国

发文量（篇）	机构名称	机构性质	国家
4	剑桥大学	高校	英国
4	中国科学院	机构	中国

其次，对军事文化遗产系统性保护研究领域的中文文献作者和研究团队进行分析。

关于军事文化遗产系统性保护中文文献研究作者分析，将从中国知网（CNKI）数据库中所得的数据导入 CiteSpace 中，其中 NodeTypes 设置为 Author，Selection Criteria Top N 设置为 30。为确保 CiteSpace 运行后，所得图像简洁易读，对其进行修剪，故选中 Pruning 栏下的 Pathfinder 以及 Pruning sliced networks，其余设置均选用默认值，通过对其进行可视化分析，得到军事文化遗产系统性保护研究领域的中文文献作者合作可视图，如图 2-57 所示。

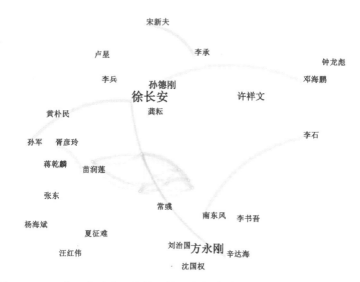

图 2-57　军事文化遗产系统性保护研究领域的中文文献作者合作可视图

由图 2-57 可以看出，徐长安关于军事文化遗产系统性保护研究的发文量最高。总的来看，各个机构之间的连线只有 161 条，节点（节点即作者）有 319 个，贡献网络密度为 0.0032，说明国内针对军事文化遗产系统性保护的研究还不太成熟，且各个作者之间合作联系较少，整体上并未形成紧密的科研合作团队。本书将从 CiteSpace 中所得数据导出，整理得到军事文化遗产系统性保护研究领域中文文献发文量较高的作者，如表 2-74 所示。

表 2-74　　　　军事文化遗产系统性保护研究领域中文文献发文量较高的作者

作者	发文量（篇）	单位
徐长安	5	南京政治学院
方永刚	4	海军大连舰艇学院中国特色社会主义理论教研室
许祥文	3	中国人民解放军南京政治学院
孙德刚	3	上海外国语大学中东研究所

由表 2-74 可知，国内对军事文化遗产系统性保护研究领域较为重要的学者有徐长安、方永刚、许祥文、孙德刚等人，因此，在进行军事文化遗产系统性保护中文文献研究时可以重点参考以上学者文章，其发文量相比于国外针对军事文化遗产系统性保护研究的发文量较低，说明国内对军事文化遗产系统性保护的研究不太成熟。其中，来自南京政治学院的徐长安主要致力于军事文化、军事文化力、文化创新、社会

功能等方面的研究；来自海军大连舰艇学院中国特色社会主义理论教研室的方永刚主要致力于中国先进军事文化、军事文化自觉、社会发展、发展创新、战略地位等方面的研究；来自中国人民解放军南京政治学院的许祥文主要致力于国际武装冲突、社会动因、抗日战争等方面的研究；来自上海外国语大学中东研究所的孙德刚主要致力于军事基地、安全战略、联盟理论、国际安全等方面的研究。

　　关于军事文化遗产系统性保护中文文献研究团队分析，本书将从中国知网（CNKI）数据库中所得的数据导入 CiteSpace 中，其中 NodeTypes 设置为 Institution，Selection Criteria Top N 设置为 30。为确保 CiteSpace 运行后，所得图像能够简洁易读，对其进行修剪，故选中 Pruning 栏下的 Pathfinder 以及 Pruning sliced networks，其余设置均选用默认值，通过对其进行可视化分析，得到军事文化遗产系统性保护研究领域的中文文献研究机构可视图，如图 2 - 58 所示。

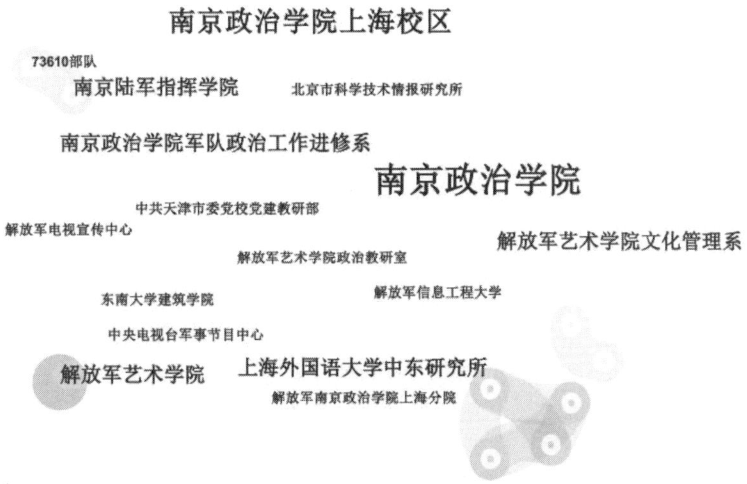

图 2 - 58　军事文化遗产系统性保护研究领域的中文文献研究机构可视图

　　由图 2 - 58 可以看出，南京政治学院对有关军事文化遗产系统性保护的发文量最高，总的来说，各个研究机构之间的连线有 52 条，节点（节点即为研究机构）有 228 个，贡献网络密度为 0.002，说明国内针对军事文化遗产系统性保护研究的研究机构之间合作交流力度较低，各个研究机构之间应该建立研究机构交流群体。

　　将 CiteSpace 运行的数据导出，得到军事文化遗产系统性保护研究中文文献发文量排名前七的机构，如表 2 - 75 所示。

表 2 - 75　　　　　　　　　　　军事文化遗产系统性保护研究领域中文文献高发文机构（前七）

发文量（篇）	机构名称	机构性质	地区
9	南京政治学院	高校	华东地区
5	南京政治学院上海校区	高校	华东地区
4	解放军艺术学院	高校	华北地区
4	南京政治学院军队政治工作进修系	高校	华东地区
4	南京陆军指挥学院	高校	华东地区
3	上海外国语大学中东研究所	研究机构	华东地区
3	解放军艺术学院文化管理系	高校	华北地区

　　由表 2 - 75 可知，军事文化遗产系统性保护研究领域中文文献发文量排名前两位的为南京政治学院、南京政治学院上海校区。从研究机构的类型来看，军事文化遗产系统性保护研究中文文献发文量排名前七的机构，有六个是高校，机构类型十分单一，因此，认为军事文化遗产系统性保护的研究主力是各大高

校。仅有一所科研机构为上海外国语大学中东研究所。从研究机构的地域角度来看，军事文化遗产系统性保护研究的中文文献研究机构主要分布在华北、华东地区，而华中、华南、西北、西南等地区的研究机构针对军事文化遗产系统性保护进行研究的较少。

第五，国内外针对军事文化遗产系统性保护研究领域的研究热点及前沿分析。

通过对军事文化遗产系统性保护研究领域中的供词分析和突变分析，可以直观反映出该研究领域的研究热点和前沿，进而准确把握该领域的学术研究范式，更加清晰地发现该研究领域的学术空白，为准确选择学术研究方向提供指导。

首先，对军事文化遗产系统性保护研究领域的研究热点进行分析。

将从 WOS 数据库中所得的数据导入 CiteSpace 中，其中 NodeTypes 设置为 Keyword，Selection Criteria Top N 设置为 30。为确保 CiteSpace 运行后，所得图像能够简洁易读，将对其进行修剪，故选中 Pruning 栏下的 Pathfinder 以及 Pruning sliced networks，其余设置均选用默认值，通过对其进行可视化分析，得到军事文化遗产系统性保护研究英文文献关键词共线图后，选择 Timeline 显示，采用 Keyword 聚类，选择 Log – Likeli-hood Ratio（LLR），在对图像进行调整后得到军事文化遗产系统性保护研究领域英文文献研究热点图，如图 2 – 59 所示。

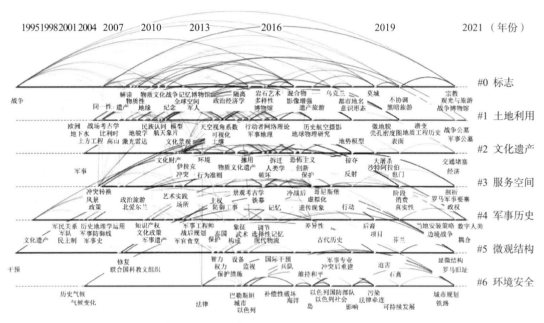

图 2 – 59　军事文化遗产系统性保护研究领域英文文献研究热点图

由图 2 – 59 可知，军事文化遗产系统性保护研究领域英文文献的高频关键词聚类共 7 个类别，分别为标志（frank rowe）、土地利用（land use）、文化遗产（cultural property）、服务空间（service scapes）、军事历史（military history）、微观结构（microstructure）、环境安全（environment security）。这 7 个类别代表了军事文化遗产系统性保护研究领域的研究热点。在所得聚类视图中，通过对各个关键词按照时间顺序梳理，对其进行提取，得到军事文化遗产系统性保护研究领域英文文献学术研究热点脉络。如表 2 – 76 所示。

表 2 – 76　　　　　　　　军事文化遗产系统性保护研究领域英文文献学术研究热点脉络

年份	关键词
1992	战争
1996	文化遗产、历史、时代、埃及
2002	建筑、军用飞机
2003	状态

年份	关键词
2004	军事
2005	艺术、土方工程、军事史
2006	政治、身份、景观、第一次世界大战、比利时
2008	遗产、旅游、联合国教科文组织、修复、生物多样性、美国
2009	考古学、激光雷达、地理学
2010	军事遗产、大战、太空、纪念、民族主义
2011	退伍军人、土地利用、文化景观
2012	伊拉克、冲突、文化财产、地点、暴力、澳大利亚、武装冲突
2013	保护、卫星图像、法律、中国、海平面变化、日冕、提取、日本、遗产管理
2014	冷战、文化、教育、视觉化、瑞典、土壤、防御工事、权力、财产、战争、天空景观因素
2015	建筑、城市更新、意大利、冲突考古学、安全、战场、可持续性
2016	记忆、遗址、博物馆、重建、破坏、管理、历史航空摄影、专题、人类学、军事景观
2017	遥感、岛屿、保护、3D、波兰
2018	进化、影响、意识形态、纪念碑、营地、破坏、表现
2019	不和谐、可持续发展、安纳托利亚、历史建筑、黑暗旅游
2020	困难遗产、武器、战争博物馆、稳定性、遗产保护、军事目标、文化遗产监测、军事博物馆
2021	文化遗产管理、数字人文、军事防御系统、军事墓地

由表 2 - 76 可知，2008 年关于军事文化遗产系统性保护研究领域的研究热点关键词发现"旅游"一词，2013 年"保护"正式成为学术界的研究热点，学者们在这一时期主要是对军事旅游交流、军事管理、法律规定等方面进行研究。2019 年，学者们开始注意到军事文化遗产可持续发展的重要性，应加大保护军事历史建筑设施。2020 年，学者们主要研究军事设施、稳定性、遗产保护、文化遗产监测等方面的内容，逐渐重视军事博物馆对保护军事文化遗产的有效作用，强调对遗产采取准确、细致的监测，识别军事遗产特征，进而运用合适的手段保护军事文化遗产。2021 年，学者们开始注重文化遗产管理以及数字技术对遗存保护的影响效用，这在一定程度上反映了国际上对军事文化遗产系统性保护的研究已经逐渐趋于成熟。

其次，对军事文化遗产系统性保护研究领域的研究热点进行分析。

将从中国知网（CNKI）数据库中所得的数据导入 CiteSpace 中，其中 NodeTypes 设置为 Keyword，Selection Criteria Top N 设置为 20。为确保 CiteSpace 运行后，所得图像能够简洁易读，对其进行修剪，故选中 Pruning 栏下的 Pathfinder 以及 Pruning sliced networks，其余设置均选用默认值，通过对其进行可视化分析，得到军事文化遗产系统性保护研究中文文献关键词共线图后，选择 Timeline 显示，采用 Keyword 聚类，选择 Log - Likeli-hood Ratio（LLR），在对图像进行调整后得到军事文化遗产系统性保护研究领域中文文献研究热点图，如图 2 - 60 所示。

由图 2 - 60 可知，军事文化遗产系统性保护研究领域中文文献的高频关键词共 9 个类别，分别为军事文化、先进军事文化、军队、军事文化建设、文化遗产、军事、中国、当代革命军人核心价值观、结构。这 9 个类别代表了国内军事文化遗产系统性保护研究领域的研究重点。在所得聚类的视图中，通过对各个关键词按照时间顺序梳理的基础上，对其进行提取，得到军事文化遗产系统性保护研究领域中文文献学术研究热点脉络，如表 2 - 77 所示。

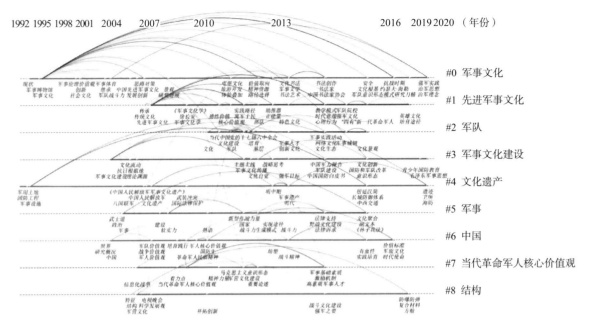

图 2 - 60　军事文化遗产系统性保护研究领域中文文献热点图

表 2 - 77　　　　　　　　　　军事文化遗产系统性保护研究领域中文文献学术研究热点脉络

年份	关键词
1992	武器装备、国防教育
1993	现状和发展趋势、精确制导
1994	军事设施、革命老区
1995	毛泽东、战略要地、革命战争
1996	军事文化、军事博物馆
1997	军事犯罪
1998	古代军事文化、文化史、军事伦理
1999	战争观念、防区外发射空地导弹
2000	侵华日军、文化精品
2001	创新、社会文化、军事科学
2002	美国
2003	军事节目、文化类型、战术革新、中国传统军事文化
2004	军事文化建设、中国、军队战斗力、南京、空袭、湖湘文化、研究综述
2005	军事、军事文化力
2006	军营文化、结构、功能、军事志、军事史研究、信息化战争、理论渊源、中国先进军事文化、发展创新
2007	先进军事文化、文化遗产、中国人民解放军、发展研究、《中国人民解放军军事文化遗产》、西口文化、传统文化
2008	软实力、建设
2009	当代革命军人核心价值观、着力点、社会主义核心价值体系、军事文艺、革命军人、人民军队
2010	文化、军人核心价值观、创意、湖湘军事文化、国防生、民族精神
2011	军队、文化建设、核心价值观、中美关系、《上海公报》、社会主义先进文化
2012	基层、文化自觉、党的十七届六中全会、培育、军事文化传播、战斗力生成模式、部队、思想政治教育、风景园林、重要论述
2013	战斗精神、军事遗产、文化书法、明代、军事文学、特色文化、强军目标、书法艺术、战斗力

年份	关键词
2014	大国与中东、海外军事基地
2015	"四有"新一代革命军人、文化景观、保护利用
2016	保护与利用模式、文化冲突、共生理论、军队文化
2017	装备系统、英雄文化、军人形象、井冈山根据地
2018	青少年国防教育
2019	遗迹、国防工事、强军实践、海防
2020	历史村镇、红色音乐、军事政治学、空间形态

由表2-77可知，2003年以前，军事文化遗产系统性保护并不是国内学术界的研究热点，并且中文文献中军事文化遗产系统性保护研究热点与英文文献相比较少，说明国内对军事文化遗产系统性保护领域的研究尚不成熟。自2003年以来，国内关于军事文化遗产系统性保护的研究热点关键词明显增多，并且主要集中在军事文化建设、军事文化传播、军事遗产保护、军事创新等方面，说明自2003年起军事文化遗产系统性保护已经成为国内学术界的研究热点之一。2007年，军事文化建设成为国内军事文化遗产系统性保护研究领域的热点关键词，说明此时学者们已经注意到对推进军事文化进行可持续创新和保护的重要性。2016年，文化产业的保护和利用成为国内军事文化遗产系统性保护研究领域的研究热点关键词，说明学者们已经开始重视军事文化遗产所蕴含的文化价值的重要性。2019年，国防工事、强军实践成为国内军事文化遗产系统性保护研究领域的热点关键词，说明学者们已经意识到教育实践对军事文化遗产系统性保护的影响作用；2020年，历史村镇、红色音乐成为国内军事文化遗产系统性保护研究领域的热点关键词，说明军事旅游逐渐受到学者们的青睐，并且学者们关注到旅游对军事文化遗产保护的关键性效用。

最后，对军事文化遗产系统性保护研究领域的研究前沿进行分析。

研究前沿不仅可以反映科学研究的进展和发展趋势，还反映该科学研究是否具有研究价值。利用CiteSpace的膨胀词提取词频变化率突变的关键词，进而对军事文化遗产系统性保护的研究进行前沿分析。

将从WOS数据库中所得的数据导入CiteSpace中，其中NodeTypes设置为Keyword，Selection Criteria Top N设置为10，基于前文分析可知，2013年军事文化遗产系统性保护才正式成为国际上的研究热点，时间跨度较短，为便于观察研究结果，本书将时间区间设定为2013~2021年，其余设置均选用默认值，通过对其进行可视化分析，得到军事文化遗产系统性保护研究领域英文文献关键词共线图后，故将Burstness下的Minimum Duration设置为2，提取突变最少保持2年的关键词，如表2-78所示。

表2-78　　　　　　军事文化遗产系统性保护研究领域英文文献前沿术语

关键词	强度	初始年份	结束年份	2013~2021年
遗产	6.37	2016	2021	
文化遗产	5.35	2016	2019	
考古学	4.27	2016	2019	
认同	2.66	2016	2019	
旅游	2.52	2016	2019	
遗址	3.22	2018	2019	
历史	4.02	2018	2021	
记忆	3.47	2019	2021	

由表2-78可知，2016年以前并未出现军事文化遗产系统性保护研究领域的突现关键词，说明在2016年以前，虽然在国际领域上出现了一些热点关键词，但是整体上，关于军事文化遗产系统性保护的研

究仍处于起步阶段，并没有形成较为鲜明的学术前沿。2016~2019 年，军事文化遗产系统性保护研究英文文献突现关键词为遗产（heritage）、文化遗产（cultural heritage）、考古学（archaeology）、认同（identity）、旅游（tourism）、遗址（site），说明在军事文化遗产系统性保护成为研究热点的初期，学者们相对比较重视遗产认同、遗存资源对遗产旅游的影响；2019~2021 年，军事文化遗产系统性保护研究英文文献突现关键词为历史（history）、记忆（memory），说明这一时期学者们的研究重点为如何深度挖掘军事历史，重现军事记忆，传播军事文化，实现文化遗产的可持续发展。通过以上对工业文化遗产系统性保护研究领域英文文献的前沿分析，可以看出，在新时代背景下，学者们对于军事文化遗产系统性保护领域研究的前沿在于加强对文化遗产的保护力度，追求发展的可持续性，这与目前军事文化遗产系统性保护的发展部署相一致，因此，本书认为近年的军事文化遗产系统性保护英文文献领域的文献对我国学者研究工业文化遗产系统性保护具有参考价值。

将从中国知网（CNKI）数据库中所得的数据导入 CiteSpace 中，其中 NodeTypes 设置为 Keyword，Selection Criteria Top N 设置为 10，基于前文分析可知，2003 年军事文化遗产系统性保护正式成国内研究热点，2021 年选取时间较短，故为便于观察研究结果，本书将时间区间设定为 2003~2020 年，其余设置均选用默认值，通过对其进行可视化分析，得到军事文化遗产系统性保护研究领域中文文献关键词共线图后，将 Burstness 下的 Minimum Duration 设置为 2，提取突变最少保持 2 年的关键词，如表 2-79 所示。

表 2-79　　　　　　　　　军事文化遗产系统性保护研究领域中文文献前沿术语

关键词	强度	初始年份	结束年份	2003~2020 年
当代革命军人核心价值观	4.79	2009	2012	
先进军事文化	7.99	2011	2012	
军队	4.18	2011	2012	
文化建设	3.09	2011	2012	
军事文化建设	2.96	2012	2013	

由表 2-79 可知，2009 年之前国内并未出现军事文化遗产系统性保护研究领域的文献突现关键词，说明在 2009 年以前，我国对于军事文化遗产系统性保护的研究尚不成熟，没有形成鲜明的学术前沿。2009~2012 年，军事文化遗产系统性保护研究领域的中文文献突现关键词为当代革命军人核心价值观、先进军事文化、军队、文化建设、军事文化建设，说明在国内军事文化遗产系统性保护学术前沿形成过程中，学者们注重军事文化传承，强调保护军事文化内涵。2013 年后国内无法看见军事文化遗产系统性保护的文献突现关键词，说明我国学者对军事文化遗产的研究还不成熟，只有较少学者研究，没有形成完整框架结构。

2.2.2　文化遗产系统性保护研究的文献计量结论

第一，工业文化遗产系统性保护研究的文献计量结论。一是工业文化遗产系统性保护研究国内外发文量统计分析的结论。本书发现中文文献数量远低于英文文献数量，但中文文献发文中心度为 0.1，说明国外和国内均高度重视工业文化遗产系统性保护进程，并取得一定成效，其研究成果在国际上具有一定的权威性。二是工业文化遗产系统性保护研究国内外文献团队分析结论。在工业文化遗产系统性保护研究方面，国外已经形成了以米里亚姆·琼森韦贝克、杜埃·詹姆斯、蔡弗朗·索瓦等人为核心的学术研究联盟，并且各个研究群体之间存在密切的交流合作关系。但是从研究机构性质的角度分析，工业文化遗产系统性保护研究英文发文量较高的机构集中于高校，机构类型非常单一，表明现阶段，国际上重点对工业文化遗产系统性保护展开研究的主要为高校，而塞尔维亚的贝尔格莱德大学、俄罗斯的南联邦大学、澳大利亚的澳大利亚国立大学排名第一，说明塞尔维亚、俄罗斯和澳大利亚高度重视工业文化遗产系统性保护问题。国内虽然形成了以韩福文、阙维民、鹿磊、徐苏斌为主的研究群体，但是各个研究群体之间缺乏合作，其他学者大多并未形成科研合作团队。三是工业文化遗产系统性保护研究领域的国内外文献研究热点及前沿分析结论。国外对工业文化遗产系统性保护研究的重点大多集中在遗产、地质旅游、可持续发展等方面；国内对工业文化遗产系统性保护研究的重点大多集中在贵州、台湾、场所精神、旅游综合体、旅游开发等方面。

第二，农业文化遗产系统性保护研究的文献计量结论。一是农业文化遗产系统性保护研究国内外发文量统计分析的结论。本书发现中文文献数量低于英文文献数量，并且中文文献发文中心度低于0.1，说明国外高度重视农业文化遗产系统性保护进程，并取得一定成效，其研究成果在国际上具有一定的权威性。而中国在农业文化遗产系统性保护研究尚处于发展阶段。二是农业文化遗产系统性保护研究国内外文献团队分析结论。在农业文化遗产系统性保护研究方面，国外已经形成了以约亨·费舍尔、特里·马斯登等人为核心的多个学术研究联盟，并且各个研究群体之间存在密切的交流合作关系。但是从研究机构性质的角度分析，农业文化遗产系统性保护研究英文发文量较高的机构集中于高校，机构类型非常单一，表明现阶段，国际上重点对农业文化遗产系统性保护展开研究的机构主要为高校，而中国的中国科学院排名第一，说明我国政府目前高度重视农业文化遗产系统性保护问题。国内虽然形成了以闵庆文、王思明、孙业红、刘某承、张永勋、何露、焦雯珺、成升魁为主的研究群体，但是各个研究群体之间缺乏合作，其他学者大多并未形成科研合作团队。三是农业文化遗产系统性保护研究领域的国内外研究热点及前沿分析结论。国外对农业文化遗产系统性保护研究的重点大多集中在文化遗产、农林复合经营体系、多标准分析等方面；国内对农业文化遗产系统性保护研究的重点大多集中在农业文化遗产、全球重要农业文化遗产、文化遗产保护、农业遗产、价值等方面。

第三，商业文化遗产系统性保护研究的文献计量结论。一是商业文化遗产系统性保护研究国内外发文量统计分析的结论。本书发现在2013年及之前，中文文献数量高于英文文献数量，在2013年之后中文文献明显低于英文文献数量，并且中文文献发文中心度小于0.1，说明国外高度重视商业文化遗产系统性保护进程，并取得一定成效，其研究成果在国际上具有一定的权威性。而中国虽然已经初步形成商业文化遗产系统性保护的思想体系，但是在商业文化遗产系统性保护研究方面，仍处于发展阶段，尚不成熟。二是商业文化遗产系统性保护研究国内外文献团队分析结论。在商业文化遗产系统性保护研究方面，国外已经形成了以联合国教科文组织、毛罗弗朗切斯科·拉鲁萨、国际古迹遗址理事会、盖伊·惠勒等人为核心的学术研究联盟，并且各个研究群体之间存在密切的交流合作关系。但是从研究机构性质的角度分析，商业文化遗产系统性保护研究英文发文量较高的机构集中于高校，机构类型非常单一。国内关于商业文化遗产系统性保护的研究尚不成熟，各个作者之间缺乏合作联系，整体上并未形成紧密的科研合作团队，国内对商业文化遗产系统性保护的研究水平有待提高。三是商业文化遗产系统性保护研究领域的国内外研究热点及前沿分析结论。国外对商业文化遗产系统性保护研究的重点大多集中在整合、绅士化、考古学、文化遗产等方面；国内对商业文化遗产系统性保护研究的重点大多集中在商业模式、商业文化、广告文化等方面。

第四，教育文化遗产系统性保护研究的文献计量结论。一是教育文化遗产系统性保护研究国内外发文量统计分析的结论。中文文献和英文文献发文量均呈现出增长的趋势，但英文文献发文量的增长幅度明显高于中文文献发文量的增长幅度，且在2007年后，英文文献的发文量明显高于中文文献的发文量，说明此时教育文化遗产系统性保护已经成为国外研究的重点领域。因此，本书认为国外在教育文化遗产系统性保护水平上高于国内。并且中文文献发文中心度小于0.1，说明国外高度重视教育文化遗产系统性保护进程，但是中国在该领域的研究较为薄弱，尚处于发展阶段。二是工业文化遗产系统性保护研究国内外文献团队分析结论。国外虽然已经形成了以乔丹·康明斯、约书亚·菲什曼、联合国教科文组织为中心的多个学术研究联盟，但是发文量较多集中于高校，机构类型非常单一；我国在教育文化遗产系统性保护研究领域中尚处于起步阶段，且在教育文化遗产系统性保护研究领域中的国际影响力有待提高。三是教育文化遗产系统性保护研究领域的国内外研究热点及前沿分析结论。国外对教育文化遗产系统性保护研究领域研究热点主要为遗产、双语教育、看护、西班牙裔、青少年、融合教育等方面。国内对教育文化遗产系统性保护研究领域的热点主要为非物质文化遗产、文化遗产、保护、教育传承、世界遗产教育、中国等方面。

第五，军事文化遗产系统性保护研究的文献计量结论。一是军事文化遗产系统性保护研究国内外发文量统计分析的结论。本书发现2014年之前中英文文献发表数量不相上下，在2015年及之后中文文献数量远低于英文文献数量，并且中文文献发文中心度小于0.1，说明国外高度重视军事文化遗产系统性保护进程，并取得一定成效，其研究成果在国际上具有一定的权威性。而中国在军事文化遗产系统性保护研究方面，尚处于发展阶段。二是军事文化遗产系统性保护研究国内外文献团队分析结论。在军事文化遗产系统性保护研究方面，国外已经形成了以林恩·梅斯凯尔、扎伊纳布·巴赫拉尼、联合国教科文组织、汉娜·阿伦特等人为核心的多个学术研究联盟，但各个研究群体之间的交流合作还有待加强。但是从研究机构性质的角度分析，军事文化遗产系统性保护研究英文文献发文量较高的集中于高校，机构类型非常单一，表明现阶段，国际上重点对军事文化遗产系统性保护展开研究的机构主要为高校，而中国的中国科学院排名第四，说明我国政府目前高度重视军事文化遗产系统性保护问题。国内虽然形成了以徐长安、方永刚、许祥文、孙德刚为主的研究群体，但是各个研究群体之间缺乏合作，其他学者大多并未形成科研合作团队。三是军事文化遗产系统性保护研究领域的国内外研究热点及前沿分析结论。国外对军事文化遗产系统性保护研究的重点大多集中在标志、土地利用、文化遗产、服务空间、军事历史、微观结构、环境安全等方面；国内对军事文化遗产系统性保护研究的重点大多集中在军事文化、先进军事文化、军队、军事文化建设、文化遗产等方面。

2.3 文旅深度融合新业态与文化遗产系统性保护协同模式的文献计量研究

2.3.1 文献计量研究

本书的文化遗产涉及工业、农业、商业、教育和军事五个方面，文旅深度融合新业态与文化遗产系统性保护协同也就是文旅融合新业态与工业文化遗产、农业文化遗产、商业文化遗产、教育文化遗产和军事文化遗产的协同，因此，本书分别从这五个方面的协同模式进行相应的文献计量分析。

第一部分：文旅深度融合新业态与工业文化遗产系统性保护协同模式研究领域的文献计量分析。

第一，研究数据和发文量的初步分析。

首先，主要从 WOS 获得英文研究数据，为避免利用 WOS 检索所收集到的文献出现字段缺失的问题，本书采用利用核心数据库（Web of Science Core Collection）对其进行检索。其中检索式为：TS = (Industrial Tourism) OR TS = (Industrial tourism and heritage protection) OR TS = (Industrial heritage and Tourism) OR TS = (Industrial heritage tourism)；语种：English；文献类型：Article；时间跨度为：1990 年 1 月至 2020 年 10 月，检索时间为 2020 年 10 月 5 日。共得到有效的文献数量为 925 篇。将所得文献数据导入 CiteSpace 中对其进行初步检验，在对其进行除重后，最终进行文旅深度融合新业态与工业文化遗产系统性保护协同模式领域计量分析所用有效的 WOS 文献数据有 925 条。

其次，主要从中国知网（CNKI）获得中文研究数据，文献检索类型先定位核心期刊及 CSSCI 期刊，其中检索式为：主题 = 工业旅游、工业遗产旅游；时间跨度为：1990 年 1 月~2020 年 10 月，检索时间为 2020 年 10 月 5 日；文献类型为期刊文献；期刊限定为所有期刊。本书共检索出文献 792 篇，在对文献进行筛选，去除不相关的文献之后，共得到有效的文献数量为 547 篇。本书将所得文献数据导入 CiteSpace 中对其进行初步检验，软件运行结果良好，不存在数据丢失的现象，最终进行文旅深度融合新业态与工业文化遗产系统性保护协同模式研究领域文献计量分析所用有效的 CNKI 文献数据有 547 条。

将上述文旅深度融合新业态与工业文化遗产系统性保护协同模式研究领域的数据导出，按照文献的发文年份和发文数量对其进行信息整合，整合后利用 Excel 对其进行分析，进而得到 1990 年 1 月~2020 年 10 月的文旅深度融合新业态与工业文化遗产系统性保护协同模式研究领域内英文文献与中文文献的发文数量的比较图，如图 2 - 61 所示。

由图 2 - 61 可知，关于文旅深度融合新业态与工业文化遗产系统性保护协同模式的中英文文献研究自 2006 年起发文量出现较大变化。整体上中文文献发文量明显高于英文文献发文量，说明我国在该领域的研究较为成熟。2012 年，中、英文发文量均明显增加，说明此时工业文化遗产旅游是国际上学者们的研究重点之一。2015~2020 年中、英文文献发文量出现波动，但整体上发文量仍呈现出上升趋势，文献检索时间为 2020 年 10 月 5 日，书中所检索的 2020 年的发文量为 2020 年 1 月 1 日~2020 年 10 月 5 日，所以在文旅深度融合新业态与工业文化遗产系统性保护研究领域中、英文文献分布图中 2019~2020 年的变化趋势整体呈现出下降的趋势。

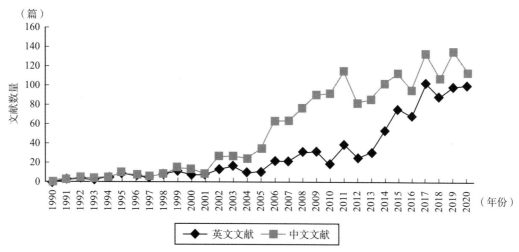

图 2－61　1990～2020 年文旅深度融合新业态与工业文化遗产系统性保护协同模式研究领域的中、英文文献分布

第二，文旅深度融合新业态与工业文化遗产系统性保护协同模式研究领域的国家分析。

在文献计量的过程中，对文献国家进行分析，可以帮助学者们更好把握某一研究领域在国际上较为权威的国家。利用 CiteSpace 得到在文旅深度融合新业态与工业文化遗产系统性保护协同模式研究中的国家共现网络关键节点，进而分析得出在该研究领域中国际影响力较高的国家，这不仅可以为学者们在该领域的学习中提供一定的借鉴和指导作用，还能帮助学者们对自己国家在该研究领域中的国际地位有一个清晰的认识，为其今后的研究方向、研究重点给予一定的指导作用。

将从 WOS 数据库中所得的数据导入 CiteSpace 中，其中 NodeTypes 设置为 Country，Selection Criteria Top N 设置为 30，其余设置均选用默认值，接着将从 CiteSpace 中所得的数据整理成 Excel 表格，分别提取"国家"和"发文量"两个字段下的数据，得到不同国家在文旅深度融合新业态与工业文化遗产系统性保护协同模式研究领域发文量排名，如图 2－62 所示。从图 2－62 中可以看出，发文量排名前十的国家大多为发达国家。其中，美国发文为 143 篇，排名第一；中国发文量为 107 篇，排名第二；英国的发文量为 75 篇，排名第三。

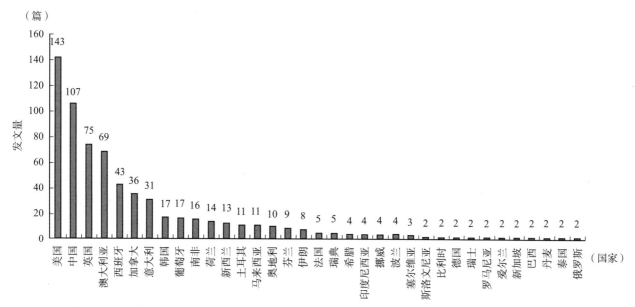

图 2－62　文旅深度融合新业态与工业文化遗产系统性保护协同模式研究领域国家发文量排名分布

将从 WOS 数据库中所得的数据导入 CiteSpace 中，其中 NodeTypes 设置为 Country，Selection Criteria Top N 设置为 30，其余设置均选用默认值，通过对其进行可视化分析，得到文旅深度融合新业态与工业文化遗产系统性保护协同模式研究领域国家知识图谱，如图 2－63 所示。

图 2-63　文旅深度融合新业态与工业文化遗产系统性保护协同模式研究领域的国家共现图

由图 2-63 可知，中国在文旅深度融合新业态与工业文化遗产系统性保护的研究领域中位于核心地位，并且其与美国、意大利、加拿大、西班牙等国家之间有密切的合作关系。因此，本书认为我国在文旅深度融合新业态与工业文化遗产系统性保护研究领域中具有一定的地位。美国在文旅深度融合新业态与工业文化遗产系统性保护研究领域中的地位仅次于中国，排名第二，并且与西班牙、英国、澳大利亚等国之间有密切的合作伙伴关系。

在 CiteSpace 分析所得结果中，一般认为中心度数值越大表示该节点的关键性越高，中心度的数值越小表示该节点的关键性越低，基于此，对各个国家中有关文旅深度融合新业态与工业文化遗产系统性保护协同模式的发文中心度进行分析，进而得出各国在各个节点的关键性，并进一步判断某一国家与其他国家在该研究领域中是否存在密切的合作关系。本书将中心度为 0.1 看作关键节点，并以中心度大于 0.1 为标准，提取关键节点如表 2-80 所示。

表 2-80　文旅深度融合新业态与工业文化遗产系统性保护协同模式研究领域国家共现网络关键节点

频次	中心度	首次发表年份	国家
112	0.57	1999	美国
61	0.21	1999	英国
151	0.20	2003	中国
68	0.15	2003	西班牙
37	0.10	2000	加拿大

由表 2-80 可以看出，在文旅深度融合新业态与工业文化遗产系统性保护协同模式的研究中，只有 5 个国家的中心度大于 0.1，分别为美国、英国、中国、西班牙、加拿大。因此，本书认为这 5 个国家在文旅深度融合新业态与工业文化遗产系统性保护研究领域位于各个国家合作的网络关键节点。在这 5 个国家中，研究最早的国家为美国和英国，且其发文量排名分别为第二和第四，因此，本书认为美国和英国作为发达国家，早期就已经重视工业旅游的发展。中国的发文量为 151 篇，排名第一，且中心度为 0.20，大于 0.1，说明中国在对文旅深度融合新业态与工业文化遗产系统性保护的研究上已经趋于成熟，并且在国际上具有一定的影响力和权威性。

第三，文旅深度融合新业态与工业文化遗产系统性保护协同模式研究领域的期刊分析。

对文旅深度融合新业态与工业文化遗产系统性保护协同模式研究的期刊进行分析，可以帮助学者们准确把握在该研究领域中的权威期刊，进而帮助后续学者们在研究中高效地进行文献检索。研究主要利用分析期刊共被引来对各个期刊进行分析。与此同时，将对文旅深度融合新业态与工业文化遗产系统性保护协同模式研究领域的共被引的中心度进行分析。通过对期刊转载量进行分析，探析各个期刊在文旅深度融合新业态研究与工业文化遗产系统性保护协同模式领域中的信息储备、传输能力。

首先，对文旅深度融合新业态与工业文化遗产系统性保护协同模式研究领域的英文期刊进行分析：

将从 WOS 数据库中所得的数据导入 CiteSpace 中，其中 NodeTypes 设置为 Cited Journal，Selection Criteria Top N 设置为 30。为确保 CiteSpace 运行后，所得图像能够简洁易读，对其进行修剪，故选中 Pruning 栏下的 Pathfinder 以及 Pruning sliced networks，其余设置均选用默认值，通过对其进行可视化分析，得到文旅深度融合新业态与工业文化遗产系统性保护协同模式研究领域英文期刊共被引可视图，如图 2-64 所示。

图 2-64　英文文旅深度融合新业态与工业文化遗产系统性保护协同模式研究领域期刊共被引可视图

由图 2-64 可以看出，英文文献中有关文旅深度融合新业态与工业文化遗产系统性保护协同模式的研究，主要集中在《旅游管理》（*Tourism Management*）、《旅游研究年鉴》（*Annals of Tourism Research*）、《论文》（*Thesis*）、《可持续性旅游期刊》（*Journal of Sustainable Tourism*）、《旅游研究杂志》（*Journal of Travel Research*）5 本期刊。《旅游管理》《旅游研究年鉴》2 本期刊的引用频次明显高于其他期刊的引用频次，其中，《旅游管理》主要刊发国际、国家和区域旅游的规划和政策方面的论文，是涉及旅游具体管理相关研究的期刊，根据 2015 年的期刊引证报告可知，该期刊 2015 年的影响因子为 2.554，在 185 种 SSCI 学科管理学期刊中排第 28 名。《旅游研究年鉴》主要刊发环境科学、酒店休闲体育及旅游、社会学等方面的论文研究，根据 2015 年的期刊引证报告可知，该期刊 2015 年的影响因子为 2.685，在 43 种 SSCI 环境酒店休闲体育及旅游期刊中排第 16 名。

在 CiteSpace 分析所得结果中，一般认为中心度数值越大表示该节点的关键性越高，中心度的数值越小表示该节点的关键性越低，基于此，从期刊共被引的中心度角度对其进行分析，进而得出各国在各个节点的关键性，将中心度为 0.1 看作关键节点，并以中心度大于 0.1 为标准，提取关键节点，得到文旅深度融合新业态与工业文化遗产系统性保护协同模式研究领域的英文期刊共被引网络的关键节点，如表 2-81 所示。

表 2-81　文旅深度融合新业态与工业文化遗产系统性保护协同模式研究领域英文期刊共被引网络关键节点

期刊名称	被引频次	首次出现年份	中心度
《旅游管理》	235	1996	0.34
《旅游研究年鉴》	231	1995	0.28
《计量经济学期刊》	7	2008	0.22
《生态经济学》	59	2009	0.17
《政治经济学期刊》	13	2009	0.13

期刊名称	被引频次	首次出现年份	中心度
《城市研究》	66	1996	0.11
《区域研究》	62	1996	0.10
《全球环境变化：人类与政策》	29	2011	0.10
《生态应用》	9	2010	0.10

由表 2 - 81 可以看出，《旅游管理》（*Tourism Management*）、《旅游研究年鉴》（*Annals of Tourism Research*）、《生态经济学》（*Ecological Economics*）、《城市研究》（*Urban Study*）、《区域研究》（*Regional Study*）5 本期刊的被引频次和中心度均较高，这表明《旅游管理》《旅游研究年鉴》《生态经济学》《城市研究》《区域研究》这 5 本期刊在文旅深度融合新业态与工业文化遗产系统性保护协同模式研究领域英文文献方面的论文质量较高，在该研究领域具有较高的知名度和权威性。因此，本书认为《旅游管理》《旅游研究年鉴》《生态经济学》《城市研究》《区域研究》这 5 本期刊在文旅深度融合新业态与工业文化遗产系统性保护协同模式研究领域位于核心地位，具有较高的国际地位。

从发文集中度方面来看，将从 WOS 数据库中所得的数据导入 CiteSpace 中，其中 NodeTypes 设置为 Source，Selection Criteria Top N 设置为 30，其余设置均选用默认值。将运行结果导入 Excel 中对其期刊名称进行计数，进而得到 1990~2020 年文旅深度融合新业态与工业文化遗产系统性保护协同模式研究领域英文文献期刊分布，其载文量排名前十八的期刊分布如表 2 - 82 所示。

表 2 - 82 　　　　1990~2020 年文旅深度融合新业态与工业文化遗产系统性保护
协同模式研究领域英文文献期刊分布（前十八）

期刊名称	载文量（篇）	占比（%）
《旅游管理》	16	1.73
《旅游研究年鉴》	14	1.51
《海洋污染通报》	9	0.97
《海洋与海岸管理》	8	0.86
《城市》	7	0.76
《环境科学与污染研究》	7	0.76
《当前旅游问题》	7	0.76
《旅游经济学》	7	0.76
《区域环境变化》	6	0.65
《全环境科学》	6	0.65
《海岸研究杂志》	6	0.65
《国际旅游研究杂志》	6	0.65
《清洁生产杂志》	6	0.65
《旅游与文化变迁杂志》	6	0.65
《亚太旅游研究杂志》	6	0.65
《国际现代酒店管理杂志》	6	0.65
《可持续发展》	6	0.65
《国际城市与区域研究杂志》	6	0.65

由表 2 - 82 可知，在文旅深度融合新业态与工业文化遗产系统性保护协同模式研究领域英文文献中，发文量排名前十八的期刊发文总量为 135 篇，占比约 14.61%，没有表现出显著高于其他期刊发文总量的趋势，说明在文旅深度融合新业态与工业文化遗产系统性保护协同模式研究领域英文文献中，各个期刊的发文量较为均匀，并没有形成较为稳定的期刊群和代表性期刊。在发文量排名前十八的期刊中，各个期刊

之间的被引频次差别不大，基于此，从载文量的角度分析，认为在文旅深度融合新业态与工业文化遗产系统性保护协同模式英文文献的研究领域中，并没有形成具有较高权威性的期刊。

其次，对文旅深度融合新业态与工业文化遗产系统性保护协同模式研究领域的中文期刊进行分析：

由于通过中国知网（CNKI）中导出的论文文献数据，缺少"参考文献"字段，无法通过 CiteSpace 对中国知网（CNKI）导出的论文文献数据进行共被引分析，因此，对于文旅深度融合新业态与工业文化遗产系统性保护协同模式研究的中文期刊，将从该领域期刊的载文量以及学科研究层次展开研究。

将从中国知网（CNKI）数据库中所得的数据导入 CiteSpace 中，其中 NodeTypes 设置为 Source，Selection Criteria Top N 设置为 30。为确保 CiteSpace 运行后，所得图像能够简洁易读，对其进行修剪，故选中 Pruning 栏下的 Pathfinder 以及 Pruning sliced networks，其余设置均选用默认值，将运行结果导入 Excel 中对其期刊名称进行计数，进而得到 1990～2020 年文旅深度融合新业态与工业文化遗产系统性保护协同模式研究领域中文文献期刊分布，其载文量排名前十的期刊分布如表 2－83 所示。

表 2－83　1990～2020 年文旅深度融合新业态与工业文化遗产系统性保护协同模式研究领域中文文献期刊分布（前十）

期刊名称	载文量（篇）	占比（%）
《旅游学刊》	72	13.16
《人文地理》	25	4.57
《经济地理》	21	3.84
《特区经济》	21	3.84
《社会科学家》	18	3.84
《商业时代》	16	2.93
《地域研究与开发》	16	2.93
《江苏商论》	15	2.74
《生态经济》	15	2.74
《商业研究》	13	2.38

由表 2－83 可知，在文旅深度融合新业态与工业文化遗产系统性保护协同模式研究领域中，发文量排名前十的期刊发文总量为 232 篇，占比约 42.97%，表现出与其他期刊发文总量相对持平的趋势，说明在国内文旅深度融合新业态与工业文化遗产系统性保护协同模式研究领域中，已经形成以旅游学刊、人文地理、经济地理、特区经济、社会科学家、商业时代、地域研究与开发、江苏商论、生态经济等为首、具有代表性的期刊群体。在发文量排名前十的期刊中，各个期刊之间的被引频次差别较大，其中，旅游学刊的载文量为 72 篇，排名第一，其载文量远高于其他期刊，基于此，从载文量的角度分析，认为在文旅深度融合新业态与工业文化遗产系统性保护研究领域中文文献中，已经形成了以旅游学刊为中心的具有较高权威性的载文期刊。

按照知网期刊检索的研究层次，对发文量排名前十的期刊进行分类，进而识别出国内在文旅深度融合新业态与工业文化遗产系统性保护协同模式研究领域中具有较高权威性的期刊文献的研究层次，为后续研究在进行文献筛选时提供指导性建议，如表 2－84 所示。

表 2－84　　文旅深度融合新业态与工业文化遗产系统性保护协同模式研究领域中文核心期刊研究层次

研究层次	期刊名称
基础研究（社科）	《旅游学刊》《人文地理》《经济地理》《特区经济》《社会科学家》《地域研究与开发》《生态经济》《商业研究》
行业指导（社科）	《江苏商论》《商业时代》

由表 2－84 可知，国内文旅深度融合新业态与工业文化遗产系统性保护协同模式研究主要分布在基础

研究（社科）方面，其中，《旅游学刊》《人文地理》《经济地理》《特区经济》《社会科学家》《地域研究与开发》《生态经济》《商业研究》均属于基础研究（社科），因此，在研究关于文旅深度融合新业态与工业文化遗产系统性保护协同模式研究领域的中文文献社会科学基础研究时，可重点参考以上期刊所发的文献。《江苏商论》《商业时代》归属于行业指导（社科），因此，在研究关于文旅深度融合新业态与工业文化遗产系统性保护协同模式的中文文献行业指导研究时，可以重点参考《江苏商论》《商业时代》所发文献。

通过对中、英文期刊的分析可知，在研究关于文旅深度融合新业态与工业文化遗产系统性保护协同模式研究领域英文文献时，可以重点参考《旅游管理》《旅游研究年鉴》《生态经济学》《城市研究》《区域研究》等期刊所刊发的文章，中文期刊可重点参考《旅游学刊》《人文地理》《经济地理》《特区经济》《社会科学家》《地域研究与开发》《生态经济》《商业研究》《江苏商论》《商业时代》所刊发的文章。

第四，文旅深度融合新业态与工业文化遗产系统性保护协同模式研究领域的研究团队分析。

主要从作者和研究团队两个方面对文旅深度融合新业态与工业文化遗产系统性保护领域进行研究团队分析。针对英文文献，主要利用 CiteSpace 对其进行共被引分析，研究机构分析主要利用 CiteSpace 对其进行合作网络分析；针对中文文献，研究通过合作网络对其进行分析。

首先，对文旅深度融合新业态与工业文化遗产系统性保护协同模式研究领域的英文文献作者团队和机构进行分析。

关于文旅深度融合新业态与工业文化遗产系统性保护协同模式研究领域的英文文献作者分析，将从 WOS 数据库中所得的数据导入 CiteSpace 中，其中 NodeTypes 设置为 Cited Author，Selection Criteria Top N 设置为 30。为确保 CiteSpace 运行后，所得图像能够简洁易读，对其进行修剪，故选中 Pruning 栏下的 Pathfinder 以及 Pruning sliced networks，其余设置均选用默认值，通过对其进行可视化分析，得到文旅深度融合新业态与工业文化遗产系统性保护协同模式研究领域英文文献作者共被引可视图，如图 2 - 65 所示。

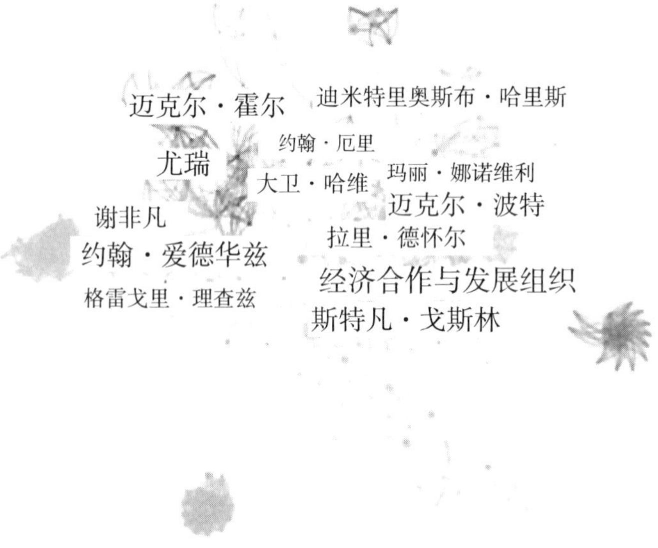

图 2 - 65　文旅深度融合新业态与工业文化遗产系统性保护协同模式研究领域英文文献作者共被引可视图

由图 2 - 65 可以看出，文旅深度融合新业态与工业文化遗产系统性保护协同模式研究领域的作者共被引频次在国际上较高的作者主要为迈克尔·波特、约翰·爱德华兹、斯特凡·戈斯林、迈克尔·霍尔、拉里·德怀尔五人，将利用 CiteSpace 计算所的结果导出，整理出文旅深度融合新业态与工业文化遗产系统性保护研究领域英文文献作者共被引频次排名表，因为从 WOS 数据库中所得数据较多，考虑到被引频次较高的作者在该领域中具有较高的国际地位，因此列出被引频次较高的前四名作者，如表 2 - 85 所示。

表 2 – 85　　文旅深度融合新业态与工业文化遗产系统性保护协同模式研究领域英文文献作者被引频次排名（前四）

作者	被引频次	被引频次最高的论文
迈克尔·波特	33	战略与社会
约翰·爱德华兹	24	FLF – MADS – box 基因：拟南芥开花的抑制因子，受春化作用和甲基化调控
斯特凡·戈斯林	23	游客对气候变化的消费行为与需求响应
迈克尔·霍尔	23	可持续旅游治理中的政策学习与政策失败：从一级、二级到三级的变化?

　　由表 2 – 85 可知，在文旅深度融合新业态与工业文化遗产系统性保护协同模式研究领域的英文文献中，被引频次最高的是迈克尔·波特，被引频次为 33 次。在过去 30 年内，被引频次最高的论文为《战略与社会》，迈克尔·波特在研究中提出了看待企业和社会关系的新视角，并提出了一个新的组织结构框架，供个别公司用来评估其行为后果。文旅深度融合新业态与工业文化遗产系统性保护协同模式研究领域英文文献被引频次排名第二的是约翰·爱德华兹，被引频次为 23 次。在过去 30 年内，被引频次最高的论文为《FLF – MADS – box 基因：拟南芥开花的抑制因子，受春化作用和甲基化调控》。文旅深度融合新业态与工业文化遗产系统性保护协同模式研究领域英文文献被引频次排名第三的是斯特凡·戈斯林，被引频次为 23 次。在过去 30 年内，被引频次最高的论文为《游客对气候变化的消费行为与需求响应》，斯特凡·戈斯林在论文中指出气候变化对游客旅游需求的影响取决于游客对缓解政策复杂性的反应、对交通的影响和对地区社会经济发展的影响，尽管游客在旅游系统中有很大的适应能力，可以潜在地对地理和季节变化及时作出反应，但是决策者对游客需求变化的复杂性的掌握能力较差。被引频次排名并列第三的是迈克尔·霍尔，被引频次为 23 次，迈克尔·霍尔发表的《可持续旅游治理中的政策学习与政策失败：从一级、二级到三级的变化?》，迈克尔·霍尔在论文中的核心观点为可持续旅游业既是一个成功的政策，又是一个失败的政策。研究得出结论：虽然危机事件等外部性因素可能会促使政策范式发生改变，但是并没有充分的证据证明，可持续旅游的政策必然会因此而发生改变。

　　在 CiteSpace 分析所得结果中，一般认为中心度数值越大表示该节点的关键性越高，中心度的数值越小表示该节点的关键性越低，基于此，本书从作者共被引的中心度角度对其进行分析，进而得出各国在各个节点的关键性，将中心度为 0.1 看作关键节点，并以中心度大于 0.1 为标准，提取关键节点，未发现文旅深度融合新业态与工业文化遗产系统性保护协同模式研究领域的英文文献作者共被引网络的关键节点。基于此，本书认为在文旅深度融合新业态与工业文化遗产系统性保护协同模式研究领域英文文献中并未出现具有较高权威性的学者。

　　关于文旅深度融合新业态与工业文化遗产系统性保护协同模式研究领域的英文文献研究机构团队分析，本书将从 WOS 数据库中所得的数据导入 CiteSpace 中，其中 NodeTypes 设置为 Institution，Selection Criteria Top N 设置为 30，其余设置均选用默认值，通过对其进行可视化分析，得到文旅深度融合新业态与工业文化遗产系统性保护协同模式研究领域英文文献研究机构合作可视图，如图 2 – 66 所示。

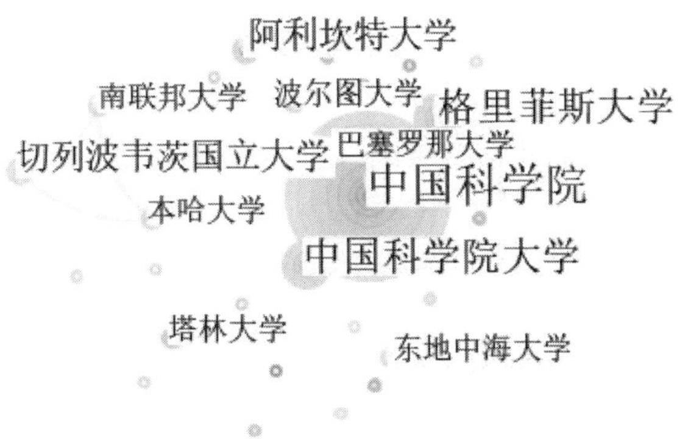

阿利坎特大学

南联邦大学　波尔图大学　格里菲斯大学

切列波韦茨国立大学　巴塞罗那大学

本哈大学　中国科学院

中国科学院大学

塔林大学　东地中海大学

图 2 – 66　文旅深度融合新业态与工业文化遗产系统性保护协同模式研究领域英文文献研究机构合作可视图

由图 2 - 66 可以看出，中国科学院的发文量最高，位居第一。总的来说，各个机构之间的连线有 12 条，节点（节点代表发文机构）有 57 个，贡献网络密度为 0.0075，说明国际上在文旅深度融合新业态与工业文化遗产系统性保护协同模式研究过程中，各个机构之间的合作力度不强、合作范围较小，各个研究机构之间应该开展广泛的交流合作。

由表 2 - 86 可知，文旅深度融合新业态与工业文化遗产系统性保护协同模式研究领域发文量较高的英文文献机构主要为中国科学院、中国科学院大学、格里菲斯大学、阿利坎特大学、切列波韦茨国立大学 5 所高校或机构，从研究机构性质的角度分析，英文文旅深度融合新业态与工业文化遗产系统性保护协同模式英文文献研究发文量大多集中于高校，机构类型非常单一。表明现阶段，国际上对文旅深度融合新业态与工业文化遗产系统性保护协同模式展开研究的主要为高校。在发文量较高的 5 所机构中，我国机构有 2 所，说明我国在文旅深度融合新业态与工业文化遗产系统性保护协同模式研究领域中具有一定的国际影响力。

表 2 - 86　　文旅深度融合新业态与工业文化遗产系统性保护协同模式研究领域英文文献发文较高机构

发文量	机构名称	机构性质	地区
23	中国科学院	科研机构	中国
7	中国科学院大学	高校	中国
7	格里菲斯大学	高校	澳大利亚
4	阿利坎特大学	高校	西班牙
4	切列波韦茨国立大学	高校	俄罗斯

其次，对文旅深度融合新业态与工业文化遗产系统性保护协同模式研究领域的中文文献作者和研究团队进行分析。

关于文旅深度融合新业态与工业文化遗产系统性保护协同模式中文文献作者分析，本书将从中国知网（CNKI）数据库中所得的数据导入 CiteSpace 中，其中 NodeTypes 设置为 Author，Selection Criteria Top N 设置为 30。为确保 CiteSpace 运行后，所得图像能够简洁易读，对其进行修剪，故选中 Pruning 栏下的 Pathfinder 以及 Pruning sliced networks，其余设置均选用默认值，通过对其进行可视化分析，得到文旅深度融合新业态与工业文化遗产系统性保护协同模式研究领域的中文文献作者合作可视图，如图 2 - 67 所示。

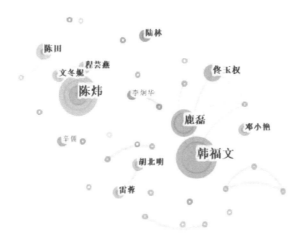

图 2 - 67　文旅深度融合新业态与工业文化遗产系统性保护协同模式研究领域中文文献作者合作网络可视图

由图 2 - 67 可以看出，韩福文与陈炜关于文旅深度融合新业态与工业文化遗产系统性保护协同模式研究领域的发文量最高。总的来看，各个机构之间的连线只有 39 条，节点（节点即作者）有 75 个，贡献网络密度为 0.0141，说明国内针对文旅深度融合新业态与工业文化遗产系统性保护协同模式的研究尚不成熟，且各个作者之间缺乏合作联系，整体上并未形成紧密的科研合作图团队。将从 CiteSpace 中所得数据导出，整理得到文旅深度融合新业态与工业文化遗产系统性保护协同模式研究领域中文文献研究发文量较高的作者，如 表 2 - 87 所示。

表 2 - 87　文旅深度融合新业态与工业文化遗产系统性保护协同模式研究领域中文文献研究高发文作者

作者	发文量（篇）	单位
陈炜	12	贺州学院
韩福文	12	沈阳师范大学
鹿磊	8	南京工业职业技术学院
佟玉权	5	大连海事大学
陈田	5	中国科学院地理科学与资源研究所

由表 2 - 87 可知，国内对文旅深度融合新业态与工业文化遗产系统性保护协同模式研究较为重要的学者有陈炜、韩福文、鹿磊、佟玉权、陈田等人，因此，在进行国内文旅深度融合新业态与工业文化遗产系统性保护协同模式研究时可以重点参考以上学者文章，但是其发文量相比于国外针对文旅深度融合新业态与工业文化遗产系统性保护协同模式研究的发文量较低，说明国内对文旅深度融合新业态与工业文化遗产系统性保护协同模式的研究尚不成熟。其中，来自贺州学院的陈炜主要致力于旅游安全、非物质文化遗产、旅游开发、旅游扶贫、旅游开发模式、协同发展等方面的研究；来自沈阳师范大学的韩福文主要致力于工业遗产、城市文化、东北地区、工业遗产旅游、中国旅游文化、工业遗产保护、旅游价值、文化遗产、整体保护模式等方面的研究；来自南京工业职业技术学院的鹿磊主要致力于旅游开发、非物质工业遗产、旅游教育、工业遗产、文化遗产旅游等方面的研究；来自大连海事大学的佟玉权主要致力于非物质文化遗产、工业遗产、工业遗产旅游、工业景观遗产、旅游、工业遗产保护、传承环境、乡村旅游、生态旅游等方面的研究；来自中国科学院地理科学与资源研究所的陈田主要致力于生态旅游、发展模式、边境旅游、旅游经济、生态旅游、城镇化等方面的研究。

关于文旅深度融合新业态与工业文化遗产系统性保护协同模式研究中文文献团队分析，将从中国知网（CNKI）数据库中所得的数据导入 CiteSpace 中，其中 NodeTypes 设置为 Institution，Selection Criteria Top N 设置为 30。为确保 CiteSpace 运行后，所得图像能够简洁易读，对其进行修剪，故选中 Pruning 栏下的 Pathfinder 以及 Pruning sliced networks，其余设置均选用默认值，通过对其进行可视化分析，得到文旅深度融合新业态与工业文化遗产系统性保护协同模式研究领域的中文文献研究机构可视图，如图 2 - 68 所示。

图 2 - 68　文旅深度融合新业态与工业文化遗产系统性保护协同模式研究领域中文文献相关研究机构合作可视图

由图 2-68 可以看出，沈阳师范大学旅游管理学院对有关文旅深度融合新业态与工业文化遗产系统性保护协同模式研究的中文文献发文量最高，并且与中山大学旅游学院、桂林理工大学旅游学院、中国科学院地理科学与资源研究所等多所机构之间有密切的合作关系。总的来说，各个研究机构之间的连线有 17 条，节点（节点即为研究机构）有 53 个，贡献网络密度为 0.0123，说明国内针对文旅深度融合新业态与工业文化遗产系统性保护研究的研究机构之间合作交流力度非常低，各个研究机构之间应该建立研究机构交流群体。

将 CiteSpace 运行的数据导出，得到文旅深度融合新业态与工业文化遗产系统性保护协同模式研究领域中文文献发文量排名前十四位的机构如表 2-88 所示。

表 2-88　文旅深度融合新业态与工业文化遗产系统性保护协同模式研究领域中文文献研究发文机构（前十四）

发文量	机构名称	机构性质	地区
17	沈阳师范大学旅游管理学院	高校	东北地区
15	中国科学院地理科学与资源研究所	研究机构	华北地区
11	中山大学旅游学院	高校	华南地区
9	桂林理工大学旅游学院	高校	华南地区
7	北京联合大学旅游学院	高校	华北地区
5	陕西师范大学旅游与环境学院	高校	西北地区
5	四川大学旅游学院	高校	西南地区
5	大连海事大学管理学院	高校	东北地区
4	桂林理工大学	高校	华南地区
4	中山大学旅游发展与规划研究中心	研究机构	华南地区
4	湖北经济学院旅游与酒店管理学院	高校	华中地区
4	北京第二外国语学院旅游管理学院	高校	华北地区
4	吉林师范大学	高校	东北地区
4	西北大学城市与资源学系	高校	西北地区

由表 2-88 可知，文旅深度融合新业态与工业文化遗产系统性保护协同模式研究领域中文文献发文量排名前三的研究机构分别为：沈阳师范读大学旅游管理学院、中国科学院地理科学与资源研究所、中山大学旅游学院。从研究机构的类型来看，文旅深度融合新业态与工业文化遗产系统性保护协同模式中文文献研究发文量排名前十四位的机构，有 12 所是高校，2 所是研究机构，机构类型十分单一，因此，认为国内文旅深度融合新业态与工业文化遗产系统性保护协同模式研究主力是各大高校，其中，两所研究机构分别为：中国科学院地理与资源研究所、中山大学旅游发展与规划研究中心。从研究机构的地域角度来看，文旅深度融合新业态与工业文化遗产系统性保护协同模式中文文献机构主要分布在华南、华北、东北、西北、西南等地。

第五，国内外针对文旅深度融合新业态与工业文化遗产系统性保护协同模式研究领域的研究热点及前沿分析。

通过对文旅深度融合新业态与工业文化遗产系统性保护协同模式研究领域进行供词分析和突变分析，可以直观反映出该研究领域的研究热点和前沿，进而准确把握该领域的学术研究范式，更加清晰发现该研究领域的学术空白，为准确选择学术研究方向提供指导。

首先，对文旅深度融合新业态与工业文化遗产系统性保护协同模式研究领域的研究热点进行分析。

将从 WOS 数据库中所得的数据导入 CiteSpace 中，其中 NodeTypes 设置为 Keyword，Selection Criteria Top N 设置为 20。为确保 CiteSpace 运行后，所得图像能够简洁易读，对其进行修剪，故选中 Pruning 栏下的 Pathfinder 以及 Pruning sliced networks，其余设置均选用默认值，通过对其进行可视化分析，得到文旅深度融合新业态与工业文化遗产系统性保护协同模式研究英文文献关键词共线图后，选择 Timeline 显示，采用 Keyword 聚类，选择 Log – Likelihood Ratio（LLR），在对图像进行调整后得到文旅深度融合新业态与工业文化遗产系统性保护协同模式英文文献研究热点图，如图 2 – 69 所示。

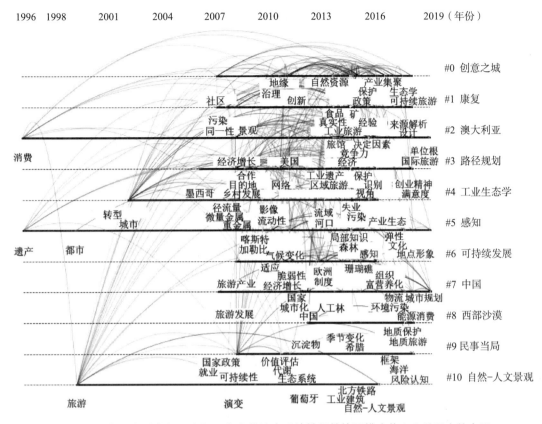

图 2 – 69　文旅深度融合新业态与工业文化遗产系统性保护协同模式英文文献研究热点图

由图 2 – 69 可知，文旅深度融合新业态与工业文化遗产系统性保护协同模式研究领域英文文献的高频关键词聚类共 11 个类别，分别为创意之城（creative city）、康复（rehabilitation）、澳大利亚（Australia）、路径规划（path dependence）、工业生态学（industrial ecology）、感知（perceptions）、可持续发展（sustainable development）、中国（China）、西部沙漠（western desert）、民事当局（civil authority）、自然 – 人文景观（natural-cultural landscape）。这 11 个类别代表了文旅深度融合新业态与工业文化遗产系统性保护协同模式研究领域英文文献的研究热点。在所得聚类视图中，通过对各个关键词按照时间顺序梳理的基础上，对其进行提取，得到文旅深度融合新业态与工业文化遗产系统性保护协同模式研究领域英文文献热点脉络。如表 2 – 89 所示。

表 2 – 89　文旅深度融合新业态与工业文化遗产系统性保护协同模式研究领域英文文献热点关键词脉络表

年份	关键词
1996	遗产、消费
1999	城市、旅游业
2002	需水、转型、城市
2006	墨西哥
2007	身份认同、旅游开发、社区
2008	就业、径流、政府政策、旅游业、污染、进化、重金属、景观、增长、可持续性、绩效

年份	关键词
2009	合作、农村发展、合作、目的地、管理
2010	流动性、加勒比海、影像、海洋、地方、气候变化
2011	适应、新陈代谢、估值、地理、规模、生态系统、美国、脆弱性、水、经济增长、网络、治理、模式、创新
2012	葡萄牙、界面、国家、沉积、城市化、中国
2013	工业、调查、河口、盆地、欧洲、系统、影响
2014	物种、自然资源、食品、北京、种植园、公司、巴西、南非、服务质量、民族志、收益递增、全球化、工业区、区位、西班牙、区域旅游、竞争、土地利用、真实性、市场、集群、酒店、经济、可持续发展、政策、工业遗产
2015	森林、复杂性、当地知识、爱沙尼亚、土壤、栖息地、重建、沿海地区、保护、电力、美国、露天开采、生物多样性、河口、挑战、降水、创意产业、温度、系统动力学、创意城市、青藏高原、季节变化、植被、恢复、希腊、质量、环境、区域发展、经济发展、矿业、文化旅游、能源、知识、人民、生态服务、技术、生态旅游、视角、区域、保护、战略、感知、工业旅游
2016	服务业、农业、面板数据、澳大利亚、聚类分析、贸易、自然文化景观、富营养化、工业建筑、组织、空间分析、岛屿、珊瑚礁、动力学、北方铁路、识别、体验、哥伦比亚、五星级酒店、可持续建筑、工业生态、可持续发展能源、度假、失业、效率、行业、污染、态度、决定因素、竞争力、遗产旅游、产业
2017	产业集群、交通、旅游目的地、保护区、居民、资源、区域
2018	国际旅游、生态学、地球多样性、资源分配、西部沙漠、满意度、风险感知、制度、粒度、创业、海洋、框架、地质公园、过渡、文化、恢复力、再生、地质保护、埃及、环境污染、可持续旅游、设计、场地、地质旅游、二氧化碳排放
2019	目的地形象、时间序列、能源消耗、足迹、城市规划、单位根、排放、危机

由表 2 - 89 可知，2014 年研究热点关键词明显增多，说明文旅深度融合新业态与工业文化遗产系统性保护研究领域正式成为学术界的研究热点，学者们在这一时期主要是对旅游服务质量、全球化、工业区、可持续发展、工业遗产、旅游市场等方面进行研究。随着时间的推移，研究文旅深度融合新业态与工业文化遗产系统性保护协同模式的学者越来越多，并且各个学者的研究视角、研究重点、研究方法均各有其特色。2015 年，学者们开始注重技术创新和创意城市建设，对推进文旅深度融合新业态与工业文化遗产系统性保护协同模式的重要性，这表明学者们已经开始重视创新性的重要性，在一定程度上反映了国际上对文旅深度融合新业态与工业文化遗产系统性保护的研究逐渐开始成熟。2018 年，学者们开始关注环境污染问题。之后学者们的研究重点主要集中在文旅深度融合新业态与工业文化遗产系统性保护协同模式发展的可持续性问题上。

其次，对文旅深度融合新业态与工业文化遗产系统性保护协同模式研究领域的研究热点进行分析。

将从中国知网（CNKI）数据库中所得的数据导入 CiteSpace 中，其中 NodeTypes 设置为 Keyword，Selection Criteria Top N 设置为 20。为确保 CiteSpace 运行后，所得图像能够简洁易读，对其进行修剪，故选中 Pruning 栏下的 Pathfinder 以及 Pruning sliced networks，其余设置均选用默认值，通过对其进行可视化分析，得到文旅深度融合新业态与工业文化遗产系统性保护协同模式研究中文文献关键词共线图后，选择 Timeline 显示，采用 Keyword 聚类，选择 Log - Likeli-hood Ratio（LLR），在对图像进行调整后得到文旅深度融合新业态与工业文化遗产系统性保护协同模式研究领域中文文献热点图，如图 2 - 70 所示。

由图 2 - 70 可知，文旅深度融合新业态与工业文化遗产系统性保护协同模式研究领域中文文献的高频关键词聚类共 8 个类别，分别为旅游产品、工业旅游、旅游体验、东北地区、非物质文化遗产、旅游、文化遗产旅游、佛教文化遗产。这 8 个类别代表了文旅深度融合新业态与工业文化遗产保护协同模式研究领域中文文献的研究热点。在所得聚类视图中，通过对各个关键词按照时间顺序梳理的基础上，对其进行提取，得到文旅深度融合新业态与工业文化遗产系统性保护协同模式研究领域中文文献热点脉络。如表 2 - 90 所示。

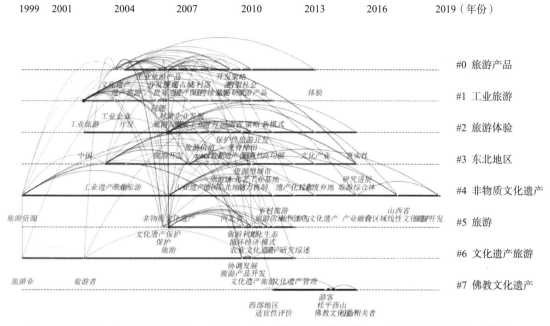

图 2 - 70　文旅深度融合新业态与工业文化遗产系统性保护协同模式研究领域中文文献领域热点图

表2 - 90　文旅深度融合新业态与工业文化遗产系统性保护协同模式研究领域中文文献热点关键词脉络

年份	关键词
1999	旅游资源、旅游业
2000	第三产业
2002	旅游者、中国、工业旅游
2003	工业遗产旅游
2004	市场化、价格下限、政府规制、工业企业、产业旅游、开发、文化遗产、遗产旅游
2005	旅游开发模式、马尾区
2006	问题、文化遗产保护、发展、旅游点、老工业基地、旅游资源开发、工业旅游产品、工业旅游资源、对策、旅游发展、开发模式、保护、世界遗产、旅游、旅游开发、非物质文化遗产
2007	煤炭工业、企业发展、平遥古城、遗产保护、工业遗产
2008	古村落、旅游价值、潜力、德国、SWOT分析、可持续发展
2009	旅游研究、河南省、澳门、河北省、旅游区、开发策略、工业遗产保护、东北地区
2010	协调发展、动力机制、龙脊梯田、沈阳、保护性旅游开发、两型社会、策略、旅游经济、三江侗族自治县、开发对策、东北老工业基地、资源型城市、旅游体验、旅游产品开发、旅游利用、旅游产品、循环经济、农业文化遗产、原真性、文化遗产旅游
2011	新模式、高句丽、西部地区、旅游纪念品、文化生态、旅游房地产、乡村旅游、模式、遗产、适宜性评价
2012	文化旅游、文化遗产管理、旅游景点、研究综述、遗产化过程、江苏省、社区参与
2013	体验、遗产旅游资源、红色文化遗产、工业废弃地、文化产业
2014	游客、遗产旅游地、满意度、旅游需求、公地悲剧、桂平西山、佛教文化遗产
2015	旅游综合体、利益相关者、研究进展、真实性、产业融合
2017	神话主义、跨区域线性文化遗产、旅游产业、山西省
2018	体育非物质文化遗产
2019	旅游开发与保护、非遗传承人、非物质文化遗产旅游

由表 2 - 90 可知，文旅深度融合新业态与工业文化遗产系统性保护协同模式的中文文献研究与英文文献相比较多，说明国内对文旅深度融合新业态与工业文化遗产系统性保护协同模式领域的研究较为成熟。

自 2006 年以来，热点关键词明显增多，并且主要集中在工业旅游资源、对策、旅游发展、开发模式、保护、世界遗产、旅游、旅游开发、非物质文化遗产等方面，说明自 2006 年起，我国在文旅深度融合新业态与工业文化遗产系统性保护协同模式方面的研究体系正在逐渐趋于成熟；2010 年，研究的热点关键词为原真性、循环经济、旅游经济，说明此时学者们对文旅深度融合新业态与工业文化遗产系统性保护协同模式方面的研究更多的是注重对工业资源的保护，并要求在利用工业文化遗产发展工业旅游的过程中注重保护工业遗产的原真性。2013 年的研究热点关键词为遗产旅游资源、红色文化遗产、工业废弃地、佛教文化遗产等，说明此时学者们已经不再局限于对旧工业厂区实体资源的额开发，更多地开始注重精神资源、文化资源等方向的资源开发。2019 年学者们针对文旅深度融合新业态与工业文化遗产系统性保护协同模式的研究热点关键词为非遗产传承人、非物质文化遗产旅游等，说明此时学者们在文旅深度融合新业态与工业文化遗产系统性保护协同模式方面的研究领域逐渐扩大，不断向非物质文化遗产方面拓展。

最后，对文旅深度融合新业态与工业文化遗产系统性保护协同模式研究领域的研究前沿进行分析。

研究前沿不仅可以反映科学研究的进展和发展趋势，还反映了该科学研究是否具有研究价值。本书将利用 CiteSpace 的膨胀词提取词频变化率突变的关键词，进而对文旅深度融合新业态与工业文化遗产系统性保护协同模式的研究进行前沿分析。

将从 WOS 数据库中所得的数据导入 CiteSpace 中，其中 NodeTypes 设置为 Keyword，Selection Criteria Top N 设置为 20，其余设置均选用默认值，通过对其进行可视化分析，得到文旅深度融合新业态与工业文化遗产系统性保护协同模式研究领域英文文献关键词共线图后，故将 Burstness 下的 Minimum Duration 设置为 1，提取突变最少保持 2 年的关键词，如表 2 - 91 所示。

表 2 - 91　　　　　文旅深度融合新业态与工业文化遗产系统性保护协同模式研究领域英文文献前沿术语

关键词	强度	初始年份	结束年份	1991 ~ 2019 年
旅游	8. 0646	1999	2010	
保护	5. 5682	2015	2015	
工业	4. 3014	2016	2019	
领域	5. 1308	2017	2019	
二氧化碳排放	3. 824	2018	2019	

由表 2 - 91 可知，1999 ~ 2010 年，文旅深度融合新业态与工业文化遗产系统性保护协同模式研究领域英文文献凸显关键词为旅游（tourism），说明文旅深度融合新业态与工业文化遗产系统性保护协同模式在国际上成为研究热点的发展初期，学者们的重点研究方向为旅游业；2015 ~ 2019 年，文旅深度融合新业态与工业文化遗产系统性保护协同模式研究英文文献凸显关键词为保护（conservation）、工业（industry）、领域（region）、二氧化碳排放（CO_2 emission）说明在这一时期，学者们的研究重点为工业文化遗产和地区生态环境的保护。

通过以上对文旅深度融合新业态与工业文化遗产系统性保护研究领域的英文文献前沿分析，可以看出，在新时代背景下，学者们对于文旅深度融合新业态与工业文化遗产系统性保护领域研究的前沿在于工业遗产的保护性开发利用，这与目前工业旅游产业的发展部署相一致，因此，本书认为，近年的文旅深度融合新业态与工业文化遗产系统性保护领域的文献对我国学者研究工业旅游具有参考价值。

将从中国知网（CNKI）数据库中所得的数据导入 CiteSpace 中，其中 NodeTypes 设置为 Keyword，Selection Criteria Top N 设置为 20，基于前文分析可知，2008 年文旅深度融合新业态与工业文化遗产系统性保护协同模式才正式成为国际上的研究热点，时间跨度较短，为便于观察研究结果，将时间区间设定为 2008 ~ 2019 年，其余设置均选用默认值，通过对其进行可视化分析，得到文旅深度融合新业态与工业文化遗产系统性保护协同模式研究领域中文文献关键词共线图后，故将 Burstness 下的 Minimum Duration 设置为 2，提取突变最少保持 2 年的关键词，如表 2 - 92 所示。

表 2 - 92　　　　文旅深度融合新业态与工业文化遗产系统性保护协同模式研究领域中文文献前沿术语

关键词	强度	初始年份	结束年份	2008 ~ 2019 年
工业旅游	7.968	2008	2009	
保护	2.8299	2011	2013	
文化产业	2.6281	2013	2014	
佛教文化遗产	3.3548	2014	2015	
旅游资源	2.8153	2017	2019	

由表 2 - 92 可知，2008 ~ 2009 年文旅深度融合新业态与工业文化遗产系统性保护协同模式研究领域中文文献突现关键词为工业旅游，说明国内文旅深度融合新业态与工业文化遗产保护协同模式的学术前沿领域形成初期，学者们的研究方向为发展工业旅游；2001 ~ 2003 年的文旅深度融合新业态与工业文化遗产系统性保护协同模式中文文献突现关键词为保护，说明学者们已经重视在发展工业旅游的过程中对工业遗产、工业文化、生态环境等加以保护的重要性；2013 ~ 2014 年的文旅深度融合新业态与工业文化遗产系统性保护协同模式中文文献突现关键词为文化产业，说明学者们已经开始重视工业遗产文化的保护利用；2014 ~ 2019 年，文旅深度融合新业态与工业文化遗产系统性保护协同模式中文文献突现关键词为佛教文化遗产、旅游资源，说明在这一时期，学者们已经注重工业旅游资源的开发问题。

第二部分：文旅深度融合新业态与农业文化遗产系统性保护协同模式研究领域的文献计量分析。

第一，研究数据和发文量的初步分析。

首先，主要从 WOS 获得英文研究数据，为避免利用 WOS 检索所收集到的文献出现字段缺失的问题，本书采用利用核心数据库（Web of Science Core Collection）对其进行检索。其中检索式为：TS =（Agricultural tourism）OR TS =（Agricultural tourism and heritage protection）OR TS =（Agricultural heritage and tourism）OR TS =（Agricultural heritage tourism）；语种：English；文献类型：Article；时间跨度为：2000 年 1 月至 2021 年 3 月，检索时间为 2021 年 3 月 23 日，共得到有效的文献数量为 540 篇。将所得文献数据导入 CiteSpace 中对其进行初步检验，在对其进行除重后，最终进行该领域文献计量分析所用有效的 WOS（Web of Science）文献数据有 540 条。

其次，主要从中国知网（CNKI）获得中文研究数据，文献检索类型先定位核心期刊及 CSSCI 期刊，其中检索式为：主题 = 农业旅游、农业遗产旅游；时间跨度为：2000 年 1 月至 2021 年 3 月，检索时间为 2021 年 3 月 23 日。文献类型为期刊文献；期刊限定为核心期刊、CSSCI。本部分共检索出文献 1083 篇，在对文献进行筛选，去除不相关的文献之后，共得到有效的文献数量为 1046 篇。将所得文献数据导入 CiteSpace 中对其进行初步检验，软件运行结果良好，不存在数据丢失的现象，最终进行该领域文献计量分析所用有效的 CNKI 文献数据有 1046 条。

将上述数据导出，按照文献的发文年份和发文数量对其进行信息整合，整合后利用 Excel 对其进行分析，进而得到 2000 年 1 月至 2021 年 3 月的文旅深度融合新业态与农业文化遗产系统性保护协同模式研究领域内外文文献与中文文献的发文数量的比较图，如图 2 - 71 所示。

由图 2 - 71 可知，关于文旅深度融合新业态与农业文化遗产系统性保护协同模式研究领域的中英文文献自 2005 年起发文量出现较大变化。整体上中文文献发文量明显高于英文文献发文量，说明我国在该领域的研究较为成熟。2015 年中英文发文量均明显增加，说明此时农业旅游是国际上学者们的研究重点之一。2014 ~ 2020 年中英文文献发文量出现波动，中文文献在 2018 年显著下降，英文文献整体上发文量呈现出上升趋势，由于本研究文献检索时间为 2021 年 3 月 23 日，书中所检索的 2021 年的发文量为 2021 年 1 月 1 日 ~ 2021 年 3 月 23 日，所以在文旅深度融合新业态与农业文化遗产系统性保护协同模式研究领域中英文文献分布图中 2020 ~ 2021 年的变化趋势整体呈现出下降的趋势。

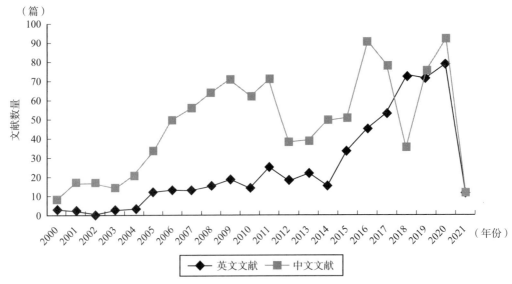

图 2 – 71　2000 ~ 2021 年文旅深度融合新业态与农业文化遗产系统性保护协同模式研究领域中英文文献分布

第二，文旅深度融合新业态与农业文化遗产系统性保护协同模式研究领域的国家分析。

在文献计量的过程中，对文献国家进行分析，可以帮助学者们更好把握某一研究领域在国际上较为权威的国家。利用 CiteSpace 得到在文旅深度融合新业态与农业文化遗产系统性保护协同模式研究领域中的国家共现网络关键节点，进而分析得出在该研究领域中国际影响力较高的国家，不仅可以为学者们在该领域的学习中提供一定的借鉴和指导作用，还能帮助学者们对自己国家在该研究领域中的国际地位有一个清晰的认识，为其今后的研究方向、研究重点给予一定的指导作用。

将从 WOS 数据库中所得的数据导入 CiteSpace 中，其中 NodeTypes 设置为 Country，Selection Criteria Top N 设置为 30，其余设置均选用默认值，接着将从 CiteSpace 中所得数据整理成 Excel 表格，分别提取"国家"和"发文量"两个字段下的数据，得到不同国家在文旅深度融合新业态与农业文化遗产系统性保护协同模式研究领域发文量，由于有较多国家发行文章，本书主要选取发文量 3 篇及 3 篇以上的国家排名，排名如图 2 – 72 所示。从图 2 – 72 中可以看出，发文量排名前十的国家大多为发达国家。其中，中国发文量为 94 篇，占总发文量的 13.64%，排名第一；美国发文量为 74 篇，占总发文量的 10.74%，排名第二；意大利的发文量为 68 篇，排名第三。

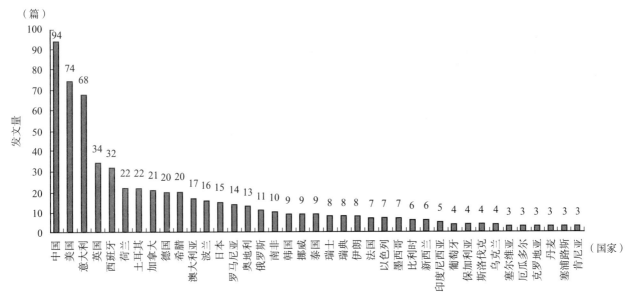

图 2 –72　文旅深度融合新业态与农业文化遗产系统性保护协同模式研究领域国家发文量排名分布

　　将从 WOS 数据库中所得的数据导入 CiteSpace 中，其中 NodeTypes 设置为 Country，Selection Criteria Top N 设置为 30，其余设置均选用默认值，通过对其进行可视化分析，得到文旅深度融合新业态与农业文化遗产系统性保护协同模式研究的国家知识图谱，如图 2 - 73 所示。

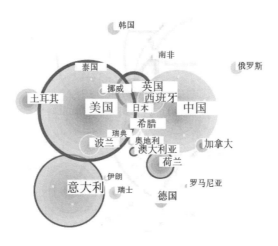

图 2 - 73　文旅深度融合新业态与农业文化遗产系统性保护协同模式研究领域的国家共现图

　　由图 2 - 73 可知，中国在文旅深度融合新业态与农业文化遗产系统性保护协同模式研究领域中居于核心地位，并且其与美国、英国、意大利、荷兰等国家之间有密切的合作关系。因此，本书认为我国在文旅深度融合新业态与农业文化遗产系统性保护协同模式研究领域中具有一定的地位。美国在文旅深度融合新业态与农业文化遗产系统性保护研究领域中的地位仅次于中国，排名第二，并且与意大利、土耳其、澳大利亚等国之间有密切的合作伙伴关系。

　　在 CiteSpace 分析所得结果中，一般认为中心度数值越大表示该节点的关键性越高，中心度的数值越小表示该节点的关键性越低，基于此，研究对各个国家中有关文旅深度融合新业态与农业文化遗产系统性保护协同模式的发文中心性进行分析，进而得出各国在各个节点的关键性，并进一步判断某一国家与其他国家在该研究领域中是否存在密切的合作关系。本书将中心度为 0.1 看作关键节点，并以中心度大于 0.1 为标准提取关键节点，如表 2 - 93 所示。

表 2 - 93　　文旅深度融合新业态与农业文化遗产系统性保护协同模式研究领域国家共现网络关键节点

频次	中心度	首次发表年份	国家
74	0.36	2000	美国
30	0.31	2000	英国
22	0.18	2003	荷兰
68	0.12	2005	意大利
17	0.12	2007	澳大利亚

　　由表 2 - 93 可以看出，在文旅深度融合新业态与农业文化遗产系统性保护协同模式的研究中，只有 5 个国家的中心度大于 0.1，分别为美国、英国、荷兰、意大利、澳大利亚。因此，本书认为这 5 个国家在文旅深度融合新业态与农业文化遗产系统性保护研究领域位于各个国家合作的网络关键节点。在这 5 个国家中，研究最早的国家为美国和英国，且其发文量排名分别为第二和第五，因此，本书认为美国和英国作为发达国家，早期就已经重视农业旅游的发展。中国的发文量为 79 篇，排名第一，中心度为 0.09，接近于 0.1，说明中国在对文旅深度融合新业态与农业文化遗产系统性保护协同模式研究上较为成熟，在国际上具有一定的影响力和权威性，但还需加深研究。

　　第三，文旅深度融合新业态与农业文化遗产系统性保护协同模式研究领域的期刊分析。

对文旅深度融合新业态与农业文化遗产系统性保护协同模式研究领域的期刊进行分析，可以帮助学者们准确把握在该研究领域中的权威期刊，进而帮助后续学者们在研究中高效进行文献检索。本书主要利用期刊共被引来对各个期刊进行分析。与此同时，研究还将对文旅深度融合新业态与农业文化遗产系统性保护协同模式研究领域的共被引的中心度进行分析。通过对期刊转载量进行分析，探析各个期刊在文旅深度融合新业态研究与农业文化遗产系统性保护协同模式领域中的信息储备、传输能力。

首先，对文旅深度融合新业态与农业文化遗产系统性保护协同模式研究领域的英文期刊进行分析。

将从 WOS 数据库中所得的数据导入 CiteSpace 中，其中 NodeTypes 设置为 Cited Journal，Selection Criteria Top N 设置为 30。为确保 CiteSpace 运行后，所得图像能够简洁易读，对其进行修剪，故选中 Pruning 栏下的 Pathfinder 以及 Pruning sliced networks，其余设置均选用默认值，通过对其进行可视化分析，得到文旅深度融合新业态与农业文化遗产系统性保护协同模式研究领域英文期刊共被引可视图，如图 2-74 所示。

图 2-74　文旅深度融合新业态与农业文化遗产系统性保护协同模式研究领域英文期刊共被引可视图

由图 2-74 可以看出，英文文献中有关文旅深度融合新业态与农业文化遗产系统性保护协同模式的研究，主要集中在《旅游管理》（*Tourism Management*）、《旅游研究年鉴》（*Annals of Tourism Research*）、《土地使用政策》（*Land Use Policy*）、《农村研究杂志》（*Journal of Rural Study*）4 本期刊。其中，《旅游管理》主要刊发国际、国家和区域旅游的规划和政策方面的论文，是涉及旅游具体管理的相关研究，该期刊 2015 年的影响因子为 2.554，在 185 种 SSCI 学科管理学期刊中排第 28 名。《旅游研究年鉴》主要刊发环境科学、酒店休闲体育及旅游、社会学等方面的论文研究，该期刊 2015 年的影响因子为 2.685，在 43 种 SSCI 环境酒店休闲体育及旅游期刊中排名第 16 名。《土地使用政策》主要刊发城市和农村土地利用的社会、经济、政治、法律、物理和规划等方面的论文研究，该期刊 2015 年的影响因子为 2.631，在 100 种 SSCI 学科环境科学期刊中排名第 10 名。《农村研究杂志》主要刊发农村社会发展、农村经济、农村结构、环境生态、农村政策实施等方面的论文研究。根据 2015 年的期刊引证报告可知，该期刊 2015 年的影响因子为 2.444，在 55 种 SSCI 学科策划及发展期刊中排名第 5 名。

在 CiteSpace 分析所得结果中，一般认为中心度数值越大表示该节点的关键性越高，中心度的数值越小表示该节点的关键性越低，基于此，本书从期刊共被引的中心度角度对其进行分析，进而得出各国在各个节点的关键性，将中心度为 0.1 看作关键节点，并以中心度大于 0.1 为标准，提取关键节点，得到文旅深度融合新业态与农业文化遗产系统性保护协同模式研究领域的英文期刊共被引网络的关键节点，如表 2-94 所示。

表 2 – 94　文旅深度融合新业态与农业文化遗产系统性保护协同模式研究领域英文期刊共被引网络关键节点

被引频次	中心度	首次出现年份	期刊名称
92	0.38	2003	《旅游研究年鉴》
75	0.23	2000	《农村研究杂志》
2	0.20	2000	《美国地理学家联合会会刊》
2	0.19	2001	《农业系统》
9	0.19	2001	《保护生物学》
42	0.18	2001	《生态经济学》
10	0.13	2005	《生物保护》
33	0.13	2000	《乡村社会学》

由表 2 – 94 可以看出，《旅游研究年鉴》（*Annals of Tourism Research*）、《农村研究杂志》（*Journal of Rural Study*）、《美国地理学家联合会会刊》（*Annals of the American Association of Geographers*）、《农业系统》（*Agricultural Systems*）、《保护生物学》（*Conservation Biology*）、《生态经济学》（*Ecological Economics*）、《生物保护》（*Biological Conservation*）、《乡村社会学》（*Sociologia Ruralis*）8 本期刊的被引频次和中心度均较高，表明《旅游研究年鉴》《农村研究杂志》《美国地理学家联合会会刊》《农业系统》《保护生物学》《生态经济学》《生物保护》《乡村社会学》这 8 本期刊在文旅深度融合新业态研究领域的论文质量较高，在该研究领域具有较高的知名度和权威性。因此，本书认为《旅游研究年鉴》《农村研究杂志》《美国地理学家联合会会刊》《农业系统》《保护生物学》《生态经济学》《生物保护》《乡村社会学》这 8 本期刊在文旅深度融合新业态与农业文化遗产系统性保护协同模式研究领域英文文献中位于核心地位，具有较高的国际地位。

从发文集中度方面来看，将从 WOS 数据库中所得的数据导入 CiteSpace 中，其中 NodeTypes 设置为 Source，Selection Criteria Top N 设置为 30，其余设置均选用默认值。将运行结果导入 Excel 中对其期刊名称进行计数，进而得到 2000 ~ 2021 年文旅深度融合新业态与农业文化遗产系统性保护协同模式研究领域英文文献期刊分布，其载文量排名前十四的期刊分布，如表 2 – 95 所示。

表 2 – 95　2000 ~ 2021 年文旅深度融合新业态与农业文化遗产系统性保护协同模式研究领域英文文献期刊分布（前十四）

期刊名称	载文量（篇）	占比（%）
《土地使用政策》	13	2.41
《可持续性旅游期刊》	11	2.04
《旅游管理》	10	1.85
《环境保护与生态学杂志》	8	1.48
《山地研究与开发》	7	1.30
《可持续发展》	7	1.30
《景观研究》	6	1.11
《当前旅游问题》	6	1.11
《农村研究杂志》	5	0.93
《旅游地理学》	4	0.74
《农村·农业·农民》	4	0.74
《景观与城市规划》	4	0.74
《弗雷泽纽斯环境通报》	4	0.74
《旅游研究年鉴》	4	0.74

由表 2 - 95 可知，在文旅深度融合新业态与农业文化遗产系统性保护研究领域英文文献中，发文量排名前十四的期刊发文总量为 93 篇，占比约为 17.23%，没有表现出显著高于其他期刊发文总量的趋势，说明在文旅深度融合新业态与农业文化遗产系统性保护研究领域英文文献中，各个期刊的发文较为均匀，并没有形成较为稳定的期刊群和代表性期刊。在发文量排名前十四的期刊中，各个期刊之间的被引频次差别不大，基于此，本书从载文量的角度分析，认为在文旅深度融合新业态与农业文化遗产系统性保护协同模式研究领域中，并没有形成具有较高权威性的载文期刊。

其次，对文旅深度融合新业态与农业文化遗产系统性保护研究领域的中文期刊进行分析。

由于通过中国知网（CNKI）中导出的论文文献数据，缺少"参考文献"字段，无法通过 CiteSpace 对中国知网（CNKI）导出的论文文献数据进行共被引分析，因此，对于文旅深度融合新业态与农业文化遗产系统性保护研究领域的中文期刊分析，将从该领域期刊的载文量以及学科研究层次展开研究。

将从中国知网（CNKI）数据库中所得的数据导入 CiteSpace 中，其中 NodeTypes 设置为 Source，Selection Criteria Top N 设置为 30。为确保 CiteSpace 运行后，所得图像能够简洁易读，将对其进行修剪，故选中 Pruning 栏下的 Pathfinder 以及 Pruning sliced networks，其余设置均选用默认值，将运行结果导入 Excel 中对其期刊名称进行计数，进而得到 2000～2021 年文旅深度融合新业态与农业文化遗产系统性保护协同模式研究领域中文文献期刊分布，其载文量排名前十二的期刊分布，如表 2 - 96 所示。

表 2 - 96　2000～2021 年文旅深度融合新业态与农业文化遗产系统性保护协同模式研究领域中文文献期刊分布（前十二）

期刊名称	载文量（篇）	占比（%）
《农业经济》	18	1.72
《生态经济》	15	1.43
《经济地理》	14	1.34
《北方园艺》	11	1.05
《世界农业》	10	0.96
《中国农业资源与区划》	10	0.96
《农村经济》	10	0.96
《旅游学刊》	10	0.96
《农业现代化研究》	9	0.86
《农业考古》	8	0.76
《商业时代》	8	0.76
《安徽农业科学》	8	0.76

由表 2 - 96 可知，中文文献关于文旅深度融合新业态与农业文化遗产系统性保护研究领域，发文量排名前十二的期刊发文总量为 131 篇，占比约为 12.57%，没有表现出显著高于其他期刊发文总量的趋势，说明国内在文旅深度融合新业态与农业文化遗产系统性保护研究领域中，各个期刊的发文较为均匀，并没有形成较为稳定的期刊群和代表性期刊。在发文量排名前十二的期刊中，各个期刊之间的被引频次差别不大，基于此，从载文量的角度分析，认为国内在文旅深度融合新业态与农业文化遗产系统性保护协同模式的研究领域中，并没有形成具有较高权威性的载文期刊。

按照知网期刊检索的研究层次，对发文量排名前十二的期刊进行分类，进而识别出在文旅深度融合新业态与农业文化遗产系统性保护协同模式研究领域中具有较高权威性的中文期刊文献的研究层次，为后续研究在进行文献筛选时提供指导性建议。如表 2 - 97 所示。

表 2 – 97　　　　　文旅深度融合新业态与农业文化遗产系统性保护协同模式研究领域中文核心期刊研究层次

研究层次	期刊名称
基础研究（社科）	《农业经济》《生态经济》《经济地理》农村经济》《旅游学刊》《农业现代化研究》《农业考古》《安徽农业科学》
行业指导（社科）	《世界农业》《中国农业资源与区划》《商业时代》
职业指导（社科）	《北方园艺》

由表 2 – 97 可知，国内文旅深度融合新业态与农业文化遗产系统性保护协同模式研究主要分布在基础研究（社科）方面，其中，《农业经济》《生态经济》《经济地理》《农村经济》《旅游学刊》《农业现代化研究》《农业考古》《安徽农业科学》均属于基础研究（社科），因此，在研究关于文旅深度融合新业态与农业文化遗产系统性保护协同模式研究领域的中文文献社会科学基础研究时，可重点参考以上期刊所发的文献。《世界农业》《中国农业资源与区划》《商业时代》归属于行业指导（社科），《北方园艺》归属于职业指导（社科），因此，在研究关于文旅深度融合新业态与农业文化遗产系统性保护协同模式的中文文献行业指导研究时，可以重点参考《世界农业》《中国农业资源与区划》《商业时代》所发文献，在研究关于文旅深度融合新业态与农业文化遗产系统性保护协同模式的中文文献职业指导研究时，可以重点参考《北方园艺》所发文献。

通过对中、英文期刊的分析可知，在研究关于文旅深度融合新业态与农业文化遗产系统性保护协同模式时，英文期刊可以重点参考《旅游研究年鉴》《农村研究杂志》《美国地理学家联合会会刊》《农业系统》《保护生物学》《生态经济学》《生物保护》《乡村社会学》等，中文期刊可重点参考《农业经济》《生态经济》《经济地理》《农村经济》《旅游学刊》《农业现代化研究》《农业考古》《安徽农业科学》《世界农业》《中国农业资源与区划》《商业时代》《北方园艺》。

第四，文旅深度融合新业态与农业文化遗产系统性保护协同模式研究领域的研究团队分析。

本书主要从作者和研究团队两个方面对文旅深度融合新业态与农业文化遗产系统性保护协同模式研究领域进行研究团队分析。针对英文文献，主要利用 CiteSpace 对其进行共被引分析，研究机构的分析主要利用 CiteSpace 对其进行合作网络分析；针对中文文献，通过合作网络对其进行分析。

首先，对文旅深度融合新业态与农业文化遗产系统性保护协同模式研究领域的英文文献作者团队和机构进行分析。

关于文旅深度融合新业态与农业文化遗产系统性保护协同模式研究领域的英文文献作者分析，将从 WOS（Web of Science）数据库中所得的数据导入 CiteSpace 中，其中 NodeTypes 设置为 Cited Author，Selection Criteria Top N 设置为 30。为确保 CiteSpace 运行后，所得图像能够简洁易读，对其进行修剪，故选中 Pruning 栏下的 Pathfinder 以及 Pruning sliced networks，其余设置均选用默认值，通过对其进行可视化分析，得到文旅深度融合新业态与农业文化遗产系统性保护协同模式研究领域英文文献作者共被引可视图，如图 2 – 75 所示。

由图 2 – 75 可以看出，文旅深度融合新业态与农业文化遗产系统性保护协同模式研究领域英文文献作者共被引频次在国际上较高的作者主要为理查德・夏普利、切萨雷・巴比耶里、艾丽莎・弗莱舍、莎朗・菲利普、格雷厄姆・巴斯比、布伦・丹巷 6 人，本书将利用 CiteSpace 计算所的结果导出，整理出文旅深度融合新业态与农业文化遗产系统性保护研究领域英文文献作者共被引频次排名表，因为从 WOS 数据库中所得数据较多，考虑到被引频次较高的作者在该领域中具有较高的国际地位，因此列出被引频次较高的前三名作者，如表 2 – 98 所示。

由表 2 – 98 可知，在文旅深度融合新业态与农业文化遗产系统性保护协同模式研究领域英文文献中，被引频次最高的是理查德・夏普利，被引频次为 60 次。在过去 20 年内，被引频次最高的论文为《旅游、农业与多元化：态度研究》。文旅深度融合新业态与农业文化遗产系统性保护协同模式英文文献被引频次排名第二的是切萨雷・巴比耶里，被引频次为 42 次。在过去 20 年内，被引频次最高的论文为《定义农业旅游：密苏里州和北卡罗来纳州利益相关者观念的比较研究》。文旅深度融合新业态与农业文化遗产系统性保护协同模式英文文献被引频次排名第三的是艾丽莎・弗莱舍，被引频次为 34 次。在过去 20 年内，被引频次最高的论文为《乡村旅游的差异化和协同效应：以色列市场的评估和模拟》。

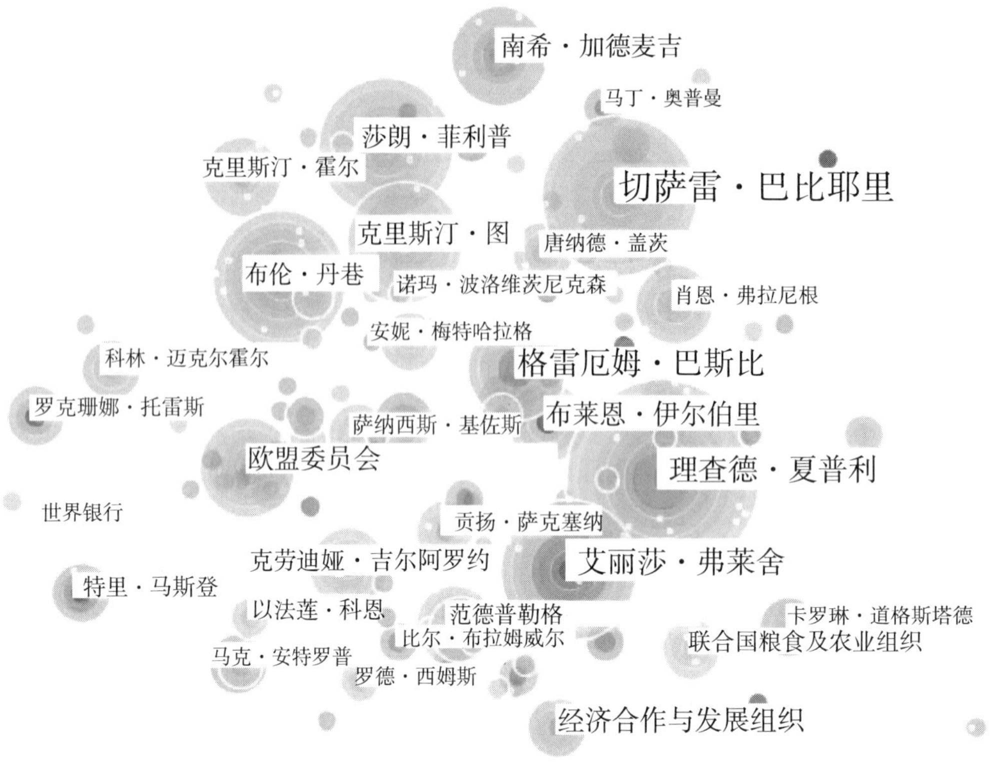

图 2 - 75　文旅深度融合新业态与农业文化遗产系统性保护协同模式研究领域英文文献作者共被引可视图

表 2 - 98　文旅深度融合新业态与农业文化遗产系统性保护协同模式研究领域英文文献作者被引频次排名（前三）

作者	被引频次	被引频次最高的论文
理查德·夏普利	60	旅游、农业与多元化：态度研究
切萨雷·巴比耶里	42	定义农业旅游：密苏里州和北卡罗来纳州利益相关者观念的比较研究
艾丽莎·弗莱舍	34	乡村旅游的差异化和协同效应：以色列市场的评估和模拟

在 CiteSpace 分析所得结果中，一般认为中心度数值越大表示该节点的关键性越高，中心度的数值越小表示该节点的关键性越低，基于此，本书从作者共被引的中心度角度对其进行分析，进而得出各国在各个节点的关键性，将中心度为 0.1 看作关键节点，并以中心度大于 0.1 为标准，提取关键节点，未发现文旅深度融合新业态与农业文化遗产系统性保护协同模式研究领域的英文文献作者共被引网络的关键节点。基于此，本书认为在文旅深度融合新业态与农业文化遗产系统性保护协同模式英文文献中并未具有较高权威性的学者。

关于文旅深度融合新业态与农业文化遗产系统性保护协同模式研究领域的英文文献研究机构团队分析，将从 WOS（Web of Science）数据库中所得的数据导入 CiteSpace 中，其中 NodeTypes 设置为 Institution，Selection Criteria Top N 设置为 30，其余设置均选用默认值，通过对其进行可视化分析，得到文旅深度融合新业态与农业文化遗产系统性保护协同模式研究领域英文文献研究机构合作可视图，如图 2 - 76 所示。

由图 2 - 76 可以看出，中国科学院的发文量最高，位居第一。总的来说，各个机构之间的连线有 817 条，节点（节点代表发文机构）有 728 个，贡献网络密度为 0.0031，说明国际上在文旅深度融合新业态与农业文化遗产系统性保护协同模式英文文献研究过程中，各个机构之间的合作力度较强、合作范围较大，各个研究机构之间还需继续开展广泛的交流合作。

图 2 - 76　文旅深度融合新业态与农业文化遗产系统性保护协同模式英文文献研究机构合作可视图

由表 2 - 99 可知，文旅深度融合新业态与农业文化遗产系统性保护协同模式研究发文量较高的英文文献机构主要为中国科学院、中国科学院大学、阿姆斯特丹自由大学、北京联合大学、滑铁卢大学、圭尔夫大学 6 所高校或机构，从研究机构性质的角度分析，文旅深度融合新业态与农业文化遗产系统性保护研究英文文献发文量大多集中于高校，机构类型非常单一。表明现阶段，国际上对文旅深度融合新业态与农业文化遗产系统性保护协同模式展开研究的主要为高校。在发文量较高的 5 所机构中，我国有 3 所，说明我国高校在文旅深度融合新业态与农业文化遗产系统性保护协同模式研究领域中具有一定的国际影响力。

表 2 - 99　　文旅深度融合新业态与农业文化遗产系统性保护协同模式研究领域英文文献发文较高机构

发文量（篇）	机构名称	机构性质	国家
27	中国科学院	机构	中国
10	中国科学院大学	高校	中国
7	阿姆斯特丹自由大学	高校	荷兰
7	北京联合大学	高校	中国
6	滑铁卢大学	高校	加拿大
6	圭尔夫大学	高校	加拿大

其次，对文旅深度融合新业态与农业文化遗产系统性保护协同模式研究领域的中文文献作者和研究团队进行分析。

关于文旅深度融合新业态与农业文化遗产系统性保护协同模式研究领域中文文献作者分析，将从中国知网（CNKI）数据库中所得的数据导入 CiteSpace 中，其中 NodeTypes 设置为 Author，Selection Criteria Top N 设置为 30。为确保 CiteSpace 运行后，所得图像能够简洁易读，对其进行修剪，故选中 Pruning 栏下的 Pathfinder 以及 Pruning sliced networks，其余设置均选用默认值，通过对其进行可视化分析，得到文旅深度融合新业态与农业文化遗产系统性保护协同模式研究领域的中文文献作者合作可视图，如图 2 - 77 所示。

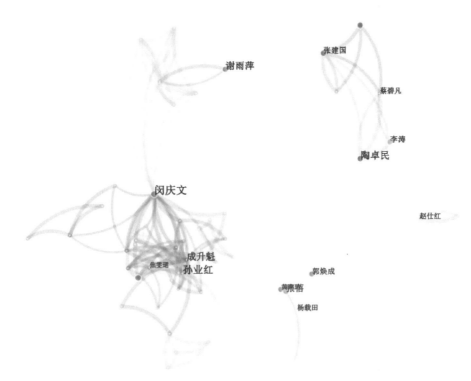

图 2 –77　文旅深度融合新业态与农业文化遗产系统性保护协同模式研究领域中文文献作者合作网络可视图

由图 2 – 77 可以看出，闵庆文关于文旅深度融合新业态与农业文化遗产系统性保护协同模式研究领域的发文量最高。总的来看，各个机构之间的连线有 1427 条，节点（节点即作者）有 1559 个，贡献网络密度为 0.0012，说明国内针对文旅深度融合新业态与农业文化遗产系统性保护协同模式的研究较多，但不太成熟，各个作者之间合作联系应该加强，整体上有待于形成紧密的科研合作团队。将从 CiteSpace 中所得数据导出，整理得到文旅深度融合新业态与农业文化遗产系统性保护协同模式研究领域中文文献发文量较高的作者，如表 2 – 100 所示。

表 2 –100　　文旅深度融合新业态与农业文化遗产系统性保护协同模式研究领域中文文献高发文作者

作者	发文量（篇）	单位
闵庆文	17	中国科学院地理科学与资源研究所
孙业红	14	北京联合大学旅游学院
陶卓民	10	南京师范大学地理科学学院
谢雨萍	10	桂林旅游高等专科学校科技产业处
成升魁	10	中国科学院地理科学与资源研究所
张蓓	9	华南农业大学经济管理学院
郭焕成	8	中国科学院地理科学与资源研究所

由表 2 – 100 可知，国内对文旅深度融合新业态与农业文化遗产系统性保护协同模式研究领域较为重要的学者有闵庆文、孙业红、陶卓民、谢雨萍、成升魁、张蓓、郭焕成等人，因此，在进行文旅深度融合新业态与农业文化遗产系统性保护协同模式研究时可以重点参考以上学者文章，其发文量相比于国外针对文旅深度融合新业态与农业文化遗产系统性保护协同模式研究的发文量不相上下，说明国内对文旅深度融合新业态与农业文化遗产系统性保护协同模式的研究具有一定的地位。其中，来自中国科学院地理科学与资源研究所的闵庆文主要致力于动态保护、重要农业文化遗产、可持续发展、哈尼梯田、生物多样性、遗产监测、节水灌溉等方面的研究；来自北京联合大学旅游学院的孙业红主要致力于文化景观、可持续旅游、农业文化遗产、农业文化遗产地、旅游资源、有机农业、旅游发展、旅游社区、碳足迹等方面的研

究；来自南京师范大学地理科学学院的陶卓民主要致力于乡村旅游、休闲农业、科技旅游、旅游开发、农业旅游、农家乐等方面的研究；来自桂林旅游高等专科学校科技产业处的谢雨萍主要致力于生态农业旅游、生态农业、可持续发展、乡村旅游、环境保护、旅游管理等方面的研究；来自中国科学院地理科学与资源研究所的成升魁主要致力于资源流动、旅游业、土地利用、旅游资源、粮食安全等方面的研究；来自华南农业大学经济管理学院的张蓓主要致力于农产品、都市农业旅游、可持续发展、质量安全等方面的研究；来自中国科学院地理科学与资源研究所的郭焕成主要致力于休闲农业、开发措施、可持续农业、观光农业、都市农业、乡村旅游、农村经济、景观规划、传统村落、生态旅游等方面的研究。

　　关于文旅深度融合新业态与农业文化遗产系统性保护协同模式中文文献研究团队分析，将从中国知网（CNKI）数据库中所得的数据导入 CiteSpace 中，其中 NodeTypes 设置为 Institution，Selection Criteria Top N 设置为 30。为确保 CiteSpace 运行后，所得图像能够简洁易读，对其进行修剪，故选中 Pruning 栏下的 Pathfinder 以及 Pruning sliced networks，其余设置均选用默认值，通过对其进行可视化分析，得到文旅深度融合新业态与农业文化遗产系统性保护协同模式研究领域的中文文献研究机构可视图，如图 2－78 所示。

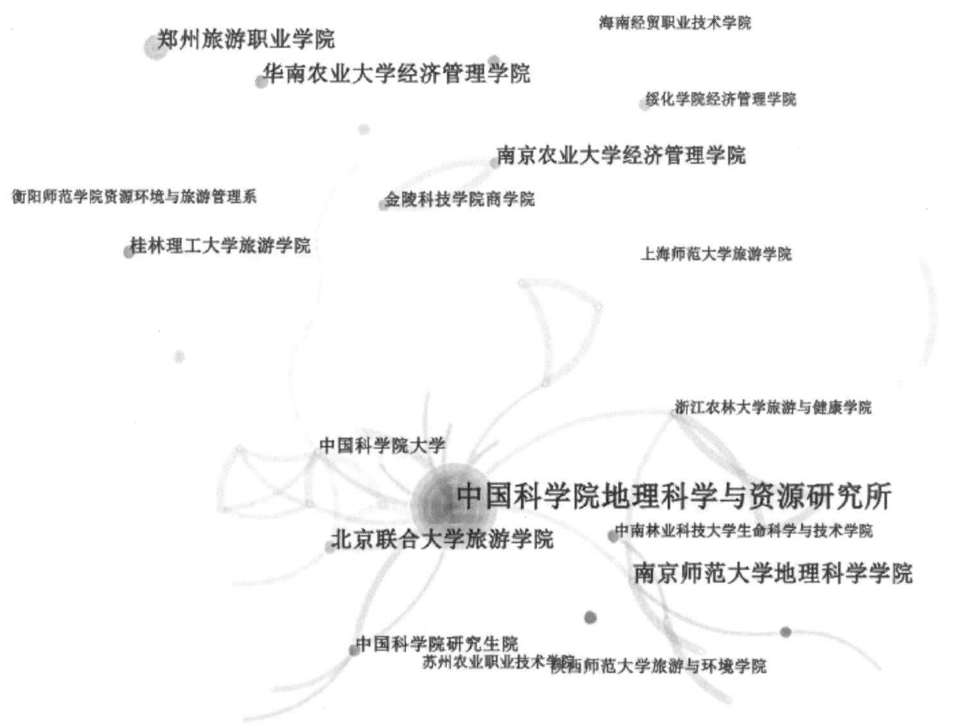

图 2－78　文旅深度融合新业态与农业文化遗产系统性保护协同模式研究领域中文文献相关研究机构合作可视图

　　由图 2－78 可以看出，中国科学院地理科学与资源研究所对有关文旅深度融合新业态与农业文化遗产系统性保护协同模式研究领域的中文文献发文量最高，并且与南京师范大学地理科学学院、中国科学院研究所院、北京联合大学旅游学院、浙江农林大学旅游与健康学院等多所机构之间有密切的合作关系。总的来说，各个研究机构之间的连线有 299 条，节点（节点即为研究机构）有 959 个，贡献网络密度为 0.0007，说明国内针对文旅深度融合新业态与农业文化遗产系统性保护协同模式研究领域的研究机构之间合作交流力度较低，各个研究机构之间应该建立研究机构交流群体。

　　将 CiteSpace 运行的数据导出，得到文旅深度融合新业态与农业文化遗产系统性保护协同模式研究领域中文文献发文量排名前十一位的机构，如表 2－101 所示。

表2-101　　文旅深度融合新业态与农业文化遗产系统性保护协同模式研究领域中文文献研究发文机构（前十一）

发文量（篇）	机构名称	机构性质	地区
32	中国科学院地理科学与资源研究所	研究机构	华北地区
13	南京师范大学地理科学学院	高校	华东地区
11	北京联合大学旅游学院	高校	华北地区
10	郑州旅游职业学院	高校	华中地区
10	华南农业大学经济管理学院	高校	华南地区
9	南京农业大学经济管理学院	高校	华东地区
8	中国科学院研究生院	高校	华北地区
8	中国科学院大学	高校	华北地区
7	桂林理工大学旅游学院	高校	华南地区
6	陕西师范大学旅游与环境学院	高校	西北地区
6	金陵科技学院商学院	高校	华东地区

由表2-101可知，文旅深度融合新业态与农业文化遗产系统性保护协同模式研究领域中文文献发文量排名前三的研究机构分别为：中国科学院地理科学与资源研究所、南京师范大学地理科学学院、北京联合大学旅游学院。从研究机构的类型来看，文旅深度融合新业态与农业文化遗产系统性保护协同模式中文文献研究发文量排名前十一位的机构，有10位是高校，1位是研究机构，机构类型十分单一，因此，本书认为文旅深度融合新业态与农业文化遗产系统性保护协同模式研究主力是各大高校，其中一所研究机构为：中国科学院地理与资源研究所。从研究机构的地域角度来看，文旅深度融合新业态与农业文化遗产系统性保护协同模式研究的中文文献研究机构主要分布在华南、华北、华中、华东、西北地区，而西南地区的研究机构针对文旅深度融合新业态与农业文化遗产系统性保护协同模式进行研究的较少。

第五，国内外针对文旅深度融合新业态与农业文化遗产系统性保护协同模式研究领域的研究热点及前沿分析。

通过对文旅深度融合新业态与农业文化遗产系统性保护协同模式研究领域中的供词分析和突变分析，可以直观地反映出该研究领域的研究热点和前沿，进而准确把握该领域的学术研究范式，更加清晰发现该研究领域的学术空白，为准确选择学术研究方向提供指导。

首先，对文旅深度融合新业态与农业文化遗产系统性保护协同模式研究领域的热点进行分析。

将从WOS数据库中所得的数据导入CiteSpace中，其中NodeTypes设置为Keyword，Selection Criteria Top N设置为20。为确保CiteSpace运行后，所得图像能够简洁易读，对其进行修剪，故选中Pruning栏下的Pathfinder以及Pruning sliced networks，其余设置均选用默认值，通过对其进行可视化分析，得到文旅深度融合新业态与农业文化遗产系统性保护协同模式英文文献研究关键词共线图后，选择Timeline显示，采用Keyword聚类，选择Log-Likeli-hood Ratio（LLR），在对图像进行调整后得到文旅深度融合新业态与农业文化遗产系统性保护协同模式研究领域英文文献研究热点图，如图2-79所示。

由图2-79可知，文旅深度融合新业态与农业文化遗产系统性保护协同模式研究领域英文文献的高频关键词聚类共6个类别，分别为农业景观（agricultural landscape）、观光农业（agri-tourism）、集水区（watershed）、气候变化（climate change）、山脉（mountain）、农业政策（agricultural policy）。这6个类别代表了文旅深度融合新业态与农业文化遗产系统性保护协同模式研究领域英文文献的研究热点。在所得聚类视图中，通过对各个关键词按照时间顺序梳理的基础上，对其进行提取，得到文旅深度融合新业态与农业文化遗产系统性保护协同模式研究领域英文文献的研究热点脉络。如表2-102所示。

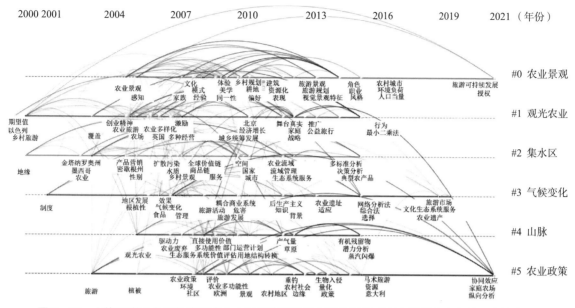

图 2 - 79　文旅深度融合新业态与农业文化遗产系统性保护协同模式研究领域英文文献研究热点图

表 2 - 102　　文旅深度融合新业态与农业文化遗产系统性保护协同模式研究领域英文文献热点关键词脉络

年份	关键词
2000	乡村旅游、以色列、地理
2001	系统、动力学
2003	旅游业、农业、中国、价格、上限
2004	生态工业替代品
2005	农业旅游、保护、土地利用、生物多样性、农场、模型、感知、农业景观、农场旅游、植被、价值、性别、森林、住宿、创业、需求
2006	影响、农村发展、面积、可持续性、质量、食品、效益、西班牙、指标、英格兰、地区、生计、参与、娱乐、移民、当地食品、希腊
2007	管理、多样化、气候变化、生态旅游、绿色基础设施、动机、乡村景观、农业旅游、国家公园、农业旅游、水质、家庭、后果
2008	生态系统服务、社区、环境、视角、态度、体验、服务、绩效、真实性、模式、多功能性、农业政策、荷兰、城市增长
2009	可持续发展、文化遗产、欧洲、文化景观、保护区、决策、土耳其、身份、云南
2010	景观、遗产、土地利用变化、旅游发展、偏好、演变、国家、城市
2011	农村、转型、土地
2012	目的地、家庭、策略
2013	农业遗产体系、多功能农业、挪威、农民
2014	政策、框架、区域发展
2015	可持续旅游、类型学、满意度、意大利
2016	传统、户外娱乐、旅游业
2017	决定性因素、罗马尼亚
2019	农业遗产、旅游营销、文化生态系统服务
2021	社会生态系统、可持续旅游发展、农业潜力

　　由表 2 - 102 可知，2005 年研究热点关键词明显增多，说明文旅深度融合新业态与农业文化遗产系统性保护研究正式成为学术界的研究热点，学者们在这一时期主要是对农业观光旅游、土地利用、农业景

观、旅游需求、农业发展模式等方面进行研究。随着时间的推移，研究文旅深度融合新业态与农业文化遗产系统性保护协同模式的学者越来越多，并且各个学者的研究视角、研究重点、研究方法均各有其特色。2015 年，学者们开始注重文化遗产的可持续发展；以及通过打造文化景观，发展文化旅游产业促进文化遗产系统性保护，对推进文旅深度融合新业态与农业文化遗产系统性保护协同模式的影响，这表明在该领域研究发展进程中，学者们已经开始重视绿色发展的重要性，在一定程度上反映了国际上对文旅深度融合新业态与农业文化遗产系统性保护的研究逐渐开始成熟。2019 年，学者们重点关注旅游市场发展以及文化旅游服务，立足于保护农业文化遗产资源。之后，学者们的研究重点主要集中在文旅深度融合新业态与农业文化遗产系统性保护协同模式发展的可持续性问题上，以及挖掘农业潜在价值，以充分发挥农业文化遗产的文化价值和旅游价值。

其次，国内针对文旅深度融合新业态与农业文化遗产系统性保护协同模式研究领域的研究热点分析。

将从中国知网（CNKI）数据库中所得的数据导入 CiteSpace 中，其中 NodeTypes 设置为 Keyword，Selection Criteria Top N 设置为 20。为确保 CiteSpace 运行后，所得图像能够简洁易读，对其进行修剪，故选中 Pruning 栏下的 Pathfinder 以及 Pruning sliced networks，其余设置均选用默认值，通过对其进行可视化分析，得到文旅深度融合新业态与农业文化遗产系统性保护协同模式中文文献研究关键词共线图后，选择 Timeline 显示，采用 Keyword 聚类，选择 Log – Likeli-hood Ratio（LLR），在对图像进行调整后得到该领域中文文献研究热点图，如图 2 – 80 所示。

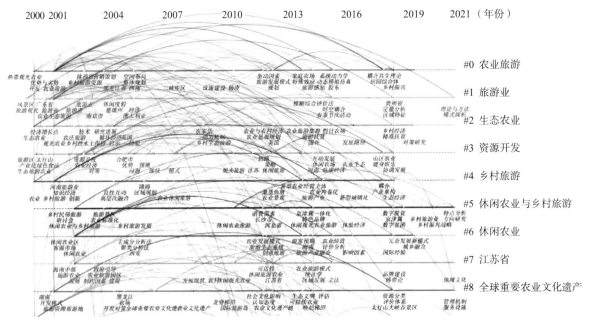

图 2 – 80　文旅深度融合新业态与农业文化遗产保护协同模式研究领域中文文献热点图

由图 2 – 80 可知，文旅深度融合新业态与农业文化遗产保护协同模式研究领域中文文献的高频关键词聚类共 9 个类别，分别为农业旅游、旅游业、生态农业、资源开发、乡村旅游、休闲农业与乡村旅游、休闲农业、江苏省、全球重要农业文化遗产。这 9 个类别代表了文旅深度融合新业态与农业文化遗产保护协同模式中文文献的研究热点。在所得聚类视图中，通过对各个关键词按照时间顺序梳理的基础上，对其进行提取，得到文旅深度融合新业态与农业文化遗产系统性保护协同模式研究领域中文文献研究热点脉络。如表 2 – 103 所示。

表 2 – 103　　文旅深度融合新业态与农业文化遗产系统性保护协同模式研究领域中文文献热点关键词脉络

年份	关键词
2000	生态农业旅游、生态农业、生态旅游、开发、农业、农业旅游资源、生态旅游农业、旅游观光农业、旅游观光、农业园、风景区、产业化

续表

年份	关键词
2001	农业旅游、乡村旅游、农业生态旅游、可持续发展、观光农业、旅游业、旅游开发、旅游资源、开发模式、农业观光旅游、中国、观光农业旅游、大城市郊区、广东省、资源、农村经济
2002	休闲农业、休闲农业与乡村旅游、发展、旅游农业、都市农业旅游、发展思路、旅游者、旅游经济、客源市场
2003	对策、发展模式、SWOT 分析、农业经济、南京、资源开发、南京市、陕西省、乡村旅游资源
2004	旅游、启示、循环经济、黑龙江省、生态环境、农业资源、评价
2005	问题、乡村旅游发展、层次分析法、发展对策、旅游产品、经验、上海、优势
2006	新农村建设、现状、全球重要农业文化遗产、区域规划
2007	模式、农业休闲旅游
2008	农业文化遗产、发展现状、民族地区、社区居民
2009	动力机制、乡村生态旅游、农家乐、观光休闲农业、农村
2010	休闲农业旅游、休闲观光农业、观光旅游、国际旅游岛
2011	产业融合、现代农业、发展策略、旅游发展、城乡统筹、社区参与
2012	创意农业、江苏省、河北省、创意旅游、农业文化遗产地、休闲旅游、旅游发展模式、规划、策略
2013	因地制宜、保障体系、多元化
2014	旅游产业、竞争力、旅游感知、旅游产业融合、哈尼梯田、河南
2015	融合发展、低碳经济、农业旅游产业
2016	发展路径、体验经济、新型城镇化、融合
2017	茶叶经济、贫困地区、旅游富民、山西省、盈利模式
2018	乡村振兴、协调发展
2019	《休闲农业与乡村旅游》、《生态农业旅游》、食用菌、《美丽乡村之农业旅游》
2020	乡村振兴战略、《观光农业旅游英语》、旅游英语、乡村旅游业
2021	旅游参与、扎根理论、影响路径、生态旅游业、地域文化、服务设施

由表 2－103 可知，文旅深度融合新业态与农业文化遗产系统性保护协同模式的中文文献研究与英文均比较多，说明国内、国外对文旅深度融合新业态与农业文化遗产系统性保护协同模式领域的研究都较为成熟。

自 2000 年以来，热点关键词都较多，并且主要集中在农业旅游、生态旅游、农业文化遗产资源、协调发展、开发模式、低碳经济、体验经济、发展路径、旅游产业融合等方面，说明自 2000 年起我国在农业旅游方面的研究体系正在逐渐趋于成熟。2012 年，研究的热点关键词为创意农业、创意旅游、农业文化遗产地、休闲旅游、旅游发展模式，说明此时学者们研究更注重对农业资源的创新，以满足游客需求为出发点，开展休闲旅游。2014 年的研究热点关键词为旅游产业、竞争力、旅游感知、旅游产业融合等，说明此时学者们在该领域已经不再局限于农业产业，而是更加注重整合各种产业的优势特征，增强核心竞争力，进而提高游客的旅游价值感知，提升满意度和忠诚度。2018 年，学者们的研究热点关键词为乡村振兴、协调发展等，说明此时学者注重通过发展农业旅游推进乡村经济发展，提升当地居民的生活质量水平。2021 年，学者们的研究热点关键词为旅游参与、扎根理论、生态旅游业、地域文化、服务设施等，说明此时学者们主要关注从挖掘遗产文化、改善服务设施方面，提升农业旅游质量，发展生态旅游，实现农业遗产的可持续保护和传承。

最后，对文旅深度融合新业态与农业文化遗产系统性保护协同模式研究领域的研究前沿进行分析。

研究前沿不仅可以反映科学研究的进展和发展趋势，还反映了该科学研究是否具有研究价值。本书利用 CiteSpace 的膨胀词测算提取词频变化率突变的关键词，进而对文旅深度融合新业态与农业文化遗产系统性保护协同模式的研究进行前沿分析。

将从 WOS 数据库中所得的数据导入 CiteSpace 中，其中 NodeTypes 设置为 Keyword，Selection Criteria

Top N 设置为 20，其余设置均选用默认值，通过对其进行可视化分析，得到文旅深度融合新业态与农业文化遗产系统性保护协同模式研究领域英文文献研究关键词共线图后，故将 Burstness 下的 Minimum Duration 设置为 5，提取突变最少保持 5 年的关键词，如表 2 - 104 所示。

表 2 - 104 文旅深度融合新业态与农业文化遗产系统性保护协同模式研究领域英文文献前沿术语

关键词	强度	初始年份	结束年份	2000 ~ 2021 年
旅游	19.7	2016	2021	
农业旅游	11.61	2016	2021	
影响	6.8	2016	2021	
风景	5.52	2016	2021	
农业	5.52	2016	2021	
乡村发展	4.81	2016	2021	
面积	4.05	2016	2021	

由表 2 - 104 可知，2016 年以前并未出现文旅深度融合新业态与农业文化遗产系统性保护协同模式研究领域的突现关键词，说明在 2016 年以前，虽然在国际领域出现了一些热点关键词，但是整体上，关于文旅深度融合新业态与农业文化遗产系统性保护协同模式的研究仍处于起步阶段，并没有形成较为鲜明的学术前沿。2016 ~ 2021 年，文旅深度融合新业态与农业文化遗产系统性保护协同模式英文文献研究文献突现关键词为旅游（tourism）、农业旅游（agritourism）、影响（impact）、风景（landscape）、农业（agriculture）、乡村发展（rural development）、面积（area），说明文旅深度融合新业态与农业文化遗产系统性保护协同模式在国际上成为研究热点时，学者们的重点研究方向为农业旅游和乡村发展。

通过以上对文旅深度融合新业态与农业文化遗产系统性保护协同模式研究领域的英文文献前沿分析，可以看出，在新时代背景下，学者们对于文旅深度融合新业态与农业文化遗产系统性保护领域研究的前沿在于农业遗产的保护性开发利用，这与目前农业旅游产业的发展部署相一致，因此，认为近年的文旅深度融合新业态与农业文化遗产系统性保护协同模式研究领域英文文献对我国学者研究该领域具有参考价值。

将从中国知网（CNKI）数据库中所得的数据导入 CiteSpace 中，其中 NodeTypes 设置为 Keyword，Selection Criteria Top N 设置为 20，时间区间设定为 2000 ~ 2021 年，其余设置均选用默认值，通过对其进行可视化分析，得到文旅深度融合新业态与农业文化遗产系统性保护协同模式中文文献研究关键词共线图后，故将 Burstness 下的 Minimum Duration 设置为 2，提取突变最少保持 2 年的关键词，如表 2 - 105 所示。

表 2 - 105 文旅深度融合新业态与农业文化遗产系统性保护协同模式研究领域中文文献前沿术语

关键词	强度	初始年份	结束年份	2000 ~ 2021 年
旅游观光农业	3.39	2000	2006	
旅游业	7.62	2001	2006	
观光农业	9.01	2002	2010	
问题	3.39	2005	2011	
对策	8.45	2006	2011	
新农村建设	5.24	2006	2011	
旅游开发	4.15	2007	2011	
开发模式	3.5	2007	2011	
发展模式	3.14	2010	2014	
产业融合	4.97	2016	2021	
休闲农业旅游	4.08	2016	2021	
发展路径	3.96	2016	2021	

　　由表 2－105 可知，2000～2006 年，文旅深度融合新业态与农业文化遗产系统性保护协同模式研究领域中文文献突现关键词为旅游观光农业、旅游业、观光农业，说明在国内文旅深度融合新业态与农业文化遗产保护协同的学术前沿领域形成初期，学者们的研究方向为发展农业观光旅游；2006～2014 年的文旅深度融合新业态与农业文化遗产系统性保护协同模式中文文献突现关键词为问题、对策、新农村建设、旅游开发、开发模式、发展模式，说明学者们已经在探讨农业新发展模式，逐渐重视在发展农业旅游的过程中新农村建设、农业遗产保护的重要性；2016～2021 年文旅深度融合新业态与农业文化遗产系统性保护协同模式中文文献突现关键词为产业融合、休闲农业旅游、发展路径，说明在这一时期，学者们已经注重农业与旅游、文化、教育等产业的融合，旨在开发农业资源，发展休闲农业旅游。

　　第三部分：文旅深度融合新业态与商业文化遗产系统性保护协同模式研究领域的文献计量分析。

　　第一，研究数据和发文量的初步分析。

　　首先，主要从 WOS 获得英文研究数据，为避免利用 WOS 检索收集到的文献出现字段缺失的问题，本书采用利用核心数据库（Web of Science Core Collection）对其进行检索。其中检索式为：TS＝（Commercial tourism）OR TS＝（Commercial heritage tourism）OR TS＝（Commercial and cultural heritage tourism）；语种：English；文献类型：Article；时间跨度为：1990 年 1 月～2021 年 1 月，检索时间为 2021 年 5 月 2 日；删除不相关文献后，共得到有效的文献数量为 1358 篇。本书将所得文献数据导入 CiteSpace 中对其进行初步检验，在对其进行除重后，最终进行文旅深度融合新业态与商业文化遗产系统性保护协同模式研究领域文献计量分析所用有效的 WOS（Web of Science）文献数据有 1358 条。

　　其次，主要从中国知网（CNKI）获得中文研究数据，文献检索类型先定位核心期刊及 CSSCI 期刊，其中检索式为：主题＝"商业旅游" OR 主题＝"商业遗产旅游" OR 主题＝"商业文化旅游" OR 主题＝"历史街区" OR 主题＝"旅游商业区"；时间跨度为：1990 年 1 月至 2021 年 5 月，检索时间为 2021 年 5 月 3 日；文献类型为期刊文献；期刊限定为核心期刊。研究对共检索出文献 1357 篇，在对文献进行筛选，去除不相关的文献之后，共得到有效的文献数量为 1260 篇。本书将所得文献数据导入 CiteSpace 中对其进行初步检验，去除存在数据丢失的现象，最终进行文旅深度融合新业态与商业文化遗产系统性保护领域文献计量分析所用有效的 CNKI 文献数据有 1260 条。

　　将上述文旅深度融合新业态与商业文化遗产系统性保护协同模式研究领域中的数据导出，按照文献的发文年份和发文数量对其进行信息整合，整合后利用 Excel 对其进行分析，进而得到 1990 年 1 月～2021 年 5 月的商业文化遗产系统性保护研究领域内英文文献与中文文献的发文数量的比较图，如图 2－81 所示。

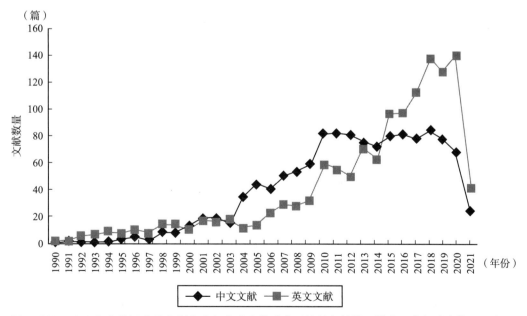

图 2－81　1990～2020 年文旅深度融合新业态与商业文化遗产系统性保护协同模式研究领域中英文研究文献分布

　　由图 2－81 可知，文旅深度融合新业态与商业文化遗产系统性保护协同模式研究领域中英文发文量存在较大差异，1990 年出现第一篇关于文旅深度融合新业态与商业文化遗产系统性保护协同模式发展的英文文献；1990 ～ 2001 年，关于文旅深度融合新业态与商业文化遗产系统性保护协同模式研究领域的中文文献和英文文献的发文量稳定增加，但是增加幅度较小；自 2002 年起，该领域中文文献发文量和英文文献发文量均迅速增加，整体上中文文献发文量增加幅度大于英文文献发文量增加幅度，说明该领域不断受到学术界的广泛关注，此时我国已经初步形成文旅深度融合新业态与商业文化遗产系统性保护协同模式的思想体系。

第二，商业文化遗产系统性保护研究的国家分析。

在文献计量的过程中，对文献国家进行分析，可以帮助学者们更好地把握在某一研究领域在国际上较为权威的国家。利用 CiteSpace 得到的文旅深度融合新业态与商业文化遗产系统性保护协同模式研究中的国家共线网络关键节点，进而分析得出在该领域国际影响力较高的国家，不仅可以为学者们在该领域的学习中提供一定的借鉴和指导作用，还能帮助学者们对自己国家在该领域中的国际地位有一个清晰的认识，为其今后的研究方向、研究重点给予一定的指导作用。

将从 WOS 数据库中所得的数据导入 CiteSpace 中，其中 NodeTypes 设置为 Country，Selection Criteria Top N 设置为 50，其余设置均选用默认值，接着将从 CiteSpace 中所得的数据整理成 Excel 表格，分别提取"国家"和"发文量"两个字段下的数据，得到不同国家在该研究领域发文量排名，如图 2 - 82 所示。从图中可以看出，发文量排名前十的国家大多为发达国家。其中，美国发文量为 361 篇，占总发文量的 26.58%，排名第一；中国发文量为 270 篇，占总发文量的 19.88%，排名第二；澳大利亚发文量为 203 篇，占总发文量的 14.95%，排名第三。这说明中国在文旅深度融合新业态与商业文化遗产系统性保护协同模式研究领域中具有一定的地位和影响力。

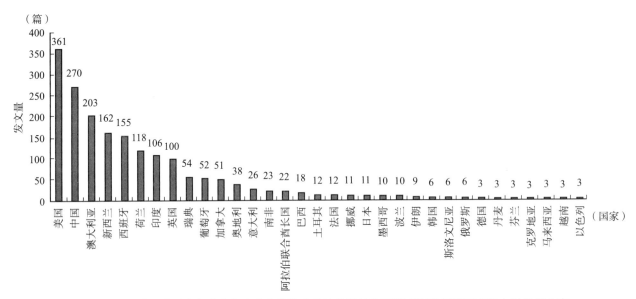

图 2 - 82　文旅深度融合新业态与商业文化遗产系统性保护协同模式研究领域国家发文量排名分布

将从 WOS 数据库中所得的数据导入 CiteSpace 中，其中 NodeTypes 设置为 Country，Selection Criteria Top N 设置为 50，其余设置均选用默认值，通过对其进行可视化分析，得到文旅深度融合新业态与商业文化遗产系统性保护协同模式研究领域英文文献国家知识图谱，如图 2 - 83 所示。

由图 2 - 83 可知，在文旅深度融合新业态与商业文化遗产系统性保护协同模式研究领域英文文献中，中国与美国、英国、澳大利亚、意大利、德国等国家之间存在密切的合作伙伴关系。因此，认为中国在文旅深度融合新业态与商业文化遗产系统性保护协同模式研究领域英文文献中具有一定的地位。

在 CiteSpace 分析所得结果中，一般认为中心度数值越大表示该节点的关键性越高，中心度的数值越小表示该节点的关键性越低，基于此，对各个国家中有关文旅深度融合新业态与商业文化遗产系统性保护协同模式研究领域英文文献的发文中心性进行分析，进而得出各国在各个节点的关键性，并进一步判断某一国家与其他国家在该研究领域中是否存在密切的合作关系。将中心度为 0.1 看作关键节点，并以中心度大于 0.1 为标准，提取关键节点，发现并没有发文中心度大于 0.1 的关键节点，说明国际上对文旅深度融合新业态与商业文化遗产系统性保护协同模式发展的研究有待增强。中国作为世界上最大的发展中国家，在文旅深度融合新业态与商业文化遗产系统性保护协同模式发展研究领域上的研究有待加强。

图 2 - 83　文旅深度融合新业态与商业文化遗产系统性保护协同模式研究领域的国家共现图

第三，文旅深度融合新业态与商业文化遗产系统性保护协同模式研究领域的期刊分析。

对文旅深度融合新业态与商业文化遗产系统性保护研究领域的期刊进行分析，可以帮助学者们准确地把握在该研究领域中的权威期刊，进而帮助后续学者们在研究中高效地进行文献检索。主要利用分析期刊共被引来对各个期刊进行分析。与此同时，本书还将对文旅深度融合新业态与商业文化遗产系统性保护研究领域的共被引的中心度进行分析。通过对期刊转载量进行分析，探析各个期刊在文旅深度融合新业态与商业文化遗产系统性保护研究领域汇总的信息储备、传输能力。

首先，对文旅深度融合新业态与商业文化遗产系统性保护研究领域的英文期刊进行分析。

将从 WOS 数据库中所得的数据导入 CiteSpace 中，其中 NodeTypes 设置为 Cited Journal，Selection Criteria Top N 设置为 50。为确保 CiteSpace 运行后，所得图像能够简洁易读，对其进行修剪，故选中 Pruning 栏下的 Pathfinder 以及 Pruning sliced networks，其余设置均选用默认值，通过对其进行可视化分析，得到文旅深度融合新业态与商业文化遗产系统性保护协同模式研究领域英文期刊共被引可视图，如图 2 - 84 所示。

图 2 - 84　文旅深度融合新业态与商业文化遗产系统性保护协同模式研究领域英文期刊共被引可视图

由图 2-84 可以看出，英文文献中有关该领域的研究，主要集中在《旅游管理》（*Tourism Manage-ment*）、《旅游研究年鉴》（*Annals of Tourism Research*）这 2 本期刊中，并且其期刊引用频次明显高于其他期刊。其中，《旅游管理》主要刊发国际、国家和区域旅游的规划和政策方面的论文，根据 2015 年的期刊引证报告可知，该期刊 2015 年的影响因子为 2.554，在 185 种 SSCI 学科管理学期刊中排名第 28 名。《旅游研究年鉴》主要刊发环境科学、酒店休闲体育及旅游、社会学等方面的论文研究，根据 2015 年的期刊引证报告可知，该期刊 2015 年的影响因子为 2.685，在 43 种 SSCI 环境酒店休闲体育及旅游期刊中排名第 16 名。

在 CiteSpace 分析所得结果中，一般认为中心度数值越大表示该节点的关键性越高，中心度的数值越小表示该节点的关键性越低，基于此，从期刊共被引的中心度角度对其进行分析，进而得出各期刊在各个节点的关键性，本书将中心度为 0.1 看作关键节点，并以中心度大于 0.1 为标准，提取关键节点，得到该研究领域的英文期刊共被引网络的关键节点，如表 2-106 所示。

表 2-106　　　　文旅深度融合新业态与商业文化遗产系统性保护协同模式研究领域英文期刊共被引网络关键节点

期刊名称	被引频次	首次出现年份	中心度
《旅游管理》	1069	1990	0.30
《生态经济学》	162	1990	0.17
《生物保护》	133	1995	0.16
《生态旅游杂志》	94	1990	0.13
《当前旅游问题》	72	2006	0.12
《旅游地理学》	346	1990	0.11
《可持续发展-巴塞尔》	335	1990	0.11
《环境与规划 A：经济与空间》	255	1990	0.11

由表 2-106 可以看出，《旅游管理》（*Tourism Management*）、《生态经济学》（*Ecological Economics*）、《生物保护》（*Biological Conservation*）、《生态旅游杂志》（*Journal of Ecotourism*）、《当前旅游问题》（*Current Issues in Tourism*）、《旅游地理学》（*Tourism Geographies*）、《可持续发展——巴塞尔》（*Sustainability - Basel*）、《环境与规划 A：经济与空间》（*Environment and Planning A：Economy and Space*）这 8 本期刊在文旅深度融合新业态与商业文化遗产系统性保护协同模式研究领域中的英文论文质量较高，在该研究领域具有较高的知名度和权威性。因此，《旅游管理》《生态经济学》《生物保护》《生态旅游杂志》《当前旅游问题》《旅游地理学》《可持续发展——巴塞尔》《环境与规划 A：经济与空间》这 8 本期刊在文旅深度融合新业态与商业文化遗产系统性保护协同模式研究领域中位于核心地位，具有较高的国际地位。

从发文集中度方面来看，将从 WOS（Web of Science）数据库中所得的数据导入 CiteSpace 中，其中 NodeTypes 设置为 Source，Selection Criteria Top N 设置为 50，为确保 CiteSpace 运行后，所得图像能够简洁易读，将对其进行修剪，故选中 Pruning 栏下的 Pathfinder 以及 Pruning sliced networks，其余设置均选用默认值。将运行结果导入 Excel 中对其期刊名称进行计数，进而得到 1990~2021 年该领域英文文献期刊分布，其载文量排名前十的期刊分布，如表 2-107 所示。

表 2-107　　1990~2021 年文旅深度融合新业态与商业文化遗产系统性保护协同模式研究领域英文文献期刊分布（前十）

期刊名称	载文量（篇）	占比（%）
《旅游管理》	24	1.77
《旅游研究年鉴》	17	1.25

期刊名称	载文量（篇）	占比（%）
《海洋与海岸管理》	14	1.03
《海洋政策》	14	1.03
《可持续性旅游期刊》	12	0.88
《宇航学报》	11	0.81
《旅游与文化变迁杂志》	10	0.74
《海岸研究杂志》	9	0.66
《当前旅游问题》	9	0.66
《旅游研究》	9	0.66

　　由表 2 – 107 可知，在文旅深度融合新业态与商业文化遗产系统性保护协同模式发展研究领域英文文献中，发文量排名前十的期刊发文总量为 129 篇，占比约 9.49%，没有表现出显著高于其他期刊发文总量的趋势，说明在文旅深度融合新业态与商业文化遗产系统性保护协同模式发展研究领域英文文献中，各个期刊的发文量较为均匀，并没有形成较为稳定的期刊群和代表性期刊。在发文量排名前十的期刊中，各个期刊之间的被引频次差别不大，基于此，本书从载文量的角度分析，认为在文旅深度融合新业态与商业文化遗产系统性保护协同模式研究领域的英文文献中，并没有形成具有较高权威性的载文期刊。

　　其次，对文旅深度融合新业态与商业文化遗产系统性保护研究领域的中文期刊进行分析。

　　由于通过中国知网（CNKI）中导出的论文文献数据，缺少"参考文献"字段，无法通过 CiteSpace 对中国知网（CNKI）导出的论文文献数据进行共被引分析，因此，对于文旅深度融合新业态与商业文化遗产系统性保护研究的中文期刊分析，将从该领域期刊的载文量以及学科研究层次展开研究。

　　将从中国知网（CNKI）数据库中所得的数据导入 CiteSpace 中，其中 NodeTypes 设置为 Source，Selection Criteria Top N 设置为 50。为确保 CiteSpace 运行后，所得图像能够简洁易读，对其进行修剪，故选中 Pruning 栏下的 Pathfinder 以及 Pruning sliced networks，其余设置均选用默认值，将运行结果导入 Excel 中对其期刊名称进行计数，进而得到 1990～2021 年文旅深度融合新业态与商业文化遗产系统性保护协同模式研究领域中文文献期刊分布，其载文量排名前十的期刊分布，如表 2 – 108 所示。

表 2 – 108　1990～2021 年文旅深度融合新业态与商业文化遗产系统性保护协同模式研究领域中文文献期刊分布（前十）

期刊名称	载文量（篇）	占比（%）
《城市规划》	25	1.98
《建筑学报》	21	1.67
《城市发展研究》	20	1.59
《城市问题》	17	1.35
《规划师》	13	1.03
现代城市研究	13	1.03
城市规划学刊	13	1.03
旅游学刊	12	0.95
工业建筑	11	0.87
中国园林	11	0.87

由表 2-108 可知，在文旅深度融合新业态与商业文化遗产系统性保护协同模式研究领域中文文献中，发文量排名前十的期刊发文总量为 129 篇，占比约为 12.38%，并没有表现出显著高于其他期刊发文总量的趋势，说明在文旅深度融合新业态与商业文化遗产系统性保护协同模式研究领域中文文献中，各个期刊的发文量较为均匀，并没有形成较为稳定的期刊群和代表性期刊。在发文量排名前十的期刊中，各个期刊之间的被引频次差别不大，基于此，本书从载文量的角度分析，认为在文旅深度融合新业态与商业文化遗产系统性保护协同模式研究领域的中文文献中，并没有形成具有较高权威性的载文期刊。

本书按照知网期刊检索的研究层次，对发文量排名前十的期刊进行分类，进而识别在文旅深度融合新业态与商业文化遗产系统性保护协同模式研究领域中具有较高权威性的中文期刊文献的研究层次，为后续研究在进行文献筛选时提供指导性建议，如表 2-109 所示。

表 2-109　　文旅深度融合新业态与商业文化遗产系统性保护协同模式研究领域中文核心期刊研究层次

研究层次	期刊名称
基础研究（社科）	《建筑学报》《城市发展研究》《城市问题》《旅游学刊》《现代城市研究》
行业指导（社科）	《规划师》《城市规划学刊》《工业建筑》《中国园林》
政策研究（社科）	《城市规划》

由表 2-109 可知，国内文旅深度融合新业态与商业文化遗产系统性保护协同模式研究主要分布在基础研究（社科）方面，其中，《建筑学报》《城市发展研究》《城市问题》《旅游学刊》《现代城市研究》均属于基础研究（社科），因此，在研究关于文旅深度融合新业态与商业文化遗产系统性保护协同模式研究领域中文文献的社会科学基础研究时，可重点参考以上期刊所发的文献。《规划师》《城市规划学刊》《工业建筑》《中国园林》均归属于行业指导（社科），因此，在研究关于文旅深度融合新业态与商业文化遗产系统性保护协同模式研究领域中文文献的行业指导时，可以重点参考以上期刊所发文献。《城市规划》属于政策研究（社科），因此，在研究关于文旅深度融合新业态与商业文化遗产系统性保护协同模式研究领域的中文文献政策时，可以重点参考期刊《城市规划》。

通过对中、英文期刊的分析可知，在研究关于文旅深度融合新业态与商业文化遗产系统性保护协同模式研究领域时，英文文献可以重点参考《旅游管理》《生态经济学》《生物保护》《生态旅游杂志》《当前旅游问题》《旅游地理学》《可持续发展——巴塞尔》《环境与规划 A：经济与空间》等期刊所刊发的文章，中文文献可重点参考《建筑学报》《城市发展研究》《城市问题》《旅游学刊》《现代城市研究》《规划师》《城市规划学刊》《工业建筑》《中国园林》等期刊所刊发的文章。

第四，文旅深度融合新业态与商业文化遗产系统性保护协同模式研究领域的研究团队分析。

本书主要从作者和研究团队两个方面对该领域进行研究团队分析。针对英文文献，主要利用 CiteSpace 对其进行共被引分析，研究机构分析主要利用 CiteSpace 对其进行合作网络分析；针对中文文献，通过合作网络对其进行分析。

首先，对文旅深度融合新业态与商业文化遗产系统性保护协同模式研究领域的英文文献作者团队和机构进行分析。

关于文旅深度融合新业态商业文化遗产系统性保护研究领域的英文文献作者分析，将从 WOS 数据库中所得的数据导入 CiteSpace 中，其中 NodeTypes 设置为 Cited Author，Selection Criteria Top N 设置为 50。为确保 CiteSpace 运行后，所得图像能够简洁易读，对其进行修剪，故选中 Pruning 栏下的 Pathfinder 以及 Pruning sliced networks，其余设置均选用默认值，通过对其进行可视化分析，得到文旅深度融合新业态商业文化遗产系统性保护研究领域英文文献作者共被引可视图，如图 2-85 所示。

由图 2-85 可以看出，文旅深度融合新业态与商业文化遗产系统性保护协同模式研究领域的作者共被引频次在国际上较高的作者主要为以法莲·科恩、乔治·泽瓦斯，将 CiteSpace 计算所得结果导出，整理出文旅深度融合新业态与商业文化遗产系统性保护协同模式研究领域英文文献作者共被引频次排名表，因为从 WOS 数据库中所得数据较多，考虑到被引频次较高的作者在该领域中具有较高的国际地位，因此，主要列出被引频次较高的前三名作者，如表 2-110 所示。

图 2 – 85 文旅深度融合新业态与商业文化遗产系统性保护协同模式研究领域英文文献作者共被引可视图

表 2 – 110   文旅深度融合新业态与商业文化遗产系统性保护协同模式研究领域英文文献作者被引频次排名（前三）

作者	被引频次	被引频次最高的论文
乔治·泽瓦斯	164	分享经济的崛起：评估民宿对酒店业的影响
克里斯汀·霍尔	154	可持续旅游治理中的政策学习和政策失败：从一阶和二阶到三阶的变化
丹尼尔·古腾塔格	144	贸易、旅游和服务专业的学生对可持续发展概念在商业活动中的重要性的认识

　　由表 2 – 110 可知，在文旅深度融合新业态与商业文化遗产系统性保护协同模式英文文献中，被引频次最高的作者是乔治·泽瓦斯，其被引频次为 164 次，乔治·泽瓦斯（2017）在过去 30 年内，被引频次最高的论文为《分享经济的崛起：评估民宿对酒店业的影响》。被引频次排名第二的是克里斯汀·霍尔，其被引频次为 154 次，被引频次最高的论文是《可持续旅游治理中的政策学习和政策失败：从一阶和二阶到三阶的变化》。排名第三的是丹尼尔·古藤塔格，其被引频次为 144 次，被引频次最高的论文是《贸易、旅游和服务专业的学生对可持续发展概念在商业活动中的重要性的认识》。

　　在 CiteSpace 分析所得结果中，一般认为中心度数值越大表示该节点的关键性越高，中心度的数值越小表示该节点的关键性越低，基于此，从作者共被引的中心度角度对其进行分析，进而得出各作者在各个节点的关键性，将中心度为 0.1 看作关键节点，并以中心度大于 0.1 为标准，提取关键节点，得到该领域的英文文献作者共被引网络的关键节点，如表 2 –111 所示。

表 2 –111   文旅深度融合新业态与商业文化遗产系统性保护协同模式研究领域英文文献研究作者共被引网络关键节点

作者	被引频次	中心度	首次出现时间
皮埃尔·布迪厄	78	0.12	1990
以法莲·科恩	226	0.10	1990
克里斯汀·瑞恩	42	0.10	2006

　　由表 2 –111 可知，皮埃尔·布迪厄、以法莲·科恩、克里斯汀·瑞恩与其他作者之间有密切的关联度，并形成了以他们为中心的多个学术研究联盟。基于此，认为皮埃尔·布迪厄、以法莲·科恩、克里斯

汀·瑞恩在该领域英文文献中具有较高的权威性。

关于该领域的英文文献研究团队分析，将从 WOS 数据库中所得的数据导入 CiteSpace 中，其中 Node-Types 设置为 Institution，Selection Criteria Top N 设置为 30，其余设置均选用默认值，通过对其进行可视化分析，得到该领域英文文献研究机构合作可视图，如图 2 - 86 所示。

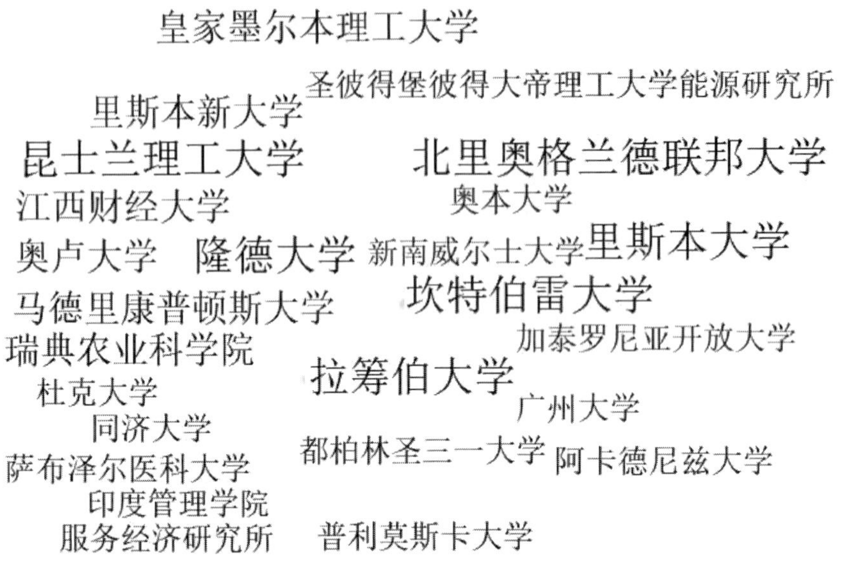

皇家墨尔本理工大学

圣彼得堡彼得大帝理工大学能源研究所

里斯本新大学

昆士兰理工大学　　　北里奥格兰德联邦大学

江西财经大学　　　奥本大学

奥卢大学　隆德大学　新南威尔士大学 里斯本大学

马德里康普顿斯大学　　坎特伯雷大学

瑞典农业科学院　　　加泰罗尼亚开放大学

杜克大学　　拉筹伯大学

同济大学　　　广州大学

萨布泽尔医科大学　都柏林圣三一大学 阿卡德尼兹大学

印度管理学院

服务经济研究所　普利莫斯卡大学

图 2 - 86　文旅深度融合新业态与商业文化遗产系统性保护协同模式研究领域英文文献研究机构合作可视图

由图 2 - 86 可以看出，拉筹伯大学的发文量最高，位居第一。总的来看，各个机构之间的连线有 0 条，节点（节点代表发文机构）有 894 个，贡献网络密度为 0，说明国际上在该领域研究过程中，各个机构之间的合作力度不强、合作范围较小，各个研究机构之间应该开展广泛的交流合作。

由表 2 - 112 可知，该领域英文文献发文量较高的机构主要为拉筹伯大学、坎特伯雷大学、里斯本大学、隆德大学、皇家墨尔本理工大学、北里奥格兰德联邦大学、昆士兰理工大学 7 所高校，从研究机构性质的角度分析，该领域英文文献发文量集中于高校，机构类型非常单一。这表明现阶段国际上重点对该领域展开研究的主要为高校。发文量较高的机构均为国外高校，说明我国在该领域研究尚不成熟。

表 2 - 112　　文旅深度融合新业态与商业文化遗产系统性保护协同模式研究领域英文文献发文较高机构

发文量	机构名称	机构性质	地区
38	拉筹伯大学	高校	澳大利亚
36	坎特伯雷大学	高校	新西兰
36	里斯本大学	高校	葡萄牙
35	隆德大学	高校	瑞典
35	皇家墨尔本理工大学	高校	澳大利亚
34	北里奥格兰德联邦大学	高校	巴西
34	昆士兰理工大学	高校	澳大利亚

其次，对文旅深度融合新业态与商业文化遗产系统性保护协同模式研究领域的中文文献作者和研究团队进行分析。

关于该领域中文文献作者分析，本书将从中国知网（CNKI）数据库中所得的数据导入 CiteSpace 中，其中 NodeTypes 设置为 Author，Selection Criteria Top N 设置为 50。为确保 CiteSpace 运行后，所得图像能够简洁易读，对其进行修剪，故选中 Pruning 栏下的 Pathfinder 以及 Pruning sliced networks，其余设置均选用默认值，通过对其进行可视化分析，得到该领域的中文文献作者合作可视图，如图 2－87 所示。

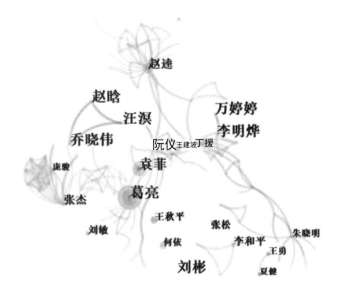

图 2－87　文旅深度融合新业态与商业文化遗产系统性保护协同模式研究领域中文文献作者合作网络可视图

由图 2－87 可以看出，刘彬、葛亮和万婷婷关于国内文旅深度融合新业态与商业文化遗产系统性保护协同模式研究领域的发文量最高，总的来看，各个作者之间的连线只有 1948 条，节点（节点即作者）有 1932 位，贡献网络密度为 0.001，说明国内针对该领域的研究尚不成熟，且各个作者之间缺乏合作联系，整体上并未形成紧密的科研合作团队，将从 CiteSpace 中所得数据导出，整理得到文旅深度融合新业态与商业文化遗产系统性保护协同模式发展研究中文文献发文量较高的作者，如表 2－113 所示。

表 2－113　文旅深度融合新业态与商业文化遗产系统性保护协同模式研究领域中文文献研究发文量较高的作者

作者	发文量（篇）	单位
刘彬	33	四川大学
万婷婷	33	巴黎第十大学
葛亮	33	上海同济城市规划设计研究院

由表 2－113 可知，国内对文旅深度融合新业态与商业文化遗产系统性保护协同模式研究较为重要的学者有刘彬、万婷婷、葛亮等人，因此，在进行文旅深度融合新业态与商业文化遗产系统性保护协同模式发展研究时可以重点参考以上学者文章，但是其发文量相比于国外针对该领域研究的发文量较低，说明国内对文旅深度融合新业态与商业文化遗产系统性保护协同模式发展的研究尚不成熟。其中，来自四川大学的刘彬主要致力于旅游、建筑科学与工程等方面的研究；来自巴黎第十大学的万婷婷主要致力于考古、文化等方面的研究；来自上海同济城市规划设计研究院的葛亮主要致力于建筑科学与工程、工业经济、水产和渔业等方面的研究。

关于文旅深度融合新业态与商业文化遗产系统性保护协同模式研究领域中文文献研究团队分析，将从中国知网（CNKI）数据库中所得的数据导入 CiteSpace 中，其中 NodeTypes 设置为 Institution，Selection Criteria Top N 设置为 30。为确保 CiteSpace 运行后，所得图像能够简洁易读，对其进行修剪，故选中 Pruning 栏下的 Pathfinder 以及 Pruning sliced networks，其余设置均选用默认值，通过对其进行可视化分析，得到文旅深度融合新业态与商业文化遗产系统性保护协同模式研究领域的中文文献研究机构可视图，如图 2－88 所示。

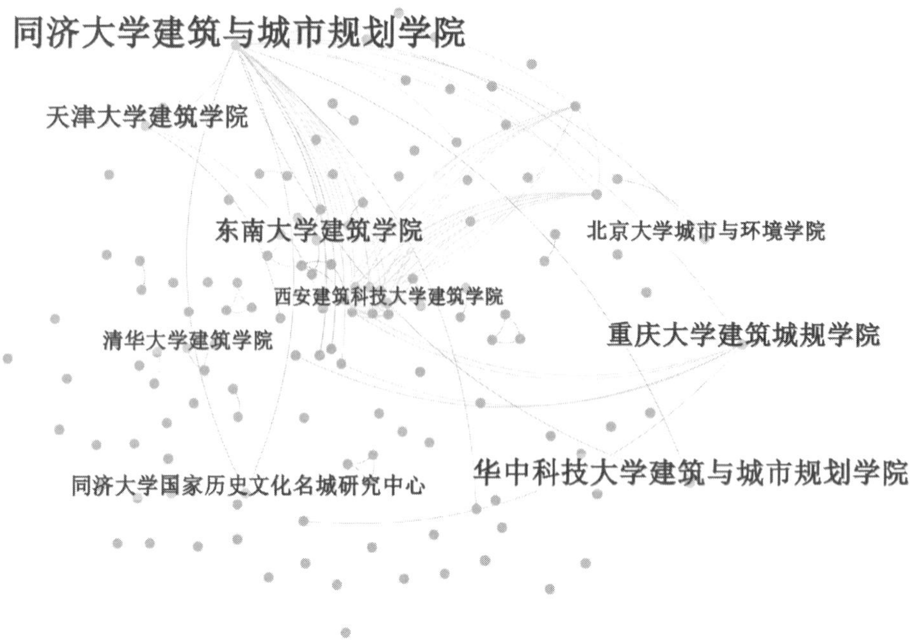

图 2 – 88　文旅深度融合新业态与商业文化遗产系统性保护协同模式研究领域中文文献相关研究机构合作可视图

由图 2 – 88 可以看出，同济大学建筑与城市规划学院、山东大学管理学院和法国巴黎第十大学对有关文旅深度融合新业态与商业文化遗产系统性保护协同模式中文文献的发文量较高。总的来说，各个研究机构之间的连线只有 3 条，节点（节点即为研究机构）有 929 个，贡献网络密度为 0，说明国内针对该领域的研究机构之间的合作交流力度非常低，各个研究机构之间应该完善交流机制，建立交流群体。

本书将从 CiteSpace 中运行所得数据导出，得到该领域中文文献发文量排名前三的机构，如表 2 – 114 所示。

表 2 – 114　文旅深度融合新业态与商业文化遗产系统性保护协同模式研究领域中文文献研究高发文机构

发文量（篇）	机构名称	机构性质	地区
32	同济大学建筑与城市规划学院	高校	华东地区
32	山东大学管理学院	高校	华东地区
32	法国巴黎第十大学	高校	法国
32	中南林业科技大学	高校	华中地区
32	广东财经大学文化创意与旅游学院	高校	华南地区

由表 2 – 114 可知，该领域中发文量排名前五的研究机构分别为同济大学建筑与城市规划学院、山东大学管理学院、法国巴黎第十大学、中南林业科技大学、广东财经大学文化创意与旅游学院。从研究机构的类型来看，国内该领域发文量排名前三均为高校，机构类型十分单一，因此，本书认为商业文化遗产旅游的研究主力是高校。从研究机构的地域角度来看，该领域的中文文献研究机构主要分布在华南、华东和华中地区，而西南等地区的研究机构的研究较少。

第五，文旅深度融合新业态与商业文化遗产系统性保护协同模式研究领域的研究热点及前沿分析。

通过对商业文化遗产系统性保护研究领域中的供词分析和突变分析，可以直观反映出该研究领域的研究热点和前沿，进而准确把握该领域的学术研究范式，更加清晰发现该研究领域的学术空白，为准确选择学术研究方向提供指导。

首先，对文旅深度融合新业态与商业文化遗产系统性保护协同模式研究领域的研究热点进行分析。

将从 WOS 数据库中所得的数据导入 CiteSpace 中，其中 NodeTypes 设置为 Keyword，Selection Criteria Top N 设置为 50。为确保 CiteSpace 运行后，所得图像能够简洁易读，对其进行修剪，故选中 Pruning 栏下的 Pathfinder 以及 Pruning sliced networks，其余设置均选用默认值，通过对其进行可视化分析，得到文旅深度融合新业态与商业文化遗产系统性保护协同模式研究领域英文文献关键词共线图后，选择 Timeline 显示，采用 Keyword 聚类，选择 Log - Likeli-hood Ratio（LLR），在对图像进行调整后得到该领域研究热点图，如图 2 - 89 所示。

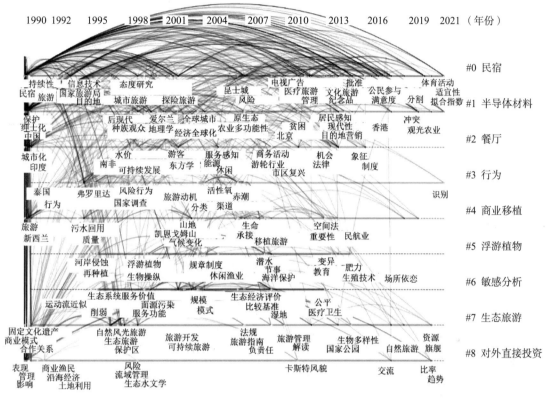

图 2 - 89　文旅深度融合新业态与商业文化遗产系统性保护协同模式研究领域英文文献研究热点图

由图 2 - 89 可知，文旅深度融合新业态与商业文化遗产系统性保护协同模式研究领域的高频关键词聚类共 9 个类别，分别为民宿（airbnb）、半导体材料（sic）、餐厅（labaie）、行为（behaviour）、商业移植（commercial rental transplantation）、浮游植物（phytoplankton）、敏感分析（sensitivity analysis）、生态旅游（ecotourism）、对外直接投资（foreign direct investment），这 9 个类别代表了文旅深度融合新业态与商业文化遗产系统性保护协同模式研究领域英文文献的研究热点。在所得聚类视图中，通过对各个关键词按照时间顺序梳理的基础上，对其进行提取，得到该领域英文文献学术研究热点脉络。如表 2 - 115 所示。

表 2 - 115　文旅深度新业态与商业文化遗产系统性保护协同模式研究领域英文文献热点关键词脉络

年份	关键词
1990	民宿、中国、旅游、影响
2007	经营
2008	绩效、保护、可持续性
2010	太空旅游、前景
2011	新西兰、城市、印度
2013	生物多样性、旅游、模式
2014	真实性、道德、风险、态度、生殖旅游、家庭、招待、体验、感知、地点

年份	关键词
2015	社交媒体、经济影响、绿色基础设施、形象、未来、酒店、绅士化、动机、商品化
2016	污染、澳大利亚、增长、渔业、贸易、保护区、多样化、社区、遗产、目的地形象、政治
2017	经济、海洋保护区、景观、健康、美国、历史、医疗旅游、行为、气候变化、治理、生态系统服务、共享经济、服务、消费、知识、文化
2018	国家公园、环境、探险旅游、目的地、创新、模式、政策、可持续旅游、适应性、流动性、决定因素、身份、区域、信任
2019	文化旅游、岛屿、网络、气候、挑战、消费者、效率、世界、乡村旅游、人、战略、质量、框架、企业
2020	服务质量、移民、市场、满意度、住宿、效益、城市化、地区

由表 2 – 115 可知，2014 年，国际上关于文旅深度融合新业态与商业文化遗产系统性保护协同模式发展的研究热点关键词明显增多，说明该领域正式成为学术界的研究热点，学者们在这一时期主要是对旅游绩效、风险管控等方面进行研究，说明此时学者们已经开始意识到旅游发展绩效对推进文旅深度融合新业态与商业文化遗产系统性保护协同模式发展的重要性。2015 年，学者们开始注意到媒体发展、社会经济对商业旅游发展的重要性，这表明在文旅深度融合新业态与商业文化遗产系统性保护协同模式发展的研究领域英文文献中，学者们开始关注外部环境对商业旅游发展的影响；2019 年，学者们的研究热点关键词为文化旅游、城镇旅游、质量等方面，这表明学者们在不断拓宽商业旅游发展模式，这在一定程度上反映了国际上对推进文旅深度融合新业态与商业文化遗产系统性保护协同模式的研究已经逐渐趋于成熟。

其次，对文旅深度融合新业态与商业文化遗产系统性保护协同模式研究领域的研究热点进行分析。

将从中国知网（CNKI）数据库中所得的数据导入 CiteSpace 中，其中 NodeTypes 设置为 Keyword，Selection Criteria Top N 设置为 10。为确保 CiteSpace 运行后，所得图像能够简洁易读，对其进行修剪，故选中 Pruning 栏下的 Pathfinder 以及 Pruning sliced networks，其余设置均选用默认值，通过对其进行可视化分析，得到该领域中文文献关键词共线图后，选择 Timeline 显示，采用 Keyword 聚类，选择 Log – Likeli-hood Ratio（LLR），在对图像进行调整后得到该领域中文文献热点图，如图 2 – 90 所示。

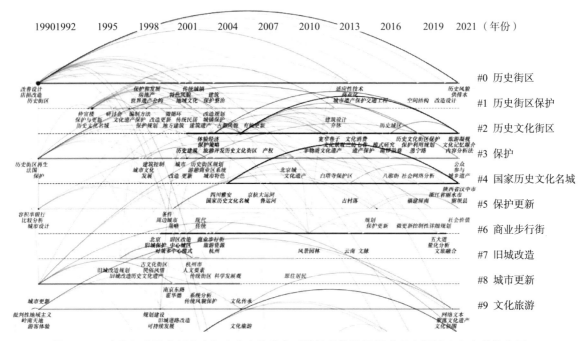

图 2 – 90 文旅深度融合新业态与商业文化遗产系统性保护协同模式研究领域中文文献热点图

由图 2-90 可知，国内该领域的高频关键词共 10 个，分别为历史街区、历史街区保护、历史文化街区、保护、国家历史文化名城、保护更新、商业步行街、旧城改造、城市更新、文化旅游。这 10 个类别代表了国内该领的研究重点。在所得聚类的视图中，通过对各个关键词按照时间顺序梳理的基础上，对其进行提取，得到文旅深度融合新业态与商业文化遗产系统性保护协同模式研究领域中文文献学术研究热点脉络，如表 2-116 所示。

表 2-116　文旅深度融合新业态与商业文化遗产系统性保护协同模式研究领域中文文献热点关键词脉络

年份	关键词
1990	历史街区、城市更新
1996	历史文化名城、历史街区保护、历史文化保护区、研讨会
1998	保护、城市设计、历史地段
2001	保护与更新
2002	旧城改造
2003	城市特色、商业步行街、发展
2004	国家历史文化名城、科学发展观、杭州、传统街区、城市规划、古都风貌、四川雅安
2005	历史文化街区、可持续发展、文化旅游、文物保护单位、旅游业、文化传承、地理信息系统、法国、商业
2006	保护规划、有机更新、有机秩序、科学途径、传统建筑、城市文脉、整体保护
2007	旅游开发、商业模式、历史建筑、鲁运河、京杭大运河、复兴、建筑事务所、产权
2008	更新、地域文化、历史环境
2009	文化遗产、空间句法、城市文化、北京城、原住居民
2010	风景园林、模式、文化、创意产业、旅游景区、旅游体验、价值、城市记忆、城市保护、整治、文化特色、城市空间、地方依恋、民族文化旅游、异托邦、老字号、湘西凤凰、保护与利用
2011	非物质文化遗产、历史城区、宽窄巷子、三坊七巷、西安、保护策略、规划设计、影响因素、旅游文化、特质文化、传统民居、商业标记
2012	利益相关者、文化景观、城市历史街区、对策、建筑设计、介休、开发模式、白塔寺保护区、体验经济、层次分析法
2013	古村落、市民参与、适应性技术、云南、旅游资源、商业化、城市遗产保护
2014	遗产保护、旅游产业、文化消费、四维城市、商业模式创新、产业融合、原真性、公共空间、文脉
2015	保护更新、交通工程、游客体验、文化遗产保护、业态、空间生产理论、规划、困境、比较分析
2016	历史街区更新、空间生产、八廓街、南锣鼓巷、模式研究
2017	微更新、满意度、社会网络、策略、地方性
2018	历史文化街区保护、城市修补、武汉市、社会网络分析、容积率、空间结构、文化产业、保护利用规划、福建屏南、恩宁路
2019	大数据、什刹海、空间分布、福建省、工业遗产、控制性详细规划、步行环境、地方感、空间肌理
2020	文旅融合、浙江省丽水市、青田县、真实性、五大道、文化氛围、量化分析、改造设计

由表 2-116 可知，1990 年国内关于文旅深度融合新业态与商业文化遗产系统性保护协同模式的研究热点关键词为历史街区、城市更新，说明此时国内学者们虽然已经开始重视文旅深度融合新业态与商业文化遗产系统性保护协同模式发展的重要性，但是其研究重点主要为历史街区的保护和城市发展。2003 年国内的研究热点关键词为城市特色、商业步行街，说明此时国内学者们的研究重点已经聚焦在商业文化遗产资源层面，研究对象更加具体化。2006 年国内的研究热点关键词为保护规划、有机更新、有机秩序、科学途径、整体保护，说明此时国内学者们已经明确商业文化遗产旅游的行为准则。2014 年，国内关于商业旅游的研究热点关键词为商业模式创新、产业融合、原真性、文脉等，说明此时国内学者们开始注重文旅深度融合新业态与商业文化遗产系统性保护协同模式发展过程中产业融合、创新性发展对保护文化遗产文脉

原真性的重要性。2020 年，国内关于商业文化遗产旅游的研究热点关键词为文旅融合、真实性等，说明国内学者们认为在发展商业文化遗产旅游推进文旅深度融合新业态与商业文化遗产系统性保护协同模式发展过程中，要注重保护商业文化遗产的真实性，重点处理好商业文化遗产旅游发展与商业化发展之间的关系。

最后，对文旅深度融合新业态与商业文化遗产系统性保护协同模式研究领域的研究前沿分析。

研究前沿不仅可以反映科学研究的进展和发展趋势，还反映了该科学研究是否具有研究价值。利用 CiteSpace 的膨胀词测算提取词频变化率突变的关键词，进而对文旅深度融合新业态与商业文化遗产系统性保护协同模式的研究进行前沿分析。

将从 WOS 数据库中所得的数据导入 CiteSpace 中，其中 NodeTypes 设置为 Keyword，Selection Criteria Top N 设置为 50，基于前文分析可知，为确保 CiteSpace5.7 软件运行后，所得图像能够简洁易读，对其进行修剪，故选中 Pruning 栏下的 Pathfinder 以及 Pruning sliced networks，其余设置均选用默认值，通过对其进行可视化分析，得到该领域英文文献关键词共线图后，故将 Burstness 下的 Minimum Duration 设置为 5，提取突变最少保持 5 年的关键词，如表 2 – 117 所示。

表 2 – 117　　　文旅深度融合新业态与商业文化遗产系统性保护协同模式研究领域英文文献前沿术语

关键词	强度	初始年份	结束年份	2015 ~ 2020 年
旅游	40. 94	1990	2007	
影响	36. 56	1990	2009	
民宿	26. 5	1990	2009	
中国	22. 18	1990	2009	
印度	5. 03	2011	2017	
人居迁移	4. 67	2015	2021	

由表 2 – 117 可知，1990 ~ 2007 年，国际上关于文旅深度融合新业态与商业文化遗产系统性保护协同模式研究领域的突现关键词为旅游（tourism），说明自 1990 年起，文化遗产的保护利用问题就已经受到学术界的广泛关注，但是整体上关于该领域的研究仍处于起步阶段，并没有形成较为鲜明的学术前沿。1990 ~ 2009 年，国际上关于文旅深度融合新业态与商业文化遗产系统性保护协同模式发展研究的突现关键词为影响（impact）、中国（China），说明此时学术界开始注重中国化的商业文化遗产旅游对推进文旅深度融合新业态与商业文化遗产系统性保护协同模式发展的重要性。2011 ~ 2017 年，国际上的研究热点关键词为印度（India），说明此时学者们重视国外经验对国内商业文化遗产旅游发展的借鉴性作用。2015 ~ 2021 年，国际上的研究热点关键词为人居迁移（gentrification），说明商业文化遗产旅游的发展涉及土地规划、城市发展规划等，需要人民群众的支持与积极配合。

将从中国知网（CNKI）数据库中所得的数据导入 CiteSpace 中，其中 NodeTypes 设置为 Keyword，Selection Criteria Top N 设置为 50，为确保 CiteSpace 运行后，所得图像能够简洁易读，对其进行修剪，故选中 Pruning 栏下的 Pathfinder 以及 Pruning sliced networks，其余设置均选用默认值，通过对其进行可视化分析，得到该领域中文文献关键词共线图后，故将 Burstness 下的 Minimum Duration 设置为 5，提取突变最少保持 5 年的关键词，如表 2 – 118 所示。

表 2 – 118　　　文旅深度融合新业态与商业文化遗产系统性保护协同模式研究领域中文文献前沿术语

关键词	强度	初始年份	结束年份	1990 ~ 2020 年
历史文化名城	5. 35	1996	2008	
历史街区	10. 65	1997	2003	

续表

关键词	强度	初始年份	结束年份	1990～2020 年
保护	5.3	1998	2005	
国家历史文化名城	8.83	2004	2008	
历史建筑	3.59	2007	2012	
古村落	4.15	2013	2017	

由表 2-118 可知，1996～2008 年，国内的研究热点关键词为历史文化名城、历史街区、保护、国家历史文化名城，说明此时国内关于商业文化遗产旅游的研究对象主要集中在对历史文化名城、历史街区以及国家历史文化名城的系统性保护与再利用方面。2007～2012 年，国内的研究热点关键词为历史建筑，说明此时学术界已拓宽商业文化遗产的概念范围，更加注重历史建筑等物质文化遗产对商业文化遗产旅游发展的重要性。2013～2017 年，国内的研究热点关键词为古村落，说明此时学术界开始注重传统旅游业对商业文化遗产旅游的借鉴作用，并将传统旅游的发展定位为古村落式发展。

第四部分：文旅深度融合新业态与教育文化遗产系统性保护协同模式研究领域的文献计量分析。

第一，研究数据和发文量的初步分析。

首先，主要从 WOS 获得英文研究数据，为避免利用 WOS 检索所收集到的文献出现字段缺失的问题，采用利用核心数据库（Web of Science Core Collection）对其进行检索。其中检索式为：TS = (Educational tourism) OR TS = (Educational and cultural tourism) OR TS = (Educational heritage tourism) OR TS = (Tourism education)；语种：English；文献类型：Article；时间跨度为：1990 年 1 月至 2021 年 4 月，检索时间为 2021 年 4 月 29 日。共得到有效的文献数量为 1829 篇。本书将所得文献数据导入 CiteSpace 中对其进行初步检验，在对其进行除重后，最终进行该领域文献计量分析所用有效的 WOS（Web of Science）文献数据有 1828 条。

其次，主要从中国知网（CNKI）获得中文研究数据，文献检索类型先定位核心期刊及 CSSCI 期刊，其中检索式为：主题 = 文化遗产旅游；时间跨度为：1990 年 1 月至 2021 年 4 月，检索时间为 2021 年 4 月 30 日；文献类型为期刊文献；期刊限定为所有期刊。共检索出文献 559 篇，在对文献进行筛选，去除不相关的文献之后，共得到有效的文献数量为 558 篇。将所得文献数据导入 CiteSpace 中对其进行初步检验，软件运行结果良好，不存在数据丢失的现象，最终进行该领域文献计量分析所用有效的 CNKI 文献数据有 488 条。

将上述该领域中的数据导出，按照文献的发文年份和发文数量对其进行信息整合，整合后利用 Excel 对其进行分析，进而得到 1990 年 1 月至 2021 年 4 月的文旅深度融合新业态与教育文化遗产系统性保护协同模式研究领域内英文文献与中文文献的发文数量的比较图，如图 2-91 所示。

由图 2-91 可知，关于文旅深度融合新业态与教育文化遗产系统性保护协同模式研究领域的中英文文献研究数量差别不大，最早于 1990 年出现第一篇关于该领域的文献。2006～2010 年，中文文献发文数量与英文文献发文数量均明显增加，但整体上英文文献发文数量高于中文文献发文数量。自 2010 年起，英文文献发文数量迅速增长，明显高于中文文献发文数量。整体来看，中文文献发文数量与外文文献发文数量均呈现增长趋势，但外文文献发文增长幅度明显大于中文文献发文数量增长幅度。由于本书文献检索时间为 2021 年 4 月 30 日，因此，书中所检索的 2021 年的发文量为 2021 年 1 月 1 日至 2021 年 4 月 30 日，所以在文旅深度融合新业态与教育文化遗产系统性保护协同模式领域研究中英文文献中，2020 年～2021 年的变化趋势整体呈现出下降的趋势。

第二，文旅深度融合新业态与教育文化遗产系统性保护协同模式研究领域的国家分析。

在文献计量的过程中，对文献国家进行分析，可以帮助学者们更好把握某一研究领域在国际上较为权威的国家。本书利用 CiteSpace 得到在文旅深度融合新业态与教育文化遗产系统性保护协同模式研究领域中的国家共现网络关键节点，进而分析得出在该研究领域中国际影响力较高的国家，不仅可以为学者们在该领域的学习中提供一定的借鉴和指导作用，还能帮助学者们对自己国家在该研究领域中的国际地位有一个清晰的认识，为其今后的研究方向、研究重点给予一定的指导作用。

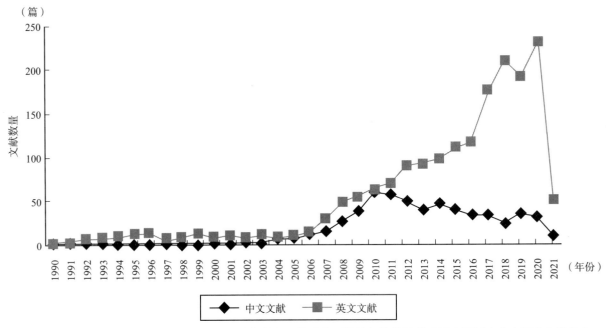

图 2-91 1990~2021 年文旅深度融合新业态与教育文化遗产系统性保护协同模式研究领域中英文研究文献分布

将从 WOS 数据库中所得的数据导入 CiteSpace 中，其中 NodeTypes 设置为 Country，Selection Criteria Top N 设置为 50，为确保 CiteSpace 运行后，所得图像能够简洁易读，对其进行修剪，故选中 Pruning 栏下的 Pathfinder 以及 Pruning sliced networks，其余设置均选用默认值，接着将从 CiteSpace 中所得的数据整理成 Excel 表格，分别提取"国家"和"发文量"两个字段下的数据，得到不同国家在文旅深度融合新业态与教育文化遗产系统性保护协同模式研究领域英文文献发文量排名，如图 2-92 所示。从图中可以看出，发文量排名前十的国家大多为发达国家。其中，中国发文量为 670 篇，排名第一；美国发文量为 531 篇，排名第二；英国发文量为 426 篇，排名第三。

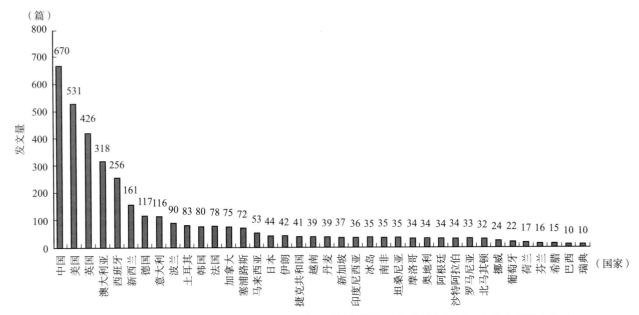

图 2-92 文旅深度融合新业态与教育文化遗产系统性保护协同模式研究领域国家发文量排名分布

将 WOS 数据库中所得的数据导入 CiteSpace 中，其中 NodeTypes 设置为 Country，Selection Criteria Top N 设置为 50，为确保 CiteSpace 运行后，所得图像能够简洁易读，对其进行修剪，故选中 Pruning 栏下的 Pathfinder 以及 Pruning sliced networks，其余设置均选用默认值，通过对其进行可视化分析，得到文旅深度融合新业态与教育文化遗产系统性保护协同模式研究领域英文文献国家知识图谱，如图 2 - 93 所示。

图 2 - 93　文旅深度融合新业态与教育文化遗产系统性保护协同模式研究领域英文文献研究的国家共现图

由图 2 - 93 可知，中国在文旅深度融合新业态与教育文化遗产系统性保护协同模式研究领域英文文献中居于核心地位，并且其与美国、英国、西班牙、澳大利亚、土耳其等国家之间有密切的合作关系。因此，本书认为我国在文旅深度融合新业态与教育文化遗产系统性保护协同模式研究领域中具有一定的地位。美国在文旅深度融合新业态与教育文化遗产系统性保护研究领域中的地位仅次于中国，排名第二，并且与西班牙、英国、澳大利亚等国之间有密切的合作伙伴关系。

在 CiteSpace 分析所得结果中，一般认为中心度数值越大表示该节点的关键性越高，中心度的数值越小表示该节点的关键性越低，基于此，研究对各个国家中有关文旅深度融合新业态与教育文化遗产系统性保护协同模式的发文中心度进行分析，进而得出各国在各个节点的关键性，并进一步判断某一国家与其他国家在该研究领域中是否存在密切的合作关系。本书将中心度为 0.1 看作关键节点，并以中心度大于 0.1 为标准，发现并没有中心度大于 0.1 的关键节点，说明国际上文旅深度融合新业态与教育文化遗产系统性保护协同发展方面的研究尚不成熟，并没有在该领域研究较为成熟、较具有权威性和影响力的国家。

第三，文旅深度融合新业态与教育文化遗产系统性保护协同模式研究领域的期刊分析。

对文旅深度融合新业态与教育文化遗产系统性保护协同模式研究的期刊进行分析，可以帮助学者们准确把握在该研究领域中的权威期刊，进而帮助后续学者们在研究中高效地进行文献检索。主要利用分析期刊共被引来对各个期刊进行分析。与此同时，还将对文旅深度融合新业态与教育文化遗产系统性保护协同模式研究领域的共被引的中心度进行分析。通过对期刊转载量进行分析系，探析各个期刊在文旅深度融合新业态研究与教育文化遗产系统性保护协同模式领域汇总的信息储备、传输能力。

首先，对文旅深度融合新业态与教育文化遗产系统性保护协同模式研究领域的英文期刊进行分析。

将 WOS 数据库中所得的数据导入 CiteSpace 中，其中 NodeTypes 设置为 Cited Journal，Selection Criteria Top N 设置为 50。其余设置均选用默认值，通过对其进行可视化分析，得到文旅深度融合新业态与教育文化遗产系统性保护协同模式研究领域英文期刊共被引可视图，如图 2 - 94 所示。

由图 2 - 94 可以看出，英文文献中有关文旅深度融合新业态与教育文化遗产系统性保护协同模式的研究，主要集中在《旅游管理》（*Tourism Management*）、《旅游研究年鉴》（*Annals of Tourism Research*）、《旅游研究杂志》（*Journal of Travel Research*）、《当前旅游问题》（*Current Issues in Tourism*）这 4 本期刊，并且这 4 本期刊的引用频次明显高于其他期刊的引用频次。其中，《旅游管理》主要刊发国际、国家和区域旅游的规划和政策方面的论文，是涉及旅游具体管理的相关研究，该期刊 2015 年的影响因子为 2.554，在 185 种 SSCI 学科管理学期刊中排名第 28 名。《旅游研究年鉴》主要刊发环境科学、酒店休闲体育及旅游、社会学等方面的论文研究，该期刊 2015 年的影响因子为 2.685，在 43 种 SSCI 环境酒店休闲体育及旅游期刊中排名第 16 名。《旅游研究杂志》主要刊发旅游和旅游发展、管理、营销、经济和行为业务等方面的论文研究，该期刊 2015 年的影响因子为 2.442，在 43 种 SSCI 学科酒店休闲体育及旅游期刊中排名第 4 名。《当前旅游问题》主要刊发酒店、休闲、体育及旅游相关的论文研究，根据 2015 年的期刊引证报告可知，该期刊 2015 年的影响因子为 0.918，在 43 种 SSCI 学科酒店休闲体育及旅游期刊中排名第 43 名。

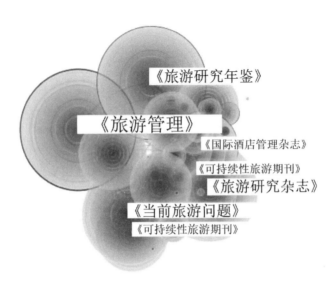

图 2 - 94　文旅深度融合新业态与教育文化遗产系统性保护协同模式研究领域英文期刊共被引可视图

在 CiteSpace 分析所得结果中，一般认为中心度数值越大表示该节点的关键性越高，中心度的数值越小表示该节点的关键性越低，基于此，从期刊共被引的中心度角度对其进行分析，进而得出各国在各个节点的关键性，将中心度为 0.1 看作关键节点，并以中心度大于 0.1 为标准，提取关键节点，如表 2 - 119 所示。

表 2 - 119　文旅深度融合新业态与教育文化遗产系统性保护协同模式研究领域英文期刊共被引网络关键节点

期刊名称	被引频次	首次出现年份	中心度
《旅游管理》	2519	1990	0.21
《旅游研究年鉴》	2087	1990	0.14
《哈佛商业评论》	168	1990	0.13
《生态经济学》	176	2003	0.13
《科学》	154	1992	0.12
《国际酒店管理杂志》	791	1990	0.12
《可持续性旅游期刊》	979	1990	0.11

由表 2 - 119 可以看出，《旅游管理》（*Tourism Management*）、《旅游研究年鉴》（*Annals of Tourism Research*）、《哈佛商业评论》（*Harvard Business Review*）、《生态经济学》（*Ecological Economics*）、《科学》（*Science*）、《国际酒店管理杂志》（*International Journal of Hospitality Management*）、《可持续性旅游期刊》（*Journal of Sustainable Tourism*）这 7 本所期刊在文旅深度融合新业态与教育文化遗产系统性保护协同模式发展研究领域英文文献中的论文质量较高，在该研究领域具有较高的知名度和权威性。因此，认为《旅游管理》《旅游研究年鉴》《哈佛商业评论》《生态经济学》《科学》《国际酒店管理杂志》《可持续性旅游期刊》这 7 本期刊在文旅深度融合新业态与教育文化遗产系统性保护协同模式研究领域英文文献中位于核心地位，具有较高的国际地位。

从发文集中度方面来看，将从 WOS 数据库中所得的数据导入 CiteSpace 中，其中 NodeTypes 设置为

Source，Selection Criteria Top N 设置为 60，其余设置均选用默认值。将运行结果导入 Excel 中对其期刊名称进行计数，进而得到 1990～2021 年文旅深度融合新业态与教育文化遗产系统性保护协同模式英文文献期刊分布，其载文量排名前十四的期刊分布，如表 2 - 120 所示。

表 2 - 120　　1990～2021 年文旅深度融合新业态与教育旅游文化遗产系统性保护
协同模式研究领域英文文献期刊分布（前十四）

期刊名称	载文量（篇）	占比（%）
《旅游管理》	26	1.42
《旅游研究年鉴》	21	1.15
《酒店休闲体育与旅游教育杂志》	14	0.77
《可持续性旅游期刊》	14	0.77
《当前旅游问题》	14	0.77
《旅游经济学》	13	0.71
《海洋与海岸管理》	12	0.66
《国际旅游研究杂志》	12	0.66
《旅游研究杂志》	11	0.60
《海洋政策》	11	0.60
《国际酒店管理杂志》	11	0.60
《旅游与旅游营销杂志》	11	0.60
《斯堪的纳维亚接待服务与旅游杂志》	11	0.60
《国际现代酒店管理杂志》	11	0.60

由表 2 - 120 可知，在文旅深度融合新业态与教育文化遗产系统性保护协同模式研究领域英文文献中，发文量排名前十四的期刊发文总量为 192，占比约为 10.51%，没有表现出显著高于其他期刊发文总量的趋势，说明在文旅深度融合新业态与教育文化遗产系统性保护研究领域英文文献中，各个期刊的发文较为均匀，并没有形成较为稳定的期刊群和代表性期刊。在发文量排名前十四的期刊中，各个期刊之间的被引频次差别不大，基于此，从载文量的角度分析，认为在文旅深度融合新业态与教育文化遗产系统性保护协同模式的研究领域中，并没有形成具有较高权威性的英文载文期刊。

其次，对文旅深度融合新业态与教育文化遗产系统性保护协同模式研究领域的中文期刊进行分析。

由于通过中国知网（CNKI）中导出的论文文献数据，缺少"参考文献"字段，无法通过 CiteSpace 对中国知网（CNKI）导出的论文文献数据进行共被引分析，因此对于文旅深度融合新业态与教育文化遗产系统性保护协同模式研究领域的中文期刊分析，将从该领域期刊的载文量以及学科研究层次展开研究。

将从中国知网（CNKI）数据库中所得的数据导入 CiteSpace 中，其中 NodeTypes 设置为 Source，Selection Criteria Top N 设置为 50。为确保 CiteSpace 运行后，所得图像能够简洁易读，对其进行修剪，故选中 Pruning 栏下的 Pathfinder 以及 Pruning sliced networks，其余设置均选用默认值，将运行结果导入 Excel 中对其期刊名称进行计数，进而得到 1990～2021 年文旅深度融合新业态与教育文化遗产系统性保护协同模式研究领域中文文献期刊分布，其载文量排名前十的期刊分布，如表 2 - 121 所示。

表 2 - 121　1990～2021 年文旅深度融合新业态与教育文化遗产系统性保护协同模式研究领域中文文献期刊分布（前十）

期刊名称	载文量（篇）	占比（%）
《旅游学刊》	16	2.67
《贵州民族研究》	11	1.97
《旅游科学》	11	1.97
《广西民族研究》	10	1.79

期刊名称	载文量（篇）	占比（%）
《经济地理》	10	1.79
《社会科学家》	9	1.61
《资源开发与市场》	9	1.61
《中南民族大学学报（人文社会科学版）》	8	1.43
《地域研究与开发》	8	1.43
《人文地理》	7	1.25

由表 2 – 121 可知，在文旅深度融合新业态与教育文化遗产系统性保护协同模式研究领域中，发文量排名前十的中文期刊发文总量为 99 篇，占比约为 17.52%，表现出与其他期刊发文总量相对持平的趋势，说明国内在文旅深度融合新业态与教育文化遗产系统性保护研究领域中，已经形成以《旅游学刊》《社会科学家》《贵州民族研究》《资源开发与市场》《旅游科学》《中南民族大学学报（人文社会科学版）》《广西民族研究》《地域研究与开发》《经济地理》《人文地理》等为首具、有代表性的期刊群体。在发文量排名前十的期刊中，各个期刊之间的被引频次差别较大。基于此，从载文量的角度分析，认为在文旅深度融合新业态与教育文化遗产系统性保护协同模式研究领域中，已经形成了以《旅游学刊》为中心的具有较高权威性的中文载文期刊。

按照知网期刊检索的研究层次，对发文量排名前十的期刊进行分类，进而识别在文旅深度融合新业态与教育文化遗产系统性保护研究领域中具有较高权威性的期刊文献的研究层次，为后续研究在进行文献筛选时提供指导性建议，如表 2 – 122 所示。

表 2 – 122　文旅深度融合新业态与教育文化遗产系统性保护协同模式研究领域研究中文核心期刊研究层次

研究层次	期刊名称
基础研究（社科）	《旅游学刊》《人文地理》《经济地理》《社会科学家》《地域研究与开发》《贵州民族研究》《旅游科学》《广西民族研究》《资源开发与市场》《中南民族大学学报（人文社会科学版）》
行业指导（社科）	无

由表 2 – 122 可知，国内文旅深度融合新业态与教育文化遗产系统性保护研究主要分布在基础研究（社科），其中，《旅游学刊》《人文地理》《经济地理》《社会科学家》《地域研究与开发》《贵州民族研究》《旅游科学》《广西民族研究》《资源开发与市场》《中南民族大学学报（人文社会科学版）》均属于基础研究（社科），因此，在研究关于文旅深度融合新业态与教育文化遗产系统性保护协同模式研究领域的中文文献社会科学基础研究时，可重点参考以上期刊所发的文献。

通过对中英文期刊的分析可知，在关于文旅深度融合新业态与教育文化遗产系统性保护协同模式研究领域中，英文文献可以重点参考《旅游管理》《旅游研究年鉴》《哈佛商业评论》《生态经济学》《科学》《国际酒店管理杂志》《可持续性旅游期刊》等期刊所刊发的文章，中文文献可重点参考《旅游学刊》《人文地理》《经济地理》《社会科学家》《地域研究与开发》《贵州民族研究》《旅游科学》《广西民族研究》《资源开发与市场》《中南民族大学学报（人文社会科学版）》所刊发的文章。

第四，文旅深度融合新业态与教育文化遗产系统性保护协同模式领域研究团队分析。

本书主要从作者和研究团队两个方面对文旅深度融合新业态与教育文化遗产系统性保护协同模式进行研究团队分析。针对英文文献，主要利用 CiteSpace 对其进行共被引分析，主要利用 CiteSpace 对研究机构进行合作网络分析；针对中文文献，通过合作网络对其进行分析。

首先，对文旅深度融合新业态与教育文化遗产系统性保护协同模式研究领域的英文文献作者团队和机构进行分析。

关于文旅深度融合新业态与教育文化遗产系统性保护协同模式研究领域的英文文献作者分析，将从

WOS 数据库中所得的数据导入 CiteSpace 中，其中 NodeTypes 设置为 Cited Author，Selection Criteria Top N 设置为 50。为确保 CiteSpace 运行后，所得图像能够简洁易读，对其进行修剪，故选中 Pruning 栏下的 Pathfinder 以及 Pruning sliced networks，其余设置均选用默认值，通过对其进行可视化分析，得到文旅深度融合新业态与教育文化遗产系统性保护协同模式英文文献作者共被引可视图，如图 2 - 95 所示。

　　由图 2 - 95 可以看出，文旅深度融合新业态与教育文化遗产系统性保护协同模式研究领域的作者共被引频次在国际上较高的作者主要为以法莲·科恩、约翰·特赖布、沃尔克·马尔布劳恩、克里斯汀·霍尔、金成吉、伊塞克·阿耶兹、世界旅游组织、联合国、理查德·夏普利、克里斯·瑞恩、亚伦·普里查德等人，将 CiteSpace 计算所得结果导出，整理出文旅深度融合新业态与教育文化遗产系统性保护研究领域英文文献作者共被引频次排名，因为从 WOS 数据库中所得数据较多，考虑到被引频次较高的作者在该领域中具有较高的国际地位，因此主要选择被引频次较高的前四名作者，如表 2 - 123 所示。

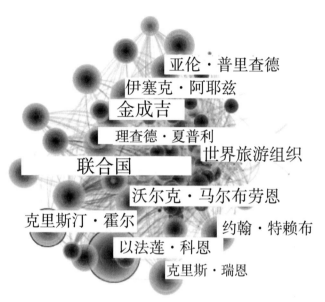

图 2 - 95　文旅深度融合新业态与教育文化遗产系统性保护协同模式研究领域英文文献作者共被引可视图

表 2 - 123　　文旅深度融合新业态与教育文化遗产系统性保护协同模式研究领域英文文献作者被引频次排名（前三）

作者	被引频次	被引频次最高的论文
以法莲·科恩	353	旅游食品
约翰·特赖布	257	旅游业的无纪律
克里斯汀·霍尔	253	可持续旅游治理中的政策学习与政策失败：从一级、二级到三级的变化

　　由表 2 - 123 可知，在文旅深度融合新业态与教育文化遗产系统性保护协同模式的研究领域中，被引频次最高的是以法莲·科恩，被引频次为 353 次。在过去 30 年内，被引频次最高的论文为《旅游食品》。被引频次排名第二的是约翰·特赖布，被引频次为 257 次。在过去 30 年内，被引频次最高的论文为《旅游业的无纪律》。被引频次排名第三的是克里斯汀·霍尔，被引频次为 253 次，在过去 30 年内，被引频次最高的论文为《可持续旅游治理中的政策学习与政策失败：从一级、二级到三级的变化》。

　　在 CiteSpace 分析所得结果中，一般认为中心度数值越大表示该节点的关键性越高，中心度的数值越小表示该节点的关键性越低，基于此，从作者共被引的中心度角度对其进行分析，进而得出各国在各个节点的关键性，将中心度为 0.1 看作关键节点，并以中心度大于 0.1 为标准，提取关键节点，如表 2 - 124 所示。

表 2 - 124　　文旅深度融合新业态与教育文化遗产系统性保护协同模式研究领域英文文献作者刊共被引网络关键节点

作者	被引频次	首次出现年份	中心度
以法莲·科恩	353	1990	0.16
克里斯汀·霍尔	253	1990	0.10

关于文旅深度融合新业态与教育文化遗产系统性保护协同模式研究领域的英文文献研究机构团队分析，将 WOS（Web of Science）数据库中所得的数据导入 CiteSpace 中，其中 NodeTypes 设置为 Institution，Selection Criteria Top N 设置为 50，其余设置均选用默认值，通过对其进行可视化分析，得到文旅深度融合新业态与教育文化遗产系统性保护协同模式研究领域英文文献研究机构合作可视图，如图 2 - 96 所示。

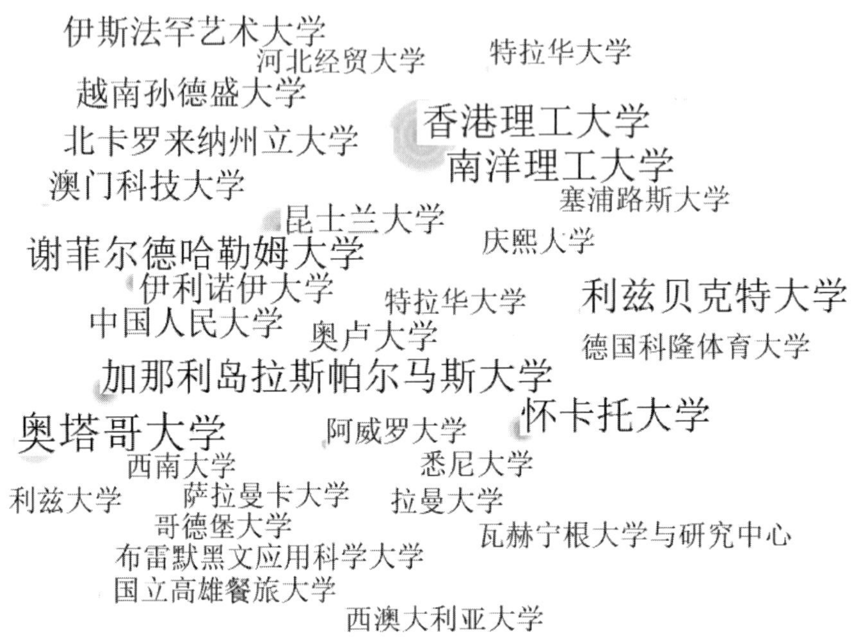

图 2 - 96　文旅深度融合新业态与教育文化遗产系统性保护协同模式研究领域英文文献研究机构合作可视图

由图 2 - 96 可以看出，奥塔哥大学的发文量最高，位居第一。总的来说，各个机构之间的连线有 0 条，节点（节点代表发文机构）有 10 个，贡献网络密度为 0，说明国际上在文旅深度融合新业态与教育文化遗产系统性保护协同模式研究过程中，各个机构之间的合作力度不强、合作范围较小，各个研究机构之间应该开展广泛的交流合作。

由表 2 - 125 可知，文旅深度融合新业态与教育文化遗产系统性保护研究英文文献发文量较高的机构主要为奥塔哥大学、加那利岛拉斯帕尔马斯大学、怀卡托大学、利兹贝克特大学、谢菲尔德哈勒姆大学、南洋理工大学、香港理工大学、昆士兰大学 8 所高校，从研究机构性质的角度分析，文旅深度融合新业态与教育文化遗产系统性保护研究英文文献发文量大多集中于高校，机构类型非常单一。这表明现阶段，国际上对文旅深度融合新业态与教育文化遗产系统性保护协同模式展开研究的主要为高校。在发文量较高的 8 所机构中，只有 1 所为中国机构，说明中国在该领域的影响力上有待提升。

表 2 - 125　　文旅深度融合新业态与教育文化遗产系统性保护协同模式研究领域英文文献发文较高机构

发文量（篇）	机构名称	机构性质	地区
72	奥塔哥大学	高校	新西兰
68	加那利岛拉斯帕尔马斯大学	高校	西班牙
67	怀卡托大学	高校	新西兰
65	利兹贝克特大学	高校	英国
65	谢菲尔德哈勒姆大学	高校	英国
64	南洋理工大学	高校	新加坡
61	香港理工大学	高校	中国
58	昆士兰大学	高校	澳大利亚

其次，对文旅深度融合新业态与教育文化遗产系统性保护协同模式研究领域的中文文献作者和研究团队进行分析。

关于文旅深度融合新业态与教育文化遗产系统性保护协同模式研究领域中文文献作者分析，将从中国知网（CNKI）数据库中所得的数据导入 CiteSpace 中，其中 NodeTypes 设置为 Author，Selection Criteria Top N 设置为 50。其余设置均选用默认值，通过对其进行可视化分析，得到文旅深度融合新业态与教育文化遗产系统性保护协同模式研究领域的中文文献作者合作可视图，如图 2 - 97 所示。

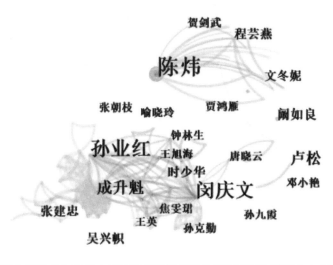

图 2 - 97　文旅深度融合新业态与教育文化遗产系统性保护协同模式研究领域中文文献作者合作网络可视图

由图 2 - 97 可以看出，陈炜关于文旅深度融合新业态与教育文化遗产系统性保护协同模式研究领域的中文发文量最高。总的来看，各个机构之间的连线只有 916 条，节点（节点即作者）有 827 个，贡献网络密度为 0.0027，说明国内针对文旅深度融合新业态与教育文化遗产系统性保护协同模式的研究已经趋于成熟，各个作者之间存在一定的交流合作，且各学术群体之间已经初步形成紧密的科研合作团队。将从 CiteSpace 中所得数据导出，整理得到文旅深度融合新业态与教育文化遗产系统性保护协同模式研究领域中文文献发文量较高的作者，如表 2 - 126 所示。

表 2 - 126　　文旅深度融合新业态与教育文化遗产系统性保护协同模式研究领域中文文献高发文作者

作者	发文量	单位
陈炜	22	贺州学院
孙业红	17	北京联合大学

续表

作者	发文量	单位
闵庆文	16	中国科学院地理科学与资源研究所
卢松	8	上海师范大学
成升魁	8	中国科学院地理科学与资源研究所
阚如良	6	三峡大学

由表 2 - 126 可知，国内对该领域研究较为重要的学者有陈炜、孙业红、闵庆文、卢松、成升魁、阚如良等人，因此，在进行文旅深度融合新业态与教育文化遗产系统性保护协同模式中文文献研究时可以重点参考以上学者文章，但是其发文量相比于国外针对文旅深度融合新业态与教育文化遗产系统性保护协同模式研究的发文量较低，说明国内对文旅深度融合新业态与教育文化遗产系统性保护协同模式的研究尚不成熟。其中，来自贺州学院的陈炜主要致力于旅游安全、非物质文化遗产、旅游开发、旅游扶贫、旅游开发模式、协同发展等方面的研究；来自北京联合大学的孙业红主要致力于旅游、文化、农业经济等方面的研究；来自中国科学院地理科学与资源研究所的闵庆文主要致力于环境科学与资源利用、农业经济、文化等方面的研究；来自上海师范大学的卢松主要致力于旅游、贸易经济、服务业经济等方面的研究；来自中国科学院地理科学与资源研究所的成升魁主要致力于农业经济、旅游、环境科学与资源利用等方面的研究；来自三峡大学的阚如良主要致力于旅游、文化、资源科学等方面的研究。

关于文旅深度融合新业态与教育文化遗产系统性保护协同模式研究领域中文文献研究团队分析，将从中国知网（CNKI）数据库中所得的数据导入 CiteSpace 中，其中 NodeTypes 设置为 Institution，Selection Criteria Top N 设置为 30。为确保 CiteSpace 运行后，所得图像能够简洁易读，对其进行修剪，故选中 Pruning 栏下的 Pathfinder 以及 Pruning sliced networks，其余设置均选用默认值，通过对其进行可视化分析，得到文旅深度融合新业态与教育文化遗产系统性保护协同模式研究领域的中文文献研究机构可视图，如图 2 - 98 所示。

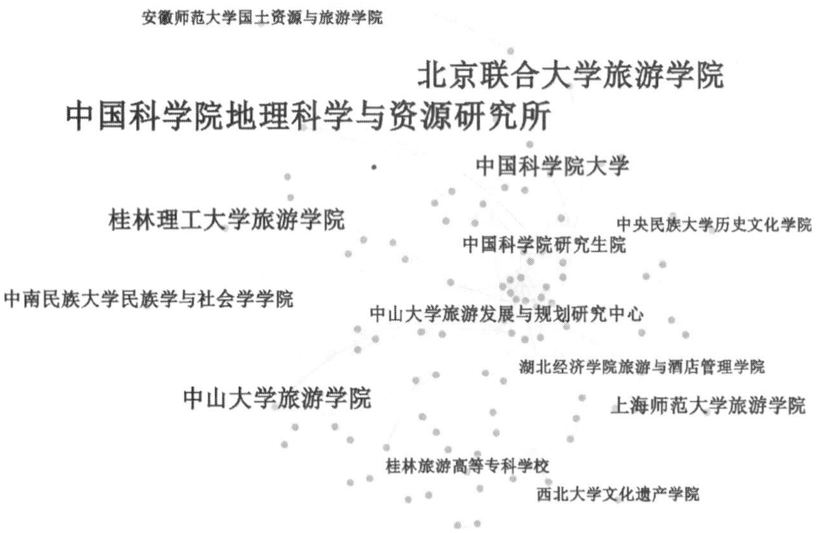

图 2 - 98 文旅深度融合新业态与教育文化遗产系统性保护协同模式研究领域中文文献相关研究机构合作可视图

由图 2 - 98 可以看出，北京联合大学旅游学院对有关文旅深度融合新业态与教育文化遗产系统性保护协同模式研究领域的中文发文量最高，并且与中山大学旅游学院、桂林理工大学旅游学院、中国科学院地理科学与资源研究所等多所机构之间有密切的合作关系。总的来说，各个研究机构之间的连线有 0 条，节点（节点即为研究机构）有 474 个，贡献网络密度为 0，说明国内针对文旅深度融合新业态与教育文化遗产系统性保护研究的研究机构之间合作交流力度非常低，各个研究机构之间应该建立研究机构交流群体。

将 CiteSpace 运行的数据导出，得到文旅深度融合新业态与教育文化遗产系统性保护协同模式研究领域中文文献发文量排名前三位的机构，如表 2 – 127 所示。

表 2 – 127 　　　　　　文旅深度融合新业态与教育文化遗产系统性保护协同模式
研究领域中文文献研究发文机构（前三）

发文量（篇）	机构名称	机构性质	地区
13	北京联合大学旅游学院	高校	东北地区
8	桂林理工大学旅游学院	高校	华南地区
5	桂林理工大学	高校	华北地区

　　由表 2 – 127 可知，文旅深度融合新业态与教育文化遗产系统性保护协同模式研究领域中文文献发文量排名前三的研究机构分别为：北京联合大学旅游学院、桂林理工大学旅游学院、桂林理工大学。从研究机构的类型来看，文旅深度融合新业态与教育文化遗产系统性保护协同模式中文文献，发文量排名前三位的机构均为高校，机构类型十分单一，因此，认为国内文旅深度融合新业态与教育文化遗产系统性保护协同模式研究主力是各大高校。从研究机构的地域角度来看，文旅深度融合新业态与教育文化遗产系统性保护协同模式的中文文献研究机构大多分布在东北、华北和华南地区，而西北、西南、华中等地区对文旅深度融合新业态与教育文化遗产系统性保护协同模式发展的研究较少。

　　第五，国内外针对文旅深度融合新业态与教育文化遗产系统性保护协同模式研究领域的研究热点及前沿分析。

　　通过对文旅深度融合新业态与教育文化遗产系统性保护协同模式研究领域中的供词分析和突变分析，可以直观地反映出该研究领域的研究热点和前沿，进而准确把握该领域的学术研究范式，更加清晰地发现该研究领域的学术空白，为准确地选择学术研究方向提供指导。

　　首先，对文旅深度融合新业态与教育文化遗产系统性保护协同模式领域研究热点进行分析。

　　将从 WOS 数据库中所得的数据导入 CiteSpace 中，其中 NodeTypes 设置为 Keyword，Selection Criteria Top N 设置为 30。为确保 CiteSpace 运行后，所得图像能够简洁易读，对其进行修剪，故选中 Pruning 栏下的 Pathfinder 以及 Pruning sliced networks，其余设置均选用默认值，通过对其进行可视化分析，得到文旅深度融合新业态与教育文化遗产系统性保护协同模式研究英文文献关键词共线图后，选择 Timeline 显示，采用 Keyword 聚类，选择 Log – Likeli-hood Ratio（LLR），在对图像进行调整后得到国际上文旅深度融合新业态与教育文化遗产系统性保护协同模式研究热点图，如图 2 – 99 所示。

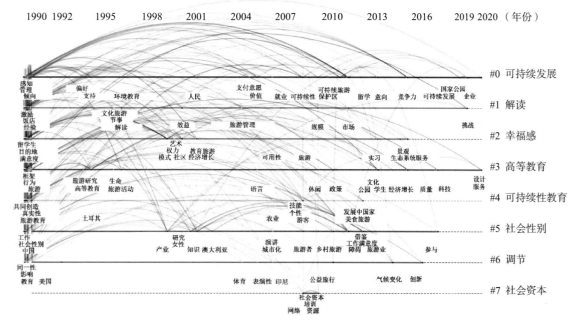

图 2 – 99 　文旅深度融合新业态与教育文化遗产系统性保护协同模式研究领域英文文献热点图

由图 2 - 99 可知，该领域的高频关键词聚类共 8 个类别，分别为可持续发展（sustainable development）、解读（interpretation）、幸福感（well-being）、高等教育（higher education）、可持续性教育（education for sustainability）、社会性别（gender）、调节（reconciliation）、社会资本（social capital）。这 8 个类别代表了国际上文旅深度融合新业态与教育文化遗产系统性保护协同模式研究领域的研究热点。在所得聚类视图中，通过对各个关键词按照时间顺序梳理的基础上，对其进行提取，得到文旅深度融合新业态与教育文化遗产系统性保护协同模式研究领域英文文献热点脉络，如表 2 - 128 所示。

表 2 - 128　文旅深度融合新业态与教育文化遗产系统性保护协同模式研究领域英文文献热点关键词脉络

年份	关键词
1990	旅游、教育、态度、管理、影响、体验、感知、满意度、好客、行为、中国、遗产、生态旅游、身份、动机、目的地、绩效、旅游教育、性别、视角、真实性、国际学生、地点、移民、决定因素、政策、游客体验、消费、健康、工作、共创、环境、食物、制度、移动性、目的地形象、创业、决策、生活质量、博物馆、遗产旅游、乡村发展、计划行为、农业旅游、合作、吸引力、医疗旅游、模拟、虚拟现实、和解、可持续教育、冒险、幸福、同理心、旅游和平、可持续发展目标
1992	美国
1994	高等教育、支持、偏好、土耳其、旅游研究
1995	可持续旅游发展
1996	娱乐、口译、环境教育、文化旅游、活动、生活
1999	模型、行业
2000	社区、利益、权力、艺术
2001	知识、人、教育旅游、女性、成长、研究
2002	澳大利亚
2004	旅游管理、体育
2005	价值、支付意愿、语言、表现力
2006	就业、城市化、印度尼西亚、可用性、话语、农业
2007	保护、文化、景观、资源、旅游研究、肯尼亚、移民
2008	可持续性、大学、旅游、质量、游客、政治、网络、人力资本、课程、游客、酒店、文化遗产、风险、基于自然的旅游、成功、赋权、技能、个性、浪漫、地点、灾难、人力资源开发、泰国、能力、政府、危机管理、森林、职业发展、爱尔兰
2009	保护区、乡村旅游、社会资本、规模、休闲、培训
2010	学生、意向、志愿旅游、互联网、信息、工作满意度、国家、经济危机、实地考察、障碍、协整、安全、课程、公民社会、区域发展、因果关系、调整、后果、收益、计划行为理论、数据管理秩序、经济、全球化、风险感知、渔业、大学生、需求、可视化、增强型现实、贸易、时间序列、经验证据、投资、假设、西班牙
2011	可持续旅游、市场、环境关注、目的地忠诚度
2012	国家公园、气候变化、留学、形象、野生动物、发展中国家、美食旅游、学习、旅游业、公园、减贫、保护区、生物多样性保护
2013	服务、技术、问题、定位、实习、旅游效益、学术成就、模式、组织、治理
2014	可持续发展、社会媒体、经济增长、国外、生物多样性、机会、香港
2015	行为意向、生态系统服务、方法论、地质旅游
2016	创新、设计、项目、体验经济、竞争力、沟通、公司
2017	参与、利益相关者、伦理
2018	地理、幸福、忠诚
2019	挑战
2020	商业
2021	危机、情感、性别平等、民族志、定性、自我民族志、用户体验、公民科学、体验教育、输出、自然资源、计划行为理论、理性、创意旅游

由表 2 - 128 可知，1990 年，研究热点关键词明显增多，说明文旅深度融合新业态与教育文化遗产系统性保护研究正式成为国际学术界的研究热点，学者们在这一时期主要是对共同打造遗产旅游的可持续性发展等方面进行研究。随着时间的推移，研究文旅深度融合新业态与教育文化遗产系统性保护协同模式的学者越来越多，并且各个学者的研究视角、研究重点、研究方法均各有其特色。2001 年，学者们开始注重教育旅游对推进文旅深度融合新业态与教育文化遗产系统性保护协同模式发展的重要性，这表明在教育旅游发展进程中，学者们已经开始重视新业态发展的重要性，在一定程度上反映了国际上对文旅深度融合新业态与教育文化遗产系统性保护的研究逐渐开始成熟。2008 年，学者们开始关注政府、社会群体等在文化遗产系统性保护和可持续性发展中的作用。2021 年，创意旅游成为研究热点。

其次，对文旅深度融合新业态与教育文化遗产系统性保护协同模式研究领域的研究热点进行分析。

将从中国知网（CNKI）数据库中所得的数据导入 CiteSpace 中，其中 NodeTypes 设置为 Keyword，Selection Criteria Top N 设置为 10。为确保 CiteSpace 运行后，所得图像能够简洁易读，对其进行修剪，故选中 Pruning 栏下的 Pathfinder 以及 Pruning sliced networks，其余设置均选用默认值，通过对其进行可视化分析，得到文旅深度融合新业态与教育文化遗产系统性保护协同模式研究中文文献关键词共线图后，选择 Timeline 显示，采用 Keyword 聚类，选择 Log - Likeli-hood Ratio（LLR），在对图像进行调整后得到文旅深度融合新业态与教育文化遗产系统性保护协同模式研究领域中文文献热点图，如图 2 - 100 所示。

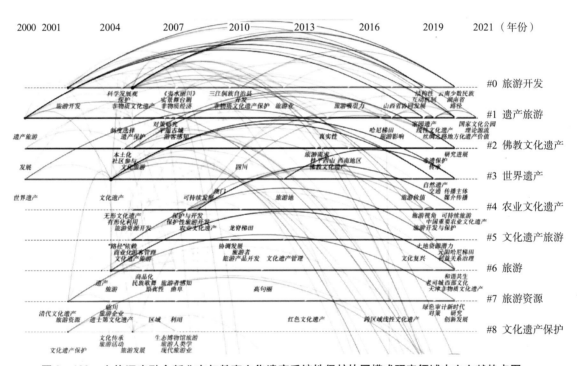

图 2 - 100　文旅深度融合新业态与教育文化遗产系统性保护协同模式研究领域中文文献热点图

由图 2 - 100 可知，该领域的高频关键词聚类共 9 个类别，分别为旅游开发、遗产旅游、佛教文化遗产、世界遗产、农业文化遗产、文化遗产旅游、旅游、旅游资源、文化遗产保护。这 9 个类别代表了国内文旅深度融合新业态与教育文化遗产保护协同研究领域的研究热点。在所得聚类视图中，通过对各个关键词按照时间顺序梳理的基础上，对其进行提取，得到文旅深度融合新业态与教育文化遗产系统性保护协同模式研究领域中文文献热点脉络，如表 2 - 129 所示。

表 2 - 129　文旅深度融合新业态与教育文化遗产系统性保护协同模式研究领域中文文献热点关键词脉络

年份	关键词
2004	旅游、旅游资源
2006	非物质文化遗产、旅游开发、文化遗产保护、全球重要农业文化遗产

年份	关键词
2007	文化遗产、遗产旅游、保护、遗产保护、平遥古城
2008	农业文化遗产、文化旅游、可持续发展、开发模式、生态旅游、古村落、保护性旅游开发、保护与开发
2009	世界遗产、贵州从江、开平碉楼、澳门、旅游研究
2010	文化遗产旅游、原真性、非物质文化遗产保护、开发、旅游者、旅游产品开发、乡村旅游开发、旅游产品、顾客价值、利用、龙脊梯田、协调发展、三江侗族自治县、四川、文化遗产旅游者
2011	旅游发展、乡村旅游、适宜性评价、西部地区、稻鱼共生系统、高句丽、旅游品牌、旅游文化
2012	世界文化遗产、遗产、旅游地、旅游业、文化遗产管理
2013	文化遗产地、红色文化遗产
2014	佛教文化遗产、桂平西山、德昂族、真实性、游客、旅游需求、满意度
2015	旅游吸引力、西南地区、利益相关者、游客感知
2016	世界文化遗产地、旅游产业、遗产地
2017	旅游影响、跨区域线性文化遗产、哈尼梯田、山西省、农业文化遗产地
2018	体育非物质文化遗产、宏村、旅游价值、民族文化、文化复兴、协同发展
2019	乡村振兴、非物质文化遗产旅游、京杭运河、非遗传承人、旅游开发与保护
2020	文旅融合、社区参与
2021	文化再生产

由表 2 – 129 可知，自 2010 年以来，国内文旅深度融合新业态与教育文化遗产系统性保护协同模式研究领域的热点关键词明显增多，并且主要集中在文化遗产旅游、非物质文化遗产保护、旅游产品开发、乡村旅游开发、文化遗产旅游者、协调发展等方面，说明自 2010 年起，我国在文旅深度融合新业态与教育文化遗产系统性保护协同发展等方面的研究体系正在逐渐趋于成熟。2011 年，国内研究的热点关键词为旅游发展、适宜性评价、旅游品牌、旅游文化，说明此时学者们已经开始注重教育旅游发展的整体绩效研究，并要求在教育旅游发展过程中定期对其在旅游品牌建设、旅游文化保护与再利用等方面进行适宜性评价。2012 年，国内的研究热点关键词为世界文化遗产、文化遗产管理，说明此时学者们已经注意到世界文化遗产系统性保护对我国教育旅游产业发展的先进启示。2018 年，国内学者们针对教育旅游的研究热点关键词为文化复兴、旅游价值、民族文化等，说明此时学者们已经不再单一关注教育文化遗产的单一性保护，而已经意识到教育旅游发展与文化复兴、民族文化保护、激发旅游价值功能等相结合。

最后，对文旅深度融合新业态与教育文化遗产系统性保护协同模式研究领域的研究前沿进行分析。

研究前沿不仅可以反映科学研究的进展和发展趋势，还反映了该科学研究是否具有研究价值。将利用 CiteSpace 的膨胀词提取词频变化率突变的关键词，进而对文旅深度融合新业态与教育文化遗产系统性保护协同模式研究领域进行前沿分析。

将 WOS 数据库中所得的数据导入 CiteSpace 中，其中 NodeTypes 设置为 Keyword，Selection Criteria Top N 设置为 50，其余设置均选用默认值，通过对其进行可视化分析，得到文旅深度融合新业态与教育文化遗产系统性保护协同模式研究英文文献关键词共线图后，故将 Burstness 下的 Minimum Duration 设置为 20，提取突变最少保持 4 年的关键词，如表 2 – 130 所示。

表 2 – 130　文旅深度融合新业态与教育文化遗产系统性保护协同模式研究领域英文文献前沿术语

关键词	强度	初始年份	结束年份	1990 ~ 2021 年
模拟	9. 83	1990	2009	▬▬▬▬▬▬▬▬▬▬▬▬▬▬▬▬▬▬▬▬▬
食品旅游	8. 58	1990	2009	▬▬▬▬▬▬▬▬▬▬▬▬▬▬▬▬▬▬▬▬▬

续表

关键词	强度	初始年份	结束年份	1990～2021 年
遗产旅游	8.32	1990	2011	▄▄▄▄▄▄▄▄▄▄▄▄▄▄▄▄▄▄▄▄▄▄▄▄▄▄
决策	4.98	1990	2011	▄▄▄▄▄▄▄▄▄▄▄▄▄▄▄▄▄▄▄▄▄▄▄▄▄▄

由表 2 – 130 可知，1990～2009 年文旅深度融合新业态与教育文化遗产系统性保护协同模式研究英文文献突现关键词为模拟（simulation）、食品旅游（food tourism），说明文旅深度融合新业态与教育文化遗产系统性保护协同模式发展在国际上成为研究热点的发展初期，学者们的重点研究方向为探析协同发展路径；1990～2011 年文旅深度融合新业态与教育文化遗产系统性保护协同模式研究领域英文文献突现关键词为遗产旅游（heritage tourism）、决策（decision making）说明在这一时期，学者们的研究重点为遗产旅游发展的决策部署问题。

通过以上对文旅深度融合新业态与教育文化遗产系统性保护协同模式研究领域的英文文献前沿分析，可以看出，在新时代背景下，学者们对于文旅深度融合新业态与教育文化遗产系统性保护协同模式领域的研究前沿在于教育文化遗产的保护性开发利用，这与目前教育旅游产业的发展部署系一致，因此，认为近年的文旅深度融合新业态与教育文化遗产系统性保护领域的英文文献对我国学者研究教育旅游具有参考价值。

将从中国知网（CNKI）数据库中所得的数据导入 CiteSpace 中，其中 NodeTypes 设置为 Keyword，Selection Criteria Top N 设置为 30，其余设置均选用默认值，通过对其进行可视化分析，得到文旅深度融合新业态与教育文化遗产系统性保护协同模式研究领域中文文献关键词共线图后，故将 Burstness 下的 Minimum Duration 设置为 1，提取突变最少保持 1 年的关键词，如表 2 – 131 所示。

表 2 – 131　文旅深度融合新业态与教育文化遗产系统性保护协同模式研究领域中文文献前沿术语

关键词	强度	初始年份	结束年份	2000～2021 年
文化遗产保护	4.40	2002	2007	▄▄▄▄▄▄▄▄▄▄▄▄▄▄▄▄▄▄▄▄▄▄▄▄▄▄
旅游资源	3.16	2002	2009	▄▄▄▄▄▄▄▄▄▄▄▄▄▄▄▄▄▄▄▄▄▄▄▄▄▄
佛教文化遗产	3.26	2014	2015	▄▄▄▄▄▄▄▄▄▄▄▄▄▄▄▄▄▄▄▄▄▄▄▄▄▄

由表 2 – 131 可知，2002～2007 年文旅深度融合新业态与教育文化遗产系统性保护协同模式研究领域中文文献突现关键词为文化遗产保护，说明国内文旅深度融合新业态与教育文化遗产保护协同模式研究领域的学术前沿形成初期，学者们的研究方向为文化遗产保护；2002～2009 年的文旅深度融合新业态与教育文化遗产系统性保护协同模式研究领域中文文献突现关键词为旅游资源，说明学者们已经重视旅游资源在文旅深度融合新业态与教育文化遗产系统性保护协同模式研究过程中的关键性作用；2014～2015 年的文旅深度融合新业态与教育文化遗产系统性保护协同模式中文文献突现关键词为佛教文化产业，说明学者们已经不断延伸研究范围，逐渐将该研究领域延伸到传统文化之中。

第六，文旅深度融合新业态与教育文化遗产系统性保护协同模式研究领域的学术史理论梳理。

目前针对文旅深度融合新业态与教育文化遗产系统性保护协同模式发展的研究较少，教育旅游作为实现二者协同发展的有效路径，主要是指一般的教育旅游和成人教育旅游，以在旅游过程中得到教育体验为主，但是落脚点仍是旅游。黄宇（2019）认为教育旅游是教育和旅游交叉形成的新领域，主要体现为其是本土教育与异地教育不同时期、不同地域、不同背景下形成的教育旅游形式。程哲（2016）等人认为文化遗产本身具有丰富的旅游资源特征和开发价值，因此，旅游开发是实现文化遗产系统性保护的有效路径。目前，国际上对教育旅游起源层面的定义已经达成一致，即：以教育文化遗产为中心，在充分挖掘周边旅游资源的基础上，形成独特的教育文化遗产旅游品牌形象，以此而发展的旅游业为教育旅游。其发展的核心是实现教育文化遗产的系统性保护与再利用，这也是其与旅游教育的本质区别。教育旅游作为文旅深度融合新业态与教育文化遗产系统性保护协同模式发展的有效路径，具有巨大的发展空间与发展潜力。通过发展教育旅游，不仅可以唤醒城市记忆、提升国家文化软实力，还可以促进提升国民素质教育水平，满足不同游客对现代旅游业的多样性需求。

国内学者对教育旅游的研究主要侧重于文化遗产保护、旅游资源开发等方面的研究。首先，在文化遗产保护方面，主要侧重于推进文化遗产保护现实背景、必要性、出发点和落脚点等方面。其次，在旅游资源开发方面，众多学者认为非物质文化遗产发展过程中所积淀的文化传统、文艺作品和民俗生活习俗、传统工艺等所蕴含的独特的文化要素，是非物质文化遗产旅游资源开发的重要切入点。在资源开发过程中，应处理好文化遗产系统性保护与再利用之间的关系，创新文化遗产旅游资源开发思路、保护模式，重点解决好资源发展利用同质化的问题。

第五部分：文旅深度融合新业态与军事文化遗产系统性保护协同模式研究领域的文献计量分析。

第一，研究数据和发文量的初步分析。

首先，主要从 WOS 获得英文研究数据，为避免利用 WOS 检索所收集到的文献出现字段缺失的问题，本书采用利用核心数据库（Web of Science Core Collection）对其进行检索。其中，检索式为：TS =（Military tourism）OR TS =（Military tourism and heritage protection）OR TS =（Military museum）OR TS =（Military heritage tourism）；语种：English；文献类型：Article；时间跨度为：1992 年 1 月至 2021 年 3 月，检索时间为 2021 年 3 月 30 日。共得到有效的文献数量为 219 篇。本书将所得文献数据导入 CiteSpace 中对其进行初步检验，在对其进行除重后，最终进行该领域文献计量分析所用有效的 WOS（Web of Science）文献数据有 219 条。

其次，主要从中国知网（CNKI）获得中文研究数据，文献检索类型先定位核心期刊及 CSSCI 期刊，其中检索式为：主题 = 军事旅游、军事遗产旅游、军事博物馆、红色旅游；时间跨度为：1992 年 1 月至 2021 年 3 月，检索时间为 2021 年 3 月 30 日；文献类型为期刊文献；期刊限定为所有期刊。共检索出文献 973 篇，在对文献进行筛选，去除不相关的文献之后，共得到有效的文献数量为 729 篇。本书将所得文献数据导入 CiteSpace 中对其进行初步检验，软件运行结果良好，不存在数据丢失的现象，最终进行该领域文献计量分析所用有效的 CNKI 文献数据有 729 条。

将上述数据导出，按照文献的发文年份和发文数量对其进行信息整合，整合后利用 Excel 对其进行分析，进而得到 1992 年 1 月至 2021 年 3 月的文旅深度融合新业态与军事文化遗产系统性保护协同模式研究领域内英文文献与中文文献的发文数量的比较，如图 2 - 101 所示。

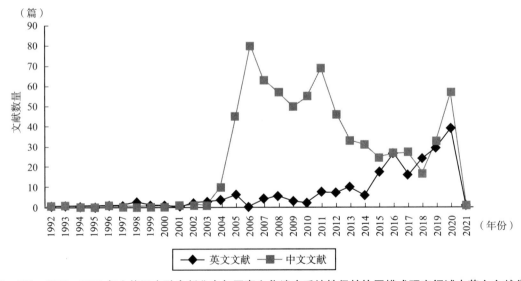

图 2 - 101　1992 ~ 2021 年文旅深度融合新业态与军事文化遗产系统性保护协同模式研究领域中英文文献分布

由图 2 - 101 可知，关于文旅深度融合新业态与军事文化遗产系统性保护协同模式研究领域的中英文文献自 2006 年起发文量出现较大变化。整体上中文文献发文量明显高于外文文献发文量，说明我国在该领域的研究较为成熟。2012 年，中英文发文量均明显增加，说明此时文旅深度融合新业态与军事文化遗产系统性保护协同模式研究是国际上学者们的研究重点之一。2015 ~ 2020 年，中英文文献发文量出现波动，但整体上发文量仍呈现出上升趋势，由于本书文献检索时间为 2020 年 10 月 5 日，因此书中所检索的 2020 年的发文量为 2020 年 1 月 1 日至 2020 年 10 月 5 日，所以在中英文文旅深度融合新业态与军事文化遗产系统性保护协同模式领域研究文献 2019 ~ 2020 年的变化趋势整体呈现出下降的趋势。

第二，文旅深度融合新业态与军事文化遗产系统性保护协同模式研究领域的国家分析。

在文献计量的过程中，对文献国家进行分析系，可以帮助学者们更好地把握某一研究领域在国际上较为权威的国家。利用 CiteSpace 得到在文旅深度融合新业态与军事文化遗产系统性保护协同模式研究中的国家共现网络关键节点，进而分析得出在该研究领域中国际影响力较高的国家，不仅可以为学者们在该领域的学习中提供一定的借鉴和指导作用，还能帮助学者们对自己国家在该研究领域中的国际地位有一个清晰的认识，为其今后的研究方向、研究重点给予一定的指导作用。

本书将从 WOS 数据库中所得的数据导入 CiteSpace 中，其中 NodeTypes 设置为 Country，Selection Criteria Top N 设置为 30，其余设置均选用默认值，接着将从 CiteSpace 中所得的数据整理成 Excel 表格，分别提取"国家"和"发文量"两个字段下的数据，得到不同国家在文旅深度融合新业态与军事文化遗产系统性保护协同模式研究领域发文量排名，如图 2 - 102 所示。从图中可以看出，发文量排名前十的国家大多为发达国家。其中，美国发文量为 48 篇，排名第一；英国发文量为 23 篇，排名第二；加拿大的发文量为 17 篇，排名第三。

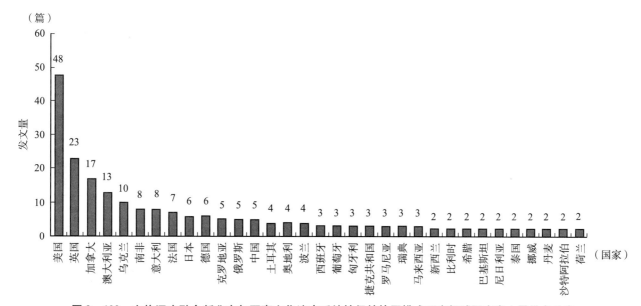

图 2 - 102　文旅深度融合新业态与军事文化遗产系统性保护协同模式研究领域国家发文量排名分布

将从 WOS 数据库中所得的数据导入 CiteSpace 中，其中 NodeTypes 设置为 Country，Selection Criteria Top N 设置为 30，其余设置均选用默认值，通过对其进行可视化分析，得到文旅深度融合新业态与军事文化遗产系统性保护协同模式研究国家知识图谱，如图 2 - 103 所示。

由图 2 - 103 可知，美国在文旅深度融合新业态与军事文化遗产系统性保护协同模式研究领域中居于核心地位，并且其与英国、俄罗斯、法国、新加坡等国家之间有密切的合作关系。因此，本书认为美国在文旅深度融合新业态与军事文化遗产系统性保护协同模式研究领域中具有一定的地位。中国在文旅深度融合新业态与军事文化遗产系统性保护协同模式研究领域中的地位低于美国，但与澳大利亚、法国等国之间有密切的合作伙伴关系。

在 CiteSpace 分析所得结果中，一般认为中心度数值越大表示该节点的关键性越高，中心度的数值越小表示该节点的关键性越低，基于此，研究对各个国家中有关文旅深度融合新业态与军事文化遗产系统性保护协同模式的发文中心性进行分析，进而得出各国在各个节点的关键性，并进一步判断某一国家与其他国家在该研究领域中是否存在密切的合作关系。将中心度为 0.1 看作关键节点，并以中心度大于 0.1 为标准，提取关键节点如表 2 - 132 所示。

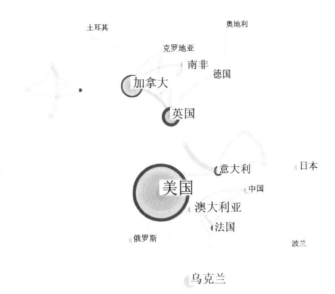

图 2-103　文旅深度融合新业态与军事文化遗产系统性保护协同模式研究领域英文文献的国家共现图

表 2-132　　文旅深度融合新业态与军事文化遗产系统性保护协同模式研究领域英文文献国家共现网络关键节点

频次	中心度	首次发表年份	国家
48	0.34	1998	美国
19	0.31	1994	英国
7	0.26	2008	法国
8	0.16	2008	意大利
17	0.15	2007	加拿大
3	0.12	2007	马来西亚

由表 2-132 可以看出，在文旅深度融合新业态与军事文化遗产系统性保护协同模式英文文献研究中只有 6 个国家的中心度大于 0.1，分别为美国、英国、法国、意大利、加拿大、马来西亚。因此，本书认为这 6 个国家在文旅深度融合新业态与军事文化遗产系统性保护协同模式研究领域位于各个国家合作的网络关键节点。在这 6 个国家中，研究最早的国家为英国，且其发文量排名为第二，因此，认为英国作为发达国家，早期就已经重视该研究领域的发展。中国的发文量为 4 篇，排名第十五，且中心度较小，说明中国在对文旅深度融合新业态与军事文化遗产系统性保护的研究上还不成熟，在国际上缺乏影响力和权威性。

第三，文旅深度融合新业态与军事文化遗产系统性保护协同模式研究的期刊分析。

对文旅深度融合新业态与军事文化遗产系统性保护协同模式研究的期刊进行分析，可以帮助学者们准确地把握在该研究领域中的权威期刊，进而帮助后续学者们在研究中高效地进行文献检索。研究主要利用分析期刊共被引来对各个期刊进行分析。与此同时，本书还将对文旅深度融合新业态与军事文化遗产系统性保护协同模式研究领域的共被引的中心度进行分析。通过对期刊转载量进行分析系，探析各个期刊在文旅深度融合新业态研究与军事文化遗产系统性保护协同模式领域汇总的信息储备、传输能力。

首先，对文旅深度融合新业态与军事文化遗产系统性保护协同模式研究领域的英文期刊进行分析。

将 WOS 数据库中所得的数据导入 CiteSpace 中，其中 NodeTypes 设置为 Cited Journal，Selection Criteria Top N 设置为 30。为确保 CiteSpace 运行后，所得图像能够简洁易读，对其进行修剪，故选中 Pruning 栏下的 Pathfinder 以及 Pruning sliced networks，其余设置均选用默认值，通过对其进行可视化分析，得到文旅深度融合新业态与军事文化遗产系统性保护协同模式研究领域英文期刊共被引可视图，如图 2-104 所示。

图 2 – 104　文旅深度融合新业态与军事文化遗产系统性保护协同模式研究英文期刊共被引可视图

由图 2 – 104 可以看出，英文文献中有关文旅深度融合新业态与军事文化遗产系统性保护协同模式的研究，主要集中在《旅游研究年鉴》（*Annals of Tourism Research*）、《论文》（*Thesis*）、《旅游管理》（*Tourism Management*）、《传播学期刊》（*Communication*）、《国际遗产研究杂志》（*International Journal of Heritage Study*）、《旅游研究杂志》（*Journal of Travel Research*）6 本期刊。《旅游研究年鉴》《论文》《旅游管理》3 本期刊的引用频次明显高于其他期刊的引用频次，其中，《旅游研究年鉴》主要刊发环境科学、酒店休闲体育及旅游、社会学等方面的论文研究，该期刊 2015 年的影响因子为 2.685，在 43 种 SSCI 环境酒店休闲体育及旅游期刊中排名第十六。《论文》主要刊发政治学、国际关系、教学和教育研究、经济学、语言学、媒体研究、传播学等方面的论文。《旅游管理》主要刊发国际、国家和区域旅游的规划和政策方面的论文，是涉及旅游具体管理的相关研究，该期刊 2015 年的影响因子为 2.554，在 185 种 SSCI 学科管理学期刊中排名第二十八。

在 CiteSpace 分析所得结果中，一般认为中心度数值越大表示该节点的关键性越高，中心度的数值越小表示该节点的关键性越低，基于此，从期刊共被引的中心度角度对其进行分析，进而得出各国在各个节点的关键性，将中心度为 0.1 看作关键节点，并以中心度大于 0.1 为标准，提取关键节点，得到文旅深度融合新业态与军事文化遗产系统性保护协同模式研究领域的英文期刊共被引网络的关键节点，如表 2 – 133 所示。

表 2 – 133　文旅深度融合新业态与军事文化遗产系统性保护协同模式研究领域英文期刊共被引网络关键节点

被引频次	中心度	首次出现年份	期刊名称
49	0.2	1998	《旅游研究年鉴》
7	0.17	1999	《人类学年鉴》
13	0.16	2005	《科学》
5	0.14	2007	《美国历史评论》
15	0.12	1999	《国际遗产研究杂志》
19	0.11	2003	《传播学期刊》
1	0.1	2013	《人文理论杂志》
4	0.1	2014	《文物》

由表 2 – 133 可以看出，《旅游研究年鉴》（*Annals of Tourism Research*）、《人类学年鉴》（*Annual Review of Anthropology*）、《科学》（*Science*）、《美国历史评论》（*American Historical Review*）、《国际遗产研究杂志》

(*International Journal of Heritage Study*)、《传播学期刊》(*Communication*)、《人文理论杂志》(*Angelaki – Journal of the Theoretical Humanities*)、《文物》(*Antiquity*) 8 本期刊的被引频次和中心度均较高，表明这 8 本期刊在该研究领域的英文论文质量较高，在该研究领域具有较高的知名度和权威性。因此，本书认为《旅游研究年鉴》《人类学年鉴》《科学》《美国历史评论》《国际遗产研究杂志》《传播学期刊》《人文理论杂志》《文物》这 8 本期刊在文旅深度融合新业态与军事文化遗产系统性保护协同模式研究领域英文文献汇总位于核心地位，具有较高的国际地位。

从发文集中度方面来看，将 WOS 数据库中所得的数据导入 CiteSpace 中，其中 NodeTypes 设置为 Source，Selection Criteria Top N 设置为 30，其余设置均选用默认值。将运行结果导入 Excel 中对其期刊名称进行计数，进而得到 1992 ~ 2021 年文旅深度融合新业态与军事文化遗产系统性保护协同模式研究领域英文文献期刊分布，其载文量排名前十七的期刊分布，如表 2 – 134 所示。

表 2 – 134　　　　　　1992 ~ 2021 年文旅深度融合新业态与军事文化遗产系统性保护协同
模式研究领域英文文献期刊分布（前十七）

期刊名称	载文量（篇）	占比（%）
《旅游研究年鉴》	4	1.83
《国际遗产研究杂志》	4	1.83
《旅游研究年鉴》	4	1.83
《当前旅游问题》	3	1.37
《战争与文化研究杂志》	3	1.37
《公共历史学家》	3	1.37
《大学文学》	2	0.91
《民间传说：民俗电子期刊》	2	0.91
《当代史杂志》	2	0.91
《地质地理与地质生态学杂志》	2	0.91
《非洲心理学杂志》	2	0.91
《收藏史杂志》	2	0.91
《旅游期货杂志》	2	0.91
《南非博物馆协会公报》	2	0.91
《旅游经济学》	2	0.91
《户外休闲与旅游杂志：研究、规划与管理》	2	0.91
《旅游评论》	2	0.91

由表 2 – 134 可知，在该研究领域中，发文量排名前十七的期刊发文总量为 46 篇，占比约 19.61%，没有表现出显著高于其他期刊发文总量的趋势，说明国际上在文旅深度融合新业态与军事文化遗产系统性保护协同模式研究领域中，各个期刊的发文较为均匀，并没有形成较为稳定的期刊群和代表性期刊。在发文量排名前十七的期刊中，各个期刊之间的被引频次差别不大，基于此，从载文量的角度分析，认为在文旅深度融合新业态与军事文化遗产系统性保护协同模式的研究领域中，并没有形成具有较高权威性的英文载文期刊。

其次，将对文旅深度融合新业态与军事文化遗产系统性保护协同模式研究领域的中文期刊进行分析。

由于通过中国知网（CNKI）中导出的论文文献数据，缺少"参考文献"字段，无法通过 CiteSpace 对中国知网（CNKI）导出的论文文献数据进行共被引分析，因此对于文旅深度融合新业态与军事文化遗产系统性保护协同模式研究领域的中文期刊分析，将从该领域期刊的载文量以及学科研究层次展开研究。

将从中国知网（CNKI）数据库中所得的数据导入 CiteSpace 中，其中 NodeTypes 设置为 Source，Selection Criteria Top N 设置为30。为确保 CiteSpace 运行后，所得图像能够简洁易读，对其进行修剪，故选中 Pruning 栏下的 Pathfinder 以及 Pruning sliced networks，其余设置均选用默认值，将运行结果导入 Excel 中对其期刊名称进行计数，进而得到1990～2020年文旅深度融合新业态与军事文化遗产系统性保护协同模式研究领域中文文献期刊分布，其载文量排名前十的期刊分布，如表 2 - 135 所示。

表 2 - 135　　　　　　　　1990～2020 年文旅深度融合新业态与军事文化遗产系统性
保护协同模式研究领域中文文献期刊分布（前十）

刊物名称（简称）	载文量（篇）	占比（%）
《求实》	11	1.51
《经济地理》	10	1.37
《企业经济》	10	1.37
《资源开发与市场》	9	1.23
《社会科学家》	8	1.10
《湘潭大学学报（哲学社会科学版）》	8	1.10
《经济问题》	7	0.96
《旅游学刊》	7	0.96
《农业考古》	7	0.96
《人民论坛》	7	0.96

　　由表 2 - 135 可知，在文旅深度融合新业态与军事文化遗产系统性保护协同模式研究领域中，发文量排名前十的中文期刊发文总量为84篇，占比约为11.52%，没有表现出显著高于其他期刊发文总量的趋势，说明在文旅深度融合新业态与军事文化遗产系统性保护研究领域中，中文各个期刊的发文较为均匀，并没有形成较为稳定的期刊群和代表性期刊。在发文量排名前十的期刊中，各个期刊之间的被引频次差别不大，基于此，从载文量的角度分析，认为在文旅深度融合新业态与军事文化遗产系统性保护的研究领域中，并没有形成具有较高权威性的中文载文期刊。

　　按照知网期刊检索的研究层次，对发文量排名前十的期刊进行分类，进而识别在文旅深度融合新业态与军事文化遗产系统性保护研究领域中具有较高权威性的中文期刊文献的研究层次，为后续研究在进行文献筛选时提供指导性建议。如表 2 - 136 所示。

表 2 - 136　　文旅深度融合新业态与军事文化遗产系统性保护协同模式研究领域中文核心期刊研究层次

研究层次	期刊名称
基础研究（社科）	《经济地理》《资源开发与市场》《社会科学家》《湘潭大学学报（哲学社会科学版）》《经济问题》《旅游学刊》《农业考古》《人民论坛》
政策研究（社科）	《求实》
行业指导（社科）	《企业经济》

　　由表 2 - 136 可知，国内文旅深度融合新业态与军事文化遗产系统性保护研究主要分布在基础研究（社科），其中，《经济地理》《资源开发与市场》《社会科学家》《湘潭大学学报（哲学社会科学版）》《经济问题》《旅游学刊》《农业考古》《人民论坛》均属于基础研究（社科），因此，在研究关于文旅深度融合新业态与军事文化遗产系统性保护协同模式研究领域中文文献的社会科学基础研究时，可重点参考以上期刊所发的文献。《求实》归属于政策研究（社科），《企业经济》归属于行业指导（社科），因此，在研究关于文旅深度融合新业态与军事文化遗产系统性保护协同模式的中文文献行业指导研究时，可以重点参考《企业经济》所发文献，在研究关于文旅深度融合新业态与军事文化遗产系统性保护协同模式的英文文献政策研究时，可以重点参考《求实》所发文献。

通过对中、英文期刊的分析可知，在研究关于文旅深度融合新业态与军事文化遗产系统性保护协同模式研究领域时，英文文献可以重点参考《旅游研究年鉴》《人类学年鉴》《科学》《美国历史评论》《国际遗产研究杂志》《传播学期刊》《人文理论杂志》《文物》等期刊所刊发的文章，中文文献可重点参考《经济地理》《资源开发与市场》《社会科学家》《湘潭大学学报（哲学社会科学版)》《经济问题》《旅游学刊》《农业考古》《人民论坛》《企业经济》《求实》所刊发的文章。

第四，文旅深度融合新业态与军事文化遗产系统性保护协同模式研究领域的团队分析。

本书主要从作者和研究团队两个方面对文旅深度融合新业态与军事文化遗产系统性保护领域进行研究团队进行分析。针对英文文献，主要利用 CiteSpace 对其进行共被引分析，主要利用 CiteSpace 对研究机构进行合作网络分析；针对中文文献，研究通过合作网络对其进行分析。

首先，对文旅深度融合新业态与军事文化遗产系统性保护协同模式研究领域的英文文献作者团队和机构进行分析。

关于文旅深度融合新业态与军事文化遗产系统性保护研究领域的英文文献作者分析，将 WOS 数据库中所得的数据导入 CiteSpace 中，其中 NodeTypes 设置为 Cited Author，Selection Criteria Top N 设置为 30。为确保 CiteSpace 运行后，所得图像能够简洁易读，对其进行修剪，故选中 Pruning 栏下的 Pathfinder 以及 Pruning sliced networks，其余设置均选用默认值，通过对其进行可视化分析，得到文旅深度融合新业态与军事文化遗产系统性保护协同模式研究领域英文文献作者共被引可视图，如图 2-105 所示。

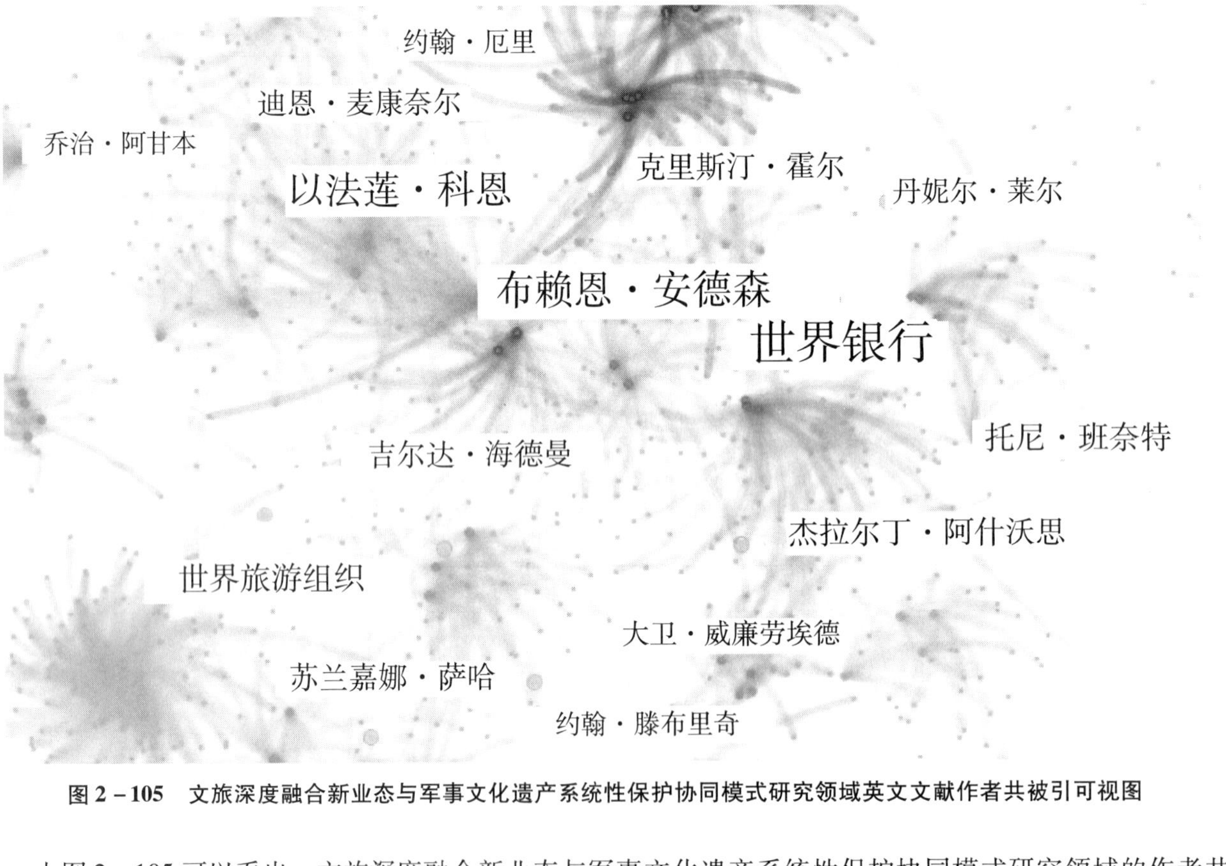

图 2-105 文旅深度融合新业态与军事文化遗产系统性保护协同模式研究领域英文文献作者共被引可视图

由图 2-105 可以看出，文旅深度融合新业态与军事文化遗产系统性保护协同模式研究领域的作者共被引频次在国际上较高的作者主要为布赖恩·安德森、以法莲·科恩、世界银行、杰拉尔丁·阿什沃思、克里斯汀·霍尔，将利用 CiteSpace 计算所得结果导出，整理出文旅深度融合新业态与军事文化遗产系统性保护研究领域英文文献作者共被引频次排名表，因为从 WOS 数据库中所得数据较多，考虑到被引频次较高的作者在该领域中具有较高的国际地位，因此主要选择被引频次较高的前三名作者，如表 2-137 所示。

表 2 - 137　文旅深度融合新业态与军事文化遗产系统性保护协同模式研究领域英文文献作者被引频次排名（前三）

作者	被引频次	被引频次最高的论文
布赖恩·安德森	9	偶然的游客：1944～1945 年罗马的美国人
以法莲·科恩	9	战争与旅游：美国民族志
世界银行	8	当代缅甸佛教的商品化

　　由表 2 - 137 可知，在文旅深度融合新业态与军事文化遗产系统性保护协同模式研究领域的英文文献中，被引频次最高的是布赖恩·安德森，被引频次为 9 次，在过去 20 年内，被引频次最高的论文为《偶然的游客：1944～1945 年罗马的美国人》。文旅深度融合新业态与军事文化遗产系统性保护协同模式英文文献被引频次排名第二的是以法莲·科恩，被引频次为 9 次，在过去 20 年内，被引频次最高的论文为《战争与旅游——美国民族志》。文旅深度融合新业态与军事文化遗产系统性保护协同模式英文文献被引频次排名第三的是世界银行，被引频次为 8 次，在过去 20 年内，被引频次最高的论文为《当代缅甸佛教的商品化》。

　　在 CiteSpace 分析所得结果中，一般认为中心度数值越大表示该节点的关键性越高，中心度的数值越小表示该节点的关键性越低，基于此，本书从作者共被引的中心度角度对其进行分析，进而得出各国在各个节点的关键性，将中心度为 0.1 看作关键节点，并以中心度大于 0.1 为标准，提取关键节点，得到文旅深度融合新业态与军事文化遗产系统性保护协同模式研究领域的英文文献作者共被引网络的关键节点，如表 2 - 138 所示。

表 2 - 138　文旅深度融合新业态与军事文化遗产系统性保护协同模式研究领域英文文献作者共被引网络关键节点

作者	被引频次	中心度	首次出现年份
布赖恩·安德森	9	0.24	1999
杰拉尔丁·阿什沃思	7	0.15	2008
美国空军	2	0.12	1998
乔治·阿甘本	5	0.11	2013
瓦尔特·本雅明	3	0.11	2013
电子研究学会	1	0.10	2004

　　由表 2 - 138 可以看出，布赖恩·安德森、杰拉尔丁·阿什沃思与其他作者之间有密切的关联度，并形成了以以上作者为中心的多个学术研究联盟。基于此，认为布赖恩·安德森、杰拉尔丁·阿什沃思在该研究领域中具有较高的权威性。

　　关于文旅深度融合新业态与军事文化遗产系统性保护协同模式研究领域的英文文献研究机构团队分析，将 WOS 数据库中所得的数据导入 CiteSpace 中，其中 NodeTypes 设置为 Institution，Selection Criteria Top N 设置为 30，其余设置均选用默认值，通过对其进行可视化分析，得到文旅深度融合新业态与军事文化遗产系统性保护协同模式研究领域英文文献研究机构合作可视图，如图 2 - 106 所示。

　　由图 2 - 106 可以看出，多伦多大学的发文量最高，位居第一。总的来说，各个机构之间的连线有 155 条，节点（节点代表发文机构）有 261 个，贡献网络密度为 0.0046，说明国际在文旅深度融合新业态与军事文化遗产系统性保护协同模式研究过程中，各个机构之间的合作力度不强、合作范围较小，各个研究机构之间应该开展广泛的交流合作。

　　由表 2 - 139 可知，文旅深度融合新业态与军事文化遗产系统性保护协同模式英文文献研究发文量较高的机构主要为多伦多大学、约翰内斯堡大学、维也纳大学 3 所高校，从研究机构性质的角度分析，文旅深度融合新业态与军事文化遗产系统性保护英文文献研究发文量大多集中于高校，机构类型非常单一。表明现阶段，国际上对文旅深度融合新业态与军事文化遗产系统性保护协同模式展开研究的主要为高校。在发文量较高的三所机构中，没有中国的机构说明我国机构在文旅深度融合新业态与军事文化遗产系统性保护协同模式研究领域中国际影响力有待提升。

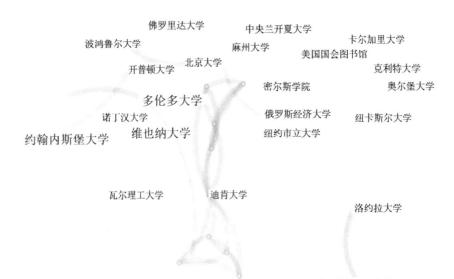

图 2-106　文旅深度融合新业态与军事文化遗产系统性保护协同模式研究领域英文文献机构合作可视图

表 2-139　　　文旅深度融合新业态与军事文化遗产系统性保护协同模式研究领域英文文献发文较高机构

发文量（篇）	机构名称	机构性质	国家
5	多伦多大学	高校	加拿大
3	约翰内斯堡大学	高校	南非
3	维也纳大学	高校	奥地利

　　其次，对文旅深度融合新业态与军事文化遗产系统性保护协同模式研究领域的中文文献作者和研究团队进行分析。

　　关于文旅深度融合新业态与军事文化遗产系统性保护研究中文文献作者分析，将中国知网（CNKI）数据库中所得的数据导入 CiteSpace 中，其中 NodeTypes 设置为 Author，Selection Criteria Top N 设置为 30。为确保 CiteSpace 运行后，所得图像能够简洁易读，对其进行修剪，故选中 Pruning 栏下的 Pathfinder 以及 Pruning sliced networks，其余设置均选用默认值，通过对其进行可视化分析，得到文旅深度融合新业态与军事文化遗产系统性保护协同模式研究的中文文献作者合作可视图，如图 2-107 所示。

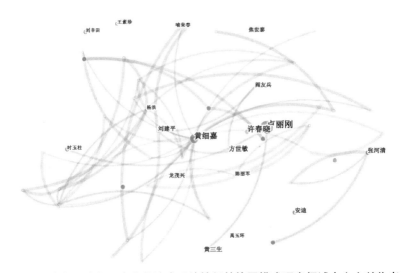

图 2-107　文旅深度融合新业态与军事文化遗产系统性保护协同模式研究领域中文文献作者合作网络可视图

由图 2 – 107 可以看出，卢丽刚关于文旅深度融合新业态与军事文化遗产系统性保护协同模式研究领域的中文文献发文量最高。总的来看，各个机构之间的连线只有 834 条，节点（节点即作者）有 1083 个，贡献网络密度为 0.0014，说明国内针对文旅深度融合新业态与军事文化遗产系统性保护协同模式的研究较不成熟，且各个作者之间的合作联系较少，整体上并未想成紧密的科研合作团队。从 CiteSpace 中所得数据导出并整理，得到文旅深度融合新业态与军事文化遗产系统性保护协同模式研究领域中文文献发文量较高的作者，如表 2 – 140 所示。

表 2 – 140　文旅深度融合新业态与军事文化遗产系统性保护协同模式研究领域中文文献高发文量作者

作者	发文量（篇）	单位
卢丽刚	17	华东交通大学人文学院；华东交通大学红色文化资源研究所
黄细嘉	12	南昌大学旅游规划与研究中心；南昌大学经济与管理学院
许春晓	11	湖南师范大学旅游学院
方世敏	8	湘潭大学旅游管理学院
刘建平	6	湘潭大学旅游管理学院
安迪	6	《国际展望》资料室
张河清	6	广东商学院旅游学院
黄三生	6	华东交通大学马克思主义学院

由表 2 – 140 可知，国内对该领域较为重要的学者有卢丽刚、黄细嘉、许春晓、方世敏、刘建平、安迪、张河清、黄三生等人，因此，在进行文旅深度融合新业态与军事文化遗产系统性保护协同模式研究时可以重点参考以上学者文章，其发文量相比于国外针对文旅深度融合新业态与军事文化遗产系统性保护协同模式研究的发文量不相上下，但整体上国内外对文旅深度融合新业态与军事文化遗产系统性保护协同模式的研究还不成熟。其中，来自华东交通大学人文学院和华东交通大学红色文化资源研究所的卢丽刚主要致力于红色旅游、红色旅游资源、红色文化、保护与开发、井冈山精神、区域合作等方面的研究；来自南昌大学旅游规划与研究中心和南昌大学经济与管理学院的黄细嘉主要致力于红色旅游、社会价值、旅游整体形象、旅游形象营销、旅游价值、城市功能、人力资源等方面的研究；来自湖南师范大学旅游学院的许春晓主要致力于文化旅游、旅游行为、旅游开发、旅游规划、红色旅游、旅游满意度等方面的研究；来自湘潭大学旅游管理学院的方世敏主要致力于红色旅游、乡村旅游、旅游景区、旅游演艺、游客感知、亲景度等方面的研究；来自湘潭大学旅游管理学院的刘建平主要致力于红色旅游、红色文化遗产、历史街区、红色基因、红色文化遗产资源、旅游资源深度开发等方面的研究；来自《国际展望》资料室的安迪主要致力于军事博物馆、军事发展、军事历史等方面的研究；来自广东商学院旅游学院的张河清主要致力于红色旅游、区域旅游协作、协调管理、区域旅游、可持续发展、旅游开发、"围城"效应等方面的研究；来自华东交通大学马克思主义学院的黄三生主要致力于红色文化、永续发展、红色旅游、博览会等方面的研究。

关于文旅深度融合新业态与军事文化遗产系统性保护协同模式研究领域中文文献研究团队分析，将中国知网（CNKI）数据库中所得的数据导入 CiteSpace 中，其中 NodeTypes 设置为 Institution，Selection Criteria Top N 设置为 30。为确保 CiteSpace 运行后，所得图像能够简洁易读，对其进行修剪，故选中 Pruning 栏下的 Pathfinder 以及 Pruning sliced networks，其余设置均选用默认值，通过对其进行可视化分析，得到文旅深度融合新业态与军事文化遗产系统性保护协同模式研究领域的中文文献研究机构可视图，如图 2 – 108 所示。

由图 2 – 108 可以看出，湘潭大学旅游管理学院对有关文旅深度融合新业态与军事文化遗产系统性保护协同模式研究的中文文献发文量最高，并且与湖南农业大学生命科学技术学院等机构之间有密切的合作关系。总的来说，各个研究机构之间的连线有 229 条，节点（节点即为研究机构）有 686 个，贡献网络密度为 0.001，说明国内针对文旅深度融合新业态与军事文化遗产系统性保护协同模式研究领域的研究机构之间合作交流力度相对较低，各个研究机构之间应该建立研究机构交流群体。

图 2 – 108 文旅深度融合新业态与军事文化遗产系统性保护协同模式研究领域中文文献机构合作可视图

将 CiteSpace 运行的数据导出，得到文旅深度融合新业态与军事文化遗产系统性保护协同保护模式研究领域中文文献发文量排名前十的机构，如表 2 – 141 所示。

表 2 – 141 文旅深度融合新业态与军事文化遗产系统性保护协同模式研究领域中文文献发文机构（前十）

发文量（篇）	机构名称	机构性质	地区
13	湘潭大学旅游管理学院	高校	华中地区
12	湖南师范大学旅游学院	高校	华中地区
11	南昌大学旅游规划与研究中心	研究机构	华东地区
10	华东交通大学人文学院	高校	华东地区
9	江西科技师范学院	高校	华东地区
7	湘潭大学管理学院	高校	华中地区
6	华东交通大学	高校	华东地区
6	陕西师范大学旅游与环境学院	高校	西北地区
6	遵义师范学院历史系	高校	西南地区
5	江西经济管理干部学院	高校	华东地区

由表 2 – 141 可知，文旅深度融合新业态与军事文化遗产系统性保护协同模式研究领域中文文献发文量排名前三的研究机构分别为：湘潭大学旅游管理学院、湖南师范大学旅游学院、南昌大学旅游规划与研究中心。从研究机构的类型来看，文旅深度融合新业态与军事文化遗产系统性保护协同模式中文文献研究发文量排名前十的机构，有 9 个是高校，1 个是研究机构，机构类型十分单一，因此，认为文旅深度融合新业态与军事文化遗产系统性保护协同模式研究主力是各大高校，其中的研究机构为：南昌大学旅游规划与研究中心。从研究机构的地域角度来看，文旅深度融合新业态与军事文化遗产系统性保护协同模式研究的中文文献研究机构主要分布在华中、华东、西北、西南地区，而华北、华南地区的研究机构针对文旅深度融合新业态与军事文化遗产系统性保护协同模式进行研究的较少。

第五，对文旅深度融合新业态与军事文化遗产系统性保护协同模式研究领域的研究热点及前沿分析。

通过对文旅深度融合新业态与军事文化遗产系统性保护协同模式研究领域中的供词分析和突变分析，可以直观地反映出该研究领域的研究热点和前沿，进而准确把握该领域的学术研究范式，更加清晰地发现该研究领域的学术空白，为准确地选择学术研究方向提供指导。

首先，对文旅深度融合新业态与军事文化遗产系统性保护协同模式研究领域研究热点进行分析。

将 WOS 数据库中所得的数据导入 CiteSpace 中，其中 NodeTypes 设置为 Keyword，Selection Criteria Top N 设置为 20。为确保 CiteSpace 运行后，所得图像能够简洁易读，对其进行修剪，故选中 Pruning 栏下的 Pathfinder 以及 Pruning sliced networks，其余设置均选用默认值，通过对其进行可视化分析，得到文旅深度融合新业态与军事文化遗产系统性保护协同模式英文文献研究关键词共线图后，选择 Timeline 显示，采用 Keyword 聚类，选择 Log – Likeli-hood Ratio（LLR），在对图像进行调整后得到文旅深度融合新业态与军事文化遗产系统性保护协同模式研究领域英文文献研究热点图，如图 2 – 109 所示。

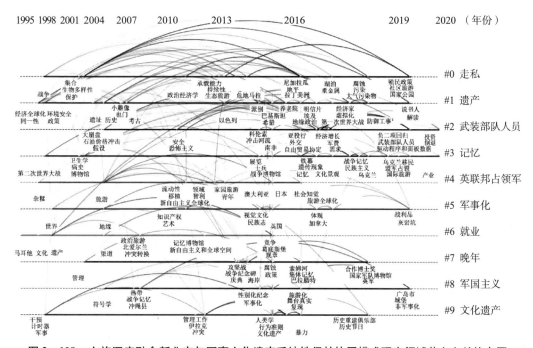

图 2 – 109　文旅深度融合新业态与军事文化遗产系统性保护协同模式研究领域英文文献热点图

由图 2 – 109 可知，文旅深度融合新业态研究领域的高频关键词聚类共 10 个类别，分别为走私（traf-ficking）、遗产（heritage）、武装服务人员（armed service personnel）、记忆（memory）、英联邦占领军（British common wealth occupation force）、军事化（militarisation）、就业（emplacement）、晚年（afterlives）、军国主义（militarization）、文化遗产（cultural heritage）。这 10 个类别代表了文旅深度融合新业态与军事文化遗产系统性保护协同模式研究领域英文文献的研究热点。在所得聚类视图中，通过对各个关键词按照时间顺序梳理的基础上，对其进行提取，得到文旅深度融合新业态与军事文化遗产系统性保护协同模式研究领域英文文献热点脉络，如表 2 – 142 所示。

表 2 – 142　文旅深度融合新业态与军事文化遗产系统性保护协同模式研究领域英文文献热点关键词脉络

年份	关键词
1994	资源、马耳他
1997	身份
1998	战争、政治、军事、第二次世界大战
1999	遗产、世界
2002	知觉
2003	博物馆、保护、管理

年份	关键词
2004	地点
2005	旅游、影响、历史
2007	考古学、也门
2008	战争记忆、冲绳
2011	艺术、安全
2012	伊拉克、冲突
2013	图书馆、生态旅游
2014	纪念、森林、发展
2015	战争博物馆、文化遗产
2016	记忆、地缘政治、克罗地亚、日本
2017	需求、军费开支、第一次世界大战
2018	游客
2019	国际旅游
2020	经济增长、投资、产业、回归

由表 2 - 142 可知，2005 年之前学者们主要关注资源、战争、战争遗存等，2005 年之后学者们开始关注军事旅游、遗产保护、军事历史、遗址文化底蕴，并且随着时间的推移，国际上研究文旅深度融合新业态与军事文化遗产系统性保护协同模式的学者越来越多，且各个学者的研究视角、研究重点、研究方法均各有其特色。2015 年，学者们开始重视战争博物馆、军事博物馆的建设，突出其在保护军事文化遗产中的关键作用。2019 年，学者们重点关注军事国际旅游，不断扩大文化旅游的范围，通过发展军事旅游，加强各国的军事文化交流，传承传统文化，这表明在该领域研究发展进程中，学者们已经开始重视旅游发展的重要性，在一定程度上反映了国际上对文旅深度融合新业态与军事文化遗产系统性保护的研究逐渐开始成熟。2020 年，学者们着重关注区域经济增长，借助旅游市场发展，一方面系统性保护军事文化遗产，另一方面带动军事文化遗产地经济快速发展。

其次，对文旅深度融合新业态与军事文化遗产系统性保护协同模式研究领域的研究热点进行分析。

将中国知网（CNKI）数据库中所得的数据导入 CiteSpace 中，其中 NodeTypes 设置为 Keyword，Selection Criteria Top N 设置为 20。为确保 CiteSpace 运行后，所得图像能够简洁易读，对其进行修剪，故选中 Pruning 栏下的 Pathfinder 以及 Pruning sliced networks，其余设置均选用默认值，通过对其进行可视化分析，得到文旅深度融合新业态与军事文化遗产系统性保护协同模式中文文献研究关键词共线图后，选择 Timeline 显示，采用 Keyword 聚类，选择 Log - Likeli-hood Ratio（LLR），在对图像进行调整后得到该领域中文文献研究热点图，如图 2 - 110 所示。

由图 2 - 110 可知，该研究领域的高频关键词聚类共 9 个类别，分别为红色旅游、旅游资源、红色文化、红色旅游资源、红色资源、文旅融合、旅游发展规划、策略、文化旅游。这 9 个类别代表了文旅深度融合新业态与军事文化遗产保护协同模式研究领域中文文献的研究热点。在所得聚类视图中，通过对各个关键词按照时间顺序梳理的基础上，对其进行提取，得到文旅深度融合新业态与军事文化遗产系统性保护协同模式研究领域中文文献研究热点脉络，如表 2 - 143 所示。

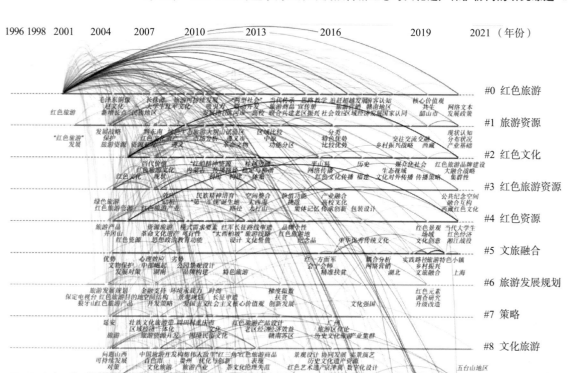

图 2 - 110　文旅深度融合新业态与军事文化遗产系统性保护协同模式研究领域中文文献热点图

表 2 - 143　文旅深度融合新业态与军事文化遗产系统性保护协同模式研究领域中文文献热点关键词脉络

年份	关键词
1996	军事博物馆、军事文化
2001	红色旅游、革命老区
2002	发展、红色旅游
2003	狼牙山
2004	韶山、产品开发
2005	红色旅游资源、对策、旅游资源、开发、井冈山、可持续发展、红色旅游产品、江西、旅游、红色旅游区、保护、长征精神、问题、旅游业、发展模式、优势、旅游发展规划、延安、开发对策、广西、大别山、发展战略、旅游产品、赣州、研究、百色、体验经济、精品线路、旅行社、绿色旅游、旅游区
2006	红色文化、红色资源、江西省、发展对策、河北省、体育旅游、区域旅游合作、开发战略、生态旅游、红色旅游目的地
2007	资源开发、经济发展、民族地区、桂西
2008	现状、红色旅游产业、乡村旅游、红色文化遗产、思想政治教育、发展策略、文化旅游、湖南、开发策略、红色旅游文化、教育功能、当代价值、红色精神、长株潭、研究综述、旅游纪念品、旅游资源开发、大学生、空间结构
2009	遵义、创新、策略、资源整合、保护与开发、新农村建设、发展现状、文化资源、免费开放、意义、区域合作、旅游开发
2010	红色旅游景区、旅游产业、中国人民革命军事博物馆、开发利用、红军长征、开发模式、营销策略、旅游者、爱国主义、整合开发、古田会议会址
2011	红色档案、利用、长征文化、宝塔山、文化、游客需求、民俗文化、红色旅游开发、四川、目的地、伟大转折、经济、价值、吸引力、发展路径
2012	红色文化资源、社会主义核心价值观、设计、路径、革命遗址、满意度、马克思主义大众化、文化产业、特色旅游、传播、黄冈市
2013	网络关注度、左右江红色旅游区、旅游线路、文化价值、高校
2014	结构方程模型、红色档案资源、功能分区、中国共产党

年份	关键词
2015	文创产品、博物馆、纪念品、集体记忆
2016	精准扶贫、行动者网络、融合发展、红色文化传播、社会效应
2017	红色基因、红色革命、区域经济发展、中华优秀传统文化、地方依恋、新四军
2018	保护利用、红色题材、空间分布、结构设计、乡村振兴战略、脱贫攻坚、国家认同、湖北
2019	乡村振兴、文旅融合、新时代、西藏、传播策略、文化传承、制度保障、改革开放、现实基础、实践路径
2020	红色文化旅游、上海、建筑规划
2021	五台山地区

由表 2-143 可知，文旅深度融合新业态与军事文化遗产系统性保护协同模式研究领域的中文文献与英文文献相比较多，说明国内对文旅深度融合新业态与军事文化遗产系统性保护协同模式领域的研究较为成熟。

自 2005 年以来，国内热点关键词明显增多，并且主要集中在文旅融合、红色旅游、保护利用、文化传承、爱国主义、教育功能、区域合作、旅游开发、博物馆、经济发展等方面，说明自 2005 年起，我国的研究体系正在逐渐趋于成熟。2008 年，国内研究的热点关键词为红色文化遗产、文化旅游、旅游资源开发、教育功能，说明此时学者们的研究更注重对旅游资源的开发，倡导充分发挥遗产价值，拓展军事教育功能，传承红色军事精神。2017 年，国内的研究热点关键词为红色基因、红色革命、区域经济发展、地方依恋等，说明此时学者们不仅注重挖掘红色底蕴文化，更开始注重满足游客旅游动机，向精神资源、文化资源等方向的资源创新，提升区域经济。2019 年，国内学者们的研究热点关键词为乡村振兴、文旅融合、新时代、文化传承、制度保障、改革开放等，说明此时学者们的研究领域逐渐扩大，持续发展文化旅游，推进乡村振兴战略实施，缩小城乡差距。

最后，对文旅深度融合新业态与军事文化遗产系统性保护协同模式研究领域的研究前沿进行分析。

研究前沿不仅可以反映科学研究的进展和发展趋势，还反映了该科学研究是否具有研究价值。本书将利用 CiteSpace 的膨胀词提取词频变化率突变的关键词，进而对文旅深度融合新业态与军事文化遗产系统性保护协同模式的研究进行前沿分析。

将 WOS 数据库中所得的数据导入 CiteSpace 中，其中 NodeTypes 设置为 Keyword，Selection Criteria Top N 设置为 1，基于前文分析可知，2005 年文旅深度融合新业态与军事文化遗产系统性保护协同模式才正式成为国际上的研究热点，时间跨度较短，加之 2021 年选取的时间范围小，所参考的文献数量不足，为便于观察研究结果，时间区间设定为 2005 ~ 2020 年，其余设置均选用默认值，通过对其进行可视化分析，得到文旅深度融合新业态与军事文化遗产系统性保护协同模式英文文献研究关键词共线图后，故将 Burstness 下的 Minimum Duration 设置为 5，提取突变最少保持 5 年的关键词，如表 2-144 所示。

表 2-144　文旅深度融合新业态与军事文化遗产系统性保护协同模式研究领域英文文献前沿术语

关键词	强度	初始年份	结束年份	2005 ~ 2020 年
旅游	4.91	2016	2020	━━━━━━━━━━━━ ████ ━━
记忆	4.63	2016	2020	━━━━━━━━━━━━ ████ ━
博物馆	3.74	2016	2020	━━━━━━━━━━━━━━ ██

由表 2-144 可知，2016 年以前，国际上并未出现文旅深度融合新业态与军事文化遗产系统性保护协同模式研究领域的突现关键词，说明在 2016 年以前，虽然在国际领域上出现了一些热点关键词，但是整体上，关于文旅深度融合新业态与军事文化遗产系统性保护协同模式的研究仍处于起步阶段，并没有形成较为鲜明的学术前沿。2016 ~ 2020 年，文旅深度融合新业态与军事文化遗产系统性保护协同模式研究英文文献突现关键词为旅游（tourism）、记忆（memory）、博物馆（museum），说明文旅深度融合新业态与军事

文化遗产系统性保护协同模式在国际上成为研究热点时,学者们的重点研究方向为建设军事博物馆重塑军事记忆,更好地发展军事旅游。

通过以上对文旅深度融合新业态与军事文化遗产系统性保护研究领域的英文文献前沿分析,可以看出,在新时代背景下,国际上学者们对于文旅深度融合新业态与军事文化遗产系统性保护领域研究的前沿在于军事遗产的保护性开发利用,这与目前军事旅游产业的发展部署系一致,因此,认为近年的文旅深度融合新业态与军事文化遗产系统性保护领域的英文文献对我国学者研究该领域具有参考价值。

将中国知网(CNKI)数据库中所得的数据导入 CiteSpace 中,其中 NodeTypes 设置为 Keyword,Selection Criteria Top N 设置为 20,基于前文分析可知,2005 年文旅深度融合新业态与军事文化遗产系统性保护协同模式才正式成为国内的研究热点,时间跨度较短,为便于观察研究结果,时间区间设定为 2005 ~ 2021 年,其余设置均选用默认值,通过对其进行可视化分析,得到文旅深度融合新业态与军事文化遗产系统性保护协同模式研究领域中文文献关键词共线图后,故将 Burstness 下的 Minimum Duration 设置为 2,提取突变最少保持 2 年的关键词,如表 2 - 145 所示。

表 2 - 145　　文旅深度融合新业态与军事文化遗产系统性保护协同模式研究领域中文文献前沿术语

关键词	强度	初始年份	结束年份	2005 ~ 2021 年
红色旅游产品	4.77	2005	2007	
红色旅游区	3.71	2005	2006	
红色旅游	37.8	2006	2007	
对策	7.15	2006	2009	
旅游资源	5.5	2006	2007	
可持续发展	4.56	2006	2007	
红色旅游资源	4.07	2006	2009	
井冈山	3.07	2006	2007	
红色文化	3.34	2017	2021	
红色基因	3.28	2017	2021	
红色文化旅游	2.98	2020	2021	

由表 2 - 145 可知,2005 ~ 2006 年文旅深度融合新业态与军事文化遗产系统性保护协同模式研究领域中文文献突现关键词为红色旅游产品、红色旅游区,说明国内文旅深度融合新业态与军事文化遗产保护协同模式在学术前沿形成初期,学者们的研究方向为开发军事旅游产品和打造景区范围;2006 ~ 2009 年的文旅深度融合新业态与军事文化遗产系统性保护协同模式中文文献突现关键词为红色旅游、对策、旅游资源、可持续发展、红色旅游资源、井冈山,说明学者们已经重视在发展军事旅游的过程中保护军事资源、军事文化、军事环境等的重要性,并提出相应的对策,促进军事旅游的可持续发展,以及推进军事文化遗产的可持续保护;2017 ~ 2021 年的文旅深度融合新业态与军事文化遗产系统性保护协同模式中文文献突现关键词为红色文化、红色基因、红色文化旅游,说明学者们已经开始重视军事遗产文化的保护利用,重点挖掘红色基因,开展红色军事文化旅游。

2.3.2　文旅深度融合新业态与文化遗产系统性保护协同研究的文献计量结论

第一,文旅深度融合新业态与工业文化遗产系统性保护协同模式研究的文献计量结论。一是文旅深度融合新业态与工业文化遗产系统性保护协同模式研究国内外发文量统计分析的结论。本书发现中文文献数量总体上低于英文文献数量,说明国际上学者更重视该领域的研究。同时,通过对文旅深度融合新业态与工业文化遗产系统性保护协同模式英文文献研究的国家分析发现,中国和美国在该研究领域具有一定的国际影响力。二是文旅深度融合新业态与工业文化遗产系统性保护协同模式研究国内、国际文献团队分析结论。在国际上文旅深度融合新业态与工业文化遗产系统性保护协同模式研究方面，迈克尔·波特、约翰·爱德华兹、斯特·凡戈斯林、迈克尔·霍尔等人较为具有权威性，但整体上并未形成具有权威性的学术研究联盟。但是从研究机构性质的角度分析，国际上文旅深度融合新业态与工业文化遗产系统性保护协同模式研究发文量大多集中于高校，机构类型非常单一。而我国针对文旅深度融合新业态与工业文化遗产系统性保护协同模式的研究有待深入，虽然整体上已经形成了以陈炜、韩福文、鹿磊、佟玉权、陈田等人为核心的研究团队，但是各个研究团队仍有待发展，整体上并未形成紧密的科研合作团队。三是文旅深度融合新业态与工业文化遗产系统性保护协同模式研究国内外文献热点及前沿分析结论。国外对文旅深度融合新业态与工业文化遗产系统性保护协同模式研究的重点大多集中在创意之城、康复、澳大利亚、路径规划、工业生态学、感知、可持续发展等方面；国内对文旅深度融合新业态与工业文化遗产系统性保护协同模式研究的重点大多集中在旅游产品、工业旅游、旅游体验、东北地区、非物质文化遗产、旅游、文化遗产旅游等方面。

第二，文旅深度融合新业态与农业文化遗产系统性保护协同模式研究的文献计量结论。一是文旅深度融合新业态与农业文化遗产系统性保护协同模式研究国内外发文量统计分析的结论。本书发现整体上中文文献数量高于英文文献数量，说明该领域是国内外学者的研究热点之一。同时，通过对国际上文旅深度融合新业态与农业文化遗产系统性保护协同模式研究的国家分析发现，中国和美国在该研究领域具有一定的国际影响力。二是文旅深度融合新业态与农业文化遗产系统性保护协同模式研究国内外文献团队分析结论。在国外文旅深度融合新业态与农业文化遗产系统性保护协同模式研究方面，理查德·夏普利、切萨雷·巴比耶里、艾丽莎·弗莱舍等人较为具有权威性，但整体上并未形成具有权威性的学术研究联盟。但是从研究机构性质的角度分析，国际上文旅深度融合新业态与农业文化遗产系统性保护协同模式研究发文量大多集中于高校，机构类型非常单一。而我国针对文旅深度融合新业态与农业文化遗产系统性保护协同模式的研究有待深入，虽然整体上已经形成了以闵庆文、孙业红、陶卓民、谢雨萍、成升魁、张蓓、郭焕成等人为核心的研究团队，但是各个研究团队仍有待发展，整体上并未形成紧密的科研合作团队。三是文旅深度融合新业态与农业文化遗产系统性保护协同模式研究国内外文献热点及前沿分析结论。国外对文旅深度融合新业态与农业文化遗产系统性保护协同模式研究的重点大多集中在农业景观、观光农业、集水区、气候变化、山脉、农业政策等方面；国内对文旅深度融合新业态与农业文化遗产系统性保护协同研究的重点大多集中在农业旅游、旅游业、生态农业、资源开发、乡村旅游、休闲农业与乡村旅游、休闲农业等方面。

第三，文旅深度融合新业态与商业文化遗产系统性保护协同模式研究的文献计量结论。一是文旅深度融合新业态与商业文化遗产系统性保护协同模式研究国内外发文量统计分析的结论。本书发现国内文献数量与国外文献数量相差不大，说明商业旅游是国内外学者的研究热点之一。同时，通过对国际上文旅深度融合新业态与商业文化遗产系统性保护协同模式研究的国家分析发现，中国和美国在该研究领域具有一定的国际影响力。二是文旅深度融合新业态与商业文化遗产系统性保护协同模式研究国内外文献团队分析结论。在文旅深度融合新业态与商业文化遗产系统性保护协同模式研究方面，已经形成了以皮埃尔·布迪厄、以法莲·科恩、克里斯汀·瑞恩等人为核心的学术联盟，并且这些学者在该研究领域具有一定的影响力和权威性。但是从研究机构性质的角度分析，文旅深度融合新业态与商业文化遗产系统性保护协同模式英文文献研究发文量大多集中于高校，机构类型非常单一。而我国针对文旅深度融合新业态与工业文化遗产系统性保护协同的研究有待深入，虽然整体上已经形成了以刘彬、万婷婷、葛亮等人为核心的研究团队，但是各个研究团队仍有待发展，整体上并未形成紧密的科研合作团队。三是文旅深度融合新业态与商业文化遗产系统性保护协同模式研究国内外文献热点及前沿分析结论。国外对文旅深度融合新业态与商业文化遗产系统性保护协同模式研究的重点大多集中在民宿、敏感分析、生态旅游等方面；国内对文旅深度融合新业态与商业文化遗产系统性保护协同模式研究的重点大多集中在历史街区、历史街区保护、历史文化街区、保护、国家历史文化名城、保护更新、商业步行街、旧城改造、城市更新、文化旅游等方面。

第四，文旅深度融合新业态与教育文化遗产系统性保护协同模式研究的文献计量结论。一是文旅深度融合新业态与教育文化遗产系统性保护协同模式研究国内外发文量统计分析的结论。本书发现国内文献数量明显低于国外文献数量，说明国外学者高度重视教育旅游。同时，通过对国际上文旅深度融合新业态与教育文化遗产系统性保护协同模式研究的国家分析发现，中国和美国在该研究领域具有一定的国际影响力。二是文旅深度融合新业态与教育文化遗产系统性保护协同模式研究国内外文献团队分析结论。在文旅深度融合新业态与教育文化遗产系统性保护协同模式研究方面，已经形成了以法莲·科恩、克里斯汀·霍尔等为核心的学术联盟。但是从研究机构性质的角度分析，国际上重点对文旅深度融合新业态与教育文化遗产系统性保护协同模式展开研究的主要为高校，而国内针对文旅深度融合新业态与教育文化遗产系统性保护协同模式的研究已经趋于成熟，各个作者之间存在一定的交流合作，且各学术群体之间已经初步形成紧密的科研合作团队。三是文旅深度融合新业态与教育文化遗产系统性保护协同模式研究国内外文献热点及前沿分析结论。国外对文旅深度融合新业态与教育文化遗产系统性保护协同模式研究的重点大多集中在可持续发展、高等教育、可持续性教育、社会性别、调节、社会资本等方面；国内对文旅深度融合新业态与教育文化遗产系统性保护协同模式研究的重点大多集中在旅游开发、遗产旅游、佛教文化遗产、世界遗产、农业文化遗产、文化遗产旅游、旅游、旅游资源、文化遗产保护等方面。

第五，文旅深度融合新业态与军事文化遗产系统性保护协同模式研究的文献计量结论。一是文旅深度融合新业态与军事文化遗产系统性保护协同模式研究国内外发文量统计分析的结论。本书发现中文文献数量高于英文文献数量，且主要集中在红色军事方面，说明该领域是国内学者的研究热点之一。同时，通过对国际上文旅深度融合新业态与军事文化遗产系统性保护协同模式研究的国家分析发现，美国发文量排名第一，且中心度大于 0.1，可以看出美国在文旅深度融合新业态与军事文化遗产系统性保护协同模式过程中，取得了一定的成效，美国在该研究领域具有一定的国际影响力。二是文旅深度融合新业态与军事文化遗产系统性保护协同模式研究国内外文献团队分析结论。在文旅深度融合新业态与军事文化遗产系统性保护协同模式研究方面，国际上已经形成了以布赖恩·安德森、杰拉尔丁·阿什沃思、乔治·阿甘本等人为核心的学术研究联盟，且在文旅深度融合新业态与军事文化遗产系统性保护协同模式研究中具有一定的权威性。但是从研究机构性质的角度分析，国际上文旅深度融合新业态与军事文化遗产系统性保护协同模式研究发文量主要集中于高校，机构类型非常单一。而我国针对文旅深度融合新业态与军事文化遗产系统性保护协同模式的研究有待深入，虽然整体上已经形成了以卢丽刚、黄细嘉、许春晓、方世敏、刘建平、安迪、张河清、黄三生等人为核心的研究团队，但是各个研究团队仍有待发展，整体上并未形成紧密的科研合作团队。三是文旅深度融合新业态与军事文化遗产系统性保护协同模式研究国内外文献热点及前沿分析结论。国外对文旅深度融合新业态与军事文化遗产系统性保护协同模式研究的重点大多集中在武装服务人员、军事化、就业、军国主义、文化遗产等方面；国内对文旅深度融合新业态与军事文化遗产系统性保护协同模式研究的重点大多集中在红色旅游、旅游资源、红色文化、红色旅游资源、红色资源、文旅融合、旅游发展规划、策略、文化旅游等方面。

第3章　文旅深度融合新业态与文化遗产系统性保护协同模式的内涵特征、构成维度及分析框架

3.1　文旅深度融合新业态内涵、特征及构成维度

3.1.1　文旅深度融合新业态内涵界定

文化旅游作为产业融合的业态之一，涉及多产业、多部门、多利益主体，具有巨大的发展潜力。遗产旅游作为文旅深度融合的新业态，其发展模式已经不再是简单的观光旅游，而是更加注重"协调性"，即协调各类参与主体部门的关系。从政策支持的角度看，于2011年6月1日正式施行的《中华人民共和国非物质文化遗产法》为非物质文化遗产的立法保护奠定了制度基础，进一步加强了对非物质文化遗产保护工作力度，对于贯彻落实文化遗产系统性保护具有重要意义。同时，中共中央办公厅、国务院办公厅印发的《关于实施中华优秀传统文化传承发展工程的意见》中明确指出，文化是民族的血脉，要牢牢把握社会主义先进文化前进方向，坚持创造性转化和创新性发展、坚持交流互鉴、开放包容，坚持统筹协调、形成合力，打造中华优秀传统文化传承发展体系。文化遗产具有丰富的历史内涵和人文价值，遗产旅游作为文旅深度融合新业态与文化遗产系统性保护协同的有效路径，具有多种业态表现形式。结合已有文献基础，现有的遗产旅游形式多种多样，本书在充分考虑我国遗产旅游现实发展状况的基础上，结合整体文化旅游发展的理论基础，将文旅深度融合新业态划分为文化记忆圈、工业博物馆、文旅特色小镇、农业生态休闲度假区、创意产业园、历史文化休闲街、研学游教育学府、文庙文化产业园、军事文化旅游景区、军事文化旅游小镇十种类型。

第一，产业结构调整优化助推遗产旅游发展。产业结构优化是指推动产业结构合理化和高度化发展的过程，包括在产业发展过程中发生新旧产品的替代、高技术产业的普及等。通过产业结构调整，可以满足社会生活水平与城市现代化建设的匹配度，促进文化遗产产业与工业、农业、旅游业等多产业的协调发展。席强敏（2015）曾指出，大力发展服务业，不仅可以带动传统产业转型升级，还可以通过提升生产效率、推动产业结构优化升级，进而大幅度提升现代化服务化水平。文化遗产是城市发展的历史性标志，推进文化遗产产业与旅游产业融合发展就是推进实现城市产业结构合理化和高级化的过程。目前，大多数旅游方式还存在运作方式不正确、产品同质化强、设施服务水平低等情况，旅游业作为现代重要的服务业，产业结构优化既能推动旅游业规模性发展，又能提升旅游业经济回报率。赵磊和唐承财（2017）指出，缺乏合理化的产业结构会阻碍旅游业对经济增长的影响作用，产业结构优化升级为旅游业的发展创造并提供了一定的要素准备。因此，需要大力发展遗产旅游，带动周边农业实现产业化、现代化发展，这不仅能够促进农业供给侧结构性改革，还能为地区经济发展提供有效的产品供给，进而促进产业增收，带动周边地区经济发展。

第二，产业集群理论指引遗产旅游发展。产业集群是指在一定的区域范围内通过进行技术合作，在竞争体系内形成的产业群体。从产业结构和产品结构层面看，产业集群本质上体现为某种产品的加工深度和产业链的延伸，即在一定的范围或者特定的领域内，各个供应商、相关产业之间形成密切的联系，形成分工明确、相互合作的聚集区域，这就是产业结构的调整和优化升级。在这种情况下，区域竞争市场具有

高效益和良好的外部竞争能力。刘栋子（2017）等人认为旅游业可以与农业、工业、金融业等多产业高度融合形成旅游新业态，因此，围绕文化遗产可以形成遗产旅游产业集聚。王军军（2016）等人指出，从宏观把控，通过整合各地旅游资源，形成遗产旅游产业集聚整体品牌效应，可以促进地区遗产旅游产业集聚。遗产旅游的发展符合产业集群理论的特征。以文化遗产为核心，以工业、农业、手工业和旅游业的资金、技术、人才等要素为媒介，以文化遗产的价值链和经济功能提升为途径的发展过程中，第一、二、三产业之间的要素重组为新型产业兴起的基础，遗产旅游就是这一过程中的产物。以地区文化遗产为核心，重点整合地区工业、农业、林业、畜牧业等特色产业发展优势，取长补短，发挥联动效应，利用地区特色产业优势开发创新型遗产旅游项目和遗产旅游产品，不仅可以唤醒城市记忆，弘扬传统文化，还可以借助遗产旅游带动第一、二产业发展，全面提升地区的基础设施建设水平，提高地区居民生活满意度。

第三，政策创新助推遗产旅游。政策是遗产旅游稳步落实的逻辑起点，其合理性与适用性影响着旅游发展的进程。政策创新可以提高城市发展的包容性，减少居民在政治权力和经济发展方面的不平等，确保政策宣传的透明性、基础设施的完善性、产业发展培训的技术性，既可以增加就业岗位，增加就业收入，也可以规范遗产旅游，提高吸引力。与此同时，合理有效的政策创新，一方面，有助于规范开发行为，让人们适度开发遗产资源，避免资源过度开发而导致生态资源被破坏；另一方面，有助于规范政府、企业、市场和社会的管理行为，科学指引，提高遗产旅游资金回报率，保证文化遗产得到持续保护和传承。

第四，技术创新助推遗产旅游。旅游在发展过程中同质化问题严重，产业特色缺失，品牌效应不明显，无法提高游客的满意度。党的十九大进一步明确了创新在引领经济社会发展中的战略地位，规模报酬递增、转换成本偏高与认知局限进一步反映了技术创新的重要性，旅游产业与现代技术是相互作用、相互依赖的关系。科学技术、信息技术时代的到来，促进了旅游与互联网深度融合，凭借数字信息技术"链接、集聚、赋能"的技术特性，一方面，可以帮助拓展旅游市场的认知边界，创新旅游体验场景，促使旅游向智慧化、精品化、市场化方向发展，提高旅游价值，促进区域经济增长；另一方面，可以帮助游客降低心理预期与感知价值之间的差距，提升游客满意度，为遗产旅游发展建立新契机。

第五，增长极理论带动遗产旅游发展。增长极理论并不是指经济等各个方面均有所增长，而是指经济体中相关的产业、企业等在发展过程中，出现的有限快速增长的现象，并不断向外扩散，进而对整体经济产业产生一定的影响。地区文化遗产大多凭借遗产文化和遗产资源对促进地区经济发展起着关键作用，因此，旅游产业曾作为地区在一定时期内的主导产业和高创新力的产业，其在行业上聚集的资本和技术较为集中，在某种程度上说形成了增长极。因此，以文化遗产为核心发展的遗产旅游，凭借旅游发展的资金、技术、人才等多方面的优势，可带动其他产业发展，并通过地区特色产业优势不断向其他部门传导，进而促进地区经济高速发展。从产业增长极的角度来讲，遗产旅游作为文旅深度融合新业态之一，是第二、三产业融合发展的产物，因此，与传统工业和旅游业相比，遗产旅游具有更好的产业附加值，并且其对地区经济贡献更大，对地区经济的辐射带动作用也远远高于传统工业和旅游业，进而形成了以遗产旅游为核心的新的增长极。从这一角度来看，以遗产旅游为核心所形成的产业增长极可推动地区经济发展。

3.1.2　文旅深度融合新业态特征解析

文旅深度融合新业态不仅具有文化产业所蕴含的精神资源，还具有旅游产业所具有的发展潜力。遗产旅游作为文旅深度融合新业态之一，其主要具有以下特征：

一是地域差异性。地域差异性是指空间内在的自然、经济、人文、社会等多个方面存在差异性的综合体现。中国复杂多样的自然与人文背景，使得文化遗产也有着明显的地域差异性，其主要表现为区域间的差异性，还表现出一定区域之间的相似性。文化旅游区别于旅游文化的关键在于，文化旅游是以地域差异为诱导性因素，结合民族的、宗教的和情感寄托等多功能为一体的体验过程，在发展过程中更加注重文化要素，而旅游只是一种形式。不同地区由于民族和历史的不同，地区非物质文化遗产的地域差异性在发展过程中表现出多样性的特征，这种多样性是人类文明的具体表现，但是文化旅游产业的地区差异性对其自身的发展具有双面的影响，一方面，消费者旅游消费需求的多样性促使旅游开发者不断创新文化遗产旅游产品研发、精品旅游路线设计等；另一方面，不同地区的地域差异性越大，在产业融合过程中带来的信息成本、制度成本、交易成本等越会明显增加，进而对其发展产生一定负面影响。因此，需要通过加强各种产业之间的交流合作力度，全面打造遗产旅游城市品牌建设，不仅有利于整合遗产旅游资源，打破遗产旅游自身所具有的地域性，还能够全面提高遗产旅游资源的客流资源的利用率，进而形成遗产旅游的联动效应。

二是多效益性。旅游能够创造经济价值、社会价值、生态价值和文化价值，遗产旅游作为文旅深度融合新业态之一，其兴起和发展以地区文化遗产为核心，具备文化遗产和旅游产业共同的价值优势，具备多个方面的效益。经济效益方面，遗产旅游资源是集社会美、艺术美和自然美为一体的多功能性资源，其发展能调动资源市场，并且遗产旅游具有联动性，能带动周边产业迅速发展，具有满足游客求知、购物、休闲观光等多元需求的特点，可以刺激当地消费，推动区域经济发展；社会价值方面，旅游在外交过程中扮演着重要的作用，能有效处理国际关系，遗产旅游为大众展示了我国文化遗产当前的发展状况，塑造了我国优秀形象；生态价值方面，旅游的发展促使人们愈加重视生态保护，提高了人们的绿色保护意识，绿色旅游是未来旅游发展的方向；文化价值方面，文化遗产地具有丰富的遗产资源和特色文化，开展遗产旅游，有利于创新文化发展，使文化与现代社会发展相适应，进一步保护和传承遗产文化。

三是多样性。从文化的表现形式上看，文化的多样性是指不同群体和社会表达文化时所呈现的不同形式，这里所呈现的表达形式不仅体现为利用丰富多彩的文化表现形式对文化加以表达、弘扬、传承等，还体现为借助多种方式和技术对艺术进行创造、传播等。人类的精神财富和物质财富在不同的时间、不同的空间内的存在形式并不是单一的，而是呈现出各式各样的形态特征，是文化多样性的整体体现。具体主要表现在民族文化多样、地域文化多样等多种文化资源相契合方面。文化的多样性为地区利用当地有历史记忆、文化脉络、地域风貌和民族特点的旅游资源，开发符合实际、各具特色的文旅深度融合新业态提供了资源基础。

四是多功能性。文化遗产作为一种集体，可以进行集中展示，促进集体文化认同，实施文化遗产系统性保护并不是仅仅依靠现代科学技术对物质文化遗产加以修葺，更重要的是通过这一过程，将利益相关者联合起来，识别和记录物质文化遗产和非物质文化遗产，为人民大众寻找自豪感，使人们更加珍惜现存的文化价值，并且通过对文化遗产加以保护和再利用，使之成为未来城市发展规划的一种文化标识。遗产旅游是文化遗产和旅游的结合物，既具备文化遗产的属性，也具备旅游的特点，不仅可以提供休闲观光服务，还能让游客亲身参与到实践活动中，在学习了解传统生产技术的同时感受到休闲娱乐的欢乐和趣味性。当下，社会大众对文化遗产的历史及生产过程缺少了解，也欠缺相应的保护措施，严重阻碍了文化遗产持续发展。进行遗产旅游不仅以一种休闲的方式吸引了游客注意力，对游客进行遗产知识普及，使其增长见识，而且加强了更多人的文化遗产保护意识，使其愿意从自身的角度出发进行保护，为文化遗产的长久发展提供了基础保障。所以，应以文化遗产保护为主线，借助社会多方力量，从信息整合、资源开发、品牌建设、信息推广等多方面着手，将具有深厚文化气息的资源与现代旅游业紧密结合，共同打造精品文化旅游品牌项目，以此保留文化遗产的核心、精髓、传承文化记忆、打造特有文化品牌与特色景观，满足城镇居民生活情感、历史情感、文化情感等精神需求。

五是注重可持续性。传统意义上的可持续发展是指实现经济效益、社会公平与生态环境平衡，承载了三个方面全面协调的社会发展。在文化旅游发展过程中，注重生态文化旅游是实现其可持续发展的关键，其中，生态文化旅游是生态旅游和文化旅游相结合的一种综合性旅游发展方式，其发展主要是通过整合生态资源和文化资源，最大限度地发挥多种旅游要素的经济效益、社会效益和生态效益，旨在全面提高地区生产力水平，促进旅游经济可持续发展。所以，应选择突出性且具有差异化的文化资源作为发展文化旅游的主要资源，并对其进行深度开发，在充分保护现有文化资源的基础上，集合不同的文化内涵开发新型的文化旅游项目，带动其他产业实现共同发展，形成产业结构合理、具有高附加值的可持续发展的产业链。

3.1.3 文旅深度融合新业态构成维度分析

第一，基于工业文化遗产系统性保护理念下的文旅融合新业态构成维度。

工业文化遗产是一国工业发展的历史性标志，推进工业与旅游业融合发展就是推进工业实现产业结构合理化和高级化的过程。通过发展工业旅游，带动周边工业实现产业化、现代化发展，不仅能够促进工业供给侧结构性改革，还能为地区经济发展提供有效的产品供给，进而促进产业增收，带动周边地区经济发展。根据前文提到的文旅融合新业态的内涵界定和特征分析，从产业基础、遗产资源完整度、城镇化水平等进行综合考虑，提出基于文旅融合新业态与工业文化遗产系统性保护协同模式下的文旅融合新业态构成维度，包括工业博物馆、公园风景区、特色创意园、文化记忆圈、文旅一体大景区和休闲旅游服务带。

（1）划分维度。

一是关于工业博物馆的界定。工业博物馆主要指以原厂区的整体布局结构、单体设施和厂区环境为对象，对其进行全方位、多层次的保护和再利用的园区，如航空航天或者铁路博物馆等，反映了某地区工业化和城市化进程中具有典型代表的工业遗产。它具有科技性、创新性、娱乐性等特征：首先，科技性是指工业博物馆的服务项目大多融入了现代科技，以便给予消费者新的体验；其次，创新性是指工业博物馆的开发要在考虑原厂区建筑风格和厂区内工业生产基础设施的基础上，打造现代化的旅游业运行条件，既要给游客现代化的体验，又要具有地方特色，不能遗失工业品位；最后，娱乐性是指馆内设施根据原有工业遗产项目还原项目流程，诸如感受煤矿运作过程、亲眼见证小鸡破壳等，集休闲娱乐于一体的同时，激发青少年学习兴趣。工业博物馆的开发注重创新性，即多从经济、文化、社会、环境等角度综合考虑工业遗产保护的问题，针对具有价值的文化遗产进行改造利用，根据不同的文化遗产的建筑结构特点进行改造。工业博物馆主要有三种类型，即露天工业遗产博物馆、室内工业遗产博物馆和工业建筑遗产改造利用为馆舍的博物馆。工业博物馆的建设不仅保留了城市记忆，为城市发展注入了新的活力，还为其他老工业区的保护利用提供了经验。

二是关于公园风景区的界定。公园风景园区主要指依靠当地自然资源优势，以保护生态为主而开发的风景区。其风景资源是风景区存在的基础和价值载体，具有公益性、独特性、动态性的特征：首先，公益性是指公园风景区是全民所有的历史财富，而不被利益团体和个人任意侵占，并且在公园风景区针对资源开发方面要化解矛盾冲突；其次，独特性表现在公园风景园区的建设需要考虑到资源优势是哪些，针对不同的资源优势可以开发出诸如以水利、林木、野生动植物等为主的不同的公园风景区；最后，动态性是指公园风景区的发展具有时间特征，即其发展过程是一个不断积累、探索、创新的过程。公园风景区的开发注重公益性，不仅要考虑到生态保护，保证附近居民的生活满意度，还要考虑到公园风景园区资源开发的土地问题，诸如土地利用结构、土地利用方式等，因地制宜科学合理有序地调整土地利用，形成符合当地风景特征的土地利用结构和土地利用方式。

三是关于特色创意园的界定。特色创意园是指在政府的支持下，根据地区特点进行科学规划，依托当地资源开发，以突出产业特色为主的园区。特色创意园大多集生态、旅游、文化于一体，是现代化的新兴经济增长点，具有特色性、普适性、季节性的特征：首先，特色性是指特色创意园的产业特色鲜明，即特色创意园在开发过程中，充分挖掘当地历史元素，对工业建筑进行改造建设，融入当地特色产业，展示具有产业特色的历史故事；其次，普适性是指特色创意园的开发模式是以地区特色产业为中心，其开发模式适用于依托产业优势发展经济的区域；最后，季节性是指特色创意园多在依托农业和制造业的基础上，发展旅游服务业，而农业具有很强的季节性特征，制造业也随着人们的需求呈现出季节性的特征，这就使得特色创意园的发展也呈现出季节性的特征。特色创意园的开发注重普适性，即一方面要尽量保留原有植物，保护自身特有的生态体系，另一方面要逐步改善土壤内部环境，创造能够促使植物自然生长的生长条件。依据地区产业特色进行改造，特色创意园主要有三种类型，即文化创意园、科技创意园、农业创意园。

四是关于文化记忆圈的界定。文化记忆圈主要指利用厂区原有工业遗产，以凸显文化记忆为目的，建造而成的文化遗产保护园区，是中国工业文明的重要标志，具有真实性、传统性和完整性的特征：首先，真实性是指在文化记忆圈的打造过程中，要求最大限度减少对原有工业文化遗产的破坏，在落实科学保护的基础上，打造全新的文化产业区；其次，传统性是指文化记忆圈侧重对原有文化遗产的继承、传承与保护利用，发展有历史记忆、地域特色的园区，相较于工业博物馆、特色创意园等开发模式，其科技性含量较低；最后，完整性是指文化记忆圈的开发不仅仅是保护工业建筑，而且是要保护原有的遗产生产生活方式。文化记忆圈的开发要求注重完整性，即不仅注重物质文化遗产的开发，还注重非物质文化遗产的开发，以文化创意为路径全面保护文化遗产的整体性。

五是关于文旅一体大景区的界定。文旅一体大景区主要指利用厂区原有"元素"，通过科学合理规划城市工业厂区打造集文化科普、生态旅游于一体的景区，具有传承性、节约性与多样性并重的特征：首先，传承性是指景区建设不仅要最大限度完整地保存不可再生信息资源，而且要在继承和延续原有历史文脉的前提下，最大限度地保留市民对工业遗址的记忆，使得人们对于景区建设具有浓厚的认同感、亲切感；其次，节约性与多样性并重是指文旅一体大景区在建设前期需仔细全面考察现场，保留所有可用"元素"，秉承节约性的原则改造厂区，打造集环境科普、资源循环、娱乐休闲等多功能于一体的多功能园区，同时建设所用材料力求环保节约。文旅一体大景区的开发要求注重多样性，即不仅要求保留原厂区遗存的特色资源，还要充分挖掘当地资源，在传承历史文化遗产的同时实现经济效益与社会效益并重。

六是关于休闲旅游服务带的界定。休闲服务带是指在最大限度保留工业文化遗产原有基础设施的基础上，不断扩大厂区改造范围，借助周边资源打造休闲化、全面化的休闲带。其具有多样性、综合性、休闲性的特征：首先，多样性是指休闲旅游服务带不仅仅是休闲旅游，而且是呈现形式丰富多彩的旅游形式，诸如博物馆类、公园类、文化创意园类等，通过各不相同的旅游服务形式，给予顾客不一样的旅游体验；其次，综合性是指休闲旅游服务带是集观光、体验、购物、餐饮等多种服务项目于一体的开发方式；最后，休闲性是指休闲旅游服务带的开发范围是区域式，旨在弘扬工业文化的同时追求舒适度，使游客陶冶精神情趣的同时达到放松身心的目的。休闲旅游服务带的开发要求注重综合性，即其在尊重特定的经济、社会、文化背景的前提下，配合城市原有工业，在已有的建筑、场所的基础上进行渐进式、持续式的开发建设。

（2）划分依据。

通过对文旅深度融合新业态的特征和构成维度进行分析，本书从文旅深度融合新业态发展所依附的资源条件出发，将文旅深度融合新业态进行划分，具体划分依据如下：

一是产业基础。工业旅游作为文旅深度融合的新业态之一，具有巨大的发展潜力，并且随着第一、二、三产业的不断融合发展，旧工业的发展给地区环境带来了一定的负面影响，因此，如何在对工业文化遗产加以保护的基础上，对其进行开发利用对于提升居民生活满意度至关重要。通过发展工业旅游，可以实现农业、工业、旅游业的融合发展，进一步完善工业产业体系，促进工业旅游实现产业化发展。而不同地区因为生态环境、政策环境、地区风俗、经济政策之间存在较大的差异性，因此，各地区的特色产业基础也不同，针对农业基础丰厚、自然环境优美的地区，其可以发展休闲旅游服务带、文旅一体大景区、文化记忆圈的工业旅游发展模式；针对地区生态环境良好、经济高速发展地区，可以发展公园风景区、特色创意园、工业博物馆的工业旅游发展模式。

二是工业资源完整度。工业旅游作为文旅深度融合新业态之一，是第二、三产业融合发展的产物，因此，与传统工业和旅游业相比，工业旅游具有更好的产业附加值，并且其对地区经济贡献更大，对地区经济的辐射带动作用也远远高于传统工业和旅游业，进而形成了以工业旅游为核心的新的增长极。但是，工业厂区普遍面临因闲置时间较久而破损严重的现象，针对工业设备、工业建筑的破损程度可以探索不同的工业旅游发展模式。其中，针对工业设备、工业建筑等工业资源破损较为严重的厂区，可以借助现代科学技术加以修葺，发展以工业博物馆、特色创意园、公园风景区为主的工业旅游发展模式；针对工业设备、工业建筑等工业资源保护较为完整的厂区，可以整合周边特色资源发展以文化记忆圈、文旅一体大景区、休闲旅游服务带为主的工业旅游发展模式。

第二，基于农业文化遗产系统性保护理念下的文旅融合新业态构成维度。

农业文化遗产是人类与其所处环境在长期协同实践中，凭借专业的文化知识和智慧创造出的独特的土地利用系统和农业景观，是具有丰富的农业生物多样性、完善的传统知识与技术体系、独特的生态与文化景观的农业生产系统。农业文化遗产是助力乡村振兴战略的一种重要模式，开发和发展农业文化遗产旅游，一方面能振兴偏远地区，改善人居环境和提升生活质量，另一方面还能弘扬农耕精神，传承优秀的农耕文化，助推遗产地实现可持续发展。根据前文提到的文旅融合新业态的内涵界定和特征分析，从产业基础、遗产资源完整度、城镇化水平等方面进行综合考虑，提出基于文旅融合新业态与农业文化遗产系统性保护协同模式下的文旅融合新业态构成维度，包括生态博物馆、乡村聚落景观、文化创意农业园、文旅特色小镇、农业生态休闲度假区和田园综合体。

（1）划分维度。

一是关于生态博物馆的界定。生态博物馆是法国博物馆学家雨果·戴瓦兰（Hugues de Varine）在1971年的国际博物馆协会第9次大会期间偶然说出的一个新词，早期作为保护和发展村落文化景观的模式之一，是以村寨或社区为单元的、无围墙的博物馆，从整体上保护文化遗产、自然环境以及居于其中的居民，以发展社区经济和文化。生态博物馆颠覆了传统博物馆的发展模式，着重强调人的参与，其本意是在以人为核心的一定区域内传承和发展特殊文化，人（即生态博物馆中的原住民）是生态博物馆的灵魂，掌握着自身创造文化的话语权，文化价值的认知程度直接关系着生态博物馆可持续发展的可能性。本书依据法国文化部公认的"生态博物馆组织原则"对生态博物馆的概念进行定义：生态博物馆是指拥有一定的地域范围，以居民参与为基础，用可持续的方法对与居民生活方式相关的自然与文化遗产进行整体性保护、研究、展示、利用的文化机构。具体而言，生态博物馆是通过挖掘当地生活、社会和自然资源，采用合理有效的方式保护、培育和展示农业文化遗产，进而有效解决文化遗产被过度闲置、破坏和流失问题的一种工具，最终达到重塑传统历史文化结构、建构乡土文化脉络的目的。

二是关于乡村聚落景观的界定。乡村聚落是乡村人口通过血缘、业缘和地缘等为纽带形成的生产生活聚居地，也是当地居民与周围自然、经济、社会和文化环境作用交互而形成的生产生活场所，其时空演化反映了农村人地关系互动过程。就目前的乡村空间来说，"相对贫困"成为阻碍贫困人口发展最大的阻力，而乡村聚落作为居民聚居地，是治理乡村相对贫困的空间载体，但其受到教育、医疗、就业、住房等多维度与经济发展不充分的影响。乡村聚落是塑造乡村景观的重要元素，在政府政策、经济制度更新、人口迁移以及农耕方式改变的驱动下，受历史和自然的共同作用以及人口活动的刺激，其分布格局和生活空间均有所改变，生成了生计维持型、产业发展型和品质提升型 3 种功能，使其具备了经济、社会、生态等多元功能。以乡村聚落空间融合、立体扩张和适度集约为基本特征的乡村聚落景观旅游随之产生，为推进乡村的城镇化进程提供了方向。此外，旅游业的转型升级以及产业融合理念的不断深入，加快了乡村村落空间重构，乡村聚落逐步向服务业转型发展，一是逐步向中心村落集聚，二是逐步向现代旅游度假区转变，产生了不同类型、不同功能的乡村聚落业态。乡村聚落空间的重构和有机更新，不仅可以为农民提供更好的生产生活场所，创造更多的社交机会，而且可以节约成本，美化乡村生态景观环境，提高农民生活质量水平，进一步为乡村推进城镇化提供选择。

三是关于文化创意农业园的界定。文化创意农业园是以农业资源为载体，围绕自然环境创意改造牧场、农庄、农业园，并赋予农业产品以文化内涵的独特的农业景观。文化创意农业园是一种融合了观赏、饮食、文化和产业的乡村旅游模式，既代表了农业的创新，强调乡村的文化资源和农业资源相结合，同时也是文化和旅游的创新与融合。休闲是现代人追求返璞归真的田园生活的基本权利，而农事活动、乡村文化、农耕民俗等是休闲农业重要的旅游资源。近年来，随着生态环境、市场竞争和消费者需求变化的不断加快，文化、技术与农业交叉融合的诉求逐渐加强，形成了以文化为特色、以创意为灵魂的创意农业。2018 年的《中共中央、国务院关于实施乡村振兴战略的意见》明确提出乡村振兴的重点是产业兴旺，在"构建农村一二三产业融合发展体系"议题上，要"发展乡村共享经济、创意农业、特色文化产业"。产业兴旺是乡村振兴战略的关键，产业兴旺的基础是一二三产业融合发展。创意农业是解决我国"三农"问题的可行路径，在农业问题上，创意农业倡导挖掘农村生产、生活、生态"三生"资源，有机结合乡村市场需求，探索更高价值的产业发展体系；在农村问题上，创意农业以文化和技术为关键生产要素，创新农业开发方式，降低农业对土地的依赖度，缓解耕地用地紧张现状；在农民问题上，村民亲身参与到创意农业生产当中，不仅可以提升知识、文化、管理和技术水平，还能获得精神和物质同步受益。而且创意农业已经超越了传统农业生产的范畴，通过在传统农业基础上增加观光、休闲、教育、文化等多重功能，实现了农业产业链的延伸，突破了第一、二、三产业之间的限制，为目的地的产业结构带来了优化，提升了农业的发展效益，促进了城乡经济社会的一体化发展。创意农业因其独特性、融合性、多样性、创新性的特点，吸引了众多游客，满足了居民田园生活的追求。因此，文化创意农业园是一种新型的乡村发展模式，它在创意农业的基础上融入了创意要素，积极将农业科技、文化、观光、人文等要素与农业紧密结合，旨在培育农村现代化产业的价值空间，实现农业资源的优化配置，从而提升产业附加值。

四是关于文旅特色小镇的界定。文旅特色小镇是文化产业和旅游产业相互依存、彼此促进，交互融合植入农村使其"精细化"发展的特色鲜明的小镇。按照文化和旅游产业所占比例的不同，可以将其分为旅游主导型、文化主导型、文化旅游并重型 3 种小镇类型。在需求的驱动下，过去单一、静态的文旅资源难以满足人民日益增长的美好生活需要，人们更倾向于内容性、故事性、场景性的旅游消费，文化旅游融合背景下的特色小镇则成为主要选择。文化是小镇发展特色的"核心"和"灵魂"，而特色小镇是传统文化传承、发展及创新平台，是产业集群（块状经济）与文化、旅游和社区功能为一体的融合体。对地方文化而言，特色小镇具有明显的产业定位，作为"活化石"，能将文化与生态、环境、产业等进行融合，尤其是推动文化与旅游产业联合发展，助力探索文化全方位嵌入旅游的新模式。目前，文旅特色小镇蓬勃发展，正由房地产收入回笼资金的时期转向依靠旅游产业的高品质服务经营时期，带动了乡村经济，优化了农业生产生活，是乡村振兴和新型城镇化契合的强大载体。

五是关于农业生态休闲度假区的界定。农业生态休闲度假旅游是一种全新的旅游业态，是将农业活动、自然风光、休闲娱乐、环境保护等融为一体，以自然区域农业资源为基础，以满足游客休闲度假需求为目的，通过生态化的旅游方式达到精神愉悦和心情放松，实现生态效益、经济效益与社会效益的统一，推动旅游可持续发展的旅游行为。农业生态休闲度假旅游是一种与传统观光旅游有所不同的旅游方式，它更加注重旅游方式和旅游环境的生态性，其通过休闲旅游和度假居住的方式，提供了一个独特的、与自然环境融为一体的"第二居所"，核心是追求田园农耕体验和休闲观光所带来的身心愉悦和自我成长，是一种更加健康和可持续的旅游方式。农业生态休闲度假是保护农耕资源、传承农耕文化的重要旅游形式，是赋予农业休闲属性，以生产、生活、生态资源为依托，打造集生产、科普教育、观光休闲、生态保护为一体的休闲农业。发展农业旅游，一方面，可以带动农民就业，促进农民增收和经济发展，维护社会和谐稳定；另一方面，可以保护乡村生态文明，保证农耕文明得以保护、农村习俗得以传承、乡村生态环境得以美化，弥补乡村资金、人才和技术的缺失。

六是关于田园综合体的界定。2017 年的《中共中央、国务院关于深入推进农业供给侧结构性改革加快培育农业农村发展新动能的若干意见》中正式提出"支持有条件的乡村建设以农民合作社为主要载体、让农民充分参与和受益，集循环农业、创意农业、农事体验于一体的田园综合体"。田园综合体是在当前城乡一体化格局下，为顺应农业供给侧结构性改革、生态环境可持续需要以及产业新发展等背景条件下，探索农业和农村新发展的重要措施，且遵循了"以农为主"的原则。田园综合体作为一种新型乡村发展模式，以乡村和农业为核心，秉持低碳绿色环保和循环可持续的发展理念，旨在实现农村农业生产、生活和生态环境的共生发展，该模式以促进农业的多元化发展为目标，加强了三产的深度融合互动，推动农业生产从多个角度和多领域向第二、三产业延伸拓展。总之，田园综合体能融合旅游业、创意产业、文化产业多个产业，能最大限度挖掘农业、农村与农民的潜力，是集现代农业、休闲旅游、田园社区为一体，追求"生态宜居、生产宜业、生动宜游"目标，涵盖农业生产、农业观光、旅游服务等复合型多功能的地域经济综合体，有利于带动乡村现代化和乡村全面、可持续发展。田园综合体与乡村发展相辅相成，在乡村地域空间，田园综合体由传统农业模式转向"农业＋农业文旅＋地产"新型模式，由原来单一的经济价值转向经济、生态和生活多重价值，进而助推乡村发展；而且，乡村发展带来了基础设施水平的提高，为田园综合体提供了自然生态、人文资源和公共服务，两者相互影响，相互促进，更好地发挥了田园综合体振兴乡村的积极作用。

（2）划分依据。

党的十九大报告强调，农业农村农民问题关系着国计民生，加快实施乡村振兴战略刻不容缓。发展乡村旅游是实施乡村振兴战略的一项重要举措，其中，"农业＋文化＋生态旅游"的发展模式尤为亮眼。农业文化生态旅游综合考虑了农村文化资源、生态资源和农业资源，能运用合适的方式整合、优化配置农村经济资源，达到农村文化产业、旅游产业和生态农业产业融合的目的。这种新型农村经济发展模式，集合了旅游、文化、娱乐、养生、休闲、观光多种功能，促进了农业增收增产、乡村健康发展、农业转型升级，拓宽了落实乡村振兴的渠道。《中国旅游报》曾总结过国外文旅融合经验，根据非物质文化遗产、物质文化遗产与当代文化梳理出了 7 种文旅融合模式，即开发型融合、体验型融合、活化型融合、保护型融合、创意型融合、重组型融合、延伸型融合，让人们能够在旅游中感受文化的魅力与价值。本书充分考虑了农业文化遗产地的文化特色，结合当地的环境资源，将文旅融合新业态分为（开发型、活化型）生态博物馆、（保护型）乡村聚落景观、（创意型）文化创意农业园、（延伸型）文旅特色小镇、（体验型）农业生态休闲度假区、（重组型）田园综合体六大维度，分别描述农业文化遗产地农业旅游的自然资源、文化资源和可持续发展等方面，具体划分依据如下：

一方面是农业文化资源和乡村自然资源的完整度。农业旅游是文旅深度融合新业态之一，也是农业文化遗产保护方式之一，相比于传统的农业产业和旅游产业，农业旅游功能更多元，价值潜力更大，对人们的生活水平和区域经济影响效应更显著。农业文化遗产地蕴含丰富的文化底蕴，但随着经济现代化的不断加快，农业文化遗产传承人纷纷进城打工，遗产保护意识逐渐消失殆尽，农业文化资源遭到破坏和遗忘。针对农业资源和文化消失较为严重的，采取重塑的方式进行记忆，可以发展以文化创意农业园和文旅特色小镇为主的农业旅游发展模式；针对农业资源较为丰富、农业文化保存较好的，可以发展以农业生态休闲度假区和田园综合体为主的农业旅游发展模式；针对农业文化保存完好、农业资源相对较好的，可以发展以生态博物馆和乡村聚落景观为主的农业旅游发展模式。

另一方面是城镇化程度。新型城镇化既能推动城市质量提升，又能促进乡村可持续发展。旅游业作为服务业的主导产业，在旅游消费需求升级和产业链延伸拓展的驱动下，不断引导城镇化建设，为区域经济注入了发展活力。与此同时，城镇化建设为发展旅游提供了必要的供需条件和产业基础，例如游客流量、便利的交通网络和优质的服务设施。而发展生态博物馆、文旅特色小镇等农业旅游发展模式就需要城镇化发展到一定程度，这样才能为其提供游客所需的服务和产品。

第三，基于商业文化遗产系统性保护理念下的文旅融合新业态构成维度。

商业文化遗产作为发展商业旅游的基础，扮演着满足游客旅游的精神追求的关键角色，实现城市文化建设的良性运行不仅有利于商业旅游文化景观建设，还有助于缓解商业文化遗产逐渐流失的问题，对于延伸商业旅游产业的附加值、促进产业链延伸、推动产业融合发展、提升产业经济具有重要作用。根据前文提到的文旅融合新业态的内涵界定和特征分析，从产业基础、遗产资源完整度、城镇化水平等进行综合考虑，提出基于文旅融合新业态与商业文化遗产系统性保护协同模式下的文旅融合新业态构成维度，包括文化产业园、文化商业街、商业文化博物馆、创意产业园、旅游商业区和历史文化休闲街。

（1）划分维度。

一是关于文化产业园的界定。文化产业园主要是指以文化产品创意、制作、生产、销售的文化企业的产业园区，其在实际发展过程中主要依托引入文化艺术、手工技艺等文化产业活动打造文化旅游教育等复合型产业。文化产业园的本质特征是对文化内涵的提取，园区建筑的构造不仅仅源于人们的创造性思维，还体现在人文思想和理念上，其发展具有规模化、集聚化、特色化的特征。其中，特色化是当前文化产业园发展的主要特征和趋势。具体主要体现为发展文化旅游产业时注重对手工技艺、中华老字号等非物质文化遗产的保护和传承，并坚持保护特色地区建筑和环境风貌。利用区域内历史文化街区、古镇等非物质文化遗产，发挥地方特色文化优势，打造风格特异、各具特色的文化产业园。通过创建和发展文化产业园，可以促进区域文化产业的发展，进而推动相关产业的增长，并提升文化产业的附加值，从而实现地区经济、社会和文化的内涵式增长。

二是关于文化商业街的界定。文化商业街主要指能够满足人们对商业综合性、专业性和社会性的需要，由多数量的商业及服务设施按照一定的规律或规则组成，以带状街道建筑形式为主体而呈现出的网状辐射，并由专业的管理人员进行大规模管理的区域性商业集群。文化商业街所凸显的地方特征对游客产生了强大的吸引力，经营者的地方感不仅仅是文化商业街地方性水平的重要标志，还是地方性建筑的主体基础。文化商业街的改造开发及管理经营均以地区旅游资源为基础，通过整合地区资源优势，有意识、有针对性地突出地域文化特色，最大限度地保留自然和历史的原始风貌，其不仅是促进商业经济发展的重要组成部分，还是展现民族凝聚力和城市灵魂的重要载体。

三是关于商业文化博物馆的界定。商业文化博物馆是指对老字号商铺、手工技艺、商业经营典范等以博物馆的商业文化形式，对其进行修复，给人们呈现的就是民居住房、商业遗迹等，反映商业文化，促使人们感受历史留下来的文化历史痕迹。商业文化博物馆在发展过程中呈现出较强的民族性、地域性等特点。其中，民族性主要体现在为增强游客对地区手工技艺等民族文化认识，提升游客的情景体验感知，而引入的"显化"途径，诸如在商业文化博物馆内不仅增设介绍文字对商业文化遗产的文化内涵加以阐释，还配加视频、讲解员、电子导览系统等，提升游客在游览时的文化感知度。利用传统商铺打造商业文化博物馆，不仅向人们展示了我国商业文化的传承性，还呈现了优秀的传统民族企业的发展魅力。

四是关于创意产业园的界定。创意产业园作为商业机构的载体，是文化创意产业发展的重要载体和主要发展形式，园区内集聚了多种与文化创意产业相关的商业机构的公共服务区域。以商业文化遗产为核心而打造的创意产业园区有别于传统的园区式景观，其是指富有高创造性色彩、高创意趣味性，能够展现创造精神的园区，其地理位置并非局限于园区或者其他特定的场地，也可以见于日常的生活之中，与人们的日常生活融为一体。创意产业园的发展注重打造具有差异性地域特色的文化创意旅游产业园区，其承载着当地城市的记忆和现代时尚文化艺术气息，具有独特的市场竞争优势。创意产业园的发展不仅能够促进商业文化遗产系统性保护，还能促进文化经济、文化产业的发展，促进形成文化创意产业集群的形成，推进城市更新进程。

五是关于旅游商业区的界定。旅游商业区是以综合性商业、人文旅游为主导的人文旅游商业区，并具有依附于旅游景区而建设的提供旅游休闲、购物、餐饮、住宿、娱乐等辅助活动的建筑空间。旅游商业区作为商业文化空间的重要表现形式之一，是历史文化空间向商业文化空间转变的典型，其在发展过程中呈现出来的典型特征是兼顾现代功能特征和传统风貌。旅游商业街区对现代功能的重视促使游客消费带动地方经济发展和地区居民致富，同时，旅游商业街的传统风貌，促进了人们对历史建筑、历史文化、传统手工技艺等的保护意识提升。

六是关于历史文化休闲街的界定。历史文化休闲街主要强调地域文化和建筑特色，其在尊重现有传统植物的基础上对植物景观进行色彩控制，进而辅助传统的、具有标志性的建筑空间。历史文化休闲街的环境组成要素并不是单一的、孤立的或者静止的，其发展经营状况具有多样性，其具体的街区经营类型多样，历史文化休闲街作为特色商业街经营模式之一，是符合时代发展需要的，其在发展过程中对传统文化的继承和发扬为地区经济发展注入了新的活力，巧妙地将历史文化保护与经济建设相结合。

（2）划分依据。

通过对文旅深度融合新业态的特征和构成维度进行分析，本书将以文旅深度融合新业态发展所依托的商业业态为出发点，对文旅深度融合新业态进行维度划分，具体划分依据如下：

一是商业文化遗产的文化要素是文旅深度融合新业态发展的基础。文化资源在商业文化遗产资源开发过程中占据着举足轻重的地位，文化产业作为现代经济发展的基础，不应该仅仅只是城市的专属，在乡村振兴的时代背景下，乡村地区也更应该注重发展文化产业。因此，在引进现代商业项目的同时，通过充分利用老字号商铺品牌、民间手工技艺等商业文化遗产资源，可以为商业街区注入浓厚的历史和文化氛围。所以，应发展文化产业园、商业文化博物馆、历史文化休闲街等新业态，注入创意和活力，借助新的业态形式发挥并不断完善旅游功能，进而激发商业街区现代经济活力。

二是休闲娱乐业是丰富文旅深度融合新业态发展形式的基础。随着经济社会的发展，不同地区之间的资源要素流动性更强，资源的再利用功能更多地面向大众群体，旅游、休闲娱乐与历史文化街区有机结合而延伸的商业旅游业，可从根本上满足人们对旅游休闲和精神文化的需求。基于此，通过规划和整合资源，建造便于游客旅游购物消费的文化商业街、旅游商业区等，给地区居民和游客提供大型的商场和休闲娱乐场所等文化休闲商业旅游综合体，使其发展更加能够适应游客的购物需求和旅游商品业的发展。

三是零售业是文旅深度融合新业态发展的支撑产业。发达的零售业是促进文化娱乐产业集聚的有利条件，所以，应不断加强文化娱乐主题园区建设，通过重点培育一批文化旅游企业，增强地区旅游发展的市场竞争力。与此同时，提高旅游文化衍生产品的研发力度，逐渐形成以游、食、住、行、购、娱为一体的文化旅游产业链，延伸文化旅游产业链，借助文化旅游产业促进地区交通运输业、商品零售业等服务业快速发展。

第四，基于教育文化遗产系统性保护理念下的文旅融合新业态构成维度。

教育文化遗产是历史演变的产物，是区域发展、文化倾向以及社会情感等文化层面的精神体现，具有良好的文化底蕴，为教育文化遗产旅游产业的发展奠定了基础，有利于文化旅游产业以新业态、新模式提高产业附加值、延长产业链，为旅游发展赢得新市场。根据前文提到的文旅融合新业态的内涵界定和特征分析，从产业基础、遗产资源完整度、城镇化水平等进行综合考虑，提出基于文旅融合新业态与教育文化遗产系统性保护协同模式下的文旅融合新业态构成维度，包括书院文化博物馆、研学游教育学府、休闲游学综合体、文庙文化产业园、智慧风景区和文化创意产业带。

（1）划分维度。

一是关于书院文化博物馆的界定。书院文化博物馆是指对游客开放的关于书院历史和文化研究的典藏处的共有文化财产，是现代辅助教学的有效工具，具有鲜明的文化特征，即以发展书院文化博物馆的形式发展文旅深度融合新业态的景区，必须追本溯源，在建设之前先弄清楚地方"教育文化遗产"的概念和内涵，并给予准确的定位，以此来确定书院文化博物馆的个性特征及其在现代旅游业中的优势。同时，其在学术方面具有包容性和开放性，一方面，书院文化博物馆充当着文化和科学的传播者的角色，为学术界、教育界、城市居民提供了一个能够满足其自身文化需求的场所，并能够有效带动城市朝着更加文明与健康的方向发展；另一方面，书院文化博物馆在文化与思想的交流上具有包容性和开发性，任何学派的教师都可进行研究和著述。其主要有学术书院、乡村书院两种类型。书院文化博物馆为构建现代教育场所提供了参考，目前我国大学更多的是一种"书院式"的发展和延续。

二是关于研学游教育学府的界定。传统的教育学府一般是指高等教育学府，是大学、高等职业技术学院等的统称，简称高校，而研学游教育学府是指以教育文化遗产中的物质文化遗产为物质基础，改造而来的教育学府，其兼顾旅游发展和教育。其具有多功能性，兼顾市场属性与教育属性。作为高等教育学府的一种发展形式，其具有传统教育学府的教育职能，即培养社会发展所需的高质素人才。与此同时，研学游教育学府具有地方教育文化遗产资源优势，能够更好传播和推广教育文化，引导地方旅游业良性发展。兼顾教育和旅游发展的研学游教育学府的发展具有吸引功能性和经济效益两大要素，对于提升地方教育发展水平、弘扬传统文化、提升城市品位、实现经济高质量发展具有重要意义。

三是关于休闲游学综合体的界定。休闲游学综合体是指以发展旅游业为主，并与教育界有密切合作关系的、由历史书院改造而来的现代书院。其发展具有灵活性、地域性，其中，灵活性是指景区会根据游学活动安排，预留一定的空闲时间，避免游学安排出现调整时没有余地。地域性是指休闲游学综合体的教育文化遗产种类较为单一，其主要以地方特色教育文化为核心，更多地开展地域性游学活动。休闲游学综合体是以往游学、休学旅游等文化的继承和发展，不仅是文化产业和旅游产业融合发展的必然结果，还是文旅深度融合新业态未来发展的新方向和新阶段。

四是关于文庙文化产业园的界定。文庙文化产业园是指以文庙等代表性文化遗产为核心建造而成的文化产业园区，是文化创意产业园发展逐渐园区化、规模化的典型发展模式。文庙文化产业园具有丰富的历史研究价值，具体表现在以文庙为代表的文化遗产是历史上客观存在的，可以反映出与其自身密切相关的历史进程中的社会政治、思想、文化等各个方面的价值构成。文庙文化产业园的构建是在结合地方旅游发展目标、功能定位、区位条件分析的基础上，探寻符合城市发展规律、符合产业集群发展特征的文化遗产的规划布局方式之一。文庙文化产业园区化发展是文化产业集群发展的典型特征。建立文庙文化产业园可以促进区域文化产业快速发展，带动关联产业增加经济附加值，实现地方经济、社会和文化的内涵式增长。

五是关于智慧风景区的界定。智慧风景区是指在景区开发过程中充分利用现代科学技术，在发展过程中通过与互联网、无线网络等实现多种旅游信息自动感知、传送、分析，提升游客对地方旅游资源的互动体验感，能够为游客带来超出预期的旅游体验和旅游服务的旅游发展模式。其发展具有个性化、情景化、便携化的典型特征。智慧风景区的建设和发展过程中充分融合了现代科学技术，特别是利用大数据和大数据挖掘技术与能力，对地方教育文化遗产的客源潜力和市场竞争态势进行全面分析，通过这些技术手段，获取关于游客特征、旅游市场、资源禀赋、文化演变等方面的规律性结论，从而提高对地区教育文化遗产旅游发展战略方向、市场定位、发展目标的准确性，优化教育文化遗产旅游产品结构体系，带动旅游消费热点。研发符合游客需求的多样型旅游服务，实现教育与旅游高质量发展，对于全面提升旅游服务效率和品质，有效实现景区生态效益和经济效益双赢具有重要意义。

六是关于文化创意产业带的界定。文化产业包括"传统文化产业"和"新兴文化产业"两种类型，而新兴文化产业就是指文化创意产业，文化创意产业带是指在文化创意产业和旅游产业深度融合的现实背景下，以教育文化遗产为核心，文化创意产业吸引物与旅游六大要素（吃、住、行、游、购、娱）相互结合而形成的文旅深度融合新业态之一。文化创意产业带的发展具有发展形式单一化、创新性的典型特征，文化创意产业带的文化资源具有较强的地域性、历史性，其发展在地理位置上较为集中，而且需要在生产和创作上相互协调，因此，文化创意产业多以片区的形式发展。同时，文化创意产业带在发展过程中，坚持以文化知识和创造力为核心，以鲜明的文化价值为载体，揭示文化创新和价值创造的意义。文化创意产业的发展主要经历渗透型文化创意产业发展阶段、融合型文化创意产业发展阶段。在全球化发展的现实背景下，通过制定相关优惠政策，文化创意产业有望成为城市经济发展的战略性新型产业和先导产业。

（2）划分依据。

通过对文旅深度融合新业态的特征和构成维度进行分析，本书从文旅深度融合发展所依附的资源条件、发展特征、现代价值体系出发，对文旅深度融合新业态进行划分，具体划分依据如下：

一方面是区位条件。教育旅游作为新兴产业，具有巨大的发展潜力，并且随着第一、二、三产业的不断融合发展，如何在对教育文化遗产加以系统性保护的基础上，激发其现代活力，实现功能多元化至关重要。通过发展教育旅游，可实现教育、旅游、文化保护三赢。但不同的教育文化遗产的区位条件不同，其周边的生态环境、地方习俗及地方政策环境等之间存在较大差异，针对位于城市发展中心区域的教育文化遗产，可以将其与现代商业街区相结合，打造智慧文化景区、文化博物馆等；针对跨区域分布的教育文化遗产，可以加强城市之间的合作交流力度，共同开发教育文化遗产旅游资源。

另一方面是教育文化遗产划分类型。教育旅游作为文旅深度融合新业态和教育文化遗产系统性保护的有效方式之一，是现代教育和旅游融合发展的产物，因此，与传统教育和传统旅游业相比，教育旅游具有更高的产业附加值，有利于形成以教育文化遗产为核心的新的增长极。教育文化遗产从属性角度可以分为非物质文化遗产和物质文化遗产，非物质文化遗产的展示没有固定的物质形态和载体，需要依靠游客体验参与活动、手艺人交流等动态方式进行展示。教育文化遗产从类型进行划分，可以分为读书学堂、科举、儒家文化、教育学府等多种类型，针对不同类型的教育文化遗产，可以探索出不同的教育旅游发展模式。其中，针对读书学堂、教育学府、科举场所等可以改造成现代书院、博物馆、文化产业园等；针对儒家文化等可以根据文化演化路径，各个城市共建文化遗产带、智慧文化景区等。

第五，基于军事文化遗产系统性保护理念下的文旅融合新业态构成维度。

军事文化遗产是重要革命、战役战斗以及活动留下来的精神文化内涵和遗迹遗址，是一个时代的政治、经济、文化和科技凝聚而成的产物，代表着一个时期的一个民族或一个国家的军事战略思想，不同时代具有的军事文化遗产资源也有所不同，但均具有社会价值、经济价值和历史价值。军事资源具有历史性、针对性和知识性等特点，具有较好的旅游开发前景，将军事作为一种旅游资源来加以系统性保护是发展区域军事旅游的前提，不仅整合规划了旅游资源，保护了军事文化遗产，还借助军事游戏、军旅生活体验、军事拓展训练等活动丰富了游客旅游体验，提升了游客舒适度、满意度及遗产地旅游形象。随着文旅融合理念的不断深入，对于军事遗产旅游新模式的探索愈发激烈，根据前文提到的文旅融合新业态的内涵界定和特征分析，从产业基础、遗产资源完整度、城镇化水平等进行综合考虑，提出基于文旅融合新业态与军事文化遗产系统性保护协同模式下的文旅融合新业态构成维度，包括军事博物馆、军事文化旅游景区、军事旅游拓展、军事主题公园、军事文化旅游小镇和军事文化旅游节会。

（1）划分维度。

一是关于军事博物馆的界定。军事博物馆主要是将军事遗址地的资源和周围环境作为陈列军事战争史的载体，以展示历史军事人物、军事事件来保护军事文化遗产而修建的专题性博物馆（纪念馆），属于博物馆系统的一部分。军事博物馆能具体体现出工业化和现代化进程中军事遗产的演变过程，具有科技性、教育性、体验性、商业性等特点。首先是科技性，军事博物馆在实体博物馆、数字博物馆的基础上，融入物联网、云计算、大数据等信息技术，以实体博物馆的核心业务为主导，以社会公众的服务需求为引领，建立智慧博物馆，实现"物—人—数据"的双向多元传递，适应时代变化，给予游客新的消费体验。其次是教育性和体验性，军事博物馆不仅通过物品参观等静态方式对游客进行宣传教育，而且逐渐开展互动体验活动，让游客在游览过程中与动手、动脑相结合，在博物馆探索体验中提高趣味性和知识性。最后是商业性，军事博物馆逐渐在内部建设博物馆商店，开发文化性商品，达到文化传播、教育延伸的目的，同时又极大地满足了游客购物需求，为博物馆创新获取发展资金。军事博物馆的建设不仅有效保护了军事遗产，也为文化传承注入了新鲜活力，为其他军事遗存的保护提供了宝贵经验。

二是关于军事文化旅游景区的界定。军事文化旅游景区主要是以遗产地的军事资源和自然景观为基底，以军事文化体验和休闲度假为主题，设置军事体验场景以多层次展现军事文化，打造集军事拓展、文化教育、休闲观光于一体的综合性旅游景区。军事文化旅游景区是保护军事文化遗产的重要方式，具有联动性、娱乐性、动态性等特点。首先是联动性，军事文化旅游景区的发展与交通、住宿、餐饮、会展等产业关系密切，互相带动发展，景区的发展可以加快交通设施的建设，刺激附近的住宿、餐饮和会展业发展，相反，便利的交通、良好的住宿条件、多样的餐饮环境、良好的会展基础会直接影响游客参观以及重复参观景区的意愿。其次是娱乐性，军事文化旅游景区是多元活动项目的集合体，在工作人员或导游的讲解下，游客可以深入了解历史文化知识，体验军事文化内涵，满足对文化的需求，实现身心愉悦，而且还能观赏景区的自然风光，借助特色活动亲身体验过去的军事生活和工作，获得精神上的满足感。最后是动态性，军事文化旅游景区是在社会进步中不断形成的，内涵和理念都在不断更新，传承文化的渠道和方式变得多元化，成效更好。所以在开发军事文化旅游景区时，在动态发展过程中要充分利用其关联性，增加军事红色发展资源与文化旅游产业之间的联系，实现娱乐性，还要科学整合地域旅游、文化教育和文化营销资源，在提高当地经济的同时把文化融入居民和游客当中，形成保护军事文化遗产合力。

三是关于军事旅游拓展的界定。军事旅游拓展是依托军事建筑、军事设备、军事场地等军事设施，利用周边地势优势，开展军事训练、生态露营、自然观光、设备操作等拓展项目的军事体验基地。军事旅游拓展不仅可以锻炼人们的体能、思想素质、抗压能力、生存能力，还能让人们真切体验到军事战争的艰难，感受到浓厚的军事文化，发扬自强不息的军事精神传承，具有休闲性、独特性、创新性等特点。首先是休闲性，军事旅游拓展是文旅深度融合的产物，不仅包括军事训练项目，还存在观赏军事设施、体验自然风光等休闲娱乐活动，旅游项目丰富多彩，可以给予游客不同的感知。其次是独特性，军事旅游拓展作为军事旅游的一种，与军事博物馆、军事文化旅游景区等具有差异性，军事旅游拓展主要侧重于军事项目体验，对军事设施依赖性较强，军事设施的不同会导致开展的拓展项目不同，独具特色。最后是创新性，军事旅游拓展的内容、方法和手段要根据战争形态的变化和现代社会的需要不断创新，更新拓展训练形式，以满足现代人的需求，例如开展攀岩、探险、真人 CS 等项目活动。军事旅游拓展尤其重视创新性，只有不断创新发展，才能形成竞争优势，长期可持续发展下去。

四是关于军事主题公园的界定。军事主题公园主要是指围绕军事遗址的一个或几个主题，提供参观游览、军事教育、体验军事科技、参与军事生活等服务或项目，传播军事国防文化的综合性公园。军事主题公园主题明确，内涵丰富，具有传承性、联动性、多元性等特点。首先是传承性，军事主题公园是宣传爱国教育的重要基地，可以说是一种新型文化产业项目，公园在建设过程中融入文化内涵、突出文化价值，人们在休闲参观过程中感受军事文化、接受爱国主义教育，潜移默化改变自身的精神状态，有效传承红色传统文化和军事精神。其次是联动性，军事主题公园作为军事旅游的一种，既具有军事文化题材和现代休闲体验的特性，也具备旅游的联动效应，能够有效整合和合理配置旅游相关资源，带动区域经济联动发展。最后是多元性，军事主题公园常常含有多种主题，开展的项目特色各异，游客能感受不同的文化风格，并体会不同的军事价值。正因如此，军事主题公园之间在缺乏政府管理时，容易出现同质化现象，创新力不足，严重阻碍未来发展，所以要在开发多元主题的同时，准确把握市场结构，加快创新步伐，提升军事主题公园市场核心竞争力，消除同质化效应。

五是关于军事文化旅游小镇的界定。军事文化旅游小镇主要是以军民融合发展为主导，依托浓厚的军事文化内涵底蕴，借助小镇已有的基础设施和服务设施条件，打造集爱国主义教育、军事拓展培训、休闲体验、旅游观光、国防教育于一体的具有综合性、体验式的文化旅游项目，进而弘扬抗战精神，传承优秀民俗文化和军事红色文化的文化特色小镇。军事文化旅游小镇重视特色产业开发，是文化产业和旅游产业融合的代表性产物，具有产业性、特色性、综合性等特点。首先是产业性，军事文化旅游小镇是市场、资本、政策等多种要素作用的产物，能够有效地将观光旅游、交通、餐饮、住宿、体育进行整合，逐渐由单一性、分散化转变为具有产业化和规模化的集聚体，产业集聚效应极强。其次是特色性，军事文化旅游小镇充分挖掘当地历史元素，以本土文化特色为代表进行开发，与旅游企业相互协作，并及时引进专家队伍参与规划设计，产业特色突出，小镇发展定位和潜在的发展价值明确。最后是综合性，军事文化旅游小镇是包含休闲、购物、教育、食宿、健身、运动等多种服务项目于一体的综合性小镇。因此，军事文化旅游小镇要着重保证综合性，打造"旅游＋"模式的特色小镇，赋予小镇多种功能，满足游客多元消费需求和旅游需求，形成小镇独特的竞争优势。

六是关于军事文化旅游节会的界定。军事文化旅游节会主要是指在军事遗址地举办节会活动，一方面对古代军事文化和现代军事文化进行展示，另一方面帮助游客体验军事文化、了解古代经典战例，进行军事文化交流研究，传承文化内涵。军事文化旅游节会是人们将演出与旅游资源创造性结合的产物，也是文化产业与旅游产业有机结合的新业态、新模式，具有组合性、传播性、季节性等特点。首先是组合性，军事文化旅游节会有时可以代表一座城市的发展水平，与城市发展相辅相成、相互带动，由于节会周期较长，持续时间较短，所以常与旅游景区、旅游小镇一起组合发展，产生长久的影响效应。其次是传播性，节会活动具有聚集性，影响力较大，受众范围广泛，连续举办的节会品牌形象往往深得人心，对人们的感知具有较大的冲击力，对文化的传播力极强，游客能在活动体验过程中明确感受到当地独具特色的军事文化氛围。最后是季节性，军事文化旅游节会的筹办需要耗费大量的人力、物力和资金，所以并不是随时都在举办，往往有一定的时间跨度，例如一年两次、一年一次、两年一次等。虽然节会持续的时间较短，但在筹备前期、开展中期以及结束后期都会对相关产业产生巨大的带动效应，并对当地区域经济有不同程度的带动。发展军事文化旅游节会要充分利用这些特性，积极引进信息技术，发挥互联网的作用，不断调研以适应新时代文化与旅游市场的需求，大力宣传节会特色和军事文化内涵，提高节会知名度，塑造品牌形象，实现社会效益的经济效益并存的价值目标。

（2）划分依据。

通过对文旅深度融合新业态的特征和构成维度进行分析，基于军事文化遗产的实际情况，从文旅深度融合新业态开发所依附的资源基础出发，划分文旅深度融合新业态，具体划分依据如下：

一方面是军事资源完整度和开发度。军事旅游属于文旅深度融合新业态的一种，是三产融合发展的产物，也是保护军事文化遗产的重要方式之一。军事旅游相比于传统军事和旅游产业，主题更多元，产业附加值更高，更能产生产业联动效应，带动周边相关产业共同发展，经济效益更加明显。军事文化遗产大多是战后遗址，历史悠久，文化底蕴深厚，但随着现代社会经济的推进，人们处于适应现代快节奏生活当中，对文化遗产关注度减少，军事遗址和军事设施长期无人照看，建筑老旧，军事文化精神逐渐失传。因此，为了减轻损失，针对军事遗址保存相对较好、军事资源开发程度较小的，可以在原有基础上设置军事博物馆，或建设军事文化旅游景区保护遗产原真性。针对军事遗址保存相对较好，但开发程度较大的，可以采取融合现代理念，发展以军事旅游拓展为主的军事旅游发展模式。针对军事遗址损坏较为严重、军事资源开发程度较大的，可以采取重塑文化价值的形式，发展以军事主题公园、军事文化旅游小镇、军事文化旅游节会为主的军事旅游发展模式。

另一方面是产业基础。军事旅游是产业融合的产物，作为文旅深度融合新业态之一，资源价值潜力巨大。随着第一、二、三产业的不断融合创新，军事产业渐渐与文化产业、旅游产业、体育产业形成联合体。经济飞速发展，但生态环境却在一定程度上遭受破坏，随着大众绿色环保意识持续加强，人们越来越倾向绿色旅游，故如何在保护军事文化遗产的过程中，实现生态效益和经济效益共存是重点考虑的内容。不同的军事文化遗产地的生态状况、经济水平、政策、文化都存在差异化，相关的产业基础也不同，于是，针对城镇化程度高、生态环境优良的遗产地，可以发展军事博物馆、军事文化旅游景区、军事旅游拓展、军事主题公园的军事旅游发展模式。针对政策扶持力度大、文化底蕴浓厚的遗产地，可以发展军事文化旅游小镇、军事文化旅游节会的军事旅游发展模式。

3.2　文化遗产系统性保护的内涵、特征及构成维度

3.2.1　文化遗产系统性保护的内涵界定

在城镇化建设的过程中，文化遗产系统性保护面临着新的挑战，既要考虑到城市发展的需要，也要保留历史文化，充分重视社会效益与经济效益并重。在充分考虑我国文化遗产系统性保护实施现状的基础上，结合整体文化遗产系统性保护的现实基础，主要总结提炼出文化遗产系统性保护的15种模式，即厂区改造型、工业区域开发型、厂区城镇融合型、农业改造型、农业现代化开发型、农业旅游融合型、历史街区改造型、商业区域开发型、旧城区整合型、历史片区改造型、区域开发型、城镇融合共建型、军事基地改造型、军事现代化驱动型、特色文化依托型等。对文化遗产系统性保护存在的突出问题和演变趋势进行一般性规律探讨，具体可以从以下几点出发：

第一，文化遗产系统性保护是推进城市现代化发展的必然选择。首先，遗产旅游的发展是以遗产资源为基础，将文化遗产的文化元素融入旅游业领域中，进而推进传统遗产工艺向现代化工艺转换，通过遗产

旅游促进文化遗产产业与工业、农业、旅游业等多产业之间相互渗透，形成独具特色的现代产业体系、功能体系等为一体的现代遗产旅游产业体系，对于全面推进城市发展实现现代化具有重要意义。其次，遗产旅游有利于构建现代遗产旅游经营体系。一方面，通过发展遗产旅游进一步壮大旅游经营队伍，可以丰富遗产旅游发展模式，形成各个利益主体之间分工明确、规模化、集约化的现代遗产经营体系。另一方面，通过发展遗产旅游，可以进而创新旅游发展模式和文化遗产发展模式。最后，遗产旅游有助于丰富和完善旅游市场化生态补偿机制，发展遗产旅游不仅能够为市场提供有效的旅游产品需求，还能够创新旅游发展模式，缓解地区在城镇化建设过程中面临的资源开发不足和环境污染问题严重的双重制约，进而实现遗产旅游的可持续发展，推进建设现代化城市体系。因此，在游客旅游消费倾向日益多样化的前提下，开发创新型旅游产品，对于进一步推进旅游产业增收和现代化遗产旅游体系建设具有重要意义。基于此可以看出，遗产旅游作为一种新型的旅游形式，涉及对文化遗产的保护和再利用，是推进城市发展实现现代化的必然选择。

第二，文化遗产系统性保护是提高居民生活满意度的重要渠道。首先，遗产旅游作为促进产业转型的有效举措，能够吸收更多的知识分子，拓宽城市居民的就业渠道，进而提高地区居民收入水平，促进经济可持续发展。因此，遗产旅游相比于传统产业旅游具有更高的比较优势。其次，遗产旅游的发展不仅推进了地方旅游产业链，提升了地方遗产产业价值链，还完善了城市产业体系，从根本上推动了地方经济发展。随着市场上各个新业态的不断兴起与发展，新模式、新产品、新要素等资源在旅游产业领域不断积累，进而形成了新的产业聚集。同时，遗产旅游在推进遗产旅游实现现代化、规模化、专业化发展的过程中，带动了其他产业发展，进而对地区经济发展产生辐射和带动作用。总体看来，遗产旅游的发展拓宽了居民收入渠道。

第三，文化遗产系统性保护是实现城市自我发展的动力源泉。首先，遗产旅游作为文旅深度融合新业态之一，能够为城市经济发展提供强劲的新动力，促进地区形成新的产业经济增长极，进而带动地区经济快速发展。通过发展遗产旅游，形成了旅游观光、休闲实践等为一体的发展模式，并围绕遗产资源不断吸纳周边资金、专业性人才和先进技术等资源，有利于推进遗产旅游发展实现集群化发展，通过发挥以文化遗产为核心的增长极的集聚和辐射功能，为地区经济发展提供新的动力源泉。其次，随着科技的发展，传统工艺生产所需的劳动力逐渐被现代科技所取代，传统劳动力所面临的失业压力越来越大，遗产旅游的兴起，有助于推进传统文化遗产产业转变发展方式，进而为地区创造大量新的就业岗位，进一步提高居民收入水平。最后，随着时间的推移，保护文化遗产面临的成本越来越高，如何唤醒城市记忆、传承历史文化、激发文化遗产的现代价值至关重要。通过发展文旅深度融合新业态，促进地区旅游体系和经营体系升级改造，有助于创新遗产发展新模式新业态，这就为遗产旅游的发展奠定了现实基础。

第四，在对文化遗产进行系统性保护的过程中，不应只考虑文化遗产和城市本身的发展，还应充分考虑地域文化的演变趋势，带动区域整体发展。推进文化遗产系统性保护进程应把握三大原则：一是全面推进产业融合发展。促进产业融合和坚持创新型发展是推进文化遗产系统性保护的关键，可以为新兴产业发展培育良好的内外部环境。从产业融合的本质上看，文旅融合的内在逻辑是旅游者个体参与创造文化旅游载体的过程。促进文化遗产系统性保护与旅游业融合发展是传承人类价值理性、历史记忆的载体。二是塑造具有地方遗产特色的文化遗产新文化。文化遗产系统性保护的典型特色就是要顺应时代潮流的发展，根据地方资源禀赋、产业布局、城市发展规划等，创造符合现代生存特征和需求的新文化。三是坚持整合资源优势。文化遗产系统性保护不能单独运作，而是要充分运用政策优势，促进创新资源开放共享，积极搭建各部门合作交流平台，形成有机联动格局。

3.2.2　文化遗产系统性保护的特征解析

文化遗产系统性保护作为改善城乡环境、积淀城市记忆、提升城市品位、复兴乡村文化、助力农业特色、传播军事文化、弘扬爱国精神、提升旧工商遗产区旅游形象、扩大工商业旅游开发外延、保护历史文脉以及激发遗产现代价值的重要实现路径，其主要特征的界定需要依托文化遗产系统性保护的现实基础。

第一，文化遗产独具特色。首先，从文化遗产的文化渊源上看，文化遗产具有开放性、活跃性和多元性，即遗产文化资产具有接受创新的文化内容的机能，利用文化遗产的开放性、活跃性和多元性特征，可以促进地区乡土文化与文化遗产融合发展，进而实现对非物质文明的保护利用。其次，从文化遗产的形态上看，文化遗产发展具有多变性，主要体现在遗产文化随着社会经济的变化而变化，具体主要表现在遗产文化通过某个社会发展阶段的保护意识和消费理念而展现出的具有差异性的传承方式，进而在社会经济领域内物质和精神两个层面的反映上有所不同的文化现象。最后，从文化遗产的精神特征上看，文化遗产的未来发展具有可持续性。尽管全球化进程的推进和市场经济制度的普遍扩张会缩小各地区传统文化的差异性，甚至外部社会经济环境的变化会使遗产文化发生改变，但是遗产文化的变迁是非常缓慢的，并且其演变具有路径依赖性。

第二，保留文化遗产特征。文化遗产系统性保护的实施，并不仅仅是为了激发其经济价值，更重要的是要传承、弘扬文化遗产所蕴含的遗产文化和地域特色，因此，文化遗产系统性保护进程在推进过程中，要最大限度保护文化遗产特征和所携带的历史信息。将文化遗产内的建筑设施纳入保护范围，并不仅仅因为建筑自身所具有的审美和艺术价值，而是因为其在城市发展过程中的意义与价值。具体而言，在文化遗产系统性保护进程实施之前，应根据专家意见，充分考虑不同建筑的文化特色和遗产特征，明确需要重点保护的特色部位，并根据现实基础制定合理的保护措施，并利用现存先进设备进行参观展览，给游客最直观的价值感受。与此同时，还应保留遗产地原有的经典植被，确保遗产地保持原有生态平衡。

第三，活化利用文化遗产。随着城镇化进程的推进，文化遗产大多早已被闲置，其遗址建筑老旧、基础设施遭受腐蚀、周边环境遭到破坏，在此基础上对文化遗产实施保护措施，其遗产资源的修葺成本难以估量。杨波（2020）等以保护茶文化为案例，指出制定文化保护规划，成立茶艺制作工坊和民间团体，能系统性保护和传承与传统茶文化相关的民俗、节庆、饮食、文艺作品，从而增强当地居民对茶文化和茶遗产的认同感和认知水平，因此，必须在对其进行保护的同时加以利用，创新政策支持方式和保护机制，挖掘潜在价值，活化文化遗产。在最大限度保护文化遗产原有特征和历史信息的基础上，不断对其注入新的要素，置换新的功能。具体而言，可以借助现代科学技术，对破损度较低的工艺设备、遗址建筑进行修葺。在生态环境保护方面，一方面，借助现代科学技术，对厂区的原生产活动带来的环境损害加以修复；另一方面，通过加强生态环境保护宣传力度，提高地区居民的生态环境保护意识，进而持续推进文化遗产系统性保护进程。相比于其他旅游形式，遗产旅游在组织方面要求较高，因此，以文化遗产为核心而开发的遗产旅游在发展过程中，应通过吸纳专业性旅游管理人才，从根本上保证遗产旅游经营主体的规范性，不断完善地区交通、医疗、教育等基础设施建设，打造多条旅游消费路线，不断开发创新型旅游产业，这不仅能为当地居民创造更多的就业岗位、刺激游客消费，提高游客对景区的满意度，还能改善地区生态环境建设，进而促进地区经济社会发展。

第四，传承文化遗产价值。文化遗产是历史的产物，包括历史文物、建筑物、历史遗迹以及蕴含的文化精神，是随着人类的社会活动痕迹逐渐保存下来的，同时，也是在人类与社会互动中产生的，历史价值和社会价值丰厚。遗产旅游是以遗产旅游资源为载体的一种新兴旅游形式，文化遗产作为一种旅游资源，具有经济价值、审美价值和文化教育价值，而且，对文化遗产的经济开发即是对其经济价值的挖掘过程。因此，要加强对文化遗产进行整合和开发，根据专家学者的意见，从遗产地发展现状出发，挖掘多方面价值，但前提是需要建立在保护的基础上。一方面，对文化遗产实施科学合理的保护是其价值得以保值和升值的基础，有利于降低遗产文化传承过程中的价值损失；另一方面，系统性的保护能够有效保证遗产文化的完整性和正确性，对落后的文化加以改造，对健康有益的文化加以发扬，不断巩固文化遗产价值基础，延伸文化遗产价值链。

第五，强化文化遗产。文化景观视角下的文化遗产价值体系的认知、建设、保护与管理具有综合性、复杂性和专业性等特征，离不开多个研究领域的专业人才和科研团队的支持，尤其需要在资源保护、生态系统维护、遗产产业发展、技术创新和文化遗产传承等方面提供科研力量和资金保障。除此之外，文化遗产的保护与开发在促进产业协调发展、提供独特资源基础、带动区域经济增长等方面价值和作用重大，可以加深乡村振兴战略的实施。所以，应通过创新式传承和系统性保护文化遗产，合理、适度开发文化遗产资源，以点带面，协调推进，增加文化遗产价值，帮助探寻利用文化遗产，来加快乡村振兴战略和城市现代化发展的现实路径。

3.2.3　文化遗产系统性保护构成维度分析

第一，工业文化遗产系统性保护构成维度。

在城镇化建设的过程中，工业文化遗产系统性保护面临着新的挑战，既要考虑到城市发展的需要，也要保留历史文化，充分重视社会效益与经济效益并重。本书在充分考虑我国工业文化遗产系统性保护实施现状的基础上，结合整体工业文化遗产系统性保护的现实基础，根据前文提到的文化遗产系统性保护的内涵界定和特征分析，立足于"改善城市环境—积淀城市记忆—复兴城市文化—提升城市品位"目标，实现工业文化遗产特色及价值的保留、活化和传承。

（1）划分维度。

一是关于厂区改造型的界定。厂区改造是指通过利用原厂区内特有的工业元素，诸如厂区建筑、生产设备、植被等，挖掘其历史文化价值，因地制宜开发成诸如购物、休闲娱乐等服务型场所，充分发挥工业文化遗产价值的开发途径。厂区改造型的核心是集约化，即在工业文化遗产系统性保护过程中厂区建筑修缮、周边环境治理、土地利用等集约化，以集约化为手段实现对工业文化遗产系统性保护。与工业区域开发型厂区城镇融合型相比，厂区改造型适合市区或中心城镇的区域，这些地方基础设施相对比较完善、绿化相对较好，居民素质水平较高，居民生活方式多为非农业。按照厂区改造的地理分布，厂区改造可分为三种类型：中心城市型、城市外围型、城市郊区型。所以，应采取适应性原则，即结合工业文化遗产原有建筑结构，珍惜厂区原有的资源条件，集合科技、生态等元素，更加有效地提高原厂区元素的利用价值，减少对旧工业资源的浪费。厂区改造型的要点在于对原厂区建筑的修缮保护和利用，通过保留原厂区历史建筑，保留历史文化，发展文化旅游，改变原有厂区的发展模式，改善厂区环境，对以往工业厂区进行集约化建设。

二是关于工业区域开发型的界定。工业区域开发是放眼于区域经济协调发展的现实进程，通过将地区特色产业、地域文化等与工业文化遗产相结合，充分发挥工业文化遗产价值的开发途径。工业区域开发型的核心是可持续化，即充分挖掘周边资源，诸如特色产业、外资等和环境保护相关的资源。因为特色产业和周边环境整治是连接周边居民和土地的桥梁，只有把若干分散的土地集中起来，实行统一合理布局，才能实现区域化布局和专业性开发。工业区域开发型系统性保护模式适合远离市区和中心城镇的工业文化遗产，在这些区域，居民多以农业生产为主，但又渴望转变生产方式实现产业升级，提高生活品质，居民对于改善生活条件具有十分强烈的愿望。根据不同的工业区域开发政策，工业区域开发具有多种表现形式，诸如：科学园、技术园、工业园地、工业区等。工业区域开发型的要点在于对工业文化遗产周边资源的开发利用，通过充分挖掘周边特色产业等资源优势，对工业文化遗产加以"修饰包装"，丰富文化遗产传播方式。

三是关于厂区城镇融合型的界定。厂区城镇融合型是指通过城市发展或扩张，将周边非城镇区域融入城镇之中，进而实现共同发展，充分发挥工业文化遗产价值的开发途径。厂区城镇融合型的核心是协调化，即依托新型城镇化建设，在充分考虑工业文化遗产周边生态环境的基础上，重点把握居民劳动力就业方式，深入了解非农业就业发展现状和未来发展趋势。考虑到城镇融合发展要求，厂区城镇融合型发展模式更适合基础设施相对完善、地区城镇化水平相对不高的工业文化遗产厂址，这些区域的居民大多不再依靠农业生产，主要依靠非农收入生活，但又熟悉农业生产流程。同时，厂区城镇融合型发展模式又要将工业文化遗产系统性保护与城镇化建设有机结合起来，进行区域规划，合理布局，通过工业文化遗产系统性保护，带动周边发展。

（2）划分依据。

通过对文化遗产系统性保护的特征和构成维度进行分析，本书从文化遗产系统性保护过程中所面临的关键性问题出发，将文化遗产系统性保护进行划分，具体划分依据如下：

一是厂区改造型。厂区改造型在实施过程中所面临的主要为技术问题。相比于工业区域开发型和厂区城镇融合型，厂区改造型的保护利用模式内容相对简单，也更加方便实施。厂区改造型的保护利用建设规模较小，大多局限于工业文化遗产建筑范围内，但对改造要求较高，需要融入较多的现代科技元素，但又要保留原有历史文化痕迹。具体来说，即如何在保留城市历史痕迹的同时，有效合理地利用资源，最大限度发挥土地的经济效益与社会效益，即厂区环境如何治理、厂房建筑风貌如何保护、山水格局如何延续以及三者与居民现代生活需求如何协调等一系列问题。基于以上分析，本书将厂区改造型作为工业文化遗产系统性保护维度划分的第一个维度。

二是工业区域开发型。工业区域开发型在实施过程中面临的主要问题为发展资金和政策创新。首先在集资方面，工业区域开发过程中的私人住宅拆迁、土地规划、基础设施建设、环境治理、资源开发等都需要大量的资金投入，工业文化遗产系统性保护后期的产业融合和创新型产品开发也需要大量的资金投入。除了国家和地方政府的财政支持外，如何吸引社会资本和外资投入开发建设，也是工业文化遗产系统性保护中需要考虑到的问题。其次在政策创新方面，当在说服周边居民搬迁时，如何确保其社会福利和社会保障不受到损害，需要政府部门在政策上及时跟进补充。基于以上分析，本书将工业区域开发型作为工业文化遗产系统性保护维度划分的第二个维度。

三是厂区城镇融合型。厂区城镇融合型在实施过程中面临的旅游业发展不协调、非均衡是其实施的难点内容。以发展第三产业为出发点，着手工业文化遗产系统性保护，要求当地建筑风格严格匹配旅游设施，不协调的建筑外观、不恰当的城区规划、不合理的广告布局等现象，以及生产生活方式向第三产业转变过程中存在的不协调的商业氛围，对工业文化遗产系统性保护中的复兴城市文化、提升城市品位的进程会产生巨大的冲击，这些都严重制约着厂区城镇融合型发展模式对工业文化遗产系统性保护的实施。基于以上分析，本书将厂区城镇融合型作为工业文化遗产系统性保护维度划分的第三个维度。

第二，农业文化遗产系统性保护构成维度。

农业文化遗产保护是一项长期性、持续性的工作，既要考虑国家政策和农村发展现状，也要兼顾村民的保护倾向和参与意愿，充分重视村民的主体作用。本书在充分考虑我国农业文化遗产发展现状的基础上，结合农业文化遗产系统性保护的实施情况，根据前文提到的文化遗产系统性保护的内涵界定和特征分析，立足于"改善乡村环境—积淀乡村记忆—复兴农耕文化—助力农业特色"目标，实现对农业文化遗产特色与文化价值的保留、活化和传承。

（1）划分维度。

一是关于农业改造型系统性保护的界定。农业改造型系统性保护模式是在原有的农业文化遗产区域进行改造，通过广泛地应用科学技术，达到适应社会新需求、推广特色产品及传播乡村文化的目的，存在以现代发展理念指导农业改造，以现代科技创新推进农业改造，以现代组织方式促进农业改造等方式，包括技术改造、农产品研发、政策制度创新等。具体而言，包括三方面的内容：首先是技术创新、生产优质农产品、深化开发产品功能、升华产品经济价值，实现农业可持续发展的农业生产结构改造。其次是人力和基础设施创新，建设农村专业合作组织，完善农业服务体系，推广农业文化遗产资源的农业产业化经营改造。最后是制度创新、农业遗产资源投资机制、政策扶持的农业支持保护体系改造。

二是关于农业现代化开发型系统性保护的界定。早在 20 世纪 60 年代，"四个现代化"就被提升为中国的一项国策，其中就包括农业的现代化。党的十八大后，农业现代化被提升至新的高度，提出要共同推进农业产业化和农村第二、三产业发展。2017 年，党的十九大报告中指出"农业农村农民问题"与国计民生息息相关，是全党的工作重点，亟须加快补齐农业现代化短板，"农业农村现代化"概念在此作为实施乡村振兴战略总目标被提出，包括"农业现代化"和"农村现代化"两方面，二者相辅相成、共同进步。"一三五"期间，我国加快转变农业发展方式，着重强调提升产业竞争力和实现农业可持续发展，加之"互联网＋"、大数据时代的到来，科技创新充分与各行各业相融合，农业科技创新体系逐步健全，成功塑造了新的农业生态链、产业链和价值链，创新了农业生产模式，加速推进实现农业现代化，走向生态可持续、资源节约、环境友好的农业现代化发展之路。

综上，农业现代化开发型是以农业遗产区域为基础，依靠社会经济发展和科学技术进步，将传统农业转变为现代农业，用先进技术和生产方式推广农业，以现代的科学方法指导农业发展，构建一个低消耗、高产量、高质量的农业生产体系和一个环境友好、资源利用合理、转化效率高的农业生态系统的系统性保护模式，包括良种化、集约化、机械化、信息化等方式。概括起来，主要包括五个方面内容：一是农业机械化、农业电气化、农业水利化、农业园林化等生产条件方面的现代化发展。二是培育和推广良种、病虫害防治、先进技术等生产技术方面的现代化发展。三是现代化的生产、经营理念；具备市场意识、竞争意识、科技意识和法律意识；有较高的科技和文化素质等劳动者方面的现代化发展。四是农业组织结构现代化、管理手段现代化等经营管理方面的现代化发展。五是农业得以长久发展的集约化、可持续化发展。

　　三是关于农业旅游融合型系统性保护的界定。在经济发展新常态背景下，三产融合是产业发展的必然选择，不仅能降低发展成本，还能够提高工作效率。农业和旅游业的融合发展，首先是可以推动旅游产业发展，助力乡村振兴；其次是对于构建现代化农业经济体系，加快传统农业结构优化和升级具有重要意义；最后是能够推动现代服务业的发展，增强旅游产业的多样性和旅游业产业链的延展性，从而带动当地经济的快速发展。产业融合旅游是指充分利用当地的农业资源，整合资源优势，完善产业链，进而延伸、扩展农业功能，打造休闲农业观光、度假等旅游功能的开发模式。农业旅游作为旅游业和农业的融合体，是以包括农、林、牧、副、渔的种、养以及加工等在内的农业资源为基础，以农业生产特色为依托，立足于当地的自然景观、人文景观和农业设施，结合静态的景观和动态的农事、民俗活动等内容，经过策划、设计使其凸显旅游价值和功能，借助政府和媒体的力量来营销、推广特色活动，吸引游客前来观赏、游览、体验、购物、休闲、度假甚至科普、教育的一种兼具农业和旅游业双重属性的活动。农业旅游可以释放农业多方面功能、调整和优化农业产业结构、保护生态环境，为农村剩余劳动力提供就业平台，还能以其独特的魅力吸引众多游客，因此，要采取正确的措施实现农业旅游可持续发展。

　　综上，农业旅游融合型是将农业生产生活场景、农村民俗节庆等原汁原味的农业资源转化为具有旅游价值的农业旅游资源，实现"以农促旅、以旅兴农"，将农业文化遗产开发放在一定区域内的综合开发保护利用当中，成为乡村建设、公共服务当中的一部分，利用农业文化遗产资源开发旅游的一种保护模式，包括农家乐、公园风景区、生态体验园等。概括起来，主要包括四个方面内容：首先是以农业科技观光园、农业博览园、农产品展览馆等为载体，融参观、考察、研习、购物于一体的农业科技型农旅融合模式。其次是以田园风光、绿色生态为主，借助农业文化遗产地区的自然生态环境和特色乡村民俗文化的生态观光型农旅融合模式。再次是以古朴的传统村落、别具特色的民居建筑、历史久远的农业文化为主要载体的乡村文化型农旅融合模式。最后是以农家乐、渔家乐等为代表，农事活动为依托，融入农耕文化的农事体验型农旅融合模式。

　　（2）划分依据。

　　通过对农业文化遗产系统性保护的特征和构成维度进行分析，本书从农业文化遗产系统性保护过程中所面临的关键性问题出发，将农业文化遗产系统性保护进行划分，具体划分依据如下：

　　一是农业改造型系统性保护模式。农业改造型系统性保护模式在整个实施过程中突出的难题为资源问题和技术问题。进行农业改造的地区往往农业资源丰富、文化内涵浓厚，与农业现代化开发型和农业旅游融合型相比，系统性保护模式更容易操作、所需物质基础更为简单。但实施农业改造型系统性保护方式的农业文化遗产的价值更为完整，从实际情况上来说，该种模式的保护要求更高。通常来说，资源利用不充分、价值潜力未完全开发、建设规模小等问题严重抑制了此类保护模式的发展，所以，在实施过程中，不仅要保持农业文化遗产的原真性，还要不断加入现代科技元素，科学规划、定位资源基础，实现长期可持续保护。基于此，本书将农业改造型作为农业文化遗产系统性保护维度划分的第一个维度。

　　二是农业现代化开发型系统性保护模式。农业现代化开发型系统性保护模式在整个实施过程中突出的难题为设施建设和政策问题。农业现代化是时代不断发展、科技不断进步的产物，也是农业不断升级改革的产物。农业现代化开发型保护模式对乡村基础设施建设和服务设施建设要求相对较高，只有具有完善的设施基础，才能带动周边产业发展和吸引企业增加投资，从而更好地发展农业。除此之外，政府政策是农业进行现代化开发的基础保障，能指引其发展方向，故要及时关注国家发布的政策建议，正确发挥效用，并要基于实际发展情况，规划地方政策引导农业发展。基于此，本书将农业现代化开发型作为农业文化遗产系统性保护维度划分的第二个维度。

　　三是农业旅游融合型系统性保护模式。农业旅游融合型系统性保护模式在整个实施过程中突出的难题为产业基础失衡和效益不显著。产业融合理论推进了农业旅游发展的进程，实现了农业与文化旅游协同发展。农业旅游融合型保护模式对产业优势和产业数量极为关注，在实施过程中，离不开当地的资源和游客，游客的满意度和忠诚度直接关系着此种保护模式能否成功。大多数地区未能深入了解此种模式的发展规律和发展逻辑，不能很好地衡量产业之间的分配比例，盲目进行开发，产业价值探索不充分，不仅保护效果不显著，而且经济效益低下。因此，在实施过程中，应优先考虑各产业优势，合理配置，激发出最大潜能，有效保护农业文化遗产，带动区域经济。基于此，本书将农业旅游融合型作为农业文化遗产系统性保护维度划分的第三个维度。

第三，商业文化遗产系统性保护构成维度。

在现代商业经济发展过程中，商业文化遗产系统性保护面临着新的挑战，不仅要考虑到现代商业经济发展的需要，还要注重对商业文化遗产的保护和再利用。本书在充分考虑我国商业文化遗产系统性保护实施现状的基础上，结合整体商业文化遗产系统性保护的现实基础，根据前文提到的文化遗产系统性保护的内涵界定和特征分析，立足于"凝聚遗产价值—传承传统工艺—保护历史文脉—复兴城市经济"目标，实现商业文化遗产特色及价值的保留、活化和传承。

（1）划分维度。

一是关于历史街区改造型的界定。历史街区改造是基于对历史街区的整体性保护，注重传承传统居住生活形态和物质空间的有机延续，可以激发历史街区发展的内在活力，改造旨在传承和弘扬地区商业文化遗产的价值，创造一个融合历史底蕴和时代特色的街区，满足游客和当地居民在物质、精神和文化环境等多方面需求的综合街区。历史街区改造的核心是文化记忆，即在商业发展过程中，人们通过客观世界和自身形式嵌入集体意识之中，通过代际传递求得人类发展的稳定和持续，同时，还包括具有时代特征的建筑风格、地区居民生活习俗和城市发展形态等。历史街区改造的重点为总体规划格局，即根据实际发展需要调整地段和实际改造项目情况，具体主要表现在以下三个方面：首先，优化结构功能，即通过调整土地布局，完善城市道路建设；其次，促进产业转型升级，打造特色街区；最后，改善社区环境，凸显城市文化形象。

二是关于商业区域开发型的界定。商业区域开发型是指根据市场发展需求，利用完善的城市配套设施、多元的文化基因和关联产业为基础，打造一批具有多元化消费项目的大型文化消费综合体。商业区域开发型的核心是协调性，具体主要表现在以下三个方面：首先，协调好商业文化遗产保护与开发之间的关系；其次，协调好商业旅游发展与城市规划之间的关系；最后，协调好商业旅游资源开发与创新推动之间的关系。商业区域开发的重点是创新，即创新商业开发运营模式，大幅度提高地区商业旅游市场的核心竞争力。

三是关于旧城区整合型的界定。旧城区整合型是指在能够确保老城区城市建筑空间形态的基础上，全面整合旧城区资源，对其进行改造利用，在具体实施过程中坚持"保护为主，拆除为辅"的原则。旧城区整合型的核心是景观空间，具体表现为商业旅游不同功能区的大小和景观的不一致性、异质性等，这是各种功能区在不同作用和功能下的相互作用的结果。旧城区整合型的重点是空间环境的优化改造，即注重保护商业空间与旅游空间、延展商业体系与休闲空间、适度配置服务空间，并根据地区实际发展需求来控制各类型空间发展规模分配比例，进而确保空间功能的多样性，并实现空间环境舒适度最大化。

（2）划分依据。

商业文化遗产系统性保护的构成维度的划分依据，不仅要反映出商业文化遗产的内涵界定和特征，还要重点突出与其他保护利用模式之间的差异性和独特性。本书通过对商业文化遗产系统性保护的特征和构成维度进行分析，从商业文化遗产系统性保护过程中所面临的关键性问题出发，对商业文化遗产系统性保护进行划分，具体划分依据如下：

一是历史街区改造型。历史街区是指经过省（自治区、直辖市）人民政府核定公布的保存文物特别丰富、历史建筑集中成片、能够较完整和真实展现传统格局和历史风貌，并具有一定规模的区域。其在实施过程中所面临的关键性问题为文化记忆的传承。历史街区承载了城市的精神内涵和内在底蕴，更加直观地展现了以往社会面貌和风土人情，是地区城市内一笔宝贵的历史文化遗产。而在此条件下孕育的商业文化遗产不仅仅附属于传统的文物遗址和建筑之中，更多的还是由一整片建筑所组成的人文环境和建筑群体为载体的空间依附，因此，要想对商业文化遗产进行全方位的保护利用，就一定要重视对历史街区的保护和再利用。具体可以从以下三个方面着手：首先，历史街区改造的基本前提是深入了解街区的空间构成以及文化和商业的内涵特征，对历史文化和历史空间给予充分的尊重和认同；其次，充分发掘地区文化特色，充分利用人类商业文化的丰富性和多样性发展高品质的商业旅游；最后，在深入了解历史街区文化特征的基础上，继承并赋予这些文化新的引申内涵，确保在进行历史街区改造后，街区仍旧是地区城市的文化象征。基于以上分析，本书将历史街区改造型作为商业文化遗产系统性保护维度划分的第一个维度。

二是商业区域开发型。商业区域开发是指对地区商业集中区域进行开发管理，打造区域开发商业广场、商业圈、商业步行街等多种商业经营模式，并把居住、商业、交通等多种功能结构纳入开发区中。其在实施过程中所面临的关键性问题为商业文化遗产系统性保护与城镇化建设的协调性。在以商业区域开发为主、对商业文化遗产进行保护利用的同时，要注重探索以文化为驱动力，有效提高城镇化"速度"、以文化自觉和文脉传承增加城镇化"深度"、以文化遗产赋予城镇化"温度"、以优化城镇化布局和城乡综合配套加深城镇化"力度"的本土化解决方案。具体而言，可以从商业文化遗产城市的文化维度出发，重新审视城镇化进程，以便更加深刻、警惕地意识到商业文化遗产特色的形成与发展与城镇化建设之间的联系。基于以上分析，本书将商业区域开发型作为商业文化遗产系统性保护维度划分的第二个维度。

三是旧城区整合型。旧城区整合是指以商业文化遗产为核心，以政府、私企和土地所有者为主，通过产权交换，将老商铺、旧城区的限制土地、商业文化遗产资源等进行整合开发，对城市空间进行保护和再利用。其在实施过程中所面临的关键性问题为城市规划。随着城镇化进程的推进，一大批以旧城区为基础，通过对旧城区规划和建设新的住宅、产业、公共服务设施的空间地域单元，为用于产业布局和安置人口、满足城市发展需要孕育而生，相比于传统的新城区而言，其更加突出文化性。具体而言，可以在城市发展规划过程中，切实考虑到城市实际发展需求、商业文化遗产系统性保护现状、居民意愿三者之间的关系。基于以上分析，本书将旧城区整合型作为商业文化遗产系统性保护维度划分的第三个维度。

第四，教育文化遗产系统性保护构成维度。

教育文化遗产作为文化遗产的一部分，具有较高的历史价值、社会价值等，将教育文化遗产作为文化旅游资源加以系统性保护和再利用是地方提高文化旅游发展质量的关键，教育文化遗产具有较好的旅游发展前景，通过发展教育文化遗产旅游不仅能够实现教育文化遗产资源整合，还有助于借助教育文化遗产提升地方文化旅游产业发展的精神内涵，满足游客日益多样的旅游消费需求。在建设文化强国的时代背景下，教育文化遗产系统性保护面临着新的机遇。本书在充分考虑我国教育文化遗产系统性保护现状的基础上，结合整体教育文化遗产系统性保护的现实基础，根据前文提到的文化遗产系统性保护的内涵界定和特征分析，立足于"改善城市环境—挖掘历史底蕴—传承教育文化—提升城市品位"目标，实现教育文化遗产特色及价值的保留、活化和传承。

（1）划分维度。

一是关于历史片区改造型的界定。历史片区改造是指从城市发展的角度出发，在"城市更新专项"规划的指导下，运用城市设计的方法对城市土地加以多功能运用，将教育文化遗产划分为更新改造单元，实现利益平衡。历史片区改造型的核心是坚持政府统筹，市场运作，即政府运用市场经济手段对教育文化遗产旅游资源进行有机整合，对其进行有效的保护更新。与区域开发型和城镇融合共建型相比，历史片区改造型更加适合教育文化遗产类型单一且分布较为集中的地区，因历史片区改造的实施规模较小，而功能辐射范围具有一定的局限性。历史片区改造可以分为以下两种类型，即政府主导型和市场主导型。通过历史片区改造型进行教育文化遗产系统性保护突出文化引领，坚持规划型片区改造、环境整治促进城市功能提升，对于提升城市形象、改善人居环境、推进新型城镇化建设进程具有重要意义。

二是关于区域开发型的界定。区域开发型是指以一定的区域范围为研究对象，以实现区域整体发展为根本目标，以社会效益、经济效益和生态效益协同发展为原则，为整合资源优势、优化产业布局、保护生态环境而进行的一系列开发性活动。区域开发的核心是坚持市场运作，即以区域开发型实施教育文化遗产系统性保护是在政府指导下，坚持以市场为导向，以企业化的方式运作。以区域开发型进行教育文化遗产系统性保护具有一定的条件，在文化遗产方面更加适合教育文化遗产类型丰富，不同类型文化遗产具有一定关联性的地区；在外部发展环境方面更加适合区域发展规划一致的地区。区域开发可以分为以下四种类型，即 T 型区域开发、多极化网络型区域开发、增量型区域开发、存量型区域开发。在对区域教育文化遗产进行科学评价的基础上，以区域开发的方式对教育文化遗产加以系统性保护，有利于区域开发与保护活动在环境承载力和城市发展战略需求的双重约束下有序开展，对于实现区域经济协调发展具有实践意义。

三是关于城镇融合共建型的界定。城镇融合共建是指以城镇融合发展为基础，驱动城镇更新和完善服务配置，以实现产业、城市、人与人之间持续向上发展的模式。城镇融合共建型面临的主要问题是解决就业问题，新型城镇化建设实践表明，城镇融合发展需要产业支撑，产业发展可促进就业和创业，而新型城镇化建设也可为产业发展提供更好的平台。城镇融合共建主要可以分为以下两种类型，即中心城区的城市融合、县城周边的城镇融合。城镇融合共建型适合具有较大社会影响力且分布广泛的教育文化遗产，并且各个城镇之间在政治往来、经济发展、生态保护等方面有良好的合作基础。城镇融合发展的本质是地区为发挥各自优势，抓住共同发展机遇，改革城乡二元结构，全面推进产城一体化发展而形成的一种紧密的区域合作关系。

（2）划分依据。

通过对教育文化遗产系统性保护的特征和构成维度进行分析，本书从历史片区改造型、区域开发型、城镇融合共建型三种教育文化遗产系统性保护方式所面临的关键性问题出发，将教育文化遗产系统性保护进行划分，具体划分依据如下：

一是历史片区改造型。历史片区改造在实施过程中所面临的主要问题为技术问题。相比于区域开发型和城镇融合共建型，历史片区改造型的教育文化遗产系统性保护方式较为单一，也更加便于实施。历史片区改造型的教育文化遗产系统性保护模式规模较小，大多集中于一类或者几类教育文化遗产范围内，但对物质文化遗产的改造要求较高，不仅要求最大限度保留历史特色，还要考虑现代教育文化发展的需要，并兼顾文化遗产保护和文化遗产再利用协同，这就对历史片区改造技术有较高要求。基于以上分析，本书将历史片区改造作为教育文化遗产系统性保护维度划分的第一个维度。

二是区域开发型。区域开发型在实施过程中面临的主要问题是资源环境问题。区域性的教育文化遗产资源丰富，但是随着区域开发程度的不断提高和社会需求的不断变化，不同类型的教育文化遗产资源在区域开发的不同阶段具有不同的作用，因此，在跨区域开发调配资源过程中引发的生态环境恶化等问题日渐突出。教育文化遗产保护进程应与资源再利用、环境保护协调发展。基于以上分析，本书将区域开发型作为教育文化遗产系统性保护维度划分的第二个维度。

三是城镇融合共建型。城镇融合共建型在实施过程中面临的政策创新和城市发展规划的协同是其实施的难点内容。在政策创新方面，城镇融合共建涉及跨区域合作的问题，政府应办好服务者和引导者的角色，但不同地区的产业布局、城市发展规划、生态环境不同，导致政府在协调跨区域的跨区域组织、激励政策、协调机制等政策环境营造方面存在一定的难度。在城镇融合共建与地方发展规划协调方面，通过城镇融合共建实施教育文化遗产系统性保护，不仅要考虑地方经济社会的发展现状和未来发展规划，还要充分考虑周边地区的未来发展规划，所以，形成区域共同发展的格局存在一定的难度。基于以上分析，本书将区域开发型作为教育文化遗产系统性保护维度划分的第三个维度。

第五，军事文化遗产系统性保护构成维度。

军事文化遗产保护是一项长期持续性的工作，既要考虑军事资源保存现状和国家政策指导意见，也要兼顾地区的经济基础和公众的保护意识，充分发挥政府的带头作用。从已有的文献理论基础出发，根据军事转型诉求、居民消费需求，本书在充分考虑我国军事文化遗产系统性保护实施现状的基础上，结合整体军事文化遗产系统性保护的现实基础，根据前文提到的文化遗产系统性保护的内涵界定和特征分析，立足于"改善军事环境—积淀红色记忆—传播军事文化—弘扬爱国精神"目标，实现军事文化遗产特色及价值的保留、活化和传承。

（1）划分维度。

一是关于军事基地改造型的界定。军事基地改造是指综合利用原有基地进行军事活动所保存的军事建筑、军事环境、军事设备等特有军事元素，充分挖掘军事资源优势，融入多元功能，开发军事文化遗产价值，致力于传播军事文化、再现军事记忆、提炼军事精神、满足游客个性化需求、打造复合型服务体验。军事基地改造型强调保留军事基地原有的遗产空间，由原来的单体改造逐渐向区块联动转移，军事文化遗产保护模式向多元化、系统化方向发展。与军事现代化驱动型和特色文化依托型相比，军事基地改造型的军事设施和基础设施比较完善，周边环境保护情况较好。根据军事设施和自然环境的发展趋势，军事基地改造型可以分为以下三种类型：首先是军事建筑改造型，即对军事遗址建筑进行修葺重建，旨在回溯遗址的历史，重现军事文化精神，打造博物馆或纪念馆；其次是军事设备改造型，即融入现代科学技术，在公共诉求的推动下，更新、修复老旧的军事设施，将遗址改造为与公众利益相关的开放空间或基础设施，不断丰富博物馆建设；最后是军事产业改造型，一方面依托留下的历史遗迹打造爱国教育基地或创意产业园，另一方面依托遗产地的军事环境资源和特色旅游资源，进行资源整合和规划设计，打造名胜风景区。

二是关于军事现代化驱动型的界定。军事现代化驱动型以顺应现代化发展进程为出发点，在现代科学技术的推动下，融合地区产业特色，不断加入现代元素、创新保护理念、优化保护模式，从而最大程度地满足大众多元化需求，高效率保护军事文化遗产。《中共中央关于制定国民经济和社会发展第十四个五年规划和二〇三五年远景目标的建议》提出，一方面，要全面加强练兵备战，提高捍卫国家主权、安全、发展利益的战略能力，另一方面，要加快武器装备现代化，加速战略性前沿性颠覆性技术发展，加速武器装备升级换代和智能化武器装备发展。可以看出，军事现代化是对时代进步的解释和可持续发展的保障，指明了未来军事发展的方向。在军事文化遗产保护过程中，军事现代化起着重要的推动作用。军事现代化驱动型强调引入现代思维，实现军事文化的可持续保护，按照创新侧重点的不同，可以划分为军事人员现代化、军事设施现代化、军事理念现代化、军事组织形态现代化四种军事文化遗产保护方式。在保护军事文化遗产过程中，一方面要加强军事教育和培训，结合现代人的需要，完善军事人员的知识结构和认知水平，培养人员的创新思维，实现军事组织结构现代化；另一方面，随着大数据、云计算、人工智能等新技术的快速发展及应用，要借助科学技术和信息技术，识别游客的需求感知，拓展军事活动空间、领域和维度，开发新型军事项目。

三是关于特色文化依托型的界定。特色文化依托型主要指充分挖掘军事文化特色，将其与当地的军事建筑、军事活动或军事环境相融合，挖掘并整合资源价值，重现历史文化，进而达到传承和保护军事文化遗产的目的。特色文化依托型强调对文化的整合处理，对军事文化遗产地文化内涵的依赖程度较高，按照文化的保护途径，可以分为文化空间保护、文化建筑保护、文化景观保护和文化节事保护。首先，文化空间保护是指确定文化主题元素，从空间上营造文化氛围，为游客提供鲜明主题的旅游文化环境，同时，打造特色空间形成旅游区的品牌形象，如建设军事文化村、军事古城古镇。其次，文化建筑保护是指通过一系列文化设施的集聚进行强化，用特色文化理念构筑建筑物的创意和规模，在建筑结构中注入文化内涵，推进实现文化符号化，形成独有的建筑文化特色。再次，文化景观保护是指通过雕塑、服饰、壁画等文化景观展现当地军事文化，传播文化精神。最后，文化节事保护是指通过举办大型节庆活动的形式开发军事旅游，让游客以最直接的方式了解和感受当地的文化特色，进而达到保护的目的。

（2）划分依据。

通过对军事文化遗产系统性保护的特征和构成维度进行分析，本书从军事文化遗产系统性保护过程中所面临的关键性问题出发，将军事文化遗产系统性保护进行划分，具体划分依据如下：

一是军事基地改造型。军事基地改造型在具体的实施过程中主要面临技术问题和资金问题。采取军事基地改造的地区，城镇化和现代化水平相对较高，军事资源保存也更为完整。相比于军事现代化驱动型和特色文化依托型，其保护范围较小，主要被限制在军事文化遗产区域内，同时，主要是对原始军事遗产进行修复保护，对军事保护环境和改造形式要求较高，既要保护军事文化遗产的原有特征，又要吸引游客眼球，为游客展示多元的军事价值。因此，在实施军事基地改造型时，地方政府要投入更多的专项资金，广招优秀人才，融入技术新元素，以更多元的形式展示军事价值。基于上述分析，本书将军事基地改造型作为军事文化遗产系统性保护维度划分的第一个维度。

二是军事现代化驱动型。军事现代化驱动型在具体实施过程中主要面临军事资源问题和技术问题。在互联网、大数据时代，军事现代化是大势所趋，是社会发展进步的产物。军事现代化驱动型主要是对军事资源进行规划创新，不断融入现代理念，打造适合当代需要的军事项目。军事资源的完整性、特色性和多样性决定了活动项目的吸引度，故需要对各种资源产业进行规划设计和整合处理，挖掘潜在资源特色，探讨资源价值。在对军事资源进行创意处理时，容易出现资源挖掘过度、经济效益低下、环境承载力过载等问题，因此，需要信息技术识别资源、估算环境承载范围，并需要借用新型科学技术手段正确探索资源价值，进而科学地推动军事现代化。基于上述分析，本书将军事现代化驱动型作为军事文化遗产系统性保护维度划分的第二个维度。

三是特色文化依托型。特色文化依托型在具体实施过程中主要面临政策问题和人力资源问题。特色文化依托型对文化特色和当地政策举措尤为依赖，文化是一个军事文化遗产地的优势产业，代表着一种精神。但大多数情况下，因为地方相关政策文件的不完善，没有具体指出文化保护指标和范围，居民对文化的认识不到位，无法产生文化认同感，保护效率低下。除此之外，在军事特色文化的保护过程中，需要以活动、展览、旅游等为载体承接文化内涵，需要大量的人力和物力。特别是人力资源，优秀人才队伍可以对军事旅游提出建设性意见，使其往正确的方向发展，同时可以吸引外来企业投资，扩大旅游知名度和影响力，促进军事文化遗产有效保护。基于上述分析，本书将特色文化依托型作为军事文化遗产系统性保护维度划分的第三个维度。

3.3 文旅深度融合新业态与文化遗产系统性保护协同模式的必要性与可行性

党的十九大报告提出，"健全现代文化产业体系和市场体系，创新生产经营机制，完善文化经济政策，培育新型文化业态"。文化发现和创造价值，旅游体验和实现价值，文化和旅游在形态上相融、产业上相通、业态上相连、功能上相关。旅游活动处处都渗透和体现着文化，文化旅游是我国旅游业发展的主要方向之一。旅游产业与文化产业良性互动、协同进步，两者的融合发展能有效调整、优化产业结构，释放经济活力，激活产业发展新动能，让优秀文化真正"立"起来、"活"起来，精心打造"旅游 +"系列业态，推动构建"以文促旅，以旅彰文"旅游产业升级发展的新格局。文旅深度融合新业态是指以创新思维、新技术、新模式对文化旅游资源加以改造而形成的新业态，是资源开发和资源利用的高效率产物，把文化遗产作为一种旅游资源来加以保护利用，不仅为保护文化遗产和保护自然环境提供了机会，还提高了旅游资源的丰富度，丰富的遗产旅游资源和产品正在吸引着越来越多的游客。文旅深度融合新业态形成的首要方式是对文化遗产进行统筹管理，实现对文化遗产的统筹管理，所以，应建立遗产管理质量、游客体验质量、遗产经营效益和区域经济贡献四大维度的遗产旅游管理目标体系，并将该体系指标数量化。文化遗产资源的保护和再利用涉及遗产管理体制、机制保障检测、公众支持等，可以看出，文化遗产资源的保护和再利用是其得以发展的基础。随着经济的快速发展，人们在现实生活中对休闲、旅游、教育等的需求不断增加，以经济增长为主导的产业逐渐演变为以现代服务业为载体的信息经济和知识经济，在此背景下，中国已经形成了一大批具有"先导型"消费特点的中高收入群体，该群体对文化娱乐、旅游休闲以及培训教育等现代服务型的消费需求明显增加。加之教育、旅游、娱乐等作为能够满足自身及家庭成员未来发展需要的消费，因此，以文化遗产为核心的遗产旅游作为文旅深度融合新业态与文化遗产系统性保护协同发展的有效路径之一得以快速发展。对于文旅产业融合的研究，早在 20 世纪 60 年代，有学者（Rosenberg，1963）基于产业技术变化，创新指出产业融合的思想。其后，有大量学者研究节事活动、主题公园、文创等具体的文化行业或活动对旅游产业的影响效应，此外，旅游与文化产业政策、旅游与文化遗产的关系，文化产业与旅游产业相融合的理念也备受关注。

与此同时，工业遗产、农业遗产、商业遗产、教育遗产和军事遗产等产业不断与文化产业和旅游产业融合，一是侧重于工业区更新、工业建筑改造、产业转型、生态环境治理保护等，突出资源的挖掘与利用；二是综合考虑现有资源特色和区位条件，依托科技创新技术和人才，转变现代化产业创新方式，优化发展机制，整合并合理利用资源，协调产业融合；三是利用发展旅游业带来的基础设施建设完善、政策红利倾斜、发展机遇显现将文化遗产的无形资源转化为旅游吸引物、旅游体验商品、旅游消费产品，进而营造良好的旅游环境，旅游环境作为旅游业的生存之本，又反过来作为一种旅游资源促进旅游业的发展。文化遗产与文旅产业的融合发展延伸和拓宽了第二、三产业链，第一、二、三产业关系更加紧密，文化创意产业区、博物馆、创意农业、会展农业、文化产业园、创意产业园、军事拓展训练、军事主题公园等新业态和新模式逐步被催生演化。数字时代和全域旅游时代的来临，紧跟着消费升级和科技进步的步伐，文化旅游产品和服务的有效供给得到提升，促进了遗产资源与文旅产业在更广范围、更深层次、更高水平上融合发展。文旅融合新业态逐渐加强了"互联网 +"和大数据技术应用，一方面融合出高附加值的文化旅游新产业业态，增加了文化遗产发展的潜在价值；另一方面加强了文化遗产保护力度，推进发展可持续的遗产旅游。因此，推进文旅深度融合对实现文化遗产系统性保护尤为重要。

3.3.1 必要性研究

随着城市化、工业化进程的加快，人们的收入逐年增加，居民的生活方式、价值观念和消费取向均发生变化，原本对生存的需求逐渐转向为对享受和发展的高层次需求，在追求物质生活的极大满足时，人们对精神文化的需求也进一步上升，现有传统的休闲旅游已经不能满足人们对旅游精神文明的追求，单一的文化旅游发展逐渐呈现出发展内生动力不足、旅游资源开发效率低下等不足。李涛等（2016）指出，文是旅游开发的核心和灵魂，创新文旅融合模式与实现路径，充分利用文创开发手段，对于提升旅游产品的吸引力，提升文旅融合新业态的产业经济价值具有重要意义。与传统旅游业相比，文化旅游产业的核心竞争力表现为受众广泛、体验丰富，而其发展的限制性因素为缺乏新鲜感、开发效率低、投资周期长等，导致文化旅游在发展过程中因未能充分挖掘和展现地方传统特色，而出现缺乏文化底蕴的问题。张春香（2018）指出，缺乏文化旅游高级人才是我国文化旅游经营管理面临的共同问题，因而文化旅游产业发展的优惠政策在实施过程中并不顺利，战略转化成政策指导实践存在一定难度。刘治彦（2019）在文旅融合发展研究中指出，可以借助国家公园体系、乡村振兴等重大战略，通过统一规划、管理和统一政策导向形成融合发展的初始动力，引导市场机制建立和完善，逐步形成文旅产业相互促进、相互融合的持续发展的新模式、新业态。刘沛林（2015）指出，文化旅游的资源优势不仅能够彰显地域文化特色，还符合"产城互动、以产促城、以城带产"的新型城镇化战略。就目前来看，文旅深度融合新业态在党和国家的大力支持下得到了快速发展，文化旅游产业发展涉及第一、二、三产业融合发展，在转变生产生活方式、促进劳动力就业、改善生活环境等方面发挥着重要作用。根据产业融合理论，遗产旅游作为文化旅游的新业态，通过以文化产业为核心，既能够保护利用、传承工业文化，又能够多维度提高产业、产品附加值，不断培育新的经济增长动力机制，因此，在文旅深度融合新业态与文化遗产系统性保护协同模式构建中具有必要性。文旅深度融合新业态对系统性保护文化遗产具有促进补充作用，具体表现在以下几个方面。

第一，文旅深度融合新业态可以传播文化价值。探索保护式旅游开发，能有效缓解文化遗产被冲击、被边缘化的情况，还原社会生活历史记忆、传承优秀文化，保护文化遗产的原真性、活态性和复合性等，更好地探索在景观、旅游层面的文化遗产价值。通过以观光旅游、文化旅游等形式发展遗产旅游，让游客感知历史文化的魅力，体会古代遗产演变的精髓，并由此开发具有地区特色的旅游产品、打造精品旅游消费路线。在外部环境方面，遗产旅游资源管理的主要领域包括遗产地的旅游开发、遗产的原真性保护、遗产旅游与游客体验等，近年来遗产管理新技术的运用、气候变化及环境污染等成为新兴的研究领域，良好的生态环境对提升地区发展遗产旅游的客源潜力、提高游客感知度具有重要意义。所以，一要重视文化遗产资源的挖掘工作，挖掘、开发更多的文化资源、文化要素使其转化为旅游产品，赋予旅游产业文化价值，延伸旅游空间，深化旅游内涵；二要通过市场化和产业化的旅游创新手段，从增加供给方式和供给类型两个角度丰富文化产品，提升产品品质，发挥旅游在传播社会主义核心价值观、繁荣中国特色社会主义文化的载体作用，拓宽推广平台，引入新动力；三要从文化遗产的实际情况考虑，立足于资源基础和生态基础，整合并规划资源，充实旅游产业的内涵文化，加强当地旅游宣传，一方面可以刺激旅游发展，另一方面借助旅游产业的联动效应，促进文化产业快速发展，加深文化交流，为文化繁荣发展助力，满足人民日益增长的美好生活需要；四要全力设计文化价值丰富、影响力较大的文化旅游标志性项目，讲好文化故事，打造符合遗产地特色的文化旅游品牌，积极发挥文旅产业的力量，带动区域经济发展，努力开创文化和旅游融合发展的新局面。

第二，文旅深度融合新业态可以复兴城市文化提升城市品位。新业态发展对于复兴城市文化主要表现在：近年来大量具有历史价值、文化价值、社会价值和教育价值的文化遗产被搬迁、拆迁，导致遗产文化价值被淹没，相应的传统的文化旅游产业中旅游产品同质化、单一化问题较严重。目前将传承遗产文化与旅游发展相结合是解决当前问题的有效途径，即把文化遗产当作城市特色文化建设的宝贵资源，通过充分挖掘其传统文化内涵，凝练和提升遗产旅游产品的文化品位，依托城市良好的经济基础，以遗产旅游开发为契机，对于复兴城市文化、提升城市品位、完善城市功能、打造城市形象有着重要作用。这打破了传统意义上以观光旅游为主的发展局限，从文化水平的角度提升了遗产旅游的发展品位、产品质量。

第三，文旅深度融合新业态可以为文化遗产发展注入新生动力。在现代旅游消费市场逐渐多样化发展的时代背景下，旅游业的发展也逐渐呈现出多样化的发展趋势，全要素生产率管理更需技术支持、开放市场政策促进旅游多元化呈现快速递增的态势。在此情况下，文化遗产在可持续发展中面临着旅游经营不善、旅游服务不佳、环境保护不力等问题。到目前为止，我国遗产类景区经营管理主要采用国有国营的管理模式，由于资金不足，景区的保护、建设和社区发展问题严重，因此，探索多样的经营方式，融合文化产业和旅游产业，实现可持续发展保护十分紧迫且必要。新业态发展为遗产文化发展注入新生动力主要体现在：随着社会的进步，人们消费观转型升级，更加倾向于精神享受。利用文旅融合的方式保护文化遗产，一是融合活化了经济路径，提升了文化遗产历史、经济、生态和文化价值；二是推动了遗产资源媒体传播路径构建，向游客多维度宣传文化遗产信息，从情感、认同、记忆等方面提高全民保护意识；三是在当地特有文化融入旅游项目时，可以使遗产历史文化、自然景观与民族文化相融合，文化内涵填充至各个旅游项目中，满足游客旅游新需求。文化遗产保护性旅游是在动态保护理念指导下对旅游资源进行开发，为文化遗产可持续发展提供了新的发展方向，从而在保证遗产地资源不受破坏、环境不受影响的情况下，实现遗产地可持续旅游发展的同时满足人民日益增长的美好生活需要。

第四，文旅深度融合新业态可以缓解文化遗产遗失的问题。在城镇化建设过程中呈现出来的劳动力转移、村落民俗院落在一定程度上导致交通堵塞、文化遗产流失严重、公众参与度不高等一系列问题日益凸显。新业态作为新经济发展的具体表现形式，新的资源配置模式和新技术是提升产业附加值和资源利用效率的主要方式。利用地区文化遗产发展文旅深度融合新业态，不仅能够借助旅游业传承弘扬遗产文化，还能促进不同地区之间的文化交流，为新文化的产生培育良好的发展环境。李庭筠（2020）的研究也表明，新业态为文化遗产保护作出了巨大贡献，尤其是在以文化经济为主导的区域，文旅深度融合新业态的带动效应更为明显。谈国新（2015）在其研究中也指出，新业态的发展不仅为地区特色产业的发展提供了产业支撑，还为其发展催生了文化新业态，拓展了新的文化内涵，文化新业态的发展成为重点研究领域。文化遗产得以延续和传承，不仅为传承与振兴传统手工技艺、保护历史文脉、实现经济复苏作出了重要贡献，还为解决文旅深度融合新业态与文化遗产系统性保护中普遍存在的文化遗产利用文化性凸显不足、社会效益低下，旅游功能不强、旅游产品单一，遗产文化内涵不足、民族文化潜在价值被低估，市场经济规律与居民利益协同率低、缺乏竞争力等问题提供了新思路。

第五，文旅深度融合新业态可以优化资源配置。文化遗产资源分布范围广泛，但相对于其他旅游资源来说数量稀少，加之遗产资源在开发之前经常缺乏必要的市场调研和科学规划，当地的客源市场和文化遗产资源不匹配，资源大量浪费的同时游客的需求也无法得到满足，同时，过度开发导致原始生态遗产文化资源被破坏和异化。在这种情况下，只有文化旅游产业深度融合，发展遗产旅游才是解决当前问题的有效途径。一方面，旅游总是在一定区域空间内实现的，能够通过对各地旅游资源的特色和发展方向的分析，确定旅游形象和旅游资源开发重点，进而有效整合和合理配置资源；另一方面，遗产旅游作为文旅深度融合新业态，不同于传统的观光型旅游产品，同时兼具遗产文化题材和休闲娱乐体验，有助于充分挖掘、整合和利用分散的遗产资源，制定与自身特点相符的未来发展规划，实现区域经济的联动发展。

第六，以文化遗产保护和旅游价值利用为前提的旅游产业是城镇化发展的动力。在新型城镇化建设背景下，迫切需要加强中心城镇与周边城镇的衔接，引导人口的集聚与分流，推进旅游经济体与城镇化协同发展。新型城镇化的关键是实现人的城镇化，文化消费在人的城镇化建设过程中起着关键的推动作用。具体主要表现在物质文化和精神文化两方面，在物质文化方面，传统的地域文化转型只是文化被动适应外部环境变化而改变的过程，而这种被动的转变难以解决"人的城镇化"问题。所以，应积极吸纳文化遗产元素，实施新兴小城镇发展战略，使文化旅游产业发展具有自己历史的文化发展规律，完善地区公共文化服务体系，支持群众参与小城镇文化建设，真正使小城镇成为以人为中心的具有较高品质的宜居宜业之所，实现人的城镇化。在精神文化方面，文化遗产包括物质文化遗产和非物质文化遗产两大类，具有深厚的文化底蕴，以文化遗产为核心而发展的教育旅游产品消费与人的城镇化相匹配。

3.3.2 可行性研究

文化遗产凝聚了人类众多生存的智慧，我国文化遗产依托悠久文化历史、多样的地形地貌、丰富的自然资源而不断发展延续，充分折射出传统遗产的文化魅力和生态智慧。

第一，文旅深度融合新业态发展步入新阶段。自2018年3月，《深化党和国家机构改革方案》的发布推动了国家旅游局与文化部的职责整合，各省市分别成立新的文化和旅游部，其中，多个省市提出将把文化旅游作为战略性支柱产业和产业转型升级的主攻方向，文化和旅游融合向更深层次发展。《关于促进全域旅游发展的指导意见》提出"全域旅游"，成为国家战略后进一步在国家层面进行系统性工作部署，全域旅游发展空间渐渐扩增，加快旅游业转型升级、提质增效，全面优化旅游发展环境，推进文旅融合向纵深方向发展，产品品质得到提升，产业更好得到融合。目前，文旅深度融合主要以特定文化强化游客的参与感、融入感和情感体验作为发展趋势，遗产旅游作为文旅深度融合的新业态，需不断调整以适应这种趋势。一是新模式、新产品接踵而至，络绎不绝。文化记忆圈、生态博物馆、文化商业街、文庙文化产业园、军事文化旅游小镇等文旅融合新业态不断萌芽兴起，原有的特色资源被加以挖掘利用，形成区域持续发展的助推力，资源基础理论观将这种发展模式认定为地区保持持久竞争优势的源泉。二是伴随着国民收入快速增长和消费结构持续升级，旅游步入大众化发展阶段，中国旅游业已全面融入国家社会经济体系。人们的物质生活需求从对生存的需求逐渐转向为对享受和发展的高层次需求，对消费产品的价值追求更加倾向于个性化、品质化、体验化及情感化，越来越注重消费"质"的提升，以及能够体现更高层次的、契合消费者个性化及多样化等其他价值的追求。因此，文化遗产旅游活动包括愉悦休闲价值、艺术审美价值、文化历史价值和社会实现价值等四种价值，能满足游客独特的精神需求，进而在保护文化遗产的基础上焕发出历史文化，促进区域收入水平提高，促进经济持续发展。

第二，文化遗产价值流失问题亟待解决。目前，文化遗产中普遍存在自然历史文化遗产保护不足，城镇化进程建设导致景观结构和所处区域的自然地理特征不协调，城市自然和文化个性被破坏，进而导致具有乡土特色的遗产文化和民俗文化流失的现象日益凸显。我们本身对文化的本质不求甚解，或者是把文化的价值内涵简单化、表面化、形式化，加之在文化传承、文化保护等方面困难重重，以至于长时间以来，具有丰富文化价值的非物质文化遗产的保护和再利用的大潮愈演愈烈，而以遗产旅游开发模式为主导的发展经济趋势较少考虑本地乡土文化、民俗习惯与历史文脉的传承，在此背景下，文化流失已经带来了不可估量的价值损失。21世纪以前，我国对非物质文化遗产的保护措施主要是建造工业博物馆、民俗文化馆等方式，但是由于保护形式较为单一，加上不同文化之间的交流碰撞愈演愈烈，以至于多种文化价值在后天的发展过程中变异或流失。

第三，文化旅游的发展离不开文化遗产的推动力。遗产的稀缺性和不可再生性使其在社会发展过程中永不过时，甚至在社会发展过程中通过产业融合、产业升级等不断增值，文化遗产的稀缺性、独特性吸引记者、作家、游客前来，进而吸引了更多学者的关注。在文化遗产的传播过程中，社会各方的共同参与、努力，推动了文化遗产的保护，解决了因发展旅游业而带来的环境负担导致文化遗产再利用度不高的问题，推动了文化遗产的适度利用，为文化旅游的未来发展提供了不竭动力。

第四，文化遗产教育工作与人才培养目标脱节的问题亟待解决。对文化遗产加以系统性保护是指对传统文化遗产进行完全地、可持续地、可解读地保存。人才培养归根到底是培养创新型人才。但是如何在实现文化遗产保护和学校进行人才培养之间找到一个最佳的平衡点，这个问题亟待解决。随着经济的快速发展，银行、金融保险、贸易等行业迫切需要高素质人才，为迎合社会新文化知识人才培养的需要，高校教育中的商业法律、会计、销售等商务课程日益增加，而对非物质文化遗产专业人才教育和培养的力度逐渐降低，以至于以建立社会教育体系等途径实现非物质文化遗产教育传承的格局并未形成。文化遗产保护人员的缺失，使得基层文化遗产保护的宣传教育工作力度低下，导致非物质文化遗产流失问题严重。

第五，政策、技术创新助力文化遗产传承。随着现代化进程的加快，我国文化遗产保护相关法律法规以及地方专项法规条例不断健全，文化遗产保护管理持续优化，实现了遗产的规范化、常态化保护，这是对文化遗产系统性保护的前提保障。早期，对文化遗产的保护多通过传承人、法律、村民等途径进行，城市化进程的加快，这些方式的保护速度远远追不上文化消失的速度，于是，易善炳提出可以通过人工智能等高科技保护文化遗产，一是利用人工智能的深度学习模式，让其担任部分传承人的角色，助力保护和传承文化遗产；二是利用大数据优势，深度挖掘和优化使用特色资源，与游客形成互动，针对游客需求提供个性化的服务；三是利用科技的智能语言翻译功能，实现不同文化之间的无障碍传播，共塑文化传统精神；四是将人工智能与虚拟现实技术相结合，通过现场再现的方式打破传统保护方法的局限，给游客更真实的体验和感知，提高游客的保护意识。总之，政策的支持和科技的进步都在系统性保护文化遗产中扮演着重要的角色。

第六，文化强国建设的现实需要。遗产旅游发展已经超越了传统的休闲旅游、观光旅游，其发展正在逐渐向多元化的文化休闲、观光、购物等为一体的复合型转变；游客旅游需求的多样化变化，使得遗产旅游逐渐走向创新化发展的道路。新时期下遗产旅游的发展主要呈现出以下特点：一是促进"遗产旅游+"

业态的形成与发展，传统的遗产旅游形式在旅游大竞争市场上已不占有发展优势，在与地域民族文化相互渗透和融合之下，才能够唤醒文化遗产的活力和生命力。遗产旅游产业的发展必须注重丰富旅游产品的文化内涵和表达形式，而发展"遗产旅游＋"形式，借助其他物质载体提升地方遗产旅游产业的层次，增强旅游产业的市场竞争力是可行的。二是注重资源的可持续性再利用，改革开放初期，在追求经济利益最大化的目标背景下，文化遗产的开发大多为了获取短期的经济价值，将遗产作为遗产旅游资源，利用遗产独有的特性而形成自然的垄断地位，而未考虑到未来的发展和效益。

3.4 文旅深度融合新业态与文化遗产系统性保护协同模式框架模型构建

3.4.1 文旅深度融合新业态发展思路

第一，文旅深度融合新业态发展的战略目标。

在充分分析文旅深度融合新业态发展的内外部环境的基础上，科学合理地分析其发展战略目标，结合文旅深度融合新业态的发展现状和相关的理论研究，本书分别从工业博物馆、公园风景区、特色创意园、文化记忆圈、文旅一体大景区、休闲服务带、生态博物馆、乡村聚落景观、文化创意农业园、文旅特色小镇、农业生态休闲度假区、田园综合体、文化产业园、文化商业街、商业文化博物馆、创意产业园、旅游商业区、书院文化博物馆、研学游教育学府、休闲游学综合体、文庙文化产业园、智慧风景区、文化创意产业带、军事博物馆、军事文化旅游景区、军事旅游拓展、军事主题公园、军事文化旅游小镇、军事文化旅游节会等方面分析其发展规划的战略目标。

打造创新之城，促进产业转型发展。文旅融合新业态的产生是指在创新思维、科技手段等多要素的推动下，探索文旅深度融合的元素、路径、环境和方式，进而形成促进文化产业和旅游产业融合发展的新业态，进而做长、做精、做细产业链。文旅产业与人民群众的休闲生活、文化行为、体验需求等密切相关，但是人们对文化认识的局限性在很大程度上制约了文化旅游的发展成效。促进产业转型发展主要可以从技术创新、政策创新、消费创新和发展模式创新四方面着手：首先，在技术创新方面，从产业转型发展和技术创新的关系来看，产业转型发展不仅是技术创新的主要来源之一，还是技术创新的使用者和传播者，无论是在技术创新的投入力度方面，还是从研发产出方面，相关产业转型发展所涉及的相关部门都占据了技术创新的绝大部分，因此，在产业转型发展进程中，技术创新是活跃度最高的部门。2018年，《关于促进全域旅游发展的指导意见》文件中着重提出，在信息技术快速发展的时代，要发挥现代信息技术在全域旅游中的积极作用，云计算、人工智能、物联网技术、虚拟现实技术有助于信息技术发展，有利于实现文化产业和旅游产业，以及科技产业与文化旅游产业的有效融合。科学技术和信息技术不仅深刻带动了文化产业和旅游产业的价值链构造，改变了它们的组织形态和组织形式，而且优化了遗产产业发展模式，增加了发展路径，提升了文化附加值。其次，在政策创新方面，文化遗产旅游作为文旅深度融合新业态之一，其政策创新机制不仅仅涉及地区城市外部空间形态、旅游管理体制改革、文化管理体制改革和文化旅游融合发展研究，还涉及文化遗产旅游发展对于土地规划、空间管制和产权明晰等多方面的制度设计。在借助发展文化遗产旅游促进产业转型发展的过程中，要注重从全局性的角度对转型升级的整体路径进行统筹设计，进而从根本上避免由于遇到局部瓶颈而导致整体发展效率低下的问题。再次，在消费创新方面，文化旅游从其属性上来说是满足游客精神需求的产品或服务，文化遗产要实现可持续发展，促进其转型发展，就需要不断创新，需要从游客需求出发保证功能多元化，而与文化旅游的深度融合恰好与这种需求相适应，可以实现农业文化消费、游客精神消费和区域经济发展的良性互动。最后，在发展模式创新方面，随着城镇化进程的推进，国内地方政府大多已经放弃了传统发展模式，转而向与地区比较优势更为吻合的产业结构发展。文化遗产旅游作为文旅深度融合新业态之一，多数地方政府借助当地文化遗产资源发展文化旅游，但是市场上现存的文化旅游发展模式较为单一，并且文化旅游产品种类匮乏，缺乏创新性。

打造产业之城，促进文化和旅游产业共生共荣。不同产业之间之所以能实现融合，主要是因为其产业价值链能相互融通。文旅融合发展以文化产业和旅游产业双方资源为基石实现价值共创共享，是指根据市场发展需求，在技术进步、产品创新等多因素的共同推动下，借助文化遗产所蕴含的文化价值，将其与旅游要素充分融合，形成文化与旅游相互渗透的局面，为培养和发展新业态注入了新的活力，进而实现文化产业和旅游产业共同发展。2019 年，《文化和旅游规划管理办法》中也详细指出，地方政府特别是文化部门和旅游部门要加强沟通和交流，依据实际情况制定发展规划和发展方案，完善相关协调机制，着力推进实现旅游产业和文化产业的深度融合。文化社会资本是城市经济高质量发展的重要组成要素，这一要素是经历了长时间的演化变迁最终形成的一种社会资本，具体主要包括历史遗迹、民俗风情、人文精神等。地区文化是城市间特征差异性的直接体现，通过发展和弘扬地区文化，可以为城市经济发展提供强劲的发展动力。通过发展遗产旅游，可以弘扬、传承遗产历史文化，更好地让文化融入社会大众的生活中，帮助人们建立高度的文化自信。与此同时，文化发展的可持续性是推进文旅融合实现可持续性发展的基础，文化旅游与地区经济发展之间有着密切联系，应该从生态发展的视角研究文化旅游的发展。促进文化和旅游产业共同发展的有效路径为促进产业转型升级，具体可以从发展乡村文化旅游、民族文化旅游、文化遗产旅游三方面着手：首先，在发展乡村文化旅游方面，文化旅游指与人们的休闲生活、文化行为、体验需求等密切相关的领域，其主要发展形式为以旅游业发展为主的休闲娱乐、观光体验等多元融合形成的经济形态和产业系统，其对于促进经济效益提升具有重要作用。其次，在发展民族文化旅游方面，民族文化旅游是指以少数民族或族群文化为主要旅游产品的少数民族文化旅游类型。不同地区之间的地域文化存在着明显的差异性，应依托地区独特的民族文化开发创新型文化旅游产品，打造差异化民族文化旅游消费路线。最后，在文化遗产旅游方面，文化遗产旅游是一个侧重于对历史遗迹等文化遗产资源进行开发保护的领域，具有知识性、浏览性、历史性等特点，是集浏览观光、学习、购物消费等为一体的旅游形式。

关注文化保护与传承，推动旅游小城镇建设。文化保护与传承是指针对保留遗存较多的地区，以突出民族文化为核心，对文化资源进行开发利用，达到保护、传承文化的目的，进而实现文化的可持续发展。实现文化保护与传承，推动旅游小镇建设具体有以下三种模式及路径：一是生活态保护模式，即旅游开发要建立在尊重地方居民生活模式的基础上，兼顾物质文化遗产与非物质文化遗产共同保护。二是文旅融合新业态保护模式，即以地方文化资源为基础，以文化保护和传承为导向，制定旅游发展规划。以政府、企业、居民、游客等相关利益主体之间的制约机制为动力，促进地方文旅融合新业态良性发展。三是差异性保护模式，即不同文化的类别、分布等具有较大差异性，因此，在不同文化保护过程中，资金投入、保护方式等方面也存在较大差异。整合各类文化资源优势，分级分类建立评价指标体系，制定不同等级的文化保护类别具有必要性。旅游小镇建设作为实现乡村振兴战略的有效路径，以文化保护和传承为基础，梳理好不同类别文化保护和传承的模式及路径，对于丰富文旅深度融合新业态发展模式具有重要意义。

第二，文旅深度融合新业态发展的定位分析。

新时代背景下，文旅深度融合新业态的发展受到国家的高度重视，这就对其发展提出了新的要求。促进文化遗产产业转型发展、促进文化和旅游产业协同发展作为文旅深度融合新业态发展的战略目标，也应该对其提出相应的发展定位。基于此，可以从促进文化产业转型发展、促进文化和旅游产业协同发展两个角度，分析文旅深度融合新业态的发展定位。

首先，促进文化产业转型发展的定位。根据前文对文旅深度融合新业态定义和作用的描述，以及对其战略目标的阐述，本书以文旅深度融合新业态的发展潜力为基础，分析文旅深度融合新业态发展对促进文化产业转型发展的定位。文旅深度融合新业态的发展定位是依据其发展贡献所判定的，文化遗产资源优势是促进其实现转型发展的关键，文化产业转型发展是激发文化遗产资源现代价值的有效路径。

其次，产业链延伸的发展定位。依据文旅融合新业态的定义及战略目标，本书以文旅深度融合新业态的未来发展规划为基础，分析文旅深度融合新业态发展对文化遗产系统性保护的战略目标。文旅深度融合新业态不同发展阶段的发展定位，是根据文化遗产在不同发展阶段中的地位所判定的，文旅深度融合新业态是文化产业发展的产物，为促使文化旅游产业与农业、工业、商业等多产业融合发展奠定了坚实的基础。所以，应以文旅深度融合为基础，促使文化产业链和旅游产业链实现结构重组形成文化旅游产业链，彼此之间相互补充，相互支撑。

最后，促进文化和旅游产业协同的发展定位。文旅融合新业态作为文化旅游产业的延伸物，其发展的关键在于处理好旅游业与生态环境保护之间的关系。世界旅游组织在《旅游和文化协同》中强调，旅游产业和文化产业及相关机构之间的协同作用具有重要意义，并鼓励各国文化和旅游部合并或者以某种模式进行合作。这为新时代背景下文旅深度融合新业态的发展提供了发展方向，也为相关经营主体提供了行动指南，这也使得新时代的工作内涵在文旅深度融合新业态方面得到了新的定义，是文旅融合新业态在党中央的关注下所提出的更高的发展要求，因此，要重点推进文旅深度融合发展。推进文化和旅游产业协同发展所面临的关键问题为生态环境问题，良好的生态环境是地区旅游业发展的基础，但是游客行为直接影响着地区旅游的生态环境，旅游高峰期游客量过多、游客环保意识不足、景区设施布局不合理等也直接影响着地区旅游的生态环境，因此，文化旅游作为文旅融合的延伸产业，其发展直接受到地区生态环境的影响，要加强统筹协调，健全跨部门联动协调机制，为文旅融合新业态发展提供有力的政策支撑。

3.4.2　文化遗产系统性保护思路

3.4.2.1　文化遗产系统性保护的重点

文化遗产系统性保护的战略定位，应该从其本质特征、发展需求及其长远的发展意义方面着手，文化遗产不仅是物质，还是文化体验。实施文化遗产系统性保护，不仅有助于整合地区遗产资源，促进产业集聚和内部联动，还能提高遗产资源利用率，发挥其现代经济价值，在保证生态效益的同时增加经济效益。在推进文化遗产系统性保护过程中，地区特色资源起着重要的推动作用，文化遗产系统性保护的重点具体主要表现在以下方面：

第一，将促进厂区改造作为实施重点。厂区改造型是指针对工业文化遗产的工业建筑、工业设施、生态环境等方面进行全方位的调整，在具体实施过程中不仅涉及经济发展、城市规划、环境保护，还涉及居民就业、收入变化等社会问题。厂区改造通过调整景观布局来调整周边环境品质，激发新的生命力，直接影响着周边地区的经济发展。对旧厂区进行改造利用，在很大程度上对社会教育、文化认知等方面具有不可替代的作用，对工业文化遗产进行改造利用必须尊重和延续原有的历史文脉和城市肌理。在推进厂区改造实施进程中可以从以下三点出发：首先，要充分考虑到城市接受厂区改造的承受能力和城市未来发展需求，不仅要保证改造后的工业建筑结构，工业发展环境能够与原有的生态环境、建筑环境等相匹配，还要确保改造后的景区组成要素能够展现和传承旧厂区原有的工业历史文化、城市工业文明记忆等文化精神内涵。其次，要重视绿色技术在厂区改造中的作用，一方面，绿色技术的应用需要从人性化和适宜性两个角度同时思考其可应用性，另一方面，绿色技术的应用也可以适当保留独具特色的厂区原有组成要素，但是要确保厂区改造是基于节能环保的理念下，用绿色技术从造型、色彩、布局等方面进行的。最后，深度挖掘地区特色产业与资源优势，厂区改造规划与实施进程要坚持政府政策引领、专家建议指导、居民积极参与三原则，注重差异化发展，避免工业旅游产品同质的现象，减少不必要的资源浪费，充分发挥工业文化遗产在文化、历史、环境三方面的独特优势。

第二，将促进工业区域开发作为实施重点。工业区域开发型是指通过将地区特色产业、地域文化等与工业文化遗产相结合，充分发挥工业文化遗产价值的开发途径，其核心是实现可持续化发展。以工业文化遗产为核心发展工业旅游，促进形成资源互补、客源共享、共同发展的积极效应，积极开发精品工业旅游路线，进而链接各个省份的优质旅游景点，形成以工业文化遗产为背景，以工业历史文化为主线的区域一体化联合发展之路，更好地促进工业旅游健康发展。工业区域开发是一种责任大、技术高、难度大的工作，有学者指出，政策制度不仅是影响中国产业区位的重要因素，还是促进产业集聚的重要推动力。工业区域开发依托于优质的资本、信息、技术、人才等多要素聚集，因此，通过鼓励地区企业参与到工业区域开发过程中，吸引相关专业性人才是提高工业区域开发效果的有效路径。一方面，工业文化遗产系统性保护进程的推进离不开建筑学、考古学、经济学等领域的专业性人才的指导；另一方面，工业旅游的发展不仅要考虑到地区经济发展的现实状况，还要充分考虑地区居民的发展意愿。

第三，将促进厂区城镇融合型作为实施重点。厂区城镇融合是指通过城市发展或扩张，将周边非城镇区域融入城镇之中，进而实现共同发展，充分发挥工业文化遗产价值的开发途径。厂区城镇融合型的核心是协调化，即依托新型城镇化建设，在充分考虑工业文化遗产周边生态环境的基础上，重点把握居民劳动力就业方式，深入了解非农业就业发展现状和未来发展趋势。以旅游业和文化产业发展为导向，抓住工业旅游快速发展的新机遇，实施休闲观光和工业旅游精品工程，将工业、人文、文化等多种元素纳入工业旅游资源开发当中，打造一批精品和示范性的旅游综合体，进而借助工业旅游促进第一、二、三产业融合发展。

第四，将促进农业改造作为实施重点。农业改造是基于原始区域的创新改造，结合当代先进技术对农业文化遗产的生态环境、村落建筑、农业设备等内容进行系统化的调整升级，但不能破坏原有资源和文化，在整体实施过程中涉及环境保护、经济发展和乡村发展等方面。综合来看，农业改造的实施离不开周围景观资源和基础设施，其为农耕文化的传播和保护、文化知识的教育、观念意识的培养提供了宝贵的机会。进行农业改造时，一方面，要充分考虑乡村发展现状，深入分析农业文化遗产的属性特征，有针对性地采取措施，巩固文化内涵，激发持续保护的动力；另一方面，要树立绿色发展理念，合理开发资源，发展循环、可持续、绿色的农业旅游。

第五，将促进农业现代化开发作为实施重点。农业现代化开发型是借助先进的科学技术和快速发展的社会经济，运用现代化科学技术和现代化的管理方式，实现传统农业的转型，使其升级为现代农业。以农业文化遗产资源为核心发展农业旅游，不仅要探寻资源优势，促进资源互补、客源共享，还要强调产业融合机理，与新时代发展需要相适应，推进农业现代化与第二、三产业共同发展，加快补齐农业现代化短板，完成乡村振兴战略。促进农业现代化开发，一方面要依托于资本、技术、设施等要素，以资本优势激励技术创新、提高基础设施水平，加快农业现代化进程；另一方面要依托于人力资源，发挥人具有的高价值潜力，使其在实施过程中献计献策，从各个角度、各个维度和各个层次发现问题、解决问题。

第六，将促进农业旅游融合作为实施重点。农业旅游融合是将农业和文化旅游优势交融渗透，拓展、延伸农业功能，多方面满足游客需求。实施农业旅游融合，不仅可以调节农村产业结构、重塑乡村消费空间，还可以保护周边生态环境，掌握游客旅游方式和农村劳动力就业模式。因此，为了更好实现农业旅游，一方面要借助地方政府的力量，因地制宜地对资源进行统一规划、开发和推广，用法律的方式保护村民和游客的合法权益；另一方面，要借鉴专家的学术成果，鼓励村民按照正确的方向发展旅游，实现功能多元的同时保护农业文化特色，从而系统性保护农业文化遗产。

第七，将促进历史街区改造作为实施重点。历史街区改造是指在对历史街区进行"整体性保护"的基础上，注重对传统居住生活形态和物质空间的有机传承，焕发历史街区发展的内在生命力，继承和发扬地区商业文化遗产价值，创造一个同时具有历史底蕴和时代特色的街区，以满足游客和地区居民在物质、精神、文化等多方面的综合需求。目前，市场上对历史街区改造的一贯做法是将历史形成的原有的居住形态，通过大拆大建，完全改为商业形态，并迁走原住民，分离老街区的历史文脉，这种形式的街区改造无疑阻断了商业文化演化路径。市场发展所需要的历史街区改造型的商业文化遗产系统性保护，不仅要求其能够最大限度保留原有的商业文化形态，还要求能够激发商业文化遗产的现代活力，实现其可持续再利用。

第八，将促进商业区域开发作为实施重点。商业区域开发型是指根据市场发展需求，利用完善的城市配套设施、多元的文化基因和关联产业为基础，打造一批具有多元化消费项目的大型文化消费综合体。商业区域开发规划要以新型城镇化建设规划为基础，但是由于前期无法对商业区域进行有效开发，而出现个别地区的商业设施控制，造成了不必要的资源浪费，以及在商业区域开发过程中忽略历史和文化保护的问题，这种形式的商业区域开发无疑偏离了商业文化遗产系统性保护的宗旨。市场发展所需要的商业区域开发型的商业文化遗产系统性保护，要求积极引导公共艺术与城市形象相结合，促进城市经济和生态健康发展。

第九，将促进旧城区整合作为实施重点。旧城区整合型是指在能够确保老城区城市建筑空间形态的基础上，全面整合旧城区资源，对其进行改造利用，在具体实施过程中坚持"保护为主，拆除为辅"的原则。市场发展所需要的旧城区整合型的商业文化遗产系统性保护，要求在市场良性竞争的压力下不断推进资源优化，整合城市传统文脉，凸显旧城风貌，进而实现以竞争促合作的新旧城区产业升级的效果。

第十，将促进历史片区改造作为实施重点。文化遗产是区域发展、文化倾向以及社会情感等文化层面的精神体现，从城市发展的角度来看，文化遗产不仅是城市记忆的一种集体标识，还是集体的历史文化的认同，实施文化遗产系统性保护工作，不仅是为了保护过去的物质文化遗产，更重要的是通过这一工作进程，将过去无形的非物质文化遗产加以识别和更新，唤醒城市记忆，让其成为未来城市发展规划的一种创造性文化标识。因此，进行历史片区改造，不仅能使文化遗产停留在文化和美学价值层面，还能从其经济价值进行考量，促进保护文化遗产在当今社会服务中的创造性经济价值。具体可以从文化价值观念创新、文化知识体系创新、文化思维方式创新和文化体制创新等方面着手，将其作为历史片区改造重点，注重文化创新型发展。

第十一，将促进区域开发作为实施重点。文化遗产所蕴含的文化内涵在区域经济发展中呈现出良好的发展态势，探索传统文化、现代文化、经济与社会生态环境下的文化遗产的生存发展模式，积极引导文化遗产所蕴含的文化内涵成为区域文化产业发展的有力补充，成为地区社会经济发展的助推器。区域文化经济、区域经济和文化产业之间的关系具体表现为：区域文化经济是区域经济中不可或缺的重要组成部分，而文化产业则是区域文化经济的具体体现，在推动区域文化产业发展的过程中，需要遵循区域文化经济发展的规律，关键在于通过区域资源的优化配置，积极促进文化产业的蓬勃发展，同时，利用教育文化遗产中的非物质文化遗产，推动区域经济的协调发展，进一步维护社会的稳定。

第十二，将促进厂区城镇融合型作为实施重点。在旅游发展过程中，文化遗产资源作为地方最重要的资源禀赋，其文化价值虽然不能直接等同于旅游资源开发的价值，但是文化遗产级别越高，就越容易出现具有较高旅游开发价值的资源开发项目。在教育文化遗产保护与再利用进程中，将具有生态维护、文化遗产保护、统筹城乡协调发展等功能的资源要素整合起来，实现其功能的多样化，以此处理好生存利益与商业利益之间的关系，协调好经济发展与生态环境的关系。因此，要将文化遗产的优势与城镇发展相融合，一方面促进城镇经济快速发展，另一方面实现文化遗产的可持续发展。

第十三，将促进军事基地改造作为实施重点。军事基地改造主要是基于保留的遗迹遗址，在专家学者的指导下，在现代技术的推动下，对原存的军事设备、军事环境、军事建筑等进行整体化的设计改造，既要维持生态环境不被破坏，保护文化遗产的原真性，又要产生经济效益，提高当地的经济水平。在新中国成立之初，遗产遗址保护就已经被广大学者提出，军事遗址中蕴含着军事历史结晶和重要的经验思考，采用合理的保护与更新方式重塑遗址，有利于延续和发扬历史文化。因此，运用军事基地改造的方式保护军事文化遗产，可以将传统单一的科普式、展示式的"静态"保护模式转变为多元化、综合性的"活态"发展模式，进而强化革命传统教育功能，推进军事文化的传播。实施军事基地改造型，一方面，要综合考虑军事遗址资源的现存情况和未来发展期望，从军事文化遗产的现实属性出发，可以运用具象的历史还原设计手法真实呈现军事遗址的历史原貌，或者运用抽象的场景再现方式模拟还原历史场景，真实地展现军事文化内涵；另一方面，要综合考虑环境承载量，协调好生态效益和经济发展之间的关系，在此期间，可以通过强化遗址景观的趣味性，在提高游客满意度的同时促进军事旅游可持续发展，实现长期保护。

第十四，将促进军事现代化驱动作为实施重点。军事现代化驱动型是在现代科学技术和现代信息技术的快速发展下，推动实现军事设施、军事理念、军事管理方式和军事人员等的现代化创新，实现军事产业的优化升级，以不断适应当代社会的发展，满足现代人的需求。军事文化遗产历史内涵丰富、价值底蕴深厚，以军事文化遗产作为旅游资源发展军事旅游，既能实现产业优势互补、资源共享，产生联动效应，还能充分利用资源的特殊性，形成强大的竞争力，推动军事走向现代化、信息化的进程。军事现代化驱动型保护模式与科技、政策、人才、信息、资金等要素不可分割，因此，实施军事现代化驱动时，一是要深化资源要素共享，强化政策制度协调，以政策激励军事改革创新，优化军事结构；二是要加强互联网、人工智能、量子科学在军事建设中的应用，加强新型基础设施统筹建设，强化军事项目体验效果，促进军事文化形象化；三是要根据地方的经济发展状况和遗产保护情况，投入专项资金，并结合专业性人才的意见指导，有针对性地促进军事现代化。

第十五，将促进特色文化依托作为实施重点。特色文化依托型是以地区军事特色文化为基础，围绕相关的人文景观和自然景观，以形式多样、针对性强的特有文化对接旅游资源，将文化与旅游融为一体，更好地展现军事资源魅力，助力军事旅游发展。推进特色文化依托型军事文化遗产系统性保护模式，一方面将文化融入具体的活动项目当中，以实物为载体，有助于深度发掘军事旅游资源的潜力，活化军事文化内涵，更好地传承军事文化精神；另一方面，能够充分发挥产业独特优势，有助于升华文化价值，重塑军事遗产价值。因此，在实施特色文化依托型时，首先要确保有较为发达的道路系统和覆盖全面的网络信息基础设施，这样才能将特色文化传达出去，吸引游客到来；其次，要坚持贯彻政策指导，以合适的方式在合适的区域进行旅游创意规划，着重突出文化价值；最后，提升当代居民的文化素质，健全文化旅游融合机制，强化保护意识，并鼓励其积极参与军事旅游，长期有效保护军事文化遗产。

3.4.2.2　文化遗产系统性保护的思路设计

资源开发与利用是文化遗产系统性保护的关键，其实施过程涉及旅游学、经济学、管理学、社会学、规划学、生态学、历史学等多种学科领域，对地区经济发展有着重要的影响，因此，在社会发展过程中，文化遗产系统性保护显得尤为重要。基于此，本书对文化遗产系统性保护的思路设计主要包括以下三个方面：

首先，创新、规正资源开发利用模式。文化遗产与传统的历史文物建筑之间存在着本质上的区别，因此，在对文化遗产进行开发利用的过程中，要将保护与开发利用相结合。在开展城市规划建设的过程中，提前制订计划，要根据遗产地的实际发展状况，在充分挖掘地域特色文化的同时实行多样化的保护手段，从源头处保护资源的完整性，通过发展遗产旅游给文化遗产注入新的发展元素，提高城市知名度和吸引力，对其进行功能置换，最大限度展现出地域独特的文化遗产元素，进而为文化遗产内的历史遗迹赋予新的文化内涵，发挥其现代经济价值，满足新时代发展的要求。

其次，提高群众对文化遗产的保护意识。目前部分城市因为盲目追求经济效益而对文化遗产进行过度改造与开发利用，忽视原本的文化价值和生态价值，盲目追求经济发展，严重破坏了文化遗产原有的风貌。在对文化遗产长期过度开发下，社会公众对文化遗产的历史意义的认知方面存在严重的偏差，加上社会公众缺乏对文化遗产的保护意识，导致许多文化遗产所蕴含的历史文化、价值逐渐被消磨殆尽，这对后期文化遗产系统性保护的实施进程产生了严重的负面影响。因此，不断加强社会群众对文化遗产的保护意识，充分发挥群众力量，可以为后期文化遗产系统性保护工作的顺利开展提供便利。同时，要借助政府的力量，从群众的需求和意愿出发，加大政策和资金扶持，激发乡土情怀和文化归属感，调动他们的保护热情，使其自觉主动地参与到文化遗产保护当中。

最后，创新文化遗产系统性保护策略。目前，市场上对文化遗产系统性保护的策略较为单一，应根据不同文化遗产的特点，在注重经济效益的同时重点关注对文化遗产的文化效益。在对文化遗产进行改造、开发利用的同时，最大限度减少对原有建筑的破坏，针对目前破损较为严重的文化遗产，可根据实际发展状况，利用现代科学技术进行修葺，在确保具有原有文化特征的建筑在可利用的基础上，充分保护原有建筑特点和内部功能结构。基于文化遗产的属性特点，实现经济效益和生态效益有机统一，以"保护性开发、动态性改造、传承性融合"为原则，科学利用互联网技术，实现多种形式的保护模式，为文化遗产的可持续发展奠定基础。

具体来说，本书在文化遗产保护现状的基础上，采用前期规划和分析、中期设计和实施、后期保障和可持续相结合的方式，规划文化遗产系统性保护规划。结合相关文献资料，本书在前期探析文化遗产的价值功能，挖掘不同类别文化遗产的特殊性和独特性，确定发展目标和发展方向，将文旅深度融合新业态与文化遗产系统性保护紧密结合；中期通过对文化遗产周边产业布局、政策环境等提出控制要求，构建合理的空间布局；后期通过建立激励政策，积极引进先进技术和人才参与，为文化遗产系统性保护提供保障，为形成完整的文化遗产产业链培育良好的外部环境，提升文化遗产发展水平，促进可持续发展。

首先，前期规划设计。文化遗产本身具有地域性和时代性，因此，文化遗产系统性保护的实施路径要从整体上进行规划，不能局限于单一的文化特性，必须在充分认识地区文化遗产资源特点和属性的基础上，进行要素整合。只有将文化遗产系统性保护的总体规划定位在宏观层面，才能够在文化遗产系统性保护模式的框架内，对文化遗产进行相关的建设规划工作。具体主要包括以下三个方面：一是充分挖掘特色产业优势，遗产旅游作为文旅深度融合新业态与文化遗产系统性保护的有效路径之一，其发展不能单单依托文化遗产资源，还要整合各类资源优势，发挥地区特色产业资源优势，促进"遗产旅游 +"发展模式的形成，切实落实产业融合发展，使得以文化遗产为核心的商业旅游既具有可持续发展的潜力又具有良好的产业发展优势。二是有效挖掘价值功能。在对文化遗产进行系统性保护的核心区域，应坚持在保护的前提下进行必要的更新利用，以符合实际的积极保护态度和有效手段，实现文化遗产的价值功能，若文化遗产的价值功能无法得到有效利用，那么对其持续有效的保护也将无以为继。三是提升多方合作功能优势，在发展文化遗产现代经济价值的基础上，加强政府、旅游企业、金融机构、农户、高校、科研机构等之间的合作交流力度，结合区域特色，确保产品研发过程中有足够的资金、人才技术支持等，从而为文化遗产系统性保护提供良好的外部环境。

其次，中期资源整合。在对文化遗产系统性保护进行准确的宏观层面的顶层设计后，规划深入中观层面，即对文化遗产系统性保护的资源整合和利用，以及空间结构的规划和控制。对遗产旅游进行资源整合和再利用，需要站在全局的角度上，综合考量各个相关利益主体之间的关系以及产业未来发展规划，资源未来发展方向不仅要与地方城市发展规划相契合，还要保留自身的功能特色。具体主要表现在以下两个方面：一是综合景区发展现状和规划，合理安排街区空间布局。通过发展遗产旅游实现文化遗产系统性保护，要综合考量城市发展规划，根据地方交通、医疗、教育等基础设施建设状况，制定景区最大游客日承载量，并对游客加强绿色出行教育，处理好旅游发展与环境保护之间的关系；二是充分利用政策优势。根据地方文化遗产保护、旅游发展以及城市发展规划等现有政策优势，对遗产旅游进行统筹管理，明确各部门职责，为遗产旅游创新经济发展提供绿色的发展环境。

最后，后期效益共享。对遗产旅游发展整体效益进行效益共享，主要是指处理好政府、企业、游客、居民等相关利益主体之间的关系。以文化遗产为核心而发展的遗产旅游承载了文化遗产的特有功能，并给予投资者或开发主体最为直接的感受。具体主要表现在以下两个方面：一是在充分利用地方文化遗产资源的基础上，深入挖掘地方人文历史、风土人情和风俗习惯等，有针对性地研发相关遗产旅游项目和遗产旅游产品，将地方文化融入遗产旅游活动的方方面面，通过不断研发创新型的遗产旅游产品和休闲体验活动，提升游客的参与度和文化感知度；二是保障周边居民的合法权益，让居民切实参与遗产旅游的经营管理之中，真正做到利益共享，以此转变周边居民传统守旧的思想观念，提升其文化认知度。

3.4.3　分析框架构建

基于此，本书以文旅深度融合新业态与文化遗产系统性保护为研究对象，在综合考虑文旅深度融合新业态发展现状、文化遗产系统性保护现状的基础上，重点辨析文旅深度融合新业态与文化遗产系统性保护协同模式中呈现出来的真实性、地域性和行业性特色。考虑到文旅深度融合新业态与文化遗产系统性保护协同处于一个不断变化的过程之中，必须用动态的、比较动态的思维去分析变量之间的关系，构建出科学合理的分析框架，清楚表现出两者协同的动态演化过程，本书按照"保护性开发资源—创意性改造文化遗产—传承性融合遗产文化"的思路，根据高效集聚地推进文旅融合新业态发展，实现"改善城乡环境—积淀遗产记忆—复兴遗产文化—提升城市品位"的目标，构建出文旅深度融合新业态与文化遗产系统性保护协同模式的分析框架，见图 3-1。

图 3-1 展示了文旅深度融合新业态与文化遗产系统性保护协同模式的分析框架，可以看出，文化遗产主要包括工业文化遗产、农业文化遗产、商业文化遗产、教育文化遗产和军事文化遗产五类，在文旅深度融合新业态理念下，形成了工业博物馆、文化记忆圈等工业文化遗产系统性保护模式；文旅特色小镇、农业生态休闲度假区等农业文化遗产系统性保护模式；创意产业园、历史文化休闲街等商业文化遗产系统性保护模式；研学游教育学府、文庙文化产业园等教育文化遗产系统性保护模式；军事文化旅游景区、军事文化旅游小镇等军事文化遗产系统性保护模式。进行文化遗产系统性保护时，需要从文化遗产资源布局、文化产业布局和旅游资源布局等三方面落实资源布局，以及要从政策、绿色理念、城市发展和市场机制等四方面落实资源发展规划。

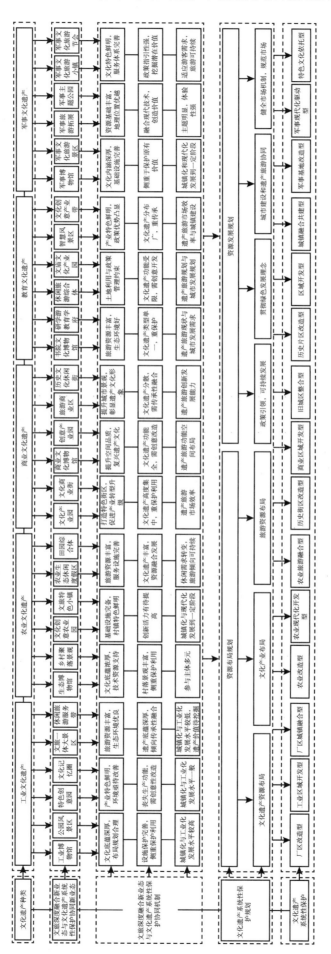

图3-1　文旅深度融合新业态与文化遗产系统性保护协同模式的分析框架

3.4.4 分析框架构建的解释

文化遗产作为城市文化差异、认知人文内涵的标志物，以文化遗产为核心而发展的文化旅游产业因其独特的文化魅力，越来越受到消费者的青睐。文化遗产作为满足游客旅游精神追求的关键，对于延伸遗产旅游产业的附加值，促进产业链延伸、推动产业融合发展、提升产业经济具有重要作用，是遗产旅游实现可持续发展的内在动力。遗产旅游作为文旅深度融合新业态与文化遗产系统性保护协同发展的有效模式，实现文化遗产的系统性保护与再利用既有利于弘扬传统文化、强化城市文化建设，还有利于缓解文化遗产逐渐流失的问题，加速推进社会主义文化强国建设。因此，亟须推进文化遗产系统性保护，在此过程中需要从资源布局和资源发展两方面进行。

第一，文旅深度融合新业态与文化遗产系统性保护协同模式的资源布局规划。

文旅深度融合新业态与文化遗产系统性保护协同模式的一个关键性内容，就是对遗产旅游所涉及的产业进行产业布局规划，其核心在于促进产业布局升级的同时确保遗产旅游发展与城市发展相匹配。对遗产旅游发展的产业布局规划，主要包括对文化遗产资源、文化、旅游三个方面的布局。

首先，对文化遗产资源进行布局。传统的以文化遗产为核心的遗产旅游发展模式，大多只能满足人们最基本的生理要求，而难以满足人们在精神上的心理需求和情感需求，因此，新时代背景下，以文化遗产为核心的遗产旅游发展对遗产地资源有不同的功能性要求，即不仅要对游客有足够的吸引力，还要区别于传统的旅游产业布局。具体主要可以从景观的造型设计和功能设计两方面着手：在造型设计方面，本书所涉及的造型设计主要是指旅游工艺品设计。目前遗产旅游市场上普遍面临遗产旅游产品同质化严重、产品设计思路单一、艺术性不强、制作工艺水平低下、价格定位不精准等问题。从历史学的视角看待文化遗产，发现其所蕴含的历史文化在地方手工艺品上得到了充分体现，这说明，在遗产旅游市场上流通的旅游工艺品直接反映了一个地区的社会生产力水平，也是地区文化水平的直接体现。随着人们生活水平的提高，传统的物质文化需求已经不能满足人们在精神方面的追求，因此，在遗产旅游市场上进行创新设计迫在眉睫。在功能设计方面，不仅要满足游客对于探索遗产发展历史的好奇心，还要满足游客对于传统休闲旅游的购物、娱乐等方面的基本需求，如可以开发周边土地，建造游客接待中心、购物中心及展示地区遗产文化的展览区域，并补齐生活配套设施，诸如食堂、健身活动区域等，同时，确保景区新建筑能够在外部建筑风格、内部结构构造两方面均满足现代工业旅游景区对建筑在美观和舒适度等方面的要求。

其次，对文化产业进行布局。文化遗产本身所蕴含的遗产资源具有丰富的文化内涵，借助地区遗产文化背景，有选择性地融入外来元素对地区文化产业进行布局，具体主要分为以下两个部分：一方面是文化展示。通过建立旅游集散区或者旅游咨询服务区，为游客提供网络旅游服务功能，方便游客提前规划旅游路线，其建筑风格可以融入地区文化遗产的特有元素，或者通过提供周边旅游企业特制的明信片、纪念邮票等，展现地域文化特色。另一方面是风俗体验。通过打造购物休闲区域，满足游客旅游的基本物质需求，并积极与其他地区的遗产旅游管理单位合作，相互销售、展示对方最具特色的商品、特产，甚至可以提供一些极具地方特色的服务内容，汇聚多方精神文化内涵，在提升自身遗产旅游产品文化内涵的同时，提高地区旅游品牌知名度。

最后，对旅游资源进行布局。文化遗产是丰富的文化遗产旅游资源，具有巨大的旅游价值。随着文旅融合理念的不断深入，遗产产业、文化产业和旅游产业之间融合度提升，但却面临着旅游形象以及旅游定位相对不清晰、旅游景点缺乏独特性、市场开拓能力薄弱、配套政策不到位等问题，因此，亟须合理规划、分配旅游产业资源，扩宽旅游发展空间。除此之外，随着社会经济的发展，人们的精神需求和心理需求激增，传统的遗产发展方式难以满足这种需要，故加速遗产产业与旅游之间的融合显得尤为重要。一方面，部分文化遗产的遗产旅游资源通过保护性开发，焕发了新的发展活力，不仅保存和展现了地方城市的遗产发展脉络，还为城市遗产旅游产业的发展提供了新的发展机遇。另一方面，旅游资源的优劣与客源市场、劳动力资源、文化资源开发的深度和广度有关，文化遗产凭借其独特的人文优势和人力资源优势，通过发展遗产旅游对遗迹遗址资源加以保护利用，进而传播地区遗产文化，不仅塑造和提升了城市品位，还丰富了地区遗产旅游资源和旅游产品。

第二，文旅深度融合新业态与文化遗产系统性保护协同模式的资源发展规划。

本书以前文对文旅深度融合新业态与文化遗产系统性保护协同模式发展的现状分析为基础，结合其资源布局状况发现，要充分发挥各个文化遗产的资源优势，就必须积极引进和发展创新型产业，不断提高产业对接合作力度，提高旅游管理部门和旅游产品研发部门的自主创新能力。具体实施路径主要包括以下几个方面：

首先，坚持政策引领，实现可持续性发展。一是注重政策创新，制定一系列优惠政策吸纳优秀人才前来就业，同时，积极探索人才引进机制，不断优化地区人才架构，大力培养专业化的技术型人才。政府可以通过制定就业补贴、住房补贴等一系列优惠政策，鼓励高校优秀毕业生和社会优秀人才前来就业，对地区企业发展建言献策；通过整合各行业关键要素，促进地区特色产业与文化遗产融合发展，延伸遗产旅游产业链，加快推进遗产产业实现转型升级，实现可持续性发展。二是强化党组织的先锋带头作用，积极探索文化遗产系统性保护过程中相关利益主体基层管理新模式，同时充分发挥基层党组织引导作用，各个相关主体各自发挥好带头作用，为文化遗产系统性保护提供基层保障。三是加强顶层设计，地方政府立法明确地区文化遗产的性质、评估和发展方向，对遗产地的遗产文化进行解析，将资源利用与需求实现精准对接。

其次，贯彻绿色发展理念，树立生态文明意识。一是建立健全生态补偿机制，不能以破坏环境资源为代价开发资源，合理规划、统一协调，有秩序、有选择开发利用资源，保证资源的高利用率。二是优化资源配置，广泛引进现代新型管理人才，激发公众就业欲望，与此同时，给予一定的资金补贴和技术培训，激起人们的"主人翁"意识，积极通过人们"主人翁"作用，监督资源发展的整个过程，在生态合理的承受范围内开发资源。三是建立完善的生态环境保护责任机制，坚持遗产旅游资源保护与利用并重，从根本上治理原厂区的资源生产所带来的环境污染问题，同时将生态环境治理工作落实到基层，促使地区遗产旅游发展实现经济效益和社会效益并重。四是强化政府指导作用，不断探索文化遗产的保护方式，带头解读和实施政策建议，增强群众保护意识，明确遗产发展方向，并积极引进旅游企业管理模式，鼓励所有优秀的人力资源加入资源管理部门当中，讨论新理念、新模式。

再次，实现城市建设和遗产旅游协同发展。一是政府充分发挥自身的政策引导作用，为文化遗产系统性保护进程指明发展方向，建立健全文化遗产资源开发利用制度管理体系，针对遗产地周边土地流转价格制定统一标准，为经营主体的土地出让价格提供科学合理的定价依据，推进遗产地周边土地流转制度体系建设，在对遗产地周边土地的转让过程中，力求每个环节都能依法执行，进而实现经营主体的公平竞争。与此同时，正确处理城市建设和旅游开发之间的关系，使遗产旅游发展在符合城市发展规划格局的基础上开发，确保两者协同发展。二是深化人才发展机制改革，加强教育培训，推广技术创新理念，有效运用互联网平台，提供遗产多元的发展选择，实现遗产旅游持续发展与城市建设同步。三是制定景区人口流动管理责任机制，落实旅游服务体系更新责任，紧跟游客的精神需求和心理需求，完善服务理念，健全服务责任机制，规范旅游管理，在旅游高峰期严格控制游客流量，为游客提供专业化的讲解、全方位的服务，避免低俗、过度商业化、同质化的遗产旅游产品流入市场，确保景区旅游服务高水平、旅游产品高质量。

最后，健全市场机制，规范市场秩序和提高市场监督能力。一是增强法律效应，奖罚分明。明确资源责任制，对于破坏资源的行为给予惩罚，对于保护资源的行为加以奖励褒奖。二是优化遗产资源的配套服务和配套设施。将遗产旅游与周边产业进行联系，通过美化资源环境、健全基础设施、培养多样服务功能等方法全面提高农业旅游附加值，提升市场竞争力。三是挖掘特色文化遗产，突出资源的特色程度，开展一系列活动，与其他资源形成对比，体现其独特优势。四是将科技理念融入资源市场，运用信息化的手段提高旅游市场监管能力和水平，及时得到投诉信息并及时进行处理和弥补，规范资源市场。

3.5　文旅深度融合新业态与文化遗产系统性保护协同模式的内外部影响因素

3.5.1　内部影响机制

文旅深度融合新业态与文化遗产系统性保护协同模式的内部影响因素既是文旅深度融合新业态的影响

因素，也是文化遗产系统性保护实施的重要突破口。文化遗产是城镇化进程中的中心区域，发展文旅深度融合新业态是实现文化遗产保护的有效途径，二者协同受到地域环境、资源规模潜力、主体意识等内部因素的影响。本书从文化遗产发展历程、现状和文旅深度融合新业态的形成机理，识别出影响文化遗产系统性保护协同模式的内部影响因素，见图 3 - 2。

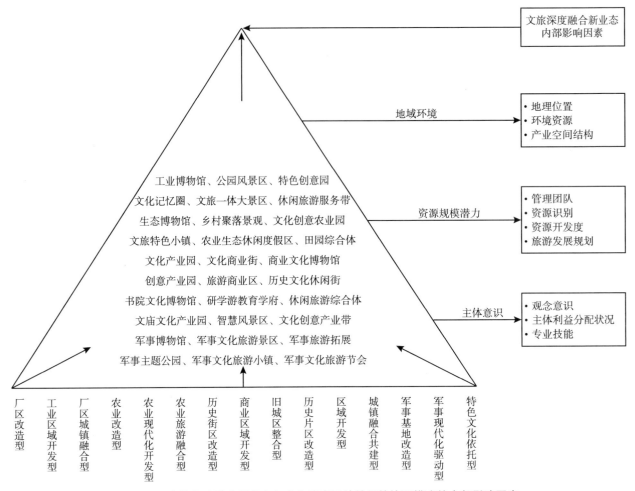

图 3 - 2　文旅深度融合新业态与文化遗产系统性保护协同模式的内部影响因素

第一，地域环境。地域环境是影响文旅深度融合新业态与文化遗产系统性保护协同的首要因素，主要包括地理位置、环境资源、产业空间结构三个方面的内容。首先是地理位置方面，地理位置的好坏程度、交通便捷程度不仅会影响旅游地特色定位，还会影响游客的旅游意愿和旅游价值感知，旅游地理区位选择的实质是旅游需求人群聚集地与旅游景区之间的空间分布规律和相互作用关系。一般而言，我国文化遗产大多分布在位置偏僻、生态系统脆弱的地区，但在经济、科技和政策的带动下，基础设施得到完善，交通条件逐渐便捷，与游客和村民关系更加紧密。其次是环境资源方面，旅游产业是资源驱动型产业，旅游资源的空间结构表现为资源在地理空间的具体位置，以及最终形成的聚散状态，可以反映一定区域内旅游行为中经济和空间的关系，是科学规划生态旅游的基础。旅游资源与生态环境是相辅相成、相互依赖，良好的生态环境是旅游资源可持续开发和旅游产业可持续发展的基础，生态环境的质量会直接影响到游客的满意度。最后是产业空间结构方面，郑光辉和蒋涤非（2020）等学者通过研究发现，乡村旅游村落主要分布在风景名胜区与区位优势较为明显的区域。我国文化遗产的空间分布具有一定的方向性，整体上空间分布不均衡。经济社会的发展促使旅游综合功能不断提升，在此过程中，旅游地一系列新的生产、消费、产业等空间得以再生，通过产业融合，实现旅游与第一、二、三产业联动发展，实现产业提质增效，进而为文旅深度融合新业态的形成营造良好的外部环境。

第二，资源规模潜力。资源规模潜力是影响文旅深度融合新业态与文化遗产系统性保护协同的关键因素，旅游资源是旅游业发展的物质载体和现实基础，主要包括管理团队、资源识别、资源开发度、旅游发展规划四个方面的内容。首先是管理团队方面，文化遗产的开发过程注重对原有文化气息和历史氛围的保护，故管理团队在其中扮演着重要的作用。管理团队能及时识别文化遗产特殊资源，合理开发，探寻有价值的文化遗产，进而实现可持续健康发展。其次是资源识别方面，不少文化遗产地缺乏规划设计、承接能力，无序发展休闲旅游导致了水源消耗、梯田旱化、垃圾遍地等生态问题。为了保证文化遗产资源被充分利用，针对文化遗产的特性和价值，需要以专业化的视角、丰富的知识储备，识别和开发有价值的旅游资源。再次是资源的开发度方面，旅游资源禀赋、基础设施建设及经济发展水平是旅游规模空间结构的重要影响因素。随着文旅融合的不断加深，具有传承性、民族性、人文性的遗产文化资源逐渐成为开发的热点，文化遗产旅游发展规划主要是由政府直接指导实施的，受到经营理念和思想意识的影响，挖掘程度和管理水平还有待提升，景观资源、生物资源、人文资源充分转化为经济发展优势还有一定的差距，特色品牌优势和特色景观影响力发挥不足。最后是旅游发展规划方面。不同的文化遗产具有不同的发展历史和资源基础，社会特征和经济特征有所不同，旅游者的行为特征和心理特征存在差异，进而旅游发展模式各有不同。具体而言，就社会特征而言，游客出游方式、年出游次数、旅游目的地形象评价等方面的遗产旅游环境、遗产旅游支持系统等，都对游客对地区商业旅游的影响起着重要的影响；就经济特征而言，不同地区的旅游经济特征之间本身就存在着显著的差异，而统一的旅游政策对不同区域的旅游收入、基础设施发展水平、市场价格、就业状况等方面也有着不同的影响。不同地区的文化遗产具有差异性，导致统一的遗产旅游政策在解决商业旅游实际发展问题时，具有不同的效果，这种旅游政策所带来的经济效益的差异性，加大了国家在统一实行旅游政策的难度；就旅游者行为的心理特征而言，旅游者行为特征不仅仅指游客的旅游消费倾向、满意度、感知度等相对宏观的评价感知体系，还包括个人对旅游景区的容忍度、其他游客行为的感知度等较微观的评价感知体系。因此，在发展旅游时，要充分考虑文化遗产发展史，作出合理有效的规划。

第三，主体意识。主体意识影响文旅深度融合新业态与文化遗产系统性保护协同的核心因素，主要包括观念意识、主体利益分配状况、专业技能三个方面的内容。首先是关于观念意识方面，从政府到民众均缺乏保护遗迹遗址的意识，对于遗产遗址改建、拆除和扩建的现象不予重视，同时，政府对文化遗产的宣传不到位，绝大多数的居民对文化遗产缺乏了解，人们并不知道其所代表的内涵底蕴，认同感低，进一步降低了对文化遗产的保护意愿，这对遗产旅游的发展产生了制约。其次是关于主体行为方面，由于居民自身对文化遗产认识不足以及政府资金投入力度不够，居民的参与积极性和主动性不高，相比投身于文化遗产旅游管理，更愿意到企事业单位工作。所以要采取合理的方法促进公众参与文化遗产保护，例如加大资金扶持力度、完善公众参与遗产保护制度机制、拓宽公众参与渠道等。再次是主体利益分配状况方面。利益增量和再分配的制度变迁，都会引起相关利益主体之间的力量和地位发生变化，因此，新的利益分配也会围绕利益主体展开博弈，直到达到纳什均衡。利益分配趋向于合理化是保证文旅深度融合新业态与文化遗产系统性保护协同发展时的经济秩序和社会秩序得以稳定的前提。从遗产旅游发展的目的来看，以文化遗产为核心发展旅游业，不仅仅是为了推进文化遗产的保护利用进程，还是为了弘扬遗产文化，以文化促发展。最后是关于专业技能方面，相比于其他旅游资源，文化遗产资源相对较少，专家学者对其研究较少，同时，政府对遗产旅游的管理程序不规范，相关管理人员没有经历过专业化、系统化的技能培训，专业素质还有待提升。但是，在现代化技术的推动下，不少区域引进高新技术，模拟不同保护模式的实际效果，这为文化遗产的可持续发展提供了可能。

3.5.2　外部影响机制

文旅深度融合新业态与文化遗产系统性保护协同模式的外部影响因素既是文旅深度融合新业态的外生动力，也是文化遗产系统性保护的重要影响要素。文化遗产系统性保护不仅关系到社会经济的发展，还关系到中华民族优秀历史文化遗产的继承，文旅深度融合新业态是文化旅游产业多样化发展路径的重要选择，二者协同发展受到社会因素、技术发展水平以及城镇化与现代化进程等外部因素的影响。本书根据文旅深度融合新业态的形成机制和文化遗产系统性保护现状，识别出影响文旅深度融合新业态与文化遗产系统性保护协同模式的外部影响机制，见图 3 - 3。

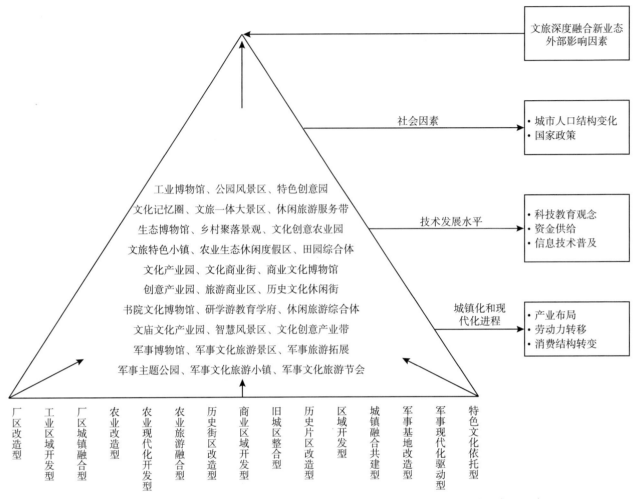

图 3 - 3 文旅融合新业态与文化遗产系统性保护协同模式的外部影响因素

第一，社会因素。文旅深度融合新业态与文化遗产系统性保护协同模式尽管受到来自内部的地域环境、资源规模潜力、主体意识的影响，但是更多表现为社会因素的影响。因此，社会因素是影响文旅深度融合新业态与文化遗产系统性保护协同关系的一个重要的外部因素，主要包括城市人口结构变化、国家政策两个方面。首先在城市人口结构变化方面，随着城镇化进程的不断推进，大量农村人口涌入城市，中共中央、国务院《乡村振兴战略规划（2018—2020）》以及 2019 年《中共中央、国务院关于坚持农业农村优化发展 做好"三农"工作的若干意见》明确指出健全农村转移人口的落户条件，并保障他们平等享受城镇基本公共服务。提高我国城镇化水平过程中，常住人口城镇化率（城镇人口占比）由 2000 年的 36.2% 增长至 2018 年的 59.6%，户籍人口城镇化率（非农业人口占比）由 2000 年的 24.7% 增长至 2018 年的 43.4%，可以看出，农村居民实现了职业或者地域空间的转换，由农村进入到城市工作生活，但却没有实现身份的转换，成为庞大的农业转移人口。小城镇中甚至出现了农业人口比例高于城镇人口比例的现象，实现从以农业生产为主转向以非农产业生产为主是大多数小城镇居民的共同愿望，文旅融合新业态的发展是其开拓从事第三产业的机遇。其次在国家政策方面，在以发展文旅深度融合新业态实施对文化遗产的保护利用时，涉及对周边居民土地征用，在说服居民搬迁的同时，要确保其社会保障和居民福利不受到损害，否则居民配合度低下，不愿意搬离原有住宅，这就极大阻碍了文化遗产资源开发。尽管国家和政府对文化遗产系统性保护给予了政策上的大力支持，但是由于其涉及生态、工业、科技等多个领域，其社会效益与经济效益很难协调，因此，进行文旅深度融合新业态对文化遗产的保护利用时，相关遗产的保护需要加强顶层设计，政府指导、政策推进与资金扶持都必不可少，充分发挥政府的主导作用，增强公众的支持意愿，为政府开展文化遗产品牌建设、遗产休闲奠定了基础，挖掘遗产资源的多重价值，拓展产业价值链，可以实现文化遗产的可持续发展；各级政府应广泛吸收先进思想，积极探索文化遗产发展新路径，避免过分强调原真性的遗产保护僵化，盘活遗产资源，切实保护好居民收入，更大程度获益；当地政府应主动引导社会多方力量积极参与到遗产保护当中，将遗产保护状况作为衡量地方发展的重要指标，融入环境保护、产业发展、生态文明建设中，在总体布局中加以综合考虑。在政策支持下，文旅深度融合新业态发展成为协调社会效益与经济效益的重要途径，最终能够有效实现对文化遗产的系统性保护。

第二，技术发展水平。技术发展水平是影响文旅深度融合新业态与文化遗产系统性保护协同实现的最直接的因素，主要包括科技教育理念、资金供给、信息技术普及三个方面。首先是科技教育理念方面，早期，国家经济发展力低下，人们思想观念相对落后，地方政府更注重提升经济，科技发展不受重视，大多数文化遗产地的工艺设备破损程度较大。文化遗产蕴含着深厚的文化底蕴，具有鲜明的时代特征，传统的修葺技术已经不能满足新业态发展需要，地方政府需要加大科技创新，培育新型人才，完善教育机制，通过融入现代科技元素，实现创新功能开发、创新产业聚集等，达到弘扬遗产文化与经济效益并重的效果。其次是资金供给方面，在科学技术和数字信息普及度不高时，发展旅游业的过程中，政府和旅游管理者更加注重基础设施的完善和服务体系的建立，故将资金主要运用在招聘、培训工作人员，以及修建、改善旅游设施上。随着大数据、5G 时代的到来以及大众消费观念的改变，相关旅游管理者更加关注游客的感知价值体验，AR、VR 等技术在景区中运用，当地政府在技术创新投资力度上也加大力度。最后是信息技术普及方面。文旅深度融合新业态涉及农业、工业、服务业等多个产业领域，文化遗产系统性保护具有多个开发模式，如何挖掘文化遗产周边资源、如何传递项目开发需求、如何获得周边居民项目开发意向等，很大程度上都依靠信息技术的开发。在新业态快速发展时期，利用信息技术恢复丧失生产功能的流水线与设备，满足人们对于工业生产的好奇心，也是传承工业文化的重要途径。

第三，城镇化和现代化进程。城镇化进程和现代化进程是影响文旅深度融合新业态与文化遗产系统性保护协同的重要外部影响因素，主要包括产业布局不协调、劳动力转移、消费结构转变三个方面。首先是产业布局不协调方面，如今，经济发展水平较高的大中型中心城市，其产业较为集中，从事基础农业的人口较少，与之相比，小城镇第二、三产业发展水平较为滞后，如何协调产业发展，实现产业发展均衡，是缩小收入差距必须要解决的重要问题之一，这就为依托地区文化遗产，发展文旅融合新业态，实现产业升级、转变居民生产生活方式，进一步提高基础设施建设水平提供了可能。其次是劳动力转移方面，由于早期旧产业生产制造过程对当地生态环境造成了不同程度的危害，青年劳动力大多倾向于向绿化完善、商业发达的地方搬迁，造成了该区域居民年龄偏高的现象。根据加拿大著名学者 S. 史密斯的系统模型理论，发展旅游产业时，每增加 3 万元的收入，就能创造 3 个就业岗位，即旅游收入的增加将为当地居民直接创造就业岗位。借助文化遗产发展文旅深入融合新业态的同时，创造并带来了大量就业机会，需要大量的青年劳动力从事第三产业，但周边建筑及基础设施与青年需求匹配度不高的问题，限制了新业态发展。最后是消费结构转变方面，"95 后"成为消费新生主力，消费者整体偏向年轻化，消费方式偏向多样化，产生绿色消费、健康消费、科技消费等重要的消费行为。因此，人们更加注重身心的愉悦，愿意花更多的时间和精力到富含历史文化底蕴的文化遗产地进行休闲娱乐。

3.6　文旅深度融合新业态与文化遗产系统性保护协同模式的演化过程

3.6.1　文化遗产系统性保护的规划体系

文化遗产系统性保护的规划体系，应该站在不同建设层面的角度上，对规划进行阶段性划分，准确把握各个文化遗产的未来发展定位与走向，本节主要从发展、总体与详细三个层面，对文化遗产系统性保护的规划体系进行设计。本书基于文化遗产系统性保护的规划体系设计内容与重点，构建出文化遗产系统性保护的设计规划体系图，见图 3 - 4。

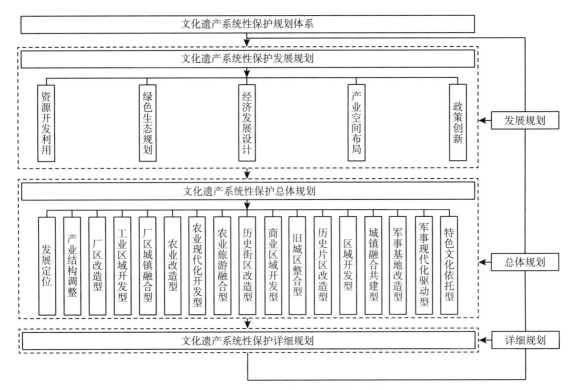

图 3 – 4 文化遗产系统性保护的规划体系

　　文化遗产系统性保护的发展设计层面即如何推进地区遗产旅游发展的全局性规划。这部分的设计主要以文化遗产未来的发展规划、发展方向为出发点，主要以文化遗产的长远发展潜力和发展环境的论证为主，密切关注文化遗产子系统的发展动态，并对各个子系统的发展潜力进行评估判断，进而从战略高度探寻文化遗产系统性保护发展的主动性。文化遗产系统性保护的规划设计主要包括资源开发利用、绿色生态规划、经济发展设计、产业空间布局、政策创新五个方面，这五个层面的设计在一定程度上为文化遗产系统性保护的规划设计提供了新的发展方向和目标。文化遗产系统性保护进程的实施要以唤醒城乡记忆、激发遗产旅游活力为目的，要秉承绿色生态的理念，提高资源利用率，同时，要确保实施活动带动地区经济发展，文化遗产系统性保护路径与地区城市发展路径相契合，积极利用地区政策优势为地区文化遗产系统性保护创造有利条件，确保文化遗产系统性保护进程顺利推进。

　　文化遗产系统性保护的总体设计层面是对其在一定时期内的发展目标、方向、路径等多种安排的全面部署规划。文化遗产系统性保护的总体发展规划主要分为文化遗产系统性保护的发展定位、产业结构调整、厂区改造型、工业区域开发型、农业现代化开发型、农业旅游融合型、商业区域开发型、旧城区整合型、历史片区改造型、区域开发型、军事基地改造型、特色文化依托型等十二个方面，因此，文化遗产系统性保护的总体设计不仅要包括文化遗产的核心组成要素，还要考虑到文化遗产所蕴含的遗产资源的现存状况、开发潜力、现代价值、文化内涵等相关内容。由此可以看出，文化遗产系统性保护的总体设计内容较为全面，能够对文化遗产系统性保护在实施进程中起到一定的指导作用，满足地区对文化遗产系统性保护的需求。

　　文化遗产系统性保护的发展规划层面、总体规划层面和详细规划层面共同构成了文化遗产系统性保护规划体系。在完成发展规划的基础上，应明确文化遗产系统性保护的战略目标，充分挖掘区域资源价值，激发特色资源潜在优势，调动一切积极因素，全面促进区域经济快速发展，进而实现文化遗产系统性保护的长远目标。在这种发展环境下，应基于文化遗产系统性保护总体规划，对其进行详细设计，进而满足文化遗产系统性保护实施进程中的短期需求。

3.6.2　主动演化过程

　　遗产旅游作为文旅深度融合新业态之一，其发展随着城市现代化的推进、人口结构转变、国家政策、技术创新、消费结构以及产业结构的调整而在不同时期存在差异性。而文化遗产系统性保护的具体实施进程，与地域环境、资源规模潜力、文化遗产发展史、主体意识紧密联系，基于此，本书认为文旅深度融合新业态与文化遗产系统性保护协同是一个动态变化的过程，内外部因素在二者协同发展过程中，对其发展绩效和发展趋势起着重要的影响。

地域环境、资源规模潜力、文化遗产发展史、主体意识对文旅深度融合新业态与文化遗产系统性保护协同模式的作用机理主要体现在以下四个方面：一是地域环境是文化遗产产业发展的前提条件。目前存在大量的文化遗产位于交通不便、生态环境脆弱的地区，但在城镇化和工业化的推动下以及乡村振兴战略的实施下，城乡基础设施和服务设施不断完善，遗产资源经过相关部门的统一规划，分布相对合理，而且遗产本身的自然景观和人文景观进一步带动了遗产旅游。二是资源规模潜力是地区文化遗产产业发展的坚实基础。文化遗产地文化底蕴浓厚、文化价值丰富，但在资源保护上问题层出不穷，资源挖掘不充分、遗址内涵解读不足、遗产转化成果价值低等，使得遗产旅游无法顺利展开。因此，要在政府的指导下以及遗产专家的参与下，借助先进的信息技术和科学技术，全面、精准、动态识别和解读遗址蕴含的潜在文化内涵，深入挖掘资源禀赋价值，激发潜在规模潜力，融入游客感知，在提高游客满意度的同时确保文化遗产的可持续发展。三是文化遗产发展史是地区遗产产业发展的最好见证。遗产旅游市场上面临的旅游产品同质的问题日趋严峻，所以，应借助遗址遗迹和当地特色建筑的发展历史及其所蕴含的当代历史文化，开发创新型特色遗产旅游产品，突出地域遗产文化特色，进而解决市场上旅游产品同质化的问题。与此同时，独具特色的历史遗产文化，还能够吸引大批游客前来消费，独特的旅游产品有利于提高游客对景区的忠诚度和满意度，进而为景区发展树立良好的品牌形象。四是主体意识是顺利开展遗产旅游的必要保证。居民作为遗产旅游开发中最重要的主体，其对文化遗产的保护意愿、参与积极性和专业知识技能直接影响着旅游的进程，是确保遗产旅游能持久发展的保证。

相关政府部门应该从自身出发，用实际行动表达出对保护文化遗产的重视，首先要提供政策指导，加大资金扶持力度，吸引人才流入，帮助提高保护的主动性和积极性；其次利用数字技术平台，扩大宣传范围，增强公众的文化认同感，强化保护意愿；最后重视旅游服务培训，提高管理人员的素质和专业程度，让游客感受到自己备受关注，愿意再次旅游，推动遗产旅游的长久发展。因此，在文化遗产系统性保护的具体推进实施过程中，其开发、规划、建设要建立在文化遗产发展现状的现实基础上，充分考虑文化遗产周边现存环境，系统、整体、科学地认识和挖掘遗产资源规模潜力，强化主体意识，全面探析地区遗产文化，进而塑造地区旅游品牌形象，促进地区遗产旅游实现可持续发展。

3.6.3　被动演化过程

文旅深度融合新业态与文化遗产系统性保护协同模式的被动的演化机制，在一定程度上取决于遗产旅游发展的内外部环境的变化，主要体现在社会因素、现代技术创新因素、城镇化与现代化进程三个方面。文化遗产所在区域地方政府感受到来自内外部环境变化的巨大压力时，会根据文旅深度融合新业态与文化遗产系统性保护协同模式的运行机制，采用科学、严谨的方法对其所面临现实环境作出正确的判断，并由此判定自身能否适应环境的变化。而文化遗产系统性保护的具体实施进程受社会因素、现代技术因素、城镇化与现代化进程等诸多因素的影响，基于此，认为文旅深度融合新业态与文化遗产系统性保护协同是一个动态变化的过程，内外部因素在二者协同发展过程中，对其发展绩效和发展趋势起着重要的影响作用。

社会因素、现代技术因素、城镇化与现代化进程对文旅深度融合新业态与文化遗产系统性保护协同模式的作用机理主要体现在以下三个方面：一是社会因素决定文化遗产系统性保护模式。当地方政府倡导大力发展遗产旅游，财政政策、就业政策、产业扶持政策等发生变化时，大量社会资本和人力资本流入生产，由此产生了大批空缺职位，不仅吸引了优秀人才就业，激活了工作活力，而且助力解决了劳动力失业问题，提高了当地居民就业率，带动了地区发展。二是现代技术因素决定遗产旅游发展整体效益。在文化遗产保护初期，政府及公众都较少投入关注、重视，许多遗产资源原本就因为自然灾害和人为因素损失惨重，加上管理不到位、保护方法不正确，文化价值进一步减少。信息技术可以规范遗产收集、评估方法，正确认识遗产资源，还能及时分析游客的消费需求、旅游需求，追踪游客路径，获取市场发展态势和更新服务管理。科学技术可以为文化遗产找到合适的保护方案，创新传统方法或创造新型方法实现整体、细微保护，还能花费较少的成本修复遗产配套设施，强化资源基础价值。三是城镇化和工业化进程影响着遗产旅游发展的可持续性。城镇化、现代化进程的加快，使得基础设施不断完善，游客消费结构和产业结构不断优化升级，但生态环境在一定程度上遭受破坏，所以，城镇化既是推进遗产旅游的机遇也是挑战。文旅深度融合新业态与文化遗产系统性保护协同模式的演化过程贯穿其发展的整个过程，并且其演化过程包括主动演化和被动演化两个层面，二者在遗产旅游发展的不同阶段发挥着不同的作用。

由图3-5可以看出，文旅深度融合新业态与文化遗产系统性保护协同模式的演化过程是由主动和被动的文旅深度融合新业态与文化遗产系统性保护协同作用的演化过程构成的，其中，主动演化过程和被动演化过程是同时进行并相互补充的，在文旅深度融合新业态与文化遗产系统性保护协同的不同发展阶段，扮演着不同的角色，但是二者在"文旅深度融合新业态与文化遗产系统性保护协同机制"的演化过程中是统一的，并都发挥着重要作用。

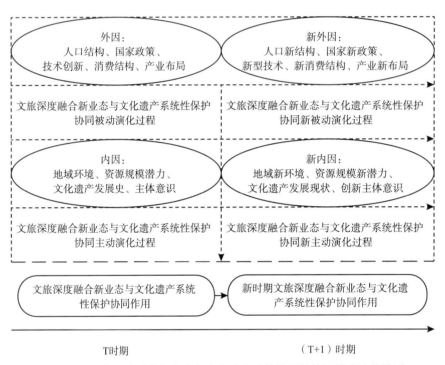

图3-5 文旅深度融合新业态与文化遗产系统性保护协同模式演化模型

在T时期，人口结构转变、国家政策、技术创新、消费结构以及产业结构等诸多外部因素对"文旅深度融合新业态与文化遗产系统性保护协同作用"产生影响，同时，文化遗产本身的地域环境、资源规模潜力、发展历史、主体意识等内部因素也影响着"文旅深度融合新业态与文化遗产系统性保护协同作用"。在主动演化和被动演化的共同作用下，文旅深度融合新业态与文化遗产系统性保护协同作用，逐渐演化成新时期，即（T+1）时期的"文旅深度融合新业态与文化遗产系统性保护协同作用"。

在（T+1）时期，在新时期文旅深度融合新业态与文化遗产系统性保护协同模式的主动和被动作用下，其进入了新的演化过程和阶段。新时期文旅深度融合新业态与文化遗产系统性保护协同模式的演化过程贯穿其协同作用的整个过程，并由主动演化和被动演化两个部分构成，二者在不同阶段发挥着不同的作用。

第4章　文旅深度融合新业态与文化遗产系统性
保护协同模式的研究设计及调研方案

4.1　研　究　设　计

4.1.1　实证验证方法

结构方程模型。结构方程模型是处理多个原因、多个结果的关系的重要工具。根据结构方程模型构建的一般步骤，结合文旅深度融合新业态与文化遗产系统性保护协同模式的变量特征和模型选择，将结构方程模型主要分为以下几个步骤：一是建立初始结构方程模型，设定误差变量；二是进行参数估计，确定模型的拟合度；三是模型修正，根据初始结构方程模型的参数估计和路径结果，对模型中不理想的路径进行修正，或对整个模型进行重新构架，对每一个模型中的标准误、t值、标准化残差、修正指数及各种拟合指数进行检查，确定最终的结构方程模型。

协同度测算。赫尔曼·哈肯（H. Haken）采取统计学和动力学相结合的方式，在微观到宏观的过渡上，描述了各种系统和现象中从无序到有序转变的共同规律，得出集体行为起着决定作用，提出了系统科学的重要分支理论，即"协同理论"。协同度最初是指两个主体为实现价值创造，而进行资源共享。在协同作用产生的过程中，各个利益主体将从多个方面共同努力，追求"1 + 1 > 2"的效果。在研究主体方面，赫尔曼·哈肯认为协同理论的研究重点是"集体行为"，在一定程度上，可以把"协同学"看作一门在普遍规律支配下的有序的、自组织的、集体行为的科学，认为宏观经济运行受到经济系统中多种因素的影响。在观念上，赫尔曼·哈肯认为协同运行规律是指构成系统的子系统通过协同作用，使得系统向有序结构转变，进而实现系统的功能，即强调协同作用是系统有序结构形成的内部驱动力量；在理论上，赫尔曼·哈肯用自组织原理和序参数解决了自然科学中无数个复杂的问题，指出在复杂开放的系统中，大量子系统之间相互作用，产生的整体效应或集体效应为协同效应，为科学研究提供了新思路。其价值是在实践发展中为我们研究自然现象乃至社会经济文化的变革等复杂性事物的演化发展规律提供了新的原则和方法，传统的以政府为中心的社会发展理念已经不能适应经济社会发展的必然要求，社会发展主体多元化及其协同配合必然成为社会经济效益多元化的发展必由之路。

如今，协同度被广泛应用于物理学、经济学、管理学等多个学术领域。基于此，本书将利用协同理论的相关原理和研究方法从序参量、支配原理两个方面，对文旅深度融合新业态与文化遗产系统性保护进行细致的协同关系研究。具体可以分为以下三个部分：一是在充分把握文旅深度融合新业态与文化遗产系统性保护协同模式发展现状的基础上，结合二者协同发展的内外部影响因素，建立较为完善的协同理论子系统；二是根据文旅深度融合新业态与文化遗产系统性保护协同模式发展的维度划分依据和分析框架，构建二者的协同路径；三是依次确定各个子系统的序参量、计算各个子系统的虚度、计算系统协同度、评价各个子系统之间的协同性。

协同理论运用相空间理论的方法构建系统化数学模型，描述各种系统在从无序到有序的变化过程，复合系统协同度水平越高表明系统有序程度越高；反之，则系统有序程度越低。协同发展体系内各子系统相互统一联合，具有高度的协调性和整合度，共同发展。不同复合系统协同度取值范围及对应的协同度水平划分情况如表 4 - 1 所示。

表 4 - 1　　　　　　　　　　　　　　　系统协同度区间划分

协同度取值	协同度水平
(-1, 0]	不协同
(0, 0.3]	低度协同
(0.3, 0.5]	中度协同
(0.5, 0.8]	高度协同
(0.8, 1]	极度协同

案例研究方法运用有效的系统操作流程与基于理论的模型构建方法，帮助定性研究者根据具体情境找到合适的切入点，通过概念化和理论化相结合，转化为理论模型并发掘案例中的特色与理论创新点。

案例研究方法旨在不脱离现实生活环境情况下研究当前正在进行的现象，以形象简单的语言描述当下热点问题，结合新颖的观点和理论还原案例情景，让读者身临其境，加上严谨的逻辑，促使案例研究方法广泛运用于研究和教学中。案例研究方法较为具体，结构化地将案例研究过程分解阐述；较为严谨可行，注重案例研究过程的时效性；能适应变化，充分应对突发事件，以变通的研究方法把握每个案例的精髓。因此，案例研究是理论的延伸发展，需要配合情境进行设计，需要选择代表性和典型性的案例，构建具有可推广性和外部效度的理论。

4.1.2　数据来源与收集

第一，关于数据来源。

利用结构方程模型和案例研究范式进行分析，需要从获取案例相关的基础性材料入手，掌握案例相关数据资料。此案例研究同时收集一手资料和二手资料，一手资料具有高度保密性，是研究小组直接经过搜集整理和直接经验所得，其优点是具有实证性、生动性和可读性的特点，准确性和科学性较强。主要包括实地调研获取的访谈记录、观察记录等原始资料。二手资料的准确性相对于一手资料较低，是研究小组根据已发生过的或按照研究的目的收集、记录、整理的各种数据资料所得，其优点是操作便利、成本低和时间短，能帮助我们更好地定义问题和寻找处理问题的途径，深刻地理解原始数据。主要包括中国知网、政府网站、海外期刊、网络媒体等获取的数据资料。一手资料和二手资料相互依存，取长补短，可以使研究者获取较为完善的数据库，整理并建立资料库，为进一步进行案例描述和分析奠定基础。

在案例研究的整个过程中，对所选取的 30 个案例进行案例分析和数据处理。具体主要从以下两个方面入手：一是对所得的有效数据进行分类，确保数据能够涵盖案例的各个方面，以确保所得数据的全面性；二是在数据整理时，牢牢把握研究重点，有侧重地对数据进行归纳分类，全面提高数据筛选的工作效率。基于文旅深度融合新业态与文化遗产系统性保护的实践需求，本书的案例分析主要是对目前二者协同发展较为典型的案例进行较为系统的分析。

研究数据主要通过以下三种途径获得：一是发放、回收、整理调查问卷。根据调查问卷内容，研究小组组建调研团队，分别在各典型案例地进行调研，主要调查对象为各遗产地的管理人员、游客和周边居民。预调研的主要目的是获得文旅深度融合新业态与文化遗产系统性保护协同模式的发展现状，并对原调查问卷的问卷题项、表述、内容等根据调查现状进行修改完善，为后续的正式实地调研提供可靠的依据。二是对本书所选案例进行实地考察。研究小组首先通过预调研工作，明确研究对象和研究内容，围绕研究目的确定研究范围，根据研究问题和内容选取合适的方法，修改与完善问卷存在的问题，保证问卷具有一定的信度和效度，可以更好地探究文旅深度融合新业态与文化遗产系统性保护协同关系。然后于 2021 年 7 月 10 日至 2021 年 12 月 10 日正式展开实地调研，本次调研是在前期预调研的基础上进行有目的、有计划、有针对性地收集数据，为了充分获取以上 30 种协同模式的有效数据，本书在设计问卷的过程中已充分考虑相关内容。三是网络文献检索。通过查看当地政府网站公开的权威资料和数据统计，掌握政策最新动态，及时调整内容和研究方式，也可通过国内外各大数据库资料，检索学者们的研究数据资料。

第二，关于数据收集。

首先，结构方程数据收集。

一是工业文化遗产结构方程数据收集。为了确保所得数据的准确性、可靠性，本书将最低有效样本数据定为 240 份。此次调研小组实地调查的对象有青岛啤酒博物馆、中山岐江公园、南京晨光 1865 创意园、鞍钢工业遗产项目、江苏南通唐闸工业镇、杭州大运河工业遗产带 6 个案例地，每个调研地各发放调查问卷 300 份，调研小组由 4 人组成。其中，为获得工业博物馆与厂区改造型协同的第一手数据资料，调研小组于 7 月 10 日至 7 月 13 日前往青岛啤酒博物馆进行实地调研，共计发布调查问卷 300 份，共计回收问卷 280 份，回收率为 93.33%，经过团队筛选，在所回收的问卷中，共计有效问卷 264 份，有效率为 94.28%；为获得公园风景区与厂区改造型协同的第一手数据资料，调研小组于 7 月 15 日至 7 月 18 日前往中山岐江公园进行实地调研，共计发放调查问卷 300 份，共计回收问卷 290 份，回收率为 96.67%，经过团队筛选，在所回收的问卷中，共计有效问卷 274 份，有效率为 94.48%；为获得特色创意园与工业区域开发型协同的第一手数据资料，调研小组于 7 月 20 日至 7 月 23 日前往南京晨光 1865 创意园进行实地调研，共计发布调查问卷 300 份，共计回收问卷 285 份，问卷回收率为 95.00%，经过团队筛选，在所回收的问卷中，共计有效问卷 283 份，有效率为 99.30%；为获得文化记忆圈的第一手数据资料，调研小组于 7 月 25 日至 7 月 28 日前往鞍钢工业遗产项目进行实地调研，共计发放调查问卷 300 份，共计回收问卷 288 份，回收率为 96.00%，经过团队筛选，在所回收的问卷中，共计有效问卷 269 份，有效率为 93.40%；为获得文旅一体大景区的第一手数据资料，调研小组于 7 月 30 日至 8 月 2 日前往江苏南通唐闸工业镇进行实地调研，共计发放调查问卷 300 份，共计回收问卷 281 份，回收率为 93.67%，经过团队筛选，在所回收的问卷中，共计有效问卷 275 份，有效率为 97.86%；为获得休闲旅游服务带的第一手数据资料，调研小组于 8 月 4 日至 8 月 7 日前往杭州大运河工业遗产带进行实地调研，共计发放调查问卷 300 份，共计回收问卷 285 份，回收率为 95.00%，经过团队筛选，在所回收的问卷中，共计有效问卷 280 份，有效率为 98.25%。

二是农业文化遗产结构方程数据收集。为了确保所得数据的准确性、可靠性，本书将最低有效样本数据定为 240 份。此次调研小组实地调查的对象有浙江青田稻鱼共生文化博物馆、云南元阳全福庄中寨、四川郫都文化创意农业园、河北宣化葡萄小镇、陕西佳县千年古枣园、江苏兴化千垛田园综合体 6 个案例地，每个调研地各发放调查问卷 280 份，调研小组由 4 人组成。其中，为获得生态博物馆与农业改造型协同的第一手数据资料，调研小组于 8 月 10 日至 8 月 13 日前往浙江青田稻鱼共生文化博物馆进行实地调研，共计发布调查问卷 280 份，共计回收问卷 267 份，回收率为 95.36%，经过团队筛选，在所回收的问卷中，共计有效问卷 251 份，有效率为 94.01%；为获得乡村聚落景观与农业改造型协同的第一手数据资料，调研小组于 8 月 15 日至 8 月 18 日前往云南元阳全福庄中寨进行实地调研，共计发放调查问卷 280 份，共计回收问卷 272 份，回收率为 97.14%，经过团队筛选，在所回收的问卷中，共计有效问卷 252 份，有效率为 92.65%；为获得文化创意农业园与农业现代化开发型协同的第一手数据资料，调研小组于 8 月 20 日至 8 月 23 日前往四川郫都文化创意农业园进行实地调研，共计发布调查问卷 280 份，共计回收问卷 259 份，回收率为 92.50%，经过团队筛选，在所回收的问卷中，共计有效问卷 243 份，有效率为 93.82%；为获得文旅特色小镇与农业现代化开发型协同的第一手数据资料，调研小组于 8 月 25 日至 8 月 28 日前往河北宣化葡萄小镇进行实地调研，共计发放调查问卷 280 份，共计回收问卷 260 份，回收率为 92.86%，经过团队筛选，在所回收的问卷中，共计有效问卷 251 份，有效率为 96.54%；为获得农业生态休闲度假区与农业旅游融合型协同的第一手数据资料，调研小组于 8 月 30 日至 9 月 2 日前往陕西佳县千年古枣园进行实地调研，共计发放调查问卷 280 份，共计回收问卷 264 份，回收率为 94.29%，经过团队筛选，在所回收的问卷中，共计有效问卷 258 份，有效率为 97.73%；为获得田园综合体与农业旅游融合型协同的第一手数据资料，调研小组于 9 月 4 日至 9 月 7 日前往江苏兴化千垛田园综合体进行实地调研，共计发放调查问卷 280 份，共计回收问卷 269 份，回收率为 96.07%，经过团队筛选，在所回收的问卷中，共计有效问卷 258 份，有效率为 95.91%。

三是商业文化遗产结构方程数据收集。为了确保所得数据的准确性、可靠性，将最低有效样本数定为 250 份。此次调研小组实地调查的对象有四川成都宽窄巷子、四川成都远洋太古里、山东烟台张裕酒文化博物馆、上海田子坊、浙江杭州南宋御街、江苏南京 1912 共 6 个案例地，每个调研地各发放调查问卷 300 份，调研小组由 4 人组成。其中，为获得文化产业园与历史街区改造型协同的第一手数据资料，调研小组于 9 月 10 日至 9 月 13 日前往四川成都宽窄巷子进行实地调研，共计发布调查问卷 300 份，共计回收问卷 291 份，回收率为 97.00%，经过团队筛选，在所回收的问卷中，共计有效问卷 280 份，有效率为 96.22%；为获得文化商业街与历史街区改造型协同的第一手数据资料，调研小组于 9 月 15 日至 9 月 18 日前往四川成都远洋太古里进行实地调研，共计发放调查问卷 300 份，共计回收问卷 270 份，回收率为 90.00%，经过团队筛选，在所回收的问卷中，共计有效问卷 247 份，有效率为 91.48%；为获得商业文化博物馆与商业区域开发型协同的第一手数据资料，调研小组于 9 月 20 日至 9 月 23 日前往山东烟台张裕酒文化博物馆进行实地调研，调研小组共计发布调查问卷 300 份，共计回收问卷 271 份，回收率为 90.33%，经过团队筛选，在所回收的问卷中，共计有效问卷 255 份，有效率为 94.10%；为获得创意产业园与商业区域开发型协同的第一手数据资料，调研小组于 9 月 25 日至 9 月 28 日前往上海田子坊进行实地调研，调研小组共计发放调查问卷 300 份，共计回收问卷 288 份，回收率为 96.00%，经过团队筛选，在所回收的问卷中，共计有效问卷 274 份，有效率为 95.14%；为获得旅游商业区与旧城区整合型协同的第一手数据资料，调研小组于 9 月 30 日至 10 月 3 日前往浙江杭州南宋御街进行实地调研，调研小组共计发放调查问卷 300 份，共计回收问卷 277 份，回收率为 92.33%，经过团队筛选，在所回收的问卷中，共计有效问卷 262 份，有效率为 94.58%；为获得历史文化休闲街与旧城区整合型的第一手数据资料，调研小组于 10 月 5 日至 10 月 8 日前往江苏南京 1912 进行实地调研，调研小组共计发放调查问卷 300 份，共计回收问卷 283 份，回收率为 94.33%，经过团队筛选，在所回收的问卷中，共计有效问卷 267 份，有效率为 94.35%。

四是教育文化遗产结构方程数据收集。为了确保所得数据的准确性、可靠性，将最低有效样本数据定为 250 份。此次调研小组实地调查的对象有湖南长沙中国书院博物馆、广西桂林靖江王府、河北雄县益津书院、福建潭州长泰文庙、江苏南京夫子庙、京杭大运河文化遗产带 6 个案例地，每个调研地各发放调查问卷 300 份，调研小组由 4 人组成。其中，为获得书院博物馆与历史片区改造型协同的第一手数据资料，调研小组于 10 月 10 日至 10 月 13 日前往湖南长沙中国书院博物馆进行实地调研，共计发布调查问卷 300 份，共计回收问卷 280 份，回收率为 93.3%，经过团队筛选，在所回收的问卷中，共计有效问卷 264 份，有效率为 94.3%；为获得研学游教育学府与历史片区改造型协同的第一手数据资料，调研小组于 10 月 15 日至 10 月 18 日前往广西桂林靖江王府进行实地调研，共计发放调查问卷 300 份，共计回收问卷 290 份，回收率为 96.67%，经过团队筛选，在所回收的问卷中，共计有效问卷 274 份，有效率为 94.48%；为获得休闲游学综合体与区域开发型协同的第一手数据资料，调研小组于 10 月 20 日至 10 月 23 日前往河北雄县益津书院进行实地调研，调研小组共计发布调查问卷 300 份，共计回收问卷 285 份，回收率为 95.00%，经过团队筛选，在所回收的问卷中，共计有效问卷 283 份，有效率为 99.30%；为获得文庙文化产业园与区域开发型协同的第一手数据资料，调研小组于 10 月 25 日至 10 月 28 日前往福建漳州长泰文庙进行实地调研，调研小组共计发放调查问卷 300 份，共计回收问卷 288 份，回收率为 96.00%，经过团队筛选，在所回收的问卷中，共计有效问卷 269 份，有效率为 93.40%；为获得智慧风景区与城镇融合共建型协同的第一手数据资料，调研小组于 10 月 30 日至 11 月 2 日前往江苏南京夫子庙进行实地调研，调研小组共计发放调查问卷 300 份，共计回收问卷 281 份，回收率为 93.67%，经过团队筛选，在所回收的问卷中，共计有效问卷 275 份，有效率为 97.86%；为获得文化创意产业带与城镇融合共建型协同的第一手数据资料，调研小组于 11 月 4 日至 11 月 7 日前往杭州大运河文化遗产带进行实地调研，调研小组共计发放调查问卷 300 份，共计回收问卷 285 份，回收率为 95.00%，经过团队筛选，在所回收的问卷中，共计有效问卷 280 份，有效率为 98.25%。

五是军事文化遗产结构方程数据收集。为了确保所得数据的准确性、可靠性，本书将最低有效样本数据定为 240 份。此次调研小组实地调查的对象有中国甲午战争博物馆、山海关旅游景区、黄埔军事拓展、天津滨海航母主题公园、青岩古镇、昆仑关民俗文化旅游节（会）举办地 6 个案例地，每个调研地各发放调查问卷 280 份，调研小组由 4 人组成。其中，为获得军事博物馆和军事基地改造型协同的第一手数据资料，调研小组于 11 月 10 日至 11 月 13 日前往中国甲午战争博物馆进行实地调研，共计发布调查问卷 280

份，共计回收问卷 260 份，回收率为 92.86%，经过团队筛选，在所回收的问卷中，共计有效问卷 252 份，有效率为 96.92%；为获得军事文化旅游景区与军事基地改造型协同的第一手数据资料，调研小组于 11 月 15 日至 11 月 18 日前往山海关旅游景区进行实地调研，共计发放调查问卷 280 份，共计回收问卷 260 份，回收率为 92.86%，经过团队筛选，在所回收的问卷中，共计有效问卷 243 份，有效率为 93.46%；为获得军事旅游拓展与军事现代化驱动型协同的第一手数据资料，调研小组于 11 月 20 日至 11 月 23 日前往黄埔军事拓展进行实地调研，共计发布调查问卷 280 份，共计回收问卷 273 份，回收率为 97.50%，经过团队筛选，在所回收的问卷中，共计有效问卷 258 份，有效率为 94.51%；为获得军事主题公园与军事现代化驱动型协同的第一手数据资料，调研小组于 11 月 25 日至 11 月 28 日前往天津滨海航母主题公园进行实地调研，共计发放调查问卷 280 份，回收问卷共计 268 份，回收率为 95.71%，经过团队筛选，在所回收的问卷中，共计有效问卷 251 份，有效率为 93.66%；为获得军事文化旅游小镇与特色文化依托型协同的第一手数据资料，调研小组于 11 月 30 日至 12 月 3 日前往青岩古镇进行实地调研，共计发放调查问卷 280 份，共计回收问卷 264 份，回收率为 94.29%，经过团队筛选，在所回收的问卷中，共计有效问卷 258 份，有效率为 97.73%；为获得军事文化旅游节会与特色文化依托型协同的第一手数据资料，调研小组于 12 月 5 日至 12 月 8 日前往昆仑关民俗文化旅游节会进行实地调研，共计发放调查问卷 280 份，共计回收问卷 270 份，回收率为 96.43%，经过团队筛选，在所回收的问卷中，共计有效问卷 258 份，有效率为 95.56%。

其次，SPS 模式案例数据收集。

一是工业文化遗产案例数据收集。在研究过程中，本书将对所选取的 6 个案例进行案例分析和数据处理。具体主要从以下两个方面着手：一方面，对所得的有效数据进行分类，使数据能够涵盖青岛啤酒博物馆、中山岐江公园、南京晨光 1865 创意园、鞍钢工业遗产项目、江苏南通唐闸工业镇、杭州大运河工业遗产带的各个方面，以确保所得数据的全面性。另一方面，在数据整理时，牢牢把握研究重点，有侧重地对数据进行归纳分类，全面提高数据筛选的工作效率。基于文旅深度融合新业态与工业文化遗产系统性保护的实践需求，本书的案例分析主要是对目前二者协同发展较为典型的案例进行较为系统地分析。本章节的目的主要是对文旅深度融合新业态与工业文化遗产系统性保护的典型案例进行分析，具体主要分为以下六个部分：（1）对工业博物馆与厂区改造型系统性保护协同模式的作用机制进行验证分析，为确保所得数据的准确性，调研小组将对青岛啤酒博物馆进行实地调查，以博物馆的发展现状为基础，对青岛啤酒博物馆的资源开发状况和发展新路径进行实地考察。（2）以中山岐江公园为案例对公园风景区与厂区改造型系统性保护协同模式的作用机制进行验证分析，分别从工业资源、产业基础、厂区环境三个方面，验证工业旅游发展初期的资源需求。（3）以南京晨光 1865 创意园为案例对特色创意园与工业区域开发型系统性保护协同模式的作用机制进行验证分析，分别从其发展瓶颈、文化资源开发和政策创新三个方面，探索创意园的具体发展路程，以及特色创意园与工业区域开发型影响因素、影响途径和作用方式。（4）以鞍钢工业遗产项目为案例对文化记忆圈和工业区域开发型系统性保护协同模式的作用机制进行验证分析，分别从其发展现状及其工业旅游发展新模式，分析鞍钢工业遗产项目的具体发展路径和发展潜力。（5）以江苏南通唐闸工业镇为案例对文旅一体大景区与厂区城镇融合型系统性保护协同模式的作用机制进行验证分析，结合江苏南通唐闸工业镇工业旅游发展路径，重点分析唐闸工业的保护现状和未来发展趋势，对厂区城镇融合型实施进程展开调查，验证在工业旅游快速发展的现实背景下，江苏南通唐闸工业镇的整体效益。（6）以杭州大运河工业遗产带为案例对休闲旅游服务带与厂区城镇融合型系统性保护协同模式的作用机制进行验证分析，分别从地区工业旅游发展过程中的居民参与率和发展绩效分析其未来发展的关键点。

二是农业文化遗产案例数据收集。在案例研究的整个过程中，对所选取的 6 个案例进行案例分析和数据处理。具体主要从以下两个方面入手：一方面，对所得的有效数据进行分类，使数据能够涵盖浙江青田稻鱼共生文化博物馆、红河哈尼稻田乡村聚落景观——云南元阳全福庄中寨、四川郫都林盘农耕文化系统、河北宣化莲花葡萄小镇、陕西佳县千年古枣园、江苏兴化千垛田园综合体的各个方面，以确保所得数据的全面性；另一方面，在数据整理时，牢牢把握研究重点，有侧重地对数据进行归纳分类，全面提高数据筛选的工作效率。基于文旅深度融合新业态与农业文化遗产系统性保护的实践需求，本书的案例分析主要是对目前二者协同发展较为典型的案例进行较为系统地分析。本章节的目的主要是对文旅深度融合新业态与农业文化遗产系统性保护的典型案例进行分析，具体主要分为以下六个部分：一是以浙江青田稻鱼共生文化博物馆为案例对生态博物馆与农业改造型系统性保护协同模式的作用机制进行验证分析，为确保所得数据的准确性，研究小组将对浙江青田稻鱼共生文化博物馆进行实地调查，以博物馆的发展现状为基础，对浙江青田稻鱼共生文化博物馆的资源开发状况和发展新路径进行实地考察。二是以红河哈尼稻田乡村聚落景观——云南元阳全福庄中寨为案例对乡村聚落景观与农业改造型系统性保护协同模式的作用机制进行验证分析，分别从农业资源、文化基础、产业基础三个方面，验证农业旅游发展初期的资源需求。三是以四川郫都文化创意农业园为案例对文化创意农业园与农业现代化开发型系统性保护协同模式的作用机制进行验证分析，分别从其产业结构变化和产业创意开发两个方面，探索创意园的具体发展路程，以及文化创意农业园与农业现代化开发型影响因素、影响途径和作用方式。四是以河北宣化莲花葡萄小镇为案例对文旅特色小镇和农业现代化开发型系统性保护协同模式的作用机制进行验证分析，分别从其政策创新、服务体系、发展现状及农业旅游发展新模式，分析河北宣化莲花葡萄小镇的具体发展路径和发展潜力。五是以陕西佳县千年古枣园为案例对农业生态休闲度假区与农业旅游融合型系统性保护协同模式的作用机制进行验证分析，结合乡村农业旅游发展路径，重点分析佳县千年古枣园的保护现状和未来发展趋势，对农业旅游融合型实施进程展开调查，验证在农业旅游快速发展的现实背景下，陕西佳县千年古枣园的整体经济和生态效益。六是以江苏兴化千垛田园综合体为案例对田园综合体与农业旅游融合型系统性保护协同模式的作用机制进行验证分析，分别从地区农业旅游发展过程中的村民参与率和消费发展趋势，分析其未来发展的关键点。

三是商业文化遗产案例数据收集。在研究过程中，本书将对所选取的 6 个案例进行案例分析和数据处理。具体主要从以下两个方面着手：一方面，对所得的有效数据进行分类，使数据能够涵盖四川成都宽窄巷子、四川成都远洋太古里、山东烟台张裕酒文化博物馆、上海田子坊、浙江杭州南宋御街、江苏南京1912 的各个方面，以确保所得数据的全面性；另一方面，在数据整理时，牢牢把握研究重点，有侧重地对数据进行归纳分类，全面提高数据筛选的工作效率。基于文旅深度融合新业态与商业文化遗产系统性保护的实践需求，本书的案例分析主要是对目前二者协同发展较为典型的案例进行较为系统地分析。本章节的目的主要是对文旅深度融合新业态与商业文化遗产系统性保护的典型案例进行分析，具体主要分为以下六个部分：（1）对文化产业园与历史街区改造型系统性保护协同模式的作用机制进行验证分析，为确保所得数据的准确性，将对四川成都宽窄巷子进行实地调查，以其发展现状为基础，对四川成都宽窄巷子的资源开发状况和发展新路径进行实地考察。（2）以四川成都远洋太古里为例，对文化商业街与历史街区改造型系统性保护协同模式的作用机制进行验证分析，分别从资源开发和发展模式两个角度，验证商业旅游发展初期资源开发状况对地区发展模式的影响。（3）以山东烟台张裕酒文化博物馆为案例，对商业文化博物馆与商业区域开发型系统性保护协同模式的作用机制进行验证分析，分别从资源基础、空间布局两个角度，探索实现商业文化博物馆高质量发展的现实路径，以及商业文化博物馆与商业区域开发型系统性保护协同发展模式的影响因素、影响途径和相互作用方式。（4）以上海田子坊为例，对创意产业园与商业区域开发型系统性保护协同模式的作用机制进行验证分析，分别从发展基础、发展模式、发展成效三个角度出发，分析验证二者协同发展的具体路径。（5）以浙江杭州南宋御街为例对旅游商业区域开发型系统性保护协同模式的作用进行验证分析，结合地区商业旅游发展路径，重点分析南宋御街的商业文化遗产系统性保护现状和未来发展趋势，对旧城区整合型展开调查，验证在商业旅游快速发展的时代背景下，南宋御街的整体效益。（6）以江苏南京 1912 为例对历史文化休闲街与旧城区整合型系统性保护协同模式的作用机制进行验证分析，分别从城市消费空间、环境组成要素两个角度为切入点，重点分析历史文化休闲街的未来发展趋势。

四是教育文化遗产案例数据收集。在研究过程中，本书将对所选取的 6 个案例进行案例分析和数据处理。具体主要从以下两个方面着手：一方面，对所得的有效数据进行分类，使数据能够涵盖中国书院博物馆、靖江王府、益津书院、长泰文庙、南京夫子庙、京杭大运河文化遗产带的各个方面，以确保所得数据的全面性；另一方面，在数据整理时，牢牢把握研究重点，有侧重地对数据进行归纳分类，全面提高数据筛选的工作效率。基于文旅深度融合新业态与教育文化遗产系统性保护的实践需求，本书的案例分析主要是对目前二者协同发展较为典型的案例进行较为系统地分析。本章节的目的主要是对文旅深度融合新业态与教育文化遗产系统性保护的典型案例进行分析，具体主要分为以下六个部分：（1）以中国书院博物院为案例对书院文化博物馆与历史片区改造型系统性保护协同模式的作用机制进行验证分析，为确保所得数据的准确性，研究小组将对中国书院博物馆进行实地调查，以博物馆的发展现状为基础，对中国书院博物馆的资源开发状况和发展新路径进行实地考察。（2）以靖江王府为案例对研学游教育学府与历史片区改造型系统性保护协同模式的作用机制进行验证分析，分别从发展规划、价值功能、外部环境三个方面，验证教育旅游发展初期的资源需求。（3）以益津书院为案例对休闲游学综合体与区域开发型系统性保护协同模式的作用机制进行验证分析，分别从其资源优势和规划布局两个方面，探索景区的具体发展路程，以及休闲游学综合体与区域开发型的影响因素、影响途径和作用方式。（4）以长泰文庙为案例对文庙文化产业园与区域开发型系统性保护协同模式的作用机制进行验证分析，分别从其发展现状及其教育旅游发展新模式，分析文庙项目的具体发展路径和发展潜力。（5）以南京夫子庙为案例对智慧风景区与城镇融合共建型系统性保护协同模式的作用机制进行验证分析，结合景区教育旅游发展路径，重点分析地方教育文化遗产系统性保护的现状和未来发展趋势，对城镇融合共建型实施进程展开调查，验证在教育旅游快速发展的现实背景下，教育旅游发展的整体效益。（6）以京杭大运河文化遗产带为案例对文化创意产业带与城镇融合共建型系统性保护协同模式的作用机制进行验证分析，分别从地区教育旅游发展过程中的居民参与率和发展绩效，分析其未来发展的关键点。

五是军事文化遗产案例数据收集。在案例研究的整个过程中，对所选取的 6 个案例进行案例分析和数据处理。具体主要从以下两个方面入手：一方面，对所得的有效数据进行分类，使数据能够涵盖中国甲午战争博物馆、山海关旅游景区、黄埔军事拓展、天津滨海航母主题公园、青岩古镇、昆仑关民俗文化旅游节（会）举办地的各个方面，以确保所得数据的全面性；另一方面，在数据整理时，牢牢把握研究重点，有侧重地对数据进行归纳分类，全面提高数据筛选的工作效率。基于文旅深度融合新业态与军事文化遗产系统性保护的实践需求，本书的案例分析主要是对目前二者协同发展较为典型的案例进行较为系统地分析。本章节的目的主要是对文旅深度融合新业态与军事文化遗产系统性保护的典型案例进行分析，具体主要分为以下六个部分：（1）以中国甲午战争博物馆为案例对军事博物馆与军事基地改造型系统性保护协同模式的作用机制进行验证分析，为确保所得数据的准确性，将对中国甲午战争博物馆进行实地调查，以博物馆的发展现状为基础，对中国甲午战争博物馆的资源开发状况和发展新路径进行实地考察。（2）以山海关旅游景区为案例对军事文化旅游景区与军事基地改造型系统性保护协同模式的作用机制进行验证分析，分别从军事基础、文化基础、生态基础和城镇化程度 4 个方面，验证军事旅游发展初期的资源需求。（3）以黄埔军事拓展为案例对军事旅游拓展与军事现代化驱动型系统性保护协同模式的作用机制进行验证分析，分别从其军事设施和创意产业两个方面，探索军事拓展的具体发展路程，以及军事旅游拓展与军事现代化驱动型影响因素、影响途径和作用方式。（4）以天津滨海航母主题公园为案例对军事主题公园与军事现代化驱动型系统性保护协同模式的作用机制进行验证分析，分别从其旅游空间规划、产业基础、发展现状及军事旅游发展新模式，分析天津滨海航母主题公园的具体发展路径和发展潜力。（5）以青岩古镇为案例对军事文化旅游小镇与特色文化依托型系统性保护协同模式的作用机制进行验证分析，结合城市军事旅游发展路径，重点分析青岩古镇的保护现状和未来发展趋势，对特色文化依托型实施进程展开调查，在政策创新和旅游消费空间变化驱动下，验证在军事旅游快速发展的现实背景下，青岩古镇的游客满意度、整体经济和生态效益。（6）以昆仑关民俗文化旅游节（会）举办地为案例对军事文化旅游节（会）与特色文化依托型系统性保护协同模式的作用机制进行验证分析，分别从城市军事旅游发展过程中的游客价值感知情况和公共服务质量水平，分析其未来发展的关键点。

4.2　调　研　方　案

4.2.1　调研方案设计

调研方案设计的目的是研究文旅深度融合新业态与文化遗产系统性保护协同模式的影响，主要包括调研方案、调查问卷设计。为了进一步分析文旅深度融合新业态与文化遗产系统性保护协同模式的影响，调查问卷的设计需要考虑问题的准确性、完整性、一致性和可操作性，覆盖不同背景的受访者，以便进行实证分析。最终目的是提出针对文旅深度融合新业态与文化遗产系统性保护协同模式的促进方法和存在问题的解决方案。

第一，选取研究地点的目的和范围。选取研究地点需要在充分了解其背景信息和考虑实际可行性、研究目的的前提下，确定研究范围。研究目的应该具有明确性、可操作性和可验证性，本书的研究目的是探讨文旅深度融合新业态与文化遗产系统性保护协同模式对城市文化遗产保护的影响。研究范围应该根据研究目的进行界定，考虑数据获取难度、研究时间和经费等方面的限制因素，以确保研究的可行性。

本书将以青岛啤酒博物馆、中山岐江公园、南京晨光1865创意园、鞍钢工业遗产项目、江苏南通唐闸工业镇、杭州大运河工业遗产带、浙江青田稻鱼共生文化博物馆、云南红河哈尼梯田乡村聚落景观——云南元阳全福庄中寨、四川郫都文化创意农业园、河北宣化莲花葡萄小镇、陕西佳县千年古枣园、江苏兴化千垛田园综合体、四川成都宽窄巷子、四川成都远洋太古里、山东烟台张裕酒文化博物馆、上海田子坊、浙江杭州南宋御街、江苏南京1912、中国书院博物馆、靖江王府、益津书院、长泰文庙、南京夫子庙、京杭大运河文化遗产带、中国甲午战争博物馆、山海关旅游景区、黄埔军事拓展、天津滨海航母主题公园、青岩古镇、昆仑关民俗文化旅游节（会）举办地为研究目的地，对其实行文旅深度融合新业态与文化遗产系统性保护协同模式的影响进行研究。初步确定研究范围，并在此基础上充分了解该景区的文化、历史、社会和经济背景，有助于更好地设计研究方案，充分考虑实际情况，采集相关数据，以便更全面地探究景区在文旅深度融合新业态与文化遗产系统性保护协同模式实践中的影响和作用。

第二，制定研究问题和调查内容。通过制定研究问题和调查内容，可以明确研究目标和方向，为后续的调研提供有针对性的指导。根据研究地点的目的和范围，确定要研究的问题，例如：文旅深度融合情况如何？基础设施完善的情况如何？景区发展水平对当地经济、社会环境的影响如何？文旅深度融合新业态在文化遗产保护中的角色和作用是什么？如何促进城市文化遗产的升级和更新？根据研究问题，制定相应的调查内容，例如城市更新现状：调查当地文化规模、类型、发展历程、现状和未来发展趋势；文旅深度融合新业态的应用：调查游客对文旅深度融合新业态的期望和需求。

第三，选择合适的调查方法。为了有效地回答研究问题并进行调查，需要根据制定的调查内容选择合适的调查方法，如调查问卷法、访谈法、实地观察法等，同时选择适当的调查工具来进行细化。在此基础上，明确调查对象，例如，游客、当地居民、旅游从业人员等，以确保调查方法、调查工具和调查对象之间的匹配，从而获取准确可靠的调查结果。这些步骤对于确保研究顺利实施和获取相关数据具有重要意义。

第四，开展前期准备工作。在进行调查之前需要进行前期准备工作，其中包括与当地相关部门和人员联系，了解当地情况，制订调查计划等。这些准备工作是确保调查任务能够顺利进行的必要步骤。此外，为了完成调查任务，取得最佳效果，需要根据实际情况随时调整调查计划。这一步骤是为了避免在调查过程中遇到意外情况而影响到调查结果。因此，调查计划的灵活性和实时性非常重要，能够保证调查任务高效完成。

4.2.2　调查问卷设计

第一，工业博物馆与厂区改造型系统性保护协同模式的调查问卷设计。

在进行数据收集和整理的过程中，不仅考虑到相关部门对"文旅深度融合新业态与城市工业文化遗产系统性保护协同"的主观感受，还充分考虑到在进程实施过程中各地居民的支持度。通过全方位考虑"工业博物馆"与"厂区改造型"之间的相互作用关系，一方面，从地区居民就业类型、产业结构以及生活满意度等方面，判断工业旅游对于地区居民生活、产业布局等方面的影响，进而准确把握文旅深度融合新业态对于工业文化遗产系统性保护协同模式的促进作用；另一方面，从工业资源利用、生态环境改善状况、居民生活水平变化等方面，判断工业文化遗产系统性保护对地区工业旅游发展的影响，进而准确把握文旅深度融合新业态与工业文化遗产系统性保护协同模式的作用机制。

为确保研究所得数据的准确性和实效性，在充分了解工业博物馆与厂区改造型系统性保护协同模式的发展现状的基础上设计了《工业博物馆与厂区改造型系统性保护协同模式的调查问卷》（以下简称"调查问卷"）。在设计问卷的过程中，着重把握工业博物馆、工业设施、技术创新、开发主体、厂区改造型五个方面。在设计调查问卷的过程中，主要涉及以下几个方面的内容：一是"工业博物馆的调查"；二是"工业设施的调查"；三是"技术创新的调查"；四是"开发主体的调查"；五是"厂区改造型的调查"。

本书对工业博物馆与厂区改造型进行结构方程实证分析时，对研究假设 HA1～HA8 进行假设检验。在对工业博物馆与厂区改造型进行结构方程实证分析的过程中，以工业博物馆、工业设施、技术创新、开发主体、厂区改造型 5 个点为关键变量。为实现研究目的，本书利用一系列观测变量对相关潜在变量进行定量分析，并对以上 5 个关键变量进行度量。在工业博物馆、工业设施、技术创新、开发主体、厂区改造型 5 个关键变量中，以变量之间的相互关系为基础，以工业博物馆为解释变量，工业设施、技术创新、开发主体和厂区改造型为被解释变量，并分别对相关解释变量和被解释变量进行度量。

工业博物馆（industrial museum，IM）是工业文化遗产系统性保护的典型模式之一，其开发和发展不仅与地区工业、环境、文化紧密相关，还与城镇化程度具有密切关联。因此，本书从工业基础（IM1）、环境基础（IM2）、文化基础（IM3）、城镇化程度（IM4）4 个方面对工业博物馆进行度量，共设置 8 个观测变量，见表 4-2。

表 4-2　　　　　　　　　　　　　　　工业博物馆（IM）指标度量

指标名称	观测变量	具体含义
工业基础 （IM1）	IM11	工业博物馆的工业类型符合厂区改造型模式的要求程度
	IM12	工业博物馆的工业利用状况符合厂区改造型模式的要求程度
环境基础 （IM2）	IM21	工业博物馆的环境状况符合厂区改造型模式的要求程度
	IM22	工业博物馆的环境趋势符合厂区改造型模式的要求程度
文化基础 （IM3）	IM31	工业博物馆的文化类型符合厂区改造型模式的要求程度
	IM32	工业博物馆的文化构成符合厂区改造型模式的要求程度
城镇化程度 （IM4）	IM41	工业博物馆的城镇化水平符合厂区改造型模式的要求程度
	IM42	工业博物馆的城镇化特征符合厂区改造型模式的要求程度

工业基础（industrial foundation，IF）不仅是本书设计中关键的被解释变量，还是研究工业博物馆与厂区改造型系统性保护协同模式的关键中间变量之一。从工业旅游与工业文化遗产系统性保护两个角度出发，以前期整合的相关文献资料为基础，分别从城市发展（IF1）、资源（IF2）、整体效益（IF3）、可持续发展能力（IF4）4 个角度对工业基础进行度量，共设置 10 个观测变量，见表 4-3。

表 4-3　　　　　　　　　　　　　　　工业基础（IF）指标度量

指标名称	观测变量	具体含义
城市发展 （IF1）	IF11	城市发展与功能工业资源符合厂区改造型模式的要求程度
	IF12	城市发展与工业发展符合厂区改造型模式的要求程度
	IF13	城市发展与工业发展规划符合厂区改造型模式的要求程度
资源 （IF2）	IF21	工业资源禀赋符合厂区改造型模式的要求程度
	IF22	工业资源开发利用符合厂区改造型模式的要求程度
整体效益 （IF3）	IF31	工业发展的社会效益符合厂区改造型模式的要求程度
	IB32	工业发展的经济效益符合厂区改造型模式的要求程度
	IF33	工业发展的未来经济符合厂区改造型模式的要求程度
可持续发展能力 （IF4）	IF41	工业发展规划符合厂区改造型模式的要求程度
	IF42	工业结构符合厂区改造型模式的要求程度

工业文化遗产系统性保护不仅是唤醒城市记忆、提高城市品位和弘扬工业文化的关键，还是促进城市发展的关键力量。技术创新（technological innovation，TI）作为工业文化遗产系统性保护的重要推动力，在一定程度上对工业文化遗产系统性保护的成效起着重要作用。结合前人对技术创新在工业文化遗产系统

性保护过程中的研究成果，分别从科技教育（TI1）、技术水平（TI2）两个方面对技术创新进行阐释。针对科技教育、技术水平设置两个观测变量对技术创新进行度量，共设置 4 个观测变量，见表 4 - 4。

表 4 - 4   **技术创新（TI）指标度量**

指标名称	观测变量	具体含义
科技教育 （TI1）	TI11	城市的科技教育支持力度符合厂区改造型模式的要求程度
	TI12	城市的科技教育观念符合厂区改造型模式的要求程度
技术水平 （TI2）	TI21	技术水平符合厂区改造型模式的要求程度
	TI22	技术创新政策符合厂区改造型模式的要求程度

开发主体（development subject，DS）是工业文化遗产系统性保护的关键要素。结合城市工业遗产保护利用的特征和价值，设置 9 个观测变量对开发主体进行度量。其中，针对政府引导（DS1）设置 3 个观测变量，针对专家指导（DS2）设置 3 个观测变量，针对居民参与（DS3）设置 3 个观测变量，见表 4 - 5。

表 4 - 5   **开发主体（DS）指标度量**

指标名称	观测变量	具体含义
政府引导 （DS1）	DS11	政府引导机制符合厂区改造型模式的要求程度
	DS12	政府引导的内容符合厂区改造型模式的要求程度
	DS13	政府引导的基本特征符合厂区改造型模式的要求程度
专家指导 （DS2）	DS21	专家指导机制符合厂区改造型模式的要求程度
	DS22	专家指导的主体符合厂区改造型模式的要求程度
	DS23	专家指导的基本特征符合厂区改造型模式的要求程度
居民参与 （DS3）	DS31	居民参与机制符合厂区改造型模式的要求程度
	DS32	居民参与力度符合厂区改造型模式的要求程度
	DS33	居民参与基本特征符合厂区改造型模式的要求程度

厂区改造型（plant reconstruction，PR）是工业文化遗产系统性保护的关键模式之一。结合工业文化遗产系统性保护的特征和机制，设置了 8 个观测变量对厂区改造型进行度量。其中，针对合理规划（PR1）设置 3 个观测变量，针对全民参与（PR2）设置 3 个观测变量，针对适时调整（PR3）设置 2 个观测变量，见表 4 - 6。

表 4 - 6   **厂区改造型（PR）指标度量**

指标名称	观测变量	具体含义
合理规划 （PR1）	PR11	合理规划制度符合厂区改造型模式的要求程度
	PR12	合理规划内容符合厂区改造型模式的要求程度
	PR13	合理规划构成机制符合厂区改造型模式的要求程度
全民参与 （PR2）	PR21	全民参与机制符合厂区改造型模式的要求程度
	PR22	全民参与的主体符合厂区改造型模式的要求程度
	PR23	全民参与支持力度符合厂区改造型模式的要求程度
适时调整 （PR3）	PR31	适时调整的内容符合厂区改造型模式的要求程度
	PR32	适时调整的实施符合厂区改造型模式的要求程度

第二，公园风景区与厂区改造型系统性保护协同模式的调查问卷设计。

在进行数据收集和整理的过程中，不仅考虑到相关部门对"文旅深度融合新业态与城市工业文化遗产系统性保护协同"的主观感受，还充分考虑到在进程实施过程中各地居民的支持度。通过全方位考虑"公园风景区"与"厂区改造型"之间的相互作用关系，一方面，从地区居民就业类型、产业结构以及生活满意度等方面，判断工业旅游对于地区居民生活、产业布局等方面的影响，进而准确把握文旅深度融合新业态对于工业文化遗产系统性保护协同的促进作用；另一方面，从工业资源利用、生态环境改善状况、居民生活水平变化等方面，判断工业文化遗产系统性保护对地区工业旅游发展的影响，进而准确把握文旅深度融合新业态与工业文化遗产系统性保护协同模式的作用机制。

为确保研究所得数据的准确性和实效性，在充分了解公园风景区与厂区改造型协同模式的发展现状的基础上设计了《公园风景区与厂区改造型协同模式的调查问卷》（简称"调查问卷"）。在设计问卷的过程中，着重把握公园风景区、工业设施、厂区环境、开发主体、厂区改造型 5 个方面。在设计调查问卷的过程中，主要涉及五方面的内容：一是"公园风景区的调查"；二是"工业设施的调查"；三是"厂区环境的调查"；四是"开发主体的调查"；五是"厂区改造型的调查"。

本书对公园风景区与厂区改造型进行结构方程实证分析时，对研究假设 HB1 ~ HB8 进行假设检验。在对公园风景区与厂区改造型进行结构方程实证分析的过程中，以公园风景区、工业设施、厂区环境、开发主体、厂区改造型 5 个点为关键变量。为实现研究目的，本书利用一系列观测变量对相关潜在变量进行定量分析，并对以上 5 个关键变量进行度量。在公园风景区、工业设施、厂区环境、开发主体、厂区改造型 5 个关键变量中，以变量之间的相互关系为基础，以公园风景区为解释变量，工业设施、厂区环境、开发主体和厂区改造型为被解释变量，并分别对相关解释变量和被解释变量进行度量。

公园风景区（park scenic area，PSA）是工业文化遗产系统性保护的典型模式之一，其开发和发展不仅与地区工业、环境、文化紧密相关，还与城镇化程度具有密切关联。因此，本书从工业基础（PSA1）、环境基础（PSA2）、文化基础（PSA3）、城镇化程度（PSA4）4 个方面对公园风景区进行度量，共设置 8 个观测变量，见表 4 - 7。

表 4 - 7　　　　　　　　　　　　　公园风景区（PSA）指标度量

指标名称	观测变量	具体含义
工业基础（PSA1）	PSA11	公园风景区的工业类型符合厂区改造型模式的要求程度
	PSA12	公园风景区的工业背景符合厂区改造型模式的要求程度
环境基础（PSA2）	PSA21	公园风景区的社会环境符合厂区改造型模式的要求程度
	PSA22	公园风景区的生态环境符合厂区改造型模式的要求程度
文化基础（PSA3）	PSA31	公园风景区的文化背景符合厂区改造型模式的要求程度
	PSA32	公园风景区的文化底蕴符合厂区改造型模式的要求程度
城镇化程度（PSA4）	PSA41	公园风景区的城镇化水平符合厂区改造型模式的要求程度
	PSA42	公园风景区的城镇化特征符合厂区改造型模式的要求程度

工业基础（industrial foundation，IF）不仅是本书设计中关键的被解释变量，还是研究公园风景区与厂区改造型系统性保护协同模式的关键中间变量之一。从工业旅游与工业文化遗产系统性保护两个角度出发，以前期整合的相关文献资料为基础，分别从城市发展（IF1）、资源（IF2）、整体效益（IF3）、可持续发展能力（IF4）4 个角度对工业基础进行度量，共设置 10 个观测变量，见表 4 - 8。

表 4 - 8　　　　　　　　　　　　　工业基础（IF）指标度量

指标名称	观测变量	具体含义
城市发展（IF1）	IF11	城市发展需求与工业发展符合厂区改造型模式的要求程度
	IF12	城市发展要求与工业发展符合厂区改造型模式的要求程度
	IF13	城市发展趋势与工业结构符合厂区改造型模式的要求程度

指标名称	观测变量	具体含义
资源 （IF2）	IF21	工业资源的禀赋符合厂区改造型模式的要求程度
	IF22	工业资源的开发利用符合厂区改造型模式的要求程度
整体效益（IF3）	IF31	工业旅游的经济效益符合厂区改造型模式的要求程度
	IF32	工业旅游的社会效益符合厂区改造型模式的要求程度
	IF33	工业旅游的未来效益符合厂区改造型模式的要求程度
可持续发展能力 （IF4）	IF41	工业发展的未来趋势符合厂区改造型模式的要求程度
	IF42	工业发展结构符合厂区改造型模式的要求程度

推进城市工业保护利用进程不仅是传承工业历史文化的关键，还是唤醒城市记忆、提升城市品位的有效举措。厂区环境（plant environment，PE）作为发展工业旅游的基础性因素，直接影响着工业文化遗产系统性保护的成效。本书分别从工业背景（PE1）、正外部性（PE2）两个方面对厂区环境进行详细阐释。同时，针对工业背景和正外部性，分别设置2个观测变量对其变量进行度量，总共设置4个观测变量，见表4-9。

表4-9　　　　　　　　　　　　　　厂区环境（PE）指标度量

指标名称	观测变量	具体含义
工业背景 （PE1）	PE11	工业发展规划符合厂区改造型模式的要求程度
	PE12	工业发展现状符合厂区改造型模式的要求程度
正外部性 （PE2）	PE21	外部技术现状符合厂区改造型模式的要求程度
	PE22	外部政策符合厂区改造型模式的要求程度

开发主体（development subject，DS）是工业文化遗产系统性保护的关键要素。结合城市工农业遗产保护利用的特征的价值，设置9个观测变量对其进行度量。其中，针对政府引导（DS1）设置3个观测变量、针对专家指导（DS2）设置3个观测变量，针对居民参与（DS3）设置3个观测变量，见表4-10。

表4-10　　　　　　　　　　　　　　开发主体（DS）指标度量

指标名称	观测变量	具体含义
政府引导 （DS1）	DS11	政府引导机制符合厂区改造型模式的要求程度
	DS12	政府引导的内容符合厂区改造型模式的要求程度
	DS13	政府引导的基本特征符合厂区改造型模式的要求程度
专家指导 （DS2）	DS21	专家指导技能符合厂区改造型模式的要求程度
	DS22	专家指导的主体符合厂区改造型模式的要求程度
	DS23	专家专业知识存储量符合厂区改造型模式的要求程度
居民参与 （DS3）	DS31	居民参与机制符合厂区改造型模式的要求程度
	DS32	居民参与力度符合厂区改造型模式的要求程度
	DS33	居民家庭收入水平符合厂区改造型模式的要求程度

厂区改造型（plant reconstruction，PR）是工业文化遗产系统性保护的关键模式之一。结合工业文化遗产系统性保护的特征和机制，本书设置了8个观测变量对其进行度量。其中，针对合理规划（PR1）设置3个观测变量，针对全民参与（PR2）设置3个观测变量，针对适时调整（PR3）设置2个观测变量，见表4-11。

表 4 - 11　　　　　　　　　　　　　厂区改造型（PR）指标度量

指标名称	观测变量	具体含义
合理规划 （PR1）	PR11	合理规划制度符合厂区改造型模式的要求程度
	PR12	合理规划内容符合厂区改造型模式的要求程度
	PR13	合理规划构成机制符合厂区改造型模式的要求程度
全民参与 （PR2）	PR21	全民参与机制符合厂区改造型模式的要求程度
	PR22	全民参与的主体符合厂区改造型模式的要求程度
	PR23	全民参与支持力度符合厂区改造型模式的要求程度
适时调整 （PR3）	PR31	适时调整的内容符合厂区改造型模式的要求程度
	PR32	适时调整的实施符合厂区改造型模式的要求程度

第三，特色创意园与工业区域开发型系统性保护协同模式的调查问卷设计。

本书在进行数据收集和整理的过程中，不仅考虑到相关部门对"文旅深度融合新业态与城市工业文化遗产系统性保护协同"的主观感受，还充分考虑到在进程实施过程中各地居民的支持度。通过全方位考虑"特色创意园"与"工业区域开发型"之间的相互作用关系，一方面，从地区居民就业类型、产业结构以及生活满意度等方面，判断工业旅游对于地区居民生活、产业布局等方面的影响，进而准确把握文旅深度融合新业态对于工业文化遗产系统性保护协同的促进作用；另一方面，从工业资源利用、生态环境改善状况、居民生活水平变化等方面，判断工业文化遗产系统性保护协同对地区工业旅游发展的影响，进而准确把握文旅深度融合新业态与工业文化遗产系统性保护协同模式的作用机制。

为确保研究所得数据的准确性和实效性，在充分了解特色创意园与工业区域开发型系统性保护协同模式的发展现状的基础上设计了《特色创意园与工业区域开发型系统性保护协同模式的调查问卷》（简称"调查问卷"）。在设计问卷的过程中，着重把握特色创意园、工业设施、产业基础、工业区域开发型 4 个方面。在设计调查问卷的过程中，主要涉及以下几个方面的内容：一是"特色创意园的调查"；二是"工业设施的调查"；三是"产业基础的调查"；四是"工业区域开发型的调查"。

本书对特色创意园与工业区域开发型进行结构方程实证分析时，对研究假设 HC1 ~ HC5 进行假设检验。在对特色创意园与工业区域开发型进行结构方程实证分析的过程中，以特色创意园、工业设施、产业基础、工业区域开发型 4 个点为关键变量。为实现研究目的，本书利用一系列观测变量对相关潜在变量进行定量分析，并对以上 4 个关键变量进行度量。在特色创意园、工业设施、产业基础、工业区域开发型 4 个关键变量中，以变量之间的相互关系为基础，以特色创意园为解释变量，工业设施、产业基础和工业区域开发型为被解释变量，并分别对相关解释变量和被解释变量进行度量。

特色创意园（characteristic creative park，CCP）是工业文化遗产系统性保护的典型模式之一，其开发和发展不仅与地区工业、农业、文化紧密相关，还与城镇化程度具有密切关联。因此，本书从工业基础（CCP1）、农业基础（CCP2）、文化基础（CCP3）、城镇化程度（CCP4）4 个方面对特色创意园进行度量，共设置 9 个观测变量，见表 4 - 12。

表 4 - 12　　　　　　　　　　　　　特色创意园（CCP）指标度量

指标名称	观测变量	具体含义
工业基础 （CCP1）	CCP11	特色创意园的工业现状符合工业区域开发型模式的要求程度
	CCP12	特色创意园的工业类型符合工业区域开发型模式的要求程度
农业基础 （CCP2）	CCP21	特色创意园的农业类型符合工业区域开发型模式的要求程度
	CCP22	特色创意园农业发展现状符合工业区域开发型模式的要求程度
	CCP23	特色创意园农业发展潜力符合工业区域开发型模式的要求程度

指标名称	观测变量	具体含义
文化基础 （CCP3）	CCP31	特色创意园文旅产业发展符合工业区域开发型模式的要求程度
	CCP32	特色创意园文化资源禀赋符合工业区域开发型模式的要求程度
城镇化程度 （CCP4）	CCP41	特色创意园的城镇化水平符合工业区域开发型模式的要求程度
	CCP42	特色创意园的城镇化特征符合工业区域开发型模式的要求程度

工业基础（industrial foundation，IF）不仅是本次研究设计中关键的被解释变量，还是研究特色创意园与工业区域开发型系统性保护协同模式的关键中间变量之一。本书从工业旅游与工业文化遗产系统性保护两个角度出发，以前期整合的相关文献资料为基础，分别从城市发展（IF1）、资源（IF2）、整体效益（IF3）、可持续发展能力（IF4）4个角度对其进行度量，共设置11个观测变量，见表4-13。

表4-13　　　　　　　　　　　　　工业基础（IF）指标度量

指标名称	观测变量	具体含义
城市发展 （IF1）	IF11	城市发展数量与工业发展符合工业区域开发型模式的要求程度
	IF12	城市发展种类与工业发展符合工业区域开发型模式的要求程度
	IF13	城市发展趋势与工业结构符合工业区域开发型模式的要求程度
资源 （IF2）	IF21	工业资源的禀赋符合工业区域开发型模式的要求程度
	IF22	工业资源的开发利用符合工业区域开发型模式的要求程度
整体效益 （IF3）	IF31	工业旅游的经济效益符合工业区域开发型模式的要求程度
	IF32	工业旅游的社会效益符合工业区域开发型模式的要求程度
	IF33	工业旅游的未来效益符合工业区域开发型模式的要求程度
可持续发展能力 （IF4）	IF41	工业发展的未来趋势符合工业区域开发型模式的要求程度
	IF42	工业发展结构符合工业区域开发型模式的要求程度
	IF43	工业发展的产业结构符合工业区域开发型模式的要求程度

产业基础（industrial base，IB）作为特色创意园发展的基础性产业，对于推进工业文化遗产系统性保护进程起着关键性作用。要实现特色创意园与工业区域开发型的协同，产业基础的支持是工业文化遗产系统性保护的关键。分别从产业资源、发展环境、产业经济三个层面出发对其进行解释说明。针对产业资源（IB1）、发展环境（IB2）、产业经济（IB3）分别设置3个观测变量对其进行度量，共计设置9个观测变量，见表4-14。

表4-14　　　　　　　　　　　　　产业基础（IB）指标度量

指标名称	观测变量	具体含义
产业资源 （IB1）	IB11	产业资源类型符合工业区域开发型模式的要求程度
	IB12	产业资源发展现状符合工业区域开发型模式的要求程度
	IB13	产业资源发展规划符合工业区域开发型模式的要求程度
发展环境 （IB2）	IB21	工业资源开发环境符合工业区域开发型模式的要求程度
	IB22	特色产业资源类型符合工业区域开发型模式的要求程度
	IB23	工业旅游发展环境符合工业区域开发型模式的要求程度
产业经济 （IB3）	IB31	产业经济基础符合工业区域开发型模式的要求程度
	IB32	产业发展现状符合工业区域开发型模式的要求程度
	IB33	产业发展规划符合工业区域开发型模式的要求程度

　　工业区域开发型（industrial development，ID）作为工业文化遗产系统性保护的重要模式之一。结合工业旅游的发展潜力和特征，针对工业区域开发型共计设置了 8 个观测变量对其进行度量。其中，针对合理规划（ID1）设置 3 个观测变量，针对全民参与（ID2）设置 3 个观测变量，针对适时调整（ID3）设置 2 个观测变量，见表 4 - 15。

表 4 - 15　　　　　　　　　　　　　　　　　工业区域开发型（ID）指标度量

指标名称	观测变量	具体含义
合理规划 （ID1）	ID11	合理规划制度符合工业区域开发型模式的要求程度
	ID12	合理规划内容符合工业区域开发型模式的要求程度
	ID13	合理规划构成机制符合工业区域开发型模式的要求程度
全民参与 （ID2）	ID21	全民参与机制符合工业区域开发型模式的要求程度
	ID22	全民参与的主体符合工业区域开发型模式的要求程度
	ID23	全民参与支持力度符合工业区域开发型模式的要求程度
适时调整 （ID3）	ID31	适时调整的内容符合工业区域开发型模式的要求程度
	ID32	适时调整的实施符合工业区域开发型模式的要求程度

　　第四，文化记忆圈与工业区域开发型系统性保护协同模式的调查问卷设计。

　　在进行数据收集和整理的过程中，不仅考虑到相关部门对"文旅深度融合新业态与城市工业文化遗产系统性保护协同"的主观感受，还充分考虑到在进程实施过程中各地居民的支持度。通过全方位考虑"文化记忆圈"与"工业区域开发型"之间的相互作用关系，一方面，从地区居民就业类型、产业结构以及生活满意度等方面，判断工业旅游对于地区居民生活、产业布局等方面的影响，进而准确把握文旅深度融合新业态对于工业文化遗产系统性保护协同的促进作用；另一方面，从工业资源利用、生态环境改善状况、居民生活水平变化等方面，判断工业文化遗产系统性保护对地区工业旅游发展的影响，进而准确把握文旅深度融合新业态与工业文化遗产系统性保护协同模式的作用机制。

　　为确保研究所得数据的准确性和实效性，在充分了解文化记忆圈与工业区域开发型系统性保护协同模式的发展现状的基础上设计了《文化记忆圈与工业区域开发型系统性保护协同模式的调查问卷》（简称"调查问卷"）。在设计问卷的过程中，着重把握文化记忆圈、工业设施、政策创新、工业区域开发型 4 个方面。在设计调查问卷的过程中，主要涉及四个方面的内容：一是"文化记忆圈的调查"；二是"工业设施的调查"；三是"政策创新的调查"；四是"工业区域开发型的调查"。

　　本书对文化记忆圈与工业区域开发型进行结构方程实证分析时，对研究假设 HD1 ~ HD5 进行假设检验。在对文化记忆圈与工业区域开发型进行结构方程实证分析的过程中，以文化记忆圈、工业设施、政策创新、工业区域开发型 4 个点为关键变量。为实现研究目的，本书利用一系列观测变量对相关潜在变量进行定量分析，并对以上 4 个关键变量进行度量。在文化记忆圈、工业设施、政策创新、工业区域开发型 4 个关键变量中，以变量之间的相互关系为基础，以文化记忆圈为解释变量，工业设施、政策创新和工业区域开发型为被解释变量，并分别对相关解释变量和被解释变量进行度量。

　　文化记忆圈（cultural memory circle，CMC）是工业文化遗产系统性保护的典型模式之一，其开发和发展不仅与地区工业、文化、地区环境紧密相关，还与城镇化程度具有密切关联。因此，本书从工业基础（CMC1）、文化基础（CMC2）、环境基础（CMC3）和城镇化程度（CMC4）4 个方面对文化记忆圈进行度量，共设置 9 个观测变量，见表 4 - 16。

表 4 - 16　　　　　　　　　　　　　　　　　文化记忆圈（CMC）指标度量

指标名称	观测变量	具体含义
工业基础 （CMC1）	CMC11	文化记忆圈的工业现状符合工业区域开发型模式的要求程度
	CMC12	文化记忆圈的工业类型符合工业区域开发型模式的要求程度

指标名称	观测变量	具体含义
文化基础 （CMC2）	CMC21	文化记忆圈的工业文化符合工业区域开发型模式的要求程度
	CMC22	文化记忆圈工业发展现状符合工业区域开发型模式的要求程度
	CMC23	文化记忆圈工业发展潜力符合工业区域开发型模式的要求程度
环境基础 （CMC3）	CMC31	文化记忆圈的生态环境符合工业区域开发型模式的要求程度
	CMC32	文化记忆圈的社会环境符合工业区域开发型模式的要求程度
城镇化程度 （CMC4）	CMC41	文化记忆圈的城镇化水平符合工业区域开发型模式的要求程度
	CMC42	文化记忆圈的城镇化特征符合工业区域开发型模式的要求程度

工业基础（industrial foundation，IF）不仅是本书设计中关键的被解释变量，还是研究文化记忆圈与工业区域开发型系统性保护协同模式的关键中间变量之一。本书从工业旅游与工业文化遗产系统性保护两个角度出发，以前期整合的相关文献资料为基础，分别从城市发展（IF1）、资源（IF2）、整体效益（IF3）、可持续发展能力（IF4）4 个角度对其进行度量，共设置 11 个观测变量，见表 4 – 17。

表 4 – 17　　　　　　　　　　　工业基础（IF）指标度量

指标名称	观测变量	具体含义
城市发展 （IF1）	IF11	城市发展数量与工业发展符合工业区域开发型模式的要求程度
	IF12	城市发展种类与工业发展符合工业区域开发型模式的要求程度
	IF13	城市发展趋势与工业结构发展符合工业区域开发型模式的要求程度
资源 （IF2）	IF21	工业资源的禀赋符合工业区域开发型模式的要求程度
	IF22	工业资源的开发利用符合工业区域开发型模式的要求程度
整体效益 （IF3）	IF31	工业旅游的经济效益符合工业区域开发型模式的要求程度
	IF32	工业旅游的社会效益符合工业区域开发型模式的要求程度
	IF33	工业旅游的未来效益符合工业区域开发型模式的要求程度
可持续发展能力 （IF4）	IF41	工业发展的未来趋势符合工业区域开发型模式的要求程度
	IF42	工业发展结构符合工业区域开发型模式的要求程度
	IF43	工业发展的产业结构符合工业区域开发型模式的要求程度

政策创新（policy innovation，PI）作为被解释变量，不仅与产权制度紧密相关，还与城乡二元体制、资源开发与管理密切相关。结合工业旅游的发展现状和特征，本书针对政策创新共计设置了 9 个观测变量对其进行度量。其中，针对产权制度（PI1）设置 3 个观测变量，针对城乡二元体制（PI2）设置 3 个观测变量，针对资源开发与管理（PI3）设置 3 个观测变量，见表 4 – 18。

表 4 – 18　　　　　　　　　　　政策创新（PI）指标度量

指标名称	观测变量	具体含义
产权制度 （PI1）	PI11	产权制度内容符合工业区域开发型模式的要求程度
	PI12	产权管理制度符合工业区域开发型模式的要求程度
	PI13	产权制度体制机制符合工业区域开发型模式的要求程度
城乡二元体制 （PI2）	PI21	城乡二元体制管理方式符合工业区域开发型模式的要求程度
	PI22	城乡二元体制治理状况符合工业区域开发型模式的要求程度
	PI23	城乡二元体制机制符合工业区域开发型模式的要求程度

续表

指标名称	观测变量	具体含义
资源开发与管理 （PI3）	PI31	资源开发与管理内容符合工业区域开发型模式的要求程度
	PI32	资源开发与管理制度符合工业区域开发型模式的要求程度
	PI33	资源开发与管理方式符合工业区域开发型模式的要求程度

工业区域开发型（industrial development，ID）作为工业文化遗产系统性保护的重要模式之一。结合工业旅游的发展潜力和特征，本书针对工业区域开发型共计设置了 8 个观测变量对其进行度量。其中，针对合理规划（ID1）设置 3 个观测变量，针对全民参与（ID2）设置 3 个观测变量，针对适时调整（ID3）设置 2 个观测变量，见表 4 - 19。

表 4 - 19　　　　　　　　　　　　工业区域开发型（ID）指标度度量

指标名称	观测变量	具体含义
合理规划 （ID1）	ID11	合理规划制度符合工业区域开发型模式的要求程度
	ID12	合理规划内容符合工业区域开发型模式的要求程度
	ID13	合理规划构成机制符合工业区域开发型模式的要求程度
全民参与 （ID2）	ID21	全民参与机制符合工业区域开发型模式的要求程度
	ID22	全民参与的主体符合工业区域开发型模式的要求程度
	ID23	全民参与支持力度符合工业区域开发型模式的要求程度
适时调整 （ID3）	ID31	适时调整的内容符合工业区域开发型模式的要求程度
	ID32	适时调整的实施符合工业区域开发型模式的要求程度

第五，文旅一体大景区与厂区城镇融合型系统性保护协同模式的调查问卷设计。

在进行数据收集和整理的过程中，不仅考虑到相关部门对"文旅深度融合新业态与城市工业文化遗产系统性保护协同"的主观感受，还充分考虑到在进程实施过程中各地居民的支持度。通过全方位考虑"文旅一体大景区"与"厂区城镇融合型"之间的相互作用关系，一方面，从地区居民就业类型、产业结构以及生活满意度等方面，判断工业旅游对于地区居民生活、产业布局等方面的影响，进而准确把握文旅深度融合新业态对于工业文化遗产系统性保护协同的促进作用；另一方面，从工业资源利用、生态环境改善状况、居民生活水平变化等方面，判断工业文化遗产系统性保护对地区工业旅游发展的影响，进而准确把握文旅深度融合新业态与工业文化遗产系统性保护协同模式的作用机制。

为确保研究所得数据的准确性和实效性，在充分了解文旅一体大景区与厂区城镇融合型系统性保护协同模式的发展现状的基础上设计了《文旅一体大景区与厂区城镇融合型系统性保护协同模式的调查问卷》（简称"调查问卷"）。在设计问卷的过程中，着重把握文旅一体大景区、土地规划、游客行为、厂区城镇融合型 4 个方面。在设计调查问卷的过程中，主要涉及四个方面的内容：一是"文旅一体大景区的调查"；二是"土地规划的调查"；三是"游客行为的调查"；四是"厂区城镇融合型的调查"。

本书对文旅一体大景区与厂区城镇融合型进行结构方程实证分析，对研究假设 HE1 ~ HE5 进行假设检验。在对文旅一体大景区与厂区城镇融合型进行结构方程实证分析的过程中，以文旅一体大景区、土地规划、游客行为、厂区城镇融合型 4 个点为关键变量。为实现研究目的，本书利用一系列观测变量对相关潜在变量进行定量分析，并对以上 4 个关键变量进行度量。在文旅一体大景区、土地规划、游客行为、厂区城镇融合型 4 个关键变量中，以变量之间的相互关系为基础，以文旅一体大景区为解释变量，土地规划、游客行为和厂区城镇融合型为被解释变量，并分别对相关解释变量和被解释变量进行度量。

文旅一体大景区（cultural and tourist area，CATA）作为工业文化遗产系统性保护的典型模式之一，是现代工业发展创新型新业态的方式之一，并逐渐成为唤醒城市记忆、提升城市品位的有效路径。文旅一体大景区的开发不仅与其区位条件紧密相关，还与地区人文条件、资源禀赋密不可分。因此，本书从区位条件（CATA1）、人文基础（CATA2）、资源禀赋（CATA3）和客源潜力（CATA4）4 个方面对文旅一体大景区进行度量，共设置 9 个观测变量，见表 4 - 20。

表 4 - 20   文旅一体大景区（CATA）指标度量

指标名称	观测变量	具体含义
区位条件 （CATA1）	CATA11	文旅一体大景区地理位置符合厂区城镇融合型模式的要求程度
	CATA12	文旅一体大景区交通状况符合厂区城镇融合型模式的要求程度
人文基础 （CATA2）	CATA21	文旅一体大景区人口构成符合厂区城镇融合型模式的要求程度
	CATA22	文旅一体大景区人口素质符合厂区城镇融合型模式的要求程度
	CATA23	文旅一体大景区文化背景符合厂区城镇融合型模式的要求程度
资源禀赋 （CATA3）	CATA31	文旅一体大景区工业资源符合厂区城镇融合型模式的要求程度
	CATA32	文旅一体大景区农业资源符合厂区城镇融合型模式的要求程度
客源潜力 （CATA4）	CATA41	文旅一体大景区市场内容符合厂区城镇融合型模式的要求程度
	CATA42	文旅一体大景区市场规律符合厂区城镇融合型模式的要求程度

土地规划（land planning，LP）不仅是文旅深度融合新业态与工业文化遗产系统性保护研究中重要的被解释变量，还是研究文旅一体大景区与厂区城镇融合型系统性保护协同模式中的重要中间变量。科学合理的土地规划是文旅一体大景区开发和得以发展的重要推动力，归根结底，其与自媒体建设、产业资本的注入和发展前景紧密相关。基于此，从产业资本（LP1）、自媒体（LP2）、发展潜力（LP3）3 个层面出发对其进行测度，共设置 8 个观测变量，见表 4 - 21。

表 4 - 21   土地规划（LP）指标度量

指标名称	观测变量	具体含义
产业资本 （LP2）	LP11	外来资本流入方式符合厂区城镇融合型模式的要求程度
	LP12	外来资本规模符合厂区城镇融合型模式的要求程度
	LP13	外来资本投入产出比符合厂区城镇融合型模式的要求程度
自媒体 （LP1）	LP21	自媒体建设主体符合厂区城镇融合型模式的要求程度
	LP22	自媒体运营模式符合厂区城镇融合型模式的要求程度
发展潜力 （LP3）	LP31	政府支持力度符合厂区城镇融合型模式的要求程度
	LP32	社区参与力度符合厂区城镇融合型模式的要求程度
	LP33	游客自觉意识符合厂区城镇融合型模式的要求程度

游客行为（tourist behavior，TB）严重影响着工业旅游的未来发展，是提升地区工业旅游经济的关键性要素，要提高工业文化遗产系统性保护绩效，就要重点把握游客旅游偏好和旅游动机，才能充分利用专业性人才的知识技能和现代科技技能，开发创新型旅游产品，进而从根本上提高地区游客满意度。基于此，分别从旅游动机（TB1）、游客感知度（TB2）、游客满意度（TB3）3 个层面出发对其进行度量，共设置 9 个观测变量，见表 4 - 22。

表 4 - 22   游客行为（TB）指标度量

指标名称	观测变量	具体含义
旅游动机 （TB1）	TB11	游客旅游偏好符合厂区城镇融合型模式的要求程度
	TB12	游客旅游产品符合厂区城镇融合型模式的要求程度
	TB13	旅游主体符合厂区城镇融合型模式的要求程度

指标名称	观测变量	具体含义
游客感知度 （TB2）	TB21	游客感知价值符合厂区城镇融合型模式的要求程度
	TB22	游客感知构成符合厂区城镇融合型模式的要求程度
	TB23	游客感知质量符合厂区城镇融合型模式的要求程度
游客满意度 （TB3）	TB31	游客满意度影响因素符合厂区城镇融合型模式的要求程度
	TB32	游客满意度现状符合厂区城镇融合型模式的要求程度
	TB33	游客满意度构成符合厂区城镇融合型模式的要求程度

厂区城镇融合型（factory town fusion type，FTFT）是工业文化遗产系统性保护的重要模式之一。结合工业文化遗产系统性保护的现状和发展潜力，共计设置 8 个观测变量对其进行度量，其中，针对合理规划（FTFT1）设置 3 个观测变量，针对全民参与（FTFT2）设置 3 个观测变量，针对适时调整（FTFT3）设置 2 个观测变量，见表 4 – 23。

表 4 – 23　　　　　　　　　　　厂区城镇融合型（FTFT）指标度量

指标名称	观测变量	具体含义
合理规划 （FTFT1）	FTFT11	合理规划制度符合厂区城镇融合型模式的要求程度
	FTFT12	合理规划内容符合厂区城镇融合型模式的要求程度
	FTFT13	合理规划构成机制符合厂区城镇融合型模式的要求程度
全民参与 （FTFT2）	FTFT21	全民参与机制符合厂区城镇融合型模式的要求程度
	FTFT22	全民参与的主体符合厂区城镇融合型模式的要求程度
	FTFT23	全民参与支持力度符合厂区城镇融合型模式的要求程度
适时调整 （FTFT3）	FTFT31	适时调整的内容符合厂区城镇融合型模式的要求程度
	FTFT32	适时调整的实施符合厂区城镇融合型模式的要求程度

第六，休闲旅游服务带与厂区城镇融合型系统性保护协同模式的调查问卷设计。

在进行数据收集和整理的过程中，不仅考虑到相关部门对"文旅深度融合新业态与城市工业文化遗产系统性保护协同"的主观感受，还充分考虑到在进程实施过程中各地居民的支持度。通过全方位考虑"休闲旅游服务带"与"厂区城镇融合型"之间的相互作用关系，一方面，从地区居民就业类型、产业结构以及生活满意度等方面，判断工业旅游对于地区居民生活、产业布局等方面的影响，进而准确把握文旅深度融合新业态对于工业文化遗产系统性保护协同的促进作用；另一方面，从工业资源利用、生态环境改善状况、居民生活水平变化等方面，判断工业文化遗产系统性保护对地区工业旅游发展的影响，进而准确把握文旅深度融合新业态与工业文化遗产系统性保护协同模式的作用机制。

为确保研究所得数据的准确性和实效性，在充分了解休闲旅游服务带与厂区城镇融合型系统性保护协同模式的发展现状的基础上设计了《休闲旅游服务带与厂区城镇融合型系统性保护协同模式的调查问卷》（简称"调查问卷"）。在设计问卷的过程中，着重把握休闲旅游服务带、资源开发、游客行为、厂区城镇融合型 4 个方面。在设计调查问卷的过程中，主要涉及以下几个方面的内容：一是"休闲旅游服务带的调查"；二是"资源开发的调查"；三是"游客行为的调查"；四是"厂区城镇融合型的调查"。

本书对休闲旅游服务带与厂区城镇融合型进行结构方程实证分析时，对研究假设 HF1 ~ HF5 进行假设检验。在对休闲旅游服务带与厂区城镇融合型进行结构方程实证分析的过程中，以休闲旅游服务带、资源开发、游客行为、厂区城镇融合型 4 个点为关键变量。为实现研究目的，利用一系列观测变量对相关潜在变量进行定量分析，并对以上 4 个关键变量进行度量。在休闲旅游服务带、资源开发、游客行为、厂区城镇融合型 4 个关键变量中，以变量之间的相互关系为基础，以休闲旅游服务带为解释变量，土地规划、游客行为和厂区城镇融合型为被解释变量，并分别对相关解释变量和被解释变量进行度量。

休闲旅游服务带（leisure travel service belt，LTSB）作为工业文化遗产系统性保护的典型模式之一，是现代工业发展创新型新业态的方式之一，并逐渐成为唤醒城市记忆、提升城市品位的有效路径。休闲旅游服务带的开发不仅与其区位条件紧密相关，还与地区人文条件、资源禀赋密不可分。因此，分别从区位条件（CATA1）、人文基础（CATA2）、资源禀赋（CATA3）和客源潜力（CATA4）4 个方面对休闲旅游服务带进行度量，共设置 9 个观测变量，见表 4 - 24。

表 4 - 24　　　　　　　　　　　　　　休闲旅游服务带（LTSB）指标度量

指标名称	观测变量	具体含义
区位条件 （LTSB1）	LTSB11	休闲旅游服务带地理位置符合厂区城镇融合型模式的要求程度
	LTSB12	休闲旅游服务带交通状况符合厂区城镇融合型模式的要求程度
人文基础 （LTSB2）	LTSB21	休闲旅游服务带人口构成符合厂区城镇融合型模式的要求程度
	LTSB22	休闲旅游服务带人口素质符合厂区城镇融合型模式的要求程度
	LTSB23	休闲旅游服务带文化背景符合厂区城镇融合型模式的要求程度
资源禀赋 （LTSB3）	LTSB31	休闲旅游服务带工业资源符合厂区城镇融合型模式的要求程度
	LTSB32	休闲旅游服务带农业资源符合厂区城镇融合型模式的要求程度
客源潜力 （LTSB4）	LTSB41	休闲旅游服务带市场内容符合厂区城镇融合型模式的要求程度
	LTSB42	休闲旅游服务带市场规律符合厂区城镇融合型模式的要求程度

资源开发（resource development，RD）不仅是建设休闲旅游服务带的关键，还是推进工业文化遗产系统性保护的有效路径。厂区资源是休闲旅游服务带开发和发展的重要因素，优异的周边特色资源的开发与利用、可持续发展基础与前景均是其重要推动力。基于此，分别从厂区资源（RD1）、特色产业（RD2）、发展潜力（RD3）3 个层面出发对其进行度量，共设置 8 个观测变量，见表 4 - 25。

表 4 - 25　　　　　　　　　　　　　　资源开发（RD）指标度量

指标名称	观测变量	具体含义
厂区资源 （RD1）	RD11	厂区资源优势符合厂区城镇融合型模式的要求程度
	RD12	厂区资源发展规划符合厂区城镇融合型模式的要求程度
	RD13	厂区资源开发方式符合厂区城镇融合型模式的要求程度
特色产业 （RD2）	RD21	特色产业类型符合厂区城镇融合型模式的要求程度
	RD22	特色产业优势符合厂区城镇融合型模式的要求程度
发展潜力 （RD3）	RD31	政府支持力度符合厂区城镇融合型模式的要求程度
	RD32	社区参与力度符合厂区城镇融合型模式的要求程度
	RD33	游客自觉意识符合厂区城镇融合型模式的要求程度

游客行为（tourist behavior，TB）严重影响着工业旅游的未来发展，是提升地区工业旅游经济的关键性要素，要提高工业文化遗产系统性保护绩效，就要重点把握游客旅游偏好和旅游动机，这样才能充分利用专业性人才的知识技能和现代科技技能，开发创新型旅游产品，进而从根本上提高地区游客满意度。基于此，分别从旅游动机（TB1）、游客感知度（TB2）、游客满意度（TB3）3 个层面出发对其进行度量，共设置 9 个观测变量，见表 4 - 26。

表 4 - 26　　　　　　　　　　　　　游客行为（TB）指标度量

指标名称	观测变量	具体含义
旅游动机 （TB1）	TB11	游客旅游偏好符合厂区城镇融合型模式的要求程度
	TB12	游客旅游产品符合厂区城镇融合型模式的要求程度
	TB13	旅游主体符合厂区城镇融合型模式的要求程度
游客感知度 （TB2）	TB21	游客感知价值符合厂区城镇融合型模式的要求程度
	TB22	游客感知构成符合厂区城镇融合型模式的要求程度
	TB23	游客感知质量符合厂区城镇融合型模式的要求程度
游客满意度 （TB3）	TB31	游客满意度影响因素符合厂区城镇融合型模式的要求程度
	TB32	游客满意度现状符合厂区城镇融合型模式的要求程度
	TB33	游客满意度构成符合厂区城镇融合型模式的要求程度

厂区城镇融合型（factory town fusion type，FTFT）是工业文化遗产系统性保护的重要模式之一。结合工业文化遗产系统性保护的现状和发展潜力，共计设置 8 个观测变量对其进行度量，其中，针对合理规划（FTFT1）设置 3 个观测变量，针对全民参与（FTFT2）设置 3 个观测变量，针对适时调整（FTFT3）设置 2 个观测变量，见表 4 - 27。

表 4 - 27　　　　　　　　　　　厂区城镇融合型（FTFT）指标度量

指标名称	观测变量	具体含义
合理规划 （FTFT1）	FTFT11	合理规划制度符合厂区城镇融合型模式的要求程度
	FTFT12	合理规划内容符合厂区城镇融合型模式的要求程度
	FTFT13	合理规划构成机制符合厂区城镇融合型模式的要求程度
全民参与 （FTFT2）	FTFT21	全民参与机制符合厂区城镇融合型模式的要求程度
	FTFT22	全民参与的主体符合厂区城镇融合型模式的要求程度
	FTFT23	全民参与支持力度符合厂区城镇融合型模式的要求程度
适时调整 （FTFT3）	FTFT31	适时调整的内容符合厂区城镇融合型模式的要求程度
	FTFT32	适时调整的实施符合厂区城镇融合型模式的要求程度

第七，生态博物馆与农业改造型系统性保护协同模式的调查问卷设计。

在收集、整理、分析问卷数据的过程中，从主观和客观的角度考虑相关部门对"文旅深度融合新业态与农业文化遗产系统性保护协同"的感受体会，同时，立足于遗产地的现实情况和客观评价，充分考虑在实施过程中当地村民的支持力度和保护意愿，尽量减少设计者的主观认识，积极借鉴他人意见，设计了一份可信度高、适应性强的调查问卷。通过全方位考虑"生态博物馆"与"农业改造型"之间的相互作用关系，一方面，从当地村民的生活环境、就业情况、乡村产业结构以及幸福感等方面，判断农业旅游对于当地村民生活质量、产业结构布局等方面的影响，进而准确把握文旅深度融合新业态对于农业文化遗产系统性保护的促进作用；另一方面，从农业资源开发、生态环境改善状况、村民生活水平变化等方面，判断农业文化遗产系统性保护对地区农业旅游发展的影响，进而准确把握文旅深度融合新业态与农业文化遗产系统性保护协同模式的作用机制。

为确保研究所得数据的准确性、真实性和实效性，在充分了解生态博物馆和农业改造型系统性保护协同模式的发展现状的基础上设计了《生态博物馆和农业改造型系统性保护协同模式的调查问卷》（简称"调查问卷"）。在设计问卷内容时，主要把握生态博物馆、农村产业结构、技术推广、建设主体及农业改造型 5 个方面，通过设置观测变量对潜在变量进行度量，为最终分析生态博物馆与农业改造型系统性保护协同模式提供第一手数据。故在调查问卷的设计中，主要包含五个方面的内容：一是"生态博物馆的调查";二是"农村产业结构的调查";三是"技术推广的调查";四是"建设主体的调查";五是"农业改造型系统性保护的调查"。

本书对生态博物馆与农业改造型进行结构实证分析,对研究假设 HA1～HA8 进行假设检验。进行实证分析时,以生态博物馆、农业改造型、农村产业结构、技术推广和建设主体 5 个点为主要关键变量,通过对这 5 个变量进行度量,采用一系列观测变量对潜在变量进行定量分析,达到最终研究目的。其中,生态博物馆为解释变量,农业改造型、农村产业结构、技术推广和建设主体为被解释变量,并分别对解释变量和被解释变量进行度量分析。

生态博物馆(eco-museum,EM)是农业文化遗产系统性保护的重要模式之一,其建设与发展既与农业、文化、产业息息相关,还与乡村城镇化水平紧密相关。基于这个角度,从农业基础(EM1)、文化基础(EM2)、产业基础(EM3)和城镇化(EM4)4 个方面对生态博物馆进行度量,总共设置了 8 个观测变量,见表 4 –28。

表 4 –28 生态博物馆(EM)指标度量

指标名称	观测变量	具体含义
农业基础 (EM1)	EM11	生态博物馆的农业发展状况符合农业改造型模式的要求程度
	EM12	生态博物馆的农业资源利用符合农业改造合型模式的要求程度
文化基础 (EM2)	EM21	生态博物馆的文化构成符合农业改造型模式的要求程度
	EM22	生态博物馆的文化传播情况符合农业改造型模式的要求程度
产业基础 (EM3)	EM31	生态博物馆的产业发展进程符合农业改造型模式的要求程度
	EM32	生态博物馆的产业种类符合农业改造型模式的要求程度
城镇化 (EM4)	EM41	生态博物馆的城镇化水平符合农业改造型模式的要求程度
	EM42	生态博物馆的城镇化特征符合农业改造型模式的要求程度

农村产业结构(agricultural industry structure,AIS)是研究设计中关键的被解释变量,同时是研究生态博物馆与农业改造型系统性保护协同模式重要的中间变量。本书从农业旅游与农业文化遗产系统性保护两个角度出发,借助相关理论研究资料,主要从融合度(AIS1)、文化底蕴(AIS2)、特色化(AIS3)及可持续发展能力(AIS4)4 个方面出发对其进行度量,共设置了 10 个观测变量,见表 4 –29。

表 4 –29 农村产业结构(AIS)指标度量

指标名称	观测变量	具体含义
融合度 (AIS1)	AIS11	产业融合发展与农业生产符合农业改造型模式的要求程度
	AIS12	产业融合发展与农业发展符合农业改造型模式的要求程度
	AIS13	产业融合发展与农业布局符合农业改造型模式的要求程度
文化底蕴 (AIS2)	AIS21	乡村的文化底蕴符合农业改造型模式的要求程度
	AIS22	乡村的文化规划符合农业改造型模式的要求程度
特色化 (AIS3)	AIS31	乡村产业的特色资源分配符合农业改造型模式的要求程度
	AIS32	乡村产业的特色资源开发符合农业改造型模式的要求程度
	AIS33	乡村产业的特色资源构成符合农业改造型模式的要求程度
可持续能力 (AIS4)	AIS41	乡村产业发展规划状况符合农业改造型模式的要求程度
	AIS42	乡村产业结构成分符合农业改造型模式的要求程度

农业文化遗产系统性保护问题既是缓解农耕文化消失、促进乡村经济发展的重要一步,也是保证乡村振兴战略成功实施的关键一步。建设主体(main body of construction,MBC)是农业文化遗产系统性保护

过程中不可缺少的要素。根据农业文化遗产的价值特征和建设主体的属性特征，分别对政府引导（MBC1）、专家指导（MBC2）和农民主体（MBC3）3个方面分别设置3个观测变量，总共设置了9个观测变量，见表4-30。

表4-30　　　　　　　　　　　　　　　　建设主体（MBC）指标度量

指标名称	观测变量	具体含义
政府引导 （MBC1）	MBC11	政府主导职能符合农业改造型模式的要求程度
	MBC12	政府政策红利符合农业改造型模式的要求程度
	MBC13	政府引导的基本特征符合农业改造型模式的要求程度
专家指导 （MBC2）	MBC21	专家专业指导技能符合农业改造型模式的要求程度
	MBC22	专家指导意见特征符合农业改造型模式的要求程度
	MBC23	专家文化认知程度符合农业改造型模式的要求程度
农民主体 （MBC3）	MBC31	农民主体特征符合农业改造型模式的要求程度
	MBC32	农民文化认知程度符合农业改造型模式的要求程度
	MBC33	农民参与力度符合农业改造型模式的要求程度

技术推广（technology promotion，TP）能有效拉动乡村经济，促进乡村全面协调发展，保证农业文化遗产更好地得到保护。借助学者对农业文化遗产中技术推广已有的理论研究资料，对技术推广从技术创新教育（TP1）和政府支持（TP2）两个方面进行分析讨论，并分别设置2个观测变量进行度量，总共4个观测变量，见表4-31。

表4-31　　　　　　　　　　　　　　　　技术推广（TP）指标度量

指标名称	观测变量	具体含义
技术创新教育 （TP1）	TP11	乡村的科技教育理念符合农业改造型模式的要求程度
	TP12	乡村的科技创新能力符合农业改造型模式的要求程度
政府支持 （TP2）	TP21	政府的科技支持力度符合农业改造型模式的要求程度
	TP22	政府的科技投入力度符合农业改造型模式的要求程度

农业改造型（agricultural transformation，AT）是农业文化遗产系统性保护过程中的关键模式之一。从农业旅游与农业文化遗产系统性保护两个方面出发，根据农业文化遗产的价值特征和作用机制，针对规划协调（AT1）、及时调整（AT2）、合作创新分别设置了3个观测变量，总共设置了9个观测变量，见表4-32。

表4-32　　　　　　　　　　　　　　　　农业改造型（AT）指标度量

指标名称	观测变量	具体含义
规划协调 （AT1）	AT11	规划协调机制力度符合农业改造型模式的要求程度
	AT12	规划协调机制内容符合农业改造型模式的要求程度
	AT13	规划协调机制主体符合农业改造型模式的要求程度
及时调整 （AT2）	AT21	及时调整机制内容符合农业改造型模式的要求程度
	AT22	及时调整机制时效符合农业改造型模式的要求程度
	AT23	及时调整机制实施符合农业改造型模式的要求程度

指标名称	观测变量	具体含义
合作创新 （AT3）	AT31	合作创新机制内容符合农业改造型模式的要求程度
	AT32	合作创新机制主体符合农业改造型模式的要求程度
	AT33	合作创新机制力度符合农业改造型模式的要求程度

第八，乡村聚落景观与农业改造型系统性保护协同模式的调查问卷设计。

在收集、整理、分析问卷数据的过程中，从主观和客观的角度考虑相关部门对"文旅深度融合新业态与农业文化遗产系统性保护协同"的感受体会，同时，立足于遗产地的现实情况和客观评价，充分考虑在实施过程中当地村民的支持力度和保护意愿，尽量减少设计者的主观认识，积极借鉴他人意见，设计了一份可信度高、适应性强的调查问卷。通过全方位考虑"乡村聚落景观"与"农业改造型"之间的相互作用关系，一方面，从当地村民的生活环境、就业情况、乡村产业结构以及幸福感等方面，判断农业旅游对于当地村民生活质量、产业结构布局等方面的影响，进而准确把握文旅深度融合新业态对于农业文化遗产系统性保护的促进作用；另一方面，从农业资源开发、生态环境改善状况、村民生活水平变化等方面，判断农业文化遗产系统性保护对地区农业旅游发展的影响，进而准确把握文旅深度融合新业态与农业文化遗产系统性保护协同模式的作用机制。

为确保研究所得数据的准确性、真实性和实效性，在充分了解乡村聚落景观与农业改造型协同模式的发展现状的基础上设计了《乡村聚落景观与农业改造型系统性保护协同模式的调查问卷》（简称"调查问卷"）。在设计问卷内容时，主要把握乡村聚落景观、乡村空间重构、产业基础、建设主体及农业改造型5个方面，通过设置观测变量对潜在变量进行度量，为最终分析乡村聚落景观与农业改造型系统性保护协同模式提供第一手数据。故在调查问卷的设计中，主要包含5个方面的内容：一是"乡村聚落景观的调查"；二是"乡村空间重构的调查"；三是"产业基础的调查"；四是"建设主体的调查"；五是"农业改造型保护利用的调查"。

本书对乡村聚落景观与农业改造型进行结构实证分析，对研究假设HB1~HB8进行假设检验。进行实证分析时，以乡村聚落景观、农业改造型、乡村空间重构、产业基础和建设主体5个点为主要关键变量，通过对这5个变量进行度量，采用一系列观测变量对潜在变量进行定量分析，达到最终研究目的。其中，乡村聚落景观为解释变量，农业改造型、乡村空间重构、产业基础和建设主体为被解释变量，并分别对解释变量和被解释变量进行度量分析。

乡村聚落景观（rural settlement landscape, RSL）是农业文化遗产系统性保护的重要模式之一，是文旅深度融合新业态之一，有助于保护村落民俗文化和创新传统建筑，唤起乡村记忆，保护乡村文化，实现乡村经济持续健康发展。乡村聚落景观的建设与其农业发展、文化潜力、发展模式、城镇化进程密切相关。因此，从农业基础（RLS1）、文化基础（RSL2）、产业基础（RSL3）、城镇化（RLS4）4个方面对乡村聚落景观进行度量，共设置了8个观测变量，见表4-33。

表4-33　　　　　　　　　乡村聚落景观（RSL）指标度量

指标名称	观测变量	具体含义
农业基础 （RSL1）	RSL11	乡村聚落景观的农业发展状况符合农业改造型模式的要求程度
	RSL12	乡村聚落景观的农业资源利用符合农业改造型模式的要求程度
文化基础 （RSL2）	RSL21	乡村聚落景观的文化构成符合农业改造型模式的要求程度
	RSL22	乡村聚落景观的文化传播情况符合农业改造型模式的要求程度
产业基础 （RSL3）	RSL31	乡村聚落景观的产业发展进程符合农业改造型模式的要求程度
	RSL32	乡村聚落景观的产业种类符合农业改造型模式的要求程度
城镇化 （RSL4）	RSL41	乡村聚落景观的城镇化水平符合农业改造型模式的要求程度
	RSL42	乡村聚落景观的城镇化特征符合农业改造型模式的要求程度

乡村空间重构（village space reconstruction，VSR）是研究设计中关键的被解释变量，同时是研究乡村空间重构与农业改造型系统性保护协同模式重要的中间变量。乡村空间重构是贯彻落实乡村振兴战略、推进城乡融合发展的重要手段，有助于优化乡村生产、生活和生态空间。因此，针对融合度（VSR1）设置了 3 个观测变量，针对文化底蕴（VSR2）设置了 2 个观测变量，针对资源配置（VSR3）设置了 3 个观测变量，针对可持续能力（VSR4）设置了 2 个观测变量，总共设置了 10 个观测变量，见表 4 -34。

表 4 -34　　　　　　　　　　　　乡村空间重构（VSR）指标度量

指标名称	观测变量	具体含义
融合度（VSR1）	VSR11	产业融合发展与农业生产符合农业改造型模式的要求程度
	VSR12	产业融合发展与农业发展符合农业改造型模式的要求程度
	VSR13	产业融合发展与农业布局符合农业改造型模式的要求程度
文化底蕴（VSR2）	VSR21	乡村的文化底蕴符合农业改造型模式的要求程度
	VSR22	乡村的文化规划符合农业改造型模式的要求程度
资源配置（VSR3）	VSR31	乡村产业的资源布局分配符合农业改造型模式的要求程度
	VSR32	乡村产业的资源禀赋开发符合农业改造型模式的要求程度
	VSR33	乡村产业的资源开发构成符合农业改造型模式的要求程度
可持续能力（VSR4）	VSR41	乡村产业发展规划状况符合农业改造型模式的要求程度
	VSR42	乡村产业结构成分符合农业改造型模式的要求程度

农业文化遗产的系统性保护离不开政府、专家和村民的参与，政府应发挥主导职能，根据实际情况制定政策决议，鼓励村民参与到农业文化遗产保护过程中，提高村民的积极性和保护意识，在此期间，合理融入专家的意见。建设主体（main body of construction，MBC）是农业文化遗产系统性保护过程中的关键要素，影响着农业旅游的发展趋势。因此，分别从政府主导（MBC1）、专家指导（MBC2）、农民主体（MBC3）3 个方面分别设置了 3 个观测变量，总共设置了 9 个观测变量，见表 4 -35。

表 4 -35　　　　　　　　　　　　建设主体（MBC）指标度量

指标名称	观测变量	具体含义
政府主导（MBC1）	MBC11	政府主导职能符合农业改造型模式的要求程度
	MBC12	政府政策红利符合农业改造型模式的要求程度
	MBC13	政府政策预期符合农业改造型模式的要求程度
专家指导（MBC2）	MBC21	专家专业指导技能符合农业改造型模式的要求程度
	MBC22	专家指导意见特征符合农业改造型模式的要求程度
	MBC23	专家文化认知程度符合农业改造型模式的要求程度
农民主体（MBC3）	MBC31	农民主体特征符合农业改造型模式的要求程度
	MBC32	农民文化认知程度符合农业改造型模式的要求程度
	MBC33	农民家庭收入水平符合农业改造型模式的要求程度

产业基础（industrial foundation，IF）是文旅深度融合进程中的关键基础，良好的产业基础能更好地带动产业融合，以特色资源为依据，促进农业与文化、旅游等产业深度融合，优化升级农业产业化，强化农业基础地位，帮助村民增收，与乡村振兴息息相关。因此，对产业基础进行解释时，对特色产业开发（IF1）、资源基础保护（IF2）和经济发展（IF3）共设置了 6 个观测变量，见表 4 -36。

表4-36 产业基础（IF）指标度量

指标名称	观测变量	具体含义
特色产业开发（IF1）	IF11	特色产业种类符合农业改造型模式的要求程度
	IF12	特色产业开发利用符合农业改造型模式的要求程度
资源基础保护（IF2）	IF21	特色资源挖掘符合农业改造型模式的要求程度
	IF22	特色资源保护符合农业改造型模式的要求程度
经济发展（IF3）	IF31	乡村产业的经济发展趋势符合农业改造型模式的要求程度
	IF32	乡村产业的经济收益构成符合农业改造型模式的要求程度

农业改造型（agricultural transformation，AT）是农业文化遗产系统性保护过程中的关键模式之一。从农业旅游与农业文化遗产系统性保护两个方面出发，根据农业文化遗产的价值特征和作用机制，针对规划协调（AT1）设置了3个观测变量，针对及时调整（AT2）设置了3个观测变量，针对合作创新分别设置了2个观测变量，总共设置了8个观测变量，见表4-37。

表4-37 农业改造型（AT）指标度量

指标名称	观测变量	具体含义
规划协调（AT1）	AT11	规划协调机制力度符合农业改造型模式的要求程度
	AT12	规划协调机制内容符合农业改造型模式的要求程度
	AT13	规划协调机制主体符合农业改造型模式的要求程度
及时调整（AT2）	AT21	及时调整机制内容符合农业改造型模式的要求程度
	AT22	及时调整机制时效符合农业改造型模式的要求程度
	AT23	及时调整机制实施符合农业改造型模式的要求程度
合作创新（AT3）	AT31	合作创新机制内容符合农业改造型模式的要求程度
	AT32	合作创新机制主体符合农业改造型模式的要求程度

第九，文化创意农业园与农业现代化开发型系统性保护协同模式的调查问卷设计。

在收集、整理、分析问卷数据的过程中，从主观和客观的角度考虑相关部门对"文旅深度融合新业态与农业文化遗产系统性保护协同"的感受体会，同时，立足于遗产地的现实情况和客观评价，充分考虑在实施过程中当地村民的支持力度和保护意愿，尽量减少设计者的主观认识，积极借鉴他人意见，设计了一份可信度高、适应性强的调查问卷。通过全方位考虑"文化创意农业园"与"农业现代化开发型"之间的相互作用关系，一方面，从当地村民的生活环境、就业情况、乡村产业结构以及幸福感等方面，判断农业旅游对于当地村民生活质量、产业结构布局等方面的影响，进而准确把握文旅深度融合新业态对于农业文化遗产系统性保护的促进作用；另一方面，从农业资源开发、生态环境改善状况、村民生活水平变化等方面，判断农业文化遗产系统性保护对地区农业旅游发展的影响，进而准确把握文旅深度融合新业态与农业文化遗产系统性保护协同模式的作用机制。

为确保研究所得数据的准确性、真实性和实效性，在充分了解文化创意农业园与农业现代化开发型协同模式的发展现状的基础上设计了《文化创意农业园与农业现代化开发型系统性保护协同模式的调查问卷》（简称"调查问卷"）。在设计问卷内容时，主要把握文化创意农业园、农村产业结构、创意产业及农业现代化开发型4个方面，通过设置观测变量对潜在变量进行度量，为最终分析文化创意农业园与农业现代化开发型系统性保护协同模式提供第一手数据。故在调查问卷的设计中，主要包含4个方面的内容：一是"文化创意农业园的调查"；二是"农村产业结构的调查"；三是"创意产业的调查"；四是"农业现代化开发型保护利用的调查"。

本书对文化创意农业园与农业现代化开发型进行结构实证分析时，对研究假设 HC1～HC5 进行假设检验。进行实证分析时，以文化创意农业园、农业现代化开发型、农村产业结构和建设主体 4 个点为主要关键变量，通过对这 4 个变量进行度量，采用一系列观测变量对潜在变量进行定量分析，达到最终研究目的。其中，文化创意农业园为解释变量，农业现代化开发型、农村产业结构和建设主体为被解释变量，并分别对解释变量和被解释变量进行度量分析。

文化创意农业园（cultural and creative agricultural park，CAP）是文旅深度融合新业态的重要形态之一，其建设与发展既与农业、文化、产业息息相关，还与乡村城镇化水平紧密相关。基于这个角度，从农业基础（CAP1）、文化基础（CAP2）、产业基础（CAP3）和城镇化（CAP4）4 个方面对创意文化农业园进行度量，共设置了 9 个观测变量，见表 4 - 38。

表 4 - 38　　　　　　　　　　　文化创意农业园（CAP）指标度量

指标名称	观测变量	具体含义
农业基础（CAP1）	CAP11	文化创意农业园的农业发展状况符合农业现代化开发型模式的要求程度
	CAP12	文化创意农业园的农业资源利用符合农业现代化开发型模式的要求程度
文化基础（CAP2）	CAP21	文化创意农业园的文化构成符合农业现代化开发型模式的要求程度
	CAP22	文化创意农业园的文化传播情况符合农业现代化开发型模式的要求程度
	CAP23	文化创意农业园的文化数量和质量符合农业现代化开发型模式的要求程度
产业基础（CAP3）	CAP31	文化创意农业园的产业发展进程符合农业现代化开发型模式的要求程度
	CAP32	文化创意农业园的产业种类符合农业现代化开发型模式的要求程度
城镇化（CAP4）	CAP41	文化创意农业园的城镇化水平符合农业现代化开发型模式的要求程度
	CAP42	文化创意农业园的城镇化特征符合农业现代化开发型模式的要求程度

农村产业结构（agricultural industry structure，AIS）是研究设计中关键的被解释变量，同时是研究创意文化农业园与农业现代化开发型系统性保护协同模式重要的中间变量。从农业旅游与农业文化遗产系统性保护两个角度出发，借助相关理论研究资料，主要从融合度（AIS1）、文化底蕴（AIS2）、特色化（AIS3）及可持续发展能力（AIS4）4 个方面出发，总共设置了 10 个观测变量对其进行度量，见表 4 - 39。

表 4 - 39　　　　　　　　　　　农村产业结构（AIS）指标度量

指标名称	观测变量	具体含义
融合度（AIS1）	AIS11	产业潜力与农业生产符合农业现代化开发型模式的要求程度
	AIS12	产业价值与农业发展符合农业现代化开发型模式的要求程度
	AIS13	产业融合发展与农业布局符合农业现代化开发型模式的要求程度
文化底蕴（AIS2）	AIS21	乡村的文化底蕴符合农业现代化开发型模式的要求程度
	AIS22	乡村的文化规划符合农业现代化开发型模式的要求程度
特色化（AIS3）	AIS31	乡村产业的特色资源分配符合农业现代化开发型模式的要求程度
	AIS32	乡村产业的特色资源开发符合农业现代化开发型模式的要求程度
	AIS33	乡村产业的特色资源构成符合农业现代化开发型模式的要求程度
可持续能力（AIS4）	AIS41	乡村产业发展规划状况符合农业现代化开发型模式的要求程度
	AIS42	乡村产业结构成分符合农业现代化开发型模式的要求程度

农业文化遗产系统性保护问题既是缓解农耕文化消失、促进乡村经济发展的重要一步，也是保证乡村振兴战略成功实施的关键一步。建设主体（main body of construction，MBC）是农业文化遗产系统性保护过程中不可缺少的要素。根据农业文化遗产的价值特征和建设主体的属性特征，本书对政府主导（MBC1）、专家指导（MBC2）和农民主体（MBC3）3 个方面分别设置 3 个观测变量对其进行度量，总共

设置了9个观测变量，见表4-40。

表4-40 建设主体（MBC）指标度量

指标名称	观测变量	具体含义
政府主导 （MBC1）	MBC11	政府主导职能符合农业现代化开发型模式的要求程度
	MBC12	政府政策红利符合农业现代化开发型模式的要求程度
	MBC13	政府官员偏好符合农业现代化开发型模式的要求程度
专家指导 （MBC2）	MBC21	专家专业指导技能符合农业现代化开发型模式的要求程度
	MBC22	专家指导意见特征符合农业现代化开发型模式的要求程度
	MBC23	专家文化认知程度符合农业现代化开发型模式的要求程度
农民主体 （MBC3）	MBC31	农民主体特征符合农业现代化开发型模式的要求程度
	MBC32	农民文化认知程度符合农业现代化开发型模式的要求程度
	MBC33	农民家庭收入水平符合农业现代化开发型模式的要求程度

农业现代化开发型（agricultural modernization development，AMD）是农业文化遗产系统性保护过程中的关键模式之一。从农业旅游与农业文化遗产系统性保护两个方面出发，根据农业文化遗产的价值特征和作用机制，针对组织规划（AMD1）设置了3个观测变量，针对包容创新（AMD2）设置了3个观测变量，针对全民参与（AMD3）设置了2个观测变量，总共设置了8个观测变量，见表4-41。

表4-41 农业现代化开发型（AMD）指标度量

指标名称	观测变量	具体含义
组织规划 （AMD1）	AMD11	组织规划机制力度符合农业现代化开发型模式的要求程度
	AMD12	组织规划机制内容符合农业现代化开发型模式的要求程度
	AMD13	组织规划机制构成符合农业现代化开发型模式的要求程度
包容创新 （AMD2）	AMD21	包容创新机制内容符合农业现代化开发型模式的要求程度
	AMD22	包容创新机制主体符合农业现代化开发型模式的要求程度
	AMD23	包容创新机制实施符合农业现代化开发型模式的要求程度
全民参与 （AMD3）	AMD31	全民参与机制内容符合农业现代化开发型模式的要求程度
	AMD32	全民参与机制主体符合农业现代化开发型模式的要求程度

第十，文旅特色小镇与农业现代化开发型系统性保护协同模式的调查问卷设计。

在收集、整理、分析问卷数据的过程中，从主观和客观的角度考虑相关部门对"文旅深度融合新业态与农业文化遗产系统性保护协同"的感受体会，同时，立足于遗产地的现实情况和客观评价，充分考虑在实施过程中当地村民的支持力度和保护意愿，尽量减少设计者的主观认识，积极借鉴他人意见，设计了一份可信度高、适应性强的调查问卷，通过全方位考虑"文旅特色小镇"与"农业现代化开发型"之间的相互作用关系，一方面，从当地村民的生活环境、就业情况、乡村产业结构以及幸福感等方面，判断农业旅游对于当地村民生活质量、产业结构布局等方面的影响，进而准确把握文旅深度融合新业态对于农业文化遗产系统性保护的促进作用；另一方面，从农业资源开发、生态环境改善状况、村民生活水平变化等方面，判断农业文化遗产系统性保护对地区农业旅游发展的影响，进而准确把握文旅深度融合新业态与农业文化遗产系统性保护协同模式的作用机制。

为确保研究所得数据的准确性、真实性和实效性，在充分了解文旅特色小镇与农业现代化开发型协同模式《文旅特色小镇与农业现代化开发型系统性保护协同模式的调查问卷》（简称"调查问卷"）。在设计问卷内容时，主要把握文旅特色小镇、政策创新、社区服务体系及农业现代化开发型4个方面，通过设置观测变量对潜在变量进行度量，为最终分析文旅特色小镇与农业现代化开发型系统性保护协同模式提供第一手数据。故在调查问卷的设计中，主要包含四个方面的内容：一是"文旅特色小镇的调查"；二是"政策创新的调查"；三是"社区服务体系的调查"；四是"农业现代化开发型的调查"。

本书对文旅特色小镇与农业现代化开发型进行结构实证分析，对研究假设 HD1～HD5 进行假设检验。进行实证分析时，以文旅特色小镇、农业现代化开发型、政策创新和社区服务体系 4 个点为主要关键变量，通过对这 4 个变量进行度量，采用一系列观测变量对潜在变量进行定量分析，达到最终研究目的。其中，文旅特色小镇为解释变量，农业现代化开发型、政策创新和社区服务体系为被解释变量，并分别对解释变量和被解释变量进行度量分析。

文旅特色小镇（characteristic town of cultural and tourism，CT）是农业文化遗产系统性保护的重要模式之一，是文旅深度融合新业态之一，通过特色旅游传承民俗文化的同时可以促进乡村经济快速发展。文旅特色小镇的建设与其农业发展、文化潜力、产业融合、城镇化进程密切相关。因此，从农业基础（CT1）、文化基础（CT2）、产业基础（CT3）、城镇化（CT4）4 个方面对文旅特色小镇进行度量，共设置了 9 个观测变量，见表 4 – 42。

表 4 – 42 文旅特色小镇（CT）指标度量

指标名称	观测变量	具体含义
农业基础（CT1）	CT11	文旅特色小镇的农业发展状况符合农业现代化开发型模式的要求程度
	CT12	文旅特色小镇的农业资源利用符合农业现代化开发型模式的要求程度
文化基础（CT2）	CT21	文旅特色小镇的文化构成符合农业现代化开发型模式的要求程度
	CT22	文旅特色小镇的文化传播情况符合农业现代化开发型模式的要求程度
	CT23	文旅特色小镇的文化数量和质量符合农业现代化开发型模式的要求程度
产业基础（CT3）	CT31	文旅特色小镇的产业发展进程符合农业现代化开发型模式的要求程度
	CT32	文旅特色小镇的产业种类符合农业现代化开发型模式的要求程度
城镇化（CT4）	CT41	文旅特色小镇的城镇化水平符合农业现代化开发型模式的要求程度
	CT42	文旅特色小镇的城镇化特征符合农业现代化开发型模式的要求程度

政策创新（policy innovation，PI）是农业文化遗产系统性保护过程中的关键一步，政府应创新发展思路，加大扶持，调动村民积极性和主动性，促进人才建设，强化遗产保护理念。借助相关理论研究资料，从实际情况出发，从政府支持（PI1）、经济补贴（PI2）、制度创新（PI3）和可持续能力（PI4）4 个方面解释政策创新，总共设置了 11 个观测变量，见表 4 – 43。

表 4 – 43 政策创新（PI）指标度量

指标名称	观测变量	具体含义
政府支持（PI1）	PI11	政策管理与农业生产符合农业现代化开发型模式的要求程度
	PI12	政策管理与农业发展符合农业现代化开发型模式的要求程度
	PI13	政策管理与农业布局符合农业现代化开发型模式的要求程度
经济补贴（PI2）	PI21	经济扶持范围符合农业现代化开发型模式的要求程度
	PI22	经济扶持力度符合农业现代化开发型模式的要求程度
制度创新（PI3）	PI31	制度创新内容符合农业现代化开发型模式的要求程度
	PI32	制度创新力度符合农业现代化开发型模式的要求程度
	PI33	制度创新方式符合农业现代化开发型模式的要求程度

指标名称	观测变量	具体含义
可持续能力（PI4）	PI41	乡村产业发展规划状况符合农业现代化开发型模式的要求程度
	PI42	乡村产业融合程度符合农业现代化开发型模式的要求程度
	PI43	乡村产业结构成分符合农业现代化开发型模式的要求程度

　　社区服务体系（community service system，CS）是设计中关键的被解释变量，同时是研究文旅特色小镇与农业现代化开发型系统性保护协同模式重要的中间变量。完备的社区服务体系，不仅可以整合各方社会资源和经济，使社区服务工作更具体、更直接和更具标准化，还可提高游客和村民的满意度，使其投入更多的精力融入农业文化遗产的保护过程中。因此，从服务设施（CS1）、服务补救（CS2）、服务创新（CS3）分别设置了3个观测变量对其进行度量，总共设置了9个观测变量，见表4-44。

表4-44　　　　　　　　　　　　　社区服务体系（CS）指标度量

指标名称	观测变量	具体含义
服务设施（CS1）	CS11	服务设施完备情况符合农业现代化开发型模式的要求程度
	CS12	服务设施布置符合农业现代化开发型模式的要求程度
	CS13	服务设施维护符合农业现代化开发型模式的要求程度
服务补救（CS2）	CS21	服务补救时效符合农业现代化开发型模式的要求程度
	CS22	服务补救主体符合农业现代化开发型模式的要求程度
	CS23	服务补救内容符合农业现代化开发型模式的要求程度
服务创新（CS3）	CS31	服务创新维度符合农业现代化开发型模式的要求程度
	CS32	服务创新意识符合农业现代化开发型模式的要求程度
	CS33	服务创新培训符合农业现代化开发型模式的要求程度

　　农业现代化开发型（agricultural modernization development，AMD）是农业文化遗产系统性保护过程中的关键模式之一。本书从农业旅游与农业文化遗产系统性保护两个方面出发，根据农业文化遗产的价值特征和作用机制，针对组织规划（AMD1）设置了3个观测变量，针对包容创新（AMD2）设置了3个观测变量，针对全民参与（AMD3）设置了2个观测变量，总共设置了8个观测变量，见表4-45。

表4-45　　　　　　　　　　　　　农业现代化开发型（AMD）指标度量

指标名称	观测变量	具体含义
组织规划（AMD1）	AMD11	组织规划机制力度符合农业现代化开发型模式的要求程度
	AMD12	组织规划机制内容符合农业现代化开发型模式的要求程度
	AMD13	组织规划机制构成符合农业现代化开发型模式的要求程度
包容创新（AMD2）	AMD21	包容创新机制内容符合农业现代化开发型模式的要求程度
	AMD22	包容创新机制主体符合农业现代化开发型模式的要求程度
	AMD23	包容创新机制实施符合农业现代化开发型模式的要求程度
全民参与（AMD3）	AMD31	全民参与机制内容符合农业现代化开发型模式的要求程度
	AMD32	全民参与机制主体符合农业现代化开发型模式的要求程度

　　第十一，农业生态休闲度假区与农业旅游融合型系统性保护协同模式的调查问卷设计。

　　在收集、整理、分析问卷数据的过程中，从主观和客观的角度考虑相关部门对"文旅深度融合新业态与农业文化遗产系统性保护协同"的感受体会，同时，立足于遗产地的现实情况和客观评价，充分考虑在实施过程中当地村民的支持力度和保护意愿，尽量减少设计者的主观认识，积极借鉴他人意见，设计了一份可信度高、适应性强的调查问卷。通过全方位考虑"农业生态休闲度假区"与"农业旅游融合型"之间的相互作用关系，一方面，从当地村民的生活环境、就业情况、乡村产业结构以及幸福感等方面，判断农业旅游对于当地村民生活质量、产业结构布局等方面的影响，进而准确把握文旅深度融合新业态对于农业文化遗产系统性保护的促进作用；另一方面，从农业资源开发、生态环境改善状况、村民生活水平变化等方面，判断农业文化遗产系统性保护对地区农业旅游发展的影响，进而准确把握文旅深度融合新业态与农业文化遗产系统性保护协同模式的作用机制。

为确保研究所得数据的准确性、真实性和实效性，在充分了解农业生态休闲度假区与农业旅游融合型协同模式的发展现状的基础上设计了《农业生态休闲度假区与农业旅游融合型系统性保护协同模式的调查问卷》（简称"调查问卷"）。在设计问卷内容时，主要把握农业生态休闲度假区、乡村消费空间、游客行为及农业旅游融合型 4 个方面，通过设置观测变量对潜在变量进行度量，为最终分析农业生态休闲度假区与农业旅游融合型系统性保护协同模式提供第一手数据。故在调查问卷的设计中，主要包含四个方面的内容：一是"农业生态休闲度假区的调查"；二是"乡村消费空间的调查"；三是"游客行为的调查"；四是"农业旅游融合型的调查"。

本书对农业生态休闲度假区与农业旅游融合型进行结构实证分析，对研究假设 HE1 ~ HE5 进行假设检验。进行实证分析时，以农业生态休闲度假区、农业旅游融合型、乡村消费空间和游客行为 4 个点为主要关键变量，通过对这 4 个变量进行度量，采用一系列观测变量对潜在变量进行定量分析，达到最终研究目的。其中，农业生态休闲度假区为解释变量，农业旅游融合型、乡村消费空间和游客行为为被解释变量，并分别对解释变量和被解释变量进行度量分析。

农业生态休闲度假区（agro-ecological leisure resort，ALR）的建设与发展与其区位条件、人文基础、生态基础息息相关，还受到环境承载力的制约与限制。经济的发展和社会的进步促使了游客休闲需求的改变，适当的休闲能缓解快节奏的生活和工作压力。因此，从区位优势（ALR1）、人文资源（ALR2）、资源容量（AR3）和生态基础（ALR4）4 个方面对农业生态休闲度假区进行度量，共设置 9 个观测变量，见表 4 - 46。

表 4 - 46　　　　　　　　　　　　农业生态休闲度假区（ALR）指标度量

指标名称	观测变量	具体含义
区位优势 （ALR1）	ALR11	农业生态休闲度假区的地理位置符合农业旅游融合型模式的要求程度
	ALR12	农业生态休闲度假区的交通环境符合农业旅游融合型模式的要求程度
人文资源 （ALR2）	ALR21	农业生态休闲度假区的文化底蕴符合农业旅游融合型模式的要求程度
	ALR22	农业生态休闲度假区的人文景观符合农业旅游融合型模式的要求程度
	ALR23	农业生态休闲度假区的人文特色符合农业旅游融合型模式的要求程度
客源容量 （ALR3）	ALR31	农业生态休闲度假区的客源市场符合农业旅游融合型模式的要求程度
	ALR32	农业生态休闲度假区的人流承载力符合农业旅游融合型模式的要求程度
生态基础 （ALR4）	ALR41	农业生态休闲度假区的自然资源量符合农业旅游融合型模式的要求程度
	ALR42	农业生态休闲度假区的生态依存度符合农业旅游融合型模式的要求程度

乡村消费空间（rural consumption space，RCS）是本书设计中关键的被解释变量，同时是研究农业生态休闲度假区与农业旅游融合型系统性保护协同模式重要的中间变量。乡村消费空间随着休闲功能的多元化及游客需求的升级而发生转变，所以，应不断适应发展新型消费空间。因此，解释乡村消费空间时，主要从资源配置（RCS1）、经济效益（RCS2）、游客需求（RCS3）和可持续能力（RCS4）4 个方面出发，共设置 10 个观测变量，见表 4 - 47。

表 4 – 47　　　　　　　　　　　　乡村消费空间（RCS）指标度量

指标名称	观测变量	具体含义
资源配置 （RCS1）	RCS11	乡村产业的资源布局分配符合农业旅游融合型模式的要求程度
	RCS12	乡村产业的资源禀赋开发符合农业旅游融合型模式的要求程度
	RCS13	乡村产业的资源开发构成符合农业旅游融合型模式的要求程度
经济效益 （RCS2）	RCS21	乡村产业的经济发展趋势符合农业旅游融合型模式的要求程度
	RCS22	乡村产业的经济收益构成符合农业旅游融合型模式的要求程度
游客需求 （RCS3）	RCS31	游客消费观念符合农业旅游融合型模式的要求程度
	RCS32	游客需求转变符合农业旅游融合型模式的要求程度
	RCS33	游客休闲支出结构符合农业旅游融合型模式的要求程度
可持续能力 （RCS4）	RCS41	乡村发展的环境保护范围符合农业旅游融合型模式的要求程度
	RCS42	乡村产业结构符合农业旅游融合型模式的要求程度

游客作为旅游管理的主体之一，也是旅游发展的重要组成部分，其满意度与旅游市场竞争力和稳定规模化游客流密切相关。了解游客的感知价值倾向和旅游动机，才能有针对性地提高游客满意度，更好地开发农业生态休闲度假区。因此，为了解释游客行为（tourist behavior，TB）这个变量，从旅游感知（TB1）、旅游动机（TB2）和满意度（TB3）3 个方面出发分别设置 3 个观测变量，总共设置 9 个观测变量，见表 4 – 48。

表 4 – 48　　　　　　　　　　　　游客行为（TB）指标度量

指标名称	观测变量	具体含义
旅游感知 （TB1）	TB11	游客感知价值构成维度符合农业旅游融合型模式的要求程度
	TB22	游客感知价值质量符合农业旅游融合型模式的要求程度
	TB13	游客感知价值范围符合农业旅游融合型模式的要求程度
旅游动机 （TB2）	TB21	游客旅游偏好符合农业旅游融合型模式的要求程度
	TB22	游客主体特征符合农业旅游融合型模式的要求程度
	TB23	游客情感依恋符合农业旅游融合型模式的要求程度
满意度 （TB3）	TB31	游客满意度行为偏好符合农业旅游融合型模式的要求程度
	TB32	游客满意度影响因素符合农业旅游融合型模式的要求程度
	TB33	游客满意度现状符合农业旅游融合型模式的要求程度

农业旅游融合型（integration of agriculture and tourism，IAT）是农业文化遗产系统性保护过程中的关键模式之一。从农业旅游与农业文化遗产系统性保护两个方面出发，根据农业文化遗产的价值特征和作用机制，针对合理规划（IAT1）设置了 3 个观测变量，针对资源创新（IAT2）设置了 3 个观测变量，针对组织参与（IAT3）设置 2 个观测变量，总共设置 8 个观测变量，见表 4 – 49。

表 4 – 49　　　　　　　　　　　　农业旅游融合型（IAT）指标度量

指标名称	观测变量	具体含义
合理规划 （IAT1）	IAT11	合理规划机制构成符合农业旅游融合型模式的要求程度
	IAT12	合理规划机制内容符合农业旅游融合型模式的要求程度
	IAT13	合理规划机制主体符合农业旅游融合型模式的要求程度

指标名称	观测变量	具体含义
资源创新 （IAT2）	IAT21	资源创新机制内容符合农业旅游融合型模式的要求程度
	IAT22	资源创新机制主体符合农业旅游融合型模式的要求程度
	IAT23	资源创新机制力度符合农业旅游融合型模式的要求程度
组织参与 （IAT3）	IAT31	组织参与机制内容符合农业旅游融合型模式的要求程度
	IAT32	组织参与机制主体符合农业旅游融合型模式的要求程度

第十二，田园综合体与农业旅游融合型系统性保护协同模式的调查问卷设计。

在收集、整理、分析问卷数据的过程中，从主观和客观的角度考虑相关部门对"文旅深度融合新业态与农业文化遗产系统性保护协同"的感受体会，同时，立足于遗产地的现实情况和客观评价，充分考虑在实施过程中当地村民的支持力度和保护意愿，尽量减少设计者的主观认识，积极借鉴他人意见，设计了一份可信度高、适应性强的调查问卷。通过全方位考虑"田园综合体"与"农业旅游融合型"之间的相互作用关系，一方面，从当地村民的生活环境、就业情况、乡村产业结构以及幸福感等方面，判断农业旅游对于当地村民生活质量、产业结构布局等方面的影响，进而准确把握文旅深度融合新业态对于农业文化遗产系统性保护的促进作用；另一方面，从农业资源开发、生态环境改善状况、村民生活水平变化等方面，判断农业文化遗产系统性保护对地区农业旅游发展的影响，进而准确把握文旅深度融合新业态与农业文化遗产系统性保护协同模式的作用机制。

为确保研究所得数据的准确性、真实性和实效性，在充分了解田园综合体与农业旅游融合型协同模式的发展现状的基础上设计了《田园综合体与农业旅游融合型系统性保护协同模式的调查问卷》（简称"调查问卷"）。在设计问卷内容时，主要把握田园综合体、乡村消费空间、产业基础、农业经营体系及农业旅游融合型 5 个方面，通过设置观测变量对潜在变量进行度量，为最终分析田园综合体与农业旅游融合型系统性保护协同模式提供第一手数据。故在调查问卷的设计中，主要包含五个方面的内容：一是"田园综合体的调查"；二是"乡村消费空间的调查"；三是"产业基础的调查"；四是"农业经营体系的调查"；五是"农业旅游融合型的调查"。

本书对田园综合体与农业旅游融合型进行结构实证分析，对研究假设 HF1 ~ HF8 进行假设检验。进行实证分析时，以田园综合体、农业旅游融合型、乡村消费空间、农业经营体系和产业基础 5 个点为主要关键变量，通过对这 5 个变量进行度量，采用一系列观测变量对潜在变量进行定量分析，达到最终研究目的。其中，田园综合体为解释变量，农业旅游融合型、乡村消费空间、农业经营体系和产业基础为被解释变量，并分别对解释变量和被解释变量进行度量分析。

田园综合体（pastoral complex，PC）的建设与发展与其区位条件、人文基础、生态基础息息相关，还受到环境承载力的制约与限制。田园综合体从多个角度满足了游客日益改变的消费需求和休闲意识，因此，从区位优势（PC1）、人文资源（PC2）、客源容量（PC3）和生态基础（PC4）4 个方面对田园综合体进行度量，共设置 8 个观测变量，见表 4-50。

表 4-50　　　　　　　　　　　　　　田园综合体（PC）指标度量

指标名称	观测变量	具体含义
区位优势 （PC1）	PC11	田园综合体的地理位置符合农业旅游融合型模式的要求程度
	PC12	田园综合体的交通环境符合农业旅游融合型模式的要求程度
人文资源 （PC2）	PC21	田园综合体的文化底蕴符合农业旅游融合型模式的要求程度
	PC22	田园综合体的人文景观符合农业旅游融合型模式的要求程度
客源容量 （PC3）	PC31	田园综合体的客源市场符合农业旅游融合型模式的要求程度
	PC32	田园综合体的人流承载力符合农业旅游融合型模式的要求程度

指标名称	观测变量	具体含义
生态基础 （PC4）	PC41	田园综合体的自然资源量符合农业旅游融合型模式的要求程度
	PC42	田园综合体的生态依存度符合农业旅游融合型模式的要求程度

乡村消费空间（rural consumption space，RCS）是研究设计中关键的被解释变量，同时是研究田园综合体与农业旅游融合型系统性保护协同模式重要的中间变量。乡村消费空间随着休闲功能的多元化、游客需求的升级而发生转变，所以，应不断适应发展新型消费空间。因此，解释乡村消费空间时，主要从资源配置（RCS1）、经济效益（RCS2）、游客需求（RCS3）和可持续能力（RCS4）4 个方面出发对其进行度量，共设置了 10 个观测变量，见表 4 – 51。

表 4 – 51　　　　　　　　　　乡村消费空间（RCS）指标度量

指标名称	观测变量	具体含义
资源配置 （RCS1）	RCS11	乡村产业的资源布局分配符合农业旅游融合型模式的要求程度
	RCS12	乡村产业的资源禀赋开发符合农业旅游融合型模式的要求程度
	RCS13	乡村产业的资源开发构成符合农业旅游融合型模式的要求程度
经济效益 （RCS2）	RCS21	乡村产业的经济发展趋势符合农业旅游融合型模式的要求程度
	RCS22	乡村产业的经济收益构成符合农业旅游融合型模式的要求程度
游客需求 （RCS3）	RCS31	游客需求转变符合农业旅游融合型模式的要求程度
	RCS32	游客消费升级符合农业旅游融合型模式的要求程度
	RCS33	游客休闲支出结构符合农业旅游融合型模式的要求程度
可持续能力 （RCS4）	RCS41	乡村发展的环境保护范围符合农业旅游融合型模式的要求程度
	RCS42	乡村发展的环境扶持力度符合农业旅游融合型模式的要求程度

农业经营体系（agricultural management system，AMS）是农业文化遗产系统性保护过程中的重要影响因素，应发展多种形式共存的社会化服务和农业规模经营，协调村民主体，促进农业旅游发展。因此，分别从体制改革（AMS1）、合作互助（AMS2）和服务互助（AMS3）3 个方面解释农业经营体系，共设置了 9 个观测变量，见表 4 – 52。

表 4 – 52　　　　　　　　　　农业经营体系（AMS）指标度量

指标名称	观测变量	具体含义
体制改革 （AMS1）	AMS11	体制构成符合农业旅游融合型模式的要求程度
	AMS22	体制改革主体符合农业旅游融合型模式的要求程度
	AMS13	体制改革实施符合农业旅游融合型模式的要求程度
合作互助 （AMS2）	AMS21	农户团结凝聚度符合农业旅游融合型模式的要求程度
	AMS22	农户主体特征符合农业旅游融合型模式的要求程度
	AMS23	农户农业情感倾向符合农业旅游融合型模式的要求程度
服务互助 （AMS3）	AMS31	服务创新意识符合农业旅游融合型模式的要求程度
	AMS32	服务范围符合农业旅游融合型模式的要求程度
	AMS33	服务合作主体符合农业旅游融合型模式的要求程度

产业基础（industrial foundation，IF）是文旅深度融合进程中的关键基础，良好的产业基础能更好地带

动产业融合，所以，应以特色资源为依据，促进农业与文化、旅游等产业深度融合，优化升级农业产业化，强化农业基础地位，帮助村民增收。因此，对产业基础进行解释时，对特色产业开发（IF1）、资源基础保护（IF2）和经济发展（IF3）共设置了 6 个观测变量，见表 4 – 53。

表 4 – 53　　　　　　　　　　　　　　　　产业基础（IF）指标度量

指标名称	观测变量	具体含义
特色产业开发 （IF1）	IF11	特色产业种类符合农业旅游融合型模式的要求程度
	IF12	特色产业开发利用符合农业旅游融合型模式的要求程度
资源基础保护 （IF2）	IF21	特色资源挖掘符合农业旅游融合型模式的要求程度
	IF22	特色资源保护符合农业旅游融合型模式的要求程度
经济发展 （IF3）	IF31	乡村产业的经济发展趋势符合农业旅游融合型模式的要求程度
	IF32	乡村产业的经济收益构成符合农业旅游融合型模式的要求程度

农业旅游融合型（integration of agriculture and tourism，IAT）是农业文化遗产系统性保护过程中的关键模式之一。从农业旅游与农业文化遗产系统性保护两个方面出发，根据农业文化遗产的价值特征和作用机制，针对合理规划（IAT1）设置了 3 个观测变量，针对资源创新（IAT2）设置了 3 个观测变量，针对组织参与（IAT3）设置了 2 个观测变量，总共设置了 8 个观测变量，见表 4 – 54。

表 4 – 54　　　　　　　　　　　　　　　农业旅游融合型（IAT）指标度量

指标名称	观测变量	具体含义
合理规划 （IAT1）	IAT11	合理规划机制构成符合农业旅游融合型模式的要求程度
	IAT12	合理规划机制内容符合农业旅游融合型模式的要求程度
	IAT13	合理规划机制主体符合农业旅游融合型模式的要求程度
资源创新 （IAT2）	IAT21	资源创新机制内容符合农业旅游融合型模式的要求程度
	IAT22	资源创新机制主体符合农业旅游融合型模式的要求程度
	IAT23	资源创新机制力度符合农业旅游融合型模式的要求程度
组织参与 （IAT3）	IAT31	组织参与机制内容符合农业旅游融合型模式的要求程度
	IAT32	组织参与机制主体符合农业旅游融合型模式的要求程度

第十三，文化产业园与历史街区改造型系统性保护协同模式的调查问卷设计。

在进行数据收集和整理的过程中，已经充分考虑了地区居民和相关利益主体对于"文旅深度融合新业态与商业文化遗产系统性保护协同"这一问题的主观感受。通过全方位考虑"文化产业园"与"历史街区改造型"之间的相互作用关系，一方面，从地区居民就业类型、商业经营模式及地区商业文化遗产的再利用等方面，判断商业旅游对于地区居民生活、文化传承等方面的影响，进而准确把握文旅深度融合新业态对于商业文化遗产系统性保护的促进作用；另一方面，从商业空间布局、资源要素整合、社会环境变化、居民参与度等方面，判断商业文化遗产系统性保护对地区商业旅游发展的影响，进而准确把握文旅深度融合新业态与商业文化遗产系统性保护协同的作用机制。

为确保研究所得数据的准确性和实效性，在充分了解文化产业园与历史街区改造型系统性保护协同模式的发展现状的基础上设计了《文化产业园与历史街区改造型系统性保护协同模式的调查问卷》（简称"调查问卷"）。在设计问卷的过程中，着重把握文化产业园、园区构建、文化内涵、历史街区改造型 4 个方面。在设计调查问卷的过程中，主要涉及以下几个方面的内容：一是"文化产业园的调查"；二是"园区构建的调查"；三是"文化内涵的调查"；四是"历史街区改造型的调查"。

本书对文化产业园与历史街区改造型进行结构方程实证分析，对研究假设 HA1 ~ HA5 进行假设检验。

在对文化产业园与历史街区改造型进行结构方程实证分析的过程中，以文化产业园、园区构建、文化内涵、历史街区改造型4个点为关键变量。为实现研究目的，利用一系列观测变量对相关的潜在变量进行定量分析，并对以上4个关键变量进行度量。在文化产业园、园区构建、文化内涵、历史街区改造型4个关键变量中，以变量之间的相互作用关系为基础，以文化产业园为解释变量，以园区构建、文化内涵和历史街区改造型为被解释变量，并分别对相关解释变量和被解释变量进行度量。

文化产业园（cultural industry park，CIP）是文旅深度融合新业态的表现形式之一，其发展成效与地区产业基础、文化基础、环境基础紧密相关，还与城镇化建设进程相关。因此，从产业基础（CIP1）、文化基础（CIP2）、环境基础（CIP3）、城镇化程度（CIP4）4个方面对文化产业园进行度量，共设置9个观测变量，见表4–55。

表4–55　　　　　　　　　　　　　　　文化产业园（CIP）指标度量

指标名称	观测变量	具体含义
产业基础（CIP1）	CIP11	文化产业园的产业类型符合历史街区改造型模式的要求程度
	CIP12	文化产业园的产业发展现状符合历史街区改造型模式的要求程度
文化基础（CIP2）	CIP21	文化产业园的文化底蕴符合历史街区改造型模式的要求程度
	CIP22	文化产业园的文化构成符合历史街区改造型模式的要求程度
	CIP23	文化产业园的文化发展现状符合历史街区改造型模式的要求程度
环境基础（CIP3）	CIP31	文化产业园的环境状况符合历史街区改造型模式的要求程度
	CIP32	文化产业园的环境趋势符合历史街区改造型模式的要求程度
城镇化程度（CIP4）	CIP41	文化产业园的城镇化水平符合历史街区改造型模式的要求程度
	CIP42	文化产业园的城镇化特征符合历史街区改造型模式的要求程度

园区构建（park development planning，PDP）不仅是研究设计中关键的被解释变量，还是研究文化产业园与历史街区改造型系统性保护协同模式的关键的中间变量之一。本书从商业旅游与商业文化遗产系统性保护两个角度出发，结合前期积累的文献基础，分别从规模化发展（PDP1）、集聚性发展（PDP2）、产业附加值（PDP3）、可持续发展（PDP4）4个角度对其进行度量，共设置11个观测变量，见表4–56。

表4–56　　　　　　　　　　　　　　　园区构建（PDP）指标度量

指标名称	观测变量	具体含义
规模化发展（PDP1）	PDP11	园区资源规模化发展符合历史街区改造型模式的要求程度
	PDP12	园区产品规模化发展符合历史街区改造型模式的要求程度
	PDP13	园区规划的规模化符合历史街区改造型模式的要求程度
集聚性发展（PDP2）	PDP21	发展资源的集聚性符合历史街区改造型模式的要求程度
	PDP22	发展资本的集聚性符合历史街区改造型模式的要求程度
产业附加值（PDP3）	PDP31	园区的社会效益符合历史街区改造型模式的要求程度
	PDP32	园区的经济效益符合历史街区改造型模式的要求程度
	PDP33	园区的未来效益符合历史街区改造型模式的要求程度
可持续发展（PDP4）	PDP41	商业旅游发展规划符合历史街区改造型模式的要求程度
	PDP42	商业文化遗产空间布局符合历史街区改造型模式的要求程度
	PDP43	商业文化未来发展趋势符合历史街区改造型模式的要求程度

文化内涵（cultural connotation，CC）作为商业文化遗产的内涵式精髓所在，直接影响着地区商业旅游的发展质量。文化产业园与历史街区改造型要实现协同发展，必须充分了解地区商业文化遗产的发展历

程，以及未来发展趋势和未来演变方向。针对创造性思维（CC1）、人文思想（CC2）、人文理念（CC3），分别设置 3 个观测变量对其进行度量，共计设置 9 个观测变量，见表 4 – 57。

表 4 – 57   文化内涵（CC）指标度量

指标名称	观测变量	具体含义
创造性思维 （CC1）	CC11	旅游产品的创造性符合历史街区改造型模式的要求程度
	CC12	旅游发展模式的创造性符合历史街区改造型模式的要求程度
	CC13	资源开发的创造性符合历史街区改造型模式的要求程度
人文思想 （CC2）	CC21	人文科学价值符合历史街区改造型模式的要求程度
	CC22	人文景观价值符合历史街区改造型模式的要求程度
	CC23	人文精神价值符合历史街区改造型模式的要求程度
人文理念 （CC3）	CC31	商业经营理念符合历史街区改造型模式的要求程度
	CC32	商业发展趋势符合历史街区改造型模式的要求程度
	CC33	商业文化内涵符合历史街区改造型模式的要求程度

历史街区改造（reconstruction of historic blocks，ROHB）是商业文化遗产系统性保护的有效方式之一。结合地区商业文化遗产的现实发展状况和未来发展趋势，针对历史街区改造型共计设置了 8 个观测变量。其中，针对整体规划（ROHB1）设置 3 个观测变量，针对分步实施（ROHB2）设置 3 个观测变量，针对合理控制（ROHB3）设置 2 个观测变量，共计设置 8 个观测变量，见表 4 – 58。

表 4 – 58   历史街区改造型（ROHB）指标度量

指标名称	观测变量	具体含义
整体规划 （ROHB1）	ROHB11	整体规划制度符合历史街区改造型模式的要求程度
	ROHB12	整体规划内容符合历史街区改造型模式的要求程度
	ROHB13	整体规划机制符合历史街区改造型模式的要求程度
分步实施 （ROHB2）	ROHB21	分步实施机制符合历史街区改造型模式的要求程度
	ROHB22	分步实施主体符合历史街区改造型模式的要求程度
	ROHB23	分步实施成效符合历史街区改造型模式的要求程度
合理控制 （ROHB3）	ROHB31	合理控制实效性符合历史街区改造型模式的要求程度
	ROHB32	合理控制科学性符合历史街区改造型模式的要求程度

第十四，文化商业街与历史街区改造型系统性保护协同模式的调查问卷设计。

在进行数据收集和整理的过程中，已经充分考虑了地区居民和相关利益主体对于"文旅深度融合新业态与商业文化遗产系统性保护协同"这一问题的主观感受。通过全方位考虑"文化商业街"与"历史街区改造型"之间的相互作用关系，一方面，从地区居民就业类型、商业经营模式及地区商业文化遗产的再利用等方面，判断商业旅游对于地区居民生活、文化传承等方面的影响，进而准确把握文旅深度融合新业态对于商业文化遗产系统性保护的促进作用；另一方面，从商业空间布局、资源要素整合、社会环境变化、居民参与度等方面，判断商业文化遗产系统性保护对地区商业旅游发展的影响，进而准确把握文旅深度融合新业态与商业文化遗产系统性保护协同的作用机制。

为确保研究所得数据的准确性和实效性，本书在充分了解文化商业街与历史街区改造型系统性保护协同模式的发展现状的基础上设计了《文化商业街与历史街区改造型系统性保护协同模式的调查问卷》（简称"调查问卷"）。在设计问卷的过程中，着重把握文化商业街、发展模式、资源基础、历史街区改造型 4 个方面。在设计调查问卷的过程中，主要涉及以下几个方面的内容：一是"文化商业街的调查"；二是

"发展模式的调查";三是"资源基础的调查";四是"历史街区改造型的调查"。

本书在对文化商业街与历史街区改造型进行结构方程分析时,对研究假设 HB1 ~ HB5 进行假设检验。在对文化商业街与历史街区改造型进行结构方程实证分析的过程中,以文化商业街、发展模式、资源基础、历史街区改造型 4 个点为关键变量。为实现研究目的,利用一系列观测变量对相关潜在变量进行定量分析,并对以上 4 个关键变量进行度量。在文化商业街、发展模式、资源基础、历史街区改造型 4 个关键变量中,以各个变量之间的相关作用关系为基础,以文化商业街为解释变量,发展模式、资源基础和历史街区改造型为被解释变量,并分别对相关的解释变量和被解释变量进行度量。

文化商业街(cultural commercial street, CCS)是商业文化遗产系统性保护的典型模式之一,其经营理念和发展模式与地区商业旅游发展环境、产业布局、文化基础、城镇化程度紧密相关。因此,分别从产业布局(CCS1)、发展环境(CCS2)、文化基础(CCS3)、城镇化程度(CCS4)4 个方面对文化商业街进行度量,共设置 9 个观测变量,见表 4 – 59。

表 4 – 59　　　　　　　　　　　　文化商业街(CCS)指标度量

指标名称	观测变量	具体含义
产业布局 (CCS1)	CCS11	文化商业街产业结构符合历史街区改造型模式的要求程度
	CCS12	文化商业街产业规划符合历史街区改造型模式的要求程度
发展环境 (CCS2)	CCS21	文化商业街生态环境符合历史街区改造型模式的要求程度
	CCS22	文化商业街社会环境符合历史街区改造型模式的要求程度
	CCS23	文化商业街环境理念符合历史街区改造型模式的要求程度
文化基础 (CCS3)	CCS31	文化商业街文旅基础符合历史街区改造型模式的要求程度
	CCS32	文化商业街文化底蕴符合历史街区改造型模式的要求程度
城镇化程度 (CCS4)	CCS41	文化商业街城镇化水平符合历史街区改造型模式的要求程度
	CCS42	文化商业街城镇化特征符合历史街区改造型模式的要求程度

发展模式(development mode, DM)直接影响着文化商业街的未来发展趋势和发展成效。文化商业街不同时期因其发展模式的不同,其作用于商业文化保护利用进程的方式也不同,结合不同发展模式对商业文化遗产系统性保护的作用方式,分别从网状辐射效应(DM1)、商业集群(DM2)、产业链延伸(DM3)、可持续性(DM4)4 个层面对其进行分析,共设置 11 个观测变量,见表 4 – 60。

表 4 – 60　　　　　　　　　　　　发展模式(DM)指标度量

指标名称	观测变量	具体含义
网状辐射效应 (DM1)	DM11	网状辐射效应形成基础符合历史街区改造型模式的要求程度
	DM12	网状辐射效应作用过程符合历史街区改造型模式的要求程度
	DM13	网状辐射效应成效符合历史街区改造型模式的要求程度
商业集群 (DM2)	DM21	商业集群形成基础符合历史街区改造型模式的要求程度
	DM22	商业集群成效符合历史街区改造型模式的要求程度
产业链延伸 (DM3)	DM31	产业链延伸基础符合历史街区改造型模式的要求程度
	DM32	产业链延伸过程符合历史街区改造型模式的要求程度
	DM33	产业链延伸效益符合历史街区改造型模式的要求程度
可持续性 (DM4)	DM41	商业旅游发展基础符合历史街区改造型模式的要求程度
	DM42	商业旅游发展规划符合历史街区改造型模式的要求程度
	DM43	商业旅游发展潜力符合历史街区改造型模式的要求程度

　　资源基础（resource base，RB）作为旅游发展的核心要素，资源开发与利用状况、资源的再创造、资源能够带来的整体效益直接影响着文化商业街的发展成效。结合商业旅游发展的现实资源基础，针对资源基础共计设置 9 个观测变量。其中，针对资源开发与利用（RB1）设置 3 个观测变量，针对资源创造（RB2）设置 3 个观测变量，针对资源整体效益（RB3）设置 3 个观测变量，见表 4 - 61。

表 4 - 61　　　　　　　　　　　　　　资源基础（RB）指标度量

指标名称	观测变量	具体含义
资源开发与利用 （RB1）	RB11	资源开发利用程度符合历史街区改造型模式的要求程度
	RB12	资源开发利用模式符合历史街区改造型模式的要求程度
	RB13	资源开发利用制度符合历史街区改造型模式的要求程度
资源创造 （RB2）	RB21	进行资源创造的基础符合历史街区改造型模式的要求程度
	RB22	资源创造方式符合历史街区改造型模式的要求程度
	RB23	资源创造机制符合历史街区改造型模式的要求程度
资源整体效益 （RB3）	RB31	资源经济效益符合历史街区改造型模式的要求程度
	RB32	资源社会效益符合历史街区改造型模式的要求程度
	RB33	资源整体效益符合历史街区改造型模式的要求程度

　　历史街区改造（reconstruction of historic blocks，ROHB）是商业文化遗产系统性保护的有效方式之一。结合地区商业文化遗产的现实发展状况和未来发展趋势，针对历史街区改造型共计设置了 8 个观测变量。其中，针对整体规划（ROHB1）设置 3 个观测变量，针对分步实施（ROHB2）设置 3 个观测变量，针对合理控制（ROHB3）设置 2 个观测变量，见表 4 - 62。

表 4 - 62　　　　　　　　　　　　　历史街区改造型（ROHB）指标度量

指标名称	观测变量	具体含义
整体规划 （ROHB1）	ROHB11	整体规划制度符合历史街区改造型模式的要求程度
	ROHB12	整体规划内容符合历史街区改造型模式的要求程度
	ROHB13	整体规划机制符合历史街区改造型模式的要求程度
分步实施 （ROHB2）	ROHB21	分步实施机制符合历史街区改造型模式的要求程度
	ROHB22	分步实施主体符合历史街区改造型模式的要求程度
	ROHB23	分步实施成效符合历史街区改造型模式的要求程度
合理控制 （ROHB3）	ROHB31	合理控制实效性符合历史街区改造型模式的要求程度
	ROHB32	合理控制科学性符合历史街区改造型模式的要求程度

　　第十五，商业文化博物馆与商业区域开放型系统性保护协同模式的调查问卷设计。

　　在进行数据收集和整理的过程中，已经充分考虑了地区居民和相关利益主体对于"文旅深度融合新业态与商业文化遗产系统性保护协同"这一问题的主观感受。通过全方位考虑"商业文化博物馆"与"商业区域开发型"之间的相互作用关系，一方面，从地区居民就业类型、商业经营模式及地区商业文化遗产的再利用等方面，判断商业旅游对于地区居民生活、文化传承等方面的影响，进而准确把握文旅深度融合新业态对于商业文化遗产系统性保护的促进作用；另一方面，从商业空间布局、资源要素整合、社会环境变化、居民参与度等方面，判断商业文化遗产系统性保护对地区商业旅游发展的影响，进而准确把握文旅深度融合新业态与商业文化遗产系统性保护协同的作用机制。

　　为确保研究所得数据的准确性和实效性，在充分了解商业文化博物馆与商业区域开发型系统性保护协同模式的发展现状的基础上设计了《商业文化博物馆与商业区域开发型系统性保护协同模式的调查问卷》

（简称"调查问卷"）。在设计问卷的过程中，着重把握商业文化博物馆、资源基础、空间布局、商业区域开发型 4 个方面。在设计调查问卷的过程中，主要涉及以下几个方面的内容：一是"商业文化博物馆的调查"；二是"资源基础的调查"；三是"空间布局的调查"；四是"商业区域开发型的调查"。

在对商业文化博物馆与商业区域开发型系统性保护协同模式进行结构方程实证分析的过程中，对研究假设 HD1～HD5 进行假设检验。在对商业文化博物馆与商业区域开发型进行结构方程实证分析的过程中，以商业文化博物馆、资源基础、空间布局、商业区域开发型 4 个点为关键变量。为实现研究目的，利用一系列观测变量对相关潜在变量进行定量分析，并对以上 4 个关键变量进行度量。在商业文化博物馆、资源基础、空间布局、商业区域开发型 4 个关键变量中，以各个变量之间的相互作用关系为基础，将商业文化博物馆定义为解释变量，将资源基础、空间布局、商业区域开发型定义为被解释变量，并对以上 4 个关键性变量进行度量。

商业文化博物馆（commercial culture museum，CCM）作为文旅深度融合新业态与商业文化遗产系统性保护的典型模式之一，在发展过程中呈现出独立性、差异性、民族性和地域性的特征。以其 4 个特性为出发点，分别从独立性（CCM1）、差异性（CCM2）、民族性（CCM3）、地域性（CCM4）4 个方面对商业文化博物馆进行度量，共设置 9 个观测变量，见表 4－63。

表 4－63　　　　　　　　　　　　　　商业文化博物馆（CCM）指标度量

指标名称	观测变量	具体含义
独立性 （CCM1）	CCM11	商业文化博物馆功能独立性符合商业区域开发型模式的要求程度
	CCM12	商业文化博物馆布局独立性符合商业区域开发型模式的要求程度
差异性 （CCM2）	CCM21	商业文化博物馆产品差异性符合商业区域开发型模式的要求程度
	CCM22	商业文化博物馆功能差异性符合商业区域开发型模式的要求程度
	CCM23	商业文化博物馆特色差异性符合商业区域开发型模式的要求程度
民族性 （CCM3）	CCM31	发展模式独立性符合商业区域开发型模式的要求程度
	CCM32	文化民族性符合商业区域开发型模式的要求程度
地域性 （CCM4）	CCM41	文化地域性符合商业区域开发型模式的要求程度
	CCM42	经营理念地域性符合商业区域开发型模式的要求程度

资源基础（resource base，RB）作为旅游发展的核心要素，以地区资源为基础而发展的商业旅游所打造的商业文化博物馆品牌化发展、创造性发展、多样化发展，以及自身的整体性发展直接影响着商业文化博物馆的发展成效。结合商业旅游发展的现实资源基础，针对资源基础共计设置 11 个观测变量。其中，针对品牌化（RB1）设置 3 个观测变量，针对创造性（RB2）设置 2 个观测变量，针对多样化（RB3）设置 3 个观测变量，针对整体性（RB4）设置 3 个观测变量，见表 4－64。

表 4－64　　　　　　　　　　　　　　　资源基础（RB）指标度量

指标名称	观测变量	具体含义
品牌化 （RB1）	RB11	品牌化经营需求符合商业区域开发型模式的要求程度
	RB12	品牌化经营理念符合商业区域开发型模式的要求程度
	RB13	品牌化经济成效符合商业区域开发型模式的要求程度
创造性 （RB2）	RB21	创造性发展需求符合商业区域开发型模式的要求程度
	RB22	创造性发展理念符合商业区域开发型模式的要求程度
多样化 （RB3）	RB31	资源多样化符合商业区域开发型模式的要求程度
	RB32	发展模式多样化符合商业区域开发型模式的要求程度
	RB33	旅游路线多样化符合商业区域开发型模式的要求程度

续表

指标名称	观测变量	具体含义
整体性 （RB4）	RB41	商业文化博物馆资源保护与利用符合商业区域开发型模式的要求程度
	RB42	商业文化博物馆环境保护与开发符合商业区域开发型模式的要求程度
	RB43	商业文化博物馆经济与社会效益符合商业区域开发型模式的要求程度

　　空间布局（spatial distribution，SD）作为商业文化博物馆开发设计、发展规划的主要内容之一，对于推动商业文化遗产系统性保护进程具有重要意义。商业文化博物馆的空间布局遵循各个功能区功能相互独立、功能布局紧凑的原则。基于此，分别从功能区相互独立（SD1）、功能区布局紧凑（SD2）两个层面出发对其进行解释说明。其中，针对功能区相互独立设置 2 个观测变量，针对功能区布局紧凑设置 2 个观测变量，共计设置 4 个观测变量，见表 4 - 65。

表 4 - 65　　　　　　　　　　　空间布局（SD）指标度量

指标名称	观测变量	具体含义
功能区相互独立 （SD1）	SD11	各个功能区间独立特征符合商业区域开发型模式的要求程度
	SD12	各个功能区发展模式符合商业区域开发型模式的要求程度
功能区布局紧凑 （SD2）	SD21	各个功能区特征联系符合商业区域开发型模式的要求程度
	SD22	各个功能区布局结构符合商业区域开发型模式的要求程度

　　商业区域开发型（business district development，BDD）是文旅深度融合新业态与商业文化遗产系统性保护的典型模式之一，本书针对商业区域开发型共计设置了 8 个观测变量，其中，针对整体规划（BDD1）设置 3 个观测变量，针对分步实施（BDD2）设置 3 个观测变量，针对合理控制（BDD3）设置 2 个观测变量，见表 4 - 66。

表 4 - 66　　　　　　　　　　商业区域开发型（BDD）指标度量

指标名称	观测变量	具体含义
整体规划 （BDD1）	BDD11	整体规划制度符合商业区域开发型模式的要求程度
	BDD12	整体规划内容符合商业区域开发型模式的要求程度
	BDD13	整体规划机制符合商业区域开发型模式的要求程度
分步实施 （BDD2）	BDD21	分步实施机制符合商业区域开发型模式的要求程度
	BDD22	分步实施主体符合商业区域开发型模式的要求程度
	BDD23	分步实施成效符合商业区域开发型模式的要求程度
合理控制 （BDD3）	BDD31	合理控制实效性符合商业区域开发型模式的要求程度
	BDD32	合理控制科学性符合商业区域开发型模式的要求程度

　　第十六，创意产业园与商业区域开发型系统性保护协同模式的调查问卷设计。

　　在进行数据收集和整理的过程中，已经充分考虑了地区居民和相关利益主体对于"文旅深度融合新业态与商业文化遗产系统性保护协同"这一问题的主观感受。通过全方位考虑"创意产业园"与"商业区域开发型"之间的相互作用关系，一方面，从地区居民就业类型、商业经营模式及地区商业文化遗产的再利用等方面，判断商业旅游对于地区居民生活、文化传承等方面的影响，进而准确把握文旅深度融合新业态对于商业文化遗产系统性保护的促进作用；另一方面，从商业空间布局、资源要素整合、社会环境变化、居民参与度等方面，判断商业文化遗产系统性保护对地区商业旅游发展的影响，进而准确把握文旅深度融合新业态与商业文化遗产系统性保护协同的作用机制。

为确保研究所得数据的准确性和实效性，在充分了解创意产业园与商业区域开发型协同模式的发展现状的基础上设计了《创意产业园与商业区域开发型系统性保护协同模式的调查问卷》（简称"调查问卷"）。在设计问卷的过程中，着重把握创意产业园、发展基础、发展模式、发展成效、商业区域开发型5个方面。在设计调查问卷的过程中，主要涉及以下几个方面的内容：一是"创意产业园的调查"；二是"发展基础的调查"；三是"发展模式的调查"；四是"发展成效的调查"；五是"商业区域开发型的调查"。

对创意产业园与商业区域开发型进行结构方程实证分析时，对研究假设 HD1 ~ HD8 进行假设检验。在对创意产业园与商业区域开发型进行结构方式实证分析的过程中，以创意产业园、发展基础、发展模式、发展成效、商业区域开发型5个点为关键变量。为实现研究目的，本书利用一系列观测变量对相关潜在变量进行定量分析，并对以上5个关键变量进行度量。在创意产业园、发展基础、发展模式、发展成效、商业区域开发型5个关键变量中，以各个变量之间的相互作用关系为基础，以创意产业园为解释变量，以发展基础、发展模式、发展成效、商业区域开发型为被解释变量，分别对相关解释变量和被解释变量进行度量。

创意产业园（creative industry park, CIP）作为文旅深度融合新业态与商业文化遗产系统性保护协同发展的典型模式之一，其发展具有创造性、人文性和文化创意性。创意产业园在实际发展过程中，格外注重协调商业旅游与城镇化建设之间的关系。因此，从创造性（CIP1）、人文性（CIP2）、文化创意性（CIP3）和城镇化程度（CIP4）4个方面对创意产业园进行度量，共设置8个观测变量，见表4 – 67。

表 4 – 67　　　　　　　　　　　　　　　　　创意产业园（CIP）指标度量

指标名称	观测变量	具体含义
创造性（CIP1）	CIP11	创意产业园的创造性思维符合商业区域开发型模式的要求程度
	CIP12	创意产业园的创造性发展模式符合商业区域开发型模式的要求程度
人文性（CIP2）	CIP21	创意产业园的人文精神符合商业区域开发型模式的要求程度
	CIP22	创意产业园的人文构成要素符合商业区域开发型模式的要求程度
文化创意性（CIP3）	CIP31	创意产业园的文化内涵符合商业区域开发型模式的要求程度
	CIP32	创意产业园的文化构成符合商业区域开发型模式的要求程度
城镇化程度（CIP4）	CIP41	创意产业园的城镇化水平符合商业区域开发型模式的要求程度
	CIP42	创意产业园的城镇化特征符合商业区域开发型模式的要求程度

良好的发展基础（development foundation, DF）可以通过将商业文化遗产资源与地方旅游吸引物融合，借助地方巨大的客流量和基础设施条件等来获得旅游开发的成功。从文旅深度融合新业态的发展基础和商业文化遗产系统性保护现实条件出发，结合前期整理的文献资料，分别从高创意趣味性（DF1）、创造精神（DF2）、地方文化底蕴（DF3）、可持续性（DF4）4个角度出发对其进行度量，共设置10个观测变量，见表4 – 68。

表 4 – 68　　　　　　　　　　　　　　　　　发展基础（DF）指标度量

指标名称	观测变量	具体含义
高创意趣味性（DF1）	DF11	文化创意趣味性符合商业区域开发型模式的要求程度
	DF12	旅游产品开发创意趣味性符合商业区域开发型模式的要求程度
	DF13	旅游路线开发创意趣味性符合商业区域开发型模式的要求程度
创造精神（DF2）	DF21	文化创意性保护利用符合商业区域开发型模式的要求程度
	DF22	旅游与城镇化的创造性协调符合商业区域开发型模式的要求程度
地方文化底蕴（DF3）	DF31	文化构成要素符合商业区域开发型模式的要求程度
	DF32	文化价值构成符合商业区域开发型模式的要求程度
	DF33	文化发展潜力符合商业区域开发型模式的要求程度

续表

指标名称	观测变量	具体含义
可持续性 （DF4）	DF41	商业发展规划符合商业区域开发模式的要求程度
	DF42	商业结构构成符合商业区域开发型模式的要求程度

　　发展模式（development mode，DM）作为旅游产业在城市特定环境下发展的总体方式，充分体现了城市旅游产业的发展方向和特征，创意产业园的发展模式主要分为文化创意产业和公共服务区域两部分，因此，分别从文化创意产业（DM1）和公共服务区域（DM2）两个角度对其进行度量，共设置 4 个观测变量，见表 4 - 69。

表 4 - 69　　　　　　　　　　　　　发展模式（DM）指标度量

指标名称	观测变量	具体含义
文化创意产业 （DM1）	DM11	文化创意产业发展潜力符合商业区域开发型模式的要求程度
	DM12	文化创意产业发展需求符合商业区域开发型模式的要求程度
公共服务区域 （DM2）	DM21	公共服务需求符合商业区域开发型模式的要求程度
	DM22	公共服务功能符合商业区域开发型模式的要求程度

　　创意产业园的发展成效（development effectiveness，DE）是衡量商业文化遗产系统性保护实施模式有效性的关键性衡量指标。结合衡量发展成效的文化创意产业集聚性（DE1）、文化经济（DE2）、城市更新（DE3）3 个层面对其进行度量，共设置 9 个观测变量，见表 4 - 70。

表 4 - 70　　　　　　　　　　　　　发展成效（DE）指标度量

指标名称	观测变量	具体含义
文化创意产 业集聚性 （DE1）	DE11	文化创意产业发展趋势符合商业区域开发型模式的要求程度
	DE12	文化创意产业发展基础符合商业区域开发型模式的要求程度
	DE13	文化创意产业发展成效符合商业区域开发型模式的要求程度
文化经济 （DE2）	DE21	文化发展经济效益符合商业区域开发型模式的要求程度
	DE22	文化发展社会效益符合商业区域开发型模式的要求程度
	DE23	文化发展生态文明建设符合商业区域开发型模式的要求程度
城市更新 （DE3）	DE31	城市更新需求符合商业区域开发型模式的要求程度
	DE32	城市更新机制符合商业区域开发型模式的要求程度
	DE33	城市更新基本特征符合商业区域开发型模式的要求程度

　　商业区域开发型（business district development，BDD）是文旅深度融合新业态与商业文化遗产系统性保护的典型模式之一，针对商业区域开发型共计设置了 8 个观测变量，其中，针对整体规划（BDD1）设置 3 个观测变量，针对分步实施（BDD2）设置 3 个观测变量，针对合理控制（BDD3）设置 2 个观测变量，见表 4 - 71。

表 4 - 71　　　　　　　　　　　　商业区域开发型（BDD）指标度量

指标名称	观测变量	具体含义
整体规划 （BDD1）	BDD11	整体规划制度符合商业区域开发型模式的要求程度
	BDD12	整体规划内容符合商业区域开发型模式的要求程度
	BDD13	整体规划机制符合商业区域开发型模式的要求程度

指标名称	观测变量	具体含义
分步实施 （BDD2）	BDD21	分步实施机制符合商业区域开发型模式的要求程度
	BDD22	分步实施主体符合商业区域开发型模式的要求程度
	BDD23	分步实施成效符合商业区域开发型模式的要求程度
合理控制 （BDD3）	BDD31	合理控制实效性符合商业区域开发型模式的要求程度
	BDD32	合理控制科学性符合商业区域开发型模式的要求程度

第十七，旅游商业区与旧城区整合型系统性保护协同模式的调查问卷设计。

在进行数据收集和整理的过程中，已经充分考虑了地区居民和相关利益主体对于"文旅深度融合新业态与商业文化遗产系统性保护协同"这一问题的主观感受。通过全方位考虑"旅游商业区"与"旧城区整合型"之间的相互作用关系，一方面，从地区居民就业类型、商业经营模式及地区商业文化遗产的再利用等方面，判断商业旅游对于地区居民生活、文化传承等方面的影响，进而准确把握文旅深度融合新业态对于商业文化遗产系统性保护的促进作用；另一方面，从商业空间布局、资源要素整合、社会环境变化、居民参与度等方面，判断商业文化遗产系统性保护对地区商业旅游发展的影响，进而准确把握文旅深度融合新业态与商业文化遗产系统性保护协同的作用机制。

为确保研究所得数据的准确性和实效性，在充分了解旅游商业区域与旧城区整合型协同模式的发展现状的基础上设计了《旅游商业区域与旧城区整合型系统性保护协同模式》（简称"调查问卷"）。在设计问卷的过程中，着重把握旅游商业区、商业旅游资源、城市消费空间、旧城区整合型4个方面。在设计调查问卷的过程中，主要涉及以下几个方面的内容：一是"旅游商业区的调查"；二是"商业旅游资源的调查"；三是"城市消费空间的调查"；四是"旧城区整合型的调查"。

本书对旅游商业区与旧城区整合型进行结构方程实证分析时，对研究假设 HE1 ~ HE5 进行假设检验。在对旅游商业区与旧城区整合型进行结构方程实证分析的过程中，本书以旅游商业区、商业旅游资源、城市消费空间、旧城区整合型4个点为关键变量。为实现研究目的，本书利用一系列观测变量对相关潜在变量进行定量分析，并对以上4个关键变量进行度量。在旅游商业区、商业旅游资源、城市消费空间、旧城区整合型4个关键变量中，以各个变量之间的相互作用关系为基础，将旅游商业区视为解释变量，将商业旅游资源、城市消费空间、旧城区整合型视为被解释变量，并分别对相关解释变量和被解释变量进行度量。

旅游商业区（tourist business district，TBD）作为商业文化遗产系统性保护的典型模式之一，是推进商业实现现代化发展的主要动力，并逐渐成为弘扬商业文化遗产、激发商业文化遗产现代经济活力的有效路径。旅游商业区的开发与发展不仅与其区位条件有关，还与地区人文基础、资源禀赋和客源潜力有关。因此，从区位条件（TBD1）、人文基础（TBD2）、资源禀赋（TBD3）、客源潜力（TBD4）4个方面对旅游商业区进行度量，共设置9个观测变量，见表4-72。

表4-72 旅游商业区（TBD）指标度量

指标名称	观测变量	具体含义
区位条件 （TBD1）	TBD11	旅游商业区地理位置符合旧城区整合型模式的要求程度
	TBD12	旅游商业区交通状况符合旧城区整合型模式的要求程度
人文基础 （TBD2）	TBD21	旅游商业区人口构成符合旧城区整合型模式的要求程度
	TBD22	旅游商业区人口素质符合旧城区整合型模式的要求程度
	TBD23	旅游商业区文化背景符合旧城区整合型模式的要求程度
资源禀赋 （TBD3）	TBD31	旅游商业区文化资源符合旧城区整合型模式的要求程度
	TBD32	旅游商业区自然资源符合旧城区整合型模式的要求程度

指标名称	观测变量	具体含义
客源潜力 （TBD4）	TBD41	旅游商业区市场组成部分符合旧城区整合型模式的要求程度
	TBD42	旅游商业区市场发展规律符合旧城区整合型模式的要求程度

　　商业旅游资源（commercial tourism resource，CTR）是商业旅游区发展所需的核心要素。分别从商业建筑、商业文化、传统手工技艺3个角度出发对其进行度量，其中，针对商业建筑（CTR1）设置3个观测变量，针对商业文化（CTR2）设置2个观测变量，针对传统手工技艺（CTR3）设置3个观测变量，总共设置8个观测变量，见表4－73。

表4－73　　　　　　　　　　　　　　商业旅游资源（CTR）指标度量

指标名称	观测变量	具体含义
商业建筑 （CTR1）	CTR11	商业建筑保护利用模式符合旧城区整合型模式的要求程度
	CTR12	商业建筑保护现状符合旧城区整合型模式的要求程度
	CTR13	商业建筑风格符合旧城区整合型模式的要求程度
商业文化 （CTR2）	CTR21	商业文化底蕴符合旧城区整合型模式的要求程度
	CTR22	商业文化类型符合旧城区整合型模式的要求程度
传统手工技艺 （CTR3）	CTR31	传统手工技艺特色符合旧城区整合型模式的要求程度
	CTR32	传统手工技艺构成符合旧城区整合型模式的要求程度
	CTR33	传统手工技艺未来发展方向符合旧城区整合型模式的要求程度

　　城市消费空间（urban consumption space，UCS）是城市空间的重要组成部分，城市消费空间在一定程度上彰显了城市活力，塑造了城市形象。在充分了解旅游商业区发展前后地区城市消费空间变化的基础上，分别从外来市场与资本注入、自媒体建设与推动、政策倾斜与市场保护3个层面对其进行变量度量，其中，针对外来市场与资本注入（UCS1）设置3个观测变量，针对自媒体建设与推动（UCS2）设置3个观测变量，针对政策倾斜与市场保护（UCS3）设置3个观测变量，总共设置9个观测变量，见表4－74。

表4－74　　　　　　　　　　　　　　城市消费空间（UCS）指标度量

指标名称	观测变量	具体含义
外来市场与 资本注入 （UCS1）	UCS11	外来资本注入方式符合旧城区整合型模式的要求程度
	UCS12	外来资本注入规模符合旧城区整合型模式的要求程度
	UCS13	外来资本投入产出比符合旧城区整合型模式的要求程度
自媒体建设与推动 （UCS2）	UCS21	自媒体建设需求符合旧城区整合型模式的要求程度
	UCS22	自媒体发展成效符合旧城区整合型模式的要求程度
	UCS23	自媒体未来发展走向符合旧城区整合型模式的要求程度
政策倾斜与 市场保护 （UCS3）	UCS31	政策引导符合旧城区整合型模式的要求程度
	UCS32	专家指导符合旧城区整合型模式的要求程度
	UCS33	大众参与度符合旧城区整合型模式的要求程度

　　旧城区整合型（integrated old urban area，IOUA）是商业文化遗产系统性保护的重要模式之一。结合商业文化遗产系统性保护的现状和发展潜力，共计设置8个观测变量，其中，针对整体规划（IOUA1）设置3个观测变量，针对分步实施（IOUA2）设置3个观测变量，针对合理控制（IOUA3）设置2个观测变

量，见表 4 – 75。

表 4 – 75　　　　　　　　　　　　　**旧城区整合型（IOUA）指标度量**

指标名称	观测变量	具体含义
整体规划 （IOUA1）	IOUA11	整体规划制度符合旧城区整合型模式的要求程度
	IOUA12	整体规划内容符合旧城区整合型模式的要求程度
	IOUA13	整体规划机制符合旧城区整合型模式的要求程度
分步实施 （IOUA2）	IOUA21	分步实施机制符合旧城区整合型模式的要求程度
	IOUA22	分步实施主体符合旧城区整合型模式的要求程度
	IOUA23	分步实施成效符合旧城区整合型模式的要求程度
合理控制 （IOUA3）	IOUA31	合理控制实效性符合旧城区整合型模式的要求程度
	IOUA32	合理控制科学性符合旧城区整合型模式的要求程度

第十八，历史文化休闲街与旧城区整合型系统性保护协同模式的调查问卷设计。

在进行数据收集和整理的过程中，已经充分考虑了地区居民和相关利益主体对于"文旅深度融合新业态与商业文化遗产系统性保护协同"这一问题的主观感受。通过全方位考虑"历史文化休闲街"与"旧城区整合型"之间的相互作用关系，一方面，从地区居民就业类型、商业经营模式及地区商业文化遗产的再利用等方面，判断商业旅游对于地区居民生活、文化传承等方面的影响，进而准确把握文旅深度融合新业态对于商业文化遗产系统性保护的促进作用；另一方面，从商业空间布局、资源要素整合、社会环境变化、居民参与度等方面，判断商业文化遗产系统性保护对地区商业旅游发展的影响，进而准确把握文旅深度融合新业态与商业文化遗产系统性保护协同的作用机制。

为确保研究所得数据的准确性和实效性，在充分了解历史文化休闲街与旧城区整合型协同模式的发展现状的基础上设计了《历史文化休闲街与旧城区整合型系统性保护协同模式的调查问卷》（简称"调查问卷"）。在设计问卷的过程中，着重把握历史文化休闲街、城市消费空间、环境组成要素、旧城区整合型 4 个方面。在设计调查问卷的过程中，主要涉及以下几个方面的内容：一是"历史文化休闲街的调查"；二是"城市消费空间的调查"；三是"环境组成要素的调查"；四是"旧城区整合型的调查"。

本书对历史文化休闲街与旧城区整合型进行结构方程实证分析时，对研究假设 HF1 ~ HF5 进行假设检验。在对历史文化休闲街与旧城区整合型进行结构方程实证分析的过程中，以历史文化休闲街、城市消费空间、环境组成要素、旧城区整合型 4 个点为关键变量。为实现研究目的，利用一系列观测变量对相关潜在变量进行定量分析，并对以上 4 个关键变量进行度量。在历史文化休闲街、城市消费空间、环境组成要素、旧城区整合型 4 个关键变量中，以各个变量间的相互作用关系为基础，将历史文化休闲街视为解释变量，将城市消费空间、环境组成要素、旧城区整合型视为被解释变量，并对相关解释变量和被解释变量进行度量。

历史文化休闲街（historical and cultural leisure street，HCLS）作为商业文化遗产系统性保护的典型模式之一，是推进商业实现现代化发展的主要动力，并逐渐成为弘扬商业文化遗产、激发商业文化遗产现代经济活力的有效路径。旅游商业区的开发与发展不仅与其区位条件有关，还与地区人文基础、资源禀赋和客源潜力有关。因此，从区位条件（HCLS1）、人文基础（HCLS2）、资源禀赋（HCLS3）、客源潜力（HCLS4）4 个方面对旅游商业区进行度量，共设置 9 个观测变量，见表 4 – 76。

表 4 – 76　　　　　　　　　　　　　**历史文化休闲街（HCLS）指标度量**

指标名称	观测变量	具体含义
区位条件 （HCLS1）	HCLS11	历史文化休闲街地理位置符合旧城区整合型模式的要求程度
	HCLS12	历史文化休闲街交通状况符合旧城区整合型模式的要求程度

续表

指标名称	观测变量	具体含义
人文基础 （HCLS2）	HCLS21	历史文化休闲街人口构成符合旧城区整合型模式的要求程度
	HCLS22	历史文化休闲街人口素质符合旧城区整合型模式的要求程度
	HCLS23	历史文化休闲街文化背景符合旧城区整合型模式的要求程度
资源禀赋 （HCLS3）	HCLS31	历史文化休闲街文化资源符合旧城区整合型模式的要求程度
	HCLS32	历史文化休闲街自然资源符合旧城区整合型模式的要求程度
客源潜力 （HCLS4）	HCLS41	历史文化休闲市场组成部分符合旧城区整合型模式的要求程度
	HCLS42	历史文化休闲市场发展规律符合旧城区整合型模式的要求程度

　　城市消费空间（urban consumption space，UCS）是城市空间的重要组成部分。本书在充分了解旅游商业区发展前后地区城市消费空间变化的基础上，分别从外来市场与资本注入、自媒体建设与推动、政策倾斜与市场保护3个层面对其进行度量，其中，针对外来市场与资本注入（UCS1）设置3个观测变量，针对自媒体建设与推动（UCS2）设置3个观测变量，针对政策倾斜与市场保护（UCS3）设置3个观测变量，总共设置9个观测变量，见表4－77。

表 4 –77　　　　　　　　　　　　　　城市消费空间（UCS）指标度量

指标名称	观测变量	具体含义
外来市场与 资本注入 （UCS1）	UCS11	外来资本注入方式符合旧城区整合型模式的要求程度
	UCS12	外来资本注入规模符合旧城区整合型模式的要求程度
	UCS13	外来资本投入产出比符合旧城区整合型模式的要求程度
自媒体建 设与推动 （UCS2）	UCS21	自媒体建设需求符合旧城区整合型模式的要求程度
	UCS22	自媒体发展成效符合旧城区整合型模式的要求程度
	UCS23	自媒体未来发展走向符合旧城区整合型模式的要求程度
政策倾斜与 市场保护 （UCS3）	UCS31	政策引导符合旧城区整合型模式的要求程度
	UCS32	专家指导符合旧城区整合型模式的要求程度
	UCS33	大众参与度符合旧城区整合型模式的要求程度

　　环境组成要素（environmental components，EC）直接影响着历史文化休闲街的开发与城市发展规划之间的协调性。结合文旅深度融合新业态与商业文化遗产系统性保护协同发展的现状，共计设置6个观测变量，对其进行度量，其中，针对区域规划与资源开发结合（EC1）设置3个观测变量，针对文化保护与经济建设结合（EC2）设置3个观测变量，见表4－78。

表 4 –78　　　　　　　　　　　　　　环境组成要素（EC）指标度量

指标名称	观测变量	具体含义
区域规划与 资源开发 （EC1）	EC11	区域规划与资源开发力度符合旧城区整合型模式的要求程度
	EC12	区域规划与资源开发方向符合旧城区整合型模式的要求程度
	EC13	区域规划与资源开发制度符合旧城区整合型模式的要求程度
文化保护与 经济建设 （EC2）	EC21	文化保护与经济建设政策支持符合旧城区整合型模式的要求程度
	EC22	文化保护与经济建设基础符合旧城区整合型模式的要求程度
	EC23	文化保护与经济建设协同机制符合旧城区整合型模式的要求程度

　　旧城区整合型（integrated old urban area，IOUA）是商业文化遗产系统性保护的重要模式之一。结合商业文化遗产系统性保护的现状和发展潜力，共计设置8个观测变量，其中，针对整体规划（IOUA1）设置3个观测变量，针对分步实施（IOUA2）设置3个观测变量，针对合理控制（IOUA3）设置2个观测变量，见表4-79。

表4-79　　　　　　　　　　　　　　　　旧城区整合型（IOUA）指标度量

指标名称	观测变量	具体含义
整体规划 （IOUA1）	IOUA11	整体规划制度符合旧城区整合型模式的要求程度
	IOUA12	整体规划内容符合旧城区整合型模式的要求程度
	IOUA13	整体规划机制符合旧城区整合型模式的要求程度
分步实施 （IOUA2）	IOUA21	分步实施机制符合旧城区整合型模式的要求程度
	IOUA22	分步实施主体符合旧城区整合型模式的要求程度
	IOUA23	分步实施成效符合旧城区整合型模式的要求程度
合理控制 （IOUA3）	IOUA31	合理控制实效性符合旧城区整合型模式的要求程度
	IOUA32	合理控制科学性符合旧城区整合型模式的要求程度

　　第十九，书院文化博物馆与历史片区改造型系统性保护协同模式的调查问卷设计。

　　在进行数据收集和整理的过程中，不仅考虑到相关部门对"文旅深度融合新业态与教育文化遗产系统性保护协同"的主观感受，还充分考虑到在进程实施过程中各地居民的支持度。通过全方位考虑"书院文化博物馆"与"历史片区改造型"之间的相互作用关系，一方面，从地区居民就业类型、产业结构以及生活满意度等方面，判断教育旅游对于地区居民生活、产业布局等方面的影响，进而准确把握文旅深度融合新业态对于教育文化遗产系统性保护的促进作用；另一方面，从教育文化遗产保护与再利用现状、布局、社会文化环境等方面，判断教育文化遗产系统性保护对地区教育旅游发展的影响，进而准确把握文旅深度融合新业态与教育文化遗产系统性保护协同模式的作用机制。

　　为确保研究所得数据的准确性和实效性，在充分了解书院文化博物馆与历史片区改造型协同模式的发展现状的基础上设计了《书院文化博物馆与历史片区改造型系统性保护协同模式的调查问卷》（简称"调查问卷"）。在设计问卷的过程中，着重把握书院文化博物馆、产业结构、技术创新、外部环境、历史片区改造型5个方面。在设计调查问卷的过程中，主要涉及以下五个方面的内容：一是"书院文化博物馆的调查"；二是"产业结构的调查"；三是"技术创新的调查"；四是"外部环境的调查"；五是"历史片区改造型的调查"。

　　本书对书院文化博物馆与历史片区改造型进行结构方程实证分析时，对研究假设HA1～HA8进行假设检验。在对书院文化博物馆与历史片区改造型进行结构方程实证分析的过程中，以书院文化博物馆、产业结构、技术创新、外部环境、历史片区改造型5个点为关键变量。为实现研究目的，利用一系列观测变量对相关潜在变量进行定量分析，并对以上5个关键变量进行度量。在书院文化博物馆、产业结构、技术创新、外部环境、历史片区改造型5个关键变量中，以变量之间的相互作用关系为基础，以书院文化博物馆为解释变量，产业结构、技术创新、外部环境和历史片区改造型为被解释变量，并分别对相关解释变量和被解释变量进行度量。

　　书院文化博物馆（college heritage museum，CHM）是发展教育旅游的典型模式之一，其大多位于城市的中心区域，在具体发展过程中具有明确的发展目标、功能定位，对于促进新型城镇化建设具有重要意义。因此，本书从发展目标（CHM1）、功能定位（CHM2）、区位条件（CHM3）、城镇化程度（CHM4）4个方面对书院文化博物馆进行度量，共设置了8个观测变量，见表4-80。

表 4 – 80　　　　　　　　　　　　　　书院文化博物馆（CHM）指标度量

指标名称	观测变量	具体含义
发展目标 （CHM1）	CHM11	书院文化博物馆的发展目标符合历史片区改造型模式的要求程度
	CHM12	书院文化博物馆的价值走向状况符合历史片区改造型模式的要求程度
功能定位 （CHM2）	CHM21	书院文化博物馆的价值功能符合历史片区改造型模式的要求程度
	CHM22	书院文化博物馆的功效定位符合历史片区改造型模式的要求程度
区位条件 （CHM3）	CHM31	书院文化博物馆的地理条件符合历史片区改造型模式的要求程度
	CHM32	书院文化博物馆的产业状况符合历史片区改造型模式的要求程度
城镇化程度 （CHM4）	CHM41	书院文化博物馆的城镇化水平符合历史片区改造型模式的要求程度
	CHM42	书院文化博物馆的城镇化特征符合历史片区改造型模式的要求程度

　　产业结构（industrial structure，IS）的高级化进程直接影响着旅游发展的整体效益，因此，产业结构不仅是设计的关键被解释变量，还是书院文化博物馆与历史片区改造型系统性保护协同模式的关键中间变量。从文旅深度融合新业态与教育文化遗产系统性保护协同的角度出发，分别从品牌文化（IS1）、文化产业政策（IS2）、公共传播（IS3）、文化经济（IS4）4 个角度出发对其进行度量，共设置 10 个观测变量，见表 4 – 81。

表 4 – 81　　　　　　　　　　　　　　产业结构（IS）指标度量

指标名称	观测变量	具体含义
品牌文化 （IS1）	IS11	书院历史积淀符合历史片区改造型模式的要求程度
	IS12	书院规模实力符合历史片区改造型模式的要求程度
	IS13	书院价值功能符合历史片区改造型模式的要求程度
文化产业政策 （IS2）	IS21	文化产业政策的关联度符合历史片区改造型模式的要求程度
	IS22	文化产业政策环境符合历史片区改造型模式的要求程度
公共传播 （IS3）	IS31	公共传播特点符合历史片区改造型模式的要求程度
	IS32	公共传播对象符合历史片区改造型模式的要求程度
	IS33	公共传播效益符合历史片区改造型模式的要求程度
文化经济 （IS4）	IS41	文化经济特征符合历史片区改造型模式的要求程度
	IS42	社会文化经济生产方式符合历史片区改造型模式的要求程度

　　技术开发资本与技术创造资本对于提高旅游企业发展的技术创新水平具有显著的促进作用，结合前人对技术创新（technological innovation，TI）在文旅深度融合新业态与教育文化遗产系统性保护中的研究成果，分别从技术水平（TI1）、技术应用（TI2）两个角度对技术创新进行阐释，共计设置 4 个观测变量，见表 4 – 82。

表 4 – 82　　　　　　　　　　　　　　技术创新（TI）指标度量

指标名称	观测变量	具体含义
技术水平 （TI1）	TI11	技术创新水平符合历史片区改造型模式的要求程度
	TI12	技术模仿水平符合历史片区改造型模式的要求程度
技术应用 （TI2）	TI21	技术应用的规范性要求符合历史片区改造型模式的要求程度
	TI22	技术应用的规模效益符合历史片区改造型模式的要求程度

　　良好的政策环境、社会环境、生态环境共同组成书院文化博物馆与历史片区改造型协同发展的外部环

境（external environment，EE），只有逐渐完善教育旅游发展的外部环境，积极引入外部资本和产业资源，才能够最大限度发挥旅游发展的外源力量。基于此，分别从政策环境（EE1）、社会环境（EE2）、生态环境（EE3）3 个角度对外部环境进行度量，共设置 9 个观测变量，见表 4 - 83。

表 4 - 83   外部环境（EE）指标度量

指标名称	观测变量	具体含义
政策环境 （EE1）	EE11	制度政策环境变化符合历史片区改造型模式的要求程度
	EE12	政策环境的不稳定性符合历史片区改造型模式的要求程度
	EE13	政策环境效益评价标准符合历史片区改造型模式的要求程度
社会环境 （EE2）	EE21	社会环境变化特征符合历史片区改造型模式的要求程度
	EE22	社会环境效益符合历史片区改造型模式的要求程度
	EE23	社会环境建设要求符合历史片区改造型模式的要求程度
生态环境 （EE3）	EE31	生态环境水平符合历史片区改造型模式的要求程度
	EE32	生态环境治理技术符合历史片区改造型模式的要求程度
	EE33	生态基础符合历史片区改造型模式的要求程度

历史片区改造型（remodel of the historic district，RHD）是教育文化遗产系统性保护的关键模式之一，针对教育文化遗产系统性保护的特征和机制，共计设置 8 个观测变量。其中，针对政府引导（RHD1）设置 3 个变量，针对市场化运作（RHD2）设置 3 个变量，针对统一规划（RHD3）设置 2 个变量，见表 4 - 84。

表 4 - 84   历史片区改造型（RHD）指标度量

指标名称	观测变量	具体含义
政府主导 （RHD1）	RHD11	政府主导制度符合历史片区改造型模式的要求程度
	RHD12	政府主导内容符合历史片区改造型模式的要求程度
	RHD13	政府主导机制符合历史片区改造型模式的要求程度
市场运作 （RHD2）	RHD21	市场运作机制符合历史片区改造型模式的要求程度
	RHD22	市场主体构成符合历史片区改造型模式的要求程度
	RHD23	市场运作要求符合历史片区改造型模式的要求程度
统一规划 （RHD3）	RHD31	统一规划内容符合历史片区改造型模式的要求程度
	RHD32	统一规划效应符合历史片区改造型模式的要求程度

第二十，研学游教育学府与历史片区改造型系统性保护协同模式的调查问卷设计。

在进行数据收集和整理的过程中，不仅考虑到相关部门对"文旅深度融合新业态与教育文化遗产系统性保护协同"的主观感受，还充分考虑到在进程实施过程中各地居民的支持度。通过全方位考虑"研学游教育学府"与"历史片区改造型"之间的相互作用关系，一方面，从地区居民就业类型、产业结构以及生活满意度等方面，判断教育旅游对于地区居民生活、产业布局等方面的影响，进而准确把握文旅深度融合新业态对于教育文化遗产系统性保护的促进作用；另一方面，从教育文化遗产保护与再利用现状、布局、社会文化环境等方面，判断教育文化遗产系统性保护对地区教育旅游发展的影响，进而准确把握文旅深度融合新业态与教育文化遗产系统性保护协同模式的作用机制。

为确保研究所得数据的准确性和实效性，在充分了解研学游教育学府与历史片区改造型协同模式的发展现状的基础上设计了《研学游教育学府与历史片区改造型系统性保护协同模式的调查问卷》（简称"调查问卷"）。在设计问卷的过程中，着重把握研学游教育学府、价值功能、外部环境、发展规划、历史片区改造型 5 个方面。在设计调查问卷的过程中，主要涉及以下几个方面的内容：一是"研学游教育学府的调查"；二是"价值功能的调查"；三是"外部环境的调查"；四是"发展规划的调查"；五是"历史片区改造型的调查"。

本书对研学游教育学府与历史片区改造型进行结构方程实证分析时，对研究假设 HB1 ~ HB2 进行假设检验。在对研学游教育学府与历史片区改造型进行结构方程实证分析的过程中，以研学游教育学府、价值功能、外部环境、发展规划和历史片区改造型 5 个点为关键变量。为实现研究目的，利用一系列观测变量对相关潜在变量进行定量分析，并对以上 5 个关键变量进行度量。在研学游教育学府、价值功能、外部环境、发展规划和历史片区改造型 5 个关键变量中，以变量之间的相互关系为基础，以研学游教育学府为解释变量，价值功能、外部环境、发展规划和历史片区改造型为被解释变量，并分别对相关解释变量和被解释变量进行度量。

研学游教育学府（university of tourism education，UTE）作为文旅深度融合新业态，兼顾教育和旅游两大功能，其大多位于城市繁华区域，并具有明确的发展目标、功能定位，对促进新型城镇化建设具有重要作用。因此，从发展目标（UTE1）、功能定位（UTE2）、区位条件（UTE3）、城镇化程度（UTE4）4 个方面对研学游教育学府进行度量，共设置 8 个观测变量，见表 4 - 85。

表 4 - 85　　　　　　　　　　　　　研学游教育学府（UTE）指标度量

指标名称	观测变量	具体含义
发展目标 （UTE1）	UTE11	研学游教育学府的发展目标符合历史片区改造型模式的要求程度
	UTE12	研学游教育学府的价值走向状况符合历史片区改造型模式的要求程度
功能定位 （UTE2）	UTE21	研学游教育学府的价值功能符合历史片区改造型模式的要求程度
	UTE22	研学游教育学府的功效定位符合历史片区改造型模式的要求程度
区位条件 （UTE3）	UTE31	研学游教育学府的地理条件符合历史片区改造型模式的要求程度
	UTE32	研学游教育学府的产业状况符合历史片区改造型模式的要求程度
城镇化程度 （UTE4）	UTE41	研学游教育学府的城镇化水平符合历史片区改造型模式的要求程度
	UTE42	研学游教育学府的城镇化特征符合历史片区改造型模式的要求程度

发展规划（development planning，DP）作为产业竞争力的来源之一，直接影响着产业发展绩效。因此，本书将发展规划作为研究设计中的被解释变量和中间变量，主要从产业规划（DP1）、景观设计（DP2）、旅游规划（DP3）、城市规划设计（DP4）4 个层面出发对其进行度量，共设置 10 个观测变量，见表 4 - 86。

表 4 - 86　　　　　　　　　　　　　　发展规划（DP）指标度量

指标名称	观测变量	具体含义
产业规划 （DP1）	DP11	产业布局调整方向符合历史片区改造型模式的要求程度
	DP12	产业规划策略符合历史片区改造型模式的要求程度
	DP13	产业升级要求符合历史片区改造型模式的要求程度
景观设计 （DP2）	DP21	景观设计特征符合历史片区改造型模式的要求程度
	DP22	景观设计原则符合历史片区改造型模式的要求程度
旅游规划 （DP3）	DP31	教育旅游的经济效益符合历史片区改造型模式的要求程度
	DP32	教育旅游的社会效益符合历史片区改造型模式的要求程度
	DP33	教育旅游的未来效益符合历史片区改造型模式的要求程度
城市规划设计 （DP4）	DP41	城市发展特征符合历史片区改造型模式的要求程度
	DP42	新型城镇化建设要求符合历史片区改造型模式的要求程度

教育文化遗产的价值功能（value function，VF）是发展教育旅游的核心动力，不仅具有文化价值还有经济价值。分别从旅游教育（VF1）、文化经济（VF2）两个方面对教育文化遗产的价值功能进行详细阐释。同时，分别针对旅游教育、文化经济设置了 2 个观测变量对其进行度量，共计设置 4 个观测变量，见表 4 – 87。

表 4 – 87　　　　　　　　　　　　　　　　价值功能（VF）指标度量

指标名称	观测变量	具体含义
旅游教育 （VF1）	VF11	教育旅游发展方向符合历史片区改造型模式的要求程度
	VF12	教育旅游发展要求符合历史片区改造型模式的要求程度
文化经济 （VF2）	VF21	文化经济特征符合历史片区改造型模式的要求程度
	VF22	文化经济生产方式符合历史片区改造型模式的要求程度

良好的政策环境、社会环境、生态环境共同组成研学游教育学府与历史片区改造型系统性保护协同发展的外部环境（external environment，EE），只有逐渐完善教育旅游发展的外部环境，积极引入外部资本和产业资源，才能够最大限度发挥旅游发展的外源力量。基于此，分别从政策环境（EE1）、社会环境（EE2）、生态环境（EE3）3 个角度对外部环境进行度量，共设置 9 个观测变量，见表 4 – 88。

表 4 – 88　　　　　　　　　　　　　　　　外部环境（EE）指标度量

指标名称	观测变量	具体含义
政策环境 （EE1）	EE11	制度政策环境变化符合历史片区改造型模式的要求程度
	EE12	政策环境的不稳定性符合历史片区改造型模式的要求程度
	EE13	政策环境效益评价标准符合历史片区改造型模式的要求程度
社会环境 （EE2）	EE21	外部宏观环境特征符合历史片区改造型模式的要求程度
	EE22	社会环境效益符合历史片区改造型模式的要求程度
	EE23	旅游服务环境符合历史片区改造型模式的要求程度
生态环境 （EE3）	EE31	生态环境水平符合历史片区改造型模式的要求程度
	EE32	生态环境治理技术符合历史片区改造型模式的要求程度
	EE33	生态基础符合历史片区改造型模式的要求程度

历史片区改造型（remodel of the historic district，RHD）是教育文化遗产系统性保护的关键模式之一，针对教育文化遗产系统性保护的特征和机制，共计设置 8 个观测变量。其中，针对政府主导（RHD1）设置 3 个变量，针对市场化运作（RHD2）设置了 3 个变量，针对统一规划（RHD3）设置 2 个变量，见表 4 – 89。

表 4 – 89　　　　　　　　　　　　　　　　历史片区改造型（RHD）指标度量

指标名称	观测变量	具体含义
政府主导 （RHD1）	RHD11	政府主导制度符合历史片区改造型模式的要求程度
	RHD12	政府主导内容符合历史片区改造型模式的要求程度
	RHD13	政府主导机制符合历史片区改造型模式的要求程度
市场运作 （RHD2）	RHD21	市场运作机制符合历史片区改造型模式的要求程度
	RHD22	市场主体构成符合历史片区改造型模式的要求程度
	RHD23	市场运作要求符合历史片区改造型模式的要求程度
统一规划 （RHD3）	RHD31	统一规划内容符合历史片区改造型模式的要求程度
	RHD32	统一规划效应符合历史片区改造型模式的要求程度

第二十一，休闲游学综合体与区域开发型系统性保护协同模式的调查问卷设计。

在进行数据收集和整理的过程中，不仅考虑到相关部门对"文旅深度融合新业态与教育文化遗产系统性保护协同"的主观感受，还充分考虑到在进程实施过程中各地居民的支持度。通过全方位考虑"休闲游学综合体"与"区域开发型"之间的相互作用关系，一方面，从地区居民就业类型、产业结构以及生活满意度等方面，判断教育旅游对于地区居民生活、产业布局等方面的影响，进而准确把握文旅深度融合新业态对于教育文化遗产系统性保护的促进作用；另一方面，从教育文化遗产保护与再利用现状、布局、社会文化环境等方面，判断教育文化遗产系统性保护对地区教育旅游发展的影响，进而准确把握文旅深度融合新业态与教育文化遗产系统性保护协同模式的作用机制。

为确保研究所得数据的准确性和实效性，在充分了解休闲游学综合体与区域开发型协同模式的发展现状的基础上设计了《休闲游学综合体与区域开发型系统性保护协同模式的调查问卷》（简称"调查问卷"）。在设计问卷的过程中，着重把握休闲游学综合体、资源优势、规划布局、区域开发型 4 个方面。在设计调查问卷的过程中，主要涉及以下几个方面的内容：一是"休闲游学综合体的调查"；二是"资源优势的调查"；三是"规划布局的调查"；四是"区域开发型的调查"。

本书对休闲游学综合体与区域开发型进行结构方程实证分析时，对研究假设 HC1 ~ HC5 进行假设检验。在对休闲游学综合体与区域开发型进行结构方程实证分析的过程中，以休闲游学综合体、资源优势、规划布局、区域开发型 4 个点为关键变量。为实现研究目的，利用一系列观测变量对相关潜在变量进行定量分析，并对以上 4 个关键变量进行度量。在休闲游学综合体、资源优势、规划布局和区域开发型 4 个关键变量中，以变量之间的相互关系为基础，以休闲游学综合体为解释变量，以资源优势、规划布局和区域开发型为被解释变量，并分别对相关解释变量和被解释变量进行度量。

休闲游学综合体（leisure tourism complex，LTC）是发展教育旅游的新模式，其发展需要依托优良的自然条件，相关开发主体对其未来发展有明确的发展目标、功能定位，并且其发展还与城镇化进程密切相关。因此，从发展目标（LTC1）、功能定位（LTC2）、自然条件（LTC3）、城镇化程度（LTC4）4 个方面对休闲游学综合体进行度量，共设置 9 个观测变量，见表 4 - 90。

表 4 - 90　　　　　　　　　　　　　　休闲游学综合体（LTC）指标度量

指标名称	观测变量	具体含义
发展目标 （LTC1）	LTC11	休闲游学综合体的发展规划符合区域开发型模式的要求程度
	LTC12	休闲游学综合体的发展方向符合区域开发型模式的要求程度
功能定位 （LTC2）	LTC21	休闲游学综合体的价值功能符合区域开发型模式的要求程度
	LTC22	休闲游学综合体的文化保护效益符合区域开发型模式的要求程度
	LTC23	休闲游学综合体的经济效益符合区域开发型模式的要求程度
自然条件 （LTC3）	LTC31	休闲游学综合体的生态环境建设符合区域开发型模式的要求程度
	LTC32	休闲游学综合体的产业基础符合区域开发型模式的要求程度
城镇化程度 （LTC4）	LTC41	休闲游学综合体的城镇化水平符合区域开发型模式的要求程度
	LTC42	休闲游学综合体的城镇化特征符合区域开发型模式的要求程度

资源优势（resource advantage，RA）作为旅游发展的关键要素，直接影响着文旅深度融合新业态与教育文化遗产系统性保护协同进程，具体主要表现在区域政策优势、产业优势、生态优势及可持续性 4 个方面，因此，分别从区域政策（RA1）、产业基础（RA2）、生态环境（RA3）、可持续性（RA4）4 个方面出发对其进行度量，共设置 11 个变量，见表 4 - 91。

表 4 - 91 资源优势（RA）指标度量

指标名称	观测变量	具体含义
区域政策 （RA1）	RA11	城市发展的区域政策环境符合区域开发型模式的要求程度
	RA12	城市发展的文化保护政策符合区域开发型模式的要求程度
	RA13	城市发展的产业发展政策符合区域开发型模式的要求程度
产业基础 （RA2）	RA21	产业间结构符合区域开发型模式的要求程度
	RA22	产业内结构符合区域开发型模式的要求程度
生态环境 （RA3）	RA31	城市生态基础符合区域开发型模式的要求程度
	RA32	城市生态保护技术水平符合区域开发型模式的要求程度
	RA33	城市生态保护政策符合区域开发型模式的要求程度
可持续性 （RA4）	RA41	教育文化遗产的未来趋势符合区域开发型模式的要求程度
	RA42	教育旅游发展的产业结构符合区域开发型模式的要求程度
	RA43	教育文化遗产发展现状符合区域开发型模式的要求程度

在对景区进行规划布局（planning layout，PL）时应先整体后局部，坚持以高效的生态效益和经济效益为基础，开发最佳的教育旅游地。休闲游学综合体的发展规划不仅要符合产业集群发展特征、创意文化产业发展规律，还要符合城市发展规律。本书分别从产业集群发展特征（PL1）、创意文化产业发展（PL2）、城市发展规律（PL3）3 个角度出发对其进行度量，共设置 9 个观测变量，见表 4 - 92。

表 4 - 92 规划布局（PL）指标度量

指标名称	观测变量	具体含义
产业集群 发展特征 （PL1）	PL11	产业资源类型符合区域开发型模式的要求程度
	PL12	产业资源发展现状符合区域开发型模式的要求程度
	PL13	产业资源发展规划符合区域开发型模式的要求程度
创意文化 产业发展 （PL2）	PL21	地域文化特色符合区域开发型模式的要求程度
	PL22	特色文化资源类型符合区域开发型模式的要求程度
	PL23	教育文化遗产资源符合区域开发型模式的要求程度
城市发展规律 （PL3）	PL31	城市产业发展规划符合区域开发型模式的要求程度
	PL32	城市经济发展规划符合区域开发型模式的要求程度
	PL33	城市文化保护规划符合区域开发型模式的要求程度

区域开发型（regional development type，RDT）作为教育文化遗产系统性保护的有效模式，在发展过程中应坚持以社会效益、经济效益和生态效益协同发展为原则。结合教育旅游的发展潜力和特征，分别从城市更新（RDT1）、整体考虑（RDT2）、协调发展（RDT3）3 个层面出发对其进行度量，共设置 8 个观测变量，见表 4 - 93。

表 4 - 93 区域开发型（RDT）指标度量

指标名称	观测变量	具体含义
城市更新 （RDT1）	RDT11	城市更新规划范围符合区域开发型模式的要求程度
	RDT12	城市更新侧重点符合区域开发型模式的要求程度
	RDT13	城市更新原则符合区域开发型模式的要求程度

指标名称	观测变量	具体含义
整体考虑 （RDT2）	RDT21	整体考虑机制符合区域开发型模式的要求程度
	RDT22	整体考虑的客体要求符合区域开发型模式的要求程度
	RDT23	整体考虑的主体利益符合区域开发型模式的要求程度
协调发展 （RDT3）	RDT31	协调发展要求符合区域开发型模式的要求程度
	RDT32	协调发展机制符合区域开发型模式的要求程度

第二十二，文庙文化产业园与区域开发型系统性保护协同模式的调查问卷设计。

在进行数据收集和整理的过程中，不仅考虑到相关部门对"文旅深度融合新业态与教育文化遗产系统性保护协同"的主观感受，还充分考虑到在进程实施过程中各地居民的支持度。通过全方位考虑"文庙文化产业园"与"区域开发型"之间的相互作用关系，一方面，从地区居民就业类型、产业结构以及生活满意度等方面，判断教育旅游对于地区居民生活、产业布局等方面的影响，进而准确把握文旅深度融合新业态对于教育文化遗产系统性保护的促进作用；另一方面，从教育文化遗产保护与再利用现状、布局、社会文化环境等方面，判断教育文化遗产系统性保护对地区教育旅游发展的影响，进而准确把握文旅深度融合新业态与教育文化遗产系统性保护协同模式的作用机制。

为确保研究所得数据的准确性和实效性，在充分了解文庙文化产业园与区域开发型系统性保护协同模式的发展现状的基础上设计了《文庙文化产业园与区域开发型系统性保护协同模式的调查问卷》（简称"调查问卷"）。在设计问卷的过程中，着重把握文庙文化产业园、产业基础、政策创新、区域开发型 4 个方面。在设计调查问卷的过程中，主要涉及以下几个方面的内容：一是"文庙文化产业园的调查"；二是"产业基础的调查"；三是"政策创新的调查"；四是"区域开发型的调查"。

本书对文庙文化产业园与区域开发型进行结构方程实证分析时，对研究假设 HD1 ~ HD5 进行假设检验。在对文庙文化产业园与区域开发型进行结构方程实证分析的过程中，以文庙文化产业园、产业基础、政策创新、区域开发型 4 个点为关键变量。为实现研究目的，利用一系列观测变量对相关潜在变量进行定量分析，并对以上 4 个关键变量进行度量。在文庙文化产业园、产业基础、政策创新、区域开发型 4 个关键变量中，以变量之间的相互关系为基础，以文庙文化产业园为解释变量，产业基础、政策创新和区域开发型为被解释变量，并分别对相关解释变量和被解释变量进行度量。

文庙文化产业园（temple of cultural industrial park，TCIP）发展需要良好的自然环境，并且具有明确的发展目标、功能定位，还与城镇化进程密切相关。因此，从发展目标（TCIP1）、功能定位（TCIP2）、自然条件（TCIP3）、城镇化程度（TCIP4）4 个方面对文庙文化产业园进行度量，共设置 9 个观测变量，见表 4 – 94。

表 4 – 94　　　　　　　　　　　　　文庙文化产业园（TCIP）指标度量

指标名称	观测变量	具体含义
发展目标 （TCIP1）	TCIP11	文庙文化产业园的发展目标符合区域开发模式的要求程度
	TCIP12	文庙文化产业园的发展方向符合区域开发模式的要求程度
功能定位 （TCIP2）	TCIP21	文庙文化产业园文化功能定位符合区域开发型模式的要求程度
	TCIP22	文庙文化产业园产业功能定位符合区域开发型模式的要求程度
	TCIP23	文庙文化产业园价值功能符合区域开发型模式的要求程度
自然条件 （TCIP3）	TCIP31	文庙文化产业园的生态环境符合区域开发型模式的要求程度
	TCIP32	文庙文化产业园的自然环境符合区域开发型模式的要求程度
城镇化程度 （TCIP4）	TCIP41	文庙文化产业园的城镇化水平符合区域开发型模式的要求程度
	TCIP42	文庙文化产业园的城镇化特征符合区域开发型模式的要求程度

产业基础（industrial base，IB）不仅是本书设计中关键的被解释变量，还是文庙文化产业园与区域开发型系统性保护协同模式的关键中间变量之一。从教育旅游与教育文化遗产系统性保护两个角度出发，整合前人研究的相关资料，分别从创意文化（IB1）、创意旅游（IB2）、产业融合（IB3）、可持续性（IB4）4个角度出发对其进行度量，共设置11个观测变量，见表4-95。

表4-95 产业基础（IB）指标度量

指标名称	观测变量	具体含义
创意文化 （IB1）	IB11	创意文化发展目标符合区域开发型模式的要求程度
	IB12	创意文化类型符合区域开发型模式的要求程度
	IB13	创意文化产业基础发展符合区域开发型模式的要求程度
创意旅游 （IB2）	IB21	创意旅游资源禀赋符合区域开发型模式的要求程度
	IB22	创意旅游发展效益符合区域开发型模式的要求程度
产业融合 （IB3）	IB31	产业融合经济效益符合区域开发型模式的要求程度
	IB32	产业融合的社会效益符合区域开发型模式的要求程度
	IB33	产业融合的未来效益符合区域开发型模式的要求程度
可持续性 （IB4）	IB41	教育旅游的未来趋势符合区域开发型模式的要求程度
	IB42	文化结构符合区域开发型模式的要求程度
	IB43	教育文化遗产产业结构符合区域开发型模式的要求程度

通过优化政策创新（policy innovation，PI），可以不断完善教育旅游动态化的软、硬环境和法律环境，从多方面保障教育旅游产业的动态优化，对于推进文旅深度融合新业态与教育文化遗产系统性保护协同具有重要意义。因此分别从产权制度（PI1）、资源开发与管理（PI2）、城乡二元体制（PI3）3个层面出发对其进行度量，共设置9个观测变量，见表4-96。

表4-96 政策创新（PI）指标度量

指标名称	观测变量	具体含义
产权制度 （PI1）	PI11	产权制度内容符合区域开发型模式的要求程度
	PI12	产权管理制度符合区域开发型模式的要求程度
	PI13	产权制度体制机制符合区域开发型模式的要求程度
资源开发与管理 （PI2）	PI21	资源开发与管理内容符合区域开发型模式的要求程度
	PI22	资源开发与管理制度符合区域开发型模式的要求程度
	PI23	资源开发与管理方式符合区域开发型模式的要求程度
城乡二元体制 （PI3）	PI31	城乡二元体制管理方式符合区域开发型模式的要求程度
	PI32	城乡二元体制治理状况符合区域开发型模式的要求程度
	PI33	城乡二元体制机制符合区域开发型模式的要求程度

区域开发型（regional development type，RDT）作为教育文化遗产系统性保护的有效模式，在发展过程中坚持以社会效益、经济效益和生态效益协同发展为原则。结合教育旅游的发展潜力和特征，分别从城市更新（RDT1）、整体考虑（RDT2）、协调发展（RDT3）3个层面出发对其进行度量，共设置8个观测变量，见表4-97。

表 4 - 97 　　　　　　　　　　　　　　　区域开发型（RDT）指标度量

指标名称	观测变量	具体含义
城市更新 （RDT1）	RDT11	城市更新规划范围符合区域开发型模式的要求程度
	RDT12	城市更新侧重点符合区域开发型模式的要求程度
	RDT13	城市更新原则符合区域开发型模式的要求程度
整体考虑 （RDT2）	RDT21	整体考虑机制符合区域开发型模式的要求程度
	RDT22	整体考虑的客体要求符合区域开发型模式的要求程度
	RDT23	整体考虑的主体利益符合区域开发型模式的要求程度
协调发展 （RDT3）	RDT31	协调发展要求符合区域开发型模式的要求程度
	RDT32	协调发展机制符合区域开发型模式的要求程度

第二十三，智慧风景区与城镇融合共建型系统性保护协同模式的调查问卷设计。

在进行数据收集和整理的过程中，不仅考虑到相关部门对"文旅深度融合新业态与教育文化遗产系统性保护协同"的主观感受，还充分考虑到在进程实施过程中各地居民的支持度。通过全方位考虑"智慧风景区"与"城镇融合共建型"之间的相互作用关系，一方面，从地区居民就业类型、产业结构以及生活满意度等方面，判断教育旅游对于地区居民生活、产业布局等方面的影响，进而准确把握文旅深度融合新业态对于教育文化遗产系统性保护的促进作用；另一方面，从教育文化遗产保护与再利用现状、布局、社会文化环境等方面，判断教育文化遗产系统性保护对地区教育旅游发展的影响，进而准确把握文旅深度融合新业态与教育文化遗产系统性保护协同模式的作用机制。

为确保研究所得数据的准确性和实效性，在充分了解智慧风景区与城镇融合共建型系统性保护协同模式的发展现状的基础上设计了《智慧风景区与城镇融合共建型系统性保护协同模式》（简称"调查问卷"）。在设计问卷的过程中，着重把握智慧风景区、发展要素、创新能力、城镇融合共建型 4 个方面。在设计调查问卷的过程中，主要涉及以下几个方面的内容：一是"智慧风景区的调查"；二是"发展要素的调查"；三是"创新能力的调查"；四是"城镇融合共建型的调查"。

本书对智慧风景区与城镇融合共建型进行结构方程实证分析时，对研究假设 HE1 ~ HE5 进行假设检验。在对智慧风景区与城镇融合共建型进行结构方程实证分析的过程中，以智慧风景区、发展要素、创新能力和城镇融合共建型 4 个点为关键变量。为实现研究目的，利用一系列观测变量对相关潜在变量进行定量分析，并对以上 4 个关键变量进行度量。在智慧风景区、发展要素、创新能力、城镇融合共建型 4 个关键变量中，以变量之间的相互关系为基础，以智慧风景区为解释变量，发展要素、创新能力和城镇融合共建型为被解释变量，并分别对相关解释变量和被解释变量进行度量。

智慧风景区（intelligent scenic spot，ISS）作为文旅深度融合新业态之一，是现代文化旅游产业创新业态的方式之一。智慧风景区的发展不仅与其区位条件密切相关，还与客源潜力、人文环境和城镇化建设密不可分。因此，从区位条件（ISS1）、客源潜力（ISS2）、人文环境（ISS3）和城镇化程度（ISS4）4 个方面对智慧风景区进行度量，共设置 9 个观测变量，见表 4 - 98。

表 4 - 98 　　　　　　　　　　　　　　　智慧风景区（ISS）指标度量

指标名称	观测变量	具体含义
区位条件 （ISS1）	ISS11	智慧风景区地理位置符合城镇融合共建型模式的要求程度
	ISS12	智慧风景区交通状况符合城镇融合共建型模式的要求程度
客源潜力 （ISS2）	ISS21	智慧风景区市场内容符合城镇融合共建型模式的要求程度
	ISS22	智慧风景区市场规律符合城镇融合共建型模式的要求程度
人文基础 （ISS3）	ISS31	智慧风景区人口构成符合城镇融合共建型模式的要求程度
	ISS32	智慧风景区人口素质符合城镇融合共建型模式的要求程度
	ISS33	智慧风景区文化背景符合城镇融合共建型模式的要求程度

指标名称	观测变量	具体含义
城镇化程度 （ISS4）	ISS41	智慧风景区城镇化基础符合城镇融合共建型模式的要求程度
	ISS42	智慧风景区城市发展规划符合城镇融合共建型模式的要求程度

人才、技术、文化作为智慧风景区发展的三大发展要素（development factor，DF），对于实现旅游经济高质量发展具有重要意义。分别从人才队伍建设（DF1）、技术运用（DF2）、社会文化环境（DF3）3个层面出发对其进行度量，共设置 8 个观测变量，见表 4 - 99。

表 4 - 99　　　　　　　　　　　　　　　　发展要素（DF）指标度量

指标名称	观测变量	具体含义
人才队伍 建设（DF1）	DF11	人才队伍建设方式符合城镇融合共建型模式的要求程度
	DF12	智慧风景区对人才的需求符合城镇融合共建型模式的要求程度
	DF13	人才构成符合城镇融合共建型模式的要求程度
技术运用 （DF2）	DF21	技术运用水平符合城镇融合共建型模式的要求程度
	DF22	技术创新水平符合城镇融合共建型模式的要求程度
社会文化环境 （DF3）	DF31	政府支持力度符合城镇融合共建型模式的要求程度
	DF32	社区参与力度符合城镇融合共建型模式的要求程度
	DF33	游客自觉意识符合城镇融合共建型模式的要求程度

创新能力（ability to innovate，AI）作为区域发展的内在动力，对缓解由新型城镇化建设而导致文化遗产流失的问题具有显著影响作用。分别从管理创新（AI1）、技术创新（AI2）、政策创新（AI3）3 个层面出发对其进行度量，共设置 9 个观测变量，见表 4 - 100。

表 4 - 100　　　　　　　　　　　　　　　　创新能力（AI）指标度量

指标名称	观测变量	具体含义
管理创新 （AI1）	AI11	管理创新制度符合城镇融合共建型模式的要求程度
	AI12	管理创新机制符合城镇融合共建型模式的要求程度
	AI13	产权制度管理创新符合城镇融合共建型模式的要求程度
技术创新 （AI2）	AI21	技术创新水平符合城镇融合共建型模式的要求程度
	AI22	技术创新要求符合城镇融合共建型模式的要求程度
	AI23	技术需求符合城镇融合共建型模式的要求程度
政策创新 （AI3）	AI31	政策创新水平符合城镇融合共建型模式的要求程度
	AI32	政策创新环境符合城镇融合共建型模式的要求程度
	AI33	政策创新力度符合城镇融合共建型模式的要求程度

城镇融合共建型（urban integration and co - construction，UIC）是两地之间形成的一种具有紧密性区域合作关系的教育文化遗产系统性保护协同模式，其目标在于发挥各自优势，抓住共同发展机遇。分别从零星储备（UIC1）、片区改造（UIC2）、整片开发（UIC3）3 个层面出发对其进行度量，共设置 8 个观测变量，见表 4 - 101。

表 4 – 101　　　　　　　　　　　　　　　城镇融合共建型（UIC）指标度量

指标名称	观测变量	具体含义
零星储备 （UIC1）	UIC11	旅游资源储备特征符合城镇融合共建型模式的要求程度
	UIC12	政策环境营造符合城镇融合共建型模式的要求程度
	UIC13	客源储备特征符合城镇融合共建型模式的要求程度
片区改造 （UIC2）	UIC21	片区改造机制符合城镇融合共建型模式的要求程度
	UIC22	片区改造主体符合城镇融合共建型模式的要求程度
	UIC23	片区改造范围符合城镇融合共建型模式的要求程度
整片开发 （UIC3）	UIC31	整片开发内容符合城镇融合共建型模式的要求程度
	UIC32	整片开发特征符合城镇融合共建型模式的要求程度

第二十四，文化创意产业带与城镇融合共建型系统性保护协同模式的调查问卷设计。

在进行数据收集和整理的过程中，不仅考虑到相关部门对"文旅深度融合新业态与教育文化遗产系统性保护协同"的主观感受，还充分考虑到在进程实施过程中各地居民的支持度。通过全方位考虑"文化创意产业带"与"城镇融合共建型"之间的相互作用关系，一方面，从地区居民就业类型、产业结构以及生活满意度等方面，判断教育旅游对于地区居民生活、产业布局等方面的影响，进而准确把握文旅深度融合新业态对于教育文化遗产系统性保护的促进作用；另一方面，从教育文化遗产保护与再利用现状、布局、社会文化环境等方面，判断教育文化遗产系统性保护对地区教育旅游发展的影响，进而准确把握文旅深度融合新业态与教育文化遗产系统性保护协同模式的作用机制。

为确保研究所得数据的准确性和实效性，在充分了解文化创意产业带与城镇融合共建型系统性保护协同模式的发展现状的基础上设计了《文化创意产业带与城镇融合共建型系统性保护协同模式的调查问卷》（简称"调查问卷"）。在设计问卷的过程中，着重把握文化创意产业带、资源开发、政策环境、城镇融合共建型 4 个方面。在设计调查问卷的过程中，主要涉及以下几个方面的内容：一是"文化创意产业带的调查"；二是"资源开发的调查"；三是"政策环境的调查"；四是"城镇融合共建型的调查"。

本书对文化创意产业带与城镇融合共建型进行结构方程实证分析时，对研究假设 HF1 ~ HF5 进行假设检验。在对文化创意产业带与城镇融合共建型进行结构方程实证分析的过程中，以文化创意产业带、资源开发、政策环境、城镇融合共建型 4 个点为关键变量。为实现研究目的，利用一系列观测变量对相关潜在变量进行定量分析，并对以上 4 个关键变量进行度量。在文化创意产业带、资源开发、政策环境、城镇融合共建型 4 个关键变量中，以变量之间的相互关系为基础，以文化创意产业带为解释变量，资源开发、政策环境、城镇融合共建型为被解释变量，并分别对相关解释变量和被解释变量进行度量。

文化创意产业带（cultural and creative industry zone, CCIZ）作为文旅深度融合新业态之一，是现代教育旅游的发展方式之一。文化创意产业带的发展以优良的地域人文环境为基础，其发展与区位条件、地方客源潜力和城镇化进程密切相关。因此，从区位条件（CCIZ1）、客源潜力（CCIZ2）、人文基础（CCIZ3）和城镇化进程（CCIZ4）4 个方面对文化创意产业带进行度量，共设置 9 个观测变量，见表 4 – 102。

表 4 – 102　　　　　　　　　　　　　　　文化创意产业带（CCIZ）指标度量

指标名称	观测变量	具体含义
区位条件 （CCIZ1）	CCIZ11	文化创意产业带地理位置符合城镇融合共建型模式的要求程度
	CCIZ12	文化创意产业带交通状况符合城镇融合共建型模式的要求程度
客源潜力 （CCIZ2）	CCIZ21	文化创意产业带市场内容符合城镇融合共建型模式的要求程度
	CCIZ22	文化创意产业带市场规律符合城镇融合共建型模式的要求程度
人文基础 （CCIZ3）	CCIZ31	文化创意产业带人口构成符合城镇融合共建型模式的要求程度
	CCIZ32	文化创意产业带人口素质符合城镇融合共建型模式的要求程度
	CCIZ33	文化创意产业带文化背景符合城镇融合共建型模式的要求程度

指标名称	观测变量	具体含义
城镇化进程 （CCIZ4）	CCIZ41	文化创意产业带城镇化水平符合城镇融合共建型模式的要求程度
	CCIZ42	文化创意产业带城镇化特征符合城镇融合共建型模式的要求程度

资源开发（resource development，RD）作为旅游发展的直接影响因素，涉及资源保护与利用、生态环境治理等多个方面，各个方面共同影响着教育旅游发展的可持续性。基于此，分别从资源保护与利用（RD1）、生态环境保护（RD2）、可持续性（RD3）3 个层面出发对其进行度量，共设置 8 个观测变量，见表 4 – 103。

表 4 – 103　　　　　　　　　　　　　　　　资源开发（RD）指标度量

指标名称	观测变量	具体含义
资源保护与利用 （RD1）	RD11	教育文化遗产资源优势符合城镇融合共建型模式的要求程度
	RD12	教育文化遗产资源发展规划符合城镇融合共建型模式的要求程度
	RD13	教育文化遗产资源开发方式符合城镇融合共建型模式的要求程度
生态环境保护 （RD2）	RD21	产业发展规划符合城镇融合共建型模式的要求程度
	RD22	特色产业优势符合城镇融合共建型模式的要求程度
可持续性 （RD3）	RD31	政府支持力度符合城镇融合共建型模式的要求程度
	RD32	社区参与力度符合城镇融合共建型模式的要求程度
	RD33	游客自觉意识符合城镇融合共建型模式的要求程度

通过优化政策环境（policy environment，PE），可以不断完善教育旅游动态化的软、硬环境和法律环境，从多方面保障教育旅游产业的动态优化，对于推进文旅深度融合新业态与教育文化遗产系统性保护协同具有重要意义。本书分别从产权制度（PE1）、产业布局（PE2）、城乡二元体制（PE3）3 个层面出发对其进行度量，共设置 9 个观测变量，见表 4 – 104。

表 4 – 104　　　　　　　　　　　　　　　　政策环境（PE）指标度量

指标名称	观测变量	具体含义
产权制度 （PE1）	PE11	产权制度内容符合城镇融合共建型模式的要求程度
	PE12	产权管理制度符合城镇融合共建型模式的要求程度
	PE13	产权制度体制机制符合城镇融合共建型模式的要求程度
产业布局 （PE2）	PE21	产业布局优化趋势符合城镇融合共建型模式的要求程度
	PE22	产业布局调整制度符合城镇融合共建型模式的要求程度
	PE23	产业融合发展机制符合城镇融合共建型模式的要求程度
城乡二元体制 （PE3）	PE31	城乡二元体制管理方式符合城镇融合共建型模式的要求程度
	PE32	城乡二元体制治理状况符合城镇融合共建型模式的要求程度
	PE33	城乡二元体制机制符合城镇融合共建型模式的要求程度

城镇融合共建型（urban integration and co-construction，UIC）是两地之间形成的一种具有紧密性区域合作关系的教育文化遗产系统性保护协同模式，其目标在于发挥各自文化创意优势，抓住共同发展机遇。本书分别从零星储备（UIC1）、片区改造（UIC2）、整片开发（UIC3）3 个层面出发对其进行度量，共设置 8 个观测变量，见表 4 – 105。

表 4 – 105　　　　　　　　　　　　　城镇融合共建型（UIC）指标度量

指标名称	观测变量	具体含义
零星储备 （UIC1）	UIC11	旅游资源储备特征符合城镇融合共建型模式的要求程度
	UIC12	政策环境营造符合城镇融合共建型模式的要求程度
	UIC13	客源储备特征符合城镇融合共建型模式的要求程度
片区改造 （UIC2）	UIC21	片区改造支持力度符合城镇融合共建型模式的要求程度
	UIC22	片区改造主体符合城镇融合共建型模式的要求程度
	UIC23	片区改造范围符合城镇融合共建型模式的要求程度
整片开发 （UIC3）	UIC31	整片开发方式符合城镇融合共建型模式的要求程度
	UIC32	整片开发特征符合城镇融合共建型模式的要求程度

第二十五，军事博物馆与军事基地改造型系统性保护协同模式的调查问卷设计。

在收集、整理、分析问卷数据的过程中，从主观和客观的角度考虑相关部门对"文旅深度融合新业态与军事文化遗产系统性保护协同"的感受体会，同时，立足于遗产地的现实情况和客观评价，充分考虑在实施过程中当地居民的支持力度，尽量减少设计者的主观认识，积极借鉴他人意见，设计了一份可信度高、适应性强的调查问卷。通过全方位考虑"军事博物馆"与"军事基地改造型"之间的相互作用关系，一方面，从地区居民生活环境、就业类型、产业结构以及心情指数等方面，判断军事旅游对于地区居民生活质量、产业结构布局等方面的影响，进而准确把握文旅深度融合新业态对于军事文化遗产系统性保护的促进作用；另一方面，从军事资源开发、生态环境改善状况、居民生活水平变化等方面，判断军事文化遗产系统性保护对地区军事旅游发展的影响，进而准确把握文旅深度融合新业态与军事文化遗产系统性保护协同模式的作用机制。

为确保研究所得数据的准确性、真实性和实效性，在充分了解军事博物馆和军事基地改造型系统性保护协同模式的发展现状的基础上设计了《军事博物馆对军事基地改造型系统性保护协同模式的调查问卷》（简称"调查问卷"）。在设计问卷内容时，侧重把握军事博物馆、产业结构调整、技术创新、开发主体、军事基地改造型 5 个方面。在调查问卷的设计中，主要涉及以下 5 个方面的内容：一是"军事博物馆的调查"；二是"产业结构调整的调查"；三是"技术创新的调查"；四是"开发主体的调查"；五是"军事基地改造型系统性保护的调查"。

本书对军事博物馆与军事基地改造型进行结构方程模型实证分析，对研究假设 HA1 ~ HA8 进行假设检验。在进行实证分析的过程中，以军事博物馆、产业结构调整、技术创新、开发主体和军事基地改造型 5 个点为主要关键变量，通过对这 5 个变量进行度量，采用一系列观测变量对潜在变量进行定量分析，达到最终研究目的。根据军事博物馆、产业结构调整、技术创新、开发主体和军事基地改造型 5 个主要关键变量之间的相互关系和内在机制，以军事博物馆为解释变量，产业结构调整、技术创新、开发主体和军事基地改造型为被解释变量，并分别对解释变量和被解释变量进行度量。

军事博物馆（military museum，M）是军事文化遗产系统性保护的重要方式之一，其建设与发展既与军事、文化、生态息息相关，还与基础设施建设和城镇化水平紧密相关。基于这个角度，从军事基础（M1）、文化基础（M2）、生态基础（M3）和城镇化程度（M4）4 个方面对军事博物馆进行度量，共设置了 8 个观测变量，见表 4 – 106。

表 4 – 106　　　　　　　　　　　　　　军事博物馆（M）指标度量

指标名称	观测变量	具体含义
军事基础 （M1）	M11	军事博物馆的军事发展潜力符合军事基地改造型模式的要求程度
	M12	军事博物馆的军事资源利用符合军事基地改造型模式的要求程度
文化基础 （M2）	M21	军事博物馆的文化构成符合军事基地改造型模式的要求程度
	M22	军事博物馆的文化推广情况符合军事基地改造型模式的要求程度

指标名称	观测变量	具体含义
生态基础 （M3）	M31	军事博物馆的生态保护状况符合军事基地改造型模式的要求程度
	M32	军事博物馆的生态环境效益符合军事基地改造型模式的要求程度
城镇化程度 （M4）	M41	军事博物馆的城镇化水平符合军事基地改造型模式的要求程度
	M42	军事博物馆的城镇化特征符合军事基地改造型模式的要求程度

产业结构调整（industrial restructuring，IR）除了是研究设计中关键的被解释变量，还是研究军事博物馆与军事基地改造型协同模式重要的中间变量之一，从军事旅游与军事文化遗产系统性保护两个角度出发，依托相关研究理论基础，主要从产业创新（IR1）、经济效益（IR2）、环境效益（IR3）及资源可持续发展能力（IR4）4个方面出发对其依次进行度量，共设置了10个观测变量，见表4-107。

表4-107 产业结构调整（IR）指标度量

指标名称	观测变量	具体含义
产业创新 （IR1）	IR11	产业创新发展与军事建设符合军事基地改造型模式的要求程度
	IR12	产业创新发展与文化规划符合军事基地改造型模式的要求程度
	IR13	产业创新发展与军事布局符合军事基地改造型模式的要求程度
经济效益 （IR2）	IR21	当地产业的经济规划符合军事基地改造型模式的要求程度
	IR22	当地产业的经济收益构成符合军事基地改造型模式的要求程度
环境效益 （IR3）	IR31	当地产业的环境保护范围符合军事基地改造型模式的要求程度
	IR32	当地产业的环境开发符合军事基地改造型模式的要求程度
	IR33	当地产业的生态支持力度符合军事基地改造型模式的要求程度
资源可持续发展 能力（IR4）	IR41	当地产业的资源布局分配符合军事基地改造型模式的要求程度
	IR42	当地产业的资源开发构成符合军事基地改造型模式的要求程度

军事文化遗产系统性保护问题既能有效传承军事文化、积淀红色记忆、弘扬爱国精神，同时也能促进区域经济进一步发展。开发主体（development subject，DS）是军事文化遗产系统性保护过程中不可缺少的要素。根据军事文化遗产的价值潜力和开发主体的属性特征，本书对政府主导（DS1）、专家指导（DS2）和居民主体（DS3）3个方面分别设置3个观测变量，总共设置了9个观测变量，见表4-108。

表4-108 开发主体（DS）指标度量

指标名称	观测变量	具体含义
政府主导 （DS1）	DS11	政府职能划分符合军事基地改造型模式的要求程度
	DS12	政府政策红利符合军事基地改造型模式的要求程度
	DS13	政府官员偏好符合军事基地改造型模式的要求程度
专家指导 （DS2）	DS21	专家专业指导技能符合军事基地改造型模式的要求程度
	DS22	专家指导意见特征符合军事基地改造型模式的要求程度
	DS23	专家文化认知程度符合军事基地改造型模式的要求程度
居民主体 （DS3）	DS31	居民主体特征符合军事基地改造型模式的要求程度
	DS32	居民文化认知程度符合军事基地改造型模式的要求程度
	DS33	居民家庭收入水平符合军事基地改造型模式的要求程度

技术创新（technological innovation，TI）可以使军事文化遗产适应现代化发展脚步，在带动区域经济的同时保证军事文化遗产得到更好的、全面的保护。依托相关学者对军事文化遗产中技术创新已有的理论研究基础，从技术教育推广（TI1）、理念包容（TI2）和现代化创新（TI3）3 个方面进行分析讨论，并分别设置 2 个观测变量进行度量分析，总共设置 6 个观测变量，见表 4 – 109。

表 4 – 109　　　　　　　　　　　　技术创新（TI）指标度量

指标名称	观测变量	具体含义
技术教育推广 （TI1）	TI11	科技教育类型符合军事基地改造型模式的要求程度
	TI12	科技教育支持力度符合军事基地改造型模式的要求程度
理念包容 （TI2）	TI21	现代理念接受程度符合军事基地改造型模式的要求程度
	TI22	创新理念价值符合军事基地改造型模式的要求程度
现代化创新 （TI3）	TI31	技术发展趋势符合军事基地改造型模式的要求程度
	TI32	现代化技术构成符合军事基地改造型模式的要求程度

军事基地改造型（reconstruction of military base，RMB）是军事文化遗产系统性保护过程中的关键模式之一，分别从军事旅游与军事文化遗产系统性保护两个方面出发对其进行度量，根据军事文化遗产的价值潜力和作用机制，针对统筹协调（RMB1）设置了 3 个观测变量，针对全面参与（RMB2）设置了 3 个观测变量，针对实时监督（RMB3）设置了 2 个观测变量，总共设置了 8 个观测变量，见表 4 – 110。

表 4 – 110　　　　　　　　　　　　军事基地改造型（RMB）指标度量

指标名称	观测变量	具体含义
统筹协调 （RMB1）	RMB11	统筹协调机制力度符合军事基地改造型模式的要求程度
	RMB12	统筹协调机制内容符合军事基地改造型模式的要求程度
	RMB13	统筹协调机制主体符合军事基地改造型模式的要求程度
全民参与 （RMB2）	RMB21	全民参与机制内容符合军事基地改造型模式的要求程度
	RMB22	全民参与机制时效符合军事基地改造型模式的要求程度
	RMB23	全民参与机制实施符合军事基地改造型模式的要求程度
实时监督 （RMB3）	RMB31	实时监督机制内容符合军事基地改造型模式的要求程度
	RMB32	实时监督机制主体符合军事基地改造型模式的要求程度

第二十六，军事文化旅游景区与军事基地改造型系统性保护协同模式的调查问卷设计。

在收集、整理、分析问卷数据的过程中，从主观和客观的角度考虑相关部门对"文旅深度融合新业态与军事文化遗产系统性保护协同"的感受体会，同时，立足于遗产地的现实情况和客观评价，充分考虑在实施过程中当地居民的支持力度，尽量减少设计者的主观认识，积极借鉴他人意见，设计了一份可信度高、适应性强的调查问卷。通过全方位考虑"军事文化旅游景区"与"军事基地改造型"之间的相互作用关系，一方面，从地区居民生活环境、就业类型、产业结构以及心情指数等方面，判断军事旅游对于地区居民生活质量、产业结构布局等方面的影响，进而准确把握文旅深度融合新业态对于军事文化遗产系统性保护的促进作用；另一方面，从军事资源开发、生态环境改善状况、居民生活水平变化等方面，判断军事文化遗产系统性保护对地区军事旅游发展的影响，进而准确把握文旅深度融合新业态与军事文化遗产系统性保护协同模式的作用机制。

为确保研究所得数据的准确性、真实性和实效性，在充分了解军事文化旅游景区与军事基地改造型系统性保护协同模式的发展现状的基础上设计了《军事文化旅游景区对军事基地改造型系统性保护协同模式的调查问卷》（简称"调查问卷"）。在设计问卷内容时，侧重把握军事文化旅游景区、旅游空间规划、开发主体、军事基地改造型 4 个方面。在调查问卷的设计中，主要涉及以下 4 个方面的内容：一是"军事文化旅游景区的调查"，二是"旅游空间规划的调查"，三是"开发主体的调查"，四是"军事基地改造型系统性保护的调查"。

本书对军事文化旅游景区与军事基地改造型进行结构方程模型实证分析，对研究假设 HB1 ~ HB5 进行假设检验。在进行实证分析的过程中，以军事文化旅游景区、旅游空间规划、开发主体和军事基地改造型 4 个点为主要关键变量，通过对这 4 个变量进行度量，采用一系列观测变量对潜在变量进行定量分析，达到最终研究目的。根据军事文化旅游景区、旅游空间规划、开发主体和军事基地改造型 4 个主要关键变量之间的相互关系和内在机制，以军事文化旅游景区为解释变量，旅游空间规划、开发主体和军事基地改造型为被解释变量，并分别对解释变量和被解释变量进行度量。

军事文化旅游景区（military cultural tourist attractions，MA）是军事文化遗产系统性保护的重要模式之一，是文旅深度融合新业态之一，所以，应借助已有的生态资源和人文资源，唤醒军事记忆，构建军事文化遗产地，继承军事文化。军事文化旅游景区的建设与其军事发展、文化潜力、生态环境、城镇化进程密切相关。因此，从军事基础（MA1）、文化基础（MA2）、生态基础（MA3）、城镇化程度（MA4）4 个方面对军事文化旅游景区进行度量分析，共设置了 9 个观测变量，见表 4 - 111。

表 4 - 111 军事文化旅游景区（MA）指标度量

指标名称	观测变量	具体含义
军事基础（MA1）	MA11	军事文化旅游景区的军事发展潜力符合军事基地改造型模式的要求程度
	MA12	军事文化旅游景区的军事资源利用符合军事基地改造型模式的要求程度
文化基础（MA2）	MA21	军事文化旅游景区的文化构成符合军事基地改造型模式的要求程度
	MA22	军事文化旅游景区的文化推广情况符合军事基地改造型模式的要求程度
	MA23	军事文化旅游景区文化数量和质量符合军事基地改造型模式的要求程度
生态基础（MA3）	MA31	军事文化旅游景区的生态保护状况符合军事基地改造型模式的要求程度
	MA32	军事文化旅游景区的生态环境效益符合军事基地改造型模式的要求程度
城镇化程度（MA4）	MA41	军事文化旅游景区的城镇化水平符合军事基地改造型模式的要求程度
	MA42	军事文化旅游景区的城镇化特征符合军事基地改造型模式的要求程度

旅游空间规划（tourism space planning，TSP）是研究设计中关键的被解释变量，同时是研究军事文化旅游景区与军事基地改造型系统性保护协同模式重要的中间变量。旅游空间规划是整合旅游资源，推进旅游可持续发展的重要手段，既能吸纳产业特色，突出独特优势，又能充分利用资源，避免浪费。因此，针对生产要素配置（TSP1）设置了 3 个观测变量，针对产业集聚（TSP2）设置了 2 个观测变量，针对区域开发（TSP3）设置了 3 个观测变量，针对产业布局（TSP4）设置了 2 个观测变量，总共设置了 10 个观测变量，见表 4 - 112。

表 4 - 112 旅游空间规划（TSP）指标度量

指标名称	观测变量	具体含义
生产要素配置（TSP1）	TSP11	生产要素种类符合军事基地改造型模式的要求程度
	TSP12	生产要素规划符合军事基地改造型模式的要求程度
	TSP13	生产要素融合符合军事基地改造型模式的要求程度
产业集聚（TSP2）	TSP21	产业类型符合军事基地改造型模式的要求程度
	TSP22	产业特性符合军事基地改造型模式的要求程度
区域开发（TSP3）	TSP31	区域资源开发符合军事基地改造型模式的要求程度
	TSP32	区域资源构成符合军事基地改造型模式的要求程度
	TSP33	区域资源分配符合军事基地改造型模式的要求程度

续表

指标名称	观测变量	具体含义
产业布局 （TSP4）	TSP41	产业发展规划状况符合军事基地改造型模式的要求程度
	TSP42	产业结构布置构成符合军事基地改造型模式的要求程度

军事文化遗产的系统性保护离不开政府、专家和居民的参与，政府应解析、发布、规范政策实施，发挥主导职能，制定有益于文化遗产发展的政策决议，大力鼓励居民和企业投资参与到军事文化遗产的保护过程中，提高居民的主动性和保护意愿，与此同时，适度融入专家的专业性建议。开发主体（development subject，DS）是军事文化遗产系统性保护过程中的关键要素，影响着军事旅游的发展趋势。因此，从政府主导（DS1）、专家指导（DS2）、居民主体（DS3）3 个方面分别设置了 3 个观测变量，总共设置了 9 个观测变量，见表 4 – 113。

表 4 – 113 开发主体（DS）指标度量

指标名称	观测变量	具体含义
政府主导 （DS1）	DS11	政府职能划分符合军事基地改造型模式的要求程度
	DS12	政府政策红利符合军事基地改造型模式的要求程度
	DS13	政府主导的基本特征符合军事基地改造型模式的要求程度
专家指导 （DS2）	DS21	专家专业指导技能符合军事基地改造型模式的要求程度
	DS22	专家指导意见特征符合军事基地改造型模式的要求程度
	DS23	专家专业知识存储量符合军事基地改造型模式的要求程度
居民主体 （DS3）	DS31	居民主体特征符合军事基地改造型模式的要求程度
	DS32	居民文化认知程度符合军事基地改造型模式的要求程度
	DS33	居民参与力度符合军事基地改造型模式的要求程度

军事基地改造型（reconstruction of military base，RMB）是军事文化遗产系统性保护过程中的关键模式之一。本书分别从军事旅游与军事文化遗产系统性保护两个方面出发对其进行度量，根据军事文化遗产的价值潜力和作用机制，针对统筹协调（RMB1）设置了 3 个观测变量，针对全面参与（RMB2）设置了 3 个观测变量，针对实时监督（RMB3）设置了 2 个观测变量，总共设置了 8 个观测变量，见表 4 – 114。

表 4 – 114 军事基地改造型（RMB）指标度量

指标名称	观测变量	具体含义
统筹协调 （RMB1）	RMB11	统筹协调机制力度符合军事基地改造型模式的要求程度
	RMB12	统筹协调机制内容符合军事基地改造型模式的要求程度
	RMB13	统筹协调机制构成符合军事基地改造型模式的要求程度
全民参与 （RMB2）	RMB21	全民参与机制内容符合军事基地改造型模式的要求程度
	RMB22	全民参与机制时效符合军事基地改造型模式的要求程度
	RMB23	全民参与机制实施符合军事基地改造型模式的要求程度
实时监督 （RMB3）	RMB31	实时监督机制内容符合军事基地改造型模式的要求程度
	RMB32	实时监督机制主体符合军事基地改造型模式的要求程度

第二十七，军事旅游拓展与军事现代化驱动型系统性保护协同模式的调查问卷设计。

在收集、整理、分析问卷数据的过程中，本书从主观和客观的角度考虑相关部门对"文旅深度融合新业态与军事文化遗产系统性保护协同"的感受体会，同时，立足于遗产地的现实情况和客观评价，充分考虑在实施过程中当地居民的支持力度，尽量减少设计者的主观认识，积极借鉴他人意见，设计了一份可信度高、适应性强的调查问卷。通过全方位考虑"军事旅游拓展"与"军事现代化驱动型"之间的相互作用关系，一方面，从地区居民生活环境、就业类型、产业结构以及心情指数等方面，判断军事旅游对于地区居民生活质量、产业结构布局等方面的影响，进而准确把握文旅深度融合新业态对于军事文化遗产系统性保护的促进作用；另一方面，从军事资源开发、生态环境改善状况、居民生活水平变化等方面，判断军事文化遗产系统性保护对地区军事旅游发展的影响，进而准确把握文旅深度融合新业态与军事文化遗产系统性保护协同模式的作用机制。

为确保研究所得数据的准确性、真实性和实效性，在充分了解军事旅游拓展与军事现代化驱动型系统性保护协同模式的发展现状的基础上设计了《军事旅游拓展对军事现代化驱动型系统性保护协同模式的调查问卷》（简称"调查问卷"）。在设计问卷内容时，侧重把握军事旅游拓展、军事设施、创意产业、军事现代化驱动型4个方面。在调查问卷的设计中，主要涉及以下4个方面的内容：一是"军事旅游拓展的调查"；二是"军事设施的调查"；三是"创意产业的调查"；四是"军事现代化驱动型系统性保护的调查"。

本书对军事旅游拓展与军事现代化驱动型进行结构方程模型实证分析，对研究假设 HC1 ~ HC5 进行假设检验。在进行实证分析的过程中，以军事旅游拓展、军事设施、创意产业和军事现代化驱动型4个点为主要关键变量，通过对这4个变量进行度量，采用一系列观测变量对潜在变量进行定量分析，达到最终研究目的。根据军事旅游拓展、军事设施、创意产业和军事现代化驱动型4个主要关键变量之间的相互关系和内在机制，以军事旅游拓展为解释变量，军事设施、创意产业和军事现代化驱动型为被解释变量，并分别对解释变量和被解释变量进行度量。

军事旅游拓展（military tourism development，MTD）是文旅深度融合新业态之一，其建设与发展不仅与军事、人文、资源息息相关，而且与区域经济发展和城镇化水平紧密相关。基于这个角度，从军事基础（MTD1）、资源禀赋（MTD2）、人文基础（MTD3）和城镇化程度（MTD4）4个方面对军事旅游拓展进行度量分析，共设置了9个观测变量，见表4-115。

表4-115   军事旅游拓展（MTD）指标度量

指标名称	观测变量	具体含义
军事基础 （MTD1）	MTD11	军事旅游拓展的军事发展潜力符合军事现代化驱动型模式的要求程度
	MTD12	军事旅游拓展的军事资源利用符合军事现代化驱动型模式的要求程度
资源禀赋 （MTD2）	MTD21	军事旅游拓展的资源种类底蕴符合军事现代化驱动型模式的要求程度
	MTD22	军事旅游拓展的资源开发构成符合军事现代化驱动型模式的要求程度
	MTD23	军事旅游拓展的资源布局分配符合军事现代化驱动型模式的要求程度
人文基础 （MTD3）	MTD31	军事旅游拓展的人文景观符合军事现代化驱动型模式的要求程度
	MTD32	军事旅游拓展的人文特色符合军事现代化驱动型模式的要求程度
城镇化程度 （MTD4）	MTD41	军事旅游拓展的城镇化水平符合军事现代化驱动型模式的要求程度
	MTD42	军事旅游拓展的城镇化特征符合军事现代化驱动型模式的要求程度

军事设施（military installation，MI）是研究设计中关键的被解释变量，同时也是研究军事旅游拓展与军事现代化驱动型系统性保护协同模式重要的中间变量，是进行军事旅游拓展的基础保障。此次从军事旅游与军事文化遗产系统性保护两个角度出发，借助相关研究理论基础，主要从军事建筑（MI1）、军事设备（MI2）、军事场地（MI3）及军事文化（MI4）4个方面出发对其进行度量，共设置了10个观测变量，见表4-116。

表 4 - 116　　　　　　　　　　　　　　　　军事设施（MI）指标度量

指标名称	观测变量	具体含义
军事建筑 （MI1）	MI11	军事建筑设计符合军事现代化驱动型模式的要求程度
	MI12	军事建筑更新符合军事现代化驱动型模式的要求程度
	MI13	军事建筑开发符合军事现代化驱动型模式的要求程度
军事设备 （MI2）	MI21	军事设备质量符合军事现代化驱动型模式的要求程度
	MI22	军事设备维护构成符合军事现代化驱动型模式的要求程度
军事场地 （MI3）	MI31	军事场地位置符合军事现代化驱动型模式的要求程度
	MI32	军事场地范围符合军事现代化驱动型模式的要求程度
	MI33	军事场地人员构成符合军事现代化驱动型模式的要求程度
军事文化 （MI4）	MI41	军事文化底蕴符合军事现代化驱动型模式的要求程度
	MI42	军事文化类型符合军事现代化驱动型模式的要求程度

　　加快军事文化遗产系统性保护进程的关键不仅可以传承军事红色文化，还是唤醒军事记忆、弘扬爱国精神的有效举措。创意产业（creative industry，CI）作为发展军事旅游的创新性条件，直接关系着军事文化遗产系统性保护的成功与否，只有不断与新型人才合作，融合产业特色，才能实现可持续保护。分别从创意旅游（CI1）、创意文化（CI2）、创意人才（CI3）3 个方面对创意产业进行详细阐释。同时，针对创意旅游、创意文化和创意人才，分别设置 3 个观测变量对其变量进行度量，总共设置 9 个观测变量，见表 4 - 117。

表 4 - 117　　　　　　　　　　　　　　　　创意产业（CI）指标度量

指标名称	观测变量	具体含义
创意旅游 （CI1）	CI11	旅游项目的特色程度符合军事现代化驱动型模式的要求程度
	CI22	旅游项目的开发思维符合军事现代化驱动型模式的要求程度
	CI13	旅游项目的设计理念符合军事现代化驱动型模式的要求程度
创意文化 （CI2）	CI21	特色文化挖掘情况符合军事现代化驱动型模式的要求程度
	CI22	特色文化传承情况符合军事现代化驱动型模式的要求程度
	CI23	特色文化创新情况符合军事现代化驱动型模式的要求程度
创意人才 （CI3）	CI31	人才培训力度符合军事现代化驱动型模式的要求程度
	CI32	优秀人才引进情况符合军事现代化驱动型模式的要求程度
	CI33	优秀人才扶持状况符合军事现代化驱动型模式的要求程度

　　军事现代化驱动型（military modernization drive，MMD）是军事文化遗产系统性保护过程中的关键模式之一。本书结合军事文化遗产的价值特征和作用机制，针对规划设计（MMD1）设置了 3 个观测变量，针对全民参与（MMD2）设置了 3 个观测变量，针对及时调整（MMD3）设置了 2 个观测变量，总共设置了 8 个观测变量，见表 4 - 118。

表 4 - 118　　　　　　　　　　　　　　　军事现代化驱动型（MMD）指标度量

指标名称	观测变量	具体含义
规划设计 （MMD1）	MMD11	规划设计机制构成符合军事现代化驱动型模式的要求程度
	MMD12	规划设计机制内容符合军事现代化驱动型模式的要求程度
	MMD13	规划设计机制主体符合军事现代化驱动型模式的要求程度

续表

指标名称	观测变量	具体含义
全民参与 （MMD2）	MMD21	全民参与机制内容符合军事现代化驱动型模式的要求程度
	MMD22	全民参与机制主体符合军事现代化驱动型模式的要求程度
	MMD23	全民参与机制力度符合军事现代化驱动型模式的要求程度
及时调整 （MMD3）	MMD31	及时调整机制内容符合军事现代化驱动型模式的要求程度
	MMD32	及时调整机制主体符合军事现代化驱动型模式的要求程度

第二十八，军事主题公园与军事现代化驱动型系统性保护协同模式的调查问卷设计。

在收集、整理、分析问卷数据的过程中，从主观和客观的角度考虑相关部门对"文旅深度融合新业态与军事文化遗产系统性保护协同"的感受体会，同时，立足于遗产地的现实情况和客观评价，充分考虑在实施过程中当地居民的支持力度，尽量减少设计者的主观认识，积极借鉴他人意见，设计了一份可信度高、适应性强的调查问卷。通过全方位考虑"军事主题公园"与"军事现代化驱动型"之间的相互作用关系，一方面，从地区居民生活环境、就业类型、产业结构以及心情指数等方面，判断军事旅游对于地区居民生活质量、产业结构布局等方面的影响，进而准确把握文旅深度融合新业态对于军事文化遗产系统性保护的促进作用；另一方面，从军事资源开发、生态环境改善状况、居民生活水平变化等方面，判断军事文化遗产系统性保护对地区军事旅游发展的影响，进而准确把握文旅深度融合新业态与军事文化遗产系统性保护协同模式的作用机制。

为确保研究所得数据的准确性、真实性和实效性，在充分了解军事主题公园与军事现代化驱动型系统性保护协同模式的发展现状的基础上设计了《军事主题公园对军事现代化驱动型系统性保护协同模式的调查问卷》（简称"调查问卷"）。在设计问卷内容时，侧重把握军事主题公园、旅游空间规划、产业基础、军事现代化驱动型4个方面。在调查问卷的设计中，主要涉及以下4个方面的内容：一是"军事主题公园的调查"；二是"旅游空间规划的调查"；三是"产业基础的调查"；四是"军事现代化驱动型系统性保护的调查"。

本书对军事主题公园与军事现代化驱动型进行结构方程模型实证分析时，对研究假设 HD1 ~ HD5 进行假设检验。在进行实证分析的过程中，以军事主题公园、旅游空间规划、产业基础和军事现代化驱动型4个点为主要关键变量，通过对这4个变量进行度量，采用一系列观测变量对潜在变量进行定量分析，达到最终研究目的。根据军事主题公园、旅游空间规划、产业基础和军事现代化驱动型4个主要关键变量之间的相互关系和内在机制，以军事主题公园为解释变量，旅游空间规划、产业基础和军事现代化驱动型为被解释变量，并分别对解释变量和被解释变量进行度量。

军事主题公园（military theme park，MTP）是军事文化遗产系统性保护的重要模式之一，是文旅深度融合新业态之一，所以，应借助当地深厚的文化底蕴和设施基础开展教育推广，传承军事文化。军事主题公园的建设与其军事发展、资源潜力、人文景观、城镇化进程密切相关。因此，从军事基础（MTP1）、资源禀赋（MTP2）、人文基础（MTP3）、城镇化程度（MTP4）4个方面对军事主题公园进行度量分析，并设置了9个观测变量，见表4－119。

表4－119　　　　　　　　　　　　　军事主题公园（MTP）指标度量

指标名称	观测变量	具体含义
军事基础 （MTP1）	MTP11	军事主题公园的军事发展潜力符合军事现代化驱动型模式的要求程度
	MTP12	军事主题公园的军事资源利用符合军事现代化驱动型模式的要求程度
资源禀赋 （MTP2）	MTP21	军事主题公园的资源种类底蕴符合军事现代化驱动型模式的要求程度
	MTP22	军事主题公园的资源开发构成符合军事现代化驱动型模式的要求程度
	MTP23	军事主题公园的资源布局分配符合军事现代化驱动型模式的要求程度

指标名称	观测变量	具体含义
人文基础（MTP3）	MTP31	军事主题公园的人文景观符合军事现代化驱动型模式的要求程度
	MTP32	军事主题公园的人文特色符合军事现代化驱动型模式的要求程度
城镇化程度（MTP4）	MTP41	军事主题公园的城镇化水平符合军事现代化驱动型模式的要求程度
	MTP42	军事主题公园的城镇化特征符合军事现代化驱动型模式的要求程度

旅游空间规划（tourism space planning，TSP）是研究设计中关键的被解释变量，同时是研究军事主题公园与军事现代化驱动型系统性保护协同模式重要的中间变量。旅游空间规划是整合旅游资源，推进旅游可持续发展的重要手段，既能吸纳产业特色，突出独特优势，又能充分利用资源，避免浪费。因此，针对生产要素配置（TSP1）设置了 3 个观测变量，针对产业集聚（TSP2）设置了 2 个观测变量，针对区域开发（TSP3）设置了 3 个观测变量，针对产业布局（TSP4）设置了 3 个观测变量，总共设置了 11 个观测变量，见表 4 - 120。

表 4 - 120　　　　　　　　　　　　旅游空间规划（TSP）指标度量

指标名称	观测变量	具体含义
生产要素配置（TSP1）	TSP11	生产要素种类符合军事现代化驱动型模式的要求程度
	TSP12	生产要素规划符合军事现代化驱动型模式的要求程度
	TSP13	生产要素融合符合军事现代化驱动型模式的要求程度
产业集聚（TSP2）	TSP21	产业类型符合军事现代化驱动型模式的要求程度
	TSP22	产业特性符合军事现代化驱动型模式的要求程度
区域开发（TSP3）	TSP31	区域资源开发符合军事现代化驱动型模式的要求程度
	TSP32	区域资源构成符合军事现代化驱动型模式的要求程度
	TSP33	区域资源分配符合军事现代化驱动型模式的要求程度
产业布局（TSP4）	TSP41	产业发展规划状况符合军事现代化驱动型模式的要求程度
	TSP42	产业结构布置构成符合军事现代化驱动型模式的要求程度
	TSP43	产业分配符合军事现代化驱动型模式的要求程度

产业基础（industrial foundation，IF）是军事文化遗产系统性保护过程中的关键一环，文化遗产地资源丰富，产业融合创新，因此，需要加强挖掘区域资源禀赋力度，政府应加大扶持力度，调动公众积极性和主动性，强化军事文化遗产保护意愿。借助相关研究理论基础，从实际情况出发，本书从特色产业开发（IF1）、创意产业体验（IF2）、产业经济发展（IF3）3 个方面阐释产业基础，总共设置了 9 个观测变量，见表 4 - 121。

表 4 - 121　　　　　　　　　　　　产业基础（IF）指标度量

指标名称	观测变量	具体含义
特色产业开发（IF1）	IF11	特色产业种类符合军事现代化驱动型模式的要求程度
	IF12	特色产业开发潜力符合军事现代化驱动型模式的要求程度
	IF13	特色产业开发进程符合军事现代化驱动型模式的要求程度
创意产业体验（IF2）	IF21	创意产业数量和质量符合军事现代化驱动型模式的要求程度
	IF22	创意产业内容符合军事现代化驱动型模式的要求程度
	IF23	创意产业投入符合军事现代化驱动型模式的要求程度

续表

指标名称	观测变量	具体含义
产业经济发展（IF3）	IF31	当地产业的经济发展趋势符合军事现代化驱动型模式的要求程度
	IF32	当地产业的经济规划符合军事现代化驱动型模式的要求程度
	IF33	当地产业的经济收益构成符合军事现代化驱动型模式的要求程度

军事现代化驱动型（military modernization drive，MMD）是军事主题公园与军事现代化驱动型协同过程中的关键变量，也是军事文化遗产系统性保护过程中的关键模式之一。本书结合军事文化遗产的价值特征和作用机制，针对规划设计（MMD1）设置了 3 个观测变量，针对全民参与（MMD2）设置了 3 个观测变量，针对及时调整（MMD3）设置了 2 个观测变量，总共设置了 8 个观测变量，见表 4 - 122。

表 4 - 122　　　　　　　　　　军事现代化驱动型（MD）指标度量

指标名称	观测变量	具体含义
规划设计（MMD1）	MMD11	规划设计机制构成符合军事现代化驱动型模式的要求程度
	MMD12	规划设计机制内容符合军事现代化驱动型模式的要求程度
	MMD13	规划设计机制主体符合军事现代化驱动型模式的要求程度
全民参与（MMD2）	MMD21	全民参与机制内容符合军事现代化驱动型模式的要求程度
	MMD22	全民参与机制主体符合军事现代化驱动型模式的要求程度
	MMD23	全民参与机制力度符合军事现代化驱动型模式的要求程度
及时调整（MMD3）	MMD31	及时调整机制内容符合军事现代化驱动型模式的要求程度
	MMD32	及时调整机制主体符合军事现代化驱动型模式的要求程度

第二十九，军事文化旅游小镇与特色文化依托型系统性保护协同模式的调查问卷设计。

在收集、整理、分析问卷数据的过程中，从主观和客观的角度考虑相关部门对"文旅深度融合新业态与军事文化遗产系统性保护协同"的感受体会，同时，立足于遗产地的现实情况和客观评价，充分考虑在实施过程中当地居民的支持力度，尽量减少设计者的主观认识，积极借鉴他人意见，设计了一份可信度高、适应性强的调查问卷。通过全方位考虑"军事文化旅游小镇"与"特色文化依托型"之间的相互作用关系，一方面，从地区居民生活环境、就业类型、产业结构以及心情指数等方面，判断军事旅游对于地区居民生活质量、产业结构布局等方面的影响，进而准确把握文旅深度融合新业态对于军事文化遗产系统性保护的促进作用；另一方面，从军事资源开发、生态环境改善状况、居民生活水平变化等方面，判断军事文化遗产系统性保护对地区军事旅游发展的影响，进而准确把握文旅深度融合新业态与军事文化遗产系统性保护协同模式的作用机制。

为确保研究所得数据的准确性、真实性和实效性，本书在充分了解军事文化旅游小镇与特色文化依托型系统性保护协同模式的发展现状的基础上设计《军事文化旅游小镇对特色文化依托型系统性保护协同模式的调查问卷》（简称"调查问卷"）。在设计问卷内容时，侧重把握军事文化旅游小镇、旅游消费空间、游客行为、政策创新、特色文化依托型 5 个方面。在调查问卷的设计中，主要涉及以下 5 个方面的内容：一是"军事文化旅游小镇的调查"；二是"旅游消费空间的调查"；三是"游客行为的调查"；四是"政策创新的调查"；五是"特色文化依托型系统性保护的调查"。

本书对军事文化旅游小镇与特色文化依托型进行结构方程模型实证分析时，对研究假设 HE1 ~ HE8 进行假设检验。在进行实证分析的过程中，以军事文化旅游小镇、旅游消费空间、游客行为、政策创新和特色文化依托型 5 个点为主要关键变量，通过对这 5 个变量进行度量，采用一系列观测变量对潜在变量进行定量分析，达到最终研究目的。根据军事文化旅游小镇、旅游消费空间、游客行为、政策创新和特色文化依托型 5 个主要关键变量之间的相互关系和内在机制，以军事文化旅游小镇为解释变量，旅游消费空间、游客行为、政策创新和特色文化依托型为被解释变量，并分别对解释变量和被解释变量进行度量。

军事文化旅游小镇（military cultural tourism town，MCT）的开发与发展与其区位条件、军事建设、客源承载力息息相关，还受到人文景观和环境容量的制约与影响。军事文化旅游小镇从多个角度满足了游客日益升级的消费需求和绿色环保意识，因此，从区位优势（MCT1）、军事基础（MCT2）、客源容量（MCT3）和人文资源（MCT4）4 个方面对军事文化旅游小镇进行度量分析，共设置了 8 个观测变量，见表 4 - 123。

表 4 - 123　　　　　　　　　　　军事文化旅游小镇（MCT）指标度量

指标名称	观测变量	具体含义
区位优势（MCT1）	MCT11	军事文化旅游小镇的地理位置符合特色文化依托型模式的要求程度
	MCT12	军事文化旅游小镇的交通环境符合特色文化依托型模式的要求程度
军事基础（MCT2）	MCT21	军事文化旅游小镇的军事发展潜力符合特色文化依托型模式的要求程度
	MCT22	军事文化旅游小镇的军事资源利用符合特色文化依托型模式的要求程度
客源容量（MCT3）	MCT31	军事文化旅游小镇的客源市场符合特色文化依托型模式的要求程度
	MCT32	军事文化旅游小镇的人流承载力符合特色文化依托型模式的要求程度
人文资源（MCT4）	MCT41	军事文化旅游小镇的人文景观符合特色文化依托型模式的要求程度
	MCT42	军事文化旅游小镇的人文依存度符合特色文化依托型模式的要求程度

旅游消费空间（tourism consumption space，TCS）是研究设计中关键的被解释变量，同时是研究军事文化旅游小镇与特色文化依托型系统性保护协同模式重要的中间变量。旅游消费空间随着游客对精神需求的追求、休闲功能的多元化和现代化进程的加快而发生转变，不断发展。因此，研究解释旅游消费空间时，主要从旅游需求（TCS1）、空间布局（TCS2）、经济效益（TCS3）和可持续能力（TCS4）4 个方面出发对其进行度量，共设置了 10 个观测变量，见表 4 - 124。

表 4 - 124　　　　　　　　　　　旅游消费空间（TCS）指标度量

指标名称	观测变量	具体含义
旅游需求（TCS1）	TCS11	游客需求转变符合特色文化依托型模式的要求程度
	TCS12	游客消费升级符合特色文化依托型模式的要求程度
	TCS13	游客休闲支出结构符合特色文化依托型模式的要求程度
空间布局（TCS2）	TCS21	产业的经济带动范围符合特色文化依托型模式的要求程度
	TCS22	产业的经济联动效应符合特色文化依托型模式的要求程度
经济效益（TCS3）	TCS31	游客消费空间转型符合特色文化依托型模式的要求程度
	TCS32	游客消费空间扩容符合特色文化依托型模式的要求程度
	TCS33	游客消费空间多元功能符合特色文化依托型模式的要求程度
可持续能力（TCS4）	TCS41	当地经济发展可持续符合特色文化依托型模式的要求程度
	TCS42	当地生态发展可持续符合特色文化依托型模式的要求程度

游客作为旅游管理的主体之一，也是旅游发展的重要组成部分，其满意度与旅游市场竞争力和稳定规模化游客流密切相关。了解游客的感知价值倾向和旅游动机，才能有针对性地提高游客满意度，从而更好地开发军事文化旅游小镇。因此，为了解释游客行为（tourist behavior，TB）这个变量，本书从旅游动机（TB1）、旅游感知价值（TB2）和游客满意度（TB3）3 个方面出发对其进行度量，共设置了 9 个观测变量，见表 4 - 125。

表 4 – 125 游客行为（TB）指标度量

指标名称	观测变量	具体含义
旅游动机 （TB1）	TB11	游客旅游偏好符合特色文化依托型模式的要求程度
	TB22	游客主体特征符合特色文化依托型模式的要求程度
	TB13	游客情感依恋符合特色文化依托型模式的要求程度
旅游价值感知 （TB2）	TB21	游客感知价值构成维度符合特色文化依托型模式的要求程度
	TB22	游客感知价值质量符合特色文化依托型模式的要求程度
	TB23	游客感知价值范围符合特色文化依托型模式的要求程度
游客满意度 （TB3）	TB31	游客满意度行为偏好符合特色文化依托型模式的要求程度
	TB32	游客满意度影响因素符合特色文化依托型模式的要求程度
	TB33	游客满意度现状符合特色文化依托型模式的要求程度

政策创新（policy innovation，PI）是军事文化遗产系统性保护过程中的关键一环，政府在其中扮演着重要的角色，需要根据实际发展情况和未来发展方向不断调整政策，给予保护军事文化遗产一定的政策补贴，助力调动企业和居民的主动性和积极性，带动新型人才投入保护过程中，强化遗产保护意识。借助相关研究理论基础，从政策支持（PI1）、财政支持（PI2）和特色引领（PI3）3 个方面解释政策创新，总共设置了 6 个观测变量，见表 4 – 126。

表 4 – 126 政策创新（PI）指标度量

指标名称	观测变量	具体含义
政策支持 （PI1）	PI11	政策管理与军事开发符合特色文化依托型模式的要求程度
	PI12	政策管理与军事发展符合特色文化依托型模式的要求程度
财政支持 （PI2）	PI21	经济扶持范围符合特色文化依托型模式的要求程度
	PI22	经济扶持力度符合特色文化依托型模式的要求程度
特色引领 （PI3）	PI31	制度创新内容符合特色文化依托型模式的要求程度
	PI32	制度创新方式符合特色文化依托型模式的要求程度

特色文化依托型（characteristic cultural support，CS）是军事文化旅游小镇与特色文化依托型协同过程中的关键变量，也是军事文化遗产系统性保护过程中的关键模式之一。本书从军事旅游与军事文化遗产保护利用两个方面出发，根据军事文化遗产的价值特征和作用机制，针对统筹协调（CS1）设置了 3 个观测变量，针对全民参与（CS2）设置了 3 个观测变量，针对合作创新（CS3）设置了 2 个观测变量，总共设置了 8 个观测变量，见表 4 – 127。

表 4 – 127 特色文化依托型（CS）指标度量

指标名称	观测变量	具体含义
统筹协调 （CS1）	CS11	统筹协调机制构成符合特色文化依托型模式的要求程度
	CS12	统筹协调机制内容符合特色文化依托型模式的要求程度
	CS13	统筹协调机制主体符合特色文化依托型模式的要求程度
全民参与 （CS2）	CS21	全民参与机制内容符合特色文化依托型模式的要求程度
	CS22	全民参与机制主体符合特色文化依托型模式的要求程度
	CS23	全民参与机制力度符合特色文化依托型模式的要求程度

指标名称	观测变量	具体含义
合作创新 （CS3）	CS31	合作创新机制内容符合特色文化依托型模式的要求程度
	CS32	合作创新机制主体符合特色文化依托型模式的要求程度

第三十，军事文化旅游节会与特色文化依托型系统性保护协同模式的调查问卷设计。

在收集、整理、分析问卷数据的过程中，从主观和客观的角度考虑相关部门对"文旅深度融合新业态与军事文化遗产系统性保护协同"的感受体会，同时，立足于遗产地的现实情况和客观评价，充分考虑在实施过程中当地居民的支持力度，尽量减少设计者的主观认识，积极借鉴他人意见，设计了一份可信度高、适应性强的调查问卷。通过全方位考虑"军事文化旅游节会"与"特色文化依托型"之间的相互作用关系，一方面，从地区居民生活环境、就业类型、产业结构以及心情指数等方面，判断军事旅游对于地区居民生活质量、产业结构布局等方面的影响，进而准确把握文旅深度融合新业态对于军事文化遗产系统性保护的促进作用；另一方面，从军事资源开发、生态环境改善状况、居民生活水平变化等方面，判断军事文化遗产系统性保护对地区军事旅游发展的影响，进而准确把握文旅深度融合新业态与军事文化遗产系统性保护协同模式的作用机制。

为确保研究所得数据的准确性、真实性和实效性，本书在充分了解军事文化旅游节会与特色文化依托型系统性保护协同模式的发展现状的基础上设计《军事文化旅游节会对特色文化依托型系统性保护协同模式的调查问卷》（简称"调查问卷"）。在设计问卷内容时，侧重把握军事文化旅游节会、公共服务体系、游客行为、特色文化依托型 4 个方面。在调查问卷的设计中，主要涉及以下四个方面的内容：一是"军事文化旅游节会的调查"；二是"公共服务体系的调查"；三是"游客行为的调查"；四是"特色文化依托型系统性保护的调查"。

本书对军事文化旅游节会与特色文化依托型进行结构方程模型实证分析，对研究假设 HF1 ~ HF5 进行假设检验。在进行实证分析的过程中，以军事文化旅游节会、公共服务体系、游客行为和特色文化依托型 4 个点为主要关键变量，通过对这 4 个变量进行度量，采用一系列观测变量对潜在变量进行定量分析，达到最终研究目的。根据军事文化旅游节会、公共服务体系、游客行为和特色文化依托型 4 个主要关键变量之间的相互关系和内在机制，以军事文化旅游节会为解释变量，公共服务体系、游客行为和特色文化依托型为被解释变量，并分别对解释变量和被解释变量进行度量。

军事文化旅游节会（military cultural tourism festival，MCTF）的开发与发展与其区位条件、军事建设、客源承载力息息相关，还受到人文景观和环境容量的制约与影响。休闲需求的加强和快节奏生活的压力促使游客愿意花费更多的时间和精力参与旅游活动，军事文化旅游节会作为游客休闲选择的方式之一，依托浓厚的文化底蕴特色和人性化的服务供给深受大众的喜爱。因此，从区位优势（MCTF1）、军事基础（MCTF2）、客源容量（MCTF3）和人文资源（MCTF4）4 个方面对军事文化旅游节会进行度量，共设置了 9 个观测变量，见表 4 – 128。

表 4 – 128　　　　　　　　　　　军事文化旅游节会（MCTF）指标度量

指标名称	观测变量	具体含义
区位优势 （MCTF1）	MCTF11	军事文化旅游节会的地理位置符合特色文化依托型模式的要求程度
	MCTF12	军事文化旅游节会的交通环境符合特色文化依托型模式的要求程度
军事基础 （MCTF2）	MCTF21	军事文化旅游节会的军事发展潜力符合特色文化依托型模式的要求程度
	MCTF22	军事文化旅游节会的军事资源利用符合特色文化依托型模式的要求程度
	MCTF23	军事文化旅游节会的军事资源特色符合特色文化依托型模式的要求程度
客源容量 （MCTF3）	MCTF31	军事文化旅游节会的客源市场符合特色文化依托型模式的要求程度
	MCTF32	军事文化旅游节会的人流承载力符合特色文化依托型模式的要求程度

指标名称	观测变量	具体含义
人文资源 （MCTF4）	MCTF41	军事文化旅游节会的人文景观符合特色文化依托型模式的要求程度
	MCTF42	军事文化旅游节会的人文依存度符合特色文化依托型模式的要求程度

公共服务体系（public service system，PS）是军事文化遗产系统性保护过程中的重要影响因素，联合当地居民提供特色化的服务，紧跟时代的变迁，及时提升服务水平，可以带给游客更好的体验，提高游客的满意度和忠诚度，推动军事旅游发展。因此，从服务设施（PS1）、服务人员（PS2）和服务创新（PS3）三个方面解释公共服务体系，总共设置了 8 个观测变量，见表 4 - 129。

表 4 - 129　　　　　　　　　　　　　　公共服务体系（PS）指标度量

指标名称	观测变量	具体含义
服务设施 （PS1）	PS11	服务设施完备情况符合特色文化依托型模式的要求程度
	PS12	服务设施布置符合特色文化依托型模式的要求程度
	PS13	服务设施维护符合特色文化依托型模式的要求程度
服务人员 （PS2）	PS21	服务人员素质符合特色文化依托型模式的要求程度
	PS22	服务人员的问题处理能力符合特色文化依托型模式的要求程度
服务创新 （PS3）	PS31	服务创新维度符合特色文化依托型模式的要求程度
	PS32	服务创新意识符合特色文化依托型模式的要求程度
	PS33	服务创新培训符合特色文化依托型模式的要求程度

游客作为旅游管理的主体之一，也是军事旅游发展的重要组成部分，其满意度与旅游市场竞争力和稳定规模化游客流密切相关。了解游客的感知价值倾向和旅游动机，才能有针对性地提高游客满意度，从而更好地开发军事文化旅游节会。因此，为了解释游客行为（tourist behavior，TB）这个变量，从旅游动机（TB1）、旅游感知价值（TB2）和游客满意度（TB3）3 个方面出发对其进行度量，共设置了 9 个观测变量，见表 4 - 130。

表 4 - 130　　　　　　　　　　　　　　　游客行为（TB）指标度量

指标名称	观测变量	具体含义
旅游动机 （TB1）	TB11	游客旅游偏好符合特色文化依托型模式的要求程度
	TB12	游客主体特征符合特色文化依托型模式的要求程度
	TB13	游客情感依恋符合特色文化依托型模式的要求程度
旅游感知价值 （TB2）	TB21	游客感知价值构成维度符合特色文化依托型模式的要求程度
	TB22	游客感知价值质量符合特色文化依托型模式的要求程度
	TB23	游客感知价值范围符合特色文化依托型模式的要求程度
游客满意度 （TB3）	TB31	游客满意度行为偏好符合特色文化依托型模式的要求程度
	TB32	游客满意度影响因素符合特色文化依托型模式的要求程度
	TB33	游客满意度现状符合特色文化依托型模式的要求程度

特色文化依托型（characteristic cultural support，CS）是军事文化旅游节会与特色文化依托型协同过程中的关键变量，也是军事文化遗产系统性保护过程中的关键模式之一。本书从军事旅游与军事文化遗产保护利用两个方面出发，根据军事文化遗产的价值特征和作用机制，针对统筹协调（CS1）设置了 3 个观测

变量，针对全民参与（CS2）设置了 3 个观测变量，针对合作创新（CS3）设置了 2 个观测变量，总共设置了 8 个观测变量，见表 4 – 131。

表 4 – 131　　　　　　　　　　　　　　　　特色文化依托型（CS）指标度量

指标名称	观测变量	具体含义
统筹协调 （CS1）	CS11	统筹协调机制构成符合特色文化依托型模式的要求程度
	CS12	统筹协调机制内容符合特色文化依托型模式的要求程度
	CS13	统筹协调机制主体符合特色文化依托型模式的要求程度
全民参与 （CS2）	CS21	全民参与机制内容符合特色文化依托型模式的要求程度
	CS22	全民参与机制主体符合特色文化依托型模式的要求程度
	CS23	全民参与机制实施力度符合特色文化依托型模式的要求程度
合作创新 （CS3）	CS31	合作创新机制内容符合特色文化依托型模式的要求程度
	CS32	合作创新机制主体符合特色文化依托型模式的要求程度

第5章 文旅深度融合新业态与工业文化遗产系统性保护协同模式研究

5.1 工业博物馆与厂区改造型系统性保护协同模式实证研究

5.1.1 研究假设

第一，工业博物馆建设要求的作用。

工业博物馆是通过转变厂区利用方式，保护利用厂区设施建造的工业文化博物馆，反映了某地区工业化和城市化进程中具有典型代表的工业遗产。工业博物馆借助工业生产设施和产品所体现的科技、历史、价值、精神和审美等特性，结合特殊的历史条件，开展工业旅游，可以实现经济效益和社会效益并重。刘抚英（2016）指出，利用工业文化遗产改造成工业博物馆要求有利于发挥工业设施的历史价值、科技价值、景观价值。一是在发挥工业设施历史价值方面，工业文化遗产的工业设施见证了我国工业发展的兴衰更替，是我国劳动人民智慧的结晶，工业博物馆借助科技还原工业生产流程，凭借深厚且独特的文化底蕴，无论在历史地位还是行业知名度方面都占据着重要的地位；二是在发挥工业设施的科技价值方面，工业博物馆保留了原厂区环境、生产线设施与设备等，这些都融入了相对完整的工业领域的科学技术发展轨迹，体现了工业生产技术，对于考古、建筑、工艺等领域均具有重大的研究意义；三是在发挥工业设施的景观价值方面，以工业博物馆的形式开展工业旅游，主要以参观、体验为主，旧建筑的建筑风格、工业生产流程等工业景观均是现代城市无法替代的城市特色。基于此，可以看出，工业博物馆建设要求对发挥工业设施的现代价值有着重要影响，故提出如下假设：

HA1：工业博物馆建设要求对激发工业设施的现代价值具有显著的正向作用。

工业博物馆反映了一个时代、一座城市的工业技术水平，是工业化、后工业化和博物馆化的综合产物，每一处工业文化遗产都留存有大量的产业遗迹。工业博物馆的开发具有较强的科技性，不仅表现在原有工业生产的科技升级方面，还表现在对工业博物馆的开发要求方面。一是在工业博物馆的工业生产要求方面，随着工业发展，传统的工业生产已不能满足人们基本生产生活的需求，要实现产业升级，就必须提升科学技术水平，因此，要求开发主体建立健全的责任机制，积极引导高技术人才参与到工业博物馆的建设进程中，对于推进旧厂区转型发展起着关键作用；二是在工业博物馆的开发方面，工业博物馆不仅要打造现代化的旅游业运行条件，给游客现代化的体验，又要最大限度保留原厂区建筑风格和厂区内工业生产基础设施的完整性，不能遗失工业品位，要满足这一点就必须规范开发主体行为，针对具有不同工业文化价值的设施、产品等考虑其现状，进行整合式修葺，这样不仅能够实现可持续发展，还能依靠工业博物馆独特的工业原真风貌和活力，带动周边区域发展。基于此，可以看出，工业博物馆对规范开发主体有重要的影响作用，故提出如下假设：

HA2：工业博物馆建设要求对规范开发主体行为具有显著的正向作用。

工业博物馆具有科技性、创新性、娱乐性等特征，主要是进行厂区改造，李瑞宏（2012）指出，传统的工业博物馆有融入现代科技因素的趋势。胡建新（2018）指出，用工业文化遗产改造工业博物馆有利于升级产业结构。厂区改造型所面临的关键问题就是技术问题，强调确保原工业元素的原真性，注重内部要素优势整合，通过对厂区要素进行修葺还原或以科技形式虚拟还原，集中力量保护原有历史文化痕迹，使厂区内外设施变成富有历史痕迹的经营整体，提高地区经济发展。基于此，可以看出，工业博物馆建设要求与厂区改造型发展模式之间具有内在的互补性，故提出如下假设：

HA3：工业博物馆建设要求对推进厂区改造进程具有显著的正向作用。

第二，工业设施保护利用效率的作用。

工业设施是指能够完成工农业生产、加工、运行等功能或效用的装置，诸如工业生产、建筑、交通、采矿、环境治理等方面。马航（2015）指出，旧的工业设施通过改造，可以给这些工业建筑的再利用带来一个新的发展方向。不同发展时期的工业建筑、工业设备和工业构筑物等呈现出不同的风格特点，被保留下来的具有历史文化的工业设施，根据不同的设施特点和改造要求，最大限度再利用，是厂区改造型实施的基础。通过厂区改造将工业设施与新社区的建立结合起来，对于实现社会历史、工业文化、经济发展、生态保护等综合效益协同具有重要作用。与此同时，工业设施作为地区工业文化遗产所蕴含的重要的历史文物种类之一，不仅是工业博物馆开发建设的主要对象，还是最能体现地区工业历史文化的典型代表物，因此，工业设施的稳定性及其所蕴含的工业文化价值是推进工业博物馆的建设进程、促进工业博物馆实现可持续发展的关键性要素，可以看出，工业设施与厂区改造型呈现出一种互补的关系。基于此，可以看出，工业设施保护利用对厂区改造型有重要的影响作用，故提出如下假设：

HA4：工业设施保护利用效率对推进厂区改造实施进程具有显著的正向作用。

第三，开发主体行为的作用。

开发主体作为工业文化遗产开发、工业博物馆建设的主体，其主体特征、思想观念和实际行为都会对地区工业旅游发展、工业文化遗产系统性保护、居民生活满意度等产生重要的影响。张建国（2017）认为，开发行为是开发主体为了在营造舒适的旅游环境的同时，最大限度提高开发区域旅游资源的利用率，并适时完善相关旅游配套设施的建设活动。蒋明伟（2012）指出，在项目开发过程中，开发主体不仅要尊重历史文化价值，还要从市场需求的角度，把工业历史文化价值转化为现代经济开发价值，进而促进工业文化和经济开发实现协同发展。具体表现在以下两个方面：一是保证工业设备的完整性，利用古物修复技术修复工业设备，借助现代科技虚拟还原旧工艺生产流程；二是实现利益共享，完善工业博物馆经营管理机制，允许地区居民参与地区工业旅游发展进程，增加居民对城市工业保护利用的支持和认可度。

工业博物馆代表着古代文化与现代文化的碰撞，利用工业旅游有序地将政府、社会团体等组织起来，为工业文化遗产改造成工业博物馆营造了全民参与、相互配合的社会环境。王芳（2019）指出，在保护工业文化遗产过程中，要加强对工业遗产的实体性保护和研究性保护，引导和利用多种主体参与工业文化遗产系统性保护，因此，提高工业设施修复技术刻不容缓。同时，因为旧工业生产都对当地生态环境产生了一定的负面影响，导致地区内生发展动力不足，基础设施建设不完善。所以，在引领工业博物馆开发建造过程中，在政府的引导和支持下，加强环境治理力度、提高环境治理水平显得尤为重要。因此，工业博物馆的有效建设，必须将政府、群众有效结合在一起，根据工业博物馆的开发要求、旧厂区现状、社会发展状况等不断调整，促使工业博物馆可持续发展。基于此，可以看出，开发主体对厂区改造型和技术创新有重要的影响作用，故提出如下假设：

HA5：开发主体行为对推进厂区改造实施进程具有显著的正向作用。

HA6：开发主体行为对技术创新水平具有显著的正向作用。

第四，技术创新水平的作用。

技术创新是以创造新技术为目的的创新或以科学技术知识及其创造的资源为基础的创新，是企业竞争优势的重要来源、企业可持续发展的重要保障。在工业生产过程中，对于需要扩张规模的产业，在减少扩张成本的基础上开辟技术创新路径是提高生产效率和稳定产品质量，促进效益增长的关键。企业在市场竞争过程中要想获得竞争优势，就必须增强自主创新能力，王玉燕（2014）认为，技术创新是实现工业转型升级的主要因素之一，其在产业内的普及促进了产业整体绩效提高。易信（2015）指出，创新可以颠覆现有技术，通过突破性成果促进新兴产业发展，进而促进产业结构转型、促进经济增长。具体主要表现在以下几个方面：一是新技术不仅对于修复具有工业文化价值的旧工业产品、设备等具有不可估量的作用，还对于治理由于旧工业生产制造所遗留的环境污染问题发挥着重要作用；二是厂区改造型作为工业文化遗产系统性保护的新模式，其与旅游产业结合形成的新业态具有巨大的发展潜力；三是地区借助工业文化遗产发展工业旅游不仅是为了实现工业文化遗产的保护利用，还是为了造福大众，提高居民生活水平。

基于此，可以看出，基础创新对于提高市场竞争力、提高工业旅游整体绩效、环境治理等方面都具有显著作用，而市场竞争力、工业旅游整体绩效、环境治理均是厂区改造型的关键性因素。一方面，要不断开发创新型工业旅游产品，扭转市场上工业旅游产品逐渐同质化的现象；另一方面，良好的生态环境不仅是发展旅游业的前提，还是提高工业旅游整体绩效、获得地区居民对实施工业博物馆建设的支持和认可的关键。可见，技术创新对于工业保护和厂区改造发挥着重要作用。因此，技术创新对工业设施和厂区改造型有重要的影响作用，故提出如下假设：

HA7：技术创新水平对工业设施保护利用效率具有显著的正向作用。

HA8：技术创新水平对推进厂区改造实施进程具有显著的正向作用。

第五，关于工业博物馆与厂区改造型系统性保护协同模式的理论模型。

根据工业博物馆与厂区改造型系统性保护协同模式的分析框架、研究假设相关内容，综合分析工业博物馆与厂区改造型协同现状，构建工业博物馆与厂区改造型系统性保护协同模式的概念框架，见图 5-1。

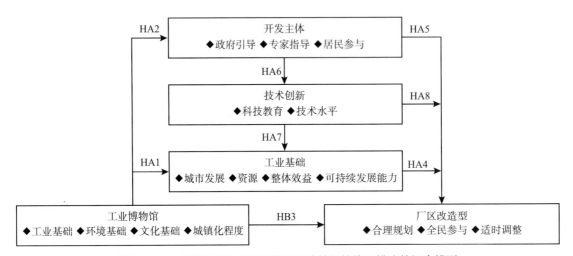

图 5-1 工业博物馆与厂区改造型系统性保护协同模式的概念模型

从工业博物馆与厂区改造型系统性保护协同模式的理论模型中可以看出，其主要包含工业博物馆、工业设施、技术创新、开发主体、厂区改造型 5 个变量，其中，工业博物馆划分为工业基础、环境基础、文化基础、城镇化程度 4 个层面；工业基础划分为城市发展、资源、整体效益、可持续发展能力 4 个层面；技术创新划分为科技教育、技术水平 2 个层面；开发主体划分为政府引导、专家指导、居民参与 3 个层面；厂区改造型划分为合理规划、全民参与、适时调整 3 个层面。工业博物馆到厂区改造型不仅仅具有直接作用路径，也有间接作用路径，其中，工业博物馆到厂区改造型的间接路径分别为：①工业博物馆建设要求—工业设施保护利用效率—厂区改造实施进程；②工业博物馆建设要求—开发主体行为—厂区改造实施进程。构建工业博物馆与厂区改造型系统性保护协同模式的理论模型，为文旅深度融合新业态与工业文化遗产系统性保护协同模式的结构方程数据验证奠定了基础。

5.1.2 实地访谈

第一，关于案例地发展状况。

青岛啤酒博物馆坐落于青岛啤酒百年前的老厂房、老设备之内，展现了中国啤酒工业及青岛啤酒的发展历史，集文化历史、生产工艺流程、啤酒娱乐、购物、餐饮为一体，体现了世界视野、民族特色、穿透历史、融汇生活的文化理念，拥有得天独厚的工业旅游资源，被誉为老厂区改造的文化地标，得到了国家专项修缮资金支持。2018 年，青岛啤酒博物院全面启动其品牌发展大项目，不断探索行业发展新模式，其文化创新产品涉及食品、服饰、玩具等多个领域，丰富的工业文化遗产资源为青岛啤酒博物馆发展工业旅游奠定了基础。青岛啤酒博物馆作为工业旅游发展的新形式，将文旅深度融合新业态与工业文化遗产系统性保护融合在一起，不仅有助于推进新业态的可持续发展，还有助于推进工业文化遗产系统性保护进程。

本书以青岛啤酒博物馆为研究对象，青岛啤酒博物馆由青岛市登州路 56 号青岛啤酒厂改造而成，研究其开发历程对于推进文旅深度融合新业态与工业文化遗产系统性保护协同模式具有典型性。

本书主要从整体发展状况分析青岛啤酒博物馆"工业博物馆与厂区改造型系统性保护协同模式"的发展现状。由前文分析为基础可知，青岛啤酒博物馆具有良好的工业基础、环境基础和文化基础，其在坚持合理规划、全民参与、适时调整的基础上不断发展。具体主要表现在以下几个方面：一是在资源开发方面，在制订人力资源规划过程中，充分整合多方面资源优势，根据地区发展的切实需求，对各方面人才能力进行评估和分析，进而实现职位和人才之间的高匹配度，全面打造高水平的人文环境，优化青岛啤酒博物馆的内部资源配置，充分发挥其自身的发展潜能。二是在环境治理方面，针对营商环境治理，青岛市人民政府在政策制定过程中充分考虑自下而上的政策需求，落实精准施策，对地区在经贸合作过程中的难点、痛点，有针对性地提出具有灵活性、前瞻性的综合治理方案，进而实现地区公共服务的有效供给，保证经贸合作的顺利开展，降低交易的不确定性，提高微观主体的权益，全面鼓励市场参与者有序竞争进而达到有效的市场均衡，进而为地区工业旅游产业发展营造良好的商业环境。针对生态环境治理，在工业旅游发展过程中，青岛啤酒博物馆的资源开发坚持以环境保护为出发点，以科学规划引领生态环境保护与发展，全面实行青岛市全域及其中心城区规划控制，实现统筹管理。三是在工业文化传承方面，针对青岛啤酒博物馆自身的文化传承，青岛工业资源作为地区近代工业历史的重要组成要素之一，是具有自身遗产价值的有机载体。其工业文化的传承与发展不仅担负着对地区居民生活保障的供给、提高居民精神生活水平的重任，还是推动地区经济实现高质量发展的重要支柱。青岛啤酒博物馆的发展主要以青岛啤酒的百年发展历程和工艺生产流程为主要发展对象，其发展集聚了青岛啤酒的发展历史，不仅展现了工业博物馆发展的世界视野，还充分体现了民族地域特色和地区居民的生活理念。针对青岛啤酒博物馆周边地域文化传承，青岛啤酒博物馆的发展为地区工业旅游的发展提供了新机遇。以青岛啤酒博物馆为核心的老城区的空间改造与提升是青岛啤酒重要的文化资本组成要素。目前，青岛市人民政府已经形成以"啤酒文化"为魂，全面整合文化、旅游、商务等多要素，致力打造"最青岛"的新地标。与此同时，青岛还将利用百余亩的土地，建设大型商业综合体，并使商业广场与青岛啤酒博物馆的发展形成相互的带动模式。青岛啤酒博物馆"工业博物馆与厂区改造型系统性保护协同模式"的具体发展阶段，主要分为以下三个阶段：

第一阶段：困境促进产业转型发展。

青岛啤酒厂原名为青岛工厂，直至新中国成立以后，青岛工厂才正式定名为青岛啤酒厂。随着工业发展水平的不断提高，青岛啤酒厂不断扩大产业规模，其相关厂区逐渐占据了登州路周边的大部分土地，开设了诸多生产企业。在 19 世纪 80 年代现代化的转型发展过程中，20 世纪初期的工业文化遗产大多被拆除，因此，青岛啤酒厂作为保存较为完整的工业文化遗产，既是青岛这座城市的命脉，也是国内工业历史发展的重要见证，具有重要的品牌知名度和美誉度。随着青岛啤酒厂生产规模的不断提升，其逐渐与登州路互为依托，打造出了一条集多种特色啤酒吧和休闲场所于一体的特色街区，可见其发展历程与城市发展、历史变革等具有独特的关系。为了解决好青岛啤酒厂由于现代化转型所遇到的发展难题，政府应以青岛啤酒的口碑为依托，不断对厂区原有的建筑与环境进行调整，提升两者与博物馆的匹配度，通过将青岛啤酒厂改造为青岛啤酒博物馆，进而保护利用青岛啤酒厂的历史建筑和生产线，促进产业转型发展。

第二阶段：转变发展方式探寻发展新路径。

青岛啤酒博物馆于 2003 年青岛啤酒百年华诞之日正式开馆，见证了青岛啤酒与中国啤酒业的历史发展轨迹，其发展形式不仅展现了青岛啤酒的发展历程、地域文化、工业生产流程等，还深入发掘了世界啤酒发展历史与关于啤酒的经典故事，通过展示世界各地啤酒，讲述好青岛啤酒故事，可以让游客在亲身感受青岛啤酒历史文化的同时，也能了解世界啤酒的相关知识。为全面促进青岛啤酒博物馆实现高质量发展，开发人员在坚持政府引导的原则下，结合各建筑学家、经济学家、历史学家等专家指导建议，鼓励地区居民参与到青岛啤酒博物馆的建设与发展进程中，基于此，青岛啤酒博物馆作为国内唯一、世界一流的由工业文化遗产改造而来的啤酒博物馆，其共分为三个参观游览区域：一是历史文化区域，作为青岛啤酒博物馆的核心区域，主要通过展示图文资料，让游客了解青岛啤酒的起源、历史、美誉、文化等；二是工艺生产流程区域，主要包括了青岛啤酒生产流程的厂区建筑、生产设备、生产场景等，通过最大限度还原生产工艺原貌，保留城市工业文化、工业技术；三是多功能区域，此区域不仅具有品酒区和购物中心，供游客品尝不同种类青岛啤酒、购买具有代表性的纪念品，还有多样的娱乐设施，将娱乐与科技融为一体，还原青岛啤酒生产工艺流程，唤醒城市工业文化记忆。

第三阶段：全面推进青岛啤酒厂保护利用进程。

2010年，"情醉百年"凭借其独特的口味与口碑被评为山东省服务名牌，而青岛啤酒博物馆凭借其深厚的工业文化底蕴和独特的布局构思，成为许多高校和科研单位的培训基地、实验基地。为提升青岛啤酒博物馆社会效益，推进国内工业文化遗产系统性保护进程，青岛啤酒博物馆在开馆15年之际，对博物馆进行了全方位的修葺，将先进的文物修复手艺与现代科技相融合，对馆内原始建筑进行高强度的还原，同时结合新时代背景下，游客在旅游需求上由物质需求向精神需求转变的趋势，利用3D建模还原百年前青岛啤酒厂的构建图纸，利用现代科技还原啤酒设计流程。

第二，青岛啤酒博物馆对工业博物馆与厂区改造型系统性保护协同模式的作用。

在青岛啤酒博物馆的发展过程中，工业资源是发展基础，资金支持是活力源泉，专业技术人才是重要因素，政策创新是关键推动力量。通过对青岛啤酒博物馆发展过程中各个相关要素的综合考量，本书将案例分析的重点聚焦在工业资源、居民、发展资本、政策和地区特色产业等方面，提炼出工业设施、技术创新、开发主体三个关键的概念，通过对以上3个概念进行合理化、结构化、清晰化分析，构建出青岛啤酒博物馆建设过程中工业设施、技术创新及开发主体的作用模型，为探讨工业设施、技术创新、开发主体在工业博物馆与厂区改造型系统性保护协同模式中的作用提供了清晰的路径。

首先，青岛啤酒博物馆建设过程的工业设施分析。

青岛作为中国重要的工业城市，不仅工业遗产资源丰富，还是实施工业文化遗产系统性保护较早的城市之一。青岛啤酒博物馆于2003年青岛啤酒百年华诞之日正式开馆，通过不断地发展工业旅游成为我国工业文化遗产系统性保护的典范，其发展模式对工业文化遗产的改造和升级与原啤酒厂的工业资源紧密相关，工业资源是青岛啤酒博物馆实现可持续发展和不断进步的重要推动力量。基于上述分析，结合工业博物馆与厂区改造型系统性保护协同模式的结构方程和实证结果，本书科学合理地模拟出青岛啤酒博物馆中工业设施的作用模型，见图5-2。

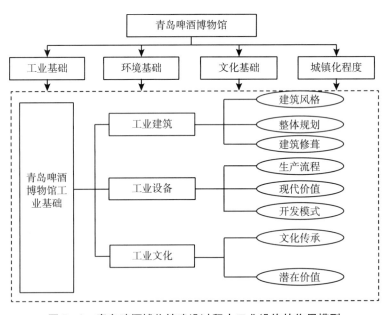

图5-2 青岛啤酒博物馆建设过程中工业设施的作用模型

图5-2展示了青岛啤酒博物馆建设过程中工业设施的作用模型，可以看出青岛啤酒博物馆的工业基础、环境基础、文化基础、城镇化程度都与工业资源紧密相连。青岛啤酒厂从发展初期到改造成青岛啤酒博物馆，都在见证中国工业发展史，还凝聚着中国劳动人民智慧的结晶，是青岛啤酒博物馆自建设以来的重要的精神力量。在青岛啤酒厂发展过程中，凝聚地区工业文化，打造博物馆知名度，对于宣传工业文化，唤醒城市记忆起着重要作用。坚实的工业发展基础为青岛啤酒博物馆的高质量发展提供了坚实的发展基础。青岛啤酒厂不仅工业设施、工业建筑保存较为完整，还是国内工业历史发展的重要见证，具有重要

的品牌知名度和美誉度，在发展工业旅游方面具有得天独厚的工业资源优势。青岛啤酒博物馆是周边居民实现产业转型升级的希望。由于青岛啤酒厂在工业生产过程对周边环境带来了严重的负面影响，当地居民很难从事服务业等新兴产业，而环境基础不仅关系到青岛啤酒博物馆的发展趋势，还关系到地区旅游产业发展，是促进产业转型升级的关键因素，因此，如何提升周边生态环境，完善基础设施建设，提高青岛啤酒博物馆与周边环境的匹配度，关系着当地经济发展，所以应以青岛啤酒厂为中心，通过修葺工业建筑、治理生态环境、完善基础设施等，发展工业旅游，进而充分发挥青岛啤酒厂的工业资源所蕴含的现代价值，实现产业结构升级。当青岛啤酒博物馆的经济效益和社会效益得到有效发挥以后，地区开始不断重视小城镇的发展规划，与城镇化建设相匹配的基础设施、生态环境、素质教育等不断完善，进而提高地区居民的生活质量。在此前提下，居民生活质量的提高，有利于人们对于推进工业文化遗产系统性保护达成共识，反过来促进人的城镇化建设。因此，工业博物馆的建设可以突出周边环境的工业价值，推动工业旅游发展，进而带动保护工业设施和传承历史文化，实现工业文化遗产的长效保护，假设 HA1、HA3 和 HA4 成立。

其次，青岛啤酒博物馆建设的技术创新分析。

青岛啤酒博物馆的政策主线主要指国家或青岛市地方政府为推进文旅深度融合新业态与工业文化遗产系统性保护协同而营造的创新环境，这里所指的政策创新不仅涉及金融、人才、产业，还涉及土地规划、城市发展等各个方面。基于此，从工业设施修复、生态环境治理、文化产品创新三个方面出发，构建出青岛啤酒博物馆建设过程中技术创新的作用模型，见图 5 - 3。

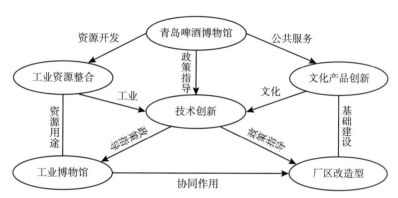

图 5 - 3　青岛啤酒博物馆建设过程中技术创新的作用模型

从图 5 - 3 中可以看出，青岛啤酒博物馆的技术创新不仅是其建设的重要组成部分，也是推进其自身可持续发展的重要推动力量，有利于在对青岛啤酒厂实施保护的同时发挥其潜在价值，为推进工业文化遗产系统性保护进程提供有利条件。结合青岛啤酒博物馆技术创新的具体实践过程，得出以下结论。一是技术水平的提高为青岛啤酒博物馆的发展建设提供了新机遇。随着工业发展水平的不断提高，青岛啤酒厂不断扩大产业规模，开设了诸多生产企业和开发厂商。在 19 世纪 80 年代现代化的转型发展过程中，20 世纪初期的工业文化遗产大多被拆除，因此，青岛啤酒厂作为保存较为完整的工业文化遗产既是青岛这座城市的命脉，也是国内工业历史发展的重要见证，具有重要的品牌知名度和美誉度。为了解决好青岛啤酒厂在现代化转型过程中所遇到的发展难题，应以青岛啤酒的口碑为依托，不断对厂区原有的建筑与环境进行调整，提升两者与博物馆的匹配度。通过将青岛啤酒厂改造为青岛啤酒博物馆，可以保护利用青岛啤酒厂的历史建筑和生产线，但必须进行技术创新，以技术创新为支撑，以青岛啤酒博物馆为核心发展工业旅游。二是人才强国战略的实施为技术创新奠定了基础。自 2003 年实施人才强国战略以来，我国更加注重专业人才的引进与培训，并在教育、资金、就业等方面给予全方位的支持，这给青岛啤酒博物馆的发展提供了动力。一方面，科学技术水平的提高为最大限度修葺青岛啤酒厂厂房建筑、还原工业生产流程提供了新机遇；另一方面，青岛啤酒博物馆的发展必须符合青岛啤酒厂的开发要求，不仅仅要实现工业文化遗产的保护，还要充分发挥其在新时代背景下的潜在价值，要满足这一点，就必须进行技术创新。三是与时俱进是青岛啤酒博物馆可持续发展的前提。随着城镇化进程的推进，青岛啤酒博物馆在充分发挥工业文化遗产价值的基础上，必须进行改革，进一步推进产业融合发展。一方面，调整青岛啤酒厂的以往发展模式，以满足城镇化建设的需要刻不容缓，这为技术创新奠定了基础；另一方面，积极建设青岛啤酒博物馆，给人们展示青岛啤酒厂改造以来的发展历程，不断提升青岛啤酒博物馆的知名度，必须从提高青岛啤酒博物馆的服务水平、丰富旅游项目着手，在此背景下技术创新显得尤为重要。因此，技术创新水平也影响着工业文化遗产系统性保护，通过发展科学技术，能高水平还原工业生产设施、高效率治理旧工业生产所导致的环境污染问题，对提升城市品位、推进城镇经济发展有重要作用。此外，技术创新水平与当地的创新能力息息相关，而创新教育水平、人才引进、政策机制等都会对创新能力产生极大影响，并且与企业、政府、高校等合作拓宽创新渠道也是提升当地创新水平必不可少的一环，假设 HA6、HA7 和 HA8 成立。

最后，青岛啤酒博物馆建设过程中开发主体分析。

工业文化遗产见证了我国工业发展史，且具有丰厚的工业文化底蕴。城镇化建设进程的不断推进，迫切要求推进工业文化遗产与城镇化建设的匹配度。青岛市政府全面推进工业迈向"园区时代"以推动工业实现跨越式发展，形成了政府引导、专家指导、全面参与的局面，构建了工业园保卫村庄的局面。基于青岛啤酒博物馆以上发展现状，结合本书重点，构建出青岛啤酒博物馆发展过程中的开发主体作用模型，见图5-4。

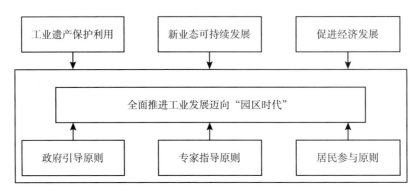

图5-4　青岛啤酒博物馆建设过程中开发主体的作用模型

图5-4展示了青岛啤酒博物馆建设过程中开发主体的作用模型，从青岛啤酒博物馆的开发主体出发，坚持政府引导原则、坚持专家指导原则、坚持居民参与原则，确保各个开发主体都能在青岛啤酒建设过程中发挥主体作用。青岛啤酒博物馆建设过程中开发主体坚持"政府引导"是指在政府的推动下，通过整合各类资源、完善相关配套设施、强化组织管理体系、提升服务质量，实现各个社会群体共同发展的局面，这里说的政府主体主要是指青岛市及各县域人民政府、文化局等。坚持政府引导的原则就要求各个相关部门不断完善信息交流机制，通过各部门之间的有效合作来推进青岛啤酒博物馆的建设，实现资源合理配置，促进青岛啤酒博物馆的经济建设，不断提高地区生态环境，提升各区域经济发展水平，进而实现青岛啤酒博物馆的可持续发展。坚持"专家指导"是指通过省市级文化厅、旅游局等专家指导方面的作用，通过坚持专家指导的原则，科学合理地对青岛啤酒厂改造进行规划，明确青岛啤酒厂发展路径，充分发挥青岛啤酒厂的经济效益和社会效益，最大限度弥补青岛啤酒博物馆在发展过程中所存在的问题，确保青岛啤酒博物馆实现可持续发展。坚持"全民参与"是指积极鼓励青岛啤酒厂周边居民以资金支持、土地支持、资源支持、劳动支持等方式参与到青岛啤酒博物馆的建设过程中。青岛啤酒博物馆建设的根本目的就是促进产业融合，推进工业文化遗产系统性保护进程，推进物质文明、精神文明建设，而当地居民世世代代生活在这里，其本身就是青岛啤酒博物馆建设过程中的重要组成部分。在青岛啤酒博物馆建设过程中，通过全民参与，让人们自觉去领略工业文化的魅力、感受工业变革的壮举，切实保障居民能够在青岛啤酒博物馆发展过程中获利。因此，工业博物馆的建设离不开各开发主体的作用，政府、专家和民众为工业文化遗产保护提供了政策、人力、物力、财力等多方面保障，假设 HA2 和 HA5 成立。

关于案例验证分析：

本次案例研究选取的是青岛啤酒博物馆，研究小组通过实地调研获得了具有较高准确性的有效资料，对青岛啤酒博物馆有了进一步的了解，同时也保证了资料数据的实效性、准确性、可靠性。为了更好地展开对工业博物馆与厂区改造型系统性保护协同模式的案例研究，本书首先对青岛啤酒博物馆作为本次研究对象进行解释说明，将青岛啤酒博物馆的改造历程和发展过程分为三个阶段：一是困境促进产业转型发展阶段；二是转变发展方式探寻发展新路径阶段；三是全面推进青岛啤酒厂保护利用进程阶段，通过对这三个阶段进行全面而深入的分析，总结提炼出青岛啤酒博物馆发展所面临的困境及其解决办法，得出青岛啤酒厂以困境为突破口，实现产业转型发展的结论。其中，根据前文构建的工业博物馆与厂区改造型系统性保护协同模式的结构方程实证分析结果，在案例分析中重点把握工业基础、技术创新、开发主体三个方面的内容，通过构建青岛啤酒博物馆建设过程中工业设施的作用模型，得出以青岛啤酒博物馆为核心发展的工业旅游带动地区居民实现产业增收，有利于人们对于推进工业文化遗产系统性保护达成一致的共识；通过构建青岛啤酒博物馆建设过程中技术创新的作用模型，得出技术水平的提高、人才强国战略的实施为青岛啤酒博物馆的发展建设提供了新机遇，与时俱进是青岛啤酒博物馆可持续发展的前提。通过青岛啤酒博物馆建设过程中开发主体的作用模型，得出坚持政府引导、专家指导的原则规范开发主体行为，可大幅度提高建设效率的结论，以此为基础，积极鼓励当地居民参与其中，对于青岛啤酒博物馆实现可持续性发展具有重要意义。

本书采取案例研究的方法进行单个案例研究，选取青岛啤酒博物馆为典型案例对工业博物馆与厂区改造型系统性保护协同模式进行验证。结合前文所构建的工业博物馆与厂区改造型系统性保护协同模式的分析框架、研究假设和结构方程实证分析的相关内容，以青岛啤酒博物馆的发展现状为出发点，重点把握工业基础、技术创新、开发主体在文旅深度融合新业态与工业文化遗产系统性保护中的作用，以青岛啤酒博物馆为案例对工业博物馆与厂区改造型系统性保护协同模式过程中的影响因素进行案例验证，进一步科学合理地验证了工业博物馆与厂区改造型协同模式的有效性。

5.1.3　问卷数据分析

第一，样本数据的描述性统计及信度效度检验。

首先，本书采用工业博物馆与厂区改造型系统性保护协同模式的协同性来表示"工业博物馆"与"厂区改造型"协同模式的作用和效果。本书以前文所构建的工业博物馆与厂区改造型系统性保护协同模式的实证研究为基础，构建相关的指标体系。根据前文对工业博物馆与厂区改造型系统性保护协同模式的实证分析，得出工业基础、开发主体两个变量都对厂区改造型产生了直接作用，因此，本书认为只有工业基础、开发主体两个子系统协同发展，才能更好促进工业博物馆与厂区改造型系统性保护协同模式的发展。从工业博物馆的工业基础、环境基础、文化基础和城镇化程度 4 个度量指标来看，工业博物馆对工业设施子系统、技术创新子系统、开发主体子系统存在直接或者间接的影响作用。基于此，提出工业博物馆与厂区改造型系统性保护协同模式的协同性评价，并通过评价工业设施的子系统、技术创新的子系统、开发主体的子系统等对其进行评价，与此同时，针对每一个子系统的特征关系提出对应的改进措施。

本书充分理解协同学相关理论和原理的基础上，构建工业博物馆、工业设施、技术创新、开发主体和厂区改造型 5 个子系统间的协同度模型，相关序参量如表 5-1 所示。

表 5-1　　　　　　　　　　　　　　　　子系统序参量

子系统	测量指标	序参量
工业博物馆 （IM）	工业基础、环境基础、文化基础、城镇化程度	IM11、IM12、IM21、IM22、IM31、IM32、IM41、IM42
工业设施 （IF）	城市发展、资源、整体效益、可持续发展能力	IF11、IF12、IF13、IF21、IF22、IF31、IF32、IF33、IF41、IF42
技术创新 （TI）	科技教育、技术水平	TI11、TI12、TI21、TI22
开发主体 （DS）	政府引导、专家指导、居民参与	DS11、DS12、DS13、DS21、DS22、DS23、DS31、DS32、DS33
厂区改造型 （PR）	合理规划、全民参与、适时调整	PR11、PR12、PR13、PR21、PR22、PR23、PR31、PR32

本书在确定各个子系统的序参量后，将对工业博物馆、工业设施、技术创新、开发主体和厂区改造型 5 个子系统逐一进行有序计算。用 S_i 表示各个子系统，其中，$i \in [1, 5]$，系统的序参量分别用 $e_i = (e_{i1}, e_{i2}, \cdots, e_{in})$ 表示，序参量分量的系统稳定临界点 e_{ij} 的下限和上限分别用 β_{ij} 和 ∂_{ij} 表示，且 $n \geq 1$，$\beta_{ij} \leq e_{ij} \leq \partial_{ij}$，$j = 1, 2, \cdots, n$。正向指标（正向指标取值的大小与系统的有序度成正比）用 $e_{i1}, e_{i2}, \cdots, e_{in}$ 表示，负向指标（负向指标取值的大小与系统的有序度成反比）用 $e_{i1+1}, e_{i2+1}, \cdots, e_{in+1}$ 表示。工业博物馆的序参量用 $e_{IM} = (e_{IM1}, e_{IM2}, \cdots, e_{IMn})$ 表示，则工业博物馆的序参量分量 e_{IMj} 的有序度为：

$$u_i(e_{ij}) = \begin{cases} \dfrac{e_{ij} - \beta_{ij}}{\partial_{ij} - \beta_{ij}} & (j = 1, 2, \cdots, n) \\ \dfrac{\partial_{ij} - e_{ij}}{\partial_{ij} - \beta_{ij}} & (j = n+1, n+2, \cdots, n+n) \end{cases}$$

由序参量分量的定义可知，序参量对系统的有序程度的贡献为 $u_{IM}(e_{IMj}) \in [0, 1]$。序参量对工业博物馆子系统有序度的总贡献计算方法主要有两种，分别为加权平均法和几何平均法，为确保对工业博物馆各个子系统权重确认结果具有较高的科学性，将采取几何平均法进行集成，具体计算公式如下：

$$u_{IM}(e_{IM}) \doteq \sum_{j=1}^{n} u_j u_{IMj}(e_{IMj}) \quad u_j \geq 0, \sum_{j=1}^{n} u_j = 1$$

$$u_{IM}(e_{IM}) = \sqrt[n]{\prod_{j=1}^{n} u_{IM}(e_{IMj})}$$

同理，可以得到其他子系统的序参量和有序度。

本书在得到各个子系统的参序量与有序度后，将对其进行复合系统的协同度测算，进而得到整个复合系统的协同度。设在工业博物馆子系统取均值时，系统的有序度为 $u_{IM}^0(e_{IM})$，当工业基础子系统取均值时，系统有序度为 $u_{IF}^0(e_{IF})$。当样本为 n 时，工业博物馆子系统有序度为 $u_{IM}^n(e_{IM})$，工业基础子系统的有序度为 $u_{IF}^n(e_{IF})$，若 $u_{IM}^n(e_{IM}) \geq u_{IM}^0(e_{IM})$ 并且 $u_{IF}^n(e_{IF}) \geq u_{IF}^0(e_{IF})$ 成立，则说明工业博物馆子系统与工业基础子系统具有协同发展的特性，其协同模型如下：

$$T(t) = \sqrt[\theta]{\left| [u_{IM}^n(e_{IM}) - u_{IM}^0(e_{IM})][u_{IF}^n(e_{IF}) - u_{IF}^0(e_{IF})] \right|}$$

当且仅当 $u_{IM}^n(e_{IM}) \geq u_{IM}^0(e_{IM})$ 且 $u_{IF}^n(e_{IF}) \geq u_{IF}^0(e_{IF})$ 时，有 $T(t) > 0$，其中，θ 为调节系数，其具体表达式如下：

$$\theta = \frac{\min[u_i^n(e_i) - u_i^0(e_i) \neq 0]}{|\min[u_i^n(e_i) - u_i^0(e_i) \neq 0]|} \quad (i = 1, 2)$$

同理，可以得出其他子系统之间的协同度，具体见表 5-2。

表 5-2			各个子系统间的系统协同度		
子系统	IM	IF	TI	DB	PR
工业博物馆（IM）	—				
工业设施（IF）	0.58	—			
技术创新（TI）	0.58	0.52	—		
开发主体（DS）	0.58	0.51	0.53	—	
厂区改造型（PR）	0.64	0.57	0.58	0.58	—

本书在参考有关协同学相关文献的基础上，结合现实应用，将协同度数值和协同度大小划分为 5 个区间，根据表 4-1 协同度划分区间，结合表 5-2 中有关工业博物馆与厂区改造型系统性保护协同模式中各个子系统的协同度的大小，得出在工业博物馆与厂区改造型系统性保护协同模式中，工业博物馆、工业设施、技术创新、开发主体、厂区改造型这 5 个子系统之间的协同度都处于高度协同的范围，因此，认为工

业博物馆与厂区改造型具有良好的协同性。

其次，本书在对通过实地调研获得工业博物馆与厂区改造型系统性保护协同模式的第一手数据资料进行综合评估后，认为团队所得有效问卷数量符合结构方程所要求的样本数量，因此可以进行实证分析。为确保所得的工业博物馆与厂区改造型系统性保护协同模式的相关数据的准确性，以及后续所得结论的科学性，本书在对其进行实证分析之前，还将对问卷所得数据进行信度分析和效度分析。

本书采取均值和方差这两个指标，衡量工业博物馆与厂区改造型系统性保护协同模式中各个变量分布的平均程度和集中度。其中，均值指标衡量模型中各个变量分布的平均程度和集中度。标准差指标衡量模型中各个变量数据的分散程度，即离散程度大小。本书利用 SPSS 25.0 对工业博物馆与厂区改造型系统性保护协同模式的数据进行信度检测，进而得到各个观测变量的均值、标准差、最大值、最小值，见表 5 – 3。

表 5 – 3　　描述性统计

主要变量	潜在变量	观测变量	均值	标准差	最大值	最小值
工业博物馆 （IM）	工业基础 （IM1）	IM11	3.72	0.673	5	1
		IM12	3.71	0.725	5	1
	环境基础 （IM2）	IM21	3.63	0.799	5	1
		IM22	3.69	0.785	5	2
	文化基础 （IM3）	IM31	3.64	0.796	5	1
		IM32	3.67	0.747	5	2
	城镇化程度 （IM4）	IM41	3.67	0.809	5	1
		IM42	3.66	0.764	5	1
工业基础 （IF）	城市发展 （IF1）	IF11	3.22	0.728	5	1
		IF12	3.29	0.710	5	2
		IF13	3.17	0.662	5	1
	资源 （IF2）	IF21	3.30	0.684	5	1
		IF22	3.21	0.734	5	1
	整体效益 （IF3）	IF31	3.19	0.768	5	1
		IB32	3.15	0.729	5	1
		IF33	3.13	0.716	5	1
	可持续发展能力 （IF4）	IF41	3.42	0.756	5	1
		IF42	3.24	0.682	5	1
技术创新 （TI）	科技教育 （TI1）	TI11	3.27	0.744	5	1
		TI12	3.24	0.675	5	1
	技术水平 （TI2）	TI21	3.02	0.681	5	1
		TI22	3.30	0.706	5	1

主要变量	潜在变量	观测变量	均值	标准差	最大值	最小值
开发主体 （DS）	政府引导 （DS1）	DS11	3.07	0.721	5	1
		DS12	3.14	0.708	5	1
		DS13	3.23	0.704	5	1
	专家指导 （DS2）	DS21	3.13	0.693	5	1
		DS22	3.19	0.708	5	1
		DS23	3.33	0.775	5	1
	居民参与 （DS3）	DS31	3.37	0.821	5	1
		DS32	3.41	0.739	5	1
		DS33	3.30	0.729	5	1
厂区改造型 （PR）	合理规划 （PR1）	PR11	3.62	0.714	5	1
		PR12	3.63	0.739	5	1
		PR13	3.59	0.765	5	1
	全民参与 （PR2）	PR21	3.61	0.731	5	1
		PR22	3.62	0.780	5	1
		PR23	3.68	0.743	5	1
	适时调整 （PR3）	PR31	3.58	0.790	5	1
		PR32	3.65	0.745	5	1

信度分析也叫可靠性分析，用于检验数据样本的一致性和可靠性，是对数据集中程度和稳定性的集中反映，用于测量样本回答结果是否可靠，即样本有没有真实作答量表类题项。为确保其检测结果具有真实性、可靠性，本书将利用 SPSS 25.0 计算组合信度对其进行信度检测。效度分析是指测量工具能够将事物的真实情况精准测出，反映了数据的准确性，即问卷设计的有效性、准确程度，题项设计是否合理等。

组合信度（construct reliability，CR 值）指借助因子载荷量测算衡量样本信度质量的指标值，用于检验数据样本的内部一致性，检测公式如下：

$$CR = \frac{\left(\sum \lambda\right)^2}{\left(\sum \lambda\right)^2 + \sum \theta}$$

CR 表示为组合信度；λ 表示为因子载荷量；θ 表示为测量误差。

本书进行信度检测的标准见表 5-4。

表 5-4　　　　　　　　　　　　　　组合信度检测标准

组合信度系数值	接受程度
CR≥0.90	最佳
CR∈[0.80，0.90)	很好
CR∈[0.60，0.80)	适中
CR<0.50	不可接受

最后，本书利用组合信度系数对工业博物馆与厂区改造型系统性保护协同模式所整合的各类数据进行分析和检测，分别得出工业博物馆、工业基础、技术创新、开发主体、厂区改造型的组合信度系数。同时，根据表 5-4 的组合信度标准对工业博物馆与厂区改造型系统性保护协同模式的潜在变量的组合信度系数进行评判，得出各个指标的信度和效度检验结果，见表 5-5。

表 5 － 5　　　　　　　　　　　　　　　　各变量信度和效度检验

变量	CR	因子载荷		KMO 值	累计方差解释	Bartlett's 球形检验		
						χ^2	df	Sig.
工业博物馆（IM）	0.897	IM11	0.742	0.942	69.081	1535.080	28	0.000
		IM12	0.722					
		IM21	0.740					
		IM22	0.734					
		IM31	0.725					
		IM32	0.747					
		IM41	0.678					
		IM42	0.687					
工业基础（IF）	0.805	IF11	0.509	0.909	43.583	795.743	45	0.000
		IF12	0.508					
		IF13	0.544					
		IF21	0.637					
		IF22	0.711					
		IF31	0.428					
		IB32	0.535					
		IF33	0.440					
		IF41	0.482					
		IF42	0.593					
技术创新（TI）	0.543	TI11	0.467	0.735	53.629	185.284	6	0.000
		TI12	0.418					
		TI21	0.419					
		TI22	0.605					
开发主体（DS）	0.864	DS11	0.665	0.876	46.035	841.635	36	0.000
		DS12	0.576					
		DS13	0.535					
		DS21	0.635					
		DS22	0.663					
		DS23	0.570					
		DS31	0.718					
		DS32	0.695					
		DS33	0.721					

续表

变量	CR	因子载荷		KMO 值	累计方差解释	Bartlett's 球形检验		
						χ^2	df	Sig.
厂区改造型（PR）	0.878	PR11	0.681	0.936	61.597	1120.458	28	0.000
		PR12	0.580					
		PR13	0.682					
		PR21	0.710					
		PR22	0.746					
		PR23	0.725					
		PR31	0.689					
		PR32	0.692					

首先，从对工业博物馆与厂区改造型进行信度检测所得数据中，可以看出，各个数据的组合信度系数值 CR 都大于 0.5，因此，本书认为所得数据具有可信度。其次，从对工业博物馆与厂区改造型进行效度检验所得数据中，可以看出，所得各个指标的因子载荷均在 0.5 以上，KMO 值均大于 0.7，因此，本书认为所得数据能够较好地进行因子分析。最后，Bartlett's 球形检验显著性水平均为 0.000，因此，本书认为此次研究过程中，调查问卷所得数据及各组成部分建构之间有较好的效度。

第二，样本数据的结构方程模型构建及调整。

本书通过建立工业博物馆与厂区改造型系统性保护协同模式结构方程模型，进而对其进行估计和检验。本节对工业博物馆与厂区改造型系统性保护协同模式的结构方程模型分析主要分为以下几点：首先，建立工业博物馆与厂区改造型系统性保护协同模式的结构方程模型，并设定相关误差变量；其次，在对参数进行估计的基础上，确定工业博物馆与厂区改造型系统性保护协同模式结构方程的拟合度；最后，通过对工业博物馆与厂区改造型系统性保护协同模式结构方程模型的不理想的路径进行修正，确定最终的结构方程模型。

在工业博物馆与厂区改造型系统性保护协同模式的研究过程中，本书先根据各个变量的性质进行划分，进一步构建工业博物馆与厂区改造型系统性保护协同模式的结构方程模型。以工业博物馆与厂区改造型协同模式的理论模型为基础，可以看出，工业博物馆、工业设施、技术创新、开发主体和厂区改造型都是不能直接观测的潜在变量，这 5 个变量下设置的二级指标仍无法直接观测，本书均将其定为潜在变量。本书再对工业博物馆与厂区改造型协同作用中的各个变量进行分类，其中，定义内生变量为工业博物馆，中间变量为工业设施、技术创新、开发主体，外生变量为厂区改造型。基于此，构建出工业博物馆与厂区改造型系统性保护协同模式的初始结构方程模型（见图 5 - 5）。

根据图 5 - 5 "工业博物馆与厂区改造型系统性保护协同模式" 的初始结构方程模型显示，工业博物馆与厂区改造型系统性保护协同模式的初始结构方程中外生显变量共 8 项，分别为：IM11、IM12、IM21、IM22、IM31、IM32、IM41、IM42；内生显变量共 31 项，分别为：DS11、DS12、DS13、DS21、DS22、DS23、DS31、DS32、DS33、TI11、TI12、TI21、TI22、IF11、IF12、IF13、IF21、IF22、IF31、IF32、IF33、IF41、IF42、PR11、PR12、PR13、PR21、PR22、PR23、PR31、PR32；外生潜变量共 4 项，分别为：IM1、IM2、IM3、IM4；内生潜变量共 12 项，分别为：DS1、DS2、DS3、TI1、TI2、IF1、IF2、IF3、IF4、PR1、PR2、PR3。

通过建立结构方程模型，进一步对 "工业博物馆与厂区改造型系统性保护协同模式" 进行实证研究。按照结构方程模型的一般模型，构建观测模型，且结构方程模型的一般形式如下：

$$\begin{cases} X = \Lambda_X \xi + \delta \\ Y = \Lambda_Y \eta + \varepsilon \end{cases}$$

在结构方程模型的一般形式中：X 表示外生显变量；ξ 表示外生潜变量；η 表示内生潜变量；δ 和 ε 表示显变量的误差。

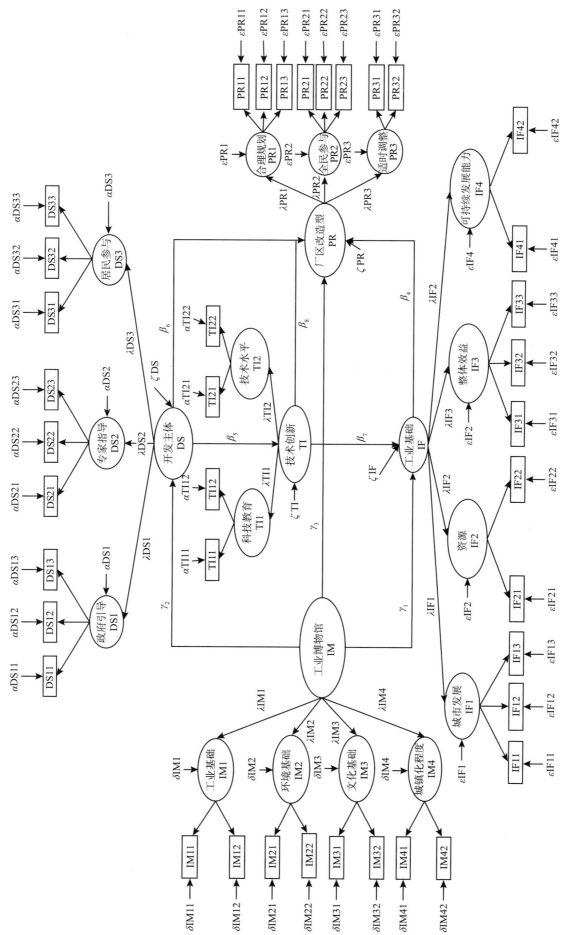

图5-5 工业博物馆与厂区改造型协同模式的初始结构方程模型

在工业博物馆与厂区改造型系统性保护协同模式的数据验证过程中，工业博物馆（IM）、工业基础（IM1）、环境基础（IM2）、文化基础（IM3）、城镇化程度（IM4）为外生潜变量，分别用 ζ_{IM}、ζ_{IM1}、ζ_{IM2}、ζ_{IM3}、ζ_{IM4} 来表示。工业基础（IF）、城市发展（IF1）、资源（IF2）、整体效益（IF3）、可持续发展能力（IF4）、开发主体（DB）、政府引导（DB1）、专家指导（DB2）、居民参与（DB3）、技术创新（TI）、科技教育（TI1）、技术水平（TI2）、厂区改造型（PR）、合理规划（PR1）、全民参与（PR2）、适时调整（PR3）为内生潜变量，分别用 η_{IF}、η_{IF1}、η_{IF2}、η_{IF3}、η_{IF4}、η_{DB}、η_{DB1}、η_{DB2}、η_{TI}、η_{TI1}、η_{TI2}、η_{TI3}、η_{PR}、η_{PR1}、η_{PR2}、η_{PR3} 来表示。基于此，本书构建出工业博物馆与厂区改造型系统性保护协同模式的观测模型方程式：

$$
\begin{cases}
X_{IM1} = \lambda_{IM1}\xi_{IM} + \delta_{IM1} & X_{IM2} = \lambda_{IM2}\xi_{IM} + \delta_{IM2} & X_{IM3} = \lambda_{IM3}\xi_{IM} + \delta_{IM3} \\
X_{IM4} = \lambda_{IM4}\xi_{IM} + \delta_{IM4} & X_{IM11} = \lambda_{IM11}\xi_{IM1} + \delta_{IM11} & X_{IM12} = \lambda_{IM12}\xi_{IM1} + \delta_{IM12} \\
X_{IM21} = \lambda_{IM21}\xi_{IM2} + \delta_{IM21} & X_{IM22} = \lambda_{IM22}\xi_{IM2} + \delta_{IM22} \\
X_{IM31} = \lambda_{IM31}\xi_{IM3} + \delta_{IM31} & X_{IM32} = \lambda_{IM32}\xi_{IM3} + \delta_{IM32} \\
X_{IM41} = \lambda_{IM41}\xi_{IM4} + \delta_{IM41} & X_{IM42} = \lambda_{IM42}\xi_{IM4} + \delta_{IM42} \\
Y_{TI1} = \lambda_{TI1}\eta_{TI} + \varepsilon_{TI1} & Y_{TI2} = \lambda_{TI2}\eta_{TI} + \varepsilon_{TI2} & Y_{TI11} = \lambda_{TI11}\eta_{TI1} + \varepsilon_{TI11} \\
Y_{TI12} = \lambda_{TI12}\eta_{TI1} + \varepsilon_{TI12} & Y_{TI21} = \lambda_{TI21}\eta_{TI2} + \varepsilon_{TI21} & Y_{TI22} = \lambda_{TI22}\eta_{TI2} + \varepsilon_{TI22} \\
Y_{DS1} = \lambda_{DS1}\eta_{DS} + \varepsilon_{DS1} & Y_{DS2} = \lambda_{DS2}\eta_{DS} + \varepsilon_{DS2} & Y_{DS3} = \lambda_{DS3}\eta_{DS} + \varepsilon_{DS3} \\
Y_{DS11} = \lambda_{DS11}\eta_{DS1} + \varepsilon_{DS11} & Y_{DS12} = \lambda_{DS12}\eta_{DS1} + \varepsilon_{DS12} & Y_{DS13} = \lambda_{DS13}\eta_{DS1} + \varepsilon_{DS13} \\
Y_{DS21} = \lambda_{DS21}\eta_{DS2} + \varepsilon_{DS21} & Y_{DS22} = \lambda_{DS22}\eta_{DS2} + \varepsilon_{DS22} & Y_{DS23} = \lambda_{DS23}\eta_{DS2} + \varepsilon_{DS23} \\
Y_{DS31} = \lambda_{DS31}\eta_{DS3} + \varepsilon_{DS31} & Y_{DS32} = \lambda_{DS32}\eta_{DS3} + \varepsilon_{DS32} & Y_{DS33} = \lambda_{DS33}\eta_{DS3} + \varepsilon_{DS33} \\
Y_{IF1} = \lambda_{IF1}\eta_{IF} + \varepsilon_{IF1} & Y_{IF2} = \lambda_{IF2}\eta_{IF} + \varepsilon_{IF2} & Y_{IF3} = \lambda_{IF3}\eta_{IF} + \varepsilon_{IF3} & Y_{IF4} = \lambda_{IF4}\eta_{IF} + \varepsilon_{IF4} \\
Y_{IF11} = \lambda_{IF11}\eta_{IF1} + \varepsilon_{IF11} & Y_{IF12} = \lambda_{IF12}\eta_{IF1} + \varepsilon_{IF12} & Y_{IF13} = \lambda_{IF13}\eta_{IF1} + \varepsilon_{IF13} \\
Y_{IF21} = \lambda_{IF21}\eta_{IF2} + \varepsilon_{IF21} & Y_{IF22} = \lambda_{IF22}\eta_{IF2} + \varepsilon_{IF22} & Y_{IF31} = \lambda_{IF31}\eta_{IFB3} + \varepsilon_{IF31} \\
Y_{IF32} = \lambda_{IF32}\eta_{IF3} + \varepsilon_{IF32} & Y_{IF33} = \lambda_{IF33}\eta_{IF3} + \varepsilon_{IF33} & Y_{IF41} = \lambda_{IF41}\eta_{IF4} + \varepsilon_{IF41} & Y_{IF42} = \lambda_{IF42}\eta_{IF4} + \varepsilon_{IF42} \\
Y_{PR1} = \lambda_{PR1}\eta_{PR} + \varepsilon_{PR1} & Y_{PR2} = \lambda_{PR2}\eta_{ID} + \varepsilon_{PR2} & Y_{PR3} = \lambda_{PR3}\eta_{PR} + \varepsilon_{PR3} \\
Y_{PR11} = \lambda_{PR11}\eta_{PR1} + \varepsilon_{PR11} & Y_{PR12} = \lambda_{PR12}\eta_{PR1} + \varepsilon_{PR12} & Y_{PR13} = \lambda_{PR13}\eta_{PR1} + \varepsilon_{PR13} \\
Y_{PR21} = \lambda_{PR21}\eta_{PR2} + \varepsilon_{PR21} & Y_{PR22} = \lambda_{PR22}\eta_{PR2} + \varepsilon_{PR22} & Y_{PR23} = \lambda_{PR23}\eta_{PR2} + \varepsilon_{PR23} \\
Y_{PR31} = \lambda_{PR31}\eta_{PR3} + \varepsilon_{PR31} & Y_{PR32} = \lambda_{PR32}\eta_{PR3} + \varepsilon_{PR32}
\end{cases}
$$

然后，开始构建结构方程模型，通过构建结构方程模型的一般规律，描述研究中外生潜变量和内生潜变量之间的关系，其一般形式如下：

$$\eta = \beta\eta + \Gamma\xi + \zeta$$

其中，η 表示为内生潜变量；β 表示为内生潜变量之间的关系系数；Γ 表示为内生潜变量受外生潜变量的影响系数；ξ 表示为外生潜变量；ζ 表示为残差项。

在工业博物馆与厂区改造型系统性保护协同模式的结构方程实证检验中，根据前文所提出的工业博物馆与厂区改造型系统性保护协同模式的研究假设和理论模型，本书分别用 γ_1、γ_2 和 γ_3 表示工业博物馆对工业基础、开发主体、厂区改造型的作用路径，用 β_4 表示工业基础对厂区改造型的作用路径，用 β_5、β_6 分别表示开发主体对技术创新和厂区改造型的作用路径，用 β_7、β_8 分别表示技术创新对工业基础和厂区改造型的作用路径。综合上述设定的各个变量之间的作用路径，本书构建结构模型的方程如下：

$$
\begin{cases}
\eta_{DS} = \gamma_2\xi_{IM} + \zeta_{DS} \\
\eta_{TI} = \beta_5\eta_{DS} + \zeta_{TI} \\
\eta_{IF} = \gamma_1\xi_{IM} + \beta_7\eta_{TI} + \zeta_{IF} \\
\eta_{PR} = \gamma_3\xi_{IM} + \beta_4\eta_{IF} + \beta_6\eta_{DS} + \beta_8\eta_{TI} + \zeta_{PR}
\end{cases}
$$

在成功构建"工业博物馆与厂区改造型系统性保护协同模式"的初始结构方程模型后，本书将从检验拟合指数、参数和决定系数三方面，对工业博物馆与厂区改造型系统性保护协同模式的初始结构方程模型进行检验。从而正确判断工业博物馆对工业文化遗产系统性保护的作用原始模型是否需要进行修正。

检验拟合度时，本书采取常见的 7 种拟合指标检验方法对其进行拟合指标检验，主要包括 X^2/DF、CFI、IFI、TLI、PNFI、RMSEA、SRMR 7 项，见表 5 – 6。

表 5 – 6　　　　　　　　　　　　　　　　　拟合度检验指标

指标名称	适配度标准	性质
X^2/DF	<3.0	因果路径拟合度检验
CFI	>0.90	非集中参数改善度检验
IFI	>0.90	整体模型适配度检验
TLI	>0.90	修正模型适配度检验
PNFI	>0.5	模型精简度检验
RMSEA	<0.08（临界值）	集中度检验
SRMR	<0.08	集中度检验

本书将工业博物馆与厂区改造型系统性保护协同模式的初始结构方程模型导入 AMOS 22.0 中，对其进行计算并对相关参数进行估计，进而获得工业博物馆与厂区改造型系统性保护协同模式的拟合指标值，见表 5 – 7。

表 5 – 7　　　　工业博物馆与厂区改造型系统性保护协同模式的初始结构方程模型适配度检验结果

拟合指标	X^2/DF	CFI	IFI	TLI	PNFI	RMSEA	SRMR
观测值	1.513	0.936	0.937	0.930	0.763	0.044	0.025
拟合标准	<3.00	>0.90	>0.90	>0.90	>0.50	<0.08	<0.08

从表 5 – 7 工业博物馆与厂区改造型系统性保护协同模式的初始结构方程模型适配度检验结果中可以看出，各个观测值都达到了对应指标均衡标准，说明前文所构建的工业博物馆与厂区改造型系统性保护协同模式的初始结构方程模型和调查问卷所得数据可以较好地拟合。接下来，本书基于对工业博物馆与厂区改造型系统性保护协同模式的初始结构方程模型的拟合度检测，进一步对初始结构方程模型中的各个路径系数进行检测，进而进一步估计和检测工业博物馆与厂区改造型系统性保护协同模式的初始结构方程模型的合理性，见表 5 – 8。

表 5 – 8　　　　　工业博物馆与厂区改造型系统性保护协同模式的初始结构方程路径估计

路径	模型具体路径	路径系数	SE	CR	P
γ_1	IM→IF	0.352	0.063	5.547	***
γ_2	IM→DS	0.565	0.066	8.555	***
γ_3	IM→PR	0.224	0.101	2.212	0.027
β_4	IF→PR	0.150	0.169	0.888	0.375
β_5	DS→TI	1.089	0.129	8.469	***
β_6	DS→PR	0.783	0.596	1.313	0.189
β_7	TI→IF	0.448	0.080	5.615	***
β_8	TI→PR	0.129	0.524	0.245	0.806

注：*** 表示 P<0.001。

由工业博物馆与厂区改造型系统性保护协同模式的初始结构方程路径估计结构可以看出，IF→PR、DS→PR 和 TI→PR 这三条路径没有通过显著性检验。本书认为所构建的工业博物馆与厂区改造型系统性保护协同模式的初始结构方程模型思路基本正确，因此，接下来将对部分关系进行调整，并对其重新进行测度。在再次充分查阅相关文献的基础上，认为厂区改造型作为重要的内生显变量，工业博物馆通过开发主体和工业基础对其产生了显著的间接影响，这种间接关系可能使工业基础、开发主体和技术创新对厂区改造型有一定的影响。综合以上分析，在工业博物馆与厂区改造型系统性保护协同模式的初始结构方程模型中删除了工业博物馆、技术创新对厂区改造型的直接作用路径，即 IM→PR 和 TI→PR，如图 5 – 6 所示。

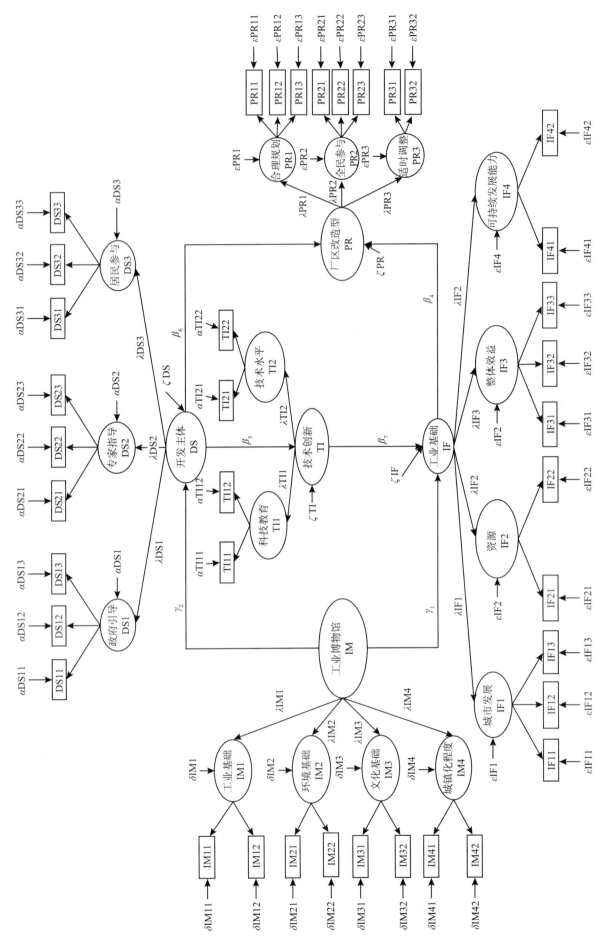

图5-6 调整后的工业博物馆与厂区改造型协同模式的结构方程模型

图 5-6 展示了调整后的工业博物馆与厂区改造型系统性保护协同模式的结构方程模型图，本书将调整后的工业博物馆与厂区改造型系统性保护协同模式的结构方程模型图导入 AMOS 22.0 中进行拟合度检验，结果如表 5-9 所示。

表 5-9　　　　　调整后的工业博物馆与厂区改造型系统性保护协同模式的配适度检验结果

拟合指标	χ^2/DF	CFI	IFI	TLI	AGFI	PNFI	RMSEA	SRMR
观测值	1.518	0.935	0.936	0.929	0.816	0.764	0.044	0.026
拟合标准	<3.00	>0.90	>0.90	>0.90	>0.80	>0.50	<0.08	<0.08

由调整后的工业博物馆与厂区改造型系统性保护协同模式的各个拟合指标检测值可以看出，各个拟合指标均达到了拟合标准，因此，认为调整的结构方程模型与原数据量表之间是匹配的。本书再次将所构建的调整后的工业博物馆与厂区改造型系统性保护协同模式导入 AMOS 22.0 中，对其进行路径估计，结果如表 5-10 所示。

表 5-10　　　　　调整后的工业博物馆与厂区改造型系统性保护协同模式的结构方程路径估计

路径	模型路径	非标准化路径系数	标准化路径系数	SE	CR	P
γ_1	IM→IF	0.370	0.366	0.062	5.855	***
γ_2	IM→DS	0.320	0.573	0.067	8.573	***
β_4	IF→PR	0.340	0.344	0.132	2.600	0.009
β_5	DS→TI	0.310	1.086	0.128	8.452	***
β_6	DS→PR	0.710	0.707	0.151	4.695	***
β_7	TI→IF	0.430	0.432	0.078	5.518	***

注：*** 表示 $P < 0.001$。

由调整后的结构方程路径估计结构可以看出，大部分都达到了 0.001 的显著水平，各个假设较好地通过了显著性检验。因此，认为调整后的工业博物馆与厂区改造型系统性保护协同模式为最满意的结构方程，在对其进行标准化处理之后，各个路径系数都在 -1~1，最终得出的工业博物馆与厂区改造型协同模式的结构方程模型如图 5-7 所示。

为进一步探讨工业博物馆与厂区改造型系统性保护协同模式中各个变量之间的关系，本书将从间接效应和直接效应两个方面对各个作用路径的影响进行解释说明。其中，直接效应是指某一变量作为原因而对另一变量产生的影响，间接效应是指某一变量作为原因通过其他变量对另一变量产生影响。间接效应的作用路径系数为间接效应发生过程中，每一个过程的系数之积，两个变量之间的总效益为直接效应和间接效应之和。为有效测度工业博物馆与厂区改造型协同模式的主要变量，本书对工业博物馆（IM）、工业基础（IF）、技术创新（TI）、开发主体（DS）、厂区改造型（PR）5 个变量的作用效应进行分解发现，在工业博物馆与厂区改造型协同模式的作用过程中，工业基础、开发主体都对厂区改造型产生了直接作用，分别为 0.340 和 0.710，工业博物馆与工业基础对厂区改造型产生了间接作用，因此，在工业博物馆与厂区改造型系统性保护协同模式的作用过程中，开发主体对厂区改造型是重要的中间变量，如图 5-8 所示。

第三，结构方程的假设检验及效应分解。

通过分析结构方程实证结果，根据前文提及的研究假设与理论模型，结合工业博物馆与厂区改造型协同作用的假设验证和路径系数，进行归纳总结，结果如表 5-11 所示。

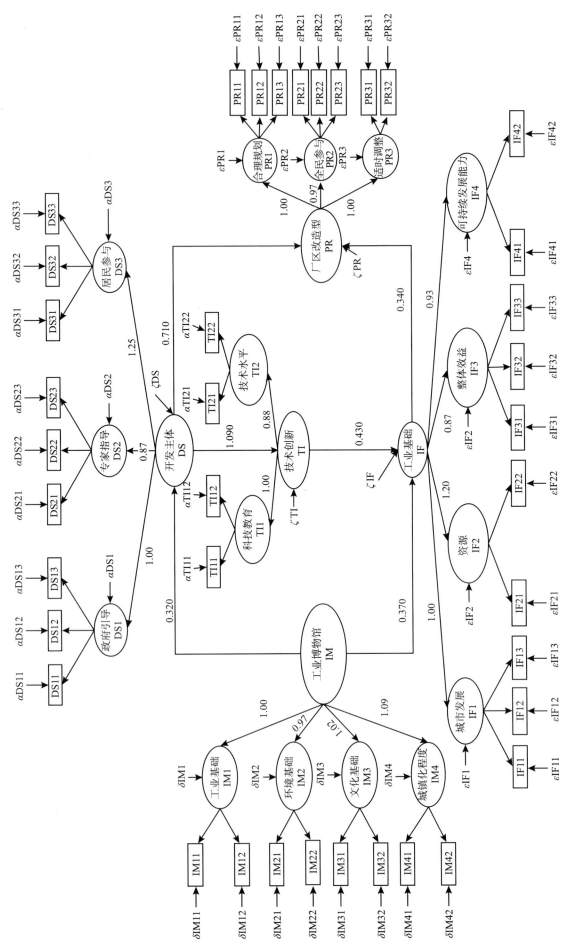

图5-7 最终的工业博物馆与厂区改造型协同模式的结构方程模型

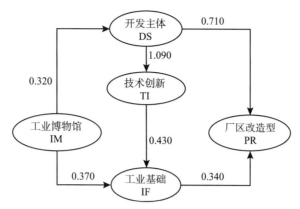

图 5 - 8　工业博物馆与厂区改造型系统性保护协同模式的结构方程模型简化形式

表 5 - 11　　　　　　　工业博物馆与厂区改造型系统性保护协同模式的结果讨论分析

路径	模型路径	标准化路径系数	显著性水平	对应假设	检验结果
γ_1	IM→IF	0.366	***	HA1	支持
γ_2	IM→DS	0.573	***	HA2	支持
γ_3	IM→PR	—	—	HA3	拒绝
β_4	IF→PR	0.344	0.009	HA4	支持
β_5	DS→TI	1.086	***	HA5	支持
β_6	DS→PR	0.707	***	HA6	支持
β_7	TI→IF	0.432	***	HA7	支持
β_8	TI→PR	—	—	HA8	拒绝

注：*** 表示 $P < 0.001$。

工业博物馆到工业基础的标准化路径系数为 0.366，$P < 0.001$，较好地通过了显著性检验。基于此，可以得出"工业博物馆建设要求对激发工业设施的现代价值具有显著的正向作用"的假设成立，即研究结果支持原假设 HA1。

工业博物馆到开发主体的标准化路径系数为 0.573，$P < 0.001$，较好地通过了显著性检验。基于此，可以得出"工业博物馆建设要求对规范开发主体行为具有显著的正向作用"的假设成立，即研究结果支持原假设 HA2。

工业博物馆到厂区改造型的作用路径在调整模型的过程中被删掉，并没有通过显著性检验，因此，"工业博物馆建设要求对推进厂区改造进程具有显著的正向作用"假设不成立，即研究拒绝原假设 HA3。

工业基础到厂区改造型的标准化路径系数为 0.344，P 值为 0.009，较好地通过了显著性检验。基于此，可以得出"工业设施保护利用效率对推进厂区改造实施进程具有显著的正向作用"假设成立，即研究支持原假设 HA4。

开发主体到技术创新的标准化路径系数为 1.068，$P < 0.001$，较好地通过了显著性检验。基于此，可以得出"开发主体行为对推进厂区改造实施进程具有显著的正向作用"的假设成立，即研究结果支持原假设 HA5。

开发主体到厂区改造型的标准化路径系数为 0.707，$P < 0.001$，较好地通过了显著性检验。基于此，可以得出"开发主体行为对技术创新水平具有显著的正向作用"的假设成立，即研究结果支持原假设 HA6。

技术创新到工业基础的标准化路径系数为 0.432，$P < 0.001$，较好地通过了显著性检验。基于此，可以得出"技术创新水平对工业设施保护利用效率具有显著的正向作用"的假设成立，即研究结果支持原假设 HA7。

技术创新到厂区改造型的作用路径在调整模型的过程中被删掉，并没有通过显著性检验，因此，"技术创新水平对推进厂区改造实施进程具有显著的正向作用"假设不成立，即研究拒绝原假设 HA8。

从工业博物馆与厂区改造型系统性保护协同模式的结构方程结构中得出，工业博物馆到厂区改造型之间的直接作用路径在模型调整的过程中被删除，因此，不存在工业博物馆对厂区改造型的直接影响路径，但是工业博物馆可以通过开发主体、工业基础两个变量对厂区改造型产生间接的影响作用。

综合以上研究得出，HA1、HA2、HA4、HA5、HA6 和 HA7 存在合理性，以及 HA3 和 HA8 存在不合理性。

由工业博物馆与厂区改造型系统性保护协同模式的结构方程模型可知，工业设施和开发主体都是非常重要的中间变量，工业基础、开发主体都对厂区改造型产生了直接作用，这说明在工业博物馆的建设过程中，工业文化遗产良好的工业基础和开发主体的科学行为是推进厂区改造进程的关键。工业博物馆与工业基础对厂区改造型产生了间接作用，这说明工业博物馆的开发和发展与工业设施和产业基础密切相关，工业设施不仅是工业博物馆发展的基础，还是工业文化遗产系统性保护的关键点，只有对工业设施实施良好的保护和开发策略，才能使工业博物馆实现可持续发展。产业基础作为提升特色创意发展水平的关键要素，对提高游客满意度起着关键作用。基于此，获得如下两个启示：一是工业博物馆不仅是工业旅游的发展方式之一，还是工业文化遗产系统性保护的典型类型之一。因此，在工业文化遗产系统性保护的过程中，不仅要重点提高工业博物馆在工业旅游产业中的带动作用，还要注意与生态环境治理协同。二是工业设施和产业基础均是影响文旅深度融合新业态与工业文化遗产系统性保护的重要的中间变量，因此，推进工业旅游与现代工业文化遗产系统性保护协同的重点，应该是提高工业设施利用率和优化产业结构两个方面。

5.2 公园风景区与厂区改造型系统性保护协同模式的实证研究

5.2.1 研究假设

第一，公园风景区建设水平的作用。

公园风景园区主要指依靠当地自然资源优势，以保护生态为主而开发的风景，具有公益性、独特性、动态性的特征。公园风景区作为协调生态环境与工业生产之间关系的纽带，兼顾经济效益与生态效益，既符合城镇化发展的需要，又满足弘扬工业文化的需要。陈黎明（2015）指出，实现工业与环境的协调发展，对于加快工业经济结构升级速度具有重要作用，工业设施与景区景观的不协调，在一定程度上影响了游客对景区的感知度。公园风景区作为集生态、旅游、文化等于一体综合发展的工业旅游新模式，对于保护工业设施、改善生态环境、促进就业等起着重要作用。将工业文化遗产改造成公园风景区，利用厂区工业设施、工业文化等发展工业旅游，可以对旧工业建筑物、工业设施等进行保护与再利用，充分发挥其现代价值。基于此，可以看出，公园风景区建设水平对工业设施保护利用有重要的影响作用，故提出如下假设：

HB1：公园风景区建设水平对工业设施保护利用效率具有显著的正向作用。

公园风景区的开发过程涉及厂区资源、周边资源等多个层面，借助当地自然资源优势，不断完善生态环境建设，可以实现公园风景区的可持续发展，因此，建造公园风景区，需要在政府的引领下，在综合借鉴专家对于厂区改造意见的基础上，积极鼓励群众参与其中。孙斌栋（2016）指出，公园风景区的设计不仅要对原厂区进行改造，还要对社区附近公园进行改造升级。具体主要表现在以下几个方面：一是通过整合周边资源，激发潜在资源的发展潜力，提高资源利用率。二是在公园风景区开发过程中要对厂区建筑修缮、周边环境治理、土地利用等集约化，以集约化为手段实现对工业文化遗产系统性保护，在具体实践过程中要对现有资源进行评估判定，以便更加有效地提高原厂区元素的利用价值，减少对旧工业资源的浪费。三是明确利益分配机制，一方面，针对公园风景区建设和发展中的资本投入，制定科学的利益分配机制；另一方面，在利益分配过程中，高度重视当地居民的合法权益，保障其能够在工业旅游发展过程中受益。基于此，可以看出，公园风景区建设水平对开发主体行为有重要的影响作用，故提出如下假设：

HB2：公园风景区建设水平对规范开发主体行为具有显著的正向作用。

公园风景区的发展是以一定的工业资源、自然资源为基础，通过发展工业旅游，进而促进公园风景区经济发展。中共十八届三中全会明确指出，要加快生态文明制度建设，建设国家公园体制，用制度保护生态环境，这是党中央关于国土空间分功能使用与工业文化遗产系统性保护的重大创新。汤玉强（2016）指出，公园风景区的建立对于改善生态环境、教育、交通等都具有显著作用。一是在改善生态环境方面，公园风景区以生态为依托，注重生态保护，对于改善由于旧工业生产所导致的环境污染问题具有重要作用；二是在改善教育、交通等社会环境方面，利用工业文化遗产，依托地区自然资源优势打造公园风景区，进而发展工业旅游，新兴产业的发展带动居民就业，提高了地区居民生活水平，促进了地区经济发展，吸引民众前来投资，而教育、交通作为地区经济发展必不可少的元素，必然会随着人们的聚集而发展，这就在一定程度上盘活了工业文化遗产，解决了遗产遭到破坏的问题，激活了地区工业旅游发展的活力。由此可见，公园风景区在改善厂区社会环境和生态环境方面发挥着重要作用，基于此，可以看出，公园风景区建设对厂区改造型有重要的影响作用，故提出如下假设：

HB3：公园风景区建设水平对推进厂区改造实施进程具有显著的正向作用。

第二，工业设施保护利用水平的作用。

工业文化遗产所包含的工业设施是地区工业旅游资源的重要组成部分。借助地区工业资源打造公园风景区、发展工业旅游应该以市场为导向，在充分了解游客旅游消费倾向、现存工业旅游发展模式、工业旅游产品的基础上，根据地区工业资源、风俗习惯、地域特色等探索工业旅游发展新路径。大多数居民对工业发展已经形成了固定的模式，对传统工业发展模式在一定程度上形成了思想依赖，因此，要想激发工业设施的现代活力、充分发挥其现代经济价值，就应该加强对破旧工业设施的修复力度，同时转变地区居民对工业的传统认知，鼓励其积极参与到公园风景区的建设当中。工业设施作为地区工业文化遗产所蕴含的重要的历史文物种类之一，不仅是公园风景区开发建设的主要对象，还是最能体现地区工业历史文化的典型代表物，因此，工业设施的稳定性及其所蕴含的工业文化价值是推进公园风景区的建设进程、促进公园风景区实现可持续发展的关键要素，可以看出，工业设施与厂区改造型呈现出一种互补的关系，基于此，可以看出，工业设施保护利用对厂区改造型有重要的影响作用，故提出如下假设：

HB4：工业设施保护利用水平对推进厂区改造实施进程具有显著的正向作用。

第三，开发主体行为的作用。

公园风景区的开发与建设不仅是工业文化和环境保护的过程，也是促进地方经济发展的重要途径之一，公园风景区作为文旅深度融合新业态之一，不管是继承弘扬工业文化还是促进地区经济发展，都离不开旧厂区改造成公园风景区过程中的开发主体关系设定。结合工业文化遗产的保护现状和地区现实发展水平，要实现经济效益和社会效益并重，就必须将政府、专家和民众三个不同的建设主体相结合。一是在政府方面，政府作为工业文化遗产系统性保护的政策制定方，是打造公园风景区工作顺利开展的根本保证，也是确保工业文化遗产向公园风景区转变的重要引导者，促进了地区基础设施建设和生态环境保护等相关制度的确立；二是在专家指导方面，公园风景区的建立涉及工业、农业、旅游业等多个产业发展，相关领域专家的介入能够协调各个产业部门利益主体之间的关系；三是在居民参与方面，人民群众作为公园风景区的主要"使用者"，对于开发公园风景区的态度和对公园风景区的保护意识等都严重影响着对工业文化遗产的保护利用效率，且对于工业文化遗产的保护利用涉及厂区建筑、周边生态环境、地区特色资源等多个层面，在此前提下，要提高工业文化遗产系统性保护绩效，就必须积极鼓励群众参与。因此，政府、专家、民众均对提高工业设施的保护利用率起着重要作用，基于此，可以看出，开发主体行为对改善厂区环境和厂区改造型有重要的影响作用，故提出如下假设：

HB5：开发主体行为对改善厂区环境具有显著的正向作用。

HB6：开发主体行为对推进厂区改造实施进程具有显著的正向作用。

第四，厂区环境治理水平的作用。

工业生产过程中的工业废水、工业二氧化硫、工业烟尘、工业粉尘等都对当地水质、土质等产生了一定的负面影响。厂区环境是指工业生产生活的厂区内部环境，如生产设备、工业建筑等，以及厂区生产的社会环境，如国家政策、群众工业生产意愿等。首先，通过技术创新，利用厂区环境的独有特征，降低工业生产生活过程中的耗能、污染排放量对于改善周边生态环境，提高周边居民生活满意度，进而改善厂区生产生活的社会环境具有重要的作用；其次，厂区污水、废气等处理设施的升级改造也能减少工业生产对环境的负面影响；最后，将工业文化遗产改造成公园风景区，不仅有国家在经济上给予的补助，还有专业人士引导周边居民向旅游服务业、旅游服务产品加工业转化，使得周边居民不再从事农业垦殖、采矿等较大规模的建设活动，从根本上解决了旧工业生产带来的环境负担，以此来探索生态文明建设。基于此，可见厂区环境对于激发工业设施现代价值发挥着重要作用，故提出如下假设：

HB7：厂区环境治理水平对激发工业设施价值具有显著的正向作用。

厂区改造型采取适应性原则，即结合工业文化遗产原有建筑结构，珍惜厂区原有的资源条件，集合科技、生态等元素，更加有效地提高原厂区元素的利用价值，减少对旧工业资源的浪费。

同时，在城镇化进程的推进过程中，部分旧工业厂区严重影响了城镇化的发展，使得工业文化遗产保护外部环境十分严峻。李茜（2015）指出，环境、经济与社会协调发展互为支撑、互为条件、相互促进，进而实现了区域整体优化和良性循环的态势。杨磊（2016）指出，对既有工业厂区进行科学规划、改造后使景观能够协调，可促进城市协调发展，增加居民收益，提升当地居民进行厂区改造、优化环境的意愿。公园风景区的开发和建设必须进行环境治理，因此，建造公园风景区、优化内外环境使得备受争议的旧工业厂区有了新的保护利用方式，解决了工业文化遗产保护与城镇化进程冲突的问题。作为一种协调工业保护利用与城镇化建设的新业态，公园风景区的建设不仅关系到地区生态发展，也有利于提高地区居民收入水平。基于此，可以看出，优化厂区环境对于促进厂区改造型实施具有重要作用，故提出如下假设：

HB8：厂区环境治理水平对推进厂区改造实施进程具有显著的正向作用。

第五，关于公园风景区与厂区改造型系统性保护协同模式的理论模型。

根据公园风景区与厂区改造型系统性保护协同模式的分析框架、研究假设相关内容，综合分析公园风景区与厂区改造型协同现状，由此构建公园风景区与厂区改造型系统性保护协同模式的理论模型，见图5-9。

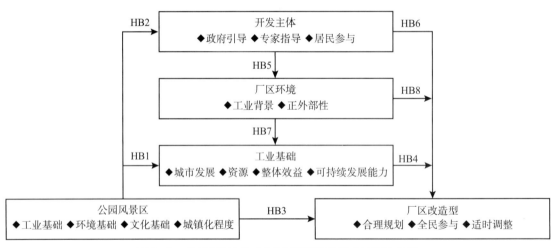

图5-9 公园风景区与厂区改造型协同模式的理论模型

从公园风景区与厂区改造型系统性保护协同模式的理论模型中可以看出，其主要包含公园风景区、厂区环境、工业基础、开发主体、厂区改造型5个变量，其中，公园风景区划分为工业基础、环境基础、文化基础、城镇化程度4个层面；厂区环境划分为工业背景、正外部性2个层面；工业基础划分为城市发展资源、整体效益可持续发展能力4个层面；开发主体划分为政府引导、专家指导、居民参与3个层面；厂区改造型划分为合理规划、全民参与、适时调整3个层面。公园风景区到厂区改造型不仅仅具有直接作用路径，也有间接作用路径，其中，公园风景区到厂区改造型的间接路径分别为：①公园风景区建设水平—工业设施保护利用效率—厂区改造实施进程；②公园风景区建设水平—规范开发主体行为—厂区改造实施进程。构建公园风景区与厂区改造型系统性保护协同模式的理论模型，为文旅深度融合新业态与工业文化遗产系统性保护协同模式的结构方程数据验证奠定了基础。

5.2.2　实地访谈

第一，关于案例地发展状况。

广东中山岐江公园是由粤中船厂为保留造船厂的工业价值改造而来，在改造过程中主要从设计人员、设计理念、元素利用三个方面着手，借助绿化的草地与钢筋混凝土的土地将自然与现代建设相结合，给人们提供一个清新、自然、舒适的休息区。中山岐江公园作为中山社会主义工业化发展的象征，通过协调好各个利益相关主体之间的关系，促使中山岐江公园工业旅游产业迅速发展，且在推进文旅深度融合新业态与工业文化遗产系统性保护协同的过程中，格外注重生态环境治理问题，旨在实现工业旅游的可持续发展。

本书主要从中山岐江公园的建设及其发展历史等基本状况出发分析"公园风景区与厂区改造型系统性保护协同模式"的发展状况。由前文分析为基础可知，中山岐江公园具有良好的工业基础、环境基础和文化基础，其在坚持合理规划、全民参与、适时调整的基础上不断发展。中山岐江公园由原粤中造船厂旧址改造而来，其建造于20世纪50年代初，在发展过程中经历了由鼎盛到消亡的过程，是中山重工业发展的重要体现。厂区内虽然保留了大量的工业设备，为中山岐江公园发展工业旅游提供了良好的资源基础，但是厂区内部生态环境较差，因此，中山岐江公园的改造建设不仅仅要考虑到景观的美化与改造，还要高度重视生态环境治理问题。基于此，在专家指导的原则下，中山岐江公园在发展过程中高度重视生态保护与可持续性发展，其建设材料一部分是对旧船厂内建筑和材料的回收与再利用，高度保留了船厂工业的时代精神与内涵。与此同时，管理者们在中山岐江公园的园区景观规划中，大量运用了乡土野生植物，这样一来，不仅维持了植物生长的生态环境，还在一定程度上起到保护物种多样性的作用。以中山岐江公园为例的"公园风景区与厂区改造型系统性保护协同模式"的具体发展阶段，主要分为以下三个阶段：

第一阶段：工业底蕴日渐丰厚。

粤中船厂作为中山市解放后的第一家省属国营工厂，见证了我国工业发展的历程，凝聚着我国劳动人民的集体智慧，主要表现在工业元素丰厚、厂区环境优美两方面。首先，工业元素丰厚主要表现在粤中船厂内建筑见证了我国劳动人民在抗美援朝和改革开放时期凝聚的中国智慧，在数年发展过程中，其工业建筑形态、工业生产流程线保留较为完整，这些实体工业建筑、工业设施中所凝聚的工业文化作为粤中船厂的重要组成部分，具有不可估量的价值；其次，在厂区环境方面，主要表现在工业环境、周边环境和文化基础三方面，粤中船厂中原有的乡土野生植物不仅持续维持了厂区的生态环境，还保护了物种多样性，厂区原有良好的生态基础与周边环境的高匹配度，形成了独特的公园环境，为中山岐江公园的发展奠定了基础。同时，中山岐江公园的开发建设又反过来推动工业设施保护利用进程，两者之间形成了良好的循环互动。

第二阶段：多方合作开发文化旅游新业态。

为保留造船厂的工业价值，国内设计师开始对造船厂进行经典而又大胆的设计，旨在将其改造为城市公园风景区，主要从以下几方面着手：一是在设计人员方面，中山岐江公园是由北京大学经管设计研究院院长、北京土人景观与建筑规划设计研究院首级设计师团队，以打破传统的规划模式为基础，最大限度地保护和再利用厂区原有环境，并通过添加现代元素将原厂址建筑和生产设备改造成鲜明而具有特色的工业化雕塑的方式改造而来；二是在设计理念方面，中山岐江公园的设计并不是由设计师凭空想象创造而来，而是在对厂区进行全面测量、规划的基础上，研究各个厂区元素保留的可能性，以保护和再利用为目的，充分发挥厂区元素价值；三是在元素利用方面，在中山岐江公园内部，并没有将公园与外部资源完全融合，而是将其与外部景观隔离开来，借助绿化的草地与钢筋混凝土的土地将自然与现代建设相结合，给人们提供一个清新、自然、舒适的休息区。

第三阶段：工业旅游产业的可持续发展。

中山岐江公园作为中山社会主义工业化发展的象征，通过协调好各个相关利益主体之间的关系，促使中山岐江公园工业旅游产业迅速发展，在推进文旅深度融合新业态与工业文化遗产系统性保护协同的过程中，旨在实现工业旅游的可持续发展。

一是生态环境得到有效改善。中山岐江公园作为工业文化遗产系统性保护的成功典范，其发展格外重视植物元素的保护。为避免植物护理不当导致的经济损失，公园定时对草坪、灌木等进行全面综合护理措施。同时，中山岐江公园的改造，保留了原厂区的植物元素，不仅避免了由于再种植、修建等过程对自然环境的损害，还有效降低了改造成本。将工业文化遗产改造成中山岐江公园发展工业旅游，对于改善地区城市环境具有重要意义，因此，中山岐江公园曾于 2002 年度获得美国景观设计师荣誉设计奖。

二是全域旅游的到来为工业旅游产业的发展带来了新的机遇。随着全域旅游的发展，广东省政府越来越重视旅游业的发展，中山岐江公园作为地区城市发展工业旅游的成功典范，其发展越来越受到关注。中山市政府紧紧抓住工业旅游的绳索，全面推进地区工业旅游与城镇化建设融合发展，积极推进地区生态环境保护建设进程，在坚持绿色发展的前提下，全面打造可持续发展的旅游胜地。

第二，中山岐江公园对公园风景区与厂区改造型系统性保护协同模式的作用。

在中山岐江公园发展的过程中，工业资源是发展基础，资金支持是活力源泉，专业技术人才是重要组成要素，政策创新是关键推动力量。通过对中山岐江公园发展过程中各个相关要素的综合考量，本书将案例分析的重点聚焦在工业资源、居民、发展资本、政策和地区特色产业等方面，提炼出工业设施、厂区环境、开发主体三个关键的概念，通过对以上三个概念进行合理化、结构化、清晰化的分析，构建出中山岐江公园建设过程中工业设施的作用模型、中山岐江公园建设过程中厂区环境的作用模型、中山岐江公园建设过程中开发主体的作用模型，为探讨工业设施、厂区环境、开发主体在公园风景区与厂区改造型系统性保护协同模式中的作用提供了清晰的路径。

首先，中山岐江公园建设过程中工业设施分析。

中山岐江公园是于 2001 年由粤中船厂改造而来的，其设计理念与粤中船厂的工业设施是分不开的，工业设施作为中山岐江公园发展的基础，工业设施的完整性和实用性是中山岐江公园得以发展并不断取得进步的重要推动力。基于以上分析，结合公园风景区与厂区改造型系统性保护协同模式的结构方程实证结果，本书科学合理地构建出中山岐江公园建设过程中工业设施的作用模型，见图 5 - 10。

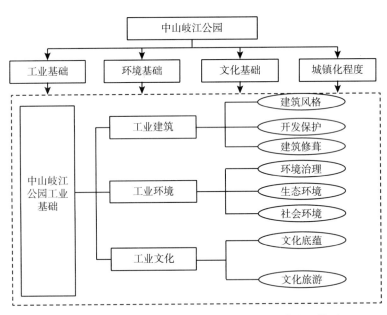

图 5 - 10 中山岐江公园建设过程中的工业设施作用模型

图 5 - 10 展示了中山岐江公园建设过程中工业设施的作用模型，从该模型中可以看出中山岐江公园的工业基础、环境基础、文化基础和城镇化程度都与工业设施紧密相关。中山岐江公园由粤中船厂改造而来，因而具有丰富的工业元素，但在粤中船厂改造过程中，也面临着厂区建筑与周边环境融合度低的问题。为了解决这一难题，依托丰富的工业资源，通过专家指导，当地政府融入大胆的设计风格，充分挖掘原工业设施的现代价值，为中山岐江公园发展注入了新动力。中山岐江公园在其工业旅游发展过程中，高度重视生态环境发展水平，因此，中山岐江公园在改造过程中格外注重对植物元素的保护，通过最大限度保留原厂区植被，并定时对草坪、灌木等进行全面综合护理措施，有效降低了改造成本，提高了中山岐江

公园与周边环境的匹配度，为全面推进中山岐江公园实现可持续发展奠定了基础。在新时代背景下，深刻了解工业文化遗产给城市发展带来的利弊后，还要进一步思考如何在当前的发展格局下推进工业文化遗产系统性保护进程，同时实现对工业文化传承、弘扬。中山岐江公园在遵循相关专家指导的原则下，在改造过程中大胆融入中国传统设计风格和现代设计风格，不仅保存了工业文明的时代特征，还能让人们联想到生态循环的空间形式。因此，公园风景区的建设可以与工业文化遗产地的工业基础、环境基础、文化基础和城镇化程度密切相关，通过当地的设施基础、生态基础和文化基础搭建起调节工业旅游与特色资源融合度并弘扬地方文化、通过培育产业发展促进创意文化产业发展、结合地方文化特点搭建促进经济发展的产业链，进而实现工业文化遗产系统性保护，假设 HB1、HB3 和 HB4 成立。

其次，中山岐江公园建设过程中厂区环境分析。

中山岐江公园的厂区环境优美，厂区建筑特色具有后现代的味道，工业文明作为中山岐江公园的文物焕发着无限的发展活力，绿色的自然生态环境体现了人与自然的和谐之美。总的来说，中山岐江公园的厂区环境主要包含工业建筑与公园契合度、厂区环境治理、工业文化基础三个方面，结合公园风景区与厂区改造型系统性保护协同模式的结构方程实证结构，本书科学合理地构建出中山岐江公园建设过程中的厂区环境作用模型，见图 5 - 11。

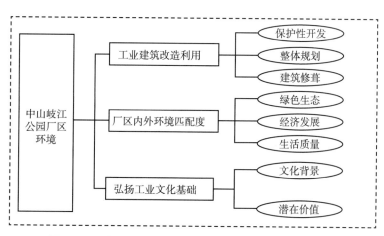

图 5 - 11　中山岐江公园建设过程中的厂区环境作用模型

图 5 - 11 展示了中山岐江公园建设过程中厂区环境的作用模型，从中可以看出粤中船厂的工业建筑风格特征、厂区内外环境匹配度、工业文化基础对于推进中山岐江公园实现可持续发展具有重要作用。结合中山岐江公园在发展建设过程中的实践基础，对其厂区环境的作用作出如下分析：一是厂房建筑等基础设施的独特性为中山岐江公园的发展奠定了基础。中山岐江公园的前身是粤中船厂，粤中船厂的烟囱、龙门吊、厂棚等均富有造船厂文化的文化特征，通过融入现代科技，将厂区内基础设施以新的表现形式呈现给大众，不仅保护了工业文化遗产，还充分发挥了其现代价值，为丰富大众视野、提高城市品位、唤醒城市记忆作出了重要贡献。二是厂区内外环境的高匹配度为中山岐江公园的发展提供了动力。中山岐江公园在建造以前，原厂区内植被种类丰富，具有良好的生态环境基础。中山岐江公园的建造以其原厂区的生态环境为基础，通过景观设计的手法，引入乡下常见但城区内罕见的水生植物、旱生植物等，为工业厂区内融入了新时代的审美元素，又提高了中山岐江公园的物种丰富度。三是工业文化基础全面推进了中山岐江公园的可持续发展进程。在工业文化遗产系统性保护过程中，最重要的就是要唤醒城市工业记忆、传承工业文化、弘扬工业文化，要做好这一点，就必须将中山岐江公园的发展模式与大众的生活模式相契合。因此，在专家的指导下，将原厂区场地上废弃的轨道，经过专业化设计再加工，使其变成工业旅游的一道风景线，以营造工业生产环境的方式，可以帮助游客体验工业生产的魅力。基于此，本书认为厂区环境直接影响着工业文化环境状况，进而关系着工业文化遗产的传承，假设 HB5、HB7 和 HB8 成立。

最后，中山岐江公园建设过程中开发主体分析。

粤中船厂的厂区元素原本就具有较多的现代化元素，因此在城镇化建设过程中，形成了政府引导、专家指导、全面参与的局面，通过将公园风景区与厂区改造型相结合，发展工业旅游，中山岐江公园走出了一条全域旅游的新路子，可大幅度提高地区居民收入水平，促进城市经济发展，提高游客旅游满意度。基于中山岐江公园以上发展现状的分析，集合本书研究重点，构建出中山岐江公园建设过程中开发主体的作用模型，见图 5 – 12。

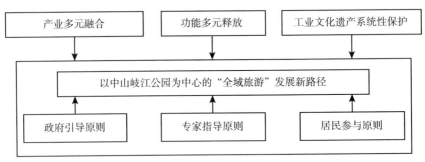

图 5 – 12   中山岐江公园建设过程中开发主体的作用模型

图 5 – 12 展示了中山岐江公园建设过程中开发主体的作用模型，从开发中山岐江公园的开发出主体出发，坚持政府引导原则、坚持专家指导原则、坚持全民参与原则，确保各个开发主体都能在中山岐江公园建设过程中发挥主体作用。

坚持政府引导原则，促进产业多元融合。中山岐江公园的建设要在政府的推动下，积极整合各类资源、强化组织管理体系、提升中山岐江公园服务质量、丰富中山岐江公园旅游项目，积极全面推进中山岐江公园的可持续发展。同时，为提高中山岐江公园开发效率，大幅度提高经济发展水平，还要求各个相关部门不断完善信息交流机制，通过组建政府、企业、群众三方面的信息交流机制来推进中山岐江公园的建设，实现资源合理配置，不断提高地区生态环境，提升各区域经济发展水平，进而实现中山岐江公园的可持续发展。

坚持专家指导原则，提高工业文化遗产系统性保护效率。充分发挥省市级文化和旅游单位等专家指导作用，科学合理地调整中山岐江公园周边产业布局，结合地区特色产业，探寻中山岐江公园发展新路径，充分发挥中山岐江公园的经济效益和社会效益，确保中山岐江公园实现可持续发展。

坚持居民参与原则，促进功能多元释放。一方面，积极鼓励中山岐江公园周边居民以资金支持、土地支持、资源支持、劳动支持等方式参与到中山岐江公园的建设过程中，以允许周边居民对中山岐江公园进行资本投资的形式，拓宽地区居民收入来源、提高经济发展水平。另一方面，积极鼓励居民参与中山岐江公园的建设，可以大幅度提高园区建设效率、丰富园区发展项目，高质量的园区建设又能够吸引大批游客，进而反过来为地区居民带来收益。

基于此，可以看出，在政府、专家、居民多方主体的参与下，公园风景区才能发挥更大的作用保护当地的工业文化遗产资源，假设 HB2 和 HB6 成立。

关于案例验证分析：

本次案例研究选取的是中山岐江公园，调研小组通过实地调研获得了具有较高准确性的有效资料，对中山岐江公园有了进一步的了解，同时也保证了资料数据的实效性、准确性、可靠性。为了更好地展开对公园风景区与厂区改造型系统性保护协同模式的案例研究，本书首先对中山岐江公园作为本次研究对象进行解释说明，将中山岐江公园的建设历程和发展过程分为三个阶段，一是工业底蕴日渐丰厚阶段，二是多方合作开发文化旅游新业态阶段，三是工业旅游产业的可持续发展阶段，通过对这三个阶段进行全面而深入的分析，总结提炼出中山岐江公园的发展优势。其中，根据前文构建的公园风景区与厂区改造型系统性保护协同模式的结构方程实证分析结果，在案例分析中重点把握工业设施、厂区环境、开发主体三个方面的内容，通过构建出中山岐江公园建设过程中工业设施的作用模型，得出中山岐江公园本身所具有的丰厚的工业资源是地区工业旅游迅速发展的关键性组成要素的结论。通过构建中山岐江公园建设过程中厂区环境的作用模型，得出中山岐江公园建设过程中旧厂区内外环境的高匹配度为中山岐江公园的发展提供了动力的共识，在此基础上，结合专家指导，经过专业化设计再加工，厂区内的工业设施经过改造与加工均变成地区工业旅游的一道风景线，充分展现了地区工业生产的魅力。通过构建中山岐江公园建设过程中开发主体的作用模型，中山岐江公园在建设和发展过程中始终坚持以下三个原则：一是坚持政府引导原则，促进产业多元融合；二是坚持专家指导原则，提高工业文化遗产系统性保护效率；三是坚持全民参与原则，促进功能多元释放。

　　本书采取案例研究的方法进行单个案例研究，选取中山岐江公园为典型案例对公园风景区与厂区改造型系统性保护协同模式进行验证。结合前文所构建的公园风景区与厂区改造型系统性保护协同模式的分析框架、研究假设和结构方程实证分析的相关内容，以中山岐江公园的发展潜力出发点，重点把握工业设施、厂区环境、开发主体在文旅深度融合新业态与工业文化遗产系统性保护中的作用，以中山岐江公园为案例对公园风景区与厂区改造型系统性保护协同模式过程中的影响因素进行案例验证，进一步科学合理地验证了公园风景区与厂区改造型系统性保护协同模式的有效性。

5.2.3　问卷数据分析

　　第一，样本数据的描述性统计及信度效度检验。
　　首先，公园风景区与厂区改造型系统性保护协同模式的协同度测算。
　　公园风景区与厂区改造型系统性保护协同模式的作用机制利用二者的协同性进行评估。在对公园风景区与厂区改造型系统性保护协同模式的协同性进行评估之前，本书以前文实证研究中所用到的度量指标为基础构建其相应的指标体系，并将实地调研所得数据用于计算公园风景区与厂区改造型系统性保护协同模式的协同度。由前文对公园风景区与厂区改造型系统性保护协同模式的实证分析得出，工业基础和开发主体这两个子系统都对厂区改造型产生了直接影响，公园风景区这一子系统通过其他变量对厂区改造型产生影响。因此，本书认为公园风景区与厂区改造型协同发展是以"工业基础""厂区环境""开发主体" 3 个子系统为基础。从公园风景区的工业基础、环境基础、文化基础和城镇化程度 4 个方面来看，公园风景区在一定程度上直接或者间接影响着工业基础、厂区环境、开发主体 3 个子系统，基于此，本书认为在对公园风景区与厂区改造型协同模式进行协同度评价时，可以借助公园风景区、工业基础、厂区环境、开发主体、厂区改造型 5 个子系统之间的相互关系来进行考量，并根据各个子系统的特征和作用提出对应的改进措施。

　　本书在充分理解协同学相关原理和理论的基础上，构建公园风景区、工业基础、厂区环境、开发主体、厂区改造型 5 个子系统之间的协同度模型。各个子系统的序参量见表 5 – 12。

表 5 – 12　　　　　　　　　　　　　　　　　**子系统序参量**

子系统	测量指标	序参量
公园风景区（PSA）	工业基础、环境基础、文化基础、城镇化程度	PSA11、PSA12、PSA21、PSA22、PSA31、PSA32、PSA41、PSA42
工业基础（IF）	城市发展、资源、整体效益、可持续发展能力	IF11、IF12、IF13、IF21、IF22、IF31、IF32、IF33、IF41、IF42
厂区环境（PE）	工业背景、正外部性	PE11、PE12、PE21、PE22
开发主体（DS）	政府引导、专家指导、居民参与	DS11、DS12、DS13、DS21、DS22、DS23、DS31、DS32、DS33
厂区改造型（PR）	合理规划、全民参与、适时调整	PR11、PR12、PR13、PR21、PR22、PR23、PR31、PR32

　　其次，本书在确定各个子系统的序参量后，将对公园风景区、工业基础、厂区环境、开发主体、厂区改造型 5 个子系统之间的有序度进行测量。结合前文对公园风景区与厂区改造型系统性保护协同模式的理论模型的相关分析，得出其他子系统的有序度和序参量，之后，本书将计算系统协同度并重新测量子系统的有序度，进而得到总系统的协同度。同理，得出公园风景区与厂区改造型系统性保护协同模式中工业基

础、厂区环境、开发主体、厂区改造型等其他子系统之间的协同度，见表 5-13。

表 5-13　　　　　　　　　　　　　各个子系统间的系统协同度

子系统	PSA	IF	PE	DS	PR
公园风景区（PSA）	—				
工业基础（IF）	0.57	—			
厂区环境（PE）	0.57	0.52	—		
开发主体（DS）	0.57	0.52	0.52	—	
厂区改造型（PR）	0.63	0.57	0.58	0.58	—

　　本书在参考有关协同学相关文献的基础上，结合现实应用，将协同度数值和协同度大小划分为 4 个区间（见表 4-1），结合表 5-13 中所得有关公园风景区与厂区改造型协同模式中各个子系统的协同度的大小，得出在公园风景区与厂区改造型系统性保护协同模式中，公园风景区、工业基础、厂区环境、开发主体、厂区改造型这 5 个子系统之间的协同度都处于高度协同的范围，因此，认为公园风景区与厂区改造型具有良好的协同性。

　　再次，本书在对通过实地调研获得公园风景区与厂区改造型协同的第一手数据资料进行综合评估后，认为团队所得有效问卷数量符合结构方程所要求的样本数量，因此可以进行实证分析。为确保研究所得的公园风景区与厂区改造型系统性保护协同模式的相关数据的准确性，以及后续所得结论的科学性，本书在对其进行实证分析之前，还将对问卷所得数据进行信度分析和效度分析。

　　本书采取均值和方差这两个指标，衡量公园风景区与厂区改造型系统性保护协同模式中各个变量分布的平均程度和集中度。其中，标准差是直接观测公园风景区与厂区改造型系统性保护协同模式研究中各个变量的离散程度的指标。本书利用 SPSS 25.0 对公园风景区与厂区改造型系统性保护协同模式的数据进行信度检测，进而得到各个观测变量的均值、标准差、最大值、最小值，见表 5-14。

表 5-14　　　　　　　　　　　　　　　　描述性统计

主要变量	潜在变量	观测变量	均值	标准差	最大值	最小值
公园风景区（PSA）	工业基础（PSA1）	PSA11	3.66	0.725	5	1
		PSA12	3.72	0.726	5	1
	环境基础（PSA2）	PSA21	3.62	0.799	5	1
		PSA22	3.65	0.817	5	1
	文化基础（PSA3）	PSA31	3.56	0.755	5	1
		PSA32	3.53	0.707	5	1
	城镇化程度（PSA4）	PSA41	3.57	0.739	5	1
		PSA42	3.54	0.731	5	1
工业基础（IF）	城市发展（IF1）	IF11	3.19	0.665	5	1
		IF12	3.25	0.666	5	1
		IF13	3.19	0.650	5	1
	资源（IF2）	IF21	3.26	0.666	5	1
		IF22	3.22	0.743	5	1
	整体效益（IF3）	IF31	3.19	0.780	5	1
		IF32	3.18	0.730	5	1
		IF33	3.12	0.731	5	1
	可持续发展能力（IF4）	IF41	3.32	0.770	5	1
		IF42	3.19	0.692	5	1

续表

主要变量	潜在变量	观测变量	均值	标准差	最大值	最小值
厂区环境 （PE）	工业背景 （PE1）	PE11	3.20	0.751	5	1
		PE12	3.18	0.689	5	1
	正外部性 （PE2）	PE21	3.07	0.668		1
		PE22	3.23	0.733	5	1
开发主体 （DS）	政府引导 （DS1）	DS11	3.09	0.718	5	1
		DS12	3.16	0.713	5	1
		DS13	3.24	0.706	5	1
	专家指导 （DS2）	DS21	3.11	0.687	5	1
		DS22	3.14	0.713	5	1
		DS23	3.34	0.783	5	1
	居民参与 （DS3）	DS31	3.41	0.790	5	1
		DS32	3.39	0.749	5	1
		DS33	3.34	0.704	5	1
厂区改造型 （PR）	合理规划 （PR1）	PR11	3.63	0.731	5	1
		PR12	3.61	0.744	5	1
		PR13	3.62	0.763	5	1
	全民参与 （PR2）	PR21	3.63	0.770	5	1
		PR22	3.67	0.757	5	1
		PR23	3.71	0.743	5	1
	适时调整 （PR3）	PR31	3.64	0.806	5	1
		PR32	3.68	0.761	5	1

最后，为确保公园风景区与厂区改造型系统性保护协同模式检测结果具有真实性、可靠性，本书将对其进行信度检测。本书利用组合信度系数对公园风景区与厂区改造型系统性保护协同模式所整合的各类数据进行分析和检测，分别得出公园风景区、工业基础、厂区环境、开发主体、厂区改造型的组合信度系数。同时，根据表 5－4 的组合信度标准对公园风景区与厂区改造型系统性保护协同模式的潜在变量的组合信度系数进行评判。为确保信度检测所得数据能够科学合理地反映各个变量的真实构架，本书将在对公园风景区与厂区改造型系统性保护协同模式进行信度检测的基础上，进一步对公园风景区与厂区改造型系统性保护协同模式进行效度检测，见表 5－15。

表 5－15　　　　　　　　　　　　　　信度和效度检验结果

变量	CR	因子载荷		KMO 值	累计方差 解释率	Bartlett's 球形检验		
						χ^2	df	Sig.
公园风景区 （PSA）	0.871	PSA11	0.676	0.927	62.241	1256.847	28	0.000
		PSA12	0.534					
		PSA21	0.725					
		PSA22	0.672					
		PSA31	0.655					
		PSA32	0.726					
		PSA41	0.724					
		PSA42	0.689					

变量	CR	因子载荷		KMO 值	累计方差解释率	Bartlett's 球形检验		
						χ^2	df	Sig.
工业基础（IF）	0.778	IF11	0.490	0.897	42.192	764.842	45	0.000
		IF12	0.420					
		IF13	0.525					
		IF21	0.467					
		IF22	0.502					
		IF31	0.476					
		IF32	0.563					
		IF33	0.673					
		IF41	0.526					
		IF42	0.403					
厂区环境（PE）	0.591	PE11	0.562	0.721	50.149	149.223	6	0.000
		PE12	0.396					
		PE21	0.481					
		PE22	0.615					
开发主体（DS）	0.843	DS11	0.563	0.847	54.985	700.609	36	0.000
		DS12	0.553					
		DS13	0.594					
		DS21	0.643					
		DS22	0.536					
		DS23	0.618					
		DS31	0.667					
		DS32	0.637					
		DS33	0.687					
厂区改造型（PR）	0.892	PR11	0.687	0.939	64.948	1323.562	28	0.000
		PR12	0.625					
		PR13	0.718					
		PR21	0.763					
		PR22	0.777					
		PR23	0.712					
		PR31	0.718					
		PR32	0.697					

　　如表 5-15 所示，首先，从对公园风景区与厂区改造型进行信度检测所得数据中可以看出，各个数据的组合信度系数值 CR 都大于 0.5，因此，本书认为所得数据具有可信度。其次，从对公园风景区与厂区改造型进行效度检验所得数据中可以看出，所得各个指标的因子载荷均在 0.5 以上，KMO 值大于 0.7，因此，本书认为所得数据能够较好地进行因子分析。最后，Bartlett's 球形检验显著性水平均为 0.000，因此，认为研究过程中，调查问卷所得数据及各组成部分之间有较好的效度。

　　第二，样本数据的结构方程模型构建及调整。

　　本书通过建立公园风景区与厂区改造型系统性保护协同模式结构方程模型，进而对其进行估计和检验。本小节对公园风景区与厂区改造型系统性保护协同模式的结构方程模型分析主要分为以下几点：首先，建立公园风景区与厂区改造型系统性保护协同模式的结构方程模型，并设定相关误差变量；其次，在对参数进行估计的基础上，确定公园风景区与厂区改造型系统性保护协同模式结构方程的拟合度；最后，通过对公园风景区与厂区改造型系统性保护协同模式结构方程模型的不理想的路径进行修正，确定最终的结构方程模型。

在公园风景区与厂区改造型系统性保护协同模式的研究过程中，本书根据各个变量的性质进行划分，进一步构建公园风景区与厂区改造型系统性保护协同模式的结构方程模型。以公园风景区与厂区改造型系统性保护协同模式的理论模型为基础，可以看出，公园风景区、工业基础、厂区环境、开发主体和厂区改造型都是不能直接观测的潜在变量，这 5 个变量下设置的二级指标仍无法直接观测，本书均将其定为潜在变量。本书再对公园风景区与厂区改造型协同作用中的各个变量进行分类，其中，定义内生变量为公园风景区，中间变量为工业基础、厂区环境、开发主体，外生变量为厂区改造型。基于此，构建出公园风景区与厂区改造型系统性保护协同模式的初始结构方程模型，见图 5 – 13。

根据图 5 – 13"公园风景区与厂区改造型系统性保护协同模式"的初始结构方程模型显示，公园风景区与厂区改造型系统性保护协同模式的初始结构方程中外生显变量共 8 项，分别为：PSA11、PSA12、PSA21、PSA22、PSA31、PSA32、PSA41、PSA42；内生显变量共 31 项，分别为：DS11、DS12、DS13、DS21、DS22、DS23、DS31、DS32、DS33、PE11、PE12、PE21、PE22、IF11、IF12、IF13、IF21、IF22、IF31、IF32、IF33、IF41、IF42、PR11、PR12、PR13、PR21、PR22、PR23、PR31、PR32；外生潜变量共 4 项，分别为：PSA1、PSA2、PSA3、PSA4；内生潜变量共 12 项，分别为：DS1、DS2、DS3、PE1、PE2、IF1、IF2、IF3、IF4、PR1、PR2、PR3。

在进行公园风景区与厂区改造型系统性保护协同模式数据验证的过程中，本书将对相关变量进行设定，进而构建观测变量的结构方程式。根据前文对公园风景区与厂区改造型系统性保护协同模式的相关研究，公园风景区（PSA）、工业基础（PSA1）、文化基础（PSA2）、环境基础（PSA3）、城镇化程度（PSA4）是外生潜变量，分别用 ζ_{PSA}、ζ_{PSA1}、ζ_{PSA2}、ζ_{PSA3}、ζ_{PSA4} 表示。工业基础（IF）、城市发展（IF1）、资源（IF2）、整体效益（IF3）、可持续发展能力（IF4）、厂区环境（PE）、工业背景（PE1）、正外部性（PE2）、开发主体（DS）、政府引导（DS1）、专家指导（DS2）、居民参与（DS3）、厂区改造型（PR）、合理规划（PR1）、全民参与（PR2）、适时调整（PR3）是内生潜变量，分别用 η_{IF}、η_{IF1}、η_{IF2}、η_{IF3}、η_{IF4}、η_{PE}、η_{PE1}、η_{PE2}、η_{DS}、η_{DS1}、η_{DS2}、η_{DS3}、η_{PR}、η_{PR1}、η_{PR2}、η_{PR3} 表示。基于此，构建出公园风景区与厂区改造型协同模式的观测模型方程式：

$$
\begin{cases}
X_{PSA1} = \lambda_{PSA1}\xi_{PSA} + \delta_{PSA1} & X_{PSA2} = \lambda_{PSA2}\xi_{PSA} + \delta_{PSA2} & X_{PSA3} = \lambda_{PSA3}\xi_{PSA} + \delta_{PSA3} \\
X_{PSA4} = \lambda_{PSA4}\xi_{PSA} + \delta_{PSA4} & X_{PSA11} = \lambda_{PSA11}\xi_{PSA1} + \delta_{PSA11} & X_{PSA12} = \lambda_{PSA12}\xi_{PSA1} + \delta_{PSA12} \\
X_{PSA21} = \lambda_{PSA21}\xi_{PSA2} + \delta_{PSA21} & X_{PSA22} = \lambda_{PSA22}\xi_{PSA2} + \delta_{PSA22} \\
X_{PSA31} = \lambda_{PSA31}\xi_{PSA3} + \delta_{PSA31} & X_{PSA32} = \lambda_{PSA32}\xi_{PSA3} + \delta_{PSA32} \\
X_{PSA41} = \lambda_{PSA41}\xi_{PSA4} + \delta_{PSA41} & X_{PSA42} = \lambda_{PSA42}\xi_{PSA4} + \delta_{PSA42} \\
Y_{PE1} = \lambda_{PE1}\eta_{PE} + \varepsilon_{PE1} & Y_{PE2} = \lambda_{PE2}\eta_{PE} + \varepsilon_{PE2} & Y_{PE11} = \lambda_{PE11}\eta_{PE1} + \varepsilon_{PE11} \\
Y_{PE12} = \lambda_{PE12}\eta_{PE1} + \varepsilon_{PE12} & Y_{PE21} = \lambda_{PE21}\eta_{PE2} + \varepsilon_{PE21} & Y_{PE22} = \lambda_{PE22}\eta_{PE2} + \varepsilon_{PE22} \\
Y_{DS1} = \lambda_{DS1}\eta_{DS} + \varepsilon_{DS1} & Y_{DS2} = \lambda_{DS2}\eta_{DS} + \varepsilon_{DS2} & Y_{DS3} = \lambda_{DS3}\eta_{DS} + \varepsilon_{DS3} \\
Y_{DS11} = \lambda_{DS11}\eta_{DS1} + \varepsilon_{DS11} & Y_{DS12} = \lambda_{DS12}\eta_{DS1} + \varepsilon_{DS12} & Y_{DS13} = \lambda_{DS13}\eta_{DS1} + \varepsilon_{DS13} \\
Y_{DS21} = \lambda_{DS21}\eta_{DS2} + \varepsilon_{DS21} & Y_{DS22} = \lambda_{DS22}\eta_{DS2} + \varepsilon_{DS22} & Y_{DS23} = \lambda_{DS23}\eta_{DS2} + \varepsilon_{DS23} \\
Y_{DS31} = \lambda_{DS31}\eta_{DS3} + \varepsilon_{DS31} & Y_{DS32} = \lambda_{DS32}\eta_{DS3} + \varepsilon_{DS32} & Y_{DS33} = \lambda_{DS33}\eta_{DS3} + \varepsilon_{DS33} \\
Y_{IF1} = \lambda_{IF1}\eta_{IF} + \varepsilon_{IF1} & Y_{IF2} = \lambda_{IF2}\eta_{IF} + \varepsilon_{IF2} & Y_{IF3} = \lambda_{IF3}\eta_{IF} + \varepsilon_{IF3} & Y_{IF4} = \lambda_{IF4}\eta_{IF} + \varepsilon_{IF4} \\
Y_{IF11} = \lambda_{IF11}\eta_{IF1} + \varepsilon_{IF11} & Y_{IF12} = \lambda_{IF12}\eta_{IF1} + \varepsilon_{IF12} & Y_{IF13} = \lambda_{IF13}\eta_{IF1} + \varepsilon_{IF13} \\
Y_{IF21} = \lambda_{IF21}\eta_{IF2} + \varepsilon_{IF21} & Y_{IF22} = \lambda_{IF22}\eta_{IF2} + \varepsilon_{IF22} & Y_{IF31} = \lambda_{IF31}\eta_{IF3} + \varepsilon_{IF31} \\
Y_{IF32} = \lambda_{IF32}\eta_{IF2} + \varepsilon_{IF32} & Y_{IF33} = \lambda_{IF33}\eta_{IF3} + \varepsilon_{IF33} & Y_{IF41} = \lambda_{IF41}\eta_{IF4} + \varepsilon_{IF41} & Y_{IF42} = \lambda_{IF42}\eta_{IF4} + \varepsilon_{IF42} \\
Y_{PR1} = \lambda_{PR1}\eta_{PR} + \varepsilon_{PR1} & Y_{PR2} = \lambda_{PR2}\eta_{PR} + \varepsilon_{PR2} & Y_{PR3} = \lambda_{PR3}\eta_{PR} + \varepsilon_{PR3} \\
Y_{PR11} = \lambda_{PR11}\eta_{PR1} + \varepsilon_{PR11} & Y_{PR12} = \lambda_{PR12}\eta_{PR1} + \varepsilon_{PR12} & Y_{PR13} = \lambda_{PR13}\eta_{PR1} + \varepsilon_{PR13} \\
Y_{PR21} = \lambda_{PR21}\eta_{PR2} + \varepsilon_{PR21} & Y_{PR22} = \lambda_{PR22}\eta_{PR2} + \varepsilon_{PR22} & Y_{PR23} = \lambda_{PR23}\eta_{PR2} + \varepsilon_{PR23} \\
Y_{PR31} = \lambda_{PR31}\eta_{PR3} + \varepsilon_{PR31} & Y_{PR32} = \lambda_{PR32}\eta_{PR3} + \varepsilon_{PR32}
\end{cases}
$$

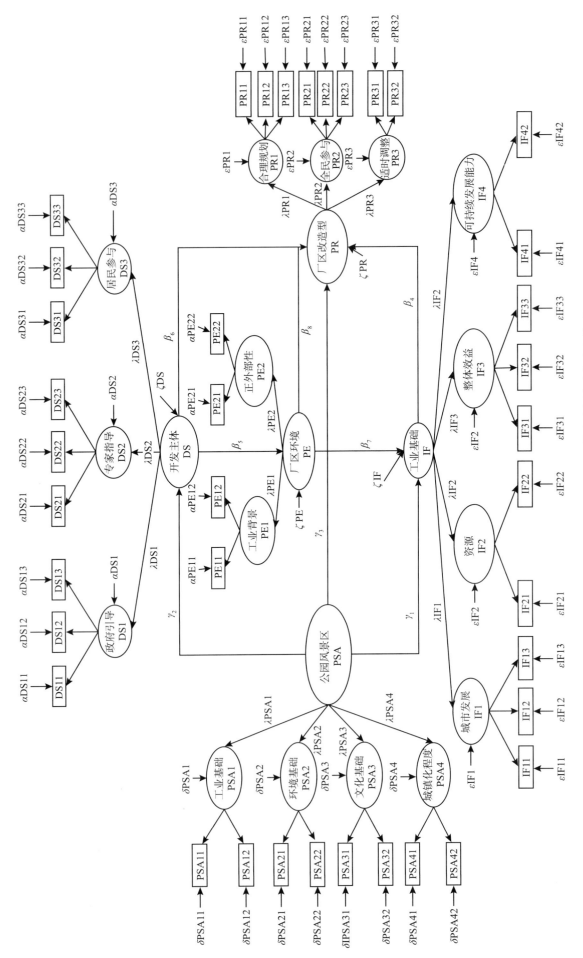

图5-13 公园风景区与厂区改造型协同模式的初始结构方程模型

在成功构建公园风景区与厂区改造型系统性保护协同模式的观测模型的基础上，本书根据结构方程模型的一般形式构建公园风景区与厂区改造型系统性保护协同模式的结构方程式，具体如下：

$$\begin{cases} \eta_{DS} = \gamma_2 \xi_{PSA} + \zeta_{DS} \\ \eta_{PE} = \beta_5 \eta_{DS} + \zeta_{PE} \\ \eta_{IF} = \gamma_1 \xi_{PSA} + \beta_7 \eta_{PE} + \zeta_{IF} \\ \eta_{PR} = \gamma_3 \xi_{PSA} + \beta_4 \eta_{IF} + \beta_6 \eta_{DS} + \beta_8 \eta_{PE} + \zeta_{PR} \end{cases}$$

在公园风景区与厂区改造型系统性保护协同模式的结构方程式中，分别用 γ_1、γ_2、γ_3 表示公园风景区对工业基础、开发主体和厂区改造型的作用路径，用 β_4 表示工业基础对工业区域开发型的作用路径，用 β_5、β_6 分别表示厂区环境对工业基础和工业区域开发型的作用路径。

在成功构建"公园风景区与厂区改造型系统性保护协同模式"的初始结构方程模型后，本书将从检验拟合指数、参数和决定系数三方面，对公园风景区与厂区改造型系统性保护协同模式的初始结构方程模型进行检验，从而正确判断公园风景区对工业文化遗产系统性保护的作用原始模型是否需要进行修正。

本书选取常见的 7 种拟合指标检验方法，对其进行拟合指标检验，分别为 χ^2/DF、CFI、IFI、TLI、PNFI、RMSEA、SRMR。将本书所构建的公园风景区与厂区改造型系统性保护协同模式的初始结构方程模型导入 A-MOS 22.0 中，在成功导入量表数据后，获得了公园风景区与厂区改造型系统性保护协同模式的拟合指标值，见表 5 – 16。

表 5 – 16　　公园风景区与厂区改造型系统性保护协同模式的初始结构方程模型适配度检验结果

拟合指标	χ^2/DF	CFI	IFI	TLI	PNFI	RMSEA	SRMR
观测值	1.427	0.942	0.943	0.933	0.724	0.039	0.24
拟合标准	<3.00	>0.90	>0.90	>0.90	>0.50	<0.08	<0.08

由公园风景区与厂区改造型系统性保护协同模式的初始结构方程模式的模型适配度检验结果可以看出，研究所得各个拟合指标检验值都达到了对应的拟合标准，因此，本书认为所构建的公园风景区与厂区改造型系统性保护协同模式的结构方程模型能够与调研小组所得数据较好地拟合。基于此，本书在进行拟合度检测的基础上，将进一步对公园风景区与厂区改造型系统性保护协同模式的初始结构方程中各个路径的系数进行测度，见表 5 – 17。

表 5 – 17　　公园风景区与厂区改造型系统性保护协同模式的初始结构方程路径估计

路径	模型路径	路径系数	SE	CR	P
γ_1	PSA→IF	0.367	0.088	4.172	***
γ_2	PSA→DS	0.557	0.088	6.369	***
γ_3	PSA→PR	0.491	0.147	3.338	***
β_4	IF→PR	0.036	0.231	0.158	0.875
β_5	DS→PE	1.240	0.190	6.522	***
β_6	DS→PR	0.424	1.140	0.372	0.710
β_7	PE→IF	0.569	0.109	5.204	***
β_8	PE→PR	0.263	0.933	0.282	0.778

注：*** 表示 P <0.001。

从公园风景区与厂区改造型系统性保护协同模式的初始结构方程模型中的路径估计结构中，可以看出 IF→PR、DS→PR 和 PE→PR 三条路径没有通过显著性检验。但是公园风景区与厂区改造型系统性保护协同模式的构造基本思路正确，因此，本书将对公园风景区与厂区改造型系统性保护协同模式的作用路径关系进行调整。在综合分析文献的基础上，本书在公园风景区与厂区改造型系统性保护协同模式的初始结构方程模型中删除 PE→PR、PSA→PR、PE→IF 的直接作用路径，如图 5 – 14 所示。

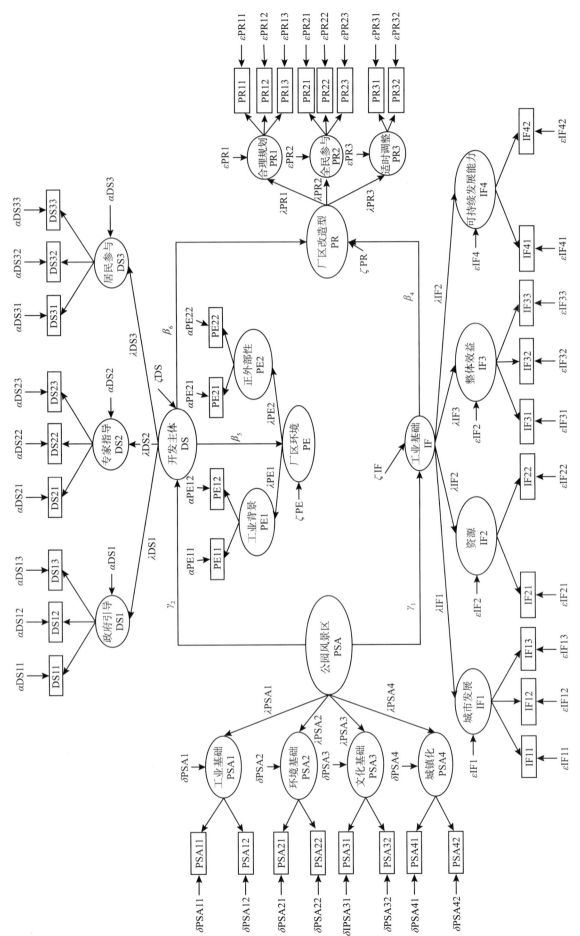

图5-14 调整后的公园风景区与厂区改造型协同模式的结构方程模型

图 5-14 展示了调整后的公园风景区与厂区改造型系统性保护协同模式的结构方程模型图，本书将调整后的公园风景区与厂区改造型系统性保护协同模式的结构方程模型图导入 AMOS 22.0 中进行拟合度检验，结果如表 5-18 所示。

表 5-18　　　　　　公园风景区与厂区改造型系统性保护协同模式的拟合指标检验结果

拟合指标	χ^2/DF	CFI	IFI	TLI	PNFI	RMSEA	SRMR
观测值	1.502	0.932	0.933	0.922	0.718	0.043	0.029
拟合标准	<3.00	>0.90	>0.90	>0.90	>0.50	<0.08	<0.08

由调整后的公园风景区与厂区改造型系统性保护协同模式的各个拟合指标检测值可以看出，各个拟合指标均达到了拟合标准，因此，本书认为调整的结构方程模型与原数据量表之间是匹配的。本书再次将所构建的调整后的公园风景区与厂区改造型系统性保护协同模式导入 AMOS 22.0 中，对其进行路径估计，结果如表 5-19 所示。

表 5-19　　　　　调整后的公园风景区与厂区改造型系统性保护协同模式结构方程路径估计

路径	模型路径	非标准化路径系数	标准化路径系数	SE	CR	P
γ_1	PSA→IF	0.820	0.818	0.098	8.358	***
γ_2	PSA→DS	0.600	0.603	0.093	6.499	***
β_4	IF→PR	0.440	0.437	0.135	3.235	0.001
β_5	DS→PE	1.240	1.238	0.190	6.530	***
β_6	DS→PR	0.880	0.885	0.203	4.357	***

注：*** 表示 $P < 0.001$。

由调整后的结构方程路径估计结构可以看出，大部分都达到了 0.001 的显著水平，各个假设较好地通过了显著性检验。因此，本书认为调整后的公园风景区与厂区改造型系统性保护协同模式为最满意的结构方程，在对其进行标准化处理之后，各个路径系数都在 -1~1，最终得出的公园风景区与厂区改造型系统性保护协同模式的结构方程模型如图 5-15 所示。

为进一步探讨公园风景区与厂区改造型系统性保护协同模式中各个变量之间的关系，本书将从间接效应和直接效应两个方面对各个作用路径的影响进行解释说明。其中，直接效应是指某一变量作为原因而对另一变量产生的影响，间接效应是指某一变量作为原因通过其他变量对另一变量产生影响。间接效应的作用路径系数为间接效应发生过程中，每一个过程的系数之积，两个变量之间的总效益为直接效应和间接效应之和。为有效测度公园风景区与厂区改造型系统性保护协同模式的主要变量，本书对公园风景区（PSA）、工业设施（IF）、厂区环境（PE）、开发主体（DS）、厂区改造型（PR）5 个变量的作用效应进行分解发现，在公园风景区与厂区改造型协同模式的作用过程中，工业基础、开发主体都对厂区改造型产生了直接作用，分别为 0.440 和 0.880，公园风景区对厂区改造型产生了间接作用，其间接作用为 0.36。因此，在公园风景区与厂区改造型系统性保护协同模式的作用过程中，开发主体和工业基础是两个重要的中间变量，如图 5-16 所示。

第三，结构方程的假设检验及效应分解。

通过分析结构方程实证结果，根据前文提及的研究假设与理论模型，结合公园风景区与厂区改造型系统性保护协同作用的假设验证和路径系数，本书对公园风景区与厂区改造型系统性保护协同模式的作用假设和路径系数进行了归纳总结，结果如表 5-20 所示。

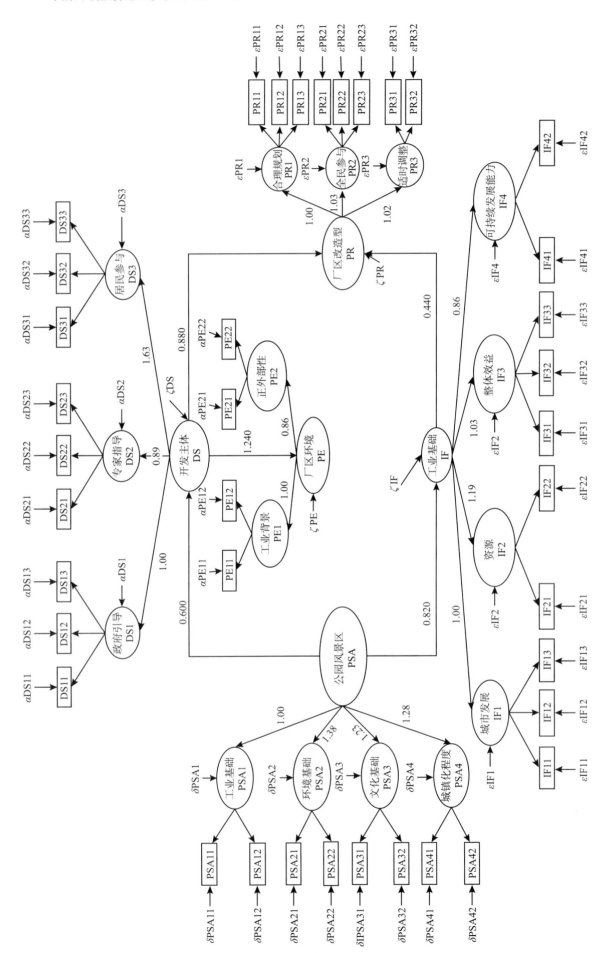

图5-15 最终公园风景区与厂区改造型协同模式的结构方程模型

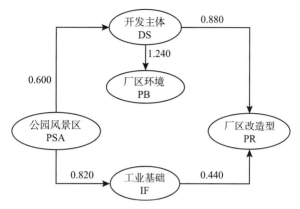

图 5 - 16　公园风景区与厂区改造型系统性保护协同模式的结构方程模型简化形式

表 5 - 20　　　　　　　公园风景区与厂区改造型系统性保护协同模式的结果讨论分析表

路径	模型路径	标准化路径系数	显著性水平	对应假设	检验结果
γ_1	PSA→IF	0.818	***	HB1	支持
γ_2	PSA→DS	0.603	***	HB2	支持
γ_3	PSA→PR	—	—	HB3	拒绝
β_4	IF→PR	0.437	0.001	HB4	支持
β_5	DS→PE	1.238	***	HB5	支持
β_6	DS→PR	0.885	***	HB6	支持
β_7	PE→IF	—	—	HB7	拒绝
β_8	PE→PR	—	—	HB8	拒绝

注：*** 表示 $P < 0.001$。

　　公园风景区到工业基础的标准化路径系数为 0.818，$P < 0.001$，较好地通过了显著性检验。基于此，可以得出"公园风景区建设水平对工业设施保护利用效率具有显著的正向作用"的假设成立，即研究结果支持原假设 HB1。

　　公园风景区到开发主体的标准化路径系数为 0.603，$P < 0.001$，较好地通过了显著性检验。基于此，可以得出"公园风景区建设水平对规范开发主体行为具有显著的正向作用"的假设成立，即研究结果支持原假设 HB2。

　　公园风景区到厂区改造型的作用路径在调整模型的过程中被删掉，并没有通过显著性检验，因此，"公园风景区建设水平对推进厂区改造实施进程具有显著的正向作用"假设不成立，即研究拒绝原假设 HB3。

　　工业基础到厂区改造型的标准化路径系数为 0.437，$P < 0.001$，较好地通过了显著性检验。基于此，可以得出"工业设施保护利用水平对推进厂区改造实施进程具有显著的正向作用"假设成立，即研究支持原假设 HB4。

　　开发主体到厂区环境的标准化路径系数为 1.238，$P < 0.001$，较好地通过了显著性检验。基于此，可以得出"开发主体行为对改善厂区环境具有显著的正向作用"的假设成立，即研究结果支持原假设 HB5。

　　开发主体到厂区改造型的标准化路径系数为 0.885，$P < 0.001$，较好地通过了显著性检验。基于此，可以得出"开发主体行为对推进厂区改造实施进程具有显著的正向作用"的假设成立，即研究结果支持原假设 HB6。

　　厂区环境到工业基础的作用路径在调整模型的过程中被删掉，并没有通过显著性检验，因此，"厂区环境治理水平对激发工业设施价值具有显著的正向作用"假设不成立，即研究拒绝原假设 HB7。

　　厂区环境到厂区改造型的作用路径在调整模型的过程中被删掉，并没有通过显著性检验，因此，"厂区环境治理水平对推进厂区改造实施进程具有显著的正向作用"假设不成立，即研究拒绝原假设 HB8。

　　由公园风景区与厂区改造型系统性保护协同模式的结构方程结构中得出，公园风景区到厂区改造型之间的直接作用路径在模型调整的过程中被删除，因此不存在公园风景区对厂区改造型的直接影响路径，但是公园风景区可以通过开发主体、工业基础两个变量对厂区改造型产生间接的影响作用。

综合以上研究得出，假设 HB1、HB2、HB4、HB5、HB6 存在合理性，以及假设 HB3、HB7 和假设 HB8 存在不合理性。

由公园风景区与厂区改造型系统性保护协同模式的结构方程模型可以得出，开发主体和工业基础都是非常重要的中间变量。在公园风景区与厂区改造型系统性保护协同模式的作用过程中，工业基础、开发主体都对厂区改造型产生了直接作用，分别为 0.440 和 0.880，这说明工业文化遗产良好的工业基础以及开发主体行为的科学性，是公园风景区建设和发展的基础。公园风景区对厂区改造型产生了间接作用，其间接作用为 0.889，明显高于工业基础对厂区改造型的直接作用，这说明工业基础和开发主体在公园风景区与厂区改造型协同发展过程中，公园风景区通过工业基础和开发主体对厂区改造型的作用效应，小于其直接作用效应。也就是说，公园风景区的开发和发展与工业设施和产业基础密切相关，工业设施不仅是公园风景区发展的基础，还是工业文化遗产系统性保护的关键点，只有对工业设施实施良好的保护和开发策略，才能使园区实现可持续发展。产业基础作为提升特色创意发展水平的关键要素，对提升园区生态环境水平，提高游客满意度起着关键作用。只有在规范开发主体行为的基础上，对工业资源加以开发利用，才能使公园风景区实现可持续发展。

5.3 特色创意园与工业区域开发型系统性保护协同模式的实证研究

5.3.1 研究假设

第一，特色创意园建设水平的作用。

特色创意园是集生态、旅游、文化于一体的多样化发展的文旅深度融合新业态，是现代化的新兴经济增长点。李跃军（2018）指出，开发特色创意园，通过将被废弃的工业设施与生产流水线、生态环境相结合进行"充分利用"，可实现特色创意园的圆满创造。结合地区特色产业，以旧工业厂区为中心开发特色创意园，逐步向周边辐射，形成一个功能、服务完善且聚集新兴城市产业发展优点的小城市，进而带动周边农村地区发展，提高工业文化与市场的适配性，不仅能够保护工业文化遗产，发挥其社会价值与经济价值，还能保护地方文化，激活地方发展活力，推进地区产业发展。此外，特色创意园可以充分挖掘地区工业资源和周边特色产业，不断完善地区基础设施建设，加上国家对工业文化遗产系统性保护的扶持，特色创意园作为文旅深度融合新业态之一，促进了对工业设施的保护和再利用，激发了其现代价值，基于此，可以看出，特色创意园建设对工业设施保护利用有重要的影响作用；故提出如下假设：

HC1：特色创意园建设水平对工业设施保护利用水平具有显著的正向作用。

特色创意园是在政府的支持下，根据地区特点进行科学规划，依托当地资源开发，以突出产业特色为主的园区。特色创意园是农业、工业、旅游业融合的新兴产业，可以通过发展地区特色产业、延长产业链，利用集体经济优势逐步将地区特色产业打造为产、展、销一体化的特色创意园，进而推动地区经济发展。徐升华（2016）指出，地区有形的文化资源，如建筑、遗址等因素对某些特定文化产业的集群起着至关重要的作用，如文化产业园，文化昌艺园、文化工业园等。具体主要表现在以下几个方面：一是促进产业融合，深入挖掘地区特色文化产业、农业的多功能性，将特色创意品与城市工业文化相结合，营造新兴产业发展环境。二是探索产业发展新路径，根据地区资源禀赋和现实发展状况进行适时调整，形成适宜当地发展的产业发展模式，为地区特色产业的发展提供坚实的产业基础。三是提高市场竞争力，借助特色创意园发展工业旅游，通过产业融合，探索休闲观光、文化传承、亲身体验等工业旅游发展路径，进而提高工业旅游产业链的整体竞争力。基于此，本书认为特色创意园对调整产业结构有着显著的影响作用，故提出如下假设：

HC2：特色创意园建设水平对产业结构的合理性具有显著的正向作用。

特色创意园属于工业与农业的范畴，在开发和建设过程中不仅重视资源的开发利用，还十分重视生态环境的保护和土地整合利用。一是在资源开发利用方面，李军（2017）指出，在原有产业基础上，对文化产品、资源利用方式、品牌特征等不断进行创新，可实现特色创意园的可持续发展，通过转变资源利用方式提高资源利用率，实现特色创意园的可持续发展；二是在环境保护方面，特色创意园在建设前期首先要适当增加适合厂区土壤的乡土植物，逐步改善土壤的物理、化学和水文特性、促进养分的不断积累，促使特色创意园可持续健康发展。三是在土地整合利用方面，为了促进特色创意园的发展，地方政府将积极推动人才的培养和引进，将其纳入政府培养的总体规划，建立创新型人才的专业服务机制，为了整合土地资源，将实行统一合理布局，实现区域化布局和专业性开发。基于此，本书认为特色创意园对工业区域开发型有着显著的影响作用，故提出如下假设：

HC3：特色创意园建设水平对推进工业区域开发实施进程具有显著的正向作用。

第二，产业结构调整水平的作用。

曹红华（2014）指出，经济发展不能简单地以工业增长为目标，而要实现城镇化与工业化协同发展，特色创意园作为协同城市化发展与工业发展的新业态，其产业基础主要包括工业、农业、旅游业三个方面。一是在工业方面，工业设施不仅是工业文化遗产最主要的厂区内部资源，还是工业区域开发的主要对象；二是在农业方面，特色创意园凭借工业文化与当地特色产业吸引外来资本，扩大了当地农产品销售路径，创意农业的发展能够有效带动地区产业升级，促进农业与工业协调发展；三是在旅游业方面，王群指出，旅游地是旅游业发展的依托，特色创意园作为文旅深度融合新业态，其发展地以工业文化遗产为中心，以工业文化遗产内在价值和地区资源优势为基础，通过发展工业旅游，达到转变工业区域开发路径的目的。基于此，可以看出，特色创意园的产业基础即：工业、农业、旅游业三个方面都能够促进工业区域产业升级、弘扬工业文化、提高周边居民生活水平，为实现工业区域开发型的工业文化遗产系统性保护具有正向作用。基于此，本书认为产业结果调整对工业区域开发型有着显著的影响作用，故提出如下假设：

HC4：产业结构调整水平对推进工业区域开发实施进程具有显著的正向作用。

第三，工业基础保护利用效率的作用。

工业基础不仅是工业文化遗产最主要的厂区内部资源，还是工业区域开发的主要对象。汪芳（2017）指出，通过利用工业文化遗产发展旅游业，对周边工业景观进行修复，对一些废弃的工业设施进行开发利用，可促进区域协调发展。具体主要表现在以下几个方面：一是实现全域共同发展，工业文化遗产在以工业区域开发型的模式保护利用过程中，在政府统一规划指导下，进一步退出环境保护、指定城市开发区域等，针对工业文化遗产内部破损较为严重的废弃工业设施，采用环保的方式对其进行功能性修复，不仅可以减少对地区环境的破坏，还能够使工业设施得以再利用，最终以发展工业旅游等新业态的形式带动周边区域发展。二是促进就业，借助厂区工业资源发展工业旅游，转变周边居民传统的就业方式。三是引进科技人才，特色创意园作为工业旅游发展的创新型模式之一，其开发需要大量的高技术人才对工业设备、工业建筑等进行修复、改造，当地政府通过制定一系列优惠政策，可以吸引高技术人才投入园区发展中，带动工业文化遗产系统性保护进程。基于此，可以看出工业设施保护利用对于工业区域开发型有一定的正面影响，故提出如下假设：

HC5：工业基础保护利用效率对推进工业区域开发实施进程具有显著的正向作用。

第四，关于特色创意园与工业区域开发型系统性保护协同模式的理论模型。

根据特色创意园与工业区域开发型系统性保护协同模式的分析框架、研究假设等相关内容，综合分析特色创意园与工业区域开发型协同现状，由此构建特色创意园与工业区域开发型系统性保护协同模式的理论模型，见图 5-17。

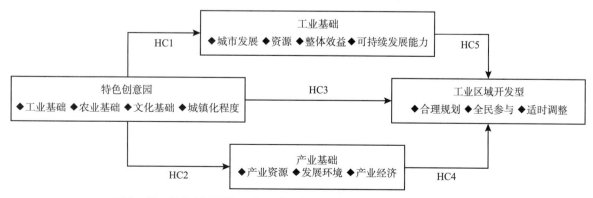

图 5-17 特色创意园与工业区域开发型系统性保护协同模式的理论模型

从特色创意园与工业区域开发型系统性保护协同模式的理论模型中可以看出，其主要包含特色创意园、工业设施、产业基础、工业区域开发型 4 个变量，其中，特色创意园划分为工业基础、农业基础、文化基础、城镇化程度 4 个层面；产业基础划分为产业资源、发展环境、产业经济 3 个层面；工业基础划分为城市发展、资源、整体效益，可持续发展能力 4 个层面；工业区域开发型划分为合理规划、全民参与、适时调整 3 个层面。特色创意园到工业区域开发型不仅具有直接作用路径，也有间接作用路径，其中，特色创意园到工业区域开发型的间接路径分别为：①特色创意园建设水平—产业基础—工业区域开发实施进程；②特色创意园建设水平—工业基础保护利用效率—工业区域开发进程。构建特色创意园与工业区域开发型系统性保护协同模式的理论模型，为文旅深度融合新业态与工业文化遗产系统性保护协同模式的结构方程数据验证奠定了基础。

5.3.2 实地访谈

第一，关于案例地发展状况。

南京晨光 1865 创意园坐落于江苏省南京市，见证了南京工业史，其发展内容集文化历史、休闲娱乐、餐饮为一体，具有浓郁的地方特色，拥有得天独厚的工业旅游资源。南京晨光 1865 创意园作为第二批国家工业遗产，不断探索行业发展新模式世纪建筑遗产之一，园区内的所有建筑都被赋予了"兵工厂"的色彩。丰富的工业旅游资源为南京晨光 1865 创意园的工业旅游发展奠定了基础。

本书主要从南京晨光 1865 创意园的发展历史出发分析"特色创意园与工业区域开发型系统性保护协同模式"的发展状况。由前文分析为基础可知，南京晨光 1865 创意园有良好的工业基础、农业基础和文化基础，其在发展过程中始终坚持政府引导原则、专家指导原则、全民参与原则。南京晨光 1865 创意园由金陵制造厂改造而来，园区内有丰富的晚清建筑和国民建筑，是历史上将工业文化遗产改造为文化创意产业园区的典型案例之一。一方面，园区在创意文化产业发展过程中，不仅仅依靠自身原有的历史文化信息，还将旧厂区即金陵制造厂所承载的工业历史文化信息与地域文化信息加以融合，并对其进行延伸扩展，将创意文化产业发展为一种多角度、多领域的工业历史文化展示平台。另一方面，园区本身所具有的丰厚的历史文化内涵、良好的景区环境和优厚的招商引资条件，吸引了大量专业性的科技研发、创意设计、文娱宣传等人才入驻园区发展，为南京晨光 1865 打造完整的旅游及其相关产业链提供了良好的发展机遇。以南京晨光 1865 创意产业园为例的"公园风景区与厂区改造型系统性保护协同模式"的具体发展阶段，主要划分为以下三个阶段：

第一阶段：困境助力发展。

南京工业遗产的发展路程可划分为以下两个时期，一是从洋务运动到全面抗战爆发前期，在中国近代工业初期，南京近代工业才正式开始，尽管在民族工商业的推动下，后期南京近代工业产业迅速发展，但是其发展受到封建主义的严厉打击，因而南京近代工业在起步阶段便困难重重；二是从中华人民共和国成立至今，在社会主义三大改造后，南京正式开始大力发展民族工业，后来在改革开放的大力推动下，第三产业高速发展，一跃成为新的经济增长点。南京市开始转变经济结构，原有的工厂和工业生产设备等遭到废弃，成为蕴含着中国近代工业发展历程的遗址。

困难催生变革。为解决南京工业遗产面临的困境，全面推进工业文化遗产系统性保护进程，南京市政府进行了一系列探索。一是探索工业遗产发展新模式，在充分借鉴其他地区工业文化遗产系统性保护成功模式的基础上，根据地区特点和厂区现状，综合考虑各个利益相关主体，走出了历史博物馆、现代艺术区、文化创意园三种工业旅游新模式；二是根据厂区现存工业设施状况进行修复，最大限度保持建筑和生产设施的原状态，传承延续工业历史，弘扬工业文化；三是顺应时代潮流，针对具有典型代表性的厂房建筑和生产设备，不仅保留其原有的设计风格，还借助现代科技手段和材料使其结构更加牢固，体现现代创意艺术特色，从根本上提升城市品位。

第二阶段：工业文化遗产嫁接文化创意。

南京晨光 1865 创意园通过将工业文化遗产与文化创意相融合，构建了一种新型的"产业景观"。通过深入挖掘周边特色产业，充分发挥地区特色资源发展潜力，提出"整合各项资源，推进一区一特色"的发展策略。具体主要包括以下三个方面：一是不断提高南京晨光 1865 创意园知名度。依托工业历史文化优势，遵循"文化＋创意""文化＋科技"的发展方向，积极引进文化创意设计人才，进而带动地区相关人才培育，全面推动南京晨光 1865 创意园产业转型升级、创新发展，旨在将南京晨光 1865 创意园打造成城市文化地标。同时，南京晨光 1865 创意园还重点引进以数字信息技术为基础，以互动传播为核心的具有创新形态的新媒体，从提升服务标准入手，积极推进南京晨光 1865 创意园知名度建设。二是牢牢抓住政府政策。首先，南京市政府高度重视南京晨光 1865 创意园的发展工作，从规划、建设、投资、服务等各个环节均给予了全方位的支持，全面保障南京晨光 1865 创意园可持续发展。其次，南京晨光 1865 创意园紧紧抓住《南京市"十三五"旅游业发展规划》的便利，从根本上打破旅游边界，将农业、文化产业、旅游产业、工业相融合，优先发展工业旅游。三是不断探索发展新路径。南京晨光 1865 创意园作为文旅深度融合新业态与工业文化遗产系统性保护协同模式的典型案例，在遵循地域界定的基础上，整合各类项目、资源，进一步明确各利益主体之间的利益分配，不断促进地方企业与政府的产业园合作，走出了一条"文化 + 创意"的独特的工业旅游发展道路。

第三阶段：全面推进创意园实现可持续发展。

随着南京晨光 1865 创意园特色产业的不断发展，园区工业文化不断显现，创意园发展优势日渐凸显。为切实保障南京晨光 1865 创意园全面健康可持续发展，当地政府牢牢抓住国家支持工业文化遗产系统性保护的相关政策，以"提升产业经济、完善服务设施、提升环境品质、凸显文化意蕴"为目标，不断探索南京晨光 1865 创意园发展新路径。同时，随着南京晨光 1865 创意园在发展模式上的转变，地区城市形象不断提升，以工业旅游为主的休闲观光旅游迅速发展。

基于以上定位，在秉承全面绿色可持续发展的目标下，南京晨光 1865 创意园制定了一系列发展策略。一是着重长远发展，科学规划。准确剖析创意园区发展现状，结合地区发展状况，充分挖掘具有发展潜力的特色产业，站在高层面制定创意园的开发战略和发展思路。二是坚持创新发展，实现高效治理。准确把握创意园发展的优与劣，不断完善平台建设，进一步增强一站式服务功能，严厉打击劣质客户，在市场机制的作用下，全面打造良好的产业链和客户生态圈。三是转型发展，促进产业升级。实现产业化、现代化发展是南京晨光 1865 创意园长远的发展目标，因此，在新业态不断发展的新时代，南京晨光 1865 创业园应通过扩大产业生产规模来提高经济效益和社会效益，主动打破发展瓶颈，寻求新的发展空间。

第二，南京晨光 1865 创意园对工业区域开发型建设的作用。

为了进一步分析特色创意园与工业区域开发型系统性保护协同模式，本书通过对各个要素进行全方位的综合考量，将此次案例研究的重点聚焦在资本、产业、文化等方面，整体提炼出工业基础和产业基础这两个关键概念，并通过对工业基础、产业基础这两个概念进行科学合理的分析，构建出南京晨光 1865 创意园建设过程中工业基础、产业基础的作用模型，进而为探讨工业基础和产业基础在特色创意园与工业区域开发型系统性保护协同模式中的作用提供了清晰的路径。

首先，南京晨光 1865 创意园建设过程中的工业基础分析。

南京工业遗产的发展经历了洋务运动、全面抗战、三大改造等重要历史时期，工业基础十分丰厚。南京晨光 1865 创意园的建设以原厂区的工业设施为基础，利用现代科技对已损坏的工业设施是加以修复还原，充分挖掘工业设施的现代价值。南京晨光 1865 创意园的工业基础、农业基础、文化基础和城镇化程度都对工业设施的保护利用有一定程度的直接影响或者间接影响，在综合分析南京晨光 1865 创意园工业基础的前提下，应重点把握整体效益、工业基础、可持续性三个方面的内容，科学合理地构建出南京晨光 1865 创意园建设过程中工业基础的作用模型（见图 5 – 18）。

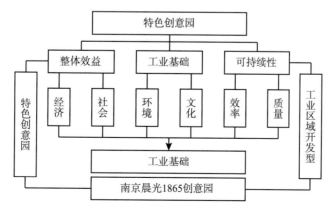

图 5 – 18　南京晨光 1865 创意园建设过程中工业基础的作用模型

由图 5 - 18 可以看出，南京晨光 1865 创意园的工业设施不仅是工业旅游发展的基础，还是工业文化遗产系统性保护的重要对象，重点体现在整体效益、工业基础、可持续性三个方面。在工业基础方面，南京晨光 1865 创意园以工业设施为依托，根据厂区现存工业设施状况进行修复，最大限度保持建筑和生产设施的原状态，针对具有典型代表性的厂房建筑和生产设备，不仅保留其原有的设计风格，还借助现代科技手段和材料使其结构更加牢固，体现现代创意艺术特色，逐渐走出了历史博物馆、现代艺术区、文化创意园三种工业旅游新模式，可见南京晨光 1865 创意园的建设全面推进了厂区工业设施保护利用的进程，不仅提高了城市建设水平，还为地区居民带来了丰厚的收益。在整体效益方面，南京晨光 1865 创意园建设的主要目的是利用文旅深度融合新业态，全面推进工业文化遗产系统性保护进程。因为只有在产业不断发展的基础上，才能够在保护工业文化遗产的同时，吸收大量社会资本，进一步挖掘工业文化遗产的现代价值，充分发挥其经济效益和社会效益。在可持续性方面，南京晨光 1865 创意园要实现可持续发展，就不仅要注重园区建设效率，还要注重园区服务质量。在经济全球化的时代背景下，文化走出国门，走入世界已经成为经济发展的必然趋势，唤醒工业城市记忆、弘扬工业文化关系到工业文化遗产的命脉。因此，南京晨光 1865 创意园要想实现可持续性发展，就要从提高开发效率和服务质量着手，不断提高城市品位，吸引更多的游客。因此，特色创意园能够利用现有资源不断创新挖掘，突出文化内涵，促进产业融合协调，实现经济的提升和遗产文化的保护传承，假设 HC1、HC3 和 HC5 成立。

其次，南京晨光 1865 创意园建设过程中的产业基础分析。

南京作为历史文化名城，具有丰富的文化遗产，在高科技教育资源丰厚的现代，依托城市工业文化遗产，发展工业旅游为创意园产业的发展提供了有利条件。现阶段，南京晨光 1865 创意园的文化创意产业迅速发展，成效显著。结合南京晨光 1865 创意园产业基础，重点把握产业布局、产业特色、经济效益三个方面的内容，本书科学合理地构建出南京晨光 1865 创意园建设过程中产业基础的作用模型（见图 5 - 19）。

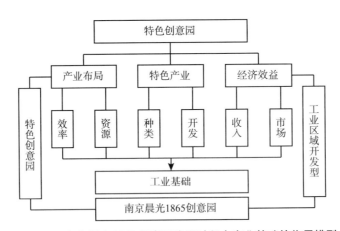

图 5 - 19　南京晨光 1865 创意园建设过程中产业基础的作用模型

由图 5 - 19 可以看出，南京晨光 1865 创意园的产业基础不仅是工业旅游发展的重要组成部分，还是文旅深度融合新业态发展的基础，重点体现在产业布局、特色产业、经济效益三个方面。在产业布局方面，南京晨光 1865 创意园的产业布局，通过影响创意园的服务项目种类、资源开发力度等影响着创意园的发展。所以，应根据游客旅游倾向，打造一条便捷、简约且符合游客旅游消费需求的街区，通过创新旅游服务项目，提高服务质量，从产品研发出发构建完善的旅游服务体系，不断提高自身的服务标准，提高创意园开发效率和质量。在特色产业方面，南京市的特色资源种类、特色产业开发现状都直接影响着南京晨光 1865 创意园的产业结构。南京晨光 1865 创意园的建造旨在提升产业经济、完善服务设施、提升环境品质、凸显文化意蕴，为此，地方政府和社会群体投入了大量的精力，并积极引进农业技术人才，为开发特色资源、丰富旅游服务项目做好了准备。在经济效益方面，南京晨光 1865 创意园建设的首要目的是取得良好的经济效益，为地区居民带来收益，这是社会群体投资南京晨光 1865 创意园建设的出发点，因此，只有不断提高经济收益，才能够获得更多的资本提高园区建设水平。园区建设的主要受益者是当地居民，经济效益的高低直接影响着当地居民的收入水平和生活水平。因此，特色创意园不仅具有坚实的工业基础，还能通过特色产业资源开发、培育产业发展环境、促进创意文化产业发展带动经济效益，保护并传承工业文化遗产，假设 HC2 和 HC4 成立。

关于案例验证分析：

本次案例研究选取的是南京晨光 1865 创意园，研究小组通过实地调研获得了较高准确性的有效资料，对南京晨光 1865 创意园的发展现状有了进一步的了解，同时也保证了资料数据的实效性、准确性、可靠性。为了更好地展开对特色创意园与工业区域开发型系统性保护协同模式的案例研究，本研究首先对南京晨光 1865 创意园作为本次研究对象进行解释说明，将南京晨光 1865 创意园的建设历程和发展过程分为三个阶段，一是困境助力发展阶段，二是工业文化遗产嫁接文化创意阶段，三是全面推进创意园实现可持续发展阶段，通过对这三个阶段进行全面而深入的分析，探析南京晨光 1865 创意园发展过程中遇到的发展瓶颈及其在工业旅游发展过程中为发展创意文化产业采取的有效的举措，进而总结提炼出南京晨光 1865 创意园的发展优势。其中，根据前文构建的特色创意园与工业区域开发型系统性保护协同模式的结构方程实证分析结果，在案例分析中重点把握工业基础、产业基础两个方面的内容，通过构建出南京晨光 1865 创意园建设过程中工业基础的作用模型，南京晨光 1865 创意园可以从提高资源开发效率和服务质量两方面着手，不断提高城市品位，进而吸引更多的游客，促进园区实现可持续发展。通过构建南京晨光 1865 创意园建设过程中产业基础的作用模型，得出南京晨光 1865 创意园建设的主要目的是提升产业经济、完善服务设施、提升环境品质、凸显文化意蕴的结论。南京晨光 1865 创意园要想取得良好的经济效益，为地区居民带来收益，可通过调整地区产业布局，拓宽创意园的服务项目种类，提高地区资源开发力度。

本书采取案例研究的方法进行单个案例研究，选取南京晨光 1865 创意园为典型案例，对特色产业园与工业区域开发型系统性保护协同模式进行验证。结合前文所构建的特色产业园与工业区域开发型协同模式的分析框架、研究假设和结构方程实证分析的相关内容，以南京晨光 1865 创意园的发展潜力出发点，重点把握工业基础、产业基础在文旅深度融合新业态与工业文化遗产系统性保护中的作用，以南京晨光 1865 创意园为案例对特色产业园与工业区域开发型系统性保护协同模式过程中的影响因素进行案例验证，进一步科学合理地验证了特色产业园与工业区域开发型系统性保护协同模式的有效性。

5.3.3　问卷数据分析

第一，样本数据的描述性统计及信度效度检验。

首先，特色创意园与工业区域开发型系统性保护协同模式的协同度测算。

特色创意园与工业区域开发型系统性保护协同模式的作用机制利用评价二者的协同性进行评估。在对特色创意园与工业区域开发型系统性保护协同模式的协同性进行评估之前，本书将以前文实证研究中所用到的度量指标为基础构建其相应的指标体系，并将实地调研所得数据用于计算特色创意园与工业区域开发型系统性保护协同模式的协同度。由前文对特色创意园与工业区域开发型协同模式的实证分析中得出，特色创意园、工业基础和产业基础 3 个子系统都对工业区域开发型产生了直接作用。因此，认为特色创意园与工业区域开发型协同发展是以"工业基础""产业基础"两个子系统为基础。从特色创意园的工业基础、农业基础、文化基础和城镇化程度 4 个方面来看，特色创意园在一定程度上直接或者间接影响着工业设施、产业基础两个子系统，基于此，本书认为在对特色创意园与工业区域开发型系统性保护协同模式进行协同度评价时，可以借助特色创意园、工业基础、产业基础和工业区域开发型 4 个子系统之间的相互关系来进行考量，并根据各个子系统的特征和作用提出对应的改进措施。

本书在充分理解协同学相关原理和理论的基础上，构建特色创意园、工业基础、产业基础和工业区域开发型 4 个子系统之间的协同度模型。各个子系统的序参量见表 5 - 21。

表 5 - 21　　　　　　　　　　　　　　　　　　　　　子系统序参量

子系统	测量指标	序参量
特色创意园 （CCP）	工业基础、农业基础、文化基础、城镇化程度	CCP11、CCP12、CCP21、CCP22、CCP23、CCP31、 CCP32、CCP41、CCP42

子系统	测量指标	序参量
工业基础（IF）	城市发展、资源、整体效益、可持续发展能力	IF11、IF12、IF13、IF121、IF21、IF22、IF31、IF32、IF33、IF41、IF42、IF43
产业基础（IB）	产业资源、发展环境、产业经济	IB11、IB12、BI13、IB21、IB22、IB23、IB31、IB32、IB33
工业区域开发型（ID）	合理规划、全民参与、适时调整	ID11、ID12、ID13、ID21、ID22、ID23、ID31、ID32

本书在确定各个子系统的序参量后，将对特色创意园、工业基础、产业基础和工业区域开发型4个子系统之间的有序度进行测量，结合前文对特色创意园与工业区域开发型系统性保护协同模式的理论模型的相关分析，得出其他子系统的有序度和序参量之后，本书将计算系统协同度并重新测量子系统的有序度，进而得到总系统的协同度。同理，得出特色创意园与工业区域开发型系统性保护协同模式中工业基础、产业基础和工业区域开发等其他子系统之间的协同度，见表5－22。

表5－22　　　　　　　　　　　　　各个子系统间的系统协同度

子系统	CCP	IF	IB	ID
特色创意园（CCP）	—			
工业基础（IF）	0.57	—		
产业基础（IB）	0.58	0.55	—	
工业区域开发型（ID）	0.62	0.58	0.60	—

本书在参考有关协同学相关文献的基础上，结合现实应用，将协同度数值和协同度大小划分为4个区间（见表4－1），结合表5－22中所得有关特色创意园与工业区域开发型协同模式中各个子系统的协同度的大小，得出在特色创意园与工业区域开发型协同模式中，特色创意园、工业基础、产业基础、工业区域开发型这4个子系统之间的协同度都处于高度协同的范围，因此，本书认为特色创意园与工业区域开发型具有良好的协同性。

其次，本书在对通过实地调研获得特色创意园与工业区域开发型协同的第一手数据资料进行综合评估后，认为团队所得有效问卷数量符合结构方程所要求的样本数量，因此可以进行实证分析。为确保研究所得的特色创意园与工业区域开发型系统性保护协同模式的相关数据的准确性，以及后续所得结论的科学性，本书在对其进行实证分析之前，还将对问卷所得数据进行信度分析和效度分析。

本书采取均值和方差这两个指标，衡量特色创意园与工业区域开发型系统性保护协同模式中各个变量分布的平均程度和集中度。其中，标准差是直接观测特色创意园与工业区域开发型系统性保护协同模式研究中各个变量的离散程度的指标。本书利用SPSS 25.0对特色创意园与工业区域开发型系统性保护协同模式的数据进行信度检测，进而得到各个观测变量的均值、标准差、最大值、最小值，见表5－23。

表5－23　　　　　　　　　　　　　描述性统计

主要变量	潜在变量	观测变量	均值	标准差	最大值	最小值
特色创意园（CCP）	工业基础（CCP1）	CCP11	3.71	0.689	5	1
		CCP12	3.73	0.700	5	1
	农业基础（CCP2）	CCP21	3.66	0.724	5	1
		CCP22	3.58	0.783	5	1
		CCP23	3.61	0.775	5	2

主要变量	潜在变量	观测变量	均值	标准差	最大值	最小值
特色创意园 （CCP）	文化基础 （CCP3）	CCP31	3.49	0.783	5	2
		CCP32	3.56	0.767	5	1
	城镇化程度 （CCP4）	CCP41	3.59	0.809	5	1
		CCP42	3.54	0.768	5	1
工业基础 （IF）	城市发展 （IF1）	IF11	3.57	0.784	5	1
		IF12	3.53	0.726	5	1
		IF13	3.55	0.694	5	1
	资源 （IF2）	IF21	3.58	0.644	5	1
		IF22	3.20	0.741	5	1
	整体效益 （IF3）	IF31	3.40	0.710	5	1
		IF32	3.17	0.745	5	1
		IF33	3.14	0.712	5	1
	可持续发展能力 （IF4）	IF41	3.52	0.813	5	2
		IF42	3.19	0.704	5	1
		IF43	3.24	0.727	5	1
产业基础 （IB）	产业资源 （IB1）	IB11	3.67	0.736	5	1
		IB12	3.17	0.696	5	1
		IB13	3.53	0.745	5	1
	发展环境 （IB2）	IB21	3.53	0.711	5	1
		IB22	3.07	0.753	5	1
		IB23	3.13	0.703	5	1
	产业经济 （IB3）	IB31	3.56	0.738	5	1
		IB32	3.54	0.720	5	1
		IB33	3.66	0.698	5	1
工业区域开发型 （ID）	合理规划 （ID1）	ID11	3.58	0.760	5	1
		ID12	3.59	0.750	5	1
		ID13	3.63	0.743	5	1
	全民参与 （ID2）	ID21	3.61	0.742	5	1
		ID22	3.66	0.784	5	2
		ID23	3.69	0.755	5	1
	适时调整 （ID3）	ID31	3.65	0.759	5	1
		ID32	3.64	0.737	5	1

　　最后，为确保特色创意园与工业区域开发型系统性保护协同模式检测结果具有真实性、可靠性，本书将对其进行信度检测。本书利用组合信度系数对特色创意园与工业区域开发型系统性保护协同模式所整合的各类数据进行分析和检测，分别得出特色创意园、工业基础、产业基础、工业区域开发型的组合信度系数。同时，根据表5－4的组合信度标准对特色创意园与工业区域开发型系统性保护协同模式的潜在变量的组合信度系数进行评判。为确保信度检测所得数据能够科学合理地反映各个变量的真实构架，本书将在对特色创意园与工业区域开发型系统性保护协同模式进行信度检测的基础上，进一步对特色创意园与工业区域开发型系统性保护协同模式进行效度检测（见表5－24）。

表 5 – 24　　　　　　　　　　　　　信度和效度检测结果

变量	CR	因子载荷		KMO 值	累计方差解释率	Bartlett's 球形检验		
						χ^2	df	Sig.
特色创意园（CCP）	0.895	CCP11	0.705	0.934	56.922	1277.916	36	0.000
		CCP12	0.741					
		CCP21	0.763					
		CCP22	0.669					
		CCP23	0.667					
		CCP31	0.585					
		CCP32	0.701					
		CCP41	0.707					
		CCP42	0.738					
工业基础（IF）	0.911	IF11	0.531	0.715	59.384	927.712	55	0.000
		IF12	0.611					
		IF13	0.740					
		IF21	0.717					
		IF22	0.802					
		IF31	0.834					
		IF32	0.762					
		IF33	0.554					
		IF41	0.722					
		IF42	0.684					
		IF43	0.639					
产业基础（IB）	0.897	IB11	0.804	0.650	49.018	204.408	36	0.000
		IB12	0.580					
		IB13	0.853					
		IB21	0.758					
		IB22	0.802					
		CB23	0.585					
		IB31	0.572					
		IB32	0.626					
		IB33	0.704					
工业区域开发型（ID）	0.872	ID11	0.618	0.922	56.617	1005.189	28	0.000
		ID12	0.637					
		ID13	0.721					
		ID21	0.715					
		ID22	0.738					
		ID23	0.708					
		ID31	0.603					
		ID32	0.675					

如表 5 - 24 所示，首先，从对特色创意园与工业区域开发型进行信度检测所得数据中可以看出，各个数据的相关组合信度系数值都大于 0.8，因此，本书认为所得数据具有较好的可信度。其次，从对特色创意园与工业区域开发型进行效度检测所得数据中可以看出，所得各个指标的因子载荷均在 0.5 以上，KMO 值均大于 0.8，因此本书认为所得数据能够较好地进行因子分析。最后，Bartlett's 球形检验显著性水平均为 0.000，因此，本书认为此次研究过程中，调查问卷所得数据及各组成部分之间有较好的效度。

第二，样本数据的结构方程模型构建及调整。

从特色创意园与工业区域开发型系统性保护协同模式的理论基础中可以看出，特色创意园、工业基础、产业基础和工业区域开发型都是不能直接观测的潜在变量，并且针对以上 4 个潜在变量所设置的二级指标，仍无法直接观测到，因此也属于潜在变量。在确定各个变量的性质之后，将对特色创意园与工业区域开发型协同模式中的各个相关变量进行合理归类。其中，内生变量定义为特色创意园，中间变量定义为工业基础和产业基础，外生变量定义为工业区域开发型。基于此，本书将构建特色创意园与工业区域开发型系统性保护协同模式的初始结构方程模型，如图 5 - 20 所示。

由特色创意园与工业区域开发型系统性保护协同模式的初始结构方程模型可知，特色创意园与工业区域开发型协同的初始结构方程中外生显变量共计 9 项，分别为：CCP11、CCP12、CCP21、CCP22、CCP23、CCP31、CCP32、CCP41、CCP42；内生显变量共计 28 项，分别为：IB11、IB12、BI13、IB21、IB22、IB23、IB31、IB32、IB33、IF11、IF12、IF13、IF21、IF22、IF31、IF32、IF33、IF41、IF42、IF43、ID11、ID12、ID13、ID21、ID22、ID23、ID31、ID32；外生潜变量共计 4 项，分别为：CCP1、CCP2、CCP3、CCP4；内生潜变量共计 10 项，分别为：IB1、IB2、IB3、IF1、IF2、IF3、IF4、ID1、ID2、ID3。

在对特色创意园与工业区域开发型系统性保护协同模式进行数据验证的过程中，本书将对相关变量进行设定，进而构建观测变量的结构方程式。根据前文对特色创意园与工业区域开发型系统性保护协同模式的相关研究，特色创意园（CCP）、工业基础（CCP1）、农业基础（CCP2）、文化基础（CCP3）、城镇化程度（CCP4）是外生潜变量，分别用 ζ_{CCP}、ζ_{CCP1}、ζ_{CCP2}、ζ_{CCP3}、ζ_{CCP4} 表示。工业基础（IF）、城市发展（IF1）、资源（IF2）、整体效益（IF3）、可持续发展能力（IF4）产业基础（IB）、产业资源（IB1）、发展环境（IB2）、产业经济（IB3）、工业区域开发型（ID）、合理规划（ID1）、全民参与（ID2）、适时调整（ID3）是内生潜变量，分别用 η_{IF}、η_{IF1}、η_{IF2}、η_{IF3}、η_{IF4}、η_{IB}、η_{IB1}、η_{IB2}、η_{IB3}、η_{ID}、η_{ID1}、η_{ID2}、η_{ID3} 表示。基于此，构建出特色创意园与工业区域开发型系统性保护协同模式的观测模型方程式：

$$
\begin{cases}
X_{CCP1} = \lambda_{CCP1}\xi_{CCP} + \delta_{CCP1} & X_{CCP2} = \lambda_{CCP2}\xi_{CCP} + \delta_{CCP2} & X_{CCP3} = \lambda_{CCP3}\xi_{CCP} + \delta_{CCP3} \\[4pt]
X_{CCP4} = \lambda_{CCP4}\xi_{CCP} + \delta_{CCP4} & X_{CCP11} = \lambda_{CCP11}\xi_{CCP1} + \delta_{CCP11} & X_{CCP12} = \lambda_{CCP12}\xi_{CCP1} + \delta_{CCP12} \\[4pt]
X_{CCP21} = \lambda_{CCP21}\xi_{CCP2} + \delta_{CCP21} & X_{CCP22} = \lambda_{CCP22}\xi_{CCP2} + \delta_{CCP22} & X_{CCP23} = \lambda_{CCP23}\xi_{CCP2} + \delta_{CCP23} \\[4pt]
X_{CCP31} = \lambda_{CCP31}\xi_{CCP3} + \delta_{CCP31} & X_{CCP32} = \lambda_{CCP32}\xi_{CCP3} + \delta_{CCP32} \\[4pt]
X_{CCP41} = \lambda_{CCP41}\xi_{CCP4} + \delta_{CCP41} & X_{CCP42} = \lambda_{CCP42}\xi_{CCP4} + \delta_{CCP42} \\[8pt]
Y_{IB1} = \lambda_{IB1}\eta_{IB} + \varepsilon_{IB1} & Y_{IB2} = \lambda_{IB2}\eta_{IB} + \varepsilon_{IB2} & Y_{IB3} = \lambda_{IB3}\eta_{IB} + \varepsilon_{IB3} \\[4pt]
Y_{IB11} = \lambda_{IB11}\eta_{IB1} + \varepsilon_{IB11} & Y_{IB12} = \lambda_{IB12}\eta_{IB1} + \varepsilon_{IB12} & Y_{IB13} = \lambda_{IB13}\eta_{IB1} + \varepsilon_{IB13} \\[4pt]
Y_{IB21} = \lambda_{IB21}\eta_{IB2} + \varepsilon_{IB21} & Y_{IB22} = \lambda_{IB22}\eta_{IB2} + \varepsilon_{IB22} & Y_{IB23} = \lambda_{IB23}\eta_{IB2} + \varepsilon_{IB23} \\[4pt]
Y_{IB31} = \lambda_{IB31}\eta_{IB3} + \varepsilon_{IB31} & Y_{IB32} = \lambda_{IB32}\eta_{IB3} + \varepsilon_{IB32} & Y_{IB33} = \lambda_{IB33}\eta_{IB3} + \varepsilon_{IB33} \\[8pt]
Y_{IF1} = \lambda_{IF1}\eta_{IF} + \varepsilon_{IF1} & Y_{IF2} = \lambda_{IF2}\eta_{IF} + \varepsilon_{IF2} & Y_{IF3} = \lambda_{IF3}\eta_{IF} + \varepsilon_{IF3} & Y_{IF4} = \lambda_{IF4}\eta_{IF} + \varepsilon_{IF4} \\[4pt]
Y_{IF11} = \lambda_{IF11}\eta_{IF1} + \varepsilon_{IF11} & Y_{IF12} = \lambda_{IF12}\eta_{IF1} + \varepsilon_{IF12} & Y_{IF13} = \lambda_{IF13}\eta_{IF1} + \varepsilon_{IF13} \\[4pt]
Y_{IF21} = \lambda_{IF21}\eta_{IF2} + \varepsilon_{IF21} & Y_{IF22} = \lambda_{IF22}\eta_{IF2} + \varepsilon_{IF22} & Y_{IF31} = \lambda_{IF31}\eta_{IF3} + \varepsilon_{IF31} \\[4pt]
Y_{IF32} = \lambda_{IF32}\eta_{IF3} + \varepsilon_{IF32} & Y_{IF33} = \lambda_{IF33}\eta_{IF3} + \varepsilon_{IF33} & Y_{IF41} = \lambda_{IF41}\eta_{IF4} + \varepsilon_{IF41} \\[4pt]
Y_{IF42} = \lambda_{IF42}\eta_{IF4} + \varepsilon_{IF42} & Y_{IF43} = \lambda_{IF43}\eta_{IF4} + \varepsilon_{IF43} \\[8pt]
Y_{ID1} = \lambda_{ID1}\eta_{ID} + \varepsilon_{ID1} & Y_{ID2} = \lambda_{ID2}\eta_{ID} + \varepsilon_{ID2} & Y_{ID3} = \lambda_{ID3}\eta_{ID} + \varepsilon_{ID3} \\[4pt]
Y_{ID11} = \lambda_{ID11}\eta_{ID1} + \varepsilon_{ID11} & Y_{ID12} = \lambda_{ID12}\eta_{ID1} + \varepsilon_{ID12} & Y_{ID13} = \lambda_{ID13}\eta_{ID1} + \varepsilon_{ID13} \\[4pt]
Y_{ID21} = \lambda_{ID21}\eta_{ID2} + \varepsilon_{ID21} & Y_{ID22} = \lambda_{ID22}\eta_{ID2} + \varepsilon_{ID22} & Y_{ID23} = \lambda_{ID23}\eta_{ID2} + \varepsilon_{ID23} \\[4pt]
Y_{ID31} = \lambda_{ID31}\eta_{ID3} + \varepsilon_{ID31} & Y_{ID32} = \lambda_{ID32}\eta_{ID3} + \varepsilon_{ID32}
\end{cases}
$$

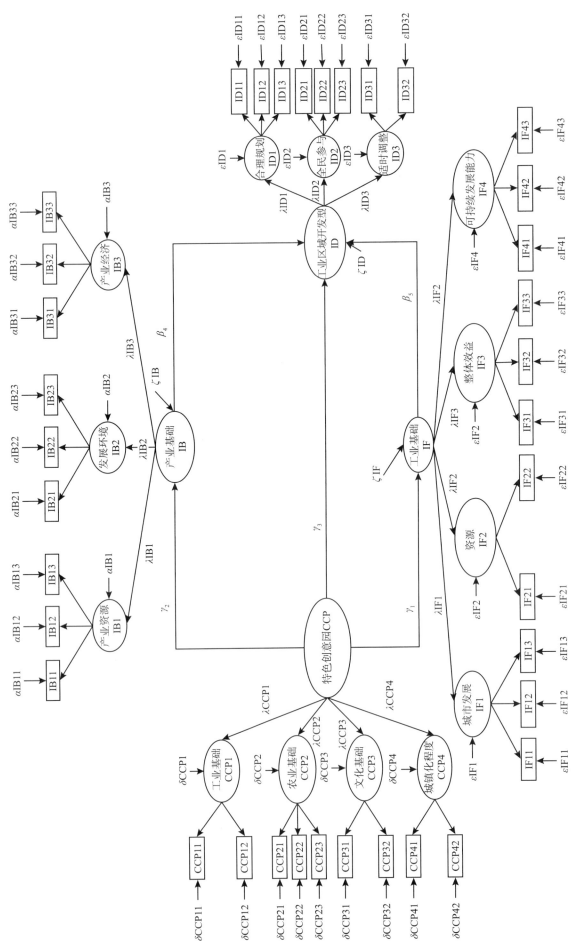

图5-20　特色创意园与工业区域开发型协同模式的初始结构方程模型

在成功构建特色创意园与工业区域开发型系统性保护协同模式的观测模型的基础上，本书根据结构方程模型的一般形式构建特色创意园与工业区域开发型系统性保护协同模式的结构方程式，具体如下：

$$\begin{cases} \eta_{IF} = \gamma_1 \xi_{CCP} + \zeta_{IF} \\ \eta_{IB} = \gamma_2 \xi_{CCP} + \zeta_{IB} \\ \eta_{ID} = \gamma_3 \xi_{CCP} + \beta_4 \eta_{IB} + \beta_5 \eta_{IF} + \zeta_{ID} \end{cases}$$

在特色创意园与工业区域开发型系统性保护协同模式的结构方程式中，分别用 γ_1、γ_2、γ_3 表示特色创意园对工业基础、产业基础和工业区域开发型的作用路径，用 β_4 表示产业基础对工业区域开发型的作用路径，用 β_5 表示工业基础对工业区域开发型的作用路径。

在成功构建"特色创意园与工业区域开发型系统性保护协同模式"的初始结构方程模型后，本书将从检验拟合指数、参数和决定系数三方面，对特色创意园与工业区域开发型系统性保护协同模式的初始结构方程模型进行检验，从而正确判断特色创意园对工业文化遗产系统性保护的作用原始模型是否需要进行修正。

本书选取常见的 7 种拟合指标检验方法，对其进行拟合指标检验，分别为 χ^2/DF、CFI、IFI、TLI、PNFI、RMSEA、SRMR。将本书所构建的特色创意园与工业区域开发型系统性保护协同模式的初始结构方程模型导入 AMOS 22.0 中，在成功导入量表数据后，获得了特色创意园与工业区域开发型系统性保护协同模式的拟合指标值，如表 5 – 25 所示。

表 5 – 25　　　　特色创意园与工业区域开发型系统性保护协同模式的初始结构方程模型适配度检验结果

拟合指标	χ^2/DF	CFI	IFI	TLI	PNFI	RMSEA	SRMR
观测值	1.428	0.932	0.933	0.921	0.700	0.039	0.033
拟合标准	<3.00	>0.90	>0.90	>0.90	>0.50	<0.08	<0.08

由特色创意园与工业区域开发型系统性保护协同模式的初始结构方程模式的模型适配度检验结果可以看出，各个拟合指标检验值都达到了对应的拟合标准，因此，本书为所构建的特色创意园与工业区域开发型系统性保护协同模式的结构方程模型能够与调研小组所得数据较好地拟合。基于此，在进行拟合度检测的基础上，将进一步对特色创意园与工业区域开发型系统性保护协同模式的初始结构方程中的各个路径的系数进行测度，如表 5 – 26 所示。

表 5 – 26　　　　特色创意园与工业区域开发型系统性保护协同模式的初始结构方程路径估计

路径	模型路径	非标准化路径系数	标准化路径系数	SE	CR	P
γ_1	CCP→IF	0.100	0.532	0.037	2.643	0.008
γ_2	CCP→IB	0.220	0.685	0.063	3.428	***
γ_3	CCP→ID	0.380	0.438	0.082	4.637	***
β_4	IB→ID	0.710	0.256	0.325	2.174	0.030
β_5	IF→ID	0.800	0.169	0.397	2.003	0.045

注：*** 表示 P<0.001。

由特色创意园与工业区域开发型系统性保护协同模式的初始结构方程中的各个路径的系数估计数值可以看出，本书所构建的结构方程模型中大部分都达到了 0.001 的显著性水平，说明其较好地通过了研究的显著性检验。其中，特色创意园到工业基础的作用路径 P 值为 0.008，在 5% 的水平上显著；产业基础到工业区域开发型的作用路径 P 值为 0.030，在 5% 的水平上显著；工业基础到工业区域开发型的作用路径 P 值为 0.045，在 5% 的水平上显著。基于此，本书认为所构建的特色创意园与工业区域开发型系统性保护协同模式的结构方程模型为最满意的结构方程，在对其进行标准化处理后，各个路径系数值均位于 – 1 ~ 1，最终得出的特色创意园与工业区域开发型系统性保护协同模式的结构方程模型如图 5 – 21 所示。

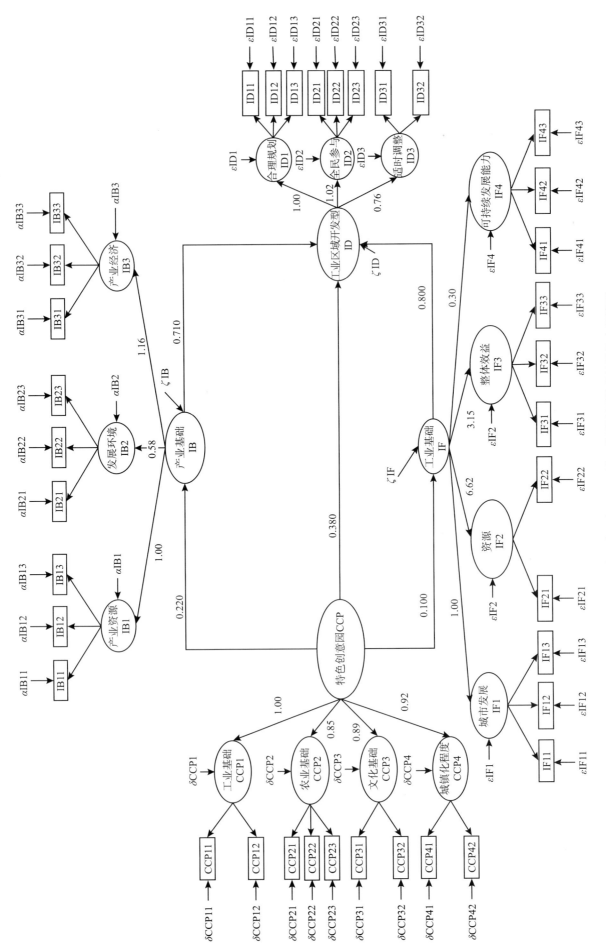

图5-21 最终的特色创意园与工业区域开发型协同模式的结构方程模型

为进一步探讨特色创意园与工业区域开发系统性保护协同模式中各个变量之间的关系，本书将从间接效应和直接效应两个方面对各个作用路径的影响进行解释说明。其中，直接效应是指某一变量作为原因而对另一变量产生的影响，间接效应是指某一变量作为原因通过其他变量对另一变量产生影响。间接效应的作用路径系数为间接效应发生过程中，每一个过程的系数之积，两个变量之间的总效益为二者直接效应和间接效应之和。为有效测度特色创意园与工业区域开发型系统性保护协同模式的主要变量，本书对特色创意园（CCP）、工业基础（IF）、产业基础（IB）、工业区域开发型（ID）4 个变量的作用效应进行分解发现，在特色创意园与工业区域开发型协同模式的作用过程中，特色创意园、工业基础和产业基础都对工业区域开发型产生了直接作用，分别为 0.380、0.800 和 0.710，特色创意园还对工业区域开发型产生了间接作用，其间接作用为 0.236。因此，在公园风景区与厂区改造型系统性保护协同模式的作用过程中，产业基础和工业基础是两个重要的中间变量，如图 5-22 所示。

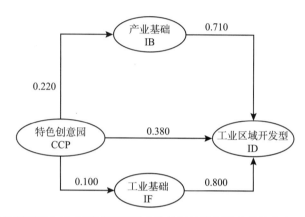

图 5-22　特色创意园与工业区域开发型系统性保护协同模式的结构方程模型简化形式

第三，结构方程的假设检验及效应分解。

根据上述对特色创意园与工业区域开发型系统性保护协同模式的实证结构分析，结合前文所提出的研究假设和理论模型，本书对特色创意园与工业区域开发型系统性保护协同模式的作用假设和路径系数进行了归纳总结，具体如表 5-27 所示。

表 5-27　　　　　　　　　　特色创意园与工业区域开发型协同模式的结构讨论分析

路径	模型路径	标准化路径系数	显著性水平	对应假设	检验结果
γ_1	CCP→IF	0.532	0.008	HC1	支持
γ_2	CCP→IB	0.685	***	HC2	支持
γ_3	CCP→ID	0.438	***	HC3	支持
β_4	IB→ID	0.256	0.030	HC4	支持
β_5	IF→ID	0.169	0.045	HC5	支持

注：*** 表示 $P < 0.001$。

特色创意园到工业基础的标准化路径系数为 0.532，P 值为 0.008，在 5% 的水平上显著，因此，本书认为该假设较好地通过了显著性检验。基于此，可以得出"特色创意园建设水平对工业基础保护利用水平具有显著的正向作用"的假设成立，即研究结果支持原假设 HC1。

特色创意园到产业基础的标准化路径系数为 0.685，$P < 0.001$，较好地通过了显著性检验。基于此，可以得出"特色创意园建设水平对产业结构的合理性具有显著的正向作用"的假设成立，即研究结果支持原假设 HC2。

特色创意园到工业区域开发型的标准化路径系数为 0.438，$P < 0.001$，较好地通过了显著性检验。基于此，可以得出"特色创意园建设水平对推进工业区域开发实施进程具有显著的正向作用"的假设成立，

即研究结果支持原假设 HC3。

产业基础到工业区域开发型的标准化路径系数为 0.256，P 值为 0.030，在 5% 的水平上显著，因此，本书认为该假设较好地通过了显著性检验。基于此，可以得出"产业结构调整水平对推进工业区域开发实施进程具有显著的正向作用"的假设成立，即研究结果支持原假设 HC4。

工业基础到工业区域开发型的标准化路径系数为 0.169，P 值为 0.045，在 5% 的水平上显著，因此，本书认为该假设较好地通过了显著性检验。基于此，可以得出"工业设施保护利用效率对推进工业区域开发实施进程具有显著的正向作用"的假设成立，即研究结果支持原假设 HC5。

综合以上研究得出，HC1、HC2、HC4、HC5 均存在合理性。

由特色创意园与工业区域开发型系统性保护协同模式的结构方程模型可以得出，工业基础和产业基础都是非常重要的中间变量，特色创意园对工业基础和产业基础的直接效应分别为 0.532 和 0.685。基于此，本书认为特色创意园的开发和发展与工业基础和产业基础密切相关，工业基础不仅是特色创意园发展的基础，还是工业文化遗产系统性保护的关键点，只有对工业基础实施良好的保护和开发策略，才能使特色创意园实现可持续发展。产业基础作为提升特色创意发展水平的关键要素，对于通过提升园区生态环境水平，提高游客满意度起着关键作用。通过上述总结和分析，研究获得如下两个结论：一是特色创意园不仅是工业旅游的发展方式之一，还是工业文化遗产系统性保护的典型类型之一。因此，在工业文化遗产系统性保护的过程中，不仅要重点提高特色创意园在工业旅游产业中的带动作用，还要注意与生态环境治理协同。二是工业基础和产业基础均是影响文旅深度融合新业态与工业文化遗产系统性保护的重要的中间变量，因此，本书认为推进工业旅游与现代工业文化遗产系统性保护协同的重点，应该是提高工业基础利用率和优化产业结构两个方面。

5.4 文化记忆圈与工业区域开发型系统性保护协同模式的实证研究

5.4.1 研究假设

第一，文化记忆圈建设水平的作用。

文化记忆圈作为中国工业文明的重要标志，在建设过程中要重点突出文化要素。赵振斌（2015）指出，文物为当地留下了深深的烙印，成为当地居民对居住地的集体文化记忆，主要表现在文化记忆圈的真实性、传统性和完整性三个特征方面。一是在真实性方面，旧工业厂区在开发成文化记忆圈的过程中，要秉承尊重自然、保护自然的原则，不仅要发挥工业设施的经济价值，还要最大限度给予相应的保护，减少对原有工业文化遗产的破坏。二是在传统性方面，一方面，文化记忆圈的开发通过继承、传承与保护工业文化遗产，打造成有历史记忆、地域特色的现代园区；另一方面，通过发展工业旅游，将工业文化、地域风情融入旅游产品研发当中，开发出工业旅游新产品、新项目，突出原汁原味的文化韵味。三是在完整性方面，开发打造文化记忆圈不仅停留于对旧工业设施的原真性保护，更加注重对原有的工业生产生活方式的根本性保护，充分发挥工业设施的价值潜力，促使文化记忆圈可持续发展。基于此，可以看出开发文化记忆圈建设对工业设施保护利用具有一定的影响，故提出如下假设：

HD1：文化记忆圈建设水平对工业基础保护利用效率具有显著的正向作用。

文化记忆圈具有最纯真的工业文化遗产原貌，其对工业遗产保护的完整性和传承性是充分发挥工业遗产价值的有效措施，是一种以工业文化为基础，以生态为特征的全新的文旅深度融合新业态。李文军（2018）指出，将工业厂房改造成创意园区，可以助推文化产业和工业旅游实现协同发展。李新创（2019）指出，发展工业旅游可以最大限度促进产业融合。具体主要表现在以下几个方面：一是促进工业与旅游产业融合发展，通过对工业文化遗产进行开发，建造成文化记忆圈发展工业旅游，进而转变工业发展方式，实现产业转型升级。二是促进文化产业与旅游业融合发展，工业文化遗产所蕴含的工业文化，不仅是开发创新型工业旅游产品、旅游项目的关键，还是文化记忆圈区别于传统工业旅游发展模式的关键要素。三是促进农业与旅游业融合，良好的生态环境对于提高游客旅游体验起着至关重要的作用，因此，通过发展工业旅游，规范地区农户行为，对于打击非法填田建房行为起着推动作用，并在开发主体、产业布局、资源开发模式等方面实现了创新和突破，是助力企业和城市振兴的催化剂。基于此，可以看出文化记忆圈建设对于提高政策创新水平，推进地区实现产业融合具有显著的影响作用，故提出如下假设：

HD2：文化记忆圈建设水平对提高政策创新水平具有显著的正向作用。

文化记忆圈作为文旅深度融合新业态，其发展以工业文化为核心，不断吸纳周边特色资源，是我国工业文化旅游精华所在，完美实现了工业文化与经济的交织转化。周冰怡指出，借助原工业厂区的文化历史、园区环境、区位交通条件、城市形象、政府扶持等，以区域开发的形式发展工业旅游，对于加强地区基础设施建设，增强游客旅游体验，转变地区居民产业营销方向，推进工业文化遗产系统性保护实施进程具有重要作用。具体主要表现在以下几个方面：一是促进区域经济协调发展，实现区域经济协调发展是城镇化建设的本质，文化记忆圈的发展以城市工业保护利用为核心，促使在城镇化建设过程中区域经济协调发展，促进了工业区域开发型模式的发展。二是推进城市工业保护利用进程，以发展工业旅游为平台，鼓励地区居民参与工业旅游发展进程，与此同时，创新利益分配机制，提高地区工业资源利用率，缓解工业资源闲置、遭到破坏的现象。基于此，可以看出文化记忆圈建设对工业区域开发型具有显著的影响作用，故提出如下假设：

HD3：文化记忆圈建设水平对推进工业区域开发实施进程具有显著的正向作用。

第二，政策创新水平的作用。

工业文化遗产系统性保护涉及政府、社会组织、企业等多个利益主体，政策创新作为协调各个利益主体之间的关系通道，对于促进区域协调发展，实现以工业区域开发型对工业文化遗产进行系统性保护具有重要作用。不同利益主体之间的矛盾时有发生，科学地调整利益关系，形成共同的利益基础至关重要。葛全胜（2018）指出，可以通过政策创新解决土地在开发过程中面临的制度障碍问题，推进土地资源市场化改革、实现土地利益分配均可通过政策创新实现。关于以工业区域开发型模式对工业文化遗产系统性保护进行政策创新，可以通过针对土地征用、资金管理、产业布局等相关的关键性问题作出明确的规定，促使政策创新落实到工业区域开发型模式的各个环节，有利于探索协调各个利益主体之间关系的有效新路径。资源作为工业区域开发型模式实施过程中最主要的发展要素，必须在政府统一规划指导下对工业文化遗产加以保护利用，积极推动工业、农业、生态建设、旅游业等协调发展，改变地区单一的工业与农业发展现状，提升工业区域开发型厂区发展效益。基于此，可以看出政策创新对于提升工业区域开发型的发展效益具有显著作用，故提出如下假设：

HD4：政策创新水平对推进工业区域开发实施进程具有显著的正向作用。

第三，工业基础保护利用水平的作用。

工业设施作为工业产业的重要组成要素，其工业基础是产业发展的核心和基础能力，不仅包括技术水平、基础设施、质量标准，还包括政策环境、人才队伍等多种要素，是产业得以发展的动力源泉，对产业链水平的高低起着决定性作用。工业设施作为工业文化遗产最主要的有形资产，具有不可估量的历史价值和工业文化价值，结合现有工业设施原有的功能保护现状，依据不同发展理念引领新兴发展模式对于充分发挥工业设施的现代价值具有重要影响。具有历史价值的工业设施的保护与开发利用，不仅需要进一步扩大工业设施修复的补贴范围，加大对地区居民和农民合作组织发展的扶持力度，还要提高工业厂区居民搬迁的补贴与扶持力度，进而提高厂区居民对于工业区域开发的满意度，充分发挥厂区工业设施经济价值。基于此，可以看出工业设施的保护利用的迫切性，对于采取工业区域开发型进行工业文化遗产系统性保护具有正面影响作用，故提出如下假设：

HD5：工业基础保护利用水平对推进工业区域开发实施进程具有显著的正向作用。

第四，文化记忆圈与工业区域开发型系统性保护协同模式的理论模型。

根据文化记忆圈与工业区域开发型系统性保护协同模式的分析框架、研究假设相关内容，综合分析文化记忆圈与工业区域开发型协同现状，由此构建文化记忆圈工业区域开发型系统性保护协同模式的理论模型，见图 5 - 23。

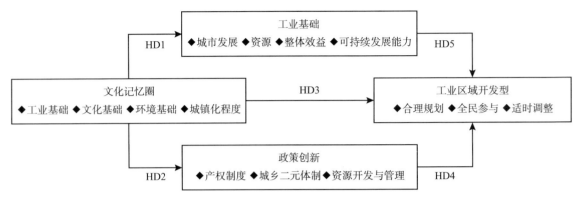

图 5-23 文化记忆圈与工业区域开发型系统性保护协同模式的理论模型

从文化记忆圈与工业区域开发型系统性保护协同模式的理论模型中可以看出，其主要包含文化记忆圈、工业基础、政策创新、工业区域开发型 4 个变量，其中，文化记忆圈划分为工业基础、文化基础、环境基础、城镇化程度 4 个层面；工业基础划分为城市发展、资源、整体效益、可持续发展能力 4 个层面；政策创新划分为产权制度、城乡二元体制、资源开发与管理 3 个层面；工业区域开发型划分为合理规划、全民参与、适时调整 3 个层面。文化记忆圈到工业区域开发型不仅仅具有直接作用路径，也有间接作用路径，其中，文化记忆圈到工业区域开发型的间接路径分别为：①文化记忆圈建设水平—政策创新水平—工业区域开发实施进程；②文化记忆圈建设水平—工业基础保护利用效率—工业区域开发实施进程。构建文化记忆圈与工业区域开发型系统性保护协同模式的理论模型，为文旅深度融合新业态与工业文化遗产系统性保护协同模式的结构方程数据验证奠定了基础。

5.4.2 实地访谈

第一，关于案例地发展状况。

鞍钢工业遗产项目坐落于辽宁省鞍钢市，涉及矿石生产、钢铁生产等多个工业历史领域，见证了鞍钢的整个工业史，其发展内容集观光、休闲娱乐、餐饮为一体，具有浓郁的地方特色，拥有得天独厚的工业旅游资源。鞍钢工业遗产不仅建筑风格独特，而且建筑设施蕴含着近现代鞍山市工业发展的历史印记，承载着历史工业文化，丰富的工业旅游资源为鞍钢工业遗产项目的工业旅游发展奠定了基础。

本书主要从鞍钢工业遗产项目的发展历程出发分析"文化记忆圈与工业区域开发型系统性保护协同模式"的发展状况。由前文分析为基础可知，鞍钢工业遗产项目有良好的工业基础、文化基础和环境基础，其在发展过程中格外注重在产权制度、资源开发与管理、城乡二元体制三个方面的政策创新。基于此，鞍钢工业遗产项目应在坚持合理规划、全民参与、适时调整的基础上不断发展。鞍钢工业遗产项目借助城市工业文化记忆来提升城市形象和地区工业旅游的精神内涵。一方面，针对地区工业旅游资源的开发与管理，鞍钢工业旅游项目发展的重心是周边地区散客和境外游客市场的开发，这为地区工业旅游长期发展提供了巨大动力。另一方面，地区基础设施的建设状况在很大程度上影响着园区的发展，鞍钢工业遗产项目通过对废弃资源进行回收再利用，建造旅游消费服务中心、娱乐场所等，不仅可以彰显鞍钢工业旅游的核心，提高地区工业旅游服务设施建设水平，还能够缓解城乡二元经济结构的问题。以鞍钢工业遗产项目为例的"文化记忆圈与工业区域开发型系统性保护协同模式"的具体发展路径，主要划分为以下三个阶段：

第一阶段：鞍钢工业遗产保护利用亟待深入。

随着城镇化建设的不断推进，鞍钢面临的工业文化遗产遗留问题亟待解决。目前辽宁有 180 余处工业遗产，与其他工业遗产相比，鞍钢工业遗产不仅建筑风格独特，而且其建筑设施蕴含着近现代鞍山市工业发展的历史印记，承载着工业历史文化，对于促进城市经济发展具有重要作用。通过推进文旅深度融合新业态与工业文化遗产系统性保护协同发展，通过发展工业旅游推进工业文化遗产系统性保护工作，不仅能够保护工业遗产、弘扬工业文化，还能唤醒城市记忆、促进城市发展。只有把工业文化遗产的保护开发与文化产业、旅游业相结合，才能把先进的工业文化融入人们日常生活当中，使其成为促进全面建成小康社会的精神力量。

第二阶段：不断探索工业旅游新模式。

鞍钢工业遗产项目通过不断探索工业旅游发展新模式，可以促使鞍钢工业遗产保持永久活力，在推进文旅深度融合新业态与工业文化遗产系统性保护协同的过程中，可以实现工业旅游的可持续发展，具体主要从以下两个方面着手：一是促进工业遗产与文化创意产业相结合。工业旅游作为文旅深度融合新业态，对于唤醒鞍钢工业遗产具有重要作用。通过发展工业旅游，可以将文化创意与厂区工业建筑、生产设备相融合，加强工业文化建设，全面打造文化符号、文化精神地标等，充分发挥鞍钢工业文化的现代价值，促进工业、旅游业产业结构优化升级，打造具有工业历史文化优势的鞍钢工业文化记忆圈。在工业旅游项目中，文化创意的作用不仅仅局限于某一个产业，而且是推动经济转型的重要战略支点。二是开发特色工业旅游项目。鞍山市依托地区工业文化遗产资源发展工业旅游，是促进当地实现经济结构转型、推进工业文化遗产系统性保护的重要方式之一。在新时代背景下，鞍山市从鞍钢工业的现实发展状况出发，全面整合各类项目、资源，不断增加体验式旅游项目，让游客以亲身参与的方式更好地理解和感知工业遗产所蕴含的工业文化，逐渐走出了一条符合地区发展特点的工业旅游新模式。

第三阶段：依托工业遗产致富一座城。

鞍钢工业遗产项目涉及矿石生产、钢铁生产等多个工业历史领域，以鞍钢工业遗产为核心发展工业旅游，可以实现利益共享，主要表现出其发展过程中区域性、历史性和多样性等特点。首先在区域性方面，鞍钢工业遗产项目涉及矿石生产、钢铁生产等多个工业领域，并且从矿山遗产到生产设备遗产、厂区建筑等，均呈现出集群性，由此可知鞍钢工业遗产项目的开发尤其注重区域协调发展，让地方居民能够真正参与到鞍钢工业遗产项目开发建设过程中。其次在历史性方面，鞍钢工业在近百年的发展过程中，不仅见证了我国工业的发展历程，承载了丰厚的工业文化，还是我国劳动人民智慧的结晶，凝聚着中国力量、中国智慧。鞍钢工业遗产项目不仅注重对厂区建筑、生产设备等实体工业遗产的保护利用，还注重继承、弘扬工业文化，这给从事工业生产的老一辈居民转变生产方式提供了新机遇。最后在多样性方面，鞍钢工业遗产建筑风格多样，工业生产设备不仅有老式装备，还有现代装备，工业遗产的多样性为鞍钢工业遗产项目开发提供了多种发展路径，观光旅游、实景体验、VR 体验等多种工业旅游发展模式，为地区居民提供了多种就业机会。

第二，鞍钢工业遗产项目对工业区域开发型建设的作用。

为了进一步分析文化记忆圈与工业区域开发型系统性保护协同模式，通过对各个要素进行全方位的综合考量，本书将此次案例研究的重点聚焦在资本、产业、文化、政策等方面，整体提炼出工业设施和政策创新这两个关键构念，并通过对工业设施、政策创新这两个构念进行科学合理的分析，构建出鞍钢工业遗产项目建设过程中工业设施的作用模型、鞍钢工业遗产项目建设过程中政策创新的作用模型，进而为探讨工业设施和政策创新在文化记忆圈与工业区域开发型系统性保护协同模式中的作用提供了清晰的路径。

首先，鞍钢工业遗产项目开发过程中的工业基础分析。

目前辽宁省共有 180 余处工业遗产，与其他工业遗产相比，鞍钢工业遗产不仅建筑风格独特，而且其建筑设施蕴含着近现代鞍山市工业发展的历史印记，承载着历史工业文化，对于促进城市经济发展具有重要作用。鞍钢工业遗产项目的建设以原厂区的工业设施为基础，利用现代科技对已损坏的工业设施加以修复还原，充分挖掘工业设施的现代价值。鞍钢工业遗产项目的工业基础、文化基础、环境基础和城镇化程度都对工业设施的保护利用有一定程度的直接影响或者间接影响，在综合分析鞍钢工业遗产项目工业基础的前提下，应重点把握整体效益、工业基础、区域性三个方面的内容，科学合理地构建出鞍钢工业遗产项目建设过程中工业设施的作用模型（见图 5 - 24）。

图 5 - 24 展示了鞍钢工业遗产项目开发过程中工业基础的作用模型，结合鞍钢工业遗产项目在工业旅游产业发展的现实状况，从工业基础、文化基础、环境基础、城镇化程度 4 个方面，研究鞍钢工业遗产项目建设过程中工业设施的作用。深厚的工业基础是鞍钢工业遗产项目开发的前提，鞍钢工业遗产项目通过不断探索工业旅游发展新模式，促使鞍钢工业遗产保持永久活力，不仅能够保护工业遗产、弘扬工业文化，还能唤醒城市记忆、促进城市发展，进而推进地区工业文化遗产系统性保护进程。多样的文化基础是鞍钢工业遗产项目发展的重要支撑，鞍钢工业遗产项目涉及矿石生产、钢铁生产等多个工业领域，并且其

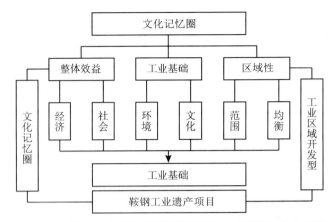

图5－24　鞍钢工业遗产项目开发过程中工业基础的作用模型

建筑设施风格多样，体现了不同时代的建筑风格和历史文化，依托地区工业文化，开发创意性文化产品，必须明确城市工业资源的产权制度，全面提高地区工业旅游资源开发效率。优良的环境基础是鞍钢工业遗产项目发展重要保障，鞍钢工业遗产项目以鞍钢工业为中心发展工业旅游，因此，生态环境直接影响到游客对旅游项目的满意度和忠诚度，游客的旅游满意度和忠诚度又直接影响着鞍钢工业遗产项目的经济效益和社会效益。城镇化建设对鞍钢工业遗产的开发具有推动作用，随着城镇化建设进程的逐步推进，地区交通、医疗、教育等基础设施建设日渐完善，不仅为地区工业旅游提供了更多便利，还大幅度提升了游客旅游体验。因此，可以看出文化记忆圈的工业基础、文化基础、环境基础、城镇化程度都会对工业基础产生作用，而工业基础又反映出工业文化遗产的实际情况和文化底蕴，对工业文化遗产的可持续发展具有重要影响，假设HD1、HD3和HD5成立。

其次，鞍钢工业遗产项目建设过程中的政策创新分析。

鞍钢市政府为提高鞍钢工业遗产项目的开发效率，提升旅游服务质量，积极营造了一个良好的创新环境。政策创新不仅仅涉及金融、人才、地区特色产业等，还涉及土地规划和城乡二元体制的变化，在政府的引导下，各个政策都为鞍钢工业遗产项目的发展提供了强大的动力。基于以上分析，本书从工业旅游资源开发管理与创新、城乡二元经济结构与区域经济一体化两个方面出发，构建出鞍钢工业遗产项目开发过程中政策创新的作用模型（见图5－25）。

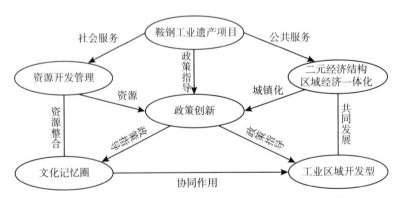

图5－25　鞍钢工业遗产项目开发过程中政策创新的作用模型

图5－25展示了鞍钢工业遗产项目建设过程中政策创新的作用模型，从中可以看出，鞍钢市的政策创新不仅为鞍钢工业遗产项目的开发提供了政策性的指导，也为推进工业文化遗产系统性保护进程提供了新动力。一是鞍钢市政府为了提升地区工业旅游整体效益，实现产业增收，不断完善与地区企业、金融机构之间的信息交流机制，积极与相关专家交流，不断提升工业遗产修复标准，探索工业旅游发展新项目，实现鞍钢工业项目主体化发展，进一步提高市场核心竞争力。二是推动工业旅游产业化发展，实现产业链延伸。鞍钢市政府不断加强对地区工业文化遗产项目的保护利用，不断增强教育支持力度，培养大批高素质

人才，充分挖掘工业文化潜在价值，开发创意文化产品，实现文化产业链延伸。三是带动当地居民增收，缓解城乡二元体制。鞍钢市工业遗产项目的开发能够提供大量的就业岗位，有效缓解了因家庭成员就业率低而导致生活水平低下的问题。在工业旅游产业的不断发展下，地区基础设施建设不断完善，公共服务设施数量显著增加，从根本上推动了城镇化建设进程，提升了居民生活质量。因此，政策创新在文化记忆圈的建设过程中具有重要的政策基础，推动了工业旅游更好地发展，在保护工业遗产的同时带动工业文化传承，假设 HD2 和 HD4 成立。

关于案例验证分析：

本次案例研究选取的是鞍钢工业遗产项目，研究小组通过实地调研获得了较高准确性的有效资料，对鞍钢市工业遗产项目的发展现状有了进一步的了解，同时也保证了资料数据的实效性、准确性、可靠性。为了更好地展开对文化记忆圈与工业区域开发型系统性保护协同模式的案例研究，本书首先对鞍钢市工业遗产项目作为本次研究对象进行解释说明，将鞍钢市工业遗产项目的建设历程和发展过程分为三个阶段：一是鞍钢工业遗产保护利用亟待深入阶段；二是不断探索工业旅游新模式阶段；三是依托工业遗产致富一座城阶段。通过对这三个阶段进行全面而深入的分析，总结提炼出鞍钢工业遗产项目的具体发展优势。其中，根据前文构建的文化记忆圈与工业区域开发型系统性保护协同模式的结构方程实证分析结果，在案例分析中重点把握工业基础、政策创新两个方面的内容，通过构建出鞍钢工业遗产项目开发过程中工业设施的作用模型，得出鞍钢工业遗产项目涉及多个工业生产领域，并且其建筑设施风格多样，体现了不同时代的建筑风格和历史文化，为地区发展工业旅游提供了良好的资源基础的结论；通过构建鞍钢工业遗产项目开发过程中政策创新的作用模型发现，政府不断完善地区企业与金融机构之间的信息交流机制，积极与相关专家进行交流是提升地区工业旅游市场核心竞争力的关键，同时，推进工业旅游实现产业化发展，促进产业链延伸是缓解城乡二元体制的有效路径。

本书采取案例研究的方法进行单个案例研究，选取鞍钢工业遗产项目为典型案例，对文化记忆圈与工业区域开发型系统性保护协同模式进行验证。结合前文所构建的文化记忆圈与工业区域开发型系统性保护协同模式的分析框架、研究假设和结构方程实证分析的相关内容，以鞍钢工业遗产项目的发展现状和开发背景为出发点，重点把握工业基础、政策创新在文旅深度融合新业态与工业文化遗产系统性保护中的作用，以鞍钢工业遗产项目为案例对文化记忆圈与工业区域开发型系统性保护协同模式过程中的影响因素进行案例验证，进一步科学合理地验证了文化记忆圈与工业区域开发型系统性保护协同模式的有效性。

5.4.3　问卷数据分析

第一，样本数据的描述性统计及信度效度检验。

首先，文化记忆圈与工业区域开发型系统性保护协同模式的协同度测算。

文化记忆圈与工业区域开发型系统性保护协同模式的作用机制利用评价二者的协同性进行评估。在对文化记忆圈与工业区域开发型系统性保护协同模式的协同性进行评估之前，本书将以前文实证研究中所用到的度量指标为基础构建其相应的指标体系，并将实地调研所得数据用于计算文化记忆圈与工业区域开发型系统性保护协同模式的协同度。由前文对文化记忆圈与工业区域开发型系统性保护协同模式的实证分析中得出，文化记忆圈、工业基础和政策创新三个子系统都对工业区域开发型产生了直接作用，文化记忆圈还对工业区域开发型产生了间接作用。因此，本书认为文化记忆圈与工业区域开发型协同发展是以"工业基础""政策创新"两个子系统为基础。从文化记忆圈的工业基础、文化基础、环境基础和城镇化程度 4 个方面来看，文化记忆圈在一定程度上直接或者间接影响着工业基础、政策创新两个子系统，基于此，本书认为在对文化记忆圈与工业区域开发型系统性保护协同模式进行协同度评价时，可以借助文化记忆圈、工业基础、政策创新和工业区域开发型 4 个子系统之间的相互关系来进行考量，并根据各个子系统的特征和作用提出对应的改进措施。

本书在充分理解协同学相关原理和理论的基础上，构建文化记忆圈、工业基础、政策创新和工业区域开发型 4 个子系统之间的协同度模型。各个子系统的序参量见表 5-28。

表 5 – 28   子系统序参量

子系统	测量指标	序参量
文化记忆圈（CMC）	工业基础、文化基础、环境基础、城镇化程度	CMC11、CMC12、CMC21、CMC22、CMC23、CMC31、CMC32、CMC41、CMC42
工业基础（IF）	城市发展、资源、整体效益、可持续发展能力	IF11、IF12、IF13、IF21、IF22、IF31、IF32、IF33、IF41、IF42、IF43
政策创新（PI）	产权制度、城乡二元体制、资源开发与管理	PI11、PI12、PI13、PI21、PI22、PI23、PI31、PI32、PI33
工业区域开发型（ID）	合理规划、全民参与、适时调整	ID11、ID12、ID13、ID21、ID22、ID23、ID31、ID32

本书在确定各个子系统的序参量后，将对各个子系统之间的有序度进行测量，结合前文对文化记忆圈与工业区域开发型系统性保护协同模式的理论模型的相关分析，得出其他子系统的有序度和序参量之后，本书将计算系统协同度并重新测量子系统的有序度，进而得到总系统的协同度。同理，得出文化记忆圈与工业区域开发型协同模式中工业基础、政策创新和工业区域开发型等其他子系统之间的协同度，见表 5 – 29。

表 5 – 29   各个子系统间的系统协同度

子系统	CMC	IF	PI	ID
文化记忆圈（CMC）	—			
工业基础（IF）	0.57	—		
政策创新（PI）	0.57	0.51	—	
工业区域开发型（ID）	0.63	0.57	0.57	—

本书在参考有关协同学相关文献的基础上，结合现实应用，将协同度数值和协同度大小划分为 4 个区间，如表 4 – 1 所示。由表 4 – 1 协同度划分区间，结合表 5 – 29 中所得有关文化记忆圈与工业区域开发型系统性保护协同模式中各个子系统的协同度的大小，得出在文化记忆圈与工业区域开发新型系统性保护协同模式中，文化记忆圈、工业基础、政策创新、工业区域开发型这 4 个子系统之间的协同度都处于高度协同的范围，因此，本书认为文化记忆圈与工业区域开发型具有良好的协同性。

其次，本书在对通过实地调研获得文化记忆圈与工业区域开发型协同的第一手数据资料进行综合评估后，认为团队所得有效问卷数量符合结构方程所要求的样本数量，因此可以进行实证分析。为确保研究所得的文化记忆圈与工业区域开发型系统性保护协同模式的相关数据的准确性，以及后续所得结论的科学性，本书在对其进行实证分析之前，还将对问卷所得数据进行信度分析和效度分析。

本书采取均值和方差这两个指标，衡量文化记忆圈与工业区域开发型系统性保护协同模式中各个变量分布的平均程度和集中度。其中，标准差是直接观测文化记忆圈与工业区域开发型系统性保护协同模式研究中各个变量的离散程度的指标。本书利用 SPSS 25.0 对文化记忆圈与工业区域开发型系统性保护协同模式的数据进行信度检测，进而得到各个观测变量的均值、标准差、最大值、最小值，见表 5 – 30。

表 5 – 30   描述性统计

主要变量	潜在变量	观测变量	均值	标准差	最大值	最小值
文化记忆圈（CMC）	工业基础（CMC1）	CMC11	3.67	0.721	5	1
		CMC12	3.71	0.699	5	1
	文化基础（CMC2）	CMC21	3.66	0.744	5	1
		CMC22	3.65	0.780	5	1
		CMC23	3.65	0.771	5	1

续表

主要变量	潜在变量	观测变量	均值	标准差	最大值	最小值
文化记忆圈 （CMC）	环境基础 （CMC3）	CMC31	3.61	0.782	5	1
		CMC32	3.58	0.742	5	1
	城镇化程度 （CMC4）	CMC41	3.63	0.821	5	1
		CMC42	3.60	0.784	5	1
工业基础 （IF）	城市发展 （IF1）	IF11	3.19	0.738	5	1
		IF12	3.29	0.721	5	1
		IF13	3.22	0.668	5	1
	资源 （IF2）	IF21	3.28	0.679	5	1
		IF22	3.19	0.723	5	1
	整体效益 （IF3）	IF31	3.23	0.766	5	1
		IF32	3.13	0.731	5	1
		IF33	3.16	0.713	5	1
	可持续发展能力 （IF4）	IF41	3.36	0.727	5	1
		IF42	3.23	0.708	5	1
		IF43	3.21	0.697	5	1
政策创新 （PI）	产权制度 （PI1）	PI11	3.24	0.736	5	1
		PI12	3.15	0.677	5	1
		PI13	3.08	0.708	5	1
	城乡二元体制 （PI2）	PI21	3.23	0.718	5	1
		PI22	3.11	0.730	5	1
		PI23	3.14	0.695	5	1
	资源开发与管理 （PI3）	PI31	3.23	0.723	5	1
		PI32	3.16	0.682	5	1
		PI33	3.25	0.743	5	1
工业区域 开发型 （ID）	合理规划 （ID1）	ID11	3.61	0.717	5	1
		ID12	3.61	0.768	5	1
		ID13	3.61	0.773	5	1
	全民参与 （ID2）	ID21	3.56	0.723	5	1
		ID22	3.61	0.783	5	1
		ID23	3.71	0.731	5	1
	适时调整 （ID3）	ID31	3.53	0.760	5	1
		ID32	3.65	0.741	5	1

最后，为确保文化记忆圈与工业区域开发型系统性保护协同模式检测结果具有真实性、可靠性，本书将对其进行信度检测。本书利用组合信度系数对文化记忆圈与工业区域开发型系统性保护协同模式所整合的各类数据进行分析和检测，分别得出文化记忆圈、工业基础、政策创新、工业区域开发型的组合信度系数。同时，根据表 5-4 的组合信度标准对文化记忆圈与工业区域开发型系统性保护协同模式的潜在变量的组合信度系数进行评判。为确保信度检测所得数据能够科学合理地反映各个变量的真实构架，本书将在对文化记忆圈与工业区域开发型系统性保护协同模式进行信度检测的基础上，进一步对文化记忆圈与工业区域开发型系统性保护协同模式进行效度检测，具体结果见表 5-31。

表 5 - 31 信度和效度检测结果

变量	CR	因子载荷		KMO	累计方差解释率	Bartlett's 球形检验		
						χ^2	df	Sig.
文化记忆圈（CMC）	0.901	CMC11	0.699	0.941	64.948	1602.650	36	0.000
		CMC12	0.707					
		CMC21	0.671					
		CMC22	0.730					
		CMC23	0.750					
		CMC31	0.687					
		CMC32	0.713					
		CMC41	0.752					
		CMC42	0.666					
工业基础（IF）	0.829	IF11	0.472	0.892	47.214	674.967	55	0.000
		IF12	0.413					
		IF13	0.584					
		IF21	0.499					
		IF22	0.545					
		IF31	0.368					
		IF32	0.442					
		IF33	0.690					
		IF41	0.637					
		IF42	0.769					
		IF43	0.624					
政策创新（PI）	0.818	PI11	0.547	0.852	38.140	488.933	36	0.000
		PI12	0.571					
		PI13	0.539					
		PI21	0.657					
		PI22	0.598					
		PI23	0.645					
		PI31	0.528					
		PI32	0.573					
		PI33	0.529					
工业区域开发型（ID）	0.837	ID11	0.688	0.903	51.139	753.906	28	0.000
		ID12	0.555					
		ID13	0.679					
		ID21	0.647					
		ID22	0.685					
		ID23	0.624					
		ID31	0.520					
		ID32	0.598					

如表 5 - 31 所示，首先，从对文化记忆圈与工业区域开发型进行信度所得数据中可以看出，各个数据的组合信度系数值 CR 都大于 0.8，因此，本书认为所得数据具有可信度。其次，从对文化记忆圈与工业区域开发型进行效度检验所得数据中可以看出，KMO 值均大于 0.8，因此，本书认为所得数据能够较好地进行因子分析。最后，Bartlett's 球形检验显著性水平均为 0.000，因此，认为此次研究过程中，调查问卷所得数据及各组成部分建构之间有较好的效度。

第二，样本数据的结构方程模型构建及调整。

从文化记忆圈与工业区域开发型系统性保护协同模式的理论基础中可以看出，文化记忆圈、工业基础、政策创新和工业区域开发型都是不能直接观测的潜在变量，并且针对以上 4 个潜在变量所设置的二级指标，仍无法直接猜测到，因此也属于潜在变量。本书在确定各个变量的性质之后，将对文化记忆圈与工业区域开发型系统性保护协同模式中的各个相关变量进行合理归类。其中，内生变量定义为文化记忆圈，中间变量定义为工业设施和政策创新，外生变量定义为工业区域开发型。基于此，构建文化记忆圈与工业区域开发型系统性保护协同模式的初始结构方程模型，如图 5 - 26 所示。

由文化记忆圈与工业区域开发型系统性保护协同模式的初始结构方程模型可知，文化记忆圈与工业区域开发型协同的初始结构方程中外生显变量共计 9 项，分别为：CMC11、CMC12、CMC21、CMC22、CMC23、CMC31、CMC32、CMC41、CMC42；内生显变量共计 28 项，分别为：PI11、PI12、PI13、PI21、PI22、PI23、PI31、PI32、PI33、IF11、IF12、IF13、IF21、IF22、IF31、IF32、IF33、IF41、IF42、IF43、ID11、ID12、ID13、ID21、ID22、ID23、ID31、ID32；外生潜变量共计 4 项，分别为：CMC1、CMC2、CMC3、CMC4；内生潜变量共计 10 项，分别为：PI1、PI2、PI3、IF1、IF2、IF3、IF4、ID1、ID2、ID3。

在对文化记忆圈与工业区域开发型系统性保护协同模式进行数据验证的过程中，本书将对相关变量进行设定，进而构建观测变量的结构方程式。根据前文对文化记忆圈与工业区域开发型系统性保护协同模式的相关研究，文化记忆圈（CMC）、工业基础（CMC1）、文化基础（CMC2）、环境基础（CMC3）、城镇化程度（CMC4）是外生潜变量，分别用 ξ_{CMC}、ξ_{CMC1}、ξ_{CMC2}、ξ_{CMC3}、ξ_{CMC4} 表示。工业基础（IF）、城市发展（IF1）、资源（IF2）、整体效益（IF3）、可持续发展能力（IF4）、政策创新（PI）、产权制度（PI1）、城乡二元体制（PI2）、资源开发与管理（PI3）、工业区域开发型（ID）、合理规划（ID1）、全民参与（ID2）、适时调整（ID3）是内生潜变量，分别用 η_{IF}、η_{IF1}、η_{IF2}、η_{IF3}、η_{IF4}、η_{PI}、η_{PI1}、η_{PI2}、η_{PI3}、η_{ID}、η_{ID1}、η_{ID2}、η_{ID3} 表示。基于此，本书将构建出文化记忆圈与工业区域开发型协同模式的观测模型方程式：

$$
\begin{cases}
X_{CMC1} = \lambda_{CMC1}\xi_{CMC} + \delta_{CMC1} & X_{CMC2} = \lambda_{CMC2}\xi_{CMC} + \delta_{CMC2} & X_{CMC3} = \lambda_{CMC3}\xi_{CMC} + \delta_{CMC3} \\
X_{CMC4} = \lambda_{CMC4}\xi_{CMC} + \delta_{CMC4} & X_{CMC11} = \lambda_{CMC11}\xi_{CMC1} + \delta_{CMC11} & X_{CMC12} = \lambda_{CMC12}\xi_{CMC1} + \delta_{CMC12} \\
X_{CMC21} = \lambda_{CMC21}\xi_{CMC2} + \delta_{CMC21} & X_{CMC22} = \lambda_{CMC22}\xi_{CMC2} + \delta_{CMC22} & X_{CMC23} = \lambda_{CMC23}\xi_{CMC2} + \delta_{CMC23} \\
X_{CMC31} = \lambda_{CMC31}\xi_{CMC3} + \delta_{CMC31} & X_{CMC32} = \lambda_{CMC32}\xi_{CMC3} + \delta_{CMC32} \\
X_{CMC41} = \lambda_{CMC41}\xi_{CMC4} + \delta_{CMC41} & X_{CMC42} = \lambda_{CMC42}\xi_{CMC4} + \delta_{CMC42} \\
Y_{PI1} = \lambda_{PI1}\eta_{PI} + \varepsilon_{PI1} & Y_{PI2} = \lambda_{PI2}\eta_{PI} + \varepsilon_{PI2} & Y_{PI3} = \lambda_{PI3}\eta_{PI} + \varepsilon_{PI3} \\
Y_{PI11} = \lambda_{PI11}\eta_{PI1} + \varepsilon_{PI11} & Y_{PI12} = \lambda_{PI12}\eta_{PI1} + \varepsilon_{PI12} & Y_{PI13} = \lambda_{PI13}\eta_{PI1} + \varepsilon_{PI13} \\
Y_{PI21} = \lambda_{PI21}\eta_{PI2} + \varepsilon_{PI21} & Y_{PI22} = \lambda_{PI22}\eta_{PI2} + \varepsilon_{PI22} & Y_{PI23} = \lambda_{PI23}\eta_{PI2} + \varepsilon_{PI23} \\
Y_{PI31} = \lambda_{PI31}\eta_{PI3} + \varepsilon_{PI31} & Y_{PI32} = \lambda_{PI32}\eta_{PI3} + \varepsilon_{PI32} & Y_{PI33} = \lambda_{PI33}\eta_{PI3} + \varepsilon_{PI33} \\
Y_{IF1} = \lambda_{IF1}\eta_{IF} + \varepsilon_{IF1} & Y_{IF2} = \lambda_{IF2}\eta_{IF} + \varepsilon_{IF2} & Y_{IF3} = \lambda_{IF3}\eta_{IF} + \varepsilon_{IF3} & Y_{IF4} = \lambda_{IF4}\eta_{IF} + \varepsilon_{IF4} \\
Y_{IF11} = \lambda_{IF11}\eta_{IF1} + \varepsilon_{IF11} & Y_{IF12} = \lambda_{IF12}\eta_{IF1} + \varepsilon_{IF12} & Y_{IF13} = \lambda_{IF13}\eta_{IF1} + \varepsilon_{IF13} \\
Y_{IF21} = \lambda_{IF21}\eta_{IF2} + \varepsilon_{IF21} & Y_{IF22} = \lambda_{IF22}\eta_{IF2} + \varepsilon_{IF22} & Y_{IF31} = \lambda_{IF31}\eta_{IF3} + \varepsilon_{IF31} \\
Y_{IF32} = \lambda_{IF32}\eta_{IF3} + \varepsilon_{IF32} & Y_{IF33} = \lambda_{IF33}\eta_{IF3} + \varepsilon_{IF33} & Y_{IF41} = \lambda_{IF41}\eta_{IF4} + \varepsilon_{IF41} \\
Y_{IF42} = \lambda_{IF42}\eta_{IF4} + \varepsilon_{IF42} & Y_{IF43} = \lambda_{IF43}\eta_{IF4} + \varepsilon_{IF43} \\
Y_{ID1} = \lambda_{ID1}\eta_{ID} + \varepsilon_{ID1} & Y_{ID2} = \lambda_{ID2}\eta_{ID} + \varepsilon_{ID2} & Y_{ID3} = \lambda_{ID3}\eta_{ID} + \varepsilon_{ID3} \\
Y_{ID11} = \lambda_{ID11}\eta_{ID1} + \varepsilon_{ID11} & Y_{ID12} = \lambda_{ID12}\eta_{ID1} + \varepsilon_{ID12} & Y_{ID13} = \lambda_{ID13}\eta_{ID1} + \varepsilon_{ID13} \\
Y_{ID21} = \lambda_{ID21}\eta_{ID2} + \varepsilon_{ID21} & Y_{ID22} = \lambda_{ID22}\eta_{ID2} + \varepsilon_{ID22} & Y_{ID23} = \lambda_{ID23}\eta_{ID2} + \varepsilon_{ID23} \\
Y_{ID31} = \lambda_{ID31}\eta_{ID3} + \varepsilon_{ID31} & Y_{ID32} = \lambda_{ID32}\eta_{ID3} + \varepsilon_{ID32}
\end{cases}
$$

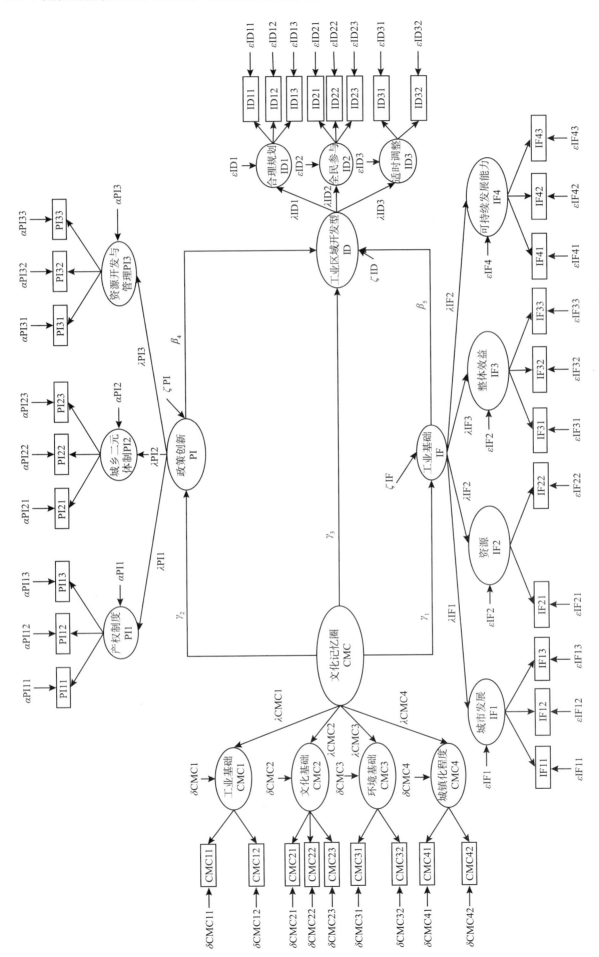

图5-26 文化记忆圈与工业区域开发型系统性保护协同模式的初始结构方程模型

在成功构建文化记忆圈与工业区域开发型系统性保护协同模式的观测模型的基础上，本书根据结构方程模型的一般形式构建文化记忆圈与工业区域开发型系统性保护协同模式的结构方程式，具体如下：

$$
\begin{cases}
\eta_{IF} = \gamma_1 \xi_{CMC} + \zeta_{IF} \\
\eta_{PI} = \gamma_2 \xi_{CMC} + \zeta_{PI} \\
\eta_{ID} = \gamma_3 \xi_{CMC} + \beta_4 \eta_{PI} + \beta_5 \eta_{IF} + \zeta_{ID}
\end{cases}
$$

在文化记忆圈与工业区域开发型系统性保护协同模式的结构方程式中，分别用 γ_1、γ_2、γ_3 表示文化记忆圈对工业基础、政策创新和工业区域开发型的作用路径，用 β_4 表示政策创新对工业区域开发型的作用路径，用 β_5 表示工业基础对工业区域开发型的作用路径。

在成功构建"文化记忆圈与工业区域开发型系统性保护协同模式"的初始结构方程模型后，本书将从检验拟合指数、参数和决定系数三方面，对文化记忆圈与工业区域开发型系统性保护协同模式的初始结构方程模型进行检验，从而正确判断文化记忆圈对工业文化遗产系统性保护的作用原始模型是否需要进行修正。

本书选取常见的 7 种拟合指标检验方法，对其进行拟合指标检验，分别为 X^2/DF、CFI、IFI、TLI、PNFI、RMSEA、SRMR。将本书中所构建的文化记忆圈与工业区域开发型系统性保护协同模式的初始结构方程模型导入 AMOS 22.0 中，在成功导入量表数据后，获得了文化记忆圈与工业区域开发型系统性保护协同模式的拟合指标值，见表 5 – 32。

表 5 – 32　文化记忆圈与工业区域开发型系统性保护协同模式的初始结构方程模型适配度检验结果

拟合指标	X^2/DF	CFI	IFI	TLI	PNFI	RMSEA	SRMR
观测值	1.276	0.957	0.958	0.951	0.722	0.032	0.024
拟合标准	<3.00	>0.90	>0.90	>0.90	>0.50	<0.08	<0.08

由文化记忆圈与工业区域开发型系统性保护协同模式的初始结构方程模式的模型适配度检验结果可以看出，本书所得各个拟合指标检验值都达到了对应的拟合标准，因此，本书认为所构建的文化记忆圈与工业区域开发型系统性保护协同模式的结构方程模型，能够与调研小组所得数据较好地拟合。基于此，在进行拟合度检测的基础上，本书进一步对文化记忆圈与工业区域开发型系统性保护协同模式的初始结构方程中的各个路径的系数进行测度，见表 5 – 33。

表 5 – 33　文化记忆圈与工业区域开发型系统性保护协同模式的初始结构方程路径估计

路径	模型路径	非标准化路径系数	标准化路径系数	S. E.	C. R.	P
γ_1	CMC→IF	0.480	0.483	0.067	7.248	***
γ_2	CMC→PI	0.540	0.535	0.073	7.314	***
γ_3	CMC→ID	0.370	0.372	0.094	3.936	***
β_4	PI→ID	0.260	0.260	0.104	2.501	0.012
β_5	IF→ID	0.30	0.300	0.138	2.170	0.030

注：*** 表示 P<0.001。

由文化记忆圈与工业区域开发型系统性保护协同模式的初始结构方程中的各个路径的系数估计数值可以看出，本书所构建的结构方程模型中大部分都达到了 0.001 的显著性水平，说明其较好地通过了研究的显著性检验。其中，政策创新到工业基础的作用路径 P 值为 0.012，在 5% 的水平上显著；产业基础到工业区域开发型的作用路径 P 值为 0.030，在 5% 的水平上显著。基于此，本书认为所构建的文化记忆圈与工业区域开发型系统性保护协同模式的结构方程模型为最满意的结构方程，在对其进行标准化处理后，各个路径系数值均位于 −1 ~ 1，最终得出的文化记忆圈与工业区域开发型系统性保护协同模式的结构方程模型如图 5 – 27 所示。

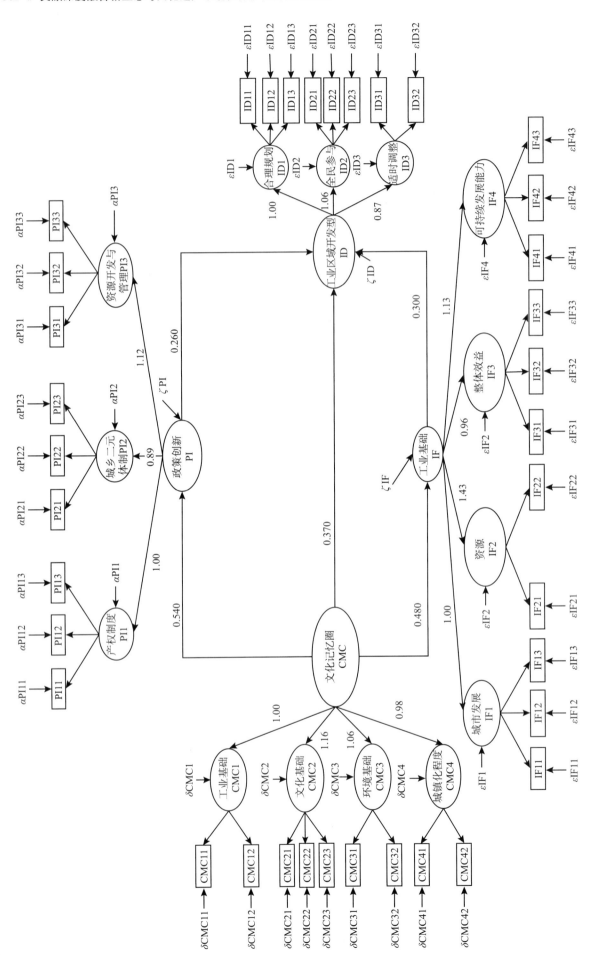

图5-27 文化记忆圈与工业区域开发型协同模式的最终结构方程模型

为进一步探讨文化记忆圈与工业区域开发系统性保护协同模式中各个变量之间的关系，本书将从间接效应和直接效应两个方面对各个作用路径的影响进行解释说明。其中，直接效应是指某一变量作为原因而对另一变量产生的影响，间接效应是指某一变量作为原因通过其他变量对另一变量产生影响。间接效应的作用路径系数为间接效应发生过程中，每一个过程的系数之积，两个变量之间的总效益为二者直接效应和间接效应之和。如图 5-28 所示，为有效测度文化记忆圈与厂区改造型系统性保护协同模式的主要变量，本书对文化记忆圈（CMC）、工业基础（IF）、政策创新（PI）、工业区域开发型（ID）4 个变量的作用效应进行分解发现，在文化记忆圈与工业区域开发型系统性保护协同模式的作用过程中，文化记忆圈、工业基础和政策创新都对工业区域开发型产生了直接作用，分别为 0.370、0.300 和 0.260，文化记忆圈还对工业区域开发型产生了间接作用，其间接作用为 0.284。因此，在文化记忆圈与工业区域开发型协同模式的作用过程中，文化记忆圈对工业区域开发型产生重要的影响作用，工业基础和政策创新是两个重要的中间变量。

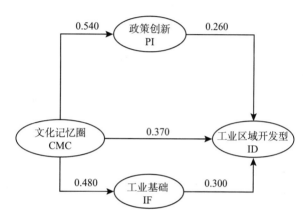

图 5-28　文化记忆圈与工业区域开发型系统性保护协同模式的结构方程模型简化形式

第三，结构方程的假设检验及效应分解。

根据上述对文化记忆圈与工业区域开发型系统性保护协同模式的实证结构分析，结合前文所提出的研究假设和理论模型，本书对文化记忆圈与工业区域开发型系统性保护协同模式的作用假设和路径系数进行了归纳总结，具体如表 5-34 所示。

表 5-34　　　　　　　　文化记忆圈与工业区域开发型系统性保护协同模式的结果分析表

路径	模型路径	标准化路径系数	显著性水平	对应假设	检验结果
γ_1	CMC→IF	0.483	***	HD1	支持
γ_2	CMC→PI	0.535	***	HD2	支持
γ_3	CMC→ID	0.372	***	HD3	支持
β_4	PI→ID	0.260	0.012	HD4	支持
β_5	IF→ID	0.300	0.030	HD5	支持

注：*** 表示 $P < 0.001$。

文化记忆圈到工业基础的标准化路径系数为 0.483，$P < 0.001$，较好地通过了显著性检验。基于此，可以得出"文化记忆圈建设水平对工业设施保护利用效率具有显著的正向作用"的假设成立，即研究结果支持原假设 HD1。

文化记忆圈到政策创新的标准化路径系数为 0.535，$P < 0.001$，较好地通过了显著性检验。基于此，可以得出"文化记忆圈建设水平对提高政策创新水平具有显著的正向作用"的假设成立，即研究结果支持原假设 HD2。

文化记忆圈到工业区域开发型的标准化路径系数为 0.372，$P < 0.001$，较好地通过了显著性检验。基于此，可以得出"文化记忆圈建设水平对推进工业区域开发实施进程具有显著的正向作用"的假设成立，

即研究结果支持原假设 HD3。

政策创新到工业区域开发型的标准化路径系数为 0.260，P 值为 0.012，在 5% 的水平上显著，因此，认为该假设较好地通过了显著性检验。基于此，可以得出"政策创新水平对推进工业区域开发实施进程具有显著的正向作用"的假设成立，即研究结果支持原假设 HD4。

工业基础到工业区域开发型的标准化路径系数为 0.300，P 值为 0.030，在 5% 的水平上显著，因此，认为该假设较好地通过了显著性检验。基于此，可以得出"工业设施保护利用水平对推进工业区域开发实施进程具有显著的正向作用"的假设成立，即研究结果支持原假设 HD5。

综合以上研究得出，HD1、HD2、HD4、HD5 均存在合理性。

由文化记忆圈与工业区域开发型系统性保护协同模式的结构方程模型可以得出，政策创新和工业基础都是非常重要的中间变量，文化记忆圈对工业基础和政策创新的直接效应分别为 0.535 和 0.483。基于此，本书认为文化记忆圈的开发和发展与工业基础和政策创新密切相关，工业基础不仅是文化记忆圈发展的基础，还是工业文化遗产系统性保护的关键点，只有对原有的工业基础实施良好的保护和开发策略，才能使文化记忆圈实现可持续发展。政策创新为文化记忆圈的未来发展提供了良好的外部环境，对于提升城市品位、唤醒城市记忆具有重要的促进作用。通过上述总结和分析，本书认为，文化记忆圈到工业区域开发型的间接作用明显高于直接作用效应。因此，在文旅深度融合新业态与工业文化遗产系统性保护的实际操作过程中，要高度重视文化基础和政策创新这两个变量，注重为文化记忆圈的发展提供良好的外部环境，创新工业发展方式，全面推进文化记忆圈与工业区域开发型实现协同发展。

5.5 文旅一体大景区与厂区城镇融合型系统性保护协同模式的实证研究

5.5.1 研究假设

第一，文旅一体大景区建设水平的作用。

文旅一体大景区指利用厂区原有"元素"，通过科学合理规划城市工业厂区，打造集文化科普、生态旅游于一体的景区。随着居民生活水平的提高，人们对精神文化的需求日渐增多，在此背景下，工业旅游具有巨大的发展前景。陈凡（2016）指出，资源利用率低是制约工业文化遗产系统性保护的主要因素之一，因此，在城市工业遗产保护利用进程中，工业用地问题是重点内容。针对城乡之间具有一定旅游资源和闲置土地的地区，依托地区工业文化遗产，开发文旅一体大景区，吸引城镇消费者，对于带动城乡土地开发具有重要作用。李健（2016）指出，将文旅一体大景区与其他旅游资源片区结合进行资源整合，实现资源利用的高效率，对扩大城市规模、完善城市功能体系具有明显的推动作用。调整产业布局，工业旅游的发展对生态环境有较高的要求，一方面，可以通过征收周边土地，扩大景区经营范围，弱化传统农业的经营方式；另一方面，可以鼓励居民参与到景区建设进程之中，通过加强素质教育，完善利益分配机制，可以提高居民生态环境保护意识，进而缓解填田建房的现象。基于此，可以看出，文旅一体大景区的建设对于提高土地利用率，促进城镇化建设具有重要作用，故提出如下假设：

HE1：文旅一体大景区建设水平对提高土地利用率具有显著的正向作用。

游客行为主要包括旅游动机、旅游消费行为、旅游体验等内容。在旅游动机和旅游消费行为方面，为了强化游客行为，提升新业态发展质量与速度，地方政府必须以游客动机、旅游消费行为为基础，以提高游客旅游体验后评价和引导游客旅游后再消费为目的，进一步开发旅游资源，加强基础设施建设，完善产业布局。在游客动机和旅游消费行为方面，钟曼方（2019）指出，根据游客可接受程度，协调土地规划与当地居民利益、资源开发与保护等之间的关系，对于实现可持续性发展具有重要作用。在旅游体验上，文旅一体大景区在开发过程中，高度重视对地区生态环境的保护，利用周边特色产业资源进行旅游产品、旅游项目研发，体现出传统工业与现代工业的融合，丰厚的工业文化、优质的旅游服务提升了游客的现场体验感知度。只有根据游客需求和消费倾向，科学合理地进行土地规划、调整产业布局，才能提高游客旅游体验后评价、加强游客旅游后再消费倾向，更好地推动文旅深度融合新业态发展。基于以上分析，本书认为文旅一体大景区与游客行为之间有着显著的影响关系，故提出如下假设：

HE2：文旅一体大景区建设水平对规范游客行为具有显著的正向作用。

随着新型城镇化建设的实施，促进大中小城市、小城镇、新型农村社区协调发展显得尤为重要，何红（2018）指出，应通过建设文旅一体大景区，把所有资源要素纳入这个大景区中，回避城乡发展过程中的短板和不足，完善城乡要素双向流动机制，实现城乡资源要素的对流，处理好工业化发展和城镇化建设之间的关系，实现产业发展和城镇建设相协调，因地制宜地发展类型多样、各具特色的旅游，进而促进新型城镇化建设与文化旅游对接，实现城乡优势互补。具体主要表现在以下几个方面：一是扩大就业，利用工业文化遗产发展工业旅游，创造大量的服务业就业岗位，进一步转变地区居民就业方式，促进城市经济快速发展；二是促进产业融合，工业旅游作为文旅深度融合新业态之一，其发展涉及工业、农业、养殖业、服务业等多个领域；三是促进区域经济协调发展，文旅一体大景区的建设不仅充分考虑到了旅游业的功能，还将整个城镇作为大景区来建设，不仅能够解决工业文化遗产系统性保护的厂区城镇融合型面临的旅游业发展不协调、非均衡的问题，促进全域旅游建设，还对提高地区区域经济、文化、社会发展和城镇化的建设具有重要作用。基于此，可以看出文旅一体大景区的发展对于协调城乡发展，促进新型城镇化建设具有重要作用，故提出如下假设：

HE3：文旅一体大景区建设水平对推进厂区城镇融合型实施进程具有显著的正向作用。

第二，规范游客行为的作用。

游客是旅游活动的主体，根据谷晓萍、李岩泉（2015）的研究，本书将游客行为主要划分为：旅游动机、旅游消费行为、旅游体验后评价和旅游后行为趋向等内容。为了增强游客动机，吸引更多的游客前来观光体验，文旅一体大景区必须根据游客行为科学合理地进行土地规划，调整产业布局，加大科技创新投入力度，积极进行旅游产品创新和精细化旅游路线，培育可以满足多种消费群体需求的大景区，同时，对地区农耕区域与景观进行改造，结合城市工业厂区，打造新的可供游客休闲观光的场所，最大限度提升文旅一体大景区的游客接待容量。为了激发游客消费行为，旅游产品研发部门要不断提高产品创新能力，进而增强游客的旅游购物体验。只有不断强化游客行为，才能更好推动地区工业旅游实现可持续性发展，进而借助工业旅游为地区提供更多的就业岗位、优化产业布局、完善基础设施建设。基于此，本书认为规范游客行为对厂区城镇融合实施进程具有显著的影响关系，故提出如下假设：

HE4：规范游客行为对推进厂区城镇融合实施进程具有显著的正向作用。

第三，土地规划合理性的作用。

土地规划是按照经济发展前景和需要，为保证土地利用效能能够满足各部门发展要求，在一定地区范围内对土地的合理利用所作出的长期安排。土地城镇化进程快于人口城镇化进程，部分工业项目的低效建设甚至造成了土地浪费和城镇化虚高。张引（2015）等指出，衡量城镇化发展水平可从人口城镇化、土地城镇化、产业城镇化三个方面出发，其中，土地利用结构对于城镇化建设尤为重要，通过调节好城镇用地、耕地、园地、草地的空间布局，坚持科学合理地制定土地利用发展规划，可以促进土地集约利用。具体主要表现在以下几个方面：首先在人口城镇化方面，通过完善地区医疗、教育、交通等基础设施建设，提高居民对工业旅游的支持和参与度，形成以文旅一体大景区为核心发展工业旅游，辐射到周边地区，进而带动周边地区经济发展。其次在土地城镇化方面，以工业文化遗产为核心，调整周边土地利用方式，依据游客承载量、居民参与度，合理建造消费区、居民居住、休闲区等，进而提升土地利用率。最后在产业城镇化方面，工业旅游涉及农业、工业、服务业等多个产业，通过发展工业旅游，依托地区特色产业优势，开发旅游观光、休闲农业等多种旅游项目。依托新型城镇化建设，应在充分考虑工业文化遗产周边生态环境的基础上，重点把握居民劳动力就业方式，深入了解非农业就业发展现状和未来发展趋势。基于此，可以看出，土地规划对于促进厂区城镇融合型发展模式对工业文化遗产系统性保护作用显著，故提出如下假设：

HE5：土地规划的合理性对推进厂区城镇融合实施进程具有显著的正向作用。

第四，关于文旅一体大景区与厂区城镇融合型系统性保护协同模式的理论模型。

根据文旅一体大景区与厂区城镇融合型系统性保护协同模式的分析框架、研究假设相关内容，综合分析文旅一体大景区与厂区城镇融合型协同现状，由此构建文旅一体大景区与厂区城镇融合型系统性保护协同模式的理论模型，见图5-29。

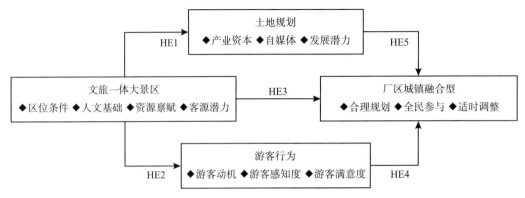

图 5 - 29　文旅一体大景区与厂区城镇融合型系统性保护协同模式的理论模型

从文旅一体大景区与厂区城镇融合型系统性保护协同模式的理论模型中可以看出，其主要包含文旅一体大景区、土地规划、游客行为、厂区城镇融合型 4 个变量，其中，文旅一体大景区划分为区位条件、人文基础、资源禀赋、客源潜力 4 个层面；土地规划划分为产业资本、自媒体、发展潜力 3 个层面；游客行为划分为游客动机、游客感知度、游客满意度 3 个层面；厂区城镇融合型划分为合理规划、全民参与、适时调整 3 个层面。文旅一体大景区与厂区城镇融合型不仅仅具有直接作用路径，也有间接作用路径，其中，文旅一体大景区到厂区城镇融合型的间接路径分别为：①文旅一体大景区建设水平—土地规划合理性—厂区城镇融合实施进程；②文旅一体大景区建设—规范游客行为—厂区城镇融合实施进程。构建文旅一体大景区与厂区城镇融合型系统性保护协同模式的理论模型，为文旅深度融合新业态与工业文化遗产系统性保护协同模式的结构方程数据验证奠定了基础。

5.5.2　实地访谈

第一，关于案例地发展状况。

江苏南通唐闸工业镇坐落于江苏省南通市，其不仅是我国近代工业一村第一镇，也是我国近代工业革命的发源地，在城镇化建设过程中，南通唐闸工业镇躲过了工业建筑拆迁的命运，并根据"工业文明活化石、文化创意新天地、旅游休闲目的地"的发展目标定位，紧紧围绕"文化＋创意"的发展思路，不断丰富工业资源利用方式，探索出以观光旅游、创意文化、工艺再现为主的工业旅游发展新模式。

本书主要从江苏南通唐闸工业镇的发展成效出发分析"文旅一体大景区与厂区城镇融合型系统性保护协同模式"的发展状况。以前文分析为基础可知，江苏南通唐闸工业镇具有良好的区位条件、人文基础和资源禀赋。所以，应以江苏南通唐闸工业镇为中心，借助自媒体和平台推动，吸引外来资本注入园区建设进程中，不断提高周边土地利用率。江苏南通唐闸工业镇通过开发休闲和博览功能区、恢复街区活力推进南通唐闸工业镇发展，通过展示悠久的农耕文化过程，让外来游客亲身感受到了传统农业科技和传统生产方式的生产魅力。当地厂区开发主体根据实际发展要求，结合当地的工业历史文化发展需要，已经开发出了多种休闲活动区域和商业街区，充分展现了地域特色。与此同时，地区开发主体在资源约束的条件下，借助地区特色产业、文化、社区等多种功能相互融合，探索出了用最小的空间资源达到生产力的最优化布局。以江苏南通唐闸工业镇为例的"文旅一体大景区与厂区城镇融合型系统性保护协同模式"的具体发展路径，主要划分为以下三个阶段：

第一阶段：唐闸工业镇发展困难重重。

江苏南通唐闸工业镇不仅是我国近代工业第一镇，也是我国近代工业革命的发源地。自改革开放后，南通的工业中心逐渐往南迁移，导致唐闸镇逐渐被人们遗弃，但是在城镇化建设过程中，南通唐闸工业镇躲过了工业建筑拆迁的命运，依然保存着"一河两岸"的空间结构和形态，为保护和研究南通近代工业文化遗产奠定了良好的基础。唐闸工业建设初期便发展迅速，给当地人民带来了丰厚的收益。随着城镇化进程的不断推进，唐闸见证了我国近代工业发展的兴衰历史。但是唐闸工业镇街区整体建筑风格不统一，周边居民对工业区域开发配合度低等导致的街区开发力度不足、整体宣传不到位、生态环境亟待改善等问题严重制约着江苏南通唐闸工业镇的发展。随着南通经济发展水平的不断提高，当地居民对生活的需求也越来越高，如何将南通工业文化遗产的保护与利用协同发展是其要首先解决的问题。

第二阶段：工业旅游产业的发展。

唐闸古镇具有丰富的工业旅游资源，但是如何唤醒唐闸古镇的工业记忆，使之为当地发展助力是目前唐闸古镇发展的重点。基于唐闸古镇的工业基础，根据"工业文明活化石、文化创意新天地、旅游休闲目的地"的发展目标定位，不断探索工业发展新路径是唐闸古镇实现可持续发展的有效举措，因此，唐闸古镇走出了一条工业旅游的新路子。近年来，唐闸古镇紧紧围绕"文化＋创意"的发展思路，以地区工业资源为基础，不断丰富工业资源利用方式，探索出以观光旅游、创意文化、工艺再现为主的工业旅游发展新模式。自 2009 年南通市正式落实工业文化遗产保护工作以来，当地不仅成立了唐闸古镇办和古镇保护开发有限公司，其中工业文化遗产中的工业建筑大多被列入"国家工业遗产名单"，还利用现存工业文化遗产现有资源，建立了 1895 文化创意产业园，以此发展工业旅游，有效促进了周边产业转型升级，为周边居民实现由农业生产向第三产业转型提供了新机遇。

第三阶段：加强品牌建设，唤醒城市记忆。

南通市自利用工业文化遗产大力发展工业旅游以来，不断得到相关部门的高度重视，从而不断探索南通唐闸工业镇中工业旅游新项目，在政府的大力支持下已经建成了"水色染坊""清弦小镇""尚书院"等多种文化体验园，并在新民巷餐饮街区形成了诸如"江丰楼""煮潮阁""琵琶小筑"等美食街，对于借助茶文化复兴历史文化民宿具有重要作用。沿着美食街不仅可以品尝到地区美食，还能欣赏到不同历史时期工业建筑的景象，领略城市工业魅力。与此同时，唐闸工业镇利用区位分散的文化教育场所以及与工厂相近的教育区，对工人进行学习和专业培训，为培养工业区的新型高质量人才提供助力。

第二，南通唐闸工业镇对厂区城镇融合型建设的作用。

为了进一步分析文旅一体大景区与厂区城镇融合型系统性保护协同模式，通过对各个相关要素进行综合分析，本书将案例研究的重点放在土地、资金、游客、发展方向等方面，整体提炼出土地规划和游客行为这两个关键构念，并通过对这两个构念进行科学合理的分析，构建出南通唐闸工业镇开发过程中土地规划、游客行为的作用模型，为研究土地规划和游客行为在文旅一体大景区与厂区城镇融合型协同模式中的作用提供了清晰的路径。

首先，南通唐闸工业镇开发过程中土地规划分析。

工业旅游作为文旅深度融合新业态之一，具有巨大的发展潜力，在城镇化建设的推动下，工业记忆越来越受到人们的重视，以工业文化遗产为核心开发工业旅游关系着区域城乡发展的可持续性，基于南通唐闸工业镇开发的现实基础，本书模拟构建出南通唐闸工业镇开发过程中土地规划的作用模型（见图 5 - 30）。

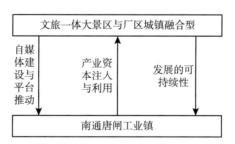

图 5 - 30　南通唐闸工业镇开发过程中土地规划的作用模型

图 5 - 30 展示了南通唐闸工业镇开发过程中土地规划的作用模型，从图中可以看出，在南通唐闸工业镇开发过程中，平台建设、资源利用对其发展前景起着至关重要的作用。在平台建设方面，自南通市三镇被列入江苏省第二批开展改革"强镇"建设后，南通市政府不断完善改革评估目标，定期进行评估，全面推进鼓励机制建设进程，并不断加强与新媒体企业的合作力度，全面提升南通唐闸工业镇的知名度。同时，与网络预订软件合作，开启了线上订票、订酒店、订餐饮等服务项目，不仅为游客提供了更多的选择，还以平台推广的形式加强了对南通唐闸工业镇的宣传力度。在资源利用方面，南通唐闸工业镇的开发不单单依托于当地的工业资源，还涉及文化产业、教育业等，诸如在政府的大力支持下已经打造了"水色

染坊"等多种文化体验园,打造的美食街不仅可以品尝到地区美食,还能欣赏到不同历史时期工业建筑的景象,领略城市工业魅力。与此同时,唐闸工业镇利用区位分散的文化教育场所,开展实业救国、教育兴国等,将与工厂相近的教育区用于对工人进行学习和专业培训,为培养工业区的新型高质量人才提供助力。因此,文旅一体大景区的建设能够增加遗产资源的开发价值,土地规划能够决定文旅一体大景区的空间布局和产业规划,但需要各媒体平台的推动支持以及资金的注入和有效利用,结合游客偏好与旅游动机进行景区产品品牌宣传,只有这样才能使旅游产业具有独特优势,吸引游客前来参观体验,在此过程中不断满足顾客需求、提高游客忠诚度与满意度,可以达到保护工业文化遗产的作用,假设 HE1、HE3 和 HE5 成立。

其次,南通唐闸工业镇开发过程中游客行为分析。

游客的旅游动机是南通唐闸工业镇开发的主要依据,游客行为主要包括游客偏好和旅游动机、游客主体感知与价值评估、游客忠诚度与满意度三个方面,其中,游客偏好和旅游动机是南通唐闸工业镇发展的主要方向,游客主体感和价值评估是南通唐闸工业镇开发标准的最佳衡量尺标,游客忠诚度与满意度是南通唐闸工业镇是否能实现可持续发展的关键。本书从南通唐闸工业镇开发的现实基础出发,对南通唐闸工业镇的游客行为进行分析,构建出南通唐闸工业镇开发过程中的游客行为作用模型(见图 5 - 31)。

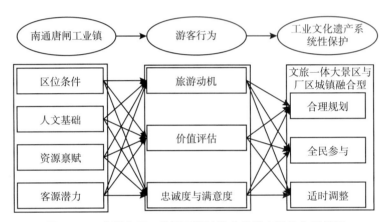

图 5 - 31　南通唐闸工业镇开发过程中的游客行为作用模型

由图 5 - 31 可以看出,南通唐闸工业镇的区位条件、人文基础、资源禀赋和客源潜力四个方面均对游客偏好与旅游动机、游客主体感知与价值评估、游客忠诚度与满意度有着直接或者间接的影响,进而影响到文旅一体大景区与厂区城镇融合型系统性保护协同模式的作用效率。不同游客群体的旅游需求不同,而游客旅游偏好和旅游动机直接影响到南通唐闸工业镇的发展方向。研究新时代背景下,大众游客的旅游需求,不仅有利于南通唐闸工业镇的开发主体全面而深入地了解消费者的需求,明确消费者的旅游消费倾向,还有利于南通唐闸工业镇根据旅游消费目标群体,打造出多样化的旅游产品,满足各种旅游消费群体的不同需求,这对于丰富南通唐闸工业镇的工业旅游服务项目、提高服务质量具有重要意义。不同消费群体对于南通唐闸工业镇的旅游服务有不同的评价标准,具体主要有经济价值、审美价值和情感价值三个方面:通过提高唐闸工业镇的旅游服务种类、质量来提高游客对当地的经济价值评价;通过优化地区产业布局,加大环境治理力度来提高游客对南通唐闸工业镇人文环境的满意度。而游客的忠诚度与满意度直接影响到南通唐闸工业镇能否实现可持续发展。具体来说,游客对于旅游体验的评价依据主要来源于生态环境、服务质量、旅游项目、文化基础以及在旅游过程中所体验到的舒适性、趣味性、新颖性。因此,南通唐闸工业镇在工业旅游的发展道路上,要不断增加旅游服务项目、提高服务质量,假设 HE2 和 HE4 成立。

关于案例验证分析:

本次案例研究选取的是南通唐闸工业镇,调研小组通过实地调研获得了具有较高准确性的有效资料,对南通唐闸工业镇的发展现状有了进一步的了解,同时也保证了资料数据的实效性、准确性、可靠性。为了更好地展开对文旅一体大景区与厂区城镇融合型系统性保护协同模式的案例研究,本书首先将南通唐闸工业镇建设历程和发展过程分为三个阶段:一是唐闸工业镇发展困难重重阶段;二是工业旅游产业的发展阶段;三是加强品牌建设、唤醒城市记忆阶段,通过对这三个阶段进行全面而深入的分析,总结提炼出南通唐闸工业镇快速发展的有效举措。其中,根据前文构建的文旅一体大景区与厂区城镇融合型系统性保护协同模式的结构方程实证分析结果，在案例分析中重点把握土地规划、游客行为两个方面的内容，通过构建出南通唐闸工业镇开发过程中土地规划的作用模型，得出科学合理的土地规划可优化地区产业布局，提高资源利用率。通过构建南通唐闸工业镇开发过程中游客行为的作用模型，得出游客旅游消费倾向直接影响着南通唐闸工业镇的发展模式，游客对景区的价值评估和满意度直接反映出了南通唐闸工业镇的发展成效。

本书采取案例研究的方法进行单个案例研究，选取南通唐闸工业镇为典型案例，对文旅一体大景区与厂区城镇融合型系统性保护协同模式进行验证。结合前文所构建的文旅一体大景区与厂区城镇融合型系统性保护协同模式的分析框架、研究假设和结构方程实证分析的相关内容，以南通唐闸工业镇的发展现状和开发背景为出发点，重点把握土地规划、游客行为在文旅深度融合新业态与工业文化遗产系统性保护中的作用，以南通唐闸工业镇为案例对文旅一体大景区与厂区城镇融合型系统性保护协同模式过程中的影响因素进行案例验证，进一步科学合理地验证了文旅一体大景区与厂区城镇融合型系统性保护协同模式的有效性。

5.5.3 问卷数据分析

第一，样本数据的描述性统计及信度效度检验。

首先，文旅一体大景区与厂区城镇融合型系统性保护协同模式的协同度测算。

文旅一体大景区与厂区城镇融合型系统性保护协同模式的作用机制利用评价二者的协同性进行评估。在对文旅一体大景区与厂区城镇融合型系统性保护协同模式的协同性进行评估之前，本书将以前文实证研究中所用到的度量指标为基础构建其相应的指标体系，并将实地调研所得数据用于计算文旅一体大景区与厂区城镇融合型系统性保护协同模式的协同度。由前文对文旅一体大景区与厂区城镇融合型协同模式的实证分析中得出，文旅一体大景区、游客行为、土地规划三个子系统都对厂区城镇融合型产生了直接作用，文旅一体大景区对厂区城镇融合型还产生了间接作用。因此，文旅一体大景区与厂区城镇融合型协同发展是以"土地规划""游客行为"两个子系统为基础。从文旅一体大景区的区位条件、人文基础、资源禀赋和客源潜力 4 个方面来看，文旅一体大景区在一定程度上直接或者间接影响着土地规划和游客行为两个子系统，基于此，认为在对文旅一体大景区与厂区城镇融合型协同模式进行协同度评价时，可以借助文旅一体大景区、土地规划、游客行为和厂区城镇融合型 4 个子系统之间的相互关系来进行考量，并根据各个子系统的特征和作用提出对应的改进措施。

本书在充分理解协同学相关原理和理论的基础上，构建文旅一体大景区、土地规划、游客行为和厂区城镇融合型 4 个子系统之间的协同度模型。各个子系统的序参量见表 5 - 35。

表 5 - 35 **子系统序参量**

子系统	测量指标	序参量
文旅一体大景区（CATA）	区位条件、人文基础、资源禀赋、客源潜力	CATA11、CATA12、CATA21、CATA22、CATA23、CATA31、CATA32、CATA41、CATA42
土地规划（LP）	产业资本、自媒体、发展潜力	LP11、LP12、LP13、LP21、LP22、LP31、LP32、LP33
游客行为（TB）	旅游动机、游客感知度、游客满意度	TB11、TB12、TB13、TB21、TB22、TB23、TB31、TB32、TB33
厂区城镇融合型（FTFT）	合理规划、全民参与、适时调整	FTFT11、FTFT12、FTFT13、FTFT21、FTFT22、FTFT23、FTFT31、FTFT32

本书在确定各个子系统的序参量后，将对各个子系统之间的有序度进行测量，结合前文对文旅一体大景区与厂区城镇融合型系统性保护协同模式的理论模型的相关分析，得出其他子系统的有序度和序参量之后，本书将计算系统协同度并重新测量子系统的有序度，进而得到总系统的协同度。同理，得出文旅一体

大景区与厂区城镇融合型系统性保护协同模式中土地规划、游客行为和厂区城镇融合型等其他子系统之间的协同度，见表5-36。

表5-36			各个子系统间的系统协同度	
子系统	CATA	LP	TB	FTFT
文旅一体大景区（CATA）	—			
土地规划（LP）	0.57	—		
游客行为（TB）	0.56	0.51	—	
厂区城镇融合型（FTFT）	0.63	0.57	0.56	—

本书在参考有关协同学相关文献的基础上，结合现实应用，将协同度数值和协同度大小划分为4个区间（见表4-1），结合表5-36中所得有关文旅一体大景区与厂区城镇融合型协同模式中各个子系统的协同度的大小，得出在文旅一体大景区与厂区城镇融合型协同模式中，文旅一体大景区、土地规划、游客行为、厂区城镇融合型这4个子系统之间的协同度都处于高度协同的范围，因此，认为文旅一体大景区与厂区城镇融合型具有良好的协同性。

其次，本书在对通过实地调研获得的文旅一体大景区与厂区城镇融合型系统性保护协同模式的第一手数据资料进行综合评估后，认为团队所得有效问卷数量符合结构方程所要求的样本数量，因此可以进行实证分析。为确保所得的文旅一体大景区与厂区城镇融合型系统性保护协同模式的相关数据的准确性，以及后续所得结论的科学性，在对其进行实证分析之前，还将对问卷所得数据进行信度分析和效度分析。

本书采取均值和方差这两个指标，衡量文旅一体大景区与厂区城镇融合型系统性保护协同模式中各个变量分布的平均程度和集中度。其中，标准差是直接观测文旅一体大景区与厂区城镇融合型系统性保护协同模式研究中各个变量的离散程度的指标。本书利用SPSS 25.0对文旅一体大景区与厂区城镇融合型系统性保护协同模式的数据进行信度检测，进而得到各个观测变量的均值、标准差、最大值、最小值，见表5-37。

表5-37			描述性统计			
主要变量	潜在变量	观测变量	均值	标准差	最大值	最小值
文旅一体大景区（CATA）	区位条件（CATA1）	CATA11	3.72	0.667	5	1
		CATA12	3.70	0.729	5	1
	人文基础（CATA2）	CATA21	3.68	0.740	5	1
		CATA22	3.62	0.821	5	1
		CATA23	3.59	0.821	5	2
	资源禀赋（CATA3）	CATA31	3.56	0.792	5	2
		CATA32	3.55	0.764	5	2
	客源潜力（CATA4）	CATA41	3.59	0.798	5	1
		CATA42	3.60	0.774	5	1
土地规划（LP）	产业资本（LP1）	LP11	3.26	0.728	5	1
		LP12	3.33	0.702	5	1
		LP13	3.20	0.656	5	1
	自媒体（LP2）	LP21	3.26	0.669	5	1
		LP22	3.23	0.740	5	1
	发展潜力（LP3）	LP31	3.20	0.774	5	1
		LP32	3.16	0.732	5	1
		LP33	3.10	0.707	5	1

续表

主要变量	潜在变量	观测变量	均值	标准差	最大值	最小值
游客行为 （TB）	旅游动机 （TB1）	TB11	3.20	0.733	5	1
		TB12	3.20	0.736	5	1
		TB13	3.06	0.702	5	1
	游客感知度 （TB2）	TB21	3.28	0.686	5	2
		TB22	3.09	0.724	5	1
		TB23	3.12	0.657	5	1
	游客满意度 （TB3）	TB31	3.28	0.704	5	1
		TB32	3.09	0.714	5	1
		TB33	3.22	0.702	5	2
厂区城镇 融合型 （FTFT）	合理规划 （FTFT1）	FTFT11	3.57	0.728	5	1
		FTFT12	3.63	0.756	5	1
		FTFT13	3.57	0.800	5	1
	全民参与 （FTFT2）	FTFT21	3.64	0.758	5	1
		FTFT22	3.61	0.782	5	1
		FTFT23	3.71	0.712	5	1
	适时调整 （FTFT3）	FTFT31	3.63	0.779	5	1
		FTFT32	3.66	0.714	5	1

最后，为确保文旅一体大景区与厂区城镇融合型系统性保护协同模式检测结果具有真实性、可靠性，本书将对其进行信度检测。本书利用组合信度系数对文旅一体大景区与厂区城镇融合型系统性保护协同模式所整合的各类数据进行分析和检测，分别得出文旅一体大景区、土地规划、游客行为、厂区城镇融合型的组合信度系数。同时，根据表 5 - 4 的组合信度标准对文旅一体大景区与厂区城镇融合型系统性保护协同模式的潜在变量的组合信度系数进行评判。为确保信度检测所得数据能够科学合理地反映各个变量的真实构架，本书将在对文旅一体大景区与厂区城镇融合型系统性保护协同模式进行信度检测的基础上，进一步对文旅一体大景区与厂区城镇融合型系统性保护协同模式进行效度检测（见表 5 - 38）。

表 5 - 38　　　　　　　　　　　　　　信度和效度检测结果

变量	CR	因子载荷		KMO	累计方差 解释率	Bartlett's 球形检验		
						χ^2	df	Sig.
文旅一体 大景区 （CATA）	0.897	CATA11	0.694	0.940	60.968	1395.842	36	0.000
		CATA12	0.675					
		CATA21	0.761					
		CATA22	0.647					
		CATA23	0.722					
		CATA31	0.731					
		CATA32	0.776					
		CATA41	0.704					
		CATA42	0.600					

变量	CR	因子载荷		KMO	累计方差解释率	Bartlett's 球形检验		
						χ^2	df	Sig.
土地规划（LP）	0.818	LP11	0.780	0.886	44.371	566.107	28	0.000
		LP12	0.582					
		LP13	0.621					
		LP21	0.659					
		LP22	0.705					
		LP31	0.381					
		LP32	0.576					
		LP33	0.461					
游客行为（TB）	0.811	TB11	0.632	0.864	37.439	477.219	36	0.000
		TB12	0.476					
		TB13	0.593					
		TB21	0.431					
		TB22	0.603					
		TB23	0.674					
		TB31	0.491					
		TB32	0.483					
		TB33	0.707					
厂区城镇融合型（FTFT）	0.844	FTFT11	0.566	0.912	50.961	750.436	28	0.000
		FTFT12	0.579					
		FTFT13	0.612					
		FTFT21	0.745					
		FTFT22	0.606					
		FTFT23	0.660					
		FTFT31	0.651					
		FTFT32	0.651					

如表 5-38 所示，首先，从对文旅一体大景区与厂区城镇融合型进行信度检测所得数据中可以看出，各个数据的组合信度系数值 CR 都大于 0.8，因此本书认为所得数据具有较好的可信度。其次，从对文旅一体大景区与厂区城镇融合型进行效度检验所得数据中可以看出，所得各个指标的因子载荷大多在 0.5 以上，KMO 值均大于 0.8，因此，本书认为所得数据能够较好地进行因子分析。最后，Bartlett's 球形检验显著性水平均为 0.000，因此，本书认为此次研究过程中，调查问卷所得数据及各组成部分建构之间有较好的效度。

第二，样本数据的结构方程模型构建及调整。

从文旅一体大景区与厂区城镇融合型系统性保护协同模式的理论基础中可以看出，文旅一体大景区、土地规划、游客行为和厂区城镇融合型都是不能直接观测的潜在变量，并且针对以上 4 个潜在变量所设置的二级指标，仍无法直接观测到，因此也属于潜在变量。本书在确定各个变量的性质之后，将对文旅一体大景区与厂区城镇融合型系统性保护协同模式中的各个相关变量进行合理归类。其中，内生变量定义为文旅一体大景区，中间变量定义为土地规划和游客行为，外生变量定义为厂区城镇融合型。基于此，本书将构建文旅一体大景区与厂区城镇融合型系统性保护协同模式的初始结构方程模型，如图 5-32 所示。

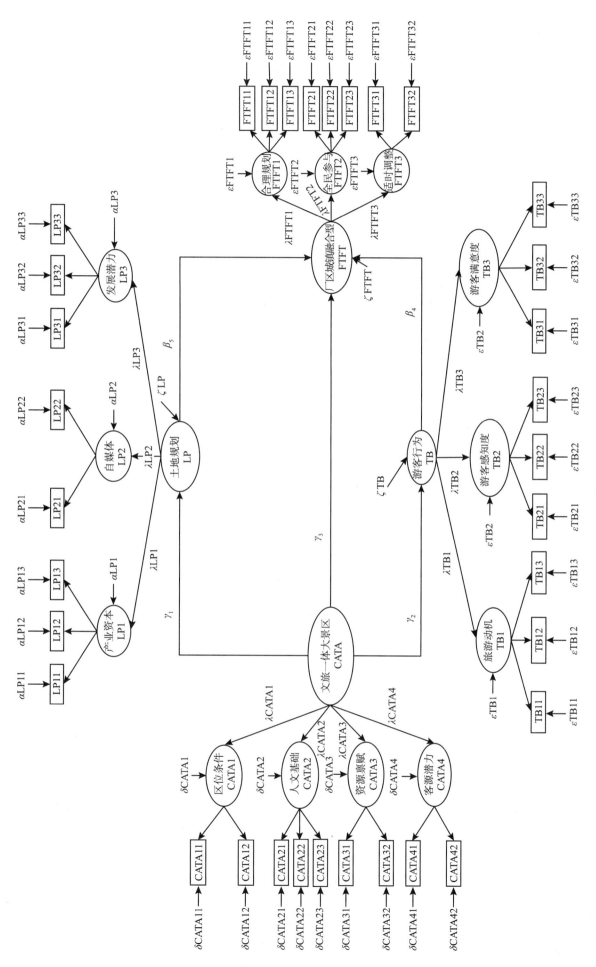

图5-32　文旅一体大景区与厂区城镇融合型系统性保护协同模式的初始结构方程模型

由文旅一体大景区与厂区城镇融合型系统性保护协同模式的初始结构方程模型可知，文旅一体大景区与厂区城镇融合型协同的初始结构方程中外生显变量共计 9 项，分别为：CATA11、CATA12、CATA21、CATA22、CATA23、CATA31、CATA32、CATA41、CATA42；内生显变量共计 25 项，分别为：TB11、TB12、TB13、TB21、TB22、TB23、TB31、TB32、TB33、LP11、LP12、LP13、LP21、LP22、LP31、LP32、LP33、FTFT11、FTFT12、FTFT13、FTFT21、FTFT22、FTFT23、FTFT31、FTFT32；外生潜变量共计 4 项，分别为：CATA1、CATA2、CATA3、CATA4；内生潜变量共计 9 项，分别为：TB1、TB2、TB3、LP1、LP2、LP3、FTFT1、FTFT2、FTFT3。

在对文旅一体大景区与厂区城镇融合型系统性保护协同模式进行数据验证的过程中，本书将对相关变量进行设定，进而构建观测变量的结构方程式。根据前文对文旅一体大景区与厂区城镇融合型系统性保护协同模式的相关研究，文旅一体大景区（CATA）、区位条件（CATA1）、人文基础（CATA2）、资源禀赋（CATA3）、客源潜力（CATA4）是外生潜变量，分别用 ζ_{CATA}、ζ_{CATA1}、ζ_{CATA2}、ζ_{CATA3}、ζ_{CATA4} 表示。土地规划（LP）、产业资本（LP1）、自媒体（LP2）、发展潜力（LP3）、游客行为（TB）、旅游动机（TB1）、游客感知度（TB2）、游客满意度（TB3）、厂区城镇融合型（FTFT）、合理规划（FTFT1）、全民参与（FTFT2）、适时调整（FTFT3）是内生潜变量，分别用 η_{LP}、η_{LP1}、η_{LP2}、η_{LP3}、η_{TB}、η_{TB1}、η_{TB2}、η_{TB3}、η_{FTFT}、η_{FTFT1}、η_{FTFT2}、η_{FTFT3} 表示。基于此，构建出文旅一体大景区与厂区城镇融合型系统性保护协同模式的观测模型方程式：

$$
\begin{cases}
X_{CATA1} = \lambda_{CATA1}\xi_{CATA} + \delta_{CATA1} & X_{CATA2} = \lambda_{CATA2}\xi_{CATA} + \delta_{CATA2} & X_{CATA3} = \lambda_{CATA3}\xi_{CATA} + \delta_{CATA3} \\
X_{CATA4} = \lambda_{CATA4}\xi_{CATA} + \delta_{CATA4} & X_{CATA11} = \lambda_{CATA11}\xi_{CATA1} + \delta_{CATA11} \\
X_{CATA12} = \lambda_{CATA12}\xi_{CATA1} + \delta_{CATA12} & X_{CATA21} = \lambda_{CATA21}\xi_{CATA2} + \delta_{CATA21} \\
X_{CATA22} = \lambda_{CATA22}\xi_{CATA2} + \delta_{CATA22} & X_{CATA23} = \lambda_{CATA23}\xi_{CATA2} + \delta_{CATA23} \\
X_{CATA31} = \lambda_{CATA31}\xi_{CATA3} + \delta_{CATA31} & X_{CATA32} = \lambda_{CATA32}\xi_{CATA3} + \delta_{CATA32} \\
X_{CATA41} = \lambda_{CATA41}\xi_{CATA4} + \delta_{CATA41} & X_{CATA42} = \lambda_{CATA42}\xi_{CATA4} + \delta_{CATA42} \\
Y_{TB1} = \lambda_{TB1}\eta_{PI} + \varepsilon_{TB1} & Y_{TB2} = \lambda_{TB2}\eta_{PI} + \varepsilon_{TB2} & Y_{TB3} = \lambda_{TB3}\eta_{PI} + \varepsilon_{TB3} \\
Y_{TB11} = \lambda_{TB11}\eta_{PI1} + \varepsilon_{TB11} & Y_{TB12} = \lambda_{TB12}\eta_{PI1} + \varepsilon_{TB12} & Y_{TB13} = \lambda_{TB13}\eta_{PI1} + \varepsilon_{TB13} \\
Y_{TB21} = \lambda_{TB21}\eta_{PI2} + \varepsilon_{TB21} & Y_{TB22} = \lambda_{TB22}\eta_{PI2} + \varepsilon_{TB22} & Y_{TB23} = \lambda_{TB23}\eta_{PI2} + \varepsilon_{TB23} \\
Y_{TB31} = \lambda_{TB31}\eta_{PI3} + \varepsilon_{TB31} & Y_{TB32} = \lambda_{TB32}\eta_{PI3} + \varepsilon_{TB32} & Y_{TB33} = \lambda_{TB33}\eta_{PI3} + \varepsilon_{TB33} \\
Y_{LP1} = \lambda_{LP1}\eta_{LP} + \varepsilon_{LP1} & Y_{LP2} = \lambda_{LP2}\eta_{LP} + \varepsilon_{LP2} & Y_{LP3} = \lambda_{LP3}\eta_{LP} + \varepsilon_{LP3} \\
Y_{LP11} = \lambda_{LP11}\eta_{LP1} + \varepsilon_{LP11} & Y_{LP12} = \lambda_{LP12}\eta_{LP1} + \varepsilon_{LP12} & Y_{LP13} = \lambda_{LP13}\eta_{LP1} + \varepsilon_{LP13} \\
Y_{LP21} = \lambda_{LP21}\eta_{LP2} + \varepsilon_{LP21} & Y_{LP22} = \lambda_{LP22}\eta_{LP2} + \varepsilon_{LP22} \\
Y_{LP31} = \lambda_{LP31}\eta_{LP3} + \varepsilon_{LP31} & Y_{LP32} = \lambda_{LP32}\eta_{LP3} + \varepsilon_{LP32} & Y_{LP33} = \lambda_{LP33}\eta_{LP3} + \varepsilon_{LP33} \\
Y_{FTFT1} = \lambda_{FTFT1}\eta_{FTFT} + \varepsilon_{FTFT1} & Y_{FTFT2} = \lambda_{FTFT2}\eta_{FTFT} + \varepsilon_{FTFT2} & Y_{FTFT3} = \lambda_{FTFT3}\eta_{FTFT} + \varepsilon_{FTFT3} \\
Y_{FTFT11} = \lambda_{FTFT11}\eta_{FTFT1} + \varepsilon_{FTFT11} & Y_{FTFT12} = \lambda_{FTFT12}\eta_{FTFT1} + \varepsilon_{FTFT12} \\
Y_{FTFT13} = \lambda_{FTFT13}\eta_{FTFT1} + \varepsilon_{FTFT13} & Y_{FTFT21} = \lambda_{FTFT21}\eta_{FTFT2} + \varepsilon_{FTFT21} \\
Y_{FTFT22} = \lambda_{FTFT22}\eta_{FTFT2} + \varepsilon_{FTFT22} & Y_{FTFT23} = \lambda_{FTFT23}\eta_{FTFT2} + \varepsilon_{FTFT23} \\
Y_{FTFT31} = \lambda_{FTFT31}\eta_{FTFT3} + \varepsilon_{FTFT31} & Y_{FTFT32} = \lambda_{FTFT32}\eta_{FTFT3} + \varepsilon_{FTFT32}
\end{cases}
$$

本书在成功构建文旅一体大景区与厂区城镇融合型系统性保护协同模式的观测模型的基础上，根据结构方程模型的一般形式构建文旅一体大景区与厂区城镇融合型系统性保护协同模式的结构方程式，具体如下：

$$
\begin{cases}
\eta_{LP} = \gamma_1\xi_{CATA} + \zeta_{LP} \\
\eta_{TB} = \gamma_2\xi_{CATA} + \zeta_{TB} \\
\eta_{FTFT} = \gamma_3\xi_{CATA} + \beta_4\eta_{TB} + \beta_5\eta_{LP} + \zeta_{FTFT}
\end{cases}
$$

在文旅一体大景区与厂区城镇融合型系统性保护协同模式的结构方程式中，分别用 γ_1、γ_2、γ_3 表示文旅一体大景区对土地规划、游客行为和厂区城镇融合型的作用路径。用 β_4 表示游客行为对厂区城镇融合型的作用路径，用 β_5 表示土地规划对厂区城镇融合型的作用路径。

　　在成功构建"文旅一体大景区与厂区城镇融合型系统性保护协同模式"的初始结构方程模型后，本书将从检验拟合指数、参数和决定系数三方面，对文旅一体大景区与厂区城镇融合型系统性保护协同模式的初始结构方程模型进行检验。利用不同的评价方法对以上指标进行检验，从而正确判断文旅一体大景区对工业文化遗产系统性保护的作用原始模型是否需要进行修正。

　　本书选取常见的 7 种拟合指标检验方法对其进行拟合指标检验，分别为 χ^2/DF、CFI、IFI、TLI、PN-FI、RMSEA、SRMR。将研究中所构建的文旅一体大景区与厂区城镇融合型系统性保护协同模式的初始结构方程模型导入 AMOS 22.0 中，在成功导入量表数据后，获得了文旅一体大景区与厂区城镇融合型系统性保护协同模式的拟合指标值，见表 5 - 39。

表 5 - 39　　文旅一体大景区与厂区城镇融合型系统性保护协同模式的初始结构方程模型适配度检验结果

拟合指标	χ^2/DF	CFI	IFI	TLI	PNFI	RMSEA	SRMR
观测值	1.386	0.947	0.948	0.937	0.714	0.037	0.027
拟合标准	<3.00	>0.90	>0.90	>0.90	>0.50	<0.08	<0.05

　　由文旅一体大景区与厂区城镇融合型系统性保护协同模式的初始结构方程模式的模型适配度检验结果可以看出，本书所得各个拟合指标检验值都达到了对应的拟合标准，因此，认为所构建的文旅一体大景区与厂区城镇融合型系统性保护协同模式的结构方程模型，能够与调研小组所得数据较好地拟合。基于此，在进行拟合度检测的基础上，将进一步对文旅一体大景区与厂区城镇融合型系统性保护协同模式的初始结构方程中的各个路径的系数进行测度，见表 5 - 40。

表 5 - 40　　文旅一体大景区与厂区城镇融合型系统性保护协同模式的初始结构方程模式的路径估计

路径	模型路径	非标准化路径系数	标准化路径系数	SE	CR	P
γ_1	CATA→LP	0.570	0.596	0.063	8.967	***
γ_2	CATA→TB	0.410	0.413	0.064	6.461	***
γ_3	CATA→FTFT	0.190	0.190	0.084	2.271	0.023
β_4	TB→FTFT	0.350	0.352	0.103	3.405	***
β_5	LP→FTFT	0.350	0.352	0.117	2.994	0.003

　　注：*** 表示 P < 0.001。

　　由文旅一体大景区与厂区城镇融合型系统性保护协同模式的初始结构方程中的各个路径的系数估计数值可以看出，本书所构建的结构方程模型中大部分达到了 0.001 的显著性水平，说明其较好地通过了显著性检验。其中，文旅一体大景区到厂区城镇融合型的作用路径 P 值为 0.023，在 5% 的水平上显著；土地规划到厂区城镇融合型的作用路径 P 值为 0.003，在 5% 的水平上显著。基于此，本书认为所构建的文旅一体大景区与厂区城镇融合型协同模式的结构方程模型满意，对其进行标准化处理后，各个路径系数值均位于 - 1 ~ 1，进而得出文旅一体大景区与厂区城镇融合型系统性保护协同模式的最终结构方程模型，如图 5 - 33 所示。

　　为进一步探讨文旅一体大景区与厂区城镇融合型系统性保护协同模式中各个变量之间的关系，本书将从间接效应和直接效应两个方面对各个作用路径的影响进行解释说明。其中，直接效应是指某一变量作为原因而对另一变量产生的影响，间接效应是指某一变量作为原因通过其他变量对另一变量产生影响。间接效应的作用路径系数为间接效应发生过程中，每一个过程的系数之积，两个变量之间的总效益为二者直接效应和间接效应之和。如图 5 - 34 所示，为有效测度文旅一体大景区与厂区城镇融合型系统性保护协同模式的主要变量，本书对文旅一体大景区（CATA）、土地规划（LP）、游客行为（TB）、厂区城镇融合型（FTFT）4 个变量的作用效应进行分解发现，在文旅一体大景区与厂区城镇融合型系统性保护协同模式的作用过程中，文旅一体大景区、游客行为、土地规划都对厂区城镇融合型产生了直接作用，分别为 0.190、0.350 和 0.350，文旅一体大景区对厂区城镇融合型还产生了间接作用，因此，在文旅一体大景区与厂区城镇融合型系统性保护协同模式的作用过程中，文旅一体大景区对厂区城镇融合型产生重要的影响作用，游客行为和土地规划是两个重要的中间变量。

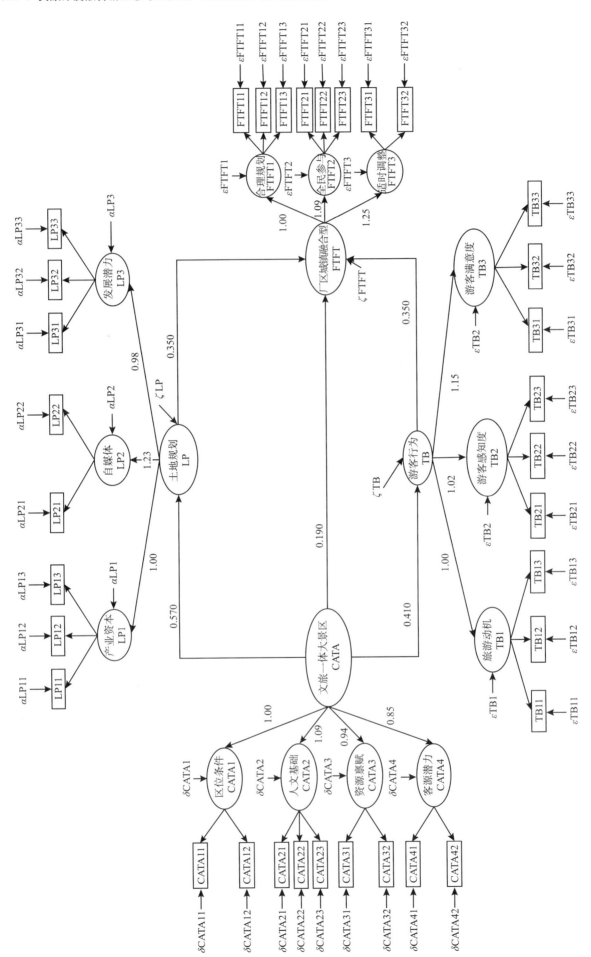

图5-33 文旅一体大景区与厂区城镇融合型系统性保护协同模式的最终结构方程模型

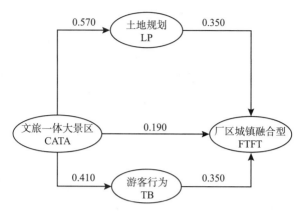

图 5 - 34 文旅一体大景区与厂区城镇融合型系统性保护协同模式的结构方程模型简化形式

第三，结构方程的假设检验及效应分解。

根据上述对文旅一体大景区与厂区城镇融合型系统性保护协同模式的实证结构分析，结合前文所提出的研究假设和理论模型，本书对文旅一体大景区与厂区城镇融合型系统性保护协同模式的作用假设和路径系数进行了归纳总结，具体如表 5 - 41 所示。

表 5 - 41　　　　　　　文旅一体大景区与厂区城镇融合型系统性保护协同模式结果讨论分析

路径	模型路径	标准化路径系数	显著性水平	对应假设	检验结果
γ_1	CATA→LP	0.596	***	HE1	支持
γ_2	CATA→TB	0.413	***	HE2	支持
γ_3	CATA→FTFT	0.190	0.023	HE3	支持
β_4	TB→FTFT	0.352	***	HE4	支持
β_5	LP→FTFT	0.352	0.003	HE5	支持

注：*** 表示 P < 0.001。

文旅一体大景区到土地规划的标准化路径系数为 0.596，P < 0.001，较好地通过了显著性检验。基于此，可以得出"文旅一体大景区建设水平对提高土地利用率具有显著的正向作用"的假设成立，即研究结果支持原假设 HE1。

文旅一体大景区到游客行为的标准化路径系数为 0.413，P < 0.001，较好地通过了显著性检验。基于此，可以得出"文旅一体大景区建设水平对规范游客行为具有显著的正向作用"的假设成立，即研究结果支持原假设 HE2。

文旅一体大景区到厂区城镇融合型的标准化路径系数为 0.190，P 值为 0.023，在 5% 的水平上显著，因此，认为该假设较好地通过了显著性检验。基于此，可以得出"文旅一体大景区建设水平对推进厂区城镇融合型实施进程具有显著的正向作用"的假设成立，即研究结果支持原假设 HE3。

游客行为到厂区城镇融合型的标准化路径系数为 0.352，P < 0.001，较好地通过了显著性检验。基于此，可以得出"规范游客行为对推进厂区城镇融合实施进程具有显著的正向作用"的假设成立，即研究结果支持原假设 HE4。

土地规划到厂区城镇融合型的标准化路径系数为 0.352，P 值为 0.003，在 5% 的水平上显著，因此，认为该假设较好地通过了显著性检验。基于此，可以得出"土地规划的合理性对推进厂区城镇融合实施进程具有显著的正向作用"的假设成立，即研究结果支持原假设 HE5。

综合以上研究得出，HE1、HE2、HE4、HE5 均存在合理性。

由前文所构建的文旅一体大景区与厂区城镇融合型协同的结构方程模型可知，土地规划和游客行为都是非常重要的中间变量，文旅一体大景区对土地规划和游客行为的直接效应分别为 0.570 和 0.410。基于此，认为文旅一体大景区的开发与土地规划和游客行为密切相关，文旅一体大景区是在利用厂区原有"元素", 通过科学合理规划城市工业厂区打造集文化科普、生态旅游于一体的景区。因此, 在科学合理地对周边土地加以开发利用的基础上, 实现产业布局优化是提高景区资源利用率的关键。同时, 游客作为景区服务的主体, 游客行为对景区生态环境和景区未来走向具有重要影响。通过上述总结和分析, 本书认为, 文旅一体大景区到厂区城镇融合型的间接作用明显高于直接作用效应。因此, 在文旅深度融合新业态与工业文化遗产系统性保护的实际操作过程中, 要高度重视土地规划和游客行为这两个变量, 注重提高土地利用效率来优化景区产业布局, 同时, 重点规范游客行为, 进而为景区发展培育良好的外部环境, 全面推进文旅一体大景区与厂区城镇融合型实现协同发展。

5.6 休闲旅游服务带与厂区城镇融合型系统性保护协同模式的实证研究

5.6.1 研究假设

第一, 休闲旅游服务带建设水平的作用。

本书将游客行为主要分为: 旅游动机、旅游消费行为、旅游体验后评价和旅游后行为趋向三个方面内容。一是在游客旅游动机对资源开发的影响方面, 随着社会经济发展, 人们外出旅游已不再是简单地追求物质需求, 更多是追求精神上的需求, 这就要求传统的旅游业必须改造升级开发新的旅游资源, 创新旅游产品; 二是在旅游消费行为对资源开发的影响方面, 才国伟 (2014) 指出, 消费具有不确定性, 及时把握顾客的消费倾向, 开发适宜顾客的旅游产品、旅游模式等对于提升工业旅游经济效益具有重要作用; 三是在旅游体验后评价和旅游后行为趋向对资源开发的影响方面, 重点把握游客旅游后评价和旅游后行为, 可以及时掌握资源开发优劣, 转变经营方式提高顾客满意度。张希月 (2016) 指出, 开发现有市场能够为游客提供更多的旅游场所, 合理配置资源提高资源投入力度可改变旅游活动单一和文化展示不足的问题, 进而提高游客参与度。基于此, 可以看出, 休闲旅游服务带建设对规范游客行为有显著的影响作用, 故提出如下假设:

HF1: 休闲旅游服务带建设水平对规范游客行为具有显著的正向作用。

休闲服务带是在最大限度保留工业文化遗产原有基础设施的基础上, 不断扩大厂区改造范围, 借助周边资源打造休闲化、全面化的旅游区域。其建设通过对工业生产过程、工厂风貌、工人生活场景等工业相关因素的再现来吸引游客, 不仅可以提供文化休闲服务, 还在一定程度上起到吸引外资的作用, 让居民拥有更多的休闲服务就业机会, 不仅拓宽了旅游业的边界, 还体现了不同时代的工业文化。刘秀珍 (2016) 指出, 利用工业文化遗产建立休闲服务带整合旅游资源, 带动周边休闲农业旅游发展, 可促进地区休闲旅游业发展。同时, 文旅一体大景区作为文旅深度融合新业态, 地区客源、交通等要素也对其发展产生一定的影响, 利用工业文化遗产打造文旅一体大景区, 可以发挥景区的边缘效应和资源互补效应。基于此, 可以看出打造文旅一体大景区对于提高资源利用效率, 打造全域旅游具有重要作用, 故提出如下假设:

HF2: 休闲旅游服务带建设水平对提高资源开发利用率具有显著的正向作用。

第二, 资源开发水平的作用。

敖丽红 (2016) 指出, 城镇化是城乡资源融合的一个过程, 因此本书将资源开发分为对工业文化遗产的资源开发和对厂区周边资源的开发两部分。首先在对工业文化遗产的资源开发方面, 旧工业生产生活所遗留的工业设施、建筑等具有重要的文化价值、历史价值、工业价值, 如何在保护工业遗产的基础上, 发挥其经济效益和社会效益是工业文化遗产系统性保护的关键问题, 借助工业厂区资源发展工业旅游, 对于唤醒城市记忆、提升城市品位具有重要作用。其次在对厂区周边资源的开发方面, 黄玮指出, 城镇化是一个资源整合、资源创新的过程, 通过将周边自然生态资源与厂区工业遗产相结合, 为全面打造生态、文化、产业等资源融合与创新开发奠定了基础, 助推探索具有地域特色的城镇化发展道路。基于此, 可以看出, 资源开发水平对推进厂区城镇融合实施进程有显著的影响, 故提出如下假设:

HF3: 资源开发水平对推进厂区城镇融合实施进程具有显著的正向作用。

第三，规范游客行为的作用。

休闲旅游服务带作为文旅深度融合新业态，具有多种创新型的休闲产品和休闲服务，顺应了人们对于休闲旅游的要求越来越高的现状，其采取有效的管理模式，满足了消费者日益变化的消费需求，所以对于提高人们精神生活水平具有重要作用。徐谅慧（2015）指出，对于同时适合城镇建设和休闲旅游开发的地区，在城镇化水平较低的地区，以地区资源优势为依托，大力发展旅游业，借助旅游发展的潜在动力推动城镇化发展，对于实现旅游资源可持续发展具有重要意义。以工业文化遗产为核心建立的休闲旅游服务带，应通过城市发展或扩张，将周边非城镇区域融入城镇建设之中，充分发挥工业文化遗产价值实现共同发展。为提高游客消费倾向，吸引更多的游客前来消费，休闲旅游服务带必须带动周边居民实现从第一、二产业生产转向第三产业生产，具体实施路径可分为以下几点：一是在科学合理规划厂区资源的基础上，借助市区和中心城镇发展的驱动力量，打造集文化科普、生态旅游于一体的景区；二是根据地区经济发展状况、社会文化背景等，借助原厂区遗存的特色资源，打造工业文化产业基地，提升工业文化遗产利用率；三是充分利用地区自然资源优势，通过促进产业融合发展增强对基础设施的投入能力，为区域发展提供保障。基于此，故提出如下假设：

HF4：规范游客行为对推进厂区城镇融合实施进程具有显著的正向作用。

第四，关于休闲旅游服务带与厂区城镇融合型系统性保护协同模式的理论模型。

根据休闲旅游服务带与厂区城镇融合型系统性保护协同模式的分析框架、研究假设相关内容，综合分析休闲旅游服务带与厂区城镇融合型协同现状，由此构建休闲旅游服务带与厂区城镇融合型系统性保护协同模式的理论模型，见图 5 - 35。

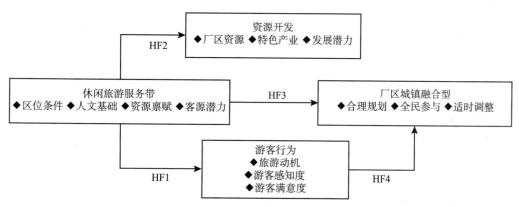

图 5 - 35　休闲旅游服务带与厂区城镇融合型系统性保护协同模式的理论模型

从休闲旅游服务带与厂区城镇融合型系统性保护协同模式的理论模型中可以看出，其主要包含休闲旅游服务带、资源开发、游客行为、厂区城镇融合型四个变量，其中休闲旅游服务带划分为区位条件、人文基础、资源禀赋、客源潜力四个层面；资源开发划分为厂区资源、特色产业、发展潜力三个层面；游客行为划分为游客偏好、游客感知度、游客满意度 3 个方面；厂区城镇融合型划分为合理规划、全民参与、适时调整 3 个层面。休闲旅游服务带与厂区城镇融合型不仅仅具有直接作用路径，也有间接作用路径，其中，休闲旅游服务带到厂区城镇融合型的间接路径分别为：①休闲旅游服务带建设水平—资源开发水平—厂区城镇融合实施进程；②休闲旅游服务带建设水平—规范游客行为—厂区城镇融合实施进程。构建休闲旅游服务带与厂区城镇融合型系统性保护协同模式的理论模型，为文旅深度融合新业态与工业文化遗产系统性保护协同模式的结构方程数据验证奠定了基础。

5.6.2　实地访谈

第一，关于案例地发展状况。

杭州大运河工业遗产带坐落于浙江省杭州市。在杭州市政府的引导下，重塑工业生产厂房与运河之间的关系，使其在新时代的背景下，依然能够服务于城市发展。同时，杭州市通过"还河于民"将运河沿岸的资源与聚集性的老工业建筑结合起来，唤醒城市工业记忆。为全面推进杭州大运河工业遗产带实现可持续发展，地区政府、各企业、居民之间形成了高度共识，这不仅有助于推进新业态的可持续发展，还有助于推进工业文化遗产系统性保护进程。本书以杭州大运河工业遗产带为研究对象，其开发历程对于推进文旅深度融合新业态与工业文化遗产系统性保护协同具有典型性，符合研究内容。

本书主要以杭州大运河工业遗产带的发展历程为出发点分析"休闲旅游服务带与厂区城镇融合型系统性保护协同模式"的发展状况。由前文分析为基础可知，杭州大运河工业遗产带具有良好的区位条件、人文基础和资源禀赋，其在坚持合理规划、全民参与、适时调整的基础上不断发展。杭州大运河工业遗产带的发展以大运河为依托，以工业遗产带的历史和文化背景对大运河非遗进行划分。以杭州大运河工业遗产带为例的"休闲旅游服务带与厂区城镇融合型系统性保护协同模式"的具体发展阶段，主要分为以下三个阶段：

第一阶段：大运河工业遗产保护利用亟待深入。

杭州大运河工业遗产带虽依托大运河，但是在建设过程中仍有很多问题亟待解决，主要表现在以下三个方面。一是保护利用任务十分艰巨。大运河两岸城镇人口密集、经济发达，若要实现保护大运河工业遗产带的同时，充分发挥其经济效益和社会效益，就必须在当地实施大量建设工程，但是在此背景下，如何处理好建设工程与城市工业文化遗产系统性保护协同是最大的难点。二是保护机制不健全。大运河沿线城市虽然非常重视大运河遗产的保护工作，但是各个城市之间并没有真正建立起全面、系统、有效的保护机制，全面参与共同保护的观念并未深入人心，各个城市之间的资金投入、人才配置、立法保障等存在较大的差别。三是大运河工业带发展缺乏创新。大运河工业带虽然具有丰富的工业资源，但是其遗产活性不高，城市记忆活力低下，以至于其影响力和吸引力不足等问题突出，因此，为推进大运河工业带工业遗产保护与利用协同发展，需要更多的专业性人才投入其建设过程中，在实践中注重创新。

第二阶段：工业遗产变金山银山。

为推进工业文化遗产保护进程，最大限度发挥工业资源潜在价值，在杭州市政府的引导下，杭州大运河工业遗产带重塑工业生产厂房与运河之间的关系，提出以建筑结构和原生植被为主要保留对象，以空间更新为其转换角色的重要途径，以功能植入为其再利用的基础，使其在新时代的背景下，依然能够服务于城市发展。同时，杭州市通过"还河于民"将运河沿岸的资源与聚集性的老工业建筑结合起来，唤醒城市工业记忆，真正将大运河沿岸资源转化成人民群众公共活动、休闲娱乐的场所。将原厂区厂房建筑、生产设备、工业环境等改造成现代化城市中的"文化客厅"，给行走在大运河两岸的人们呈现出充满工业文化的博物馆、富有历史记忆的酒店，使得游客在感受历史文化的同时还能享受现代生活的舒适。这种能够满足不同游客多种需求的工业旅游，为促进杭州市实现产业转型升级，推进当地居民转变生产方式，促进地区第一、二、三产业融合发展提供了新动力。

第三阶段：全民参与共同传承工业文化。

为全面推进杭州大运河工业遗产带实现可持续发展，地区政府、各企业、居民之间形成了高度共识，主要表现在以下三个方面。一是各利益主体逐渐达成共识。杭州市政府和相关部门十分重视大运河文化建设进程，地方政府不断推出举措保护利用大运河工业带，并得到了社会各界的广泛支持，已经形成了共同推进大运河工业带建设的良好氛围。二是为大运河工业带发展拓实了基础。在浙江省各地各部门的积极推动下，杭州市相继颁发《杭州市大运河世界文化遗产保护条例》《大运河杭州段遗产保护规划》等相关条例，同时，相关部门针对大运河工业带开发的管理监测预警平台、提升工程已经完成，这为推进大运河工业带实现可持续发展奠定了良好的基础。三是明确了发展方向。杭州市政府立足于大运河工业带的保护利用，不断完善大运河沿岸遗产旅游路线，进而提升了大运河遗产对世界的影响力。

第二，杭州大运河工业遗产带对厂区城镇融合型建设的作用。

为了进一步分析杭州大运河工业遗产带建设过程中工业旅游发展状况与工业文化遗产系统性保护进程，通过对各个相关要素的综合分析，本书将本次案例研究的重点放在产业、资源、资金和发展模式等多个方面，整体提炼出资源开发和游客行为两个关键的构念，通过对这两个关键概念进行科学合理的分析，构建出杭州大运河工业遗产带资源开发、游客行为的作用模型，为探讨资源开发和游客行为对休闲旅游服务带与厂区城镇融合型系统性保护协同模式中的作用提供了清晰的路径。

首先，杭州大运河工业遗产带的资源开发分析。

工业旅游作为文旅深度融合的新业态之一，具有巨大的发展潜力。随着城镇化建设的推进，实现在发展工业旅游的同时带动城市发展是工业旅游发展的关键，因此，整合各类项目、资金等助力杭州大运河工业遗产带发展变得至关重要。基于杭州大运河工业遗产带的发展现状，本书模拟构建出杭州大运河工业遗产带资源开发的作用模型，见图 5 - 36。

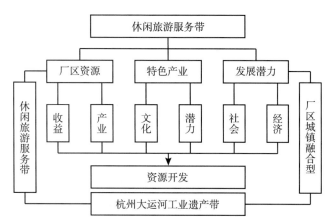

图 5 - 36　杭州大运河工业遗产带资源开发的作用模型

由图 5 - 36 可以看出，杭州大运河工业遗产带的资源基础不仅是其工业旅游发展的基础，也是工业文化遗产系统性保护的重要支撑，重点体现在资源基础、特色产业、整体效益三个方面。杭州大运河工业遗产带在改造过程中结合现代审美理念，将原厂区厂房建筑、生产设备、工业环境等改造成现代化城市中的"文化客厅"，给行走在大运河两岸的人们呈现出充满工业文化的博物馆、富有历史记忆的酒店，使得游客在感受历史文化的同时还能享受现代生活的舒适。工业旅游的发展带动了城市的基础设施建设进程，因此可借助周边资源发展乡村旅游，进而创造大量的就业岗位，提高地区居民就业率，带动一大批居民致富。为全面推进杭州大运河工业遗产带实现可持续发展，地区政府、各企业、居民在利益分配、发展方向两个方面形成了高度共识，已经形成了共同推进大运河工业遗产带建设的良好氛围，为大运河工业带发展拓实了基础。杭州大运河历史悠久，且具有丰富的工业文化资源，利用厂房建筑、生产设备等工业物质资源发展工业旅游，可有效弘扬工业文化。杭州大运河工业遗产带的开发不仅是为了给当地居民带来经济效益，还为了弘扬工业文化，落实城市工业文化遗产系统性保护工作。随着以杭州大运河工业遗产带为核心的工业旅游的发展，杭州市在第三产业创造了大量的就业机会，大幅度提高了居民就业率，促进了城市发展。因此，休闲旅游服务带以其具备的区位条件、人文基础、生态资源、客源潜力为出发点，在开发资源的同时加大了对厂区资源的保护力度，最大限度地激发出内在价值，对其进行整体、系统的布局改造，在工业文化遗产融合创新的同时保护其原真性，实现了工业旅游的高质量发展，假设 HF2 和 HF3 成立。

其次，杭州大运河工业遗产带的游客行为分析。

游客的旅游动机是杭州大运河工业遗产带开发的主要依据，游客行为主要包括游客偏好和旅游动机、游客主体感知与价值评估、游客忠诚度与满意度三个方面，其中，游客偏好和旅游动机是杭州大运河工业遗产带发展的主要方向，游客主体感和价值评估是杭州大运河工业遗产带开发标准的最佳衡量尺标，游客忠诚度与满意度是杭州大运河工业遗产带是否能实现可持续发展的关键。本书从杭州大运河工业遗产带开发的现实基础出发，基于以上研究，对杭州大运河工业遗产带的游客行为进行分析，构建出杭州大运河工业遗产带游客行为的作用模型（见图 5 - 37）。

由图 5 - 37 可以看出，杭州大运河工业遗产带的区位条件、人文基础、资源禀赋和客源潜力 4 个方面均对游客偏好与旅游动机、游客主体感知与价值评估、游客忠诚度与满意度有着直接或者间接的影响，进而影响到休闲旅游服务带与厂区城镇融合型系统性保护协同模式的作用效率。首先在游客偏好与旅游动机方面，不同游客群体的旅游需求也不同，而游客旅游偏好和旅游动机直接影响到杭州大运河工业遗产带的发展方向。研究新时代背景下大众游客的旅游需求，不仅有利于杭州大运河工业遗产带的开发主体全面而深入地了解消费者的需求，明确消费者的旅游消费倾向，还有利于杭州大运河工业遗产带根据旅游消费目

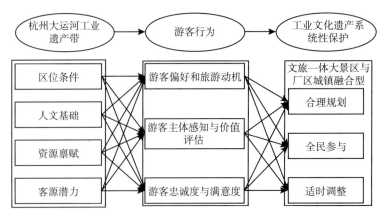

图 5-37 杭州大运河工业遗产带游客行为的作用模型

标群体，打造出多样化的旅游产品，满足各种旅游消费群体的不同需求，这对于丰富杭州大运河工业遗产带的工业旅游服务项目、提高服务质量具有重要意义。其次在游客主体感知与价值评估方面，不同消费群体对于杭州大运河工业遗产带的服务有不同的评价，游客主体感知与价值评估主要可以分为以下三个方面：一是经济价值，经济价值指游客从杭州大运河工业遗产带的旅游服务种类、质量等所获得的感知效用；二是审美价值，审美价值是指游客对杭州大运河工业遗产带的产业布局、生态环境、人文环境等的满意度；三是情感价值，情感价值是指游客对于杭州大运河工业遗产带开发建设的认同感和精神上的享受。最后在游客忠诚度与满意度方面，游客的忠诚度与满意度直接影响到杭州大运河工业遗产带能否实现可持续发展。具体来说，游客对于旅游体验的评价依据主要来源于生态环境、服务质量、旅游项目、文化基础以及在旅游过程中所体验到的舒适性、趣味性、新颖性。因此，杭州大运河工业遗产带在工业旅游的发展道路上，要不断增加旅游服务项目、提高服务质量，提升工业遗产旅游品牌形象，带动遗产得到更持久的保护，假设 HF1 和 HF4 成立。

关于案例验证分析：

本次案例研究选取的是杭州大运河工业遗产带，研究小组通过实地调研获得了较高准确性的有效资料，对杭州大运河工业遗产带的发展现状有了进一步的了解，同时也保证了资料数据的实效性、准确性、可靠性。为了更好地展开对休闲旅游服务带区与厂区城镇融合型系统性保护协同模式的案例研究，本书首先对杭州大运河工业遗产带建设历程和发展过程分为三个阶段：一是大运河工业遗产保护利用亟待深入阶段；二是工业遗产变金山银山阶段；三是全民参与共同传承工业文化阶段，通过对这三个阶段进行全面而深入的分析，总结提炼出杭州大运河工业遗产带的发展优势。其中，根据前文构建的休闲旅游服务带区与厂区城镇融合型系统性保护协同模式的结构方程实证分析结果，在案例分析中重点把握资源开发、游客行为两个方面的内容，通过构建出杭州大运河工业遗产带开发过程中资源基础的作用模型，得出随着以杭州大运河工业遗产带为核心的工业旅游的发展，杭州市在第三产业创造了大量的就业机会，大幅度提高了居民就业率，促进了城市发展的结论。通过构建杭州大运河工业遗产带开发过程中游客行为的作用模型，得出杭州大运河工业遗产带在工业旅游的发展道路上，可通过增加旅游服务项目、提高服务质量来提高游客满意度的结论。

本书采取案例研究的方法进行单个案例研究，选取杭州大运河工业遗产带为典型案例，对休闲旅游服务带与厂区城镇融合型系统性保护协同模式进行验证。结合前文所构建的休闲旅游服务带与厂区城镇融合型协同模式的分析框架、研究假设和结构方程实证分析的相关内容，以杭州大运河工业遗产带的发展现状和开发背景为出发点，重点把握资源开发、游客行为在休闲旅游服务带与工业文化遗产系统性保护中的作用，以杭州大运河工业遗产带为案例对休闲旅游服务带与厂区城镇融合型系统性保护协同模式过程中的影响因素进行案例验证，进一步科学合理地验证了休闲旅游服务带与厂区城镇融合型系统性保护协同模式的有效性。

5.6.3 问卷数据分析

第一，样本数据的描述性统计及信度效度检验。

首先，休闲旅游服务带与厂区城镇融合型系统性保护协同模式的协同度测算。

休闲旅游服务带与厂区城镇融合型系统性保护协同模式的作用机制利用评价二者的协同性进行评估。在对休闲旅游服务带与厂区城镇融合型系统性保护协同模式的协同性进行评估之前，本书将以前文实证研究中所用到的度量指标为基础构建其相应的指标体系，并将实地调研所得数据用于计算休闲旅游服务带与厂区城镇融合型系统性保护协同模式的协同度。由前文对休闲旅游服务带与厂区城镇融合型系统性保护协同模式的实证分析中得出，游客行为和资源开发两个子系统都对厂区城镇融合型产生了直接作用，休闲旅游服务带对厂区城镇融合型还产生了间接作用。因此，本书认为休闲旅游服务带与厂区城镇融合型协同发展是以"资源开发""游客行为"两个子系统为基础。从休闲旅游服务带的区位条件、人文基础、资源禀赋和客源潜力4个方面来看，休闲旅游服务带在一定程度上直接或者间接影响着资源开发和游客行为两个子系统，基于此，本书认为在对休闲旅游服务带与厂区城镇融合型系统性保护协同模式进行协同度评价时，可以借助休闲旅游服务带、资源开发、游客行为和厂区城镇融合型4个子系统之间的相互关系来进行考量，并根据各个子系统的特征和作用提出对应的改进措施。

本书在充分理解协同学相关原理和理论的基础上，构建休闲旅游服务带、资源开发、游客行为和厂区城镇融合型4个子系统之间的协同度模型。各个子系统的序参量见表5－42。

表5－42　　　　　　　　　　　　　　　子系统序参量

子系统	测量指标	序参量
休闲旅游服务带（LTSB）	区位条件、人文基础、资源禀赋、客源潜力	LTSB11、LTSB12、LTSB21、LTSB22、LTSB23、LTSB31、LTSB32、LTSB41、LTSB42
资源开发（RD）	厂区资源、特色产业、发展潜力	RD11、RD12、RD13、RD21、RD22、RD31、RD32、RD33
游客行为（TB）	旅游动机、游客感知度、游客满意度	TB11、TB12、TB13、TB21、TB22、TB23、TB31、TB32、TB33
厂区城镇融合型（FTFT）	合理规划、全民参与、适时调整	FTFT11、FTFT12、FTFT13、FTFT21、FTFT22、FTFT23、FTFT31、FTFT32

本书在确定各个子系统的参量后，将对各个子系统之间的有序度进行测量，结合前文对休闲旅游服务带与厂区城镇融合型系统性保护协同模式的理论模型的相关分析，得出其他子系统的有序度和序参量之后，本书将计算系统协同度并重新测量子系统的有序度，进而得到总系统的协同度。同理，得出休闲旅游服务带与厂区城镇融合型系统性保护协同模式中资源开发、游客行为和厂区城镇融合型等其他子系统之间的协同度，见表5－43。

表5－43　　　　　　　　　　　各个子系统间的系统协同度

子系统	LTSB	RD	TB	FTFT
休闲旅游服务带（LTSB）	—			
资源开发（RD）	0.57	—		
游客行为（TB）	0.57	0.52	—	
厂区城镇融合型（FTFT）	0.62	0.57	0.57	—

本书在参考有关协同学相关文献的基础上，结合现实应用，将协同度数值和协同度大小划分为4个区间，根据表4－1协同度划分区间，结合表5－43中有关休闲旅游服务带与厂区城镇融合型系统性保护协同模式中各个子系统的协同度的大小，得出在休闲旅游服务带与厂区城镇融合型系统性保护协同模式中，休闲旅游服务带、资源开发、游客行为、厂区城镇融合型这4个子系统之间的协同度都处于高度协同的范围，因此，认为休闲旅游服务带与厂区城镇融合型具有良好的协同性。

其次，本书在对通过实地调研获得休闲旅游服务带与厂区城镇融合型系统性保护协同模式的第一手数据资料进行综合评估后，认为团队所得有效问卷数量符合结构方程所要求的样本数量，因此可以进行实证分析。为确保所得的休闲旅游服务带与厂区城镇融合型系统性保护协同模式的相关数据的准确性，以及后续所得结论的科学性，在对其进行实证分析之前，还将对问卷所得数据进行信度分析和效度分析。

本书采取均值和方差这两个指标，衡量休闲旅游服务带与厂区城镇融合型系统性保护协同模式中各个变量分布的平均程度和集中度。其中，标准差是直接观测休闲旅游服务带与厂区城镇融合型系统性保护协同模式研究中各个变量的离散程度的指标。研究利用 SPSS 25.0 对休闲旅游服务带区与厂区城镇融合型系统性保护协同模式的数据进行信度检测。进而得到各个观测变量的均值、标准差、最大值、最小值，见表5－44。

表 5 - 44			描述性统计			
主要变量	潜在变量	观测变量	均值	标准差	最大值	最小值
休闲旅游服务带（LTSB）	区位条件（LTSB1）	LTSB11	3.61	0.745	5	1
		LTSB12	3.68	0.720	5	1
	人文基础（LTSB2）	LTSB21	3.68	0.722	5	1
		LTSB22	3.61	0.752	5	1
		LTSB23	3.64	0.758	5	1
	资源禀赋（LTSB3）	LTSB31	3.53	0.812	5	1
		LTSB32	3.53	0.752	5	1
	客源潜力（LTSB4）	LTSB41	3.55	0.82	5	1
		LTSB42	3.52	0.766	5	1
资源开发（RD）	厂区资源（RD1）	RD11	3.22	0.692	5	1
		RD12	3.29	0.686	5	1
		RD13	3.22	0.669	5	1
	特色产业（RD2）	RD21	3.30	0.674	5	1
		RD22	3.20	0.719	5	1
	发展潜力（RD3）	RD31	3.19	0.766	5	1
		RD32	3.19	0.680	5	1
		RD33	3.14	0.680	5	1
游客行为（TB）	旅游动机（TB1）	TB11	3.24	0.736	5	1
		TB12	3.25	0.684	5	1
		TB13	3.09	0.708	5	1
	游客感知度（TB2）	TB21	3.30	0.731	5	1
		TB22	3.11	0.742	5	1
		TB23	3.20	0.674	5	1
	游客满意度（TB3）	TB31	3.32	0.736	5	1
		TB32	3.17	0.733	5	1
		TB33	3.25	0.745	5	1

续表

主要变量	潜在变量	观测变量	均值	标准差	最大值	最小值
厂区城镇融合型（FTFT）	合理规划（FTFT1）	FTFT11	3.58	0.714	5	1
		FTFT12	3.54	0.807	5	1
		FTFT13	3.52	0.766	5	1
	全民参与（FTFT2）	FTFT21	3.66	0.768	5	2
		FTFT22	3.64	0.805	5	1
		FTFT23	3.67	0.718	5	1
	适时调整（FTFT3）	FTFT31	3.58	0.817	5	1
		FTFT32	3.62	0.758	5	1

最后，为确保休闲旅游服务带与厂区城镇融合型系统性保护协同模式检测结果具有真实性、可靠性，本书将对其进行信度检测。本书利用组合信度系数对休闲旅游服务带与厂区城镇融合型系统性保护协同模式所整合的各类数据进行分析和检测，分别得出休闲旅游服务带、资源开发、游客行为、厂区城镇融合型的组合信度系数。同时，根据表 5 - 4 的组合信度标准对休闲旅游服务带与厂区城镇融合型系统性保护协同模式的潜在变量的组合信度系数进行评判。为确保信度检测所得数据能够科学合理地反映各个变量的真实构架，本书将在对休闲旅游服务带与厂区城镇融合型系统性保护协同模式进行信度检测的基础上，进一步对休闲旅游服务带与厂区城镇融合型系统性保护协同模式进行效度检测，信度和效度检测结果见表 5 - 45。

表 5 - 45　　　　　　　　　　　　　　　　信度和效度检测结果

变量	CR	因子载荷		KMO	累计方差解释率	Bartlett's 球形检验		
						χ^2	df	Sig.
休闲旅游服务带（LTSB）	0.899	LTSB11	0.720	0.930	59.277	1372.687	36	0.000
		LTSB12	0.658					
		LTSB21	0.771					
		LTSB22	0.653					
		LTSB23	0.745					
		LTSB31	0.682					
		LTSB32	0.659					
		LTSB41	0.761					
		LTSB42	0.697					
资源开发（RD）	0.801	RD11	0.527	0.879	41.916	493.203	28	0.000
		RD12	0.711					
		RD13	0.464					
		RD21	0.657					
		RD22	0.651					
		RD31	0.465					
		RD32	0.598					
		RD33	0.542					

变量	CR	因子载荷		KMO	累计方差解释率	Bartlett's 球形检验		
						χ^2	df	Sig.
游客行为（TB）	0.834	TB11	0.411	0.856	38.696	540.690	36	0.000
		TB12	0.539					
		TB13	0.581					
		TB21	0.558					
		TB22	0.644					
		TB23	0.594					
		TB31	0.657					
		TB32	0.723					
		TB33	0.655					
厂区城镇融合型（FTFT）	0.864	FTFT11	0.690	0.898	51.887	818.336	28	0.000
		FTFT12	0.626					
		FTFT13	0.718					
		FTFT21	0.753					
		FTFT22	0.720					
		FTFT23	0.665					
		FTFT31	0.586					
		FTFT32	0.547					

如表 5 - 45 所示，首先，从对休闲旅游服务带与厂区城镇融合型进行信度检测所得数据中可以看出，各个数据的相关组合信度系数值都大于 0.5，因此，本书认为所得数据具有可信度。其次，从对休闲旅游服务带与厂区城镇融合型进行效度检验所得数据中可以看出，所得各个指标的因子载荷大多在 0.5 以上，KMO 值均大于 0.8，因此，本书认为所得数据能够较好地进行因子分析。最后，Bartlett's 球形检验显著性水平均为 0.000，因此，本书认为此次研究过程中，调查问卷所得数据及各组成部分建构之间有较好的效度。

第二，样本数据的结构方程模型构建及调整。

从休闲旅游服务带与厂区城镇融合型系统性保护协同模式的理论基础中可以看出，休闲旅游服务带、资源开发、游客行为和厂区城镇融合型都是不能直接观测的潜在变量，并且针对以上四个潜在变量下所设置的二级指标，仍无法直接观测到，因此也属于潜在变量。在确定各个变量的性质之后，将对休闲旅游服务带与厂区城镇融合型协同模式中的各个相关变量进行合理归类。其中，内生变量定义为休闲旅游服务带，中间变量定义为资源开发和游客行为，外生变量定义为厂区城镇融合型。基于此，本书将构建休闲旅游服务带与厂区城镇融合型系统性保护协同模式的初始结构方程模型，如图 5 - 38 所示。

由休闲旅游服务带与厂区城镇融合型系统性保护协同模式的初始结构方程模型可知，休闲旅游服务带与厂区城镇融合型协同的初始结构方程中外生显变量共计 9 项，分别为：LTSB11、LTSB12、LTSB21、LTSB22、LTSB23、LTSB31、LTSB32、LTSB41、TSB42；内生显变量共计 25 项，分别为：TB11、TB12、TB13、TB21、TB22、TB23、TB31、TB32、TB33、RD11、RD12、RD13、RD21、RD22、RD31、RD32、RD33、FTFT11、FTFT12、FTFT13、FTFT21、FTFT22、FTFT23、FTFT31、FTFT32；外生潜变量共计 4 项，分别为：LTSB1、LTSB2、LTSB3、LTSB4；内生潜变量共计 9 项，分别为：TB1、TB2、TB3、RD1、RD2、RD3、FTFT1、FTFT2、FTFT3。

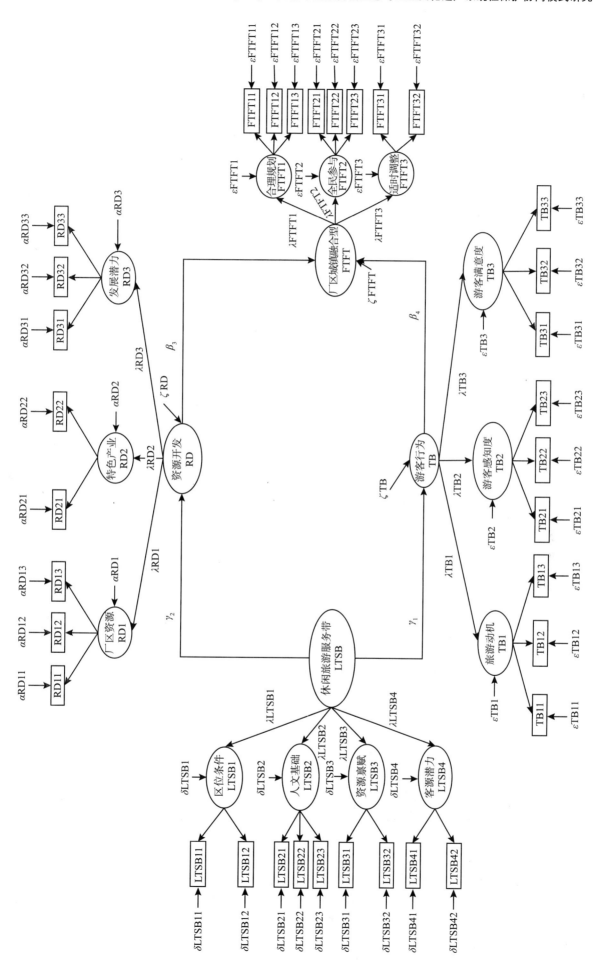

图5-38　休闲旅游服务带与厂区城镇融合型系统性保护协同模式的初始结构方程模型

在对休闲旅游服务带与厂区城镇融合型系统性保护协同模式进行数据验证的过程中，本书将对相关变量进行设定，进而构建观测变量的结构方程式。根据前文对休闲旅游服务带与厂区城镇融合型协同模式的相关研究，休闲旅游服务带（LTSB）、区位条件（LTSB1）、人文基础（LTSB2）、资源禀赋（LTSB3）、客源潜力（LTSB4）是外生潜变量，分别用 ζ_{LTSB}、ζ_{LTSB1}、ζ_{LTSB2}、ζ_{LTSB3}、ζ_{LTSB4} 表示。资源开发（RD）、厂区资源（RD1）、特色产业（RD2）、发展潜力（RD3）、游客行为（TB）、旅游动机（TB1）、游客感知度（TB2）、游客满意度（TB3）、厂区城镇融合型（FTFT）、合理规划（FTFT1）、全民参与（FTFT2）、适时调整（FTFT3）是内生潜变量，分别用 η_{RD}、η_{RD1}、η_{RD2}、η_{RD3}、η_{TB}、η_{TB1}、η_{TB2}、η_{TB3}、η_{FTFT}、η_{FTFT1}、η_{FTFT2}、η_{FTFT3} 表示。基于此，构建出休闲旅游服务带与厂区城镇融合型协同模式的观测模型方程式：

$$
\begin{cases}
X_{LTSB1} = \lambda_{LTSB1}\xi_{LTSB} + \delta_{LTSB1} & X_{LTSB2} = \lambda_{LTSB2}\xi_{LTSB} + \delta_{LTSB2} & X_{LTSB3} = \lambda_{LTSB3}\xi_{LTSB} + \delta_{LTSB3} \\
X_{LTSB4} = \lambda_{LTSB4}\xi_{LTSB} + \delta_{LTSB4} & X_{LTSB11} = \lambda_{LTSB11}\xi_{LTSB1} + \delta_{LTSB11} & X_{LTSB12} = \lambda_{LTSB12}\xi_{LTSB1} + \delta_{LTSB12} \\
X_{LTSB21} = \lambda_{LTSB21}\xi_{LTSB2} + \delta_{LTSB21} & X_{LTSB22} = \lambda_{LTSB22}\xi_{LTSB2} + \delta_{LTSB22} & X_{LTSB23} = \lambda_{LTSB23}\xi_{LTSB2} + \delta_{LTSB23} \\
X_{LTSB31} = \lambda_{LTSB31}\xi_{LTSB3} + \delta_{LTSB31} & X_{LTSB32} = \lambda_{LTSB32}\xi_{LTSB3} + \delta_{LTSB32} & \\
X_{LTSB41} = \lambda_{LTSB41}\xi_{LTSB4} + \delta_{LTSB41} & X_{LTSB42} = \lambda_{LTSB42}\xi_{LTSB4} + \delta_{LTSB42} & \\
Y_{TB1} = \lambda_{TB1}\eta_{TB} + \varepsilon_{TB1} & Y_{TB2} = \lambda_{TB2}\eta_{TB} + \varepsilon_{TB2} & Y_{TB3} = \lambda_{TB3}\eta_{TB} + \varepsilon_{TB3} \\
Y_{TB11} = \lambda_{TB11}\eta_{TB1} + \varepsilon_{TB11} & Y_{TB12} = \lambda_{TB12}\eta_{TB1} + \varepsilon_{TB12} & Y_{TB13} = \lambda_{TB13}\eta_{TB1} + \varepsilon_{TB13} \\
Y_{TB21} = \lambda_{TB21}\eta_{TB2} + \varepsilon_{TB21} & Y_{TB22} = \lambda_{TB22}\eta_{TB2} + \varepsilon_{TB22} & Y_{TB23} = \lambda_{TB23}\eta_{TB2} + \varepsilon_{TB23} \\
Y_{TB31} = \lambda_{TB31}\eta_{TB3} + \varepsilon_{TB31} & Y_{TB32} = \lambda_{TB32}\eta_{TB3} + \varepsilon_{TB32} & Y_{TB33} = \lambda_{TB33}\eta_{TB3} + \varepsilon_{TB33} \\
Y_{RD1} = \lambda_{RD1}\eta_{RD} + \varepsilon_{RD1} & Y_{RD2} = \lambda_{RD2}\eta_{RD} + \varepsilon_{RD2} & Y_{RD3} = \lambda_{RD3}\eta_{RD} + \varepsilon_{RD3} \\
Y_{RD11} = \lambda_{RD11}\eta_{RD1} + \varepsilon_{RD11} & Y_{RD12} = \lambda_{RD12}\eta_{RD1} + \varepsilon_{RD12} & Y_{RD13} = \lambda_{RD13}\eta_{RD1} + \varepsilon_{RD13} \\
Y_{RD21} = \lambda_{RD21}\eta_{RD2} + \varepsilon_{RD21} & Y_{RD22} = \lambda_{RD22}\eta_{RD2} + \varepsilon_{RD22} & \\
Y_{RD31} = \lambda_{RD31}\eta_{RD3} + \varepsilon_{RD31} & Y_{RD32} = \lambda_{RD32}\eta_{RD3} + \varepsilon_{RD32} & Y_{RD33} = \lambda_{RD33}\eta_{RD3} + \varepsilon_{RD33} \\
Y_{FTFT1} = \lambda_{FTFT1}\eta_{FTFT} + \varepsilon_{FTFT1} & Y_{FTFT2} = \lambda_{FTFT2}\eta_{FTFT} + \varepsilon_{FTFT2} & Y_{FTFT3} = \lambda_{FTF31}\eta_{FTFT} + \varepsilon_{FTFT3} \\
Y_{FTFT11} = \lambda_{FTFT11}\eta_{FTFT1} + \varepsilon_{FTFT11} & Y_{FTFT12} = \lambda_{FTFT12}\eta_{FTFT1} + \varepsilon_{FTFT12} & \\
Y_{FTFT13} = \lambda_{FTFT13}\eta_{FTFT1} + \varepsilon_{FTFT13} & Y_{FTFT21} = \lambda_{FTFT21}\eta_{FTFT2} + \varepsilon_{FTFT21} & \\
Y_{FTFT22} = \lambda_{FTFT22}\eta_{FTFT2} + \varepsilon_{FTFT22} & Y_{FTFT23} = \lambda_{FTFT23}\eta_{FTFT2} + \varepsilon_{FTFT23} & \\
Y_{FTFT31} = \lambda_{FTFT31}\eta_{FTFT3} + \varepsilon_{FTFT31} & Y_{FTFT32} = \lambda_{FTFT32}\eta_{FTFT3} + \varepsilon_{FTFT32} &
\end{cases}
$$

本书在成功构建休闲旅游服务带与厂区城镇融合型系统性保护协同模式的观测模型的基础上，根据结构方程模型的一般形式构建休闲旅游服务带与厂区城镇融合型系统性保护协同模式的结构方程式，具体如下：

$$
\begin{cases}
\eta_{RD} = \gamma_1\xi_{LTSB} + \zeta_{RD} \\
\eta_{TB} = \gamma_2\xi_{LTSB} + \zeta_{TB} \\
\eta_{FTFT} = \beta_3\eta_{TB} + \beta_5\eta_{RD} + \zeta_{FTFT}
\end{cases}
$$

在休闲旅游服务带与厂区城镇融合型系统性保护协同模式的结构方程式中，分别用 γ_1、γ_2 表示休闲旅游服务带对资源开发、游客行为的作用路径，用 β_3 表示游客行为对厂区城镇融合型的作用路径，用 β_4 表示资源开发对厂区城镇融合型的作用路径。

本书在成功构建"休闲旅游服务带与厂区城镇融合型系统性保护协同模式"的初始结构方程模型后，本书将从检验拟合指数、参数和决定系数三方面，对休闲旅游服务带与厂区城镇融合型系统性保护协同模式的初始结构方程模型进行检验。利用不同的评价方法对以上指标进行检验，从而正确判断休闲旅游服务带对工业文化遗产系统性保护的作用原始模型是否需要进行修正。

本书选取常见的 7 种拟合指标检验方法，对其进行拟合指标检验，分别为 χ^2/DF、CFI、IFI、TLI、PNFI、RMSEA、SRMR。将所构建的休闲旅游服务带与工业区域开发型系统性保护协同模式的初始结构方程模型导入 AMOS 22.0 中，在成功导入量表数据后，获得了休闲旅游服务带与厂区城镇融合型系统性保护协同模式的拟合指标值，见表 5 - 46。

表 5 – 46　　休闲旅游服务带与厂区城镇融合型系统性保护协同模式的初始结构方程模型适配度检验结果

拟合指标	χ^2/DF	CFI	IFI	TLI	PNFI	RMSEA	SRMR
观测值	1.466	0.935	0.937	0.925	0.707	0.041	0.030
拟合标准	<3.00	>0.90	>0.90	>0.90	>0.50	<0.08	<0.05

由休闲旅游服务带与厂区城镇融合型系统性保护协同模式的初始结构方程模式的模型适配度检验结果可以看出，本书所得各个拟合指标检验值都达到了对应的拟合标准，因此，本书认为研究所构建的休闲旅游服务带与厂区城镇融合型系统性保护协同模式的结构方程模型能够与调研小组所得数据较好地拟合。基于此，在进行拟合度检测的基础上，将进一步对休闲旅游服务带与厂区城镇融合型系统性保护协同模式的初始结构方程中的各个路径的系数进行测度，见表 5 – 47。

表 5 – 47　　休闲旅游服务带与厂区城镇融合型系统性保护协同模式的初始结构方程路径估计

路径	模型路径	非标准化路径系数	标准化路径系数	SE	CR	P
γ_1	LTSB→TB	0.480	0.477	0.083	5.738	***
γ_2	LTSB→RD	0.660	0.658	0.087	7.544	***
β_3	RD→FTFT	0.350	0.352	0.096	3.666	***
β_4	TB→FTFT	0.730	0.733	0.160	4.589	***

注：*** 表示 $P < 0.001$。

由表 5 – 47 可以看出，所有路径都较好地通过了显著性检验。因此，认为所构建的休闲旅游服务带与厂区城镇融合型系统性保护协同模式的结构方程模型为最满意的结构方程，对其进过标准化处理之后，路径系数均在 -1 ~ 1，最终得出休闲旅游服务带与厂区城镇融合型系统性保护协同模式的最终结构方程模型，如图 5 – 39 所示。

为进一步探讨休闲旅游服务带与厂区城镇融合型系统性保护协同模式中各个变量之间的关系，本书将从间接效应和直接效应两个方面对各个作用路径的影响进行解释说明。其中，直接效应是指某一变量作为原因而对另一变量产生的影响，间接效应是指某一变量作为原因通过其他变量对另一变量产生影响。间接效应的作用路径系数为间接效应发生过程中每一个过程的系数之积，两个变量之间的总效益为二者直接效应和间接效应之和。如图 5 – 40 所示，为有效测度休闲旅游服务带与厂区改造型系统性保护协同模式的主要变量，本书将对休闲旅游服务带（LTSB）、资源开发（RD）、游客行为（TB）、厂区城镇融合型（FT-FT）4 个变量的作用效应进行分解可知，在休闲旅游服务带与厂区城镇融合型系统性保护协同模式的作用过程中，游客行为和资源开发都对厂区城镇融合型产生了直接作用，分别为 0.730 和 0.350，休闲旅游服务带对厂区城镇融合型还产生了间接作用。因此，在休闲旅游服务带与厂区城镇融合型系统性保护协同模式的作用过程中，游客行为和资源开发是两个重要的中间变量。

第三，结构方程的假设检验及效应分解。

根据上述对休闲旅游服务带与厂区城镇融合型系统性保护协同模式的实证结构分析，结合前文所提出的研究假设和理论模型，本书对休闲旅游服务带与厂区城镇融合型系统性保护协同模式的作用假设和路径系数进行了归纳总结，具体如表 5 – 48 所示。

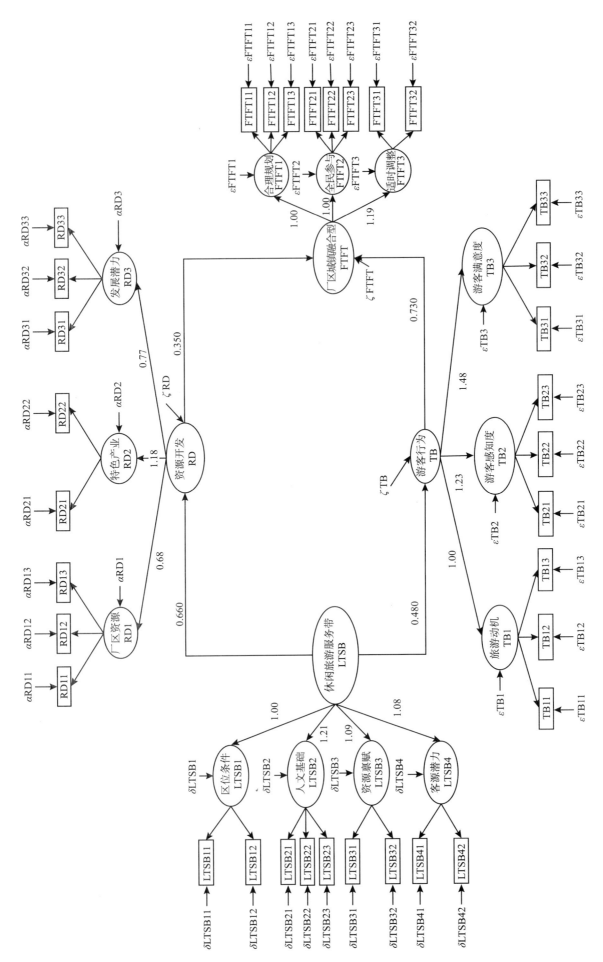

图5-39 休闲旅游服务带与厂区城镇融合型协同模式的最终结构方程模型

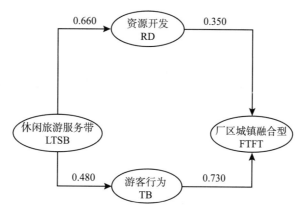

图 5 - 40　休闲旅游服务带与厂区城镇融合型系统性保护协同模式的结构方程模型简化形式

表 5 - 48　　　　　　　　　　休闲旅游服务带与厂区城镇融合型系统性保护协同模式结果讨论分析

路径	模型路径	标准化路径系数	显著性水平	对应假设	检验结果
γ_1	LTSB→TB	0.477	***	HF1	支持
γ_2	LTSB→RD	0.658	***	HF2	支持
β_3	RD→FTFT	0.352	***	HF4	支持
β_4	TB→FTFT	0.733	***	HF5	支持

注：*** 表示 $P < 0.001$。

休闲旅游服务带到游客行为的标准化路径系数为 0.477，$P < 0.001$，较好地通过了显著性检验。基于此，可以得出"休闲旅游服务带建设水平对规范游客行为具有显著的正向作用"的假设成立，即研究结果支持原假设 HF1。

休闲旅游服务带到资源开发的标准化路径系数为 0.658，$P < 0.001$，较好地通过了显著性检验。基于此，可以得出"休闲旅游服务带建设水平对提高资源开发利用率具有显著的正向作用"的假设成立，即研究结果支持原假设 HF2。

资源开发到厂区城镇融合型的标准化路径系数为 0.352，$P < 0.001$，较好地通过了显著性检验。基于此，可以得出"资源开发水平对推进厂区城镇融合实施进程具有显著的正向作用"的假设成立，即研究结果支持原假设 HF3。

游客行为到厂区城镇融合型的标准化路径系数为 0.733，$P < 0.001$，较好地通过了显著性检验。基于此，可以得出"规范游客行为对推进厂区城镇融合实施进程具有显著的正向作用"的假设成立，即研究结果支持原假设 HF4。

综合以上研究得出，HF1、HF2、HF3、HF4 均存在合理性。本书认为前文所构建的休闲旅游服务带与厂区城镇融合型协同的结构方程模型中，游客行为和资源开发作为两个重要的中间变量，在休闲旅游服务带与厂区城镇融合型协同作用过程中起着重要作用。因此可以看出，休闲旅游服务带对厂区城镇融合型的间接作用大于直接作用效应。通过上述总结和分析，本书获得如下两个启示：一是大多工业文化遗产都历史悠久，工业建筑、工业设施、厂区环境多多少少有些损坏，因此，应在政府的引导下，充分借鉴专家指导意见，全面调动居民参与积极性，进而从根本上提高资源开发利用率。二是要高度重视规范游客行为，游客作为休闲旅游服务带的服务主体，游客行为选择和游客对休闲旅游服务带服务和旅游产品的满意度、忠诚度，关系着休闲旅游服务带的未来发展。

第6章 文旅深度融合新业态与农业文化遗产系统性保护协同模式研究

6.1 生态博物馆与农业改造型系统性保护协同模式的实证研究

6.1.1 研究假设

第一，生态博物馆的作用。

生态博物馆是集聚民族特色的民族生态博物馆，再现了民族的发展历史，承续了民族的悠久文化，并由当地居民亲自参与保护和管理，能够有力地吸引外来资本注入，更多地运用市场化手段来进行产业竞争，不断创新营销策略。生态博物馆具有改变过去"标本式""集中式"的博物馆建设模式的能力，它不仅仅是一个展示文物和艺术品的场所，更深入挖掘本土文化和产业，生态博物馆的建设可以促进农业、文化和旅游的融合，进而通过改变原有产业结构，创造主客共享的新型乡村公共空间来传递文化特色。此外，生态博物馆能依托自身建筑特点，对其功能进行更新再造，并结合当地特色农副产品加工技艺等，打造农业特色工坊，这可推动乡村经济发展模式调整、促进乡村生产生活方式优化变革，同时也可以打造乡土文化、空间环境、产业经济"三位一体"的新型乡村发展模式。传统的农村产业结构被打破，由生态博物馆带领的民族旅游、生态产业、文化旅游、休闲度假相关产业在农村慢慢发展起来，并且，随着生态博物馆市场化程度的不断提升，农村产业形态越来越多样化，由主要依靠第一产业发展到依靠第一、二、三产业联合发展，原有的农村产业结构得到优化，不仅能保护民族文化的完整性和旅游发展的可持续性，还能在振兴地方文化产业的同时提高本土村民文化认同感与社会化的生态经济效益。基于此，可以看出，发展生态博物馆有助于更新农业产业结构，延伸农业产业链，提高核心竞争力，故提出如下假设：

HA1：生态博物馆建设对农村产业结构优化具有显著的正向作用。

生态博物馆代表着一种社会环境均衡系统，该系统以一种活态的方式运作，它的出现颠覆了以展陈为主的传统博物馆的发展模式，更加强调人的参与。挪威专家和贵州省生态博物馆村民代表在2000年提出的"六枝原则"理念认为，生态博物馆建设的真正主体，应该是拥有独特文化、建设生态博物馆社区的当地民众，原住民（即村民）是生态博物馆中文化的拥有者和解释者，建立生态博物馆也是为了保护、发展生态博物馆所在区域内由该区域内的原住民所创造的文化。龚世扬（2016）分析了各地生态博物馆的建设情况，指出贵州强调政府主导，云南强调村民主导，广西可能更强调专家指导，虽然各生态博物馆建设的侧重点不同，但均离不开政府、专家和村民的协同帮助。生态博物馆可以借助旅游将政府、村民、开发商、研究机构及其他社会力量有效地组织集合起来，不断调整他们之间的关系，使这种关系更加合理化和科学化，最大程度地调动他们的积极性和主动性，从而对自然环境、文化环境、有形和无形遗产进行保护，同时能使原住民、遗产建筑物等人文景观得到保护和发展。基于此，可以看出，政府、村民、专家等建设主体不仅能指导生态博物馆建设，还能通过发展生态博物馆，还能强化各建设主体的归属感和荣誉感，增强他们参与建设的意愿，故提出如下假设：

HA2：生态博物馆建设对调动建设主体积极性具有显著的正向作用。

生态博物馆是以文化旅游资源为核心吸引力，不断吸纳农村社区居民动态保护遗产资源的一种文化旅游形态，文化、旅游产业及相关要素之间相互渗透、交叉汇合或整合，不仅能对农业文化遗产以及生活在其中的居民进行整体性保护，还能实现文化资本与经济资本的交织转化。在建设乡土景观时引入生态博物馆，遗产所面临的破坏、闲置、流失等问题都能很好地解决，同时还可以隐性地表达出农耕文化、农业技术、乡村历史景观所包含的价值。卢世菊和柏贵喜（2017）在其研究中指出，虽然生态博物馆的建设目标是保护文化而不是创收，但是生态博物馆建设开发以来，大多数居民参与到文化遗产旅游当中，既提高了地方经济收入，又使当地居民对本土遗产文化的内涵有了更深的了解，提高了保护和传承本土文化的自觉和自信。基于此，故提出如下假设：

HA3：生态博物馆建设对推动农业改造型系统性保护具有显著的正向作用。

第二，农村产业结构的作用。

农村产业结构是传承传统文化特色的载体，优化农村产业结构有利于地方政府合理调整人力、物力和财力，以及协调好第一、二、三产业之间的关系，推动农业合理改造，最大限度挖掘乡土文化内涵，进而保障农业文化的可持续传承。目前，我国处于产业结构优化升级的关键时期，产业结构优化可以发挥以点带面的作用，能够带动一大批关联产业发展，构建"三产"深度融合发展机制，形成规模经济，助力农村文化遗产旅游发展，在不断满足游客农村地区服务消费需求的同时传递文化遗产价值，并增强遗产文化的保护意识，多方面、全方位保护农业文化遗产。基于此，故提出如下假设：

HA4：农村产业结构对农业改造型具有显著的正向作用。

第三，建设主体的作用。

我国长期坚持政府主导、社会多元主体相辅的技术推广体系建设路径，政府、科研院所、社会团体以及当地村民等行为主体在农业技术推广进程中扮演着关键作用，他们之间的协同程度、自身实践效果、自身发展状况，都会对农业技术推广的进程和力度产生重大的影响。张朝辉（2022）等运用二元 Logit 模型，实证得出农户主动选择和政府多元介入对农业技术采纳行为具有显著促进作用，农户会根据其对技术的认识、偏好、内在需求、风险和收益来决定是否使用及向其他个体推广这一技术，政府则通过补贴、培训等正向拉力，重塑农业技术体系，降低农户对技术的不确定性，强化对新型技术的接纳度，扩大技术推广范围。陈俊红（2018）等指出，相关专家会通过以线上线下相结合的方式，专门为农业生产全过程提供技术服务，实时应季为农户提供个性化指导，增加技术的科学性与专业性，并帮助政府、企业、农民构建经济联合体，促进技术推广。基于此，可以看出，不管是从遗产保护的多样性、整体性、活态性，还是从农业利益视角考量，政府、专家、村民等主体都为农业提供了可持续发展动力，故提出如下假设：

HA5：建设主体对促进技术推广具有显著的正向作用。

发展生态博物馆型农业文化遗产保护模式，积极发挥各建设主体的积极作用，是加速农业健康合理改造的关键举措。政府正确引导了生态博物馆在市场化条件下的建设方向，明确了土地用途，完善农村硬件基础设施建设和确立相关保障制度，不断满足各方需求，推动形成多方组织参与、利益共享的系统性保护机制，加快了农业遗产保护进程。在此过程中，政府大力宣传农业文化遗产优势和内在价值，帮助农民不再只是重视经济价值，而是从生态、文化、社会等多个方面重视农业文化遗产发展，并提高农民重视遗产地独具特色的传统文化知识和技能，增强地方村民的文化自觉性以及参与遗产旅游的积极性，进而由农民带动提升游客的文化认同感，共同保护农业文化遗产。专家则基于乡村现实发展状况，为遗产地提供管理指导、技术咨询和技术支撑。张瑞梅（2015）指出，政府主导和专家学术指导紧密结合，可以保障生态博物馆顺利建设，还能帮助地方村民及时解决文化遗产旅游发展的难题，更好落实农业文化遗产保护进程。基于此，可以看出，融合村民、政府及专家多方力量，集结各方建议，落实发展目标，准确定位发展方向，能够不断完善文化保护、农业创新、经济可持续发展机制，传承和保护文化遗产价值，因此，必须重视政府、专家、村民等建设主体对农业文化遗产保护的重要作用，故提出如下假设：

HA6：建设主体对农业改造型具有显著的正向作用。

第四，技术推广的作用。

随着"十四五"规划的推进，国民经济需要不断调整产业结构，以协调各产业向目标发展并进，而农业技术推广与技术创新则是驱动农业产业结构转型发展的基本思路和最佳手段。通常情况下，许多农业技术在应用时需要农民先行投资农机或种子，但由于对传统生产手段和农耕技术的依赖，部分农民对新技术的接受程度低，阻碍了农业的更新改造。王硕（2022）在其研究中指出，应综合考虑地理环境差异和农民接受水平，通过扩大对农业技术的推广与应用，真正将农村、农民、农业和现代技术结合为一体，从而升级和优化农业产业体系，提高经济水平和科技水平，促进增产增收和农业可持续发展。基于此，可以看出，技术推广与创新不仅能推动资本要素的流动与优化、提高劳动效率，还能重塑传统生产模式，提升农产品质量，延长农业生产产业链，带动第一、二、三产业联动发展，最终实现整体的产业结构优化与升级，故提出如下假设：

HA7：加强技术推广对优化农村产业结构具有显著的正向作用。

党的十九届六中全会审议通过的《中共中央关于党的百年奋斗重大成就和历史经验的决议》强调，坚持实施创新驱动发展战略，把科技自立自强作为国家发展的战略支撑。科技在农业文化遗产保护中作用巨大，推广新技术可以让处于自我保护的精神文化、物质文化和社会习俗等优秀乡村静态文化得到可持续保护，并能促进乡村文化转型升级，促使传统文化与现代科技融合衍生出新的服务文化、管理文化和产业文化，丰富遗产文化内涵。在这过程中，有地方政府建立了农业技术推广网络，将推广过程更加规范化和系统化，大大提高了村民的接受度，在农产品质量与效益提升的同时也增强了村民保护农业文化的积极性和主动性。基于此，可以看出，技术推广有助于农业遗产文化的动态保护，保障农业的持续健康发展，故提出如下假设：

HA8：加强技术推广对推动农业改造型系统性保护具有显著的正向作用。

第五，关于生态博物馆与农业改造型系统性保护协同模式的理论模型。

根据生态博物馆与农业改造型系统性保护协同模式的分析框架、研究假设的相关内容，综合考虑生态博物馆与农业改造型协同现状，本书构建出生态博物馆与农业改造型系统性保护协同模式的理论模型，如图6-1所示。

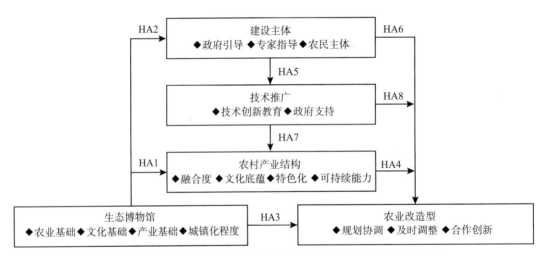

图6-1　生态博物馆与农业改造型系统性保护协同模式的理论模型

从生态博物馆与农业改造型系统性保护协同模式的理论模型中可以看出，该模式包含生态博物馆、农村产业结构、建设主体、技术推广和农业改造型5个变量，其中，生态博物馆包括农业基础、文化基础、产业基础、城镇化程度4个方面；农村产业结构包括融合度、文化底蕴、特色化、可持续能力4个方面；建设主体包括政府引导、专家指导、农民主体3个方面；技术推广包括技术创新教育、政府支持2个方面；农业改造型包括规划协调、及时调整、合作创新3个方面。生态博物馆与农业改造型之间既具有直接的作用路径，也具有间接的作用路径。间接路径有以下4条：①生态博物馆—农村产业结构—农业改造型；②生态博物馆—建设主体—农业改造型；③生态博物馆—建设主体—技术推广—农村农业改造型；④生态博物馆—建设主体—技术推广—农村产业结构—农业改造型。构建生态博物馆与农业改造型系统性保护协同模式的理论模型，为利用结构方程模型进行实证分析奠定了理论基础。

6.1.2　实地访谈

第一，关于案例地发展状况。

浙江青田稻鱼共生文化博物馆地处浙江省中南部、瓯江流域的中下游的青田县，该县便一直采用"稻田养鱼"传统的农业生产方式，稻鱼文化是浙江温州长期形成的独特农业文化，联合国粮农组织于 2005 年 6 月将其列入首批全球重要农业文化遗产保护试点，这也使其成为中国第一个世界农业文化遗产。浙江青田稻鱼共生文化博物馆以基地景观与山体景观"和谐共生"为设计原则，集展示稻鱼文化衍生历史、重要影响、传承意义、劳作过程、农耕器具等于一体，将传统农业与现代化多元化思维理念相融合，使建筑与周围梯田相互交融，可以将稻鱼共生文化内涵凝练为实物展示，供游客参阅、观赏、体验稻鱼共生系统，这有助于提高其知名度，促进文化与旅游深度融合，支持农业旅游等新业态的可持续发展。本书以浙江青田稻鱼共生文化博物馆为案例研究对象，其发展进程和特征对推进文旅深度融合新业态与农业文化遗产系统性保护协同具有代表性和特色性。

本书整体从浙江青田稻鱼共生文化博物馆分析"生态博物馆与农业改造型协同模式"的发展情况，探其根源。根据前文分析内容，浙江青田稻鱼共生文化博物馆具有良好的农业基础、文化基础和产业基础，借助政府、专家和村民的力量，通过规划协调、及时调整、合作创新不断升级发展。

第一阶段：困境推动产业创新发展。

青田县位于中国浙江省东南部、瓯江中下游，县内山多地少，一直有"九山半水半分田"之称。唐睿宗景云二年（公元 711 年）青田建立县，距今大约有 1300 年历史，是著名的"田鱼之乡、石雕之乡、名人之乡、华侨之乡"。据史料记载，明洪武二十四年（公元 1392 年）是最早直接记载稻田养鱼的年份，浙江省《青田县志·土产类》中记载："田鱼有红黑驳数色，于稻田及圩池养之。"此后，清光绪版《青田县志·物产篇》中记载："田鱼，有红、黑、驳数色，土人在稻田及圩池中养之。"记载时将田鱼与鲤鱼分开记录。明洪武二十四年《青田县志》："田鱼有红黑驳数色，于稻田及圩池养云。"可以分析出至迟 600 多年前浙江青田已经开始稻田养鱼。

海外移民自清朝起，便成为青田人减轻贫困压力和缓解人地矛盾的重要方式，其后石雕贸易的发展，拉近了青田县与海外国家的关系，中国改革开放之后，青田县伴随着规模迅速扩大的海外移民而成为中国著名的华侨之乡。为了维持生计，当地村民外出打工，掌握稻田养鱼技能与知识的本地人日益减少，青田稻鱼共生系统的保护与传承面临极大的挑战，土地抛荒现象也日益严重。

丽水市当地政府意识到稻田养鱼正面临着巨大的挑战，立即从实际情况出发，充分考虑当前面临的问题，实施全方位技术推广，有效促进稻田养鱼的快速发展。2000 年，全国农牧渔业丰收计划将青田县 10 万余亩的"稻田养鱼高产技术推广"项目纳入其中，形成 1 个稻田养鱼产业化研究省级试点和 2 个山区稻鱼生态种养技术模式，稻田养鱼产业生产模式逐渐成熟。2005 年 6 月，青田县"稻鱼共生系统"被认定为首批全球农业文化遗产项目，因此，青田县方山乡成为首个被列入全球农业文化遗产保护区名录的地方。方山乡龙现村的植被和水源丰富，是富有田鱼文化、华侨文化的特色村。2011 年，稻田养鱼产业化以景宁自强合作社为试点，利用稻田生态种养技术，创造出"千斤粮、百斤鱼、万元钱"的"景宁模式"。2013 年，青田田鱼被成功注册为"国家地理标志证明商标"。青田县以水稻为基础产业，以杨梅、田鱼和油茶为三大特色主导产业，并涉及蔬菜、中药材、茶叶、畜牧、水产等多种产业，县内农业人口占大部分。青田稻田养鱼"以稻养鱼，以鱼促稻"的方式培育了"青田田鱼"地方特色鱼种，是典型的稻鱼共生鱼种，具有鳞软可食、肉嫩味美、温善易养的特点。"祭祖祭神""鱼灯舞""尝新饭"等农耕稻鱼文化因稻鱼共生技术而形成，并因此出现了特色民俗和节庆。近年来，青田县不仅有效加强了稻鱼共生系统保护，还开展了田园文化节、DVD 宣传片制作、鱼灯表演等活动发展旅游业，多元化保护了农业文化遗产。

第二阶段：政府扶持，品牌形象塑造。

当地政府注重农业文化遗产的创新，出台了多种优惠政策，实行多方参与的保护机制，强调"政府为主导，农民为主体"方针。丽水市和青田县两级政府极度关注挖掘特色文化和发展稻鱼共生产业，设立开发领导小组，并成立县级"稻田养鱼共生系统"保护项目，制定稻鱼共生产业发展规划，鼓励村民参与，培训稻田养鱼技术，启动建设稻鱼共生博物园、核心保护区、省级生态循环示范区等项目。与此同时，丽水市成立稻鱼共生农业文化遗产研究推广中心，采取县政府领导亲自抓、分管领导具体抓的方式保护稻鱼共生农业文化遗产。青田县规定从 2015 年起，对水稻种植面积超过 3.33 公顷的农户发放补贴，以便实现适度规模化经营和土地资源的优化配置。为持续保护和传承青田稻鱼共生系统，青田县从 2018 年起在核心保护区龙现村实行稻鱼共生生态补贴政策。在这一政策影响下，部分农户通过土地流转和土地复垦扩大了经营规模。2015 ~ 2018 年，稻田养鱼面积由 11.6 公顷增加到 15.5 公顷，户均稻田养鱼面积由 0.36 公顷增加到 0.42 公顷。2020 年，龙现村土地复垦面积达到 11.6 公顷。根据相关数据，以生命周期法为基础，对小农户经营模式和规模化经营模式碳足迹进行核算计量，在碳足迹和单位产值碳足迹两方面，规模化经营模式均优于小农户经营模式。因此，通过土地流转进行适度规模经营，能在解决遗产地土地抛荒问题的同时兼具经济效益和环境效益，可以有效保护和传承农业文化遗产。

近几年来，青田文化被不断挖掘与传承，舒桥、小舟山、方山等乡镇先后实施"稻鱼共生"标准化生产，与相关企业签订条约，对青田稻鱼进行统一包装、销售、收购，塑造统一品牌。加之青田稻鱼米本身独特的无化肥、少农药的生态种植方式，以及通过打造品牌、优化包装，青田稻鱼米的品牌被人们认可，市场认可度也逐渐提高，促进了农民增收，还成为全市首款入驻盒马鲜生的农产品，跻身中高端大米市场。除此之外，当地积极制定、实施《青田田鱼地理标志证明商标管理办法》和《青田田鱼生态原产地产品保护专用标志管理办法》，设计相对统一的 LOGO 标识，创建、维护和应用推广稻鱼共生产品品牌，强化品牌文化。

第三阶段：采用博物馆模式保护青田稻鱼共生产业文化。

随着农业文化遗产保护脚步的加快，加之文化元素的深化发展，在稻鱼产业发展方面，青田县积极探索稻鱼米全产业链发展的创新路径。青田县通过融入旅游、文创、体验等元素，在拉长稻鱼米产业链的同时又提升了品牌附加值。建设稻鱼米共生文化博物馆，本着基地景观与山体景观"和谐共生"的设计原则，因地制宜，使建筑与周围梯田相互交融，更好地传承和保护了稻鱼米文化。同时，通过举办"稻鱼之恋"主题摄影赛、征文赛等各类农村文化节日活动，将稻鱼共生文化内涵凝练为实物，可以保护田鱼文化、青田鱼灯舞等，供游客参阅、观赏、体验，吸引更多的农业文化遗产爱好者参与、关注、保护和发展稻鱼共生系统，传承传统文化，进一步提升稻鱼共生系统知名度，促进乡村振兴。

第二，浙江青田稻鱼共生文化博物馆对农业改造型建设的作用。

在浙江青田稻鱼共生文化博物馆的发展过程中，农民是必备资源，基础设施是建设条件，技术创新是发展动力，资金是活力源泉，政策支持是重要因素。综合考量各方面要素，本书将案例分析关键点放在农民、技术、政策和产业创新发展等几个方面，提炼出建设主体、技术推广、农村产业结构 3 个关键构念，并对其进行结构化、条理化、系统化的分析讨论，构建出浙江青田稻鱼共生文化博物馆建设中建设主体、技术推广、农村产业结构的作用模型，为分析探讨建设主体、技术推广、农村产业结构在生态博物馆与农业改造型协同模式中的作用提供了清晰的路径。

首先，浙江青田稻鱼共生文化博物馆建设中建设主体分析。

早在 2006 年李永乐学者便提出建设稻鱼共生系统生态博物馆的构思，由经济、生态、文化、景观组成的青田稻鱼共生系统需要依托生态博物馆这一保护模式。浙江青田稻鱼共生文化博物馆的建设和发展升级离不开村民的支持——村民是生态博物馆持续发展和不断进步的力量源泉，同时，也离不开政策的支撑和专家的指导。基于上述分析，结合生态博物馆与农业改造型系统性保护协同模式的结构方程实证结果，研究初步科学地模拟出浙江青田稻鱼共生文化博物馆建设中建设主体的作用模型，见图 6-2。

图 6-2 展示了浙江青田稻鱼共生文化博物馆建设中建设主体的作用模型，从博物馆建设主体出发，坚持政府引导、专家指导、农民主体原则，进而从作用模型中可以明确看出浙江青田稻鱼共生文化博物馆的农业基础、产业基础、生态基础、城镇化程度均与建设主体密切相关，可以从以下几个方面进行解释分析。

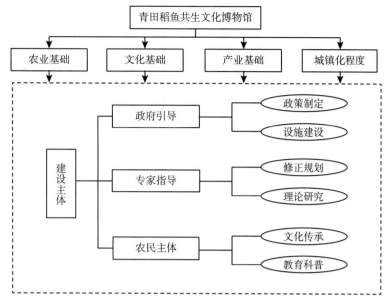

图 6 - 2　浙江青田稻鱼共生文化博物馆建设中建设主体的作用模型

在农业基础方面，青田县富含浓厚的田鱼文化和华侨文化，并通过积极开展各种文化活动凸显当地特色文化，保护当地文化，人文资源丰富。青田稻鱼共生文化博物馆在建设过程中融入青田文化，并举办丰富多样的宣传与教育活动，宣传悠久的人文历史，对村民和游客加强了科普教育，鼓励村民和游客了解宣传青田文化，传播了农业文化遗产价值和深刻内涵。

在产业基础方面，青田县通过建设博物馆，发展农业旅游，推动"农业 + 文化 + 旅游"等产业跨界融合，深入挖掘农产品的历史文化符号和人文价值，让文化成为农业发展和乡村振兴的内生动力。作为青田稻鱼共生系统核心保护区所在地，方山乡在保护与传承稻田养鱼的农遗文化的基础上，始终坚持保护与发展共存的原则，形成了特色鲜明、业态丰富、共富共享的稻鱼产业发展模式。青田县通过延长产业链条，拓展农业功能，打造博物馆，发展休闲度假、康养、研学等新型业态，探索出传统农业系统的生态与文化产品价值实现的机制与路径，激发产业优势，不断促进农民增收，推动全面乡村振兴。

在生态基础方面，青田稻鱼共生文化博物馆坚持绿色发展，始终重视文明传承、文化传播与学术研究，设有稻鱼共生示范基地、种质资源生态保护园和农业文化遗产研究中心，致力于服务全球重要农业文化遗产保护与传承，以及通过挖掘其价值来发展农业生态旅游业。一方面宣传青田稻鱼共生文化是"种植业和养殖业有机结合的一种生产模式，也是一种资源复合利用系统"，减少了对化肥农药的依赖，增加了系统生物多样性，保证农田的生态平衡，以稻养鱼，以鱼促稻，实现生态互利，使稻鱼同时获得丰收和生态价值，保护了农业文化遗产。另一方面提升了村民绿色意识，以推动高质量发展为目标，贯彻相关决策部署，挖掘当地历史人文底蕴，保护乡村环境卫生的同时打造美丽青田。

在城镇化方面，青田县一方面依据当地实际发展情况，制定发展规划，基于地方已有资源条件，建设生态博物馆，发展乡村旅游，既保护了农业文化遗产，传承了遗产文化，又转变了当地的发展模式，带动第三产业快速发展；另一方面，通过发展博物馆旅游带动当地经济，规划乡村整体布局，优化基础设施、文化设施、服务设施和生态环境建设，提升居民生活质量，调整村民传统发展观念，带动了乡村快速发展，实现了农业文化遗产的长效保护。

因此，青田稻鱼共生文化博物馆的建设与发展离不开政府、专家和村民支持，青田稻鱼共生系统的保护与传承也离不开政府、专家和村民帮助，在政府的支持帮助下，青田县借助浓厚的田鱼文化和华侨文化，加强科技支撑，通过开展各种文化活动凸显当地文化，保护和宣传了当地文化，实现了"农业 + 文化 + 旅游"等产业的融合发展，促进了乡村旅游持续健康发展，假设 HA2、假设 HA3、假设 HA5 和假设 HA6 成立。

其次，浙江青田稻鱼共生文化博物馆建设中技术推广分析。

浙江青田稻鱼共生文化博物馆的技术推广主要指青田传统稻鱼共生技术的创新与传承，相比于单一稻作系统，在保护农业生物多样性、预防病虫、抑制疟疾等方面，青田稻鱼共生起着重要作用，既是一种生态农业发展模式，也是中国稻田养鱼典型代表之一。稻鱼共生系统，即稻田养鱼，是一种典型的生态农业生产方式，它通过在稻田内养鱼，利用水稻和鱼的共生关系，借助内部自然生态的协调机制，综合利用各种废弃能源，提高生产效益，并且完善了系统功能，实现了生产和生态的整合，为可持续发展带来正面影响。技术推广过程涉及人才、资金、环境、政策等各方面内容，尤其是技术创新教育和政府支持两方面对技术推广的助力。基于此，从技术创新教育和政府支持两个角度出发，构建出浙江青田稻鱼共生文化博物馆建设中技术推广的作用模型（见图 6-3）。

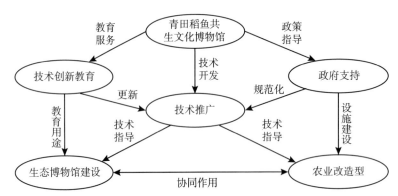

图 6-3　浙江青田稻鱼共生文化博物馆建设中技术推广的作用模型

图 6-3 展示了浙江青田稻鱼共生文化博物馆建设中技术推广的作用模型，可以明确看出，技术推广过程离不开技术创新教育和政府支持，技术推广不仅是建设生态博物馆的重要因素，而且是推进其滋生可持续发展的重要推动力，为推动农业文化遗产系统性保护提供了有利条件。浙江青田稻鱼共生文化博物馆的技术推广主要指青田传统稻鱼共生技术的创新与传承，相比于单一稻作系统，在保护农业生物多样性、预防病虫、抑制疟疾等方面，青田稻鱼共生起着重要作用。稻鱼共生系统，借助内部自然生态协调机制，综合利用一切废弃能源，促进水稻和鱼共生，发展生产以提高生产效益，完善系统功能，是一种典型的生态农业生产方式。

技术推广的表现主要为：一是以具有鲜明特色的品种为主导，将地方特色优势融入其中；二是推行"稻鱼共生"标准化技术，引导种养对象区域化连片发展。近几年来，青田县加大对稻鱼产业标准化的研究，立足标准化基地建设要求，构建起稻鱼产业标准体系；三是改善基础设施，稻田水位得以提升，建立田鱼种苗繁育体系，依托政策扶持，制定"稻鱼共生"3 年发展规划，完善基础设施和生产设施建设，优化改造"稻鱼米"等加工企业，推广再生稻技术和"百斤鱼、千斤粮、万元钱"种养模式；四是创新、改进稻田养鱼"五改"技术，大力推广绿色生产发展方式以发展更加稳定的稻鱼共生模式；五是通过促进稻田鱼与饲料的优质配合，创新稻田养鱼投饲技术，提高田鱼品质的同时降低养殖成本。

原始农耕技术随着城市化进程的加快而逐渐被新型技术取代，但还存在大量农民不愿改变原来耕作方式，而导致农业生产效率低，影响了农业经济的健康发展。一方面，政府技术宣传部门和科研部门在推广技术中起着关键作用，应通过向农民传授新技术的方法及益处，组织农民参观农业技术示范基地，提高农民的技术接受度，降低生产成本，改善生活条件；另一方面，应根据农户需求推广较有针对性的农业技术，积极满足农户现实的技术需求，优化生产效率，带动当地经济。通过新型技术保护多样性的农业种植，在汲取传统农耕文化的同时赋予现代化农业技术创新，挖掘和保护其中潜在的文化内涵，拓宽农业保护路径，实现了农业文化遗产更持久的保护，假设 HA7 和假设 HA8 成立。

最后，浙江青田稻鱼共生文化博物馆建设中农村产业结构分析。

农村产业结构的深层次发展必须培训和引导好农民，还需有技术匹配和支撑。青田稻鱼共生文化博物馆的农业、旅游、文化的融合度、文化底蕴、特色化程度及可持续发展情况均对产业结构的调整产生了直接或间接的影响。本书结合浙江青田稻鱼共生文化博物馆产业结构调整的整个过程，关键把握融合度、文化底蕴、特色化和可持续能力 4 个方面的内容，较为合理地模拟出生态博物馆建设中农村产业结构的作用模型（见图 6-4）。

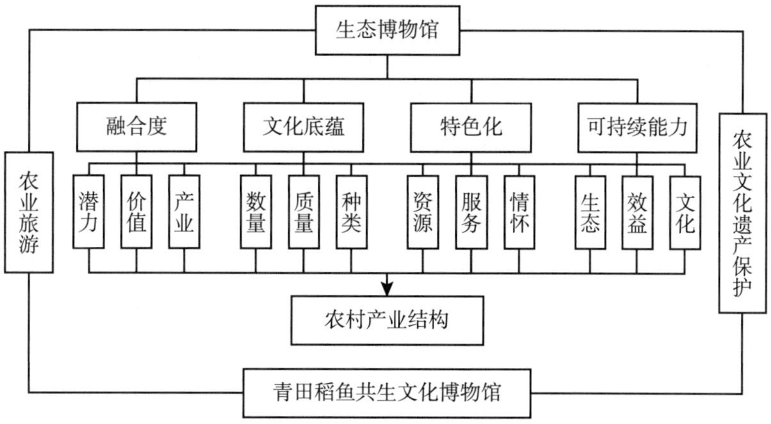

图 6 - 4　浙江青田稻鱼共生文化博物馆建设中农村产业结构的作用模型

图 6 - 4 展示了浙江青田稻鱼共生文化博物馆建设中农村产业结构的作用模型，可以明确看出，青田稻鱼共生文化博物馆的产业结构调整影响着当地的资源开发潜力、资源价值、产业融合、资源数量、资源质量、资源种类、资源特色、服务质量、文化情怀、生态环境、经济效益、文化品牌，具体来说，其农村产业结构调整表现为以下几个方面：

首先是融合度方面，当地通过发展旅游等，赋予稻鱼共生新的发展活力，加速 "农遗 + 研学" "农遗 + 体育" "农遗 + 露营" "农遗 + 丰收" 等主题融合发展。在浙江青田稻鱼共生文化博物馆建设过程中，青田县积极挖掘并创新发展当地丰富的动植物资源，推动产业融合，增加农业资源和文化资源价值。此外，青田县以全球重要农业文化遗产大会为契机，通过探索农业、文化、旅游融合发展，按照 "绿色健康、自然和谐" 的理念，启动全球农业文化遗产公园创建，打造 "自然 + 人文 + 城乡" 全域融合协调的大美农业公园，持续擦亮 "稻鱼共生" 金字招牌，全方位展示青田县作为全球重要农业文化遗产地的独特姿态。

其次是文化底蕴方面，浙江青田稻鱼共生文化博物馆在积极探索中，青田县除了从政府层面发布措施外，特别注重对原住居民生存空间原真性的活态保护，而且不断引进优秀人才，关注原住民的发展愿景。从 2022 年起，青田县以青田稻鱼共生系统博物馆等点为基础，推出了独具当地特色的 "农遗探秘之旅" 线路，还制作了系列旅游电子路书，打造 "云上游农遗"，线上线下联动向游客推介，能够随时随地走近青田、了解青田，在拓展农业文化遗产保护路径的同时传承了遗产历史文化底蕴。

再次是特色化方面，多年来，青田县秉持 "在保护中发展、在发展中保护" 的理念，不断提升 "农遗" 品牌价值，激活区域山水资源，传承稻鱼文化。青田县以乡村旅游重点村及稻鱼共生系统博物馆等为重要节点，推出 "农遗探秘之旅"，以旅游融合的新线路，将青田乡村生态优势转化为旅游产业的竞争优势。

最后是可持续方面，浙江青田稻鱼共生文化博物馆将有限的土地资源进行了最大可能的开发，充分整合文化和旅游资源，探索文化和资源独特价值，使其与传统文化区别开，同时借鉴优秀服务体验应对游客多元的消费市场，促进村民增收。与此同时，青田县通过不断完善技术设施建设，以保护农业文化遗产原真性为主要目的，实现生态、经济和文化的可持续发展。

因此，农业产业结构可以帮助突出农业文化遗产地资源的最大价值，依托自身发展条件和游客的旅游消费意愿，促进各产业交叉融合，调整发展模式，打破原始生产生活格局，激发遗产保护活力，假设 HA1 和假设 HA4 成立。

关于案例验证分析：

本次案例研究选取的是浙江青田稻鱼共生文化博物馆，调研小组通过实地调研获得了准确性较高的数据资料，对浙江青田稻鱼共生文化博物馆的情况了解得更加清楚明晰，同时也保证了资料数据的真实性、严谨性、准确性。为了有效地展开对生态博物馆与农业改造型系统性保护协同模式的案例研究，首先对选择的浙江青田稻鱼共生文化博物馆这个研究对象进行了阐释说明，将浙江青田稻鱼共生文化博物馆的建设历程和发展方向概况为三个阶段，一是困境推动产业创新发展阶段，二是政府扶持、品牌形象塑造阶段，三是采用博物馆模式保护青田稻鱼共生产业文化阶段，经过对这三个阶段进行全面而深入的分析，总结提炼出浙江青田稻鱼共生文化博物馆发展所面临的困境及其解决办法，得出浙江青田稻鱼共生文化博物馆以困境为出发点和突破口，塑造产业形象，实现产业转型优化的结论。其中，依据前文构建的生态博物馆与农业改造型系统性保护协同模式的结构方程实证分析结果，在案例分析中着重把握农村产业结构、技术推广、建设主体三方面的内容，构建出浙江青田稻鱼共生文化博物馆建设中建设主体、技术推广、农村产业结构的作用模型。

本书采用案例研究的方法进行单案例研究，选取浙江青田稻鱼共生文化博物馆为典型案例对生态博物馆与农业改造型系统性保护协同模式进行验证。结合前文所构建的生态博物馆与农业改造型系统性保护协同模式的分析框架、研究假设和结构方程实证分析的相关内容，以浙江青田稻鱼共生文化博物馆的发展状况为出发点，着重把握农村产业结构、技术推广、建设主体在文旅深度融合新业态与农业文化遗产系统性保护中的作用，以浙江青田稻鱼共生文化博物馆为案例对生态博物馆与农业改造型系统性保护协同模式过程中的影响因素进行案例验证，进一步科学有效地验证了生态博物馆与农业改造型系统性保护协同模式的有效性。

6.1.3　问卷数据分析

第一，样本数据的描述性统计及信度效度检验。

首先，生态博物馆与农业改造型系统性保护协同模式的协同度测算。

本书通过"协同性"这一指标来表示"生态博物馆"与"农业改造型"协同效应和协同机制。本书从生态博物馆与农业改造型系统性保护协同模型的实证分析出发，构建相关的指标体系，根据实证分析结果，可以知道农村产业结构、建设主体和技术推广3个变量对农业改造型产生了直接影响作用，故只有农村产业结构、建设主体和技术推广3个子系统协同发展，才能促进生态博物馆与农业改造型系统性保护协同模式更好地协同发展。本书从生态博物馆的农业基础、文化基础、产业基础和城镇化程度4个指标度量，生态博物馆对农村产业结构子系统、建设主体子系统、技术推广子系统存在的直接或者间接影响作用。基于此，研究对生态博物馆与农业改造型系统性保护协同模式的协同性进行评价，同时通过评价农村产业结构子系统、建设主体子系统、技术推广子系统进一步实现对其评价的验证，进而用子系统的协同度来客观反映生态博物馆与农业改造型所构成的复合系统的协同程度。

本书根据协同学的相关理论和原理，构建生态博物馆、农村产业结构、建设主体、技术推广和农业改造型5个子系统间的协同度模型。生态博物馆、农村产业结构、技术推广、建设主体和农业改造型5个子系统的序参量如表6-1所示。

表6-1　　　　　　　　　　　　各子系统序参量

子系统	测量指标	序参量
生态博物馆	农业基础、文化基础、产业基础、城镇化程度	EM11、EM12、EM21、EM22、EM31、EM32、EM41、EM42
农村产业结构	融合度、文化底蕴、特色化、可持续能力	AIS11、AIS12、AIS13、AIS21、AIS22、AIS31、AIS32、AIS33、AIS41、AIS42
建设主体	政府引导、专家指导、农民主体	MBC11、MBC12、MBC13、MBC21、MBC22、MBC23、MBC31、MBC32、MBC33
技术推广	技术创新教育、政府支持	TP11、TP12、TP21、TP22
农业改造型	规划协调、及时调整、合作创新	AT11、AT12、AT13、AT21、AT22、AT23、AT31、AT32、AT33

本书在确定各个子系统的序参量后，将对生态博物馆、农村产业结构、技术推广、建设主体和农业改造型5个子系统逐一进行有序计算。结合前文对生态博物馆与农业改造型系统性保护协同模式的理论模型的相关分析，得出其他子系统的有序度和序参量之后，本书将计算系统协同度并重新测量子系统的有序

度，进而得到总系统的协同度。同理，得出生态博物馆与农业改造型系统性保护协同模式中农村产业结构、技术推广、建设主体、农业改造型等其他子系统之间的协同度，见表6-2。

表6-2 各子系统间的系统协同度

子系统	EM	AIS	MBC	TP	AT
生态博物馆（EM）	—				
农村产业结构（AIS）	0.57	—			
建设主体（MBC）	0.56	0.53	—		
技术推广（TP）	0.61	0.58	0.57	—	
农业改造型（AT）	0.61	0.58	0.57	0.63	—

根据表4-1协同度划分区间，结合表6-2关于生态博物馆与农业改造型系统性保护协同模式中各子系统的协同度大小，可以得出协同模式中的生态博物馆、农村产业结构、建设主体、技术推广和农业改造型这5个子系统相互之间的协同度都处于高度协同的范围，基于此，判定生态博物馆与农业改造型具有良好的协同性。

其次，本书通过对获取的生态博物馆与农业改造型系统性保护协同模式的第一手数据进行初步评估和数量统计后，认为有效问卷的数量与结构方程所需量相符合，为下一步进行实证分析奠定了基础。为确保数据的准确性和可靠性，进行实证之前，对问卷数据进行信度分析和效度分析。

再次，对生态博物馆与农业改造型系统性保护协同模式的问卷数据进行描述性统计分析，对生态博物馆、农村产业结构、建设主体、技术推广、农业改造型5个主要变量的观测指标进行均值和标准差统计。均值指标衡量的是模型中各个变量分布的平均程度和集中度。标准差指标衡量的是模型中各个变量数据的分散程度，即离散程度大小。借助SPSS 25.0计算各观测变量的均值和标准差，见表6-3。

表6-3 描述性统计

主要变量	潜在变量	观测变量	均值	标准差	最大值	最小值
生态博物馆（EM）	农业基础（EM1）	EM11	3.49	0.729	5	2
		EM12	3.51	0.734	5	1
	文化基础（EM2）	EM21	3.39	0.790	5	1
		EM22	3.50	0.756	5	1
	产业基础（EM3）	EM31	3.44	0.780	5	1
		EM32	3.41	0.751	5	1
	城镇化程度（EM4）	EM41	3.48	0.797	5	1
		EM42	3.49	0.797	5	1
农村产业结构（AIS）	融合度（AIS1）	AIS11	3.32	0.740	5	1
		AIS12	3.37	0.744	5	1
		AIS13	3.28	0.672	5	1
	文化底蕴（AIS2）	AIS21	3.34	0.699	5	1
		AIS22	3.27	0.751	5	1

主要变量	潜在变量	观测变量	均值	标准差	最大值	最小值
农村产业结构 （AIS）	特色化 （AIS3）	AIS31	3.24	0.770	5	1
		AIS32	3.21	0.753	5	1
		AIS33	3.18	0.731	5	1
	可持续能力 （AIS4）	AIS41	3.25	0.695	5	1
		AIS42	3.23	0.734	5	1
建设主体 （MBC）	政府引导 （MBC1）	MBC11	3.25	0.757	5	1
		MBC12	3.22	0.697	5	1
		MBC13	3.04	0.694	5	1
	专家指导 （MBC2）	MBC21	3.34	0.711	5	2
		MBC22	3.14	0.745	5	1
		MBC23	3.12	0.703	5	1
	农民主体 （MBC3）	MBC31	3.24	0.742	5	1
		MBC32	3.14	0.707	5	1
		MBC33	3.21	0.741	5	1
技术推广 （TP）	技术创新教育 （TP1）	TP11	3.61	0.809	5	1
		TP12	3.57	0.758	5	1
	政府支持 （TP2）	TP21	3.52	0.781	5	1
		TP22	3.51	0.761	5	1
农业改造型 （AT）	规划协调 （AT1）	AT11	3.62	0.773	5	1
		AT12	3.61	0.794	5	1
		AT13	3.59	0.812	5	1
	及时调整 （AT2）	AT21	3.64	0.742	5	1
		AT22	3.61	0.774	5	1
		AT23	3.67	0.736	5	1
	合作创新 （AT3）	AT31	3.59	0.822	5	1
		AT32	3.63	0.756	5	1
		AT33	3.65	0.783	5	1

最后，为确保生态博物馆与农业改造型系统性保护协同模式检测结果具有真实性、可靠性，本书将对其进行信度检测。利用组合信度系数对生态博物馆与农业改造型系统性保护协同模式所整合的各类数据进行分析和检测，分别得出生态博物馆、农村产业结构、建设主体、技术推广、农业改造型的组合信度系数。同时，根据表5－4的组合信度标准对生态博物馆与农业改造型系统性保护协同模式的潜在变量的组合信度系数进行评判。为确保信度检测所得数据能够科学合理地反映各个变量的真实构架，在对生态博物馆与农业改造型系统性保护协同模式进行信度检测的基础上，进一步对生态博物馆与农业改造型系统性保护协同模式进行效度检测。见表6－4。

表 6－4　　　　　　　　　　　　各变量信度和效度检验

变量	CR	因子荷载		KMO 值	累计方差解释率	Bartlett's 球形检验		
						χ^2	df	Sig.
生态博物馆（EM）	0.932	EM11	0.828	0.924	63.310	1184.423	28	0.000
		EM12	0.820					
		EM21	0.837					
		EM22	0.784					
		EM31	0.747					
		EM32	0.800					
		EM41	0.808					
		EM42	0.735					
农村产业结构（AIS）	0.916	AIS11	0.668	0.931	52.099	1072.341	45	0.000
		AIS12	0.730					
		AIS13	0.739					
		AIS21	0.767					
		AIS22	0.750					
		AIS31	0.645					
		AIS32	0.735					
		AIS33	0.689					
		AIS41	0.714					
		AIS42	0.770					
建设主体（MBC）	0.891	MBC11	0.720	0.907	47.731	746.193	36	0.000
		MBC12	0.710					
		MBC13	0.724					
		MBC21	0.724					
		MBC22	0.656					
		MBC23	0.653					
		MBC31	0.708					
		MBC32	0.625					
		MBC33	0.690					
技术推广（TP）	0.915	TP11	0.827	0.831	72.980	500.826	6	0.000
		TP12	0.853					
		TP21	0.869					
		TP22	0.868					
农业改造型（AT）	0.946	AT11	0.808	0.920	66.060	1623.237	36	0.000
		AT12	0.801					
		AT13	0.793					
		AT21	0.784					

续表

变量	CR	因子荷载		KMO 值	累计方差解释率	Bartlett's 球形检验		
						χ^2	df	Sig.
农业改造型（AT）	0.946	AT22	0.862	0.920	66.060	1623.237	36	0.000
		AT23	0.804					
		AT31	0.840					
		AT32	0.815					
		AT33	0.806					

如表 6-4 所示，首先，从对生态博物馆与农业改造型进行信度所得数据中可以看出，各个数据的相关组合信度系数值都大于 0.8，因此，本书认为所得数据具有较好的可信度。其次，从对生态博物馆与农业改造型进行效度检验所得数据中可以看出，所得各个指标的因子载荷均在 0.5 以上，KMO 值均大于 0.8，因此认为所得数据能够较好地进行因子分析。最后，Bartlett's 球形检验显著性水平均为 0.000，因此，认为调查问卷所得数据及各组成部分建构之间有较好的效度。

第二，样本数据的结构方程模型构建及调整。

结构方差模型（structural equation modeling，SEM）将因素分析和路径分析有机结合，能处理多个因变量并考虑测量误差影响，不同于传统的回归分析。结合生态博物馆与农业改造型系统性保护协同模式的变量特征和模型选择，进行结构方程模型分析：首先，构建生态博物馆与农业改造型系统性保护协同模式的初始结构方程模型，并设置误差变量；其次，对整体模型进行参数估计，判断生态博物馆与农业改造型系统性保护协同模式的拟合度；再次，如果拟合度较差，根据拟合度结果，通过改变模型或删除题项以提高拟合度；最后，根据生态博物馆与农业改造型系统性保护协同模式的参数估计和路径系数，对模型中不理想的路径进行修正，完成最终模型的确定。

研究生态博物馆与农业改造型系统性保护协同模式时，依据变量性质构建结构方程模型。根据前文所构建的生态博物馆与农业改造型系统性保护协同模式的理论模型，生态博物馆、农村产业结构、建设主体、技术推广及农业改造型都是不可直接观测到的变量，属于潜在变量的范畴。在确定变量性质的基础上，对生态博物馆与农业改造型系统性保护协同作用中的变量进行归类处理，其中，生态博物馆属于内生变量，农村产业结构、建设主体、技术推广属于中间变量，农业改造型属于外生变量。因此，构建生态博物馆与农业改造型系统性保护协同模式的结构方程模型如图 6-5 所示，箭头方向代表了变量之间的因果关系。

由图 6-5 所显示的生态博物馆与农业改造型系统性保护协同模式的初始结构方程模型可知，生态博物馆与农业改造型系统性保护协同模式的初始结构方程中存在外生显变量 8 项，具体为：EM11、EM12、EM21、EM22、EM31、EM32、EM41、EM42；内生显变量共 32 项，具体为：AIS11、AIS12、AIS13、AIS21、AIS22、AIS31、AIS32、AIS33、AIS41、AIS42、MBC11、MBC12、MBC13、MBC21、MBC22、MBC23、MBC31、MBC32、MBC33、TP11、TP12、TP21、TP22、AT11、AT12、AT13、AT21、AT22、AT23、AT31、AT32、AT33；外生潜变量共 4 项，具体为：EM1、EM2、EM3、EM4；内生潜变量共 12 项，具体为：AIS1、AIS2、AIS3、AIS4、MBC1、MBC2、MBC3、TP1、TP2、AT1、AT2、AT3。这是由观测变量和潜在变量所构成的结构方程模型的测量模型。

进行生态博物馆与农业改造型系统性保护协同模式的数据验证时，通过对相关变量进行设定以构建观测变量的结构方程式。按照初始结构方程模型，生态博物馆（EM）、农业基础（EM1）、文化基础（EM2）、产业基础（EM3）、城镇化程度（EM4）为外生潜变量，分别用 ζ_{EM}、ζ_{EM1}、ζ_{EM2}、ζ_{EM3}、ζ_{EM4} 表示。农村产业结构（AIS）、融合度（AIS1）、文化底蕴（AIS2）、特色化（AIS3）、可持续能力（AIS4）、建设主体（MBC）、政府引导（MBC1）、专家指导（MBC2）、农民主体（MBC3）、技术推广（TP）、科技创新教育（TP1）、政府支持（TP2）、农业改造型（AT）、规划协调（AT1）、及时调整（AT2）、合作创新（AT3）为内生潜变量，分别用 η_{AIS}、η_{AIS1}、η_{AIS2}、η_{AIS3}、η_{AIS4}、η_{MBC}、η_{MBC1}、η_{MBC2}、η_{MBC3}、η_{TP}、η_{TP1}、η_{TP2}、η_{AT}、η_{AT1}、η_{AT2}、η_{AT3} 表示。基于此，本书构建生态博物馆与农业改造型系统性保护协同模式的观测模型方程式：

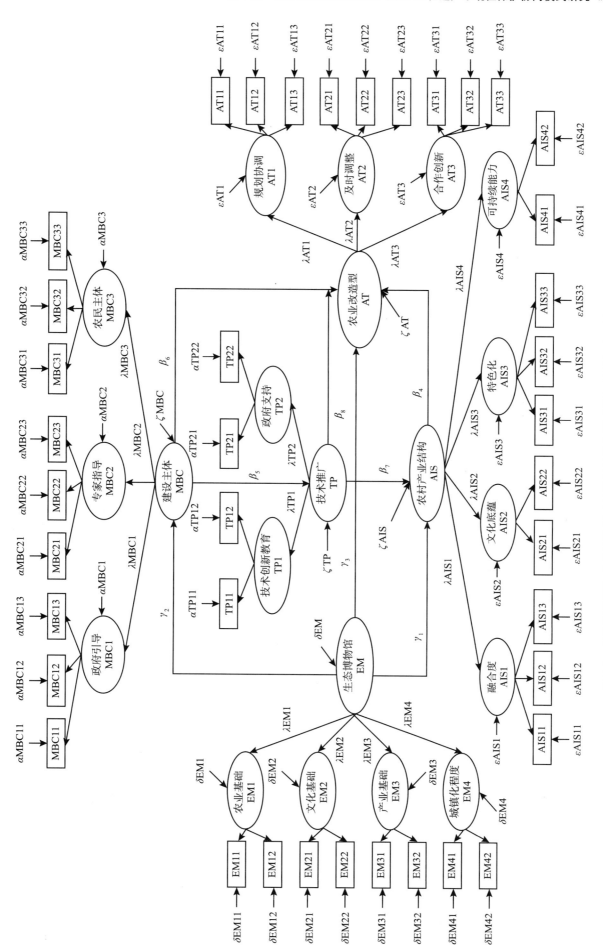

图6-5　生态博物馆与农业改造型系统护协同模式的初始结构方程模型

$$
\begin{cases}
X_{EM1} = \lambda_{EM1}\xi_{EM} + \delta_{EM1} & X_{EM2} = \lambda_{EM2}\xi_{EM} + \delta_{EM2} & X_{EM3} = \lambda_{EM3}\xi_{EM} + \delta_{EM3} \\
X_{EM4} = \lambda_{EM4}\xi_{EM} + \delta_{EM4} & X_{EM11} = \lambda_{EM11}\xi_{EM1} + \delta_{EM11} & X_{EM12} = \lambda_{EM12}\xi_{EM1} + \delta_{EM12} \\
X_{EM21} = \lambda_{EM21}\xi_{EM2} + \delta_{EM21} & X_{EM22} = \lambda_{EM22}\xi_{EM2} + \delta_{EM22} & \\
X_{EM31} = \lambda_{EM31}\xi_{EM3} + \delta_{EM31} & X_{EM32} = \lambda_{EM32}\xi_{EM3} + \delta_{EM32} & \\
X_{EM41} = \lambda_{EM41}\xi_{EM4} + \delta_{EM41} & X_{EM42} = \lambda_{EM42}\xi_{EM4} + \delta_{EM42} & \\
Y_{TP1} = \lambda_{TP1}\eta_{TP} + \varepsilon_{TP1} & Y_{TP2} = \lambda_{TP2}\eta_{TP} + \varepsilon_{TP2} & Y_{TP11} = \lambda_{TP11}\eta_{TP1} + \varepsilon_{TP11} \\
Y_{TP12} = \lambda_{TP12}\eta_{TP1} + \varepsilon_{TP12} & Y_{TP21} = \lambda_{TP21}\eta_{TP2} + \varepsilon_{TP21} & Y_{TP22} = \lambda_{TP22}\eta_{TP2} + \varepsilon_{TP22} \\
Y_{MBC1} = \lambda_{MBC1}\eta_{MBC} + \varepsilon_{MBC1} & Y_{MBC2} = \lambda_{MBC2}\eta_{MBC} + \varepsilon_{MBC2} & \\
Y_{MBC3} = \lambda_{MBC3}\eta_{MBC} + \varepsilon_{MBC3} & Y_{MBC11} = \lambda_{MBC11}\eta_{MBC1} + \varepsilon_{MBC11} & \\
Y_{MBC12} = \lambda_{MBC12}\eta_{MBC1} + \varepsilon_{MBC12} & Y_{MBC13} = \lambda_{MBC13}\eta_{MBC1} + \varepsilon_{MBC13} & \\
Y_{MBC21} = \lambda_{MBC21}\eta_{MBC2} + \varepsilon_{MBC21} & Y_{MBC22} = \lambda_{MBC22}\eta_{MBC2} + \varepsilon_{MBC22} & \\
Y_{MBC23} = \lambda_{MBC23}\eta_{MBC2} + \varepsilon_{MBC23} & Y_{MBC31} = \lambda_{MBC31}\eta_{MBC3} + \varepsilon_{MBC31} & \\
Y_{MBC32} = \lambda_{MBC32}\eta_{MBC3} + \varepsilon_{MBC32} & Y_{MBC33} = \lambda_{MBC33}\eta_{MBC3} + \varepsilon_{MBC33} & \\
Y_{AIS1} = \lambda_{AIS1}\eta_{AIS} + \varepsilon_{AIS1} & Y_{AIS2} = \lambda_{AIS2}\eta_{AIS} + \varepsilon_{AIS2} & Y_{AIS3} = \lambda_{AIS3}\eta_{AIS} + \varepsilon_{AIS3} \\
Y_{AIS4} = \lambda_{AIS4}\eta_{AIS} + \varepsilon_{AIS4} & Y_{AIS11} = \lambda_{AIS11}\eta_{AIS1} + \varepsilon_{AIS11} & Y_{AIS12} = \lambda_{AIS12}\eta_{AIS1} + \varepsilon_{AIS12} \\
Y_{AIS13} = \lambda_{AIS13}\eta_{AIS1} + \varepsilon_{AIS13} & Y_{AIS21} = \lambda_{AIS21}\eta_{AIS2} + \varepsilon_{AIS21} & \\
Y_{AIS22} = \lambda_{AIS22}\eta_{AIS2} + \varepsilon_{AIS22} & Y_{AIS31} = \lambda_{AIS31}\eta_{AIS3} + \varepsilon_{AIS31} & \\
Y_{AIS32} = \lambda_{AIS32}\eta_{AIS3} + \varepsilon_{AIS32} & Y_{AIS33} = \lambda_{AIS33}\eta_{AIS3} + \varepsilon_{AIS33} & \\
Y_{AIS41} = \lambda_{AIS41}\eta_{AIS4} + \varepsilon_{AIS41} & Y_{AIS42} = \lambda_{AIS42}\eta_{AIS4} + \varepsilon_{AIS42} & \\
Y_{AT1} = \lambda_{AT1}\eta_{AT} + \varepsilon_{AT1} & Y_{AT2} = \lambda_{AT2}\eta_{AT} + \varepsilon_{AT2} & Y_{AT3} = \lambda_{AT3}\eta_{AT} + \varepsilon_{AT3} \\
Y_{AT11} = \lambda_{AT11}\eta_{AT1} + \varepsilon_{AT11} & Y_{AT12} = \lambda_{AT12}\eta_{AT1} + \varepsilon_{AT12} & Y_{AT13} = \lambda_{AT13}\eta_{AT1} + \varepsilon_{AT13} \\
Y_{AT21} = \lambda_{AT21}\eta_{AT2} + \varepsilon_{AT21} & Y_{AT22} = \lambda_{AT22}\eta_{AT2} + \varepsilon_{AT22} & Y_{AT23} = \lambda_{AT23}\eta_{AT2} + \varepsilon_{AT23} \\
Y_{AT31} = \lambda_{AT31}\eta_{AT3} + \varepsilon_{AT31} & Y_{AT32} = \lambda_{AT32}\eta_{AT3} + \varepsilon_{AT32} & Y_{AT33} = \lambda_{AT33}\eta_{AT3} + \varepsilon_{AT33}
\end{cases}
$$

进行生态博物馆与农业改造型系统性保护协同模式的结构方程实证检验时，借助前文所提到的生态博物馆与农业改造型系统性保护协同模式的研究假设和理论模型，使用 γ_1、γ_2 和 γ_3 表示生态博物馆对农村产业结构、建设主体、农业改造型的作用路径，用 β_4 表示农村产业结构对农业改造型的作用路径，用 β_5 和 β_6 表示建设主体对技术推广和农业改造型的作用路径，用 β_7 和 β_8 表示技术推广对农村产业结构和农业改造型的作用路径。结合上述设定的变量之间的作用路径，本书构建的结构模型方程表达式如下：

$$
\begin{cases}
\eta_{MBC} = \gamma_2\xi_{EM} + \zeta_{MBC} \\
\eta_{TP} = \beta_5\xi_{MBC} + \zeta_{TP} \\
\eta_{AIS} = \gamma_1\xi_{EM} + \beta_7\eta_{TP} + \zeta_{AIS} \\
\eta_{AT} = \gamma_3\xi_{EM} + \beta_4\eta_{AIS} + \beta_6\eta_{MBC} + \beta_8\eta_{TP} + \zeta_{AT}
\end{cases}
$$

根据生态博物馆与农业改造型系统性保护协同模式的初始结构模型，需要进一步利用不同的评价方法对拟合指数、参数和决定系数等指标进行检验分析，旨在判断原始模型是否需要修正，进而更正确地衡量生态博物馆对农业文化遗产系统性保护的影响。

检验拟合度时，采取常见的 7 种拟合指标检验方法对其进行拟合指标检验，主要包括 χ^2/DF、CFI、IFI、TLI、PNFI、RMSEA、SRMR 7 项，在 AMOS 22.0 中导入生态博物馆与农业改造型系统性保护协同模式的初始结构方程模型，并同时将问卷数据导入，得到模型的相关拟合指标值，见表 6 - 5。

表 6 - 5　　　　　生态博物馆与农业改造型系统性保护协同模式的初始结构方程模型拟合度结果

拟合指标	χ^2/DF	CFI	IFI	TLI	PNFI	RMSEA	SRMR
观测值	2.260	0.860	0.861	0.850	0.723	0.071	0.054

由表 6 - 5 可以看到，多数指标达到拟合标准，但还存在指标未达到拟合标准，现对模型进行修正，根据拟合度结果，删除修正指数中显示的题项之间误差较大的部分题项（删除 MBC11、MBC22、MBC31、AT22 4 个题项），修正后的结构方程模型及其拟合度结果如图 6 - 6 与表 6 - 6 所示。

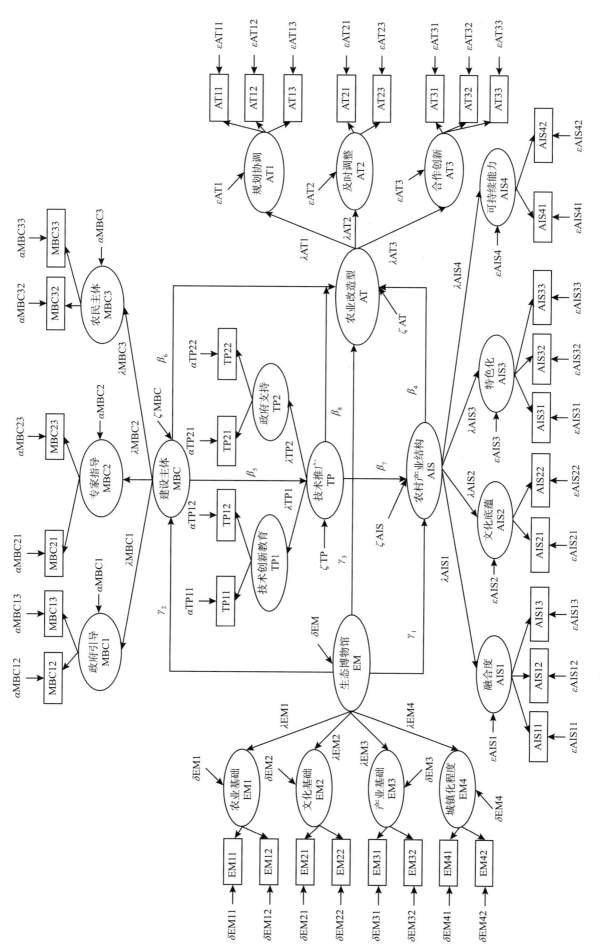

图6-6　修正后的生态博物馆与农业改造型系统性保护协同模式结构方程模型

表6-6　　　　修正后的生态博物馆与农业改造型系统性保护协同模式的结构方程模型拟合度结果

拟合指标	χ^2/DF	CFI	IFI	TLI	PNFI	RMSEA	SRMR
观测值	1.853	0.911	0.911	0.903	0.759	0.058	0.0495
拟合指标	<3.00	>0.90	>0.90	>0.90	>0.50	<0.08	<0.08

由修正后的生态博物馆与农业改造型系统性保护协同模式的拟合度结果可以得出，各项拟合指标均达到了拟合标准，说明调整后的结构方程模型能较好地与调查问卷数据进行拟合。故依据拟合度检验，进一步测度结构方程的路径系数，判断其是否合理有效，见表6-7。

表6-7　　　　修正后的生态博物馆与农业改造型系统性保护协同模式的结构方程路径估计

路径	模型路径	路径系数	S. E.	C. R.	P
γ_1	EM→AIS	0.670	0.061	9.665	***
γ_2	EM→MBC	0.858	0.068	10.269	***
γ_3	EM→AT	−0.094	0.156	−0.647	0.517
β_4	AIS→AT	0.380	0.114	4.082	***
β_5	MBC→TP	0.735	0.112	8.765	***
β_6	MBC→AT	0.358	0.213	2.210	0.027
β_7	TP→AIS	0.218	0.054	3.233	0.001
β_8	TP→AT	0.309	0.083	3.688	***

注：*** 表示 P<0.001。

由表6-7可以看出，根据生态博物馆与农业改造型系统性保护的修正结构方程模型路径估计结果，EM→AT这一条路径没有通过显著性检验。依据整体结果，生态博物馆与农业改造型系统性保护协同模式的初始和修正结构方程模型的基本构造思路是大致正确的，但需对模型部分关系进行调整完善，重新测度关系路径。根据相关理论基础，生态博物馆是外生潜变量，将其与农业改造型系统性保护进行协同考虑发现，实际上生态博物馆与建设主体、农村产业结构都存在显著的影响作用，这种显著的作用效应可能会影响到建设主体和农村产业结构对农业改造型系统性保护的协同结构。因此，删除生态博物馆到农业改造型的直接作用关系路径，即EM→AT，得到最终的结构方程路径估计。

通过表6-8可以看出，调整后最终的各路径均呈现显著水平，绝大多数都达到了0.001的显著性水平，判定该模型为满意度最高的模型。路径系数经过标准化处理后，其数值处于−1~1，最终的生态博物馆与农业改造型系统性保护协同模式的结构方程模型见图6-7。

表6-8　　　　最终的生态博物馆与农业改造型系统性保护协同模式的结构方程路径估计

路径	模型路径	路径系数	S. E.	C. R.	P
γ_1	EM→AIS	0.665	0.060	9.654	***
γ_2	EM→MBC	0.854	0.068	10.249	***
β_4	AIS→AT	0.352	0.096	4.495	***
β_5	MBC→TP	0.734	0.112	8.770	***
β_6	MBC→AT	0.282	0.130	2.863	0.004
β_7	TP→AIS	0.224	0.054	3.333	***
β_8	TP→AT	0.321	0.076	4.143	***

注：*** 表示 P<0.001。

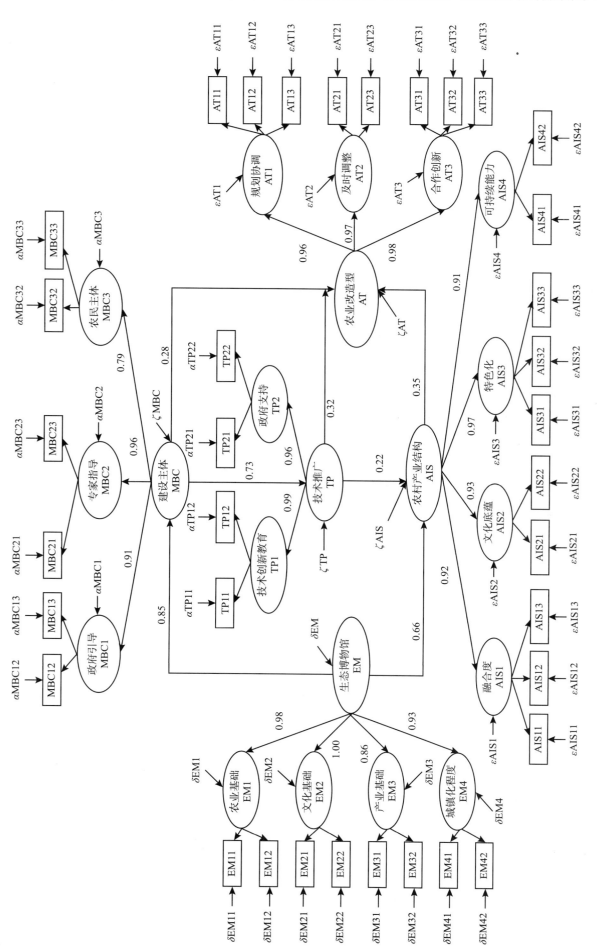

图6-7　最终生态博物馆与农业改造型系统性保护协同的结构方程模型

第三，结构方程的假设检验及效应分解。

通过分析结构方程实证结果，根据前文提及的研究假设与理论模型，结合生态博物馆与农业改造型系统性保护协同作用的假设验证和路径系数，进行归纳总结，结果如表6-9所示。

表6-9 路径结果讨论分析

路径	模型路径	路径系数	显著性水平	研究假设	检验结果
γ_1	EM→AIS	0.665	***	HA1	支持
γ_2	EM→MBC	0.854	***	HA2	支持
γ_3	EM→AT	—	—	HA3	不支持
β_4	AIS→AT	0.352	***	HA4	支持
β_5	MBC→TP	0.734	***	HA5	支持
β_6	MBC→AT	0.282	0.004	HA6	支持
β_7	TP→AIS	0.224	***	HA7	支持
β_8	TP→AT	0.321	***	HA8	支持

注：*** 代表 $P < 0.001$。

生态博物馆到农村产业结构的标准化路径系数为0.665，$P<0.001$，通过显著性检验。因此，原假设HA1得到验证支持，"生态博物馆建设对农村产业结构优化具有显著的正向作用"的假设成立。

生态博物馆到建设主体的标准化路径系数为0.854，$P<0.001$，通过显著性检验。因此，原假设HA2得到验证支持，"生态博物馆建设对调动建设主体积极性具有显著的正向作用"的假设成立。

生态博物馆到农业改造型系统性保护的关系路径在模型调整过程中进行了删除，没有通过显著性检验。因此，原假设HA3没有得到验证支持，"生态博物馆建设对推动农业改造型系统性保护具有显著的正向作用"的假设不成立。

农村产业结构到农业改造型系统性保护的标准化路径系数为0.352，$P<0.001$，通过显著性检验。因此，原假设HA4得到验证支持，"农村产业结构对农业改造型系统性保护具有显著的正向作用"的假设成立。

建设主体到技术推广的标准化路径系数为0.734，$P<0.001$，通过显著性检验。因此，原假设HA5得到验证支持，"建设主体对促进技术推广具有显著的正向作用"的假设成立。

建设主体到农业改造型系统性保护的标准化路径系数为0.282，P值为0.004，小于0.01，通过显著性检验。因此，原假设HA6得到验证支持，"建设主体对农业改造型系统性保护具有显著的正向作用"的假设成立。

技术推广到农村产业结构的标准化路径系数为0.224，$P<0.001$，通过显著性检验。因此，原假设HA7得到验证支持，"加强技术推广对优化农村产业结构具有显著的正向作用"的假设成立。

技术推广到农业改造型系统性保护的标准化路径系数为0.321，$P<0.001$，通过显著性检验。因此，原假设HA8得到验证支持，"技术推广对农业改造型系统性保护具有显著的正向影响作用"的假设成立。

从生态博物馆与农业改造型系统性保护协同的结构方程实证结果可知，生态博物馆到农业改造型系统性保护之间的直接作用路径在模型调整中进行了删除，两者之间的直接影响效应不存在，但是生态博物馆能够通过建设主体、农村产业结构和技术推广3个变量实现对农业改造型系统性保护的间接影响作用。间接影响路径主要有4条，间接效应分别为0.234（0.665×0.352）、0.24（0.854×0.282）、0.20（0.854×0.734×0.321）、0.049（0.854×0.734×0.224×0.352），总的间接效应为0.723。由此可以看出，间接效应较大，与变量之间的直接效应一样重要，所以，对生态博物馆与农业改造型系统性保护协同模式进行研究时，农村产业结构、建设主体和技术推广都是不可缺少的变量，作用非常重要。

删除了生态博物馆到农业改造型系统性保护的关系路径，可以从两方面解释原因：第一，生态博物馆的建设依托于当地的资源环境和基础设施，相对于城镇，农村的基础设施建设还不完善，在此基础上进行改造还比较困难，同时，农村相关设施的建设与政府的支持力度和投资强度紧密相关，但农村薄弱的地方很多，政府对基本设施的投资力度无法达到发展所需要的正常力度。第二，生态博物馆的建设离不开新兴技术的创新，没有科学技术的支撑和完善的农村产业结构，生态博物馆的农业改造情况难以得到进一步提升。总之，生态博物馆要实现农业改造型系统性保护的协同，就务必重视技术推广和农村产业结构两个方面。

除此之外，可以明确看到，在结构方程模型中生态博物馆到建设主体的标准化路径系数为0.854，建设主体到技术推广的标准化路径系数为0.734，位于模型中系数前两位，说明建设主体这一变量在实现生态博物馆与农业改造型协同中作用重要。政府指导农村整体发展，专家提供专业性见解，村民参与其中，主体在农业文化遗产系统性保护中的作用不可忽视，其特征决定着生态博物馆旅游经济，也决定着乡村的整体发展水平。

基于以上结果，本书获得以下重要启示：一是生态博物馆作为文旅深度融合理念下的新业态之一，在保护农业文化遗产中起着显著的正向作用。因此，在未来的农业文化遗产系统性保护过程中，不仅要重视生态博物馆在农业旅游中的推动作用，而且要注意与农业文化遗产系统性保护的协同。二是农村产业结构、建设主体、技术推广均是影响生态博物馆与农业文化遗产系统性保护协同的中间变量，应把握影响协同作用的关键因素，即优化农村产业结构，鼓励技术创新，联动政府、专家和村民等各方的力量，整体保护农业文化遗产。

6.2　乡村聚落景观与农业改造型系统性保护协同模式的实证研究

6.2.1　研究假设

第一，乡村聚落景观的作用。

在经济现代化大趋势的推动下，农业发展环境产生变化，解构与重组成为乡村地域系统内外发展要素的主要变化形式，乡村转型发展成为必然趋势。随着旅游的兴起与发展，乡村旅游成为驱动乡村转型发展的持续动力，使乡村逐渐向多功能协调发展转变，通过优化景观演化布局和风貌格局，促进居住空间向村落边缘扩张，建构、解构和重构人居空间，并通过转变农耕地为商服用地，完善旅游基础设施和优化服务体系，加速农业与旅游业的融合，引导发展农业旅游，因此，旅游型村落成为传统乡村聚落演变的重要方向。基于此，可以看出，传统村落正经历着空间转型与重构的过程，旅游业作为加速村落空间重构的重要推动力，以乡村聚落空间融合、立体扩张和适度集约等方式优化乡村空间结构，既最大限度地活化了乡村空间，还通过乡村聚落旅游满足了当地村民的就业需求，增加了经济收入，故提出如下假设：

HB1：乡村聚落景观建设对促进乡村空间重构具有显著的正向作用。

乡村聚落蕴含丰富的精神文化和人类文明，是当地居民在长期生活实践中，与周围环境良性互动，不断演化形成的具有独特文化特色的乡村景观和乡村文化风貌，是附加在自然景观上的人类活动形态。乡村聚落景观的建设关系到聚落村民的直接利益，为缓解城镇化、工业化带来的冲击，适应市场经济体制，促进城乡统筹发展，地方组织机构在充分考虑村民个性要求的基础上，紧抓村民的需求痛点，构建农民增收长效机制，一方面打破了原始农村区域保持的均质空间的状态和单一功能模式，通过与村民建立持续的合作关系，激发了村民的参与意愿，进而帮助规划和设计适应当地发展的旅游模式；另一方面为开展乡村旅游提供了就业指导，提高资源配置效率，增强发展活力，从而激发村民参与乡村建设的自主性。刘玲和王朝举引入K均值聚类分析法分类分析农户生计策略，也指出大多数村民为维持生计愿意参与到旅游建设当中。基于此，可以看出，在乡村聚落建设中融入旅游产业，能帮助满足当地村民的就业需求，提高村民参与乡村建设的积极性，进而扩大政府的支持力度，带动相关企业投资，故提出如下假设：

HB2：乡村聚落景观对建设主体具有显著的正向作用。

"三农"问题是党中央工作的重中之重，在推进城乡一体化时，不仅要从多层次、多角度挖掘、开发农业旅游资源，而且要保护好农业文化遗产和自然生态环境，在此期间，乡村聚落景观凭借其文化独特性成为乡村旅游规划的重要内容。乡村聚落是以人类活动为中心的社会—经济—自然复杂系统，作为乡村一定区域范围内居民活动和各种社会经济要素的空间载体，乡村聚落成为承载乡村多元功能的物质空间。乡村聚落多以村落本身作为独特的旅游景点，强调乡村景观与自然景观的协和一致性，借此保护村落原有的历史风貌和人文资源，并提高游客的旅游价值感知。此外，乡村聚落尽量保持具有历史意义的传统建筑原貌，内部装修又符合现代化用途和需求，赋予了传统村落以新功能和生命力，既保存了原有的历史遗存和文化特色，又实现了遗产的可持续保护和传承。基于此，可以看出，乡村聚落景观作为农业文化遗产保护的一种方式，因其浓厚的文化底蕴成为乡村村落持续发展的重要改造模式，故提出如下假设：

HB3：乡村聚落景观对农业改造型具有显著的正向作用。

第二，乡村空间重构的作用。

乡村空间重构是以拓展、重组和融合乡村生活、生产以及生态空间为基本特征，不断增加以旅游服务为主的复合型空间，相对于传统农耕社会乡村地域系统要素及结构，其变化剧烈，是村落空废化、交通网络化和环境污损化三者并行发展的结果，但乡村特色景观基底和文化风貌依然尚存的空间重构，包含经济重构、社会重构和空间重构。乡村由于来自整体用地的格局改变、功能结构重构、公共空间多元散布等多方面压力，不同主体的生存空间遭受挤压，因此，乡村应不断加快推动乡村空间重构，突出乡村特色，抵御各种压力，同时，不断激活内生发展动力，并在外源需求动力的推动下，加速资源要素流动，赋予乡村功能多元化，追寻合适且可持续的发展模式。此外，村落还应依托技术、经济和政策等手段促进空间重构，对单体聚落内部土地资源配置予以干预，以及对村镇空间等级体系予以调整，有效协调好遗产地的人地关系，实现遗产文化的长效保护和传承。基于此，故提出如下假设：

HB4：乡村空间重构对农业改造型具有显著的正向作用。

第三，建设主体的作用。

乡村聚落是以农业经济活动为主要形式的人类聚居场所，表现为农村人地关系互动，其发展体现在产业发展集聚、资源利用集约等方面。陈红霞和屈玥鹏（2020）指出，区位条件、资本、自然资源、劳动力资源等原始条件是产业发展的初始优势，技术、基础设施、专业技术人才等是产业逐步建设完善的保障，其中，劳动力资源主要是指当地的农民，资本主要由政府补贴和企业投资构成，专业技术则由各高校、科研院所的人才、专家所提供。在乡村建设中，人地承载、生产作用、生产生活组织等由人地关系延伸出的重要特征，能有效促进产业资源集聚，推动区域一体化发展，提升土地承载力、生产促进力、生产生活组织力，进而驱动乡村空间演化。基于此，可以看出，政府、村民、专家在巩固产业基础时作用巨大，政府间能统筹协调各方资源，优化产业链现代化发展的支持政策；村民能发挥主体意识，立足于乡村现有的资源禀赋、发展定位和发展潜力，有针对性地还原地域性文化特色，增强产业竞争力；专家则能提供技术指导和意见建议，在塑造地方风貌的同时最大程度地保护传统文化，丰富乡村村落资源基础，加速产业融合，巩固产业基础，故提出如下假设：

HB5：建设主体对产业基础具有显著的正向作用。

政府、村民、专家、游客等多元主体能动性是聚落功能转型的行动力，因此，应在政府政策的引导下，将旅游融入乡村发展，并带动地方村民积极和主动参与其中，以自身经验开展系列活动，进而满足游客多元化和个性化的旅游需要。此外，建设主体作为乡村遗产旅游可持续发展路上的重要因素，既在地方内部进行协作互助、沟通交流，优化旅游服务质量，还借助于人工智能、互联网等外部技术，加速农业与资本、劳动等要素的融合，优化遗产地资源配置，动态推动农业遗产更新改造。刘龙学指出，乡村旅游发展逐渐追求经济与生态环境相协调的可持续发展，侧重于通过社会效应探索开发景观价值，间接说明了建设主体在推动遗产旅游以保障农业文化遗产可持续发展中的重要性。屠爽爽（2019）等还表示，应加强行为主体在村落建设中的作用，及时关注相关政策制度完善对聚落资源的优化，合理规划农业发展，完善基础设施，提升环境质量，推动遗产旅游高质量发展。基于此，故提出如下假设：

HB6：建设主体对农业改造型具有显著的正向作用。

第四，产业基础的作用。

村落富含丰富的人文资源，其客观的底蕴构成了乡村聚落的空间景观，依靠合理的乡村聚落空间布局不仅可以保持或增加县域内耕地数量、防止土地资源闲置浪费，还可以提高土地利用效率、优化产业区域布局，推进农业可持续改造。乡村村落能从当地自然生态系统中获取生存与发展所需要的资源、能量，但由于现代化进程的加快，土地利用格局重构与乡村空间衰退成为空间重构的主要表现。乡村村落能够基于自身资源禀赋，疏通城乡资源流通渠道，进而在更大范围和更高平台实现资源配置优化，在城乡范围内重构乡村格局。旅游业的发展加速了村落空间重构的速度，使得乡村聚落迅速扩张。在此环境下，乡村空间重构倾向于将村庄视为城镇化的潜在空间，通过对村落的物质空间形态进行大规模的拆迁和新建，来满足拓展发展空间的需求。而在这个过程中，乡村文化、土地、经济等产业基础起着关键作用，只有充分考虑这些产业基础的发展水平，才能提出有针对性的措施，避免村落朝着无序与外延式扩张，提升土地利用效率和村庄运行效率，优化村落的结构与功能，从而促进乡村空间重构形成以农业为主、三产融合发展的乡村产业体系，实现乡村可持续健康发展。基于此，可以看出，乡村空间重构离不开乡村基本的资源基础、产业基础和政策支持等方面，只有充分利用好各方面产业资源，才能更有效地促进乡村聚落与文化和旅游产业融合，全方位、多元化推进农村产业融合发展，在优化乡村空间的同时满足乡村发展需要，实现农业文化遗产的系统性保护，故提出如下假设：

HB7：产业基础对乡村空间重构具有显著的正向作用。

HB8：产业基础对农业改造型具有显著的正向作用。

第五，关于乡村聚落景观与农业改造型系统性保护协同模式的理论模型。

根据乡村聚落景观与农业改造型系统性保护协同模式的分析框架、研究假设的相关内容，综合考虑乡村聚落景观与农业改造型协同现状，本书构建出乡村聚落景观与农业改造型系统性保护协同模式的理论框架，如图6-8所示。

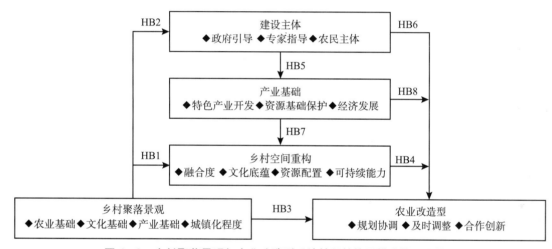

图6-8　乡村聚落景观与农业改造型系统性保护协同模式的理论模型

根据乡村聚落景观与农业改造型系统性保护协同模式的理论模型可以看出，该模式包含乡村聚落景观、乡村空间重构、建设主体、产业基础和农业改造型5个变量，其中，乡村聚落景观包括农业基础、文化基础、产业基础、城镇化程度4个方面；乡村空间重构包括融合度、文化底蕴、资源配置、可持续能力4个方面；建设主体包括政府引导、专家指导、农民主体3个方面；产业基础包括特色产业开发、资源基础保护和经济发展3个方面；农业改造型包括规划协调、及时调整、合作创新3个方面。乡村聚落景观与农业改造型之间既具有直接的作用路径，也具有间接的作用路径。间接路径有以下4条：①乡村聚落景观—乡村空间重构—农业改造型；②乡村聚落景观—建设主体—农业改造型；③乡村聚落景观—建设主体—产业基础—农业改造型；④乡村聚落景观—建设主体—产业基础—乡村空间重构—农业改造型。构建乡村聚落景观与农业改造型系统性保护协同模式的理论模型，为利用结构方程模型进行实证分析奠定了理论基础。

6.2.2　实地访谈

第一，关于案例地发展状况。

云南元阳全福庄中寨是2013年6月红河哈尼梯田文化景观申报世界文化景观遗产名录中提名的5个村寨之一，属云南省红河州元阳县新街镇辖区，位于新街镇东部，距新街镇镇政府驻地11千米。中寨包含自然和谐共生的聚落布局、水资源的高效利用方式、简约而独具特色的传统建筑以及鲜明丰富的文化景观，具有重要的自然美学价值和社会历史价值。中寨依托地域历史文化内涵和民俗风情，融入梯田文化、田园景观、历史内涵、人文习俗，形成一个具有保护、科普教育、休闲旅游的乡村聚落景观，协调政府和村民之间的关系，加入专家小组的指导，人与环境形成互动，既可推动农业文化遗产的可持续保护，同时又可发展乡村聚落旅游，促进村落经济发展。本书以云南元阳全福庄中寨为案例研究对象，其发展进程和特征对推进文旅深度融合新业态与农业文化遗产系统性保护协同具有代表性和特色性。

本书整体从云南元阳全福庄中寨分析"乡村聚落景观与农业改造型协同模式"的发展情况，探其根源。根据前文分析内容，云南元阳全福庄中寨具有良好的农业基础、文化基础和产业基础，借助政府、专家和村民的力量，通过规划协调、及时调整、合作创新不断升级发展。

第一阶段：景观带动旅游及"申遗"之路。

红河哈尼梯田位于云南省红河哈尼族彝族自治州，其主要收入来源于梯田农业种植。自20世纪80年代起，越来越多的年轻人外出打工，维持生计。20世纪90年代，哈尼梯田因其独特的景观特色，成为摄影师关注的热点，同时带动了当地旅游业的发展。2000年，哈尼族专家史军超首次提出将梯田申报为世界遗产，此想法得到了云南省和红河州政府的认同，并由其积极组织实施。2013年，红河哈尼梯田成功入选世界文化遗产景观名录，其保护范围主要包括位于云南省红河哈尼族彝族自治州区内的元阳县、绿春县、金平县和红河县4个县级行政区域，涵盖82个具有梯田特征的村寨遗产地区。

首先是红河州成立申遗办：从个体到团队（1999~2001年）。

哈尼梯田申遗过程，权利主体首先由个体到团体改变，专家个体首先具有对哈尼族的情感依恋和感情归属，并掌握了梯田文化知识，经过专家的说服，此后相继得到社会和政府的支持。云南省社会科学院的哈尼族专家史军超首次提出将哈尼梯田申报为世界遗产，其自1981年就开始搜集、整理、研究哈尼文化，整理了哈尼族著名长篇迁徙史诗《哈尼阿培聪坡坡》，并相继出版《哈尼族文学史》等专著、合著十余种。经过对国内外梯田整体考察后，军超专家于1999年在"云南建设民族文化大省研讨会"上初次向联合国提出申报世界遗产的建议，并撰写《关于"建立元阳哈尼族梯田文化奇观保护与发展基地"的构想》一文。其后，红河州《梯田文化报》刊发了他的申遗理念，引发关注和热议。2000年，哈尼族学者史军超和李克忠学者用"梯田—森林—村寨—江河"四元素概括了哈尼梯田文化，并在接受采访时向世界介绍了哈尼梯田文化。2001年，红河州成立申遗办，当地政府成立了红河哈尼梯田申报世界遗产工作专家组，权力主体从专家个体被转为具有合格、合法权威的专家团队，哈尼梯田世界遗产申报工作正式拉开序幕。

其次是梯田管理局确立：从团队到政府职能部门（2002~2007年）。

2006年，成立红河哈尼梯田保护与发展协会，结合其他遗产申报经验，分析哈尼梯田申报的优劣势。2007年，建立元阳县梯田管理局和红河州哈尼梯田管理局，以整治传统村落和调查遗产资源，进而完善申遗文体基础数据，审批和监督旅游开发项目，在全力申遗的同时注重遗产保护。申遗文本分析内容涉及中英文文字编辑、地图绘制、历史资料搜集等多个部分，申遗工作耗时长、内容广、人员要求高、难度大，成立梯田管理局权利主体非常有必要，他们主要采用说明和合法权威的方式，规训遗产地村民行为和旅游开发商，权利主体也不再是非政府组织，而是权利影响得以强化和拓展的政府组织。

最后是红河州梯田管理局改名世界遗产管理局：组织权力升级（2008~2013年）。

2010年，红河哈尼梯田被列为全球重要农业文化遗产保护试点，这提升了其在世界范围内的影响力和知名度。2012年1月，中国2013年世界文化遗产提名项目包含"红河哈尼梯田文化景观"。同年7月，在红河州《云南省红河哈尼族彝族自治州哈尼梯田保护管理条例》颁布实施的推动下，梯田保护管理工作上升到了法律层面。2013年6月，红河哈尼梯田成功列入世界文化遗产名录，这一举动提升了其国际关注度的同时，也促进了当地旅游业的发展速度。随后，红河州梯田管理局重新命名为"世界遗产管理局"，更加有针对性地保护农业文化遗产。

第二阶段：生存空间和社区结构发生转变。

"申遗结束"后，红河哈尼梯田遗产地的各级政府相互合作，在2014年编制可持续发展的生态旅游规划，在2015年开启管理监测工作，制定了控制性详规，扩展至4个县级区域。除此之外，2015年，红河州世界遗产管理局以知名专家教授为授课老师，以红河州世界遗产管理局干部职工和各县梯田管理部门干部职工为授课对象，举办了红河哈尼梯田保护管理骨干培训班，对村委会干部和乡镇分管领导进行授课，借助授课培养哈尼梯田保护管理队伍，促进哈尼梯田可持续发展。2017年，《红河哈尼族彝族自治州哈尼梯田保护管理实施办法》（简称《办法》）通过实施，这是目前哈尼梯田保护管理条例实施的主要依据。各级哈尼梯田管理局权责分配具有层级性，需"严格遵守"文物局制定保护规则，《办法》除了赋予州、县梯田管理局在遗产保护管理方面的支持外，还使权利对象扩大至"从事经营、旅游或其他活动的单位或个人"。同年，红河州世界遗产管理局再次举办培训活动，其间发放了有关哈尼梯田保护管理法律法规6种共3000册，宣传折页500册，宣传画1000张等，例如《哈尼梯田保护管理条例》法律法规手册、《红河哈尼梯田国家湿地公园》宣传折页等。

随着现代化步伐的推进，人们生活方式和旅游发展空间朝着同样的方向变迁，村落作为生产生活空间的一种，遗产保护中的重点和难点便是传统村落的保护。红河哈尼梯田存在166平方千米的遗产区，元阳遗产区涉及众多村落和人口，哈尼族人的山地稻作和人地关系持续了上千年，形成村落、梯田、水系、森林四要素协同共进、良性互动的可持续人居模式，呈现出哈尼梯田、传统村落、乡土文化有机联动、相融相生的乡村聚落景观。村落是遗产保护和传承的空间载体，哈尼遗产地的村落能较为完整地表现出当地发历史价值和文化价值，既是国家级传统村落，也是申遗中重点关注的对象。

第三阶段：乡村聚落景观的持续发展。

申遗成功后，凭借遗产申遗地的影响力和知名度，积极实现乡村脱贫和拉动旅游经济，以政府的力量推动民居建设以及实现农业文化遗产的普遍性保护发展。包括遗产保护实践、社区参与、旅游影响下的村落景观演变、山地稻作村落的适应性生计模式及民族文化保护研究等在内的元阳遗产区传统村落保护发展得到重视。红河哈尼梯田文化景观遗产是人与自然相互作用下演化而成的持续性景观，文化景观遗产构成要素之一——村落，承载着人与自然的互动模式，也是体现人们延续传统文化和习俗信仰、可持续利用土地空间的生产生活空间环境。大部分而言，乡村聚落的空间形态相对比较成熟，村落传统要素保存得较完整，延续和传承了乡村传统自然景观和传统文明风貌。乡村聚落景观是经过人与自然相互作用而形成的山地农业文化景观；非物质文化、宗教观念、传统技艺等围绕稻作生产生活的活态物质，都集中反映在村落的形态及土地利用等空间模式上，为持续发展乡村聚落景观旅游奠定了重要的基础。

第二，云南元阳全福庄中寨对乡村聚落景观与农业改造型系统性保护协同模式的作用。

在云南元阳全福庄中寨的发展过程中，特色民俗文化是关键资源，村落环境是发展基础，政策支持是主要推动力，农民主体是必备要素。综合考量各方面要素，本书将案例分析关键点放在农民、政策、空间规划和产业创新发展等几个方面，提炼出建设主体、产业基础、乡村空间重构3个关键构念，并对其进行结构化、条理化、系统化的分析讨论，构建出云南元阳全福庄中寨建设中建设主体、产业基础及乡村空间重构的作用模型，为分析探讨建设主体、产业基础、乡村空间重构在乡村聚落景观与农业改造型协同模式中的作用提供了清晰的路径。

首先，云南元阳全福庄中寨建设中建设主体分析。

红河哈尼梯田文化景观地处云南省红河哈尼族彝族自治州元阳县，遗产区内目前存在82个自然村，各自形成一个个独立的小型社区，其土地利用方式具有一定的弹性，呈现"森林—水系—村寨—梯田"四要素同构的空间格局，展现了人与自然和谐交融的互动模式，各个村落共同组成了一个风俗习惯相近、人地价值共享、文化背景相同的遗产社区。相比于专家，村民更清楚村落发展状况和存在的问题，加上政府的政策指导和专家的独特见解，进一步促进了乡村聚落景观的发展和村落的建设。基于上述分析，结合乡村聚落景观与农业改造型系统性保护协同模式的结构方程实证结果，本书初步科学地模拟出云南元阳全福庄中寨建设中建设主体的作用模型，见图6-9。

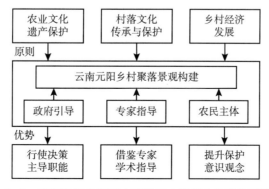

图6-9 云南元阳全福庄中寨建设中建设主体的作用模型

图 6-9 展示了云南元阳全福庄中寨建设中建设主体的作用模型，从中可以明确看出，中寨从建设主体出发，坚持政府引导、专家指导和农民主体的原则，充分发挥各建设主体的作用。规划乡村旅游发展不仅要保护乡村景观依托的"土"，更要保护乡村景观依托的"人"，让旅游产业与乡村居民的行为活动形成一种积极、正面的牵引。当地各级政府通过规范旅游市场秩序、引进专业旅游公司、开展民族节庆活动、加快建设旅游基础设施等途径，扩大就业机会，发展遗产区旅游经济；企业拥有发展乡村旅游所需的资金、人才、技术和信息，将地方政府、社区、贫困户等利益相关者连接在一起，为村民提供资金、管理经验和就业机会，实现共同发展；村民亲自参与到旅游业服务经营和乡村规划及实施之中，保护村落的传统文化；专家提供村落旅游发展方向和村落保护方案，促进村民就业创业的同时保护资源文化。政府、企业、村民和企业的相互合作、相互协调，共同促进云南元阳全福庄中寨的农业旅游发展。此外，云南元阳全福庄中寨充分发挥哈尼梯田资源优势，结合遗产区森林、村寨、梯田、水系等自然要素特点，将农耕技艺、民族文化、民族餐饮等融入旅游全领域，坚持以农耕文化为根，开发耕田、插秧、捉鱼、收割、茶叶采摘、织布、刺绣等活态文化体验产品及活动，并辐射带动周边村寨，打造乡村旅游圈，不仅传承了当地的民俗文化，还吸引了众多游客参观，带动当地经济发展。

因此，政府可以通过需求和供给管理手段，给予人力、物力和财力等方面支持，并搭建旅游信息平台，推广旅游目的地，刺激外地游客的旅游需求。专家掌握众多旅游规划经验，对地方资源、文化、产业敏感度高，能更容易识别出符合当地环境的旅游发展模式，并能对其提供个性化指导，优化产业空间结构，最大程度地挖掘出地方产业特色，塑造良好的旅游形象。村民积极为游客普及地方文化特色，并通过体验性活动让其真正融入乡村生活，可以增强游客的旅游价值感知，刺激其重复旅游的欲望，带来农业文化遗产的长效保护，假设 HB2、假设 HB5 和假设 HB6 成立。

其次，云南元阳全福庄中寨建设中产业基础分析。

产业融合是同一产业不同部门（行业）或不同产业之间互相交叉和渗透，使其融为一体，产业间要素的优化组合和配置，生成一种合理、稳定、可持续的内外协同的机制，最终逐步形成新的产业或增长点的动态发展过程。《云南省人民政府关于推进文化创意和设计服务与相关产业融合发展的实施意见》在 2014 年出台实施，提出合理运用民族文化资源，充分挖掘优势特色，加强整合人才队伍、基础设施、科学技术、资本、文化资源等核心要素，有效融合农业、旅游和文化产业，形成特色产业基础，开创差异化、多样化的发展模式，说明文化产业融合获得政策上的支持认可。基于上述分析，结合乡村聚落景观与农业改造型系统性保护协同模式的结构方程实证结果，本书初步科学地模拟出云南元阳全福庄中寨建设中产业基础的作用模型，见图 6-10。

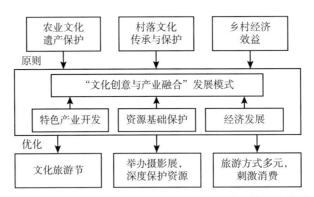

图 6-10 云南元阳全福庄中寨建设中产业基础的作用模型

图 6-10 展示了云南元阳全福庄中寨建设中产业基础的作用模型，云南元阳全福庄中寨文化景观资源丰富，随着哈尼梯文化旅游节和田国际摄影展被越来越多的人熟知，哈尼梯田品牌的知名度和影响力扩大，品牌效应愈加明显，红河哈尼梯田文化发展所带来的经济潜能逐步吸引着其他产业与其融合。云南元阳全福庄中寨是农业旅游的创新业态，包括特色产业开发、资源基础保护、经济发展，三者共同构成了乡村聚落景观的产业基础。

在特色产业开发方面，元阳地方政府与龙头企业配合，建立产学研平台，企业为其提供水产科技等技术支持，展开技术培训和培养创新人才，帮助农业旅游发展的产业属性识别和潜力价值开发，例如发展文化旅游节充分挖掘而不破坏资源价值，保证了资源的可持续发展。在资源基础保护方面，云南哈尼梯田具有独特的文化遗产价值和生态体验价值，水产资源丰富，依靠"稻渔共作"形式，发展旅游农业和循环农业，一方面增加了农业产量，提高了村落收入，另一方面保护了生态自然环境，优化了人们的生活质量水平。在经济发展方面，民族文化在不断扩大的旅游冲击背景下，追求经济利益的竞争愈加激烈，文化同质化情况加剧，特色文化塑造面临巨大挑战，但在政府、企业和村民的帮助下，青阳县拥有世界遗产景观——红河哈尼梯田文化景观、国家 AAAA 级旅游景区——元阳哈尼梯田以及获批筹建全国哈尼梯田文化旅游知名品牌创建示范区，文化品牌形象影响力加大，提升了当地未来发展潜力，使其竞争能力增强，经济效益提升。因此，农业基础是旅游得以顺利开展和运行的重要载体，与当地旅游发展的基本条件密切相关，决定着采取怎样的措施实现农业文化遗产资源的保护性开发，怎样完善旅游基础设施建设才能突出历史悠久的农耕文明，进而通过塑造旅游目的地可达性和满足游客的异地消费，来提升当地的旅游产业竞争力和旅游知名度，假设 HB7 和假设 HB8 成立。

最后，云南元阳全福庄中寨建设中乡村空间重构分析。

云南元阳全福庄中寨的乡村空间重构是以乡村的生产、生活和生态空间的拓展、重组与融合发展为基本特征，不断增加以旅游服务为主的复合型空间。云南元阳全福庄中寨的乡村空间重构包括融合度、文化底蕴、资源配置和可持续性能力 4 个部分，通过优化产业结构、促进产业交叉融合、优化资源配置、挖掘文化内涵改变了云南元阳全福庄中寨的农业基础、文化基础、产业基础和城镇化进程，基于此，构建出云南元阳全福庄中寨建设中乡村空间重构的作用模型，见图 6 – 11。

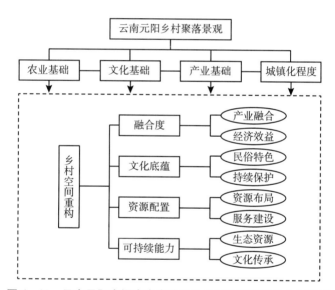

图 6 – 11　云南元阳全福庄中寨建设中乡村空间重构的作用模型

图 6 – 11 展示了云南元阳全福庄中寨建设中乡村空间重构的作用模型，结合云南红河哈尼稻田乡村聚落景观实际发展状况，从农业基础、文化基础、产业基础、城镇化程度 4 个方面出发，研究云南元阳全福庄中寨的乡村空间重构作用。云南元阳全福庄中寨有着丰富的农业因素，农业顺应发展需求不断改造创新，与旅游产业、文化产业等进行融合，为农业发展注入强大动力。云南元阳全福庄中寨聚落分布格局特征呈现集聚的片状分布，呈"中间密四周疏"的分布格局，为了更好地保护其原有的聚落特征，全福庄中寨加大了对哈尼梯田遗产区的风貌整治，拆除违规建筑，通过延续传统工艺，进行功能性修复，全力保护全福庄中寨聚落的整体性和系统性，并对哈尼梯田文化的原真性加以保护。不仅如此，街镇利用哈尼梯田世界文化遗产的品牌优势，突出农耕文化展示、生态居住组团、生态休闲度假、文化休闲购物体验等多元旅游要素，实现人文与自然景观、城镇与旅游产业的有机协调与可持续发展。因此，云南元阳全福庄中寨在其农业旅游发展过程中，高度探寻文化特色和资源潜力，注重生存环境的保护，遵循相关保护专家的指导下，开发乡村聚落景观时融入多样的创新理念，保存村落发展特征和文化原真性，假设 HB1、假设 HB3

和假设 HB4 成立。

关于案例验证分析：

此次案例研究选取的是红河哈尼稻田乡村聚落景观——云南元阳全福庄中寨，研究小组通过实地调研获得了准确性较高的数据资料，对云南元阳全福庄中寨的情况了解得更加清楚明晰，同时也保证了资料数据的真实性、严谨性、准确性。为了有效地展开对乡村聚落景观与农业改造型系统性保护协同模式的案例研究，首先对选择的云南元阳全福庄中寨这个研究对象进行了阐释说明，将云南元阳全福庄中寨的建设历程和发展方向概况为三个阶段：一是景观带动旅游及"申遗"之路阶段；二是生存空间和社区结构发生转变阶段；三是乡村聚落景观的持续发展阶段，经过对三个阶段进行全面而深入的分析，总结提炼出云南元阳全福庄中寨发展所面临的困境及其解决办法，得出云南元阳全福庄中寨依托当地独特的自然景观和人文景观，塑造品牌形象，转变发展空间，优化农业和旅游的发展模式。其中，依据前文构建的乡村聚落景观与农业改造型系统性保护协同模式的结构方程实证分析结果，在案例分析中着重把握乡村空间重构、产业基础、建设主体三方面的内容，构建出云南元阳全福庄中寨建设中建设主体、产业基础、乡村空间重构的作用模型。

本书采用案例研究的方法进行单案例研究，选取云南元阳全福庄中寨为典型案例对乡村聚落景观与农业改造型系统性保护协同模式进行验证。结合前文所构建的乡村聚落景观与农业改造型系统性保护协同模式的分析框架、研究假设和结构方程实证分析的相关内容，以云南元阳全福庄中寨的发展状况为出发点，着重把握乡村空间重构、产业基础、建设主体在文旅深度融合新业态与农业文化遗产系统性保护中的作用，以云南元阳全福庄中寨为案例对乡村聚落景观与农业改造型系统性保护协同模式过程中的影响因素进行案例验证，进一步科学有效地验证了乡村聚落景观与农业改造型系统性保护协同模式的有效性。

6.2.3 问卷数据设计

第一，样本数据的描述性统计及信度效度检验。

首先，乡村聚落景观与农业改造型系统性保护协同模式的协同度测算。

本书通过"协同性"这一指标来表示"乡村聚落景观"与"农业改造型"协同效应和协同机制。从乡村聚落景观与农业改造型系统性保护协同模型的实证分析出发，构建相关的指标体系，根据实证分析结果，可以知道乡村聚落景观、乡村空间重构和建设主体3个变量对农业改造型产生了直接影响作用，产业基础对其产生了间接影响作用，故只有乡村空间重构、建设主体和产业基础3个子系统协同发展，才能促进乡村聚落景观与农业改造型系统性保护协同模式更好地协同发展。本书从乡村聚落景观的农业基础、文化基础、产业基础和城镇化程度4个方面度量乡村聚落景观对乡村空间重构子系统、建设主体子系统、产业基础子系统存在的直接或者间接的影响作用。基于此，研究对乡村聚落景观与农业改造型系统性保护协同模式的协同性进行评价，同时通过评价乡村空间重构子系统、建设主体子系统、产业基础子系统进一步实现对其评价的验证，进而用子系统的协同度来客观反映乡村聚落景观与农业改造型系统性保护所构成的复合系统的协同程度。

根据协同学的相关理论和原理，构建乡村聚落景观、乡村空间重构、技术推广、建设主体和农业改造型5个子系统间的协同度模型。乡村聚落景观、乡村空间重构、建设主体、产业基础和农业改造型5个子系统的序参量如表6-10所示。

表6-10 各子系统序参量

子系统	测量指标	序参量
乡村聚落景观	农业基础、文化基础、产业基础、城镇化程度	RSL11、RSL12、RSL21、RSL22、RSL31、RSL32、RSL41、RSL42
乡村空间重构	融合度、文化底蕴、资源配置、可持续能力	VSR11、VSR12、VSR13、VSR21、VSR22、VSR31、VSR32、VSR33、VSR41、VSR42
建设主体	政府引导、专家指导、农民主体	MBC11、MBC12、MBC13、MBC21、MBC22、MBC23、MBC31、MBC32、MBC33

子系统	测量指标	序参量
产业基础	特色产业开发、资源基础保护、经济发展	IF11、IF12、IF21、IF22、IF31、IF32
农业改造型	规划协调、及时调整、合作创新	AT11、AT12、AT13、AT21、AT22、AT23、AT31、AT32

在确定各个子系统的参量后，将对乡村聚落景观、乡村空间重构、建设主体、产业基础、农业改造型 5 个子系统之间的有序度进行测量，结合前文对乡村聚落景观与农业改造型系统性保护协同模式的理论模型的相关分析，得出其他子系统的有序度和序参量之后，本书将计算系统协同度并重新测量子系统的有序度，进而得到总系统的协同度。同理，得出乡村聚落景观与农业改造型系统性保护协同模式中乡村空间重构、建设主体、产业基础、农业改造型等其他子系统之间的协同度，见表 6 – 11。

表 6 – 11　　　　　　　　　　　　　　各子系统间的系统协同度

子系统	RSL	VSR	MBC	IF	AT
乡村聚落景观（RSL）	—				
乡村空间重构（VSR）	0.58	—			
建设主体（MBC）	0.57	0.52	—		
产业基础（IF）	0.59	0.53	0.53	—	
农业改造型（AT）	0.64	0.57	0.57	0.59	—

根据表 4 – 1 协同度划分区间，将协同度分为 5 个区间，结合表 6 – 11 关于乡村聚落景观与农业改造型系统性保护协同模式中的各子系统的协同度大小，可以得出协同模式中的乡村聚落景观、乡村空间重构、建设主体、产业基础和农业改造型这 5 个子系统相互之间的协同度都处于高度协同的范围，基于此，判定乡村聚落景观与农业改造型具有良好的协同性。

其次，通过对获取的乡村聚落景观与农业改造型系统性保护协同第一手数据进行初步评估和数量统计，认为有效问卷的数量与结构方程所需量相符合，为下一步进行实证分析奠定了基础。为确保数据的准确性和可靠性，进行实证之前，对问卷数据进行信度分析和效度分析。

再次，对乡村聚落景观与农业改造型系统性保护协同的问卷数据进行描述性统计分析，对乡村聚落景观、乡村空间重构、建设主体、产业基础、农业改造型 5 个主要变量的观测指标进行均值和标准差统计。均值指标是衡量模型中各个变量的分布的平均程度和集中度。标准差指标是衡量模型中各个变量数据的分散程度，即离散程度大小。本书借助 SPSS 25.0 计算各观测变量的均值和标准差，见表 6 – 12。

表 6 – 12　　　　　　　　　　　　　　描述性统计

主要变量	潜在变量	观测变量	均值	标准差	最大值	最小值
乡村聚落景观（RSL）	农业基础（RSL1）	RSL11	3.68	0.683	5	1
		RSL12	3.72	0.727	5	1
	文化基础（RSL2）	RSL21	3.58	0.797	5	1
		RSL22	3.63	0.794	5	1
	产业基础（RSL3）	RSL31	3.57	0.762	5	1
		RSL32	3.54	0.732	5	1
	城镇化程度（RSL4）	RSL41	3.65	0.797	5	1
		RSL42	3.62	0.751	5	1

续表

主要变量	潜在变量	观测变量	均值	标准差	最大值	最小值
乡村空间重构（VSR）	融合度（VSR1）	VSR11	3.17	0.685	5	1
		VSR12	3.27	0.717	5	1
		VSR13	3.15	0.661	5	1
	文化底蕴（VSR2）	VSR21	3.29	0.684	5	1
		VSR22	3.20	0.743	5	1
	资源配置（VSR3）	VSR31	3.19	0.780	5	1
		VSR32	3.14	0.744	5	1
		VSR33	3.08	0.695	5	1
	可持续能力（VSR4）	VSR41	3.38	0.761	5	1
		VSR42	3.19	0.684	5	1
建设主体（MBC）	政府引导（MBC1）	MBC11	3.26	0.743	5	1
		MBC12	3.19	0.684	5	1
		MBC13	3.06	0.689	5	1
	专家指导（MBC2）	MBC21	3.29	0.726	5	1
		MBC22	3.07	0.722	5	1
		MBC23	3.14	0.705	5	1
	农民主体（MBC3）	MBC31	3.19	0.735	5	1
		MBC32	3.11	0.686	5	1
		MBC33	3.19	0.729	5	1
产业基础（IF）	特色产业开发（IF1）	IF11	3.34	0.825	5	1
		IF12	3.22	0.821	5	1
	资源基础保护（IF2）	IF21	3.41	0.765	5	1
		IF22	3.36	0.736	5	1
	经济发展（IF3）	IF31	3.31	0.823	5	1
		IF32	3.36	0.827	5	1
农业改造型（AT）	规划协调（AT1）	AT11	3.61	0.725	5	1
		AT12	3.60	0.758	5	1
		AT13	3.61	0.752	5	1
	及时调整（AT2）	AT21	3.62	0.739	5	1
		AT22	3.63	0.774	5	1
		AT23	3.70	0.733	5	1
	合作创新（AT3）	AT31	3.59	0.806	5	1
		AT32	3.65	0.740	5	1

最后，为确保乡村聚落景观与农业改造型系统性保护协同模式检测结果具有真实性、可靠性，对其进行信度检测。利用组合信度系数对乡村聚落景观与农业改造型系统性保护协同模式所整合的各类数据进行

分析和检测，分别得出乡村聚落景观、乡村空间重构、建设主体、产业基础、农业改造型的组合信度系数。同时，根据表 5 - 4 的组合信度标准对乡村聚落景观与农业改造型系统性保护协同模式的潜在变量的组合信度系数进行评判。为确保信度检测所得数据能够科学合理地反映各个变量的真实构架，在对乡村聚落景观与农业改造型系统性保护协同模式进行信度检测的基础上，进一步对乡村聚落景观与农业改造型系统性保护协同模式进行效度检测，见表 6 - 13。

表 6 - 13　　　　　　　　　　　　　　　　　　信度和效度检验

变量	CR	因子荷载		KMO 值	累计方差解释率	Bartlett's 球形检验		
						χ^2	df	Sig.
乡村聚落景观（RSL）	0.964	RSL11	0.911	0.952	76.941	1923.089	28	0.000
		RSL12	0.877					
		RSL21	0.880					
		RSL22	0.867					
		RSL31	0.860					
		RSL32	0.885					
		RSL41	0.870					
		RSL42	0.867					
乡村空间重构（VSR）	0.916	VSR11	0.676	0.935	52.283	1083.588	45	0.000
		VSR12	0.732					
		VSR13	0.755					
		VSR21	0.774					
		VSR22	0.830					
		VSR31	0.673					
		VSR32	0.761					
		VSR33	0.695					
		VSR41	0.629					
		VSR42	0.684					
建设主体（MBC）	0.891	MBC11	0.718	0.915	47.631	725.382	36	0.000
		MBC12	0.665					
		MBC13	0.721					
		MBC21	0.666					
		MBC22	0.676					
		MBC23	0.686					
		MBC31	0.739					
		MBC32	0.645					
		MBC33	0.689					

变量	CR	因子荷载		KMO 值	累计方差解释率	Bartlett's 球形检验		
						χ^2	df	Sig.
产业基础（IF）	0.914	IF11	0.849	0.810	63.960	823.458	15	0.000
		IF12	0.810					
		IF21	0.778					
		IF22	0.748					
		IF31	0.790					
		IF32	0.820					
农业改造型（AT）	0.949	AT11	0.842	0.948	69.885	1456.790	28	0.000
		AT12	0.845					
		AT13	0.835					
		AT21	0.822					
		AT22	0.847					
		AT23	0.846					
		AT31	0.821					
		AT32	0.830					

首先，在对乡村聚落景观与农业改造型进行信度所得数据中，各个数据的相关组合信度系数值都大于0.8，因此所得数据具有较好的可信度。其次，从对乡村聚落景观与农业改造型进行效度检验所得数据中所得各个指标的因子载荷均在0.5以上，KMO值均大于0.8，因此所得数据能够较好地进行因子分析。最后，Bartlett's 球形检验显著性水平均为0.000，因此，此次研究过程中，调查问卷所得数据及各组成部分建构之间有较好的效度。

第二，样本数据的结构方程模型构建及调整。

研究乡村聚落景观与农业改造型系统性保护协同模式时，依据变量性质构建结构方程模型。根据前文所构建的乡村聚落景观与农业改造型系统性保护协同模式的理论模型，乡村聚落景观、乡村空间重构、建设主体、产业基础及农业改造型都是不可直接观测到的变量，属于潜在变量的范畴。在确定变量性质的基础上，对乡村聚落景观与农业改造型系统性保护协同模式中的变量进行归类处理，其中，乡村聚落景观属于内生变量，乡村空间重构、建设主体、产业基础属于中间变量，农业改造型属于外生变量。因此，构建乡村聚落景观与农业改造型系统性保护协同模式的结构方程模型如图6-12所示，箭头方向代表了变量之间的因果关系。

由图6-12所显示的乡村聚落景观与农业改造型系统性保护协同模式的初始结构方程模型可知，乡村聚落景观与农业改造型系统性保护协同模式的初始结构方程中存在外生显变量8项，具体为：RSL11、RSL12、RSL21、RSL22、RSL31、RSL32、RSL41、RSL42；内生显变量共33项，具体为：VSR11、VSR12、VSR13、VSR21、VSR22、VSR31、VSR32、VSR33、VSR41、VSR42、MBC11、MBC12、MBC13、MBC21、MBC22、MBC23、MBC31、MBC32、MBC33、IF11、IF12、IF21、IF22、IF31、IF32、AT11、AT12、AT13、AT21、AT22、AT23、AT31、AT32；外生潜变量共4项，具体为：RSL1、RSL2、RSL3、RSL4；内生潜变量共13项，具体为：VSR1、VSR2、VSR3、VSR4、MBC1、MBC2、MBC3、IF1、IF2、IF3、AT1、AT2、AT3。这是由观测变量和潜在变量所构成的结构方程模型的测量模型。

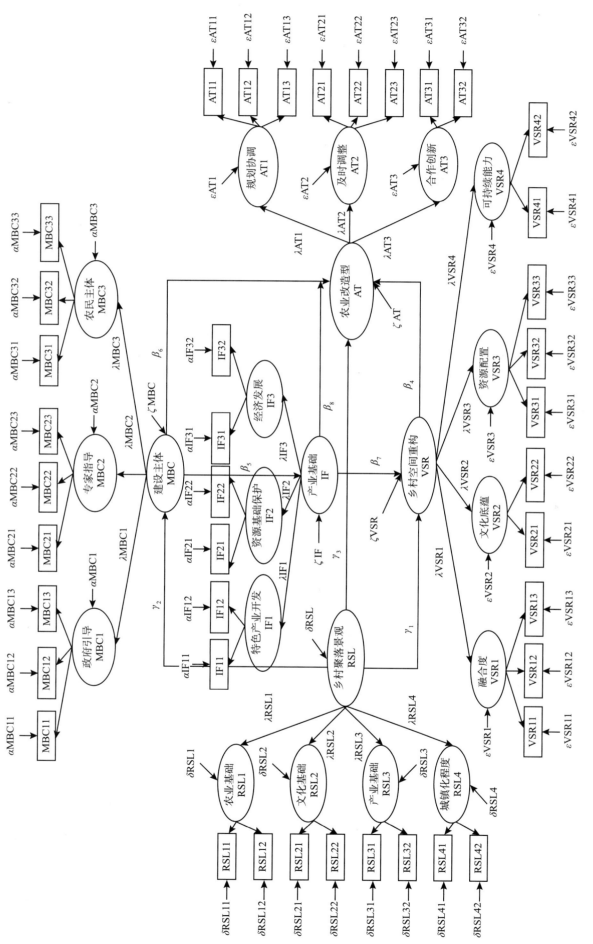

图6-12　乡村聚落景观与农业改造型系统性保护协同模式的初始结构方程模型

进行乡村聚落景观与农业改造型系统性保护协同模式的数据验证时，通过对相关变量进行设定以构建观测变量的结构方程式。按照初始结构方程模型，乡村聚落景观（RSL）、农业基础（RSL1）、文化基础（RSL2）、产业基础（RSL3）、城镇化程度（RSL4）为外生潜变量，分别用 ξ_{RSL}、ξ_{RSL1}、ξ_{RSL2}、ξ_{RSL3}、ξ_{RSL4} 表示。乡村空间重构（VSR）、融合度（VSR1）、文化底蕴（VSR2）、资源配置（VSR3）、可持续能力（VSR4）、建设主体（MBC）、政府主导（MBC1）、专家指导（MBC2）、农民主体（MBC3）、产业基础（IF）、特色产业开发（IF1）、资源基础保护（IF2）、经济发展（IF3）、农业改造型（AT）、规划协调（AT1）、及时调整（AT2）、合作创新（AT3）为内生潜变量，分别用 η_{VSR}、η_{VSR1}、η_{VSR2}、η_{VSR3}、η_{VSR4}、η_{MBC}、η_{MBC1}、η_{MBC2}、η_{MBC3}、η_{IF}、η_{IF1}、η_{IF2}、η_{IF3}、η_{AT}、η_{AT1}、η_{AT2}、η_{AT3} 表示。基于此，构建乡村聚落景观与农业改造型系统性保护协同模式的观测模型方程式：

$$
\begin{cases}
X_{RSL1} = \lambda_{RSL1}\xi_{RSL} + \delta_{RSL1} & X_{RSL2} = \lambda_{RSL2}\xi_{RSL} + \delta_{RSL2} \\
X_{RSL3} = \lambda_{RSL3}\xi_{RSL} + \delta_{RSL3} & X_{RSL4} = \lambda_{RSL4}\xi_{RSL} + \delta_{RSL4} \\
X_{RSL11} = \lambda_{RSL11}\xi_{RSL1} + \delta_{RSL11} & X_{RSL12} = \lambda_{RSL12}\xi_{RSL1} + \delta_{RSL12} \\
X_{RSL21} = \lambda_{RSL21}\xi_{RSL2} + \delta_{RSL21} & X_{RSL22} = \lambda_{RSL22}\xi_{RSL2} + \delta_{RSL22} \\
X_{RSL31} = \lambda_{RSL31}\xi_{RSL3} + \delta_{RSL31} & X_{RSL32} = \lambda_{RSL32}\xi_{RSL3} + \delta_{RSL32} \\
X_{RSL41} = \lambda_{RSL41}\xi_{RSL4} + \delta_{RSL41} & X_{RSL42} = \lambda_{RSL42}\xi_{RSL4} + \delta_{RSL42} \\
Y_{IF1} = \lambda_{IF1}\eta_{IF} + \varepsilon_{IF1} & Y_{IF2} = \lambda_{IF2}\eta_{IF} + \varepsilon_{IF2} \qquad Y_{IF3} = \lambda_{IF3}\eta_{IF} + \varepsilon_{IF3} \\
Y_{IF11} = \lambda_{IF11}\eta_{IF1} + \varepsilon_{IF11} & Y_{IF12} = \lambda_{IF12}\eta_{IF1} + \varepsilon_{IF12} \qquad Y_{IF21} = \lambda_{IF21}\eta_{IF2} + \varepsilon_{IF21} \\
Y_{IF22} = \lambda_{IF22}\eta_{IF2} + \varepsilon_{IF22} & Y_{IF31} = \lambda_{IF31}\eta_{IF3} + \varepsilon_{IF31} \qquad Y_{IF32} = \lambda_{IF32}\eta_{IF3} + \varepsilon_{IF32} \\
Y_{MBC1} = \lambda_{MBC1}\eta_{MBC} + \varepsilon_{MBC1} & Y_{MBC2} = \lambda_{MBC2}\eta_{MBC} + \varepsilon_{MBC2} \\
Y_{MBC3} = \lambda_{MBC3}\eta_{MBC} + \varepsilon_{MBC3} & Y_{MBC11} = \lambda_{MBC11}\eta_{MBC1} + \varepsilon_{MBC11} \\
Y_{MBC12} = \lambda_{MBC12}\eta_{MBC1} + \varepsilon_{MBC12} & Y_{MBC13} = \lambda_{MBC13}\eta_{MBC1} + \varepsilon_{MBC13} \\
Y_{MBC21} = \lambda_{MBC21}\eta_{MBC2} + \varepsilon_{MBC21} & Y_{MBC22} = \lambda_{MBC22}\eta_{MBC2} + \varepsilon_{MBC22} \\
Y_{MBC23} = \lambda_{MBC23}\eta_{MBC2} + \varepsilon_{MBC23} & Y_{MBC31} = \lambda_{MBC31}\eta_{MBC3} + \varepsilon_{MBC31} \\
Y_{MBC32} = \lambda_{MBC32}\eta_{MBC3} + \varepsilon_{MBC32} & Y_{MBC33} = \lambda_{MBC33}\eta_{MBC3} + \varepsilon_{MBC33} \\
Y_{VSR1} = \lambda_{VSR1}\eta_{VSR} + \varepsilon_{VSR1} & Y_{VSR2} = \lambda_{VSR2}\eta_{VSR} + \varepsilon_{VSR2} \\
Y_{VSR3} = \lambda_{VSR3}\eta_{VSR} + \varepsilon_{VSR3} & Y_{VSR4} = \lambda_{VSR4}\eta_{VSR} + \varepsilon_{VSR4} \\
Y_{VSR11} = \lambda_{VSR11}\eta_{VSR1} + \varepsilon_{VSR11} & Y_{VSR12} = \lambda_{VSR12}\eta_{VSR1} + \varepsilon_{VSR12} \\
Y_{VSR13} = \lambda_{VSR13}\eta_{VSR1} + \varepsilon_{VSR13} & Y_{VSR21} = \lambda_{VSR21}\eta_{VSR2} + \varepsilon_{VSR21} \\
Y_{VSR22} = \lambda_{VSR22}\eta_{VSR2} + \varepsilon_{VSR22} & Y_{VSR31} = \lambda_{VSR31}\eta_{VSR3} + \varepsilon_{VSR31} \\
Y_{VSR32} = \lambda_{VSR32}\eta_{VSR3} + \varepsilon_{VSR32} & Y_{VSR33} = \lambda_{VSR33}\eta_{VSR3} + \varepsilon_{VSR33} \\
Y_{VSR41} = \lambda_{VSR41}\eta_{VSR4} + \varepsilon_{VSR41} & Y_{VSR42} = \lambda_{VSR42}\eta_{VSR4} + \varepsilon_{VSR42} \\
Y_{AT1} = \lambda_{AT1}\eta_{AT} + \varepsilon_{AT1} & Y_{AT2} = \lambda_{AT2}\eta_{AT} + \varepsilon_{AT2} \qquad Y_{AT3} = \lambda_{AT3}\eta_{AT} + \varepsilon_{AT3} \\
Y_{AT11} = \lambda_{AT11}\eta_{AT1} + \varepsilon_{AT11} & Y_{AT12} = \lambda_{AT12}\eta_{AT1} + \varepsilon_{AT12} \qquad Y_{AT13} = \lambda_{AT13}\eta_{AT1} + \varepsilon_{AT13} \\
Y_{AT21} = \lambda_{AT21}\eta_{AT2} + \varepsilon_{AT21} & Y_{AT22} = \lambda_{AT22}\eta_{AT2} + \varepsilon_{AT22} \qquad Y_{AT23} = \lambda_{AT23}\eta_{AT2} + \varepsilon_{AT23} \\
Y_{AT31} = \lambda_{AT31}\eta_{AT3} + \varepsilon_{AT31} & Y_{AT32} = \lambda_{AT32}\eta_{AT3} + \varepsilon_{AT32}
\end{cases}
$$

进行乡村聚落景观与农业改造型系统性保护协同模式的结构方程实证检验时，借助前文所提到的乡村聚落景观与农业改造型系统性保护协同模式的研究假设和理论模型，本书使用 γ_1、γ_2 和 γ_3 表示乡村聚落景观对乡村空间重构、建设主体、农业改造型的作用路径，用 β_4 表示乡村空间重构对农业改造型的作用路径，用 β_5 和 β_6 表示建设主体对产业基础和农业改造型的作用路径，用 β_7 和 β_8 表示产业基础对乡村空间重构和农业改造型的作用路径。结合上述设定的变量之间的作用路径，本书构建的结构模型方程表达式如下：

$$\begin{cases} \eta_{MBC} = \gamma_2 \xi_{RSL} + \zeta_{MBC} \\ \eta_{IF} = \beta_5 \xi_{MBC} + \zeta_{IF} \\ \eta_{VSR} = \gamma_1 \xi_{RSL} + \beta_7 \eta_{IF} + \zeta_{VSR} \\ \eta_{AT} = \gamma_3 \xi_{RSL} + \beta_4 \eta_{VSR} + \beta_6 \eta_{MBC} + \beta_8 \eta_{IF} + \zeta_{AT} \end{cases}$$

完成构建乡村聚落景观与农业改造型系统性保护协同模式的测量模型和结构模型，即完成初始结构方程模型构建后，需进一步判断检验拟合指数、参数和决定系数等是否达到要求，本书将采用不同的评价方法对以上各项指标进行检验分析，从而更正确地判断乡村聚落景观对农业文化遗产系统性保护的作用原始模型是否需要进行修正。

检验拟合度时，采取常见的 7 种拟合指标检验方法对其进行拟合指标检验，主要包括 χ^2/DF、CFI、IFI、TLI、PNFI、RMSEA、SRMR，在 AMOS 22.0 中导入乡村聚落景观与农业改造型系统性保护协同模式的初始结构方程模型，并同时将问卷数据导入，得到模型的相关拟合指标值，见表 6 – 14。

表 6 – 14　　　　乡村聚落景观与农业改造型系统性保护协同模式的初始结构方程模型拟合度结果

拟合指标	χ^2/DF	CFI	IFI	TLI	PNFI	RMSEA	SRMR
观测值	1.509	0.944	0.944	0.940	0.795	0.045	0.0468

由初始乡村聚落景观与农业改造型系统性保护结构方程模型拟合度结果可以得出，各项拟合指标均达到了拟合标准，说明本书构建的初始结构方程模型能较好地与调查问卷数据进行拟合。故依据拟合度检验，进一步测度结构方程的路径系数，判断其是否合理有效，见表 6 – 15。

表 6 – 15　　　　乡村聚落景观与农业改造型系统性保护协同模式的初始结构方程路径估计

路径	模型路径	路径系数	S. E.	C. R.	P
γ_1	RSL→VSR	0.631	0.042	11.394	***
γ_2	RSL→MBC	0.753	0.044	12.723	***
γ_3	RSL→AT	0.243	0.095	2.382	0.017
β_4	VSR→AT	0.244	0.124	2.403	0.016
β_5	MBC→IF	0.701	0.085	10.632	***
β_6	MBC→AT	0.303	0.128	2.955	0.003
β_7	IF→VSR	0.327	0.044	5.852	***
β_8	IF→AT	0.123	0.079	1.503	0.133

注：*** 表示 P < 0.001。

由表 6 – 15 可以看出，根据乡村聚落景观与农业改造型系统性保护的初始结构方程模型路径估计结果，IF→AT 这一条路径没有通过显著性检验。依据整体结果，乡村聚落景观与农业改造型系统性保护协同模式的初始结构方程模型的基本构造思路是大致正确的，但还需要对模型部分关系进行调整完善，重新测度关系路径。故而在初始结构方程模型中删除了产业基础对农业改造型的直接作用关系路径，即 IF→AT（见图 6 – 13）。

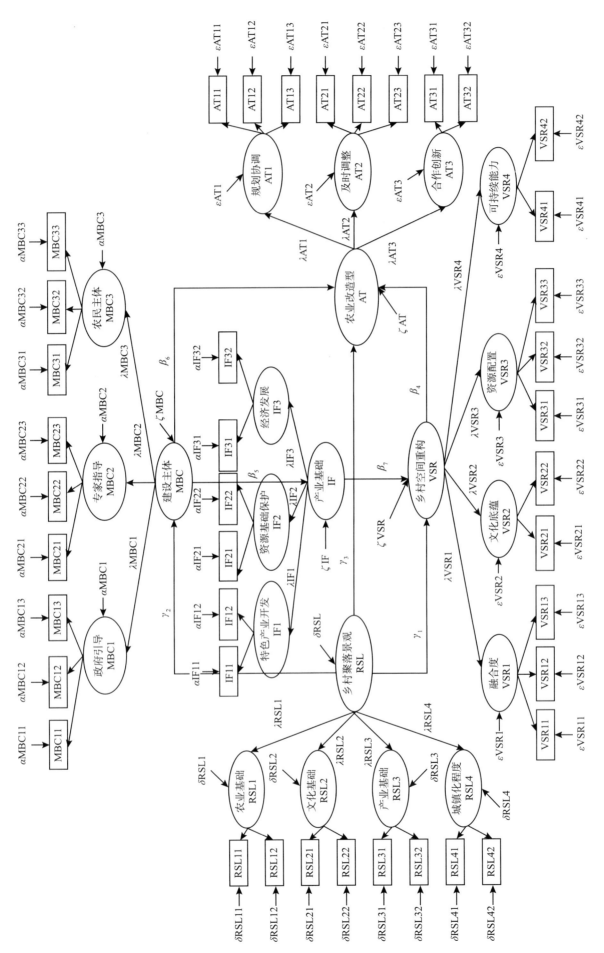

图6-13 调整后的乡村聚落景观与农业改造型系统性保护协同模式的结构方程模型

图 6－13 为调整后的乡村聚落景观与农业改造型系统性保护协同模式的结构方程模型，本书将其放入 AMOS 22.0 中进行拟合度检验，如表 6－16 所示。

表 6－16　　调整后的乡村聚落景观与农业改造型系统性保护协同模式的结构方程模型拟合度结果

拟合指标	χ^2/DF	CFI	IFI	TLI	PNFI	RMSEA	SRMR
观测值	1.510	0.944	0.944	0.940	0.796	0.045	0.0470
拟合指标	<3.00	>0.90	>0.90	>0.90	>0.50	<0.08	<0.08

由表 6－16 调整后的乡村聚落景观与农业改造型结构方程模型拟合度结果可以看出，各项拟合指标均满足拟合指标，与原始数据量表之间依旧是匹配拟合的。本书在拟合度达标的基础上，将调整后的结构方程模型放入 AMOS 22.0 中进行路径估计，见表 6－17。

表 6－17　　调整后的乡村聚落景观与农业改造型系统性保护协同模式的结构方程路径估计

路径	模型路径	路径系数	S.E.	C.R.	P
γ_1	RSL→VSR	0.627	0.042	11.304	***
γ_2	RSL→MBC	0.754	0.044	12.725	***
γ_3	RSL→AT	0.209	0.087	2.231	0.026
β_4	VSR→AT	0.303	0.111	3.342	***
β_5	MBC→IF	0.709	0.085	10.788	***
β_6	MBC→AT	0.378	0.106	4.480	***
β_7	IF→VSR	0.332	0.044	5.931	***

注：*** 代表 P<0.001。

通过表 6－17 可以看出，调整后的结构方程模型路径系数均呈现显著水平，大多数达到了 0.001 的显著性水平，判定该模型为满意度最高的模型。路径系数经过标准化处理后，其数值处于 -1~1，最终的乡村聚落景观与农业改造型系统性保护协同模式的结构方程模型见图 6－14。

第三，结构方程的假设检验及效应分解。

通过分析结构方程实证结果，根据前文提及的研究假设与理论模型，结合乡村聚落景观与农业改造型协同作用的假设验证和路径系数，进行归纳总结，结果如表 6－18 所示。

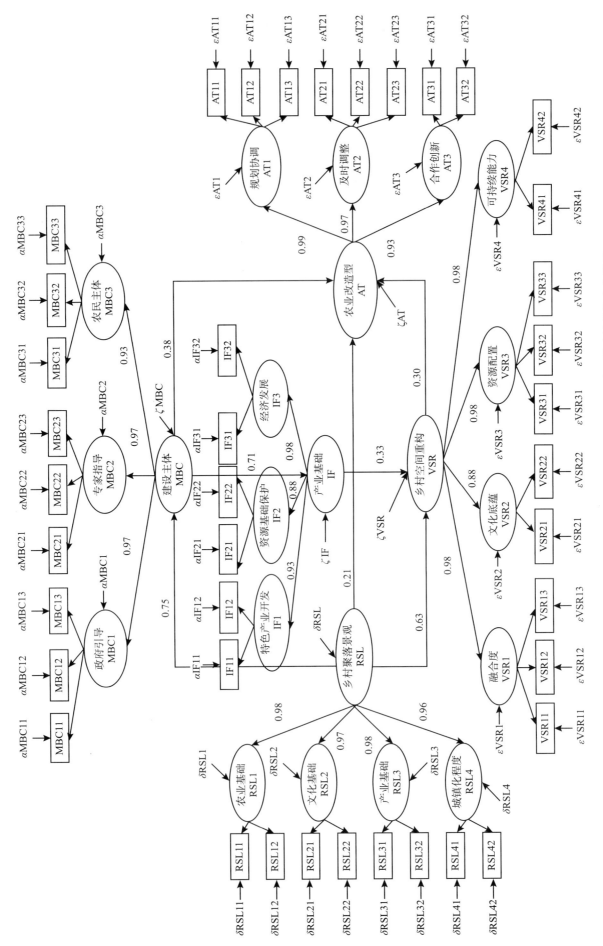

图6-14 最终的乡村聚落景观与农业改造型系统性保护协同模式的结构方程模型

表 6 – 18 路径结果讨论分析

路径	模型路径	路径系数	显著性水平	研究假设	检验结果
γ_1	RSL→VSR	0.627	***	HB1	支持
γ_2	RSL→MBC	0.754	***	HB2	支持
γ_3	RSL→AT	0.209	0.026	HB3	支持
β_4	VSR→AT	0.303	***	HB4	支持
β_5	MBC→IF	0.709	***	HB5	支持
β_6	MBC→AT	0.378	***	HB6	支持
β_7	IF→VSR	0.332	***	HB7	支持
β_8	IF→AT	—	—	HB8	不支持

注：*** 代表 $P < 0.001$。

乡村聚落景观到乡村空间重构的标准化路径系数为 0.627，$P < 0.001$，通过显著性检验。因此，原假设 HB1 得到验证支持，"乡村聚落景观建设对促进乡村空间重构具有显著的正向作用"的假设成立。

乡村聚落景观到建设主体的标准化路径系数为 0.754，$P < 0.001$，通过显著性检验。因此，原假设 HB2 得到验证支持，"乡村聚落景观对建设主体具有显著的正向作用"的假设成立。

乡村聚落景观到农业改造型的标准化路径系数为 0.209，P 值为 0.026，小于 0.05，通过显著性检验。因此，原假设 HB3 得到验证支持，"乡村聚落景观对农业改造型具有显著的正向作用"的假设成立。

乡村空间重构到农业改造型的标准化路径系数为 0.303，$P < 0.001$，通过显著性检验。因此，原假设 HB4 得到验证支持，"乡村空间重构对农业改造型具有显著的正向作用"的假设成立。

建设主体到产业基础的标准化路径系数为 0.709，$P < 0.001$，通过显著性检验。因此，原假设 HB5 得到验证支持，"建设主体对产业基础具有显著的正向作用"的假设成立。

建设主体到农业改造型的标准化路径系数为 0.378，$P < 0.001$，通过显著性检验。因此，原假设 HB6 得到验证支持，"建设主体对农业改造型具有显著的正向作用"的假设成立。

产业基础到乡村空间重构的标准化路径系数为 0.332，$P < 0.001$，通过显著性检验。因此，原假设 HB7 得到验证支持，"产业基础对乡村空间重构具有显著的正向作用"的假设成立。

产业基础到农业改造型的关系路径在模型调整过程中进行了删除，没有通过显著性检验。因此，原假设 HB8 没有得到验证支持，"产业基础对农业改造型具有显著的正向作用"的假设不成立。

从乡村聚落景观与农业改造型系统性保护协同的结构方程实证结果可知，产业基础到农业改造型之间的直接作用路径在模型调整中进行了删除，两者之间的直接影响效应不存在，但是乡村聚落景观可以直接实现对农业改造型的直接影响作用，直接效应为 0.209，也能够通过乡村空间重构和建设主体 2 个变量实现对农业改造型的间接影响作用。间接影响路径主要有 3 条，间接效应分别为 0.203（0.627×0.303）、0.285（0.754×0.378）、0.054（0.754×0.709×0.332×0.303），总的间接效应为 0.542。由此可以看出，间接效应较大，与变量之间的直接效应一样重要，所以，对乡村聚落景观与农业改造型系统性保护协同模式进行研究时，乡村空间重构、建设主体和产业基础都是不可缺少的变量，作用非常重要。

除此之外，可以明确看到，在结构方程模型中，乡村聚落景观到建设主体的标准化路径系数为 0.754，建设主体到产业基础的标准化路径系数为 0.709，位于模型中系数前两位，说明建设主体这一变量在实现乡村聚落景观与农业改造型协同中的重要作用。政府规范政策实施，及时调整，村民作为村落的主人，更加清楚乡村的文化和资源特色，引入专家的意见，针对现实情况，有针对性地整改乡村，发展乡村，建设主体在农业文化遗产系统性保护中的作用不可忽视。

基于以上结果，获得以下重要启示：乡村聚落景观作为农业旅游的一种重要类型，是保护农业文化遗产的重要方式。进行农业文化遗产系统性保护时，要着重注意乡村聚落景观扮演的作用。乡村空间重构、建设主体和产业基础都是乡村聚落景观与农业文化遗产系统性保护协同的重要中间变量，尽管产业基础未能产生直接作用，但可借助乡村空间重构和建设主体间接影响协同作用，是不可缺少的变量。只有基于产业资源特色，重塑优化乡村空间结构，借助建设主体的力量，才能促进乡村聚落景观可持续发展。

6.3 文化创意农业园与农业现代化开发型系统性保护协同模式的实证研究

6.3.1 研究假设

第一，文化创意农业园的作用。

文化创意园作为创意的体现，需要"破局"，通过二度创意、三度创意进行新的创意增值，郑斌（2008）等从"一站式体验"的角度分析得出该创意园是由文化旅游创意产业在特定空间集聚而成的。文化创意农业园主要以生态农业为主轴，借助创新手段，匹配区域基础资源要素，加强文化、技术、休闲、康养、生活等要素的融入，从而将区域资源结构优势转化为产业优势，不断延长农业产业链条，打造农业生产集聚区，实现产业模式多元化。基于此，可以看出，文化创意农业园的发展加强了旅游、生态、农业等相关产业的集聚，通过不断培育创意产品和特色活动，农村既有的产业结构边界被弱化，新的产业结构边界被重构，通过完善旅游配套设施、营造文化创意氛围、凸显文化创意旅游地域特色、宣传文化创意旅游等途径，促进传统农业向现代农业转型，优化升级产业结构，最终实现第一、二、三产业的深度融合，故提出如下假设：

HC1：文化创意农业园建设对优化农村产业结构具有显著的正向作用。

在体验经济的大背景下，消费者逐渐从物质消费转向享受消费，侧重于通过活动获得视觉体验、娱乐体验、情感体验以及教育体验，而文化创意农业园能在传统农业生产中注入科学技术、人文要素和工艺美术，为游客提供多元的消费和体验方式，增强游客的旅游价值感知，创意农业越来越受到重视。在这个过程中，借助休闲创意来拓展现代农业功能，打造农业园区，一方面，助推了农业创意企业的建设发展，使其与农民建立密切的合作关系，增加农业园区的特色性，并缓解地方就业压力；另一方面，培育休闲观光基地，打造文化产品，强化品牌宣传，提升地方政府对休闲创意农业的重视度，带动地方政策扶持，是增加农业效益、促进农民增收的新途径。基于此，可以看出，地方政府、农民、经营者以及创意人才等作为文化创意驱动农业发展的主体，要充分利用农业的产业优势，加快文化创意农业的建设步伐，进而加大政府的财政投入力度，增加企业投资，提高创意人才和地方村民的参与度，故提出如下假设：

HC2：文化创意农业园对建设主体具有显著的正向作用。

文化创意产业作为新兴战略产业，拥有较高的自主创新和技术含量，主要以地方特色资源和历史底蕴为基础，将现代科技与创新手法融入遗产地无形的文化，开发适应城乡居民需求的高附加值文化创意产品或服务，挖掘遗产的潜在价值，是推动地方农业文化遗产创新性发展的有效模式。文化创意农业园是休闲农业、乡村旅游的创新业态，发展文化创意农业产业，对农业文化遗产中承载的珍贵环境价值、文化价值、美学价值和资源价值进行保护和发扬，既对遗产地原有的优秀文化进行了传承，又通过创意性开发将还未显现的文化内涵在世人面前展示，帮助人们从不同的视角和维度了解历史遗产价值。在此过程中，通过将高超的创意设计与农业文化遗产结合起来发展文化遗产旅游，一方面挖掘了农业遗产的多功能性，增加了农业附加值，另一方面提升了文化遗产在乡村发展中的经济效益、社会效益和生态效益，带来了乡村经济的持续增长。基于此，可以看出，发展文化创意农业园是对农业文化遗产的一种重要保护方式，能挖掘其内在的文化内涵和历史价值，培育出具有自身特点的发展模式，从不同角度动态地保护农业遗产资源，故提出如下假设：

HC3：文化创意农业园对农业现代化开发型具有显著的正向作用。

第二，建设主体的作用。

农业经营主体是农业现代化开发的实践主体，农业现代化开发的成败与农业经营主体发展战略选择直接相关。农民是农业文化遗产景观的主要创作者和管理者，他们的行为和对农业遗产的重视程度影响着旅游公司和地方政府机构的后续决策，进而影响着乡村旅游的发展经营情况。其中，政府起着协调村民与利益组织关系的作用，中央及地方政府基于农民实际需求，制定相关政策，规范运营机制，尽最大可能保护农民利益，实现农民增产增收，提高农户参与遗产旅游的积极性。此外，政府还通过完善基础设施、提供宣传推广服务和人员培训，吸引外来优秀人才，并鼓励外出工作人员回乡创业，为农业文化遗产可持续保护提供了保障，同时还带动了乡村经济发展和提高了乡村基本消费能力。基于此，可以看出，政府能够发挥好协调、服务、规划、指导等作用，引进专家为村民提供旅游指导，协调企业与村民的利益分配，让村民发挥好农业文化遗产旅游代言人的作用，充分挖掘本土资源和乡土文化，让游客沉浸式体验遗产文化内涵，在宣传农业文化遗产价值的同时又满足了游客的多元需求，故提出如下假设：

HC4：建设主体对农业现代化开发型具有显著的正向作用。

第三，农村产业结构的作用。

产业结构优化是产业结构向合理化方向的动态演进过程，其具有提升产业发展质量和层次的积极意义，对加快推进我国区域经济高质量发展具有积极意义。农业现代化以产业支撑体系的完善为核心，以实现乡村经济发展、缩小城乡收入差距为目的，以促进农民增收为目标。在遗产地发展进程中，乡村立足于自身人文资源和旅游资源优势，积极推动农村产业结构调整，不断优化资源配置效率，提高技术知识转移，推进"农、文、旅"融合发展，实现三产融合创收，最后还达到乡村振兴的目的。农村在进行产业结构优化调整过程中，不仅注重产业增收问题，还注重产业特色培养和旅游品牌培育，以全产业链建设推动特色产业可持续发展，使其成为完善农业文化遗产现代化保护机制的动力引擎。基于此，可以看出，优化农村产业结构能够帮助乡村挖掘潜在的农业产业特色和文化遗产内涵，助力遗产更持久的保护，故提出如下假设：

HC5：农村产业结构对农业现代化开发型具有显著的正向作用。

第四，关于文化创意农业园与农业现代化开发型系统性保护协同模式的理论模型。

根据文化创意农业园与农业现代化开发型系统性保护协同模式的分析框架、研究假设的相关内容，综合考虑文化创意农业园与农业现代化开发型协同现状，本书构建出文化创意农业园与农业现代化开发型系统性保护协同模式的理论框架，如图 6 – 15 所示。

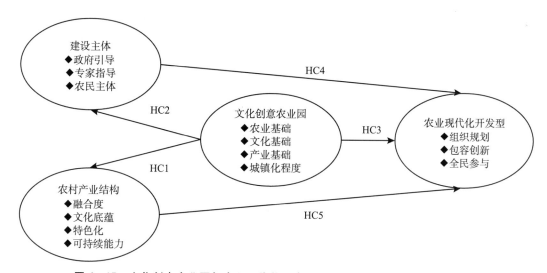

图 6 – 15　文化创意农业园与农业现代化开发型系统性保护协同模式的理论模型

根据文化创意农业园与农业现代化开发型系统性保护协同模式的理论模型可以看出，该模式包含文化创意农业园、农村产业结构、建设主体和农业现代化开发型 4 个变量，其中，文化创意农业园包括农业基础、文化基础、产业基础、城镇化程度四个方面；农村产业结构包括融合度、文化底蕴、特色化、可持续能力四个方面；建设主体包括政府引导、专家指导、农民主体三方面；农业现代化开发型包括组织规划、包容创新、全民参与三方面。文化创意农业园与农业现代化开发型之间既具有直接的作用路径，也具有间接的作用路径。间接路径有以下 2 条：①文化创意农业园—农村产业结构—农业现代化开发型；②文化创意农业园—建设主体—农业现代化开发型。构建文化创意农业园与农业现代化开发型系统性保护协同模式的理论模型，为利用结构方程模型进行实证分析奠定了理论基础。

6.3.2 实地访谈

第一，关于案例地发展状况。

四川郫都林盘农耕文化系统作为中国农业农村部公布的第五批中国重要农业文化遗产之一，为成都首例。郫都林盘农耕文化系统以郫都区郫筒、德源、友爱等12个涉农街道（镇）为遗产地范围，郫都区属成都平原"上风上水"地区，适宜的气候及水土资源条件有助于推进农耕模式发展，有助于维护川西平原的生态平衡。郫都区创意文化农业发展模式融合劳动、田园、产品3个要素，提升农产品质量安全的同时增加其附加值，独特的景观风貌、自流灌溉系统、传统农耕技术、人文民俗等促进了当地农业的循环发展和农业文化遗产的可持续保护，使其生态价值、文化价值和美学价值丰富。本书以四川郫都文化创意农业园为案例研究对象，其发展进程和特征对推进文旅深度融合新业态与农业文化遗产系统性保护协同具有代表性和特色性。

本次研究整体从四川郫都文化创意农业园分析"文化创意农业园与农业现代化开发型协同模式"的发展情况，探其根源。根据前文分析内容，四川郫都文化创意农业园具有良好的农业基础、产业结构和文化内涵，助于政府、专家和村民的力量，通过组织规划、包容创新、全民参与不断升级发展。

第一阶段：资源优势造就文化遗产。

"四川郫都林盘农耕文化系统"作为中国重要农业文化遗产，以林盘为核心资源，包含乡村风俗习惯、耕地灌溉系统、农耕知识、农耕技术等在内，蕴含着浓厚的川西传统农耕文明。根据相关资料，郫都区大约存在859个10亩以上林盘，是目前保存最为完好的川西林盘，维持、保留了众多农林物种资源以及多元的增、间、套种传统农耕技术，不仅为村民提供了生产生活所需物质，还促进了农产品加工业、休闲农业和乡村旅游的融合发展。凭借良好的资源特色，郫都区加强塑造外部风貌和提升内部功能，努力践行"绿水青山就是金山银山"重要理论，紧扣成都市"西控"战略和郫都区委十四届七次全会精神，率先探索生态价值转化成功道路，保护林盘农耕文化，探索出一条独具郫都特色、保护弘扬川西农耕文明与聚焦生态价值多元转化的崭新发展路径。

在此背景下，成都郫都区农业农村和林业局根据《成都市特色镇（街区）建设和川西林盘保护修复2019年行动计划》，立足区域实际，制定了《郫都林盘管理导则》，从指导思想、适用范围、基本原则和林盘分类进行阐述，对林盘内竹木林、建筑、道路、生物多样性、文化保护和产业植入进行了规定，对林盘周边渠系、农田建设也作出相应的要求，传达出郫都区以传承弘扬农耕文明为己任、以萦绕乡愁的林盘为文化载体、以生态价值有效转化为发展路径、以探索农民增值收益加强幸福感为目标的时代责任感，为下一步将郫都打造成为国家生态文明价值转化区、乡村振兴成果综合展陈地、西蜀传统农耕文化"朝圣地"、世界级"农遗"保护与产业融合发展的典范区奠定了坚实基础。

第二阶段：产业结构优化为申遗助力。

郫都区立足于乡村振兴战略，深入挖掘"风水林田院路"资源禀赋，因地制宜地最大化利用空间和精耕细作，分类推动"特色镇＋林盘＋农业园区/景区/产业园"融合发展，通过生态价值带动功能拓展的方式，不断将农业融入第二、三产业。郫都区为了开展"农遗"保护，完成了1400余亩苗木腾退，确定了1000余亩稻鱼共生示范点位，收集了20余个地方种质资源，并开展了以"传承农耕文化，重拾天府记忆"为主题的"稻渔节暨农耕文化体验周活动"，让农耕文明和林盘景观完好传承。对于郫都来说，农业"申遗"，不只是简单地传承，还要"升级"。传承利用农业文化遗产品牌，才能更好推动川西农耕文明的回归与升级，以此留住游客致富村民。2019年，全区重点开展了"1＋1＋1＋4＋10"（即1个核心保护区域、1个农耕博物馆、1个生态湿地、4个特色生态农业基地、10个林盘院落）保护性修复和建设工作，并结合成都市"特色镇＋林盘"工作，正在着力启动塑造37个林盘院落。总之，农业与文化、旅游产业的融合为发展文化创意农业园奠定了基础，为更好地保护农业文化遗产创造了条件。

第三阶段：创新驱动持续发展。

进行四川郫都林盘农耕文化系统保护时，郫都区将充分挖掘良好的生态环境和优美的田园景观，以及深厚的古蜀文化底蕴，依托特色镇和绿道建设，以两河一线（徐堰河、柏条河、沙西线）和农业供给侧结构性改革精品环线以及"灌区轮作系统与郫都林盘景观"申遗核心区为重点，团结、德源、三道堰、唐昌、安德、友爱 6 个街道（镇），开展以"整田、理水、护林、改院、植业、绿道串联"6 要素为主要内容的郫都林盘保护修复，进一步提升林盘品质，打造特色精品林盘。与此同时，郫都区将对遗产地内具有品质优势的水稻、蔬菜和食用菌，制定绿色、有机的标准化生产技术规范。在此基础上，树立郫都中国重要农业文化遗产品牌推广策略，并衍生出包含"农遗"、旅游、文创、科普等元素在内的区域公共品牌，实现农业文化遗产全要素和整体品牌的对外传播。目前该区正在着手引进、培育一批行业龙头主体，依托强大的科技支撑力量，以林盘为 IP、绿道为纽带，全产业链打造特色镇、林盘集群聚落，推动农商文旅体科融合发展。

不仅如此，成都市郫都区在晨光社区举办了首届望丛农耕文化节暨"产品共享"发布会，此次活动由郫都区农业农村和林业局、郫筒街道主办，晨光社区、成都京云、神农农机合作社承办。活动现场真实还原展示了古蜀劳动人民铁犁牛耕传统技艺，并开展传统插秧体验趣味比赛。活动现场展示了机械化插秧技术，以及喷洒农药无人机等现代化农业设备，强化科技提升效率、推动产能的功能，挖掘文化和资源的潜在价值，助力农业旅游的持续发展。

第二，四川郫都文化创意农业园对文化创意农业园与农业现代化开发型系统性保护协同模式的作用。

农业文化遗产是人类长期实践的产物，需要进一步讨论四川郫都文化创意农业园建设中旅游发展与农业文化遗产系统性保护协同模式。通过对各方要素的综合考量，本书将案例重点放在游客、村民、政府、投资及政策等方面，提炼出建设主体和农村产业结构两个关键构念，并通过对这两个方面进行条理化、结构化的分析，构建出四川郫都文化创意农业园建设中建设主体的作用模型、四川郫都文化创意农业园建设中农村产业结构的作用模型，为探讨建设主体和农村产业结构在文化创意农业园与农业现代化开发型农业文化遗产系统性保护协同模式中的作用提供了清晰的路径。

首先，四川郫都文化创意农业园建设中建设主体分析。

四川郫都林盘农耕文化系统的农业发展逐渐与社会现代化发展相适应，文化内涵消失、发展不均衡、价值不明显等问题日渐突出，因此，需要将农业与文化旅游相结合，这就形成了政府引导、专家指导、农民主体的局面。通过将文化创意农业园与农业现代化开发型相结合，发展农业旅游，四川郫都林盘农耕文化系统，走出了一条产业融合的农业发展新路子，可大幅度提高乡村村民收入水平，促进区域经济发展，提高游客旅游满意度。基于以上分析，本书构建四川郫都文化创意农业园建设过程中建设主体的作用模型，见图 6 - 16。

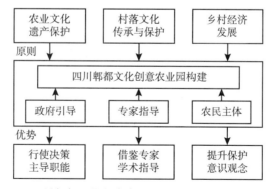

图 6 - 16 四川郫都文化创意农业园建设中建设主体的作用模型

图 6 - 16 展示了四川郫都文化创意农业园建设中建设主体的作用模型，从开发文化创意农业园的建设主体出发，坚持政府引导的原则，行使决策主导职能，坚持专家指导的原则，借鉴专家团队的学术指导，坚持农民主体的原则，提升保护意识观念，积极发挥三者的作用，促进农业旅游发展。

一是"政府引导"方面，地方政府掌握乡村发展的监督权和管理权，通过与一些旅游公司或旅游商业经营主体合作，引进投资和掌握专业管理理念，在企业为乡村提供产品市场的同时，政府调节市场秩序以推动当地旅游经济增长，还可以借助于这些公司的力量为农户提供管理、向导、清洁和售票等就业岗位，减少劳动力失业率，共同打造产业链条，实现农业旅游优质发展。同时，政府针对乡村实际发展情况制定政策，统筹规划遗产地的旅游发展，协调各方力量更新升级交通网络，修复、完善当地服务设施和基础设施，高效、合理地整合旅游资源，实现了乡村自然遗产资源和人文遗产资源的价值，推动旅游市场向社会恰当开放。

二是"专家指导"方面，专家团队以乡村当前发展现状和未来发展趋势为落脚点，开展相关教育活动，为创新文化、就业创业、村落保护提供指导和发展思路，强化当地居民在保护农业文化遗产中的思维意识和整体素养，使其真正地认识到文化资源和生态资源的重要性，还可加强青少年的文化认同感。总之，专家团队致力于保护、发展村落的文化和经济，为提升农业文化遗产地的文化品牌效应助力。

三是"农民主体"方面，四川郫都林盘文化历史悠久，当地存在的特色建筑、风俗习惯、民族服饰、传统文化等多种旅游吸引物，共同组成了发展文化创意农业园旅游的必要条件，农民在不断发展与创新中不仅要与当地政府协同共进，还要与外来企业积极互动、交涉。从政府角度来看，村民应亲自投入到政府的决策工作中去，负责乡村日常事务的管理，政府与村民联合挖掘农业文化遗产地，对其进行最大化的整合，扩大旅游价值，加速村落资源整合的速度。此外，组建村落社区组织，增强村民行为规范，在合作社的统一指导下，开展相关旅游经营活动，村委会与村民组成的社区团体共同管理门票所带来的旅游收入。从企业角度看，一方面，企业具备专业的旅游管理人才和雄厚的资金储备，不仅为村民给予资金扶持和经验培训，还为未就业村民提供了职位；另一方面，当地村民学习企业的管理经营经验和知识技能，进入相关的旅游部门或旅游公司，投身于旅游服务经营当中，还可为企业提供场地。除此之外，村民还能更加了解乡村实际情况，参与到乡村整个规划及实施之中，避免规划与实施脱节，适应农村持续发展诉求。所以，应连接城乡资源，带动当地特色农业的复兴，在打造林盘农耕风情文化的同时，把文化创意和精品生活融于一体，形成林盘农耕文创空间创意园，让游客更多地了解郫都民族文化以及乡村未来发展动向。

因此，只有在政府、专家和村民多方主体的参与下，农业文化遗产才能借助于创意文化农业园发展得更好，遗产文化才能传承得更好，产业优势更强，核心竞争力更高，假设 HC2、假设 HC3 和假设 HC4 成立。

其次，四川郫都文化创意农业园建设中农村产业结构分析。

四川郫都文化创意农业园的农村产业结构与农业供给侧结构性改革密切相关，农业、旅游、文化等产业融合、文化底蕴、资源特色化程度及可持续发展情况均对产业结构的调整存在着直接或间接的影响。结合四川郫都文化创意农业园产业结构调整的整个过程，关键把握融合度、文化底蕴、特色化和可持续能力四个方面的内容，本书较为合理地模拟出四川郫都文化创意农业园建设中农村产业结构的作用模型（见图 6 – 17）。

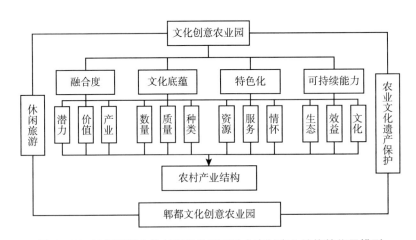

图 6 – 17　四川郫都文化创意农业园建设中农村产业结构的作用模型

图 6 – 17 展示了四川郫都文化创意农业园建设中农村产业结构的作用模型，可以明确看出，郫都文化创意农业园的产业结构调整影响着当地的资源开发潜力、资源价值、产业融合、资源数量、资源质量、资源种类、资源特色、服务质量、文化情怀、生态环境、经济效益、文化品牌，具体来说，其农村产业结构

调整表现为以下几个方面：

一是在融合度方面，四川郫都文化创意农业园以价值为连接点，利用生态自然资源、民俗文化资源等各种优势发展农业旅游，并依托郫都区的林盘资源和农耕技术，促进休闲农业、农产品加工和文化旅游的持续融合。在开展旅游过程中，完善和修缮公园内的历史遗迹，维护和管理农业产业和基础设施，使其保持良好的发展状态，增强了其文化价值和历史韵味，让游客可以感受到浓郁的地方文化氛围，了解民俗文化的特色和魅力。

二是在文化底蕴方面，四川郫都文化创意农业园农耕文化历史悠久，但由于受到城镇化和工业化的影响，林盘资源被"侵蚀"、被"破坏"，因此，为了缓解文化消沉现象，郫都助力周边资源协调合作，实现了农田、水系、林盘、院落的和谐统一，为进一步传承农业文化指明了道路，保护了郫都林盘农耕文化系统。

三是特色化方面，四川郫都广泛集结高校优秀人才，立足于良好的生态环境和文化景观，设计创意旅游，打造旅游精品路线，充分开发出林盘文化潜在价值，提升文化品质感和特色感。

四是可持续能力方面，四川郫都文化创意农业园调动各方主体力量，政府组织协调、专家理论指导、村民自主保护等路径保护郫都林盘文化，践行绿色发展理念，制定标准化的农业旅游发展规划，建设长久发展的文化创意农业园。

因此，农村产业结构是在一定条件下、一定区域范围内形成和变化的，以乡村的农业资源、人文资源、生态资源为依托，以合理利用资源、挖掘资源内涵为特征，受到经济、文化、社会、生态等多方面的制约影响，对产业的融合协调以及产业结构的布局优化起着重要作用，并以此决定着产业基础条件。随着土地资源紧缺、城镇化进程加快，农村产业结构重构的进度也不断推进，为乡村的旅游发展提供了基本条件，假设 HC1 和假设 HC5 成立。

关于案例验证分析：

此次案例研究选取的是四川郫都文化创意农业园，研究小组通过实地调研获得了准确性较高的数据资料，对四川郫都文化创意农业园的情况了解得更加清楚明晰，同时也保证了资料数据的真实性、严谨性、准确性。为了有效地展开对文化创意农业园与农业现代化开发型协同模式的案例研究，首先对选择的四川郫都文化创意农业园这个研究对象进行了阐释说明，将四川郫都文化创意农业园的建设历程和发展方向概况为三个阶段：一是资源优势造就文化遗产阶段；二是产业结构优化为申遗助力阶段；三是创新驱动持续发展阶段，经过对这三个阶段进行全面而深入的分析，总结提炼出四川郫都文化创意农业园依托当地独特的林盘资源和人文资源，借助技术创新的力量，调整优化产业结构，优化农业和旅游的发展模式。其中，依据前文构建的文化创意农业园与农业现代化开发型协同模式的结构方程实证分析结果，在案例分析中着重把握农村产业结构和建设主体两个方面的内容，构建出四川郫都文化创意农业园建设中建设主体、农村产业结构的作用模型。

本书采用案例研究的方法进行单案例研究，选取四川郫都文化创意农业园为典型案例对乡村聚落景观与农业改造型系统性保护协同模式进行验证。结合前文所构建的文化创意农业园与农业现代化开发型协同模式的分析框架、研究假设和结构方程实证分析的相关内容，以四川郫都文化创意农业园的发展状况为出发点，着重把握农村产业结构和建设主体在文旅深度融合新业态与农业文化遗产系统性保护中的作用，以四川郫都文化创意农业园为案例对文化创意农业园与农业现代化开发型系统性保护协同模式过程中的影响因素进行案例验证，进一步科学有效地验证了文化创意农业园与农业现代化开发型系统性保护协同模式的有效性。

6.3.3　问卷数据分析

第一，样本数据的描述性统计及信度效度检验。

首先，文化创意农业园与农业现代化开发型系统性保护协同模式的协同度测算。

通过"协同性"这一指标来表示"文化创意农业园"与"农业现代化开发型"协同效应和协同机制。本书从文化创意农业园与农业现代化开发型系统性保护协同模型的实证分析出发，构建相关的指标体系，根据实证分析结果，可以知道文化创意农业园、农村产业结构和建设主体 3 个变量对农业现代化开发型产生了直接影响作用，文化创意农业园还对其产生了间接影响作用，故只有农村产业结构和建设主体 2 个子系统协同发展，才能促进文化创意农业园与农业现代化开发型协同模式更好地协同发展。本书从文化创意农业园的农业基础、文化基础、产业基础和城镇化程度 4 个方面度量文化创意农业园对农村产业结构子系统、建设主体子系统存在直接或者间接的影响作用。基于此，研究对文化创意农业园与农业现代化开发型协同模式的协同性进行评价，同时通过评价农村产业结构子系统、建设主体子系统进一步实现对其评价的验证，进而用子系统的协同度来客观反映文化创意农业园与农业现代化开发型所构成的复合系统的协同程度。

根据协同学的相关理论和原理，构建文化创意农业园、农村产业结构、建设主体和农业现代化开发型 4 个子系统间的协同度模型。文化创意农业园、农村产业结构、建设主体和农业现代化开发型 4 个子系统的序参量如表 6 - 19 所示。

表 6 - 19　　　　　　　　　　　　　　　各子系统序参量

子系统	测量指标	序参量
文化创意农业园	农业基础、文化基础、产业基础、城镇化程度	CAP11、CAP12、CAP21、CAP22、CAP23、CAP31、CAP32、CAP41、CAP42
农村产业结构	融合度、文化底蕴、特色化、可持续能力	AIS11、AIS12、AIS13、AIS21、AIS22、AIS31、AIS32、AIS33、AIS41、AIS42
建设主体	政府引导、专家指导、农民主体	MBC11、MBC12、MBC13、MBC21、MBC22、MBC23、MBC31、MBC32、MBC33
农业现代化开发型	组织规划、包容创新、全民参与	AMD11、AMD12、AMD13、AMD21、AMD22、AMD23、AMD31、AMD32

在确定各个子系统的参量后，将对文化创意农业园、农村产业结构、建设主体、农业现代化开发型 4 个子系统之间的有序度进行测量，结合前文对文化创意农业园与农业现代化开发型系统性保护协同模式的理论模型的相关分析，得出其他子系统的有序度和序参量之后，将计算系统协同度并重新测量子系统的有序度，进而得到总系统的协同度。同理，得出文化创意农业园与农业现代化开发型系统性保护协同模式中农村产业结构、建设主体、农业现代化开发型等其他子系统之间的协同度，见表 6 - 20。

表 6 - 20　　　　　　　　　　　各子系统间的系统协同度

子系统	CAP	AIS	MBC	AMD
文化创意农业园（CAP）	—			
农村产业结构（AIS）	0.58	—		
建设主体（MBC）	0.58	0.52	—	
农业现代化开发型（AMD）	0.64	0.57	0.57	

根据表 4 - 1 协同度区间划分，将协同度分为 5 个区间，结合表 6 - 20 关于文化创意农业园与农业现代化开发型系统性保护协同模式中的各子系统的协同度大小，可以得出协同模式中的文化创意农业园、农村产业结构、建设主体和农业现代化开发型这 4 个子系统相互之间的协同度都处于高度协同的范围，基于此，研究判定文化创意农业园与农业现代化开发型具有良好的协同性。

其次，通过对获取的创意文化农业园与农业现代化开发型协同第一手数据进行初步评估和数量统计，认为有效问卷的数量与结构方程所需量相符合，为下一步进行实证分析奠定了基础。为确保数据的准确性和可靠性，进行实证之前，对问卷数据进行信度分析和效度分析。

再次，对创意文化农业园与农业现代化开发型保护利用协同的问卷数据进行描述性统计分析，对创意文化农业园、农村产业结构、建设主体、农业现代化开发型4个主要变量的观测指标进行均值和标准差统计。均值指标是衡量模型中各个变量分布的平均程度和集中度。标准差指标是衡量模型中各个变量数据的分散程度，即离散程度大小。本书借助于SPSS 25.0计算各观测变量的均值和标准差，见表6-21。

表 6-21   描述性统计

主要变量	潜在变量	观测变量	均值	标准差	最大值	最小值
文化创意农业园 （CAP）	农业基础 （CAP1）	CAP11	3.64	0.733	5	1
		CAP12	3.70	0.712	5	2
	文化基础 （CAP2）	CAP21	3.67	0.733	5	1
		CAP22	3.62	0.790	5	2
		CAP23	3.67	0.798	5	2
	产业基础 （CAP3）	CAP31	3.59	0.784	5	1
		CAP32	3.60	0.745	5	1
	城镇化程度 （CAP4）	CAP41	3.66	0.829	5	1
		CAP42	3.63	0.768	5	1
农村产业结构 （AIS）	融合度 （AIS1）	AIS11	3.14	0.696	5	1
		AIS12	3.23	0.709	5	1
		AIS13	3.15	0.664	5	1
	文化底蕴 （AIS2）	AIS21	3.32	0.676	5	1
		AIS22	3.21	0.741	5	1
	特色化 （AIS3）	AIS31	3.19	0.773	5	1
		AIS32	3.16	0.744	5	1
		AIS33	3.11	0.704	5	1
	可持续能力 （AIS4）	AIS41	3.19	0.692	5	1
		AIS42	3.21	0.726	5	1
建设主体 （MBC）	政府引导 （MBC1）	MBC11	3.26	0.758	5	1
		MBC12	3.18	0.685	5	1
		MBC13	3.03	0.686	5	1
	专家指导 （MBC2）	MBC21	3.30	0.713	5	1
		MBC22	3.06	0.736	5	1
		MBC23	3.16	0.702	5	1
	农民主体 （MBC3）	MBC31	3.21	0.728	5	1
		MBC32	3.11	0.666	5	1
		MBC33	3.20	0.734	5	1

主要变量	潜在变量	观测变量	均值	标准差	最大值	最小值
农业现代化开发型（AMD）	组织规划（AMD1）	AMD11	3.62	0.731	5	1
		AMD12	3.62	0.753	5	1
		AMD13	3.61	0.760	5	1
	包容创新（AMD2）	AMD21	3.62	0.736	5	1
		AMD22	3.63	0.784	5	1
		AMD23	3.71	0.738	5	1
	全民参与（AMD3）	AMD31	3.55	0.809	5	1
		AMD32	3.63	0.747	5	1

最后，为确保创意文化农业园与农业现代化开发型系统性保护协同模式检测结果具有真实性、可靠性，对其进行信度检测。本书利用组合信度系数对创意文化农业园与农业现代化开发型系统性保护协同模式所整合的各类数据进行分析和检测，分别得出文化创意农业园、农村产业结构、建设主体、农业现代化开发型的组合信度系数。同时，根据表5-4的组合信度标准对创意文化农业园与农业现代化开发型系统性保护协同模式的潜在变量的组合信度系数进行评判。为确保信度检测所得数据能够科学合理地反映各个变量的真实构架，在对创意文化农业园与农业现代化开发型系统性保护协同模式进行信度检测的基础上，本书进一步对创意文化农业园与农业现代化开发型系统性保护协同模式进行效度检测，见表6-22。

表6-22　　　　　　　　　　　　　　　　信度和效度检验

变量	CR	因子荷载		KMO 值	累计方差解释率	Bartlett's 球形检验		
						χ^2	df	Sig.
文化创意农业园（CAP）	0.969	CAP11	0.889	0.958	77.653	2266.509	36	0.000
		CAP12	0.900					
		CAP21	0.873					
		CAP22	0.877					
		CAP23	0.876					
		CAP31	0.861					
		CAP32	0.908					
		CAP41	0.882					
		CAP42	0.864					
农村产业结构（AIS）	0.920	AIS11	0.671	0.936	53.523	1092.090	45	0.000
		AIS12	0.733					
		AIS13	0.746					
		AIS21	0.769					
		AIS22	0.826					

变量	CR	因子荷载		KMO 值	累计方差解释率	Bartlett's 球形检验		
						χ^2	df	Sig.
农村产业结构（AIS）	0.920	AIS31	0.681	0.936	53.523	1092.090	45	0.000
		AIS32	0.754					
		AIS33	0.686					
		AIS41	0.710					
		AIS42	0.725					
建设主体（MBC）	0.895	MBC11	0.705	0.908	48.592	747.734	36	0.000
		MBC12	0.701					
		MBC13	0.686					
		MBC21	0.674					
		MBC22	0.680					
		MBC23	0.708					
		MBC31	0.742					
		MBC32	0.660					
		MBC33	0.714					
农业现代化开发型（AMD）	0.946	AMD11	0.834	0.939	68.726	1372.808	28	0.000
		AMD12	0.831					
		AMD13	0.828					
		AMD21	0.830					
		AMD22	0.870					
		AMD23	0.830					
		AMD31	0.800					
		AMD32	0.808					

如表 6-22 所示，首先，从对文化创意农业园与农业现代化开发型进行信度所得数据中可以看出，各个数据的相关组合信度系数值都大于 0.8，因此本书认为所得数据具有较好的可信度。其次，从对文化创意农业园与农业现代化开发型进行效度检验所得数据中可以看出，所得各个指标的因子载荷均在 0.5 以上，KMO 值均大于 0.8，因此本书认为所得数据能够较好地进行因子分析。最后，Bartlett's 球形检验显著性水平均为 0.000，因此，此次研究过程中，调查问卷所得数据及各组成部分建构之间有较好的效度。

第二，样本数据的结构方程模型构建及调整。

研究文化创意农业园与农业现代化开发型系统性保护协同模式时，依据变量性质构建结构方程模型。根据前文所写的文化创意农业园与农业现代化开发型系统性保护协同模式的理论模型，文化创意农业园、农村产业结构、建设主体及农业现代化开发型都是不可直接观测到的变量，属于潜在变量的范畴。在确定变量性质的基础上，对文化创意农业园与农业现代化开发型系统性保护协同模式中的变量进行归类处理，其中，文化创意农业园属内生变量，农村产业结构、建设主体属中间变量，农业改造型属外生变量。因此，构建文化创意农业园与农业现代化开发型系统性保护协同模式的结构方程模型如图 6-18 所示，箭头方向代表了变量之间的因果关系。

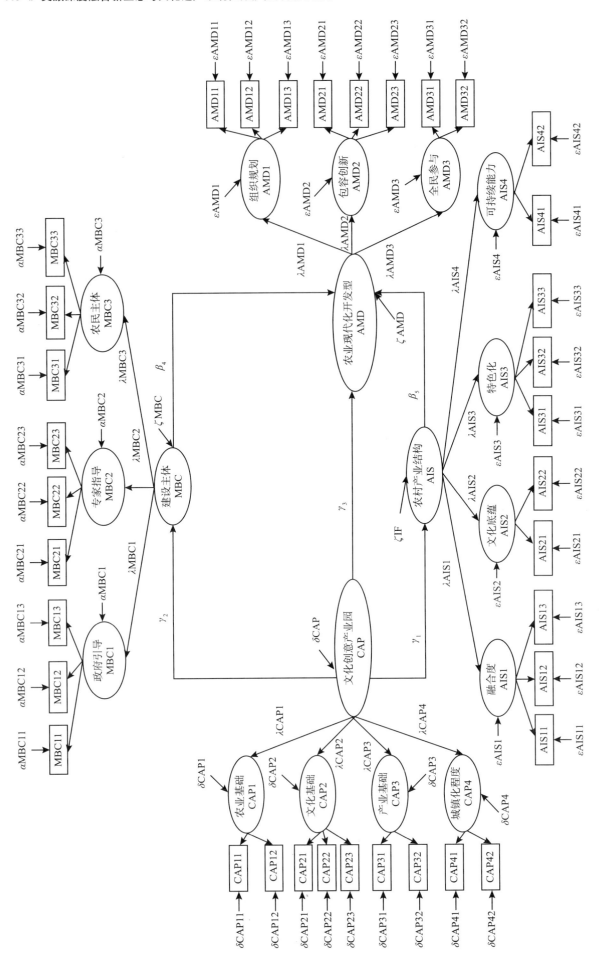

图6-18 文化创意农业园与农业现代化开发型系统性保护协同模式的初始结构方程模型

由图 6 - 18 所显示的文化创意农业园与农业现代化开发型系统性保护协同模式的初始结构方程模型可以发现，文化创意农业园与农业现代化开发型系统性保护协同模式的初始结构方程中存在外生显变量 9 项，具体为：CAP11、CAP12、CAP21、CAP22、CAP23、CAP31、CAP32、CAP41、CAP42；内生显变量共 27 项，具体为：MBC11、MBC12、MBC13、MBC21、MBC22、MBC23、MBC31、MBC32、MBC33、AIS11、AIS12、AIS13、AIS21、AIS22、AIS31、AIS32、AIS33、AIS41、AIS42、AMD11、AMD12、AMD13、AMD21、AMD22、AMD23、AMD31、AMD32；外生潜变量共 4 项，具体为：CAP1、CAP2、CAP3、CAP4；内生潜变量共 10 项，具体为：MBC1、MBC2、MBC3、AIS1、AIS2、AIS3、AIS4、AMD1、AMD2、AMD3。这是由观测变量和潜在变量所构成的结构方程模型的测量模型。

进行文化创意农业园与农业现代化开发型系统性保护协同模式的数据验证时，通过对相关变量进行设定以构建观测变量的结构方程式。按照初始结构方程模型，文化创意农业园（CAP）、农业基础（CAP1）、文化基础（CAP2）、产业基础（CAP3）、城镇化程度（CAP4）为外生潜变量，分别用 ζ_{CAP}、ζ_{CAP1}、ζ_{CAP2}、ζ_{CAP3}、ζ_{CAP4} 表示。农村产业结构（AIS）、融合度（AIS1）、文化底蕴（AIS2）、特色化（AIS3）、可持续能力（AIS4）、建设主体（MBC）、政府引导（MBC1）、专家指导（MBC2）、农民主体（MBC3）、农业现代化开发型（AMD）、组织规划（AMD1）、包容创新（AMD2）、全民参与（AMD3）为内生潜变量，分别用 η_{AIS}、η_{AIS1}、η_{AIS2}、η_{AIS3}、η_{AIS4}、η_{MBC}、η_{MBC1}、η_{MBC2}、η_{MBC3}、η_{AMD}、η_{AMD1}、η_{AMD2}、η_{AMD3} 表示。基于此，本书构建文化创意农业园与农业现代化开发型系统性保护协同模式的观测模型方程式：

$$
\begin{cases}
X_{CAP1} = \lambda_{CAP1}\xi_{CAP} + \delta_{CAP1} & X_{CAP2} = \lambda_{CAP2}\xi_{CAP} + \delta_{CAP2} & X_{CAP3} = \lambda_{CAP3}\xi_{CAP} + \delta_{CAP3} \\
X_{CAP4} = \lambda_{CAP4}\xi_{CAP} + \delta_{CAP4} & X_{CAP11} = \lambda_{CAP11}\xi_{CAP1} + \delta_{CAP11} \\
X_{CAP12} = \lambda_{CAP12}\xi_{CAP1} + \delta_{CAP12} & X_{CAP21} = \lambda_{CAP21}\xi_{CAP2} + \delta_{CAP21} \\
X_{CAP22} = \lambda_{CAP22}\xi_{CAP2} + \delta_{CAP22} & X_{CAP23} = \lambda_{CAP23}\xi_{CAP2} + \delta_{CAP23} \\
X_{CAP31} = \lambda_{CAP31}\xi_{CAP3} + \delta_{CAP31} & X_{CAP32} = \lambda_{CAP32}\xi_{CAP3} + \delta_{CAP32} \\
X_{CAP41} = \lambda_{CAP41}\xi_{CAP4} + \delta_{CAP41} & X_{CAP42} = \lambda_{CAP42}\xi_{CAP4} + \delta_{CAP42} \\
Y_{MBC1} = \lambda_{MBC1}\eta_{MBC} + \varepsilon_{MBC1} & Y_{MBC2} = \lambda_{MBC2}\eta_{MBC} + \varepsilon_{MBC2} \\
Y_{MBC3} = \lambda_{MBC3}\eta_{MBC} + \varepsilon_{MBC3} & Y_{MBC11} = \lambda_{MBC11}\eta_{MBC1} + \varepsilon_{MBC11} \\
Y_{MBC12} = \lambda_{MBC12}\eta_{MBC1} + \varepsilon_{MBC12} & Y_{MBC13} = \lambda_{MBC13}\eta_{MBC1} + \varepsilon_{MBC13} \\
Y_{MBC21} = \lambda_{MBC21}\eta_{MBC2} + \varepsilon_{MBC21} & Y_{MBC22} = \lambda_{MBC22}\eta_{MBC2} + \varepsilon_{MBC22} \\
Y_{MBC23} = \lambda_{MBC23}\eta_{MBC2} + \varepsilon_{MBC23} & Y_{MBC31} = \lambda_{MBC31}\eta_{MBC3} + \varepsilon_{MBC31} \\
Y_{MBC32} = \lambda_{MBC32}\eta_{MBC3} + \varepsilon_{MBC32} & Y_{MBC33} = \lambda_{MBC33}\eta_{MBC3} + \varepsilon_{MBC33} \\
Y_{AIS1} = \lambda_{AIS1}\eta_{AIS} + \varepsilon_{AIS1} & Y_{AIS2} = \lambda_{AIS2}\eta_{AIS} + \varepsilon_{AIS2} & Y_{AIS3} = \lambda_{AIS3}\eta_{AIS} + \varepsilon_{AIS3} \\
Y_{AIS4} = \lambda_{AIS4}\eta_{AIS} + \varepsilon_{AIS4} & Y_{AIS11} = \lambda_{AIS11}\eta_{AIS1} + \varepsilon_{AIS11} & Y_{AIS12} = \lambda_{AIS12}\eta_{AIS1} + \varepsilon_{AIS12} \\
Y_{AIS13} = \lambda_{AIS13}\eta_{AIS1} + \varepsilon_{AIS13} & Y_{AIS21} = \lambda_{AIS21}\eta_{AIS2} + \varepsilon_{AIS21} \\
Y_{AIS22} = \lambda_{AIS22}\eta_{AIS2} + \varepsilon_{AIS22} & Y_{AIS31} = \lambda_{AIS31}\eta_{AIS3} + \varepsilon_{AIS31} \\
Y_{AIS32} = \lambda_{AIS32}\eta_{AIS3} + \varepsilon_{AIS32} & Y_{AIS33} = \lambda_{AIS33}\eta_{AIS3} + \varepsilon_{AIS33} \\
Y_{AIS41} = \lambda_{AIS41}\eta_{AIS4} + \varepsilon_{AIS41} & Y_{AIS42} = \lambda_{AIS42}\eta_{AIS4} + \varepsilon_{AIS42} \\
Y_{AMD1} = \lambda_{AMD1}\eta_{AMD} + \varepsilon_{AMD1} & Y_{AMD2} = \lambda_{AMD2}\eta_{AMD} + \varepsilon_{AMD2} \\
Y_{AMD3} = \lambda_{AMD3}\eta_{AMD} + \varepsilon_{AMD3} & Y_{AMD11} = \lambda_{AMD11}\eta_{AMD1} + \varepsilon_{AMD11} \\
Y_{AMD12} = \lambda_{AMD12}\eta_{AMD1} + \varepsilon_{AMD12} & Y_{AMD13} = \lambda_{AMD13}\eta_{AMD1} + \varepsilon_{AMD13} \\
Y_{AMD21} = \lambda_{AMD21}\eta_{AMD2} + \varepsilon_{AMD21} & Y_{AMD22} = \lambda_{AMD22}\eta_{AMD2} + \varepsilon_{AMD22} \\
Y_{AMD23} = \lambda_{AMD23}\eta_{AMD2} + \varepsilon_{AMD23} & Y_{AMD31} = \lambda_{AMD31}\eta_{AMD3} + \varepsilon_{AMD31} \\
Y_{AMD32} = \lambda_{AMD32}\eta_{AMD3} + \varepsilon_{AMD32}
\end{cases}
$$

进行文化创意农业园与农业现代化开发型系统性保护协同模式的结构方程实证检验时，借助于前文所提到的文化创意农业园与农业现代化开发型系统性保护协同模式的研究假设和理论模型，使用 γ_1、γ_2 和 γ_3 表示文化创意农业园对农村产业结构、建设主体、农业现代化开发型的作用路径。用 β_4 表示建设主体对农业现代化开发型的作用路径，用 β_5 表示农村产业结构对农业现代化开发型的作用路径。结合上述设定的变量之间的作用路径，构建出文化创意农业园与农业现代化开发型系统性保护协同的结构方程式，表达具体如下：

$$
\begin{cases}
\eta_{AIS} = \gamma_1 \xi_{CAP} + \zeta_{AIS} \\
\eta_{MBC} = \gamma_2 \xi_{CAP} + \zeta_{MBC} \\
\eta_{AMD} = \gamma_3 \xi_{CAP} + \beta_4 \eta_{MBC} + \beta_5 \eta_{AIS} + \zeta_{AMD}
\end{cases}
$$

完成构建文化创意农业园与农业现代化开发型系统性保护协同模式的测量模型和结构模型，即完成初始结构方程模型构建后，需进一步判断检验拟合指数、参数和决定系数等是否达到要求，本书将采用不同的评价方法对以上各项指标进行检验分析，从而更正确地判断文化创意农业园对农业文化遗产系统性保护的作用原始模型是否需要进行修正。

检验拟合度时，采取常见的 7 种拟合指标检验方法对其进行拟合指标检验，即 χ^2/DF、CFI、IFI、TLI、PNFI、RMSEA、SRMR，在 AMOS 22.0 中导入文化创意农业园与农业现代化开发型协同模式的初始结构方程模型，并同时将问卷数据导入，得到模型的相关拟合指标值，见表 6 - 23。

表 6 - 23　　文化创意农业园与农业现代化开发型系统性保护协同模式的初始结构方程模型拟合度结果

拟合指标	χ^2/DF	CFI	IFI	TLI	PNFI	RMSEA	SRMR
观测值	1.489	0.954	0.954	0.950	0.810	0.045	0.0508
拟合指标	<3.00	>0.90	>0.90	>0.90	>0.50	<0.08	<0.08

由表 6 - 23 可以看出，文化创意农业园与农业现代化开发型系统性保护协同模式的各项拟合指标均达到了拟合标准，说明调整后的结构方程模型能较好地与调查问卷数据进行拟合。故本书依据拟合度检验，进一步测度结构方程的路径系数，判断其是否合理有效，见表 6 - 24。

表 6 - 24　　文化创意农业园与农业现代化开发型系统性保护协同模式的初始结构方程路径估计

路径	模型路径	路径系数	S. E.	C. R.	P
γ_1	CAP→AIS	0.810	0.039	15.786	***
γ_2	CAP→MBC	0.759	0.043	12.773	***
γ_3	CAP→AMD	0.281	0.100	2.528	0.011
β_4	MBC→AMD	0.302	0.102	3.631	***
β_5	AIS→AMD	0.307	0.107	3.382	***

注：*** 代表 $P < 0.001$。

由表 6 - 24 可以看出，根据文化创意农业园与农业现代化开发型系统性保护的修正结构方程模型路径估计结果，各路径均呈现出显著状态。表中绝大多数都达到了 0.001 的显著性水平，整个模型显著性通过，文化创意农业园到农业现代化开发型关系路径 P 值为 0.011，在 5% 水平上显著。因此，判定该模型为满意度最高的模型，路径系数经过标准化处理后，其数值处于 - 1 ~ 1，最终的文化创意农业园与农业现代化开发型系统性保护协同模式的结构方程模型见图 6 - 19。

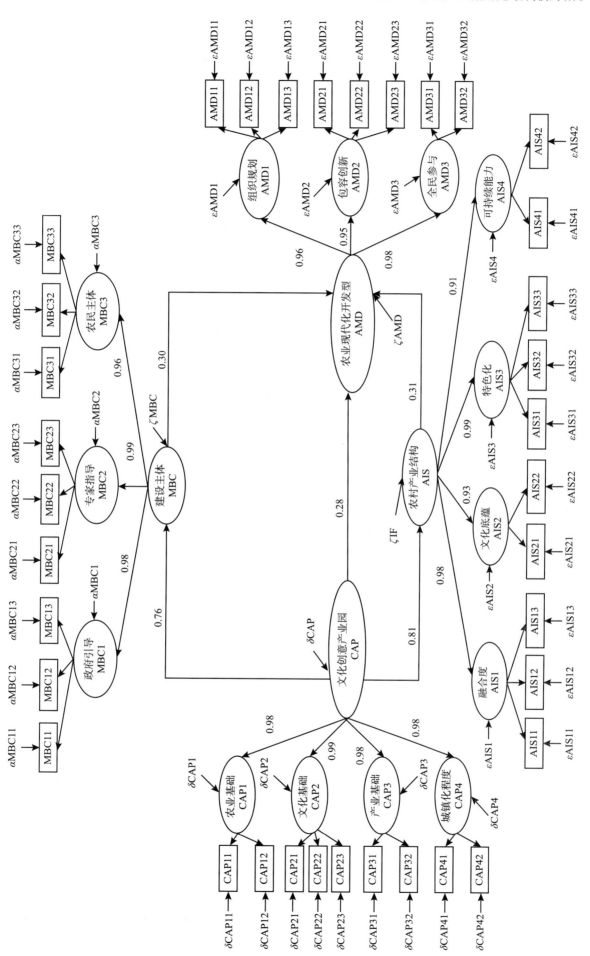

图6-19　最终的文化创意农业园与农业现代化开发型系统性保护协同模式的结构方程模型

第三，结构方程的假设检验及效应分解。

通过分析结构方程实证结果，根据前面提及的研究假设与理论模型，结合文化创意农业园与农业现代化开发型系统性保护协同作用的假设验证和路径系数，进行归纳总结，结果如表6-25所示。

表6-25 路径结果讨论分析

路径	模型路径	路径系数	显著性水平	研究假设	检验结果
γ_1	CAP→AIS	0.810	***	HC1	支持
γ_2	CAP→MBC	0.759	***	HC2	支持
γ_3	CAP→AMD	0.281	0.011	HC3	支持
β_4	MBC→AMD	0.302	***	HC4	支持
β_5	AIS→AMD	0.307	***	HC5	支持

注：*** 代表 $P < 0.001$。

文化创意农业园到农村产业结构的标准化路径系数为0.810，$P < 0.001$，通过显著性检验。因此，原假设HC1得到验证支持，"文化创意农业园建设对优化农村产业结构具有显著的正向作用"的假设成立。

文化创意农业园到建设主体的标准化路径系数为0.759，$P < 0.001$，通过显著性检验。因此，原假设HC2得到验证支持，"文化创意农业园对建设主体具有显著的正向作用"的假设成立。

文化创意农业园到农业现代化开发型的标准化路径系数为0.281，P值为0.011，小于0.05，通过显著性检验。因此，原假设HC3得到验证支持，"文化创意农业园对农业现代化开发型具有显著的正向作用"的假设成立。

建设主体到农业现代化开发型的标准化路径系数为0.302，$P < 0.001$，通过显著性检验。因此，原假设HC4得到验证支持，"建设主体对农业现代化开发型具有显著的正向作用"的假设成立。

农村产业结构到农业现代化开发型的标准化路径系数为0.307，$P < 0.001$，通过显著性检验。因此，原假设HC5得到验证支持，"农村产业结构对农业现代化开发型具有显著的正向作用"的假设成立。

从文化创意农业园与农业现代化开发型系统性保护协同的结构方程实证结果可知，农村产业结构和建设主体都是两个十分重要的中间变量，文化创意农业园分别对农村产业结构和建设主体产生了0.810和0.759的直接作用效应，高于研究结构方程模型中的其他作用路径，所以文化创意农业园的建设与发展与农村产业结构和建设主体紧密相关。农村产业结构是更新农业旅游、发展文旅特色小镇的基础，也是农业文化遗产系统性保护不可缺少的关键变量。村民作为旅游发展的主体，能够有效提高游客满意度，精准完成政府下达的政策措施，提高文化创意农业园的吸引力。

基于以上结果，研究获得以下重要启示：一是文化创意农业园作为农业旅游的一种重要类型，是保护农业文化遗产的重要路径。进行农业文化遗产系统性保护时，要着重注意文化创意农业园扮演的作用，发挥拉动效应，实现其与生态环境和农业文化遗产系统性保护的协同。二是农村产业结构和建设主体都是文化创意农业园与农业文化遗产系统性保护协同的重要中间变量，只有把握好协同重点和难点，优化农村产业结构，借助建设主体的力量，才能促进文化创意农业园可持续发展。

6.4 文旅特色小镇与农业现代化开发型系统性保护协同模式的实证研究

6.4.1 研究假设

第一，文旅特色小镇的作用。

文旅特色小镇是文旅融合的重要产物，具有浓厚的文化内涵和时代内涵。住房城乡建设部发布的《关于保持和彰显特色小镇特色若干问题的通知》曾明确指出，特色小镇要顺应历史文化，保持自身特色，然而文旅特色小镇在产业、资源、环境等方面的协调依然存在短板，特色产业效益还偏低，如要达到这一目的，还需要借助规划兼容化、产业特色化、运营机制市场化等发展手段，这就需要相应政策作为支撑。此外，特色小镇本身追求管理制度、发展理念的创新，利用特色小镇"新而活"的发展特点，可以清除农业农村发展的各种障碍，激发农村主体生产活力，创新农村政策机制。在这过程中，文旅特色小镇可以寻找实际发展情况与规划预期的差距，帮助政府更加聚焦小镇发展的实际问题和不足之处，强化正向引导和政策激励，改进原有政策。基于此，可以看出，文旅特色小镇能够在不断适应国家政策的同时及时对其进行调整，找到发展中的突出问题，及时制定、修改、完善相关政策，以更好地通过特色小镇带动当地经济发展，故提出如下假设：

HD1：文旅特色小镇建设对推动政策创新具有显著的正向作用。

文旅特色小镇是具有明确产业定位、社区特征、文化内涵以及旅游功能融合叠加的空间载体，通常其范围和覆盖性、综合性较强，休闲度假和历史文化同存，美食、住宿、娱乐皆包含在内。唐斌（2022）等指出，特色小镇能通过与消费者的双向互动提供活动、产品、设计以及后续服务，使负责人能较为准确、及时地捕获消费者的需求特征，从而真正带来服务体系创新模式由供给导向转为需求导向。与此同时，小镇管理机构紧紧围绕游客需求和相关政策意见，规范小镇建设，不断完善基础服务设施，更新体验活动，可以让游客在角色扮演、故事讲解中身临其境地体验小镇特色文化，满足游客多元需求的同时优化服务机制，提升服务质量。基于此，可以看出，文旅特色小镇是具备文化功能和旅游功能的综合小镇，并在游客需求不断变化中及时调整自身功能结构，健全服务体系，使其具有鲜活性和多元性，从而达到通过文化旅游保护农业文化遗产和发展乡村经济的目的，故提出如下假设：

HD2：文旅特色小镇建设对完善社区服务体系具有显著的正向作用。

文旅特色小镇是文旅融合视角下推动农业产业现代化发展与传统旅游业升级转型的重要产物，最终可以实现经济、生态、社会效益的可持续发展。文旅特色小镇是促进农业现代化开发和乡村现代化发展的重要一步，也是我国旅游业不断适应游客多变需求和走向高端服务业的必然一环，文旅特色小镇能充分利用遗产地品牌价值，将以现代产业为核心的现代经济体系在农村植入、扎根、支撑和扩张，持续深度改造乡村传统产业体系，构建多元化产业体系，将遗产特色展现在大众面前。文旅特色小镇的出现，促进了城镇化的成熟发展，加速了区域要素流动和提质增效乡村资源要素，带动了小镇周边地区发展，实现乡村现代化开发与文旅特色小镇的良性互动，优化了遗产资源衍生价值，拓宽了农业遗产保护范围。基于此，故提出如下假设：

HD3：文旅特色小镇对农业现代化开发型具有显著的正向作用。

第二，社区服务体系的作用。

随着旅游市场的扩大和社会经济的发展，游客对旅游需求不断扩大，对旅游服务质量及产品品质的要求也不断升级，迫使遗产地深入挖掘地方特色、优化服务质量、推动开发创意性产品。在游客旅游需求和消费需求持续提高的环境下，健全的旅游社区服务体系显得尤为重要。通过不断完善和优化旅游服务体系，完成基本服务设施配置，规范服务标准，提升服务水平，能够帮助遗产旅游地建立长效的诚信服务机制，增加游客的信任度、忠诚度和价值感知程度，还能够成为当地吸引外来游客的优势，塑造遗产地良好的旅游品牌形象。不仅如此，乡村还不断激发挖掘文化内涵和文化创意产业深层次潜力，在服务中融入地方文化内涵，赋予旅游服务更大的吸引力，促进遗产地资源更好地保护传承。基于此，故提出如下假设：

HD4：社区服务体系对农业现代化开发型具有显著的正向作用。

第三，政策创新的作用。

政策创新是涉及政策信息交流和相关利益行为体互动合作的一个持续过程，能够规范文化资源保护机制，统筹研判遗产地农业、文化与旅游产业融合发展的规律，以便推动这一过程。在政策创新的驱动下，乡村不断开发适应当代社会发展的遗产保护新模式，通过将农业文化遗产与文化旅游相融合的方式助力遗产保护，既保留了原本蕴含的人文价值，又融入新理念、新思想发展满足大众心理和精神需求。在此过程中，遗产地的地方政府为吸引村民、企业参与遗产保护和旅游建设，为其提供全方位的政策扶持，完善金融制度、加大创新经费投入，在利好政策的驱使下，各参与主体的活跃度能大幅度提升，通过技术支持、人力支持等方式投入到遗产保护行列当中，在缓解就业压力、提升经济收入水平的同时还保护了农业文化遗产资源，宣传了遗产文化价值。基于此，可以看出，针对农业文化遗产实际发展情况，加强农业文化遗产保护利用的制度建设与资金保障，有助于乡村传统历史文化的保护性挖掘和创造性转化，激发了农村农民参与乡村文化遗产保护事业的内生动力，助力农业文化遗产系统性保护与发展，故提出如下假设：

HD5：政策创新对农业现代化开发型具有显著的正向作用。

第四，关于文旅特色小镇与农业现代化开发型系统性保护协同模式的理论模型。

根据文旅特色小镇与农业现代化开发型系统性保护协同模式的分析框架、研究假设的相关内容，综合考虑文旅特色小镇与农业现代化开发型协同现状，构建出文旅特色小镇与农业现代化开发型系统性保护协同模式的理论框架，如图 6-20 所示。

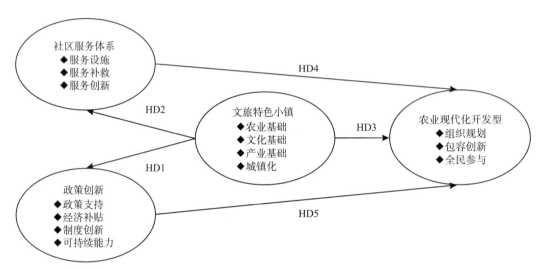

图 6-20　文旅特色小镇与农业现代化开发型系统性保护协同模式的理论模型

根据文旅特色小镇与农业现代化开发型系统性保护协同模式的理论模型可以看出，该模式包含文旅特色小镇、政策创新、社区服务体系和农业现代化开发型 4 个变量，其中，文旅特色小镇包括农业基础、文化基础、产业基础、城镇化程度四个方面；政策创新包括政策支持、经济补贴、制度创新、可持续四个方面；社区服务体系包括服务设施、服务补救、服务创新三个方面；农业现代化开发型包括组织规划、包容创新、全民参与三个方面。文旅特色小镇与农业现代化开发型之间既具有直接的作用路径，也具有间接的作用路径。间接路径有以下两条：①文旅特色小镇—政策创新—农业现代化开发型；②文旅特色小镇—社区服务体系—农业现代化开发型。构建文旅特色小镇与农业现代化开发型系统性保护协同模式的理论模型，为利用结构方程模型进行实证分析奠定了理论基础。

6.4.2　实地访谈

第一，关于案例地发展状况。

河北宣化莲花葡萄小镇位于河北省西北部的宣化古城，拥有 1800 年的葡萄种植历史，因其独特的葡萄架型（莲花架）被联合国粮农组织评为"全球重要农业文化遗产"核心保护区，历来就有"葡萄城"的美誉，宣化虽地处燕山丛中，但地势平坦开阔，汇集洋河、柳川河、龙洋河三大水系，水利资源丰富，其独特的地理和自然条件孕育了宣化牛奶葡萄独特品质。从旅游角度来看，河北宣化莲花葡萄小镇是集采摘休闲、观光旅游、农事体验、农耕文化传播、国际交流为一体的特色小镇，并通过同步规划、部署、发展的方式将经济社会进步与农村群众文化建设紧密联系在一起，极大地转变了农民思想观念，提升了文化素质。发展旅游不仅可以恢复葡萄种植面积，保护地方产业经济，还可以依托大自然环境，在地方政策引导下，以农业文化为内涵，通过观光、采摘、休闲、求知等形式提供旅游活动，同时助推乡村振兴战略的实施，这将使葡萄产业得以持续发展，并保护农业文化遗产得以可持续保护发展。本书以河北宣化莲花葡萄小镇为案例研究对象，符合本书研究内容，其发展进程和特征对推进文旅深度融合新业态与农业文化遗产系统性产保护协同具有代表性和特色性。

河北宣化传统葡萄园作为蕴含悠久种植历史的农业系统，城镇居所、酒窖庄园、种植基地以及土地独特的利用传统构成了统一整体，其遗产内涵底蕴深厚，不仅反映了人与自然互相适应与演变的进程，而且是当地发展的经济支柱之一，风景和历史、经济价值较高。

第一阶段：困境中探索发展之路。

宣化传统葡萄园地处内蒙古高原向华北平原的过渡区，地理位置独特，集结了中华民族的南、北文化。在大陆性半干旱季风气候的冲击下，宣化地区更易发生低温冻害、沙尘暴、旱灾和涝灾，加之地理区位的影响，只存在极少的耕地面积，加大了种植活动的难度，因而当地人常选择以水源为主导的种植场地。宣化传统葡萄园主要以城北作为种植选址，一是城北土壤富含有利于葡萄生长的碳酸钙；二是需要借助柳川河对葡萄进行灌溉输水。

为了使宣化传统葡萄能够在低温、干旱和风沙等情况下存活，宣化传统葡萄园采用"外圆内方"的漏斗架种植方式，能起到节约水土、防风防沙、调节庭院小气候的作用。宣化传统葡萄园在种植上充分尊重现有的自然资源和自然条件，选择适应其地形地势、气候条件和土壤质地的漏斗架式葡萄种植方式。当地人利用居住的庭院作为种植场地，协调"生产—生活—生态"三者的关系，缓解了耕地不足的问题和消除了干旱大风带来的冲击，实现了人与自然和谐共生的格局。

但随着社会经济的快速发展，城镇化进程的加快推进，传统漏斗架葡萄面临着被破坏、被遗忘、被抛弃的危险。

第二阶段：形象塑造，城市之中的农业遗产。

宣化葡萄有着悠久的葡萄栽培历史和重要的经济地位，常伴有"半城葡萄半城钢"的说法。1996 年，宣化牛奶葡萄将"春光牌"商标登记注册。自 2001 年起，宣化区全方位开启牛奶葡萄提纯复壮工程，恢复葡萄品质，提升质量品质。2007 年，宣化牛奶葡萄获得"双地标"，即地理标志产品保护和地理标志证明商标，由于在从种植到销售整个过程，农户品牌意识薄弱，葡萄产地混乱，葡萄市场秩序受到干扰。其后，工商部门采取以下措施树立"双地标"形象。一是整合各种资源，突出重点，实施农户"双地标"教育培训工作，对包装箱进行统一化制作，从而提高宣化葡萄品牌渗透力。二是强化商标意识，一对一实名制可以确保只有使用"双地标"标识的包装，保证含"双地标"的包装只盛放宣化本地的葡萄，从而利用名产、名牌和地理标志提升市场核心竞争力。2009 年，宣化白牛奶葡萄因具有较高的观赏性、经济效益以及历史人文价值，且大多为百年以上的庭院漏斗架式而出名。宣化葡萄产业的全面保护与发展提升了当地的葡萄知名度和影响力。

宣化传统葡萄园作为唯一的城市农业文化遗产地，经过长期的发展，形成了独具特色的农业系统，存在丰富多样的景观与生态，具有宝贵的农业价值、生态价值、遗产价值。加之多样化的政策扶持，政府提高技术和资金方面的支持，共同带动了当地旅游的发展，增加了宣化传统葡萄园的经济效益。

第三阶段：影响力增加，品牌形象凸显。

宣化城市传统葡萄园在国际遗产保护领域与其他农业系统相比，价值认知相对较高，是世界上唯一在城市里的葡萄园，是世界上唯一以"莲花架（漏斗架）"方式种植的葡萄园。截至 2020 年 2 月，共有 114 项文化景观被列入世界遗产名录，其中，葡萄园文化遗产是数量最多的一类文化景观，包含 12 项。近年来，宣化区始终把农村群众文化建设与经济社会发展同规划、同部署、同发展，有效转变了农民思想观念和提升了农民文化素质。当地政府为落实党中央乡村振兴战略，投资建设了"莲花葡萄小镇"。宣化区春光乡观后村"葡萄莲花小镇"葡萄种植历史悠久，使用"莲花架"的漏斗型种植方式，不仅加强种植管护，还建设和修缮了文化墙和文化广场，把每家每户通过观光廊道连接起来，致力于发展农业文化旅游。同时，当地凭借热情的服务和优质的葡萄品质，打造采摘园，极大地满足了的游客观光休闲、农耕文化体验需求。

第二，河北宣化莲花葡萄小镇对文旅特色小镇与农业现代化开发型系统性保护协同模式的作用。

研究河北宣化莲花葡萄小镇的发展过程中文旅融合与农业文化遗产系统性保护的协同模式，农民主体是关键要素，既是农业生产的重要因素，也是农业文化遗产的传承人，特色种植方式是发展资源，政策支持是主要推动力。综合考量各方面要素，本书将案例分析关键点放在农民、政策和服务体系等几个方面，提炼出政策创新、社区服务体系两个关键构念，并对其进行结构化、条理化、系统化的分析讨论，构建出河北宣化莲花葡萄小镇建设中政策创新、社区服务体系的作用模型，为分析探讨政策创新、社区服务体系在文旅特色小镇与农业现代化开发型协同模式中的作用提供了清晰的路径。

首先，河北宣化莲花葡萄小镇建设中政策创新分析。

河北宣化莲花葡萄小镇的政策创新主要以实现农业文化资源保护为目的，制定政策措施，营造优良的旅游发展创新环境。政策创新涉及税收支持、人才机制、金融协助、产业开发等方面，特别是政策支持、经济补贴、制度创新和可持续发展，共同为宣化莲花葡萄小镇提供了强大的助推力。基于此，本书从政策支持、经济补贴、制度创新和可持续发展等方面出发，构建出河北宣化莲花葡萄小镇建设中政策创新的作用模型（见图 6-21）。

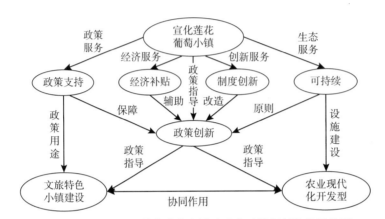

图 6-21　河北宣化莲花葡萄小镇建设中政策创新的作用模型

根据图 6-21 河北宣化莲花葡萄小镇建设中政策创新的作用模型可以看出，河北宣化的政策创新不仅仅为宣化文旅特色小镇的开发提供了政策性指导、经济性补贴，同时，为推进农业文化遗产系统性保护创新提供了服务支持，维护了生态环境。一是当地推进乡村振兴战略，带动当地村民增收。河北宣化政府扮演着制定政策建议的重要角色，积极解析和发布建设性政策，以推进乡村振兴战略的实施和推进"美丽中国"的建设进程为目标，加速文旅特色小镇建设的进程，并充分发挥党员先锋作用，组建党员义务劳动志愿者队伍，义务清扫街道；充分挖掘葡萄园的文化价值，并以葡萄园为主线开展生态旅游及观光业。二是政府积极为村民提供就业岗位，给予一定的就业创业资助，吸引大量外出劳动力返乡，研究葡萄种植，把葡萄文化资源再整合、再发展，实现农业文化遗产可持续发展。三是当地大力引进专业人才，为农业发展献计献策，谋划新的经济增长点，提升品牌知名度，让宣化牛奶葡萄的千年品牌再放光辉。四是河北宣化紧紧把握"生态文明"建设方向，以实际发展情况为出发点，保证生态效益与积极效益同存。因此，文旅特色小镇在激励型、协调型、保护型、引导型政策的支持下，不断规范发展，促进当地乡村发展。此外，服务设施、服务补救、服务创新都是社区服务体系的重要内容，与旅游质量、政策创新、资金扶持、村民参与度密不可分，假设 HD1、HD3 和 HD5 成立。

其次，河北宣化莲花葡萄小镇建设中社区服务体系分析。

宣化葡萄小镇的崛起和发展为河北宣化农业文化遗产持续保护注入了活力，发展农业旅游，不仅恢复了葡萄种植面积，开辟了旅游新资源，还为游客提供了观光、休闲、娱乐的场所，吸引大量游客，保护了地方产业经济。社区服务体系作为影响宣化葡萄小镇的关键因素，直接关系着游客的价值感知，决定着宣化葡萄小镇的经营状况和可持续能力。本书结合宣化葡萄小镇发展的实际情况，模拟出宣化葡萄小镇发展中社区服务体系的作用模型，见图 6-22。

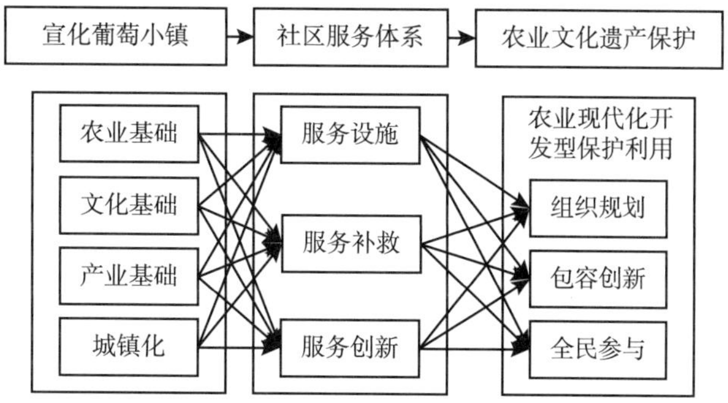

图 6 - 22 河北宣化莲花葡萄小镇建设中社区服务体系的作用模型

根据图 6 - 22 河北宣化莲花葡萄小镇建设中社区服务体系的作用模型可以看出，社区服务体系是宣化葡萄小镇发展的重要因素，也是农业文化遗产系统性保护不可缺少的一部分。宣化葡萄小镇从农业基础、文化基础、产业基础和城镇化程度四个方面出发，对服务设施、服务补救和服务创新产生显著影响，进而关系着河北宣化农业现代化开发型保护过程。

一方面，文旅特色小镇的农业基础、文化基础、产业基础和城镇化程度对社区服务体系的构建存在直接影响。宣化凭其优良的自然环境为葡萄培育提供了条件，当地农民依靠葡萄种植业维持生活，悠久的葡萄种植历史，赋予了宣化丰富的文化历史内涵，这为农业旅游提供了良好的农业基础和文化基础。要保证葡萄小镇长久生存下去，宣化应积极推进先进技术和优良品种培养，增加旅游产品选择的多元化，巩固产业基础。农业旅游的出现依赖于农业、文化和产业等多种基础，其持续发展也同样与合理的社区服务体系密切相关，加之城镇化进程的加快，助力了服务设施的完善，明确了服务创新的内容，提升了服务水平质量，促进了进一步构建新型社区服务体系。

另一方面，服务设施、服务补救和服务创新对农业现代化开发型农业文化遗产系统性保护模式存在直接影响。宣化葡萄小镇的兴起与游客消费需求升级相适应，服务最能体现一个地区旅游发展的水平，农业文化遗产保护离不开服务，这就需要改良服务设施，规范服务补救方式，科学创新服务，为游客提供高质量、高品质、个性化的服务，让农业旅游得到可持续发展。

因此，实现文旅特色小镇与农业现代化开发型系统性保护模式之间的协同，重点在于改变落后的生产、生活方式，构建政策创新机制体制，注入充足的资金，优化服务管理，提高游客满意度和忠诚度，推进现代化发展进度，假设 HD2 和假设 HD4 成立。

关于案例验证分析：

此次案例研究选取的是河北宣化莲花葡萄小镇，调研小组通过实地调研获得了准确性较高的数据资料，对河北宣化莲花葡萄小镇的情况了解得更加清楚明晰，同时也保证了资料数据的真实性、严谨性、准确性。为了有效地展开对文旅特色小镇与农业现代化开发型系统性保护协同模式的案例研究，首先对选择的河北宣化莲花葡萄小镇这个研究对象进行了阐释说明，将河北宣化莲花葡萄小镇的建设历程和发展方向概况为三个阶段：一是困境中探索发展之路阶段；二是形象塑造、城市之中的农业遗产阶段；三是影响力增加、品牌形象凸显阶段，经过对这三个阶段进行全面而深入的分析，总结提炼出河北宣化莲花葡萄小镇发展所面临的困境及其解决办法，得出河北宣化莲花葡萄小镇应依托当地的基础设施和服务体系，创新服务理念，满足游客多元的精神需求，同时，围绕文化特色和人文特色，创造农业旅游，发展独一无二的农业创新路径。其中，依据前面构建的文旅特色小镇与农业现代化开发型系统性保护协同模式的结构方程实证分析结果，在案例分析中着重把握政策创新和社区服务体系两个方面的内容，构建出河北宣化莲花葡萄小镇建设中政策创新、社区服务体系的作用模型。

本书采用案例研究的方法进行单案例研究，选取河北宣化莲花葡萄小镇为典型案例对文旅特色小镇与农业现代化开发型系统性保护协同模式进行验证。结合前文所构建的文旅特色小镇与农业现代化开发型系统性保护协同模式的分析框架、研究假设和结构方程实证分析的相关内容，以河北宣化莲花葡萄小镇的发展状况为出发点，着重把握政策创新和社区服务体系在文旅深度融合新业态与农业文化遗产系统性保护中的作用，以河北宣化莲花葡萄小镇为案例对文旅特色小镇与农业现代化开发型系统性保护协同模式过程中的影响因素进行案例验证，进一步科学有效的验证了文旅特色小镇与农业现代化开发型系统性保护协同模式的有效性。

6.4.3 问卷数据分析

第一，样本数据的描述性统计及信度效度检验。

首先，文旅特色小镇与农业现代化开发型系统性保护协同模式的协同度测算。

通过"协同性"这一指标来表示"文旅特色小镇"与"农业现代化开发型"协同效应和协同机制。本书从文旅特色小镇与农业现代化开发型系统性保护协同模型的实证分析出发，构建相关的指标体系，根据实证分析结果，可以知道文旅特色小镇、政策创新和社区服务体系三个变量对农业现代化开发型产生了直接影响作用，文旅特色小镇还对其产生了间接影响作用，故只有政策创新和社区服务体系2个子系统协同发展，才能促进文旅特色小镇与农业现代化开发型系统性保护协同模式更好地协同发展。本书从文旅特色小镇的农业基础、文化基础、产业基础和城镇化水平4个指标度量文旅特色小镇对政策创新子系统、社区服务体系子系统存在的直接或者间接的影响作用。基于此，研究对文旅特色小镇与农业现代化开发型系统性保护协同模式的协同性进行评价，同时通过评价政策创新子系统、社区服务体系子系统进一步实现对其评价的验证，进而用子系统的协同度来客观反映文旅特色小镇与农业现代化开发型所构成的复合系统的协同程度。

根据协同学的相关理论和原理，构建文旅特色小镇、政策创新、社区服务体系和农业现代化开发型四个子系统间的协同度模型。文旅特色小镇、政策创新、社区服务体系和农业现代化开发型四个子系统的序参量如表6－26所示。

表6－26　　　　　　　　　　各子系统序参量

子系统	测量指标	序参量
文旅特色小镇	农业基础、文化基础、产业基础、城镇化程度	CT11、CT12、CT21、CT22、CT23、CT31、CT32、CT41、CT42
政策创新	政府支持、经济补贴、制度创新、可持续能力	PI11、PI12、PI13、PI21、PI22、PI31、PI32、PI33、PI41、PI42、PI43
社区服务体系	服务设施、服务补救、服务创新	CS11、CS12、CS13、CS21、CS22、CS23、CS31、CS32、CS33
农业现代化开发型	组织规划、包容创新、全民参与	AMD11、AMD12、AMD13、AMD21、AMD22、AMD23、AMD31、AMD32

在确定各个子系统的参量后，将对文旅特色小镇、政策创新、社区服务体系、农业现代化开发型4个子系统之间的有序度进行测量，结合前面对文旅特色小镇与农业现代化开发型系统性保护协同模式的理论模型的相关分析，得出其他子系统的有序度和序参量之后，计算系统协同度并重新测量子系统的有序度，进而得到总系统的协同度。同理，得出文旅特色小镇与农业现代化开发型系统性保护协同模式中政策创新、社区服务体系、农业现代化开发型等其他子系统之间的协同度，见表6－27。

表6－27　　　　　　　　　　各子系统间的系统协同度

子系统	CT	PI	CS	AMD
文旅特色小镇（CT）	—	—	—	—
政策创新（PI）	0.58	—	—	—
社区服务体系（CS）	0.58	0.52	—	—
农业现代化开发型（AMD）	0.64	0.58	0.58	—

根据表4－1系统协同度区间划分表，将协同度分为五个区间，结合表6－27关于文旅特色小镇与农业现代化开发型系统性保护协同模式中的各子系统的协同度大小，可以得出协同模式中的文旅特色小镇、

政策创新、社区服务体系和农业现代化开发型这 4 个子系统相互之间的协同度都处于高度协同的范围，基于此，判定文旅特色小镇与农业现代化开发型具有良好的协同性。

其次，通过对获取的文旅特色小镇与农业现代化开发型协同第一手数据进行初步评估和数量统计，有效问卷的数量与结构方程所需量相符合，为下一步进行实证分析奠定了基础。为确保数据的准确性和可靠性，进行实证之前，对问卷数据进行信度分析和效度分析。

再次，对文旅特色小镇与农业现代化开发型系统性保护协同的问卷数据进行描述性统计分析，对文旅特色小镇、政策创新、社区服务体系、农业现代化开发型 4 个主要变量的观测指标进行均值和标准差统计。均值指标是衡量模型中各个变量的分布的平均程度和集中度。标准差指标是衡量模型中各个变量数据的分散程度，即离散程度大小。本书借助于 SPSS 25.0 计算各观测变量的均值和标准差，见表 6 - 28。

表 6 - 28　　　　　　　　　　　　　　　　　　描述性统计

主要变量	潜在变量	观测变量	均值	标准差	最大值	最小值
文旅特色小镇（CT）	农业基础（CT1）	CT11	3.70	0.696	5	1
		CT12	3.73	0.714	5	1
	文化基础（CT2）	CT21	3.67	0.735	5	1
		CT22	3.61	0.809	5	1
		CT23	3.64	0.804	5	2
	产业基础（CT3）	CT31	3.58	0.778	5	1
		CT32	3.58	0.746	5	1
	城镇化程度（CT4）	CT41	3.65	0.813	5	1
		CT42	3.61	0.764	5	1
政策创新（PI）	政府支持（PI1）	PI11	3.16	0.705	5	1
		PI12	3.23	0.721	5	1
		PI13	3.14	0.664	5	1
	经济补贴（PI2）	PI21	3.30	0.665	5	1
		PI22	3.21	0.737	5	1
	制度创新（PI3）	PI31	3.20	0.775	5	1
		PI32	3.14	0.727	5	1
		PI33	3.10	0.719	5	1
	可持续能力（PI4）	PI41	3.41	0.750	5	1
		PI42	3.18	0.688	5	1
		PI43	3.20	0.728	5	1
社区服务体系（CS）	服务设施（CS1）	CS11	3.26	0.755	5	1
		CS12	3.21	0.679	5	1
		CS13	3.03	0.698	5	1
	服务补救（CS2）	CS21	3.31	0.719	5	1
		CS22	3.08	0.736	5	1
		CS23	3.14	0.695	5	1
	服务创新（CS3）	CS31	3.23	0.734	5	1
		CS32	3.11	0.678	5	1
		CS33	3.19	0.723	5	1

主要变量	潜在变量	观测变量	均值	标准差	最大值	最小值
农业现代化开发型（AMD）	组织规划（AMD1）	ADM11	3.63	0.712	5	1
		ADM12	3.61	0.743	5	1
		ADM13	3.58	0.773	5	1
	包容创新（AMD2）	ADM21	3.63	0.733	5	1
		ADM22	3.64	0.774	5	1
		ADM23	3.71	0.733	5	1
	全民参与（AMD3）	ADM31	3.60	0.810	5	1
		ADM32	3.69	0.743	5	1

最后，为确保文旅特色小镇与农业现代化开发型系统性保护协同模式检测结果具有真实性、可靠性，对其进行信度检测。利用组合信度系数对文旅特色小镇与农业现代化开发型系统性保护协同模式所整合的各类数据进行分析和检测，分别得出文旅特色小镇、政策创新、社区服务体系、农业现代化开发型的组合信度系数。同时，根据表 5 - 4 的组合信度标准对文旅特色小镇与农业现代化开发型系统性保护协同模式的潜在变量的组合信度系数进行评判。为确保信度检测所得数据能够科学合理地反映各个变量的真实构架，在对文旅特色小镇与农业现代化开发型系统性保护协同模式进行信度检测的基础上，进一步对文旅特色小镇与农业现代化开发型系统性保护协同模式进行效度检测。见表 6 - 29。

表 6 - 29　　　　　　　　　　　　　　信度和效度检验

变量	CR	因子荷载		KMO 值	累计方差解释率	Bartlett's 球形检验		
						χ^2	df	Sig.
文旅特色小镇（CT）	0.970	CT11	0.896	0.964	78.212	2360.160	36	0.000
		CT12	0.893					
		CT21	0.904					
		CT22	0.881					
		CT23	0.868					
		CT31	0.864					
		CT32	0.901					
		CT41	0.882					
		CT42	0.869					
政策创新（PI）	0.923	PI11	0.689	0.945	52.069	1227.515	55	0.000
		PI12	0.723					
		PI13	0.753					
		PI21	0.767					
		PI22	0.818					
		PI31	0.667					
		PI32	0.744					

续表

变量	CR	因子荷载		KMO 值	累计方差解释率	Bartlett's 球形检验		
						χ^2	df	Sig.
政策创新（PI）	0.923	PI33	0.690	0.945	52.069	1227.515	55	0.000
		PI41	0.628					
		PI42	0.703					
		PI43	0.737					
社区服务体系（CS）	0.894	CS11	0.728	0.917	48.296	744.852	36	0.000
		CS12	0.689					
		CS13	0.704					
		CS21	0.665					
		CS22	0.673					
		CS23	0.699					
		CS31	0.738					
		CS32	0.670					
		CS33	0.686					
农业现代化开发型（AMD）	0.949	ADM11	0.828	0.937	69.850	1473.510	28	0.000
		ADM12	0.825					
		ADM13	0.846					
		ADM21	0.836					
		ADM22	0.856					
		ADM23	0.850					
		ADM31	0.823					
		ADM32	0.822					

如表 6 – 29 所示，首先，在对文旅特色小镇与农业现代化开发型进行信度所得数据中，可以看出，各个数据的相关组合信度系数值都大于 0.8，因此本书认为所得数据具有较好的可信度。其次，在对文旅特色小镇与农业现代化开发型进行效度检验所得数据中，可以看出，所得各个指标的因子载荷均在 0.5 以上，KMO 值均大于 0.8，因此研究认为所得数据能够较好地进行因子分析。最后，Bartlett's 球形检验显著性水平均在 0.000，因此，本书认为此次研究过程中，调查问卷所得数据及各组成部分建构之间有较好的效度。

第二，样本数据的结构方程模型构建及调整。

研究文旅特色小镇与农业现代化开发型系统性保护协同模式时，依据变量性质构建结构方程模型。根据前文所写的文旅特色小镇与农业现代化开发型系统性保护协同模式的理论模型，文旅特色小镇、政策创新、社区服务体系及农业现代化开发型都是不可直接观测到的变量，属于潜在变量的范畴。在确定变量性质的基础上，对文旅特色小镇与农业现代化开发型系统性保护协同模式中的变量进行归类处理，其中，文旅特色小镇属内生变量，政策创新、社区服务体系属中间变量，农业现代化开发型属外生变量。因此，文旅特色小镇与农业现代化开发型系统性保护协同模式的结构方程模型如图 6 – 23 所示，箭头方向代表了变量之间的因果关系。

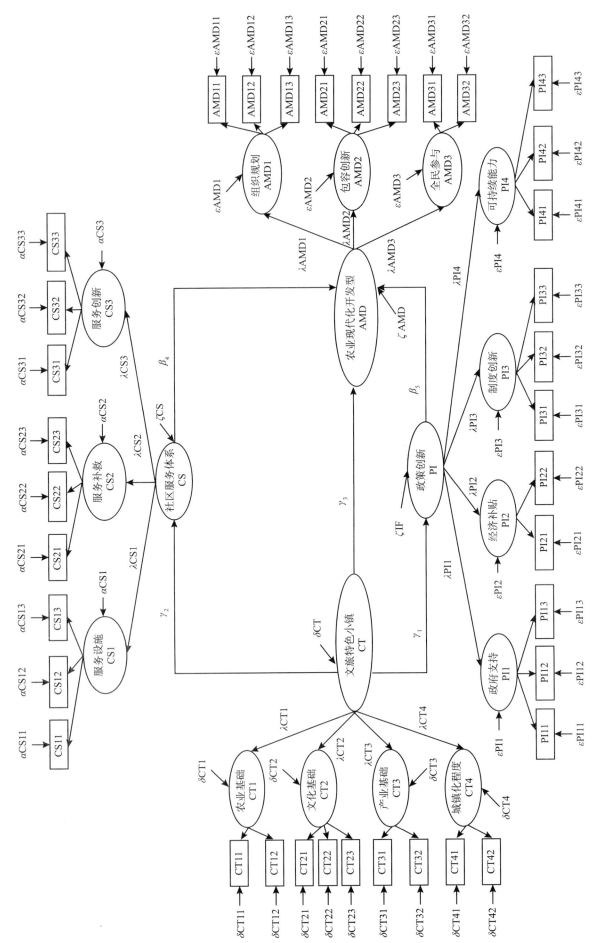

图6-23 文旅特色小镇与农业现代化开发型系统性保护协同模式的初始结构方程模型

由图 6-23 所显示的文旅特色小镇与农业现代化开发型系统性保护协同模式的初始结构方程模型可以发现，文旅特色小镇与农业现代化开发型系统性保护协同模式的初始结构方程中存在外生显变量 9 项，具体为 CT11、CT12、CT21、CT22、CT23、CT31、CT32、CT41、CT42；内生显变量共 28 项，具体为 CS11、CS12、CS13、CS21、CS22、CS23、CS31、CS32、CS33、PI11、PI12、PI13、PI21、PI22、PI31、PI32、PI33、PI41、PI42、PI43、AMD11、AMD12、AMD13、AMD21、AMD22、AMD23、AMD31、AMD32；外生潜变量共 4 项，具体为 CT1、CT2、CT3、CT4；内生潜变量共 10 项，具体为 CS1、CS2、CS3、PI1、PI2、PI3、PI4、AMD1、AMD2、AMD3。

进行文旅特色小镇与农业现代化开发型系统性保护协同模式的数据验证时，通过对相关变量进行设定以构建观测变量的结构方程式。按照初始结构方程模型，文旅特色小镇（CT）、农业基础（CT1）、文化基础（CT2）、产业基础（CT3）、城镇化程度（CT4）为外生潜变量，分别用 ζ_{CT}、ζ_{CT1}、ζ_{CT2}、ζ_{CT3}、ζ_{CT4} 表示。政策创新（PI）、政府支持（PI1）、经济补贴（PI2）、制度创新（PI3）、可持续能力（PI4）、社区服务体系（CS）、服务设施（CS1）、服务补救（CS2）、服务创新（CS3）、农业现代化开发型（AMD）、组织规划（AMD1）、包容创新（AMD2）、全民参与（AMD3）为内生潜变量，分别用 η_{PI}、η_{PI1}、η_{PI2}、η_{PI3}、η_{PI4}、η_{CS}、η_{CS1}、η_{CS2}、η_{CS3}、η_{AMD}、η_{AMD1}、η_{AMD2}、η_{AMD3} 表示。基于此，本书构建文旅特色小镇与农业现代化开发型系统性保护协同模式的观测模型方程式：

$$
\begin{cases}
X_{CT1} = \lambda_{CT1}\xi_{CT} + \delta_{CT1} & X_{CT2} = \lambda_{CT2}\xi_{CT} + \delta_{CT2} & X_{CT3} = \lambda_{CT3}\xi_{CT} + \delta_{CT3} \\
X_{CT4} = \lambda_{CT4}\xi_{CT} + \delta_{CT4} & X_{CT11} = \lambda_{CT11}\xi_{CT1} + \delta_{CT11} & X_{CT12} = \lambda_{CT12}\xi_{CT1} + \delta_{CT12} \\
X_{CT21} = \lambda_{CT21}\xi_{CT2} + \delta_{CT21} & X_{CT22} = \lambda_{CT22}\xi_{CT2} + \delta_{CT22} & X_{CT23} = \lambda_{CT23}\xi_{CT2} + \delta_{CT23} \\
X_{CT31} = \lambda_{CT31}\xi_{CT3} + \delta_{CT31} & X_{CT32} = \lambda_{CT32}\xi_{CT3} + \delta_{CT32} & \\
X_{CT41} = \lambda_{CT41}\xi_{CT4} + \delta_{CT41} & X_{CT42} = \lambda_{CT42}\xi_{CT4} + \delta_{CT42} & \\
Y_{CS1} = \lambda_{CS1}\eta_{CS} + \varepsilon_{CS1} & Y_{CS2} = \lambda_{CS2}\eta_{CS} + \varepsilon_{CS2} & Y_{CS3} = \lambda_{CS3}\eta_{CS} + \varepsilon_{CS3} \\
Y_{CS11} = \lambda_{CS11}\eta_{CS1} + \varepsilon_{CS11} & Y_{CS12} = \lambda_{CS12}\eta_{CS1} + \varepsilon_{CS12} & Y_{CS13} = \lambda_{CS13}\eta_{CS1} + \varepsilon_{CS13} \\
Y_{CS21} = \lambda_{CS21}\eta_{CS2} + \varepsilon_{CS21} & Y_{CS22} = \lambda_{CS22}\eta_{CS2} + \varepsilon_{CS22} & Y_{CS23} = \lambda_{CS23}\eta_{CS2} + \varepsilon_{CS23} \\
Y_{CS31} = \lambda_{CS31}\eta_{CS3} + \varepsilon_{CS31} & Y_{CS32} = \lambda_{CS32}\eta_{CS3} + \varepsilon_{CS32} & Y_{CS33} = \lambda_{CS33}\eta_{CS3} + \varepsilon_{CS33} \\
Y_{PI1} = \lambda_{PI1}\eta_{PI} + \varepsilon_{PI1} & Y_{PI2} = \lambda_{PI2}\eta_{PI} + \varepsilon_{PI2} & Y_{PI3} = \lambda_{PI3}\eta_{PI} + \varepsilon_{PI3} \\
Y_{PI4} = \lambda_{PI4}\eta_{PI} + \varepsilon_{PI4} & Y_{PI11} = \lambda_{PI11}\eta_{PI1} + \varepsilon_{PI11} & Y_{PI12} = \lambda_{PI12}\eta_{PI1} + \varepsilon_{PI12} \\
Y_{PI13} = \lambda_{PI13}\eta_{PI1} + \varepsilon_{PI13} & Y_{PI21} = \lambda_{PI21}\eta_{PI2} + \varepsilon_{PI21} & Y_{PI22} = \lambda_{PI22}\eta_{PI2} + \varepsilon_{PI22} \\
Y_{PI31} = \lambda_{PI31}\eta_{PI3} + \varepsilon_{PI31} & Y_{PI32} = \lambda_{PI32}\eta_{PI3} + \varepsilon_{PI32} & Y_{PI33} = \lambda_{PI33}\eta_{PI3} + \varepsilon_{PI33} \\
Y_{PI41} = \lambda_{PI41}\eta_{PI4} + \varepsilon_{PI41} & Y_{PI42} = \lambda_{PI42}\eta_{PI4} + \varepsilon_{PI42} & Y_{PI43} = \lambda_{PI43}\eta_{PI4} + \varepsilon_{PI43} \\
Y_{AMD1} = \lambda_{AMD1}\eta_{AMD} + \varepsilon_{AMD1} & Y_{AMD2} = \lambda_{AMD2}\eta_{AMD} + \varepsilon_{AMD2} & \\
Y_{AMD3} = \lambda_{AMD3}\eta_{AMD} + \varepsilon_{AMD3} & Y_{AMD11} = \lambda_{AMD11}\eta_{AMD1} + \varepsilon_{AMD11} & \\
Y_{AMD12} = \lambda_{AMD12}\eta_{AMD1} + \varepsilon_{AMD12} & Y_{AMD13} = \lambda_{AMD13}\eta_{AMD1} + \varepsilon_{AMD13} & \\
Y_{AMD21} = \lambda_{AMD21}\eta_{AMD2} + \varepsilon_{AMD21} & Y_{AMD22} = \lambda_{AMD22}\eta_{AMD2} + \varepsilon_{AMD22} & \\
Y_{AMD23} = \lambda_{AMD23}\eta_{AMD2} + \varepsilon_{AMD23} & Y_{AMD31} = \lambda_{AMD31}\eta_{AMD3} + \varepsilon_{AMD31} & \\
Y_{AMD32} = \lambda_{AMD32}\eta_{AMD3} + \varepsilon_{AMD32} & &
\end{cases}
$$

进行文旅特色小镇与农业现代化开发型系统性保护协同模式的结构方程实证检验时，借助于前文所提到的文旅特色小镇与农业现代化开发型系统性保护协同模式的研究假设和理论模型，使用 γ_1、γ_2 和 γ_3 表示文旅特色小镇对政策创新、社区服务体系、农业现代化开发型的作用路径。用 β_4 表示社区服务体系对农业现代化开发型的作用路径，用 β_5 表示政策创新对农业现代化开发型的作用路径。结合上述设定的变量之间的作用路径，构建出文旅特色小镇与农业现代化开发型系统性保护协同的结构方程式，表达具体如下：

$$\begin{cases} \eta_{PI} = \gamma_1 \xi_{CT} + \zeta_{PI} \\ \eta_{CS} = \gamma_2 \xi_{CT} + \zeta_{CS} \\ \eta_{AMD} = \gamma_3 \xi_{CT} + \beta_4 \eta_{CS} + \beta_5 \eta_{PI} + \zeta_{AMD} \end{cases}$$

完成构建文旅特色小镇与农业现代化开发型系统性保护协同模式的测量模型和结构模型，即完成初始结构方程模型构建后，本书需进一步判断检验拟合指数、参数和决定系数等是否达到要求，采用不同的评价方法对以上各项指标进行检验分析，从而更正确地判断文旅特色小镇对农业文化遗产系统性保护的作用原始模型是否需要进行修正。

使用 7 种拟合指标检验方法进行拟合指标检验，将所构建的文旅特色小镇与农业现代化开发型协同模式的初始结构方程模型导入 AMOS 22.0 中，在成功导入量表数据后，获得了文旅特色小镇与农业现代化开发型协同模式的拟合指标值，如表 6 – 30 所示。

表 6 – 30　　　　文旅特色小镇与农业现代化开发型协同模式的初始结构方程模型拟合度结果

拟合指标	X^2/DF	CFI	IFI	TLI	PNFI	RMSEA	SRMR
观测值	1.412	0.961	0.961	0.958	0.817	0.041	0.0542
拟合指标	<3.00	>0.90	>0.90	>0.90	>0.50	<0.08	<0.08

由表 6 – 30 可以看出，文旅特色小镇与农业现代化开发型系统性保护协同模式的各项拟合指标均达到了拟合标准，说明调整后的结构方程模型能较好地与调查问卷数据进行拟合。故依据拟合度检验，进一步测度结构方程的路径系数，判断其是否合理有效，见表 6 – 31。

表 6 – 31　　　　文旅特色小镇与农业现代化开发型系统性保护协同模式的初始结构方程路径估计

路径	模型路径	路径系数	S. E.	C. R.	P
γ_1	CT→PI	0.799	0.039	15.782	***
γ_2	CT→CS	0.735	0.044	12.455	***
γ_3	CT→AMD	0.290	0.094	2.787	0.005
β_4	CS→AMD	0.297	0.095	3.783	***
β_5	PI→AMD	0.300	0.100	3.483	***

注：*** 表示 P < 0.001。

由表 6 – 31 可以看出，根据文旅特色小镇与农业现代化开发型系统性保护的修正结构方程模型路径估计结果，各路径均呈现出显著状态，绝大多数都达到了 0.001 的显著性水平，整个模型显著性通过，文旅特色小镇到农业现代化开发型关系路径 P 值为 0.005，在 5% 水平上显著。因此，判定该模型为满意度最高的模型，路径系数经过标准化处理后，其数值处于 – 1 ~ 1，最终的文旅特色小镇与农业现代化开发型系统性保护协同模式的结构方程模型见图 6 – 24。

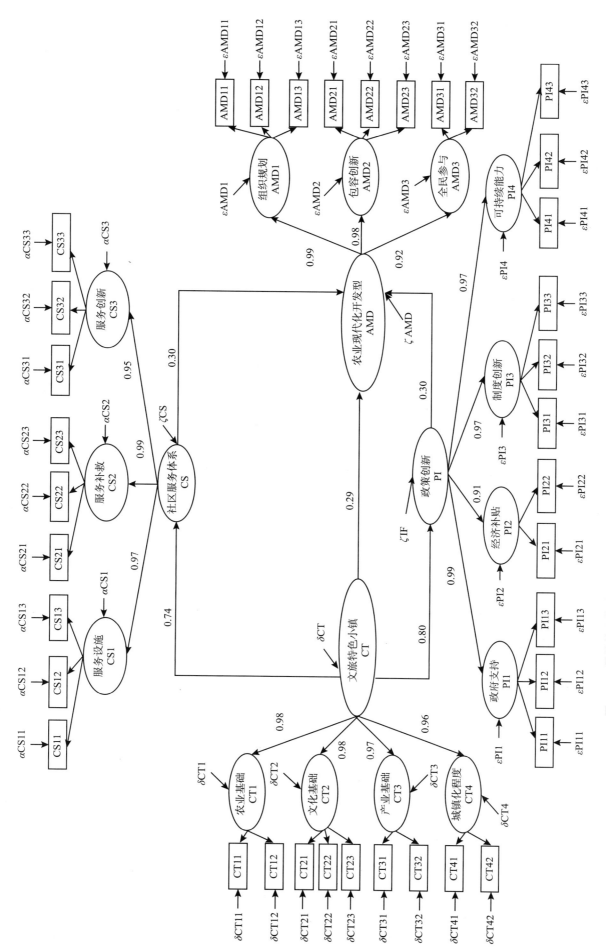

图6-24　最终的文旅特色小镇与农业现代化开发型系统性保护协同模式的结构方程模型

第三，结构方程的假设检验及效应分解。

通过分析结构方程实证结果，根据前面提及的研究假设与理论模型，本书对文旅特色小镇与农业现代化开发型系统性保护协同模式的假设验证和路径系数进行归纳总结，结果如表 6 – 32 所示。

表 6 – 32 路径结果讨论分析

路径	模型路径	路径系数	显著性水平	研究假设	检验结果
γ_1	CT→PI	0.799	***	HD1	支持
γ_2	CT→CS	0.735	***	HD2	支持
γ_3	CT→AMD	0.290	0.005	HD3	支持
β_4	CS→AMD	0.297	***	HD4	支持
β_5	PI→AMD	0.300	***	HD5	支持

注：*** 代表 $P < 0.001$。

文旅特色小镇到政策创新的标准化路径系数为 0.799，$P < 0.001$，通过显著性检验。因此，原假设 HD1 得到验证支持，"文旅特色小镇对政策创新具有显著的正向影响作用"的假设研究成立。

文旅特色小镇到社区服务体系的标准化路径系数为 0.735，$P < 0.001$，通过显著性检验。因此，原假设 HD2 得到验证支持，"文旅特色小镇对社区服务体系具有显著的正向影响作用"的假设研究成立。

文旅特色小镇到农业现代化开发型的标准化路径系数为 0.290，P 值为 0.005，小于 0.01，通过显著性检验。因此，原假设 HD3 得到验证支持，"文旅特色小镇对农业现代化开发型具有显著的正向影响作用"的假设研究成立。

社区服务体系到农业现代化开发型的标准化路径系数为 0.297，$P < 0.001$，通过显著性检验。因此，原假设 HD4 得到验证支持，"社区服务体系对农业现代化开发型具有显著的正向影响作用"的假设研究成立。

政策创新到农业现代化开发型的标准化路径系数为 0.300，$P < 0.001$，通过显著性检验。因此，原假设 HD5 得到验证支持，"政策创新对农业现代化开发型具有显著的正向影响作用"的假设研究成立。

从文旅特色小镇与农业现代化开发型系统性保护协同的结构方程实证结果可知，政策创新和社区服务体系都是两个十分重要的中间变量，文旅特色小镇分别对政策创新和社区服务体系产生了 0.799 和 0.735 的直接作用效应。政策创新是带动文旅特色小镇的关键性因素，也是农业文化遗产系统性保护不可缺少的行动支撑。社区服务体系保证了文旅特色小镇持续发展的基础建设，满足游客个性化需求的服务、人性化的管理、独具一格的人文情怀催动了农业旅游发展，成为农业文化遗产系统性保护的关键要素。

基于以上结果，研究获得以下重要启示：一是文旅特色小镇作为文旅深度融合理念下的新业态之一，在保护农业文化遗产中起着显著的正向作用。因此，在未来的农业文化遗产系统性保护过程中，不仅要重视文旅特色小镇在农业旅游中的推动作用，而且要注意与生态环境和农业文化遗产系统性保护的协同。二是政策创新和社区服务体系均是影响文旅特色小镇与农业文化遗产系统性保护协同的中间变量，应把握影响协同作用的关键因素，即认真解析政策文件，为文旅特色小镇的创新提供政策支持，规范服务体系，优化服务体验，整体保护农业文化遗产。

6.5 农业生态休闲度假区与农业旅游融合型系统性保护协同模式的实证研究

6.5.1 研究假设

第一，农业生态休闲度假区的作用。

农业生态休闲度假区是集种植、采摘、住宿、餐饮、拓展、科普研学、观光度假为一体的综合性农业旅游的示范基地,是凝结人文精神、淳化民风、传承农耕文化和乡风文明的重要载体。随着外来城市文明的介入和扩散,乡村原有的功能受到影响,传统单一的生产功能逐渐向居住和休闲消费功能转化,乡村生活空间内外要素主体之间的关系发生了改变,并在旅游需求和消费需求的刺激下,度假区原有的生活空间进一步释放为居民的消费空间,更加注重乡村自身的多功能转型。并且,随着乡村旅游的持续发展,农业生态休闲度假区的旅游收益在一定幅度上提升,基础设施、人力资源体系、服务机制、资金供给链等方面也有所完善,这在一定程度上影响了乡村消费空间的延伸和重构。基于此,可以看出农村生态休闲度假区依托乡村自身的历史人文底蕴发展休闲旅游,并逐渐适应消费者的生产生活需要,转变原有的消费空间,以吸引更多的游客游憩与消费,故提出如下假设:

HE1:农业生态休闲度假区对乡村消费空间具有显著的正向作用。

农业生态休闲度假区是旅游产业和农业产业转型升级的重要场所之一,借助于农业文化遗产地的环境优势和资源基础,集生态、生产与生活于一体,是能够满足游客休憩、康体、运动、益智、娱乐等休闲需求的度假聚集区域。具体而言,农业生态休闲度假区能够很好地将当地的农业资源与文化旅游融为一体,通过开展系列特色活动从根本上满足游客心理和精神上的需求,从而吸引外来游客。并且农业生态休闲度假区还能够为游客提供个性化、差异化和智慧化的服务,加深游客对农业资源的体验感知,提高重复旅游的可能性。此外,农业生态休闲度假区追求可持续发展,积极倡导绿色产业发展,鼓励游客绿色旅游、低碳旅游,提高了游客的环境认同度和绿色感知价值,这与游客原本越来越强的绿色理念和绿色意识相符,能进一步提高游客的旅游意愿和推荐意愿。基于此,故提出如下假设:

HE2:农业生态休闲度假区对游客行为具有显著的正向作用。

农业生态休闲度假区依托乡村得天独厚的自然资源和人文底蕴,设置采摘区、科普区、观光区,打造一个集旅游、休闲、绿色生态农业于一体的度假区。农业生态休闲度假区借助于遗产地自身的人文资源、生态资源、产业资源等,将其与交通、餐饮、住宿、购物等相关产业结合起来一起规划和建设,促进各产业共融互生,打造多样化与复合化的旅游资源,增强优质文化旅游产品与打造文化旅游新业态,为游客带来的不同于以往的精神享受。休闲度假区的可持续发展,不仅可以推动农村产业发展的转型升级,还可以促进农村旅游产业的发展。在开展农业生态休闲旅游的过程中,资源优势得以聚集体现,旅游和文化产业得以加速融合,在听取专家、村民和游客多方意见基础上,调整农业遗产旅游发展路径,延续乡村历史文脉,展现遗产地不同时期的独特魅力,推动实现农业文化遗产的持续健康保护。基于此,故提出如下假设:

HE3:农业生态休闲度假区对农业旅游融合型具有显著的正向作用。

第二,游客行为的作用。

我国社会主要矛盾已经转化为人民日益增长的美好生活需要和不平衡不充分的发展之间的矛盾,旅游业能提升人民生活质量,且旅游消费助推了消费结构变迁。游客是旅游活动的主体,与遗产旅游地存在更深的人地互动,乡村旅游能否可持续发展的关键就在于能否在激烈的旅游市场竞争中占据稳定的客源市场。而客源市场的稳定和扩容与游客行为密切相关,马耀峰和李永军(2001)指出,游客行为包括游客的决策过程、游览行为、消费行为及游客满意度四个方面的内容,地方政府如要推动乡村旅游业发展,就必须强化游客行为,并丰富旅游目的地资源种类,注重生态环境质量,加强基础设施建设,增强旅游信息获取渠道,从而强化游客旅游动机,促进产业发展。游客行为与其旅游价值感知程度有关,旅游地相关工作人员可以根据游客的需求不断升级旅游服务和设计个性化产品,强化旅游购物体验,并及时处理客户诉求,持续规范旅游服务,优化旅游环境质量,有效提升游客满意度。基于此,可以看出,乡村旅游业的持续健康发展需要规范和强化游客行为,锻炼工作人员随机应变和及时、合理处理服务问题的能力,增强游客服务感知,提升旅游吸引力,推动遗产旅游得到长效发展,故提出如下假设:

HE4:游客行为对农业旅游融合型具有显著的正向作用。

第三,乡村消费空间的作用。

随着乡村城市化和现代化进程加快,乡村消费环境和居民消费能力均产生显著变化,催动了乡村消费结构和经济生产结构的重构,而乡村旅游是迎合旅游市场需求、扩大内需的重要载体,因此亟需优化乡村消费空间助力乡村旅游发展。当前,我国居民的消费行为呈现个性化、差异化和多元化的特征。乡村消费空间顺应城镇化,一方面重视自身拓展居民消费水平,另一方面注重与城镇消费空间的衔接融合,促进城乡消费空间一体化发展。乡村消费空间的构建会改变乡村要素，进而影响乡村重构，在促进当地经济发展、减缓乡村社会凋敝、增加村民收入等方面起到重要作用，不管是物质消费空间，还是文化消费空间和服务消费空间，都呈现向城镇转移趋势，进而在城镇化市场的驱动下刺激当地旅游业加速发展。此外，良好的乡村消费空间可以为乡村振兴提供动力，助力高效治理乡村、传承传统习俗文化、优化乡村文明，同时，还可以用乡村特有的文化吸引城市居民，带动居民向乡村传播现代社会的文化素养和文化知识，实现城乡文化交融，赋予乡土文化新的生命力。基于此，可以看出，乡村消费空间的改变关系着城镇化的发展状况，影响着农业和旅游业的融合进程，是农业文化遗产旅游的重要推动力，故提出如下假设：

HE5：乡村消费空间对农业旅游融合型具有显著的正向作用。

第四，关于农业生态休闲度假区与农业旅游融合型系统性保护协同模式的理论模型。

根据农业生态休闲度假区与农业旅游融合型系统性保护协同模式的分析框架、研究假设的相关内容，综合考虑农业生态休闲度假区与农业旅游融合型协同现状，本书构建出农业生态休闲度假区与农业旅游融合型系统性保护协同模式的理论框架，如图6-25所示。

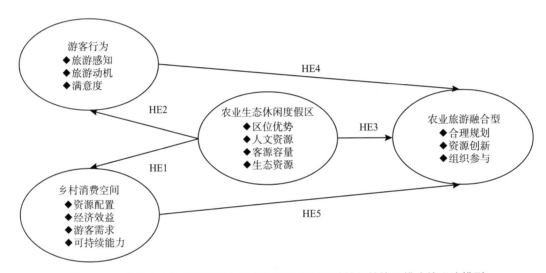

图6-25　农业生态休闲度假区与农业旅游融合型系统性保护协同模式的理论模型

根据农业生态休闲度假区与农业旅游融合型系统性保护协同模式的理论模型（图6-25）可以看出，该模式包含农业生态休闲度假区、乡村消费空间、游客行为和农业旅游融合型4个变量，其中，农业生态休闲度假区包括区位优势、人文资源、客源容量、生态资源4个方面；乡村消费空间包括资源配置、经济效益、游客需求、可持续能力4个方面；游客行为包括旅游感知、旅游动机、满意度3个方面；农业旅游融合型包括合理规划、资源创新、组织参与3个方面。农业生态休闲度假区与农业旅游融合型之间既具有直接的作用路径，也具有间接的作用路径。间接路径有以下两条：①农业生态休闲度假区—乡村消费空间—农业旅游融合型；②农业生态休闲度假区—游客行为—农业旅游融合型。构建农业生态休闲度假区与农业旅游融合型系统性保护协同模式的理论模型，为利用结构方程模型进行实证分析奠定了理论基础。

6.5.2　实地访谈

第一，关于案例地发展状况。

陕西佳县千年古枣园居于"中国红枣名乡"陕西省榆林市佳县朱家坬镇泥河沟村，是以利用"铁杆庄稼"红枣栽培以及观赏黄土高原景观为特色的农业文化系统，是目前世界上面积最大、保存最为完整的千年古枣群，拥有36亩核心区域，世界粮农组织授予其"全球重要农业文化遗产"称号，是一种活态的、动态的、复合型的农业遗产，泥河沟村也被誉为"天下红枣第一村"。佳县农业生态休闲度假区是集枣园观光、娱乐、采摘、教育、劳动体验、文化体验等项目于一体的新型产业，游客在体验枣树栽植、培育、管理等过程中了解佳县的农业文化遗产和感受农村风貌，满足游客的多元化体验感知。建设农业生态休闲度假区不仅可以合理利用当地自然资源和民俗文化满足游客返璞归真、亲近大自然、体验健康养生之旅的愿景，还可以推动乡村经济发展和促进农业文化遗产的可持续保护。本书以陕西佳县千年古枣园为案例研究对象，其发展进程和特征对推进文旅深度融合新业态与农业文化遗产系统性保护协同具有代表性和特色性。

本书从陕西佳县千年古枣园分析"农业生态休闲度假区与农业旅游融合型系统性保护协同模式"的发展情况。根据前文分析内容，陕西佳县千年古枣园的农耕技术先进、农业资源丰富、产业空间完整、文化内涵深厚，广泛与游客保持联系，引进优秀人才，通过合理规划、资源创新、组织参与使其不断升级发展。

第一阶段：佳县古枣园崛起之路。

佳县是我国红枣栽培的起源地之一，早期因片面强调"以粮为纲"，任意砍伐枣林，忽视红枣生产，其后，随着改革开放的不断深入，红枣成为佳县的主导产业，地方政府通过制定优惠政策鼓励群众种植枣树，是因为枣树林能起到防风固沙、水土保持、涵养水源的作用。1994 年，佳县全县枣林面积达到 21.7 万亩，红枣产量高达 1700 万千克，因此而成为全国 24 个重点产枣县之一，2001 年，林业部将佳县命名为"中国红枣名乡"，2005 年，佳县红枣面积居全省之首，红枣品种达到 46 个，成为全国知名的产枣大县，2006 年，村民建立"千年枣林碑"，红枣成为农村脱贫致富的基石与指引。

为保证佳县红枣能健康持续发展，相关管理部门紧紧围绕建设"农业生产生态化"的指导思想，大力推进"有机红枣基地建设"工作，旨在发展绿色农业、有机农业和循环经济。佳县在农业文化遗产保护试点申报过程中，设立专门的申报工作小组和宣传小组，各部门合作有序，宣传农业文化遗产价值，投入了大量的时间、物力和人力；委托高校和科研机构研究佳县古枣园的历史、文化、经济和生态价值，更加有针对性地对其进行保护；鼓励村民积极加入古枣园农业文化遗产的保护和种植过程，在宣传的过程中改变其对古枣园的传统看法，使其自身主动加入；当地政府实施"东枣西进"工程，发展绿色和有机枣产品，除了 2001 年获得"中国红枣名乡"称号，之后还获得"红枣生产国家农业标准化示范区"、"佳县油枣"、农产品地理标志产品、JA 认证以及国家有机红枣生产基地和有机红枣产品"双认证"。最终，2013 年，农业部将佳县古枣园认定为首批中国重要农业文化遗产，2014 年联合国粮农组织将佳县古枣园评为全球重要农业文化遗产，使其在更大的范围内得到认可和受到尊重。

第二阶段：探索古枣园旅游发展之路。

佳县古枣园距今有 1000 多年历史，历史悠久，经过长期的生产实践，包括枣粮间作在内的众多农业生产方式被当地村民熟知，他们因此积累了丰富的知识经验和技术。枣粮间作是在综合考虑农作物和枣树生理学特征和生长周期的基础上，将其以一定的排列方式耕种在相同土地单元，因地制宜、相辅相成演化而成的枣粮复合生态系统。

随着社会现代化进程逐渐加快，在大城市的冲击和文化浸染下，越来越多的农村青年劳动力倾向于到城市工作，对家乡传统文化的情感依恋和认同感低，遗忘或摒弃了传统文化，加重了农业农村文化消失或被替代的情况。在这个过程中，旅游产业起着重要作用，发展旅游业，一方面，能够帮助农村农业文化由萧条向繁荣转变，延长传承时间；另一方面，能够帮助增加当地农民增收增产，拓宽获益渠道，带动提升农村经济水平，从而促使村民更加注重文化遗产的保护和传承。目前泥河沟最大的问题是特色作物种类较单一，遗产地居住条件支撑不起大量游客前来旅游，旅游项目单一，缺少成形的旅游项目。当地人受文化水平限制，加之年轻人外出，对培养新品种的认知较低，管理方式粗犷，疏于管理，缺少科学技术，故应借助现代技术评估红枣产业价值，在此基础上，深层次挖掘红枣的潜在价值，依托休闲旅游发展思路，加快促进古枣群产业化进程，开展枣园休闲农业旅游，进而优化佳县农业产业结构，多渠道、多市场开发枣园，提升人们生活质量水平。

2016 年，佳县成功入选创建国家全域旅游示范区名单，并将通过沿黄精品旅游带建设、泥河沟千年古枣园景区建设、东方红文化园建设等旅游文化项目，丰富产业活动，调整产业结构，打造佳县全域旅游。集合农业文化遗产这一特色文化，开发当地的特色旅游产业，是推动农业文化遗产与当地经济的重要方式，所以，佳县应结合当地实际情况，严格以可持续发展为原则，合理开发农业文化遗产，发展绿色旅游，以实现保护与开发的和谐发展。佳县以红枣畜牧业为主，推行"9 个 1"工程培育特色农业品牌，例如生态肉品、手工挂面和特色大米，还利用红枣羊等打造特色包装，大力发展特色产业，推动佳县的产业升级与经济增长。

第三阶段：休闲旅游可持续发展。

2018 年，佳县成功举办首届枣花节暨红枣产业发展论坛，遵循现代人的精神需求和旅游需求，以多样的活动形式、多元的活动内容，既使用已有的文化资源，又进一步探寻更加深入的红枣文化内涵，巩固产业结构，塑造红枣产业价值链，优选红枣一系列产品，降低红枣低产、低质、低价值的情况，推进佳县生态文化旅游发展，加快实现农村现代化，助力农村脱贫。目前，佳县遵循"城乡统筹、区域协调、全域发展"的发展思路，大力推进农业旅游，现已挖掘出红色革命史迹、千年枣林风情、黄河山水风光、民间原生态文化、沿黄文物古迹景观等五大类旅游资源，"全县是景区、处处是景观、村村是景点"的全域旅游格局初步形成，特色小镇项目开发完成。

第二，陕西佳县千年古枣园对农业生态休闲度假区与农业旅游融合型系统性保护协同模式的作用。

研究陕西佳县千年古枣园的发展过程中文旅深度融合与农业文化遗产系统性保护协同模式，游客是旅游的重要主体，农民是关键执行力，消费创新是主要推动力。综合考量各方面要素，本书将案例分析关键点放在游客、农民、消费和服务等几个方面，提炼出游客行为、乡村消费空间两个关键构念，并对其进行结构化、条理化、系统化的分析讨论，构建出陕西佳县千年古枣园建设中游客行为、乡村消费空间的作用模型，为分析游客行为、乡村消费空间在农业生态休闲度假区与农业旅游融合型系统性保护协同模式中的作用提供了清晰的路径。

首先，陕西佳县千年古枣园建设中游客行为分析。

判断游客的旅游动机是发展旅游的关键，也是陕西佳县千年古枣园开发的重要考虑对象，游客行为主要包括游客价值感知和价值评估、游客爱好和旅游动机、游客的满意度和忠诚度三个方面，其中，游客价值感知和价值评估、游客偏好和旅游动机是佳县千年古枣园建设的衡量标准，游客爱好和旅游动机是佳县千年古枣园发展和创新的方向，游客的满意度和忠诚度是保证佳县千年古枣园持续发展的关键因素。本书从陕西佳县千年古枣园建设的现实基础出发，基于以上研究，对陕西佳县千年古枣园的游客行为进行分析，构建出陕西佳县千年古枣园建设中的游客行为作用模型（见图 6-26）。

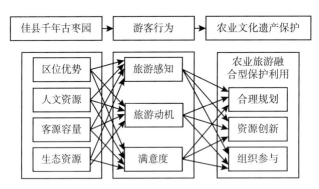

图 6-26　陕西佳县千年古枣园建设中游客行为的作用模型

根据图 6-26 陕西佳县千年古枣园建设中游客行为的作用模型可以看出，游客行为是佳县千年古枣园发展的重要因素，也是农业文化遗产系统性保护不可缺少的一部分。佳县千年古枣园从区位优势、人文资源、客源容量和生态资源 4 个方面，对旅游感知、旅游动机和游客满意度产生显著影响，进而影响着陕西佳县农业旅游融合型农业文化遗产保护过程。陕西佳县古枣资源丰富，古枣文化历史悠久，当地建筑风格独特，但由于乡村劳动力持续外出、枣类种植方式单一，文化内涵逐渐消失，为了避免情况加重，陕西佳县紧跟全域旅游的步伐，依托丰富的农业资源和文化资源建设农业生态休闲度假区，发展农业旅游。在旅游感知方面，佳县每年在古枣园核心保护区会举办不同规模的枣花节、采摘节、开杆节、丰收节、腊八祭枣神等多个农业节庆活动，通过举办文化活动、采摘体验、论坛交流、产品展销订购等系列活动，展示红枣名乡厚重的文化底蕴和独特的旅游文化资源，目的是让更多人认识和领略千年古枣文化的丰富历史，发扬红枣文化这一特有农耕文化，并深度开发红枣枣芽、果、醋、酒等产品，不断延长红枣产业链创新链，带动红枣产业转型升级，让游客能真切感受到佳县的文化价值、社会价值、经济价值、生态价值和情感价值，对其独特的红枣文化产生共鸣，增强认同感。在旅游动机方面，在快节奏生活、工作的压迫下，越来越多的人想要逃离城市压抑的生活，并尽可能地以较低的时间成本和消费成本进行旅游观光、休闲娱乐，也有的想要寻回儿时的记忆，享受体验式的乡村生活。陕西佳县古枣园借助红枣美誉度和品牌影响力，举办采摘节、丰收节等活动，宣传古枣园系统农业文化遗产的相关知识，深入推动乡村度假、沿黄休闲观光、森林康养产业，满足游客体验休闲风光、追求返璞归真、亲近大自然、陶冶情操的旅游愿景，让其愿意到佳县古枣园进行旅游休闲。在忠诚度与满意度方面，佳县除了在古枣园开展各种活动吸引游客，还积极推动"旅游 + 其他产业"深度融合，鼓励当地村民参与，通过优化旅游产品供给，做强做优景区景点，做精做美旅游线路，做新做特旅游商品，满足消费需求，还不断完善基础设施，改善旅游环境，整治环境卫生和交通秩序，优化服务功能，提升城市形象，以更好的服务、更美的环境、更优质的活动满足游客的旅游需要，提高游客的忠诚度、满意度和群众获得感。

因此，陕西佳县开展文化项目建设，优化产业结构，一方面满足了游客体验休闲风光、追求返璞归真、亲近大自然、陶冶情操的旅游愿景；另一方面，可以不断保护生态环境，尽可能提高环境和资源承载力，开发集农耕体验、知识教育、观光娱乐于一体的旅游模式，提高游客对度假区价值感知程度，进而提高满意度和忠诚度，假设 HE2、假设 HE3 和假设 HE4 成立。

其次，陕西佳县千年古枣园建设中乡村消费空间分析。

随着经济全球化和现代文明社会进步，发展模式由生产型社会转向为消费型导向，城乡发展趋向一致，乡村成为城市消费转移新空间。农业旅游作为文旅深度融合新业态之一，乡村消费空间的形成改变了乡村发展要素，这与农业旅游发展模式保持一致。本书通过对佳县进行实地调研，获得佳县消费空间兴起的要素，模拟出陕西佳县千年古枣园建设中乡村消费空间的作用模型，见图 6 – 27。

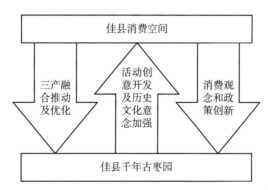

图 6 – 27　陕西佳县千年古枣园建设中乡村消费空间的作用模型

图 6 – 27 展示了陕西佳县千年古枣园建设中乡村消费空间的作用模型，可以看出，佳县消费空间的产生和逐渐扩大与产业结构调整、文化项目开发、政策三个方面紧密联系，通过对这三个方面进行分析，有利于揭示佳县乡村消费空间构建背后的乡土文化价值。一是佳县不断推动三产融合与优化，农业生态休闲度假区的构建不仅依托农业资源，还涉及文化资源、生态资源，它们实现产业联动，可以营造良好的服务体系，为构建消费空间奠定基础。二是引进外部人力资源，创意设计活动项目，赋予文化价值，加强文化保护观念，同时，定期邀请文化遗产学专家对当地村民展开培训和技术指导，采取有效的手段保护和传承农耕文化，定义乡村消费空间。三是相关政府部门给予相关的创业优惠与福利政策，通过落实补贴政策、产业规范引导、创业培训，帮助农户更好地创业就业，扩大乡村消费空间规模。因此，乡村消费空间以农业生态休闲度假区的区位优势、人文资源、客源容量、生态资源为基础，既重视拓展自身消费空间，提高居民的消费水平，满足游客不断改变的消费需求，也重视与城镇消费空间的对接与并轨，促进城乡消费空间一体化，关系着农业和旅游业的融合，是保证旅游可持续发展的必要一环，假设 HE1 和 HE5 成立。

关于案例验证分析：

此次案例研究选取的是陕西佳县千年古枣园，调研小组通过实地调研获得了准确性较高的数据资料，对陕西佳县千年古枣园的情况了解得更加清楚明晰，同时也保证了资料数据的真实性、严谨性、准确性。为了有效地展开对农业生态休闲度假区与农业旅游融合型协同模式的案例研究，首先对选择的陕西佳县千年古枣园这个研究对象进行了阐释说明，将陕西佳县千年古枣园的建设历程和发展方向概况为三个阶段：一是佳县古枣园崛起之路阶段；二是探索古枣园旅游发展之路阶段；三是休闲旅游可持续发展阶段，经过对这三个阶段进行全面而深入的分析，总结提炼出陕西佳县千年古枣园发展所面临的困境及其解决办法，得出陕西佳县千年古枣园凭借悠久的古枣文化和产品价值，与文化旅游产业融合发展，从而提高了对游客的吸引力。其中，依据前面构建的农业生态休闲度假区与农业旅游融合型协同模式的结构方程实证分析结果，在案例分析中着重把握乡村消费空间和游客行为两个方面的内容，构建出陕西佳县千年古枣园建设中游客行为、乡村消费空间的作用模型。

本书采用案例研究的方法进行单案例研究，选取陕西佳县千年古枣园为典型案例对农业生态休闲度假区与农业旅游融合型系统性保护协同模式进行验证。结合前面所构建的农业生态休闲度假区与农业旅游融合型系统性保护协同模式的分析框架、研究假设和结构方程实证分析的相关内容，以陕西佳县千年古枣园的发展状况为出发点，着重把握乡村消费空间和游客行为在文旅深度融合新业态与农业文化遗产系统性保护中的作用，以陕西佳县千年古枣园为案例对农业生态休闲度假区与农业旅游融合型系统性保护协同模式过程中的影响因素进行案例验证，进一步科学有效地验证了农业生态休闲度假区与农业旅游融合型系统性保护协同模式的有效性。

6.5.3 问卷数据分析

第一，样本数据的描述性统计及信度效度检验。

首先，农业生态休闲度假区与农业旅游融合型系统性保护协同模式的协同度测算。

本书通过"协同性"这一指标来表示"农业生态休闲度假区"与"农业旅游融合型"协同效应和协同机制。从农业生态休闲度假区与农业旅游融合型系统性保护协同模式的实证分析出发，构建相关的指标体系，根据实证分析结果，可以知道农业生态休闲度假区、乡村消费空间和游客行为三个变量对农业旅游融合型产生了直接影响作用，农业生态休闲度假区还对其产生了间接影响作用，故只有乡村消费空间和游客行为两个子系统协同发展，才能促进农业生态休闲度假区与农业旅游融合型系统性保护协同模式更好地协同发展。从农业生态休闲度假区的区位优势、人文资源、客源容量和生态资源4个指标度量农业生态休闲度假区对乡村消费空间子系统、游客行为子系统存在直接或者间接的影响作用。基于此，对农业生态休闲度假区与农业旅游融合型协同模式的协同性进行评价，同时通过评价乡村消费空间子系统、游客行为子系统进一步实现对其评价的验证，进而用子系统的协同度来客观反映农业生态休闲度假区与农业旅游融合型所构成的复合系统的协同程度。

根据协同学的相关理论和原理，构建农业生态休闲度假区、乡村消费空间、游客行为和农业旅游融合型4个子系统间的协同度模型。农业生态休闲度假区、乡村消费空间、游客行为和农业旅游融合型4个子系统的序参量如表6-33所示。

表6-33　　　　　　　　　　　　　各子系统序参量

子系统	测量指标	序参量
农业生态休闲度假区	区位优势、人文资源、客源容量、生态资源	ALR11、ALR12、ALR21、ALR22、ALR23、ALR31、ALR32、ALR41、ALR42
乡村消费空间	资源配置、经济效益、游客需求、可持续能力	RCS11、RCS12、RCS13、RCS21、RCS22、RCS31、RCS32、RCS33、RCS41、RCS42
游客行为	旅游感知、旅游动机、满意度	TB11、TB12、TB13、TB21、TB22、TB23、TB31、TB33
农业旅游融合型	合理规划、资源创新、组织参与	IAT11、IAT12、IAT13、IAT21、IAT22、IAT23、IAT31、IAT32

在确定各个子系统的参量后，将对农业生态休闲度假区、乡村消费空间、游客行为、农业旅游融合型4个子系统之间的有序度进行测量，结合前面对农业生态休闲度假区与农业旅游融合型系统性保护协同模式的理论模型的相关分析，得出其他子系统的有序度和序参量之后，将计算系统协同度并重新测量子系统的有序度，进而得到总系统的协同度。同理，得出农业生态休闲度假区与农业旅游融合型系统性保护协同模式中乡村消费空间、游客行为、农业旅游融合型等其他子系统之间的协同度，见表6-34。

表 6 – 34   各子系统间的系统协同度

子系统	ALR	RCS	TB	IAT
农业生态休闲度假区（ALR）	—	—	—	—
乡村消费空间（RCS）	0.58	—	—	—
游客行为（TB）	0.58	0.52	—	—
农业旅游融合型（IAT）	0.64	0.58	0.57	—

根据表 4 – 1 系统协同度区间划分表，将协同度分为 5 个区间，结合表 6 – 34 关于农业生态休闲度假区与农业旅游融合型系统性保护协同模式中的各子系统的协同度大小，可以得出协同模式中的农业生态休闲度假区、乡村消费空间、游客行为和农业旅游融合型这 4 个子系统相互之间的协同度都处于高度协同的范围，基于此，判定农业生态休闲度假区与农业旅游融合型具有良好的协同性。

其次，通过对获取的农业生态休闲度假区与农业旅游融合型协同第一手数据进行初步评估和数量统计，认为有效问卷的数量与结构方程所需量相符合，为下一步进行实证分析奠定了基础。为确保数据的准确性和可靠性，进行实证之前，对问卷数据进行信度分析和效度分析。

再次，对农业生态休闲度假区与农业旅游融合型系统性保护协同的问卷数据进行描述性统计分析，对农业生态休闲度假区、乡村消费空间、游客行为、农业旅游融合型 4 个主要变量的观测指标进行均值和标准差统计。均值指标是衡量模型中各个变量分布的平均程度和集中度的指标。标准差指标是衡量模型中各个变量数据的分散程度的指标，即离散程度大小。借助 SPSS 25.0 计算各观测变量的均值和标准差，见表 6 – 35。

表 6 – 35   描述性统计

主要变量	潜在变量	观测变量	均值	标准差	最大值	最小值
农业生态休闲度假区（ALR）	区位优势（ALR1）	ALR11	3.70	0.672	5	1
		ALR12	3.72	0.710	5	1
	人文资源（ALR2）	ALR21	3.69	0.737	5	1
		ALR22	3.61	0.787	5	1
		ALR23	3.66	0.798	5	2
	客源容量（ALR3）	ALR31	3.58	0.786	5	1
		ALR32	3.57	0.736	5	1
	生态资源（ALR4）	ALR41	3.65	0.800	5	1
		ALR42	3.63	0.749	5	1
乡村消费空间（RCS）	资源配置（RCS1）	RCS11	3.17	0.694	5	1
		RCS12	3.26	0.710	5	1
		RCS13	3.16	0.662	5	1
	经济效益（RCS2）	RCS21	3.28	0.659	5	1
		RCS22	3.22	0.722	5	1
	游客需求（RCS3）	RCS31	3.24	0.757	5	1
		RCS32	3.18	0.743	5	1
		RCS33	3.14	0.703	5	1
	可持续能力（RCS4）	RCS41	3.50	0.739	5	1
		RCS42	3.33	0.680	5	1

主要变量	潜在变量	观测变量	均值	标准差	最大值	最小值
游客行为 （TB）	旅游感知 （TB1）	TB11	3.27	0.746	5	1
		TB12	3.20	0.680	5	1
		TB13	3.02	0.677	5	1
	旅游动机 （TB2）	TB21	3.31	0.720	5	1
		TB22	3.09	0.701	5	1
		TB23	3.12	0.696	5	1
	满意度 （TB3）	TB31	3.24	0.734	5	1
		TB32	3.12	0.689	5	1
		TB33	3.19	0.725	5	1
农业旅游融合型 （IAT）	合理规划 （IAT1）	IAT11	3.61	0.721	5	1
		IAT12	3.61	0.757	5	1
		IAT13	3.58	0.766	5	1
	资源创新 （IAT2）	IAT21	3.62	0.734	5	1
		IAT22	3.63	0.780	5	1
		IAT23	3.70	0.738	5	1
	组织参与 （IAT3）	IAT31	3.60	0.803	5	1
		IAT32	3.64	0.747	5	1

最后，为确保农业生态休闲度假区与农业旅游融合型系统性保护协同模式检测结果具有真实性、可靠性，本书将对其进行信度检测，利用组合信度系数对农业生态休闲度假区与农业旅游融合型系统性保护协同模式所整合的各类数据进行分析和检测，分别得出农业生态休闲度假区、乡村消费空间、游客行为、农业旅游融合型的组合信度系数。同时，根据表 5 - 4 的组合信度标准对农业生态休闲度假区与农业旅游融合型系统性保护协同模式的潜在变量的组合信度系数进行评判。为确保信度检测所得数据能够科学合理地反映各个变量的真实构架，在对农业生态休闲度假区与农业旅游融合型系统性保护协同模式进行信度检测的基础上，进一步对农业生态休闲度假区与农业旅游融合型系统性保护协同模式进行效度检测。见表 6 - 36。

表 6 - 36　　　　　　　　　　　　　　信度和效度检验

变量	CR	因子荷载		KMO 值	累计方差 解释率	Bartlett's 球形检验		
						χ^2	df	Sig.
农业生态休闲 度假区 （ALR）	0.970	ALR11	0.900	0.958	78.234	2452.428	36	0.000
		ALR12	0.890					
		ALR21	0.911					
		ALR22	0.880					
		ALR23	0.855					
		ALR31	0.875					
		ALR32	0.904					
		ALR41	0.874					
		ALR42	0.871					

续表

变量	CR	因子荷载		KMO 值	累计方差解释率	Bartlett's 球形检验		
						χ^2	df	Sig.
乡村消费空间（RCS）	0.908	RCS11	0.654	0.933	49.974	1004.106	45	0.000
		RCS12	0.713					
		RCS13	0.754					
		RCS21	0.749					
		RCS22	0.803					
		RCS31	0.670					
		RCS32	0.768					
		RCS33	0.681					
		RCS41	0.612					
		RCS42	0.640					
游客行为（TB）	0.891	TB11	0.713	0.910	47.584	748.678	36	0.000
		TB12	0.695					
		TB13	0.714					
		TB21	0.658					
		TB22	0.689					
		TB23	0.672					
		TB31	0.729					
		TB32	0.648					
		TB33	0.685					
农业旅游融合型（IAT）	0.949	IAT11	0.838	0.940	70.021	1518.726	28	0.000
		IAT12	0.838					
		IAT13	0.840					
		IAT21	0.831					
		IAT22	0.858					
		IAT23	0.829					
		IAT31	0.827					
		IAT32	0.834					

如表 6 - 36 所示，首先，在对农业生态休闲度假区与农业旅游融合型进行信度所得数据中，可以看出，各个数据的相关组合信度系数值都大于 0.8，因此认为所得数据具有较好的可信度。其次，从对农业生态休闲度假区与农业旅游融合型进行效度检验所得数据中可以看出，所得各个指标的因子载荷均在 0.5 以上，KMO 值均大于 0.8，因此认为所得数据能够较好地进行因子分析。最后，Bartlett's 球形检验显著性水平均在 0，因此，认为调查问卷所得数据及各组成部分建构之间有较好的效度。

第二，样本数据的结构方程模型构建及调整。

研究农业生态休闲度假区与农业旅游融合型系统性保护协同模式时，依据变量性质构建结构方程模型。根据前文的农业生态休闲度假区与农业旅游融合型系统性保护协同模式的理论模型，农业生态休闲度假区、乡村消费空间、游客行为及农业旅游融合型都是不可直接观测到的变量，属于潜在变量的范畴。在确定变量性质的基础上，对农业生态休闲度假区与农业旅游融合型系统性保护协同作用中的变量进行归类处理，其中，农业生态休闲度假区属内生变量，乡村消费空间、游客行为属中间变量，农业旅游融合型属外生变量。因此，农业生态休闲度假区与农业旅游融合型系统性保护协同模式的结构方程模型如图 6 - 28 所示，箭头方向代表了变量之间的因果关系。

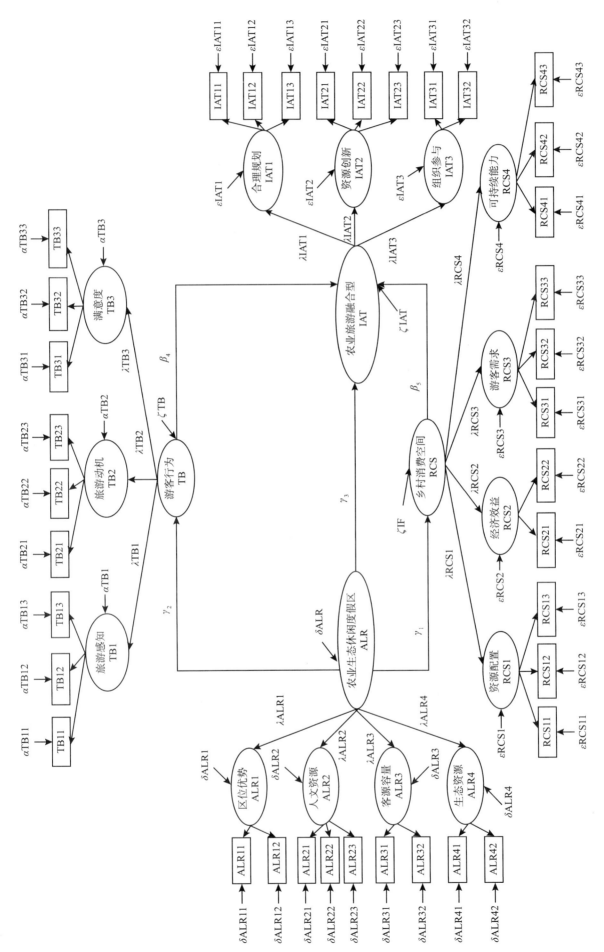

图6-28 农业生态休闲度假区与农业旅游融合型系统性保护协同模式的初始结构方程模型

由图 6-28 所显示的农业生态休闲度假区与农业旅游融合型系统性保护协同模式的初始结构方程模型可以发现，农业生态休闲度假区与农业旅游融合型系统性保护协同模式的初始结构方程中存在外生显变量 9 项，具体为：ALR11、ALR12、ALR21、ALR22、ALR23、ALR31、ALR32、ALR41、ALR42；内生显变量共 27 项，具体为：TB11、TB12、TB13、TB21、TB22、TB23、TB31、TB32、TB33、RCS11、RCS12、RCS13、RCS21、RCS22、RCS31、RCS32、RCS33、RCS41、RCS42、IAT11、IAT12、IAT13、IAT21、IAT22、IAT23、IAT31、IAT32；外生潜变量共 4 项，具体为：ALR1、ALR2、ALR3、ALR4；内生潜变量共 10 项，具体为：TB1、TB2、TB3、RCS1、RCS2、RCS3、RCS4、IAT1、IAT2、IAT3。这是由观测变量和潜在变量所构成的结构方程模型的测量模型。

进行农业生态休闲度假区与农业旅游融合型系统性保护协同模式的数据验证时，通过对相关变量进行设定以构建观测变量的结构方程式。按照初始结构方程模型，农业生态休闲度假区（ALR）、区位优势（ALR1）、人文资源（ALR2）、客源容量（ALR3）、生态资源（ALR4）为外生潜变量，分别用 ζ_{ALR}、ζ_{ALR1}、ζ_{ALR2}、ζ_{ALR3}、ζ_{ALR4} 表示。乡村消费空间（RCS）、资源配置（RCS1）、经济效益（RCS2）、游客需求（RCS3）、可持续能力（RCS4）、游客行为（TB）、旅游感知（TB1）、旅游动机（TB2）、满意度（TB3）、农业旅游融合型（IAT）、合理规划（IAT1）、资源创新（IAT2）、组织参与（IAT3）为内生潜变量，分别用 η_{RCS}、η_{RCS1}、η_{RCS2}、η_{RCS3}、η_{RCS4}、η_{TB}、η_{TB1}、η_{TB2}、η_{TB3}、η_{IAT}、η_{IAT1}、η_{IAT2}、η_{IAT3} 表示。基于此，本书构建农业生态休闲度假区与农业旅游融合型系统性保护协同模式的观测模型方程式：

$$
\begin{cases}
X_{ALR1} = \lambda_{ALR1}\xi_{ALR} + \delta_{ALR1} & X_{ALR2} = \lambda_{ALR2}\xi_{ALR} + \delta_{ALR2} \\
X_{ALR3} = \lambda_{ALR3}\xi_{ALR} + \delta_{ALR3} & X_{ALR4} = \lambda_{ALR4}\xi_{ALR} + \delta_{ALR4} \\
X_{ALR11} = \lambda_{ALR11}\xi_{ALR1} + \delta_{ALR11} & X_{ALR12} = \lambda_{ALR12}\xi_{ALR1} + \delta_{ALR12} \\
X_{ALR21} = \lambda_{ALR21}\xi_{ALR2} + \delta_{ALR21} & X_{ALR22} = \lambda_{ALR22}\xi_{ALR2} + \delta_{ALR22} \\
X_{ALR23} = \lambda_{ALR23}\xi_{ALR2} + \delta_{ALR23} \\
X_{ALR31} = \lambda_{ALR31}\xi_{ALR3} + \delta_{ALR31} & X_{ALR32} = \lambda_{ALR32}\xi_{ALR3} + \delta_{ALR32} \\
X_{ALR41} = \lambda_{ALR41}\xi_{ALR4} + \delta_{ALR41} & X_{ALR42} = \lambda_{ALR42}\xi_{ALR4} + \delta_{ALR42} \\
Y_{TB1} = \lambda_{TB1}\eta_{TB} + \varepsilon_{TB1} & Y_{TB2} = \lambda_{TB2}\eta_{TB} + \varepsilon_{TB2} & Y_{TB3} = \lambda_{TB3}\eta_{TB} + \varepsilon_{TB3} \\
Y_{TB11} = \lambda_{TB11}\eta_{TB1} + \varepsilon_{TB11} & Y_{TB12} = \lambda_{TB12}\eta_{TB1} + \varepsilon_{TB12} & Y_{TB13} = \lambda_{TB13}\eta_{TB1} + \varepsilon_{TB13} \\
Y_{TB21} = \lambda_{TB21}\eta_{TB2} + \varepsilon_{TB21} & Y_{TB22} = \lambda_{TB22}\eta_{TB2} + \varepsilon_{TB22} & Y_{TB23} = \lambda_{TB23}\eta_{TB2} + \varepsilon_{TB23} \\
Y_{TB31} = \lambda_{TB31}\eta_{TB3} + \varepsilon_{TB31} & Y_{TB32} = \lambda_{TB32}\eta_{TB3} + \varepsilon_{TB32} & Y_{TB33} = \lambda_{TB33}\eta_{TB3} + \varepsilon_{TB33} \\
Y_{RCS1} = \lambda_{RCS1}\eta_{RCS} + \varepsilon_{RCS1} & Y_{RCS2} = \lambda_{RCS2}\eta_{RCS} + \varepsilon_{RCS2} \\
Y_{RCS3} = \lambda_{RCS3}\eta_{RCS} + \varepsilon_{RCS3} & Y_{RCS4} = \lambda_{RCS4}\eta_{RCS} + \varepsilon_{RCS4} \\
Y_{RCS11} = \lambda_{RCS11}\eta_{RCS1} + \varepsilon_{RCS11} & Y_{RCS12} = \lambda_{RCS12}\eta_{RCS1} + \varepsilon_{RCS12} \\
Y_{RCS13} = \lambda_{RCS13}\eta_{RCS1} + \varepsilon_{RCS13} & Y_{RCS21} = \lambda_{RCS21}\eta_{RCS2} + \varepsilon_{RCS21} \\
Y_{RCS22} = \lambda_{RCS22}\eta_{RCS2} + \varepsilon_{RCS22} & Y_{RCS31} = \lambda_{RCS31}\eta_{RCS3} + \varepsilon_{RCS31} \\
Y_{RCS32} = \lambda_{RCS32}\eta_{RCS3} + \varepsilon_{RCS32} & Y_{RCS33} = \lambda_{RCS33}\eta_{RCS3} + \varepsilon_{RCS33} \\
Y_{RCS41} = \lambda_{RCS41}\eta_{RCS4} + \varepsilon_{RCS41} & Y_{RCS42} = \lambda_{RCS42}\eta_{RCS4} + \varepsilon_{RCS42} \\
Y_{IAT1} = \lambda_{IAT1}\eta_{IAT} + \varepsilon_{IAT1} & Y_{IAT2} = \lambda_{IAT2}\eta_{IAT} + \varepsilon_{IAT2} & Y_{IAT3} = \lambda_{IAT3}\eta_{IAT} + \varepsilon_{IAT3} \\
Y_{IAT11} = \lambda_{IAT11}\eta_{IAT1} + \varepsilon_{IAT11} & Y_{IAT12} = \lambda_{IAT12}\eta_{IAT1} + \varepsilon_{IAT12} \\
Y_{IAT13} = \lambda_{IAT13}\eta_{IAT1} + \varepsilon_{IAT13} & Y_{IAT21} = \lambda_{IAT21}\eta_{IAT2} + \varepsilon_{IAT21} \\
Y_{IAT22} = \lambda_{IAT22}\eta_{IAT2} + \varepsilon_{IAT22} & Y_{IAT23} = \lambda_{IAT23}\eta_{IAT2} + \varepsilon_{IAT23} \\
Y_{IAT31} = \lambda_{IAT31}\eta_{IAT3} + \varepsilon_{IAT31} & Y_{IAT32} = \lambda_{IAT32}\eta_{IAT3} + \varepsilon_{IAT32}
\end{cases}
$$

进行农业生态休闲度假区与农业旅游融合型系统性保护协同模式的结构方程实证检验时，借助于前面所提到的农业生态休闲度假区与农业旅游融合型系统性保护协同模式的研究假设和理论模型，研究使用 γ_1、γ_2 和 γ_3 表示农业生态休闲度假区对乡村消费空间、游客行为、农业旅游融合型的作用路径。用 β_4 表示游客行为对农业旅游融合型的作用路径，用 β_5 表示乡村消费空间对农业旅游融合型的作用路径。结合上述设定的变量之间的作用路径，构建出农业生态休闲度假区与农业旅游融合型系统性保护协同模式的结构方程式，表达具体如下：

$$\begin{cases} \eta_{RCS} = \gamma_1 \xi_{ALR} + \zeta_{RCS} \\ \eta_{TB} = \gamma_2 \xi_{ALR} + \zeta_{TB} \\ \eta_{IAT} = \gamma_3 \xi_{ALR} + \beta_4 \eta_{TB} + \beta_5 \eta_{RCS} + \zeta_{IAT} \end{cases}$$

完成构建农业生态休闲度假区与农业旅游融合型系统性保护协同模式的测量模型和结构模型，即完成初始结构方程模型构建后，需进一步判断检验拟合指数、参数和决定系数等是否达到要求，采用不同的评价方法对以上各项指标进行检验分析，从而更正确地判断农业生态休闲度假区对农业文化遗产系统性保护的作用原始模型是否需要进行修正。

将所构建的农业生态休闲度假区与农业旅游融合型系统性保护协同模式的初始结构方程模型导入 AMOS 22.0 中，在成功导入量表数据后，获得了农业生态休闲度假区与农业旅游融合型系统性保护协同模式的拟合指标值，如表 6 - 37 所示。

表 6 - 37　　　　　　　农业生态休闲度假区与农业旅游融合型系统性保护协同模式的
初始结构方程模型拟合度结果

拟合指标	X^2/DF	CFI	IFI	TLI	PNFI	RMSEA	SRMR
观测值	1.398	0.964	0.964	0.961	0.821	0.039	0.0514
拟合指标	<3.00	>0.90	>0.90	>0.90	>0.50	<0.08	<0.08

由表 6 - 37 可以看出，农业生态休闲度假区与农业旅游融合型系统性保护协同模式的各项拟合指标均达到了拟合标准，说明调整后的结构方程模型能较好地与调查问卷数据进行拟合。故本书依据拟合度检验，进一步测度结构方程的路径系数，判断其是否合理有效，见表 6 - 38。

表 6 - 38　　　　农业生态休闲度假区与农业旅游融合型系统性保护协同模式的初始结构方程路径估计

路径	模型路径	路径系数	S. E.	C. R.	P
γ_1	ALR→RCS	0.812	0.037	15.811	***
γ_2	ALR→TB	0.746	0.043	12.770	***
γ_3	ALR→IAT	0.236	0.102	2.142	0.032
β_4	TB→IAT	0.290	0.100	3.604	***
β_5	RCS→IAT	0.344	0.118	3.680	***

注：*** 表示 $P < 0.001$。

由表 6 - 38 可以看出，根据农业生态休闲度假区与农业旅游融合型系统性保护的修正结构方程模型路径估计结果，各路径均呈现出显著状态。表中绝大多数都达到了 0.001 的显著性水平，整个模型显著性通过，农业生态休闲度假区到农业旅游融合型关系路径 P 值为 0.032，在 5% 水平上显著。因此，判定该模型为满意度最高的模型，路径系数经过标准化处理后，其数值处于 -1 ~ 1，最终的农业生态休闲度假区与农业旅游融合型系统性保护协同模式的结构方程模型见图 6 - 29。

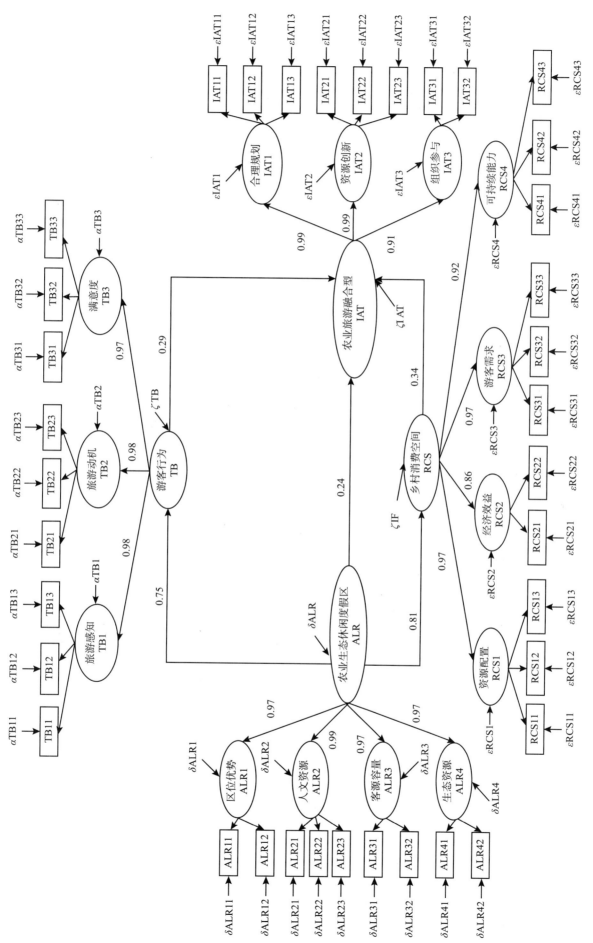

图6-29 最终的农业生态休闲度假区与业农业旅游融合型协同的结构方程模型

第三，结构方程的假设检验及效应分解。

通过分析结构方程实证结果，根据前面提及的研究假设与理论模型，本书对农业生态休闲度假区与农业旅游融合型系统性保护协同模式的假设验证和路径系数进行归纳总结，结果如表 6 - 39 所示。

表 6 - 39　　　　　　　　　　　　路径结果讨论分析

路径	模型路径	路径系数	显著性水平	研究假设	检验结果
γ_1	ALR→RCS	0.812	***	HE1	支持
γ_2	ALR→TB	0.746	***	HE2	支持
γ_3	ALR→IAT	0.236	0.032	HE3	支持
β_4	TB→IAT	0.290	***	HE4	支持
β_5	RCS→IAT	0.344	***	HE5	支持

注：*** 代表 $P < 0.001$。

农业生态休闲度假区到乡村消费空间的标准化路径系数为 0.812，$P < 0.001$，通过显著性检验。因此，原假设 HE1 得到验证支持，"农业生态休闲度假区对乡村消费空间具有显著的正向作用"的假设研究成立。

农业生态休闲度假区到游客行为的标准化路径系数为 0.746，$P < 0.001$，通过显著性检验。因此，原假设 HE2 得到验证支持，"农业生态休闲度假区对游客行为具有显著的正向作用"的假设研究成立。

农业生态休闲度假区到农业旅游融合型的标准化路径系数为 0.236，P 值为 0.032，小于 0.05，通过显著性检验。因此，原假设 HE3 得到验证支持，"农业生态休闲度假区对农业旅游融合型具有显著的正向作用"的假设研究成立。

游客行为到农业旅游融合型的标准化路径系数为 0.290，$P < 0.001$，通过显著性检验。因此，原假设 HE4 得到验证支持，"游客行为对农业旅游融合型具有显著的正向作用"的假设研究成立。

乡村消费空间到农业旅游融合型的标准化路径系数为 0.344，$P < 0.001$，通过显著性检验。因此，原假设 HE5 得到验证支持，"乡村消费空间对农业旅游融合型具有显著的正向作用"的假设研究成立。

从农业生态休闲度假区与农业旅游融合型系统性保护协同的结构方程实证结果可知，乡村消费空间和游客行为都是两个十分重要的中间变量，文化创意农业园分别对乡村消费空间和游客行为产生了 0.812 和 0.746 的直接作用效应，高于研究结构方程模型中的其他作用路径，所以农业生态休闲度假区的建设与发展与乡村消费空间和游客行为紧密相关。乡村消费空间是发展农业旅游的关键点，是发展农业生态休闲度假区的基础要素，也是农业文化遗产系统性保护不可缺少的关键变量。游客作为旅游发展的关键主体，是评估农业旅游能否持续发展的标准之一，游客行为的变化为创新农业生态休闲度假区提供指引，使其能持续发展，进而系统性保护农业文化遗产。

基于以上结果，研究获得以下重要启示：一是农业生态休闲度假区作为文旅深度融合理念下的新业态之一，在保护农业文化遗产中起着显著的正向作用。因此，进行农业文化遗产系统性保护时，要着重注意农业生态休闲度假区扮演的作用，积极发挥拉动效应，实现其与生态环境和农业文化遗产系统性保护的协同。二是乡村消费空间和游客行为均是影响农业生态休闲度假区与农业文化遗产系统性保护协同的中间变量，应把握影响协同作用的关键因素，一方面要随时调整规划以适应不断变化的乡村消费空间，提高游客感知价值，另一方面要定期调查游客满意度，创新设计活动项目，规范管理和服务，增强游客体验的同时整体保护农业文化遗产。

6.6　田园综合体与农业旅游融合型系统性保护协同模式的实证研究

6.6.1　研究假设

第一，田园综合体的作用。

田园综合体是集现代农业、休闲旅游、田园社区为一体，并通过"三产"融合实现"三生"同步改善的乡村综合发展模式。旅游是我国村民增收、农村产业结构优化调整、城乡融合、推动乡村振兴等多重需求的有效载体，田园综合体作为文旅融合新业态之一，实行跨产业、多功能、全要素综合规划，通过产业集聚拓展人文功能价值，延伸产业发展空间，促使当地居民由"日常生活空间"转变为"旅游文化消费空间"。不仅如此，田园综合体狠抓人才资源，与科研单位和高等院校建立合作关系，借助政策福利留住本地优秀人才并吸引外地优秀人才，积聚力量挖掘乡土文化内涵、推动城乡要素双向流动和乡村产业综合发展，进而整合各项产业资源，引导乡村消费空间优化和转型，助力非遗空间可持续发展。基于此，故提出如下假设：

HF1：田园综合体对乡村消费空间具有显著的正向作用。

田园综合体基于农业资源基础，以文化创意和科技支撑为载体，充分融合休闲观光、展会科普、文化创意、农产品加工、教育培训等相关产业，建设具有创新性、多功能性和复合性的产业综合体。田园综合体围绕乡村和农业，注重地域空间开发和农村发展，通过打造专业性与综合性为一体的农业合作组织，将各家各户的生产联系起来，不断提高农村生产经营能力，并不断激活农业要素资源的市场潜力，提高农业生产率，延长和重构农业产业链、价值链，增强农业产业化经营优势。林亦平和陶林（2020）指出，田园综合体是新型农业经营模式，集创意农业、循环农业、农事体验于一体发展，在其发展过程中，应分阶段逐步推进资金资源利用，明确划分和规范利益群体，避免集体经济和农户现实利益产生挤出效应，进而健全农业经营体系。农业经营体系作为农业生产关系的集中表现，其改革和完善反映了农村生产关系的不断变革和调整。基于此，可以看出，田园综合体集合了生产、生活和生态三种功能，最终促成三产融合和三生的有机统一，从而调整农村生产关系，优化农业经营模式，开发农业农村新的价值空间，故提出如下假设：

HF2：田园综合体对农业经营体系具有显著的正向作用。

田园综合体以农民合作社为主要载体，是实行企业参与、农业＋文旅＋地产的综合发展模式，在乡村大范围内进行整体、综合的规划、开发、运营而形成的一个新的社区与生活方式。实施乡村振兴战略，为未来农业的发展指明了方向，田园综合体作为贯彻落实乡村振兴战略的重要抓手，依据现有乡村文化和空间，在载体形式上具有产业、区域与人员的兼容性与集聚性，以农业产业为根本，促进三大产业在延伸和拓展过程中进行综合与集聚，对促进农村经济发展具有非凡的意义。通过建设田园综合体，可以培育新业态、研究新模式、探索新路径，持续推进乡村特色产业、文旅结合、农业观光、体验经济等模式，以加快乡村旅游发展与实现农业农村现代化。马世骏和王如松（1984）提出基于"全域性"理念的生态空间内各要素的融合发展，张娜和原珂（2019）提出培育田园综合体要依托乡村特有的人文风俗和自然条件，发挥和培育好乡村发展的主体性功能，持续发展农业旅游，走农旅融合发展之路，以农业促发展，以发展护农业，总体实现田园综合体的建设，进而实现农业旅游深度融合和农业文化遗产可持续保护。基于此，故提出如下假设：

HF3：田园综合体对农业旅游融合型具有显著的正向作用。

第二，乡村消费空间的作用。

城市建设高速扩张，人们生活工作进入快节奏时期，越来越多人开始关注精神文化消费需求，乡村消费观念逐渐朝着追求实用、时尚、创新、效益转变。在这个过程中，消费空间的再生产进一步提高了农村居民的消费水平，农村消费呈现稳步发展和升级态势，加速了各遗产地通过开发新的遗产保护模式来满足这种消费升级的渴求。乡村消费空间以乡村生态资源、文化资源作为特色吸引游客，政府及村民则围绕重塑物质空间、社会网络和地方文化，深度挖掘乡村价值，提高乡村旅游的吸引度。乡村消费空间的消费对象以自身蕴含或展演的"乡村性"为主，参考城市迁居群体和乡村旅游者等对乡土文化气息、乡村景观风貌、生产生活方式的想象和期望，以经济利益最大化为发展导向优化建构消费空间，重塑遗产资源价值，完善乡村旅游发展网络。高柳（Takayanagi，2010）等学者分析消费空间发展中的城乡文化交融、景观环境塑造、社会关系塑造、乡村产业发展等方面内容，指出乡村消费空间的形成对乡村经济发展、文化重塑与环境保护方面都会产生积极作用。随着互联网、电子商务、快递在农村快速普及，乡村逐渐线上线下旅游一体化发展，推动乡村生活空间转换，优化乡村消费空间，借助线上宣传降低游客对旅游地的不确定性，增强了游客的旅游意愿，还带动了遗产旅游发展和区域经济的提升，满足了村民消费需求的转变。基于此，故提出如下假设：

HF4：乡村消费空间对农业旅游融合型具有显著的正向作用。

第三，农业经营体系的作用。

农业经营体系是围绕农业基本经营制度，顺应农业发展趋势，通过自发或政府引导形成的集生产、加工、销售、生产于一体的传统农户与新型农业经营主体的总称，具有单体扩张与产业链融合的政策导向，同时也具有系统集成属性，可以提升产能和效益。目前，城乡一体化发展步伐加快，第一、二、三产业融合发展加速，为缓解农业农村发展不平衡不充分和农产品供给结构性矛盾，乡村聚焦技术、资金、理念，全面推行精细化规范化管理，持续加强农业经营主体实力，利用农业经营主体优势，不断完善农业经营、生产和产业体系，打造特色产业带，这旨在稳定现有产业规模，为农村农业发展提供新动能和突破口。党的十八大以来，经营主体和服务主体不断壮大，我国农业经营体系日渐完善，不断加强农业基础设施建设，优化产业布局，推动第一、二、三产业融合发展，加快产业整合，协调好农业与文化旅游产业的关系，带动村民增收增产，响应了党的十九大提出的实施乡村振兴战略，打造特色农业经营模式，构建现代农业经营体系，培育新型主体，稳固产业基础，健全农业社会化服务体系和农业产业化联合发展政策体系，促进农业旅游可持续发展。基于此，可以看出，乡村能在城乡一体化格局背景下，顺应生态环境可持续发展、新产业新业态发展、农业供给侧结构性改革，开拓现代化企业经营管理理念，促进农业经营体系的创新发展，在维系产业基础的同时延长农业产业链条，挖掘农业遗产文化内涵，增加农业产业附加值，推动农业旅游融合发展，故提出如下假设：

HF5：农业经营体系对产业基础具有显著的正向作用。

HF6：农业经营体系对农业旅游融合型具有显著的正向作用。

第四，产业基础的作用。

产业基础关系着农业产业升级以及农村资源与市场对接的有效性。为扩大乡村特色产业建设，不少村庄充分考虑休闲旅游产业发展需要与趋势，结合地方的自然环境和人文特色资源，改造服务基础设施、提升乡村景观绿化和建设乡村公共空间，不断优化农村生产力布局，拓展产业发展空间和生产消费空间，为游客提供更多的休闲活动空间，让农民生活"城市化"，农民就业"不出村"。良好的产业基础能促使农业的向外功能性拓展与第二、三产业深度融合，促进农村产业要素集聚和产业联动，实现资源要素科学配置和三产价值的融合延伸，壮大产业、产品品牌和价值，激活消费市场，助力农村消费空间的扩容、提质和升级。基于此，可以看出，乡村能依托自身的产业基础，大力推进农业遗产与旅游、教育、会展、疗养、地产等产业的深度融合，将娱乐、休闲消费理念融入乡村发展，创意发展遗产文化，激发遗产资源的旅游价值，重构和优化社会空间，带来生产消费空间、生活消费空间、文化消费空间等乡村消费空间的转型升级，推动实现文化旅游的可持续发展，因而产业基础对乡村消费空间优化和创新遗产旅游式保护模式具有显著的影响作用，故提出如下假设：

HF7：产业基础对乡村消费空间具有显著的正向作用。

HF8：产业基础对农业旅游融合型具有显著的正向作用。

第五，关于田园综合体与农业旅游融合型系统性保护协同模式的理论模型。

根据田园综合体与农业旅游融合型系统性保护协同模式的分析框架、研究假设的相关内容，综合考虑田园综合体与农业旅游融合型协同现状，构建出田园综合体与农业旅游融合型系统性保护协同模式的理论框架，如图6-30所示。

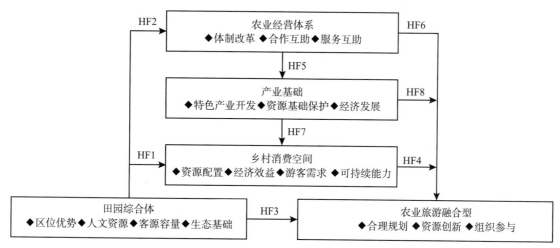

图 6-30 田园综合体与农业旅游融合型系统性保护协同的理论模型

根据图6-30可以看出，该模式包含田园综合体、乡村消费空间、农业经营体系、产业基础和农业旅游融合型五个变量，其中，田园综合体包括区位优势、人文资源、客源容量、生态基础四个方面；乡村消费空间包括资源配置、经济效益、游客需求、可持续能力四个方面；农业经营体系包括体制改革、合作互助、服务互助三个方面；产业基础包括特色产业开发、资源基础保护、经济发展三个方面；农业旅游融合型包括合理规划、资源创新、组织参与三个方面。田园综合体与农业旅游融合型之间既具有直接的作用路径，也具有间接的作用路径。间接路径有以下4条：①田园综合体—乡村消费空间—农业旅游融合型；②田园综合体—农业经营体系—农业旅游融合型；③田园综合体—农业经营体系—产业基础—农业旅游融合型；④田园综合体—农业经营体系—产业基础—乡村消费空间—农业旅游融合型。构建田园综合体与农业旅游融合型系统性保护协同模式的理论模型，为利用结构方程模型进行实证分析奠定了理论基础。

6.6.2 实地访谈

第一，关于案例地发展状况。

江苏兴化千垛田园综合体包括4个村庄，即东旺、西旺、东罗、西罗，初期主要围绕基础设施、乡村生态体系、涉农产业和农业经营体系进行建设，分为休闲集聚区、农业生产区、生活居住区、农业景观区四大功能区，以"千垛花海、梦里水乡"为定位，着重打造垛田观光、渔村体验、互动游乐、康养度假等产品。江苏兴化千垛田园综合体围绕政策引导，村民和企业参与，专家支持开展建设，利用乡村旅游资源和文化特色吸引广大游客，满足其回归自然的休闲需求，既带动了地方社会经济的发展，提高了村民收入，又实现了对农业文化遗产的可持续保护，具有重要的经济、文化、科研、游憩等价值。本书以江苏兴化千垛田园综合体为案例研究对象，符合本书研究内容，其发展进程和特征对推进文旅深度融合新业态与农业文化遗产系统性保护协同具有代表性和特色性。

此次研究整体从江苏兴化千垛田园综合体分析"田园综合体与农业旅游融合型协同模式"的发展情况。根据前面分析内容，江苏兴化千垛田园综合体的产业结构丰富、人文资源聚集、文化底蕴深厚、地理位置优越，主动与外界保持联系，不断引进专家学者，在当地居民和政府的联合参与下，通过合理规划、资源创新、组织参与不断升级发展。

第一阶段：旅游的萌芽与发展。

千垛镇位于兴化市西北部水网地区，作为里下河重点生态旅游示范镇，覆盖1号水路、水润莲华、千垛油菜花海等自然生态景区，是以绿意圩岸、碧水东罗为主要吸引力的特色田园乡村，也是全球重要农业文化遗产的垛田。在产业融合的基础上，旅游业与农业相互延伸融合，依托自然环境和地理条件，形成一种集乡村农业生产、生态保护、休闲度假、观光游览于一体的可持续发展的旅游模式。千垛镇在旅游发展的带动下，形成了60多家民宿农家乐，例如身为江苏省首批特色田园乡村的东罗村，协同村委会和企业（万科）的力量，创办并经营实施民宿餐饮；又如东旺村，已成为"一村一品"农家乐集聚村。兴化剁田也因其独特的乡村旅游资源和文化对城市居民产生了巨大的吸引力，能满足游客回归自然、享受休闲的旅游需求。

兴化垛田旅游开发和特色景区打造带动了当地社会经济的发展，村民收入提高。兴化千垛菜花景区位于兴化市缸顾镇东旺村的东侧，离市区仅有 18 千米，交通便利，内部农田整齐成方，田水呈网状交织，生态景观优美。兴化垛田在旅游开发的过程中，展示了垛田的文化价值，发掘了垛田的更高的经济价值，垛田被充分利用，加强了人与垛田的联系，实现了对垛田农业文化遗产的动态保护。

第二阶段：旅游创新与田园综合体建设。

江苏兴化垛田传统农业系统是江苏省最具代表性的农业文化遗产，垛田与村落是"村落—农田—水利"三者合而为一的垛田村落系统，具有重要的经济、文化、科研、游憩等价值和丰厚的文化底蕴，包括饮食文化、民间文艺、风俗习惯等独特民俗文化。田园综合体在推进城乡发展一体化以及实施乡村振兴中起着重要作用，其概念于 2017 年 2 月 5 日的《中共中央、国务院关于深入推进农业供给侧结构性改革加快培育农业农村发展新动能的若干意见》中被首次提出，财政部牵头在全国开展田园综合体建设试点。进行农业综合体的建设，是整合"三农"资源、实现乡村振兴的重要模式和路径，有助于推进农村经济社会可持续发展。田园综合体的建设目标是"产业兴旺、生态宜居、乡风文明、治理有效、生活富裕"，极为重视第一、二、三产业的有效融合，常常开展农事体验、绿色农业、创意农业和循环农业等项目，是集观光休闲旅游、生态保护、田园社区、现代农业于一体的乡村综合发展模式和特色文旅小镇。兴化市依托兴化市千垛旅游景区，利用国家层面推动田园综合体试点的历史机遇，开展和编制了兴化千垛田园总体发展规划，致力于打造现代农业园、全国知名的乡村休闲度假旅游目的地、特色田园乡村建设典范。

千垛田园综合体一方面依靠旅游产业刺激区域经济，另一方面在互联网的帮助下，搭建网络销售平台，开发特色农产品，精心包装当地蔬果、龙香芋、螃蟹，不拘于农产品销售聚落和时间，将其推广至全国，甚至全世界。同时，积极打造现代农业综合体，及时发现田园综合体发展之路上存在的问题，探索整村发展的新思路、新机制、新路径。2019 年，当地政府谋划李黄村建设中的集养殖、休闲、旅游、康养为一体的农业综合体，以打造成"产业兴、风景美、人气旺"的农村生活社区、旅居目的地，综合体的建设打造，可以激发乡村振兴新动能。2020 年，当地依托农业联合社、农业生产主体，采用"稻鱼米＋高山蔬菜"的模式，加大闲置土地流转力度，促进绿色发展。

第三阶段：困境与机遇。

2020 年新冠疫情在全国范围内迅速蔓延，经济社会发展、人民生活以及各行业领域都遭到了严重的损失，旅游业是受新冠疫情冲击和影响巨大的行业之一，不仅行业收入减少，而且通过自身的产业关联和社会关联而影响到了宏观经济社会层面。新冠疫情突然给旅游业踩急刹车，既反映了旅游生产与消费网络的紧密关联，也揭示了旅游业的脆弱性。

新冠疫情过后，不少省市和景区通过减免门票、开展特色活动等形式鼓励游客前去旅游，不过，从长远发展来看，旅游业如想实现长期可持续发展，可以通过提升旅游品质增加旅游效益、更新经营模式以丰富产业业态和拓展旅游业务两种途径，增强自身抵御风险的能力。千垛镇千垛景区存在着季节性旅游的特点，由于新冠疫情的影响，李中水上森林等千垛景区春节期间的订单全部取消，自 2020 年 3 月 13 日试开园复工后，日均接待游客量仅是往年的 1/20 左右，景区不接待大型团体游客，农家乐和民宿也较少营业。为了缓解新冠疫情带来的损失，江苏泰州兴化市举办千垛菜花旅游节，借助其壮丽的景观和优美的人文环境缓解吸引游客，经过几个月的运营，情况逐渐得到好转。

千垛旅游发展还存在"花盛人蜂拥而至，食宿一房/桌难求；花谢人流退去，季节性短板明显"的问题。针对此现象，千垛以综合"疗法"加以修复：一是整合旅游资源，开设境内"多日游"旅游套餐，变过境游为过夜游；二是完善景区服务功能，优化菊花种植结构、种植品种、营销策略，做强水上森林、万亩荷塘、徐马荒旅游产品，加大果蔬采摘旅游项目对外合作力度，推动田园综合体、特色田园乡村项目建设进度，拓展旅游服务功能；三是加大"商、养、学、闲、情、奇"旅游六要素的转型力度，丰富游客旅游体验；四是加大平旺湖项目建设力度，打造千垛梦岛等旅游项目，放大千垛菜花旅游效应，形成多景点互动，延长旅游观光期。

何代欣学者曾表示，旅游业的服务质量呈全面上升态势，业态也不断丰富，与此同时，旅游业的重要性和旅游产值必会随着中国综合国力的不断增强而提升，转型优化是其必然要经历的发展阶段。近年来，兴化市一直着力完善环境配套，优化旅游资源，提升服务品质，餐饮民宿实施规范化、特色化、精品化的管理，合理定位民宿餐饮区域，打造"千垛菜花"旅游品牌。

第二，江苏兴化千垛田园综合体对田园综合体与农业旅游融合型系统性保护协同模式的作用。

研究江苏兴化千垛田园综合体的发展过程中文旅融合与农业文化遗产系统性保护的协同模式，游客是农业旅游的重要主体，农民是关键执行力，消费是持续推动力。综合考量各方面要素，本书将案例分析关键点放在游客、农民、经营、消费和服务等几个方面，提炼出农业经营体系、产业基础和乡村消费空间三个关键构念，并对其进行结构化、条理化、系统化的分析讨论，构建出江苏兴化千垛田园综合体建设中农业经营体系、产业基础及乡村消费空间的作用模型，为分析农业经营体系、产业基础和乡村消费空间在田园综合体与农业旅游融合型协同模式中的作用提供了清晰的路径。

首先，江苏兴化千垛田园综合体建设中农业经营体系分析。

田园综合体建设实行政府引导、企业参与、市场化运作，农业经营体系是江苏兴化千垛田园综合体发展的坚实基础，主要包括政策体制改革、各主体合作互助、产业服务互助 3 个方面，其中，政策体制改革是江苏兴化千垛田园综合体发展的前提，各主体合作互助是江苏兴化千垛田园综合体开发的关键要素，产业服务互助是江苏兴化千垛田园综合体是否能实现长久发展的关键。本书从江苏兴化千垛田园综合体开发的现实基础出发，基于以上研究，对江苏兴化千垛田园综合体的农业经营体系进行分析，构建出江苏兴化千垛田园综合体建设中农业经营体系的作用模型（见图 6-31）。

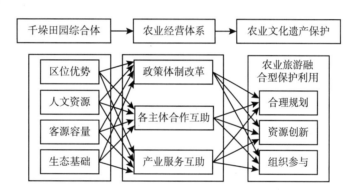

图 6-31　江苏兴化千垛田园综合体建设中农业经营体系的作用模型

根据图 6-31 江苏兴化千垛田园综合体建设中农业经营体系的作用模型可以看出，农业经营体系是兴化千垛田园综合体发展的重要因素，也是农业文化遗产系统性保护不可缺少的一部分。从兴化千垛田园综合体的区位优势、人文资源、客源容量和生态基础四个方面出发，对体制改革、合作互助和服务互助产生显著影响，进而影响着江苏兴化千垛农业旅游融合型农业文化遗产保护过程。

一方面，田园综合体的区位优势、人文资源、客源容量和生态基础对农业经营体系的构建存在直接影响。当代农业正从传统的生产型农业向功能型农业转变，兴化千垛田园综合体是依托当地自然景观和农业基础，在深入挖掘人文资源价值的过程中保护自然生态，凭借区位优势而形成的多元产业集合体，有效拓宽了农业经营体系发展道路。

另一方面，政策体制改革、各主体合作互助和产业服务互助对农业旅游融合型农业文化遗产系统性保护模式存在直接影响。兴化千垛顺应发展政策，一是加强落实各部门职责，投入专项资金，补齐生态环境、旅游服务设施和基本交通设施短板，改善农民生活质量水平；二是村民与专家、企业协作，重点关注提升垛田景观品质，从实际情况出发，进行整体规划设计，积极打造参与性、互动性的旅游项目，丰富垛田活动，构建田园综合体的特色和可持续发展的生命力。

因此，农业经营体系是依托农业发展趋势，根据农业基本经营制度，自发或政府引导产生的包括生产、加工、销售、生产于一体的农业发展方式，能带动农业产业、文化产业、旅游产业相互融合，提升农业和文化价值，假设 HF2、HF3、HF5 和 HF6 成立。

其次，江苏兴化千垛田园综合体建设中产业基础分析。

江苏兴化千垛田园综合体以资源开发、文化保护、增加收益为目标，旨在打造集休闲度假、康养旅游、渔事体验、垛田观光于一体的旅游项目。因此，在发展农业旅游过程中，应坚持特色产业开发、资源基础保护和经济发展统一协调、相互促进，通过将田园综合体与农业旅游融合型相结合，开发一条全域旅游的新路子，在发展区域经济的同时提高游客旅游满意度。基于对江苏兴化千垛田园综合体发展现状的分析，结合本书研究重点，构建出江苏兴化千垛田园综合体建设中产业基础的作用模型，见图 6 – 32。

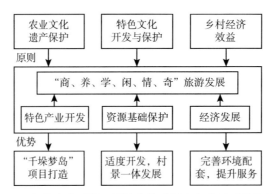

图 6 – 32　江苏兴化千垛田园综合体建设中产业基础的作用模型

根据图 6 – 32 江苏兴化千垛田园综合体建设中产业基础的作用模型可以看出，江苏兴化千垛田园综合体是文旅深度融合的新业态，包括特色产业开发、资源基础保护和经济发展等产业发展基础，三者共同为江苏兴化千垛农业旅游提供了坚实的基础。在特色产业开发方面，江苏兴化千垛田园综合体根据产业特性，有针对性地开发资源，打造"千垛梦岛"项目，增添了旅游特色。在资源基础保护方面，江苏兴化千垛田园综合体在政策引领、专家指导、公众参与下对资源适度开发，实现村景一体发展，既实现经济效益，又保证生态效益。在经济发展方面，江苏兴化千垛田园综合体在发展农业旅游的同时完善环境配套体系，提升服务质量，带动当前经济。因此，兴化市以特色农业发展为基础，将生态旅游与农业生产、农事教育和周边旅游资源相结合，打造农文旅一体化的乡村产业综合体，从而突出农业特色，优化农业产业结构，引领产业融合，促进农民增收，为乡村振兴注入新的活力与动力，并创新性保护了当地的农业遗产资源，假设 HF7 和假设 HF8 成立。

最后，江苏兴化千垛田园综合体建设中乡村消费空间分析。

随着经济全球化进程的推进和现代文明社会的进步，大众消费观念不断转变，社会发展模式逐渐由生产型社会转为消费型社会，乡村逐渐成为承接城市消费转移的新空间。农业旅游作为文旅深度融合新业态之一，乡村消费空间的形成改变了乡村发展要素，这与农业旅游发展模式保持一致。本书通过对兴化千垛进行实地调研，获得兴化千垛消费空间兴起的要素，模拟出江苏兴化千垛田园综合体建设中乡村消费空间的作用模型，见图 6 – 33。

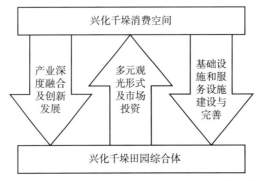

图 6 – 33　江苏兴化千垛田园综合体建设中乡村消费空间的作用模型

图 6-33 展示了江苏兴化千垛田园综合体建设中乡村消费空间的作用模型，可以看出，兴化千垛消费空间的产生和逐渐扩大与产业融合创新、多元休闲功能、设施建设三个方面紧密联系，通过对这三个方面进行分析，有利于揭示兴化千垛乡村消费空间构建背后的乡土文化价值。一是江苏兴化千垛依托当地居民与传统资源长期和谐共处留下的千垛农业资源，加入经验和技术，促进农业与文化产业、旅游产业的协同，并调整各产业结构不断适应消费型社会，营造文化旅游消费空间。二是千垛镇为游客展示乡村风貌、农村作物、居民特色建筑、农业文化遗产景观，满足人们的多元化体验体系，同时，合理整合资源优势，通过旅游市场空间的内在发展趋势为旅游地带来价值，让企业发现其中的潜在效用，进而愿意进行投资赞助，为塑造良好的乡村消费空间奠定了基础。三是政策的支持，乡村振兴战略的推进为乡村提供了基本的发展要素，在旅游初级发展体系的基础上，带动了基础设施和服务设施的完善，从而进一步扩大了乡村消费空间规模。因此，乡村消费空间以乡村生态、文化和生态作为特色资源吸引游客，田园综合体凭借良好的区位条件、优美的生态景观、深厚的人文特色、较大的环境和客源承载力为乡村消费空间的转型优化创造了条件，从而实现了乡村消费空间对文化重塑、经济发展和环境保护的积极作用，假设 HF1 和假设 HF4 成立。

关于案例验证分析：

此次案例研究选取的是江苏兴化千垛田园综合体，研究小组通过实地调研获得了准确性较高的数据资料，对江苏兴化千垛田园综合体的情况了解得更加清楚明晰，同时也保证了资料数据的真实性、严谨性、准确性。为了有效地展开对田园综合体与农业旅游融合型系统性保护协同模式的案例研究，本研究首先对选择的江苏兴化千垛田园综合体这个研究对象进行了阐释说明，将江苏兴化千垛田园综合体的建设历程和发展方向概括为三个阶段，一是旅游的萌芽与发展阶段，二是旅游创新与田园综合体建设阶段，三是困境与机遇阶段，经过对这三个阶段进行全面而深入的分析，总结提炼出江苏兴化千垛田园综合体发展所面临的困境及其解决办法，得出江苏兴化千垛田园综合体具有多种产业的产业优势，生态资源和文化资源丰富，应将农业融入文化旅游产业当中，综合挖掘和开发资源，增强对游客的吸引度，促进农业旅游长久发展。其中，依据前文构建的田园综合体与农业旅游融合型协同模式的结构方程实证分析结果，在案例分析中着重把握乡村消费空间、产业基础、农业经营体系 3 个方面的内容，构建出江苏兴化千垛田园综合体建设中农业经营体系、产业基础、乡村消费空间的作用模型。

本书采用案例研究的方法进行单案例研究，选取江苏兴化千垛田园综合体为典型案例对田园综合体与农业旅游融合型系统性保护协同模式进行验证。结合前面所构建的田园综合体与农业旅游融合型协同模式的分析框架、研究假设和结构方程实证分析的相关内容，以江苏兴化千垛田园综合体的发展状况为出发点，着重把握乡村消费空间、产业基础、农业经营体系在文旅深度融合新业态与农业文化遗产系统性保护中的作用，以江苏兴化千垛田园综合体为案例对田园综合体与农业旅游融合型系统性保护协同模式过程中的影响因素进行案例验证，进一步科学有效地验证了田园综合体与农业旅游融合型系统性保护协同模式的有效性。

6.6.3 问卷数据分析

第一，样本数据的描述性统计及信度效度检验。

首先，田园综合体与农业旅游融合型系统性保护协同模式的协同度测算。

通过"协同性"这一指标来表示"田园综合体"与"农业旅游融合型"协同效应和协同机制。本书从田园综合体与农业旅游融合型系统性保护协同模型的实证分析出发，构建相关的指标体系，根据实证分析结果，可以知道田园综合体、乡村消费空间和产业基础 3 个变量对农业旅游融合型产生了直接影响作用，农业经营体系对其产生了间接影响作用，故只有乡村消费空间、农业经营体系和产业基础 3 个子系统协同发展，才能促进田园综合体与农业旅游融合型协同模式更好地协同发展。本书从田园综合体的区位优势、人文资源、客源容量和生态基础 4 个指标度量，田园综合体对乡村消费空间子系统、农业经营体系子系统、产业基础子系统存在的直接或者间接的影响作用。基于此，研究对田园综合体与农业旅游融合型协同模式的协同性进行评价，同时通过评价乡村消费空间子系统、农业经营体系子系统、产业基础子系统进一步实现对其评价的验证，进而用子系统的协同度来客观反映田园综合体与农业旅游融合型所构成的复合系统的协同程度。

研究根据协同学的相关理论和原理，构建田园综合体、乡村消费空间、农业经营体系、产业基础和农业旅游融合型 5 个子系统间的协同度模型。田园综合体、乡村消费空间、农业经营体系、产业基础和农业旅游融合型 5 个子系统的序参量如表 6 - 40 所示。

表 6 - 40 　　　　　　　　　　　　　　　　各子系统序参量

子系统	测量指标	序参量
田园综合体	区位优势、人文资源、客源容量、生态基础	PC11、PC12、PC21、PC22、PC31、PC32、PC41、PC42
乡村消费空间	资源配置、经济效益、游客需求、可持续能力	RCS11、RCS12、RCS13、RCS21、RCS22、RCS31、RCS32、RCS33、RCS41、RCS42
农业经营体系	体制改革、合作互助、服务互助	AMS11、AMS12、AMS13、AMS21、AMS22、AMS23、AMS31、AMS32、AMS33
产业基础	特色产业开发、资源基础保护、经济发展	IF11、IF12、IF21、IF22、IF31、IF32
农业旅游融合型	合理规划、资源创新、组织参与	IAT11、IAT12、IAT13、IAT21、IAT22、IAT23、IAT31、IAT32

在确定各个子系统的参量后，将对田园综合体、乡村消费空间、农业经营体系、产业基础、农业旅游融合型五个子系统之间的有序度进行测量，结合前面对田园综合体与农业旅游融合型系统性保护协同模式的理论模型的相关分析，得出其他子系统的有序度和序参量之后，将计算系统协同度并重新测量子系统的有序度，进而得到总系统的协同度。同理，得出田园综合体与农业旅游融合型系统性保护协同模式中乡村消费空间、农业经营体系、产业基础、农业改造型等其他子系统之间的协同度，见表 6 - 41。

表 6 - 41 　　　　　　　　　　　　　　　　各子系统间的系统协同度

子系统	PC	RCS	AMS	IF	IAT
田园综合体（PC）	—				
乡村消费空间（RCS）	0.58	—			
农业经营体系（AMS）	0.58	0.52	—		
产业基础（IF）	0.61	0.55	0.54	—	
农业旅游融合型（IAT）	0.64	0.58	0.57	0.6	—

根据表 4 - 1 将协同度分为 5 个区间，结合表 6 - 41 关于田园综合体与农业旅游融合型系统性保护协同模式中的各子系统的协同度大小，可以得出协同模式中田园综合体、乡村消费空间、农业经营体系、产业基础和农业旅游融合型这 5 个子系统相互之间的协同度都处于高度协同的范围，基于此，判定田园综合体与农业旅游融合型具有良好的协同性。

其次，通过对获取的田园综合体与农业旅游融合型协同第一手数据进行初步评估和数量统计，有效问卷的数量与结构方程所需量相符合，为下一步进行实证分析奠定了基础。为确保数据的准确性和可靠性，进行实证之前，对问卷数据进行信度分析和效度分析。

对田园综合体与农业旅游融合型系统性保护协同的问卷数据进行描述性统计分析，对田园综合体、乡村消费空间、农业经营体系、产业基础、农业旅游融合型 5 个主要变量的观测指标进行均值和标准差统计。均值指标是衡量模型中各个变量的分布的平均程度和集中度。标准差指标是衡量模型中各个变量数据的分散程度，即离散程度大小。借助 SPSS 25.0 计算各观测变量的均值和标准差，见表 6 - 42。

表 6 – 42 描述性统计

主要变量	潜在变量	观测变量	均值	标准差	最大值	最小值
田园综合体（PC）	区位优势（PC1）	PC11	3.70	0.673	5	1
		PC12	3.72	0.689	5	1
	人文资源（PC2）	PC21	3.62	0.796	5	1
		PC22	3.66	0.790	5	2
	客源容量（PC3）	PC31	3.59	0.775	5	1
		PC32	3.57	0.741	5	1
	生态基础（PC4）	PC41	3.65	0.806	5	1
		PC42	3.61	0.768	5	1
乡村消费空间（RCS）	资源配置（RCS1）	RCS11	3.17	0.692	5	1
		RCS12	3.24	0.696	5	1
		RCS13	3.16	0.667	5	1
	经济效益（RCS2）	RCS21	3.28	0.661	5	1
		RCS22	3.21	0.747	5	1
	游客需求（RCS3）	RCS31	3.21	0.772	5	1
		RCS32	3.15	0.734	5	1
		RCS33	3.12	0.717	5	1
	可持续能力（RCS4）	RCS41	3.50	0.739	5	1
		RCS42	3.33	0.680	5	1
农业经营体系（AMS）	体制改革（AMS1）	AMS11	3.26	0.741	5	1
		AMS12	3.21	0.681	5	1
		AMS13	3.03	0.671	5	1
	合作互助（AMS2）	AMS21	3.32	0.717	5	1
		AMS22	3.08	0.729	5	1
		AMS23	3.15	0.698	5	1
	服务互助（AMS3）	AMS31	3.22	0.743	5	1
		AMS32	3.14	0.680	5	2
		AMS33	3.19	0.721	5	1
产业基础（IF）	特色产业开发（IF1）	IF11	3.35	0.781	5	1
		IF12	3.37	0.814	5	1
	资源基础保护（IF2）	IF21	3.43	0.746	5	1
		IF22	3.36	0.743	5	1
	经济发展（IF3）	IF31	3.40	0.823	5	1
		IF32	3.40	0.813	5	1

主要变量	潜在变量	观测变量	均值	标准差	最大值	最小值
农业旅游融合型 （IAT）	合理规划 （IAT1）	IAT11	3.60	0.722	5	1
		IAT12	3.62	0.745	5	1
		IAT13	3.59	0.755	5	1
	资源创新 （IAT2）	IAT21	3.62	0.734	5	1
		IAT22	3.62	0.750	5	1
		IAT23	3.70	0.744	5	1
	组织参与 （IAT3）	IAT31	3.59	0.804	5	1
		IAT32	3.66	0.738	5	1

最后，为确保田园综合体与农业旅游融合型系统性保护协同模式检测结果具有真实性、可靠性，对其进行信度检测。利用组合信度系数对田园综合体与农业旅游融合型系统性保护协同模式所整合的各类数据进行分析和检测，分别得出田园综合体、乡村消费空间、农业经营体系、产业基础、农业旅游融合型的组合信度系数。同时，根据表 5 - 4 的组合信度标准对田园综合体与农业旅游融合型系统性保护协同模式的潜在变量的组合信度系数进行评判。为确保信度检测所得数据能够科学合理地反映各个变量的真实构架，在对田园综合体与农业旅游融合型协同模式进行信度检测的基础上，进一步对田园综合体与农业旅游融合型系统性保护协同模式进行效度检测，见表 6 - 43。

表 6 - 43　　　　　　　　　　　　　　　　信度和效度检验

变量	CR	因子荷载		KMO 值	累计方差 解释率	Bartlett's 球形检验		
						χ^2	df	Sig.
田园综合体 （PC）	0.967	PC11	0.895	0.948	78.311	2100.698	28	0.000
		PC12	0.902					
		PC21	0.879					
		PC22	0.855					
		PC31	0.877					
		PC32	0.908					
		PC41	0.880					
		PC42	0.882					
乡村消费空间 （RCS）	0.910	RCS11	0.668	0.936	50.578	1030.343	45	0.000
		RCS12	0.706					
		RCS13	0.753					
		RCS21	0.758					
		RCS22	0.827					
		RCS31	0.668					
		RCS32	0.761					
		RCS33	0.703					
		RCS41	0.604					
		RCS42	0.637					

续表

变量	CR	因子荷载		KMO 值	累计方差解释率	Bartlett's 球形检验		
						χ^2	df	Sig.
农业经营体系（AMS）	0.890	AMS11	0.714	0.906	47.210	738.948	36	0.000
		AMS12	0.677					
		AMS13	0.688					
		AMS21	0.659					
		AMS22	0.681					
		AMS23	0.691					
		AMS31	0.733					
		AMS32	0.657					
		AMS33	0.682					
产业基础（IF）	0.924	IF11	0.824	0.825	67.107	932.021	15	0.000
		IF12	0.846					
		IF21	0.799					
		IF22	0.803					
		IF31	0.805					
		IF32	0.837					
农业旅游融合型（IAT）	0.949	IAT11	0.825	0.946	69.757	1490.941	28	0.000
		IAT12	0.839					
		IAT13	0.839					
		IAT21	0.829					
		IAT22	0.851					
		IAT23	0.844					
		IAT31	0.827					
		IAT32	0.829					

首先，在对田园综合体与农业旅游融合型进行信度所得数据中，各个数据的相关组合信度系数值都大于 0.8，因此认为所得数据具有较好的可信度。其次，在对田园综合体与农业旅游融合型进行效度检验所得数据中，所得各个指标的因子载荷均在 0.5 以上，KMO 值均大于 0.8，因此认为所得数据能够较好地进行因子分析。最后，Bartlett's 球形检验显著性水平均在 0.000，因此，认为此次研究过程中，调查问卷所得数据及各组成部分建构之间有较好的效度。

第二，样本数据的结构方程模型构建及调整。

研究田园综合体与农业旅游融合型系统性保护协同模式时，依据变量性质构建结构方程模型。根据前面所写的田园综合体与农业旅游融合型系统性保护协同模式的理论模型，田园综合体、乡村消费空间、农业经营体系、产业基础及农业旅游融合型都是不可直接观测到的变量，属于潜在变量的范畴。在确定变量性质的基础上，对田园综合体与农业旅游融合型系统性保护协同模式中的变量进行归类处理，其中，田园综合体属内生变量，乡村消费空间、农业经营体系、产业基础属中间变量，农业旅游融合型属外生变量。因此，田园综合体与农业旅游融合型系统性保护协同模式的结构方程模型如图 6-34 所示，箭头方向代表了变量之间的因果关系。

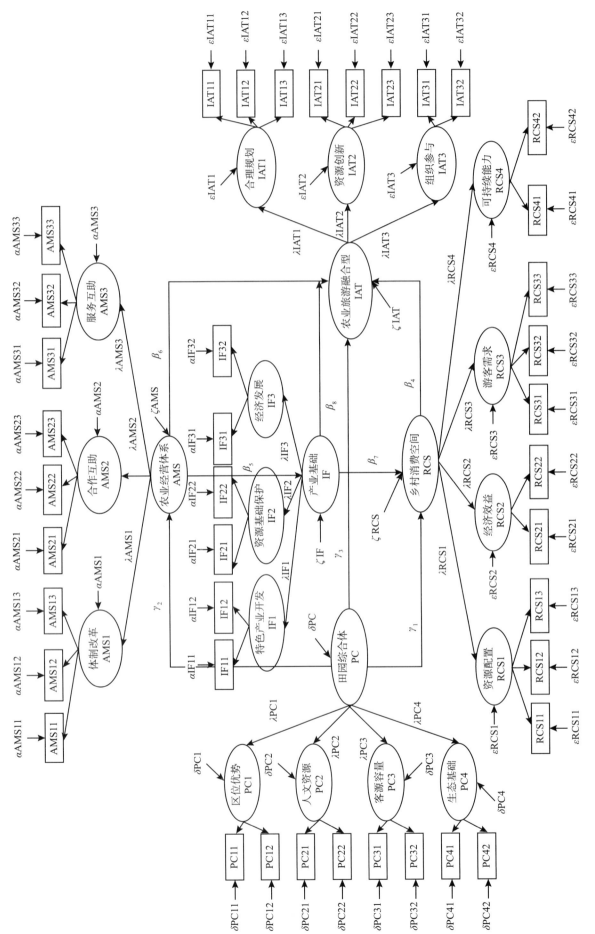

图6-34 田园综合体与农业旅游融合型系统性保护协同模式的初始结构方程模型

　　由图 6 - 34 所显示的田园综合体与农业旅游融合型系统性保护协同模式的初始结构方程模型可以发现，田园综合体与农业旅游融合型系统性保护协同模式的初始结构方程中存在外生显变量 8 项，具体为：PC11、PC12、PC21、PC22、PC31、PC32、PC41、PC42；内生显变量共 33 项，具体为：RCS11、RCS12、RCS13、RCS21、RCS22、RCS31、RCS32、RCS33、RCS41、RCS42、AMS11、AMS12、AMS13、AMS21、AMS22、AMS23、AMS31、AMS32、AMS33、IF11、IF12、IF21、IF22、IF31、IF32、IAT11、IAT12、IAT13、IAT21、IAT22、IAT23、IAT31、IAT32；外生潜变量共 4 项，具体为：PC1、PC2、PC3、PC4；内生潜变量共 13 项，具体为：RCS1、RCS2、RCS3、RCS4、AMS1、AMS2、AMS3、IF1、IF2、IF3、AT1、AT2、AT3。这是由观测变量和潜在变量所构成的结构方程模型的测量模型。

　　进行田园综合体与农业旅游融合型系统性保护协同模式的数据验证时，通过对相关变量进行设定以构建观测变量的结构方程式。按照初始结构方程模型，田园综合体（PC）、区位优势（PC1）、人文资源（PC2）、客源容量（PC3）、生态基础（PC4）为外生潜变量，分别用 ζ_{PC}、ζ_{PC1}、ζ_{PC2}、ζ_{PC3}、ζ_{PC4} 表示。乡村消费空间（RCS）、资源基础（RCS1）、经济效益（RCS2）、游客需求（RCS3）、可持续能力（RCS4）、农业经营体系（AMS）、体制改革（AMS1）、合作互助（AMS2）、服务互助（AMS3）、产业基础（IF）、特色产业开发（IF1）、资源基础保护（IF2）、经济发展（IF3）、农业旅游融合型（IAT）、合理规划（IAT1）、资源创新（IAT2）、组织参与（IAT3）为内生潜变量，分别用 η_{RCS}、η_{RCS1}、η_{RCS2}、η_{RCS3}、η_{RCS4}、η_{AMS}、η_{AMS1}、η_{AMS2}、η_{AMS3}、η_{IF}、η_{IF1}、η_{IF2}、η_{IF3}、η_{IAT}、η_{IAT1}、η_{IAT2}、η_{IAT3} 表示。基于此，构建田园综合体与农业旅游融合型系统性保护协同模式的观测模型方程式：

$$\begin{aligned}
&X_{PC1} = \lambda_{PC1}\xi_{PC} + \delta_{PC1} & &X_{PC2} = \lambda_{PC2}\xi_{PC} + \delta_{PC2} & &X_{PC3} = \lambda_{PC3}\xi_{PC} + \delta_{PC3} \\
&X_{PC4} = \lambda_{PC4}\xi_{PC} + \delta_{PC4} & &X_{PC11} = \lambda_{PC11}\xi_{PC1} + \delta_{PC11} & &X_{PC12} = \lambda_{PC12}\xi_{PC1} + \delta_{PC12} \\
&X_{PC21} = \lambda_{PC21}\xi_{PC2} + \delta_{PC21} & &X_{PC22} = \lambda_{PC22}\xi_{PC2} + \delta_{PC22} & &X_{PC31} = \lambda_{PC31}\xi_{PC3} + \delta_{PC} \\
&X_{PC32} = \lambda_{PC32}\xi_{PC3} + \delta_{PC32} & &X_{PC41} = \lambda_{PC41}\xi_{PC4} + \delta_{PC41} & &X_{PC42} = \lambda_{PC42}\xi_{PC4} + \delta_{PC} \\
&Y_{IF1} = \lambda_{IF1}\eta_{IF} + \varepsilon_{IF1} & &Y_{IF2} = \lambda_{IF2}\eta_{IF} + \varepsilon_{IF2} & &Y_{IF3} = \lambda_{IF3}\eta_{IF} + \varepsilon_{IF3} \\
&Y_{IF11} = \lambda_{IF11}\eta_{IF1} + \varepsilon_{IF11} & &Y_{IF12} = \lambda_{IF12}\eta_{IF1} + \varepsilon_{IF12} & &Y_{IF21} = \lambda_{IF21}\eta_{IF2} + \varepsilon_{IF21} \\
&Y_{IF22} = \lambda_{IF22}\eta_{IF2} + \varepsilon_{IF22} & &Y_{IF31} = \lambda_{IF31}\eta_{IF3} + \varepsilon_{IF31} & &Y_{IF32} = \lambda_{IF32}\eta_{IF3} + \varepsilon_{IF32} \\
&Y_{AMS1} = \lambda_{AMS1}\eta_{AMS} + \varepsilon_{AMS1} & &Y_{AMS2} = \lambda_{AMS2}\eta_{AMS} + \varepsilon_{AMS2} & & \\
&Y_{AMS3} = \lambda_{AMS3}\eta_{AMS} + \varepsilon_{AMS3} & &Y_{AMS11} = \lambda_{AMS11}\eta_{AMS1} + \varepsilon_{AMS11} & & \\
&Y_{AMS12} = \lambda_{AMS12}\eta_{AMS1} + \varepsilon_{AMS12} & &Y_{AMS13} = \lambda_{AMS13}\eta_{AMS1} + \varepsilon_{AMS13} & & \\
&Y_{AMS21} = \lambda_{AMS21}\eta_{AMS2} + \varepsilon_{AMS21} & &Y_{AMS22} = \lambda_{AMS22}\eta_{AMS2} + \varepsilon_{AMS22} & & \\
&Y_{AMS23} = \lambda_{AMS23}\eta_{AMS2} + \varepsilon_{AMS23} & &Y_{AMS31} = \lambda_{AMS31}\eta_{AMS3} + \varepsilon_{AMS31} & & \\
&Y_{AMS32} = \lambda_{AMS32}\eta_{AMS3} + \varepsilon_{AMS32} & &Y_{AMS33} = \lambda_{AMS33}\eta_{AMS3} + \varepsilon_{AMS33} & & \\
&Y_{RCS1} = \lambda_{RCS1}\eta_{RCS} + \varepsilon_{RCS1} & &Y_{RCS2} = \lambda_{RCS2}\eta_{RCS} + \varepsilon_{RCS2} & & \\
&Y_{RCS3} = \lambda_{RCS3}\eta_{RCS} + \varepsilon_{RCS3} & &Y_{RCS4} = \lambda_{RCS4}\eta_{RCS} + \varepsilon_{RCS4} & & \\
&Y_{RCS11} = \lambda_{RCS11}\eta_{RCS1} + \varepsilon_{RCS11} & &Y_{RCS12} = \lambda_{RCS12}\eta_{RCS1} + \varepsilon_{RCS12} & & \\
&Y_{RCS13} = \lambda_{RCS13}\eta_{RCS1} + \varepsilon_{RCS13} & &Y_{RCS21} = \lambda_{RCS21}\eta_{RCS2} + \varepsilon_{RCS21} & & \\
&Y_{RCS22} = \lambda_{RCS22}\eta_{RCS2} + \varepsilon_{RCS22} & &Y_{RCS31} = \lambda_{RCS31}\eta_{RCS3} + \varepsilon_{RCS31} & & \\
&Y_{RCS32} = \lambda_{RCS32}\eta_{RCS3} + \varepsilon_{RCS32} & &Y_{RCS33} = \lambda_{RCS33}\eta_{RCS3} + \varepsilon_{RCS33} & & \\
&Y_{RCS41} = \lambda_{RCS41}\eta_{RCS4} + \varepsilon_{RCS41} & &Y_{RCS42} = \lambda_{RCS42}\eta_{RCS4} + \varepsilon_{RCS42} & & \\
&Y_{IAT1} = \lambda_{IAT1}\eta_{IAT} + \varepsilon_{IAT1} & &Y_{IAT2} = \lambda_{IAT2}\eta_{IAT} + \varepsilon_{IAT2} & & \\
&Y_{IAT3} = \lambda_{IAT3}\eta_{IAT} + \varepsilon_{IAT3} & &Y_{IAT11} = \lambda_{IAT11}\eta_{IAT1} + \varepsilon_{IAT11} & & \\
&Y_{IAT12} = \lambda_{IAT12}\eta_{IAT1} + \varepsilon_{IAT12} & &Y_{IAT13} = \lambda_{IAT13}\eta_{IAT1} + \varepsilon_{IAT13} & & \\
&Y_{IAT21} = \lambda_{IAT21}\eta_{IAT2} + \varepsilon_{IAT21} & &Y_{IAT22} = \lambda_{IAT22}\eta_{IAT2} + \varepsilon_{IAT22} & & \\
&Y_{IAT23} = \lambda_{IAT23}\eta_{IAT2} + \varepsilon_{IAT23} & &Y_{IAT31} = \lambda_{IAT31}\eta_{IAT3} + \varepsilon_{IAT31} & & \\
&Y_{IAT32} = \lambda_{IAT32}\eta_{IAT3} + \varepsilon_{IAT32} & &Y_{IAT33} = \lambda_{IAT33}\eta_{IAT3} + \varepsilon_{IAT33} & &
\end{aligned}$$

　　进行田园综合体与农业旅游融合型系统性保护协同模式的结构方程实证检验时，借助于前面所提到的田园综合体与农业旅游融合型系统性保护协同模式的研究假设和理论模型，研究使用 γ_1、γ_2 和 γ_3 表示田园综合体对乡村消费空间、农业经营体系、农业旅游融合型的作用路径。用 β_4 表示乡村消费空间对农业旅游融合型的作用路径，用 β_5 和 β_6 表示农业经营体系对产业基础和农业旅游融合型的作用路径，用 β_7 和 β_8 表示产业基础对乡村消费空间和农业旅游融合型的作用路径。结合上述设定的变量之间的作用路径，构建结构模型方程表达式如下：

$$\begin{cases} \eta_{AMS} = \gamma_2 \xi_{PC} + \zeta_{AMS} \\ \eta_{IF} = \beta_5 \xi_{AMS} + \zeta_{IF} \\ \eta_{RCS} = \gamma_1 \xi_{PC} + \beta_7 \eta_{IF} + \zeta_{RCS} \\ \eta_{IAT} = \gamma_3 \xi_{PC} + \beta_4 \eta_{RCS} + \beta_6 \eta_{AMS} + \beta_8 \eta_{IF} + \zeta_{IAT} \end{cases}$$

　　完成构建田园综合体与农业旅游融合型系统性保护协同模式的测量模型和结构模型，即完成初始结构方程模型构建后，研究需进一步判断检验拟合指数、参数和决定系数等是否达到要求，采用不同的评价方法对以上各项指标进行检验分析，从而更正确地判断田园综合体对农业文化遗产系统性保护的作用原始模型是否需要进行修正。

　　在 AMOS 22.0 中导入田园综合体与农业旅游融合型系统性保护协同模式的初始结构方程模型，并同时将问卷数据导入，得到模型的相关拟合指标值，见表 6-44。

表 6-44　　　　　　田园综合体与农业旅游融合型协同模式的初始结构方程模型拟合度结果

拟合指标	X^2/DF	CFI	IFI	TLI	PNFI	RMSEA	SRMR
观测值	1.569	0.940	0.940	0.936	0.795	0.047	0.0468

　　由田园综合体与农业旅游融合型系统性保护协同模式的初始结构方程模型拟合度结果可以得出，各项拟合指标均达到了拟合标准，说明初始结构方程模型能较好地与调查问卷数据进行拟合。故依据拟合度检验，进一步测度结构方程的路径系数，判断其是否是合理有效，详见表 6-45。

表 6-45　　　　田园综合体与农业旅游融合型系统性保护协同模式的初始结构方程路径估计

路径	模型路径	路径系数	S.E.	C.R.	P
γ_1	PC→RCS	0.609	0.042	10.915	***
γ_2	PC→AMS	0.762	0.043	13.061	***
γ_3	PC→IAT	0.247	0.095	2.407	0.016
β_4	RCS→IAT	0.264	0.127	2.537	0.011
β_5	AMS→IF	0.741	0.081	11.472	***
β_6	AMS→IAT	0.194	0.137	1.775	0.076
β_7	IF→RCS	0.347	0.046	6.170	***
β_8	IF→IAT	0.195	0.088	2.217	0.027

注：*** 表示 P < 0.001。

　　由表 6-45 可以看出，根据田园综合体与农业旅游融合型系统性保护协同模式的初始结构方程模型路径估计结果，AMS→IAT 这一条路径没有通过显著性检验。依据整体结果，田园综合体与农业旅游融合型系统性保护协同模式的初始结构方程模型的基本构造思路是大致正确的，但还需要对模型部分关系进行调整完善，重新测度关系路径。故而在初始结构方程模型中删除了农业经营体系对农业旅游融合型的直接作用关系路径，即 AMS→IAT（见图 6-35）。

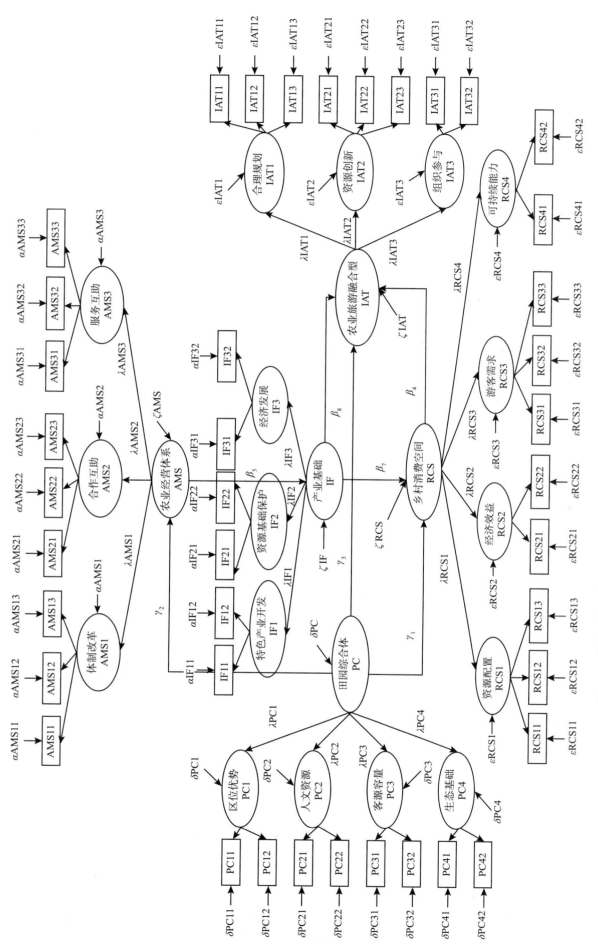

图6-35　调整后的田园综合体与农业旅游融合型系统性保护协同模式的结构方程模型

图 6 - 35 为调整后的田园综合体与农业旅游融合型系统性保护协同模式的结构方程模型，将其放入 AMOS22.0 进行拟合度检验，详细结果如表 6 - 46 所示。

表 6 - 46　　　　　调整后的田园综合体与农业旅游融合型协同模式的结构方程模型拟合度结果

拟合指标	X^2/DF	CFI	IFI	TLI	PNFI	RMSEA	RMR
观测值	1.572	0.940	0.940	0.935	0.796	0.047	0.0475
拟合指标	<3.00	>0.90	>0.90	>0.90	>0.50	<0.08	<0.05

由表 6 - 46 调整后的田园综合体与农业旅游融合型系统性保护协同模式的结构方程模型拟合度结果可以看出，各项拟合指标均满足拟合指标，与原始数据量表之间依旧是匹配拟合的。本书在拟合度达标的基础上，将调整后的结构方程模型放入 AMOS 22.0 中进行路径估计，详细结果见表 6 - 47。

表 6 - 47　　　　　调整后的田园综合体与农业旅游融合型协同模式的结构方程路径估计

路径	模型路径	路径系数	S. E.	C. R.	P
γ_1	PC→RCS	0.608	0.042	10.871	***
γ_2	PC→AMS	0.763	0.043	13.079	***
γ_3	PC→IAT	0.321	0.078	3.774	***
β_4	RCS→IAT	0.297	0.128	2.824	0.005
β_5	AMS→IF	0.744	0.081	11.536	***
β_7	IF→RCS	0.347	0.046	6.160	***
β_8	IF→IAT	0.275	0.069	3.985	***

注：*** 表示 P<0.001。

通过表 6 - 47 可以看出，调整后的结构方程模型路径系数均呈现显著水平，大多数达到了 0.001 的显著性水平，整个模型显著性通过，判定该模型为满意度最高的模型，路径系数经过标准化处理后，其数值处于 -1 ~ 1，最终的田园综合体与农业旅游融合型系统性保护协同模式的结构方程模型见图 6 - 36。

第三，结构方程的假设检验及效应分解。

通过分析结构方程实证结果，根据前面提及的研究假设与理论模型，本书田园综合体与农业旅游融合型系统性保护协同模式的假设验证和路径系数进行归纳总结，结果如表 6 - 48 所示。

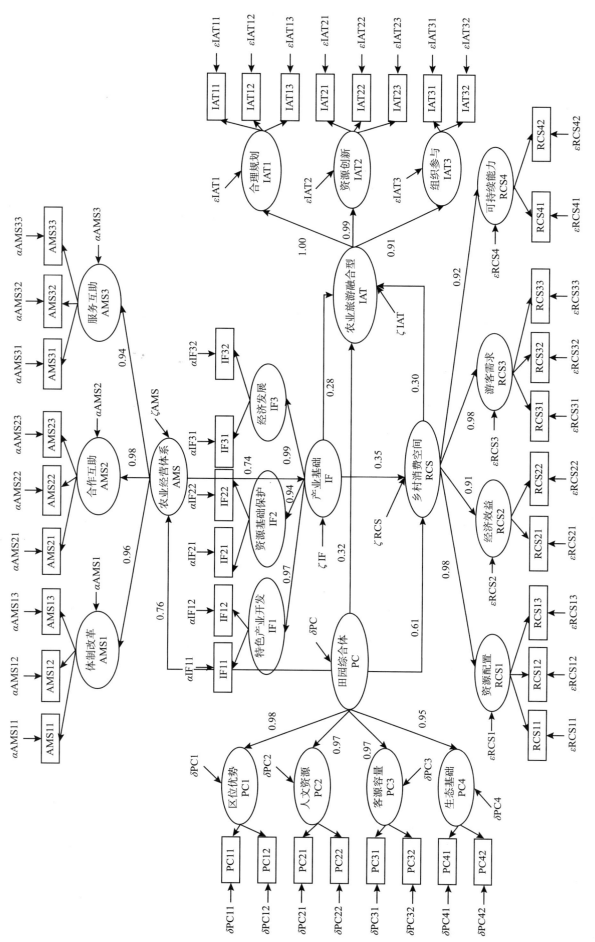

图6—36　最终的田园综合体与农业旅游融合型系统性保护协同的结构方程模型

表 6-48   路径结果讨论分析

路径	模型路径	路径系数	显著性水平	研究假设	检验结果
γ_1	PC→RCS	0.608	***	HF1	支持
γ_2	PC→AMS	0.763	***	HF2	支持
γ_3	PC→IAT	0.321	***	HF3	支持
β_4	RCS→IAT	0.297	0.005	HF4	支持
β_5	AMS→IF	0.744	***	HF5	支持
β_6	AMS→IAT	—	—	HF6	不支持
β_7	IF→RCS	0.347	***	HF7	支持
β_8	IF→IAT	0.275	***	HF8	支持

注：*** 代表 P<0.001。

田园综合体到乡村消费空间的标准化路径系数为 0.608，P<0.001，通过显著性检验。因此，原假设 HF1 得到验证支持，"田园综合体对乡村消费空间具有显著的正向作用"的假设研究成立。

田园综合体到农业经营体系的标准化路径系数为 0.763，P<0.001，通过显著性检验。因此，原假设 HF2 得到验证支持，"田园综合体对农业经营体系具有显著的正向作用"的假设研究成立。

田园综合体到农业旅游融合型的标准化路径系数为 0.321，P<0.001，通过显著性检验。因此，原假设 HF3 得到验证支持，"田园综合体对农业旅游融合型具有显著的正向作用"的假设研究成立。

乡村消费空间到农业旅游融合型的标准化路径系数为 0.297，P 值为 0.005，小于 0.01，通过显著性检验。因此，原假设 HF4 得到验证支持，"乡村消费空间对农业旅游融合型具有显著的正向作用"的假设研究成立。

农业经营体系到产业基础的标准化路径系数为 0.744，P<0.001，通过显著性检验。因此，原假设 HF5 得到验证支持，"农业经营体系对产业基础具有显著的正向作用"的假设研究成立。

农业经营体系到农业旅游融合型的关系路径在模型调整过程中进行了删除，没有通过显著性检验。因此，原假设 HF6 没有得到验证支持，"农业经营体系对农业旅游融合型具有显著的正向作用"的假设研究不成立。

产业基础到乡村消费空间的标准化路径系数为 0.347，P<0.001，通过显著性检验。因此，原假设 HF7 得到验证支持，"产业基础对乡村消费空间具有显著的正向作用"的假设研究成立。

产业基础到农业旅游融合型的标准化路径系数为 0.275，P<0.001，通过显著性检验。因此，原假设 HF8 得到验证支持，"产业基础对农业旅游融合型具有显著的正向作用"的假设研究成立。

从田园综合体与农业旅游融合型系统性保护协同模式的结构方程实证结果可知，农业经营体系到农业旅游融合型之间的直接作用路径在模型调整中进行了删除，两者之间的直接影响效应不存在，但是田园综合体可以实现对农业旅游融合型的直接影响作用，直接效应为 0.321，也能够通过乡村消费空间和产业基础两个变量实现对农业改造型的间接影响作用。间接影响路径主要有 3 条，间接效应分别为 0.181（0.608×0.297）、0.156（0.763×0.744×0.275）、0.059（0.763×0.744×0.347×0.297），总的间接效应为 0.396。由此可以看出，间接作用明显，与变量之间的直接效应一样重要，所以，对田园综合体与农业旅游融合型系统性保护协同模式进行研究时，乡村消费空间、产业基础和农业经营体系都是不可缺少的变量，作用非常重要。

除此之外，可以明确看到在结构方程模型中，田园综合体到农业经营体系的标准化路径系数为 0.763，农业经营体系到产业基础的标准化路径系数为 0.744，两个都超过了模型中的其他作用路径系数，说明农业经营体系这一变量在实现田园综合体与农业旅游融合型协同中的重要作用，农业经营体系在农业文化遗产系统性保护中的作用不可忽视。

基于以上结果，研究获得以下重要启示：一是田园综合体作为农业旅游的一种重要类型，是保护农业文化遗产的重要路径。因此，进行农业文化遗产系统性保护时，要着重注意田园综合体扮演的作用，充分发挥旅游的联动效应和经济带动效应，实现其与生态环境和农业文化遗产系统性保护的协同。二是乡村消费空间、产业基础和农业经营体系都是田园综合体与农业文化遗产系统性保护协同的重要中间变量，尽管农业经营体系未能产生直接作用，但可借助乡村消费空间和产业基础间接影响协同作用，是不可缺少的变量。因此，一方面要随时抓住影响系统性保护协同的关键，把握其中的重点和难点，巩固资源基础，优质乡村消费空间，另一方面要制定农业发展规划，不断创新，整合特色资源，促进田园综合体可持续发展，系统性保护农业文化遗产。

第7章 文旅深度融合新业态与商业文化遗产系统性保护协同模式研究

7.1 文化产业园与历史街区改造型系统性保护协同模式的实证研究

7.1.1 研究假设

第一，文化产业园建设水平的作用。

文化产业园的建设是将商业文化遗产与现代旅游业相结合的一种高效商业发展新形式，商业旅游在实际发展过程中，具有多种业态表现形式，文化产业园作为商业旅游发展的重要业态表现形式之一，其发展把商业文化遗产与旅游业结合起来，兼顾经济效益与社会效益，不仅推进了现代旅游业实现可持续发展，还对弘扬商业文化、提升城市品位具有显著的推动作用。李爱民（2012）指出，文化产业园的发展有利于开辟新发展空间。一是在提高文化发展空间方面，借助商业文化遗产发展商业旅游，可以用文化资源提升传统产业，打造地区龙头文化产业，培育良好的文化消费市场。二是在促进区域开发方面，交通运输等基础设施建设状况对文化产业园的选址、空间布局、园区结构的形成等方面都起着重要的作用，具体主要表现在区域的市场、文化、环境等产业发展要素可以满足各利益主体的利益需求和发展目标，因此，利用这些发展要素在改造地区空间上自发形成集聚，可以形成一定的群体竞争优势。基于此，可以看出文化产业园的建设要求对于推进历史街区改造实施进程有着重要的影响作用，故提出如下假设：

HA1：文化产业园建设要求对推进历史街区改造进程具有显著的正向作用。

首先，文化先行的理论分析方面，郑士鹏（2015）指出，根据地区自身特色建设具有时代文化产业特征的文化产业园，有助于形成点对点的文化交流和互助产业基地，这对于文化精神的弘扬与传承、中华文明的重塑有着高度的现实意义与战略价值。其次，在文化交流过程中，文化产业园大多由位于市中心的历史街区改造而来，具有良好的区位条件优势，以此为基础建设文化产业园打造文化产业园，对于弘扬大国精神，彰显历史长河中的商业文化内涵具有重要意义。最后，在文化创造方面，商业文化遗产归属于民俗文化的一部分，坚持弘扬民俗文化是营造文化产业园的基础，只有尊重、坚持民俗文化传统，才能够在商业文化遗产系统性保护进程中，对文化要素加以创新。基于此，可以看出文化产业园的建设要求对于弘扬商业文化遗产内涵具有重要的影响作用，故提出如下假设：

HA2：文化产业园建设要求对弘扬商业文化遗产内涵具有显著的正向作用。

文化产业园的建设要求其通过多种形态的产业链来凸显高附加值，这就要求文化产业园在发展过程中能够发挥研发创新、促进就业等多重功能。一是在研发创新方面，文化产业园的建设坚持政府发起、企业建设、人民受益的原则，因此，文化产业园的建设必须按照宏观环境提供的条件和要求，以及外部环境的现实发展变化趋势来制定发展规划，这就要求文化产业园的发展具有创新体制。二是在促进就业方面，文化产业园要想实现可持续性发展，就必须坚持其发展受益于人民。文化产业园的开发和建设带动商业实现转型升级，创造了大量的新型就业岗位，其发展不仅关系到地区居民的经济收益，还有利于当地生态环境的保护，李新等学者指出，生态环境的优化涉及居民的切身利益，生态保护为人民大众带来了一定的环境收益，增强了人们发展商业旅游的意愿。基于此，可以看出文化产业园的建设要求对于推进园区构建合理化有着重要的影响作用，故提出如下假设：

HA3：文化产业园建设要求对推进园区构建合理化具有显著的正向作用。

第二，园区构建合理化的作用。

园区构建合理化需要由专门的组织机构加以引导，并且组建相关职能部门实施、反馈和监督文化产业园的建设及其发展。文化产业园在实际发展过程中，其园区构建的合理性需要科学的顶层设计、专业化的专家指导和居民的高度支持。文化产业园构建具有规模化和集聚性的特征，文化产业园中产品规模化生产模式带来的规模经济和范围经济是文化产业效益实现的主要依托。文化产业园是文化产业的园区化、规模化，不仅是一种文化产业发展在地理空间上的集聚，还是整合生产、消费、创新、投资、服务等多种功能重组，能够展现地域文化特色的强劲吸引力。文化产业园的构建还需要满足能够增加产业附加值，文化产业园作为商业旅游发展新形式，其在发展过程中格外注重利用文化开发新产品、赋予常规商品以文化内涵、提高手工技艺的商品附加值等。因此，文化产业园的园区构建是在坚持园区发展规模化、产业集聚化的原则下分步实施，合理控制，不断延伸相关产业的附加值，促进园区实现可持续性发展。基于此，可以看出文化产业园的合理构建对于提高历史街区改造整体效益有着重要的影响作用，故提出如下假设：

HA4：园区构建合理化对提高历史街区改造整体效益具有显著的正向作用。

第三，弘扬商业文化遗产文化内涵的作用。

在传承弘扬商业文化遗产的过程中，要注重发挥创造性思维，通过弘扬改造中国传统文化、推进我国文化创新、深化文化体制改革，进而不断增强我国文化的生存力、创新力、传播力和主导力，实现我国文化软实力的全面提升。于海云（2018）指出，弘扬并积极改造创新事物的创新精神是整合地区资源优势的关键性力量，所以，弘扬商业文化遗产的文化内涵需要创新型人才的参与。因此，本书认为弘扬商业文化遗产内涵时对人才的需求符合历史街区改造过程中的对人才的需求。基于此，可以看出弘扬商业文化遗产文化内涵对提高历史街区改造的整体效益有着重要的影响作用，故提出如下假设：

HA5：弘扬商业文化遗产文化内涵对提高历史街区改造整体效益具有显著的正向作用。

第四，关于文化产业园与历史街区改造型系统性保护协同模式的理论模型。

根据文化产业园与历史街区改造型系统性保护协同模式的分析框架、研究假设等相关内容，综合分析文化产业园与历史街区改造型协同现状，由此构建文化产业园与历史街区改造型系统性保护协同模式的理论模型，见图 7-1。

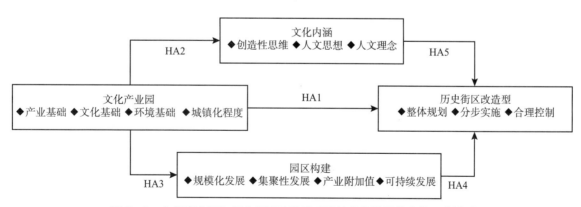

图 7-1　文化产业园与历史街区改造型系统性保护协同模式的理论模型

从文化产业园与历史街区改造型系统性保护协同模式的理论模型中可以看出，其主要包含文化产业园、文化内涵、园区构建和历史街区改造型 4 个变量，其中，文化产业园划分成产业基础、文化基础、环境基础和城镇化程度四个层面；文化内涵划分为创造性思维、人文思想、人文理念三个层面；园区构建划分为规划发展、集聚性发展、产业附加值、可持续发展四个层面；历史街区改造型划分为整体规划、分步实施、合理控制三个层面。文化产业园到历史街区改造型不仅具有直接作用路径，还有间接作用路径，其中，文化产业园到历史街区改造型的间接路径分别为：①文化产业园建设要求—园区构建合理化—历史街区改造整体效益；②文化产业园建设要求—弘扬商业文化遗产文化内涵—历史街区改造整体效益。构建文化产业园与历史街区改造型协同模式的理论模型，为文旅深度融合新业态与商业文化遗产系统性保护协同模式的结构方程数据验证奠定了基础。

7.1.2 实地访谈

第一，关于案例地发展状况。

四川成都宽窄巷子经改造后，不仅保留了北方胡同原有的传统式风格特征，还在传统风格的基础上加入了现代元素，巷子的文化资本向经济资本的转化，促使当地形成了以商业文化为引领、带动现代商业繁荣的局面。

从总体发展状况的角度分析"文化产业园与历史街区改造型协同"的现状。根据前文分析可知，四川成都宽窄巷子有良好的产业基础，以此为基础，以宽窄巷子为核心而发展的商业旅游产品、路线不断完善。具体主要表现在良好的文化基础和科学合理的业态布局两个方面：在文化基础方面，宽窄巷子记录着该地区的发展历程，体现着当地历史变迁、文化交流和乡思挂念。在一定程度上，其地名演变过程概括了成都近代以来的历程，最能体现地名在历史文化意义上的价值。宽窄巷子作为具有中华民族精神的地名文化符号，将其纳入非物质文化遗产保护名录中，从根本上加以重点培育和弘扬，并深入挖掘其历史文化中所蕴含的时代价值，可以增强中华民族文化自信。所以，应加强对外宣传，把地区商业文化遗产变成"中国名片"，全面提升国家文化软实力。在业态布局方面，成都宽窄巷子不仅定位为成都市具有文化代表性的聚居地，还是成都休闲生活体验区，其业态类涉及餐饮类、零售类等。同时，以工艺产业、表演艺术产业为主的文化创意产业也已经初具规模。所以，应鼓励专业艺术者参与建设，推动文化创意产业发展，将宽窄巷子自身的文化特色与商业旅游融合，确保游客在景区内不仅能够感受到文化内涵，还能体验到景区本身所具有的文化属性。

从文化产业园园区构建的角度来看，2003年以来，当地在充分了解其历史渊源和文化背景的前提下，结合各方专家指导意见，为适应现代生活方式和消费观念，宽窄巷子一改之前以居住功能为主的传统模式，增设诸多商业网点，对其进行了有机更新，改造成了集美食、观光、住宿、娱乐等为一体的仿古型商业街区。宽巷子以"闲生活"为主导，窄巷子以"慢生活"为主导，同时还有以"新生活"为主导的井巷子，时尚元素的加入，表达了历史与现代碰撞并相互结合的时尚动感区。宽窄巷子改造后，不仅保留了北方胡同原有的传统式风格特征，还在传统风格的基础上加入了现代元素，巷子的文化资本向经济资本的转化，促使当地形成了以商业文化为引领、带动现代商业繁荣的局面。四川成都宽窄巷子按照发展历程，大致可以分为三个阶段，具体如下：

第一阶段：历史变革后的南方"孤本"。

宽巷子是平定准噶尔战乱后少城的遗留部分，清朝的没落为外地商人在附近经商提供了可能，外地商人趁机在附近开起了典当铺，大量收购旗人家产，少城城墙在拆除过程中，一些达官贵人先后居住在此，使得这些古老的建筑能够在历史变迁过程中得以保存。其原有70多座院落和300多间房间，但在历史演变过程中，诸多老城墙、金水河等已经消失，随后"胡同"被改为"巷子"。在对其进行保护利用的过程中，当地坚持在保护老成都真建筑的基础上，打造具有鲜明地域特色和浓厚的巴蜀文化氛围的文化商业街，并以此构建完善的休闲旅游发展体系。宽窄巷子由宽巷子、窄巷子和井巷子三条平行排列的老街道及四合院群落组成，其不仅是成都市三大历史文化保护区、老成都"千年少城"城市格局和原真建筑格局的最后遗存，还是北方胡同文化的建筑风格在南方的"孤本"，是老成都沧桑历史演变历程的最好见证者。

第二阶段：巷子革新。

2005年宽窄街区重建工作启动，整体看来，改造后的宽窄巷子空间风貌已较为完整，其空间结构延续了清代川西民居风格，街道在构造上属于北方胡同街巷，其"鱼脊骨"式的道路格局为街道居民提供了一个安静、悠闲的生活韵律。宽窄巷子的营房宿舍逐渐与川西民居融合，在诸多建筑构建中展现了老成都的生活韵味。宽窄巷子的历史遗迹为其在旅游市场上保持市场竞争优势提供了可能。

第三阶段：全面推动宽窄巷子实现健康可持续发展。

随着宽窄巷子的不断发展，其在旅游市场中的市场份额也在不断扩大，旅游市场经济优势明显。为了全面推动宽窄巷子经济全面健康可持续发展，地方政府紧紧依靠国家政策，不断创新巷子经济模式，在规模、投资、经营理念、改造原则等多方面进行创新，并借助商业旅游形式逐渐兴起并快速发展，其活动建设主要包括以下五部分：一是宽窄巷子茶会，以"宽窄茶会"为基础，形成成都文化名片，成为新的茶文化发生地。二是街头音乐季，以街头音乐为平台，充分展现宽窄巷子历史与现代、传统与潮流相结合的独特气质。三是跨年摇滚音乐会，以音乐会为平台，为拓宽宽窄巷子市场知名度提供可能。四是宽窄讲堂，为游客感受地道的成都文化、丰富的历史人文景观提供全新的平台，让成都独有的文化和人文思想在交流碰撞中得到更广泛的传播。五是以井巷子市集为代表的西南首次综合性的顶级创意市集交流活动。

第二，四川成都宽窄巷子对文化产业园与历史街区改造型系统性保护协同模式的作用。

在四川成都宽窄巷子的发展过程中，文化底蕴是发展活力源泉，景区规划是发展基础条件，通过对各方要素的综合考量，将案例研究的重点放在景区、文化两个方面，提炼出园区构建、文化内涵两个关键构念，并通过对这两个关键构念进行条理化、结构化的分析，构建出四川成都宽窄巷子改造发展过程中的园区构建模型和文化内涵模型，为讨论园区构建、文化内涵在文化产业园与商业文化遗产系统性保护协同模式中的作用提供了清晰的路径。

首先，四川成都宽窄巷子建设过程中园区构建分析。

四川成都宽窄巷子的园区构建主要是指其对宽巷子、窄巷子、井巷子的改造建设，其不仅有悠久的历史文化内涵，还有丰富的商业文化遗产。通过不断的发展，宽窄巷子已经成为我国商业旅游城市的典范，其丰厚的文化基础对于推进商业文化遗产系统性保护实施进程、丰富文旅深度融合新业态具有重要意义。基于上述分析，结合文化产业园与历史街区改造型系统性保护协同模式的结构方程和实证结果，本书科学合理地模拟出四川成都宽窄巷子中园区构建的作用模型，见图 7-2。

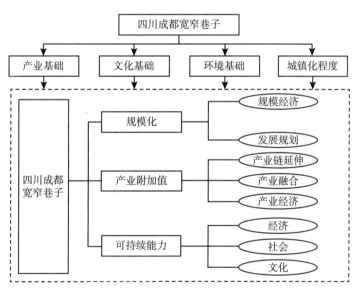

图 7-2　四川成都宽窄巷子建设过程中园区构建的作用模型

图 7-2 展示了四川成都宽窄巷子建设过程中园区构建的作用模型，可以看出四川成都宽窄巷子的产业基础、文化基础、环境基础和城镇化建设程度都影响着地区商业旅游的发展。四川成都宽窄巷子在历史变迁的长河中遗存下来，是我国历史发展的重要见证，还凝聚着我国商业经营主体智慧的结晶，是宽窄巷子发展旅游业的支撑力量。四川成都宽窄巷子在发展过程中，以地方特色产业为基础、以商业文化遗产为核心、以良好的内外部发展环境为依托，打造舒适、悠闲的旅游商业街。在城市发展规划引领下，地区特色产业不断实现规模化发展，良好的规模经济为宽窄巷子创新商业旅游产品提供了可能。商业文化遗产作为满足游客旅游的精神追求的关键，对于延伸商业旅游产业的附加值，促进产业链延伸、推动产业融合发展、提升产业经济具有重要作用，是宽窄巷子实现可持续发展的内在动力，良好的内外部发展环境为宽窄巷子发展商业旅游提供了机遇。因此，文化产业园的商业文化遗产资源丰富，相关产业发展受到地区政府重视，进而在信息、技术、旅游资源等各方面都具有相对优势，推进文化产业园实现可持续发展，假设

HA1、HA3 和 HA4 成立。

其次,四川成都宽窄巷子建设过程中文化内涵分析。

四川成都宽窄巷子的文化内涵主要指其在历史变迁过程中所遗存的商业文化、民间文化。这里所指的文化不仅涉及商业、工业,还涉及成都地域文化。基于此,从宽窄巷子发展的创造性思维、人文思想、人文理念三个方面出发,构建出四川成都宽窄巷子改造发展过程中文化内涵的作用模型,见图 7 - 3。

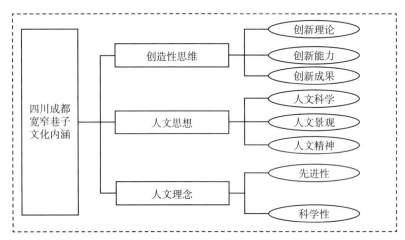

图 7 - 3   四川成都宽窄巷子建设过程中文化内涵的作用模型

图 7 - 3 展示了四川成都宽窄巷子建设过程中文化内涵的作用模型,从中可以看出宽窄巷子改造主体的创造性思维、先进科学的人文思想和人文理念对于推进四川成都宽窄巷子实现可持续发展具有重要作用。结合宽窄巷子发展建设的实践基础,对其文化内涵的作用作出如下分析:一是参与主体的创造性思维为四川成都宽窄巷子的发展奠定了基础。宽窄巷子是平定准噶尔战乱后的少城遗留部分,利用宽巷子、窄巷子和井巷子的平行排列特征,发展具有差异性的旅游发展模式,将不同巷子的独有特征以其独特的组成要素呈现给大众,不仅保护了商业文化遗产,还充分发挥了其现代价值。二是四川成都宽窄巷子本身所具有的人文科学、人文景观及其所展现出来的人文精神,为其满足游客日益多样的旅游消费需求提供了可能。三是地方在历史变迁过程中所遗留的具有先进性、科学性的人文理念,使当地居民对于保护利用商业文化遗产已经形成了统一的认知。在商业文化遗产系统性保护进程中,最重要的就是要将政府对商业文化遗产的保护利用发展规划深入落实到地方居民的生活理念中,要做好这一点,就必须将四川成都宽窄巷子的发展规划与大众生活习惯相契合。因此,要实现文化产业园文旅融合新业态与历史街区改造型系统性保护协同,要重点挖掘产业资源,激发其文化价值,在文化遗产保护的基础上建设园区,突出文化内涵,提高其产业附加值,在对商业文化遗产进行动态化改造时保护其整体性和文化内涵,实现商业旅游的高质量发展,假设 HA2 和 HA5 成立。

关于案例验证分析:

本次案例研究选取的是四川成都宽窄巷子,研究小组通过实地调研获得了较高准确性的有效资料,对四川成都宽窄巷子有了进一步的了解,同时也保证了资料数据的实效性、准确性、可靠性。为了更好地展开对文化产业园与历史街区改造型协同模式的案例研究,本研究首先对四川成都宽窄巷子作为本次研究对象进行解释说明,将四川成都宽窄巷子的改造历程和发展过程分为三个阶段:一是历史变革后的南方"孤本"阶段;二是巷子革新阶段;三是全面推动宽窄巷子实现健康可持续发展阶段,通过对这三个阶段进行全面而深入的分析,总结提炼出四川成都宽窄巷子发展的变革历程,得出宽窄巷子的现实发展基础。根据前文构建的文化产业园与历史街区改造型协同模式的结构方程实证分析结果,在案例分析中重点把握园区构建和文化内涵两个方面的内容,通过构建四川成都宽窄巷子建设过程中园区构建的作用模型,得出宽窄巷子的发展格外注重街道自身的发展规划,以高标准的规划建设,确保自身保持市场竞争力;通过构建四川成都宽窄巷子建设过程中文化内涵的作用模型,得出在商业文化遗产系统性保护进程中,最重要的就是要将政府对商业文化遗产的保护利用发展规划深入落实到地方居民的生活理念中,要做好这一点,就必须将四川成都宽窄巷子的发展规划与大众生活习惯相契合。

本书采取案例研究的方法进行单个案例研究，选取四川成都宽窄巷子为典型案例对文化产业园与历史街区改造型协同模式进行验证。结合前文所构建的文化产业园与历史街区改造型协同模式的分析框架、研究假设和结构方程实证分析的相关内容，以四川成都宽窄巷子的发展现状为出发点，重点把握园区构建和文化内涵在文旅深度融合新业态与商业文化遗产系统性保护中的作用，以四川成都宽窄巷子为案例对文化产业园与历史街区改造型协同模式过程中的影响因素进行案例验证，进一步科学合理地验证了文化产业园与历史街区改造型协同模式的有效性。

7.1.3 问卷数据分析

第一，样本数据的描述性统计及信度效度检验。

首先，文化产业园与历史街区改造型系统性保护协同模式的协同度测算。

本书采用文化产业园与历史街区改造型系统性保护协同模式的协同性来表示"文化产业园"与"历史街区改造型"协同模式的作用和效果。以前文所构建的文化产业园与历史街区改造型系统性保护协同模式的实证研究为基础，构建相关的指标体系。根据前文对文化产业园与历史街区改造型系统性保护协同模式的实证分析，得出文化产业园和园区构建两个变量均对历史街区改造型产生了直接作用，因此，认为只有文化产业园和园区构建两个子系统协同发展，才能更好促进文化产业园与历史街区改造型系统性保护协同模式协同发展。本书从文化产业园的产业基础、文化基础、环境基础和城镇化程度四个方面度量文化产业园对文化内涵子系统、园区构建子系统和历史街区改造型子系统存在直接或者间接的影响作用。基于此，本书对文化产业园与历史街区改造型系统性保护协同模式的协同性进行评价，并通过评价文化内涵的子系统、园区构建的子系统等对其进行评价，与此同时，针对每一个子系统的特征关系提出对应的改进措施。

研究根据协同学的相关理论和原理，构建文化产业园、园区构建、文化内涵和历史街区改造型 4 个子系统间的协同度模型。文化产业园、园区构建、文化内涵和历史街区改造型 4 个子系统的序参量，如表 7 - 1 所示。

表 7 - 1　　　　　　　　　　　　　　　　子系统序参量

子系统	测量指标	序参量
文化产业园	产业基础、文化基础、环境基础、城镇化程度	CIP11、CIP12、CIP21、CIP22、CIP23、CIP31、CIP32、CIP41、CIP42
园区构建	规模化发展、集聚性发展、产业附加值、可持续发展	PDP11、PDP12、PDP13、PDP21、PDP22、PDP31、PDP32、PDP33、PDP41、PDP42、PDP43
文化内涵	创造性思维、人文思想、人文理念	CC11、CC12、CC13、CC21、CC22、CC23、CC31、CC32、CC33
历史街区改造型	整体规划、分步实施、合理控制	ROHB11、ROHB12、ROHB13、ROHB21、ROHB22、ROHB23、ROHB31、ROHB32

在确定各个子系统的序参量后，将对文化产业园、园区构建、文化内涵和历史街区改造型 4 个子系统逐一进行有序计算。结合前文对文化产业园与历史街区改造型系统性保护协同模式的理论模型的相关分析，得出其他子系统的有序度和序参量之后，将计算系统协同度并重新测量子系统的有序度，进而得到总系统的协同度。同理，得出文化产业园与历史街区改造型系统性保护协同模式中园区构建、文化内涵、历史街区改造型等其他子系统之间的协同度，见表 7 - 2。

表 7 - 2　　　　　　　　　　　　　　各个子系统间的系统协同度

系统	CIP	PDP	CC	ROHB
文化产业园（CIP）	—			
园区构建（PDP）	0.58	—		

系统	CIP	PDP	CC	ROHB
文化内涵（CC）	0.57	0.52	—	
历史街区改造型（ROHB）	0.65	0.58	0.58	—

本书在参考有关协同学相关文献的基础上，结合现实应用，将协同度数值和协同度大小划分为 4 个区间，结合表 7 - 2 中所得有关文化产业园与历史街区改造型系统性保护协同模式中各个子系统的协同度的大小，得出在文化产业园与历史街区改造型系统性保护协同模式中，文化产业园、园区构建、文化内涵和历史街区改造型这 4 个子系统之间的协同度都处于高度协同的范围，因此，认为文化产业园与历史街区改造型具有良好的协同性。

其次，在对通过实地调研所得关于文化产业园与历史街区改造型系统性保护协同模式的第一手数据资料进行综合评估后，认为研究小组所得有效问卷数量符合结构方程所要求的样本数量，因此可以进行实证分析。研究为确保所得文化产业园与历史街区改造型系统性保护协同模式的相关数据的准确性，以及后续所得结论的科学性，在对其进行实证分析之前，将对问卷所得数据进行信度和效度分析。

本书采取均值和标准差两个指标，来衡量文化产业园与历史街区改造型系统性保护协同模式中各个变量分布的平均程度和集中度。其中，以标准差来衡量文化产业园与历史街区改造型系统性保护协同模式研究中各个变量的离散程度，利用 SPSS 25.0 对文化产业园与历史街区改造型系统性保护协同模式的数据进行信度检测，进而得到各个观测变量的均值、标准差、最大值、最小值，见表 7 - 3。

表 7 - 3 描述性统计

主要变量	潜在变量	观测变量	均值	标准差	最大值	最小值
文化产业园（CIP）	产业基础（CIP1）	CIP11	3.73	0.676	5	1
		CIP12	3.75	0.703	5	1
	文化基础（CIP2）	CIP21	3.71	0.738	5	1
		CIP22	3.62	0.789	5	1
		CIP23	3.66	0.822	5	1
	环境基础（CIP3）	CIP31	3.58	0.812	5	1
		CIP32	3.59	0.771	5	1
	城镇化程度（CIP4）	CIP41	3.68	0.823	5	1
		CIP42	3.63	0.784	5	1
园区构建（PDP）	规模化发展（PDP1）	PDP11	3.15	0.684	5	1
		PDP12	3.22	0.699	5	1
		PDP13	3.14	0.638	5	1
	集聚性发展（PDP2）	PDP21	3.25	0.642	5	1
		PDP22	3.19	0.729	5	1
	产业附加值（PDP3）	PDP31	3.22	0.777	5	1
		PDP32	3.13	0.729	5	1
		PDP33	3.10	0.688	5	1
	可持续发展（PDP4）	PDP41	3.40	0.745	5	1
		PDP42	3.17	0.680	5	1
		PDP43	3.18	0.723	5	1

续表

主要变量	潜在变量	观测变量	均值	标准差	最大值	最小值
文化内涵 （CC）	创造性思维 （CC1）	CC11	3.23	0.782	5	1
		CC12	3.15	0.703	5	1
		CC13	2.99	0.703	5	1
	人文思想 （CC2）	CC21	3.32	0.716	5	1
		CC22	3.09	0.740	5	1
		CC23	3.16	0.694	5	1
	人文理念 （CC3）	CC31	3.24	0.734	5	1
		CC32	3.14	0.699	5	1
		CC33	3.21	0.736	5	1
历史街区改造型 （ROHB）	整体规划 （ROHB1）	ROHB11	3.59	0.723	5	1
		ROHB12	3.58	0.748	5	1
		ROHB13	3.56	0.769	5	1
	分步实施 （ROHB2）	ROHB21	3.60	0.726	5	1
		ROHB22	3.63	0.756	5	1
		ROHB23	3.66	0.721	5	1
	合理控制 （ROHB3）	ROHB31	3.55	0.806	5	1
		ROHB32	3.66	0.726	5	1

最后，为确保文化产业园与历史街区改造型系统性保护协同模式检测结果具有真实性、可靠性，对其进行信度检测。利用组合信度系数对文化产业园与历史街区改造型系统性保护协同模式所整合的各类数据进行分析和检测，分别得出文化产业园、园区构建、文化内涵、历史街区改造型的组合信度系数。同时，根据表5-4的组合信度标准对文化产业园与历史街区改造型系统性保护协同模式的潜在变量的组合信度系数进行评判。为确保信度检测所得数据能够科学合理地反映各个变量的真实构架，在对文化产业园与历史街区改造型系统性保护协同模式进行信度检测的基础上，进一步对文化产业园与历史街区改造型系统性保护协同模式进行效度检测，见表7-4。

表7-4   信度和效度检验结果

变量	CR	因子载荷		KMO 值	累计方差 解释率	Bartlett's 球形检验		
						χ^2	df	Sig.
文化产业园 （CIP）	0.9311	CIP11	0.796	0.960	79.155	2765.009	36	0.000
		CIP12	0.752					
		CIP21	0.830					
		CIP22	0.749					
		CIP23	0.778					
		CIP31	0.745					
		CIP32	0.805					
		CIP41	0.764					
		CIP42	0.752					

变量	CR	因子载荷		KMO 值	累计方差解释率	Bartlett's 球形检验		
						χ^2	df	Sig.
园区构建（PDP）	0.8617	PDP11	0.525	0.945	51.481	1340.030	55	0.000
		PDP12	0.575					
		PDP13	0.603					
		PDP21	0.697					
		PDP22	0.729					
		PDP31	0.434					
		PDP32	0.618					
		PDP33	0.603					
		PDP41	0.520					
		PDP42	0.600					
		PDP43	0.689					
文化内涵（CC）	0.833	CC11	0.587	0.895	47.589	847.388	36	0.000
		CC12	0.496					
		CC13	0.602					
		CC21	0.541					
		CC22	0.625					
		CC23	0.636					
		CC31	0.656					
		CC32	0.637					
		CC33	0.588					
历史街区改造型（ROHB）	0.8979	ROHB11	0.711	0.936	67.927	1527.129	28	0.000
		ROHB12	0.649					
		ROHB13	0.767					
		ROHB21	0.744					
		ROHB22	0.756					
		ROHB23	0.759					
		ROHB31	0.711					
		ROHB32	0.688					

如上表所示，首先，本书从对文化产业园与历史街区改造型系统性保护协同模式进行检测所得数据中可以看出，各个数据间的组合信度系数值 CR 都大于 0.5，因此认为所得数据具有可信度。其次，从对文化产业园与历史街区改造型系统性保护协同模式进行效度检验所得数据中可以看出，各个指标因子载荷大多大于 0.5，KMO 值都大于 0.8，因此认为所得数据能够较好地进行因子分析。最后，在 Bartlett's 球形检验显著性水平均在 0.000，因此，认为此次研究过程中，调查问卷所得数据及各组成部分建构之间有较好的效度。

第二，样本数据的结构方程模型构建及调整。

本书以文化产业园与历史街区改造型系统性保护协同模式的理论基础为依据，可以看出文化产业园、园区构建、文化内涵、历史街区改造型都是不能直接观测的潜在变量，并且针对以上 4 个潜在变量所设置的二级指标，仍无法直接观测到，因此也属于潜在变量。在确定各个变量的性质之后，将对文化产业园与历史街区改造型系统性保护协同模式中的各个相关变量进行合理归类。其中，将文化产业园视为内生变量，将园区构建、文化内涵视为中间变量，将历史街区改造型视为外生变量。基于此，构建出文化产业园与历史街区改造型系统性保护协同模式的初始结构方程模型，如图 7-4 所示。

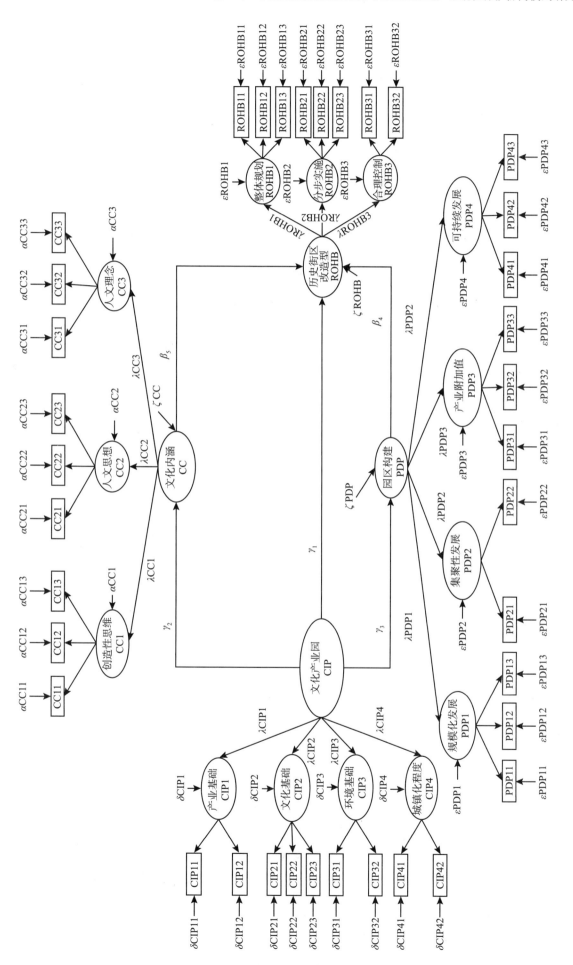

图7-4　文化产业园与历史街区改造型系统性保护协同模式的初始结构方程模型

由图 7-4 可知，文化产业园与历史街区改造型系统性保护协同模式的初始结构方程中外生显变量共计 9 项，分别为 CIP11、CIP12、CIP21、CIP22、CIP23、CIP31、CIP32、CIP41、CIP42；内生显变量共计 28 项，分别为 PDP11、PDP12、PDP13、PDP21、PDP22、PDP31、PDP32、PDP33、PDP41、PDP42、PDP43、CC11、CC12、CC13、CC21、CC22、CC23、CC31、CC32、CC33、ROHB11、ROHB12、ROHB13、ROHB21、ROHB22、ROHB23、ROHB31、ROHB32；外生潜变量共计 4 项，分别为 CIP1、CIP2、CIP3、CIP4；内生潜变量共计 10 项，分别为 PDP1、PDP2、PDP3、PDP4、CC1、CC2、CC3、ROHB1、ROHB2、ROHB3。

在文化产业园与历史街区改造型系统性保护协同模式的数据验证过程中，文化产业园（CIP）、产业基础（CIP1）、文化基础（CIP2）、环境基础（CIP3）、城镇化程度（CIP4）为外生潜变量，分别用 ζ_{CIP}、ζ_{CIP1}、ζ_{CIP2}、ζ_{CIP3}、ζ_{CIP4} 来表示。园区构建（PDP）、规模化（PDP1）、集聚性（PDP2）、产业附加值（PDP3）、可持续能力（PDP4）、文化内涵（CC）、创造性思维（CC1）、人文思想（CC2）、人文理念（CC3）、历史街区改造型（ROHB）、整体规划（ROHB1）、分步实施（ROHB2）、合理控制（ROHB3）为内生潜变量，分别用 η_{PDP}、η_{PDP1}、η_{PDP2}、η_{PDP3}、η_{PDP4}、η_{CC}、η_{CC1}、η_{CC2}、η_{CC3}、η_{ROHB}、η_{ROHB1}、η_{ROHB2}、η_{ROHB3} 来表示。基于此，构建出文化产业园与历史街区改造型系统性保护协同模式的观测模型方程式：

$$X_{CIP1} = \lambda_{CIP1}\xi_{CIP} + \delta_{CIP1} \qquad X_{CIP2} = \lambda_{CIP2}\xi_{CIP} + \delta_{CIP2} \qquad X_{CIP3} = \lambda_{CIP3}\xi_{CIP} + \delta_{CIP3}$$
$$X_{CIP4} = \lambda_{CIP4}\xi_{CIP} + \delta_{CIP4} \qquad X_{CIP11} = \lambda_{CIP11}\xi_{CIP1} + \delta_{CIP11}$$
$$X_{CIP12} = \lambda_{CIP12}\xi_{CIP1} + \delta_{CIP12} \qquad X_{CIP21} = \lambda_{CIP21}\xi_{CIP2} + \delta_{CIP21}$$
$$X_{CIP22} = \lambda_{CIP22}\xi_{CIP2} + \delta_{CIP22} \qquad X_{CIP23} = \lambda_{CIP23}\xi_{CIP2} + \delta_{CIP23}$$
$$X_{CIP31} = \lambda_{CIP31}\xi_{CIP3} + \delta_{CIP31} \qquad X_{CIP32} = \lambda_{CIP32}\xi_{CIP3} + \delta_{CIP32}$$
$$X_{CIP41} = \lambda_{CIP41}\xi_{CIP4} + \delta_{CIP41} \qquad X_{CIP42} = \lambda_{CIP42}\xi_{CIP4} + \delta_{CIP42}$$
$$Y_{CC1} = \lambda_{CC1}\eta_{CC} + \varepsilon_{CC1} \qquad Y_{CC2} = \lambda_{CC2}\eta_{CC} + \varepsilon_{CC2} \qquad Y_{CC3} = \lambda_{CC3}\eta_{CC} + \varepsilon_{CC3}$$
$$Y_{CC11} = \lambda_{CC11}\eta_{PI1} + \varepsilon_{CC11} \qquad Y_{CC12} = \lambda_{CC12}\eta_{CC1} + \varepsilon_{CC12} \qquad Y_{CC13} = \lambda_{CC13}\eta_{CC1} + \varepsilon_{CC13}$$
$$Y_{CC21} = \lambda_{CC21}\eta_{CC2} + \varepsilon_{CC21} \qquad Y_{CC22} = \lambda_{CC22}\eta_{CC2} + \varepsilon_{CC22} \qquad Y_{CC23} = \lambda_{CC23}\eta_{CC2} + \varepsilon_{CC23}$$
$$Y_{CC31} = \lambda_{CC31}\eta_{CC3} + \varepsilon_{CC31} \qquad Y_{CC32} = \lambda_{CC32}\eta_{CC3} + \varepsilon_{CC32} \qquad Y_{CC33} = \lambda_{CC33}\eta_{CC3} + \varepsilon_{CC33}$$
$$Y_{PDP1} = \lambda_{PDP1}\eta_{PDP} + \varepsilon_{PDP1} \qquad Y_{PDP2} = \lambda_{PDP2}\eta_{PDP} + \varepsilon_{PDP2} \qquad Y_{PDP3} = \lambda_{PDP3}\eta_{PDP} + \varepsilon_{PDP3}$$
$$Y_{PDP4} = \lambda_{PDP4}\eta_{PDP} + \varepsilon_{PDP4} \qquad Y_{PDP11} = \lambda_{PDP11}\eta_{PDP1} + \varepsilon_{PDP11} \qquad Y_{PDP12} = \lambda_{PDP12}\eta_{PDP1} + \varepsilon_{PDP12}$$
$$Y_{PDP13} = \lambda_{PDP13}\eta_{PDP1} + \varepsilon_{PDP13} \qquad Y_{PDP21} = \lambda_{PDP21}\eta_{PDP2} + \varepsilon_{PDP21} \qquad Y_{PDP41} = \lambda_{PDP41}\eta_{PDP4} + \varepsilon_{PDP41}$$
$$Y_{PDP22} = \lambda_{PDP22}\eta_{PDP2} + \varepsilon_{PDP22} \qquad Y_{PDP31} = \lambda_{PDP31}\eta_{PDP3} + \varepsilon_{PDP31} \qquad Y_{PDP42} = \lambda_{PDP42}\eta_{PDP4} + \varepsilon_{PDP42}$$
$$Y_{PDP32} = \lambda_{PDP32}\eta_{PDP3} + \varepsilon_{PDP32} \qquad Y_{PDP33} = \lambda_{PDP33}\eta_{PDP3} + \varepsilon_{PDP33} \qquad Y_{PDP43} = \lambda_{PDP43}\eta_{PDP4} + \varepsilon_{PDP43}$$
$$Y_{ROHB1} = \lambda_{ROHB1}\eta_{ROHB} + \varepsilon_{ROHB1} \qquad Y_{ROHB2} = \lambda_{ROHB2}\eta_{LP} + \varepsilon_{ROHB2} \qquad Y_{LROHB3} = \lambda_{ROHB3}\eta_{ROHB} + \varepsilon_{ROHB3}$$
$$Y_{ROHB11} = \lambda_{ROHB11}\eta_{ROHB1} + \varepsilon_{ROHB11} \qquad Y_{ROHB12} = \lambda_{ROHB12}\eta_{LP1} + \varepsilon_{ROHB12}$$
$$Y_{ROHB13} = \lambda_{ROHB13}\eta_{ROHB1} + \varepsilon_{ROHB13} \qquad Y_{ROHB21} = \lambda_{ROHB21}\eta_{LP2} + \varepsilon_{ROHB21}$$
$$Y_{ROHB22} = \lambda_{ROHB22}\eta_{ROHB2} + \varepsilon_{ROHB22} \qquad Y_{ROHB23} = \lambda_{ROHB23}\eta_{ROHB2} + \varepsilon_{ROHB23}$$
$$Y_{ROHB31} = \lambda_{ROHB31}\eta_{ROHB3} + \varepsilon_{ROHB31} \qquad Y_{ROHB32} = \lambda_{ROHB32}\eta_{ROHB3} + \varepsilon_{ROHB32}$$

在文化产业园与历史街区改造型系统性保护协同模式的结构方程实证检验中，根据前文所提出的文化产业园与历史街区改造型系统性保护协同模式的研究假设和理论模型，分别用 γ_1、γ_2 和 γ_3 表示文化产业园对历史街区改造型、文化内涵、园区构建的作用路径。用 β_4 表示园区构建对历史街区改造型的作用路径，用 β_5 表示文化内涵对历史街区改造型的作用路径。综合上述设定的各个变量之间的作用路径，构建文化产业园与历史街区改造型系统性保护协同模式的结构模型的方程如下：

$$\begin{cases} \eta_{PDP} = \gamma_3 \xi_{CIP} + \zeta_{PDP} \\ \eta_{CC} = \gamma_2 \xi_{CIP} + \zeta_{CC} \\ \eta_{ROHB} = \gamma_1 \xi_{CIP} + \beta_5 \eta_{CC} + \beta_4 \eta_{PDP} + \zeta_{ROHB} \end{cases}$$

在成功构建"文化产业园与历史街区改造型系统性保护协同模式"的初始结构方程模型后，本书将从检验拟合指数、参数和决定系数三方面，对文化产业园与历史街区改造型系统性保护协同模式的初始结构方程模型进行检验。利用不同的评价方法对以上指标进行检验，从而正确判断文化产业园与商业文化遗产系统性保护协同模式的原始模型是否需要进行修正。

利用七种拟合指标检验方法，对其进行拟合指标检验，分别为 χ^2/DF、CFI、IFI、TLI、PNFI、RM-SEA、SRMR，将所构建的文化产业园与历史街区改造型系统性保护协同模式的初始结构方程模型导入 A-MOS 22.0 中，根据结果，通过建立误差项 e31 与 e36 之间的联系来对原始模型进行修正，在成功导入量表数据后，最终获得了文化产业园与历史街区改造型系统性保护协同模式的拟合指标值，见表 7 - 5。

表 7 - 5　　文化产业园与历史街区改造型系统性保护协同模式的初始结构方程模型适配度检验结果

拟合指标	χ^2/DF	CFI	IFI	TLI	PNFI	RMSEA	SRMR
观测值	1.846	0.930	0.931	0.923	0.786	0.055	0.032
拟合标准	<3.00	>0.90	>0.90	>0.90	>0.50	<0.08	<0.05

由表 7 - 5 可以看出，本书所得各个拟合指标检验值都达到了对应的拟合标准，因此，本书认为所构建的文化产业园与历史街区改造型系统性保护协同模式的结构方程模型能够与调研小组所得数据较好地拟合。基于此，在进行拟合度检测的基础上，将进一步对文化产业园与历史街区改造型系统性保护协同模式的初始结构方程中的各个路径的系数进行测度，见表 7 - 6。

表 7 - 6　　文化产业园与历史街区改造型系统性保护协同模式的初始结构方程模式的路径估计

路径	模型路径	非标准化路径系数	标准化路径系数	S. E.	C. R.	P
γ_1	CIP→ROHB	0.200	0.203	0.075	2.710	0.007
γ_2	CIP→CC	0.550	0.548	0.060	9.127	***
γ_3	CIP→PDP	0.560	0.555	0.049	11.271	***
β_4	PDP→ROHB	0.450	0.454	0.107	4.261	***
β_5	CC→ROHB	0.300	0.295	0.094	3.141	0.002

注：*** 表示 $P < 0.001$。

由表 7 - 6 可以看出，CC→ROHB 这一路径没有通过显著性检验。本书认为所构建的文化产业园与历史街区改造型系统性保护协同模式的初始结构方程模型思路基本正确，因此，接下来本书将对模型的部分关系进行调整，并对其重新进行测度。在再次充分查阅相关文献的基础上，本书认为历史街区改造型作为重要的内生显变量，文化产业园通过文化内涵、园区构建对其产生一定的影响，这种间接性的作用关系可能会对文化内涵和园区构建产生一定的影响。因此，在文化产业园与历史街区改造型系统性保护协同模式的初始结构方程模型中删除了文化内涵对历史街区改造型的作用路径，即 CC→ROHB，如图 7 - 5 所示。

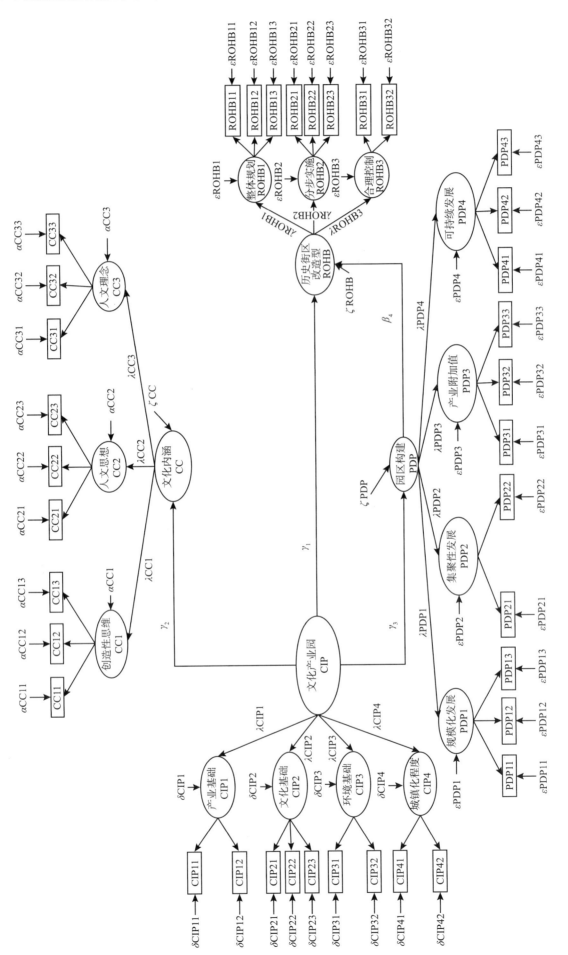

图7-5 调整后的文化产业园与历史街区改造型协同模式的结构方程模型

图 7-5 展示了调整后的文化产业园与历史街区改造型系统性保护协同模式的结构方程模型，将调整后的文化产业园与历史街区改造型系统性保护协同模式的结构方程模型导入 AMOS 22.0 中进行拟合度检验，结果如表 7-7 所示。

表 7-7　　　　　调整后的文化产业园与历史街区改造型系统性保护协同模式的配适度检验结果

拟合指标	χ^2/DF	CFI	IFI	TLI	PNFI	RMSEA	SRMR
观测值	1.860	0.929	0.929	0.922	0.786	0.056	0.036
拟合标准	<3.00	>0.90	>0.90	>0.90	>0.50	<0.08	<0.08

由表 7-7 可以看出，各个拟合指标均达到了拟合标准，因此，认为调整的结构方程模型与原数据量表之间是匹配的。再次将所构建的文化产业园与历史街区改造型协同模式导入 AMOS 22.0 中，对其进行路径估计，结果如表 7-8 所示。

表 7-8　　　　调整后的文化产业园与历史街区改造型系统性保护协同模式的结构方程模式的路径估计

路径	模型路径	非标准化路径系数	标准化路径系数	S. E.	C. R.	P
γ_1	CIP→ROHB	0.300	0.303	0.071	4.288	***
γ_2	CIP→CC	0.540	0.543	0.060	9.063	***
γ_3	CIP→PDP	0.560	0.555	0.049	11.271	***
β_4	PDP→ROHB	0.570	0.570	0.106	5.384	***

注：*** 表示 P<0.001。

由表 7-8 可以看出，各个作用路径都达到了 0.001 的显著水平，各个研究假设都较好地通过了显著性检验。因此，认为调整后的文化产业园与历史街区改造型系统性保护协同模式为最满意的结构方程，在对其进行标准化处理之后，各个路径系数都在 -1~1，最终得出的文化产业园与历史街区改造型系统性保护协同模式的结构方程模型，如图 7-6 所示。

为进一步探讨文化产业园与历史街区改造型系统性保护协同模式中各个变量之间的关系，本书从间接效应和直接效应两个方面对各个作用路径的影响进行解释说明。其中，直接效应是指某一变量作为原因而对另一变量产生的影响，间接效应是指某一变量作为原因通过其他变量对另一变量产生的影响。间接效应的作用路径系数为间接效应发生过程中，每一个过程的系数之积，两个变量之间的总效益为二者直接效应和间接效应之和。为有效测度文化产业园与历史街区改造型系统性保护协同模式的主要变量，本书对文化产业园（CIP）、园区构建（PDP）、文化内涵（CC）、历史街区改造型（ROHB）等四个变量的作用效应进行分解可知，在文化产业园与历史街区改造型系统性保护协同模式的作用过程中，文化产业园、园区构建都对历史街区改造型产生了直接作用，其直接作用分别为 0.300 和 0.570，文化产业园对历史街区改造型产生了间接作用，其间接作用为 0.3192（0.560×0.570）。因此，在文化产业园与历史街区改造型系统性保护协同模式的作用过程中，园区构建是重要的中间变量。

第三，结构方程的假设检验及效应分解。

通过分析结构方程实证结果，根据前文提及的研究假设与理论模型，本书对文化产业园与历史街区改造型系统性保护协同模式的假设验证和路径系数进行归纳总结，结果如表 7-9 所示。

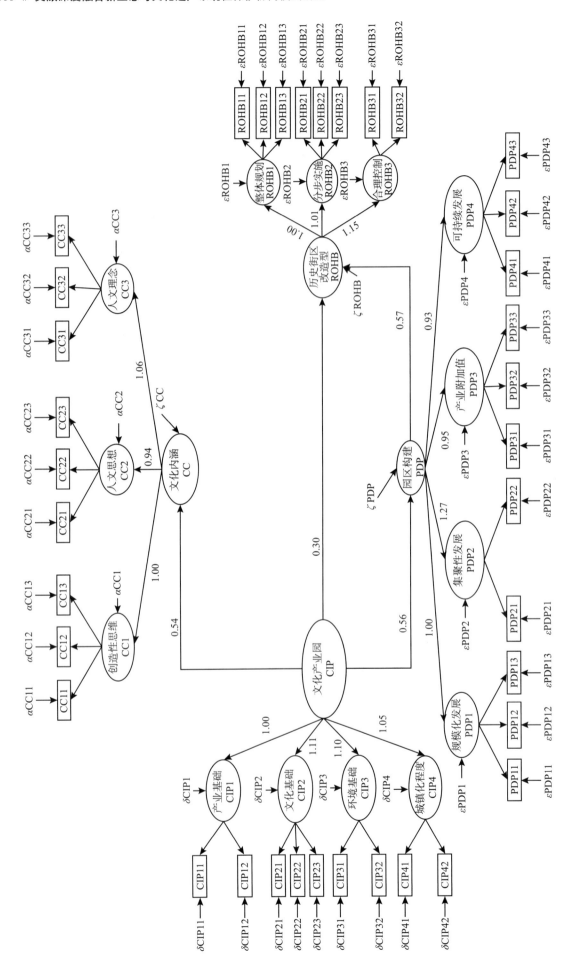

图7-6 最终的文化产业园与历史街区改造型系统性保护协同模式的结构方程模型

表 7 - 9　　　　　　　　　文化产业园与历史街区改造型系统性保护协同模式的结果讨论分析

路径	模型路径	标准化路径系数	显著性水平	对应假设	检验结果
γ_1	CIP→ROHB	0.303	***	HA1	支持
γ_2	CIP→CC	0.543	***	HA2	支持
γ_3	CIP→PDP	0.555	***	HA3	支持
β_4	PDP→ROHB	0.570	***	HA4	支持
β_5	CC→ROHB	—	—	HA5	拒绝

注：*** 表示 P < 0.001。

文化产业园到历史街区改造型的标准化路径系数为 0.303，P < 0.001，较好地通过了显著性检验。基于此，可以得出"文化产业园建设要求对推进历史街区改造型进程具有显著的正向作用"的假设成立，即研究结果支持原假设 HA1。

文化产业园到文化内涵的标准化路径系数为 0.543，P < 0.001，较好地通过了显著性检验。基于此，可以得出"文化产业园建设要求对弘扬商业文化遗产内涵具有显著的正向作用"的假设成立，即研究结果支持原假设 HA2。

文化产业园到园区构建的标准化路径系数为 0.555，P < 0.001，较好地通过了显著性检验。基于此，可以得出"文化产业园建设要求对推进园区构建合理化具有显著的正向作用"的假设成立，即研究结果支持原假设 HA3。

园区构建到历史街区改造型的标准化路径系数为 0.570，P < 0.001，较好地通过了显著性检验。基于此，可以得出"园区构建合理化对提高历史街区改造整体效益具有显著的正向作用"的假设成立，即研究结果支持原假设 HA4。

文化内涵到历史街区改造型的作用路径在调整模型的过程中被删除，并没有通过显著性检验，因此，"弘扬商业文化遗产文化内涵对提高历史街区改造型整体效益具有显著的正向作用"的假设不成立，即研究拒接原假设 HA5。

从文化产业园与历史街区改造型协同模式的结构方程中可以得出，文化产业园到历史街区改造型的一条间接作用路径被删除，综合以上研究得出 HA1、HA2、HA3、HA4 具有合理性，以及 HA5 存在不合理性。

由文化产业园与历史街区改造型系统性保护协同模式的结构方程模型可知，园区构建是非常重要的中间变量，文化产业园和园区构建都对历史街区改造型产生了直接作用，分别为 0.303 和 0.570，这说明在文化产业园的假设过程中，园区构建规划是推进以历史街区改造型为主要模式，实施商业文化遗产系统性保护的关键性中间变量。文化产业园对历史街区改造型产生了间接作用，其间接作用为 0.3192（0.560 × 0.570），说明文化产业园的开发与发展与园区构建密切相关，园区构建不仅关系到地区商业文化遗产系统性保护形式的发展规划问题，还关系到以商业文化遗产为核心而发展的商业旅游的发展绩效。

基于此，研究获得如下两个启示：一是文化产业园作为商业文化遗产系统性保护的典型模式之一，其发展与园区发展规划密切相关。二是园区规划作为历史街区改造的前提之一，是文化产业园作用于历史街区改造的关键性中间变量。因此，本书认为推进地区商业旅游与现代商业文化遗产系统性保护协同的重点，应该是合理规划园区开发制度，落实各个开发主体的相关责任机制。

7.2　文化商业街与历史街区改造型系统性保护协同模式的实证研究

7.2.1　研究假设

第一，文化商业街建设水平的作用。

商业街的公共空间并不像城市中公园、广场等大型公共空间那样受到人们的高度关注，但是商业街又是人们经常光顾和使用的消费空间，在文化商业街追求整体效益的过程中，文化商业街的公共空间更应受到人们的重视，具体主要表现为文化商业街体现了人们对城市生活的经济效益、环境效益和社会效益的统一追求。一是在经济效益方面，文化商业街作为商业旅游的形式之一，消费是文化商业街形成并得以发展的基础，只有在消费行为研究的基础上，对新业态的分析进行设计，才能避免文化商业街在建设与发展过程中的设计与使用发生矛盾，良好的消费环境为文化商业街带来了巨大的客源市场，进而刺激消费，为更好地对文化商业文化遗产系统性保护提供资金支持。二是在环境效益方面，刘佳指出旅游发展的环境效益直接影响着旅游业的未来发展。一方面，良好的外部投资环境为商业文化遗产系统性保护的实施提供了足够的资本支持；另一方面，文化商业街的文化要素不仅包括商业文化遗产，还包括生态文明，而生态环境和人文环境是生态文明的重要组成部分，文化商业街的发展应围绕环境多方位保护的角度，积极主动地与生态文明建设相融合。三是在社会效益方面，文化商业街投资所带来的城市环境效益和经济效益，促使地区政府和相关企业开始注重文化商业街的经济发展潜力，并积极参与到文化商业街的建设之中。基于此，可以看出文化商业街建设水平对提高历史街区改造的整体效益具有重要的影响作用，故提出如下假设：

HB1：文化商业街的建设水平对提高历史街区改造的整体效益具有显著的正向作用。

文化商业街的发展需要一定的资源为基础，在具体实践过程中以良好的资源基础为依托，不断培育出新的创新点，从而促进文化商业街实现高质量发展。文化商业街的发展涉及不同商业资源的开发、利用、保护等，为了促进文化商业街的发展，需要对资源类型进行整合划分，根据商业文化遗产的不同资源类型，开发相应的发展模式，这就在一定程度上激发了商业文化遗产发展的活力，解决了当地商业文化遗产分散流失的问题。地区以文化商业街为核心发展商业旅游，通过整合各类商业旅游资源，促进各产业融合发展，可以形成一个共建共享的新型商业旅游发展模式，其发展核心是将原本相互孤立、互动性低的产业向高互动、多领域的方向协调发展，建设网状辐射的商业旅游发展新格局，这就切实解决了商业文化遗产系统性保护效率不高的问题。基于此，可以看出文化商业街的改造要求对提高资源开发水平有着重要的影响作用，故提出如下假设：

HB2：文化商业街的改造要求对提高资源开发水平具有显著的正向作用。

陈伟（2014）等学者指出，文化商业街的改造要求其在功能、人文和生态等多方面进行横向拓展，因此，针对文化商业街的未来发展就要求其从传统的设计空间布局转向更深层次、更为细节化的设计和规划。在文化商业街的整体设计方面，不仅要保留旧建筑独有的风格特征，还要在周边新建与老建筑风格保持一致的时尚小楼，以此全面打造具有商业文化遗产时代特征的文化商业街，现代与历史的融合，延伸出文化体验馆、购物、娱乐等为一体的商业旅游模式。在文化商业街的发展规划方面，需要对各级公共中心的空间特色进行引导，充分整合城市综合体、综合超市、特色街区等多种模式，形成各层级之间相互配合、各具特色的公共活动场所。基于此，可以看出文化商业街的建设要求对丰富其发展模式具有重要的影响作用，故提出如下假设：

HB3：文化商业街的建设要求对丰富发展模式具有显著的正向作用。

第二，发展模式的多功能性的作用。

弘扬文化商业街的单一经营模式已经不能与现代商业旅游发展相匹配，提升文化商业街发展的功能性是推进商业旅游实现可持续发展的关键。以功能专项为类别，文化商业街可以划分成传统饮食区、雕刻剪纸等传统工艺区、铜器古玩博物馆区等，使其在建筑风格上体现出时代特征，在建筑材料上体现地方商业建筑特色，不同功能区的划分顺应了消费者旅游需求日益多样化的特征，因此，能够为文化商业街的发展营造良好的客源外部环境，同时也为弘扬地区商业文化内涵、激发商业文化遗产的现代经济活力提供了新机遇。具体主要表现在以下两个方面：一是在雕刻剪纸等传统手工技艺功能区，通过雕刻剪纸展现地方特色产业优势、体现商业文化遗产精神内涵，形成以雕刻剪纸为中心，向其他产业辐射的网状辐射效应；二是在玉石陶瓷艺术功能区，文化商业街对旧建筑的保护，不仅在建筑形式上体现了地区时代特征，在文化内涵上体现了地区工业文化特色和品牌效应，还可以促进地区工业、商业、旅游业实现融合发展，延伸商业旅游产业链。以文化商业街为核心而形成的网状辐射效应和相关产业链的延伸，为历史街区改造提供了可能。基于此，可以看出文化商业街发展模式的多功能性对提高历史街区改造型的整体效益具有重要的影响，故提出如下假设：

HB4：发展模式的多功能性对提高历史街区改造整体效益具有显著的正向作用。

第三，资源开发水平的作用。

资源作为旅游发展的核心要素，直接影响着商业旅游发展的整体效益。林坚（2018）等学者指出，空间规划是保证资源开发监管的有效举措，凡是与资源载体使用有关的规划，都直接影响着资源开发效率。文化商业街在建设过程中，充分考虑现有交通体系和旅游产业体系的完备性，结合城市内部的文化遗产旅游资源、区位条件、客源市场分布、旅游消费者空间行为等特征，促使地区旅游资源开发和产品研发实现有序化、组合化、一体化，进而进一步挖掘地区商业文化遗产的精神内涵，赋予旅游产品新的生命力。基于此，可以看出文化商业街的资源开发水平对提高历史街区改造型的整体效益具有重要的影响，故提出如下假设：

HB5：资源开发水平对提高历史街区改造整体效益具有显著的正向作用。

第四，关于文化商业街与历史街区改造型系统性保护协同模式的理论模型。

根据文化商业街与历史街区改造型系统性保护协同模式的分析框架、研究假设等相关内容，综合分析文化商业街与历史街区改造型协同发展状况，由此构建文化商业街与历史街区改造型系统性保护协同模式的理论模型，见图7-7。

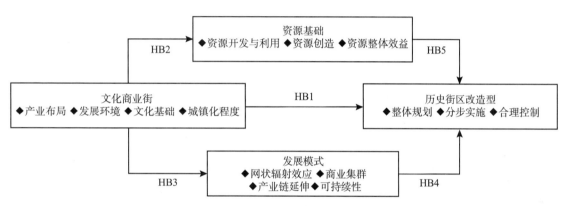

图7-7 文化商业街与历史街区改造型协同模式的理论模型

从文化商业街与历史街区改造型系统性保护协同模式的理论模型中可以看出，其主要包含文化商业街、资源基础、发展模式和历史街区改造型四个变量，其中，文化商业街划分为产业布局、发展环境、文化基础和城镇化程度四个层面；资源基础划分为资源开发与利用、资源创造、资源整体效益三个层面；发展模式划分为网状辐射效应、商业集群、产业链延伸和可持续性四个层面；历史街区改造型划分为整体规划、分步实施和合理控制三个层面。文化商业街到历史街区改造型不仅具有直接作用路径，也有间接作用路径，其中，文化商业街到历史街区改造型的间接作用路径分别为：①文化商业街建设水平—资源基础开发水平—历史街区改造整体效益；②文化商业街建设水平—丰富发展模式—历史街区改造整体效益。构建文化商业街与历史街区改造型系统性保护协同模式的理论模型，为文旅深度融合新业态与商业文化遗产系统性保护协同模式的结构方程数据验证奠定了基础。

7.2.2 实地访谈

第一，关于案例地发展状况。

四川成都远洋太古里位于成都市中心，交通便利，其建筑设计独具一格，以人为本的开放性理念贯穿始终。成都市城镇化建设的逐步推进为远洋太古里的发展创造了良好的外部条件。

本书主要从四川成都远洋太古里的建设及其发展历史等基本情况出发分析"文化商业街与历史街区改造型系统性保护协同模式"的发展状况。由前文分析为基础可知，四川成都远洋太古里具有良好的发展环境、产业布局和文化基础，其在坚持整体规划、分步实施、合理控制的基础上不断发展。成都市城镇化建设的逐步推进为远洋太古里的发展创造了良好的外部条件，四川成都远洋太古里"文化商业街与历史街区改造型系统性保护协同模式"的具体发展阶段，主要分为以下三个阶段：

第一阶段：打造城市消费空间的典范。

成都远洋太古里坐落于成都最繁华的春熙商业圈内的大型购物中心，其街区购物中心的主要特征为开放型、低密度，如今已经成为成都市中心典型的商业文化地标，并在逐步发展过程中形成城市商业空间的典范。具体主要表现在区位优势和文化特性两方面：在区位优势方面，远洋太古里不仅位于成都最繁华的春熙商圈，也位于大慈寺历史文化保护区的核心区域，这既发挥了其商业旅游业的客源潜力，也利用大慈寺历史文化保护区的文化要素为其发展提供精神内核支持。在文化特性方面，远洋太古里作为以历史文化街区改造而来的全新的城市商业空间，其商业旅游发展模式融合了全球诸多地方性的文化特征，其所展现出来的地方性元素与全球性元素相结合的消费空间，已成为当前城市消费空间塑造新型消费场景的一种方式。

第二阶段：不断探索商业旅游项目新体验。

成都远洋太古里的建筑设计师坚持"一个优秀的空间既要沉淀城市的文化与历史，又要提供开阔的平台汇集当代思潮""以现代诠释传统"的设计理念，将地区文化精神融入远洋太古里的建筑群落之中，并结合专家意见对项目中的六座古建筑进行保护和修葺，根据不同的建筑风格来判定其发展规划，最大限度保留和延续建筑的历史和文化价值。同时，远洋太古里以"快里"和"慢里"两个不同生活主题的街巷，为历史的古韵、人文的雅致、艺术的光辉和街巷的购物休闲相融合提供了可能，并以此为基础，打造了一个充满生活气息的公共空间。

第三阶段：全面激发商业文化遗产现代价值。

四川成都远洋太古里通过不断丰富商业旅游形式，促使远洋太古里的商业文化遗产能够保持永久活力，在推进文旅深度融合新业态与商业文化遗产系统性保护协同发展过程中，旨在实现商业旅游的可持续发展，具体主要从以下两个方面着手：一是促进商业文化遗产与现代商业相结合。商业旅游作为文旅深度融合新业态之一，对于激发地区商业文化遗产的现代经济活力具有重要作用。通过发展商业旅游，可以将地区商业文化遗产与地方特色产业、商业文化相融合，不断强化地区商业发展，充分发挥远洋太古里的商业价值，促进产业链延伸，打造具有地域优势的文化商业街。二是开发特色商业旅游项目，成都市依托地方商业文化遗产、借助区位优势发展商业旅游，是促进当地实现产业经济转型、推进商业文化遗产系统性保护的重要方式之一。在新时代背景下，四川成都远洋太古里从其发展的现实状况出发，全面整合各类资源优势，不断丰富商业旅游形式，让游客能够更好感知地区商业文化遗产的精神内涵，逐渐走出一条符合地方发展特点的商业旅游新模式。

第二，四川成都远洋太古里对文化商业街与历史街区改造型协同的作用。

为进一步分析文化商业街与历史街区改造型系统性保护协同模式，通过对各个要素进行全方位的综合考量，本书将此次研究的重点聚焦在资源、产业、文化、发展规划等方面，整体提炼出发展模式和资源基础这两个关键构念，并通过对发展模式和资源基础这两个构念进行科学合理的分析，构建出四川成都远洋太古里建设过程中发展模式、资源基础的作用模型，进而为探讨发展模式和资源基础在文化商业街与历史街区改造型协同发展模式中的作用提供清晰的路径。

首先，四川成都远洋太古里发展过程中发展模式分析。

四川成都远洋太古里是以地区商业文化遗产为核心、以区位优势为动力，利用现代科技将现代元素与传统记忆相结合而打造的大型商业文化街。本书结合四川成都远洋太古里的发展环境、产业布局、文化基础和城镇化建设状况等分析其对商业文化遗产系统性保护所产生的影响，在综合分析四川成都远洋太古里发展模式的前提下，重点把握辐射效应、商业集群和产业链延伸三个方面的内容，科学合理地构建出四川成都远洋太古里建设过程中发展模式的作用模型，见图 7-8。

图 7-8 展示了四川成都远洋太古里发展过程中发展模式的作用模型，本书结合远洋太古里在商业旅游发展中的现实状况，分别从发展环境、产业布局、文化基础和城镇化程度四个方面，研究四川成都远洋太古里建设过程中发展模式的作用。在发展环境方面，商业旅游的发展需平衡好旅游业与商业化发展之间的关系，适宜的发展模式是远洋太古里实现可持续发展的前提，远洋太古里以其商业文化遗产为核心发展商业旅游，通过形成以远洋太古里为中心的网状辐射效应，促进周边地区实现产业融合，不断促进商业旅游与农业、金融业、信息业融合发展，进而延伸旅游产业链。在产业布局方面，四川成都远洋太古里位于市中心最繁华的区域，其具有产业结构合理、产业分工明确的特点，这一特点为远洋太古里发展商业旅游

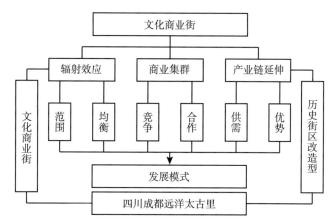

图 7－8 四川成都远洋太古里发展过程中发展模式的作用模型

提供了新机遇。在文化基础方面，多样的发展模式是四川成都远洋太古里发展的重要支撑。远洋太古里不仅是传承历史与文化的重要载体，还是人与自然、文化与艺术相互辉映的体现，不同的建筑风格，体现了不同时代的历史文化特色，依托地区商业文化遗产，开发创新型商业旅游产品，必须明确商业经营主体之间的竞争和合作关系，营造良好的外部发展环境，促进产业集群。在城镇化建设方面，随着城镇化建设进程的推进，地方交通、医疗、教育、卫生等基础设施建设日渐完善，不仅为地区商业旅游的发展提供了更加便利的交通路线，还大幅度提升了游客的旅游体验。由此可以看出，文化商业街的良好的发展模式，能够形成以文化商业街为核心的网状辐射效应，促进周边地区的优良商业文化形成商业集群，并通过发展旅游业延伸相关产业链，进而促进文化商业街实现可持续性发展，假设 HB1、HB3 和 HB4 成立。

其次，四川成都远洋太古里发展过程中资源基础分析。

在远洋太古里建设过程中，开发主体格外注重资源整体效益，并注重从资源开发与利用、资源创造两方面提高资源整体效益。资源开发与利用不仅涉及地方政府和相关参与主体，还需要地方居民和游客的参与。基于以上分析，本书从商业旅游资源的资源开发与利用和资源创造两个层面出发，构建出四川成都远洋太古里项目开发过程中的资源基础的作用模型，见图 7－9。

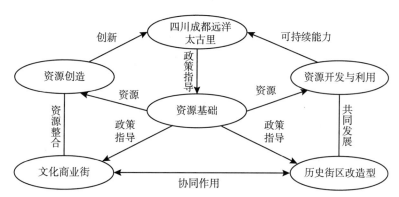

图 7－9 四川成都远洋太古里发展过程中资源基础的作用模型

图 7－9 展示了四川成都远洋太古里发展过程中资源基础的作用模型，从中可以看出，远洋太古里的建设为地区商业旅游资源的保护和再利用提供了相应的政策指导，也为自身的发展提供了新动力。一是地方政府为提升资源开发利用效率，不断完善地区与科研机构、高校等之间的信息交流机制，为地方商业旅游资源开发与利用提供足够的人才支撑，同时为资源创造提供了可能。二是推动地区商业旅游实现可持续性发展。成都市政府不断加强对商业文化遗产的保护利用，不断在增强教育支持力度，培养大批高素质人才，充分挖掘地区商业文化遗产的潜在价值，并进行资源创造，促进产业链延伸。远洋太古里的建设与发展不仅激活了商业文化遗产的现代活力，还为孕育新的商业文化营造了良好的内外部环境。在商业旅游产业的不断发展下，地区商业文化活力不断提高，街区发展规划不断完善，从根本上提高了商业文化遗产系统性保护的实施效益。因此，要实现文化商业街文旅融合新业态与历史街区改造型系统性保护协同，核心

在于科学规划商业旅游发展模式，注重在提升商业文化遗产地风貌价值时，最大限度保护原始资源特色和核心文化底蕴，挖掘资源整体效益，延长产业链，实现商业文化遗产的整体性规划、内涵式改造和动态化调整，假设 HB2 和 HB5 成立。

关于案例验证分析：

本次案例研究选取的是四川成都远洋太古里，调研小组通过实地调研获得了较高准确性的有效资料，对四川成都远洋太古里有了进一步的了解，同时也保证了资料数据的实效性、准确性、可靠性。为了更好地展开对文化商业街与历史街区改造型协同模式的案例研究，本研究首先对四川成都远洋太古里作为本次研究对象进行解释说明，将四川成都远洋太古里的改造历程和发展过程分为三个阶段：一是打造城市消费空间的典范阶段；二是不断探索商业旅游项目新体验阶段；三是全面激发商业文化遗产现代价值阶段，通过对这三个阶段进行全面而深入的分析，总结提炼出四川成都远洋太古里发展的变革历程，得出远洋太古里的现实发展基础。根据前文构建的文化商业街与历史街区改造型协同模式的结构方程实证分析结果，在案例分析中重点把握发展模式和资源基础两个方面的内容，通过构建四川成都远洋太古里建设过程中发展模式的作用模型，得出远洋太古里的发展需要注重协调好商业旅游发展与过度商业化之间的关系；通过构建四川成都远洋太古里建设过程中资源基础的作用模型，得出远洋太古里的建设与发展不仅激活了商业文化遗产的现代活力，还为孕育新的商业文化营造了良好的内外部环境。

本书采取案例研究的方法进行单个案例研究，选取四川成都远洋太古里为典型案例对文化商业街与历史街区改造型协同模式进行验证。结合前文所构建的文化商业街与历史街区改造型协同模式的分析框架、研究假设和结构方程实证分析的相关内容，以四川成都远洋太古里的发展现状为出发点，重点把握发展模式和资源基础在文旅深度融合新业态与商业文化遗产系统性保护中的作用，以四川成都远洋太古里为案例对文化商业街与历史街区改造型协同模式过程中的影响因素进行案例验证，进一步科学合理地验证了文化商业街与历史街区改造型协同模式的有效性。

7.2.3　问卷数据分析

第一，样本数据的描述性统计及信度效度检验。

首先，文化商业街与历史街区改造型系统性保护协同模式的协同度测算。

文化商业街与历史街区改造型系统性保护协同模式的作用机制利用评价二者的协同性进行评估。在对文化商业街与历史街区改造型系统性保护协同模式的协同性进行评估之前，本书将以前文实证研究中所用到的度量指标为基础构建其相应的指标体系，并将实地调研所得数据用于计算文化商业街与历史街区改造型系统性保护协同模式的协同度。由前文对文化商业街与历史街区改造型系统性保护协同模式的实证分析中可以得出，资源开发和发展模式这两个子系统都对历史街区改造型产生了直接影响，文化商业街这一子系统通过其他变量对历史街区改造型产生影响。因此，认为文化商业街与历史街区改造型协同发展是以"资源基础""发展模式"2 个子系统为基础的。从文化商业街的发展环境、产业布局、文化基础和城镇化程度四个层面来看，文化商业街在一定程度上直接或者间接影响着资源基础和发展模式两个子系统，基于此，认为在对文化商业街与历史街区改造型协同模式进行协同度评价时，可以借助文化商业街、资源基础、发展模式和历史街区改造型四个子系统之间的相互关系来进行考量，并根据各个子系统的特征和作用提出对应的改进措施。

在充分理解协同学相关原理和理论的基础上，构建文化商业街、资源基础、发展模式和历史街区改造型 4 个子系统之间的协同度模型。各个子系统的序参量见表 7 − 10。

表 7 − 10　　　　　　　　　　　　　　　　　子系统序参量

子系统	测量指标	序参量
文化商业街	产业布局、发展环境、文化基础、城镇化程度	CCS11、　CCS12、　CCS21、　CCS22、　CCS23、　CCS31、　CCS32、CCS41、CCS42
资源基础	资源开发与利用、资源创造、资源整体效益	RB11、RB12、RB13、RB21、RB22、RB23、RB31、RB32、RB33

续表

子系统	测量指标	序参量
发展模式	网状辐射效应、商业集群、产业链延伸、可持续性	DM11、DM12、DM13、DM21、DM22、DM31、DM32、DM33、DM41、DM42、DM43
历史街区改造型	整体规划、分步实施、合理控制	ROHB11、ROHB12、ROHB13、ROHB21、ROHB22、ROHB23、ROHB31、ROHB32

在确定各个子系统的序参量后，将对文化商业街、发展模式、资源基础和历史街区改造型4个子系统之间的有序度进行测量，结合前文对文化商业街与历史街区改造型协同模式的理论模型的相关分析，得出其他子系统的有序度和序参量之后，计算系统协同度，并重新测量子系统的有序度，进而得到总系统的协同度。同理，得出文化商业街与历史街区改造型系统性保护协同模式中发展模式、资源基础和历史街区改造型等其他子系统之间的协同度，见表7-11。

表7-11　　　　　　　　　　各个子系统间的系统协同度

子系统	CCS	DM	RB	ROHB
文化商业街（CCS）	—			
发展模式（DM）	0.58	—		
资源基础（RB）	0.58	0.52	—	
历史街区改造型（ROHB）	0.65	0.58	0.59	—

在参考有关协同学相关文献的基础上，结合现实应用，将协同度数值和协同度大小划分为4个区间（见表4-1），结合表7-11中所得有关文化商业街与历史街区改造型系统性保护协同模式中各个子系统的协同度的大小，得出在文化商业街与历史街区改造型系统性保护协同模式中，文化商业街、发展模式、资源基础和历史街区改造型这4个子系统之间的协同度都处于高度协同的范围，因此，认为文化商业街与历史街区改造型具有良好的协同性。

其次，在对通过实地调研所获得的文化商业街与历史街区改造型的第一手数据资料进行综合评估后，认为研究所得的有效问卷数量符合结构方程所要求的样本数量，因此可以直接进行实证分析。为确保研究所得的文化商业街与历史街区改造型系统性保护协同模式的相关数据资料的准确性，以及后续所得结论的科学性，本研究在对其进行实证分析之前，还将对问卷所得数据进行信度和效度分析。

本书采取均值和方差这两个指标，衡量文化商业街与历史街区改造型系统性保护协同模式中各个变量分布的平均程度和集中度。其中，用标准差来直接观测文化商业街与历史街区改造型系统性保护协同模式研究中各个变量的离散程度。利用SPSS 25.0对文化商业街与历史街区改造型系统性保护协同模式的数据进行信度检测，进而得到各个观测变量的均值、标准差、最大值、最小值，见表7-12。

表7-12　　　　　　　　　　描述性统计

主要变量	潜在变量	观测变量	均值	标准差	最大值	最小值
文化商业街（CCS）	产业布局（CCS1）	CCS11	3.68	0.715	5	1
		CCS12	3.73	0.701	5	2
	发展环境（CCS2）	CCS21	3.68	0.738	5	1
		CCS22	3.62	0.792	5	2
		CCS23	3.67	0.798	5	2

续表

主要变量	潜在变量	观测变量	均值	标准差	最大值	最小值
文化商业街 （CCS）	文化基础 （CCS3）	CCS31	3.60	0.774	5	1
		CCS32	3.59	0.743	5	1
	城镇化程度 （CCS4）	CCS41	3.66	0.826	5	1
		CCS42	3.62	0.766	5	1
发展模式 （DM）	网状辐射效应 （DM1）	DM11	3.17	0.703	5	1
		DM12	3.26	0.718	5	1
		DM13	3.17	0.669	5	1
	商业集群 （DM2）	DM21	3.29	0.669	5	1
		DM22	3.22	0.733	5	1
	产业链延伸 （DM3）	DM31	3.20	0.779	5	1
		DM32	3.17	0.744	5	1
		DM33	3.11	0.699	5	1
	可持续性 （DM4）	DM41	3.38	0.760	5	1
		DM42	3.19	0.683	5	1
		DM43	3.21	0.731	5	1
资源基础 （RB）	资源开发与利用 （RB1）	RB11	3.26	0.753	5	1
		RB12	3.19	0.679	5	1
		RB13	3.02	0.681	5	1
	资源创造 （RB2）	RB21	3.31	0.717	5	1
		RB22	3.06	0.735	5	1
		RB23	3.15	0.687	5	1
	资源整体效益 （RB3）	RB31	3.23	0.727	5	1
		RB32	3.13	0.680	5	1
		RB33	3.19	0.733	5	1
历史街区改造型 （ROHB）	整体规划 （ROHB1）	ROHB11	3.62	0.728	5	1
		ROHB12	3.61	0.751	5	1
		ROHB13	3.60	0.769	5	1
	分步实施 （ROHB2）	ROHB21	3.63	0.732	5	1
		ROHB22	3.64	0.774	5	1
		ROHB23	3.69	0.734	5	1
	合理控制 （ROHB3）	ROHB31	3.56	0.808	5	1
		ROHB32	3.63	0.737	5	1

　　最后，为确保文化商业街与历史街区改造型系统性保护协同模式检测结果具有真实性、可靠性，对其进行信度检测。利用组合信度系数对文化商业街与历史街区改造型系统性保护协同模式所整合的各类数据进行分析和检测，分别得出文化商业街、发展模式、资源基础、历史街区改造型的组合信度系数。同时，根据表 5 - 4 的组合信度标准对文化商业街与历史街区改造型系统性保护协同模式的潜在变量的组合信度系数进行评判。为确保信度检测所得数据能够科学合理地反映各个变量的真实构架，在对文化商业街与历史街区改造型系统性保护协同模式进行信度检测的基础上，进一步对文化商业街与历史街区改造型系统性保护协同模式进行效度检测，信度和效度检验结果如表 7 - 13 所示。

表 7 - 13　　　　　　　　　　　　　　　　信度和效度检验结果

变量	CR	因子载荷		KMO 值	累计方差解释率	Bartlett's 球形检验		
						χ^2	df	Sig.
文化商业街（CCS）	0.9206	CCS11	0.777	0.960	78.672	2378.393	36	0.000
		CCS12	0.754					
		CCS21	0.789					
		CCS22	0.752					
		CCS23	0.746					
		CCS31	0.707					
		CCS32	0.787					
		CCS41	0.737					
		CCS42	0.700					
发展模式（DM）	0.8578	DM11	0.500	0.941	51.775	1205.652	55	0.000
		DM12	0.588					
		DM13	0.625					
		DM21	0.691					
		DM22	0.720					
		DM31	0.415					
		DM32	0.623					
		DM33	0.578					
		DM41	0.438					
		DM42	0.630					
		DM43	0.707					
资源基础（RB）	0.8312	RB11	0.555	0.914	48.025	728.335	36	0.000
		RB12	0.489					
		RB13	0.590					
		RB21	0.564					
		RB22	0.623					

变量	CR	因子载荷		KMO 值	累计方差解释率	Bartlett's 球形检验		
						χ^2	df	Sig.
资源基础（RB）	0.8312	RB23	0.661	0.914	48.025	728.335	36	0.000
		RB31	0.656					
		RB32	0.639					
		RB33	0.568					
历史街区改造型（ROHB）	0.8882	ROHB11	0.696	0.940	68.213	1359.655	28	0.000
		ROHB12	0.674					
		ROHB13	0.641					
		ROHB21	0.739					
		ROHB22	0.722					
		ROHB23	0.749					
		ROHB31	0.732					
		ROHB32	0.690					

如表 7-13 所示，首先，在对文化商业街与历史街区改造型进行组合信度检测所得数据可以看出，各个数据的组合信度系数 CR 均大于 0.8，因此认为研究所得数据具有可信度；其次，在对文化商业街与历史街区改造型进行信度检测所得数据中可以看出，各个指标的因子载荷大多都在 0.5 以上，KMO 值都大于 0.8，因此认为所得数据能够较好地进行因子分析；最后，Bartlett's 球形检验显著性水平均在 0.000，因此，认为此次研究过程中，调查问卷所得数据及各组成部分建构之间有较好的效度。

第二，样本数据的结构方程模型构建及调整。

本书通过建立文化商业街与历史街区改造型系统性保护协同模式的结构方程模型，对其进行估计和检验。本节对文化商业街与历史街区改造型系统性保护协同模式的结构方程模式分析主要分为以下几点：首先，建立文化商业街与历史街区改造型系统性保护协同模式的结构方程模型，并设定相关观测变量；其次，在对参数进行估计的基础上，确定文化商业街与历史街区改造型系统性保护协同模式的结构方程模型的拟合度；最后，通过对文化商业街与历史街区改造型系统性保护协同模式的结构方程模型的不理想的路径进行修正，确定最终的结构方程模型。

在文化商业街与历史街区改造型系统性保护协同模式的研究过程中，本书根据各个变量的性质进行划分，进一步构建文化商业街与历史街区改造型系统性保护协同模式的结构方程模型。以文化商业园与历史街区改造型系统性保护协同模式的理论模型为基础，可以看出文化商业街、发展模式、资源基础、历史街区改造型都是不能直接观测的潜在变量，这四个潜在变量下的二级指标仍无法观测，均将其定为潜在变量。接着本书对文化商业街与历史街区改造型协同作用中的各个变量进行分类，其中，定义内生变量为文化商业街，中间变量为发展模式、资源基础，外生变量为历史街区改造型。基于此，构建出文化商业街与历史街区改造型系统性保护协同模式的初始结构方程模型，见图 7-10。

由图 7-10 可知，文化商业街与历史街区改造型系统性保护协同模式的初始结构方程模型的外生显变量共 9 项，分别为 CCS11、CCS12、CCS21、CCS22、CCS23、CCS31、CCS32、CCS41、CCS42；内生显变量共 28 项，分别为 DM11、DM12、DM13、DM21、DM22、DM31、DM32、DM33、DM41、DM42、DM43、RB11、RB12、RB13、RB21、RB22、RB23、RB31、RB32、RB33、ROHB11、ROHB12、ROHB13、ROHB21、ROHB22、ROHB23、ROHB31、ROHB32；外生潜变量共 4 项，分别为 CCS1、CCS2、CCS3、CCS4；内生潜变量共 10 项，分别为 DM1、DM2、DM3、DM4、RB1、RB2、RB3、ROHB1、ROHB2、ROHB3。

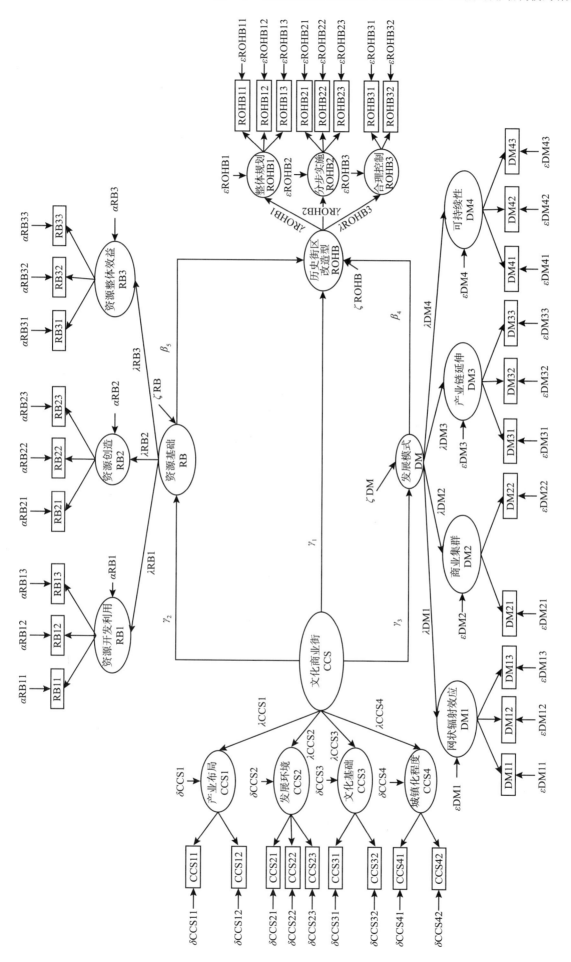

图7-10　文化商业街与历史街区改造型协同模式的初始结构方程模型

在对文化商业街与历史街区改造型系统性保护协同模式进行数据验证过程中，本书将对相关变量进行设定，进而构建观测变量的结构方程式。根据前文对文化商业街与历史街区改造型系统性保护协同模式的相关研究，文化商业街（CCS）、产业布局（CCS1）、发展环境（CCS2）、文化基础（CCS3）、城镇化程度（CCS4）是外生潜变量，分别用 ξ_{CCS}、ξ_{CCS1}、ξ_{CCS2}、ξ_{CCS3}、ξ_{CCS4} 来表示。发展模式（DM）、网状辐射效应（DM1）、商业集群（DM2）、产业链延伸（DM3）、可持续性（DM4）、资源基础（RB）、资源开发与利用（RB1）、资源创造（RB2）、资源整体效益（RB3）、历史街区改造型（ROHB）、整体规划（ROHB2）、分步实施（ROHB3）、合理控制（ROHB4）是内生潜变量，分别用 η_{DM}、η_{DM1}、η_{DM2}、η_{DM3}、η_{DM4}、η_{RB}、η_{RB1}、η_{RB2}、η_{RB3}、η_{ROHB}、η_{ROHB1}、η_{ROHB2}、η_{ROHB3} 来表示。基于此，构建出文化商业街与历史街区改造型协同模式的观测模型方程式：

$$
\begin{cases}
X_{CCS1} = \lambda_{CCS1}\xi_{CCS} + \delta_{CCS1} \quad X_{CCS2} = \lambda_{CCS2}\xi_{CCS} + \delta_{CCS2} \quad X_{CCS3} = \lambda_{CCS3}\xi_{CCS} + \delta_{CCS3} \\
X_{CCS4} = \lambda_{CCS4}\xi_{CCS} + \delta_{CCS4} \quad X_{CCS11} = \lambda_{CCS11}\xi_{CCS1} + \delta_{CCS11} \quad X_{CCS12} = \lambda_{CCS12}\xi_{CCS1} + \delta_{CCS12} \\
X_{CCS21} = \lambda_{CCS21}\xi_{CCS2} + \delta_{CCS21} \quad X_{CCS22} = \lambda_{CCS22}\xi_{CCS2} + \delta_{CCS22} \quad X_{CCS23} = \lambda_{CCS23}\xi_{CCS2} + \delta_{CCS23} \\
X_{CCS31} = \lambda_{CCS31}\xi_{CCS3} + \delta_{CCS31} \quad X_{CCS32} = \lambda_{CCS32}\xi_{CCS3} + \delta_{CCS32} \\
X_{CCS41} = \lambda_{CCS41}\xi_{CCS4} + \delta_{CCS41} \quad X_{CCS42} = \lambda_{CCS42}\xi_{CCS4} + \delta_{CCS42} \\
Y_{RB1} = \lambda_{RB1}\eta_{RB} + \varepsilon_{RB1} \quad Y_{RB2} = \lambda_{RB2}\eta_{RB} + \varepsilon_{RB2} \quad Y_{RB3} = \lambda_{RB3}\eta_{RB} + \varepsilon_{RB3} \\
Y_{RB11} = \lambda_{RB11}\eta_{RB1} + \varepsilon_{RB11} \quad Y_{RB12} = \lambda_{RB12}\eta_{RB1} + \varepsilon_{RB12} \quad Y_{RB13} = \lambda_{RB13}\eta_{RB1} + \varepsilon_{RB13} \\
Y_{PB21} = \lambda_{PB21}\eta_{PB2} + \varepsilon_{PB21} \quad Y_{PB22} = \lambda_{PB22}\eta_{PB2} + \varepsilon_{PB22} \quad Y_{PB23} = \lambda_{PB23}\eta_{PB2} + \varepsilon_{PB23} \\
Y_{PB31} = \lambda_{PB31}\eta_{PB3} + \varepsilon_{PB31} \quad Y_{PB32} = \lambda_{PB32}\eta_{PB3} + \varepsilon_{PB32} \quad Y_{PB33} = \lambda_{PB33}\eta_{PB3} + \varepsilon_{PB33} \\
Y_{DM1} = \lambda_{DM1}\eta_{DM} + \varepsilon_{DM1} \quad Y_{DM2} = \lambda_{DM2}\eta_{DM} + \varepsilon_{DM2} \quad Y_{DM3} = \lambda_{DM3}\eta_{DM} + \varepsilon_{DM3} \quad Y_{DM4} = \lambda_{DM4}\eta_{DM} + \varepsilon_{DM4} \\
Y_{DM11} = \lambda_{DM11}\eta_{DM1} + \varepsilon_{DM11} \quad Y_{DM12} = \lambda_{DM12}\eta_{DM1} + \varepsilon_{DM12} \quad Y_{DM13} = \lambda_{DM13}\eta_{DM1} + \varepsilon_{DM13} \\
Y_{DM21} = \lambda_{DM21}\eta_{DM2} + \varepsilon_{DM21} \quad Y_{DM22} = \lambda_{DM22}\eta_{DM2} + \varepsilon_{DM22} \quad Y_{DM31} = \lambda_{DM31}\eta_{DM3} + \varepsilon_{DM31} \\
Y_{DM32} = \lambda_{DM32}\eta_{DM3} + \varepsilon_{DM32} \quad Y_{DM33} = \lambda_{DM33}\eta_{DM3} + \varepsilon_{DM33} \quad Y_{DM41} = \lambda_{DM41}\eta_{DM4} + \varepsilon_{DM41} \\
Y_{DM42} = \lambda_{DM42}\eta_{DM4} + \varepsilon_{DM42} \quad Y_{DM43} = \lambda_{DM43}\eta_{DM4} + \varepsilon_{DM43} \\
Y_{ROHB1} = \lambda_{ROHB1}\eta_{ROHB} + \varepsilon_{ROHB1} \quad Y_{ROHB2} = \lambda_{ROHB2}\eta_{ROHB} + \varepsilon_{ROHB2} \\
Y_{ROHB3} = \lambda_{ROHB3}\eta_{ROHB} + \varepsilon_{ROHB3} \quad Y_{ROHB11} = \lambda_{ROHB11}\eta_{ROHB1} + \varepsilon_{ROHB11} \\
Y_{ROHB12} = \lambda_{ROHB12}\eta_{ROHB1} + \varepsilon_{ROHB12} \quad Y_{ROHB13} = \lambda_{ROHB13}\eta_{ROHB1} + \varepsilon_{ROHB13} \\
Y_{ROHB21} = \lambda_{ROHB21}\eta_{ROHB2} + \varepsilon_{ROHB21} \quad Y_{ROHB22} = \lambda_{ROHB22}\eta_{ROHB2} + \varepsilon_{ROHB22} \\
Y_{ROHB23} = \lambda_{ROHB23}\eta_{ROHB2} + \varepsilon_{ROHB23} \quad Y_{ROHB31} = \lambda_{ROHB31}\eta_{ROHB3} + \varepsilon_{ROHB31} \\
Y_{ROHB32} = \lambda_{ROHB32}\eta_{ROHB3} + \varepsilon_{ROHB32}
\end{cases}
$$

在成功构建文化商业街与历史街区改造型系统性保护协同模式的观测模型的基础上，根据结构方程模型的一般形式构建文化商业街与历史街区改造型系统性保护协同模式的结构方程式，具体如下：

$$
\begin{cases}
\eta_{DM} = \gamma_3\xi_{CCS} + \zeta_{DM} \\
\eta_{RB} = \gamma_2\xi_{CCS} + \zeta_{RB} \\
\eta_{ROHB} = \gamma_1\xi_{CCS} + \gamma_2\eta_{RB} + \gamma_3\eta_{DM} + \zeta_{ROHB}
\end{cases}
$$

在文化商业街与历史街区改造型系统性保护协同模式的结构方程中，分别用 γ_1、γ_2、γ_3 表示文化商业街对历史街区改造型、资源基础、发展模式的作用路径。用 β_4 表示发展模式对历史街区改造型的作用路径，用 β_5 表示资源基础对历史街区改造型的作用路径。

在成功构建"文化商业街与历史街区改造型系统性保护协同模式"的初始结构方程模型后，从检验拟合指数、参数和决定系数三方面，对文化商业街与历史街区改造型系统性保护协同模式的初始结构方程模型进行检验。利用不同的评价方法对以上指标进行检验，从而正确判断文化商业街对商业文化遗产系统性保护的作用原始模型是否需要进行修正。

将所构建的文化商业街与历史街区改造型系统性保护协同模式的初始结构方程模型导入 AMOS 22.0 中，

在成功导入量表数据后，获得了文化商业街与历史街区改造型系统性保护协同模式的拟合指标值，如表 7 - 14 所示。

表 7 - 14　　　　文化商业街与历史街区改造型系统性保护协同模式的初始结构方程模型适配度检验结果

拟合指标	χ^2/DF	CFI	IFI	TLI	PNFI	RMSEA	SRMR
观测值	1.439	0.958	0.952	0.954	0.801	0.042	0.028
拟合标准	<3.00	>0.90	>0.90	>0.90	>0.50	<0.08	<0.08

从文化商业街与历史街区改造型系统性保护协同模式的初始结构方程模式的模型适配度检验结果中可以看出，所得各个拟合指标检验值都达到了对应的拟合标准，因此，认为所构建的文化商业街与历史街区改造型系统性保护协同模式的结构方程模型能够与调研小组所得数据较好地拟合。基于此，在进行拟合度检测的基础上，将进一步对文化商业街与历史街区改造型系统性保护协同模式的初始结构方程中的各个路径的系数进行测度，见表 7 - 15。

表 7 - 15　　　　文化商业街与历史街区改造型系统性保护协同模式的初始结构方程路径估计

路径	模型路径	非标准化路径系数	标准化路径系数	S. E.	C. R.	P
γ_1	CCS→ROHB	0.310	0.314	0.096	3.280	***
γ_2	CCS→RB	0.590	0.586	0.062	9.476	***
γ_3	CCS→DM	0.610	0.615	0.054	11.377	***
β_4	DM→ROHB	0.340	0.339	0.102	3.308	***
β_5	RB→ROHB	0.320	0.318	0.095	3.339	***

注：*** 表示 P<0.001。

由文化商业街到历史街区改造型系统性保护协同模式的初始结构方程中的各个路径的系数估计数值可以看出，表中所有路径都较好地通过了显著性检验。因此，认为所构建的文化商业街与历史街区改造型系统性保护协同模式的初始结构方程模型为最满意的结构方程，对其进行标准化处理后，路径系数均在 -1~1，得出文化商业街与历史街区改造型系统性保护协同模式的最终结构方程模型，如图 7 - 11 所示。

为进一步探讨文化商业街与历史街区改造型系统性保护协同模式中各个变量之间的关系，本书将从直接效应和间接效应两个方面对各个作用路径的影响进行解释说明。其中，直接效应是指某一变量作为原因而对另一变量产生的影响，间接效应是指某一变量作为原因通过其他变量对另一变量产生影响。间接效应的作用路径系数为间接效应发生过程中，每一个过程的系数之积，两个变量之间的总效益为二者直接效应和间接效应之和。为有效测度文化商业街与历史街区改造型系统性保护协同模式的主要变量，本书对文化商业街（CCS）、发展模式（DM）、资源基础（RB）、历史街区改造型（ROHB）4 个变量的作用效应进行分解可知，在文化商业街与历史街区改造型系统性保护协同模式的作用过程中，文化商业街对历史街区改造型产生了直接作用，作用效果为 0.310，文化商业街还对历史街区改造型产生了间接作用效应，其间接作用效应为 0.396（0.59×0.32 + 0.61×0.34）。因此，在文化商业街与历史街区改造型系统性保护协同模式的作用过程中，发展模式和资源基础是两个重要的中间变量。

第三，结构方程的假设检验及效应分解。

根据上述对文化商业街和历史街区改造型系统性保护协同模式的实证结构分析，结合前文所提出的研究假设和理论模型，本书对文化商业街与历史街区改造型系统性保护协同模式的研究假设和路径技术进行了归纳总结，具体如表 7 - 16 所示。

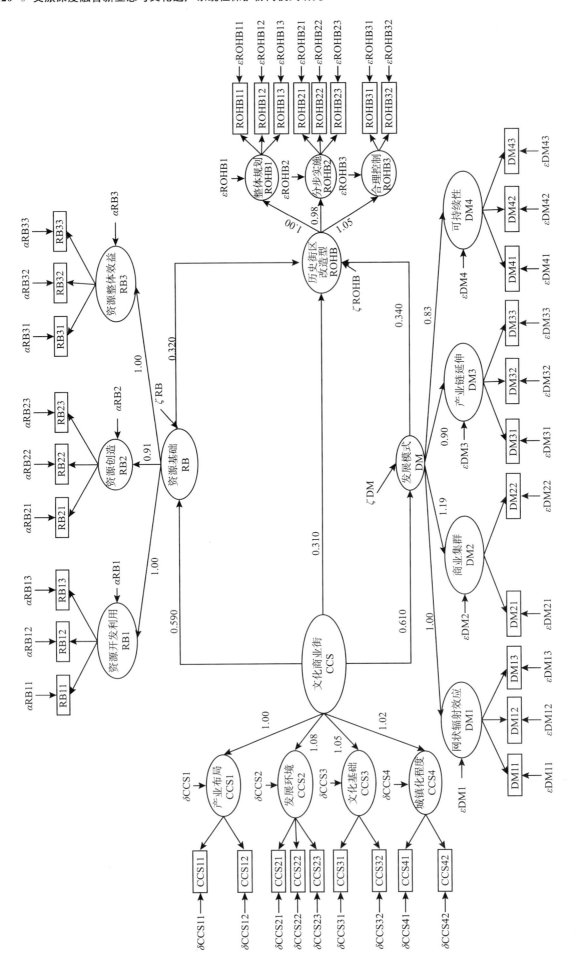

图7-11 最终的文化商业街与历史街区改造型协同模式的结构方程模型

表 7 - 16　　　　　　　　文化商业街与历史街区改造型系统性保护协同模式结果讨论分析

路径	模型路径	标准化路径系数	显著性水平	对应假设	检验结果
γ_1	CCS→ROHB	0.314	***	HB1	支持
γ_2	CCS→RB	0.586	***	HB2	支持
γ_3	CCS→DM	0.615	***	HB3	支持
β_4	DM→ROHB	0.339	***	HB4	支持
β_5	RB→ROHB	0.318	***	HB5	支持

注：*** 表示 $P < 0.001$。

　　文化商业街到历史街区改造型的标准化路径系数为 0.314，$P < 0.001$，较好地通过了显著性检验。基于此，可以得出"文化商业街的建设水平对提高历史街区改造的整体效益具有显著的正向作用"的假设成立，即研究结果支持原假设 HB1。

　　文化商业街到资源基础的标准化路径系数为 0.586，$P < 0.001$，较好地通过了显著性检验。基于此，可以得出"文化商业街的改造要求对提高资源开发水平具有显著的正向作用"的假设成立，即研究结果支持原假设 HB2。

　　文化商业街到发展模式的标准化路径系数为 0.615，$P < 0.001$，较好地通过了显著性检验。基于此，可以得出"文化商业街的建设要求对丰富发展模式具有显著的正向作用"的假设成立，即研究结果支持原假设 HB3。

　　发展模式到历史街区改造型的标准化路径系数为 0.339，$P < 0.001$，较好地通过了显著性检验。基于此，可以得出"发展模式的多功能性对提高历史街区改造整体效益具有显著的正向作用"的假设成立，即研究结果支持原假设 HB4。

　　资源开发到历史街区改造型的标准化路径系数为 0.318，$P < 0.001$，较好地通过了显著性检验。基于此，可以得出"资源开发水平对提高历史街区改造整体效益具有显著的正向作用"的假设成立，即研究结果支持原假设 HB5。

　　综合以上研究得出，HB1、HB2、HB3、HB4、HB5 均存在合理性。本书认为前文所构建的文化商业街与历史街区改造型系统性保护协同模式的结构方程模型中，资源开发和发展模式作为两个重要的中间变量，在文化商业街与历史街区改造型协同发展的过程中起着重要的作用。文化商业街对资源开发和发展模式的直接效应为 0.590 和 0.610，资源开发和发展模式对历史街区改造型的直接效应为 0.320 和 0.340，即文化商业街对历史街区改造型产生了直接作用，作用效果为 0.310，文化商业街还对历史街区改造型产生了间接作用效应，其间接作用效应为 0.396（0.59×0.32＋0.61×0.34），因此可以看出，文化商业街对历史街区改造型的间接作用效应大于直接作用效应。

7.3　商业文化博物馆与商业区域开发型系统性保护协同模式的实证研究

7.3.1　研究假设

第一，商业文化博物馆建设水平的作用。

商业文化博物馆作为具有地方经贸文化特色的代表，其建设需要将博物馆设计与展览主体相结合，使得商业文化博物馆展览的主体、设计风格、场馆布局结构等都服务于展览主题。首先在商业文化博物馆展览的主体方面，博物馆建设主体性质不同，则其发展理念、管理模式和运用资金等方面也存在显著差异，在明确博物馆建设主体性质的基础上，应采取对应的商业管理理念，突出地区商业文化特色；其次在设计风格方面，商业文化博物馆的整体建筑风格不仅要体现地方商业文化特色，还要能够体现商业文化遗产的历史演变历程，这就要求在对商业文化遗产进行保护利用的同时，注重参考各方专家的意见；最后在场馆布局结构方面，商业文化博物馆的馆内布局除了保护遗产建筑和特色外，还要划分应急厕所、应急医疗救护站等众多区域，在对商业文化遗产进行保护利用的同时，完善商业文化遗产的现代基础设施的建设。基于此，可以看出商业文化博物馆的建设水平对提高商业区域开发型的实施进程、优化空间布局具有重要的影响，故提出如下假设：

HC1：商业文化博物馆建设水平对推进商业区域开发实施进程具有显著的正向作用。

HC2：商业文化博物馆建设水平对优化空间布局具有显著正向作用。

商业文化博物馆在发展理念、空间布局等方面有别于传统的博物馆。在商业文化博物馆发展理念方面，现代商业文化博物馆要摒弃过去独善其身的发展理念，要使其发展充分融入生活的方方面面，注重将文化保护融入文化空间和自然环境之中，全面阻止在发展过程中文化退化的趋势，最大限度保护商业文化遗产的多样性。在商业文化博物馆空间布局方面，不仅要在展示方式、公众互动和空间流线上呈现出更加灵活多变的空间理念，还要在各个空间布局间形成紧凑感，充分展现博物馆的多样化、互动式的布局和开发策略。同时，要充分挖掘并发挥周边历史文化资源，促进地区公共文化资源的合理配置及城市文化的本土塑造，全面促进地区商业文化博物馆空间分布的均衡发展。借助商业文化博物馆合理的空间布局间接影响旅游者的行为特征及旅游市场的规模效益的产生。基于此，可以看出商业文化博物馆的建设水平对提高资源开发效率具有重要的影响，故提出如下假设：

HC3：商业文化博物馆建设水平对提高资源开发效率具有显著的正向作用。

第二，资源开发效率的作用。

资源作为商业旅游发展的核心要素，对商业文化博物馆的发展状况起着至关重要的作用。商业文化遗产的旅游资源具有社会资源的价值，具体主要体现在以下四个方面：一是品牌化，以文化遗产为核心而发展的博物馆旅游新业态多种多样，因此，在商业文化博物馆发展过程中，体现出地域商业文化特色，并以此为基础打造商业旅游品牌，以地区独有的商业旅游资源优势为依托，推进商业区域开发进程；二是创造性，文化随着政治、经济的发展而不断变化，因此，通过商业文化遗产的动态展示是对其进行文化创造性的表征，进而借此平衡好商业文化遗产保护与利用之间的关系；三是多样化，商业旅游作为文旅深度融合新业态，具有多种业态表现形式，商业文化博物馆是商业旅游的业态表现形式之一，商业文化传统资源丰富的地区具有比较优势，进而使得在历史演变过程中留存下来的经商技能、市场交易知识能够得以再利用，因而在商业文化遗产资源丰富的地区，其社会价值越高，商业文化遗产的保护利用问题就越受到各界人士的重视，进而为商业区域开发提供了良好的外部环境；四是整体性，商业文化博物馆内的文化资源不仅包括商业文化资源，还包括传统文化资源，丰富的文化资源为商业文化遗产系统性保护提供了新的机遇。基于此，可以看出资源开发效率对推进商业区域开发实施进程具有重要的影响，故提出如下假设：

HC4：资源开发效率对推进商业区域开发实施进程具有显著的正向作用。

第三，空间布局的作用。

刘亚丽（2019）指出，将博物馆的空间建设和空间布局有机结合，能够全面提升博物馆的特色与活力。商业文化博物馆的各个功能区相互独立，但是各个功能间布局又具有紧凑性。在功能区相互独立方面，商业文化博物馆的功能区规划并不是采用单一的某种资源再利用模式，而是分别融合了传统博物馆、创意产业园和其他休闲旅游场所的局部功能，各个功能区之间相互承接，形成完整的功能区。在功能区间的紧凑性方面，商业文化博物馆功能的紧凑布局、空间的高效利用、公共区域的创意改造等都能有效提高商业文化遗产的保护利用效益。基于此，可以看出空间布局对提高商业区域开发实施效率具有重要的影响，故提出如下假设：

HC5：空间布局对提高商业区域开发实施效率具有显著的正向作用。

第四，关于商业文化博物馆与商业区域开发型系统性保护协同模式的理论模型。

根据商业文化博物馆与商业区域开发型系统性保护协同模式的分析框架、研究假设等相关内容，综合分析商业文化博物馆与商业区域开发型系统性保护协同模式发展现状，由此构建商业文化博物馆与商业区域开发型系统性保护协同模式的理论模型，见图7-12。

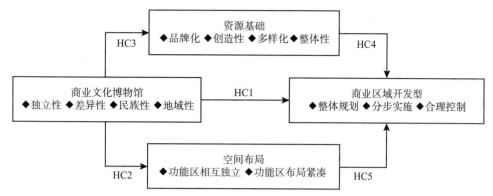

图 7-12 商业文化博物馆与商业区域开发型系统性保护协同模式的理论模型

从商业文化博物馆与商业区域开发型系统性保护协同模式的理论模型中可以看出，其主要包含商业文化博物馆、资源基础、空间布局、商业区域开发型四个变量，其中，商业文化博物馆划分为独立性、差异性、民族性、地域性四个层面；空间布局划分为功能区相互独立、功能区布局紧凑两个层面；资源基础划分为品牌化、创造性、多样化和整体性四个层面；商业区域开发型划分为整体规划、分步实施、合理控制三个层面。商业文化博物馆到商业区域开发型不仅具有直接作用路径，还有间接作用路径，其中，商业文化博物馆到商业区域开发型的间接作用路径分别为：①商业文化博物馆建设水平—优化空间布局—商业区域开发实施效率；②商业文化博物馆建设水平—资源开发效率—商业区域开发进程。构建商业文化博物馆与商业区域开发型系统性保护协同模式的理论模型，为文旅深度融合新业态与商业文化遗产系统性保护协同模式的结构方程数据验证奠定了基础。

7.3.2 实地访谈

第一，关于案例地发展状况。

山东烟台张裕酒文化博物馆的发展具有独立性、差异性、民族性和地域性等特征，其始终坚持整体规划、分步实施和合理控制相结合的原则，打造具有品牌化、创造性的商业旅游的文化博物馆，并以此为中心发展多样化的商业旅游产品，注重地区商业旅游的整体性发展。与此同时，商业文化博物馆经营主体在充分利用地区商业旅游资源的基础上，结合城市发展规划，已经开发出了多种休闲活动，充分展现了地区商业文化特色。

本书主要从山东烟台张裕酒文化博物馆的发展历史出发分析"商业文化博物馆与商业区域开发型系统性保护协同模式"的发展状况。由前文分析为基础可知，山东烟台张裕酒文化博物馆以酒文化博物馆为核心，打造具有品牌化、创造性的商业旅游的文化博物馆，并以此为中心发展多样化的商业旅游产品，注重地区商业旅游的整体性发展。张裕酒文化博物馆在改造过程中格外注重空间布局，各功能区之间功能相互独立，但各个功能区之间又有内在联系，且各个功能区布局紧凑。以山东烟台张裕酒文化博物馆为例的"商业文化博物馆与商业区域开发型系统性保护协同模式"的具体发展路径主要划分为以下三个阶段：

第一阶段：张裕转型发展。

张裕酒公司打造的全球葡萄酒行业的专业博物馆，以其110多年的历史为主线，运用现代科学技术，通过大量的文物、实物、老照片和名家墨宝等讲述以张裕为代表的中国民族工业发展史，向人们传递酒文化知识，展现中国葡萄酒业和中国民族企业兴起的精神与历程。张裕酒文化博物馆由张裕酒公司改造而来，主要分为百年地下大酒窖和酒文化展厅两部分，其中，地下酒窖内摆放着数千只橡木桶，酒文化展厅向外来游客展示了百年来张裕的发展历史。张裕酒文化博物馆不仅有传统的酿酒工具，还有各种张裕品牌酒品。馆内珍藏的康有为、孙中山、张学良等历史名人为张裕酒公司所提的墨宝，为其增加了文化色彩。张裕酒文化博物馆之旅不仅是民族工业之旅，还是历史文化之旅和酒文化之旅，以其独有的葡萄酒文化特色，展现了张裕人的心血和劳动，并展示了烟台这座亚洲唯一的国际葡萄酒城所具有的独特酒韵，不仅是张裕酒公司历史的见证，还是张裕酒公司发展的里程碑。

第二阶段：致力于打造专业性的商业文化博物馆。

为打造专业化的商业文化博物馆，张裕酒文化博物馆内主要设有酒文化广场、百年大酒窖、综合大厅、历史厅、现代厅、珍品厅等多个馆属设施。其中，酒文化广场位于张裕酒公司的老厂址，内有老门楼、清式照壁以及象征着张裕主人变迁的"中国银行界石"等多种富有丰富商业文化遗产资源的商业文化遗产旅游景观，充分再现了张裕酒公司早期的昌裕兴隆的景象，反映了张裕酒公司在世界及国际葡萄酒行业中的地位，也凸显了张裕酒对国际葡萄酒的巨大贡献。百年大酒窖作为亚洲第一大酒窖，经过三次改建，现拥有科学的设计构造和严谨的工程质量，被称为中国建筑史上一绝，现酒窖已被列为省级重点历史文物保护设施。酒窖内三个与酒窖同龄的大型橡木桶不仅是百年地下大酒窖的见证，还是张裕酒文化的象征。综合大厅内的三面浮雕展示了不同历史时期影响着张裕酒发展的重大事件和重要人物，浮雕主要描写、刻画了创始人张弼士先生等早期张裕人的创业情景，记录了许多名人来访张裕时的亲笔题词。

第三阶段：打造七天葡萄酒公益活动。

张裕酒文化博物馆旨在与新主流人群积极沟通，打开消费认知的一次全新探索与实践，以推动葡萄酒飞入"寻常百姓家"为基础，让其成为中国家庭情感沟通、爱意升华的载体，从而普及和发展葡萄酒文化。通过培育葡萄酒家庭消费习惯，向公众传递葡萄酒带来的美好生活方式的同时，也拓宽了张裕酒行业自身的消费市场，既体现了张裕酒公司积极履行社会责任，也体现出其作为行业领袖的责任担当。

第二，山东烟台张裕酒文化博物馆对商业文化博物馆与商业区域开发型协同的作用。

在山东烟台张裕酒文化博物馆的发展过程中，馆内空间布局的独立性、商业旅游产品的差异性、商业文化的民族性和地域性等特征，充分展现了以商业文化遗产为核心而打造的商业文化博物馆的独有特征。本书通过对山东烟台张裕酒文化博物馆发展过程中的各个相关要素的综合考量，将案例分析的重点聚焦于资源、功能、布局等方面，主要提炼出资源基础和空间布局两个关键构念，通过对以上两个构念进行合理化、结构化、清晰化的分析，构建出山东烟台张裕酒文化博物馆建设过程中资源基础、空间布局的作用模型，为探讨资源基础、空间布局在商业文化博物馆与商业区域开发型协同中的作用进行案例分析。

首先，山东烟台张裕酒文化博物馆建设过程中资源基础分析。

山东烟台张裕酒文化博物馆于1992年建馆，坐落于山东省烟台市的张裕酒公司旧址院内，其商业文化资源的多领域、多层次，为自身依托资源基础开发多种商业旅游产品提供了可能。基于以上分析，结合商业文化博物馆与商业区域开发型系统性保护协同模式的结构方程实证结果，本书科学合理地构建出山东烟台张裕酒文化博物馆建设过程中资源基础的作用模型，见图7-13。

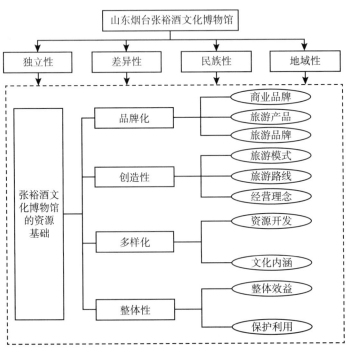

图7-13 山东烟台张裕酒文化博物馆建设过程中资源基础的作用模型

图 7-13 展示了山东烟台张裕酒文化博物馆建设过程中资源基础的作用模型，从该模型中可以看出，张裕酒文化博物馆自身发展的独立性、差异性、民族性和地域性等特征都与其发展所依托的资源基础密切相关。山东烟台张裕酒文化博物馆由张裕酒公司旧址改造而来，在张裕酒公司旧址改造过程中，面临着商业旅游资源丰富，但资源开发效率较低的问题，为了解决好这一难题，张裕酒公司依托丰富的商业文化遗产资源，结合商业文化博物馆本身的发展特征，充分挖掘商业旅游资源的现代价值，为山东烟台张裕酒文化博物馆的发展注入了新动力。张裕酒文化博物馆在发展过程中，格外注重资源再利用和保护问题，因此，在张裕酒文化博物馆改造过程中，开发主体秉持商业文化博物馆可持续发展的经营理念，通过开发差异化的商业旅游产品，树立良好的商业旅游品牌形象。为提高张裕酒文化博物馆的市场竞争力，相关经营主体不断探索创新型商业旅游模式，开发多种商业旅游路线，为消费者提供多种消费旅游路线，从源头上缓解旅游高峰期因过度拥堵而降低消费者感知度的问题。在张裕酒文化博物馆的现实经营上，其坚持资源再利用和资源保护双行，因此，在商业文化遗产开发过程中，开发主体不断挖掘地方文化，坚持赋予商业旅游产品文化内涵，借助商业旅游推动地区经济高质量发展的同时达到弘扬商业文化、唤醒城市记忆的目的，假设 HC1、HC3 和 HC4 成立。

其次，山东烟台张裕酒文化博物馆建设过程中空间布局分析。

山东烟台张裕酒文化博物馆空间布局合理，拥有酒文化广场、百年大酒窖、综合大厅、历史厅、现代厅等多种馆属设施，馆内空间布局作为游客旅游感知度的主要影响因素，是商业文化博物馆弘扬商业文化、激发商业文化遗产现代活力的重要体现。总的来说，山东烟台张裕酒文化博物馆的空间布局的主要特征为功能区相互独立、各个功能区布局紧凑两个方面，结合商业文化博物馆与商业区域开发型协同模式的结构方程实证模型，本书科学合理地构建出山东烟台张裕酒文化博物馆建设过程中空间布局的作用模型，见图 7-14。

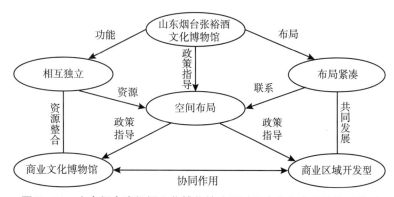

图 7-14　山东烟台张裕酒文化博物馆建设过程中空间布局的作用模型

图 7-14 展示了山东烟台张裕酒文化博物馆改造建设过程中空间布局的作用模型，从中可以看出，张裕酒文化博物馆内部的空间布局的主要特征为各个功能区之间相互独立，但是各个功能区之间的布局紧凑，又有内在联系性。具体体现在张裕酒文化博物馆内设有酒文化广场、百年大酒窖、综合大厅、历史厅、现代厅、珍品厅等多个馆属设施，各个馆内设施的主要旅游发展模式各不相同，但是馆属设施之间均体现了地方商业文化的地域性、差异性。因此，商业文化博物馆要实现商业文化博物馆文旅融合新业态与商业区域开发系统性保护协同，就要科学规划商业文化遗产地的工业产业资源，挖掘其中潜在的价值特色，根据资源分布调整空间结构，创新产业结构，突出产业优势，探索适合长期可持续发展的旅游开发模式，以此更好地、动态地保护商业文化遗产价值，假设 HC2 和 HC5 成立。

关于案例验证分析：

本次案例研究选取的是山东烟台张裕酒文化博物馆，研究小组通过实地调研获得了较高准确性的有效资料，对山东烟台张裕酒文化博物馆有了进一步的了解，同时也保证了资料数据的实效性、准确性、可靠性。为了更好地展开对商业文化博物馆与商业区域开发型协同模式的案例研究，本研究首先对山东烟台张裕酒文化博物馆作为本次研究对象进行解释说明，将山东烟台张裕酒文化博物馆的改造历程和发展过程分为三个阶段：一是张裕转型发展阶段；二是致力于打造专业性的商业文化博物馆阶段；三是打造七天葡萄酒公益活动阶段，通过对这三个阶段进行全面而深入的分析，总结提炼出山东烟台张裕酒文化博物馆发展的变革历程，得出张裕酒文化博物馆的现实发展基础。根据前文构建的商业文化博物馆与商业区域开发型协同模式的结构方程实证分析结果，在案例分析中重点把握资源基础和空间布局两个方面的内容，通过构建山东烟台张裕酒文化博物馆建设过程中资源基础的作用模型，得出张裕酒文化博物馆在改造过程中，开发主体不断挖掘地方文化，坚持赋予商业旅游产品文化内涵，借助商业旅游推动地区经济高质量发展的同时达到了弘扬商业文化、唤醒城市记忆的目的；通过构建山东烟台张裕酒文化博物馆建设过程中空间布局的作用模型，得出张裕酒文化博物馆的馆内设置充分体现了张裕酒在世界以及国际葡萄酒行业中的地位，同时也体现了张裕酒对国际葡萄酒的巨大贡献。

本书采取案例研究的方法进行单个案例研究，选取山东烟台张裕酒文化博物馆为典型案例对商业文化博物馆与商业区域开发型系统性保护协同模式进行验证。结合前文所构建的商业文化博物馆与商业区域开发型系统性保护协同模式的分析框架、研究假设和结构方程实证分析的相关内容，以山东烟台张裕酒文化博物馆的发展现状为出发点，重点把握资源基础和空间布局在文旅深度融合新业态与商业文化遗产系统性保护中的作用，以山东烟台张裕酒文化博物馆为案例对商业文化博物馆与商业区域开发型系统性保护协同模式过程中的影响因素进行案例验证，进一步科学合理地验证了商业文化博物馆与商业区域开发型系统性保护协同模式的有效性。

7.3.3　问卷数据分析

第一，样本数据的描述性统计及信度效度检验。

首先，商业文化博物馆与商业区域开发型系统性保护协同模式的协同度测算。

商业文化博物馆与商业区域开发型系统性保护协同模式的作用机制利用评价二者的协同性进行评估。在对商业文化博物馆与商业区域开发型系统性保护协同模式的协同性进行评估之前，以前文实证研究中所用到的度量指标为基础构建其相应的指标体系，并将实地调研所得数据用于计算商业文化博物馆与商业区域开发型协同模式的协同度。由前文对商业文化博物馆与商业区域开发型系统性保护协同模式的实证分析中得出，商业文化博物馆、资源基础、空间布局3个子系统都对商业区域开发型产生了直接作用。因此，认为商业文化博物馆与商业区域开发型协同发展是以"空间布局""资源基础"两个子系统为基础。从商业文化博物馆的独立性、差异性、民族性和地域性四个层面来看，商业文化博物馆在一定程度上直接影响着空间布局和资源基础2个子系统，基于此，本书认为在对商业文化博物馆与商业区域开发型系统性保护协同模式进行协同度评价时，可以借助商业文化博物馆、空间布局、资源基础、商业区域开发型4个子系统之间的相互关系来进行考量，并根据各个子系统的特征和作用提出对应的改进措施。

在充分理解协同学相关原理和理论的基础上，构建商业文化博物馆、空间布局、资源基础和商业区域开发型4个子系统之间的协同度模型。各个子系统的序参量见表7-17。

表7-17　　　　　　　　　　　　　　　子系统序参量

子系统	测量指标	序参量
商业文化博物馆	独立性、差异性、民族性、地域性	CCM11、CCM12、CCM21、CCM22、CCM23、CCM31、CCM32、CCM41、CCM42
资源基础	品牌化、创造性、多样化、整体性	RB11、RB12、RB13、RB21、RB22、RB31、RB32、RB33、RB41、RB42、RB43
空间布局	功能区相互独立、功能区布局紧凑	SD11、SD12、SD21、SD22
商业区域开发型	整体规划、分步实施、合理控制	BDD11、BDD12、BDD13、BDD21、BDD22、BDD23、BDD31、BDD32

在确定各个子系统的序参量后，将对商业文化博物馆、资源基础、空间布局和商业区域开发型这4个子系统之间的有序度进行测量，结合前文对商业文化博物馆与商业区域开发型系统性保护协同模式的理论

模型的相关分析，得出其他子系统的有序度和序参量之后，将计算系统协同度并重新测量子系统的有序度，进而得到总系统的协同度。同理，得出商业文化博物馆与商业区域开发型系统性保护协同模式中资源基础、空间布局和商业区开发型等其他子系统之间的协同度，见表 7 - 18。

表 7 - 18　　　　　　　　　　　　　　　各个子系统间的系统协同度

子系统	CCM	RB	SD	BDD
商业文化博物馆（CCM）	—			
资源基础（RB）	0.54	—		
空间布局（SD）	0.67	0.68	—	
商业区域开发型（BDD）	0.64	0.65	0.79	—

本书在参考有关协同学相关文献的基础上，结合现实应用，将协同度数值和协同度大小划分为 4 个区间（见表 4 - 1），结合表 7 - 18 中所得有关商业文化博物馆与商业区域开发型系统性保护协同模式中各个子系统的协同度的大小，得出在商业文化博物馆与商业区域开发型系统性保护协同模式中，商业文化博物馆、资源基础、空间布局和商业区域开发型这 4 个子系统之间的协同度都处于高度协同的范围，因此，本书认为商业文化博物馆与商业区域开发型具有良好的协同性。

其次，在对通过实地调研所得的商业文化博物馆与商业区域开发型协同的第一手数据资料进行综合评估后，认为团队所得有效问卷数量符合结构方程所要求的样本数量，因此可以进行实证分析。为确保研究所得的商业文化博物馆与历史街区改造型系统性保护协同模式的相关数据的准确性，以及后续所得结论的科学性，本研究在对其进行实证分析之前，还将对问卷所得数据进行信度分析和效度分析。

本书采取均值和方差这两个指标，衡量商业文化博物馆与商业区域开发型系统性保护协同模式中各个变量分布的平均程度和集中度。其中，标准差是直接观测商业文化博物馆与商业区域开发型系统性保护协同模式研究中各个变量的离散程度的指标。利用 SPSS 25.0 对商业文化博物馆与商业区域开发型系统性保护协同模式的数据进行信度检测，进而得到各个观测变量的均值、标准差、最大值、最小值，见表 7 - 19。

表 7 - 19　　　　　　　　　　　　　　　描述性统计

主要变量	潜在变量	观测变量	均值	标准差	最大值	最小值
商业文化博物馆（CCM）	独立性（CCM1）	CCM11	3.65	0.714	5	1
		CCM12	3.73	0.672	5	1
	差异性（CCM2）	CCM21	3.69	0.733	5	1
		CCM22	3.59	0.793	5	1
		CCM23	3.67	0.759	5	2
	民族性（CCM3）	CCM31	3.55	0.802	5	1
		CCM32	3.58	0.764	5	1
	地域性（CCM4）	CCM41	3.63	0.803	5	1
		CCM42	3.61	0.760	5	1
资源基础（RB）	品牌化（RB1）	RB11	3.20	0.671	5	1
		RB12	3.27	0.694	5	2
		RB13	3.18	0.645	5	1
	创造性（RB2）	RB21	3.29	0.666	5	1
		RB22	3.21	0.715	5	1

主要变量	潜在变量	观测变量	均值	标准差	最大值	最小值
资源基础 （RB）	多样化 （RB3）	RB31	3.22	0.768	5	1
		RB32	3.19	0.690	5	1
		RB33	3.11	0.670	5	1
	整体性 （RB4）	RB41	3.25	0.742	5	1
		RB42	3.22	0.677	5	1
		RB43	3.05	0.686	5	1
空间布局 （SD）	功能区相互独立 （SD1）	SD11	3.33	0.712	5	1
		SD12	3.07	0.725	5	1
	功能区布局紧凑 （SD2）	SD21	3.15	0.681	5	1
		SD22	3.31	0.739	5	1
商业区域开发型 （BDD）	整体规划 （BDD1）	BDD11	3.15	0.698	5	1
		BDD12	3.24	0.721	5	1
		BDD13	3.59	0.709	5	1
	分步实施 （BDD2）	BDD21	3.56	0.796	5	1
		BDD22	3.51	0.763	5	1
		BDD23	3.67	0.726	5	2
	合理控制 （BDD3）	BDD31	3.65	0.768	5	1
		BDD32	3.67	0.715	5	1

最后，为确保商业文化博物馆与商业区域开发型系统性保护协同模式检测结果具有真实性、可靠性，将对其进行信度检测。利用组合信度系数对商业文化博物馆与商业区域开发型系统性保护协同模式所整合的各类数据进行分析和检测，分别得出商业文化博物馆、资源基础、空间布局、商业区域开发型的组合信度系数。同时，根据表5-4的组合信度标准对商业文化博物馆与商业区域开发型系统性保护协同模式的潜在变量的组合信度系数进行评判。为确保信度检测所得数据能够科学合理地反映各个变量的真实构架，在对商业文化博物馆与商业区域开发型系统性保护协同模式进行信度检测的基础上，进一步对商业文化博物馆与商业区域开发型系统性保护协同模式进行效度检测，得到信度和效度检验结果，见表7-20。

表7-20　　　　　　　　　　　　　　　信度和效度检验结果

变量	CR	因子载荷		KMO值	累计方差解释率	Bartlett's 球形检验		
						χ^2	df	Sig.
商业文化博物馆 （CCM）	0.9164	CCM11	0.709	0.956	73.109	2007.903	36	0.000
		CCM12	0.695					
		CCM21	0.818					
		CCM22	0.725					
		CCM23	0.747					
		CCM31	0.735					
		CCM32	0.758					
		CCM41	0.746					
		CCM42	0.733					

变量	CR	因子载荷		KMO 值	累计方差解释率	Bartlett's 球形检验		
						χ^2	df	Sig.
资源基础（RB）	0.8533	RB11	0.538	0.930	47.861	1064.283	55	0.000
		RB12	0.552					
		RB13	0.644					
		RB21	0.641					
		RB22	0.724					
		RB31	0.459					
		RB32	0.621					
		RB33	0.592					
		RB41	0.599					
		RB42	0.473					
		RB43	0.609					
空间布局（SD）	0.7235	SD11	0.593	0.747	55.274	196.844	6	0.000
		SD12	0.640					
		SD21	0.638					
		SD22	0.644					
商业区域开发型（BDD）	0.8715	BDD11	0.564	0.905	67.763	920.941	28	0.000
		BDD12	0.584					
		BDD13	0.667					
		BDD21	0.646					
		BDD22	0.746					
		BDD23	0.761					
		BDD31	0.690					
		BDD32	0.747					

如表 7 - 20 所示，首先，从对商业文化博物馆与商业区域开发型系统性保护协同发展模式进行信度检测所得数据中可以看出，各个数据的组合信度系数 CR 均大于 0.7，因此认为所得数据具有可信度。其次，在对商业文化博物馆与商业区域开发型进行效度检验所得数据中，可以看出，所得各个指标的因子载荷大多都在 0.5 以上，KMO 值均大于 0.7，因此认为所得数据能够较好地进行因子分析。最后，Bartlett's 球形检验显著水平均在 0.000，因此，认为此次研究过程中，调查问卷所得数据及各组成部分构建之间有较好的效度。

第二，样本数据的结构方程模型构建及调整。

通过构建商业文化博物馆与商业区域开发型系统性保护协同模式的结构方程模型，进而对其进行估计和检验。本节对商业文化博物馆与商业区域开发型系统性保护协同模式的结构方程模型进行分析主要分为以下几点：首先，建立商业文化博物馆与商业区域开发型的结构方程模型，并设定相关误差变量；其次，在对参数进行估计的基础上，确定商业文化博物馆与商业区域开发型结构方程模型的拟合度；最后，通过对商业文化博物馆与商业区域开发型的不理想的路径进行修正，确定最终的结构方程模型。

在商业文化博物馆与商业区域开发型系统性保护协同模式的研究过程中，本书根据各个变量的性质进行划分，进一步构建商业文化博物馆与商业区域开发型系统性保护协同模式的结构方程模型。以商业文化博物馆与商业区域开发型系统性保护协同模式的理论模型为基础，可以看出，商业文化博物馆、资源基础、空间布局、商业区域开发型都是不能直接观测的潜在变量。接着本书对商业文化博物馆与商业区域开发型系统性保护协同作用中的各个变量进行分类，其中，定义内生变量为商业文化博物馆，中间变量为资源基础和空间布局，外生变量定义为商业区域开发型。基于此，构建出商业文化博物馆与商业区域开发型系统性保护协同模式的初始结构方程模型，见图 7 - 15。

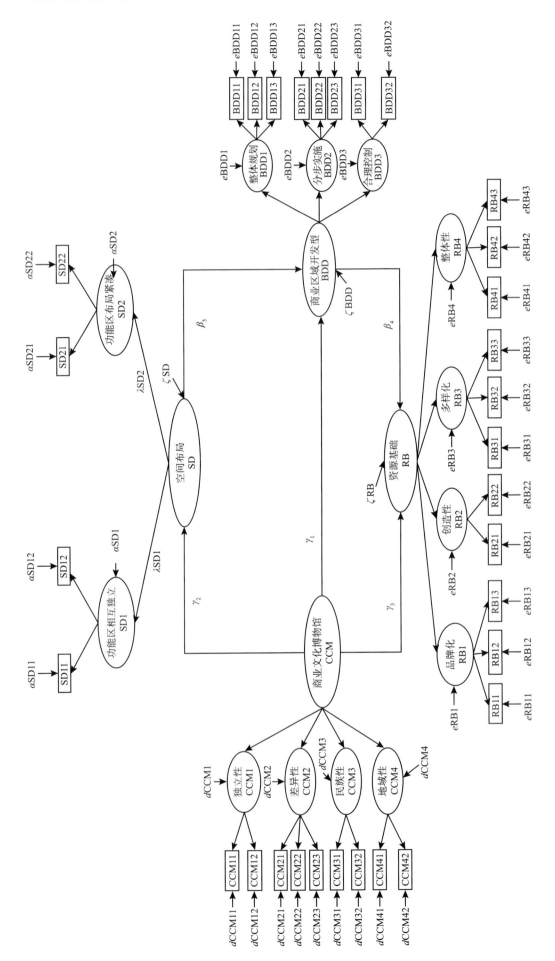

图7-15 商业文化博物馆与商业区域开发型协同模式的初始结构方程模型

根据图 7 – 15 显示，商业文化博物馆与商业区域开发型系统性保护协同模式的初始结构方程中外生显变量共 9 项，分别为 CCM11、CCM12、CCM21、CCM22、CCM23、CCM31、CCM32、CCM41、CCM42；内生显变量共 23 项，分别为 RB11、RB12、RB13、RB21、RB22、RB31、RB32、RB33、RB41、RB42、RB43、SD11、SD12、SD21、SD22、BDD11、BDD12、BDD13、BDD21、BDD22、BDD23、BDD31、BDD32；外生潜变量共 4 项，分别为 CCM1、CCM2、CCM3、CCM4；内生潜变量共 9 项，分别为 RB1、RB2、RB3、RB4、SD1、SD2、BDD1、BDD2、BDD3。

在对商业文化博物馆与商业区域开发型系统性保护协同模式进行数据验证的过程中，本书将对相关变量进行设定，进而构建观测变量的结构方程式。根据前文对商业文化博物馆与商业区域开发型系统性保护协同模式的相关研究，商业文化博物馆（CCM）、独立性（CCM1）、差异性（CCM2）、民族性（CCM3）、地域性（CCM4）是外生潜变量，分别用 ξ_{CCM}、ξ_{CCM1}、ξ_{CCM2}、ξ_{CCM3}、ξ_{CCM4} 来表示。资源基础（RB）、品牌化（RB1）、创造性（RB2）、多样化（RB3）、整体性（RB4）、空间布局（SD）、功能区相互独立（SD1）、功能区布局紧凑（SD2）、商业区域开发型（BDD）、整体规划（BDD1）、分步实施（BDD2）、合理控制（BDD3）是内生潜变量，分别用 η_{RB}、η_{RB1}、η_{RB2}、η_{RB3}、η_{RB4}、η_{SD}、η_{SD1}、η_{SD2}、η_{BDD}、η_{BDD1}、η_{BDD2}、η_{BDD3} 来表示。基于此，构建出商业文化博物馆与商业区域开发型系统性保护协同模式的观测模型方程式：

$$
\begin{cases}
X_{CCM1} = \lambda_{CCM1}\xi_{CCM} + \delta_{CCM1} & X_{CCM2} = \lambda_{CCM2}\xi_{CCM} + \delta_{CCM2} & X_{CCM3} = \lambda_{CCM3}\xi_{CCM} + \delta_{CCM3} \\
X_{CCM4} = \lambda_{CCM4}\xi_{CCM} + \delta_{CCM4} & X_{CCM11} = \lambda_{CCM11}\xi_{CCM1} + \delta_{CCM11} & X_{CCM12} = \lambda_{CCM12}\xi_{CCM1} + \delta_{CCM12} \\
X_{CCM21} = \lambda_{CCM21}\xi_{CCM2} + \delta_{CCM21} & X_{CCM22} = \lambda_{CCM22}\xi_{CCM2} + \delta_{CCM22} & X_{CCM23} = \lambda_{CCM23}\xi_{CCM2} + \delta_{CCM23} \\
X_{CCM31} = \lambda_{CCM31}\xi_{CCM3} + \delta_{CCM31} & X_{CCM32} = \lambda_{CCM32}\xi_{CCM3} + \delta_{CCM32} & \\
X_{CCM41} = \lambda_{CCM41}\xi_{CCM4} + \delta_{CCM41} & X_{CCM42} = \lambda_{CCM42}\xi_{CCM4} + \delta_{CCM42} & \\
Y_{SD} = \lambda_{SD1}\eta_{SD} + \varepsilon_{SD1} & Y_{SD2} = \lambda_{SD2}\eta_{SD} + \varepsilon_{SD2} & Y_{SD11} = \lambda_{SD11}\eta_{SD1} + \varepsilon_{SD11} \\
Y_{SD12} = \lambda_{SD12}\eta_{SD} + \varepsilon_{SD12} & Y_{SD21} = \lambda_{SD21}\eta_{SD2} + \varepsilon_{SD21} & Y_{SD22} = \lambda_{SD22}\eta_{SD2} + \varepsilon_{SD22} \\
Y_{RB1} = \lambda_{RB1}\eta_{RB} + \varepsilon_{RB1} & Y_{RB2} = \lambda_{RB2}\eta_{RB} + \varepsilon_{RB2} & Y_{RB3} = \lambda_{RB3}\eta_{RB} + \varepsilon_{RB3} \quad Y_{RB4} = \lambda_{RB4}\eta_{RB} + \varepsilon_{RB4} \\
Y_{RB11} = \lambda_{RB11}\eta_{RB1} + \varepsilon_{RB11} & Y_{RB12} = \lambda_{RB12}\eta_{RB1} + \varepsilon_{RB12} & Y_{RB13} = \lambda_{RB13}\eta_{RB1} + \varepsilon_{RB13} \\
Y_{RB21} = \lambda_{RB21}\eta_{RB2} + \varepsilon_{RB21} & Y_{RB22} = \lambda_{RB22}\eta_{RB2} + \varepsilon_{RB22} & \\
Y_{RB31} = \lambda_{RB31}\eta_{RB3} + \varepsilon_{RB31} & Y_{RB32} = \lambda_{RB32}\eta_{RB3} + \varepsilon_{RB32} & Y_{RB33} = \lambda_{RB33}\eta_{RB3} + \varepsilon_{RB33} \\
Y_{RB41} = \lambda_{RB41}\eta_{RB4} + \varepsilon_{RB41} & Y_{RB42} = \lambda_{RB42}\eta_{RB4} + \varepsilon_{RB42} & Y_{RB43} = \lambda_{RB43}\eta_{RB4} + \varepsilon_{RB43} \\
Y_{BDD1} = \lambda_{BDD1}\eta_{BDD} + \varepsilon_{BDD1} & Y_{BDD2} = \lambda_{BDD2}\eta_{BDD} + \varepsilon_{BDD2} & \\
Y_{BDD3} = \lambda_{BDD3}\eta_{BDD} + \varepsilon_{BDD3} & & \\
Y_{BDD11} = \lambda_{BDD11}\eta_{BDD1} + \varepsilon_{BDD11} & Y_{BDD12} = \lambda_{BDD12}\eta_{BDD1} + \varepsilon_{BDD12} & Y_{BDD13} = \lambda_{BDD13}\eta_{BDD1} + \varepsilon_{BDD13} \\
Y_{BDD21} = \lambda_{BDD21}\eta_{BDD2} + \varepsilon_{BDD21} & Y_{BDD22} = \lambda_{BDD22}\eta_{BDD2} + \varepsilon_{BDD22} & Y_{BDD23} = \lambda_{BDD23}\eta_{BDD2} + \varepsilon_{BDD23} \\
Y_{BDD31} = \lambda_{BDD31}\eta_{BDD3} + \varepsilon_{BDD31} & Y_{BDD32} = \lambda_{BDD32}\eta_{BDD3} + \varepsilon_{BDD32} &
\end{cases}
$$

本书在成功构建商业文化博物馆与商业区域开发型系统性保护协同模式的观测模型的基础上，根据结构方程模型的一般形式构建商业文化博物馆与商业区域开发型系统性保护协同模式的结构方程式，具体如下：

$$
\begin{cases}
\eta_{RB} = \gamma_3\xi_{CCM} + \zeta_{RB} \\
\eta_{SD} = \gamma_2\xi_{CCM} + \zeta_{SD} \\
\eta_{BDD} = \gamma_1\xi_{CCM} + \gamma_3\eta_{RB} + \gamma_2\eta_{SD} + \zeta_{BDD}
\end{cases}
$$

在商业文化博物馆与商业区域开发型系统性保护协同模式的结构方程模型中，分别用 γ_1、γ_2、γ_3 表示商业文化博物馆对商业区域开发型、空间布局、资源基础的作用路径。用 β_4 表示资源基础对商业区域开发型的作用路径，用 β_5 表示空间布局对商业区域开发型的作用路径。

在成功构建"商业文化博物馆与商业区域开发型系统性保护协同模式"的初始结构方程模型后，本书将从检验拟合指数、参数和决定系数三方面，对商业文化博物馆与商业区域开发型协同模式的初始结构方程模型进行检验。利用不同的评价方法对以上指标进行检验，进而判断商业文化博物馆与商业区域开发型系统性保护协同模式的初始结构方程模型是否需要进行修正。

将所构建的商业文化博物馆与商业区域开发型系统性保护协同模式的初始结构方程模型导入 AMOS 22.0 中，在成功导入量表数据后，获得了商业文化博物馆与商业区域开发型系统性保护协同模式的拟合指标值，见表 7-21。

表 7-21　　　商业文化博物馆与商业区域开发型协同模式的初始结构方程模型适配度检验结果

拟合指标	χ^2/DF	CFI	IFI	TLI	PNFI	RMSEA	SRMR
观测值	1.716	0.935	0.936	0.928	0.772	0.053	0.033
拟合标准	<3.00	>0.90	>0.90	>0.90	>0.50	<0.08	<0.08

由表 7-21 可以看出，研究所得各个拟合指标检验值都达到了对应的拟合标准，因此，认为研究所构建的商业文化博物馆与商业区域开发型系统性保护协同模式的结构方程模型能够与调研小组所得数据较好地拟合。基于此，在进行拟合度检测的基础上，进一步对商业文化博物馆与商业区域开发型系统性保护协同模式的初始结构方程中的各个路径的系数进行测度，见表 7-22。

表 7-22　　　商业文化博物馆与商业区域开发型系统性保护协同模式的初始结构方程路径估计

路径	模型路径	路径系数	S. E.	C. R.	P
γ_1	CCM→BDD	0.179	0.076	2.350	0.019
γ_2	CCM→SD	0.065	0.075	8.057	***
γ_3	CCM→RB	0.676	0.064	10.484	***
β_4	RB→BDD	0.289	0.080	3.616	***
β_5	SD→BDD	0.200	0.073	2.742	0.06

注：*** 表示 $P < 0.001$。

由表 7-22 可以看出，CCM→BDD、SD→BDD 两条路径没有通过显著性检验。但是商业文化博物馆与商业区域开发型系统性保护协同模式的构造思路正确，因此对商业文化博物馆与商业区域开发型系统性保护协同模式的作用路径关系进行调整。在综合分析文献的基础上，本书在商业文化博物馆与商业区域开发型系统性保护协同模式的初始结构方程模型中删除 SD→BDD 作用路径，如图 7-16 所示。

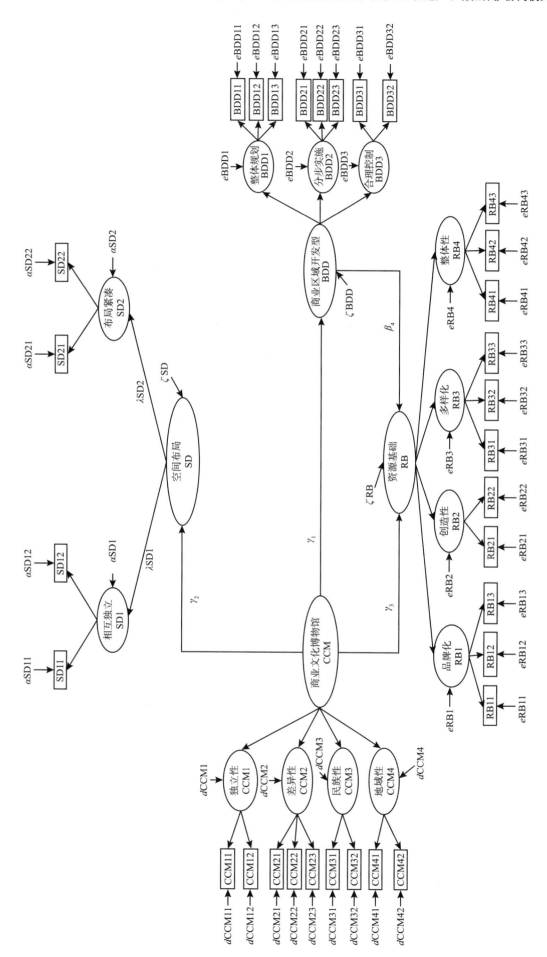

图7-16 调整后的商业文化博物馆与商业区域开发型系统性保护协同模式的结构方程模型

图 7 - 16 展示了调整后的商业文化博物馆与商业区域开发型系统性保护协同模式的结构方程模型，将调整后的商业文化博物馆与商业区域开发型协同模式的结构方程模型导入 AMOS 22.0 中进行拟合度检验，结果如表 7 - 23 所示。

表 7 - 23   调整后的商业文化博物馆与商业区域开发型系统性保护协同模式的拟合指标检验结果

拟合指标	χ^2/DF	CFI	IFI	TLI	PNFI	RMSEA	RMR
观测值	1.730	0.934	0.934	0.926	0.772	0.054	0.035
拟合标准	<3.00	>0.90	>0.90	>0.90	>0.50	<0.08	<0.05

由表 7 - 23 可以看出，各个拟合指标均达到了拟合标准，因此，认为调整的结构方程模型与原数据量表之间是匹配的。再次将所构建的商业文化博物馆与商业区域开发型系统性保护协同模式导入 AMOS 22.0 中，对其进行路径估计，结果如表 7 - 24 所示。

表 7 - 24   调整后的商业文化博物馆与商业区域开发型系统性保护协同模式结构方程路径估计

路径	模型路径	非标准化路径系数	标准化路径系数	S. E.	C. R.	P
γ_1	CCM→BDD	0.250	0.248	0.066	3.779	***
γ_2	CCM→SD	0.600	0.598	0.076	7.903	***
γ_3	CCM→RB	0.670	0.674	0.064	10.470	***
β_4	RB→BDD	0.350	0.350	0.084	4.148	***

注：*** 表示 $P < 0.001$。

由表 7 - 24 可以看出，拟合指标大部分都达到了 0.001 的显著水平，各个假设较好地通过了显著性检验。因此，认为调整后的商业文化博物馆与商业区域开发型系统性保护协同模式为最满意的结构方程，在对其进行标准化处理之后，各个路径系数都在 -1 ~ 1，最终得出的商业文化博物馆与商业区域开发型系统性保护协同模式的结构方程模型，如图 7 - 17 所示。

为进一步探讨商业文化博物馆与商业区域开发型系统性保护协同发展模式中各个变量之间的关系，本书将从直接效益和间接效应两个方面对各个作用路径的影响进行解释说明。其中，直接效应是指某一变量作为原因而对另一变量产生的影响，间接效应是指某一变量作为原因通过其他变量对另一变量产生影响。间接效应的作用路径系数为间接效应发生过程中，每一过程的系数之积，两个变量之间的总效应为二者直接效应和间接效应之和。为有效测度商业文化博物馆与商业区域开发型系统性保护协同模式的主要变量，本书对商业文化博物馆（CCM）、资源基础（RB）、空间布局（SD）、商业区域开发型（BDD）四个变量的作用效应进行分解可知，在商业文化博物馆与商业区域开发型系统性保护协同模式的作用过程中，商业文化博物馆和资源基础都对商业区域开发型产生了直接作用，直接作用效应分别为 0.25 和 0.35，商业文化博物馆还对商业区域开发型产生了间接作用，间接作用为 0.1645（0.47×0.35），因此，在商业文化博物馆与商业区域开发型系统性保护协同模式的作用过程中，资源基础是重要的中间变量。

第三，结构方程的假设检验及效应分解。

通过分析结构方程实证结果，根据前文提及的研究假设与理论模型，结合商业文化博物馆与商业区域开发型系统性保护协同模式的假设验证和路径系数，进行归纳总结，结果如表 7 - 25 所示。

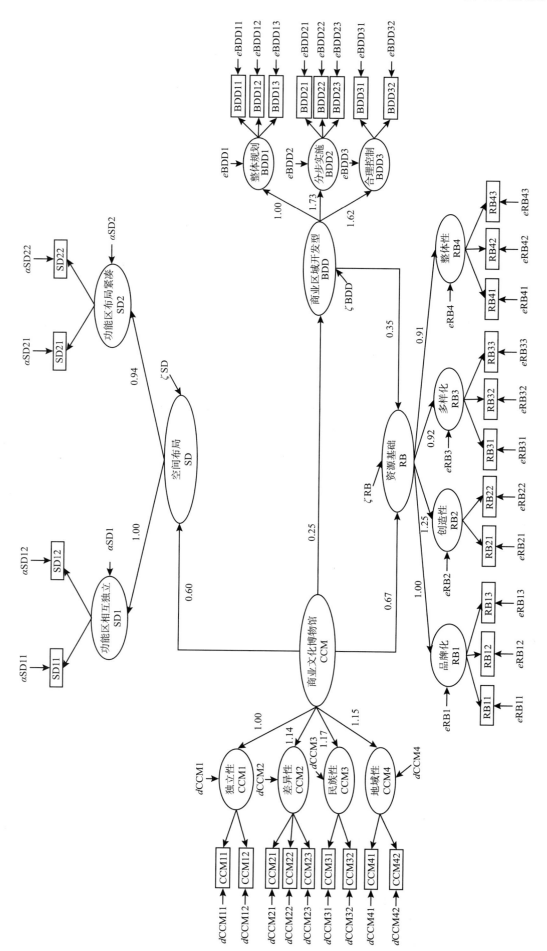

图7-17　最终的商业文化博物馆与商业区域开发型协同模式的结构方程模型

表 7 - 25   商业文化博物馆与商业区域开发型系统性保护协同模式的结果讨论分析

路径	模型路径	标准化路径系数	显著性水平	对应假设	检验结果
γ_1	CCM→BDD	0.248	***	HC1	支持
γ_2	CCM→SD	0.598	***	HC2	支持
γ_3	CCM→RB	0.674	***	HC3	支持
β_4	RB→BDD	0.350	***	HC4	支持
β_5	SD→BDD	—	—	HC5	拒绝

注：*** 表示 $P < 0.001$。

商业文化博物馆到商业区域开发型的标准化路径系数为 0.248，$P < 0.001$，较好地通过了显著性检验。基于此，可以得出"商业文化博物馆建设水平对推进商业区域开发实施进程具有显著的正向作用"的假设成立，即研究结果支持原假设 HC1。

商业文化博物馆到空间布局的标准化路径系数为 0.598，$P < 0.001$，较好地通过了显著性检验。基于此，可以得出"商业文化博物馆建设水平对优化空间布局具有显著的正向作用"的假设成立，即研究结果支持原假设 HC2。

商业文化博物馆到资源基础的标准化路径系数为 0.674，$P < 0.001$，较好地通过了显著性检验。基于此，可以得出"商业文化博物馆建设水平对提高资源开发效率具有显著的正向作用"的假设成立，即研究结果支持原假设 HC3。

资源基础到商业区域开发型的标准化路径系数为 0.350，$P < 0.001$，较好地通过了显著性检验。基于此，可以得出"资源开发效率对推进商业区域开发实施进程具有显著的正向作用"的假设成立，即研究结果支持原假设 HC4。

空间布局到商业区域开发型的作用路径在调整模型的过程中被删掉，并没有通过显著性检验，因此，"空间布局对提高商业区域开发实施效率具有显著的正向作用"假设不成立，即研究结果拒绝原假设 HC5。

综合以上研究得出，HC1、HC2、HC3、HC4 存在合理性，HC5 存在不合理性。由商业文化博物馆与商业区域开发型系统性保护协同模式的结构方程模型可以得出，资源基础是关键的中间变量。在商业文化博物馆与商业区域开发型协同发展模式作用过程中，商业文化博物馆与资源基础都对商业区域开发型产生了直接的作用效应，直接作用效应分别为 0.25 和 0.35，这说明通过发展商业旅游实施商业文化遗产系统性保护过程中，良好的资源基础是商业文化博物馆建设发展的基础。商业文化博物馆还对商业区域开发型产生了间接作用效应，间接作用为 0.1645（0.47×0.35），小于直接作用效应，这说明商业文化博物馆与商业区域开发型的协同发展与资源基础密切相关，只有充分发挥资源价值，才能促进地区商业旅游实现可持续发展。

7.4 创意产业园与商业区域开发型系统性保护协同模式的实证研究

7.4.1 研究假设

第一，创意产业园发展水平的作用。

创意产业园是各级政府在全面考虑区域产业总体发展战略和规划，深入分析创意产业发展所需的内外部环境以及创意人群的现实需求、喜好等空间特征的基础上，综合评估区域经济、社会、文化等的发展现状和发展环境而制定的一种区域创意产业发展方式。创意产业园服务对象的特殊性要求其运营管理者具备先进的服务理念、较高的服务水平，才能够为消费者提供优质服务，进而打造具有发展潜力的园区。这就要求创意产业园的发展顺应媒体化、场景化和体验化的时代要求，要求园区管理者、管理企业等积极参与到新媒体文化创意产品生产当中，为商业文化遗产系统性保护营造良好的外部环境。张晓含（2015）指出，创意产业园的发展需要有显著的场所精神，即其活动空间的大小要能够满足引进不同文化企业需要的建筑，街区的活动空间较大，空间结构较为活跃，渗透性较强，为传统文化产业的入驻打造良好的现实基础。

创意产业园自身发展所需的创新的思路、创新的途径和创新的手段，为其未来发展营造了良好的外部环境。首先在创新的思路方面，对商业区域进行开发改造成文化创意产业园要充分了解旧商业区的发展规模和区位条件，确保创意产业园的发展迎合旧厂房和周边文化产业的发展氛围，以园区新旧元素的碰撞创新发展生机和发展活力，为商业文化遗产的保护利用提供助力。其次在创新途径方面，各个地区根据地区商业文化遗产的现实发展状况，利用数字媒体等现代资源创建文化创意产业园，使其地区文化创意产业能够实现个性化、集群化发展，进而从根本上提高资源利用率。最后在创新手段方面，单一的行政手段已经不能满足创意产业园发展的现实需求，"文化产业园热"的形成需要政府、专家和人民大众的广泛参与，在政府指导下，结合各方专家专业化的指导，充分挖掘地方商业旅游资源，创新发展模式，为商业文化遗产的保护利用提供充足的资本基础。基于此，可以看出创意产业园发展水平对商业区域开发进程、发展基础效率、丰富发展模式具有重要的影响，故提出如下假设：

HD1：创意产业园发展水平对推进商业区域开发进程具有显著的正向作用。

HD2：创意产业园发展水平对提高发展基础效率具有显著的正向作用。

HD3：创意产业园发展水平对丰富发展模式具有显著的正向作用。

第二，发展基础的作用。

各地区结合自身发展基础和资源禀赋条件，探索多种发展模式并存的新局面是实现可持续发展的现实基础。促使商业实现转型发展很大程度上是功能性构架的深刻变革，不仅涉及商业发展基础、发展模式，还涉及发展格局和发展空间等多方面的内容。文雯（2014）等学者指出，地区的自然条件、历史发展基础、文化整体脉络、人口资源环境等因素共同组成地区商业旅游发展的资源，其作为旅游发展的核心要素直接影响着地区旅游业的发展基础和发展模式，商业文化遗产作为地区文化产业的组成要素，以商业文化遗产为核心而发展的商业旅游必然以地域文化资源为基础，对地区文化资源利用的深度、广度和角度产生重要影响，共同决定文化产业发展的生命力和活力。基于此可以看出，创意产业园的发展基础对丰富发展模式具有重要的影响，故提出如下假设：

HD4：发展基础对丰富发展模式具有显著的正向作用。

资源作为旅游发展的核心要素，资源基础直接影响着地区旅游业的未来发展。创意产业园的发展基础不仅指资源基础，还包括其在发展过程中的创造精神。以地方商业文化底蕴为资源基础，在发展过程中融入创造性精神，可以增强地区商业旅游产品的趣味性，进而全面提高对商业文化遗产的利用率。同时，为确保创意产业园能够实现可持续发展，其在资源开发过程中又要注重对商业文化遗产的保护。张明斗（2016）指出，发展基础、发展模式、技术类型、经济发展环境等诸多因素都直接或者间接影响着发展效率。基于此，可以看出创意产业园的发展基础对推进商业区域开发进程具有重要的影响，故提出如下假设：

HD5：发展基础对推进商业区域开发进程具有显著的正向作用。

第三，发展模式丰富度的作用。

邹冰（2017）指出，以产业转型和科技创新两方面的发展成效为基础，形成依靠高水平效益的产业发展获得稳定的现金流，进而保证城市能够长期实现高质量的持续增长的发展模式是有效的。创意产业园的发展模式主要有文化创意产业和公共服务区域两部分，在文化创意产业方面，风格多样的创新型商业旅游产品能够吸引各个年龄段游客的青睐，游客的高度集聚促使创意产业园的发展规模不断扩大、经济效益持续增加，进而有效推动地区商业文化创意设计与相关产业融合发展。在公共服务区域方面，创意产业园的公共服务功能不仅能够满足游客的旅游消费的基本需求，其建设还要符合地区的社会经济、文化、环境发展状况。基于此，可以看出创意产业园的发展模式的丰富度对提高商业区域开发效率具有重要的影响，故提出如下假设：

HD6：发展模式丰富度对提高发展成效具有显著的正向作用。

HD7：发展模式丰富度对提高商业区域开发效率具有显著的正向作用。

第四，发展成效的作用。

本书根据庞玉清（2018）的研究将发展成效划分为经济发展成效、公共服务成效和社会福利水平3个部分。首先在经济发展成效方面，创意产业园的经济发展模式可有效缓解商业旅游发展过程中的经济效益低下、市场竞争力低等问题，还可以满足旅游消费者需求，形成以文化资源为发展基础、以创新发展为灵魂、以商业文化遗产为核心的创意产业园，进而为商业文化遗产旅游资源的发展注入新的发展活力。其次在公共服务成效方面，创意产业园的公共服务平台通过资源整合，以单纯的商业文化遗产为基础，逐渐向文化创意产业可持续发展的人才、资金、技术创新等多要素方面延伸，创意产业园发展所需的良好的外部环境为商业文化遗产系统性保护提供了新的机遇。最后在社会福利水平方面，创意产业园的发展需要周边社区居民与文化创意产业园互动，以增强地区居民的认同感，进而提升创意产业园作为公共文化服务设施的功能。基于此，可以看出创意产业园的发展成效对商业区域开发成效具有重要的影响，故提出如下假设：

HD8：发展成效对传承商业区域开发成效具有显著的正向作用。

第五，关于创意产业园与商业区域开发型系统性保护协同模式的理论模型。

根据创意产业园与商业区域开发型协同模式的分析框架、研究假设等相关内容，综合分析创意产业园与商业区域开发型协同发展现状，由此构建创意产业园与商业区域开发型系统性保护协同模式的理论模型，见图7-18。

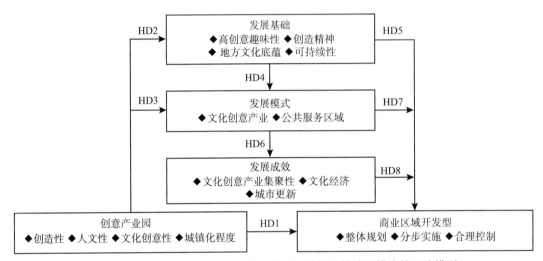

图 7 - 18　创意产业园与商业区域开发型系统性保护协同模式的理论模型

从创意产业园与商业区域开发型系统性保护协同模式的理论模型中可以看出，其主要包含创意产业园、发展基础、发展模式、发展成效和商业区域开发型五个变量，其中，创意产业园包含创造性、人文性、文化创意性、城镇化程度四个层面；发展基础包含高创意趣味性、创造精神、地方文化底蕴、可持续性四个层面；发展模式包含文化创意产业、公共服务区域两个层面；发展成效包含文化创意产业集聚性、文化经济、城市更新三个层面；商业区域开发型包含整体规划、分步实施、合理控制三个层面。创意产业园到商业区域开发型不仅具有直接作用路径，还有间接作用路径，其中，创意产业园到商业区域开发型的间接作用路径为：①创意产业园发展水平—发展基础效率—丰富发展模式—发展成效—商业区域开发效率；②创意产业园发展水平—丰富发展模式—商业区域开发效率；③创意产业园发展水平—发展基础效率—商业区域开发进程。构建创意产业园与商业区域开发型协同模式的理论模型，为文旅深度融合新业态与商业文化遗产系统性保护协同的结构方程数据验证奠定了基础。

7.4.2　实地访谈

第一，关于案例地发展状况。

上海田子坊借助地区良好的人力资本优势，充分发挥人力资源优势，利用现代科学技术充分挖掘地方商业旅游文化底蕴，以商业文化遗产为核心发展商业旅游，不仅具有文化创意产业，还有休闲运动等一系列公共服务区域，在满足游客旅游消费基本需求的同时，还让游客亲身感受到地方商业文化的魅力。地方开发主体根据实际发展需要，结合地区商业文化遗产的本质特征，已经在促进文化创意产业集聚发展、提升商业文化现代经济、推进城市更新、提升新型城镇化建设水平等方面取得了重要成效。

本书主要以上海田子坊的发展路径为出发点分析"创意产业园与商业区域开发型系统性保护协同模式"的发展状况。由前文分析可知，上海田子坊在坚持文化创意性的基础上坚持创新型发展，对于促进地区实现新型城镇化建设具有重要意义。以上海田子坊为例研究"创意产业园与商业区域开发型系统性保护协同模式"的具体发展路径，主要划分为以下三个阶段：

第一阶段：困境变发展机遇。

上海田子坊是由老式弄堂改造而来的，内设有居住场所和作坊式工厂，兼顾居住和生产两大功能。在新中国成立初期，弄堂内的部分住宅收归国有，随之开始对其进行整改和重新规划。但在住房制度改革时期，弄堂内的住宅大多为多户共用，无法明确住宅使用权，因而未能对其进行住房改革。随着经济社会的快速发展，弄堂里的住宅开始对外招租，在此基础上，上海产业结构调整使得弄堂里的厂房相继关停。弄堂里的老旧厂房的关停，使得以田子坊为中心的老旧工厂的更新逐步兴起，随着田子坊的发展，尔冬强等艺术家相继入驻田子坊，这为田子坊的发展带来新的机遇，后经艺术大师黄永玉提名，田子坊引起更多的关注。田子坊内住宅的对外招租，从人力资本流动的角度盘活了空置厂房资源，并通过居民与艺术家的参与，带动了地区经济发展，促进了产业结构向文化产业转型。

第二阶段：田子坊向创意产业园发展的历程。

改革开放以来，我国实行中国特色的社会主义市场经济战略，与西方新自由主义在一定程度上存在显著差异，但中国城市与区域政治经济的空间格局很大程度上受到新自由主义的影响。上海田子坊向创意产业园发展的历程大致分为改造初期、改造中期、改造后期三个阶段，首先在改造初期，主要通过招租、艺术家入驻等多种方式盘活厂房资源。其次在改造中期，将改造范围扩展到对田子坊周边里弄住宅的改造，这不仅解决了原工业厂区"一席难求"的问题，还进一步压缩了房租成本。2003 年，田子坊被纳入"新一轮旧区改造"范围，被整体拆除重建，因此，田子坊的更新主体逐渐向艺术家、商家、居民和政府多部门联合的方向转变，这为地区创意产业的发展带来了新机遇。最后在改造后期，随着田子坊的发展，其相继被评为"上海最具影响力的十大创意产业集聚区""中国最佳创意产业园区""中国 AAA 级旅游景区"，此时上海田子坊已经不仅是单一的文化创意产业园区，而且是集商业、旅游、休闲娱乐等为一体的休闲娱乐区域。田子坊逐渐由老弄堂向创意产业园发展的历程，让其在短时间内实现了效益最大化，与此同时，还最大限度保留了传统里弄建筑的历史价值。

第三阶段：全面打造具有地域文化特色的民俗商业街。

上海田子坊集工艺品商店、茶馆和民居等多种业态于一体，其不仅保留了上海里弄的风格，还充分融合国内和国外的文化元素，展现了中西方文化的交融。上海田子坊以徐悲鸿、徐郎等诸多大师为中心而形成的艺术文化为中心，形成了具有浓厚文化氛围的商业旅游新业态。田子坊 20 多年的发展历程，使其不仅保留了城市肌理与生活肌理，还为游客体验原生的老上海生活气息提供了新机遇，新业态发展与休闲融为一体，丰富了观光功能层次，进一步提高了上海田子坊的市场竞争力。

第二，上海田子坊对创意产业园与商业区域开发型系统性保护协同模式的作用。

为进一步分析创意产业园与商业区域开发型系统性保护协同模式，通过对各个相关要素进行综合分析，本书将案例研究的重点放在资源、产业、效益等方面，整体提炼出发展基础、发展模式和发展成效 3 个关键构念，并对其构建进行科学合理的分析，构建出上海田子坊开发过程中的发展基础、发展模式、发展成效，为研究发展基础、发展模式和发展成效在创意产业园与商业区域开发型系统性保护协同模式中的作用提供了清晰的路径。

首先，上海田子坊开发过程中发展基础分析。

上海田子坊内不仅商业盛行，在政府的整体规划下，田子坊还拥有准确的功能定位，业态布局、环境治理以及基础设施建设等方面都取得了良好的成效。随着以田子坊为中心的老旧工厂的更新逐步兴起，尔冬强等艺术家相继入驻田子坊，这为田子坊的发展带来新的机遇，后经艺术大师黄永玉提名，田子坊引起更多的关注。田子坊内住宅的对外招租，从人力资本流动的角度盘活了空置厂房资源，并通过居民与艺术家的参与，带动了地区经济发展，促进了产业结构向文化产业转型。结合上海田子坊发展过程中所呈现出来的创造性、人文性、文化创意性等特征，本书在综合分析上海田子坊发展基础的前提下，重点把握高创意趣味性、地方文化底蕴和可持续性三个方面内容，科学合理地构建出上海田子坊开发过程中发展基础的作用模型，见图 7-19。

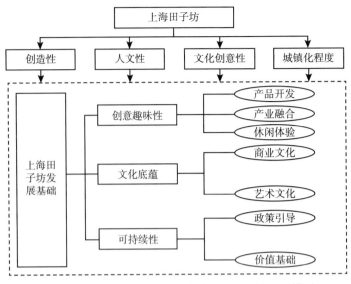

图 7 - 19　上海田子坊建设过程中发展基础的作用模型

图 7 - 19 展示了上海田子坊建设过程中发展基础的作用模型，从中可以看出上海田子坊发展所具有的创造性、人文性和文化创意性对于推进地区新型城镇化建设进程，促进地区商业旅游实现可持续发展具有重要意义。结合上海田子坊发展所需的现实基础，对其发展基础的作用作出如下分析：一是良好的发展基础为上海田子坊发展商业旅游奠定了基础，上海田子坊是由上海老弄堂改造而来的，弄堂原有的住房建筑、自然环境等为其发展商业旅游培育了良好的内部环境，同时，商业旅游作为推动文旅深度融合新业态与商业文化遗产系统性保护协同的有效路径之一，其与金融、信息、农业、科技等密切相关，以田子坊为核心促进产业融合，反过来又促进田子坊自身发展，由此而形成良性循环。二是深厚的文化底蕴为上海田子坊创新型发展提供了可能，利用老弄堂本身所具有的商业文化、艺术文化，结合现代科学技术，开发创新型商业旅游产品，赋予其文化内涵。三是上海市政府基于泰康路在打浦桥地区的功能定位开始实施特色的工程，是对上海老弄堂进行开发再利用的动力源。因此，上海田子坊发展所具有的创造性、人文性和文化创意性对于推进地区新型城镇化建设进程，促进地区商业旅游实现可持续发展具有重要意义，假设 HD1、HD2、HD4 和 HD5 成立。

其次，上海田子坊开发过程中发展模式分析。

上海田子坊是由上海老弄堂改造而来的，园区内融合了古代和现代元素，因此在现实发展过程中，形成了以政府引导、专家指导、全民参与的局面，通过将创意产业园与商业区域开发型相结合，发展商业旅游，创意产业园走出了一条新路子，可大幅度提高游客感知度，提升上海田子坊的市场竞争力。基于对上海田子坊发展现状的分析，结合本书研究重点，构建出上海田子坊开发过程中发展模式的作用模型，见图 7 - 20。

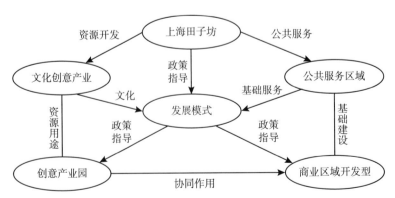

图 7 - 20　上海田子坊建设过程中发展模式的作用模型

从图 7 - 20 可以看出，上海田子坊的发展模式不仅是其开发成效的重要体现，还是推动其自身实现可持续发展的重要推动力量，有利于以上海田子坊为核心发展商业旅游，在实施商业文化遗产保护的同时充分发挥其潜在价值，为推动商业文化遗产系统性保护进程提供了有利条件。结合上海田子坊的具体发展路径可以发现，其发展既注重文化创意产业的开发，又注重休闲观光、购物、娱乐等公共服务区域的建设。因此，创意产业园旅游的趣味性、创造性、文化元素和可持续性，是展现商业区域开发实施成效的关键性因素，也是保护工业文化遗产的重要模式，假设 HD3、HD6 和 HD7 成立。

最后，上海田子坊开发过程中发展成效分析。

商业文化遗产见证了我国商业发展史，具有丰厚的文化内涵。随着新型城镇化建设进程的逐步推进，迫切要求推进商业文化遗产与新型城镇化建设相匹配。上海市人民政府在全面打造具有地域文化特色的民俗商业街的过程中，形成了整体规划、分步实施和合理控制为一体的开发格局。基于对上海田子坊发展路径的分析，结合本书研究重点，构建出上海田子坊开发过程中发展成效的作用模型，见图 7 - 21。

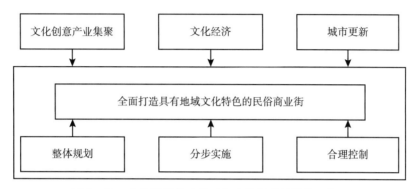

图 7 - 21　上海田子坊建设过程中发展成效的作用模型

图 7 - 21 展示了上海田子坊建设过程中发展成效的作用模型，从商业区域开发型的角度出发，上海田子坊在开发过程中坚持整体规划、分步实施和合理控制相结合的理念，确保在项目实施过程中能够充分发挥商业文化遗产的现代价值，保障园区未来发展，这能够通过促进文化创意产业集聚，提升文化经济效益，推进城市更新进程。一是在文化创意产业集聚方面，积极引进人才、技术等多种无形资源要素，培育良好的社会文化环境，上海着力将文化创意产业培育成为支柱性产业，并制定了一系列优惠政策来激励、扶持文化创意产业的发展。二是在提升文化经济效益方面，通过进行文化价值评估与市场化，提升文化经济价值，达到弘扬商业文化遗产精神内涵、激发现代活力的目的。三是在推进城市更新进程方面，上海田子坊通过发展商业旅游，赋予城市以文化内涵，积极引导资源开发利用方式与城市发展规划相匹配。因此，要实现创意产业园文旅融合新业态与商业区域开发型系统性保护协同模式，关键在于把握好遗产地产业优势，依托当地的资源禀赋、基础设施条件和人力资源，不断整合各项资源，推动产业融合协调，并由此构建出适合商业文化遗产系统性保护的发展模式，刺激区域经济发展，实现经济、生态效益的统一和遗产文化的保护传承，假设 HD8 成立。

关于案例验证分析：

本次案例研究选取的是上海田子坊，研究小组通过实地调研获得了较高准确性的有效资料，对上海田子坊有了进一步的了解，同时也保证了资料数据的实效性、准确性、可靠性。为了更好地展开对创意产业园与商业区域开发型协同模式的案例研究，本研究首先对上海田子坊作为本次研究对象进行解释说明，将上海田子坊的改造历程和发展过程分为三个阶段：一是困境变发展机遇阶段；二是田子坊向创意产业园发展的历程阶段；三是全面打造具有地域文化特色的民俗商业街阶段，通过对这三个阶段进行全面而深入的分析，总结提炼出上海田子坊发展的变革历程，得出上海田子坊的现实发展基础。根据前文构建的创意产业园与商业区域开发型系统性保护协同模式的结构方程实证分析结果，在案例分析中重点把握发展基础、发展模式和发展成效三个方面的内容，通过构建上海田子坊建设过程中发展基础的作用模型得出，上海田子坊发展所具有的创造性、人文性和文化创意性对于推进地区新型城镇化建设进程，促进地区商业旅游实现可持续发展具有重要意义；通过构建上海田子坊建设过程中发展模式的作用模型，得出其发展既注重文化创意产业的开发，又注重休闲观光、购物、娱乐等公共服务区域的建设；通过构建上海田子坊建设过程中发展成效的作用模型，得出上海田子坊在建设过程中坚持整体规划、分步实施和合理控制相结合的理念，确保在项目实施过程中能够充分发挥商业文化遗产的现代价值，保障园区未来发展，这能够通过促进文化创意产业集聚，提升文化经济效益，推进城市更新进程。

本书采取案例研究的方法进行单个案例研究，选取上海田子坊为典型案例对创意产业园与商业区域开发型系统性保护协同模式进行验证。结合前文所构建的创意产业园与商业区域开发型系统性保护协同模式的分析框架、研究假设和结构方程实证分析的相关内容，以上海田子坊的发展现状为出发点，重点把发展基础、发展模式和发展成效在文旅深度融合新业态与商业文化遗产系统性保护中的作用，以上海田子坊为案例对创意产业园与商业区域开发型系统性保护协同模式过程中的影响因素进行案例验证，进一步科学合理地验证了创意产业园与商业区域开发型系统性保护协同模式的有效性。

7.4.3 问卷数据分析

第一，样本数据的描述性统计及信度效度检验。

首先，创意产业园与商业区域开发型系统性保护协同模式的协同度测算。

创意产业园与商业区域开发型系统性保护协同模式的作用机制利用评价二者的协同性进行评估。在对创意产业园与商业区域开发型系统性保护协同模式的协同性进行评估之前，将以前文实证研究中所用到的度量指标为基础构建其相应的指标体系，并将实地调研所得数据用于计算创意产业园与商业区域开发型系统性保护协同模式的协同度。由前文对创意产业园与商业区域开发型系统性保护协同模式的实证分析中得出，创意产业园、发展基础2个子系统都对商业区域开发型产生了直接作用，创意产业园还对商业区域开发型产生了间接作用。因此，认为创意产业园与商业区域开发型协同发展是以"发展基础"这一子系统为基础的。从文化记忆圈的创造性、人文性、文化创意性和城镇化程度四个方面来看，创意产业园在一定程度上直接或间接影响着发展基础、发展模式和发展成效这3个子系统，基于此，本书认为在对创意产业园与商业区域开发型系统性保护协同模式进行协同度评价时，可以借助创意产业园、发展基础、发展模式、发展成效和商业区域开发型这5个子系统之间的相互关系来进行考量，并根据各个子系统的特征和作用提出对应的改进措施。

在充分理解协同学相关原理和理论的基础上，构建创意产业园、发展基础、发展模式、发展成效和商业区域开发型5个子系统之间的协同度模型。各个子系统的序参量见表7-26。

表7-26   子系统序参量

子系统	测量指标	序参量
创意产业园	创造性、人文性、文化创意性、城镇化程度	CIP11、CIP12、CIP21、CIP22、CIP31、CIP32、CIP41、CIP42
发展基础	高创意趣味性、创造精神、地方文化底蕴、可持续性	DF11、DF12、DF13、DF21、DF22、DF31、DF32、DF33、DF41、DF42
发展模式	文化创意产业、公共服务区域	DM11、DM12、DM21、DM22
发展成效	文化创意产业集聚性、文化经济、城市更新	DE11、DE12、DE13、DE21、DE22、DE23、DE31、DE32、DE33
商业区域开发型	整体规划、分步实施、合理控制	BDD11、BDD12、BDD13、BDD21、BDD22、BDD23、BDD31、BDD32

在确定各个子系统的序参量后，对各个子系统之间的有序度进行测量，结合前文对创意产业园与商业区域开发型系统性保护协同模式的理论模型的相关分析，得出其他子系统的有序度和序参量之后，将计算系统协同度并重新测量子系统的有序度，进而得到总系统的协同度。同理，得出创意产业园与商业区域开发型系统性保护协同模式中发展基础、发展模式、发展成效和商业区域开发型等其他子系统之间的协同度，见表7-27。

表7-27   各个子系统间的系统协同度

子系统	CIP	DF	DM	DE	BDD
创意产业园（CIP）	—				
发展基础（DF）	0.60	—			

续表

子系统	CIP	DF	DM	DE	BDD
发展模式（DM）	0.58	0.53	—		
发展成效（DE）	0.58	0.53	0.52	—	
商业区域开发型（BDD）	0.66	0.61	0.59	0.59	—

本书在参考有关协同学相关文献的基础上，结合现实应用，将协同度数值和协同度大小划分为 5 个区间，由表 4 - 1 协同度划分区间，结合表 7 - 27 中所得有关创意产业园与商业区域开发型系统性保护协同模式中各个子系统的协同度的大小，得出在创意产业园与商业区域开发型系统性保护协同模式中，创意产业园、发展基础、发展模式、发展成效和商业区域开发型这 5 个子系统之间的协同度都处于高度协同的范围，因此，认为创意产业园与商业区域开发型具有良好的协同性。

其次，在对通过实地调研所获得的创意产业园与商业区域开发型系统性保护协同发展的第一手数据资料进行综合评估后，认为团队所得有效问卷数量符合结构方程所要求的样本数量，因此可以进行实证分析。为确保研究所得的创意产业园与商业区域开发型系统性保护协同模式的相关数据的准确性，以及后续所得结论的科学性，在对其进行实证分析之前，还将对问卷所得数据进行信度和效度分析。

本书采取均值和标准差两个指标，衡量创意产业园与商业区域开发型系统性保护协同模式中各个变量分布的平均程度和集中度。其中，标准差是直接观测创意产业园与商业区域开发型系统性保护协同模式的离散程度的指标。利用 SPSS 25.0 对创意产业园与商业区域开发型系统性保护协同模式的数据进行信度检测，进而得到各个观测变量的均值、标准差、最大值、最小值，见表 7 - 28。

表 7 - 28　　　　　　　　　　　　　　　　描述性统计

主要变量	潜在变量	观测变量	均值	标准差	最大值	最小值
创意产业园（CIP）	创造性（CIP1）	CIP11	3.62	0.733	5	1
		CIP12	3.66	0.734	5	1
	人文性（CIP2）	CIP21	3.56	0.816	5	1
		CIP22	3.62	0.822	5	1
	文化创意性（CIP3）	CIP31	3.51	0.762	5	1
		CIP32	3.50	0.712	5	1
	城镇化程度（CIP4）	CIP41	3.54	0.741	5	1
		CIP42	3.51	0.732	5	1
发展基础（DF）	高创意趣味性（DF1）	DF11	3.20	0.670	5	1
		DF12	3.27	0.673	5	1
		DF13	3.25	0.672	5	1
	创造精神（DF2）	DF21	3.27	0.651	5	1
		DF22	3.25	0.720	5	1
	地方文化底蕴（DF3）	DF31	3.21	0.784	5	1
		DF32	3.20	0.731	5	1
		DF33	3.15	0.733	5	1
	可持续性（DF4）	DF41	3.32	0.770	5	1
		DF42	3.22	0.696	5	1
发展模式（DM）	文化创意产业（DM1）	DM11	3.19	0.748	5	1
		DM12	3.19	0.694	5	1
	公共服务区域（DM2）	DM21	3.09	0.663	5	1
		DM22	3.23	0.731	5	1

续表

主要变量	潜在变量	观测变量	均值	标准差	最大值	最小值
发展成效 （DE）	文化创意产业集聚性 （DE1）	DE11	3.09	0.718	5	1
		DE12	3.16	0.712	5	1
		DE13	3.24	0.706	5	1
	文化经济 （DE2）	DE21	3.11	0.687	5	1
		DE22	3.14	0.713	5	1
		DE23	3.35	0.776	5	1
	城市更新 （DE3）	DE31	3.41	0.790	5	1
		DE32	3.39	0.749	5	1
		DE33	3.34	0.704	5	1
商业区域开发型 （BDD）	整体规划 （BDD1）	BDD11	3.61	0.719	5	1
		BDD12	3.61	0.744	5	1
		BDD13	3.59	0.766	5	1
	分步实施 （BDD2）	BDD21	3.61	0.759	5	1
		BDD22	3.65	0.751	5	1
		BDD23	3.71	0.738	5	1
	合理控制 （BDD3）	BDD31	3.63	0.794	5	1
		BDD32	3.67	0.748	5	1

最后，为确保创意产业园与商业区域开发型系统性保护协同模式检测结果具有真实性、可靠性，对其进行信度检测。利用组合信度系数对创意产业园与商业区域开发型系统性保护协同模式所整合的各类数据进行分析和检测，分别得出创意产业园、发展基础、发展模式、发展成效、商业区域开发型的组合信度系数。同时，根据表 5-4 的组合信度标准对创意产业园与商业区域开发型系统性保护协同模式的潜在变量的组合信度系数进行评判。为确保信度检测所得数据能够科学合理地反映各个变量的真实构架，本书在对创意产业园与商业区域开发型系统性保护协同模式进行信度检测的基础上，进一步对创意产业园与商业区域开发型系统性保护协同模式进行效度检测，信度和效度检验结果如表 7-29 所示。

表 7-29　　　　　　　　　　　　信度和效度检验结果

变量	CR	因子载荷		KMO 值	累计方差 解释率	Bartlett's 球形检验		
						χ^2	df	Sig.
创意产业园 （CIP）	0.8661	CIP11	0.671	0.926	59.540	1112.945	28	0.000
		CIP12	0.552					
		CIP21	0.716					
		CIP22	0.649					
		CIP31	0.665					
		CIP32	0.739					
		CIP41	0.681					
		CIP42	0.669					
发展基础 （DF）	0.7593	DF11	0.521	0.903	40.573	681.646	45	0.000
		DF12	0.435					
		DF13	0.503					
		DF21	0.433					
		DF22	0.472					
		DF31	0.448					
		DF32	0.549					
		DF33	0.678					
		DF41	0.476					
		DF42	0.366					

续表

变量	CR	因子载荷		KMO 值	累计方差解释率	Bartlett's 球形检验		
						χ^2	df	Sig.
发展模式（DM）	0.574	DM11	0.537	0.720	49.836	145.163	6	0.000
		DM12	0.404					
		DM21	0.403					
		DM22	0.653					
发展成效（DE）	0.8509	DE11	0.686	0.841	54.632	691.655	36	0.000
		DE12	0.467					
		DE13	0.599					
		DE21	0.721					
		DE22	0.562					
		DE23	0.564					
		DE31	0.660					
		DE32	0.648					
		DE33	0.684					
商业区域开发型（BDD）	0.8852	BDD11	0.666	0.936	62.983	1223.858	28	0.000
		BDD12	0.616					
		BDD13	0.735					
		BDD21	0.732					
		BDD22	0.765					
		BDD23	0.699					
		BDD31	0.703					
		BDD32	0.684					

如表 7 - 29 所示，首先，从对创意产业园和商业区域开发型进行信度检测所得数据中可以看出，各个数据的组合信度系数值 CR 均大于 0.5，因此认为所得数据具有可信度。其次，从对创意产业园与商业区域开发型系统性保护协同模式进行效度检测所得数据中可以看出，所得各个指标的因子载荷大多都在 0.5以上，KMO 值均大于 0.7，因此认为所得数据能够较好地进行因子分析。最后，在 Bartlett's 球形检验过程中，调查问卷所得数据及各组成部分建构之间有较好的效度。

第二，样本数据的结构方程模型构建及调整。

本书通过建立创意产业园与商业区域开发型系统性保护协同模式的结构方程模型，进而对其进行估计和检验。本节对创意产业园与商业区域开发型系统性保护协同模式的结构方程模型分析主要分为以下几点：首先，建立创意产业园与商业区域开发型系统性保护协同模式的结构方程模型，并设定相关误差变量；其次，在对参数进行估计的基础上，确定创意产业园与商业区域开发型系统性保护协同模式的结构方程模型的拟合度；最后，通过对创意产业园与商业区域开发型系统性保护协同模式的结构方程模型的不理想的路径进行修正，确定最终的结构方程模型。

在创意产业园与商业区域开发型系统性保护协同模式的研究过程中，本书根据各个变量的性质进行划分，进一步构建创意产业园与商业区域开发型系统性保护协同模式的结构方程模型。研究以创意产业园与商业区域开发型系统性保护协同模式的理论模型为基础，可以看出，创意产业园、发展基础、发展模式、发展成效、商业区域开发型都是不能直接观测的潜变量，这五个变量下设置的二级指标仍无法直接观测，本书均将其定义为潜在变量。接着本书对创意产业园与商业区域开发型系统性保护协同模式中的各个变量进行分类，其中，定义内生变量为创意产业园，中间变量为发展基础、发展模式、发展成效，外生变量为商业区域开发型。基于此，构建出创意产业园与商业区域开发型系统性保护协同模式的初始结构方程模型，见图 7 - 22。

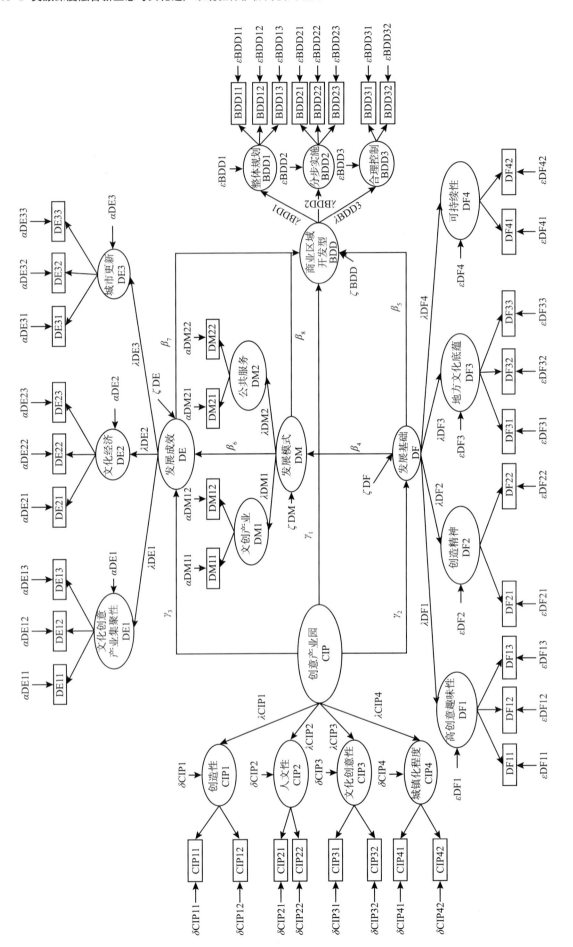

图7-22 创意产业园与商业区域开发型系统性保护协同模式的初始结构方程模型

根据图 7-22 显示，创意产业园与商业区域开发型系统性保护协同模式的初始结构方程中外生显变量共 8 项，分别为 CIP11、CIP12、CIP21、CIP22、CIP31、CIP32、CIP41、CIP42；内生显变量共 31 项，分别为 DF11、DF12、DF13、DF21、DF22、DF31、DF32、DF33、DF41、DF42、DM11、DM12、DM21、DM22、DE11、DE12、DE13、DE21、DE22、DE23、DE31、DE32、DE33、BDD11、BDD12、BDD13、BDD21、BDD22、BDD23、BDD31、BDD32；外生潜变量共 4 项，分别为 CIP1、CIP2、CIP3、CIP4；内生潜变量共 12 项，分别为 DF1、DF2、DF3、DF4、DM1、DM2、DE1、DE2、DE3、BDD1、BDD2、BDD3。

在对创意产业园与商业区域开发型系统性保护协同模式进行数据验证的过程中，本书将对相关变量进行设定，进而构建观测变量的结构方程式。根据前文对创意产业园与商业区域开发型系统性保护协同模式的相关研究，创意产业园（CIP）、创造性（CIP1）、人文性（CIP2）、文化创意性（CIP3）、城镇化程度（CIP4）是外生潜变量，分别用 ξ_{CIP}、ξ_{CIP1}、ξ_{CIP2}、ξ_{CIP3}、ξ_{CIP4} 来表示。发展基础（DF）、高创意趣味性（DF1）、创造精神（DF2）、地方文化底蕴（DF3）、可持续性（DF4）、发展模式（DM）、文化创意产业（DM1）、公共服务区域（DM2）、发展成效（DE）、文化创意产业集聚性（DE1）、文化经济（DE2）、城市更新（DE3）、商业区域开发型（BDD）、整体规划（BDD1）、分步实施（BDD2）、合理控制（BDD3）是内生潜变量，分别用 η_{DF}、η_{DF1}、η_{DF2}、η_{DF3}、η_{DF4}、η_{DM}、η_{DM1}、η_{DM2}、η_{DE}、η_{DE1}、η_{DE2}、η_{DE3}、η_{BDD}、η_{BDD1}、η_{BDD2}、η_{BDD3} 来表示。基于此，构建出创意产业园与商业区域开发型系统性保护协同模式的观测模型方程式：

$$
\begin{cases}
X_{CIP1} = \lambda_{CIP1}\xi_{CIP} + \delta_{CIP1} \quad X_{CIP2} = \lambda_{CIP2}\xi_{CIP} + \delta_{CIP2} \quad X_{CIP3} = \lambda_{CIP3}\xi_{CIP} + \delta_{CIP3} \\
X_{PCIP4} = \lambda_{CIP4}\xi_{CIP} + \delta_{CIP4} \quad X_{CIP11} = \lambda_{CIP11}\xi_{CIP1} + \delta_{CIP11} \quad X_{CIP12} = \lambda_{CIP12}\xi_{CIP1} + \delta_{CIP12} \\
X_{CIP21} = \lambda_{CIP21}\xi_{CIP2} + \delta_{CIP21} \quad X_{CIP22} = \lambda_{CIP22}\xi_{CIP2} + \delta_{CIP22} \\
X_{CIP31} = \lambda_{CIP31}\xi_{CIP3} + \delta_{CIP31} \quad X_{CIP32} = \lambda_{CIP32}\xi_{CIP3} + \delta_{CIP32} \\
X_{CIP41} = \lambda_{CIP41}\xi_{CIP4} + \delta_{CIP41} \quad X_{CIP42} = \lambda_{CIP42}\xi_{CIP4} + \delta_{CIP42} \\
Y_{DM1} = \lambda_{DM1}\eta_{DM} + \varepsilon_{DM1} \quad Y_{DM2} = \lambda_{DM2}\eta_{DM} + \varepsilon_{DM2} \quad Y_{DM11} = \lambda_{DM11}\eta_{DM1} + \varepsilon_{DM11} \\
Y_{DM12} = \lambda_{DM12}\eta_{DM1} + \varepsilon_{DM12} \quad Y_{DM21} = \lambda_{DM21}\eta_{DM2} + \varepsilon_{DM21} \quad Y_{DM22} = \lambda_{DM22}\eta_{DM2} + \varepsilon_{DM22} \\
Y_{DE1} = \lambda_{DE1}\eta_{DE} + \varepsilon_{DE1} \quad Y_{DE2} = \lambda_{DE2}\eta_{DE} + \varepsilon_{DE2} \quad Y_{DE3} = \lambda_{DE3}\eta_{DE} + \varepsilon_{DE3} \\
Y_{DE11} = \lambda_{DE11}\eta_{DE1} + \varepsilon_{DE11} \quad Y_{DE12} = \lambda_{DE12}\eta_{DE1} + \varepsilon_{DE12} \quad Y_{DE13} = \lambda_{DE13}\eta_{DE1} + \varepsilon_{DE13} \\
Y_{DE21} = \lambda_{DE21}\eta_{DE2} + \varepsilon_{DE21} \quad Y_{DE22} = \lambda_{DE22}\eta_{DE2} + \varepsilon_{DE22} \quad Y_{DE23} = \lambda_{DE23}\eta_{DE2} + \varepsilon_{DE23} \\
Y_{DE31} = \lambda_{DE31}\eta_{DE3} + \varepsilon_{DE31} \quad Y_{DE32} = \lambda_{DE32}\eta_{DE3} + \varepsilon_{DE32} \quad Y_{DE33} = \lambda_{DE33}\eta_{DE3} + \varepsilon_{DE33} \\
Y_{DF1} = \lambda_{DF1}\eta_{DF} + \varepsilon_{DF1} \quad Y_{DF2} = \lambda_{DF2}\eta_{DF} + \varepsilon_{DF2} \quad Y_{DF3} = \lambda_{DF3}\eta_{DF} + \varepsilon_{DF3} \quad Y_{DF4} = \lambda_{DF4}\eta_{DF} + \varepsilon_{DF4} \\
Y_{DF11} = \lambda_{DF11}\eta_{DF1} + \varepsilon_{DF11} \quad Y_{DF12} = \lambda_{DF12}\eta_{DF1} + \varepsilon_{DF12} \quad Y_{DF13} = \lambda_{DF13}\eta_{DF1} + \varepsilon_{DF13} \\
Y_{DF21} = \lambda_{DF21}\eta_{DF2} + \varepsilon_{DF21} \quad Y_{DF22} = \lambda_{DF22}\eta_{DF2} + \varepsilon_{DF22} \quad Y_{DF31} = \lambda_{DF31}\eta_{DF3} + \varepsilon_{DF31} \\
Y_{DF32} = \lambda_{DF32}\eta_{DF3} + \varepsilon_{DF32} \quad Y_{DF33} = \lambda_{DF33}\eta_{DF3} + \varepsilon_{DF33} \\
Y_{DF41} = \lambda_{DF41}\eta_{DF4} + \varepsilon_{DF41} \quad Y_{DF42} = \lambda_{DF42}\eta_{DF4} + \varepsilon_{DF42} \\
Y_{BDD1} = \lambda_{BDD1}\eta_{BDD} + \varepsilon_{DBDD1} \quad Y_{BDD2} = \lambda_{BDD2}\eta_{BDD} + \varepsilon_{BDD2} \quad Y_{BDD3} = \lambda_{BDD3}\eta_{BDD} + \varepsilon_{BDD3} \\
Y_{BDD11} = \lambda_{BDD11}\eta_{BDD1} + \varepsilon_{BDD11} \quad Y_{BDD12} = \lambda_{BDD12}\eta_{BDD1} + \varepsilon_{BDD12} \quad Y_{BDD13} = \lambda_{BDD13}\eta_{BDD1} + \varepsilon_{BDD13} \\
Y_{BDD21} = \lambda_{BDD21}\eta_{BDD2} + \varepsilon_{BDD21} \quad Y_{BDD22} = \lambda_{BDD22}\eta_{BDD2} + \varepsilon_{BDD22} \quad Y_{BDD23} = \lambda_{BDD23}\eta_{BDD2} + \varepsilon_{BDD23} \\
Y_{BDD31} = \lambda_{BDD31}\eta_{BDD3} + \varepsilon_{BDD31} \quad Y_{BDD32} = \lambda_{BDD32}\eta_{BDD3} + \varepsilon_{BDD32}
\end{cases}
$$

在成功构建创意产业园与商业区域开发型协同发展模式的观测模型的基础上，本书根据结构方程模型的一般形式构建创意产业园与商业区域开发型协同模式的结构方程模型，具体如下：

$$
\begin{cases}
\eta_{DF} = \gamma_2\xi_{CIP} + \zeta_{DF} \\
\eta_{DM} = \gamma_3\xi_{CIP} + \zeta_{DM} \\
\eta_{DE} = \gamma_3\xi_{DM} + \gamma_2\eta_{DF} + \zeta_{DM} \\
\eta_{BDD} = \gamma_1\xi_{CIP} + \beta_5\eta_{DF} + \beta_7\eta_{DM} + \beta_8\eta_{DE} + \zeta_{BDD}
\end{cases}
$$

在创意产业园与商业区域开发型系统性保护协同模式的结构方程式中，分别用 γ_1、γ_2、γ_3 表示创意产业园对商业区域开发型、发展基础、发展模式的作用路径。用 β_4 表示发展基础对发展模式的作用路径，用 β_5 表示发展基础对商业区域开发型的作用路径，用 β_6 表示发展模式对发展成效的作用路径，用 β_7 和 β_8 分别表示发展模式和发展成效对商业区域开发型的作用路径。

在成功构建"创意产业园与商业区域开发型系统性保护协同模式"的初始结构方程模型后，本书将从检验拟合指数、参数和决定系数三方面，对创意产业园与商业区域开发型系统性保护协同模式的初始结构方程模型进行检验。利用不同的评价方法对以上指标进行检验，从而正确判断创意产业园对商业文化遗产系统性保护的作用原始模型是否需要进行修正。

将所构建的创意产业园与商业区域开发型系统性保护协同模式的初始结构方程模型导入 AMOS 22.0 中，在成功导入量表数据后，获得了创意产业园与商业区域开发型系统性保护协同模式的拟合指标值，见表 7 - 30。

表 7 - 30　创意产业园与商业区域开发型系统性保护协同模式的初始结构方程模型适配度检验结果

拟合指标	X^2/DF	CFI	IFI	TLI	PNFI	RMSEA	SRMR
观测值	1.384	0.945	0.945	0.939	0.757	0.037	0.024
拟合标准	<3.00	>0.90	>0.90	>0.90	>0.50	<0.08	<0.08

由表 7 - 30 可以看出，本书所得各个拟合指标检验值都达到了对应的拟合标准，因此，认为研究所构建的创意产业园与商业区域开发型系统性保护协同模式的结构方程模型能够与调研小组所得数据较好地拟合。基于此，在进行拟合度检测的基础上，进一步对创意产业园与商业区域开发型系统性保护协同模式的初始结构方程中的各个路径的系数进行测度，见表 7 - 31。

表 7 - 31　　　　创意产业园与商业区域开发型系统性保护协同模式的初始结构方程路径估计

路径	模型路径	路径系数	S. E.	C. R.	P
γ_1	CIP→BDD	0.442	0.122	3.623	***
γ_2	CIP→DF	0.766	0.099	7.753	***
γ_3	CIP→DM	0.168	0.088	1.905	0.057
β_4	DF→DM	0.703	0.125	5.607	
β_5	DF→BDD	0.129	0.232	0.555	0.579
β_6	DM→DE	0.799	0.126	6.352	
β_7	DM→BDD	0.956	3.866	0.247	0.805
β_8	DE→BDD	-0.511	5.019	-0.102	0.919

注：*** 表示 P < 0.001。

由表 7 - 37 可以看出，CIP→DM、DF→BDD、DM→BDD 和 DE→BDD 4 条路径没有通过显著性检验。但是创意产业园与商业区域开发型系统性保护协同模式的构造基本思路正确，因此对创意产业园与商业区域开发型系统性保护协同模式的作用路径关系进行调整。在综合分析文献的基础上，在创意产业园与商业区域开发型系统性保护协同模式的初始结构方程模型中删除 DE→BDD、DM→BDD 和 CIP→DM 的直接作用路径，如图 7 - 23 所示。

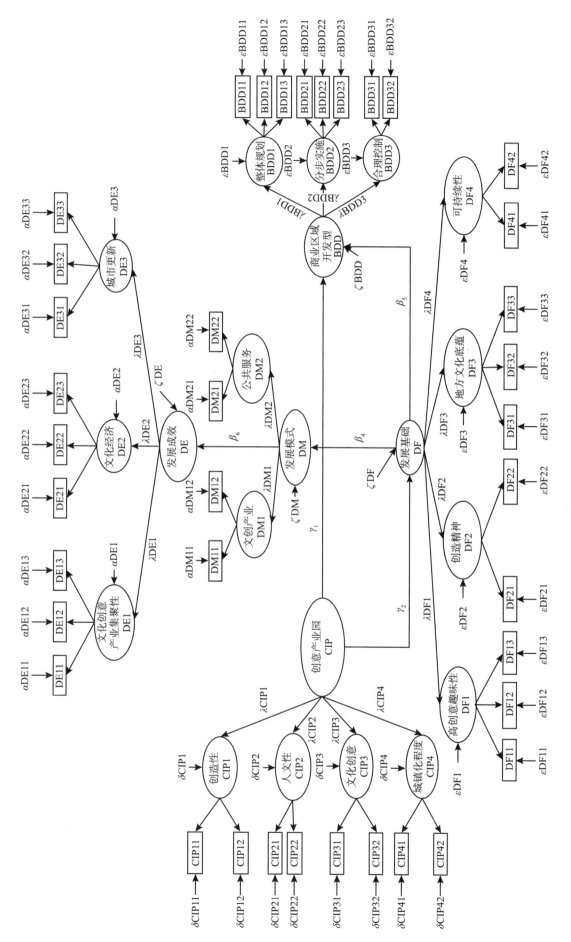

图7-23　调整后的创意产业园与商业区域开发型系统性保护协同模式的结构方程模型

图 7 - 23 展示了调整后的创意产业园与商业区域开发型系统性保护协同模式的结构方程模型，将调整后的创意产业园与商业区域开发型系统性保护协同模式的结构方程模型导入 AMOS 22.0 中进行拟合度检验，结果如表 7 - 32 所示。

表 7 - 32　　　　调整后的创意产业园与商业区域开发型系统性保护协同模式的拟合指标检验结果

拟合指标	χ^2/DF	CFI	IFI	TLI	PNFI	RMSEA	RMR
观测值	1. 393	0. 943	0. 944	0. 938	0. 758	0. 038	0. 025
拟合标准	< 3. 00	> 0. 90	> 0. 90	> 0. 90	> 0. 50	< 0. 08	< 0. 05

由表 7 - 32 可以看出，各个拟合指标均达到了拟合标准，因此，认为调整后的结构方程模型与原数据量表之间是匹配的。研究再次将所构建的调整后的创意产业园与商业区域开发型系统性保护协同模式导入 AMOS 22.0 中，对其进行路径估计，结果见表 7 - 33。

表 7 - 33　　　　调整后的创意产业园与商业区域开发型系统性保护协同模式结构方程路径估计

路径	模型路径	非标准化路径系数	标准化路径系数	S. E.	C. R.	P
γ_1	CIP→BDD	0. 400	0. 400	0. 126	3. 164	0. 002
γ_2	CIP→DF	0. 780	0. 779	0. 099	7. 885	***
β_4	DF→DM	0. 880	0. 884	0. 115	7. 655	***
β_5	DF→BDD	0. 680	0. 678	0. 140	4. 850	***
β_6	DM→DE	0. 800	0. 803	0. 125	6. 404	***

注：*** 表示 $P < 0.001$。

由表 7 - 33 可以看出，拟合指标大部分都达到了 0.001 的显著水平，各个假设较好地通过了显著性检验。因此，认为调整后的创意产业园与商业区域开发型系统性保护协同模式为最满意的结构方程，在对其进行标准化处理之后，各个路径系数都在 -1 ~ 1，最终得出的最终创意产业园与商业区域开发型系统性保护协同模式的结构方程模型，如图 7 - 24 所示。

为进一步探讨创意产业园与商业区域开发型系统性保护协同模式中各个变量之间的关系，本书将从间接效应和直接效应两个方面对各个作用路径的影响进行解释说明。其中，直接效应是指某一变量作为原因而对另一变量产生的影响，间接效应是指某一变量作为原因通过其他变量对另一变量产生影响。间接效应的作用路径系数为间接效应发生过程中，每一个过程的系数之积，两个变量之间的总效益为二者直接效应和间接效应之和。为有效测度创意产业园与商业区域开发型系统性保护协同模式的主要变量，对创意产业园（CIP）、发展基础（DF）、发展模式（DM）、发展成效（DE）、商业区域开发型（BDD）等 5 个变量的作用效应进行分解可知，在创意产业园与商业区域开发型系统性保护协同模式的作用过程中，创意产业园和发展基础都对商业区域开发型产生了直接作用，分别为 0.400 和 0.680，创意产业园还对商业区域开发型产生了间接作用，其间接作用为 0.5304（0.78 × 0.68），因此，在创意产业园与商业区域开发型系统性保护协同模式的作用过程中，发展基础是重要的中间变量。

第三，结构方程的假设检验及效应分解。

通过分析结构方程实证结果，根据前文提及的研究假设与理论模型，本书对创意产业园与商业区域开发型系统性保护协同模式的假设验证和路径系数进行归纳总结，结果如表 7 - 34 所示。

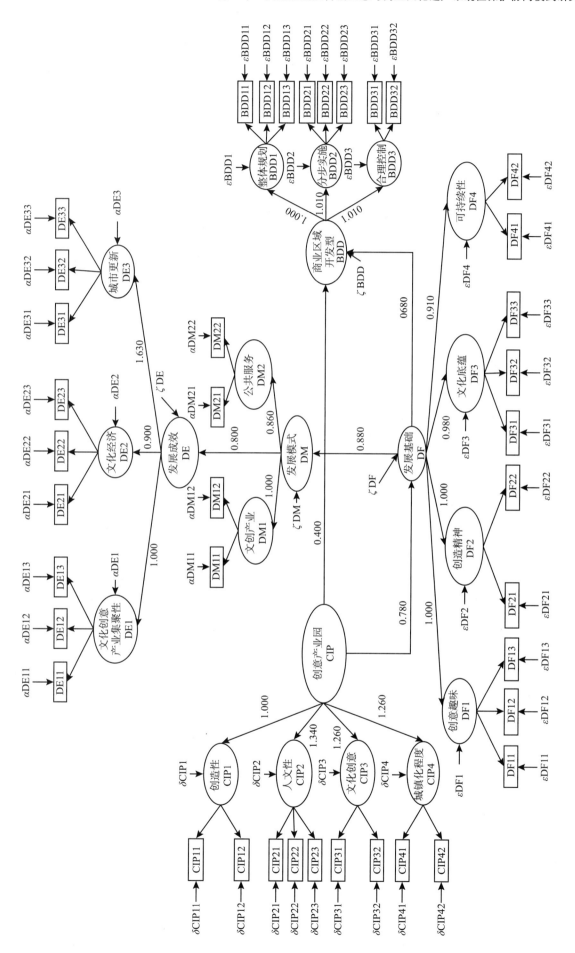

图7-24　最终的创意产业园与商业区域开发型系统保护协同模式的结构方程模型

表 7 - 34 创意产业园与商业区域开发型系统性保护协同模式的结果讨论分析

路径	模型路径	标准化路径系数	显著性水平	对应假设	检验结果
γ_1	CIP→BDD	0.400	0.002	HD1	支持
γ_2	CIP→DF	0.779	***	HD2	支持
γ_3	CIP→DM	—	—	HD3	拒绝
β_4	DF→DM	0.884	***	HD4	支持
β_5	DF→BDD	0.678	***	HD5	支持
β_6	DM→DE	0.803	***	HD6	支持
β_7	DM→BDD	—	—	HD7	拒绝
β_8	DE→BDD	—	—	HD8	拒绝

注：*** 表示 $P < 0.001$。

创意产业园到商业区域开发型的标准化路径系数为 0.400，$P < 0.001$，较好地通过了显著性检验。基于此，可以得出"创意产业园发展水平对推进商业区域开发实施进程具有显著的正向作用"的假设成立，即研究结果支持原假设 HD1。

创意产业园到发展基础的标准路径系数为 0.779，$P < 0.001$，较好地通过了显著性检验。基于此，可以得出"创意产业园发展水平对提高发展基础效率具有显著的正向作用"的假设成立，即研究结果支持原假设 HD2。

创意产业园到发展模式的作用路径在调整模型的过程中被删掉，并没有通过显著性检验，因此，"创意产业园发展水平对丰富发展模式具有显著的正向作用"假设不成立，即研究结果拒绝原假设 HD3。

发展基础到发展模式的标准路径系数为 0.884，$P < 0.001$，较好地通过了显著性检验。基于此，可以得出"发展基础对丰富发展模式具有显著的正向作用"的假设成立，即研究结果支持原假设 HD4。

发展基础到商业区域开发型的标准化路径系数为 0.678，$P < 0.001$，较好地通过了显著性检验。基于此，可以得出"发展基础对推进商业区域开发进程具有显著的正向作用"的假设成立，即研究结果支持原假设 HD5。

发展模式到发展成效的标准化路径系数为 0.803，$P < 0.001$，较好地通过了显著性检验。基于此，可以得出"发展模式丰富度对提高发展成效具有显著的正向作用"的假设成立，即研究结果支持原假设 HD6。

发展模式到商业区域开发的作用路径在调整模型的过程中被删掉，并没有通过显著性检验，因此，"发展模式丰富度对提高商业区域开发效率具有显著的正向作用"的假设不成立，即研究结果拒绝原假设 HD7。

发展成效到商业区域开发的作用路径在调整模型的过程中被删掉，并没有通过显著性检验，因此，"发展成效对传承商业区域开发成效具有显著的正向作用"的假设不成立，即研究结果拒绝原假设 HD8。

综合以上研究得出，HD1、HD2、HD4、HD5、HD6 存在合理性，以及 HD3、HD7 和 HD8 存在不合理性。

由创意产业园与商业区域开发型系统性保护协同模式的结构方程模型可以得出，发展基础是非常重要的中间变量。在创意产业园到商业区域开发型系统性保护协同模式的作用过程中，创业产业园和发展基础都对商业区域开发型产生了直接作用，直接效应分别为 0.400 和 0.680，这说明地区良好的商业旅游发展基础是以创意产业园为主导，通过商业区域开发发展商业旅游的关键。创意产业园对商业区域开发型产生了间接作用，其间接作用为 0.5304（0.78×0.68），明显高于创意产业园对商业区域开发型的直接作用，这说明在创意产业园与商业区域开发协同发展过程中，创意产业园通过发展基础对商业区域开发的间接作用效应大于直接作用效应。这说明创意产业园的开发和发展与地区发展基础密切相关，发展基础不仅包括地区商业文化遗产的价值构成，还包括政策支持、群众支持等良好的外部发展环境。基于此，认为创意产业园的开发的发展与发展基础密切相关，只有在充分了解地区商业文化遗产价值构成的基础上，借助地方政策发展环境，积极营造良好的外部发展环境，充分发挥地区商业文化遗产的现代价值，才能使创意产业园实现可持续发展。

7.5　旅游商业区与旧城区整合型系统性保护协同模式的实证研究

7.5.1　研究假设

第一，旅游商业区发展水平的作用。

旅游商业区的发展过程以其自身的区位条件优势、人文基础、自然资源禀赋等为基础，通过以现代科学技术为支撑，不断培育新的创新点，从而促进旅游商业区发展。历史街区大多位于旧城区，商业文化遗产资源丰富，通过发展旅游商业区来促进地区商业文化遗产系统性保护进程成为重要途径。为了促进旅游商业区的发展，需要整合地区商业旅游资源，这就激活了商业文化遗产的现代活力，缓解了新时代条件下商业文化遗产活跃度不高的问题。同时，旅游商业区的发展需要一定的资本支持，在具体实践过程中通过开放旅游商业区的资产平台，以多元化的方式吸引外来资本投入旅游商业区的开发建设之中，这就为地区商业文化遗产系统性保护提供了足够的资金支持。在旅游商业区的发展过程中，深度整合商业旅游发展的资源组成要素，不断丰富地区商业旅游发展模式，可以促进地区商业文化遗产得以高效保护利用。基于此，可以看出旅游商业区发展水平对旧城区整合具有重要影响，故提出如下假设：

HE1：旅游商业区发展水平对提高旧城区整合效率具有显著的正向作用。

旅游商业区是集旅游观光、商业体验等为一体的文旅融合新业态，是通过大力发展旅游商业区，推动商业文化遗产保护和再利用的新模式新路径。旅游商业区注重创新型发展，包括创意文化、创意手工业、创新旅游。通过深入挖掘商业文化遗产的多功能性，将现代创意设计与商业旅游发展相结合，积极培育符合自身发展模式的主题和特色，根据地区商业文化特色和发展旅游业的资源优势进行差异化发展，形成适合自身商业文化遗产的发展模式，可以全面激发地区商业文化遗产旅游发展潜力。基于此，可以看出旅游商业区对商业旅游资源开发具有重要影响，故提出如下假设：

HE2：旅游商业区发展水平对提高商业旅游资源开发效率具有显著的正向作用。

随着城镇化建设的逐步推进，旅游商业区的市场需求逐渐扩大，以商业文化遗产为核心而发展的文旅深度融合新业态，在激烈的市场竞争中逐步兴起，并受到了社会的高度关注。旅游商业区发展的本质是平衡商业文化旅游与商业化之间的关系，在地区丰富的商业文化遗产和良好的资源禀赋的基础上，旅游商业区在市场上得到了广泛认可，吸引了大量社会资本。在发展过程中，商业文化遗产原有的功能受到现代城市文明的影响，传统单一的商业营销模式通过创意型发展逐渐向消费空间多元化的方向转变，张胜男（2016）指出，创意发展模式正逐渐成为城市消费空间的再生和转型的工具，创意在开发城市和旅游空间中扮演着越来越重要的作用。随着城市消费空间的产生，旅游商业区的经济发展、旅游收益、基础设施建设等内外部影响因素都影响着城市新消费空间的延伸和重构。基于此，可以看出旅游商业区发展水平对优化城市消费空间具有重要影响，故提出如下假设：

HE3：旅游商业区发展水平对提高优化城市消费空间具有显著的正向作用。

第二，商业旅游资源开发效率的作用。

商业旅游的发展要符合城市发展规划，因此，商业旅游发展要充分整合地区商业文化遗产旅游资源，通过旅游大项目的建设打造旅游商业区，以商业旅游的发展推动城镇化发展，将文旅深度融合新业态培育成国民经济的支柱产业。刘昌雪（2016）指出，通过创意性整合现有的旅游资源并对旅游要素进行空间延伸，可使区域生产合力倍增，对于打造国际化、高品位、全功能的旅游综合体具有重要作用。同时，整合商业旅游资源还可以吸引相关企业集聚，延伸产业链，满足当地居民就业的需求，由商业旅游资源开发带来的良好的经济效益、社会效益等反过来为商业文化遗产的保护和再利用营造良好的外部环境。基于此，可以看出商业旅游资源开发效率对提高旧城区整合效率具有重要影响，故提出如下假设：

HE4：商业旅游资源开发效率对提高旧城区整合效率具有显著的正向作用。

第三，优化城市消费空间的作用。

商业旅游地区的城市消费空间的优化推动了地区城区整合进程，由于城镇化建设具有刺激消费和拉动内需的功能,因此,城市消费空间也在逐步发生着改变,尤其是城市旅游消费群体的消费空间,具体主要表现在物质消费空间、文化消费空间和服务消费空间三个方面。在物质消费空间方面,吴业苗(2016)指出,物质空间转向物质方面的消费主要体现在吃、穿、用、行等多个方面,城镇化旅游消费市场逐渐成为城市居民物质消费的主要阵地。在文化消费空间方面,商业旅游的精英化、人文化是城市文化消费空间的发展趋势,并且城市消费逐渐趋向于多元化。在服务消费空间方面,主要包括生产性服务和生活服务两个方面,由于商业发展受到政治、经济等环境的影响,城市服务消费空间正在逐渐向新型城镇化的方向转变。总的来说,城市消费空间的转变使得旅游消费者的旅游消费倾向发生转变,同时,旅游消费作为衡量商业旅游发展成效的关键指标,通过评估旅游消费倾向来调整商业旅游发展方向,是提高商业文化遗产系统性保护成效的有效路径。基于此,可以看出优化城市消费空间对提高旧城区整合效率具有重要影响,故提出如下假设:

HE5:城市消费空间的优化对提高旧城区整合效率具有显著的正向作用。

第四,关于旅游商业区与旧城区整合型系统性保护协同模式的理论模型。

根据旅游商业区与旧城区整合型系统性保护协同模式的分析框架、研究假设等相关内容,综合分析旅游商业区与旧城区整合型协同发展的现状,由此构建旅游商业区与旧城区整合型系统性保护协同模式的理论模型,见图7-25。

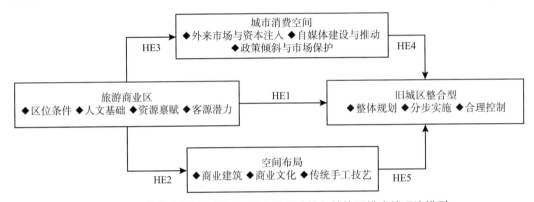

图7-25　旅游商业区与旧城区整合型系统性保护协同模式的理论模型

从旅游商业区与旧城区整合型系统性保护协同模式的理论模型中可以看出,其主要包含旅游商业区、城市消费空间、空间布局、旧城区整合型四个变量,其中,旅游商业区包含区位条件、人文基础、资源禀赋、客源潜力四个层面;城市消费空间包含外来市场与资本注入、自媒体建设与推动、政策倾斜与市场保护三个层面;空间布局包含商业建筑、商业文化、传统手工技艺三个层面;旧城区整合型包含整体规划、分步实施、合理控制三个层面。旅游商业区到旧城区整合型不仅具有直接作用路径,还有间接作用路径,其中,旅游商业区到旧城区整合型的间接作用路径分别为:①旅游商业区发展水平—资源开发效率—旧城区整合实施效率;②旅游商业区发展水平—优化城市消费空间—旧城区整合效率。构建旅游商业区与旧城区整合型系统性保护协同模式的理论模型,为文旅深度融合新业态与商业文化遗产系统性保护协同的结构方程数据验证奠定了基础。

7.5.2　实地访谈

第一,关于案例地发展状况。

浙江杭州南宋御街有良好的区位条件优势,且具有良好的人文基础、资源禀赋和客源潜力,南宋御街作为"旅游商业区域旧城区整合型系统性保护协同发展"的典型代表,是循序渐进形成的,南宋御街既不是现代新建型的商业街,也不是大众化的速成产物,而是在历史演变过程中,逐渐积累、沉淀形成的。

本书主要从浙江杭州南宋御街的开发建设及其发展状况等基本情况出发分析"旅游商业区与旧城区整合型系统性保护协同模式"的发展状况。南宋御街不仅能够体现出城市的传统特色,还是吸引游客的休闲场所,其发展可分为以下三个阶段。

第一阶段:南宋御街向商业旅游的转变。

中国古代经济自魏晋南北朝开始,中心便开始南移,使得南方经济迅速发展。浙江气候温和、土地肥沃，且有丰富的水资源，先天的资源优势是浙江地区经济发展的基础。而北宋靖康之难后，北人的大量南迁，为浙江地区的发展注入了充足的劳动力、财富与先进的生产方式。浙江杭州南宋御街在实际发展过程中，在对御街构建研究的基础上，通过充分挖掘地区商业文化遗产的现代机制，对商业旅游产品进行延伸拓展，借助开发创新型商业旅游产品，在推动地方商业旅游产业发展的同时促进劳动力就业水平，真正做到了让科技服务于地方经济和城市发展。

第二阶段：南宋御街的整体改造。

浙江杭州中山路在南宋时期为御街，集古城杭州的城市特色与价值于一体，不仅是南宋都城临安城南北走向的主轴线，还是如今浙江杭州内具有悠久历史的一条历史文化名街，是反映杭州历史变迁和民风民俗最具代表性的街区。南宋御街通过系统性保护和有机更新，成为杭州展示古都风采、恢复城市记忆、重塑空间机理和再现市井生活的综合体，运用中西文化融合，具有宜居、宜商、宜游、宜文的南宋御街国际旅游的多功能性。浙江杭州南宋御街不仅是人们了解南宋时期社会生活的"典型"载体，还是杭州地区丰富的历史积淀的代表与见证，御街所呈现出的丰富的商业文化遗产资源的数字化创新构建为其他地区推进商业文化遗产系统性保护进程，提供了可借鉴的理论和实践典型样本。它为人们搭建了一座历史与现代碰撞的桥梁，在浙江杭州南宋御街的建设过程中，开发主体的思维构建，不仅能让人们体验并感知到文化的精神内核，还能够让人们的内在需求得到释放与满足。

第三阶段：全面提高御街整体效益。

自 20 世纪 90 年代起，国内商业街迅速发展，并且消费者对消费购物的环境、情调等多方面的需求不断增加，促使现代商业街逐渐从单一的购物街区，逐渐向综合性的公共空间转变，并不断拓宽其涉及领域，逐渐向娱乐、休闲、购物等多领域延伸，进而不断完善我国历史街区的综合商业街体系，具体主要表现在以下两个方面：一是注重空间结构布局，将街区景观与室内空间相呼应，保证游客能够充分融入整合空间中，在物质和精神双重层面上更多满足游客旅游消费需求，与此同时，街区中活动的人流也形成了一个连续的观景轴线，利用观景轴线将地区中的景观串联起来，反过来完善了旅游商业区的建设。二是加强环境治理，确保街区的保护和更新能够改善附近居民的居住体验，并在街区的未来发展规划中，树立并加强生态保护观念，妥善处理好新旧街区之间的生态关系。通过将地区商业文化遗产与现代商业发展融合，形成历史文化商业街，可以推进文化脉络与历史串联，借助街区文化呈现城市文化特色。

第二，杭州南宋御街对旅游商业区与旧城区整合型系统性保护协同模式的作用。

为了进一步分析旅游商业区与旧城区整合型系统性保护协同模式，本书通过对各个相关要素进行综合分析，将案例研究的重点放在资源、空间布局、政策等方面，整体提炼出商业旅游资源和城市消费空间这两个关键构念，并通过对这两个概念进行科学合理的分析，构建出浙江杭州南宋御街建设过程中商业旅游资源、城市消费空间的作用模型，为研究商业旅游资源和城市消费空间在旅游商业区与旧城区整合型系统性保护协同模式中的作用提供清晰的路径。

首先，浙江杭州南宋御街建设过程中商业旅游资源分析。

商业旅游资源不仅是地区发展商业旅游的基础，还是商业文化遗产系统性保护的主体，其保护和再利用状况越来越受到人们的重视，以发展商业旅游而推进的商业文化遗产系统性保护的对象，包括商业建筑、商业文化传统手工技艺等，基于对浙江杭州南宋御街发展路径的分析，本书模拟构建出浙江杭州南宋御街建设过程中商业旅游资源的作用模型，见图 7 - 26。

图 7 - 26 展示了浙江杭州南宋御街建设过程中商业旅游资源的作用模型，可以看出浙江杭州南宋御街的区位条件优势、人文基础、资源禀赋和客源潜力等都与地区商业旅游状况密切相关。浙江杭州南宋御街从发展初期到逐渐向商业旅游实现转型发展，见证了中国商业旅游的发展史，还凝聚着中国劳动人民智慧的结晶，是浙江杭州南宋御街自建设以来重要的精神力量。浙江杭州南宋御街在发展过程中，通过凝聚地区商业文化遗产的精神内核，打造南宋御街的知名度，对于宣传商业文化，唤醒城市记忆等方面起着重要作用。浙江杭州南宋御街的商业文化遗产涉及地区商业建筑、商业文化、传统手工技艺等多方面，具有重要的现代价值，在发展商业旅游方面具有得天独厚的商业旅游资源优势。通过利用现代科学技术对商业建筑进行修葺，打造购物、观光旅游、休闲运动等场所，同时内设手工技艺展销区，可以充分挖掘地区商业文化遗产的现代价值，赋予商业旅游产品以文化内核，满足游客日益多样的旅游消费需求。因此，旅游商业区的商业建筑、商业文化、传统手工技艺等商业旅游资源是工业文化遗产的重要代表，这些资源所展现

的文化特色和现代价值影响着商业旅游和工业遗产的保护传承，假设 HE1、HE2 和 HE5 成立。

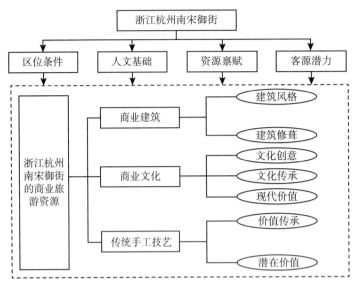

图 7 - 26　浙江杭州南宋御街建设过程中商业旅游资源的作用模型

其次，浙江杭州南宋御街建设过程中城市消费空间分析。

商业旅游作为文旅深度融合新业态之一具有巨大的发展潜力，在商业文化遗产系统性保护逐步推进的时代背景下，商业文化遗产的发展现状越来越受到人们的重视，以商业文化遗产为核心而发展的商业旅游关系着区域城乡发展的可持续性，在浙江杭州南宋御街发展的现实基础上，本书模拟构建出浙江杭州南宋御街建设过程中城市消费空间的作用模型，见图 7 - 27。

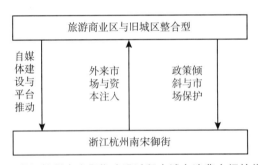

图 7 - 27　浙江杭州南宋御街建设过程中城市消费空间的作用模型

图 7 - 27 展示了浙江杭州南宋御街建设过程中城市消费空间的作用模型，从图中可以看出，在浙江杭州南宋御街的建设过程中，平台建设、资源基础等对其未来发展起着至关重要的作用。在平台建设方面，杭州市政府不断完善改革评估目标，全面推进鼓励机制建设进程，并不断加强与媒体企业的合作力度，全面提升浙江杭州南宋御街的知名度和市场竞争力。与此同时，不断加强与网络平台的合作力度，开启线上订票等服务项目，制定团体订票优惠政策，不仅为游客提供了更多的旅游消费路线，还借助平台优势增加了浙江杭州南宋御街的宣传力度。在外来市场与资本注入方面，浙江杭州南宋御街的发展模式不仅不拘泥于商业旅游发展，还涉及文化传播、教育事业等，诸如南宋御街利用清末以来的各种中西建筑，重点突出坊巷特色而打造的博物馆街；打造的美食信息，包括功德林、皇饭儿、西乐园、大宋坊、干锅居、天兴楼等美食信息，充分展现了地区商业文化遗产的地方特色和美食文化底蕴。在政策倾斜与市场保护方面，杭州市人民政府积极推出《杭州市历史建筑保护利用试点工作方案》等一系列政策措施，不断加强对"老杭州"四大历史文化脉络的发掘、整合。因此，要实现旅游商业区文旅融合新业态与旧城区整合型系统性保护协同模式，关键在于整合遗产资源，将传统手艺、历史文化和建筑以旅游的形式展示给大众，顺应人们不断升级的旅游需求和消费需求，调整保护和发展政策，优化市场环境，实现商业文化遗产动态保护和可

持续传承，假设 HE3 和 HE4 成立。

关于案例验证分析：

本次案例研究选取的是浙江杭州南宋御街，调研小组通过实地调研获得了较高准确性的有效资料，对浙江杭州南宋御街有了进一步的了解，同时也保证了资料数据的实效性、准确性、可靠性。为了更好地展开对旅游商业区与旧城区整合型系统性保护协同模式的案例研究，本研究首先对浙江杭州南宋御街作为本次研究对象进行解释说明，将浙江杭州南宋御街的改造历程和发展过程分为三个阶段：一是南宋御街向商业旅游的转变阶段；二是南宋御街的整体改造阶段；三是全面提高御街整体效益阶段，通过对这三个阶段进行全面而深入的分析，总结提炼出浙江杭州南宋御街发展的变革历程，得出浙江杭州南宋御街的现实发展基础。根据前文构建的旅游商业区与旧城区整合型系统性保护协同模式的结构方程实证分析结果，在案例分析中重点把握商业旅游资源、城市消费空间两个方面的内容，通过构建浙江杭州南宋御街建设过程中商业旅游资源的作用模型，得出浙江杭州南宋御街充分挖掘地区商业文化遗产的现代价值，赋予商业旅游产品以文化内核，满足游客日益多样的旅游消费需求；通过构建浙江杭州南宋御街建设过程中城市消费空间、平台建设、资源基础等的作用模型，得出它们对南宋御街未来发展起着至关重要的作用。

本书采取案例研究的方法进行单个案例研究，选取浙江杭州南宋御街为典型案例对旅游商业区与旧城区整合型系统性保护协同模式进行验证。结合前文所构建的旅游商业区与旧城区整合型系统性保护协同模式的分析框架、研究假设和结构方程实证分析的相关内容，以浙江杭州南宋御街的发展现状为出发点，重点把商业旅游资源、城市消费空间在文旅深度融合新业态与商业文化遗产系统性保护中的作用，以浙江杭州南宋御街为案例对旅游商业区与旧城区整合型系统性保护协同模式过程中的影响因素进行案例验证，进一步科学合理地验证了旅游商业区与旧城区整合型系统性保护协同模式的有效性。

7.5.3　问卷数据分析

第一，样本数据的描述性统计及信度效度检验。

首先，旅游商业区与旧城区整合型系统性保护协同模式的协同度测算。

旅游商业区与旧城区整合型系统性保护协同模式的作用机制利用评价二者的协同性进行评估。在对旅游商业区与旧城区整合型系统性保护协同模式的协同性进行评估之前，将以前文实证研究中所用到的度量指标为基础构建其相应的指标体系，并将实地调研所得数据用于计算旅游商业区与旧城区整合型系统性保护协同模式的协同度。由前文旅游商业区与旧城区整合型系统性保护协同模式的实证分析中可以得出，旅游商业区和城市消费空间这两个子系统都对旧城区整合型产生了直接作用，旅游商业区与旧城区整合型还产生了间接作用。因此，本书认为旅游商业区与旧城区整合型协同发展是以"城市消费空间"这一子系统为基础的。从旅游商业区的区位条件、人文基础、资源禀赋和客源潜力四个方面来看，旅游商业区在一定程度上直接影响着商业旅游资源和城市消费空间 2 个子系统，基于此，本书认为在对旅游商业区与旧城区整合型系统性保护协同模式进行协同度评价时，可以借助旅游商业区、商业旅游资源、城市消费空间和旧城区整合型这 4 个子系统之间的相互关系来进行考量，并根据各个子系统的特征和作用提出对应的改进措施。

在充分理解协同学相关原理和理论的基础上，构建旅游商业区、商业旅游资源、城市消费空间和旧城区整合型这 4 个子系统之间的协同度模型。各个子系统的序参量见表 7 - 35。

表 7 - 35　　　　　　　　　　　　　　子系统序参量

子系统	测量指标	序参量
旅游商业区	区位条件、人文基础、资源禀赋、客源潜力	TBD11、TBD12、TBD21、TBD22、TBD23、TBD31、TBD32、TBD41、TBD42
商业旅游资源	商业建筑、商业文化、传统手工技艺	CTR11、CTR12、CTR13、CTR21、CTR22、CTR31、CTR32、CTR33
城市消费空间	外来市场与资本注入、自媒体建设与推动、政策倾斜与市场推动	UCS11、UCS12、UCS13、UCS21、UCS22、UCS23、UCS31、UCS32、CUS33
旧城区整合型	整体规划、分步实施、合理控制	IOUA11、IOUA12、IOUA13、IOUA21、IOUA22、IOUA23、IOUA31、IOUA32

在确定各个子系统的序参量后，将对各个子系统之间的有序度进行测量，具体计算见公式（5-6），结合前文对旅游商业区与旧城区整合型系统性保护协同模式的理论模型的相关分析，得出其他子系统的有序度和序参量之后，计算系统协同度并重新测量子系统的有序度，进而得到总系统的协同度。同理，得出旅游商业区与旧城区整合型协同模式中商业旅游资源、城市消费空间和旧城区整合型等其他子系统之间的协同度，见表7-36。

表7-36　　　　　　　　　　　　　　各个子系统间的系统协同度

子系统	TBD	CTR	UCS	IOUA
旅游商业区（TBD）	—			
商业旅游资源（CTR）	0.63	—		
城市消费空间（UCS）	0.58	0.57	—	
旧城区整合型（IOUA）	0.65	0.64	0.59	—

本书在参考有关协同学相关文献的基础上，结合现实应用，将协同度数值和协同度大小划分为4个区间，根据表4-1协同度划分区间，结合表7-36中所得有关旅游商业区与旧城区整合型系统性保护协同模式中各个子系统的协同度的大小，得出在旅游商业区与旧城区整合型系统性保护协同模式中，旅游商业区、商业旅游资源、城市消费空间、旧城区整合型这4子系统之间的协同度都处于高度协同的范围，因此，本书认为旅游商业区与旧城区整合型具有良好的协同性。

其次，在对通过实地调研获得旅游商业区域旧城区整合型协同的第一手数据资料进行综合评估后，认为团队所得有效问卷数量符合结构方程所要求的样本数量，因此可以进行实证分析。为确保研究所得的旅游商业区域旧城区整合型系统性保护协同模式的相关数据的准确性，以及后续所得结论的科学性，在对其进行实证分析之前，还将对问卷所得数据进行信度分析和效度分析。

本书采取均值和方差这两个指标，衡量旅游商业区与旧城区整合型系统性保护协同模式中各个变量分布的平均程度和集中度。其中，标准差是直接观测旅游商业区域旧城区整合型系统性保护协同模式研究中各个变量的离散程度的指标。利用SPSS 25.0对旅游商业区与旧城区整合型系统性保护协同模式的数据进行信度检测，进而得到各个观测变量的均值、标准差、最大值、最小值，见表7-37。

表7-37　　　　　　　　　　　　　　描述性统计

主要变量	潜在变量	观测变量	均值	标准差	最大值	最小值
旅游商业区（TBD）	区位条件（TBD1）	TBD11	3.65	0.716	5	1
		TBD12	3.71	0.671	5	1
	人文基础（TBD2）	TBD21	3.68	0.731	5	1
		TBD22	3.58	0.787	5	1
		TBD23	3.65	0.757	5	2
	资源禀赋（TBD3）	TBD31	3.55	0.795	5	1
		TBD32	3.56	0.759	5	1
	客源潜力（TBD4）	TBD41	3.62	0.797	5	1
		TBD42	3.60	0.756	5	1
商业旅游资源（CTR）	商业建筑（CTR1）	CTR11	3.19	0.662	5	1
		CTR12	3.27	0.687	5	2
		CTR13	3.18	0.639	5	1
	商业文化（CTR2）	CTR21	3.29	0.660	5	1
		CTR22	3.19	0.702	5	1

续表

主要变量	潜在变量	观测变量	均值	标准差	最大值	最小值
商业旅游资源 （CTR）	传统手工技艺 （CTR3）	CTR31	3.22	0.765	5	1
		CTR32	3.19	0.685	5	1
		CTR33	3.14	0.677	5	1
城市消费空间 （UCS）	外来市场与资本注入 （UCS1）	UCS11	3.27	0.742	5	1
		UCS12	3.26	0.685	5	1
		UCS13	3.08	0.704	5	1
	自媒体建设与推动 （UCS2）	UCS21	3.34	0.707	5	1
		UCS22	3.10	0.728	5	1
		UCS23	3.17	0.687	5	1
	政策倾斜与市场保护 （UCS3）	UCS31	3.32	0.731	5	1
		UCS32	3.21	0.715	5	1
		UCS33	3.25	0.720	5	1
旧城区整合型 （IOUA）	整体规划 （IOUA1）	IOUA11	3.58	0.700	5	1
		IOUA12	3.55	0.790	5	1
		IOUA13	3.50	0.757	5	1
	分步实施 （IOUA2）	IOUA21	3.66	0.724	5	2
		IOUA22	3.65	0.762	5	1
		IOUA23	3.66	0.713	5	1
	合理控制 （IOUA3）	IOUA31	3.56	0.799	5	1
		IOUA32	3.61	0.753	5	1

最后，为确保旅游商业区与旧城区整合型系统性保护协同模式检测结果具有真实性、可靠性，对其进行信度检测。研究利用组合信度系数对旅游商业区域旧城区整合型系统性保护协同模式所整合的各类数据进行分析和检测，分别得出旅游商业区、商业旅游资源、城市消费空间、旧城区整合型的组合信度系数。同时，根据表 5 - 4 的组合信度标准对旅游商业区域旧城区整合型系统性保护协同模式的潜在变量的组合信度系数进行评判。为确保信度检测所得数据能够科学合理地反映各个变量的真实构架，在对旅游商业区域旧城区整合型系统性保护协同模式进行信度检测的基础上，进一步对旅游商业区域旧城区整合型系统性保护协同模式进行效度检测，信度和效度检验结果如表 7 - 38 所示。

表 7 - 38　　　　　　　　　　　　　　信度和效度检验结果

变量	CR	因子载荷		KMO 值	累计方差 解释率	Bartlett's 球形检验		
						χ^2	df	Sig.
旅游商业区 （TBD）	0.9128	TBD11	0.691	0.954	71.513	1949.286	36	0.000
		TBD12	0.698					
		TBD21	0.798					
		TBD22	0.711					
		TBD23	0.738					
		TBD31	0.719					
		TBD32	0.764					
		TBD41	0.727					
		TBD42	0.751					

续表

变量	CR	因子载荷		KMO 值	累计方差解释率	Bartlett's 球形检验		
						χ^2	df	Sig.
商业旅游资源 （CTR）	0.8041	CTR11	0.445	0.913	51.952	757.404	28	0.000
		CTR12	0.595					
		CTR13	0.655					
		CTR21	0.621					
		CTR22	0.699					
		CTR31	0.430					
		CTR32	0.623					
		CTR33	0.572					
城市消费空间 （UCS）	0.8272	UCS11	0.604	0.899	46.027	716.143	36	0.000
		UCS12	0.444					
		UCS13	0.597					
		UCS21	0.559					
		UCS22	0.619					
		UCS23	0.670					
		UCS31	0.634					
		UCS32	0.571					
		UCS33	0.596					
旧城区整合型 （IOUA）	0.8819	IOUA11	0.649	0.934	61.690	1117.620	28	0.000
		IOUA12	0.658					
		IOUA13	0.749					
		IOUA21	0.757					
		IOUA22	0.728					
		IOUA23	0.726					
		IOUA31	0.643					
		IOUA32	0.643					

如表 7-38 所示，首先，各个数据的组合信度系数值 CR 都大于 0.5，因此认为所得数据具有可信度。其次，所得各个指标的因子载荷大多都在 0.5 以上，KMO 值均大于 0.8，因此认为所得数据能够较好地进行因子分析。最后，Bartlett's 球形检验显著性水平均在 0.000，因此，认为此次研究过程中，调查问卷所得数据及各组成部分建构之间有较好的效度。

第二，样本数据的结构方程模型构建及调整。

本书通过建立旅游商业区与旧城区整合型系统性保护协同模式结构方程模型，进而对其进行估计和检验。本节对旅游商业区与旧城区整合型系统性保护协同模式的结构方程模型分析主要分为以下几点：首先，建立旅游商业区与旧城区整合型系统性保护协同模式的结构方程模型，并设定相关误差变量；其次，在对参数进行估计的基础上，确定旅游商业区与旧城区整合型系统性保护协同模式结构方程的拟合度；最后，通过对旅游商业区与旧城区整合型系统性保护协同模式结构方程模型的不理想的路径进行修正，确定最终的结构方程模型。

在旅游商业区与旧城区整合型系统性保护协同模式的研究过程中，根据各个变量的性质进行划分，进一步构建旅游商业区与旧城区整合型系统性保护协同模式的结构方程模型。以旅游商业区与旧城区整合型系统性保护协同模式的理论模型为基础，可以看出，旅游商业区、商业旅游资源、城市消费空间、旧城区整合型都是不能直接观测的潜在变量，这四个变量下设置的二级指标仍无法直接观测，本书均将其定为潜在变量。接着本书对旅游商业区与旧城区整合型系统性保护协同模式中的各个变量进行分类，其中，定义内生变量为旅游商业区，中间变量为商业旅游者和城市消费空间，外生变量为旧城区整合型。基于此，构建出旅游商业区与旧城区整合型系统性保护协同模式的初始结构方程模型，见图 7-28。

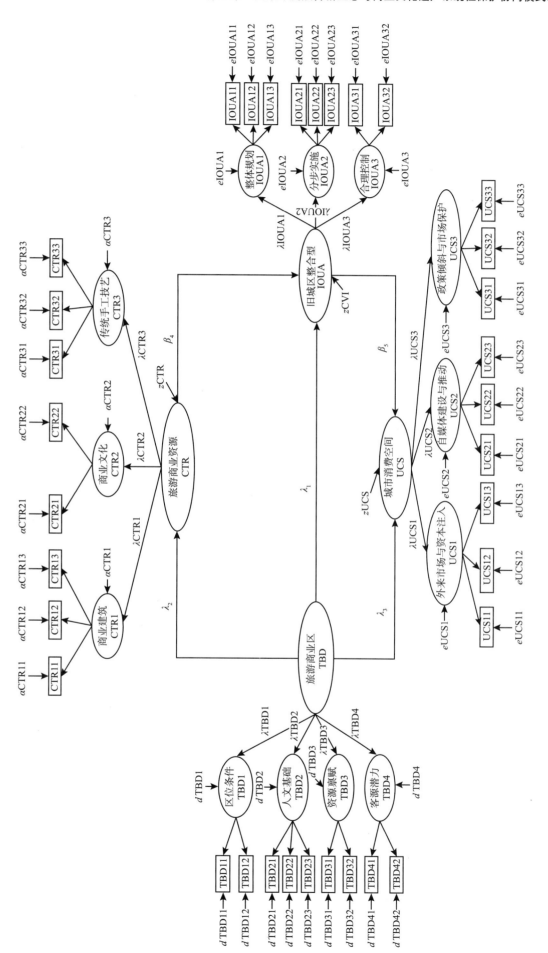

图7-28　旅游商业区与旧城区整合型系统性保护协同模式的初始结构方程模型

根据图 7-28 显示，旅游商业区与旧城区整合型系统性保护协同模式的初始结构方程中外生显变量共 9 项，分别为：TBD11、TBD12、TBD21、TBD22、TBD23、TBD31、TBD32、TBD41、TBD42；内生显变量共 25 项，分别为：CTR11、CTR12、CTR13、CTR21、CTR22、CTR31、CTR32、CTR33、UCS11、UCS12、UCS13、UCS21、UCS22、UCS23、UCS31、UCS32、UCS33、IOUA11、IOUA12、IOUA13、IOUA21、IOUA22、IOUA23、IOUA31、IOUA32；外生潜变量共 4 项，分别为：TBD1、TBD2、TBD3、TBD4；内生潜变量共 9 项，分别为：CTR1、CTR2、CTR3、UCS1、UCS2、UCS3、IOUA1、IOUA2、IOUA3。

在对旅游商业区与旧城区整合型系统性保护协同模式进行数据验证的过程中，本书对相关变量进行设定，进而构建观测变量的结构方程式。根据前文对旅游商业区与旧城区整合型系统性保护协同模式的相关研究，旅游商业区（TBD）、区位条件（TBD1）、人文基础（TBD2）、资源禀赋（TBD3）、客源潜力（TBD4）是外生潜变量，分别用 ζ_{TBD}、ζ_{TBD1}、ζ_{TBD2}、ζ_{TBD3}、ζ_{TBD4} 来表示。商业旅游资源（CTR）、商业建筑（CTR1）、商业文化（CTR2）、传统手工技艺（CTR3）、城市消费空间（CUS）、外来市场与资本注入（UCS1）、自媒体建设与推动（UCS2）、政策倾斜与市场保护（UCS3）、旧城区整合型（IOUA）、整体规划（IOUA1）、分步实施（IOUA2）、合理控制（IOUA3）是内生潜变量，分别用 η_{CTR}、η_{CTR1}、η_{CTR2}、η_{CTR3}、η_{UCS}、η_{UCS1}、η_{UCS2}、η_{UCS3}、η_{IOUA}、η_{IOUA1}、η_{IOUA2}、η_{IOUA3} 来表示。基于此，构建出旅游商业区与旧城区整合型系统性保护协同模式的观测模型方程式：

$$
\begin{cases}
X_{TBD1}=\lambda_{TBD1}\xi_{TBD}+\delta_{TBD1} & X_{TBD2}=\lambda_{TBD2}\xi_{TBD}+\delta_{TBD2} & X_{TBD3}=\lambda_{TBD3}\xi_{TBD}+\delta_{TBD3} \\
X_{TBD4}=\lambda_{TBD4}\xi_{TBD}+\delta_{TBD4} & X_{TBD11}=\lambda_{TBD11}\xi_{TBD1}+\delta_{TBD11} & X_{TBD12}=\lambda_{TBD12}\xi_{TBD1}+\delta_{TBD12} \\
X_{TBD21}=\lambda_{TBD21}\xi_{TBD2}+\delta_{TBD21} & X_{TBD22}=\lambda_{TBD22}\xi_{CTBD2}+\delta_{CTBD22} & X_{TBD23}=\lambda_{TBD23}\xi_{TBD2}+\delta_{TBD23} \\
X_{TBD31}=\lambda_{TBD31}\xi_{TBD3}+\delta_{TBD31} & X_{TBD32}=\lambda_{TBD32}\xi_{TBD3}+\delta_{TBD32} & \\
X_{TBD41}=\lambda_{TBD41}\xi_{TBD4}+\delta_{TBD41} & X_{TBD42}=\lambda_{TBD42}\xi_{TBD4}+\delta_{TBD42} & \\
Y_{CTR1}=\lambda_{CTR1}\eta_{CTR}+\varepsilon_{CTR1} & Y_{CTR2}=\lambda_{CTR2}\eta_{CTR}+\varepsilon_{CTR2} & Y_{CTR3}=\lambda_{CTR3}\eta_{CTR}+\varepsilon_{CTR3} \\
Y_{CTR11}=\lambda_{CTR11}\eta_{CTR1}+\varepsilon_{CTR11} & Y_{CTR12}=\lambda_{CTR12}\eta_{CTR1}+\varepsilon_{CTR12} & Y_{CTR13}=\lambda_{CTR13}\eta_{CTR1}+\varepsilon_{CTR13} \\
Y_{CTR21}=\lambda_{CTR21}\eta_{CTR2}+\varepsilon_{CTR21} & Y_{CTR22}=\lambda_{CTR22}\eta_{CTR2}+\varepsilon_{CTR22} & \\
Y_{CTR31}=\lambda_{CTR31}\eta_{CTR3}+\varepsilon_{CTR31} & Y_{CTR32}=\lambda_{CTR32}\eta_{CTR3}+\varepsilon_{CTR32} & Y_{CTR33}=\lambda_{CTR33}\eta_{CTR3}+\varepsilon_{CTR33} \\
Y_{UCS1}=\lambda_{UCS1}\eta_{UCS}+\varepsilon_{UCS1} & Y_{UCS2}=\lambda_{UCS2}\eta_{UCS}+\varepsilon_{UCS2} & Y_{UCS3}=\lambda_{UCS3}\eta_{UCS}+\varepsilon_{UCS3} \\
Y_{UCS11}=\lambda_{UCS11}\eta_{UCS1}+\varepsilon_{UCS11} & Y_{UCS12}=\lambda_{UCS12}\eta_{UCS1}+\varepsilon_{UCS12} & Y_{UCS13}=\lambda_{UCS13}\eta_{UCS1}+\varepsilon_{UCS13} \\
Y_{UCS21}=\lambda_{UCS21}\eta_{UCS2}+\varepsilon_{UCS21} & Y_{UCS22}=\lambda_{UCS22}\eta_{UCS2}+\varepsilon_{UCS22} & Y_{UCS23}=\lambda_{UCS23}\eta_{UCS2}+\varepsilon_{UCS23} \\
Y_{UCS31}=\lambda_{UCS31}\eta_{UCS3}+\varepsilon_{UCS31} & Y_{UCS32}=\lambda_{UCS32}\eta_{UCS3}+\varepsilon_{UCS32} & Y_{UCS33}=\lambda_{UCS33}\eta_{UCS3}+\varepsilon_{UCS33} \\
Y_{IOUA1}=\lambda_{IOUA1}\eta_{IOUA}+\varepsilon_{IOUA1} & Y_{IOUA2}=\lambda_{IOUA2}\eta_{IOUA}+\varepsilon_{IOUA2} & Y_{IOUA3}=\lambda_{IOUA3}\eta_{IOUA}+\varepsilon_{IOUA3} \\
Y_{IOUA11}=\lambda_{IOUA11}\eta_{IOUA1}+\varepsilon_{IOUA11} & Y_{IOUA12}=\lambda_{IOUA12}\eta_{IOUA1}+\varepsilon_{IOUA12} & \\
Y_{IOUA13}=\lambda_{IOUA13}\eta_{IOUA1}+\varepsilon_{IOUA13} & Y_{IOUA21}=\lambda_{IOUA21}\eta_{IOUA2}+\varepsilon_{IOUA21} & \\
Y_{IOUA22}=\lambda_{IOUA22}\eta_{IOUA2}+\varepsilon_{IOUA22} & Y_{IOUA23}=\lambda_{IOUA23}\eta_{IOUA2}+\varepsilon_{IOUA23} & \\
Y_{IOUA31}=\lambda_{IOUA31}\eta_{IOUA3}+\varepsilon_{IOUA31} & Y_{IOUA32}=\lambda_{IOUA32}\eta_{IOUA3}+\varepsilon_{IOUA32} &
\end{cases}
$$

本书在成功构建旅游商业区与旧城区整合型系统性保护协同模式的观测模型的基础上，研究根据结构方程模型的一般形式构建旅游商业区与旧城区整合型系统性保护协同模式的结构方程式，具体如下：

$$
\begin{cases}
\eta_{CTR}=\gamma_2\xi_{TBD}+\zeta_{CTR} \\
\eta_{UCS}=\gamma_1\xi_{TBD}+\zeta_{UCS} \\
\eta_{IOUA}=\gamma_2\eta_{CTR}+\gamma_3\eta_{UCS}+\zeta_{IOUA}
\end{cases}
$$

在旅游商业区与旧城区整合型系统性保护协同模式的结构方程式中，分别用 γ_1、γ_2、γ_3 表示旅游商业区对旧城区整合型、商业旅游资源、城市消费空间的作用路径。用 β_4 表示商业旅游资源对旧城区整合型的作用路径，用 β_5 表示城市消费空间对旧城区整合型的作用路径。

本书在成功构建"旅游商业区与旧城区整合型系统性保护协同模式"的初始结构方程模型后，将从检验拟合指数、参数和决定系数三方面，对旅游商业区与旧城区整合型系统性保护协同模式的初始结构方程模型进行检验。利用不同的评价方法对以上指标进行检验，从而正确判断旅游商业区与商业文化遗产系统性保护协同模式的原始模型是否需要进行修正。

将所构建的旅游商业区与旧城区整合型系统性保护协同模式的初始结构方程模型导入 AMOS 22.0 中，在成功导入量表数据后，获得了旅游商业区与旧城区整合型系统性保护协同模式的拟合指标值，见表 7 - 39。

表 7 - 39　　　旅游商业区域旧城区整合型系统性保护协同模式的初始结构方程模型适配度检验结果

拟合指标	χ^2/DF	CFI	IFI	TLI	PNFI	RMSEA	RMR
观测值	1.414	0.959	0.960	0.955	0.793	0.040	0.028
拟合标准	<3.00	>0.90	>0.90	>0.90	>0.50	<0.08	<0.05

由表 7 - 39 可以看出，所得各个拟合指标检验值都达到了对应的拟合标准，因此，认为研究所构建的旅游商业区与旧城区整合型协同模式的结构方程模型能够与调研小组所得数据较好地拟合。基于此，在进行拟合度检测的基础上，进一步对旅游商业区与旧城区整合型系统性保护协同模式的初始结构方程中的各个路径的系数进行测度，见表 7 - 40。

表 7 - 40　　　旅游商业区与旧城区整合型系统性保护协同模式的初始结构方程路径估计

路径	模型路径	路径系数	S. E.	C. R.	P
γ_1	TBD→IOUA	0.353	0.109	3.226	0.001
γ_2	TBD→CTR	0.666	0.066	10.145	***
γ_3	TBD→UCS	0.660	0.740	8.872	***
β_4	CTR→IOUA	0.275	0.110	2.507	0.012
β_5	UCS→IOUA	0.245	0.085	2.877	0.004

注：*** 表示 $P < 0.001$。

由表 7 - 40 可以看出，TBD→IOUA、CTR→IOUA 和 UCS→IOUA 3 条路径没有通过显著性检验。但是旅游商业区与旧城区整合型系统性保护协同模式的构造基本思路正确，因此将对旅游商业区与旧城区整合型系统性保护协同模式的作用路径关系进行调整。在综合分析文献的基础上，本书在旅游商业区与旧城区整合型系统性保护协同模式的初始结构方程模型中删除 CTR→IOUA 的直接作用路径，如图 7 - 29 所示。

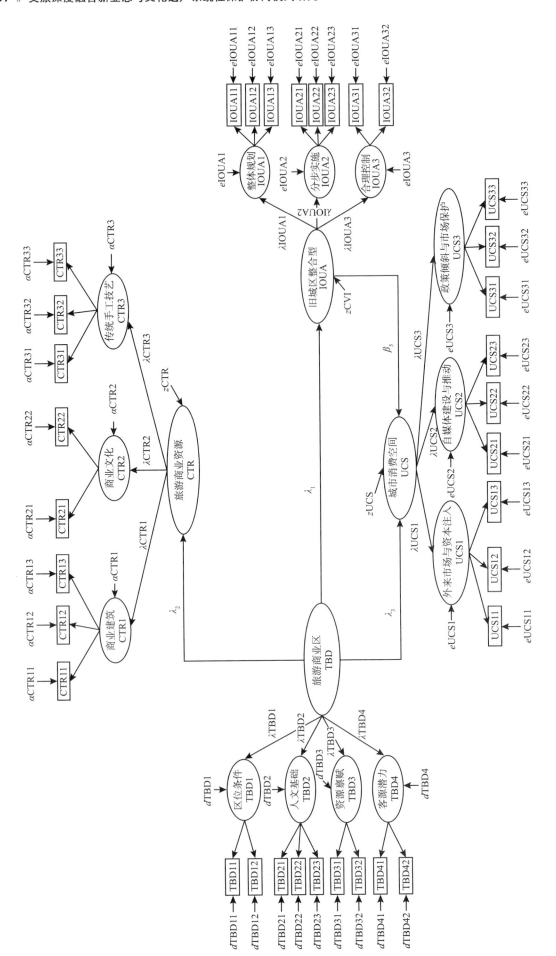

图7-29 调整后的旅游商业区与旧城区整合型系统性保护协同模式的结构方程模型

图 7 - 29 展示了调整后的旅游商业区与旧城区整合型系统性保护协同模式的结构方程模型，将调整后的旅游商业区与旧城区整合型系统性保护协同模式的结构方程模型导入 AMOS 22.0 中进行拟合度检验，结果如表 7 - 41 所示。

表 7 - 41　　　　调整后的旅游商业区与旧城区整合型系统性保护协同模式的拟合指标检验结果

拟合指标	χ^2/DF	CFI	IFI	TLI	PNFI	RMSEA	RMR
观测值	1.422	0.958	0.959	0.954	0.794	0.040	0.029
拟合标准	< 3.00	> 0.90	> 0.90	> 0.90	> 0.50	< 0.08	< 0.05

由表 7 - 41 可以看出，各个拟合指标均达到了拟合标准，因此，本书认为调整的结构方程模型与原数据量表之间是匹配的。再次将所构建的调整后的旅游商业区与旧城区整合型系统性保护协同模式导入 AMOS 22.0 中，对其进行路径估计，结果见表 7 - 42。

表 7 - 42　　　　调整后的旅游商业区与旧城区整合型系统性保护协同模式结构方程路径估计

路径	模型路径	非标准化路径系数	标准化路径系数	S. E.	C. R.	P
γ_1	TBD→IOUA	0.490	0.489	0.810	5.999	***
γ_2	TBD→CTR	0.670	0.670	0.066	10.172	***
γ_3	TBD→UCS	0.660	0.663	0.075	8.897	***
β_5	UCS→IOUA	0.320	0.321	0.088	3.648	***

注：*** 表示 P < 0.001。

由表 7 - 42 可以看出，拟合指标大部分都达到了 0.001 的显著水平，各个假设较好地通过了显著性检验。因此，本书认为调整后的旅游商业区与旧城区整合型系统性保护协同模式为最满意的结构方程，在对其进行标准化处理之后，各个路径系数都在 -1 ~ 1，最终得出的最终旅游商业区与旧城区整合型系统性保护协同模式的结构方程模型，如图 7 - 30 所示。

为进一步探讨旅游商业区与旧城区整合型系统性保护协同模式中各个变量之间的关系，本书将从间接效应和直接效应两个方面对各个作用路径的影响进行解释说明。其中，直接效应是指某一变量作为原因而对另一变量产生的影响，间接效应是指某一变量作为原因通过其他变量对另一变量产生影响。间接效应的作用路径系数为间接效应发生过程中每一个过程的系数之积，两个变量之间的总效益为二者直接效应和间接效应之和。为有效测度旅游商业区与旧城区整合型系统性保护协同模式的主要变量，本书对旅游商业区（TBD）、商业旅游资源（CTR）、城市消费空间（UCS）、旧城区整合型（IOUA）等 4 个变量的作用效应进行分解可知，在旅游商业区与旧城区整合型系统性保护协同模式的作用过程中，旅游商业区和城市消费空间都对旧城区整合型产生了直接作用，分别为 0.490 和 0.320，旅游商业区还对旧城区整合型产生了间接作用，其间接作用为 0.2112（0.66×0.32），因此，在旅游商业区与旧城区整合型系统性保护协同模式的作用过程中，城市消费空间是重要的中间变量。

第三，结构方程的假设检验及效应分解。

通过分析结构方程实证结果，根据前文提及的研究假设与理论模型，本书旅游商业区与旧城区整合型系统性保护协同模式的假设验证和路径系数进行归纳总结，结果如表 7 - 43 所示。

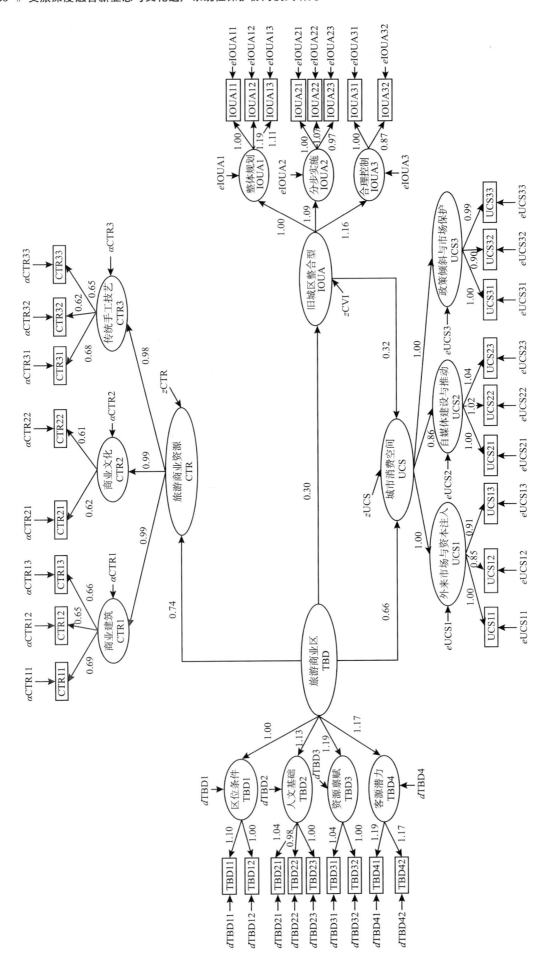

图7-30 最终的旅游商业区与旧城区整合型系统性保护协同模式的结构方程模型

表 7 - 43　　　　　　　　　旅游商业区与旧城区整合型系统性保护协同模式的结果讨论分析

路径	模型路径	标准化路径系数	显著性水平	对应假设	检验结果
γ_1	TBD→IOUA	0.489	***	HE1	支持
γ_2	TBD→CTR	0.670	***	HE2	支持
γ_3	TBD→UCS	0.663	***	HE3	不支持
β_4	CTR→IOUA	—	—	HE4	不支持
β_5	UCS→IOUA	0.321	***	HE5	支持

注：*** 表示 P < 0.001。

旅游商业区到旧城区整合的标准化路径系数为 0.489，P < 0.001，较好地通过了显著性检验。基于此，可以得出"旅游商业区发展水平对提高旧城区整合效率具有显著的正向作用"的假设成立，即研究结果支持原假设 HE1。

旅游商业区到商业旅游资源的标准化路径系数为 0.670，P < 0.001，较好地通过了显著性检验。基于此，可以得出"旅游商业区发展水平对提高商业旅游资源开发效率具有显著的正向作用"的假设成立，即研究结果支持原假设 HE2。

旅游商业区到城市消费空间的标准化路径系数为 0.663，P < 0.001，较好地通过了显著性检验。基于此，可以得出"旅游商业区发展水平对提高优化城市消费空间具有显著的正向作用"的假设成立，即研究结果支持原假设 HE3。

商业旅游资源到旧城区整合型的作用路径在调整模型的过程中被删掉，并没有通过显著性检验，因此，"商业旅游资源开发效率对提高旧城区整合效率具有显著的正向作用"的假设不成立，即研究结果拒绝原假设 HE4。

城市消费空间到旧城区整合型的作用路径系数为 0.321，P < 0.001，较好地通过了显著性检验。基于此，可以得出"城市消费空间的优化对提高旧城区整合效率具有显著的正向作用"的假设成立，即研究结果支持原假设 HE5。

综合以上研究得出，HE1、HE2、HE3、HE5 存在合理性，以及 HE4 存在不合理性。由旅游商业区与旧城区整合型协同的结构方程模型得出，城市消费空间是非常重要的中间变量。在旅游商业区与旧城区整合型系统性保护协同模式的作用过程中，旅游商业区和城市消费空间都对旧城区整合型产生了直接作用，分别为 0.489 和 0.321。旅游商业区还对旧城区整合型产生了间接作用，其间接作用为 0.213 (0.663 ×0.321)。

7.6　历史文化休闲街与旧城区整合型系统性保护协同模式的实证研究

7.6.1　研究假设

第一，历史文化休闲街发展水平的作用。

历史文化休闲街是在充分了解地区整体景观风貌和空间格局的基础上，以商业文化遗产为核心，通过迅速聚集人气、大力建设文化旅游产业，促进地区商业旅游实现跨越式发展的新业态表现形式。历史文化休闲街的商业业态具有文化情景化和功能复合化的特点，其中，文化情景化不仅包括地区商业文化遗产所形成的文化环境，还包括由地区商业文化内涵改编而成的文化场景。历史文化休闲街的情景化发展不仅使得开发主体充分了解了地区商业文化遗产的形成、演化机制，还较好处理了商业文化遗产的保护和利用之间的关系。功能复合化是指在历史文化休闲街内的同一建筑空间中将多种功能相互交叠，不同功能区域的建筑空间之间相互联系，但是不同功能区之间又保持相对独立，以此而形成的相互促进、相互补充的有机综合体。打造不同功能区需要多种环境组成要素进行多样化组合，这就要求各个开发主体充分了解地区商业旅游资源，将历史文化休闲街的发展规划纳入城市发展规划之中。同时，在商业旅游发展过程中注重将文化保护和经济建设相结合。基于此，可以看出历史文化休闲街发展水平对旧城区整合效率和环境组成要素具有重要影响，故提出如下假设：

HF1：历史文化休闲街发展水平对提高旧城区整合效率具有显著的正向作用。

HF2：历史文化休闲街发展水平对整合环境组成要素具有显著的正向作用。

外来资本的注入为扩大历史文化休闲街的市场需求提供了新机遇，使得以商业文化遗产为核心而发展的商业旅游在激烈的市场竞争中获得了良好的整体效益，历史文化休闲街这一文旅深度融合新业态的发展日益受到各界的广泛关注。历史文化休闲街的本质是文化旅游商业化并行，在依托地区丰厚的商业文化遗产的基础上，注重历史文化休闲街的空间布局，最大限度满足消费者日益多样化的旅游消费需求。在发展过程中，城市原有的商业功能受到商业旅游的影响，传统的休闲观光旅游逐渐向休闲和消费功能转化，外来城市文明的流入和地区文明的流出、转变等使得地区生活空间发生了变化。随着城市消费空间的变化，历史文化休闲街的经济效益、居民支持度等内外部影响因素都促使城市消费空间发生变化。基于此，可以看出历史文化休闲街对城市消费空间具有重要影响，故提出如下假设：

HF3：历史文化休闲街发展水平对提高优化城市消费空间具有显著的正向作用。

第二，环境组成要素的作用。

历史文化休闲街的发展环境组成要素主要包括将区域规划与资源开发相结合、将文化保护与经济建设相结合。其中，在区域规划与资源开发相结合方面，段学军（2019）等学者指出，将资源纳入区域规划之中是推进新型城镇化建设的关键，封志明（2017）等学者指出，应高度重视资源环境承载力在区域规划、生态系统服务评估、全球环境现状与发展趋势以及发展的可持续等方面的协调性。在文化保护与经济建设相结合方面，高丙中（2016）等学者指出，探索文化保护和经济建设相互支撑、整合统筹的发展模式是实现以人为本的新型城镇化的关键，文化保护和经济建设对于地区文化发展都是不可缺少的发展基础，其中，进行文化保护的任务是找到传承历史文化最适合的方式，在文化保护过程中注重经济建设的目的是找到适合地区文化实现现代化发展需要的路径。基于此，可以看出环境组成要素对旧城区整合具有重要影响，故提出如下假设：

HF4：环境组成要素对提高旧城区整合效率具有显著的正向作用。

第三，城市消费空间的作用。

优化旅游城市的城市消费空间可借助城镇化建设的刺激消费、拉动内需的功能，推动地区城区整合进程，进而促使城市消费空间的演变，尤其是城市旅游消费群体的消费空间，具体的主要表现在物质消费空间、文化消费空间和服务消费空间三个方面。在物质消费空间方面，主要表现为城镇化旅游消费市场逐渐成为城市居民物质消费的主要阵地。在文化消费空间方面，主要表现为商业旅游发展模式的多样化、发展空间的整体性和差异性，使得城市消费也逐渐趋向于多元化。在服务消费空间方面，主要表现在生产性服务和生活服务两个方面，地区政治、经济、生态环境等的不断变化，促使城市服务消费空间正在逐渐向新型城镇化的方向转变。总的来说，城市消费空间的转变顺应了消费者的旅游消费倾向的变化趋势，同时，旅游消费作为衡量商业旅游发展成效的关键指标，通过评估旅游消费倾向来调整商业旅游发展方向，是提高商业文化遗产系统性保护成效的有效路径。基于此，可以看出优化城市消费空间对提高旧城区整合效率具有重要影响，故提出如下假设：

HF5：城市消费空间优化对提高旧城区整合效率具有显著的正向作用。

第四，关于历史文化休闲街与旧城区整合型系统性保护协同模式的理论模型。

根据历史文化休闲街与旧城区整合型系统性保护协同模式的分析框架、研究假设等相关内容，综合分析历史文化休闲街与旧城区整合型协同发展的现状，由此构建历史文化休闲街与旧城区整合型系统性保护协同模式的理论模型，见图7-31。

从历史文化休闲街与旧城区整合型系统性保护协同模式的理论模型中可以看出，其主要包含历史文化休闲街、城市消费空间、环境组成要素、旧城区整合型四个变量，其中，历史文化休闲街划分为区位条件、人文基础、资源禀赋、客源潜力四个层面；城市消费空间划分为外来市场与资本注入、自媒体建设与推动、政策倾斜与市场保护三个层面；环境组成要素划分为区域规划与资源开发、文化保护与经济建设两个层面；旧城区整合型划分为整体规划、分步实施、合理控制三个层面。历史文化休闲街到旧城区整合型不仅具有直接作用路径，还有间接作用路径，其中，历史文化休闲街到旧城区整合型的间接作用路径分别

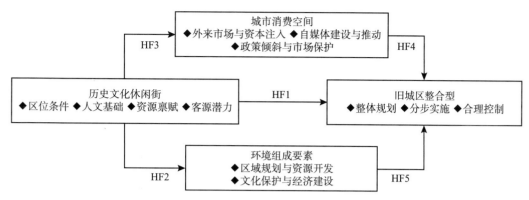

图 7-31 历史文化休闲街与旧城区整合型系统性保护协同模式的理论模型

为：①历史文化休闲街发展水平—整合环境组成要素—旧城区整合效率；②历史文化休闲街建设水平—优化城市消费空间—旧城区整合效率。构建历史文化休闲街与旧城区整合型系统性保护协同模式的理论模型，为文旅深度融合新业态与商业文化遗产系统性保护协同的结构方程数据验证奠定了基础。

7.6.2 实地访谈

第一，关于案例地发展状况。

江苏南京 1912 具有良好的区位条件、资源禀赋、人文基础，其在坚持整体规划、分步实施、合理控制的基础上不断发展。南京市人民政府在充分了解游客消费需求变化趋势的前提下，将 1912 街区的改造定义为以民国文化为建筑特点的商业建筑群。

本书主要从江苏南京 1912 的发展历程出发分析"历史文化休闲街与旧城区整合型系统性保护协同模式"的发展状况。江苏南京 1912 的"历史文化休闲街与旧城区整合型系统性保护协同模式"的具体发展阶段，主要分为以下三个阶段：

第一阶段：江苏南京 1912 商业文化遗产系统性保护问题亟待解决。

江苏南京 1912 是南京地区以民国文化为建筑特点的商业建筑群，其在发展过程中仍有很多问题有待解决，主要表现在以下三个方面：一是保护任务任重而道远。南京 1912 是由 19 栋民国风格建筑及共和、博爱、新世纪、太平洋 4 个街心广场组成的商业休闲街区，调节好资源再利用和资源保护的问题，是实现地区商业旅游资源利用最大化的同时充分发挥其经济效益和社会效益的关键。二是保护机制有待完善，南京市人民政府虽然非常重视江苏南京 1912 的发展，但浙江各省市之间并未形成全面、系统、有效的保护机制，资金投入、资源开发等均有待提高。江苏南京 1912 虽然具有丰富的商业文化遗产，但是其资源发展活力不高，以至于其市场竞争力、影响力等有待提高，因此，为实现发展江苏南京 1912 来推进文旅深度融合新业态与商业文化遗产系统性保护协同，需要不断加强人才队伍建设。三是过度商业化，江苏南京 1912 作为兼顾历史文化和现代时尚的休闲娱乐场所，街区内白天无人参观、夜间人声鼎沸的"夜生活"展示场所，使得江苏南京 1912 街区历史感与时尚度都稍显缺乏，应明确 1912 街区的整体发展定位，协调好商业旅游发展与过度商业化之间的关系。

第二阶段：商业文化遗产变城市发展动力。

江苏南京 1912 街区的设计风格符合总统府遗址建筑总体风貌遗址，总统府是南京民国建筑风貌的集中地，总统府的"南京 1912"拥有丰厚的文化内涵。规划初期，南京 1912 街区被划分到"总统府"范围内，并致力将其打造为集餐饮、娱乐、观光、文化体验等为一体的时尚休闲商业区和知名品牌的最佳展示地，并将消费群体锁定为城市白领、商务客人等。在实际建设过程中，广场和街巷所具有的开放性、追求体验性、复杂性的特点，为多条街巷与建筑实体用于商业的开发与运用提供了可能。但是在实际发展过程中，1912 街区的过度商业化，使得其所蕴含的商业文化价值逐渐降低，在后续发展过程中，相关部门严格把控 1912 街区的商业旅游发展模式，协调好商业旅游与商业化发展之间的关系，均衡了历史街区的商业发展和文化传播。江苏南京 1912 文化休闲街是商业发展力、文化发展力和市场消费力共同作用的结果。

第三阶段：商业旅游的崛起。

为推进商业文化遗产系统性保护实施进程，最大限度发挥地区商业文化遗产的现代价值，在南京市人民政府的引导下，相关开发主体高度重视协调商业文化遗产利用与保护之间的关系。江苏南京1912以打造南京市高品质的公共空间为目标，通过为旅游消费者提供体验民国文化的场所，对外展示其自身发展所具有的公益性和形象化的文化特点。通过将民国时期的铁艺窗花、坡顶等一系列历史元素融入其中，让游客充分感知中西方建筑的差异。借助乱世佳人、百度、立煌等高知名度的酒吧，打造南京市最时尚的风景线。南京市人民政府在充分了解游客消费需求变化趋势的前提下，将1912街区的改造定义为以民国文化为建筑特点的商业建筑群。

第二，江苏南京1912文化休闲街对历史文化休闲街与旧城区整合型协同的作用。

为了进一步分析江苏南京1912文化休闲街发展过程中商业旅游发展状况和商业文化遗产系统性保护进程，本书将本次案例研究的重点放在资源、政策、环境、经济等多个方面，整体提炼出城市消费空间和环境组成要素两个关键构念，通过对这两个关键构念进行科学合理的分析，构建出江苏南京1912文化休闲街城市新消费空间的作用模型、江苏南京1912文化休闲街环境组成要素的作用模型，为探讨城市消费空间和环境组成要素对历史文化休闲街与旧城区整合型协同中的作用进行案例分析。

首先，江苏南京1912建设过程中城市消费空间分析。

商业旅游作为文旅深度融合新业态之一，具有巨大的发展潜力。随着商业文化遗产系统性保护的逐步推进，实现发展商业旅游的同时弘扬城市文化、激发商业文化遗产的现代活力是商业旅游发展的关键，因此，整合各种项目资源助力江苏南京1912发展至关重要。基于江苏南京1912商业文化遗产系统性保护的现实基础和发展现状，模拟构建出江苏南京1912文化休闲街城市消费空间的作用模型，如图7-32所示。

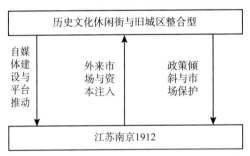

图7-32　江苏南京1912建设过程中城市消费空间的作用模型

图7-32展示了江苏南京1912建设过程中城市消费空间的作用模型，从图中可以看出，在江苏南京1912的建设过程中，平台建设、资源基础等对其未来发展起着至关重要的作用。在平台建设方面，江苏南京1912的相关经营主体不断加强与媒体企业的合作力度，全面提升自身的知名度和市场竞争力。与此同时，不断加强与网络平台的合作力度，开启线上订票等服务项目，制定团体订票优惠政策，不仅为游客提供了更多的旅游消费路线，还借助平台优势增加了江苏南京1912的宣传力度。在外来市场与资本注入方面，江苏南京1912的发展模式不仅不拘泥于商业旅游发展，还涉及文化传播、教育事业等，充分展现了地区商业文化遗产的地方特色和美食文化底蕴。在政策倾斜与市场保护方面，南京市人民政府坚持"创意扮靓民国文化街"的初衷，不断打通文商旅的融合渠道，为地区商业旅游产业发展注入了新的活力。因此，历史文化休闲街在外来市场与资本注入、自媒体的建设与推动、地区政策的倾斜与市场保护下，带动当地旅游商业街发展，进而实现工业文化遗产的系统性保护，假设HF1、HF3和HF4成立。

其次，江苏南京1912建设过程中环境组成要素分析。

江苏南京1912在初期建设规划中被纳入"总统府"范围内，作为商业旅游与文化宣传的典范，在实际发展过程中，协调好区域发展规划与资源开发之间的关系、协调好文化保护与经济发展之间的关系至关重要。因此，研究基于江苏南京1912商业文化遗产系统性保护的现实基础和发展现状，模拟构建出江苏南京1912文化休闲街环境组成要素的作用模型，如图7-33所示。

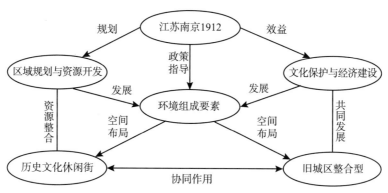

图 7 - 33　江苏南京 1912 建设过程中环境组成要素的作用模型

图 7 - 33 展示了江苏南京 1912 建设过程中环境组成要素的作用模型，从中可以看出，江苏南京的城市消费空间的变化不仅关系到自身未来发展状况，还与城市发展质量密切相关。城市消费空间既包括城市中的建筑、场所等多种物质要素，还包括城市的结构与功能、文化与意向、社会空间等多种非物质要素。江苏南京 1912 在城市消费空间演进过程中，坚持区域规划与资源开发相结合、文化保护与经济建设相结合。在坚持区域规划与资源开发相结合方面，南京市人民政府坚持落实国家生态文明建设的决策部署，不断协调历史文化名城保护与区域规划之间的关系。在坚持文化保护与经济建设相结合方面，通过举行南京文化科技融交会，可以进一步推动文化资源、高新技术和专业性人才合作，促进区域要素流通，实现文化、科技等多产业协同发展。因此，要实现历史文化休闲街文旅融合新业态与旧城区整合型系统性保护发展模式协同，关键在于合理挖掘商业文化遗产资源和内涵价值，紧紧跟随不断变化的社会环境，加速资源流通，融合产业资源，延长产业价值链，升级旅游发展模式，在此期间，借助外来企业资本、自媒体宣传、政府政策支持，推动市场创新，多方位、多维度保护商业文化遗产的价值和内涵，假设 HF2 和 HF5 成立。

关于案例验证分析：

本次案例研究选取的是江苏南京 1912，研究小组通过实地调研获得了较高准确性的有效资料，对江苏南京 1912 有了进一步的了解，同时也保证了资料数据的实效性、准确性、可靠性。为了更好地展开对历史文化休闲街与旧城区整合型系统性保护协同模式的案例研究，本书首先对江苏南京 1912 作为本次研究对象进行解释说明，将江苏南京 1912 的改造历程和发展过程分为三个阶段：一是江苏南京 1912 商业文化遗产系统性保护问题亟待解决阶段；二是商业文化遗产变城市发展动力阶段；三是商业旅游的崛起阶段，通过对这三个阶段进行全面而深入的分析，总结提炼出江苏南京 1912 发展的变革历程，得出江苏南京 1912 的现实发展基础。根据前文构建的历史文化休闲街与旧城区整合型系统性保护协同模式的结构方程实证分析结果，在案例分析中重点把握城市消费空间、环境组成要素两个方面的内容，通过构建江苏南京 1912 建设过程中城市消费空间的作用模型，得出江苏南京 1912 的建设过程中平台建设、资源基础等对其未来发展起着至关重要的作用，地区政府通过不断打通文商旅的融合渠道，为地区商业旅游产业发展注入了新的活力；通过构建环境组成要素建设过程中城市消费空间的作用模型，得出南京市人民政府坚持落实国家生态文明建设的决策部署，不断协调历史文化名城保护与区域规划之间的关系，通过举行南京文化科技融交会，进一步推动资源、技术和人才合作，促进区域要素流通，实现协同发展。

本书采取案例研究的方法进行单个案例研究，选取江苏南京 1912 为典型案例对历史文化休闲街与旧城区整合型系统性保护协同模式进行验证。结合前文所构建的历史文化休闲街与旧城区整合型系统性保护协同模式的分析框架、研究假设和结构方程实证分析的相关内容，以江苏南京 1912 的发展现状为出发点，重点把握城市消费空间、环境组成要素在文旅深度融合新业态与商业文化遗产系统性保护中的作用，以江苏南京 1912 为案例对历史文化休闲街与旧城区整合型系统性保护协同模式过程中的影响因素进行案例验证，进一步科学合理地验证了历史文化休闲街与旧城区整合型系统性保护协同模式的有效性。

7.6.3 问卷数据分析

第一，样本数据的描述性统计及信度效度检验。

首先，历史文化休闲街与旧城区整合型系统性保护协同模式的协同度测算。

历史文化休闲街与旧城区整合型系统性保护协同模式的作用机制利用评价二者的协同性进行评估。在对历史文化休闲街与旧城区整合型系统性保护协同模式的协同性进行评估之前，本书将以前文实证研究中所用到的度量指标为基础构建其相应的指标体系，并将实地调研所得数据用于计算历史文化休闲街与旧城区整合型系统性保护协同模式的协同度。由前文对历史文化休闲街与旧城区整合型系统性保护协同模式的实证分析中可以得出，环境组成要素、城市消费空间两个子系统都对旧城区整合型产生了直接作用，历史文化休闲街与旧城区整合型还产生了间接作用。因此，认为历史文化休闲街与旧城区整合型协同发展是以"城市消费空间"这1个子系统为基础的。从历史文化休闲街的区位条件、资源禀赋、人文基础和客源潜力四个方面来看，历史文化休闲街在一定程度上直接影响着环境组成要素和城市消费空间两个子系统，基于此，认为在对历史文化休闲街与旧城区整合型协同模式进行协同度评价时，可以借助历史文化休闲街、城市消费空间、环境组成要素和旧城区整合型4个子系统之间的相互关系来进行考量，并根据各个子系统的特征和作用提出对应的改进措施。

本书在充分理解协同学相关原理和理论的基础上，构建历史文化休闲街、环境组成要素、城市消费空间和旧城区整合型4个子系统之间的协同度模型。各个子系统的序参量见表7-44。

表7-44 子系统序参量

子系统	测量指标	序参量
历史文化休闲街	区位条件、人文基础、资源禀赋、客源潜力	HCLS11、HCLS12、HCLS21、HCLS22、HCLS23、HCLS31、HCLS32、HCLS41、HCLS42
城市消费空间	外来市场与资本注入、自媒体建设与推动、政策倾斜与市场保护	UCS11、UCS12、UCS13、UCS21、UCS22、UCS23、UCS31、UCS32、UCS33
环境组成要素	区域规划与资源开发、文化保护与经济建设	EC11、EC12、EC13、EC21、EC22、EC23
旧城区整合型	整体规划、分步实施、合理控制	IOUA11、IOUA12、IOUA13、IOUA21、IOUA22、IOUA23、IOUA31、IOUA32

在确定各个子系统的序参量后，将对各个子系统之间的有序度进行测量，具体计算见公式（5-6），结合前文对历史文化休闲街与旧城区整合型系统性保护协同模式的理论模型的相关分析，得出其他子系统的有序度和序参量之后，计算系统协同度并重新测量子系统的有序度，进而得到总系统的协同度。同理，得出历史文化休闲街与旧城区整合型系统性保护协同模式中环境组成要素、城市消费空间和旧城区整合型等其他子系统之间的协同度，见表7-45。

表7-45 各个子系统间的系统协同度

子系统	HCLS	EC	UCS	IOUA
历史文化休闲街（HCLS）	—			
环境组成要素（EC）	0.60	—		
城市消费空间（UCS）	0.63	0.61	—	
旧城区整合型（IOUA）	0.60	0.58	0.61	—

在参考有关协同学相关文献的基础上，结合现实应用，将协同度数值和协同度大小划分为 5 个区间，根据表 4 - 1 协同度划分区间，结合表 7 - 45 中所得有关历史文化休闲街与旧城区整合型系统性保护协同模式中各个子系统的协同度的大小，得出在历史文化休闲街与旧城区整合型系统性保护协同模式中，历史文化休闲街、环境组成要素、城市消费空间和旧城区整合型这 4 子系统之间的协同度都处于高度协同的范围，因此，认为历史文化休闲街与旧城区整合型具有良好的协同性。

其次，本书在对通过实地调研获得历史文化休闲街与旧城区整合型协同的第一手数据资料进行综合评估后，认为团队所得有效问卷数量符合结构方程所要求的样本数量，因此可以进行实证分析。为确保研究所得的历史文化休闲街与旧城区整合型系统性保护协同模式的相关数据的准确性，以及后续所得结论的科学性，在对其进行实证分析之前，还将对问卷所得数据进行信度分析和效度分析。

本书采取均值和方差这两个指标，衡量历史文化休闲街与旧城区整合型系统性保护协同模式中各个变量分布的平均程度和集中度。其中，标准差是直接观测历史文化休闲街与旧城区整合型系统性保护协同模式研究中各个变量的离散程度的指标。利用 SPSS 25.0 对历史文化休闲街与旧城区整合型系统性保护协同模式的数据进行信度检测，进而得到各个观测变量的均值、标准差、最大值、最小值，见表 7 - 46。

表 7 - 46　　　　　　　　　　　　　　　　　　描述性统计

主要变量	潜在变量	观测变量	均值	标准差	最大值	最小值
历史文化休闲街 （HCLS）	区位条件 （HCLS1）	HCLS11	3.66	0.688	5	1
		HCLS12	3.70	0.721	5	1
	人文基础 （HCLS2）	HCLS21	3.57	0.798	5	1
		HCLS22	3.63	0.800	5	1
		HCLS23	3.56	0.770	5	1
	资源禀赋 （HCLS3）	HCLS31	3.54	0.727	5	1
		HCLS32	3.63	0.801	5	1
	客源潜力 （HCLS4）	HCLS41	3.59	0.753	5	1
		HCLS42	3.16	0.685	5	1
城市消费空间 （UCS）	外来市场与资本注入 （UCS1）	UCS11	3.26	0.702	5	1
		UCS12	3.16	0.657	5	1
		UCS13	3.29	0.668	5	1
	自媒体建设与推动 （UCS2）	UCS21	3.21	0.733	5	1
		UCS22	3.21	0.770	5	1
		UCS23	3.17	0.739	5	1
	政策倾斜与市场保护 （UCS3）	UCS31	3.13	0.700	5	1
		UCS32	3.40	0.751	5	1
		UCS33	3.20	0.679	5	1
环境组成要素 （EC）	区域规划与资源开发 （EC1）	EC11	3.27	0.741	5	1
		EC12	3.22	0.673	5	1
		EC13	3.04	0.682	5	1
	文化保护与经济建设 （EC2）	EC21	3.32	0.710	5	1
		EC22	3.09	0.727	5	1
		EC23	3.17	0.698	5	1

续表

主要变量	潜在变量	观测变量	均值	标准差	最大值	最小值
旧城区整合型 （IOUA）	整体规划 （IOUA1）	IOUA11	3.24	0.727	5	1
		IOUA12	3.13	0.689	5	1
		IOUA13	3.22	0.724	5	1
	分步实施 （IOUA2）	IOUA21	3.37	0.766	5	1
		IOUA22	3.37	0.805	5	1
		IOUA23	3.41	0.742	5	1
	合理控制 （IOUA3）	IOUA31	3.31	0.730	5	1
		IOUA32	3.60	0.715	5	1

最后，为确保历史文化休闲街与旧城区整合型系统性保护协同模式检测结果具有真实性、可靠性，对其进行信度检测。利用组合信度系数对历史文化休闲街与旧城区整合型系统性保护协同模式所整合的各类数据进行分析和检测，分别得出历史文化休闲街、城市消费空间、环境组成要素、旧城区整合型的组合信度系数。同时，根据表5-4的组合信度标准对历史文化休闲街与旧城区整合型系统性保护协同模式的潜在变量的组合信度系数进行评判。为确保信度检测所得数据能够科学合理地反映各个变量的真实构架，在对历史文化休闲街与旧城区整合型系统性保护协同模式进行信度检测的基础上，进一步对历史文化休闲街与旧城区整合型系统性保护协同模式进行效度检测，信度和效度检验结果如表7-47所示。

表7-47　　　　　　　　　　　　　　　　　信度和效度检验结果

变量	CR	因子载荷		KMO值	累计方差 解释率	Bartlett's 球形检验		
						χ^2	df	Sig.
历史文化休闲街 （HCLS）	0.9196	HCLS11	0.782	0.953	70.711	2040.690	36	0.000
		HCLS12	0.754					
		HCLS21	0.756					
		HCLS22	0.764					
		HCLS23	0.739					
		HCLS31	0.803					
		HCLS32	0.772					
		HCLS41	0.777					
		HCLS42	0.571					
城市消费空间 （UCS）	0.8319	UCS11	0.592	0.932	52.470	966.817	36	0.000
		UCS12	0.608					
		UCS13	0.667					
		UCS21	0.699					
		UCS22	0.473					
		UCS23	0.597					
		UCS31	0.609					
		UCS32	0.519					
		UCS33	0.586					

续表

变量	CR	因子载荷		KMO 值	累计方差解释率	Bartlett's 球形检验		
						χ^2	df	Sig.
环境组成要素（EC）	0.7375	EC11	0.577	0.855	50.689	412.493	15	0.000
		EC12	0.497					
		EC13	0.617					
		EC21	0.590					
		EC22	0.619					
		EC23	0.604					
旧城区整合型（IOUA）	0.8570	IOUA11	0.630	0.878	64.678	845.105	28	0.000
		IOUA12	0.675					
		IOUA13	0.580					
		IOUA21	0.685					
		IOUA22	0.716					
		IOUA23	0.722					
		IOUA31	0.776					
		IOUA32	0.424					

如表 7 - 47 所示，首先，在对历史文化休闲街与旧城区整合型进行信度所得数据中，可以看出，各个数据的组合信度系数值 CR 大多都大于 0.5，因此认为所得数据具有可信度。其次，在对历史文化休闲街与旧城区整合型进行效度检验所得数据中，可以看出，所得各个指标的因子载荷大多都在 0.5 以上，KMO 值大于 0.8，因此认为所得数据能够较好地进行因子分析。最后，Bartlett's 球形检验显著性水平均在 0.000，因此，认为此次研究过程中，调查问卷所得数据及各组成部分建构之间有较好的效度。

第二，样本数据的结构方程模型构建及调整。

本书通过建立历史文化休闲街与旧城区整合型系统性保护协同模式结构方程模型，进而对其进行估计和检验。本节对历史文化休闲街与旧城区整合型系统性保护协同模式的结构方程模型分析主要分为以下几点：首先，建立历史文化休闲街与旧城区整合型系统性保护协同模式的结构方程模型，并设定相关误差变量；其次，在对参数进行估计的基础上，确定历史文化休闲街与旧城区整合型系统性保护协同模式结构方程的拟合度；最后，通过对历史文化休闲街与旧城区整合型系统性保护协同模式结构方程模型的不理想的路径进行修正，确定最终的结构方程模型。

在历史文化休闲街与旧城区整合型系统性保护协同模式的研究过程中，根据各个变量的性质进行划分，进一步构建历史文化休闲街与旧城区整合型系统性保护协同模式的结构方程模型。以历史文化休闲街与旧城区整合型系统性保护协同模式的理论模型为基础，可以看出，历史文化休闲街、城市消费空间、环境组成要素、旧城区整合型都是不能直接观测的潜在变量，这 4 个变量下设置的二级指标仍无法直接观测，故均将其定为潜在变量。接着对历史文化休闲街与旧城区整合型协同作用中的各个变量进行分类，其中，定义内生变量为历史文化休闲街，中间变量为城市消费空间和环境组成要素，外生变量为旧城区整合型。基于此，构建出历史文化休闲街与旧城区整合型系统性保护协同模式的初始结构方程模型，见图 7 - 34。

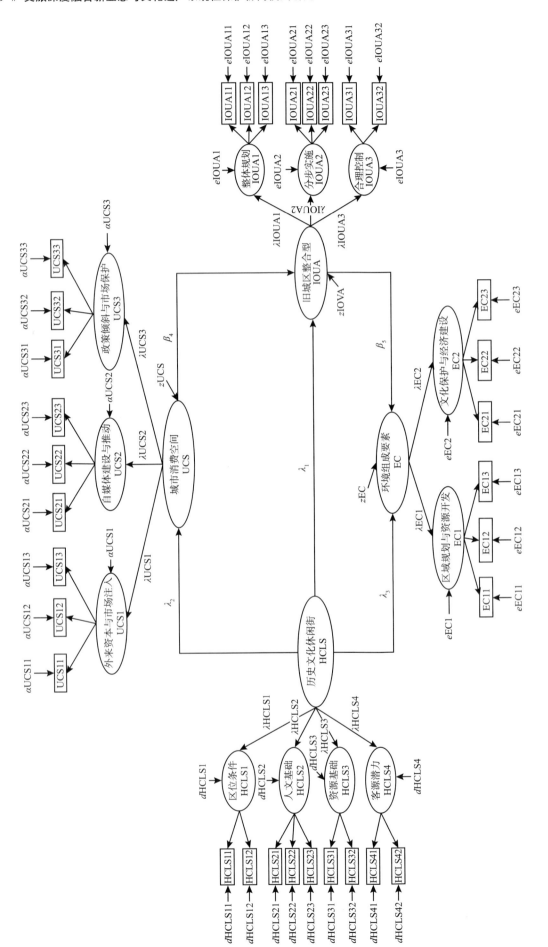

图7-34 历史文化休闲街与旧城区整合型系统保护协同模式的初始结构方程模型

根据图 7 - 34 显示，历史文化休闲街与旧城区整合型系统性保护协同模式的初始结构方程中外生显变量共 9 项，分别为 HCLS11、HCLS12、HCLS21、HCLS22、HCLS23、HCLS31、HCLS32、HCLS41、HCLS42；内生显变量共 23 项，分别为 UCS11、UCS12、UCS13、UCS21、UCS22、UCS23、UCS31、UCS32、UCS33、EC11、EC12、EC13、EC21、EC22、EC23、IOUA11、IOUA12、IOUA13、IOUA21、IOUA22、IOUA23、IOUA31、IOUA32；外生潜变量共 4 项，分别为 HCLS1、HCLS2、HCLS3、HCLS4；内生潜变量共 8 项，分别为 UCS1、UCS2、UCS3、EC1、EC2、IOUA1、IOUA2、IOUA3。

在对历史文化休闲街与旧城区整合型系统性保护协同模式进行数据验证的过程中，本书将对相关变量进行设定，进而构建观测变量的结构方程式。根据前文对历史文化休闲街与旧城区整合型系统性保护协同模式的相关研究，历史文化休闲街（HCLS）、区位条件（HCLS1）、人文基础（HCLS2）、资源禀赋（HCLS3）、客源潜力（HCLS4）是外生潜变量，分别用 ξ_{HCLS}、ξ_{HCLS1}、ξ_{HCLS2}、ξ_{HCLS3}、ξ_{HCLS4} 来表示。城市消费空间（UCS）、外来市场与资本注入（UCS1）、自媒体建设与推动（UCS2）、政策倾斜与市场保护（UCS3）、环境组成要素（EC）、区域规划与资源开发（EC1）、文化保护与经济建设（EC2）、旧城区整合型（IOUA）、整体规划（IOUA1）、分步实施（IOUA2）、合理控制（IOUA3）是内生潜变量，分别用 η_{UCS}、η_{UCS1}、η_{UCS2}、η_{UCS3}、η_{EC}、η_{EC1}、η_{EC2}、η_{IOUA}、η_{IOUA1}、η_{IOUA2}、η_{IOUA3} 来表示。基于此，构建出历史文化休闲街与旧城区整合型系统性保护协同模式的观测模型方程：

$$
\begin{cases}
X_{HCLS1} = \lambda_{HCLS1}\xi_{HCLS} + \delta_{HCLS1} \quad X_{HCLS2} = \lambda_{HCLS2}\xi_{HCLS} + \delta_{HCLS2} \quad X_{HCLS3} = \lambda_{HCLS3}\xi_{HCLS} + \delta_{HCLS3} \\
X_{HCLS4} = \lambda_{HCLS4}\xi_{HCLS} + \delta_{HCLS4} \quad X_{HCLS11} = \lambda_{HCLS11}\xi_{HCLS1} + \delta_{HCLS11} \\
X_{HCLS12} = \lambda_{HCLS12}\xi_{HCLS1} + \delta_{HCLS12} \quad X_{HCLS21} = \lambda_{HCLS21}\xi_{HCLS2} + \delta_{HCLS21} \\
X_{HCLS22} = \lambda_{HCLS22}\xi_{HCLS2} + \delta_{HCLS22} \quad X_{HCLS23} = \lambda_{HCLS23}\xi_{HCLS2} + \delta_{HCLS23} \\
X_{HCLS31} = \lambda_{HCLS31}\xi_{HCLS3} + \delta_{HCLS31} \quad X_{HCLS32} = \lambda_{HCLS32}\xi_{HCLS3} + \delta_{HCLS32} \\
X_{HCLS41} = \lambda_{HCLS41}\xi_{HCLS4} + \delta_{HCLS41} \quad X_{HCLS42} = \lambda_{HCLS42}\xi_{HCLS4} + \delta_{HCLS42} \\
Y_{UCS1} = \lambda_{UCS1}\eta_{UCS} + \varepsilon_{UCS1} \quad Y_{UCS2} = \lambda_{UCS2}\eta_{UCS} + \varepsilon_{UCS2} \quad Y_{UCS3} = \lambda_{UCS3}\eta_{UCS} + \varepsilon_{UCS3} \\
Y_{UCS11} = \lambda_{UCS11}\eta_{UCS1} + \varepsilon_{UCS11} \quad Y_{UCS12} = \lambda_{UCS12}\eta_{UCS1} + \varepsilon_{UCS12} \quad Y_{UCS13} = \lambda_{UCS13}\eta_{UCS1} + \varepsilon_{UCS13} \\
Y_{UCS21} = \lambda_{UCS21}\eta_{UCS2} + \varepsilon_{UCS21} \quad Y_{UCS22} = \lambda_{UCS22}\eta_{UCS2} + \varepsilon_{UCS22} \quad Y_{UCS23} = \lambda_{UCS23}\eta_{UCS2} + \varepsilon_{UCS23} \\
Y_{UCS31} = \lambda_{UCS31}\eta_{UCS3} + \varepsilon_{UCS31} \quad Y_{UCS32} = \lambda_{UCS32}\eta_{UCS3} + \varepsilon_{UCS32} \quad Y_{UCS33} = \lambda_{UCS33}\eta_{UCS3} + \varepsilon_{UCS33} \\
Y_{EC1} = \lambda_{EC1}\eta_{EC} + \varepsilon_{EC1} \quad Y_{EC2} = \lambda_{EC2}\eta_{EC} + \varepsilon_{EC1} \\
Y_{EC11} = \lambda_{EC11}\eta_{EC1} + \varepsilon_{EC11} \quad Y_{EC12} = \lambda_{EC12}\eta_{EC1} + \varepsilon_{EC12} \quad Y_{EC13} = \lambda_{EC13}\eta_{EC1} + \varepsilon_{EC13} \\
Y_{EC21} = \lambda_{EC21}\eta_{EC2} + \varepsilon_{EC21} \quad Y_{EC22} = \lambda_{EC22}\eta_{EC2} + \varepsilon_{EC22} \quad Y_{EC23} = \lambda_{EC23}\eta_{EC2} + \varepsilon_{EC23} \\
Y_{IOUA1} = \lambda_{IOUA1}\eta_{IOUA} + \varepsilon_{IOUA1} \quad Y_{IOUA2} = \lambda_{IOUA2}\eta_{IOUA} + \varepsilon_{IOUA2} \quad Y_{IOUA3} = \lambda_{IOUA31}\eta_{IOUA} + \varepsilon_{IOUA3} \\
Y_{IOUA11} = \lambda_{IOUA11}\eta_{IOUA1} + \varepsilon_{IOUA11} \quad Y_{IOUA12} = \lambda_{IOUA12}\eta_{IOUA1} + \varepsilon_{IOUA12} \\
Y_{IOUA13} = \lambda_{IOUA13}\eta_{IOUA1} + \varepsilon_{IOUA13} \quad Y_{IOUA21} = \lambda_{IOUA21}\eta_{IOUA2} + \varepsilon_{IOUA21} \\
Y_{IOUA22} = \lambda_{IOUA22}\eta_{IOUA2} + \varepsilon_{IOUA22} \quad Y_{IOUA23} = \lambda_{IOUA23}\eta_{IOUA2} + \varepsilon_{IOUA23} \\
Y_{IOUA31} = \lambda_{IOUA31}\eta_{IOUA3} + \varepsilon_{IOUA31} \quad Y_{IOUA32} = \lambda_{IOUA32}\eta_{IOUA3} + \varepsilon_{IOUA32}
\end{cases}
$$

本书在成功构建历史文化休闲街与旧城区整合型系统性保护协同模式的观测模型的基础上，研究根据结构方程模型的一般形式构建历史文化休闲街与旧城区整合型系统性保护协同模式的结构方程式，具体如下：

$$
\begin{cases}
\eta_{EC} = \gamma_2\xi_{HCLS} + \zeta_{EC} \\
\eta_{UCS} = \gamma_3\xi_{UCS} + \zeta_{UCS} \\
\eta_{IOUA} = \gamma_1\xi_{HCLS} + \beta_5\eta_{UCS} + \beta_4\eta_{EC} + \zeta_{IOUA}
\end{cases}
$$

在历史文化休闲街与旧城区整合型系统性保护协同模式的结构方程式中，分别用 γ_1、γ_2、γ_3 表示历史文化休闲街对旧城区整合型、环境组成要素和城市消费空间的作用路径。用 β_4 表示环境组成要素对旧城区整合型的作用路径，用 β_5 表示城市消费空间对旧城区整合型的作用路径。

本书在成功构建"历史文化休闲街与旧城区整合型系统性保护协同模式"的初始结构方程模型后，从检验拟合指数、参数和决定系数三方面，对历史文化休闲街与旧城区整合型系统性保护协同模式的初始结构方程模型进行检验。利用不同的评价方法对以上指标进行检验，从而正确判断历史文化休闲街对商业文化遗产系统性保护的作用原始模型是否需要进行修正。

将所构建的历史文化休闲街与旧城区整合型系统性保护协同模式的初始结构方程模型导入 AMOS 22.0 中，在成功导入量表数据后，获得了历史文化休闲街与旧城区整合型系统性保护协同模式的拟合指标值，见表 7 - 48。

表 7 - 48　　历史文化休闲街与旧城区整合型系统性保护协同模式的初始结构方程模型适配度检验结果

拟合指标	X^2/DF	CFI	IFI	TLI	PNFI	RMSEA	SRMR
观测值	1.822	0.928	0.929	0.920	0.770	0.056	0.032
拟合标准	<3.00	>0.90	>0.90	>0.90	>0.50	<0.08	<0.08

由表 7 - 48 可以看出，研究所得各个拟合指标检验值都达到了对应的拟合标准，因此，本书认为研究所构建的历史文化休闲街与旧城区整合型系统性保护协同模式的结构方程模型能够与调研小组所得数据较好地拟合。基于此，在进行拟合度检测的基础上，进一步对历史文化休闲街与旧城区整合型系统性保护协同模式的初始结构方程中的各个路径的系数进行测度，见表 7 - 49。

表 7 - 49　　历史文化休闲街与旧城区整合型系统性保护协同模式的初始结构方程路径估计

路径	模型路径	路径系数	S. E.	C. R.	P
γ_1	HCLS→IOUA	0.063	0.057	1.103	0.270
γ_2	HCLS→EC	0.515	0.055	9.377	***
γ_3	HCLS→UCS	0.590	0.055	10.635	***
β_4	EC→IOUA	0.415	0.081	5.121	***
β_5	UCS→IOUA	0.359	0.073	4.886	***

注：*** 表示 $P < 0.001$。

从表 7 - 49 可以看出，HCLS→IOUA 的路径没有通过显著性检验。但是历史文化休闲街与旧城区整合型协同模式的构造基本思路正确，因此将对历史文化休闲街与旧城区整合型系统性保护协同模式的作用路径关系进行调整。在综合分析文献的基础上，在历史文化休闲街与旧城区整合型系统性保护协同模式的初始结构方程模型中删除 HCLS→IOUA 的直接作用路径，如图 7 - 35 所示。

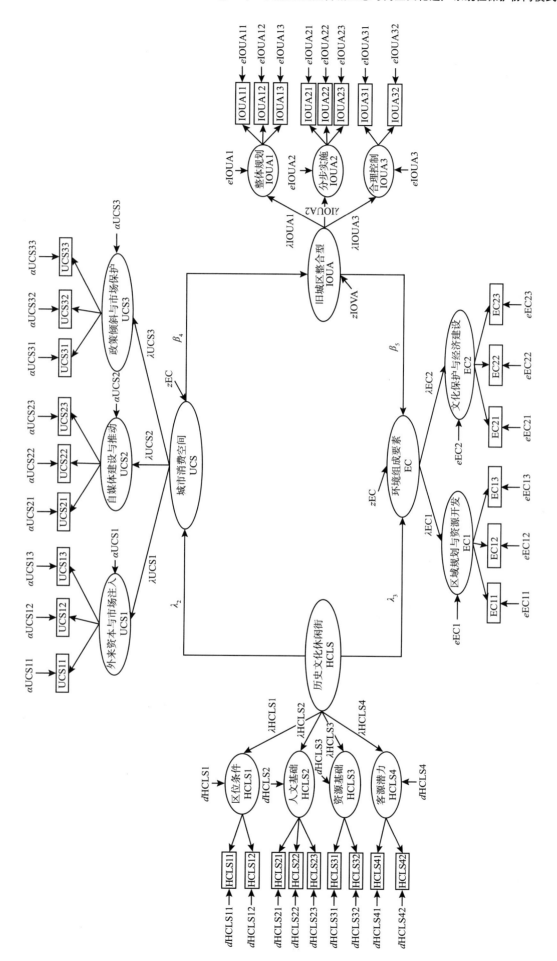

图7-35　调整后的历史文化休闲街与旧城区整合型系统性保护协同模式的结构方程模型

图 7 - 35 展示了调整后历史文化休闲街与旧城区整合型系统性保护协同模式的结构方程模型，将调整后的历史文化休闲街与旧城区整合型系统性保护协同模式的结构方程模型图导入 AMOS 22.0 中进行拟合度检验，结果如表 7 - 50 所示。

表 7 - 50　　　　　调整后的历史文化休闲街与旧城区整合型系统性保护协同模式的拟合指标检验结果

拟合指标	χ^2/DF	CFI	IFI	TLI	PNFI	RMSEA	RMR
观测值	1.821	0.928	0.929	0.920	0.771	0.056	0.032
拟合标准	<3.00	>0.90	>0.90	>0.90	>0.50	<0.08	<0.05

由表 7 - 50 可以看出，各个拟合指标均达到了拟合标准，因此，认为调整后的结构方程模型与原数据量表之间是匹配的。再次将所构建的调整后的历史文化休闲街与旧城区整合型系统性保护协同模式导入 AMOS 22.0 中，对其进行路径估计，结果如表 7 - 51 所示。

表 7 - 51　　　　　调整后的历史文化休闲街与旧城区整合型系统性保护协同模式结构方程路径估计

路径	模型路径	非标准化路径系数	标准化路径系数	S. E.	C. R.	P
γ_1	HCLS→IOUA	—	—	—	—	***
γ_2	HCLS→EC	0.520	0.520	0.055	9.485	***
γ_3	HCLS→UCS	0.590	0.593	0.055	10.680	***
β_4	EC→IOUA	0.460	0.463	0.076	6.107	***
β_5	UCS→IOUA	0.400	0.404	0.066	6.140	***

注：*** 表示 P < 0.001。

由表 7 -51 可以看出，拟合指标大部分都达到了 0.001 的显著水平，各个假设较好地通过了显著性检验。因此，认为调整后的历史文化休闲街与旧城区整合型系统性保护协同模式为最满意的结构方程，在对其进行标准化处理之后，各个路径系数都在 -1～1，最终得出的最终历史文化休闲街与旧城区整合型系统性保护协同模式的结构方程模型，如图 7 -36 所示。

为进一步探讨历史文化休闲街与旧城区整合型系统性保护协同模式中各个变量之间的关系，本书将从间接效应和直接效应两个方面对各个作用路径的影响进行解释说明。其中，直接效应是指某一变量作为原因而对另一变量产生的影响，间接效应是指某一变量作为原因通过其他变量对另一变量产生影响。间接效应的作用路径系数为间接效应发生过程中每一个过程的系数之积，两个变量之间的总效益为二者直接效应和间接效应之和。为有效测度历史文化休闲街与旧城区整合型系统性保护协同模式的主要变量，本书对历史文化休闲街（HCLS）、旧城区整合型（IOUA）、环境组成要素（EC）、城市消费空间（UCS）4 个变量的作用效应进行分解可知，在历史文化休闲街与旧城区整合型系统性保护协同模式的作用过程中，环境组成要素和城市消费空间都对旧城区整合型产生了直接作用，分别为 0.460 和 0.400，历史文化休闲街对旧城区整合型产生了间接作用，其间接作用为 0.480（0.520 × 0.463 + 0.593 × 0.404），因此，在历史文化休闲街与旧城区整合型系统性保护协同模式的作用过程中，环境组成要素和城市消费空间是两个重要的中间变量。

第三，结构方程的假设检验及效应分解。

通过分析结构方程实证结果，根据前文提及的研究假设与理论模型，结合历史文化休闲街与旧城区整合型协同作用的假设验证和路径系数，进行归纳总结，结果如表 7 -52 所示。

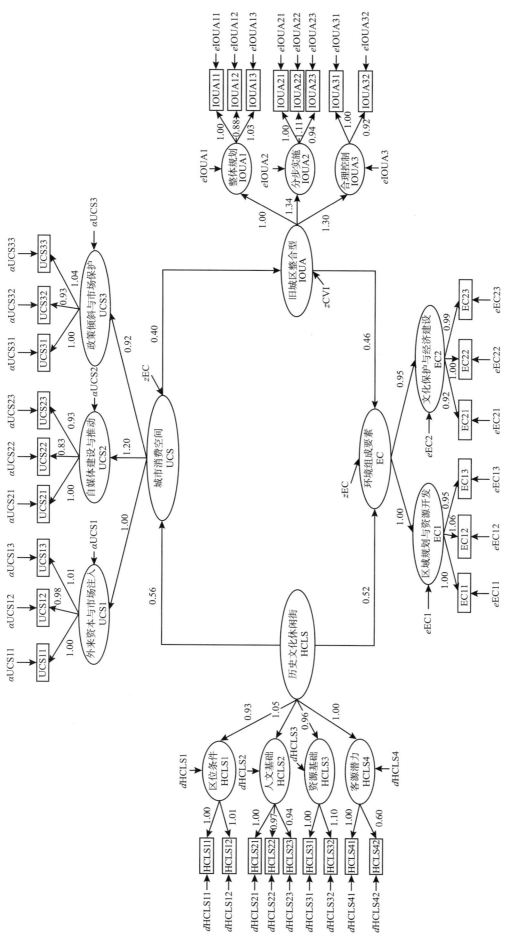

图7-36 最终的历史文化休闲街与旧城区整合型系统性保护协同模式的结构方程模型

表 7 - 52　　　　　　历史文化休闲街与旧城区整合型系统性保护协同模式的结果讨论分析

路径	模型路径	标准化路径系数	显著性水平	对应假设	检验结果
γ_1	HCLS→IOUA	—	—	HF1	拒绝
γ_2	HCLS→EC	0.520	***	HF2	支持
γ_3	HCLS→UCS	0.593	***	HF3	支持
β_4	EC→IOUA	0.463	***	HF4	支持
β_5	UCS→IOUA	0.404	***	HF5	支持

注：*** 表示 $P < 0.001$。

历史文化休闲街到旧城区整合型的作用路径在路径调整的过程中被删除，并没有通过显著性检验，因此，"历史文化休闲街发展水平对提高旧城区整合效率具有显著的正向作用"假设不成立，即研究结果拒绝原假设 HF1。

历史文化休闲街到环境组成要素的标准化路径系数为 0.520，$P < 0.001$，较好地通过了显著性检验。基于此，可以得出"历史文化休闲街发展水平对整合环境组成要素具有显著的正向作用"的假设成立，即研究结果支持原假设 HF2。

历史文化休闲街到城市消费空间的标准化路径系数为 0.593，$P < 0.001$，较好地通过了显著性检验。基于此，可以得出"历史文化休闲街发展水平对提高优化城市消费空间具有显著的正向作用"的假设成立，即研究结果支持原假设 HF3。

环境组成要素到旧城区整合型的标准化路径系数为 0.463，$P < 0.001$，较好地通过了显著性检验。基于此，可以得出"环境组成要素对提高旧城区整合效率具有显著的正向作用"的假设成立，即研究结果支持原假设 HF4。

城市消费空间到旧城区整合型的标准化路径系数为 0.404，$P < 0.001$，较好地通过了显著性检验。基于此，可以得出"城市消费空间优化对提高旧城区整合效率具有显著的正向作用"的假设成立，即研究结果支持原假设 HF5。

综合以上研究得出，HF2、HF3、HF4、HF5 存在合理性，以及 HF1 存在不合理性。由历史文化休闲街与旧城区整合型协同的结构方程模型可以得出，环境组成要素和城市消费空间都是非常重要的中间变量。在历史文化休闲街与旧城区整合型系统性保护协同模式的作用过程中，环境组成要素和城市消费空间都对旧城区整合型产生了直接作用，分别为 0.460 和 0.400，历史文化休闲街对旧城区整合型产生了间接作用，其间接作用 0.480（0.520×0.463 + 0.593×0.404）。

第8章 文旅深度融合新业态与教育文化遗产系统性保护协同模式研究

8.1 书院文化博物馆与历史片区改造型系统性保护协同模式的实证研究

8.1.1 研究假设

第一，书院文化博物馆的作用。

书院文化博物馆是指对游客开放的关于书院历史和文化研究的典藏处的共有文化财产，是现代辅助教学有效工具。它具有鲜明的文化特征，即以发展书院文化博物馆的形式发展文旅深度融合新业态的景区，必须追本溯源，在建设之前先弄清楚地方"教育文化遗产"的概念和内涵，并给予准确的定位，以此来确定书院文化博物馆的个性特征及其在现代旅游业中的优势。龚世扬（2016）指出，博物馆的建设多以"政府主导、专家指导、居民参与"为原则。历史片区改造型的核心就是坚持政府统筹，市场运作，即政府运用市场经济手段对文化遗产旅游资源进行有机整合，集中优势力量参与教育文化遗产系统性保护进程之中，对其进行有效的保护更新。基于此，可以看出，书院文化博物馆与历史片区改造型的系统性保护核心具有内在的互补性，故提出如下假设：

HA1：书院文化博物馆建设要求对提升历史片区改造质量具有显著的正向作用。

书院文化博物馆作为文旅深度融合新业态形式之一，其发展与周边农业、现代服务业、教育业等密切相关，因而书院文化博物馆的开发模式具有多种不同的表现形式，书院文化博物馆作为文旅深度融合新业态的重要表现形式，把教育、文化传播、休闲旅游等融合在一起，对地方产业经济发展方式的转变具有重要的推动作用。钟旭（2019）指出，博物馆结合社会发展需求所作出的调整和优化，可促使博物馆整体产业结构优化升级。一是在农业结构方面，以教育文化遗产为核心，通过建造书院文化博物馆发展旅游业有利于减少对地方自然资源的消耗，提高绿色出行效率，有利于改善生态环境，为地方发展生态循环经济奠定环境基础，全面推进农业向生态农业转型发展。二是在工业结构方面，书院文化博物馆的发展使相关的旅游产品加工业逐渐兴起，为旅游产品的设计与研发、产品包装与销售等各个环节提供保障，推进了工业结构的转型。三是在服务业结构方面，书院文化博物馆具有传统旅游业所不具备的教育和文化传输功能，根据产业融合理论，书院文化博物馆通过资源优化配置实现教育文化遗产资源再生的经济发展模式，以便更好发展教育旅游，提升地方旅游产业的文化内涵，延伸更多的旅游价值功能，使得传统的博物馆迅速发展，从根本上改变了当地的产业结构。

基于此，可以看出，书院文化博物馆作为文旅深度融合新业态的重要表现形式，对地方农业、工业、现代服务业均产生了重要影响，故提出如下假设：

HA2：书院文化博物馆建设要求对优化产业结构具有显著的正向作用。

书院文化博物馆作为教育旅游的一种形式，其发展以教育文化遗产保护为最终目标，以提升游客满意度为中间目标，通过制定文化保护政策，以提高书院文化博物馆全域旅游资源利用效率为出发点，以国家重大战略和文化遗产保护与旅游发展的现实需求为导向，围绕文旅融合发展的政策制度，探索新业态发展的内外动力，具体可以从完善基础设施建设、完善配套服务设施和宣传推广三方面出发，提高文旅深度融合新业态发展质量。在完善基础设施和配套服务设施方面，其建设均需要大量的人力、资金、技术等多方面的支持，同时，基础设施的保护以及配套服务设施的衡量标准，离不开地方居民和游客的参与，这就需要在人才引进、企业准入门槛、税收优惠等方面下功夫。在宣传推广方面，文化媒体的发展是旅游宣传的重要媒介，由以教育文化遗产为核心而发展的教育旅游业而延伸出的影视、演艺、文娱等文化产业的产生，对于教育文化遗产旅游而言是最好的宣传。基于此，可以看出书院文化博物馆建设要求对外部环境有着重要的影响作用，故提出如下假设：

HA3：书院文化博物馆建设要求对培育外部环境具有显著的正向作用。

第二，产业结构的作用。

地区产业结构往往是由第一、二、三产业各部门及其之间的相互关系构成的，既包括各个产业之间的比例关系，还包括各行业内部自身内部的结构比例关系。教育文化遗产内部的产业结构调整，应该以市场需求为导向，根据教育文化遗产的自身发展现状，以公众对文化的需求来进行产业结构调整，其中，教育文化遗产多以展览的形式对外输出，严重制约了其现代发展活力。要改变教育文化遗产产业结构，郭克莎（2019）指出，产业结构的调整不仅要符合市场现实需求，还要适应和引领市场潜在需求，实现产业转型发展。针对不同类型的教育文化遗产及其分布特征，因地制宜开发博物馆、产业园、智慧景区等，以景区发展需求引入生态农业，为发展教育旅游提供优越的条件。可以看出，产业结构的优化对其文化传播、文化对外输出、文化经济等都产生着重要影响，而文化传播、文化对外输出、文化经济都是历史片区改造型的关键要素。从这个角度来说，产业结构的调整对历史片区改造具有一定的影响作用。基于此，故提出如下假设：

HA4：产业结构优化对推进历史片区改造进程具有显著的正向作用。

第三，技术创新的作用。

教育文化遗产系统性保护工作必须立足于地方实际，在相关政策制定时重点考虑地方教育文化遗产保护进程中呈现出的新问题和新现象，通过提高技术创新水平，提高教育文化遗产系统性保护水平，尤其表现在技术创新对产业结构优化的影响层面上。要通过发展教育旅游，实现产业结构优化，就必须在技术水平上有所突破。曹芳东（2014）等曾指出，优化产业结构、引进先进技术，完善市场引导机制是促进景区旅游效率提升的有效路径。具体来说，在原有教育文化遗产系统性保护工作现状的基础上，通过提升人才福利政策，实现人才内流，提升技术创新水平和创新驱动，助力产业结构升级。另外，教育旅游作为文旅深度融合新业态与教育文化遗产系统性保护协同模式而兴起的新兴产业，其发展需通过将新思维、新方法、新技术应用在产业结构优化过程中，不断加快自主产权技术和旅游产品生产设备的研发，进而全面提高自主创新能力。可以看出，技术创新水平对优化产业结构和提升历史片区改造质量具有重要的影响作用，基于此，故提出如下假设：

HA5：技术创新水平对产业结构优化具有显著的正向作用。

HA6：技术创新水平对提升历史片区改造质量具有显著的正向作用。

第四，外部环境的作用。

无论是旅游发展还是教育文化遗产系统性保护，都需要良好的外部环境，具体的主要表现在良好的政策环境、社会环境和生态环境三个方面。在政策环境方面，在激烈竞争的社会背景下，国家政策要紧紧抓住大数据这一契机，从数据政策、人才培养、关键技术研发等方面着手，全面促进大数据技术的发展，确保旅游产品研发、旅游路线制定等能够符合游客需求变化趋势，为教育旅游保持市场竞争优势提供保障。在社会环境方面，降低景区内及其周边经营主体的准入门槛，鼓励居民参与到教育旅游产业发展进程中。与此同时，在地方选取一批表现突出的青年骨干，经过再培训后吸纳到地方龙头旅游企业管理和决策层，提高居民参与教育旅游的层次，让群众感受到教育文化遗产的现代价值，进而提高居民参与教育文化遗产系统性保护工作的积极性。在生态环境方面，良好的生态环境是发展旅游业的基础，良好的生态环境离不开对地方生态系统动态变化的实时监察，这对科学技术水平提出了新要求。可以看出，良好的外部环境对提升技术创新水平和推进历史片区改造进程具有重要的影响作用，基于此，故提出如下假设：

HA7：良好的外部环境对提升技术创新水平具有显著的正向作用。

HA8：良好的外部环境对推进历史片区改造进程具有显著的正向作用。

第五，关于书院文化博物馆与历史片区改造型系统性保护协同模式的理论模型。

根据书院文化博物馆与历史片区改造型系统性保护协同模式的分析框架、研究假设等相关内容，结合书院文化博物馆与历史片区改造型协同发展的现状，构建出书院文化博物馆与历史片区改造型系统性保护协同模式的理论模型，见图 8 - 1。

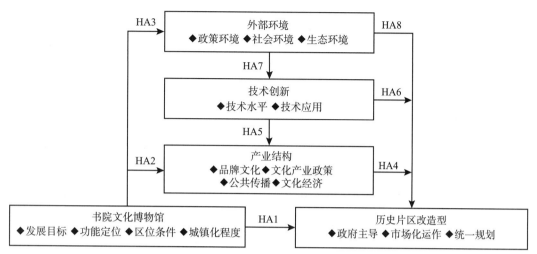

图 8 - 1 书院文化博物馆与历史片区改造型系统性保护协同模式的理论模型

由图 8 - 1 可以看出，书院文化博物馆与历史片区改造型系统性保护协同模式主要以书院文化博物馆、历史片区改造型、产业结构、技术创新和外部环境五个变量为基础，构建出书院文化博物馆与历史片区改造型之间的作用关系路径。其中，书院文化博物馆到历史街区改造型不仅具有直接的作用路径，还有间接的作用路径，其间接的作用路径有 4 条。分别是①书院文化博物馆—产业结构—历史片区改造型；②书院文化博物馆—外部环境—历史片区改造型；③书院文化博物馆—外部环境—技术创新—历史片区改造型；④书院文化博物馆—外部环境—技术创新—产业结构—历史片区改造型。构建出书院文化博物馆与历史片区改造型系统性保护协同模式的理论模型，为下一步进行结构方程实证分析奠定了理论基础。

8.1.2 实地访谈

第一，关于案例地发展状况。

中国书院博物馆的发展主要以教育文化遗产为主要发展对象，不仅具有传统博物馆的"典藏功能"，还富有强烈的文化气息，使得原有城市精神和历史文化注入城市新鲜血液之中。中国书院博物馆和岳麓书院相辅相成，共同发展，中国书院博物馆主要通过现代化陈列手段来展现其丰厚的书院文化。在以传统文化为主的岳麓书院内打造具有现代元素的中国书院博物馆，将岳麓书院的"古代实物陈列"通过中国书院博物馆加以"现代手段展示"，两者相互配合、相互支撑，向外界展示中国书院千年发展历程，构建完整的新型文化体验模式。在坚持可持续性发展和资源保护与利用协同的目标导向下，中国书院博物馆明确市场定位，重点发展文化特色、创新馆内管理模式、促进产业融合发展，通过对地区产业结构和技术创新水平进行分析，中国书院博物馆充分整合地区资源优势，较好地完成了由古代书院向现代新型书院的转换。

本书主要从整体发展历程分析中国书院博物馆"书院文化博物馆与历史片区改造型系统性保护协同模式"的发展现状。由前文分析为基础可知，书院文化博物馆具有明确的发展目标和功能定位，并且其大多位于城市中心，区位条件优良，城镇化建设水平高。在教育文化遗产系统性保护实施进程中，其大多在遵循政府主导基础原则的基础上，坚持市场化运作、统一规划管理。首先，政府主导主要表现在：书院文化博物馆作为博物馆发展的新形式，其建设资金主要源自政府的财政拨款，并且其发展教育旅游的核心是馆内富含的教育文化遗产，因此，中国书院博物馆的主题是落实教育文化遗产系统性保护工作。其次，市场化运作主要表现在：在人们对博物馆文化产品和服务需求不断增加的背景下，越来越多的博物院经营者、管理者认识到博物馆文化产品开发具有广阔的市场前景，因此，利用博物馆的文化优势，开发特色文化产品已经成为文化遗产管理者的共识。最后，统一规划主要表现在：书院文化博物馆的发展不仅涉及教育旅游发展，还与文物考古、文化遗产保护与展示等密切相关，书院文化博物馆的多领域性，促使其逐渐形成统一规划的格局，以便在缓解博物馆旅游高峰期的客流压力的同时，为游客提供更多自由选择的空间。中国书院博物馆"书院文化博物馆与历史片区改造型系统性保护协同模式"的具体发展阶段，主要分为以下三个阶段。

第一阶段：困境亦是机遇。

自实施文化改革以来，岳麓书院发展面邻着新的挑战与机遇，如何实现传统文化与现代文化的融合成为其发展面临的关键问题。

困境催生着变革。为寻求解决岳麓书院发展所面临的关键性问题，相关部门积极探索促进文化与科技、金融等融合发展的文化动态性融合发展路径。通过在以传统文化为主的岳麓书院内打造具有现代元素的中国书院博物馆，将岳麓书院的"古代实物陈列"通过中国书院博物馆加以"现代手段展示"，两者相互配合、相互支撑，向外界展示中国书院千年发展历程，构建完整的新型文化体验模式。

第二阶段：明确战略目标，促进产业体系形成。

随着中国书院博物馆的不断发展，书院文化博物馆逐渐成为教育文化遗产系统性保护实施的有效模式，博物馆文化经济效益显著。同时，随着博物馆经济的发展和管理模式的不断创新，中国的书院文化博物馆逐渐兴起并得到迅速发展，中国书院博物馆成为以发展教育旅游实现教育文化遗产系统性保护的有效模式，以教育文化遗产系统性保护为核心，通过将传统文化元素转化成现代要素，实现要素充足的多产业融合发展。

基于以上定位，在坚持可持续性发展和资源保护与利用协同的目标导向下，中国书院博物馆制定了自身的发展战略。

一是明确市场定位，重点突出图书文化特色。准确把握人们对精神文化需求不断提升的现实基础，结合馆内文化基础和地域特色产业，充分开发特色化、高端化的特色教育旅游产品，不断提高市场占有率，发展文化经济。

二是创新馆内管理模式。博物馆的免费开放在一定程度上消除了书院博物馆的有形门槛，在一定时期内可增加博物馆的客流量。中国书院博物馆打破传统"灌输教育、静态展示、有限活动"的经营管理模式，依托岳麓书院加强与高校、企业、政府、科研机构、考古学等之间的交流合作力度，不但缓解了博物馆经济方面的压力，还为博物馆自身发展创造了诸多潜在利益。

三是实现产业融合发展。从产业链的角度来看，书院文化博物馆的开发源泉是其所依托的教育文化遗产，文化产业、教育业、旅游业等融合发展的根本目标是实现效益最大化，这里的效益不仅包括经济效益，还包括社会效益，中国书院博物馆作为社会效益的主要提供者之一，对于健全地区教育旅游产业链起着重要作用。中国书院博物馆的经营管理模式的不断创新延伸出更多的教育旅游产品，为获得更好的整体效益，必须为实施教育文化遗产系统性保护培育良好的政策环境、社会环境和生态环境。

第三阶段：全面提升中国书院博物馆整体效益。

中国书院博物馆是展示中国书院史与文化教育史的唯一一座专题博物馆，地处岳麓书院内，这座规模最大、修复最好、保存最完整的古代书院，为其提供了良好区位条件，为中国书院文化博物馆的发展提供了机遇。通过对地区产业结构和技术创新水平进行分析，中国书院博物馆充分整合地区资源优势，较好地完成了由古代书院向现代新型书院的转换。

一是文化底蕴深厚。岳麓山自古就有文化名山的美誉，从西晋的道士活动地到东晋陶侃的杉庵读书所、六朝的道林寺无不体现教育文化的魅力。

二是注重技术创新。一方面，中国书院博物馆紧紧抓住"万众创新"的发展机遇，不断引进先进技术应用于馆内物质文化遗产修复、保护等工作之中；另一方面，创新发展的时代格局对优化特色教育旅游资源配置、创新博物馆管理机制、推动书院文化博物馆文化创意产品事业发展具有重要作用。

第二，中国书院博物馆对书院文化博物馆与历史片区改造型协同的作用。

在中国书院博物馆的发展过程中，清晰的发展目标和准确的市场定位是其得以可持续性发展的前提，良好的区位条件是激发客源潜力的源泉，产业结构的不断优化是区域城镇化建设水平不断提升的重要路径，技术创新是关键的推动力量，良好的政策环境、社会环境和生态环境是保障。通过对中国书院博物馆发展过程中各个相关要素的综合考量，本书将案例分析的重点聚焦在产业布局、技术水平、外部环境等方面，提炼出产业结构、技术创新和外部环境三个关键的构念，通过对以上三个构念进行合理化、结构化、清晰化的分析，构建出中国书院博物馆建设过程中产业结构、技术创新及外部环境的作用模型，为探讨产业结构、技术创新、外部环境在书院文化博物馆与历史片区改造型协同中的作用进行案例分析。

首先，中国书院博物馆建设过程中产业结构分析。

中国书院博物馆以岳麓书院为基础，通过不断发展成为教育文化遗产系统性保护的典范，其探索之路与教育文化遗产的保护和再利用紧密相关。产业结构优化作为发展旅游业的重要动力源，是充分挖掘中国书院博物馆客源潜力的基础。基于上述分析，结合书院文化博物馆与历史片区改造型协同模式的结构方程和实证结果，本书科学合理地模拟出中国书院博物馆建设过程中产业结构的作用模型，见图 8 - 2。

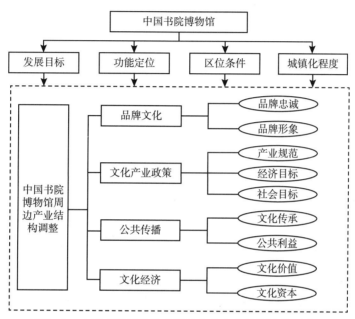

图 8 - 2　中国书院博物馆建设过程中产业结构的作用模型

图 8 - 2 展示了中国书院博物馆建设过程中产业结构的作用模型，可以看出，中国书院博物馆具有明确的发展目标和准确的功能定位，其自身的区位条件和地区城镇化程度都与中国书院博物馆的发展密切相关。中国书院博物馆发展过程中注重整体文化经济，为此分别从品牌文化建设、文化产业政策制定、公共传播、文化经济多种路径出发，优化资源配置、调整产业结构。一是在品牌文化建设方面，地方政府通过整合区域文化，以教育文化遗产为核心，将岳麓书院的"古代实物陈列"通过中国书院博物馆加以现代手段展示，进而实现传统与现代的碰撞与融合，不仅能够丰富品牌的内涵和价值，还能够促使消费者对品牌在精神上给予高度认同和共鸣，最终形成强烈的品牌忠诚度。二是在文化产业政策制定与调整方面，为促进和规范文化产业发展秩序，地方政府制定和实施的一系列政策、规范，可以实现经济快速发展、社会文明和谐。三是在公共传播方面，文化产业具有非营利性和公益性的特征，以文化传承为目的而进行的公共传播，其主体可以是政府、非营利组织，中国书院博物馆在实际发展过程中以岳麓书院为依托，以湖南大学为载体，为弘扬传统文化而发展教育旅游。四是在文化经济建设方面，在教育文化产业集聚现象出现时，文化价值凸显和财富实现的欲望会驱使形成人的社会行为，因而出现文化产品生产的趋同性和文化经济的规模性，进而形成严格意义上的文化资本，形成文化资本的时间和空间。因此，书院文化博物馆通过品牌文化建设、文化产业政策制定、公共传播等多种路径，明确教育旅游产业发展的功能定位，以自身区位条件优势为基础，促进教育文化遗产更好地传承与保护，假设 HA1、假设 HA2 和假设 HA4 成立。

其次，中国书院博物馆建设过程中技术创新分析。

中国书院博物馆建设的政策主线是政府与高校合作，投资建设若干多功能生活区的重点工程，主要体现为推进文旅深度融合新业态与教育文化遗产系统性保护协同而营造出的技术创新环境，这里所指的技术创新主要体现在技术水平和技术应用两个方面。基于此，从中国书院博物馆建设要求、区域发展状况、市场竞争等多个层面出发，构建中国书院博物馆建设过程中技术创新的作用模型，见图 8 - 3。

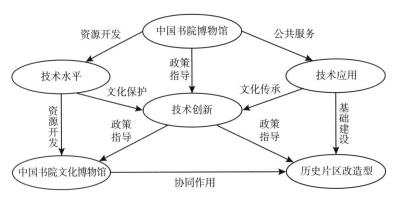

图 8 – 3　中国书院博物馆建设过程中技术创新的作用模型

由图 8 – 3 可以看出，中国书院博物馆建设过程中技术创新不仅是资源开发和基础设施建设的基础，还是提高教育文化遗产修葺水平，实现文化传承的重要推动力量。本书结合中国书院博物馆建设过程中技术创新的具体实践，对技术创新作出如下分析。一是中国书院博物馆的展示能力、服务质量等均与技术水平紧密相关。中国书院博物馆作为中国唯一一座展示中国书院史和文化教育史的专题博物馆，通过体现不同时代的文化意识、最前沿的审美趣味以及最先进的技术水平，其教育旅游服务质量和发展水平均是国家发展水平的体现。二是地方基础设施建设水平直接影响着地方旅游发展水平，创新生态学指出，基础设施建设要求可为创新提供养分，同时，旅游发展对基础设施建设水平的要求，可拉动贸易和劳动力的区域性国际分工以及大规模的金融开发投资能力，因此，中国书院博物馆的发展需要较高水平的技术应用。由此可以看出，技术创新能够提高教育文化遗产中物质文化遗产的修复水平，为教育文化遗产系统性保护提供基础的技术保障，并有利于实现教育文化遗产系统性保护与再利用相结合，激发其现代发展活力，假设HA5 和 HA6 成立。

最后，中国书院博物馆建设过程中外部环境分析。

中国书院博物馆位于岳麓书院内，具有丰厚的教育文化遗产。随着教育文化遗产系统性保护进程的逐步推进，其所面临的外部环境发生变化，其内部形式也必须随之变化，以适应外部环境的变化。基于中国书院博物馆的发展现状、建设要求及其未来走向，结合研究重点，构建出中国书院博物馆建设过程中外部环境的作用模型，见图 8 –4。

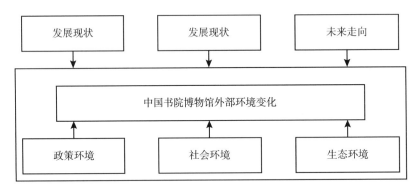

图 8 –4　中国书院博物馆建设过程中外部环境的作用模型

由图 8 –4 可以看出，中国书院博物馆作为中国唯一一座展示中国书院史和文化教育史的专题博物馆，其需要不断调整自身的发展模式以保持现有的市场竞争力，这一建设过程需要在保留原有特色的基础上，营造独特的教育文化氛围，这不仅需要政府给予政策支持，还需要群众的广泛参与。教育文化遗产的系统性保护不仅需要在国家体制中培训和教育人才，为教育文化遗产的系统性保护提供人才支撑，同时还要在各个普通教育层次普及教育文化遗产系统性保护的相关知识，并加强对基层群众的文化遗产保护的宣传力度，为教育文化遗产系统性保护工作的实施提供良好的社会环境。同时，书院文化博物馆作为文旅深度融合新业态，良好的生态环境是其得以可持续性发展的前提。因此，良好的外部环境能够积极引导群众参与到教育文化遗产系统性保护工作进程中，推动挖掘文化价值，打造教育文化遗产可持续发展的文旅市场，假设 HA3、HA7 和 HA8 成立。

关于案例验证分析：

本次案例研究选取的是中国书院博物馆，调研小组通过实地调研获得了较高准确性的有效资料，对中国书院博物馆有了进一步的了解，同时也保证了资料数据的实效性、准确性、可靠性。为了更好地展开对书院文化博物馆与历史片区改造型协同模式的案例研究，本书首先对中国书院博物馆作为本次研究对象进行解释说明，将中国书院博物馆的改造历程和发展过程分为三个阶段：一是困境亦是机遇阶段；二是明确战略目标、促进产业体系形成阶段；三是全面提升中国书院博物馆整体效益阶段。通过对这三个阶段进行全面而深入的分析，总结提炼出中国书院博物馆发展所面临的困境及其解决办法，得出中国书院博物馆的"现代手段展示"与岳麓书院的"古代实物陈列"形成相互配合、相互支撑的局面，向外界展示中国书院千年发展历程，构建完整的新型文化体验模式。根据前文构建的书院文化博物馆与历史片区改造型系统性保护协同模式的结构方程实证分析结果，在案例分析中重点把握产业结构、技术创新、外部环境三个方面的内容，通过构建中国书院博物馆建设过程中产业结构的作用模型，得出中国书院博物馆发展过程中注重整体文化经济，为此分别从品牌文化建设、文化产业政策制定、公共传播等多种路径出发，优化资源配置、调整产业结构。通过构建中国书院博物馆建设过程中技术创新的作用模型，得出技术创新不仅是资源开发和基础设施建设的基础，还是提高教育文化遗产修复水平、实现文化传承的重要推动力量。通过构建中国书院博物馆建设过程中外部环境的作用模型，得出中国书院博物馆作为中国唯一一座展示中国书院史和文化教育史的专题博物馆，其需要不断调整自身的发展模式以保持现有的市场竞争力，这一建设过程需要在保留原有特色的基础上，营造独特的教育文化氛围，这不仅需要政府给予政策支持，还需要群众的广泛参与。

本书采取案例研究的方法进行单个案例研究，选取中国书院博物馆为典型案例对书院文化博物馆与历史片区改造型系统性保护协同模式进行验证。结合前文所构建的书院文化博物馆与历史片区改造型系统性保护协同模式的分析框架、研究假设和结构方程实证分析的相关内容，以中国书院博物馆的发展现状为出发点，重点把握产业结构、技术创新和外部环境在文旅深度融合新业态与教育文化遗产系统性保护中的作用，以中国书院博物馆为案例对书院文化博物馆与历史片区改造型系统性保护协同模式过程中的影响因素进行案例验证，进一步科学合理地验证了书院文化博物馆与历史片区改造型系统性保护协同模式的有效性。

8.1.3 问卷数据分析

第一，样本数据的描述性统计及信度效度检验。

首先，书院文化博物馆与历史片区改造型系统性保护协同模式的协同度测算。

本书采用书院文化博物馆与历史片区改造型系统性保护协同模式的协同性来表示"书院文化博物馆"与"历史片区改造型"协同模式的作用和效果。本书以前文所构建的研究书院文化博物馆与历史片区改造型系统性保护协同模式的实证研究为基础，构建相关的指标体系。根据前文对书院文化博物馆与历史片区改造型系统性保护协同模式的实证分析，得出书院文化博物馆和技术创新两个变量都对历史片区改造型产生了直接作用，因此，本书认为只有书院文化博物馆和技术创新两个子系统协同发展，才能更好促进书院文化博物馆与历史片区改造型系统性保护协同模式的协同发展。从书院文化博物馆的发展目标、功能定位、区位条件和城镇化程度四个度量指标来看，书院文化博物馆对产业结构子系统、技术创新子系统、外部环境子系统均存在直接或者间接的影响作用。基于此，本书提出书院文化博物馆与历史片区改造型系统性保护协同模式的协同性评价，并通过评价产业结构的子系统、技术创新的子系统、外部环境的子系统等对其进行评价，与此同时，针对每一个子系统的特征关系提出对应的改进措施。

根据协同学的相关理论和原理，构建书院文化博物馆、产业结构、技术创新、外部环境和历史片区改造型五个子系统间的协同度模型。书院文化博物馆、产业结构、技术创新、外部环境和历史片区改造型 5 个子系统的序参量，如表 8 - 1 所示。

表 8 - 1   子系统序参量

子系统	测量指标	序参量
书院文化博物馆	发展目标、功能定位、区位条件、城镇化程度	CHM11、CHM12、CHM21、CHM22、CHMIM31、CHM32、CHM41、CHM42
产业结构	品牌文化、文化产业政策、公共传播、文化经济	IS11、IS12、IS13、IS21、IS22、IS31、IS32、IS33、IS41、IS42
技术创新	技术水平、技术应用	TI11、TI12、TI21、TI22
外部环境	政策环境、社会环境、生态环境	EE11、EE12、EE13、EE21、EE22、EE23、EE31、EE32、EE33
历史片区改造型	政府主导、市场运作、统一规划	RHD11、RHD12、RHD13、RHD21、RHD22、RHD23、RHD31、RHD32

在确定各个子系统的序参量后，对书院文化博物馆、产业结构、技术创新、外部环境和历史片区改造型5个子系统逐一进行有序计算，具体计算见公式（5 - 6），结合前文对书院文化博物馆与历史片区改造型系统性保护协同模式的理论模型的相关分析，得出其他子系统的有序度和序参量之后，计算系统协同度并重新测量子系统的有序度，进而得到总系统的协同度。同理，得出书院文化博物馆与历史片区改造型协同模式中产业结构、技术创新、外部环境、历史片区改造型等其他子系统之间的协同度，见表8 - 2。

表 8 - 2   各个子系统间的系统协同度

子系统	CHM	IS	TI	EE	RHD
书院文化博物馆（CHM）	—	—	—	—	—
产业结构（IS）	0.57	—	—	—	—
技术创新（TI）	0.60	0.55	—	—	—
外部环境（EE）	0.57	0.52	0.55	—	—
历史片区改造型（RHD）	0.63	0.57	0.60	0.57	—

在参考有关协同学相关文献的基础上，结合现实应用，将协同度数值和协同度大小划分为4个区间（见表4 - 1），结合表8 - 2中所得有关书院文化博物馆与历史片区改造型系统性保护协同模式中各个子系统的协同度的大小，得出在书院文化博物馆与历史片区改造型系统性保护协同模式中，书院文化博物馆、产业结构、技术创新、外部环境和历史片区改造型这5个子系统之间的协同度都处于高度协同的范围，因此，认为书院文化博物馆与历史片区改造型具有良好的协同性。

其次，在对通过实地调研获得书院文化博物馆与历史片区改造型协同的第一手数据资料进行综合评估后，认为团队所得有效问卷数量符合结构方程所要求的样本数量，因此可以进行实证分析。为确保研究所得的书院文化博物馆与历史片区改造型系统性保护协同模式的相关数据的准确性，以及后续所得结论的科学性，在对其进行实证分析之前，还将对问卷所得数据进行信度分析和效度分析。

本书采取均值和方差这两个指标，衡量书院文化博物馆与历史片区改造型系统性保护协同模式中各个变量分布的平均程度和集中度。其中，标准差是直接观测书院文化博物馆与历史片区改造型系统性保护协同模式研究中各个变量的离散程度的指标。利用SPSS 25.0对书院文化博物馆与历史片区改造型系统性保护协同模式的数据进行信度检测。进而得到各个观测变量的均值、标准差、最大值、最小值，见表8 - 3。

表 8 − 3   描述性统计

主要变量	潜在变量	观测变量	均值	标准差	最大值	最小值
书院文化博物馆 （CHM）	发展目标 （CHM1）	CHM11	3.65	0.677	5	1
		CHM12	3.67	0.709	5	1
	功能定位 （CHM2）	CHM21	3.55	0.791	5	1
		CHM22	3.58	0.794	5	2
	区位条件 （CHM3）	CHM31	3.53	0.783	5	1
		CHM32	3.54	0.739	5	1
	城镇化程度 （CHM4）	CHM41	3.62	0.807	5	1
		CHM42	3.56	0.766	5	1
产业结构 （IS）	品牌文化 （IS1）	IS11	3.19	0.687	5	1
		IS12	3.31	0.709	5	1
		IS13	3.19	0.665	5	1
	文化产业政策 （IS2）	IS21	3.30	0.658	5	1
		IS22	3.21	0.728	5	1
	公共传播 （IS3）	IS31	3.22	0.760	5	1
		IS32	3.15	0.720	5	1
		IS33	3.11	0.682	5	1
	文化经济 （IS4）	IS41	3.38	0.745	5	1
		IS42	3.18	0.669	5	1
技术创新 （TI）	技术水平 （TI1）	TI11	3.39	0.737	5	1
		TI12	3.40	0.796	5	1
	技术应用 （TI2）	TI21	3.42	0.730	5	1
		TI22	3.34	0.717	5	1
外部环境 （EE）	政策环境 （EE1）	EE11	3.28	0.741	5	1
		EE12	3.22	0.674	5	1
		EE13	3.05	0.684	5	1
	社会环境 （EE2）	EE21	3.32	0.706	5	1
		EE22	3.08	0.715	5	1
		EE23	3.16	0.691	5	1
	生态环境 （EE3）	EE31	3.24	0.719	5	1
		EE32	3.14	0.688	5	1
		EE33	3.19	0.708	5	1

续表

主要变量	潜在变量	观测变量	均值	标准差	最大值	最小值
历史片区改造型（RHD）	政府主导（RHD1）	RHD11	3.61	0.711	5	1
		RHD12	3.60	0.738	5	1
		RHD13	3.58	0.755	5	1
	市场运作（RHD2）	RHD21	3.59	0.729	5	1
		RHD22	3.60	0.767	5	1
		RHD23	3.65	0.739	5	1
	统一规划（RHD3）	RHD31	3.56	0.795	5	1
		RHD32	3.65	0.730	5	1

最后，为确保书院文化博物馆与历史片区改造型系统性保护协同模式检测结果具有真实性、可靠性，对其进行信度检测。利用组合信度系数对书院文化博物馆与历史片区改造型系统性保护协同模式所整合的各类数据进行分析和检测，分别得出书院文化博物馆、产业结构、技术创新、外部环境、历史片区改造型的组合信度系数。同时，根据表 5-4 的组合信度标准对书院文化博物馆与历史片区改造型系统性保护协同模式的潜在变量的组合信度系数进行评判。为确保信度检测所得数据能够科学合理地反映各个变量的真实构架，在对书院文化博物馆与历史片区改造型系统性保护协同模式进行信度检测的基础上，进一步对书院文化博物馆与历史片区改造型系统性保护协同模式进行效度检测，见表 8-4。

表 8-4 　　　　　　　　　　　　各变量信度和效度检验

变量	CR	因子载荷		KMO 值	累计方差解释	Bartlett's 球形检验		
						χ^2	df	Sig.
书院文化博物馆（CHM）	0.9222	CHM11	0.785	0.953	76.977	2078.482	28	0.000
		CHM12	0.800					
		CHM21	0.773					
		CHM22	0.735					
		CHM31	0.778					
		CHM32	0.779					
		CHM41	0.768					
		CHM42	0.762					
产业结构（DP）	0.8656	IS11	0.580	0.934	50.140	1061.877	45	0.000
		IS12	0.658					
		IS13	0.646					
		IS21	0.632					
		IS22	0.703					
		IS31	0.629					
		IS32	0.678					
		IS33	0.584					
		IS41	0.528					
		IS42	0.613					

续表

变量	CR	因子载荷		KMO 值	累计方差解释	Bartlett's 球形检验		
						χ^2	df	Sig.
技术创新（TI）	0.7663	TI11	0.674	0.821	69.800	462.616	6	0.000
		TI12	0.703					
		TI21	0.658					
		TI22	0.649					
外部环境（EE）	0.8091	EE11	0.616	0.905	46.797	761.471	36	0.000
		EE12	0.623					
		EE13	0.550					
		EE21	0.561					
		EE22	0.529					
		EE23	0.545					
		EE31	0.587					
		EE32	0.491					
		EE33	0.586					
历史片区改造型（RDT）	0.8823	RHD11	0.724	0.938	66.900	1412.810	28	0.000
		RHD12	0.758					
		RHD13	0.672					
		RHD21	0.649					
		RHD22	0.686					
		RHD23	0.677					
		RHD31	0.694					
		RHD32	0.701					

如表 8-4 所示，首先，从对书院文化博物馆与历史片区改造型系统性保护协同模式进行信度所得数据中，可以看出，各个数据的组合信度系数值 CR 都大于 0.5，因此认为所得数据具有可信度。其次，从对书院文化博物馆与历史片区改造型进行效度检验所得数据中，可以看出，所得各个指标的因子载荷均在 0.5 以上，KMO 值大于 0.7，因此认为所得数据能够较好地进行因子分析。最后，Bartlett's 球形检验显著性水平均在 0.000，因此，认为此次研究过程中，调查问卷所得数据及各组成部分建构之间有较好的效度。

第二，样本数据的结构方程模型构建及调整。

根据结构方程模型的一般步骤，结合文旅深度融合新业态与教育文化遗产系统性保护协同模式的变量特征和模型选择，本书将结构方程模型主要分为以下三个步骤：一是建立初始结构方程模型，设定误差变量；二是进行参数估计，确定模型的拟合度；三是模型修正，根据初始结构方程模型的参数估计和路径结构，对每一个模型中的标准误差、t 值、标准化残差、修正指数等各种拟合指标进行检查，确定最终的结构方程模型。

在书院文化博物馆与历史片区改造型系统性保护协同模式的研究中，根据变量性质划分进行模型构建。由书院文化博物馆与历史片区改造型系统性保护协同模式的理论模型可以看出，书院文化博物馆、产业结构、技术创新、外部环境和历史片区改造型都是无法直接观测到的潜在变量，针对这 5 个变量设定的二级指标也是无法直接观测到的，也属于潜在变量。在确定各个变量的性质之后，将对书院文化博物馆与历史片区改造型系统性保护协同模式的各个变量进行归类，其中，书院文化博物馆是内生变量，产业结构、技术创新、外部环境是中间变量，历史片区改造型是外生变量。基于此，构建出书院文化博物馆与历史片区改造型系统性保护协同模式的初始结构方程模型（见图 8-5），箭头方向指示变量之间的因果关系。

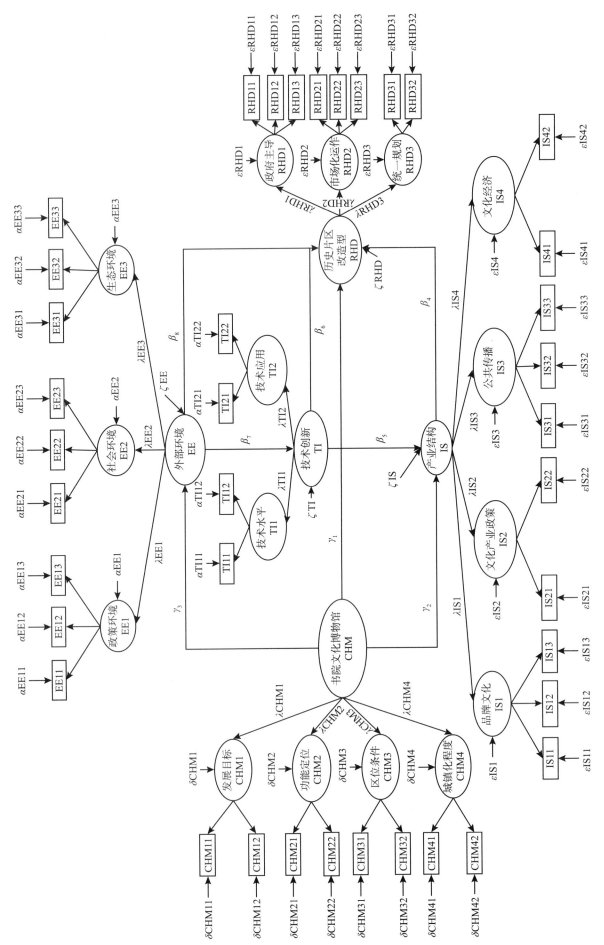

图8-5　书院文化博物馆与历史片区改造型协同模式的初始结构方程模型

图 8-5 显示了书院文化博物馆与历史片区改造型系统性保护协同模式的初始结构方程模型，从中可以看出，书院文化博物馆与历史片区改造型系统性保护协同模式的初始结构方程模型中存在外生显变量 8 项，分别为 CHM11、CHM12、CHM21、CHM22、CHM31、CHM32、CHM41、CHM42；内生显变量共 31 项，分别为 IS11、IS12、IS13、IS21、IS22、IS31、IS32、IS33、IS41、IS42、TI11、TI12、TI21、TI22、EE11、EE12、EE13、EE21、EE22、EE23、EE31、EE32、EE33、RHD11、RHD12、RHD13、RHD21、RHD22、RHD23、RHD31、RHD32；外生潜变量共 4 项，分别为 CHM1、CHM2、CHM3、CHM4；内生潜变量共 12 项，分别为 IS1、IS2、IS3、IS4、TI1、TI2、EE1、EE2、EE3、RHD1、RHD2、RHD3。

在书院文化博物馆与历史片区改造型协同模式的数据验证过程中，书院文化博物馆（CHM）、发展目标（CHM1）、功能定位（CHM2）、区位条件（CHM3）、城镇化程度（CHM4）为外生潜变量，分别用 ξ_{CHM}、ξ_{CHM1}、ξ_{CHM2}、ξ_{CHM3}、ξ_{CHM4} 来表示。产业结构（IS）、品牌文化（IS1）、文化产业政策（IS2）、公共传播（IS3）、文化经济（IS4）、技术创新（TI）、技术水平（TI1）、技术应用（TI2）、外部环境（EE）、政策环境（EE1）、社会环境（EE2）、生态环境（EE3）、历史片区改造型（RHD）、政府主导（RHD1）、市场化运作（RHD2）、统一规划（RHD3）为内生潜变量，分别用 η_{IS}、η_{IS1}、η_{IS2}、η_{IS3}、η_{IS4}、η_{TI}、η_{TI2}、η_{EE}、η_{EE1}、η_{EE2}、η_{EE3}、η_{RHD}、η_{RHD1}、η_{RHD2}、η_{RHD3} 来表示。基于此，构建出书院文化博物馆与历史片区改造型协同模式的观测模型方程式：

$$
\begin{cases}
X_{CHM1} = \lambda_{CHM1}\xi_{CHM} + \delta_{CHM1} & X_{CHM2} = \lambda_{CHM2}\xi_{CHM} + \delta_{CHM2} & X_{CHM3} = \lambda_{CHM3}\xi_{CHM} + \delta_{CHM3} \\
X_{CHM4} = \lambda_{CHM4}\xi_{CHM} + \delta_{CHM4} & X_{CHM11} = \lambda_{CHM11}\xi_{CHM1} + \delta_{CHM11} & X_{CHM12} = \lambda_{CHM12}\xi_{CHM1} + \delta_{CHM12} \\
X_{CHM21} = \lambda_{CHM21}\xi_{CHM2} + \delta_{CHM21} & X_{CHM22} = \lambda_{CHM22}\xi_{CHM2} + \delta_{CHM22} \\
X_{CHM31} = \lambda_{CHM31}\xi_{CHM3} + \delta_{CHM31} & X_{CHM32} = \lambda_{CHM32}\xi_{CHM3} + \delta_{CHM32} \\
X_{CHM41} = \lambda_{CHM41}\xi_{CHM4} + \delta_{CHM41} & X_{CHM42} = \lambda_{CHM42}\xi_{CHM4} + \delta_{CHM42} \\
Y_{TI} = \lambda_{TI}\eta_{TI} + \varepsilon_{TI1} & Y_{TI2} = \lambda_{TI2}\eta_{TI} + \varepsilon_{TI2} & Y_{TI11} = \lambda_{TI11}\eta_{TI1} + \varepsilon_{TI11} \\
Y_{TI12} = \lambda_{TI12}\eta_{TI1} + \varepsilon_{TI12} & Y_{TI21} = \lambda_{TI21}\eta_{TI2} + \varepsilon_{TI2} & Y_{TI22} = \lambda_{TI22}\eta_{TI2} + T \\
Y_{EE1} = \lambda_{EE1}\eta_{EE} + \varepsilon_{EE1} & Y_{EE2} = \lambda_{EE2}\eta_{EE} + \varepsilon_{EE2} & Y_{EE3} = \lambda_{EE3}\eta_{EE} + \varepsilon_{EE3} \\
Y_{EE11} = \lambda_{EE11}\eta_{EE1} + \varepsilon_{EE11} & Y_{EE12} = \lambda_{EE12}\eta_{EE1} + \varepsilon_{EE12} & Y_{EE13} = \lambda_{EE13}\eta_{EE1} + \varepsilon_{EE13} \\
Y_{EE21} = \lambda_{EE21}\eta_{EE2} + \varepsilon_{EE21} & Y_{EE22} = \lambda_{EE22}\eta_{EE2} + \varepsilon_{EE22} & Y_{EE23} = \lambda_{EE23}\eta_{EE2} + \varepsilon_{EE23} \\
Y_{EE31} = \lambda_{EE31}\eta_{EE3} + \varepsilon_{EE31} & Y_{EE32} = \lambda_{EE32}\eta_{EE3} + \varepsilon_{EE32} & Y_{EE33} = \lambda_{EE33}\eta_{EE3} + \varepsilon_{EE33} \\
Y_{IS1} = \lambda_{IS1}\eta_{IS} + \varepsilon_{IS1} & Y_{IS2} = \lambda_{IS2}\eta_{IS} + \varepsilon_{IS2} & Y_{IS3} = \lambda_{IS3}\eta_{IS} + \varepsilon_{IS3} & Y_{IS4} = \lambda_{IS4}\eta_{IS} + \varepsilon_{IS4} \\
Y_{IS11} = \lambda_{IS11}\eta_{IS1} + \varepsilon_{IS11} & Y_{IS12} = \lambda_{IS12}\eta_{IS1} + \varepsilon_{IS12} & Y_{IS13} = \lambda_{IS13}\eta_{IS1} + \varepsilon_{IS13} \\
Y_{IS21} = \lambda_{IS21}\eta_{IS2} + \varepsilon_{IS21} & Y_{IS22} = \lambda_{IS22}\eta_{IS2} + \varepsilon_{IS22} & Y_{IS31} = \lambda_{IS31}\eta_{IS3} + \varepsilon_{IS31} \\
Y_{IS32} = \lambda_{IS32}\eta_{IS3} + \varepsilon_{IS32} & Y_{IS33} = \lambda_{IS33}\eta_{IS3} + \varepsilon_{IS33} & Y_{IS41} = \lambda_{IS41}\eta_{IS4} + \varepsilon_{IS41} & Y_{IS42} = \lambda_{IS42}\eta_{IS4} + \varepsilon_{IS42} \\
Y_{RHD1} = \lambda_{RHD1}\eta_{RHD} + \varepsilon_{RHD1} & Y_{RHD2} = \lambda_{RHD2}\eta_{RHD} + \varepsilon_{RHD2} & Y_{RHD3} = \lambda_{RHD3}\eta_{RHD} + \varepsilon_{RHD3} \\
Y_{RHD11} = \lambda_{RHD11}\eta_{RHD1} + \varepsilon_{RHD11} & Y_{RHD12} = \lambda_{RHD12}\eta_{RHD1} + \varepsilon_{RHD12} & Y_{RHD13} = \lambda_{RHD13}\eta_{RHD1} + \varepsilon_{RHD13} \\
Y_{RHD21} = \lambda_{RHD21}\eta_{RHD2} + \varepsilon_{RHD21} & Y_{RHD22} = \lambda_{RHD22}\eta_{RHD2} + \varepsilon_{RHD22} & Y_{RHD23} = \lambda_{RHD23}\eta_{RHD2} + \varepsilon_{RHD23} \\
Y_{RHD31} = \lambda_{RHD31}\eta_{RHD3} + \varepsilon_{RHD31} & Y_{RHD32} = \lambda_{RHD32}\eta_{RHD3} + \varepsilon_{RHD32}
\end{cases}
$$

在书院文化博物馆与历史片区改造型系统性保护协同模式的结构方程实证检验中，根据前文所提出的书院文化博物馆与历史片区改造型系统性保护协同模式的研究假设和理论模型，分别用 γ_1、γ_2 和 γ_3 表示书院文化博物馆对历史片区改造型、产业结构、外部环境的作用路径。用 β_4 表示产业结构对历史片区改造型的作用路径，用 β_5、β_6 分别表示技术创新对产业结构和历史片区改造型的作用路径，β_7、β_8 分别表示外部环境对技术创新和历史片区改造型的作用路径。综合上述设定的各个变量之间的作用路径，研究构建结构模型的方程如下：

$$
\begin{cases}
\eta_{IS} = \gamma_2\xi_{CHM} + \zeta_{IS} \\
\eta_{EE} = \gamma_3\xi_{CHM} + \zeta_{EE} \\
\eta_{TI} = \beta_7\eta_{EE} + \gamma_2\xi_{CHM} + \zeta_{TI} \\
\eta_{RHD} = \gamma_1\xi_{CHM} + \beta_4\eta_{IS} + \beta_6\eta_{TI} + \beta_8\eta_{EE} + \zeta_{CHM}
\end{cases}
$$

本书在成功构建"书院文化博物馆与历史片区改造型系统性保护协同模式"的初始结构方程模型后，从检验拟合指数、参数和决定系数三个方面，对书院文化博物馆与历史片区改造型系统性保护协同模式的初始结构方程模型进行检验。利用不同的评价方法对以上指标进行检验，从而正确判断书院文化博物馆对教育文化遗产系统性保护的作用原始模型是否需要进行修正。

本书将书院文化博物馆与历史片区改造型系统性保护协同模式的初始结构方程模型导入 AMOS 22.0 中，对其进行计算并对相关参数进行估计，进而获得书院文化博物馆与历史片区改造型系统性保护协同模式的拟合指标值，具体见表 8 - 5。

表 8 - 5　　书院文化博物馆与历史片区改造型系统性保护协同模式的初始结构方程模型适配度检验结果

拟合指标	χ^2/DF	CFI	DPI	TLI	PNFI	RMSEA	RMR
观测值	1.495	0.950	0.951	0.946	0.791	0.043	0.023
拟合标准	<3.00	>0.90	>0.90	>0.90	>0.50	<0.08	<0.05

从表 8 - 5 书院文化博物馆与历史片区改造型系统性保护协同模式的初始结构方程模型适配度检验结果中可以看出，各个观测值都达到了对应指标均衡标准，说明前文所构建的书院文化博物馆与历史片区改造型系统性保护协同模式的初始结构方程模型和调查问卷所得数据可以较好地拟合。本书基于对书院文化博物馆与历史片区改造型系统性保护协同模式的初始结构方程模型的拟合度检测，接下来进一步对初始结构方程模型中的各个路径系数进行检测，进而估计和检测书院文化博物馆与历史片区改造型系统性保护协同模式的初始结构方程模型的合理性，具体见表 8 - 6。

表 8 - 6　　书院文化博物馆与历史片区改造型系统性保护协同模式的初始结构方程路径估计

路径	模型具体路径	路径系数	S. E	C. R	P
γ_1	CHM→RHD	0.263	0.082	3.228	0.001
γ_2	CHM→IS	0.306	0.046	6.717	***
γ_3	CHM→EE	0.594	0.059	10.036	
β_4	IS→RHD	0.122	0.142	0.854	0.393
β_5	TI→IS	0.445	0.060	7.356	***
β_6	TI→RHD	0.363	0.137	2.645	0.008
β_7	EE→TI	0.918	0.097	9.480	***
β_8	EE→RHD	0.164	0.144	1.134	0.257

注：*** 表示 $P < 0.001$。

由书院文化博物馆与历史片区改造型系统性保护协同模式的初始结构方程路径估计结构可以看出，IS→RHD、TI→RHD 和 EE→RHD 3 条路径没有通过显著性检验。本书认为所构建的书院文化博物馆与历史片区改造型系统性保护协同模式的初始结构方程模型思路基本正确，因此，接下来将对部分关系进行调整，并对其重新进行测度。在再次充分查阅相关文献的基础上，本书认为历史片区改造型作为重要的内生显变量，书院文化博物馆通过产业结构和外部环境对其产生了显著的间接影响，这种间接关系可能对外部环境、技术创新、产业结构和历史片区改造型有一定的影响。综合以上分析，本书在书院文化博物馆与历史片区改造型系统性保护协同模式的初始结构方程模型中删除了产业结构和外部环境对历史片区改造型的直接作用路径，即 IS→RHD 和 EE→RHD，如图 8 - 6 所示。

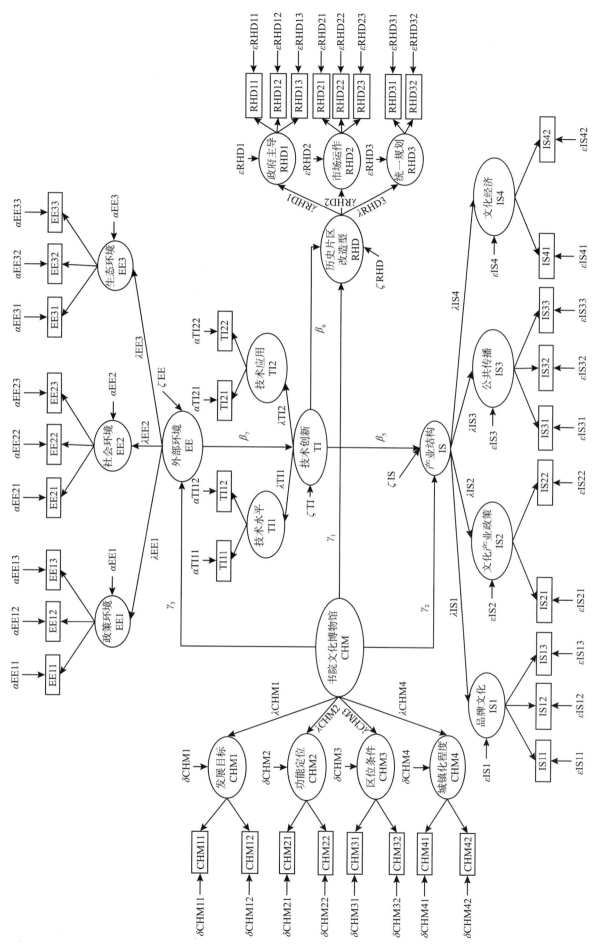

图 8-6　调整后的书院文化博物馆与历史片区改造型系统性保护协同模式的结构方程模型

图 8 - 6 展示了调整后的书院文化博物馆与历史片区改造型系统性保护协同模式的结构方程模型，本书将调整后的书院文化博物馆与历史片区改造型系统性保护协同模式的结构方程模型导入 AMOS 22.0 中进行拟合度检验，结果如表 8 - 7 所示。

表 8 - 7　　　调整后的书院文化博物馆与历史片区改造型系统性保护协同模式的配适度检验结果

拟合指标	χ^2/DF	CFI	DPI	TLI	PNFI	RMSEA	RMR
观测值	1.494	0.950	0.951	0.946	0.794	0.043	0.023
拟合标准	<3.00	>0.90	>0.90	>0.90	>0.50	<0.08	<0.05

由表 8 - 7 可以看出，各个拟合指标均达到了拟合标准，因此，认为调整后的结构方程模型与原数据量表之间是匹配的。再次将所构建的调整后的书院文化博物馆与历史片区改造型系统性保护协同模式导入 AMOS 22.0 中，对其进行路径估计，结果如表 8 - 8 所示：

表 8 - 8　　　调整后的书院文化博物馆与历史片区改造型系统性保护协同模式结构方程路径估计

路径	模型具体路径	路径系数	S.E	C.R	P
γ_1	CHM→RHD	0.330	0.057	5.790	***
γ_2	CHM→IS	0.297	0.045	6.541	***
γ_3	CHM→EE	0.595	0.059	10.036	***
β_5	TI→IS	0.461	0.061	7.514	***
β_6	TI→RHD	0.534	0.074	7.226	***
β_7	EE→TI	0.923	0.097	9.541	***

注：*** 表示 $P < 0.001$。

由表 8 - 8 可以看出，各个拟合指标都达到了 0.001 的显著水平，各个假设较好地通过了显著性检验。因此，认为调整后的书院文化博物馆与历史片区改造型系统性保护协同模式为最满意的结构方程，在对其进行标准化处理之后，各个路径系数都在 -1 ~ 1，最终得出的最终书院文化博物馆与历史片区改造型系统性保护协同模式的结构方程模型如图 8 - 7 所示。

为进一步探讨书院文化博物馆与历史片区改造型系统性保护协同模式中各个变量之间的关系，从间接效应和直接效应两个方面对各个作用路径的影响进行解释说明。其中，直接效应是指某一变量作为原因而对另一变量产生的影响；间接效应是指某一变量作为原因通过其他变量对另一变量产生影响。间接效应的作用路径系数为间接效应发生过程中，每一个过程的系数之积，两个变量之间的总效益为二者直接效应和间接效应之和。为有效测度书院文化博物馆与历史片区改造型系统性保护协同模式的主要变量，本书对书院文化博物馆（CHM）、产业结构（IS）、技术创新（TI）、外部环境（EE）、历史片区改造型（RHD）等 5 个变量的作用效应进行分解可知，在书院文化博物馆与历史片区改造型系统性保护协同模式的作用过程中，书院文化博物馆与技术创新对历史片区改造型均产生了直接作用，分别为 0.330 和 0.534；书院文化博物馆和外部环境对历史片区改造型产生了间接作用，分别为 0.288 和 0.488。因此，在书院文化博物馆与历史片区改造型系统性保护协同模式的作用过程中，技术创新对厂区改造型是重要的中间变量。

第三，结构方程的假设检验及效应分解。

通过分析结构方程实证结果，根据前文提及的研究假设与理论模型，结合书院文化博物馆与历史片区改造型协同作用的假设验证和路径系数，进行归纳总结，结果如表 8 - 9 所示。

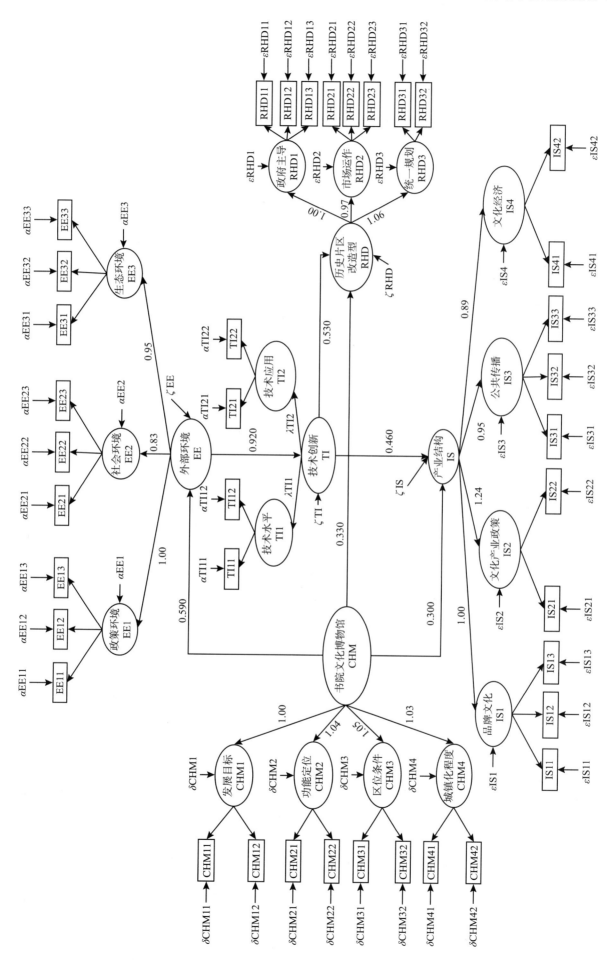

图 8-7　最终的书院文化博物馆与历史片区改造型系统性保护协同的结构方程模型

表8-9　　　　　　　　　书院文化博物馆与历史片区改造型协同模式的结果讨论分析

路径	模型路径	标准化路径系数	显著性水平	对应假设	检验结果
γ_1	CHM→RHD	0.330	***	HA1	支持
γ_2	CHM→IS	0.297	***	HA2	支持
γ_3	CHM→EE	0.595	***	HA3	支持
β_4	IS→RHD	—	—	HA4	拒绝
β_5	TI→IS	0.461	***	HA5	支持
β_6	TI→RHD	0.534	***	HA6	支持
β_7	EE→TI	0.923	***	HA7	支持
β_8	EE→RHD	—	—	HA8	拒绝

注：*** 表示 $P < 0.001$。

书院文化博物馆到历史片区改造型的标准化路径系数为0.330，$P < 0.001$，较好地通过了显著性检验。基于此，可以得出"书院文化博物馆建设要求对提升历史片区改造质量具有显著的正向作用"的假设成立，即研究结果支持原假设HA1。

书院文化博物馆到产业结构的标准化路径系数为0.297，$P < 0.001$，较好地通过了显著性检验。基于此，可以得出"书院文化博物馆建设要求对优化产业结构具有显著的正向作用"的假设成立，即研究结果支持原假设HA2。

书院文化博物馆到外部环境的标准化路径系数为0.595，$P < 0.001$，较好地通过了显著性检验。基于此，可以得出"书院文化博物馆建设要求对培育外部环境具有显著的正向作用"的假设成立，即研究结果支持原假设HA3。

产业结构到历史片区改造型的作用路径在调整模型的过程中被删掉，并没有通过显著性检验，因此，"产业结构优化对推进历史片区改造进程具有显著的正向作用"假设不成立，即研究结果拒绝原假设HA4。

技术创新到产业结构的标准化路径系数为0.461，$P < 0.001$，较好地通过了显著性检验。基于此，可以得出"技术创新水平对产业结构优化具有显著的正向作用"的假设成立，即研究结果支持原假设HA5。

技术创新到历史片区改造型的标准化路径系数为0.534，$P < 0.001$，较好地通过了显著性检验。基于此，可以得出"技术创新水平对提升历史片区改造质量具有显著的正向作用"的假设成立，即研究结果支持原假设HA6。

外部环境到技术创新的标准化路径系数为0.923，$P < 0.001$，较好地通过了显著性检验。基于此，可以得出"良好的外部环境对提升技术创新水平具有显著的正向作用"的假设成立，即研究结果支持原假设HA7。

外部环境到历史片区改造型的作用路径在调整模型的过程中被删除掉，并没有通过显著性检验，因此，"良好的外部环境对推进历史片区改造进程具有显著的正向作用"的假设不成立，即研究结果拒绝原假设HA8。

从书院文化博物馆与历史片区改造型协同模式的结构方程结构中可以得出，书院文化博物馆对历史片区改造型不仅具有直接作用路径，还可以通过技术创新对历史片区改造型间接产生影响作用。

综合以上研究得出，HA1、HA2、HA3、HA5、HA6和HA7的合理性，以及HA4和HA8存在不合理性。

由书院文化博物馆与历史片区改造型系统性保护协同模式的结构方程模型可知，技术创新是非常重要的中间变量，书院文化博物馆和技术创新都对历史片区改造型产生了直接作用，分别为0.330和0.534，这说明在书院文化博物馆发展过程中，技术创新是推进历史片区改造实施进程、提升书院文化博物馆发展质量的关键。书院文化博物馆还通过外部环境、技术创新对历史片区改造型产生了间接作用，其间接作用效应为0.293（即 $0.595 \times 0.923 \times 0.534$），这说明书院文化博物馆的建设与发展不仅需要良好的政策、社会、文化等外部环境的支撑，还需要先进的技术支持，教育文化遗产是书院文化博物馆得以可持续性发展的前提，只有在全方位、多领域、多层次的支持下，利用现代科学技术对其加以系统性保护和再利用，才能使书院文化博物馆实现良性发展。

8.2　研学游教育学府与历史片区改造型系统性保护协同模式的实证研究

8.2.1　研究假设

第一，研学游教育学府的作用。

传统的教育学府一般是指高等教育学府，是大学、高等职业技术学院等的统称，简称高校，研学游教育学府是指以教育文化遗产中的物质文化遗产为物质基础，改造而来的教育学府，其兼顾旅游发展和教育。为促进研学游教育学府发展，需要全面整合地方文化旅游资源，这就激发了地方文化的现代发展活力，缓解了因居民文化遗产保护意识不足而出现文化流失的现象。同时，研学游教育学府的发展需要一定数量的资源基础，在具体实践过程中通过降低研学游教育学府的旅游企业准入门槛，以多元化方式筹集社会资本，积极吸纳民间企业入驻景区发展，这不仅为研学游教育学府的发展筹集了足够的资金，还使得社会闲散资金得以充分利用，为地方居民增加收入提供了新渠道。在研学游教育学府发展过程中，将地方教育文化遗产旅游资源要素在地域空间上进行深度整合，丰富产业融合发展形态、景观丰富度，积极引导教育旅游产业发展、景观设计等与城市规划设计相符合，是教育文化遗产系统性保护的重点，展现了显著的综合效益。故提出如下假设：

HB1：研学游教育学府的建设水平对推进历史片区改造进程具有显著的正向作用。

研学游教育学府作为兼顾教育和旅游发展的文旅深度融合新业态，其发展的核心资源为教育文化遗产。在教育功能方面，教育旅游的发展，使得教育文化遗产能够得到系统、深入的挖掘、整理和研究，强化人们对教育文化遗产的认知和尊重，为教育文化遗产的传承、保护和有效释放其文化价值提供了新路径。在旅游功能方面，教育文化遗产是研学游教育学府遗产体系中历史悠久、价值深远的重要组成要素，是彰显学府发展教育旅游的核心资源，是文化遗产旅游的灵魂所在，是城市获得发展活力、丰富城市内涵、塑造旅游品牌、提升城市品位的重要软实力。通过发展教育旅游，不仅可以彰显教育文化遗产的历史价值、科学价值、艺术价值和文化价值，凸显教育旅游产业发展的文化传播功能，还可以促进游客、居民综合素质的全面提高。基于此，可以看出研学游教育学府对盘活教育文化遗产活力、提升城市品位等具有重要意义，故提出如下假设：

HB2：研学游教育学府建设要求对提升教育文化遗产价值功能具有显著的正向作用。

研学游教育学府作为文旅深度融合新业态，能够满足家庭休闲教育旅游多元化的需求，以及初级旅游市场消费。首先，在满足游客休憩需求方面，景区与高校教育相结合，建有传统高校所具有的体育场、篮球场、健身馆、草坪等基础公共设施，不仅能够满足游客游玩休憩的基本需求，还能够刺激旅游消费，促进地方经济快速发展，为城市发展提供资金需求。其次，在满足游客观景需求方面，研学游教育学府在景观设计过程中要考虑旅游发展和现代教育的双重需求。一方面，研学游教育学府在实际发展过程中不断完善旅游公共服务体系建设，会根据学生教室、宿舍、食堂布局，研发多种精品错峰旅游路线，保证学生生活和游客游览的有序进行。另一方面，研学游教育学府多为高等院校，高素质教育人才为景区打造了良好的生态环境，不仅为发展教育旅游奠定了基础，还对城市生态建设作出了突出贡献。最后，在满足游客文化需求方面，以教育文化遗产为核心而发展的教育旅游，其在旅游产品研发、设计、旅游路线制定以及景观建设等方面均融入了教育文化遗产的精神内核，对于提升城市形象、传播城市文化具有重要意义。基于此，研学游教育学府发展要求对于促进城市经济发展、改善生态环境、提升城市形象、传播城市文化等方面具有重要意义，故提出如下假设：

HB3：研学游教育学府发展要求对城市发展规划设计具有显著的正向作用。

第二，价值功能的作用。

研学游教育学府发展的价值功能主要表现在旅游教育和文化经济两个层面，在旅游教育方面，注重教育旅游发展与旅游专业人才的教育，通过挖掘各层次的人才，持续投入旅游教育，不断强化旅游师资与学科建设，以此建立完善的旅游教育体系，满足了教育旅游产业发展对人才的需求。人才的充盈可增强相关主体的自主创新能力和教育文化遗产旅游的核心竞争力，加快发展现代物流业、金融业等，这就为历史片区改造提供了人才、资金、技术等多方面的支持。在文化经济方面，教育文化遗产现代化发展所形成的文化经济，主要表现为促进文化消费、提高文化流通速率、调整城市财富来源结构等的一种文化现象或者文明行为系统，研学游教育学府作为文旅深度融合新业态的表现形式之一，不仅是文化和旅游融合发展的产物，还是区域发展文化经济的重要手段，具有明确教育旅游产业发展未来的价值依托、竞争优劣势、发展战略等作用，而这些正是以历史片区改造型实施教育文化遗产系统性保护的前提工作。故提出如下假设：

HB4：价值功能水平提升对推进历史片区改造水平具有显著的正向作用。

第三，外部环境的作用。

一方面，旅游作为发展经济的有效举措，各地政府均不断加大旅游政策支持力度以协调区域发展的协调性。同时，由于不同地区在旅游资源禀赋、旅游区位等方面具有地域差异性，因此，旅游发展需要多元化的政策产业支持。基于内生增长理论，旅游发展实践要想实现可持续性发展，就需要不断完善在技术创新、人力资本积累等方面的政策支持力度，以此优化文旅深度融合新业态的投资结构，提高旅游资源开发效率。另一方面，良好的政策支持环境，使得旅游产业发展得到了银行、企业等的支持，降低了地方居民参与教育旅游经营所需资金的借贷难度，有利于居民借助教育文化遗产发展的契机，开创更多的就业机会，提高居民参与教育文化遗产旅游、教育文化遗产系统性保护建设进程的积极性。

随着旅游业的快速发展，我国旅游业地位不断提高，受到国家各项红利政策的支持，诸如国家出台的有关转变经济增长方式、扩大内需、调整产业结构等一系列政策措施，为旅游业与相关产业融合发展提供了强有力的政策支持，教育旅游作为文旅深度融合新业态与教育文化遗产协同发展的有效模式，正是在此背景下的产物。

基于此，本书认为良好的政策环境、社会环境，有利于提高教育文化遗产旅游资源开发效率，提升教育文化遗产系统性保护效率，故提出如下假设：

HB5：外部环境水平对激发教育文化遗产活力具有显著的正向作用。

HB6：外部环境水平对提高历史片区改造质量具有显著的正向作用。

第四，城市发展规划的作用。

城市发展规划是指对未来一定区域范围内经济、社会、资源、环境、人口等各方面以及它们之间的持续协调发展所作的总体安排和战略部署，其对教育旅游发展环境的影响主要表现在以下三个方面：一是在政策环境方面，城市发展规划涉及区域经济、资源、环境、人口等多方面，需要金融机构、人口管理、工业、商业等多方面相互交流，共同合作，这就需要政府积极搭建各部门的交流合作平台，引导教育旅游发展规划与城市发展规划相符合。二是在社会环境方面，科学的城市发展规划需要建立有效的发展协商机制，积极鼓励社会各方参与城市发展规划、决策和实施的全过程，发挥各参与主体的积极性，以便为城市发展提供多元动力。三是在生态环境方面，城市发展的可持续性，依托人地关系协调的可持续性，人地关系的协调是促进人与自然、人与社会、人与群体之间和谐的关键，是推动生态文明建设，倡导绿色生活的重要途径。基于此，可以看出城市发展规划设计对提升外部环境水平、提升历史片区改造质量具有重要作用，故提出如下假设：

HB7：城市发展规划设计水平对提高外部环境水平具有显著的正向作用。

HB8：城市发展规划设计水平对提高历史片区改造质量具有显著的正向作用。

第五，关于研学游教育学府与历史片区改造型系统性保护协同模式的理论模型。

根据研学游教育学府与历史片区改造性系统性保护协同模式的分析框架、研究假设等相关内容，综合考虑研学游教育学府与历史片区改造性的协同发展状况，构建出研学游教育学府与历史片区改造性系统性保护协同模式的理论模型，如图8-8所示。

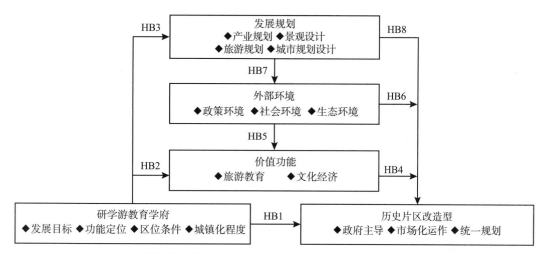

图 8 - 8 研学游教育学府与历史片区改造型系统性保护协同模式的理论模型

由图 8 - 8 可以看出，研学游教育学府与历史片区改造型系统性保护协同模式主要以研学游教育学府、历史片区改造型、发展规划、价值功能和外部环境五个变量为基础，构建出研学游教育学府与历史片区改造型之间的作用关系路径。其中，研学游教育学府到历史街区改造型不仅具有直接的作用路径，还有间接的作用路径，其间接的作用路径有 4 条：分别是①研学游教育学府—价值功能—历史片区改造型；②研学游教育学府—发展规划—历史片区改造型；③研学游教育学府—发展规划—外部环境—历史片区改造型；④研学游教育学府—发展规划—外部环境—价值功能—历史片区改造型。构建出研学游教育学府与历史片区改造型协同发展模式的理论模型，为下一步进行结构方程实证分析奠定了理论基础。

8.2.2 实地访谈

第一，关于案例地发展状况。

靖江王府内建有广西师范大学（王城校区），是国内教育文化遗产系统性保护和再利用的典范，其改造和发展旨在通过发展旅游业来改善地区生态环境，来提高城市城镇化建设水平，缓解旅游高峰期带来的城市交通拥堵、物价短期上升的问题。靖江王府不仅保留有封建王城历史痕迹，更见证了中国革命斗争史，具有丰富的明清文化、风水文化、教育文化等内涵。其凭借丰富的历史文化资源和便利的区位条件，在桂林旅游市场中占据重要地位。通过全面整合景区内部的文化旅游资源，对景区内的空间肌理进行整体性开发，靖江王府形成了"线性"旅游消费路线。在坚持"资源利用，保护先行"的原则下，靖江王府在旅游项目开发和服务质量提升等方面均取得了显著成效。

本书主要从靖江王府的建设及其发展历史等基本状况出发分析"研学游教育学府与历史片区改造型协同模式"的发展状况。由前文分析为基础可知，靖江王府具有明确的发展目标和准确的市场定位，从地理位置上看，其位于城市的中心区域，交通、医疗、教育等基础设施建设完善。以靖江王府为例的"研学游教育学府与历史片区改造型协同模式"的具体发展阶段，主要分为以下三个阶段。

第一阶段：文化遗产保存完好，历史价值得以充分挖掘。

靖江王府建于明代，是我国目前保存最为完好的明藩王府第，在被改为定南王府后，先后遭遇过两次严重的焚毁。但是地方政府高度重视其修葺工作，加之市民保护意识的不断提高以及广西师范大学全体师生的共同努力，景区后期得以修复和完善。整体来看，靖江王城不仅反映了封建王朝历史，更见证了中国革命斗争，具有丰富的明清文化、风水文化、教育文化等内涵。作为全国重点文物保护单位，靖江王府不仅具有悠久的历史文化，也见证了桂林城市发展，其所容纳的历史文化遗迹对于后人认识政治文化、风水文化以及教育文化等均具有重大意义。

第二阶段：城市建设的机遇与困境。

为寻找桂林文化力量，当地政府对靖江王府进行"拆围墙"以充分挖掘桂林文化价值，彰显历史文化品位，进一步丰富桂林旅游文化内涵。"拆围墙"后，靖江王城区域、改造后的东西巷和重建的逍遥楼共同构成了桂林历史文化的集中展示区。但"拆围墙"后靖江王城原有的传统特色逐渐消失，景区周边风貌建设逐渐现代化，靖江王城的建筑群普遍遭受到周边杂乱建筑物的遮挡，致使景区的独秀峰、伏波山等标志性景观难以和周边建筑发生联系，景区风貌与周边城市建设缺乏系统性联系。

第三阶段：创新文化遗产旅游开发。

靖江王城是桂林作为国家级首批历史文化名城最具代表性标志，具有深厚的文化底蕴和较高的历史地位。凭借其丰富历史文化资源和便利的区位条件，在桂林旅游市场中具有较大的比较优势。在旅游项目开发方面，靖江王府现有的旅游产品主要包括以王城城墙、读书岩、国学堂为主的观光型旅游产品，以及以贡院建筑和科举考试体验为主体的体验类旅游产品。在服务质量提升方面，靖江王府景区已经形成一批专业化的景观讲解队伍，真正实现了观景与听景相结合。同时，广西师范大学定期对入学新生普及校园文化，使得景区内的常住人员都能够讲好"王城故事"，景区服务质量不断提高，游客旅游满意度大幅提升。

第二，靖江王府对研学游教育学府与历史片区改造型系统性保护协同模式的作用。

在靖江王府的发展过程中，发展规划是平衡旅游发展与城镇化建设的关键，教育文化遗产的价值功能是教育旅游发展的动力源，良好的外部环境是教育文化遗产系统性保护的基本保障。本书通过对各个要素的综合考量，将案例研究的重点放在旅游发展规划、城市发展规划、文化、政策、生态等方面，提炼出发展规划、价值功能、外部环境三个关键构念，并通过对这三个方面进行科学合理的分析，构建出靖江王府建设过程中发展规划、价值功能及外部环境的作用模型，为讨论发展规划、价值功能、外部环境在研学游教育学府与历史片区改造型协同的作用进行案例分析。

首先，靖江王府建设过程中发展规划分析。

作为桂林全国第一批历史文化名城的重要标志，靖江王城凭借深厚的文化底蕴在旅游市场和文化遗产市场中均占有重要地位。基于以上分析，结合研学游教育学府和历史片区改造型系统性保护协同模式的结构方程实证结果，本书科学合理地构建出靖江王府建设过程中发展规划的作用模型，见图8-9。

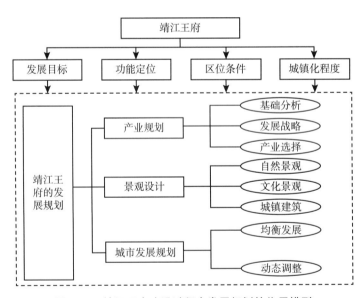

图8-9 靖江王府建设过程中发展规划的作用模型

图8-9展示了靖江王府建设过程中发展规划的作用模型，从该模型中可以看出，靖江王府具有明确的发展目标和准确的市场定位，并且因为位于城市的中心区域，城镇化水平高。在产业规划方面，本书分别从产业规划的基础分析、发展战略、产业选择三个层面分析靖江王府建设过程中发展规划的作用模型。桂林市政府在遵循县域、市域、省域主机的产业规划体系的基础上，对靖江王府区域网络联动设计，使得周边不仅有差异化的产业和文化特点，还确保靖江王府是地方中心城市教育旅游发展的"中心"。在坚持区域经济可持续发展战略的前提下，当地政府选择传统产业与新兴产业协同发展。在景观设计方面，研究分别从自然景观、文化景观、城镇建筑景观三个层面分析靖江王府建设过程中景观设计的作用模型，具体主要表现为靖江王府内涵丰富的历史文化，在旅游开发过程中坚持将城市建设与自然景观、人文历史相结

合，坚持保护自然景观与传承历史文化并重，因地制宜推动教育文化遗产旅游发展。在城市发展规划方面，靖江王府在建设过程中，其城市发展注重均衡发展和动态调整，具体表现为在旅游开发过程中，政府积极鼓励居民参与到项目实施过程之中，积极引导其承担应尽的责任，同时，开发主体始终将居民利益放在首位，致力于实现均衡的城市发展。因此，研学游教育学府在清晰的发展规划下，助力提升教育旅游质量，明确发展定位，牢固教育文化遗产发展基础，假设 HB1、HB3、HB7 和 HB8 成立。

其次，靖江王府建设过程中价值功能分析。

靖江王府内含丰富的历史文化遗产，其位于桂林历史文化保护中心和桂林古城保护区，是历史的延续和见证。基于此，从靖江王府的旅游教育和文化经济两个层面出发，构建靖江王府建设过程中价值功能的作用模型，见图 8 - 10。

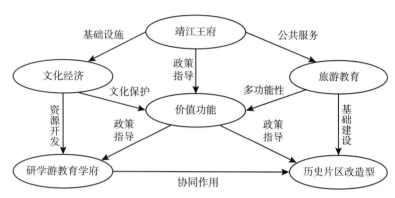

图 8 - 10　靖江王府建设中过程中价值功能的作用模型

图 8 - 10 展示了靖江王府建设过程中价值功能的作用模型，可以看出，靖江王府的价值功能主要体现在文化经济建设和旅游教育发展两个方面，结合靖江王府的实际发展状况，其价值功能的作用可以从以下两个方面进行阐述。一方面是桂林市政府把靖江王府的历史文化作为文化符号，来切实推进文化遗产系统性保护工作进程，通过整合靖江王府及其周边的历史文化，通过政府、地方学者等对历史文化加以系统性保护与再利用，将其打造成一种具有历史积淀深厚的文化标签，在发展地方文化经济的同时营造更多的文化资本。另一方面是靖江王府内设广西师范大学（王城校区），靖江王府在发展旅游业的同时，广西师范大学为其旅游发展输入专业型人才，保证地方旅游产业在合理的管理规范和发展政策下得以良性运营和发展。因此，研学游教育学府通过传递旅游教育和文化经济，突出价值属性，实现历史片区改造型教育文化遗产的可持续保护，假设 HB2 和 HB4 成立。

最后，靖江王府建设过程中外部环境分析。

靖江王府位于桂林市中心，并且内设广西师范大学（王城校区），兼顾教育和旅游发展两种职能，旅游发展需要有良好的政策环境和生态环境支持，教育发展需要良好的社会文化环境。本书结合靖江王府发展的现实基础，重点把握政策环境、社会环境和生态环境建设三个方面的内容，较为合理地模拟出靖江王府建设过程中外部环境的作用模型，见图 8 - 11。

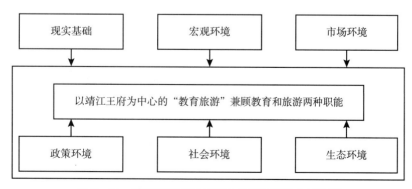

图 8 - 11　靖江王府建设过程中外部环境的作用模型

图 8-11 展示了靖江王府建设过程中外部环境的作用模型,靖江王府建设和发展所面临的外部环境直接影响着其未来发展走向。结合靖江王府的自身发展状况,本书分别从宏观环境和市场环境两个层面对其所面临的外部环境进行分析。一方面,消费者在旅游消费过程中,不仅会因自身风险意识不强、知识水平有限等而具有损失担忧,还受到外部宏观环境、旅游服务环境两个因素的影响进行风险感知,因此,制定合理的旅游政策,规范景区各个相关经营主体的行为,对于提升游客满意度,促进景区可持续发展具有重要现实意义。另一方面,随着旅游业的快速发展,旅游市场中普遍存在旅游产品同质现象严重的问题,靖江王府在实际发展过程中以景区所依托的历史文化遗产为核心,不断提升产品创新能力,开发具有地域特色的差异化旅游产品,其游客吸引力不断提升,市场竞争力不断增强。因此,要实现研学游教育学府文旅融合新业态与历史片区改造型系统性保护发展模式协同,就要明确教育文化遗产发展方向,科学制定研学游教育学府的发展目标,使其能够在市场中形成竞争力,营造良好的外部环境,实现旅游发展规划与城市规划设计协调发展,最终实现教育文化遗产的可持续传承和保护,假设 HB5 和 HB6 成立。

关于案例验证分析:

本书选取的是广西桂林靖江王府,研究小组通过进行实地调研以获得原始资料,对靖江王府有更加深入深刻的影响,同时保证了资料来源的真实性和可靠性。为了展开对研学游教育学府与历史片区改造型系统性保护协同模式的案例验证研究,本书首先解释了以靖江王府作为案例地的选题依据,对案例进行描述,将靖江王府的建设和发展分为三个阶段:第一阶段是文化遗产保存完好、历史价值得以充分挖掘阶段;第二阶段是城市建设的机遇与困境阶段;第三阶段是创新文化遗产旅游开发阶段。通过对这三个阶段进行深入的分析,识别出靖江王府发展困境及解决办法。其中,根据前文构建的研学游教育学府与历史片区改造型协同模式的结构方程实证结果,在案例讨论和发展中重点把握发展规划、价值功能和外部环境三个方面的内容。同时,构建出靖江王府建设中发展规划、价值功能、外部环境的作用模型。

本书运用案例研究方法进行单案例研究,选取广西桂林靖江王府为案例,对研学游教育学府与历史片区改造型系统性保护协同模式进行验证。结合前文构建的研学游教育学府与历史片区改造型系统性保护协同模式的分析框架、研究假设和结构方程实证分析相关内容,基于广西桂林靖江王府的发展历程,重点把握发展规划、价值功能和外部环境对研学游教育学府与历史片区改造型协同发展中的作用,用单案例验证了研学游教育学府与历史片区改造型协同发展过程中的影响因素,进一步验证了研学游教育学府与历史片区改造型系统性保护协同模式。

8.2.3 问卷数据分析

第一,样本数据的描述性统计及信度效度检验。

首先,研学游教育学府与历史片区改造型系统性保护协同模式的协同度测算。

研学游教育学府与历史片区改造型系统性保护协同模式的作用机制利用评价二者的协同性进行评估。在对研学游教育学府与历史片区改造型系统性保护协同模式的协同性进行评估之前,将以前文实证研究中所用到的度量指标为基础构建其相应的指标体系,并将实地调研所得数据用于计算研学游教育学府与历史片区改造型系统性保护协同模式的协同度。由前文对研学游教育学府与历史片区改造型系统性保护协同模式的实证分析中得出,价值功能和研学游教育学府 2 个子系统都对历史片区改造型产生了直接影响,同时,研学游教育学府还可以通过其他变量对历史片区改造型产生影响。因此,认为研学游教育学府与历史片区改造型协同发展是以价值功能、外部环境、发展规划 3 个子系统为基础的。从研学游教育学府的发展目标、功能定位、区位条件和城镇化程度四个方面来看,研学游教育学府在一定程度上直接或者间接影响着价值功能、外部环境和发展规划 3 个子系统,基于此,认为在对研学游教育学府与历史片区改造型系统性保护协同模式进行协同度评价时,可以借助研学游教育学府、价值功能、外部环境、发展规划和历史片区改造型 5 个子系统之间的相互关系来进行考量,并根据各个子系统的特征和作用提出对应的改进措施。

在充分理解协同学相关原理和理论的基础上,构建研学游教育学府、价值功能、外部环境、发展规划和历史片区改造型 5 个子系统之间的协同度模型。各个子系统的序参量见表 8 – 10。

表 8 – 10   子系统序参量

子系统	测量指标	序参量
研学游教育学府（UTE）	发展目标、功能定位、区位条件、城镇化程度	UTE11、UTE12、UTE21、UTE22、UTE31、UTE32、UTE41、UTE42
外部环境（EE）	政策环境、社会环境、生态环境	EE11、EE12、EE13、EE21、EE22、EE23、EE31、EE32、EE33
价值功能（VF）	旅游教育、文化经济	VF11、VF12、VF21、VF22
发展规划（DP）	产业规划、景观设计、旅游规划、城市规划设计	DP11、DP12、DP13、DP21、DP22、DP31、DP32、DP33、DP41、DP42
历史片区改造型（RHD）	政府主导、市场运作、统一规划	RHD11、RHD12、RHD13、RHD21、RHD22、RHD23、RHD31、RHD32

在确定各个子系统的参量后，将对研学游教育学府、价值功能、外部环境、发展规划和历史片区改造型 5 个子系统之间的有序度进行测量，具体计算见公式（5 – 6），结合前文对研学游教育学府与历史片区改造型系统性保护协同模式的理论模型的相关分析，得出其他子系统的有序度和序参量之后，计算系统协同度并重新测量子系统的有序度，进而得到总系统的协同度。同理，得出研学游教育学府与历史片区改造型系统性保护协同模式中价值功能、外部环境、发展规划和历史片区改造型等其他子系统之间的协同度，见表 8 – 11。

表 8 – 11   各个子系统间的系统协同度

子系统	UTE	EE	VF	DP	RHD
研学游教育学府（UTE）	—				
外部环境（EE）	0.59	—			
价值功能（VF）	0.61	0.54	—		
发展规划（DP）	0.60	0.53	0.56	—	
历史片区改造型（RHD）	0.66	0.59	0.61	0.60	—

在参考有关协同学相关文献的基础上，结合现实应用，将协同度数值和协同度大小划分为 5 个区间（见表 4 – 1），结合表 8 – 11 中所得有关研学游教育学府与历史片区改造型系统性保护协同模式中各个子系统的协同度的大小，得出在研学游教育学府与历史片区改造型系统性保护协同模式中，研学游教育学府、价值功能、外部环境、发展规划和历史片区改造型这 5 个子系统之间的协同度都处于高度协同的范围，因此，认为研学游教育学府与历史片区改造型具有良好的协同性。

其次，在对通过实地调研获得研学游教育学府与历史片区改造型协同的第一手数据资料进行综合评估后，认为团队所得有效问卷数量符合结构方程所要求的样本数量，因此可以进行实证分析。为确保研究所得的研学游教育学府与历史片区改造型系统性保护协同模式的相关数据的准确性，以及后续所得结论的科学性，在对其进行实证分析之前，还将对问卷所得数据进行信度分析和效度分析。

本书采取均值和方差这两个指标，衡量研学游教育学府与历史片区改造型系统性保护协同模式中各个变量分布的平均程度和集中度。其中，标准差是直接观测研学游教育学府与历史片区改造型系统性保护协同模式研究中各个变量的离散程度的指标。利用 SPSS 25.0 对研学游教育学府与历史片区改造型系统性保护协同模式的数据进行信度检测，进而得到各个观测变量的均值、标准差、最大值、最小值，见表 8 – 12。

表 8 – 12　　　　　　　　　　　　　　　　　描述性统计

主要变量	潜在变量	观测变量	均值	标准差	最大值	最小值
研学游教育学府（UTE）	发展目标（UTE1）	UTE11	3.66	0.687	5	1
		UTE12	3.70	0.719	5	1
	功能定位（UTE2）	UTE21	3.58	0.794	5	1
		UTE22	3.63	0.798	5	1
	区位条件（UTE3）	UTE31	3.54	0.769	5	1
		UTE32	3.53	0.725	5	1
	城镇化程度（UTE4）	UTE41	3.61	0.799	5	1
		UTE42	3.59	0.750	5	1
发展规划（DP）	产业规划（DP1）	DP11	3.18	0.688	5	1
		DP12	3.26	0.701	5	1
		DP13	3.16	0.653	5	1
	景观设计（DP2）	DP21	3.30	0.669	5	1
		DP22	3.23	0.736	5	1
	旅游规划（DP3）	DP31	3.21	0.769	5	1
		DP32	3.16	0.732	5	1
		DP33	3.12	0.701	5	1
	城市规划（DP4）	DP41	3.39	0.747	5	1
		DP42	3.20	0.675	5	1
价值功能（VF）	旅游教育（VF1）	VF11	3.36	0.762	5	1
		VF12	3.38	0.798	5	1
	文化经济（VF2）	VF21	3.41	0.740	5	1
		VF22	3.30	0.724	5	1
外部环境（EE）	政策环境（EE1）	EE11	3.27	0.739	5	1
		EE12	3.21	0.667	5	1
		EE13	3.04	0.683	5	1
	社会环境（EE2）	EE21	3.31	0.705	5	1
		EE22	3.08	0.717	5	1
		EE23	3.18	0.699	5	1
	生态环境（EE3）	EE31	3.24	0.726	5	1
		EE32	3.12	0.682	5	1
		EE33	3.22	0.723	5	1

续表

主要变量	潜在变量	观测变量	均值	标准差	最大值	最小值
历史片区改造型 （RHD）	政府主导 （RHD1）	RHD11	3.60	0.713	5	1
		RHD12	3.61	0.743	5	1
		RHD13	3.59	0.760	5	1
	市场运作 （RHD2）	RHD21	3.60	0.733	5	1
		RHD22	3.61	0.762	5	1
		RHD23	3.68	0.723	5	1
	统一规划 （RHD3）	RHD31	3.59	0.789	5	1
		RHD32	3.64	0.728	5	1

　　最后，为确保研学游教育学府与历史片区改造型系统性保护协同模式检测结果具有真实性、可靠性，对其进行信度检测。利用组合信度系数对研学游教育学府与历史片区改造型系统性保护协同模式所整合的各类数据进行分析和检测，分别得出研学游教育学府、发展规划、价值功能、外部环境、历史片区改造型的组合信度系数。同时，根据表 5 - 4 的组合信度标准对研学游教育学府与历史片区改造型系统性保护协同模式的潜在变量的组合信度系数进行评判。为确保信度检测所得数据能够科学合理地反映各个变量的真实构架，在对研学游教育学府与历史片区改造型系统性保护协同模式进行信度检测的基础上，进一步对研学游教育学府与历史片区改造型系统性保护协同模式进行效度检测，信度和效度检验结果如表 8 - 13 所示。

表 8 - 13　　　　　　　　　　　　　　信度和效度检验结果

变量	CR	因子载荷		KMO 值	累计方差 解释率	Bartlett's 球形检验		
						χ^2	df	Sig.
研学游教育学府 （UTE）	0.9234	UTE11	0.813	0.949	76.736	2059.567	28	0.000
		UTE12	0.792					
		UTE21	0.779					
		UTE22	0.742					
		UTE31	0.770					
		UTE32	0.755					
		UTE41	0.770					
		UTE42	0.780					
发展规划 （DP）	0.868	DP11	0.612	0.937	50.983	1092.975	45	0.000
		DP12	0.652					
		DP13	0.673					
		DP21	0.661					
		DP22	0.703					
		DP31	0.608					
		DP32	0.683					
		DP33	0.540					
		DP41	0.556					
		DP42	0.602					

续表

变量	CR	因子载荷		KMO 值	累计方差解释率	Bartlett's 球形检验		
						χ^2	df	Sig.
价值功能（VF）	0.7509	VF11	0.650	0.819	71.244	497.886	6	0.000
		VF12	0.675					
		VF21	0.660					
		VF22	0.637					
外部环境（EE）	0.8095	EE11	0.617	0.910	46.888	755.032	36	0.000
		EE12	0.627					
		EE13	0.552					
		EE21	0.562					
		EE22	0.529					
		EE23	0.528					
		EE31	0.582					
		EE32	0.510					
		EE33	0.586					
历史片区改造型（RHD）	0.895	RHD11	0.735	0.942	68.903	1518.103	28	0.000
		RHD12	0.771					
		RHD13	0.696					
		RHD21	0.673					
		RHD22	0.720					
		RHD23	0.722					
		RHD31	0.703					
		RHD32	0.724					

如表 8-13 所示，首先，在对研学游教育学府与历史片区改造型系统性保护协同模式进行信度所得数据中，可以看出，各个数据的组合信度系数值 CR 都大于 0.5，因此认为所得数据具有可信度。其次，在对研学游教育学府与历史片区改造型进行效度检验所得数据中，可以看出，所得各个指标的因子载荷均在 0.5 以上，KMO 值大于 0.7，因此认为所得数据能够较好地进行因子分析。最后，Bartlett's 球形检验显著性水平均在 0.000，因此，认为此次研究过程中，调查问卷所得数据及各组成部分建构之间有较好的效度。

第二，样本数据的结构方程模型构建及调整。

本书通过建立研学游教育学府与历史片区改造型系统性保护协同模式结构方程模型，进而对其进行估计和检验。本节对研学游教育学府与历史片区改造型系统性保护协同模式的结构方程模型分析主要分为以下几点：首先，建立研学游教育学府与历史片区改造型系统性保护协同模式的结构方程模型，并设定相关误差变量；其次，在对参数进行估计的基础上，确定研学游教育学府与历史片区改造型系统性保护协同模式结构方程的拟合度；最后，通过对研学游教育学府与历史片区改造型系统性保护协同模式结构方程模型的不理想的路径进行修正，确定最终的结构方程模型。

在研学游教育学府与历史片区改造型系统性保护协同模式的研究过程中，本书根据各个变量的性质进行划分，进一步构建研学游教育学府与历史片区改造型系统性保护协同模式的结构方程模型。以研学游教育学府与历史片区改造型系统性保护协同模式的理论模型为基础，可以看出，研学游教育学府、价值功能、外部环境、发展规划和历史片区改造型都是不能直接观测的潜在变量，这 5 个变量下设置的二级指标仍无法直接观测，研究均将其定为潜在变量。接着本书对研学游教育学府与历史片区改造型系统性保护协同模式中的各个变量进行分类，其中，定义内生变量为研学游教育学府，中间变量为价值功能、外部环境、发展规划，外生变量为历史片区改造型。基于此，构建出研学游教育学府与历史片区改造型系统性保护协同模式的初始结构方程模型，见图 8-12。

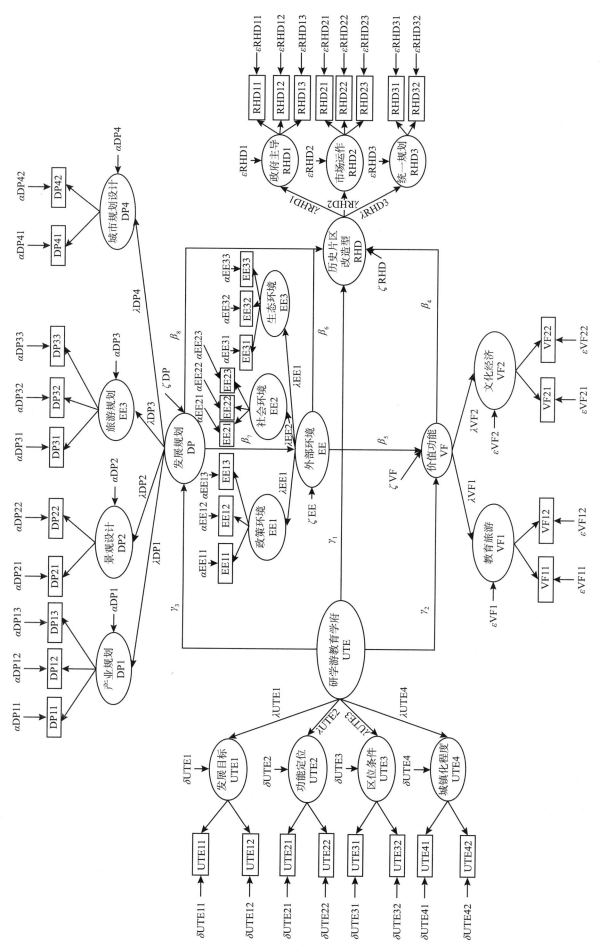

图8-12 研学游教育学府与历史片区改造型系统性保护协同模式的初始结构方程模型

根据图 8-12 显示，研学游教育学府与历史片区改造型系统性保护协同模式的初始结构方程中外生显变量共 8 项，分别为 UTE11、UTE12、UTE21、UTE22、UTE31、UTE32、UTE41、UTE42；内生显变量共 31 项，分别为 EE11、EE12、EE13、EE21、EE22、EE23、EE31、EE32、EE33、VF11、VF12、VF21、VF22、DP11、DP12、DP13、DP21、DP22、DP31、DP32、DP33、DP41、DP42、RHD11、RHD12、RHD13、RHD21、RHD22、RHD23、RHD31、RHD32；外生潜变量共 4 项，分别为 UTE1、UTE2、UTE3、UTE4；内生潜变量共 12 项，分别为 EE1、EE2、EE3、VF1、VF2、DP1、DP2、DP3、DP4、RHD1、RHD2、RHD3。

在对研学游教育学府与历史片区改造型系统性保护协同模式进行数据验证的过程中，本书对相关变量进行设定，进而构建观测变量的结构方程式。根据前文对研学游教育学府与历史片区改造型系统性保护协同模式的相关研究，研学游教育学府（UTE）、发展目标（UTE1）、功能定位（UTE2）、区位条件（UTE3）、城镇化程度（UTE4）是外生潜变量，分别用 ζ_{UTE}、ζ_{UTE1}、ζ_{UTE2}、ζ_{UTE3}、ζ_{UTE4} 来表示。发展规划（DP）、产业规划（DP1）、景观设计（DP2）、旅游规划（DP3）、城市规划设计（DP4）、价值功能（VF）、旅游教育（VF1）、文化经济（VF2）、外部环境（EE）、政策环境（EE1）、社会环境（EE2）、生态环境（EE3）、历史片区改造型（RHD）、政府主导（RHD1）、市场运作（RHD2）、统一规划（RHD3）是内生潜变量，分别用 η_{DP}、η_{DP1}、η_{DP2}、η_{DP3}、η_{DP4}、η_{VF}、η_{VF1}、η_{VF2}、η_{EE}、η_{EE1}、η_{EE2}、η_{EE3}、η_{RHD}、η_{RHD1}、η_{RHD2}、η_{RHD3} 来表示。基于此，构建出研学游教育学府与历史片区改造型系统性保护协同模式的观测模型方程式：

$$
\begin{cases}
X_{UTE1} = \lambda_{UTE1}\xi_{UTE} + \delta_{UTE1} \quad\quad X_{UTE2} = \lambda_{UTE2}\xi_{UTE} + \delta_{UTE2} \quad\quad X_{UTE3} = \lambda_{UTE3}\xi_{UTE} + \delta_{UTE3} \\
X_{UTE4} = \lambda_{UTE4}\xi_{UTE} + \delta_{UTE4} \quad\quad X_{UTE11} = \lambda_{UTE11}\xi_{UTE1} + \delta_{UTE11} \quad\quad X_{UTE12} = \lambda_{UTE12}\xi_{UTE1} + \delta_{UTE12} \\
X_{UTE21} = \lambda_{UTE21}\xi_{UTE2} + \delta_{UTE21} \quad\quad X_{UTE22} = \lambda_{UTE22}\xi_{UTE2} + \delta_{UTE22} \\
X_{UTE31} = \lambda_{UTE31}\xi_{UTE3} + \delta_{UTE31} \quad\quad X_{UTE32} = \lambda_{UTE32}\xi_{UTE3} + \delta_{UTE32} \\
X_{UTE41} = \lambda_{UTE41}\xi_{UTE4} + \delta_{UTE41} \quad\quad X_{UTE42} = \lambda_{UTE42}\xi_{UTE4} + \delta_{UTE42} \\
Y_{VF1} = \lambda_{VF1}\eta_{VF} + \varepsilon_{VF1} \quad\quad Y_{VF2} = \lambda_{VF2}\eta_{VF} + \varepsilon_{VF2} \quad\quad Y_{VF11} = \lambda_{VF11}\eta_{VF1} + \varepsilon_{VF11} \\
Y_{VF12} = \lambda_{VF12}\eta_{VF1} + \varepsilon_{VF12} \quad\quad Y_{VF21} = \lambda_{VF21}\eta_{VF2} + \varepsilon_{VF21} \quad\quad Y_{VF22} = \lambda_{VF22}\eta_{VF2} + \varepsilon_{VF22} \\
Y_{EE1} = \lambda_{EE1}\eta_{EE} + \varepsilon_{EE1} \quad\quad Y_{EE2} = \lambda_{EE2}\eta_{EE} + \varepsilon_{EE2} \quad\quad Y_{EE3} = \lambda_{EE3}\eta_{EE} + \varepsilon_{EE3} \\
Y_{EE11} = \lambda_{EE11}\eta_{EE1} + \varepsilon_{EE11} \quad\quad Y_{EE12} = \lambda_{EE12}\eta_{EE1} + \varepsilon_{EE12} \quad\quad Y_{EE13} = \lambda_{EE13}\eta_{EE1} + \varepsilon_{EE13} \\
Y_{EE21} = \lambda_{EE21}\eta_{EE2} + \varepsilon_{EE21} \quad\quad Y_{EE22} = \lambda_{EE22}\eta_{EE2} + \varepsilon_{EE22} \quad\quad Y_{EE23} = \lambda_{EE23}\eta_{EE2} + \varepsilon_{EE23} \\
Y_{EE31} = \lambda_{EE31}\eta_{EE3} + \varepsilon_{EE31} \quad\quad Y_{EE32} = \lambda_{EE32}\eta_{EE3} + \varepsilon_{EE32} \quad\quad Y_{EE33} = \lambda_{EE33}\eta_{EE3} + \varepsilon_{EE33} \\
Y_{DP1} = \lambda_{DP1}\eta_{DP} + \varepsilon_{DP1} \quad\quad Y_{DP2} = \lambda_{DP2}\eta_{DP} + \varepsilon_{DP2} \quad\quad Y_{DP3} = \lambda_{DP3}\eta_{DP} + \varepsilon_{DP3} \quad\quad Y_{DP4} = \lambda_{DP4}\eta_{DP} + \varepsilon_{DP4} \\
Y_{DP11} = \lambda_{DP11}\eta_{DP1} + \varepsilon_{DP11} \quad\quad Y_{DP12} = \lambda_{DP12}\eta_{DP1} + \varepsilon_{DP12} \quad\quad Y_{DP13} = \lambda_{DP13}\eta_{DP1} + \varepsilon_{DP13} \\
Y_{DP21} = \lambda_{DP21}\eta_{DP2} + \varepsilon_{DP21} \quad\quad Y_{DP22} = \lambda_{DP22}\eta_{DP2} + \varepsilon_{DP22} \quad\quad Y_{DP31} = \lambda_{DP31}\eta_{DP3} + \varepsilon_{DP31} \\
Y_{DP32} = \lambda_{DP32}\eta_{DP3} + \varepsilon_{DP32} \quad\quad Y_{DP33} = \lambda_{DP33}\eta_{DP3} + \varepsilon_{DP33} \\
Y_{DP41} = \lambda_{DP41}\eta_{DP4} + \varepsilon_{DP41} \quad\quad Y_{DP42} = \lambda_{DP42}\eta_{DP4} + \varepsilon_{DP42} \\
Y_{RHD1} = \lambda_{RHD1}\eta_{RHD} + \varepsilon_{RHD1} \quad\quad Y_{RHD2} = \lambda_{RHD2}\eta_{RHD} + \varepsilon_{RHD2} \quad\quad Y_{RHD3} = \lambda_{RHD3}\eta_{RHD} + \varepsilon_{RHD3} \\
Y_{RHD11} = \lambda_{RHD11}\eta_{RHD1} + \varepsilon_{RHD11} \quad\quad Y_{RHD12} = \lambda_{RHD12}\eta_{RHD1} + \varepsilon_{RHD12} \quad\quad Y_{RHD13} = \lambda_{RHD13}\eta_{RHD1} + \varepsilon_{RHD13} \\
Y_{RHD21} = \lambda_{RHD21}\eta_{RHD2} + \varepsilon_{RHD21} \quad\quad Y_{RHD22} = \lambda_{RHD22}\eta_{RHD2} + \varepsilon_{RHD22} \quad\quad Y_{RHD23} = \lambda_{RHD23}\eta_{RHD2} + \varepsilon_{RHD23} \\
Y_{RHD31} = \lambda_{RHD31}\eta_{RHD3} + \varepsilon_{RHD31} \quad\quad Y_{RHD32} = \lambda_{RHD32}\eta_{RHD3} + \varepsilon_{RHD32}
\end{cases}
$$

本书在成功构建研学游教育学府与历史片区改造型系统性保护协同模式的观测模型的基础上，研究根据结构方程模型的一般形式构建研学游教育学府与历史片区改造型系统性保护协同模式的结构方程式，具体如下：

$$
\begin{cases}
\eta_{DP} = \gamma_3\xi_{UTE} + \zeta_{DP} \\
\eta_{EE} = \gamma_3\eta_{DP} + \zeta_{EE} \\
\eta_{VF} = \beta_7\eta_{DP} + \beta_8\eta_{EE} + \gamma_2\xi_{UTE} + \zeta_{VF} \\
\eta_{RHD} = \gamma_1\xi_{UTE} + \beta_4\eta_{VF} + \beta_6\eta_{EE} + \beta_8\eta_{DP} + \zeta_{RHD}
\end{cases}
$$

在研学游教育学府与历史片区改造型系统性保护协同模式的结构方程式中，分别用 γ_1、γ_2、γ_3 表示研学游教育学府对历史片区改造型、价值功能、发展规划的作用路径。用 β_4 表示价值功能对历史片区改造型的作用路径，用 β_5、β_6 分别表示外部环境对价值功能和历史片区改造型的作用路径，β_7、β_8 分别表示发展规划对外部环境和历史片区改造型的作用路径。

本书在成功构建"研学游教育学府与历史片区改造型系统性保护协同模式"的初始结构方程模型后，从检验拟合指数、参数和决定系数三个方面，对研学游教育学府与历史片区改造型系统性保护协同模式的初始结构方程模型进行检验。利用不同的评价方法对以上指标进行检验，从而正确判断研学游教育学府对教育文化遗产系统性保护的作用原始模型是否需要进行修正。

将所构建的研学游教育学府与历史片区改造型系统性保护协同模式的初始结构方程模型导入 AMOS 22.0 中，在成功导入量表数据后，获得了研学游教育学府与历史片区改造型系统性保护协同模式的拟合指标值，见表 8 - 14。

表 8 - 14　　研学游教育学府与历史片区改造型系统性保护协同模式的初始结构方程模型适配度检验结果

拟合指标	X^2/DF	CFI	IFI	TLI	PNFI	RMSEA	SRMR
观测值	1.456	0.955	0.956	0.951	0.797	0.041	0.021
拟合标准	< 3.00	> 0.90	> 0.90	> 0.90	> 0.50	< 0.08	< 0.08

由表 8 - 14 可以看出，各个拟合指标检验值都达到了对应的拟合标准，因此，认为所构建的研学游教育学府与历史片区改造型系统性保护协同模式的结构方程模型能够与调研小组所得数据较好地拟合。基于此，在进行拟合度检测的基础上，进一步对研学游教育学府与历史片区改造型系统性保护协同模式的初始结构方程中的各个路径的系数进行测度，见表 8 - 15。

表 8 - 15　　研学游教育学府与历史片区改造型系统性保护协同模式的初始结构方程路径估计

路径	模型路径	路径系数	S. E.	C. R.	P
γ_1	UTE→RHD	0.321	0.074	4.350	***
γ_2	UTE→VF	0.265	0.073	3.632	***
γ_3	UTE→DP	0.603	0.054	11.205	***
β_4	VF→RHD	0.252	0.083	3.041	0.002
β_5	EE→VF	0.649	0.109	5.934	***
β_6	EE→RHD	0.248	0.125	1.972	0.049
β_7	DP→EE	0.899	0.094	9.513	***
β_8	DP→RHD	0.117	0.146	0.802	0.423

注：*** 表示 $P < 0.001$。

由表 8 - 15 可以看出 VF→RHD、EE→RHD 和 DP→RHD 3 条路径没有通过显著性检验。但是研学游教育学府与历史片区改造型系统性保护协同模式的构造基本思路正确，因此对研学游教育学府与历史片区改造型系统性保护协同模式的作用路径关系进行调整。在综合分析文献的基础上，在研学游教育学府与历史片区改造型系统性保护协同模式的初始结构方程模型中删除 DP→RHD、EE→RHD 的直接作用路径，如图 8 - 13 所示。

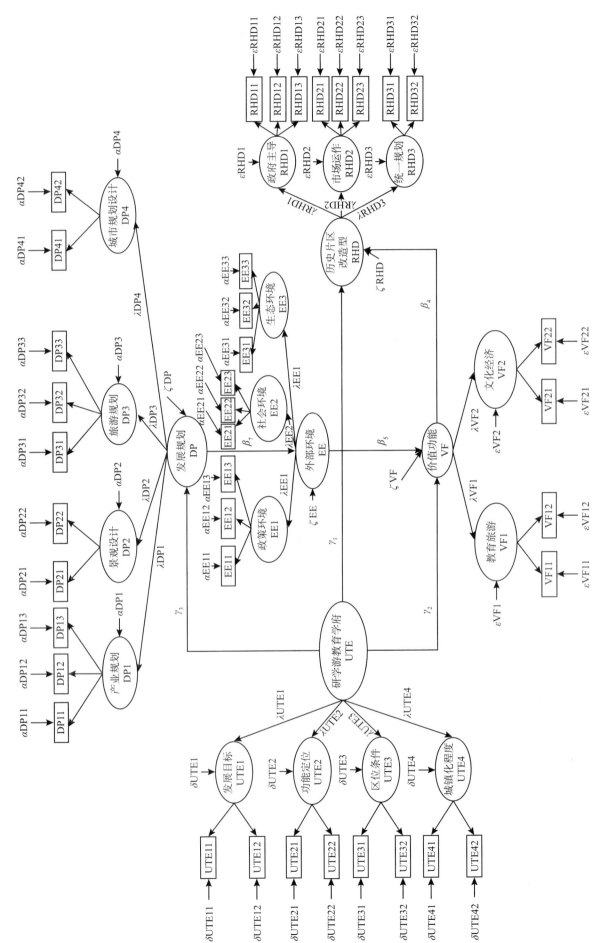

图8-13 调整后的研学游教育学府与历史片区改造型系统性保护协同模式的结构方程模型

图 8 - 13 展示了调整后的研学游教育学府与历史片区改造型系统性保护协同模式的结构方程模型，调整后的研学游教育学府与历史片区改造型系统性保护协同模式的结构方程模型导入 AMOS 22.0 中进行拟合度检验，结果如表 8 - 16 所示。

表 8 - 16   调整后的研学游教育学府与历史片区改造型系统性保护协同模式的拟合指标检验结果

拟合指标	χ^2/DF	CFI	IFI	TLI	PNFI	RMSEA	SRMR
观测值	1.467	0.954	0.954	0.950	0.798	0.042	0.023
拟合标准	<3.00	>0.90	>0.90	>0.90	>0.50	<0.08	<0.08

由表 8 - 16 可以看出，各个拟合指标均达到了拟合标准，因此，认为调整后的结构方程模型与原数据量表之间是匹配的。本书再次将所构建的调整后的研学游教育学府与历史片区改造型系统性保护协同模式导入 AMOS 22.0，对其进行路径估计，结果如表 8 - 17 所示。

表 8 - 17   调整后的研学游教育学府与历史片区改造型系统性保护协同模式结构方程路径估计

路径	模型路径	非标准化路径系数	标准化路径系数	S. E.	C. R.	P
γ_1	UTE→RHD	0.420	0.420	0.064	6.575	***
γ_2	UTE→VF	0.240	0.241	0.072	3.332	***
γ_3	UTE→DP	0.600	0.605	0.054	11.238	***
β_4	VF→RHD	0.430	0.434	0.074	5.900	***
β_5	EE→VF	0.690	0.690	0.111	6.240	***
β_6	EE→RHD	—	—	—	—	
β_7	DP→EE	0.900	0.899	0.095	9.497	***
β_8	DP→RHD	—	—	—	—	

注： *** 表示 P<0.001。

由表 8 - 17 可以看出，各个作用路径均达到了 0.001 的显著水平，各个假设较好地通过了显著性检验。因此，认为调整后的研学游教育学府与历史片区改造型系统性保护协同模式为最满意的结构方程，在对其进行标准化处理之后，各个路径系数都在 -1 ~ 1，得出了最终的研学游教育学府与历史片区改造型系统性保护协同模式的结构方程模型，如图 8 - 14 所示。

为进一步探讨研学游教育学府与历史片区改造型系统性保护协同模式中各个变量之间的关系，从间接效应和直接效应两个方面对各个作用路径的影响进行解释说明。其中，直接效应是指某一变量作为原因而对另一变量产生的影响；间接效应是指某一变量作为原因通过其他变量对另一变量产生影响。间接效应的作用路径系数为间接效应发生过程中，每一个过程的系数之积，两个变量之间的总效益为二者直接效应和间接效应之和。为有效测度研学游教育学府与历史片区改造型系统性保护协同模式的主要变量，本书对研学游教育学府（UTE）、价值功能（VF）、外部环境（EE）、发展规划（DP）、历史片区改造型（RHD）等 5 个变量的作用效应进行分解可知，在研学游教育学府与历史片区改造型系统性保护协同模式的作用过程中，研学游教育学府、价值功能均对历史片区改造型产生了直接作用，分别为 0.420 和 0.430；研学游教育学府对历史片区改造型产生了间接作用，其间接作用为 0.103，因此，在研学游教育学府与历史片区改造型系统性保护协同模式的作用过程中，价值功能是重要的中间变量。

第三，结构方程的假设检验及效应分解。

通过分析结构方程实证结果，根据前文提及的研究假设与理论模型，结合研学游教育学府与历史片区改造型协同作用的假设验证和路径系数，进行归纳总结，结果如表 8 - 18 所示。

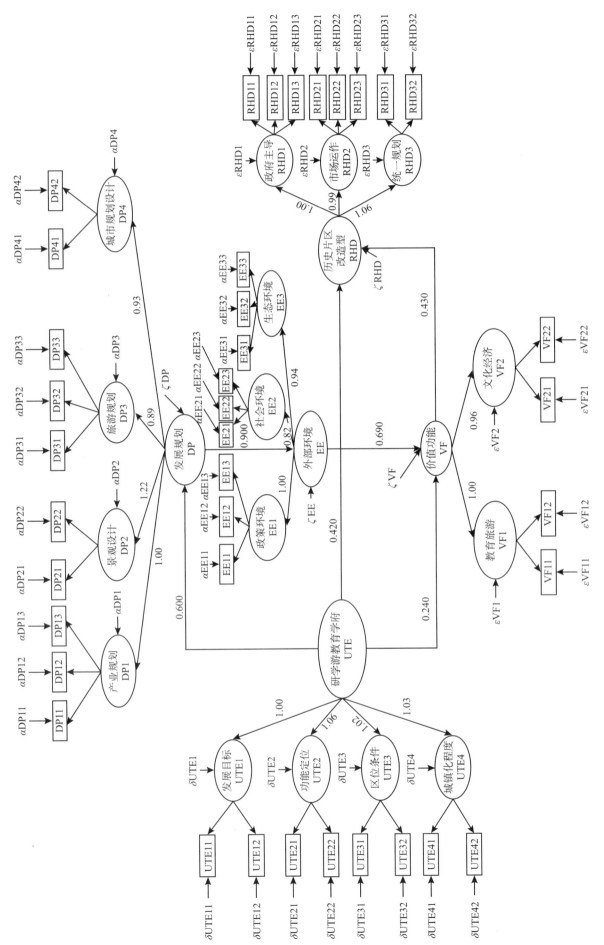

图8-14 最终的研学游教育学府与历史片区改造型系统性保护协同模式的结构方程模型

表8-18　　　　　研学游教育学府与历史片区改造型系统性保护协同模式的结果讨论分析

路径	模型路径	标准化路径系数	显著性水平	对应假设	检验结果
γ_1	UTE→RHD	0.420	***	HB1	支持
γ_2	UTE→VF	0.241	***	HB2	支持
γ_3	UTE→DP	0.605	***	HB3	支持
β_4	VF→RHD	0.434	***	HB4	支持
β_5	EE→VF	0.690	***	HB5	支持
β_6	EE→RHD	—	—	HB6	拒绝
β_7	DP→EE	0.899	***	HB7	支持
β_8	DP→RHD	—	—	HB8	拒绝

注：*** 表示 P<0.001。

研学游教育学府到历史片区改造型的标准化路径系数为0.420，P<0.001，较好地通过了显著性检验。基于此，可以得出"研学游教育学府的建设水平对推进历史片区改造进程具有显著的正向作用"的假设成立，即研究结果支持原假设HB1。

研学游教育学府到价值功能的标准化路径系数为0.241，P<0.001，较好地通过了显著性检验。基于此，可以得出"研学游教育学府建设要求对提升教育文化遗产价值功能具有显著的正向作用"的假设成立，即研究结果支持原假设HB2。

研学游教育学府到发展规划的标准化路径系数为0.605，P<0.001，较好地通过了显著性检验。基于此，可以得出"研学游教育学府发展要求对城市发展规划设计具有显著的正向作用"的假设成立，即研究结果支持原假设HB3。

价值功能到历史片区改造型的标准化路径系数为0.434，P<0.001，较好地通过了显著性检验。基于此，可以得出"价值功能水平对提升推进历史片区改造水平具有显著的正向作用"的假设成立，即研究结果支持原假设HB4。

外部环境到价值功能的标准化路径系数为0.690，P<0.001，较好地通过了显著性检验。基于此，可以得出"外部环境水平对激发教育文化遗产活力具有显著的正向作用"的假设成立，即研究结果支持原假设HB5。

外部环境到历史片区改造型的作用路径在调整模型的过程中被删掉，并没有通过显著性检验，因此，"外部环境水平对提高历史片区改造质量具有显著的正向作用"假设不成立，即研究结果拒绝原假设HB6。

发展规划到外部环境的标准化路径系数为0.899，P<0.001，较好的通过了显著性检验。基于此，可以得出"城市发展规划设计水平对提高外部环境水平具有显著的正向作用"的假设成立，即研究结果支持原假设HB7。

发展规划到历史片区改造型的作用路径在调整模型的过程中被删掉，并没有通过显著性检验，因此，"城市发展规划设计水平对提高历史片区改造质量具有显著正向作用"假设不成立，即研究结果拒绝原假设HB8。

由研学游教育学府与历史片区改造型协同模式的结构方程结构中得出，研学游教育学府到历史片区改造型之间有直接作用路径和间接作用路径。

综合以上研究得出，HB1、HB2、HB3、HB4、HB5、HB7 存在合理性，以及HB6、HB8 存在不合理性。

由研学游教育学府与历史片区改造型系统性保护协同的结构方程模型得出，价值功能是非常重要的中间变量。在研学游教育学府与历史片区改造型系统性保护协同模式的作用过程中，研学游教育学府和价值功能都对历史片区改造型产生了直接作用，分别为0.420和0.430，这说明教育文化遗产所具有的良好文化价值是地区发展教育旅游的基础，还是研学游教育学府建设和发展的基础。研学游教育学府还对历史片区改造型产生了间接作用，其间接作用为 0.103，明显低于研学游教育学府和价值功能对历史片区改造型的直接作用效应，在研学游教育学府与历史片区改造型协同发展过程中，研学游教育学府通过价值功能对历史片区改造型的间接作用路径小于直接作用路径。这说明研学游教育学府的建设和发展与教育文化遗产的价值功能密切相关，教育文化遗产不仅是研学游教育学府经营管理的主要对象，还是其得以发展的基础，只有对教育文化遗产加以系统性保护，促使教育文化遗产的价值功能得以延续，才能使得景区实现可持续发展。基于此，本书认为研学游教育学府的开发与发展和教育文化遗产自身的价值功能密切相关，教育文化遗产的价值功能作为发展教育旅游的核心资源，不仅是以历史片区改造型实施教育文化遗产系统性保护的关键，还是研学游教育学府的核心竞争力，只有在规范开发主体行为的基础上，在教育文化遗产系统性保护进程中充分发挥其价值功能，才能使研学游教育学府实现可持续发展。

8.3 休闲游学综合体与区域开发型系统性保护协同模式的实证研究

8.3.1 研究假设

第一，休闲游学综合体的作用。

休闲游学综合体是指以发展旅游业为主，并与教育界有密切合作关系的由历史书院改造而来的现代书院，其发展具有灵活性、地域性。由于休闲游学综合体发展所依托的教育文化遗产具有类型单一、分布不均的特征，且教育文化遗产功能辐射受限，需创意性开发，因此，区域开发成为其建造景区的有效路径。休闲游学综合体是以教育文化遗产旅游资源为核心竞争力，通过不断吸纳其他旅游资源，实现教育文化传播、经济高质量发展的一种文化旅游新形态，是区域某类教育文化遗产的精华所在，其发展实现了文化经济与社会经济的交织转化。虽然休闲游学综合体建设的最终目标是文化保护而不是单纯的创收，但是自休闲游学综合体运行以来，地方旅游业迅速发展，基础设施不断完善，居民从从事第一产业生产不断向第三产业生产转变，地方旅游经营管理人才、自主创新能力不断提高。产业融合发展是实现产业高质量发展的本质，休闲游学综合体的发展促进了教育文化遗产系统性保护进程，是区域融合发展的核心、催化剂，促进了区域开发型教育文化遗产系统性保护进程的实施。基于此，故提出如下假设：

HC1：休闲游学综合体建设要求对提高区域开发质量具有显著的正向作用。

旅游作为人们精神生活的一种方式，在传统文化中不仅可以增长见识，还是一种有利于陶冶性情、升华思想的文化活动，休闲游学综合体作为文旅深度融合新业态的重要表现形式之一，在实际发展过程中，其旅游发展与旅游资源之间存在相互促进、共同发展的关系，具体表现为：多民族、多文化的地域文化是旅游发展的天然优势，各地区在资源开发过程中，要根据发展战略目标，有计划、有目的地挖掘自身文化遗产资源的独有资源，最大限度满足消费者"求新、求异、求知"的文化旅游心理，充分发挥地方资源优势，形成独特的文化旅游特色。而文化遗产保护作为地方发展旅游业所要保护、传承、弘扬的重点对象，在景区建设过程中要注重资源开发与资源保护协同，并以地方游客承载力为基础，限制日游客流量，确保资源发展的可持续性。基于此，认为休闲游学综合体对激发地方旅游资源的发展潜力具有重要作用，故提出如下假设：

HC2：休闲游学综合体建设要求对激发资源优势发展潜力具有显著的正向作用。

休闲游学综合体的发展不仅要符合城市发展规律、产业集群发展特征，还要能够促进创意产业发展。首先，休闲游学综合体发展符合城市发展规律表现在功能定位方面。休闲游学综合体作为区域旅游发展模式之一，其发展目标为以教育文化遗产为核心，明确城市旅游地的功能角色，推进多样化、多元化和互补性旅游产品、旅游线路的空间布局，促进社会—生态可持续性协调发展。其次，休闲游学综合体发展符合产业集群发展特征表现在产业绿色化发展的态势方面。王谋（2012）曾指出，旅游发展可增加社会对旅游业低碳发展的关注度，在此背景下，低碳旅游资源开发、绿色产业发展可以吸引更广泛的技术支撑，教育旅游产业的相关经营主体也坚持以经济效益为中心的发展观，逐渐向社会、生态和经济综合效益最大化的方向转变。最后，休闲游学综合体发展能够促进创意产业发展表现在自身发展优势方面。教育文化遗产作为良好的旅游发展资源，其遗产地本身就具有较大的客流量，在旅游吸引物中融入教育文化遗产中的非物质文化遗产，地方巨大的人流量和完善的基础设施条件为创意文化产业的发展提供了精神动力和物质基础。基于此，故提出如下假设：

HC3：休闲游学综合体建设要求对提升发展规划布局合理性具有显著的正向作用。

第二，资源优势的作用。

教育文化遗产资源是休闲游学综合体发展的核心资源优势，激发教育文化遗产在文化产业发展市场中的活力、培养和集聚文化产业人才、完善文化遗产保护与再利用的投融资体系、提升教育旅游产品质量，全面提升教育文化遗产现代化再利用的创新能力和水平，是休闲游学综合体在旅游市场保持竞争优势的有效举措。在建设文化强国的时代背景下，文化遗产保护受到党和国家的高度重视，金融补助、人才引进、企业准入门槛降低、税收优惠等众多红利政策向文化遗产保护的方向倾斜。教育文化遗产作为兼顾现代教育与旅游发展双重功能的文化资源，其保护与再利用受到教育界的高度重视，诸多旅游院校根据教育文化遗产系统性保护的现实需求，有针对性地制定相应的人才培养目标，不断提高旅游管理等相关专业大学生对非物质文化遗产传承保护的意识，这不仅提升了旅游人才文化保护的自觉性和实践能力，还为区域开发型模式的教育文化遗产系统性保护提供了人才、技术支持。基于此，故提出如下假设：

HC4：资源优势发展潜力对推进区域开发进程具有显著的正向作用。

第三，规划布局的作用。

休闲游学综合体的建设与发展不仅要满足产业集群发展特征和创意文化产业发展需求，还要符合城市发展规律，实现教育旅游发展和城市品质提升协同发展，具体可以从以下两个方面着手：一是优化产业布局，从事教育文化遗产系统性保护的相关主体明确责任机制，确定教育旅游的未来发展方向、目标定位、功能定位等，为政府就调整产业布局、经济调控等作出合理决策提供依据。二是兼顾旅游资源开发与保护和生态保护，教育旅游不仅对实现城市经济高质量发展具有重要意义，还可有效提升城市品位，因此，旅游业的相关主体应格外注重旅游发展的可持续性。将资源开发和保护相结合，发展绿色生态产业，不仅可以处理好旅游资源开发和保护的关系，而且能够有效降低能量消耗、提升生态环境水平、提高综合效益，最终形成旅游发展和环境保护共同运行的双格局。基于此，可以看出教育旅游产业发展规划的合理性，对于优化地方产业布局、提升城市生态环境水平具有重要作用，因此，故提出如下假设：

HC5：发展规划布局合理性对于推进区域开发进程具有显著的正向作用。

第四，关于休闲游学综合体与区域开发型系统性保护协同模式的理论模型。

根据休闲游学综合体与区域开发型系统性保护协同模式的分析框架、研究假设等相关内容，综合考虑休闲游学综合体与区域开发型系统性保护协同模式的发展现状，本书构建出休闲游学综合体与区域开发型系统性保护协同模式的理论模型，如图 8 – 15 所示。

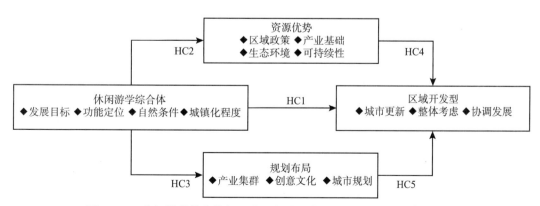

图 8 – 15　休闲游学综合体与区域开发型系统性保护协同模式的理论模型

由图 8 – 15 可以看出，休闲游学综合体与区域开发型系统性保护协同模式主要以休闲游学综合体、资源优势、规划布局和区域开发型四个变量为基础，构建出休闲游学综合体与区域开发型之间的作用关系路径。其中，休闲游学综合体到区域开发型不仅具有直接的作用路径，还有间接的作用路径，其间接的作用路径有两条：①休闲游学综合体—资源优势—区域开发型；②休闲游学综合体—规划布局—区域开发型。构建出休闲游学综合体与区域开发型协同发展模式的理论模型，为下一步进行结构方程实证分析奠定了理论基础。

8.3.2　实地访谈

第一，关于案例地发展状况。

益津书院是明朝开国之初兴贤育才的历史见证，先后历经 16 世纪和 18 世纪的两次异地重建，益津书院重建并非仅仅停留于恢复原有建筑规制，而是作为一个关系到文化传统继承与创新的跨世纪工程。益津书院的异地重建具有良好的政治环境和社会环境。在改造过程中，其依托良好的自然生态环境和教育文化遗产发展教育旅游，旅游发展使地方经济高质量成为可能，经济的高质量发展又反过来为益津书院发展提供资金、技术、人才等方面的支持，进而初步形成了集文物保护、旅游开发、书院研究和人才培养等多功能于一体的互动发展格局。2006 年，霸州市投资重建益津书院，得到了社会各界的广泛支持。地方政府以建设文化名城为目标，不断加强群众文化基础设施等的建设，有效推动人民群众文化生活的繁荣与发展，逐渐形成了旅游发展与经济发展互为客源市场的新格局。

本书主要从益津书院的发展历史出发分析"休闲游学综合体与区域开发型系统性保护协同模式"的发展状况。由前文分析可知，益津书院是文旅深度融合新业态与教育文化遗产系统性保护相结合的有效模式之一。一方面，益津书院在改造过程中，依托良好的自然生态环境和教育文化遗产发展教育旅游，实现弘扬传统文化的目的；另一方面，旅游发展使地方经济高质量成为可能，经济的高质量发展又反过来为益津书院发展提供资金、技术、人才等方面的支持。以益津书院为例的"休闲游学综合体与区域开发型系统性保护协同模式"的具体发展阶段，主要划分为以下三个阶段。

第一阶段：异地重建的兴衰更替。

文化的兴衰直接影响着地方经济的发展和政治走向，但在社会大动荡时期，文化常常被政治所左右，处于从属地位。益津书院的异地重建具有良好的政治环境和社会环境，具体表现在霸州市政府把益津书院的长远发展明确到"十一五"规划之中，初步形成了集文物保护、旅游开发、书院研究和人才培养等多功能于一体的互动发展格局。自重建益津书院发展教育旅游以来，各个相关利益主体不断加强文化挖掘力度，将教育文化遗产系统性保护工作与旅游资源开发相结合，推出旅游和教育于一体的旅游模式，形成独具地方特色的教育旅游品牌。

第二阶段：旅游发展的探索之路。

2006 年，霸州市投资重建益津书院，得到了社会各界的广泛支持。地方政府在加快经济发展的同时，以建设文化名城为目标，不断加强群众文化基础设施等的建设，有效推动人民群众文化生活的繁荣与发展。同时，益津书院自发展教育旅游以来，相关开发主体通过对旅游流向、流量、流质进行分析，探索旅游发展新模式，促进地方经济发展，构建以经济发展增强旅游产品供给能力格局，形成旅游发展与经济发展互为客源市场的新格局。

第三阶段：传统与现代的碰撞。

益津书院是城市历史的缩影和积淀，做好历史文化资源的挖掘、保护和再利用工作，对于传承历史文脉、提升文化品位、凝聚文化认同感具有重要作用。

益津书院作为河北省现存历史最悠久的书院，其在历史发展进程中形成的自由互动的学术研究、文化与传承方式等独特的以人为本、注重德育的育人理念，对于现代高等院校的发展具有重要的借鉴意义。益津书院自明朝开国之初为兴贤育才而建，是古代教育文化的重要载体，其承载着兴贤育人的文化使命，这与现代建设文化强国的战略相符合，因此，益津书院不仅可以继续发挥其传承、创造文化的功能，还可以借助文旅深度融合新业态与教育文化遗产系统性保护协同的机遇，发展教育旅游，实现功能多元释放。如今，益津书院已经成为霸州的地方文化品牌，一个展示霸州文化传统和人文精神的重要基地。

第二，益津书院对休闲游学综合体与区域开发型系统性保护协同模式的作用。

为进一步分析休闲游学综合体与区域开发型系统性保护协同模式，本书对各要素进行综合考量，将案例研究的重点放在资源、规划、产业、文化、城市发展等方面，重点提炼出资源优势、规划布局两个关键构念，并通过对这两个关键构念进行条理化、结构的分析，构建出益津书院建设过程中资源优势、规划布局的作用模型，为讨论资源优势和规划布局在休闲游学综合体与区域开发型系统性保护协同模式中的作用提供了清晰的路径。

首先，益津书院建设过程中资源优势分析。

"翰墨之乡"不仅是霸州市具有鲜明区域文化特色的品牌，还是益津书院的重要依托。新型城镇化建设进程的逐步推进促进了霸州市旅游业的发展，如何充分发挥地区资源优势，实现旅游发展和文化保护协同是其面临的关键问题。基于上述背景，结合本书研究重点，构建出益津书院建设过程中资源优势的作用模型。

图 8 - 16 展示了益津书院建设过程中资源优势的作用模型，可以看出，良好的区域政策，可实现信息、资源共享，进而改善产业基础，实现区域景区可持续发展。一是在区域文化重构的区域政策方面，霸州市政府把文化重构作为传统文化旅游资源开发的理论依据，不断增强地方传统文化现代化发展进程中文化传承者的利益参与和分配的重要性，注重资源开发效率。二是在产业基础的改善方面，注重主动创造吸收产业集聚效应外溢的条件，促进地方经济增长和居民收入增加。与此同时，注重强化旅游产业基础，充分发挥信息共享、第三方参与、成本干预的市场机制，促使相关经营主体承担应尽责任。三是在可持续性发展方面，地方政策决策者、旅游开发商在以益津书院为核心发展教育旅游时，就已经充分考虑不同门户社区居民的需求，加之益津书院的旅游发展为当地居民创造了更多参与旅游发展的机会，居民生活质量不断提高。因此，益津书院的旅游发展规划得到了居民的支持，对促进区域可持续发展具有重要意义。由此可以看出，休闲游学综合体凭借自身政策、产业、生态等资源优势，不断增强其发展旅游的竞争优势，带动当地文化传承与保护，假设 HC1、HC2 和 HC4 成立。

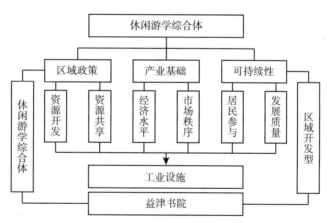

图 8 - 16　益津书院建设过程中资源优势的作用模型

其次，益津书院建设过程中规划布局分析。

益津书院历经两次重建，具有深厚的历史文化底蕴。益津书院的发展规划不仅要符合产业集群发展特征和城市发展规律，还要能够促进创意文化产业发展。本书结合益津书院的发展规划，重点把握产业集群、创意文化、城市建设三个方面的内容，较为合理地模拟出益津书院建设过程中规划布局的作用模型，见图 8 - 17。

由图 8 - 17 可以看出，益津书院的规划布局要整体考虑产业集群发展特征、创意文化产业发展、城市发展规划。在产业集群发展方面主要表现为文化创意产业集群和农业产业集群，文化创意产业的产业集群主要表现为文化产业行业在地域上的集中，使得文化创意产业自愿结合在一起，形成文化产业的创造性生产、分销和利用的最优化。农业产业集群表现在一定地理位置上相邻的以生产和加工农产品为主的企业或者机构，在农业生产基地周围，以其共性或者互补性相互联系在一起形成有机的统一的整体。在创意文化

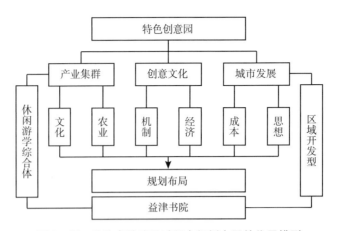

图 8-17　益津书院建设过程中规划布局的作用模型

产业发展方面，益津书院的旅游发展业态在一定程度上可以归纳为创意文化产业，益津书院呈现出城乡地域的文化差异和地方文化的多功能价值，通过土地流转和土地整治推动地方有机农业、旅游和文化教育等多元业态的有机融合，为地方经济的发展注入了活力。在城市发展方面，霸州市政府将城市可持续发展理论与城市发展实践相结合，将科学发展观确立为城市发展的指导思想。益津书院在获取文化旅游资源方面具有低成本优势，具体主要表现为益津书院自身的文化价值，以及"翰墨之乡"霸州文化。因此，要实现休闲游学综合体文旅融合新业态与区域开发型系统性保护发展模式协同，就要对其进行创意性改造，构建多群体、多产业、多领域的协调发展格局，进而实现教育文化遗产的系统性保护，假设 HC3 和 HC5 成立。

关于案例验证分析：

本次案例研究选取的是益津书院，调研小组通过实地调研获得了较高准确性的有效资料，对益津书院的发展现状有了进一步的了解，同时也保证了资料数据的实效性、准确性、可靠性。为了更好地展开对休闲游学综合体与区域开发型系统性保护协同模式的案例研究，本书首先对益津书院作为本次研究对象进行解释说明，将益津书院的建设历程和发展过程分为三个阶段：一是异地重建的兴衰更替阶段；二是旅游发展的探索之路阶段；三是传统与现代的碰撞阶段。通过对这三个阶段进行全面而深入的分析，探析益津书院的发展历程及其在教育旅游发展过程中为推进教育文化遗产系统性保护采取的有效的举措，进而总结提炼出益津书院的发展优势。根据前文构建的休闲游学综合体与区域开发型系统性保护协同模式的结构方程实证分析结果，在案例分析中重点把握资源优势、规划布局两个方面的内容，通过构建出益津书院建设过程中资源优势的作用模型，得出良好的区域政策可实现信息、资源共享，进而改善产业基础，实现区域景区可持续发展。通过构建益津书院建设过程中发展规划的作用模型，得出益津书院的规划布局要整体考虑产业集群发展特征、创意文化产业发展、城市发展规划。

本书采取案例研究的方法进行单个案例研究，选取益津书院为典型案例，对休闲游学综合体与区域开发型协同模式进行验证。结合前文所构建的休闲游学综合体与区域开发型系统性保护协同模式的分析框架、研究假设和结构方程实证分析的相关内容，以益津书院的发展历程为切入点，重点把握资源优势和规划布局在文旅深度融合新业态与教育文化遗产系统性保护中的作用，以益津书院为案例对休闲游学综合体与区域开发型系统性保护协同模式过程中的影响因素进行案例验证，进一步科学合理地验证了休闲游学综合体与区域开发型系统性保护协同模式的有效性。

8.3.3　问卷数据分析

第一，样本数据的描述性统计及信度效度检验。

首先，休闲游学综合体与区域开发型系统性保护协同模式的协同度测算。

休闲游学综合体与区域开发型系统性保护协同模式的作用机制利用评价二者的协同性进行评估。在对休闲游学综合体与区域开发型系统性保护协同模式的协同性进行评估之前，以前文实证研究中所用到的度量指标为基础构建其相应的指标体系，并将实地调研所得数据用于计算休闲游学综合体与区域开发型系统性保护协同模式的协同度。由前文对休闲游学综合体与区域开发型协同模式的实证分析中得出，休闲游学综合体、规划布局、资源优势 3 个子系统都对区域开发型产生了直接作用。因此，认为休闲游学综合体与区域开发型协同发展是以"规划布局""资源优势"两个子系统为基础的。从休闲游学综合体的发展目标、功能定位、自然条件和城镇化程度四个方面来看，休闲游学综合体在一定程度上直接或者间接影响着规划布局和资源优势 2 个子系统，基于此，认为在对休闲游学综合体与区域开发型协同模式进行协同度评价时，可以借助休闲游学综合体、规划布局、资源优势和区域开发型 4 个子系统之间的相互关系来进行考量，并根据各个子系统的特征和作用提出对应的改进措施。

在充分理解协同学相关原理和理论的基础上，构建休闲游学综合体、规划布局、资源优势和区域开发型 4 个子系统之间的协同度模型。各个子系统的序参量，见表 8 – 19。

表 8 – 19 子系统序参量

子系统	测量指标	序参量
休闲游学综合体（LTC）	发展目标、功能定位、自然条件、城镇化程度	LTC11、LTC12、LTC21、LTC22、LTC23、LTC31、LTC32、LTC41、LTC42
资源优势（RA）	区域政策、产业基础、生态环境、可持续性	RA11、RA12、RA13、RA21、RA22、RA31、RA32、IF33、RA41、RA42、RA43
规划布局（PL）	产业集聚、创意文化、城市规划	PL11、PL12、PL13、PL21、PL22、PL23、PL31、PL32、PL33
区域开发型（RDT）	城市更新、整体考虑、协调发展	RDT11、RDT12、RDT13、RDT21、RDT22、RDT23、RDT31、RDT32

在确定各个子系统的参量后，将对休闲游学综合体、资源优势、规划布局和区域开发型 4 个子系统之间的有序度进行测量，结合前文对休闲游学综合体与区域开发型系统性保护协同模式的理论模型的相关分析，得出其他子系统的有序度和序参量之后，计算系统协同度并重新测量子系统的有序度，进而得到总系统的协同度。同理，得出休闲游学综合体与区域开发型系统性保护协同模式中资源优势、规划布局和区域开发型等其他子系统之间的协同度，见表 8 – 20。

表 8 – 20 各个子系统间的系统协同度

子系统	LTC	RA	PL	RDT
休闲游学综合体（LTC）	—			
资源优势（RA）	0.58	—		
规划布局（PL）	0.58	0.53	—	
区域开发型（RDT）	0.63	0.57	0.57	—

在参考有关协同学相关文献的基础上，结合现实应用，将协同度数值和协同度大小划分为 4 个区间，根据表 4 – 1 协同度划分区间，结合表 8 – 20 中所的有关休闲游学综合体与区域开发型系统性保护协同模式中各个子系统的协同度的大小，得出在休闲游学综合体与区域开发型系统性保护协同模式中，休闲游学综合体、资源优势、规划布局和区域开发型这 4 个子系统之间的协同度都处于高度协同的范围，因此，认为休闲游学综合体与区域开发型具有良好的协同性。

其次，本书在对通过实地调研获得休闲游学综合体与区域开发型协同的第一手数据资料进行综合评估后，认为团队所得有效问卷数量符合结构方程所要求的样本数量，因此可以进行实证分析。为确保所得的休闲游学综合体与区域开发型系统性保护协同模式的相关数据的准确性，以及后续所得结论的科学性，在对其进行实证分析之前，还将对问卷所得数据进行信度分析和效度分析。

本书采取均值和方差这两个指标，衡量休闲游学综合体与区域开发型系统性保护协同模式中各个变量分布的平均程度和集中度。其中，标准差是直接观测休闲游学综合体与区域开发型系统性保护协同模式研究中各个变量的离散程度的指标。利用 SPSS 25.0 对休闲游学综合体与区域开发型系统性保护协同模式的数据进行信度检测，进而得到各个观测变量的均值、标准差、最大值、最小值，见表 8 – 21。

表 8 – 21 描述性统计

主要变量	潜在变量	观测变量	均值	标准差	最大值	最小值
休闲游学综合体（LTC）	发展目标（LTC1）	LTC11	3.67	0.706	1	5
		LTC12	3.71	0.702	2	5
	功能定位（LTC2）	LTC21	3.69	0743	1	5
		LTC22	3.60	0.775	2	5
		LTC23	3.64	0.784	2	5
	自然条件（LTC3）	LTC31	3.57	0.769	1	5
		LTC32	3.57	0.740	1	5
	城镇化程度（LTC4）	LTC41	3.64	0.808	1	
		LTC42	3.58	0.764	1	5
资源优势（RA）	区域政策（RA1）	RA11	3.21	0.696	1	5
		RA12	3.27	0.699	1	5
		RA13	3.19	0.660	1	5
	产业基础（RA2）	RA21	3.31	0.651	1	5
		RA22	3.24	0.712	1	5
	生态环境（RA3）	RA31	3.22	0.756	1	5
		RA32	3.20	0.728	1	5
		RA33	3.15	0.694	1	5
	可持续性（RA4）	RA41	3.41	0.742	1	5
		RA42	3.25	0.683	1	5
		RA43	3.26	0.735	1	5
规划布局（PL）	产业集群（PL1）	PL11	3.30	0.762	1	5
		PL12	3.24	0.695	1	5
		PL13	3.06	0.694	1	5
	创意文化（PL2）	PL21	3.34	0.725	1	5
		PL22	3.12	0.746	1	5
		PL23	3.20	0.711	1	5
	城市规划（PL3）	PL31	3.28	0.740	1	5
		PL32	3.16	0.672	1	5
		PL33	3.22	0.720	1	5

续表

主要变量	潜在变量	观测变量	均值	标准差	最大值	最小值
区域开发型（RDT）	城市更新（RDT1）	RDT11	3.59	0.722	1	5
		RDT12	3.60	0.737	1	5
		RDT13	3.58	0.758	1	5
	整体考虑（RDT2）	RDT21	3.59	0.732	1	5
		RDT22	3.61	0.764	1	5
		RDT23	3.67	0.727	1	5
	协调发展（RDT3）	RDT31	3.56	0.789	1	5
		RDT32	3.63	0.716	1	5

最后，为确保休闲游学综合体与区域开发型系统性保护协同模式检测结果具有真实性、可靠性，对其进行信度检测。利用组合信度系数对休闲游学综合体与区域开发型系统性保护协同模式所整合的各类数据进行分析和检测，分别得出休闲游学综合体、资源优势、规划布局、区域开发型的组合信度系数。同时，根据表 5-4 的组合信度检测标准对休闲游学综合体与区域开发型系统性保护协同模式的潜在变量的组合信度系数进行评判。为确保信度检测所得数据能够科学合理地反映各个变量的真实构架，在对休闲游学综合体与区域开发型系统性保护协同模式进行信度检测的基础上，进一步对休闲游学综合体与区域开发型系统性保护协同模式进行效度检测，信度和效度检测结果如表 8-22 所示。

表 8-22　　　　　　　　　　　　　　　　信度和效度检测结果

变量	CR	因子载荷		KMO 值	累计方差解释率	Bartlett's 球形检验		
						χ^2	df	Sig.
休闲游学综合体（LTC）	0.9246	LTC11	0.769	0.954	75.802	2322.617	36	0.000
		LTC12	0.761					
		LTC21	0.752					
		LTC22	0.770					
		LTC23	0.768					
		LTC31	0.727					
		LTC32	0.801					
		LTC41	0.750					
		LTC42	0.736					
资源优势（RA）	0.8558	RA11	0.521	0.941	50.874	1246.096	55	0.000
		RA12	0.575					
		RA13	0.643					
		RA21	0.668					
		RA22	0.701					

续表

变量	CR	因子载荷		KMO 值	累计方差解释率	Bartlett's 球形检验		
						χ^2	df	Sig.
资源优势（RA）	0.8558	RA31	0.401	0.941	50.874	1246.096	55	0.000
		RA32	0.616					
		RA33	0.602					
		RA41	0.449					
		RA42	0.637					
		RA43	0.672					
规划布局（PL）	0.8378	PL11	0.585	0.916	48.236	793.263	36	0.000
		PL12	0.509					
		PL13	0.609					
		PL21	0.569					
		PL22	0.632					
		PL23	0.641					
		PL31	0.676					
		PL32	0.652					
		PL33	0.555					
区域开发型（RDT）	0.8834	RDT11	0.694	0.940	66.827	1398.518	28	0.000
		RDT12	0.642					
		RDT13	0.736					
		RDT21	0.725					
		RDT22	0.744					
		RDT23	0.706					
		RDT31	0.663					
		RDT32	0.666					

如表 8-22 所示，首先，从对休闲游学综合体与区域开发型系统性保护协同模式进行信度所得数据中可以看出，各个数据的组合信度系数值 CR 都大于 0.8，因此认为所得数据具有可信度。其次，从对休闲游学综合体与区域开发型进行效度检验所得数据中，可以看出，各个指标的因子载荷大多都在 0.5 以上，Bartlett's 球形检验显著性水平均在 0.000，因此，认为此次研究过程中，调查问卷所得数据及各组成部分建构之间有较好的效度。

第二，样本数据的结构方程模型构建及调整。

从休闲游学综合体与区域开发型系统性保护协同模式的理论基础中可以看出，休闲游学综合体、资源优势、规划布局和区域开发都是不能直接观测的潜在变量，并且针对以上四个潜在变量所设置的二级指标，仍无法直接观测到，因此也属于潜在变量。本书在确定各个变量的性质之后，将对休闲游学综合体与区域开发型系统性保护协同模式中的各个相关变量进行合理归类。其中，内生变量定义为休闲游学综合体，中间变量定义为资源优势和规划布局，外生变量定义为区域开发型。基于此，构建休闲游学综合体与区域开发型系统性保护协同模式的初始结构方程模型，如图 8-18 所示。

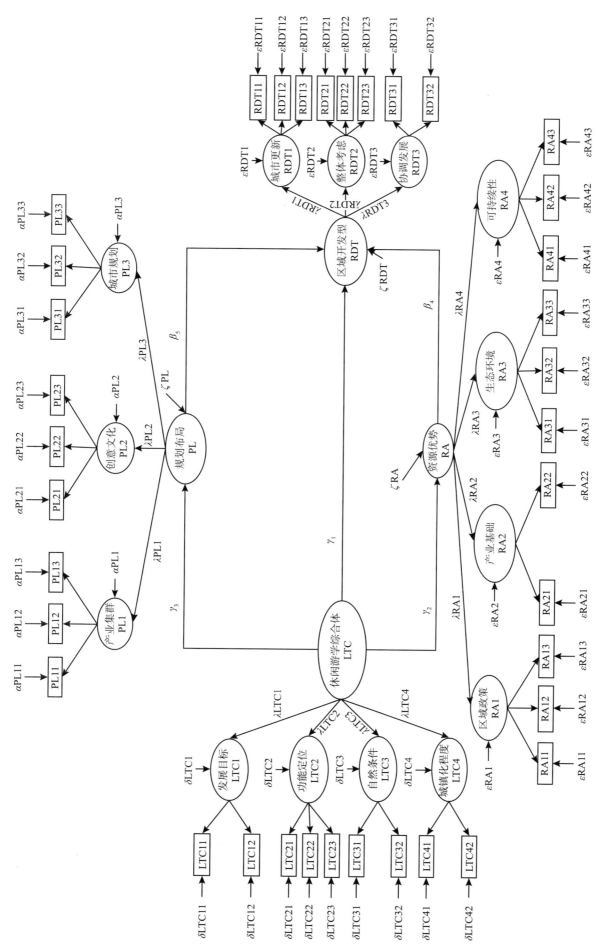

图8-18　休闲游学综合体与区域开发型系统性保护协同模式的初始结构方程模型

由休闲游学综合体与区域开发型系统性保护协同模式的初始结构方程模型可知，休闲游学综合体与区域开发型协同的初始结构方程中外生显变量共计 9 项，分别为 LTC11、LTC12、LTC21、LTC22、LTC23、LTC31、LTC32、LTC41、LTC42；内生显变量共计 28 项，分别为 PL11、PL12、PL13、PL21、PL22、PL23、PL31、PL32、PL33、RA11、RA12、RA13、RA21、RA22、RA31、RA32、RA33、RA41、RA42、RA43、RDT11、RDT12、RDT13、RDT21、RDT22、RDT23、RDT31、RDT32；外生潜变量共计 4 项，分别为 LTC1、LTC2、LTC3、LTC4；内生潜变量共计 10 项，分别为 PL1、PL2、PL3、RA1、RA2、RA3、RA4、RDT1、RDT2、RDT3。

在对休闲游学综合体与区域开发型协同模式进行数据验证的过程中，本书将对相关变量进行设定，进而构建观测变量的结构方程式。根据前文对休闲游学综合体与区域开发型协同模式的相关研究，休闲游学综合体（LTC）、发展目标（LTC1）、功能定位（LTC2）、自然条件（LTC3）、城镇化程度（LTC4）是外生潜变量，分别用 ξ_{LTC}、ξ_{LTC1}、ξ_{LTC2}、ξ_{LTC3}、ξ_{LTC4} 来表示。资源优势（RA）、区域政策（RA1）、产业基础（RA2）、生态环境（RA3）、可持续发展能力（RA4）、规划布局（PL）、产业集群（PL1）、创意文化（PL2）、城市发展（PL3）、区域开发型（RDT）、城市更新（RDT1）、整体考虑（RDT2）、协调发展（RDT3）是内生潜在变量，分别用 η_{RA}、η_{RA1}、η_{RA2}、η_{RA3}、η_{RA4}、η_{PL}、η_{PL1}、η_{PL2}、η_{PL3}、η_{RDT}、η_{RDT1}、η_{RDT2}、η_{RDT3} 来表示。基于此，构建出休闲游学综合体与区域开发型协同模式的观测模型方程式：

$$
\begin{cases}
X_{LTC1} = \lambda_{LTC1}\xi_{LTC} + \delta_{LTC1} \quad X_{LTC2} = \lambda_{LTC2}\xi_{LTC} + \delta_{LTC2} \quad X_{LTC3} = \lambda_{LTC3}\xi_{LTC} + \delta_{LTC3} \\
X_{LTC4} = \lambda_{LTC4}\xi_{LTC} + \delta_{LTC4} \quad X_{LTC11} = \lambda_{LTC11}\xi_{LTC1} + \delta_{LTC11} \quad X_{LTC12} = \lambda_{LTC12}\xi_{LTC1} + \delta_{LTC12} \\
X_{LTC21} = \lambda_{LTC21}\xi_{LTC2} + \delta_{LTC21} \quad X_{LTC22} = \lambda_{LTC22}\xi_{LTC2} + \delta_{LTC22} \quad X_{LTC23} = \lambda_{LTC23}\xi_{LTC2} + \delta_{LTC23} \\
X_{LTC31} = \lambda_{LTC31}\xi_{LTC3} + \delta_{LTC31} \quad X_{LTC32} = \lambda_{LTC32}\xi_{LTC3} + \delta_{LTC32} \\
X_{LTC41} = \lambda_{LTC41}\xi_{LTC4} + \delta_{LTC41} \quad X_{LTC42} = \lambda_{LTC42}\xi_{LTC4} + \delta_{LTC42} \\
Y_{PL1} = \lambda_{IB1}\eta_{IB} + \varepsilon_{IB1} \quad Y_{PL2} = \lambda_{PL2}\eta_{PL} + \varepsilon_{PL2} \quad Y_{PL3} = \lambda_{PL3}\eta_{PL} + \varepsilon_{PL3} \\
Y_{PL11} = \lambda_{PL11}\eta_{PL1} + \varepsilon_{PL11} \quad Y_{PL12} = \lambda_{PL12}\eta_{PL1} + \varepsilon_{PL12} \quad Y_{PL13} = \lambda_{PL13}\eta_{PL1} + \varepsilon_{PL13} \\
Y_{PL21} = \lambda_{PL21}\eta_{PL2} + \varepsilon_{PL21} \quad Y_{PL22} = \lambda_{PL22}\eta_{PL2} + \varepsilon_{PL22} \quad Y_{PL23} = \lambda_{PL23}\eta_{PL2} + \varepsilon_{PL23} \\
Y_{PL31} = \lambda_{PL31}\eta_{PL3} + \varepsilon_{PL31} \quad Y_{PL32} = \lambda_{PL32}\eta_{PL3} + \varepsilon_{PL32} \quad Y_{PL33} = \lambda_{PL33}\eta_{PL3} + \varepsilon_{PL33} \\
Y_{RA1} = \lambda_{RA1}\eta_{RA} + \varepsilon_{RA1} \quad Y_{RA2} = \lambda_{RA2}\eta_{RA} + \varepsilon_{RA2} \quad Y_{RA3} = \lambda_{RA3}\eta_{RA} + \varepsilon_{RA3} \quad Y_{RA4} = \lambda_{RA4}\eta_{RA} + \varepsilon_{RA4} \\
Y_{RA11} = \lambda_{RA11}\eta_{RA1} + \varepsilon_{RA11} \quad Y_{RA12} = \lambda_{RA12}\eta_{RA1} + \varepsilon_{RA12} \quad Y_{RA13} = \lambda_{RA13}\eta_{RA1} + \varepsilon_{RA13} \\
Y_{RA21} = \lambda_{RA21}\eta_{RA2} + \varepsilon_{RA21} \quad Y_{RA22} = \lambda_{RA22}\eta_{RA2} + \varepsilon_{RA22} \quad Y_{RA31} = \lambda_{RA31}\eta_{RA3} + \varepsilon_{RA31} \\
Y_{RA32} = \lambda_{RA32}\eta_{RA3} + \varepsilon_{RA32} \quad Y_{RA33} = \lambda_{RA33}\eta_{RA3} + \varepsilon_{RA33} \quad Y_{RA41} = \lambda_{RA41}\eta_{RA4} + \varepsilon_{RA41} \\
Y_{RA42} = \lambda_{RA42}\eta_{RA4} + \varepsilon_{RA42} \quad Y_{RA43} = \lambda_{RA43}\eta_{RA4} + \varepsilon_{RA43} \\
Y_{RDT1} = \lambda_{RDT1}\eta_{RDT} + \varepsilon_{RDT1} \quad Y_{RDT2} = \lambda_{RDT2}\eta_{RDT} + \varepsilon_{RDT2} \quad Y_{RDT3} = \lambda_{RDT3}\eta_{RDT} + \varepsilon_{RDT3} \\
Y_{RDT11} = \lambda_{RDT11}\eta_{RDT1} + \varepsilon_{RDT11} \quad Y_{RDT12} = \lambda_{RDT12}\eta_{RDT1} + \varepsilon_{RDT12} \quad Y_{RDT13} = \lambda_{RDT13}\eta_{RDT1} + \varepsilon_{RDT13} \\
Y_{RDT21} = \lambda_{RDT21}\eta_{RDT2} + \varepsilon_{RDT21} \quad Y_{RDT22} = \lambda_{RDT22}\eta_{RDT2} + \varepsilon_{RDT22} \quad Y_{RDT23} = \lambda_{RDT23}\eta_{RDT2} + \varepsilon_{RDT23} \\
Y_{RDT31} = \lambda_{RDT31}\eta_{RDT3} + \varepsilon_{RDT31} \quad Y_{RDT32} = \lambda_{RDT32}\eta_{RDT3} + \varepsilon_{RDT32}
\end{cases}
$$

本书在成功构建休闲游学综合体与区域开发型系统性保护协同模式的观测模型的基础上，研究根据结构方程模型的一般形式构建休闲游学综合体与区域开发型系统性保护协同模式的结构方程式，具体如下：

$$
\begin{cases}
\eta_{RA} = \gamma_2\xi_{LTC} + \zeta_{RA} \\
\eta_{PL} = \gamma_3\xi_{LTC} + \zeta_{PL} \\
\eta_{RDT} = \beta_4\eta_{RA} + \beta_5\eta_{PL} + \gamma_1\xi_{LTC} + \zeta_{RDT}
\end{cases}
$$

在休闲游学综合体与区域开发型系统性保护协同模式的结构方程式中，分别用 γ_1、γ_2、γ_3 表示休闲游学综合体对区域开发型、资源优势和规划布局的作用路径。用 β_4 表示资源优势对区域开发型的作用路径，用 β_5 表示规划布局对区域开发型的作用路径。

本书在成功构建"休闲游学综合体与区域开发型系统性保护协同模式"的初始结构方程模型后，从检验拟合指数、参数和决定系数三个方面，对休闲游学综合体与区域开发型系统性保护协同模式的初始结构方程模型进行检验。利用不同的评价方法对以上指标进行检验，从而正确判断休闲游学综合体对教育文化遗产系统性保护的作用原始模型是否需要进行修正。

将休闲游学综合体与区域开发型系统性保护协同模式的初始结构方程模型导入 AMOS 22.0 中，在成功导入量表数据后，获得了休闲游学综合体与区域开发型系统性保护协同模式的拟合指标值，如表 8 - 23 所示。

表 8 - 23　　　　休闲游学综合体与区域开发型系统性保护协同模式的初始结构方程模型适配度检验结果

拟合指标	χ^2/DF	CFI	IFI	TLI	PNFI	RMSEA	RMR
观测值	1.447	0.958	0.958	0.954	0.802	0.041	0.032
拟合标准	<3.00	>0.90	>0.90	>0.90	>0.50	<0.08	<0.05

由表 8 - 23 可以看出，研究所得各个拟合指标检验值都达到了对应的拟合标准，因此，本书认为研究所构建的休闲游学综合体与区域开发型系统性保护协同模式的结构方程模型能够与调研小组所得数据较好地拟合。基于此，在进行拟合度检测的基础上，进一步对休闲游学综合体与区域开发型系统性保护协同模式的初始结构方程中的各个路径的系数进行测度，如表 8 - 24 所示。

表 8 - 24　　　　休闲游学综合体与区域开发型系统性保护协同模式的初始结构方程路径估计

路径	模型路径	非标准化路径系数	标准化路径系数	S. E.	C. R.	P
γ_1	LTC→RDT	0.360	0.358	0.089	4.039	***
γ_2	LTC→RA	0.620	0.620	0.056	11.023	***
γ_3	LTC→PL	0.580	0.578	0.064	9.012	***
β_4	RA→RDT	0.320	0.322	0.095	3.399	***
β_5	PL→RDT	0.300	0.301	0.080	3.778	***

注：*** 表示 $P < 0.001$。

由表 8 - 24 可以看出，本书所构建的结构方程模型中均达到了 0.001 的显著性水平，说明其较好地通过了研究的显著性检验。基于此，认为所构建的休闲游学综合体与区域开发型系统性保护协同模式的结构方程模型为满意的模型，对其进行标准化处理后，各个路径系数值均位于 -1~1，进而得出休闲游学综合体与区域开发型系统性保护协同模式的最终结构方程模型，如图 8 - 19 所示。

为进一步探讨休闲游学综合体与区域开发型系统性保护协同模式中各个变量之间的关系，本书将从间接效应和直接效应两个方面对各个作用路径的影响进行解释说明。其中，直接效应是指某一变量作为原因而对另一变量产生的影响，间接效应是指某一变量作为原因通过其他变量对另一变量产生的影响。间接效应的作用路径系数为间接效应发生过程中，每一个过程的系数之积，两个变量之间的总效益为二者直接效应和间接效应之和。为有效测度休闲游学综合体与区域开发型系统性保护协同模式的主要变量，本书对休闲游学综合体（CCP）、资源优势（IF）、规划布局（IB）、区域开发型（ID）4 个变量的作用效应进行分解可知，在休闲游学综合体与区域开发型系统性保护协同模式的作用过程中，休闲游学综合体、资源优势和规划布局都对工业区域开发型产生了直接作用，分别为 0.360、0.320 和 0.300，休闲游学综合体还对区域开发型产生了间接作用，其间接作用为 0.372。因此，在休闲游学综合体与区域开发型系统性保护协同模式的作用过程中，资源优势和规划布局是两个重要的中间变量。

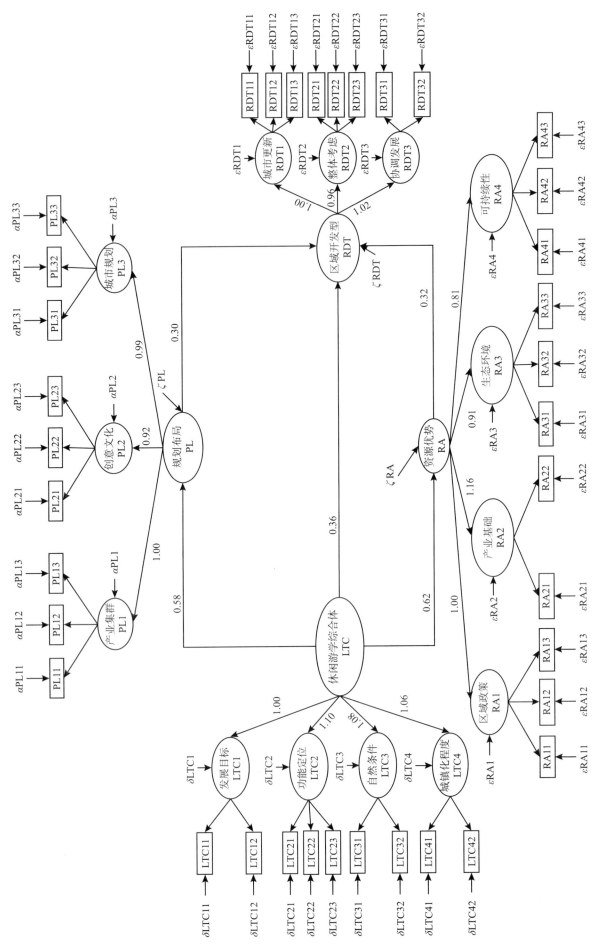

图8-19 最终的休闲游学综合体与区域开发型系统性保护协同模式的结构方程模型

第三，结构方程的假设检验及效应分解。

根据上述对休闲游学综合体与区域开发型系统性保护协同模式的实证结构分析，结合前文所提出的研究假设和理论模型，研究对休闲游学综合体与区域开发型系统性保护协同模式的作用假设和路径系数进行了归纳总结，具体如表 8 - 25 所示。

表 8 - 25　　　　　　　　休闲游学综合体与区域开发型系统性保护协同模式的结构讨论分析

路径	模型路径	标准化路径系数	显著性水平	对应假设	检验结果
γ_1	LTC→RDT	0.358	***	HC1	支持
γ_2	LTC→RA	0.620	***	HC2	支持
γ_3	LTC→PL	0.578	***	HC3	支持
β_4	RA→RDT	0.322	***	HC4	支持
β_5	PL→RDT	0.301	***	HC5	支持

注：*** 表示 P < 0.001。

休闲游学综合体到区域开发型的标准化路径系数为 0.358，P < 0.001，较好地通过了显著性检验。基于此，可以得出"休闲游学综合体建设要求对提高区域开发质量具有显著的正向作用"的假设成立，即研究结果支持原假设 HC1。

休闲游学综合体到资源优势的标准化路径系数为 0.620，P < 0.001，较好地通过了显著性检验。基于此，可以得出"休闲游学综合体建设要求对激发资源优势发展潜力具有显著的正向作用"的假设成立，即研究结果支持原假设 HC2。

休闲游学综合体到规划布局的标准化路径系数为 0.578，P < 0.001，较好地通过了显著性检验。基于此，可以得出"休闲游学综合体建设要求对提升发展规划布局合理性具有显著的正向作用"的假设成立，即研究结果支持原假设 HC3。

资源优势到区域开发型的标准化路径系数为 0.322，P < 0.001，较好地通过了显著性检验。基于此，可以得出"资源优势发展潜力对推进区域开发进程具有显著的正向作用"的假设成立，即研究结果支持原假设 HC4。

发展规划到区域开发型的标准化路径系数为 0.301，P < 0.001。基于此，可以得出"发展规划布局合理性对于推进区域开发进程具有显著的正向作用"的假设成立，即研究结果支持原假设 HC5。

综合以上研究得出，假设 HC1、假设 HC2、假设 HC3、假设 HC4、假设 HC5 均存在合理性。

由休闲游学综合体与区域开发型系统性保护协同模式的结构方程模型可以得出，资源优势和规划布局都是非常重要的中间变量，休闲游学综合体对资源优势和规划布局的直接效应分别为 0.620 和 0.578。基于此，本书认为休闲游学综合体的开发和发展与资源优势和规划布局密切相关，教育文化遗产作为休闲游学综合体的资源优势，只有对其进行科学合理的规划布局，才能使休闲游学综合体实现可持续发展。

8.4　文庙文化产业园与区域开发型系统性保护协同模式的实证研究

8.4.1　研究假设

第一，文庙文化产业园的作用。

文庙文化产业园是文化创意产业发展的园区化、规模化的表现形式之一，具有丰富的历史研究价值，仍属于创意文化产业的范畴，在选址建设开发过程中，重点选取教育文化遗产类型丰富，且不同文化遗产之间具有一定关联性的区域。为促进文庙文化产业园的发展，相关开发主体就产业园建设制定了一系列资源整合、开发与再利用的相关条例，包括降低景区准入门槛，提高居民参与景区建设的主动性等。文庙文化产业园丰富的历史研究价值吸引着高校、科研机构前来研究、学习，为文化遗产的保护提供了人才基础，缓解了教育文化遗产随时间而流失的问题，带动了关联产业增加经济附加值，实现了地方经济、社会和文化的内涵式增长。基于此，故提出如下假设：

HD1：文庙文化产业园建设水平对提升区域开发水平具有显著的正向作用。

文庙文化产业园是文旅深度融合发展的新业态，通过大力发展创意文化产业、推动文化遗产创新性发展和传播、延长文化旅游产业链，是推动区域经济实现协调发展、城市高质量发展的一种新模式和新路径。文化遗产资源是文庙文化产业园发展的核心和根本，创新发展是文庙文化产业园占据市场竞争力的驱动力，朱秀梅（2020）等在此基础上进一步提出，历史优势是建立产业园核心轴，并促使产业园发展功效辐射到整个景区，使其不断发展进化的关键。通过深入挖掘区域文化遗产资源的多功能性，将先进的创意设计和教育文化遗产旅游资源相结合，积极培育具有区域文化特色的教育文化遗产旅游产品、旅游路线，并根据区域现实发展状况及资源禀赋差异，制定差异化教育旅游发展战略，可以形成符合自身实际发展状况的产业经营管理模式。基于此，本书认为文庙文化产业园与产业基础之间存在显著的影响关系，故提出如下假设：

HD2：文庙文化产业园建设水平对提升产业基础发展绩效具有显著的正向作用。

文庙文化产业园是在教育文化遗产资源基础上以产业园为载体、以教育文化遗产为基础、以实现可持续性发展为特征的一种全新的文旅深度融合新业态，在资源开发与管理、发展模式等方面可实现创新和突破，是区域创新发展的重要表现形式之一。谭乔西（2018）指出，文化产业园的管理设计和管理优化，可最大限度提升文化产业园的服务水平，通过明晰产权制度、规范资源开发与管理制度，实现资源集约使用和规模化经营，是发展现代文化产业园的创新之举。文庙文化产业园通过创新发展，可以促使教育文化遗产转型发展，要想实现文化产业园经济可持续发展，处理好文化遗产保护与再利用的关系，就必须加强区域政策创新能力，培养创新意识，不断进行产业形态的创新，全面推动区域创新能力提升。基于此，可以看出文庙文化产业园对提升政策创新水平具有显著的影响作用，故提出如下假设：

HD3：文庙文化产业园建设要求对提升政策创新水平具有显著的正向作用。

第二，产业基础的作用。

文庙文化产业园的产业基础主要包括创意文化、创意旅游两个方面。在创意文化方面，叶世豪（2020）指出，景区文化和创意的实现和推广对于景区发展前期创意的商业化结果具有显著作用，但从长久来看，景区发展应该从注重创意商业化逐渐向注重知识传播转型，不断扩大知识覆盖面。在创意旅游方面，教育文化遗产在创意旅游发展过程中具有独特的资源优势，具体主要表现为：教育文化遗产资源的开发投资规模较小，有利于旅游资源在时间和空间上实现均匀分布，可有效提高资源利用率。旅游目的地要为游客提供具有原真性、可体验性的旅游活动，以满足游客的不同消费需求。而教育文化遗产旅游作为提升产业基础整体发展绩效的重要途径，已受到各地政府的高度重视，是提升教育文化遗产保护和再利用水平的重要手段。综上所述，可以看出，文庙文化产业园的产业基础，即创意文化和创意旅游两个方面不仅都能够有效引导教育文化遗产旅游向文化传播的方向发展，还能够在发展过程中有效保留文化遗产本身的独有特征，对区域开发型教育文化遗产系统性保护具有正向作用，故提出如下假设：

HD4：产业基础发展绩效对提升区域开发水平具有显著的正向作用。

第三，政策创新的作用。

注重政策创新意识的培养、以国家战略为导向推进政策创新是推进文化遗产系统性保护效率，建设文化强国的重要手段。要从推动文化遗产系统性保护外在动能转换的角度，在组织与管理、产业政策等方面展开创新。文庙文化产业园的政策创新有利于探索资源开发与管理、利益分配等方面的新路径，进一步完善各相关主体的管理政策，所以，应对一些产业园发展的共性问题作出明确规定，在产权制度、资源开发与管理、推进城乡一体化发展等方面进行政策创新。尤其是在资源管理方面，应积极推进教育文化遗产旅游资源开发管理的有序进行，改变单一追求经济效益而忽视生态效益的发展观念。同时，在规范教育文化遗产旅游资源开发管理的过程中，资源整合和产业开发的双重驱动，使得地方突破原有传统产业小规模、单一化发展的制约，实现产业升级、产业延伸和产业融合的系统性推进，为教育文化遗产旅游发展的可持续发展提供了外在动力，故提出如下假设：

HD5：政策创新水平对提升区域开发水平具有显著的正向作用。

第四，关于文庙文化产业园与区域开发型系统性保护协同模式的理论模型。

根据文庙文化产业园与区域开发型系统性保护协同模式的分析框架、研究假设等相关内容，综合考虑文庙文化产业园与区域开发型协同发展现状，构建出文庙文化产业园与区域开发型系统性保护协同模式的理论模型，如图8-20所示。

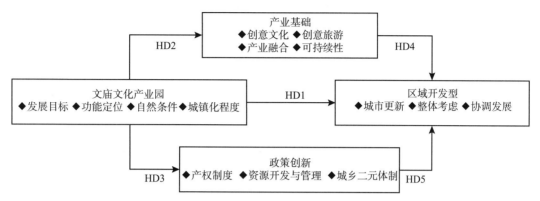

图8-20　文庙文化产业园与区域开发型系统性保护协同模式的理论模型

由图8-20可以看出，文庙文化产业园与区域开发型系统性保护协同模式主要以文庙文化产业园、产业基础、政策创新和区域开发型四个变量为基础，构建出文庙文化产业园与区域开发型之间的作用关系路径。其中，文庙文化产业园到区域开发型不仅具有直接的作用路径，还有间接的作用路径，其间接的作用路径有两条：①文庙文化产业园—产业基础—区域开发型；②文庙文化产业园—政策创新—区域开发型。构建出文庙文化产业园与区域开发型系统性保护协同模式的理论模型，为下一步进行结构方程实证分析奠定了理论基础。

8.4.2　实地访谈

第一，关于案例地发展状况。

文庙历来都是中国古代"庙学合一"的教育圣地。长泰文庙在实际发展过程中格外注重在产权制度、资源开发与管理、城乡二元体制三个方面的政策创新，以促进创意文化产业和创意旅游产业协同发展。长泰文庙在加强地区教育旅游资源的开发与管理、完善基础设施建设的基础上，借助地方教育文化遗产来提升城市形象和地方教育旅游的精神内涵，在提高地区教育旅游服务设施建设水平的基础上，能够缓解城乡二元经济结构的问题。一直以来，长泰文庙的发展都格外注重创新发展模式和文化教化功能，当地政府以长泰文庙为核心发展教育旅游不仅将长泰文庙作为旅游景点进行修葺开发，而且还将其根植于文化内涵和文化价值，注重将景区建设与商业运作区别开来，高度重视文庙的精神教化功能。

本书主要从长泰文庙的发展历程出发分析"文庙文化产业园与区域开发型系统性保护协同模式"的发展状况。由前文分析可知，长泰文庙具有明确的发展目标和准确的功能定位，具有良好的旅游发展基础，其在发展过程中格外注重在产权制度、资源开发与管理、城乡二元体制三个方面的政策创新，以促进创意文化产业和创意旅游产业协同发展。长泰文庙借助地方教育文化遗产来提升城市形象和地方教育旅游的精神内涵。一方面，针对地区教育旅游资源的开发与管理，长泰文庙发展的重心是周边地区散客和境外游客市场的开发，这为文化传承培育了土壤。另一方面，地区基础设施的建设状况在很大程度上影响着景区的发展，通过在长泰文庙周边建造旅游消费服务中心、娱乐场所等，不仅能够提高地区教育旅游服务设施建设水平，还能够缓解城乡二元经济结构的问题。以长泰文庙为例的"文庙文化产业园与区域开发型系统性保护协同模式"的具体发展路径，主要划分为以下三个阶段。

第一阶段：积极探索研学新业态。

文庙历来都是中国古代"庙学合一"的教育圣地。长泰文庙以传播国学文化为使命，通过展示儒家文化，让人们学习中华优秀传统文化的精髓，启发和引导人们为人处世。地方政府高度重视传统文化保护工作，自长泰文庙重建以来，以打造"闽南国学教育圣地"为发展目标，充分发挥文庙的教育教化功能，积极与地方高校和单位合作，共同推进中华优秀传统文化教育实践基地建设工作，探索研学新业态。目前，长泰文庙已成为长泰的文教中心、国学文化教育传播基地。

第二阶段：探索"文化＋旅游"发展模式。

当地政府全面推进长泰县全国文化先进县创建工作。地方旅游局通过举办文庙讲解员培训活动，积极吸纳旅行社、旅游专业师生、支援者等参与其中，将景区文化与地方传统文化相结合，提升景区旅游服务质量。具体的主要表现在以下两个方面：一是创新发展模式。长泰文庙自 2015 年落成以来，实行免费对外开放，使得文庙从形式化发展向活化发展转变，并通过举办拜谒先师、传承国学等活动加强文化传播、文化输出功能，并按照 AAAAA 级景区标准，提升长泰文庙的教育教化功能，致力于打造国学传承基地。二是注重文化教化功能。当地政府以长泰文庙为核心发展教育旅游不是将长泰文庙作为旅游景点进行修葺开发，而且将其根植于文化内涵和文化价值，注重将景区建设与商业运作区别开来，高度重视文庙的精神教化功能。

第三阶段：现代文庙发展带动群众生活品质提升。

长泰文庙是福建省内最大的文庙，是祭祀孔子和国学教育教化的重要场所，其在发展过程中打破了传统文庙单一的以古物修葺为主的建设模式，而是将文化保护与再利用相结合，充分发挥地方技术人才优势，将文庙建设与地方经济高质量发展相结合，不断创新发展模式，并适当降低景区经营主体的准入门槛，让地方居民真正参与到文庙发展当中。

一是通过土地流转，居民获得租金分红。通过加快土地流转步伐，促进农业农村经济发展和社会稳定。长泰文庙的发展打破了地方居民传统的土地农耕思维，旅游业的发展吸引技术资本流入，现代化技术水平的发展大幅提升了土地利用率。地方政府紧紧围绕土地做文章，居民除了获得日常所得工资外，还能以资本参与到文庙发展中，获得分红。

二是动态调整发展模式。长泰县政府坚持"全域旅游、全域景区、全域发展"的发展理念，通过政策引导、机制创新和转移推进等助力文旅深度融合新业态快速发展，推进体制增效，为地方经济发展注入新动力。

三是坚持产业融合发展。地方政府坚持文创理念丰富长泰文庙旅游产品供给体系，重点推动生态、文化、乡村、地产、农业、教育、体育等多产业与旅游业融合发展，重点开辟多元化的新业态发展模式。

第二，长泰文庙建设对文庙文化产业园与区域开发型系统性保护协同模式的作用。

为进一步分析文庙文化产业园与区域开发型协同模式，通过对各个要素进行全方位的综合考量，本书将此次案例研究的重点聚焦在文化、旅游、政策等方面，整体提炼出产业基础和政策创新这两个关键构念，并通过对产业基础、政策创新这两个构念进行科学合理的分析，构建出长泰文庙建设过程中产业基础、政策创新的作用模型，进而为探讨产业基础和政策创新在文庙文化产业园与区域开发型系统性保护协同模式的作用提供了清晰的路径。

首先，长泰文庙建设过程中产业基础分析。

长泰文庙作为福建省内最大的文庙，是祭祀孔子和国学教育教化的重要场所，具有丰厚的历史文化。本书结合长泰文庙建设过程中的发展目标、功能定位、自然条件和城镇化程度，在综合分析长泰文庙产业基础的前提下，重点把握创意文化产业、创意旅游产业和产业融合和发展的可持续性，科学合理地构建出长泰文庙建设过程中产业基础的作用模型，见图 8 - 21。

图 8 - 21 展示了长泰文庙建设过程中产业基础的作用模型，结合长泰文庙在教育旅游发展的现实状况，本书从创意文化、创意旅游、产业融合发展和可持续性四个层面研究长泰文庙建设过程中产业基础的作用模型。长泰文庙在建设过程中，以教育文化为核心发展教育旅游延伸出的创意文化产业是指：将文化遗产未来发展的完整的产业链条与传统文化、艺术创作等相结合，在旅游产品开发、资源整合等过程中融入更多的文化创意元素，进而形成独特的现代文化经营管理体系，实现旅游业与文化资源配置优化。此时，创意文化产业的发展具有经济性，创意文化产业在市场经济条件中，可以通过市场交换获取经济利益，表现出商品属性和产业属性的再生产性。在创意旅游发展过程中，旅游产品同质化现象严重是旅游发展面临的关键问题，通过文化创意注入、创新的构思，开发设计出具有独特性和创造性的旅游产品，可以

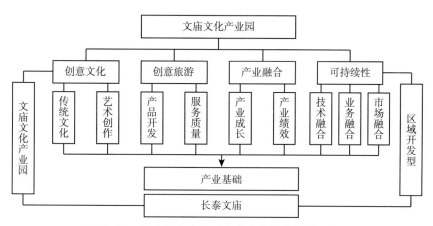

图 8 - 21　长泰文庙建设过程中产业基础的作用模型

满足游客多样化的旅游消费需求。为实现长泰文庙的可持续发展,需从技术融合、业务融合和市场融合着手,推进产业融合发展,形式上的产业融合并没有深入到产业组成要素中,因此,只有产业成长,鲜有产业绩效。文庙文化产业园与区域开发型协同发展作为教育旅游发展的时代背景,其发展涉及教育、文化、旅游、农业等多个行业部门,以资源配置优化促进产业融合是有效路径。因此,产业基础能力是产业发展的核心和基础的能力,包括但不局限于底层技术、基础设施、人才队伍等多要素,决定着文庙文化产业园的发展质量和教育文化遗产的保护情况,假设 HD1、假设 HD2 和假设 HD4 成立。

其次,长泰文庙建设过程中政策创新分析。

长泰文庙建设过程中的政策创新主要指地区政府为营造良好的产业发展环境所做的努力总和,政策创新涉及产权制度、资源开发与管理、经济发展、区域协调发展等各个方面的政策,尤其是在产权制度、资源开发与管理和城乡二元体制方面,三者为长泰文庙的发展提供了发展动力。基于此,研究分别从产权制度、资源开发与管理、城乡二元体制三个层面出发,构建出长泰文庙建设过程中政策创新的作用模型,见图 8 - 22。

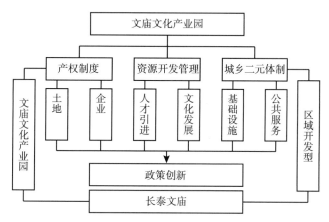

图 8 - 22　长泰文庙建设过程中政策创新的作用模型

由图 8 - 22 可以看出,长泰文庙的政策创新是地方政府在面临产业发展的外部压力、展示需求等内部需求发展环境及趋势的变化时,在客观评估地方产业发展状况的基础上,主动学习并突破现有经验,创造性地探索产业政策的过程,文庙教育文化的升华是通过跨越空间和形式空间,将文庙文化价值转化为有助于大众理解的教育意蕴。具体主要表现在产权制度创新、资源开发与管理模式创新、消除城乡二元体制创新三个层面。

一是在产权制度创新方面,福建省政府通过明晰文庙文化遗产产权制度,以规范资源开发行为,提升地方社会信任水平,达到实现教育文化遗产系统性保护的根本目的。

二是在资源开发与管理模式创新方面,无论是旅游发展还是教育文化遗产系统性保护工作进程的推进，都需要将人才资源开发放在首位，不断壮大地方高层次人才、高技能人才等科学人才队伍，进一步完善人才发展政策体系建设，解决好地方专业型人才缺乏的问题，进而协调好教育文化遗产系统性保护和再利用之间的关系。

三是在消除城乡二元体制创新方面，地方政府高度重视区域经济的协调发展，积极促进与周边省市之间经济的关联互动，共同协调相关联城市的基础设施、公共服务设施和社会公共事务的管理。

因此，要实现文庙文化产业园与区域开发型系统性保护发展模式协同，就要在各项政策机制的帮助下，不断开发和管理产业资源，创新旅游发展模式，同时，文庙文化产业园与区域开发型系统性保护协同发展要符合城市更新要求，从产业发展、环境保护、资源保护与再利用等多方面综合考虑，构建多群体、多产业、多领域的协调发展格局，推动教育旅游全面健康发展，假设 HD3 和假设 HD5 成立。

关于案例验证分析：

本次案例研究选取的是长泰文庙，研究小组通过实地调研获得了较高准确性的有效资料，对于长泰文庙的发展现状有了进一步的了解，同时也保证了资料数据的实效性、准确性、可靠性。为了更好地展开对文庙文化产业园与区域开发型系统性保护协同模式的案例研究，本研究首先将长泰文庙作为本次研究对象进行解释说明，将长泰文庙的发展历程的建设历程和发展过程分为三个阶段：一是积极探索研学新业态阶段；二是探索"文化+旅游"发展模式阶段；三是现代文庙发展带动群众生活品质提升阶段，通过对这三个阶段进行全面而深入地分析，总结提炼出长泰文庙具体发展实践的先进经验。根据前文构建的文庙文化产业园与区域开发型系统性保护协同模式的结构方程实证分析结果，在案例分析中重点把握产业基础和政策创新两个方面的内容，通过构建出文庙文化产业园发展过程中产业基础的作用模型，得出文庙文化产业园与区域开发型协同发展作为教育旅游发展的时代背景，其发展涉及教育、文化、旅游、农业等多个行业部门，以资源配置优化促进产业融合是有效路径。通过构建长泰文庙发展过程中政策创新的作用模型，得出文庙教育文化的升华是通过跨越空间和形式空间，将文庙文化价值转化为有助于大众理解的教育意蕴。

本书采取案例研究的方法进行单个案例研究，选取长泰文庙为典型案例，对文庙文化产业园与区域开发型系统性保护协同模式进行验证。结合前文所构建的文庙文化产业园与区域开发型系统性保护协同模式的分析框架、研究假设和结构方程实证分析的相关内容，以长泰文庙的发展现状和开发背景为出发点，重点把握产业基础、政策创新在文旅深度融合新业态与教育文化遗产系统性保护中的作用，以长泰文庙为案例对文庙文化产业园与区域开发型系统性保护协同模式过程中的影响因素进行案例验证，进一步科学合理地验证了文庙文化产业园与区域开发型系统性保护协同模式的有效性。

8.4.3　问卷数据分析

第一，样本数据的描述性统计及信度效度检验。

首先，文庙文化产业园与区域开发型系统性保护协同模式的协同度测算。

文庙文化产业园与区域开发型系统性保护协同模式的作用机制利用评价二者的协同性进行评估。在对文庙文化产业园与区域开发型系统性保护协同模式的协同性进行评估之前，以前文实证研究中所用到的度量指标为基础构建其相应的指标体系，并将实地调研所得数据用于计算文庙文化产业园与区域开发型系统性保护协同模式的协同度。由前文对文庙文化产业园与区域开发型系统性保护协同模式的实证分析中得出，文庙文化产业园、产业基础和政策创新三个子系统都对区域开发型产生了直接作用，文庙文化产业园还对区域开发型产生了间接作用。因此，认为文庙文化产业园与区域开发型协同发展是以"产业基础""政策创新"两个子系统为基础的。从文庙文化产业园的发展目标、功能定位、自然条件和城镇化程度四个方面来看，文庙文化产业园在一定程度上直接或者间接影响着产业基础、政策创新两个子系统，基于此，在对文庙文化产业园与区域开发型系统性保护协同模式进行协同度评价时，可以借助文庙文化产业园、产业基础、政策创新和区域开发型四个子系统之间的相互关系来进行考量，并根据各个子系统的特征和作用提出对应的改进措施。

在充分理解协同学相关原理和理论的基础上，构建文庙文化产业园、产业基础、政策创新和区域开发型 4 个子系统之间的协同度模型。各个子系统的序参量，见表 8 - 26。

表 8 – 26　　　　　　　　　　　　　　　　　　　　子系统序参量

子系统	测量指标	序参量
文庙文化产业园（TCIP）	发展目标、功能定位、自然条件、城镇化程度	TCIP11、TCIP12、CTCIP21、CTCIP22、TCIP23、TCIP31、TCIP32、TCIP41、TCIP42
产业基础（IB）	创意文化、创意旅游、产业融合、可持续性	IB11、IB12、IB13、IB21、IB22、IB31、IB32、IB33、IB41、IB42、IB43
政策创新（PI）	产权制度、资源开发与管理、城乡二元体制	PI11、PI12、PI13、PI21、PI22、PI23、PI31、PI32、PI33
区域开发型（RDT）	城市更新、整体考虑、协调发展	RDT11、RDT12、RDT13、RDT21、RDT22、RDT23、RDT31、RDT32

在确定各个子系统的参量后，将对各个子系统之间的有序度进行测量，结合前文对文庙文化产业园与区域开发型系统性保护协同模式的理论模型的相关分析，得出其他子系统的有序度和序参量之后，计算系统协同度并重新测量子系统的有序度，进而得到总系统的协同度。同理，得出文庙文化产业园与区域开发型系统性保护协同模式中产业基础、政策创新和区域开发型等其他子系统之间的协同度，见表 8 – 27。

表 8 – 27　　　　　　　　　　　　　　　　各个子系统间的系统协同度

子系统	TCIP	IB	PI	RDT
文庙文化产业园（TCIP）	—			
工产业基础（IB）	0.56	—		
政策创新（PI）	0.56	0.50	—	
区域开发型（RDT）	0.62	0.55	0.56	—

在参考有关协同学相关文献的基础上，结合现实应用，将协同度数值和协同度大小划分为 5 个区间（见表 4 – 1），结合表 8 – 27 中所得有关文庙文化产业园与区域开发型系统性保护协同模式中各个子系统的协同度的大小，得出在文庙文化产业园与区域开发型系统性保护协同模式中，文庙文化产业园、产业基础、政策创新和区域开发型这四个子系统之间的协同度都处于高度协同的范围，因此，本书认为文庙文化产业园与区域开发型具有良好的协同性。

其次，在对通过实地调研获得文庙文化产业园与区域开发型协同的第一手数据资料进行综合评估后，认为团队所得有效问卷数量符合结构方程所要求的样本数量，因此可以进行实证分析。为确保研究所得的文庙文化产业园与区域开发型系统性保护协同模式的相关数据的准确性，以及后续所得结论的科学性，在对其进行实证分析之前，还将对问卷所得数据进行信度分析和效度分析。

本书采取均值和方差这两个指标，衡量文庙文化产业园与区域开发型系统性保护协同模式中各个变量分布的平均程度和集中度。其中，标准差是直接观测文庙文化产业园与区域开发型系统性保护协同模式研究中各个变量的离散程度的指标。利用 SPSS 25.0 对文庙文化产业园与区域开发型系统性保护协同模式的数据进行信度检测，进而得到各个观测变量的均值、标准差、最大值、最小值，见表 8–28。

表 8 – 28　　　　　　　　　　　　　　　　　　　　描述性统计

主要变量	潜在变量	观测变量	均值	标准差	最大值	最小值
文庙文化产业园（TCIP）	发展目标（TCIP1）	TCIP11	3.66	0.698	5	1
		TCIP12	3.70	0.694	5	2
	功能定位（TCIP2）	TCIP21	3.66	0.725	5	1
		TCIP22	3.62	0.773	5	2
		TCIP23	3.63	0.780	5	2
	自然条件（TCIP3）	TCIP31	3.60	0.761	5	1
		TCIP32	3.59	0.722	5	1
	城镇化程度（TCIP4）	TCIP41	3.66	0.804	5	1
		TCIP42	3.62	0.748	5	1

主要变量	潜在变量	观测变量	均值	标准差	最大值	最小值
产业基础 （IB）	创意文化 （IB1）	IB11	3.21	0.698	5	1
		IB12	3.30	0.716	5	1
		IB13	3.20	0.680	5	1
	创意旅游 （IB2）	IB21	3.33	0.662	5	1
		IB22	3.25	0.721	5	1
	产业融合 （IB3）	IB31	3.24	0.774	5	1
		IB32	3.19	0.741	5	1
		IB33	3.15	0.715	5	1
	可持续性 （IB4）	IB41	3.40	0.752	5	1
		IB42	3.22	0.690	5	1
		IB43	3.24	0.739	5	1
政策创新 （PI）	产权制度 （PI1）	PI11	3.30	0.746	5	1
		PI12	3.24	0.683	5	1
		PI13	3.08	0.703	5	1
	资源开发与管理 （PI2）	PI21	3.34	0.715	5	1
		PI22	3.11	0.740	5	1
		PI23	3.20	0.690	5	1
	城乡二元体制 （PI3）	PI31	3.25	0.722	5	1
		PI32	3.16	0.696	5	1
		PI33	3.23	0.738	5	1
区域开发型 （RDT）	城市更新 （RDT1）	RDT11	3.62	0.712	5	1
		RDT12	3.62	0.738	5	1
		RDT13	3.60	0.762	5	1
	整体考虑 （RDT2）	RDT21	3.62	0.728	5	1
		RDT22	3.63	0.762	5	1
		RDT23	3.69	0.722	5	1
	协调发展 （RDT3）	RDT31	3.57	0.793	5	1
		RDT32	3.63	0.720	5	1

最后，为确保文庙文化产业园与区域开发型系统性保护协同模式检测结果具有真实性、可靠性，对其进行信度检测。利用组合信度系数对文庙文化产业园与区域开发型系统性保护协同模式所整合的各类数据进行分析和检测，分别得出文庙文化产业园、产业基础、政策创新、区域开发型的组合信度系数。同时，根据表5-4的组合信度检测标准对文庙文化产业园与区域开发型系统性保护协同模式的潜在变量的组合信度系数进行评判。为确保信度检测所得数据能够科学合理地反映各个变量的真实构架，在对文庙文化产业园与区域开发型系统性保护协同模式进行信度检测的基础上，进一步对文庙文化产业园与区域开发型系统性保护协同模式进行效度检测，信度和效度检测结果如表8-29所示。

表8-29 信度和效度检测结果

变量	CR	因子载荷		KMO	累计方差解释率	Bartlett's 球形检验		
						χ^2	df	Sig.
文庙文化产业园 （TCIP）	0.9207	TCIP11	0.789	0.958	78.188	2535.006	36	0.000
		TCIP12	0.769					
		TCIP21	0.797					
		TCIP22	0.739					
		TCIP23	0.754					
		TCIP31	0.686					
		TCIP32	0.766					
		TCIP41	0.742					
		TCIP42	0.709					

续表

变量	CR	因子载荷		KMO	累计方差解释率	Bartlett's 球形检验		
						χ^2	df	Sig.
产业基础（IB）	0.8705	IB11	0.548	0.948	53.577	1379.695	55	0.000
		IB12	0.667					
		IB13	0.622					
		IB21	0.712					
		IB22	0.726					
		IB31	0.462					
		IB32	0.631					
		IB33	0.602					
		IB41	0.459					
		IB42	0.628					
		IB43	0.692					
政策创新（PI）	0.8445	PI11	0.575	0.923	51.434	914.897	36	0.000
		PI12	0.518					
		PI13	0.631					
		PI21	0.579					
		PI22	0.633					
		PI23	0.685					
		PI31	0.659					
		PI32	0.663					
		PI33	0.571					
区域开发型（RDT）	0.8910	RDT11	0.721	0.944	69.227	1536.687	28	0.000
		RDT12	0.671					
		RDT13	0.713					
		RDT21	0.699					
		RDT22	0.744					
		RDT23	0.738					
		RDT31	0.689					
		RDT32	0.711					

如表 8 - 29 所示，首先，从对文庙文化产业园与区域开发型进行信度所得数据中，可以看出，各个数据的组合信度系数值 CR 都大于 0.8，因此认为所得数据具有可信度。其次，从对文庙文化产业园与区域开发型进行效度检验所得数据中，KMO 值均大于 0.8，因此认为所得数据能够较好地进行因子分析。最后，Bartlett's 球形检验显著性水平均在 0.000，因此，认为此次研究过程中，调查问卷所得数据及各组成部分建构之间有较好的效度。

第二，样本数据的结构方程模型构建及调整。

从文庙文化产业园与区域开发型系统性保护协同模式的理论基础中可以看出，文庙文化产业园、政策创新、产业基础和区域开发型都是不能直接观测的潜在变量，并且针对以上四个潜在变量所设置的二级指标，仍无法直接观测到，因此也属于潜在变量。在确定各个变量的性质之后，对文庙文化产业园与区域开发型协同模式中的各个相关变量进行合理归类。其中，内生变量定义为文庙文化产业园，中间变量定义为产业基础和政策创新，外生变量定义为区域开发型。基于此，构建文庙文化产业园与区域开发型系统性保护协同模式的初始结构方程模型，如图 8 - 23 所示。

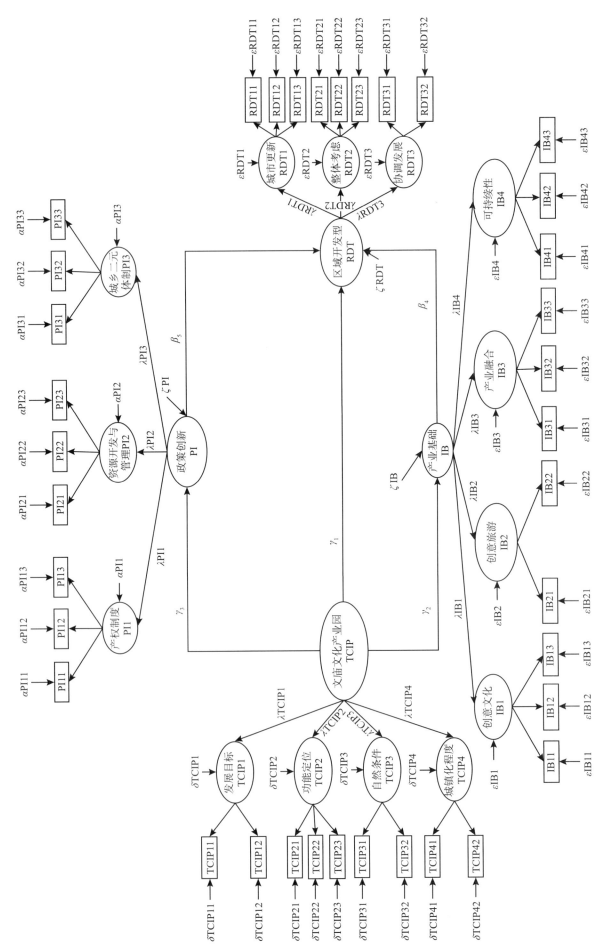

图8-23 文庙文化产业园与区域开发型系统性保护协同模式的初始结构方程模型

由图 8 - 23 可知，文庙文化产业园与区域开发型协同的初始结构方程中外生显变量共计 9 项，分别为 TCIP11、TCIP12、TCIP21、TCIP22、TCIP23、TCIP31、TCIP32、TCIP41、TCIP42；内生显变量共计 28 项，分别为 PI11、PI12、PI13、PI21、PI22、PI23、PI31、PI32、PI33、IB11、IB12、IB13、IB21、IB22、IB31、IB32、IB33、IB41、IB42、IB43、RDT11、RDT12、RDT13、RDT21、RDT22、RDT23、RDT31、RDT32；外生潜变量共计 4 项，分别为 TCIP1、TCIP2、TCIP3、TCIP4；内生潜变量共计 10 项，分别为 PI1、PI2、PI3、IB1、IB2、IB3、IB4、RDT1、RDT2、RDT3。

在对文庙文化产业园与区域开发型系统性保护协同模式进行数据验证的过程中，本书将对相关变量进行设定，进而构建观测变量的结构方程式。根据前文对文庙文化产业园与区域开发型系统性保护协同模式的相关研究，文庙文化产业园（TCIP）、发展目标（TCIP1）、功能定位（TCIP2）、自然条件（TCIP3）、城镇化程度（TCIP4）是外生潜变量，分别用 ζ_{TCIP}、ζ_{TCIP1}、ζ_{TCIP2}、ζ_{TCIP3}、ζ_{TCIP4} 来表示。产业基础（IB）、创意文化（IB1）、创意旅游（IB2）、产业融合（IB3）、可持续性（IB4）、政策创新（PI）、产权制度（PI1）、资源开发与管理（PI2）、城乡二元体制（PI3）、区域开发型（RDT）、城市更新（RDT1）、整体考虑（RDT2）、协调发展（RDT3）是内生潜在变量，分别用 η_{IB}、η_{IB1}、η_{IB2}、η_{IB3}、η_{IB4}、η_{PI}、η_{PI1}、η_{PI2}、η_{PI3}、η_{RDT}、η_{RDT1}、η_{RDT2}、η_{RDT3} 来表示。基于此，构建出文庙文化产业园与区域开发型系统性保护协同模式的观测模型方程式：

$$
\begin{cases}
X_{TCIP1} = \lambda_{TCIP1}\xi_{TCIP} + \delta_{TCIP1} \quad X_{TCIP2} = \lambda_{TCIP2}\xi_{TCIP} + \delta_{TCIP2} \quad X_{TCIP3} = \lambda_{TCIP3}\xi_{TCIP} + \delta_{TCIP3} \\[4pt]
X_{TCIP4} = \lambda_{TCIP4}\xi_{TCIP} + \delta_{TCIP4} \quad X_{TCIP11} = \lambda_{TCIP11}\xi_{TCIP1} + \delta_{TCIP11} \quad X_{TCIP12} = \lambda_{TCIP12}\xi_{TCIP1} + \delta_{TCIP12} \\[4pt]
X_{TCIP21} = \lambda_{TCIP21}\xi_{TCIP2} + \delta_{TCIP21} \quad X_{TCIP22} = \lambda_{TCIP22}\xi_{TCIP2} + \delta_{TCIP22} \quad X_{TCIP23} = \lambda_{TCIP23}\xi_{TCIP2} + \delta_{TCIP23} \\[4pt]
X_{TCIP31} = \lambda_{TCIP31}\xi_{TCIP3} + \delta_{TCIP31} \quad X_{TCIP32} = \lambda_{TCIP32}\xi_{TCIP3} + \delta_{TCIP32} \\[4pt]
X_{TCIP41} = \lambda_{TCIP41}\xi_{TCIP4} + \delta_{TCIP41} \quad X_{TCIP42} = \lambda_{TCIP42}\xi_{TCIP4} + \delta_{TCIP42} \\[4pt]
Y_{IB1} = \lambda_{IB1}\eta_{IB} + \varepsilon_{IB1} \quad Y_{IB2} = \lambda_{IB2}\eta_{IB} + \varepsilon_{IB2} \quad Y_{IB3} = \lambda_{IB3}\eta_{IB} + \varepsilon_{IB3} \quad Y_{IB4} = \lambda_{IB4}\eta_{IB} + \varepsilon_{IB4} \\[4pt]
Y_{IB11} = \lambda_{IB11}\eta_{IB1} + \varepsilon_{IB11} \quad Y_{IB12} = \lambda_{IB12}\eta_{IB1} + \varepsilon_{IB12} \quad Y_{IB13} = \lambda_{IB13}\eta_{IB1} + \varepsilon_{IB13} \\[4pt]
Y_{IB21} = \lambda_{IB21}\eta_{IB2} + \varepsilon_{IB21} \quad Y_{IB22} = \lambda_{IB22}\eta_{IB2} + \varepsilon_{IB22} \\[4pt]
Y_{IB31} = \lambda_{IB31}\eta_{IB3} + \varepsilon_{IB31} \quad Y_{IB32} = \lambda_{IB32}\eta_{IB3} + \varepsilon_{IB32} \quad Y_{IB33} = \lambda_{IB33}\eta_{IB3} + \varepsilon_{IB33} \\[4pt]
Y_{IB41} = \lambda_{IB41}\eta_{IB4} + \varepsilon_{IB41} \quad Y_{IB42} = \lambda_{IB42}\eta_{IB4} + \varepsilon_{IB42} \quad Y_{IB43} = \lambda_{IB43}\eta_{IB4} + \varepsilon_{IB43} \\[4pt]
Y_{PI1} = \lambda_{PI1}\eta_{PI} + \varepsilon_{PI1} \quad Y_{PI2} = \lambda_{PI2}\eta_{PI} + \varepsilon_{PI2} \quad Y_{PI3} = \lambda_{PI3}\eta_{PI} + \varepsilon_{PI3} \\[4pt]
Y_{PI11} = \lambda_{PI11}\eta_{PI1} + \varepsilon_{PI11} \quad Y_{PI12} = \lambda_{PI12}\eta_{PI1} + \varepsilon_{PI12} \quad Y_{PI13} = \lambda_{PI13}\eta_{PI1} + \varepsilon_{PI13} \\[4pt]
Y_{PI21} = \lambda_{PI21}\eta_{PI2} + \varepsilon_{PI21} \quad Y_{PI22} = \lambda_{PI22}\eta_{PI2} + \varepsilon_{PI22} \quad Y_{PI23} = \lambda_{PI23}\eta_{PI2} + \varepsilon_{PI23} \\[4pt]
Y_{PI31} = \lambda_{PI31}\eta_{PI3} + \varepsilon_{PI31} \quad Y_{IF32} = \lambda_{IF32}\eta_{IF3} + \varepsilon_{IF32} \quad Y_{IF33} = \lambda_{IF33}\eta_{IF3} + \varepsilon_{IF33} \\[4pt]
Y_{RDT1} = \lambda_{RDT1}\eta_{RDT} + \varepsilon_{RDT1} \quad Y_{RDT2} = \lambda_{RDT2}\eta_{RDT} + \varepsilon_{RDT2} \quad Y_{RDT3} = \lambda_{RDT3}\eta_{RDT} + \varepsilon_{RDT3} \\[4pt]
Y_{RDT11} = \lambda_{RDT11}\eta_{RDT1} + \varepsilon_{RDT11} \quad Y_{RDT12} = \lambda_{RDT12}\eta_{RDT1} + \varepsilon_{RDT12} \quad Y_{RDT13} = \lambda_{RDT13}\eta_{RDT1} + \varepsilon_{RDT13} \\[4pt]
Y_{RDT21} = \lambda_{RDT21}\eta_{RDT2} + \varepsilon_{RDT21} \quad Y_{RDT22} = \lambda_{RDT22}\eta_{RDT2} + \varepsilon_{RDT22} \quad Y_{RDT23} = \lambda_{RDT23}\eta_{RDT2} + \varepsilon_{RDT23} \\[4pt]
Y_{RDT31} = \lambda_{RDT31}\eta_{RDT3} + \varepsilon_{RDT31} \quad Y_{RDT32} = \lambda_{RDT32}\eta_{RDT3} + \varepsilon_{RDT32}
\end{cases}
$$

本书在成功构建文庙文化产业园与区域开发型系统性保护协同模式的观测模型的基础上，研究根据结构方程模型的一般形式构建文庙文化产业园与区域开发型系统性保护协同模式的结构方程式，具体如下：

$$
\begin{cases}
\eta_{IB} = \gamma_2\xi_{TCIP} + \zeta_{IB} \\[4pt]
\eta_{PI} = \gamma_3\eta_{TCIP} + \zeta_{PI} \\[4pt]
\eta_{RDT} = \gamma_1\xi_{TCIP} + \beta_4\eta_{IB} + \beta_5\eta_{PI} + \zeta_{RDT}
\end{cases}
$$

在文庙文化产业园与区域开发型系统性保护协同模式的结构方程式中，分别用 γ_1、γ_2、γ_3 表示文庙文化产业园对区域开发型、产业基础和政策创新。用 β_4 表示产业基础对区域开发型的作用路径，用 β_5 表示政策创新对区域开发型的作用路径。

本书在成功构建"文庙文化产业园与区域开发型系统性保护协同模式"的初始结构方程模型后，从检验拟合指数、参数和决定系数三方面，对文庙文化产业园与区域开发型系统性保护协同模式的初始结构方程模型进行检验。利用不同的评价方法对以上指标进行检验，从而正确判断文庙文化产业园对教育文化遗产系统性保护的作用原始模型是否需要进行修正。

将所构建的文庙文化产业园与区域开发型系统性保护协同模式的初始结构方程模型导入 AMOS 22.0 中，在成功导入量表数据后，获得了文庙文化产业园与区域开发型系统性保护协同模式的拟合指标值，如表 8 - 30 所示。

表 8 - 30　　　　文庙文化产业园与区域开发型系统性保护协同模式的初始结构方程模型适配度检验结果

拟合指标	X^2/DF	CFI	IFI	TLI	PNFI	RMSEA	SRMR
观测值	1.560	0.952	0.953	0.948	0.804	0.046	0.031
拟合标准	<3.00	>0.90	>0.90	>0.90	>0.50	<0.08	<0.08

由表 8 - 30 可以看出，各个拟合指标检验值都达到了对应的拟合标准，因此，本书认为研究所构建的文庙文化产业园与区域开发型系统性保护协同模式的结构方程模型，能够与调研小组所得数据较好地拟合。基于此，在进行拟合度检测的基础上，进一步对文庙文化产业园与区域开发型系统性保护协同模式的初始结构方程中的各个路径的系数进行测度，如表 8 - 31 所示。

表 8 - 31　　　　文庙文化产业园与区域开发型系统性保护协同模式的初始结构方程路径估计

路径	模型路径	非标准化路径系数	标准化路径系数	S. E.	C. R.	P
γ_1	TCIP→RDT	0.430	0.433	0.087	4.986	***
γ_2	TCIP→IB	0.620	0.625	0.055	11.340	***
γ_3	TCIP→PI	0.590	0.592	0.061	9.757	***
β_4	IB→RDT	0.240	0.240	0.086	2.792	0.005
β_5	PI→RDT	0.240	0.242	0.081	2.996	0.003

注：*** 表示 P<0.001。

由表 8 - 31 可以看出，所构建的结构方程模型中大部分都达到了 0.001 的显著性水平，说明其较好地通过了研究的显著性检验。其中，产业基础到区域开发型的作用路径 P 值为 0.005，在 5% 的水平上显著；政策创新到区域开发型的作用路径 P 值为 0.003，在 5% 的水平上显著。基于此，本书认为所构建的文庙文化产业园与区域开发型系统性保护协同模式的结构方程模型为最满意的结构方程，对其进行标准化处理后，各个路径系数值均位于 -1~1，进而得出文庙文化产业园与区域开发型系统性保护协同模式的最终结构方程模型，如图 8 - 24 所示。

为进一步探讨文庙文化产业园与区域开发型系统性保护协同模式中各个变量之间的关系，本书将从间接效应和直接效应两个方面对各个作用路径的影响进行解释说明。其中，直接效应是指某一变量作为原因而对另一变量产生的影响，间接效应是指某一变量作为原因通过其他变量对另一变量产生影响。间接效应的作用路径系数为间接效应发生过程中，每一个过程的系数之积，两个变量之间的总效益为二者直接效应和间接效应之和。为有效测度文庙文化产业园与改造型系统性保护协同模式的主要变量，本书对文庙文化产业园（TCIP）、产业基础（IB）、政策创新（PI）、区域开发型（RDT）4 个变量的作用效应进行分解可知，在文庙文化产业园与区域开发型系统性保护协同模式的作用过程中，文庙文化产业园、政策创新和产业政策都对区域开发型产生了直接作用，分别为 0.430、0.240 和 0.240，文庙文化产业园还对区域开发型产生了间接作用，其间接作用为 0.290。因此，在文庙文化产业园与区域开发型系统性保护协同模式的作用过程中，文庙文化产业园对区域开发型产生重要的影响作用，产业基础和政策创新是两个重要的中间变量。

第三，结构方程的假设检验及效应分解。

根据上述对文化记忆圈与工业区域开发型系统性保护协同模式的实证结构分析，结合前文所提出的研究假设和理论模型，对文化记忆圈与工业区域开发型系统性保护协同模式的作用假设和路径系数进行了归纳总结，具体如表 8 - 32 所示。

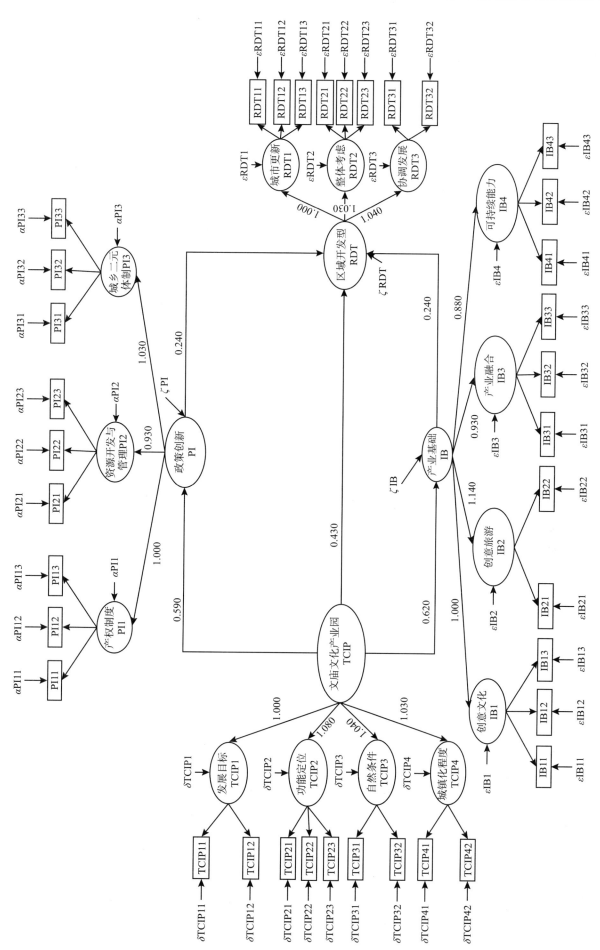

图8-24 最终的文庙文化产业园与区域开发型系统保护协同模式的结构方程模型

表 8 - 32 文庙文化产业园与区域开发型系统性保护协同模式的结果分析

路径	模型路径	标准化路径系数	显著性水平	对应假设	检验结果
γ_1	TCIP→RDT	0.433	***	HD1	支持
γ_2	TCIP→IB	0.625	***	HD2	支持
γ_3	TCIP→PI	0.592	***	HD3	支持
β_4	IB→RDT	0.240	0.005	HD4	支持
β_5	PI→RDT	0.242	0.003	HD5	支持

注：*** 表示 $P < 0.001$。

文庙文化产业园到区域开发型的标准化路径系数为 0.433，$P < 0.001$，较好地通过了显著性检验。基于此，可以得出"文庙文化产业园建设水平对提升区域开发水平具有显著的正向作用"的假设成立，即研究结果支持原假设 HD1。

文庙文化产业园到产业基础的标准化路径系数为 0.625，$P < 0.001$，较好地通过了显著性检验。基于此，可以得出"文庙文化产业园建设水平对提升产业基础发展绩效具有显著的正向作用"的假设成立，即研究结果支持原假设 HD2。

文庙文化产业园到政策创新的标准化路径系数为 0.592，$P < 0.001$，较好地通过了显著性检验。基于此，可以得出"文庙文化产业园建设要求对提升政策创新水平具有显著的正向作用"的假设成立，即研究结果支持原假设 HD3。

产业基础到区域开发型的标准化路径系数为 0.240，P 值为 0.005，在 5% 的水平上显著，因此，认为该假设较好地通过了显著性检验。基于此，可以得出"产业基础发展绩效对提升区域开发水平具有显著的正向作用"的假设成立，即研究结果支持原假设 HD4。

政策创新到区域开发型的标准化路径系数为 0.242，P 值为 0.003，在 5% 的水平上显著，因此，认为该假设较好地通过了显著性检验。基于此，可以得出"政策创新水平对提升区域开发水平具有显著的正向作用"的假设成立，即研究结果支持原假设 HD5。

综合以上研究得出，假设 HD1、HD2、HD4、HD5 均存在合理性。

由前文所构建的文庙文化产业园与区域开发型协同的结构方程模型可以得出，政策创新和工业基础都是非常重要的中间变量，文庙文化产业园对产业基础和政策创新的直接效应分别为 0.620 和 0.590。基于此，认为文庙文化产业园的开发和发展与产业基础和政策创新密切相关，产业基础不仅是文庙文化产业园发展的基础，还是教育文化遗产系统性保护的依托，原有的创意文化产业、创意旅游产业、产业融合等所具有的良好的政策优势，对于促进文庙文化产业园实现可持续型发展具有重要意义。政策创新为文庙文化产业园的发展提供了良好的外部环境，对于激发教育文化遗产的现代活力、彰显城市文化有重要的促进作用。通过上述总结和分析，文庙文化产业园到区域开发型的间接作用明显高于直接作用效应。因此，在文旅深度融合新业态与教育文化遗产系统性保护的实际操作过程中，要高度重视产业基础和政策创新这两个变量，注重为文庙文化产业园的发展提供良好的外部环境，创新旅游发展方式、文化遗产保护模式，全面推进文庙文化产业园与区域开发型实现协同发展。

8.5 智慧风景区与城镇融合共建型系统性保护协同模式的实证研究

8.5.1 研究假设

第一，智慧风景区的作用。

智慧风景区的发展过程以一定的土地资源、自然资源、社会文化等为基础，以科技发展为支撑，不断培育出新的创新点，从而实现景区可持续发展的目的。以教育文化遗产发展教育旅游促进实现景区高质量发展，需要整合各类资源优势并对其进行集中规划，这就为以资源为基础的区域合作搭建了平台，解决了文化流动性不强的问题。同时，智慧风景区的开发需要现代科学技术的支持，在具体实践过程中通过整体技术创新或引进先进技术以提高景区开发技术水平，这不仅为智慧风景区的产品研发、资源保护等提供了保障，还为教育文化遗产系统性保护提供了技术支持。在智慧风景区发展过程中，充分融合现代科学技术，获得关于游客特征、旅游市场、文化遗产演变路径的规律性结论，可以提高研判教育文化遗产旅游发展战略方向、发展目标、功能定位的准确性，优化旅游产品结构，带动旅游消费热点，在两地甚至多地区之间形成紧密性的区域合作关系，研发符合游客需求的智慧旅游服务，对于全面提升旅游服务效率和品质，有效实现景区生态效益和经济效益双赢具有重要意义。基于此，故提出如下假设：

HE1：智慧风景区建设水平对推进城镇融合共建型进程具有显著的正向作用。

当今社会经济发展的竞争，归根结底是技术与文化的竞争，更是人才的竞争。智慧风景区在建设、发展过程中都需高度融合现代科学技术，而技术的竞争归根结底是人才的竞争。首先在技术运用方面，智慧风景区的跨区域合作，不仅要对多种旅游信息进行自动感知、传送和分析，还要充分整合各地区资源优势，实时监测评估各地区产业发展现状和游客消费需求变化，这均需要现代科学技术的帮助。其次在社会文化环境方面，以教育文化遗产为旅游核心资源而发展的教育旅游业，文化资源才是其保持市场竞争力的主要资源优势。在具体实践过程中，坚持利益共享、资源共享的发展理念，使教育旅游发展的功能效益切实体现在居民生活中，转变居民对教育文化遗产已落后、淘汰的错误观念，熏陶和培养居民对教育文化遗产保护意识，可以形成区域合作、全民参与的教育文化遗产系统性保护新格局。最后在人才队伍建设方面，教育文化遗产系统性保护离不开传统文化保护和传承的后备人才，只有为区域文化保护和传承培养专业人才，才能够提升公众文化保护意识；只有文化的拥有者认识到自身文化遗产的价值，才能达到有效的保护。基于此，可以看出，人才、技术和文化是智慧风景区旅游发展的三大关键性要素，智慧风景区的个性化、情景化、便携化的发展要求，对于提升人才、技术和文化三要素利用率具有重要意义，故提出如下假设：

HE2：智慧风景区建设要求对提高发展要素利用率具有显著的正向作用。

智慧风景区在传统文化旅游的基础上更多地融入文化要素和技术要素，是一种全新的文旅深度融合新业态，在经营管理、技术运用、政策等方面都实现了创新和突破，是区域合作创新的重要表现形式之一。刘锋（2016）指出，智慧旅游服务能够更加准确地把握市场需求，其发展重视景区规划设计、景区管理等，是教育旅游与智慧旅游的创新之举。智慧风景区以其独特的资源优势和技术优势进入文化转型发展的轨道，要实现智慧风景区的高质量发展，加快推进教育文化遗产系统性保护工作进程，就必须加强区域主体的创新能力，培养自身创新意识，全面提升景区经营管理水平。基于此，可以看出智慧风景建设水平对提高区域主体的创新能力具有显著影响，故提出如下假设：

HE3：智慧风景区建设水平对提高创新能力具有显著的正向作用。

第二，发展要素的作用。

人才、技术、文化环境不仅是旅游发展的三大关键性要素，还是推进文化遗产系统性保护进程的外生性动力。农长军等（2015）指出，通过提升自身的经济实力，不断提高产品研发与创新的投入力度，有针对性地重点培养具有创新意识的专业型人才，提升新兴经济体对国外先进技术的吸收与转化能力，是促进新兴经济体自主创新能力形成与提升的有效路径。坚实的人才基础为评估教育文化遗产旅游资源、协调旅游发展与生态环境保护、促进各区域实现协同发展提供可能，是推进城镇融合共建型教育文化遗产系统性保护实施的关键。教育文化遗产分为物质文化遗产和非物质文化遗产两类，先进的科学技术不仅为研发创新型教育旅游产品、精品旅游路线提供支持，还为整合非物质文化遗产信息，激发教育文化遗产现代活力提供动力。良好的社会文化环境促使群众不断强化自身对历史文化遗产保护意识与参与积极性，使之成为可持续管理的基础。基于此，故提出如下假设：

HE4：发展要素利用率对推进城镇融合共建型进程具有显著的正向作用。

第三，创新能力的作用。

随着新型城镇化建设进程的逐步推进，人口迁移和土地闲置的问题日渐凸显。农村地域文化受到现代城市文明的冲击，出现农村地区文化遗产流失严重的现象。

创新能力作为区域发展的内在动力，对缓解由新型城镇化建设而导致文化遗产流失的问题具有显著影响作用。在缓解物质文化遗产流失方面，教育文化遗产旅游作为区域创新产业融合发展的表现形式，创造了大量的工作岗位，经济的快速发展，使得居民意识到文化遗产保护的重要性。另外，创新能力有助于物质文化遗产保护再利用的创新，通过改变文化遗产利用方式，积极开发博物馆、民俗文化馆等，创新产业发展方式，凸显文化内涵，可以缓解物质文化遗产流失的现象。在缓解非物质文化遗产流失方面，在建设文化强国的时代背景下，体制机制创新、政策制定与实施、资源利用方式转变、旅游产业体系建设、人才教育与培养、文化保护与再利用等受到党和国家的高度重视，在政策引导下，各区域逐渐形成多层面、全方位的非物质文化遗产保护政策革新。可以看出，创新能力对教育文化遗产系统性保护具有重要影响作用，城镇融合共建型作为实施教育文化遗产系统性保护的方式之一也受到创新能力的影响，故提出如下假设：

HE5：创新能力对推进城镇融合共建型进程具有显著的正向作用。

第四，关于智慧风景区与城镇融合共建型系统性保护协同模式的理论模型。

根据智慧风景区与城镇融合共建型系统性保护协同模式的分析框架、研究假设等相关内容，综合考虑智慧风景区与城镇融合共建型系统性保护协同模式的发展现状，构建出智慧风景区与城镇融合共建型系统性保护协同模式的理论模型，如图8-25所示。

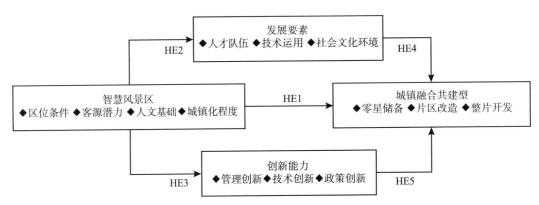

图8-25　智慧风景区与城镇融合共建型系统性保护协同模式的理论模型

由图8-25可以看出，智慧风景区与城镇融合共建型系统性保护协同模式主要以智慧风景区、发展要素、创新能力和城镇融合共建型四个变量为基础，构建出智慧风景区与城镇融合共建型之间的作用路径。其中，智慧风景区与城镇融合共建型不仅具有直接的作用路径，还有间接的作用路径，其间接的作用路径有两条：①智慧风景区—发展要素—城镇融合共建型；②智慧风景区—创新能力—城镇融合共建型。构建出智慧风景区与城镇融合共建型系统性保护协同模式的理论模型，为下一步进行结构方程实证分析奠定了理论基础。

8.5.2　实地访谈

第一，关于案例地发展状况。

南京夫子庙根据实际发展要求，不断加强地方文旅深度融合新业态与教育文化遗产系统性保护的人才队伍建设，培育良好的社会文化环境，结合当地的教育文化遗产发展需要，已经开发出了多种休闲活动区域和商业街区，充分展现了地域特色。南京夫子庙的多次损毁使人们真正认识到落实文化遗产保护工作的迫切性，经过多年的努力，南京夫子庙已基本再现明清江南街市风貌和古秦淮河景观。南京夫子庙作为中国四大文庙之一，凭借着其独特的历史文化，吸引着越来越多的游客，与传统的文化旅游地相比，南京夫子庙历史文化遗产丰富，慕名而来的游客络绎不绝，在旅游发展过程中，其发展兼顾文化旅游、教育旅游、休闲旅游等多种旅游模式。

本书主要从南京夫子庙的发展成效出发分析"智慧风景区与城镇融合共建型系统性保护协同模式"的发展状况。由前文分析可知，南京夫子庙具有良好的区位条件、人文基础和客源潜力。以南京夫子庙为例的"智慧风景区与城镇融合共建型系统性保护协同模式"的具体发展路径，主要划分为以下三个阶段。

第一阶段：南京夫子庙的兴衰史。

南京夫子庙位于江苏省南京市秦淮河北岸贡院街，不仅是供奉孔子的圣地，也是中国四大文庙之一，被誉为中国古代江南文化枢纽之地、金陵历史人文荟萃之地，是明清时期南京的文教中心，现为夫子庙秦淮风光带重要组成部分。南京夫子庙在历史进程中历经四毁五建，1937 年在侵华日寇的炮火中遭受到最后一次破坏。1984 年，市、区人民政府为保护古都文化遗产，邀请各界专家对夫子庙进行精心维修和复建，将周边店铺建筑统一改造为清明风格。

第二阶段：南京夫子庙的现代经营理念。

南京夫子庙的作为中国四大文庙之一，凭借着其独特的历史文化，吸引着越来越多的游客，与传统的文化旅游地相比，南京夫子庙历史文化遗产丰富，慕名而来的游客络绎不绝。究其原因，不仅仅是南京夫子庙，更重要的是所传达出的文化保护、文化传承、文化创新的多元化经营理念。南京夫子庙秉持可持续发展理念，以孔子文化为核心，积极引进外来文化，创新地方老字号销路，充分挖掘地方客源潜力，以增强消费号召力，集聚旅游消费人气。南京夫子庙坚持绿色发展理念，地方政府通过完善基础设施建设，丰富南京夫子庙旅游消费路线，从源头上缓解了旅游高峰期交通拥堵、大气污染严重等问题。同时，南京夫子庙在资源开发过程中，其自身与秦淮河水景相结合，其对历史建筑的保护和利用需求，以及大量绿化植物的配用，都促使南京夫子庙走向生态化、绿色化的发展道路。

第三阶段：南京夫子庙旅游发展的新挑战。

南京夫子庙在旅游发展过程中，兼顾文化旅游、教育旅游、休闲旅游等多种旅游模式，在具体建设过程中，呈现出体量规模不断扩大趋势，从最初的沿街底层商业化街区模式到百货商厦，再到街区式的综合性商业设施等。随着以南京夫子庙为核心的教育旅游业的商业化发展，夫子庙的雅士文化与休闲商业文化之间产生了不和谐的摩擦与冲突，再加上雅士文化本身的弱势，导致南京夫子庙原有的传统文化逐渐消失，并最终沦为游客感知的文化弱势灰度区。如何平衡好商业经营和文化保护之间的关系，以形成独特的地域文化效应，保持其教育旅游市场竞争力是新时期现代旅游发展面临的新挑战。

第二，南京夫子庙对智慧风景区与城镇融合共建型系统性保护协同模式的作用。

为了进一步分析智慧风景区与城镇融合共建型系统性保护协同模式，通过对各个相关要素进行综合分析，将案例研究的重点放在技术、人才、文化、政策等方面，整体提炼出发展要素和创新能力这两个关键构念，并通过对这两个构念进行科学合理的分析，构建出南京夫子庙建设过程中发展要素、创新能力的作用模型，为研究发展要素和创新能力在智慧风景区与城镇融合共建型系统性保护协同模式的作用提供了清晰的路径。

首先，南京夫子庙建设过程中发展要素分析。

夫子庙内部人群构成呈现出年轻化、多元化的典型特征，不仅为地方旅游发展注入了新活力，还在一定程度上带动了地区经济发展，展现出地方文化遗产良好的活力特征。人才、技术、社会文化环境等发展要素作为影响南京夫子庙发展的重要因素，关系着南京夫子庙的未来发展走向和发展质量。结合南京夫子庙发展的实际状况，模拟出南京夫子庙建设过程中发展要素的作用模型，见图 8－26。

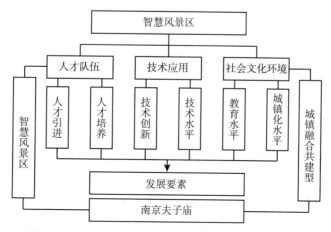

图 8－26　南京夫子庙建设过程中发展要素的作用模型

由图 8 - 26 可知，发展要素不仅是南京夫子庙发展的基础，还是地区推进教育文化遗产系统性保护工作的关键。从南京夫子庙的区位条件、客源潜力、人文基础和城镇化程度四个层面出发，分析发展要素对南京夫子庙的影响，以及对城镇融合共建型教育文化遗产系统性保护进程的影响。

一方面，南京夫子庙的区位条件、客源潜力、人文基础和城镇化建设水平对发展要素有着直接影响。夫子庙位于中华文明的重要发祥地、中国四大古都之一、首批国家历史文化名城之——南京。其文化底蕴深厚，自然资源优良，有良好的旅游经济基础，地区旅游基础设施完善，为游客前往南京夫子庙旅游提供了良好的区位条件。同时，南京夫子庙所蕴含的孔子文化，满足了大多游客文化旅游动机。

另一方面，在南京夫子庙的重建过程中，其建筑物的修葺需要现代科学技术的支持；新型旅游产品的开发和精品旅游路线的设计，需要诸多专业人才的广泛参与。

因此，人才队伍建设、技术运用水平和社会文化环境是智慧风景区发展的关键性要素，人才队伍建设为教育旅游发展提供人力支持、技术水平对教育旅游发展提供技术支持、社会文化环境为智慧风景区与城镇融合共建型营造良好的外部环境，假设 HE1、假设 HE2 和假设 HE4 成立。

其次，南京夫子庙建设过程中创新能力分析。

随着全球化进程的逐步推进和现代文明的发展，人们对精神文化的需求不断提高，现代旅游逐渐从休闲旅游业向文化旅游业转化，因此，迫切需要对文化遗产加以系统性保护利用。若能够培养出一批不仅懂教育文化遗产价值意义，又精通市场规则、创新能力的文化遗产继承者和传承人，无疑将从根本上提高我国教育文化遗产系统性保护的质量和水平，并促使教育文化遗产的内容和样式得到创新型发展。通过对南京夫子庙进行实地调研，获得南京夫子庙实际发展过程中创新能力的重要性，并模拟出南京夫子庙建设过程中创新能力的作用模型，见图 8 - 27。

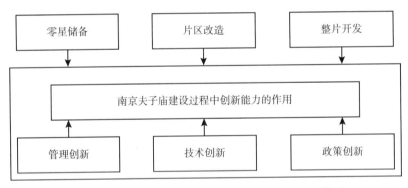

图 8 - 27　南京夫子庙建设过程中创新能力的作用模型

由图 8 - 27 可以看出，南京夫子庙的区位条件、客源潜力、人文基础和城镇化建设水平均对地方的管理创新水平、技术创新水平、政策创新水平有着直接或者间接的影响，进而影响着智慧风景区与城镇融合共建型系统性保护协同模式的作用效率。教育旅游的资源开发进程需要技术、人才、资金、政策等多方面的支持，而这些均需要根据实际发展状况进行动态调整，对所需资源进行储备。从发展规划方面来看，南京夫子庙的建设需要对周边土地进行整片规划，以调整产业布局，形成景区内外协调发展新格局，这就需要良好的管理模式、配套的政策和先进技术的支持。因此，要实现智慧风景区文旅融合新业态与城镇融合共建型系统性保护发展模式协同，就要储备新型发展要素，整合资源优势实施片区化改造，不断拓宽区域合作领域，扩大经营范围，并重视新型发展要素的融入，确保智慧风景区能够保持其旅游吸引力，假设 HE3 和假设 HE5 成立。

关于案例验证分析：

本次案例研究选取的是南京夫子庙，研究小组通过实地调研获得了较高准确性的有效资料，对于南京夫子庙发展现状有了进一步的了解，同时也保证了资料数据的实效性、准确性、可靠性。为了更好地展开对智慧风景区与城镇融合共建型系统性保护协同模式的案例研究，本研究首先将南京夫子庙建设历程和发展过程分为三个阶段：一是南京夫子庙的兴衰史阶段；二是南京夫子庙的现代经营理念阶段；三是南京夫子庙旅游发展的新挑战阶段，通过对这三个阶段进行全面而深入地分析，总结提炼出南京夫子庙快速发展的有效举措。根据前文构建的智慧风景区与城镇融合共建型系统性保护协同模式的结构方程实证分析结果，在案例分析中重点把握发展要素和创新能力两个方面的内容，通过构建出南京夫子庙建设过程中发展要素的作用模型，南京夫子庙的发展需要人才、技术、政策、资源、生态等多方发展要素的支持。通过构建南京夫子庙建设过程中创新能力的作用模型，得出南京夫子庙相关建设、经营主体的创新能力及地方政府创新能力直接影响城镇融合共建型的教育文化遗产系统性保护工作进程。

本书采取案例研究的方法进行单个案例研究，选取南京夫子庙为典型案例，对智慧风景区与城镇融合共建型系统性保护协同模式进行验证。结合前文所构建的智慧风景区与城镇融合共建型系统性保护协同模式的分析框架、研究假设和结构方程实证分析的相关内容，以南京夫子庙的发展现状和开发背景为出发点，重点把握发展要素、创新能力在文旅深度融合新业态与教育文化遗产系统性保护中的作用，以南京夫子庙为案例对智慧风景区与城镇融合共建型系统性保护协同模式过程中的影响因素进行案例验证，进一步科学合理地验证了智慧风景区与城镇融合共建型系统性保护协同模式的有效性。

8.5.3 问卷数据分析

第一，样本数据的描述性统计及信度效度检验。

首先，智慧风景区与城镇融合共建型系统性保护协同模式的协同度测算。

智慧风景区与城镇融合共建型系统性保护协同模式的作用机制利用评价二者的协同性进行评估。在对智慧风景区与城镇融合共建型系统性保护协同模式的协同性进行评估之前，本书将以前文实证研究中所用到的度量指标为基础构建其相应的指标体系，并将实地调研所得数据用于计算智慧风景区与城镇融合共建型系统性保护协同模式的协同度。由前文对智慧风景区与城镇融合共建型系统性保护协同模式的实证分析中得出，智慧风景区、发展要素、创新能力 3 个子系统都对城镇融合共建型产生了直接作用，智慧风景区还对城镇融合共建型产生了间接作用。因此，本书认为智慧风景区与城镇融合共建型协同发展是以"发展要素""创新能力"两个子系统为基础的。从智慧风景区的区位条件、客源潜力、人文基础和城镇化程度四个方面来看，智慧风景区在一定程度上直接或者间接影响着发展要素和创新能力两个子系统，基于此，认为在对智慧风景区与城镇融合共建型系统性保护协同模式进行协同度评价时，可以借助智慧风景区、发展要素、创新能力和城镇融合共建型 4 个子系统之间的相互关系来进行考量，并根据各个子系统的特征和作用提出对应的改进措施。

本书在充分理解协同学相关原理和理论的基础上，构建智慧风景区、发展要素、创新能力和城镇融合共建型 4 个子系统之间的协同度模型。各个子系统的序参量，见表 8 - 33。

表 8 - 33　　　　　　　　　　　　　　子系统序参量

子系统	测量指标	序参量
智慧风景区（ISS）	区位条件、客源潜力、人文基础、城镇化程度	ISS11、ISS12、ISS21、ISS22、ISS31、ISS32、ISS33、ISS41、ISS42
发展要素（DF）	人才队伍、技术运用、社会文化环境	DF11、DF12、DF13、DF21、DF22、DF31、DF32、DF33
创新能力（AI）	管理创新、技术创新、政策创新	AI11、AI12、AI13、AI21、AI22、AI23、TAI31、AI32、AI33
城镇融合共建型（UIC）	零星储备、片区改造、整片开发	UIC11、UIC12、UIC13、UIC21、UIC22、UIC23、UIC31、UIC32

在确定各个子系统的参量后，将对各个子系统之间的有序度进行测量，结合前文对智慧风景区与城镇融合共建型系统性保护协同模式的理论模型的相关分析，得出其他子系统的有序度和序参量之后，计算系统协同度，并重新测量子系统的有序度，进而得到总系统的协同度。同理，得出智慧风景区与城镇融合共建型系统性保护协同模式中发展要素、创新能力和城镇融合共建型等其他子系统之间的协同度，见表 8 - 34。

表 8 - 34   各个子系统间的系统协同度

子系统	ISS	DF	AI	UIC
智慧风景区（ISS）	—			
发展要素（DF）	0.62	—		
创新能力（AI）	0.72	0.76	—	
城镇融合共建型（UIC）	0.68	0.74	0.85	—

在参考有关协同学相关文献的基础上，结合现实应用，将协同度数值和协同度大小划分为 4 个区间（见表 4 - 1），结合表 8 - 34 中所得有关智慧风景区与城镇融合共建型系统性保护协同模式中各个子系统的协同度的大小，得出在智慧风景区与城镇融合共建型系统性保护协同模式中，智慧风景区、创新能力、发展要素和城镇融合共建型这 4 个子系统之间的协同度都处于高度协同的范围，因此，认为智慧风景区与城镇融合共建型具有良好的协同性。

其次，本书在对通过实地调研获得智慧风景区与城镇融合共建型协同的第一手数据资料进行综合评估后，认为团队所得有效问卷数量符合结构方程所要求的样本数量，因此可以进行实证分析。为确保研究所得的智慧风景区与城镇融合共建型系统性保护协同模式的相关数据的准确性，以及后续所得结论的科学性，在对其进行实证分析之前，还将对问卷所得数据进行信度分析和效度分析。

本书采取均值和方差这两个指标，衡量智慧风景区与城镇融合共建型系统性保护协同模式中各个变量分布的平均程度和集中度。其中，标准差是直接观测智慧风景区与城镇融合共建型系统性保护协同模式研究中各个变量的离散程度的指标。利用 SPSS 25.0 对智慧风景区与城镇融合共建型系统性保护协同模式的数据进行信度检测，进而得到各个观测变量的均值、标准差、最大值、最小值，见表 8 - 35。

表 8 - 35   描述性统计

主要变量	潜在变量	观测变量	均值	标准差	最大值	最小值
智慧风景区（ISS）	区位条件（ISS1）	ISS11	3.70	0.664	5	1
		ISS12	3.72	0.694	5	1
	客源潜力（ISS2）	ISS21	3.68	0.722	5	1
		ISS22	3.62	0.777	5	1
	人文基础（ISS3）	ISS31	3.64	0.782	5	2
		ISS32	3.61	0.779	5	1
		ISS33	3.59	0.733	5	1
	城镇化程度（ISS4）	ISS41	3.66	0.798	5	1
		ISS42	3.63	0.751	5	1
发展要素（DF）	人才队伍（DF1）	DF11	3.19	0.697	5	1
		DF12	3.30	0.716	5	1
		DF13	3.18	0.661	5	1
	技术运用（DF2）	DF21	3.31	0.666	5	1
		DF22	3.24	0.726	5	1
	社会文化环境（DF3）	DF31	3.24	0.771	5	1
		DF32	3.20	0.736	5	1
		DF33	3.14	0.699	5	1

续表

主要变量	潜在变量	观测变量	均值	标准差	最大值	最小值
创新能力 （AI）	管理创新 （AI1）	AI11	3.28	0.741	5	1
		AI12	3.22	0.668	5	1
		AI13	3.06	0.686	5	1
	技术创新 （AI2）	AI21	3.33	0.707	5	1
		AI22	3.12	0.728	5	1
		AI23	3.17	0.692	5	1
	政策创新 （AI3）	AI31	3.25	0.725	5	1
		AI32	3.15	0.694	5	1
		AI33	3.23	0.727	5	1
城镇融合共建型 （UIC）	零星储备 （UIC1）	UIC11	3.62	0.707	5	1
		UIC12	3.61	0.740	5	1
		UIC13	3.59	0.757	5	1
	片区改造 （UIC2）	UIC21	3.62	0.729	5	1
		UIC22	3.61	0.759	5	1
		UIC23	3.69	0.729	5	1
	整片开发 （UIC3）	UIC31	3.58	0.792	5	1
		UIC32	3.64	0.730	5	1

最后，为确保智慧风景区与城镇融合共建型系统性保护协同模式检测结果具有真实性、可靠性，对其进行信度检测。利用组合信度系数对智慧风景区与城镇融合共建型系统性保护协同模式所整合的各类数据进行分析和检测，分别得出智慧风景区、发展要素、创新能力、城镇融合共建型的组合信度系数。同时，根据表 5-4 的组合信度标准对智慧风景区与城镇融合共建型系统性保护协同模式的潜在变量的组合信度系数进行评判。为确保信度检测所得数据能够科学合理地反映各个变量的真实构架，在对智慧风景区与城镇融合共建型系统性保护协同模式进行信度检测的基础上，进一步对智慧风景区与城镇融合共建型系统性保护协同模式进行效度检测，信度和效度检测结果如表 8-36 所示。

表 8-36　　　　　　　　　　　　　　　**信度和效度检测结果**

变量	CR	因子载荷		KMO	累计方差 解释率	Bartlett's 球形检验		
						χ^2	df	Sig.
智慧风景区 （ISS）	0.9261	ISS11	0.793	0.960	77.685	2537.924	36	0.000
		ISS12	0.759					
		ISS21	0.824					
		ISS22	0.735					
		ISS31	0.761					
		ISS32	0.708					
		ISS33	0.796					
		ISS41	0.750					
		ISS42	0.737					

变量	CR	因子载荷		KMO	累计方差解释率	Bartlett's 球形检验		
						χ^2	df	Sig.
发展要素（DF）	0.8322	DF11	0.544	0.931	55.168	889.275	28	0.000
		DF12	0.613					
		DF13	0.660					
		DF21	0.691					
		DF22	0.699					
		DF31	0.456					
		DF32	0.659					
		DF33	0.612					
创新能力（AI）	0.8309	AI11	0.588	0.909	47.287	782.305	36	0.000
		AI12	0.484					
		AI13	0.607					
		AI21	0.524					
		AI22	0.673					
		AI23	0.639					
		AI31	0.644					
		AI32	0.609					
		AI33	0.572					
城镇融合共建型（UIC）	0.8977	UIC11	0.708	0.941	68.149	1489.875	28	0.000
		UIC12	0.663					
		UIC13	0.737					
		UIC21	0.740					
		UIC22	0.754					
		UIC23	0.754					
		UIC31	0.703					
		UIC32	0.725					

如表 8-36 所示，首先，从对智慧风景区与城镇融合共建型系统性保护协同模式进行信度所得数据中可以看出，各个数据的组合信度系数值 CR 都大于 0.8，因此本书认为所得数据具有可信度。其次，从对智慧风景区与城镇融合共建型进行效度检验所得数据中可以看出，所得各个指标的因子载荷大多在 0.5 以上，KMO 值均大于 0.8，因此本书认为所得数据能够较好地进行因子分析。最后，Bartlett's 球形检验显著性水平均在 0.000，因此，本书认为此次研究过程中，调查问卷所得数据及各组成部分建构之间有较好的效度。

第二，样本数据的结构方程模型构建及调整。

从智慧风景区与城镇融合共建型系统性保护协同模式的理论基础中可以看出，智慧风景区、创新能力、发展要素和城镇融合共建型都是不能直接观测的潜在变量，并且针对以上 4 个潜在变量所设置的二级指标，仍无法直接观测到，因此也属于潜在变量。在确定各个变量的性质之后，将对智慧风景区与城镇融合共建型系统性保护协同模式中的各个相关变量进行合理归类。其中，内生变量定义为智慧风景区，中间变量定义为创新能力和发展要素，外生变量定义为城镇融合共建型。基于此，构建智慧风景区与城镇融合共建型系统性保护协同模式的初始结构方程模型，如图 8-28 所示。

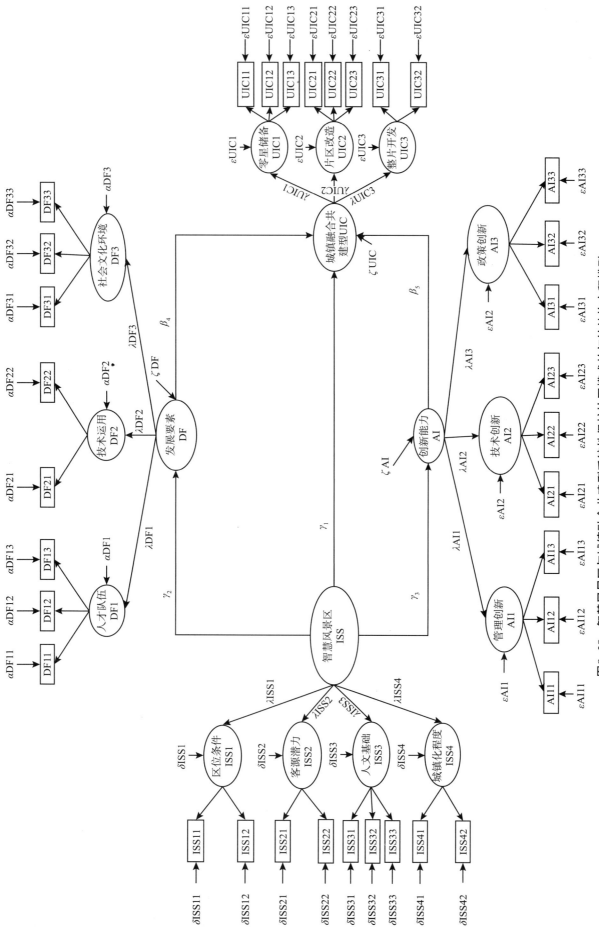

图 8-28　智慧风景区与城镇融合共建型系统保护协同模式的初始结构方程模型

由图 2 - 28 可知，智慧风景区与城镇融合共建型系统性保护协同模式的初始结构方程中外生显变量共计 9 项，分别为 ISS11、ISS12、ISS21、ISS22、ISS23、ISS31、ISS32、ISS41、ISS42；内生显变量共计 25 项，分别为 AI11、AI12、AI13、AI21、AI22、AI23、AI31、AI32、AI33、DF11、DF12、DF13、DF21、DF22、DF31、DF32、DF33、UIC11、UIC12、UIC13、UIC21、UIC22、UIC23、UIC31、UIC32；外生潜变量共计 4 项，分别为 ISS1、ISS2、ISS3、ISS4；内生潜变量共计 9 项，分别为 AI1、AI2、AI3、DF1、DF2、DF3、UIC1、UIC2、UIC3。

在对智慧风景区与城镇融合共建型系统性保护协同模式进行数据验证的过程中，对相关变量进行设定，进而构建观测变量的结构方程式。根据前文对智慧风景区与城镇融合共建型系统性保护协同模式的相关研究，智慧风景区（ISS）、区位条件（ISS1）、客源潜力（ISS2）、人文环境（ISS3）、城镇化（ISS4）是外生潜变量，分别用 ξ_{ISS}、ξ_{ISS1}、ξ_{ISS2}、ξ_{ISS3}、ξ_{ISS4} 对其进行表示。发展要素（DF）、人才建设（DF1）、技术运用（DF2）、社会文化环境（DF3）、创新能力（AI）、管理创新（AI1）、技术创新（AI2）、政策创新（AI3）、城镇融合共建型（UIC）、零星储备（UIC1）、片区改造（UIC2）、整片开发（UIC3）是内生潜变量，分别用 η_{DF}、η_{DF1}、η_{DF2}、η_{DF3}、η_{AI}、η_{AI1}、η_{AI2}、η_{AI3}、η_{UIC}、η_{UIC1}、η_{UIC2}、η_{UIC3} 来表示。基于此，构建出智慧风景区与城镇融合共建型系统性保护协同模式的观测模型方程式：

$$
\begin{cases}
X_{ISS1} = \lambda_{ISS1}\xi_{ISS} + \delta_{ISS1} & X_{ISS2} = \lambda_{ISS2}\xi_{ISS} + \delta_{ISS2} & X_{ISS3} = \lambda_{ISS3}\xi_{ISS} + \delta_{ISS3} \\
X_{ISS4} = \lambda_{ISS4}\xi_{ISS} + \delta_{ISS4} & X_{ISS11} = \lambda_{ISS11}\xi_{ISS1} + \delta_{ISS11} & X_{ISS12} = \lambda_{ISS12}\xi_{ISS1} + \delta_{ISS12} \\
X_{ISS21} = \lambda_{ISS21}\xi_{ISS2} + \delta_{ISS21} & X_{ISS22} = \lambda_{ISS22}\xi_{ISS2} + \delta_{ISS22} & \\
X_{ISS31} = \lambda_{ISS31}\xi_{ISS3} + \delta_{ISS31} & X_{ISS32} = \lambda_{ISS32}\xi_{ISS3} + \delta_{ISS32} & X_{ISS33} = \lambda_{ISS33}\xi_{ISS3} + \delta_{ISS33} \\
X_{ISS41} = \lambda_{ISS41}\xi_{ISS4} + \delta_{ISS41} & X_{ISS42} = \lambda_{ISS42}\xi_{ISS4} + \delta_{ISS42} & \\
Y_{DF1} = \lambda_{DF1}\eta_{DF} + \varepsilon_{DF1} & Y_{DF2} = \lambda_{DF2}\eta_{DF} + \varepsilon_{DF2} & Y_{DF3} = \lambda_{DF3}\eta_{DF} + \varepsilon_{DF3} \\
Y_{DF11} = \lambda_{DF11}\eta_{DF1} + \varepsilon_{DF11} & Y_{DF12} = \lambda_{DF12}\eta_{DF1} + \varepsilon_{DF12} & Y_{DF13} = \lambda_{DF13}\eta_{DF1} + \varepsilon_{DF13} \\
Y_{DF21} = \lambda_{DF21}\eta_{DF2} + \varepsilon_{DF21} & Y_{DF22} = \lambda_{DF22}\eta_{DF2} + \varepsilon_{DF22} & \\
Y_{DF31} = \lambda_{DF31}\eta_{DF3} + \varepsilon_{DF31} & Y_{DF32} = \lambda_{DF32}\eta_{DF3} + \varepsilon_{DF32} & Y_{DF33} = \lambda_{DF33}\eta_{DF3} + \varepsilon_{DF33} \\
Y_{AI1} = \lambda_{AI1}\eta_{AI} + \varepsilon_{AI1} & Y_{AI2} = \lambda_{AI2}\eta_{AI} + \varepsilon_{AI2} & Y_{AI3} = \lambda_{AI3}\eta_{AI} + \varepsilon_{AI3} \\
Y_{AI11} = \lambda_{AI11}\eta_{AI1} + \varepsilon_{AI11} & Y_{AI12} = \lambda_{AI12}\eta_{AI1} + \varepsilon_{AI12} & Y_{AI13} = \lambda_{AI13}\eta_{AI1} + \varepsilon_{AI13} \\
Y_{AI21} = \lambda_{AI21}\eta_{AI2} + \varepsilon_{AI21} & Y_{AI22} = \lambda_{AI22}\eta_{AI2} + \varepsilon_{AI22} & Y_{AI23} = \lambda_{AI23}\eta_{AI2} + \varepsilon_{AI23} \\
Y_{AI31} = \lambda_{AI31}\eta_{AI3} + \varepsilon_{AI31} & Y_{AI32} = \lambda_{AI32}\eta_{AI3} + \varepsilon_{AI32} & Y_{AI33} = \lambda_{AI33}\eta_{AI3} + \varepsilon_{AI33} \\
Y_{UIC1} = \lambda_{UIC1}\eta_{UIC} + \varepsilon_{UIC1} & Y_{UIC2} = \lambda_{UIC2}\eta_{UIC} + \varepsilon_{UIC2} & Y_{UIC3} = \lambda_{UIC3}\eta_{UIC} + \varepsilon_{UIC3} \\
Y_{UIC11} = \lambda_{UIC11}\eta_{UIC1} + \varepsilon_{UIC11} & Y_{UIC12} = \lambda_{UIC12}\eta_{UIC1} + \varepsilon_{UIC12} & Y_{UIC13} = \lambda_{UIC13}\eta_{UIC1} + \varepsilon_{UIC13} \\
Y_{UIC21} = \lambda_{UIC21}\eta_{UIC2} + \varepsilon_{UIC21} & Y_{UIC22} = \lambda_{UIC22}\eta_{UIC2} + \varepsilon_{UIC22} & Y_{UIC23} = \lambda_{UIC23}\eta_{UIC2} + \varepsilon_{UIC23} \\
Y_{UIC31} = \lambda_{UIC31}\eta_{UIC3} + \varepsilon_{UIC31} & Y_{UIC32} = \lambda_{UIC32}\eta_{UIC3} + \varepsilon_{UIC32} &
\end{cases}
$$

本书在成功构建智慧风景区与城镇融合共建型系统性保护协同模式的观测模型的基础上，根据结构方程模型的一般形式构建智慧风景区与城镇融合共建型系统性保护协同模式的结构方程式，具体如下：

$$
\begin{cases}
\eta_{DF} = \gamma_2\xi_{ISS} + \zeta_{DF} \\
\eta_{AI} = \gamma_3\xi_{ISS} + \zeta_{AI} \\
\eta_{UIC} = \gamma_1\xi_{ISS} + \beta_4\eta_{DF} + \beta_5\eta_{AI} + \zeta_{UIC}
\end{cases}
$$

在智慧风景区与城镇融合共建型系统性保护协同模式的结构方程式中，分别用 γ_1、γ_2、γ_3 表示智慧风景区对城镇融合共建型、发展要素和创新能力的作用路径。用 β_4 表示发展要素对城镇融合共建型的作用路径，用 β_5 表示创新能力对城镇融合共建型的作用路径。

本书在成功构建"智慧风景区与城镇融合共建型系统性保护协同模式"的初始结构方程模型后，将从检验拟合指数、参数和决定系数三方面，对智慧风景区与城镇融合共建型系统性保护协同模式的初始结构方程模型进行检验。利用不同的评价方法对以上指标进行检验，从而正确判断智慧风景区对教育文化遗产系统性保护的作用原始模型是否需要进行修正。

将所构建的智慧风景区与城镇融合共建型系统性保护协同模式的初始结构方程模型导入 AMOS 22.0

中，在成功导入量表数据后，获得了智慧风景区与城镇融合共建型系统性保护协同模式的拟合指标值，见表 8 - 37。

表 8 - 37　　　智慧风景区与城镇融合共建型系统性保护协同模式的初始结构方程模型适配度检验结果

拟合指标	χ^2/DF	CFI	IFI	TLI	PNFI	RMSEA	SRMR
观测值	1.498	0.960	0.961	0.956	0.808	0.043	0.028
拟合标准	<3.00	>0.90	>0.90	>0.90	>0.50	<0.08	<0.05

由表 8 - 37 可以看出，各个拟合指标检验值都达到了对应的拟合标准，因此，认为研究所构建的智慧风景区与城镇融合共建型系统性保护协同模式的结构方程模型，能够与调研小组所得数据较好地拟合。基于此，在进行拟合度检测的基础上，进一步对智慧风景区与城镇融合共建型系统性保护协同模式的初始结构方程中的各个路径的系数进行测度，如表 8 - 38 所示。

表 8 - 38　　　智慧风景区与城镇融合共建型系统性保护协同模式的初始结构方程模式的路径估计

路径	模型路径	非标准化路径系数	标准化路径系数	S. E.	C. R.	P
γ_1	ISS→UIC	0.270	0.266	0.086	3.083	0.002
γ_2	ISS→DF	0.590	0.594	0.054	11.036	***
γ_3	ISS→AI	0.570	0.568	0.060	9.520	***
β_4	DF→UIC	0.300	0.301	0.097	3.102	0.002
β_5	AI→UIC	0.340	0.344	0.086	4.015	***

注：*** 表示 $P < 0.001$。

由表 8 - 38 可以看出，所构建的结构方程模型中大部分都达到了 0.001 的显著性水平，说明其较好地通过了显著性检验。其中，智慧风景区到城镇融合共建型的作用路径 P 值为 0.002，在 5% 的水平上显著；发展要素到城镇融合共建型的作用路径 P 值为 0.002，在 5% 的水平上显著。基于此，认为所构建的智慧风景区与城镇融合共建型协同模式的结构方程模型为最满意的结构方程，对其进行标准化处理后，各个路径系数值均位于 -1 ~ 1，得出智慧风景区与城镇融合共建型系统性保护协同模式的最终结构方程模型，如图 8 - 29 所示。

为进一步探讨智慧风景区与城镇融合共建型系统性保护协同模式中各个变量之间的关系，本书将从间接效应和直接效应两个方面对各个作用路径的影响进行解释说明。其中，直接效应是指某一变量作为原因而对另一变量产生的影响，间接效应是指某一变量作为原因通过其他变量对另一变量产生影响。间接效应的作用路径系数为间接效应发生过程中，每一个过程的系数之积，两个变量之间的总效益为二者直接效应和间接效应之和。为有效测度智慧风景区与城镇融合共建型系统性保护协同模式的主要变量，对智慧风景区（ISS）、发展要素（DF）、创新能力（AI）、城镇融合共建型（UIC）4 个变量的作用效应进行分解可知，在智慧风景区与城镇融合共建型系统性保护协同模式的作用过程中，智慧风景区、发展要素和创新能力都对城镇融合共建型产生了直接作用，分别为 0.270、0.300 和 0.340，智慧风景区还对城镇融合共建型产生了间接作用，其间接作用为 0.371。因此，在智慧风景区与城镇融合共建型系统性保护协同模式的作用过程中，智慧风景区与城镇融合共建型均产生重要的影响作用，说明发展要素和创新能力是两个重要的中间变量。

第三，结构方程的假设检验及效应分解。

根据上述对智慧风景区与城镇融合共建型系统性保护协同模式的实证结构分析，结合前文所提出的研究假设和理论模型，研究对智慧风景区与城镇融合共建型系统性保护协同模式的作用假设和路径系数进行了归纳总结，具体如表 8 - 39 所示。

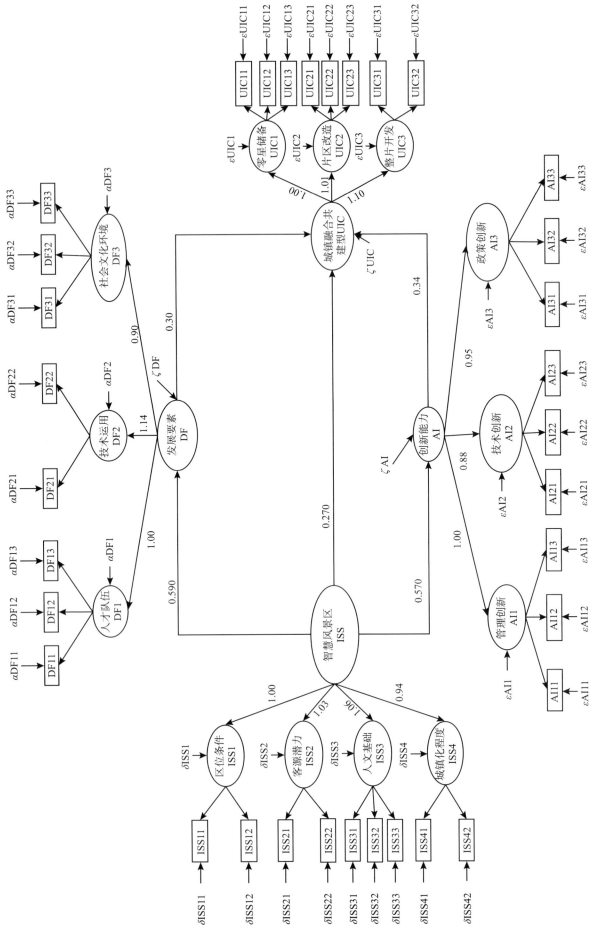

图8-29 智慧风景区与城镇融合共建型系统保护协同模式的结构方程模型

表 8 - 39　　　　　　　　　智慧风景区与城镇融合共建型系统性保护协同模式结果讨论分析

路径	模型路径	标准化路径系数	显著性水平	对应假设	检验结果
γ_1	ISS→UIC	0.266	0.002	HE1	支持
γ_2	ISS→DF	0.594	***	HE2	支持
γ_3	ISS→AI	0.568	***	HE3	支持
β_4	DF→UIC	0.301	0.002	HE4	支持
β_5	AI→UIC	0.344	***	HE5	支持

注：*** 表示 $P < 0.001$。

智慧风景区到城镇融合共建型的标准化路径系数为 0.266，P 值为 0.002，在 5% 的水平上显著，因此，认为该假设较好地通过了显著性检验。基于此，可以得出"智慧风景区建设水平对推进城镇融合共建型进程具有显著的正向作用"的假设成立，即研究结果支持原假设 HE1。

智慧风景区到发展要素的标准化路径系数为 0.594，$P < 0.001$，较好地通过了显著性检验。基于此，可以得出"智慧风景区建设要求对提高发展要素利用率具有显著的正向作用"的假设成立，即研究结果支持原假设 HE2。

智慧风景区到创新能力的标准化路径系数为 0.568，$P < 0.001$，较好地通过了显著性检验。基于此，可以得出"智慧风景区建设水平对提高创新能力具有显著的正向作用"的假设成立，即研究结果支持原假设 HE3。

发展要素到城镇融合共建型的标准化路径系数为 0.301，P 值为 0.002，在 5% 的水平上显著，因此，认为该假设较好地通过了显著性检验。基于此，可以得出"发展要素利用率对推进城镇融合共建型进程具有显著的正向作用"的假设成立，即研究结果支持原假设 HE4。

创新能力到城镇融合共建型的标准化路径系数为 0.344，$P < 0.001$，较好地通过了显著性检验。基于此，可以得出"创新能力对推进城镇融合共建型进程具有显著的正向作用"的假设成立，即研究结果支持原假设 HE5。

综合以上研究得出，假设 HE1、假设 HE2、假设 HE3、假设 HE4、假设 HE5 均存在合理性。

由前文所构建的智慧风景区与城镇融合共建型系统性保护协同模式的结构方程模型可知，创新能力和发展要素都是非常重要的中间变量，智慧风景区对发展要素和创新能力的直接效应分别为 0.594 和 0.568。基于此，认为智慧风景区的开发和发展与发展要素和创新能力密切相关。智慧风景区到城镇融合共建型的间接作用明显高于直接作用效应。因此，在文旅深度融合新业态与教育文化遗产系统性保护的实际操作过程中，要高度重视发展要素和创新能力这两个变量，注重提高相关主体的创新水平，从根本上提高发展要素的利用率，全面推进智慧风景区与城镇融合共建型实现协同发展。

8.6　文化创意产业带与城镇融合共建型系统性保护协同模式的实证研究

8.6.1　研究假设

第一，文化创意产业带的作用。

文化创意产业带是创意产业的体现，张克俊（2019）指出，应树立城乡产业融合发展的理念，不断优化区域产业空间布局，以现代服务业、先进制造业为重要载体，明确现代产业逐渐向现代化、规模化、生态化发展的主攻方向，建设独具特色的产业功能区，积极构建各区域间分工明确、产业链密切联系、多产业融合发展的现代产业体系，获得产业融合发展的综合收益。文化创意产业带的发展加强了旅游发展、生态建设、文化产业等相关产业的集聚效应，随着新型城镇化建设进程的逐步推进，众多产业发展要素面向发展区域集聚，致使落后区域的产业结构便捷逐渐被弱化，随着产业融合发展，以文化产业和旅游产业融合发展的新业态为主导的新的产业结构被重构。在产业结构重组的背景下，应积极引导文化遗产保护与产业融合发展相结合，充分发挥文化遗产对区域经济发展的促进作用，并将文化内涵融入地方特色产业的标签研发中，在产品包装、宣传等环节对文化遗产加以开发利用，将传统文化精华作为新兴产业发展的动力，充分认识到文化遗产的多功能价值，进而提高区域合作力度，推进文化遗产系统性保护工作实施进程。基于此，故提出如下假设：

HF1：文化创意产业带建设规模对推进城镇融合共建进程具有显著的正向作用。

文化创意产业带是指在文化创意产业和旅游产业深度融合的现实背景下，以教育文化遗产为核心，以文化创意吸引物与旅游六大要素相互融合而形成的新业态，主要包括传统文化产业和新兴文化产业两种类型。文化创意产业带的发展遵从创意性发展理念，促使文化创意产业集聚需要通过政策优势吸引人才、技术、资金等资源，并在特定区域对其加以整合，借助资源吸引物，以文化创意的视角，不断优化旅游产业，积极开发"旅游 +"产品组合，通过产业链延伸和扩张，有效打破区域合作障碍，全面提高区域旅游的核心竞争力。基于此，可以看出文化创意产业带为区域合作提供了人才、技术、资金等支持，对提升资源开发效率，形成文化创意产业的集聚效应、规模效应和溢出效应具有重要作用，故提出如下假设：

HF2：文化创意产业带建设水平对提升资源开发效率具有显著的正向作用。

文化创意产业的文化资源具有较强的地域性、历史性，需要在生产和创作上相互协调，因此，文化创意产业多以区域合作的形式发展。各地区因在区位条件、资源基础、社会经济发展水平、人文环境等方面存在较大差异，因此，如何加强各区域之间的合作，促进文化创意产业带高质量、可持续性发展是其面临的主要问题。吴芳梅（2017）指出，良好的政策环境是文化创意产业发展得以成功的条件和保障，具体主要表现为文化创意产业的发展不仅需要高水平的创造灵感，还需要融入现代高新技术，因此，只有对集聚创造性的文化创意产业施以有效的保护，才能最大限度保护创作者的权益，才能够充分体现市场、公众对创作活动的重视与尊重，才能确保文化创意产业实现良性竞争。基于此，可以看出文化创意产业带建设水平可促进文化创意创业发展形成良好的政策环境，故提出如下假设：

HF3：文化创意产业带建设水平对营造良好的政策环境具有显著的正向作用。

第二，资源开发的作用。

丰富的教育文化遗产资源是文化创意产业带得以发展的基础，其通过将文化创意产业与互联网相结合发展新经济模式，利用互联网基础整合无边界的教育遗产旅游资源，这与城镇融合共建型的特征相符合。同时，提升文化创意产业的资源效益还可以从文化创意企业着手，通过提高文化创意企业的自主创新能力，突出企业发展特色，明确自身的核心竞争力，根据自身实际发展状况和发展规划，科学合理安排短期借款、调整股权与债务融资等优化资本结构，最大限度减轻融资约束对投资不足的影响，促使投资规模和投资方向规范化、合理化，实现文化创意产业相关经营主体所依托资源的有效配置。这不仅提升了文化创意企业投资效益，还为区域合作打造了良好的产业基础，有利于推进城镇融合共建型的教育文化遗产系统性保护进程实施，基于此，故提出如下假设：

HF4：资源开发效率对提升城镇融合共建水平具有显著的正向作用。

第三，政策环境的作用。

教育文化遗产的系统性保护与地方经济社会演变历程及其发展现状紧密相关，在教育文化遗产系统性保护进程中，必须以各地区实际发展状况为出发点，落实到各地区教育文化遗产旅游发展的资源保护与利用、生态环境保护等政策制定与实施进程中，才能提高教育文化遗产系统性保护效率。潘镇（2015）指出，产业发展进程中经济发展和技术水平是环境内生的，一般根植于特定的市场环境中，其与当地的制度、文化背景和政策环境紧密相关，因此，要想通过提升技术水平发展产业经济，就必须深入了解各地区的产业经营环境，深入剖析环境对产业发展的支持或者约束作用。城镇融合共建型作为教育文化遗产系统性保护的重要组成部分，各地区只有加强自主创新能力，营造良好产业政策环境，才能够提升教育文化遗产保护效率。基于此，故提出如下假设：

HF5：政策环境水平对提升城镇融合共建效率具有显著的正向作用。

第四，关于文化创意产业带与城镇融合共建型系统性保护协同模式的理论模型。

本书根据文化创意产业带与城镇融合共建型系统性保护协同模式的分析框架、研究假设等相关内容，综合考虑文化创意产业带与城镇融合共建型系统性保护协同模式的发展现状，构建出文化创意产业带与城镇融合共建型系统性保护协同模式的理论模型，如图 8 – 30 所示。

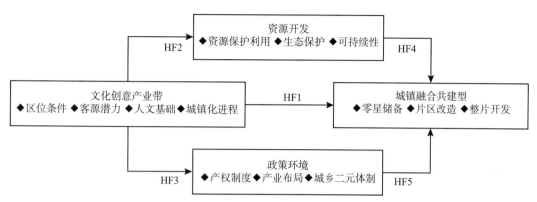

图 8 – 30　文化创意产业带与城镇融合共建型系统性保护协同模式的理论模型

由图 8 – 30 可以看出，文化创意产业带与城镇融合共建型系统性保护协同模式主要以文化创意产业带、资源开发、政策环境和城镇融合共建型 4 个变量为基础，构建出文化创意产业带与城镇融合共建型之间的作用关系路径。其中，文化创意产业带与城镇融合共建型不仅具有直接的作用路径，还有间接的作用路径，其间接的作用路径有两条：①文化创意产业带—资源开发—城镇融合共建型；②文化创意产业带—资源开发—城镇融合共建型。构建出文化创意产业带与城镇融合共建型协同发展模式的理论模型，为下一步进行结构方程实证分析奠定了理论基础。

8.6.2　实地访谈

第一，关于案例地发展状况。

京杭大运河在漫长的历史长河中一直保持活力，从封建社会的漕运到近现代航运、观赏、南水北调等诸多功能，不断发挥其不同时期的价值。作为一条世界级线性水利文化遗产，京杭大运河包括多种类别的文化遗产点，其文化遗产价值已经获得世界性的广泛认可。京杭大运河的实际发展状况与地区城镇化建设水平密切相关。在教育文化遗产的文化价值方面，京杭大运河文化遗产带不仅是联系南北和东部大量城镇的战略型休闲游憩廊道，还是爱国主义和历史文化教育的重要资源，具有再生和教育价值。

本书主要以京杭大运河文化遗产带的发展历程为出发点分析"文化创意产业带与城镇融合共建型系统性保护协同模式"的发展状况。以前文分析为基础可知，京杭大运河文化遗产带具有良好的区位条件、客源潜力和人文环境，其发展状况与地区城镇化建设水平密切相关。京杭大运河文化遗产带的发展以大运河为依托，在发展过程以教育文化遗产的演进历史和文化背景对大运河非遗进行划分。以京杭大运河文化遗产带为例的"文化创意产业带与城镇融合共建型系统性保护协同模式"的具体发展阶段，主要分为以下三个阶段：

第一阶段：京杭大运河具有的核心的文化遗产价值。

一直以来，京杭大运河保持着其持久的发展活力，无论是封建社会的漕运，还是近现代航运、观赏、南水北调等诸多方面，京杭大运河均发挥着其不同的价值。京杭大运河作为巨型世界级线性水利文化遗产，其蕴含着工业文化、商业文化、教育文化等多种类别的文化遗产点，其文化遗产价值已经获得广泛认可。京杭大运河文化遗产带在中国历史上具有重要的社会、文化、政治和经济意义，体现在：一是其依托南北漕运河的开凿和科技成就，在不同历史时期享誉世界；二是见证了中国文明的发展历程；三是它是中国乃至世界上一条具有极高历史意义的古老运河。京杭大运河文化遗产带作为中国东部高密度人口地区唯一横贯南北的、以自然元素主导的、同时串联丰富的物质和非物质文化遗产的连续通道，具有极其重要的教育价值，还是爱国主义和历史文化教育的重要资源。

第二阶段：致力于打造要素资源跨省市流动平台。

大运河文化遗产带各省市立足于协同发展,以大运河文化遗产带建设为平台和枢纽,致力于打造要素资源跨省市流动平台。各地区在理清发展思路的基础上,健全大运河管理法律机制,形成京杭大运河文化遗产带全面保护的法律体系,分类别整合大运河文化遗产带文化和旅游融合发展的现实基础,逐渐构建出一体化的互惠共生的发展模式,全面加快文化和旅游融合发展步伐。以京杭大运河为核心而打造的跨要素资源省市流动平台,对于整合浙东运河分散资源,加强运河沿岸城市乡镇等地方政府、企业、群众的合作,强化与大运河其他河段的交流,实现大运河文化遗产沿岸旅游开发的顺利进行具有重要意义。

第三阶段:京杭大运河带富一方百姓。

京杭大运河文化遗产带的发展使得水运条件得到改善、漕运地位大幅提升和产业经济迅速崛起。大运河文化遗产带自身具有历史久远、活力充沛、流域广阔、内涵丰富、文化多元、遗产丰富等特点,不管是文化资源水平、运河巷道水平还是沿线城市经济水平,京杭大运河文化遗产带的周边城市都是地方经济发展的重心。

第二,京杭大运河文化遗产带对文化创意产业带与城镇融合共建型系统性保护协同模式的作用。

为了进一步分析京杭大运河文化遗产带建设过程中教育旅游发展状况与教育文化遗产系统性保护进程,通过对各个相关要素的综合分析,本书将本次案例研究的重点放在资源、政策、环境、文化等多个方面,整体提炼出资源开发和政策环境两个关键的构念,通过对这两个关键构念进行科学合理的分析,构建出京杭大运河文化遗产带发展过程中资源开发、政策环境的作用模型,为讨论资源开发和政策环境对文化创意产业带与城镇融合共建型协同中的作用进行案例分析。

首先,京杭大运河文化遗产带发展过程中资源开发分析。

京杭大运河的资源开发需要运河沿线城市的共同努力,具体可以从资源保护与利用、生态环境保护两个方面着手,从而推进京杭大运河文化遗产带实现可持续性。基于以上研究,对京杭大运河文化遗产的资源开发进行分析,构建出京杭大运河文化遗产带发展过程中资源开发的作用模型,见图8-31。

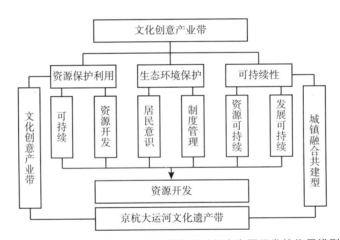

图8-31 京杭大运河文化遗产带发展过程中资源开发的作用模型

由图8-31可以看出,京杭大运河文化遗产带的区位条件、客源潜力、人文基础和沿线城市的城镇化进程,均对京杭大运河的资源开发产生着直接或者间接的影响,进而影响着文化创意产业带与城镇融合共建型的协同发展。京杭大运河文化遗产带的资源开发直接影响着资源保护与利用、生态环境保护和其可持续发展。一是在实现资源保护与利用方面,应准确分析京杭大运河文化遗产的区域文化遗产空间分布特征,加强区域合作力度,明确各个区段的保护重点与方向,沿线城市应共同构建京杭大运河文化遗产资源开发与保护政策。二是在实现生态环境保护方面,京杭大运河文化遗产带的发展与运河沿线诸多城市的发展状况密切相关,处理好旅游发展、城镇化建设进程中大中城市边缘盲目扩张、水土资源日渐退化、生态环境遭受破坏等问题,需要沿线城市的共同努力。三是在实现京杭大运河的可持续性方面,京杭大运河文化遗产带沿线城市,应注重发挥好政府导向作用,积极引导地方居民树立科学环保的生活意识,将自身生活纳入自然生态系统中去考虑。同时,以生态系统的环境承载力为基础,创新周边旅游业制度管理体系。从资源保护和生态保护的角度出发,推进京杭大运河文化遗产带实现资源利用的可持续、京杭大运河文化遗产带发展的可持续。因此，在发展文化创意产业带时，要重点把握地方旅游资源，实现资源保护与利用协调发展，并注重生态环境保护，实现遗产资源的可持续性，假设 HF1、假设 HF2 和假设 HF4 成立。

其次，京杭大运河文化遗产带发展过程中政策创新分析。

教育旅游作为文旅深度融合新业态与教育文化遗产系统性保护协同模式之一，具有巨大的发展潜力。随着城镇化建设进程的逐步推进，京杭大运河文化遗产的发展面临着严峻的考验。基于京杭大运河文化遗产带的未来发展走向及其发展所需要的外在条件，本书模拟构建京杭大运河文化遗产带发展过程中政策创新的作用模型，见图 8 - 32。

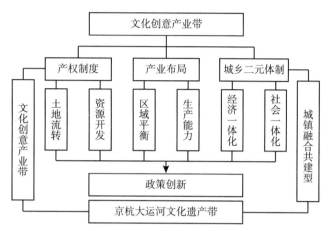

图 8 - 32 京杭大运河文化遗产带发展过程中政策创新的作用模型

随着工业化、城镇化进程的逐步推进，我国城乡差距日益增加，农村土地流转成为实现城乡二元体制发展的重要举措，所以，应规范京杭大运河文化遗产带沿线城市周边土地流转制度和收益分配管理机制，真正做到保护居民利益、规范土地流转、优化资源配置、提高土地利用率、优化产业结构，为京杭大运河文化遗产带的发展注入动力。影响产业布局优化效率的主要因素为产业布局在区域上的不平衡和各部门在生产能力上存在的差异，因此，京杭大运河文化遗产带的建设与发展，不能仅停留在现状，必须"跳出运河文化看运河"的固定式发展思维，致力于将京杭大运河文化遗产带的文化内涵真正融入其他产业形态当中，全面推动京杭大运河文化遗产带沿线城市实现融合式、跨域式的发展，实现经济一体化和社会一体化协同。因此，要实现文化创意产业带文旅融合新业态与城镇融合共建型系统性保护协同模式，就要加大政策创新，推动资源片区化改造，不断拓宽区域合作领域，扩大经营范围，实现一体化发展，并促进教育旅游长效发展，进而保证教育文化遗产资源的系统性保护和可持续传承，假设 HF3 和假设 HF5 成立。

关于案例验证分析：

本次案例研究选取的是京杭大运河文化遗产带，调研小组通过实地调研获得了较高准确性的有效资料，对京杭大运河文化遗产带发展现状有了进一步的了解，同时也保证了资料数据的实效性、准确性、可靠性。为了更好地展开对文化创意产业带与城镇融合共建型系统性保护协同模式的案例研究，首先将京杭大运河文化遗产带的建设历程和发展过程分为三个阶段：一是京杭大运河具有的核心的文化遗产价值阶段；二是致力于打造要素资源跨省市流动平台阶段；三是京杭大运河带富一方百姓阶段，通过对这三个阶段进行全面而深入地分析，总结提炼出京杭大运河文化遗产带的发展优势。根据前文构建的文化创意产业带与城镇融合共建型协同模式的结构方程实证分析结果，在案例分析中重点把资源开发和政策环境两个方面的内容，通过构建出京杭大运河文化遗产带发展过程中资源开发的作用模型，得出可以从资源保护和生态保护的角度出发，推进京杭大运河文化遗产带实现资源利用的可持续、京杭大运河文化遗产带发展的可持续。通过构建京杭大运河文化遗产带发展过程中政策创新的作用模型，推动京杭大运河文化遗产带沿线城市实现融合式、跨域式的发展，对于京杭大运河文化遗产带沿线城市经济一体化和社会一体化协同发展具有重要意义。

本书采取案例研究的方法进行单个案例研究，选取京杭大运河文化遗产带为典型案例，对文化创意产业带与城镇融合共建型系统性保护协同模式进行验证。结合前文所构建的文化创意产业带与城镇融合共建型系统性保护协同模式的分析框架、研究假设和结构方程实证分析的相关内容，以京杭大运河文化遗产带的发展现状和开发背景为出发点，重点把握资源开发、游客行为在文化创意产业带与教育文化遗产系统性保护中的作用，以京杭大运河文化遗产带为案例对文化创意产业带与城镇融合共建型系统性保护协同模式过程中的影响因素进行案例验证，进一步科学合理地验证了文化创意产业带与城镇融合共建型系统性保护协同模式的有效性。

8.6.3 问卷数据分析

第一，样本数据的描述性统计及信度效度检验。

首先，文化创意产业带与城镇融合共建型系统性保护协同模式的协同度测算。

文化创意产业带与城镇融合共建型系统性保护协同模式的作用机制利用评价二者的协同性进行评估。在对文化创意产业带与城镇融合共建型系统性保护协同模式的协同性进行评估之前，本书将以前文实证研究中所用到的度量指标为基础构建其相应的指标体系，并将实地调研所得数据用于计算文化创意产业带与城镇融合共建型系统性保护协同模式的协同度。由前文对文化创意产业带与城镇融合共建型系统性保护协同模式的实证分析中得出，资源开发和政策环境两个子系统都对城镇融合共建型产生了直接作用，文化创意产业带还对城镇融合共建型产生了间接作用。因此，本书认为文化创意产业带与城镇融合共建型系统性保护协同模式是以"资源开发""政策环境"两个子系统为基础的。从文化创意产业带的区位条件、客源潜力、人文环境和城镇化程度四个方面来看，文化创意产业带在一定程度上直接或者间接影响着资源开发和政策环境两个子系统，基于此，认为在对文化创意产业带与城镇融合共建型系统性保护协同模式进行协同度评价时，可以借助文化创意产业带、资源开发、政策环境和城镇融合共建型四个子系统之间的相互关系来进行考量，并根据各个子系统的特征和作用提出对应的改进措施。

在充分理解协同学相关原理和理论的基础上，构建文化创意产业带、资源开发、政策环境和城镇融合共建型四个子系统之间的协同度模型。各个子系统的序参量，见表 8 – 40。

表 8 – 40　　　　　　　　　　子系统序参量

子系统	测量指标	序参量
文化创意产业带（CCIZ）	区位条件、客源潜力、人文基础、城镇化进程	CCIZ11、CCIZ12、CCIZ21、CCIZ22、CCIZ31、CCIZ32、CCIZ33、CCIZ41、CCIZ42
资源开发（RD）	资源保护利用、生态保护、可持续性	RD11、RD12、RD13、RD21、RD22、RD31、RD32、RD33
政策环境（PE）	产权制度、产业布局、城乡二元体制	PE11、PE12、PE13、PE21、PE22、PE23、PE31、PE32、PE33
城镇融合共建型（UIC）	零星储备、片区改造、整片开发	UIC11、UIC12、UIC13、UIC21、UIC22、UIC23、UIC31、UIC32

在确定各个子系统的参量后，将对各个子系统之间的有序度进行测量，结合前文对文化创意产业带与城镇融合共建型系统性保护协同模式的理论模型的相关分析，得出其他子系统的有序度和序参量之后，计算系统协同度并重新测量子系统的有序度，进而得到总系统的协同度。同理，得出文化创意产业带与城镇融合共建型系统性保护协同模式中资源开发、政策环境和城镇融合共建型等其他子系统之间的协同度，见表 8 – 41。

表 8 – 41　　　　　　　　　　各个子系统间的系统协同度

子系统	CCIZ	RD	PE	UIC
文化创意产业带（CCIZ）	—			
资源开发（RD）	0.58	—		
政策环境（PE）	0.58	0.53	—	
城镇融合共建型（UIC）	0.60	0.54	0.54	—

　　在参考有关协同学相关文献的基础上，结合现实应用，将协同度数值和协同度大小划分为 4 个区间（见表 4 - 1），结合表 8 - 41 中所得有关文化创意产业带与城镇融合共建型系统性保护协同模式中各个子系统的协同度的大小，得出在文化创意产业带与城镇融合共建型系统性保护协同模式中，文化创意产业带、资源开发、政策环境和城镇融合共建型这 4 个子系统之间的协同度都处于高度协同的范围，因此，认为文化创意产业带与城镇融合共建型具有良好的协同性。

　　其次，本书在对通过实地调研获得文化创意产业带与城镇融合共建型系统性保护协同模式的第一手数据资料进行综合评估后，认为团队所得有效问卷数量符合结构方程所要求的样本数量，因此可以进行实证分析。为确保所得的文化创意产业带与城镇融合共建型系统性保护协同模式的相关数据的准确性，以及后续所得结论的科学性，在对其进行实证分析之前，还将对问卷所得数据进行信度分析和效度分析。

　　本书采取均值和方差这两个指标，衡量文化创意产业带与城镇融合共建型系统性保护协同模式中各个变量分布的平均程度和集中度。其中，标准差是直接观测文化创意产业带与城镇融合共建型系统性保护协同模式研究中各个变量的离散程度的指标。利用 SPSS 25.0 对文化创意产业带与城镇融合共建型系统性保护协同模式的数据进行信度检测。进而得到各个观测变量的均值、标准差、最大值、最小值，见表 8 - 42。

表 8 - 42　　　　　　　　　　　　　　　　　　　　描述性统计

主要变量	潜在变量	观测变量	均值	标准差	最大值	最小值
文化创意产业带（CCIZ）	区位条件（CCIZ1）	CCIZ11	3.71	0.646	5	1
		CCIZ12	3.73	0.679	5	1
	客源潜力（CCIZ2）	CCIZ21	3.69	0.710	5	1
		CCIZ22	3.63	0.759	5	1
	人文基础（CCIZ3）	CCIZ31	3.67	0.769	5	2
		CCIZ32	3.60	0.758	5	1
		CCIZ33	3.59	0.710	5	1
	城镇化程度（CCIZ4）	CCIZ41	3.67	0.775	5	1
		CCIZ42	3.63	0.730	5	1
资源开发（RD）	资源保护利用（RD1）	RD11	3.18	0.681	5	1
		RD12	3.29	0.712	5	1
		RD13	3.20	0.659	5	1
	生态保护（RD2）	RD21	3.30	0.645	5	1
		RD22	3.24	0.718	5	1
	可持续性（RD3）	RD31	3.25	0.766	5	1
		RD32	3.18	0.718	5	1
		RD33	3.16	0.690	5	1
政策环境（PE）	产权制度（PE1）	PE11	3.32	0.743	5	1
		PE12	3.27	0.684	5	1
		PE13	3.07	0.684	5	1
	产业布局（PE2）	PE21	3.36	0.706	5	1
		PE22	3.15	0.728	5	1
		PE23	3.20	0.681	5	1
	城乡二元体制（PE3）	PE31	3.27	0.700	5	1
		PE32	3.17	0.683	5	1
		PE33	3.24	0.709	5	1

续表

主要变量	潜在变量	观测变量	均值	标准差	最大值	最小值
城镇融合共建型（UIC）	零星储备（UIC1）	UIC11	3.62	0.701	5	1
		UIC12	3.62	0.732	5	1
		UIC13	3.59	0.730	5	1
	片区改造（UIC2）	UIC21	3.63	0.694	5	1
		UIC22	3.63	0.725	5	1
		UIC23	3.70	0.704	5	1
	整片开发（UIC3）	UIC31	3.59	0.770	5	1
		UIC32	3.66	0.713	5	1

最后，为确保文化创意产业带与城镇融合共建型系统性保护协同模式检测结果具有真实性、可靠性，对其进行信度检测。利用组合信度系数对文化创意产业带与城镇融合共建型系统性保护协同模式所整合的各类数据进行分析和检测，分别得出文化创意产业带、资源开发、政策环境、城镇融合共建型的组合信度系数。同时，根据表 5-4 的组合信度标准对文化创意产业带与城镇融合共建型系统性保护协同模式的潜在变量的组合信度系数进行评判。为确保信度检测所得数据能够科学合理地反映各个变量的真实构架，在对文化创意产业带与城镇融合共建型系统性保护协同模式进行信度检测的基础上，进一步对文化创意产业带与城镇融合共建型系统性保护协同模式进行效度检测，信度和效度检测结果见表 8-43。

表 8-43 　　　　　　　　　　　　　　信度和效度检测结果

变量	CR	因子载荷		KMO	累计方差解释率	Bartlett's 球形检验		
						χ^2	df	Sig.
文化创意产业带（CCIZ）	0.9300	CCIZ11	0.796	0.956	77.283	2537.716	36	0.000
		CCIZ12	0.774					
		CCIZ21	0.824					
		CCIZ22	0.753					
		CCIZ31	0.756					
		CCIZ32	0.738					
		CCIZ33	0.803					
		CCIZ41	0.761					
		CCIZ42	0.742					
资源开发（RD）	0.8170	RD11	0.480	0.921	53.281	839.137	28	0.000
		RD12	0.575					
		RD13	0.651					
		RD21	0.687					
		RD22	0.702					
		RD31	0.408					
		RD32	0.634					
		RD33	0.629					

续表

变量	CR	因子载荷		KMO	累计方差解释率	Bartlett's 球形检验		
						χ^2	df	Sig.
政策环境（PE）	0.8389	PE11	0.607	0.907	47.156	791.363	36	0.000
		PE12	0.535					
		PE13	0.620					
		PE21	0.562					
		PE22	0.636					
		PE23	0.654					
		PE31	0.647					
		PE32	0.622					
		PE33	0.561					
城镇融合共建型（UIC）	0.9013	UIC11	0.717	0.936	68.437	1555.210	28	0.000
		UIC12	0.678					
		UIC13	0.769					
		UIC21	0.755					
		UIC22	0.775					
		UIC23	0.720					
		UIC31	0.716					
		UIC32	0.708					

　　如表 8-43 所示，首先，从对文化创意产业带与城镇融合共建型进行信度所得数据中可以看出，各个数据的相关组合信度系数值都大于 0.5，因此认为所得数据具有可信度。其次，在对文化创意产业带与城镇融合共建型进行效度检验所得数据中，可以看出，所得各个指标的因子载荷大多在 0.5 以上，KMO 值均大于 0.8，因此认为所得数据能够较好地进行因子分析。最后，Bartlett's 球形检验显著性水平均在 0.000，因此，认为此次研究过程中，调查问卷所得数据及各组成部分建构之间有较好的效度。

　　第二，样本数据的结构方程模型构建及调整。

　　从文化创意产业带与城镇融合共建型系统性保护协同模式的理论基础中可以看出，文化创意产业带、资源开发、政策环境、城镇融合共建型都是不能直接观测的潜在变量，并且针对以上 4 个潜在变量所设置的二级指标，仍无法直接观测到，因此也属于潜在变量。在确定各个变量的性质之后，对文化创意产业带与城镇融合共建型系统性保护协同模式中的各个相关变量进行合理归类。其中，内生变量定义为文化创意产业带，中间变量定义为资源开发和政策环境，外生变量定义为城镇融合共建型。基于此，本书构建文化创意产业带与城镇融合共建型系统性保护协同模式的初始结构方程模型，如图 8-33 所示。

　　由文化创意产业带与城镇融合共建型系统性保护协同模式的初始结构方程模型可知，文化创意产业带与城镇融合共建型协同的初始结构方程中外生显变量共计 9 项，分别为 CCIZ11、CCIZ12、CCIZ21、CCIZ22、CCIZ23、CCIZ31、CCIZ32、CCIZ41、CCIZ42；内生显变量共计 25 项，分别为 PE11、PE12、PE13、PE21、PE22、PE23、PE31、PE32、PE33、RD11、RD12、RD13、RD21、RD22、RD31、RD32、RD33、UIC11、UIC12、UIC13、UIC21、UIC22、UIC23、UIC31、UIC32；外生潜变量共计 4 项，分别为 CCIZ1、CCIZ2、CCIZ3、CCIZB4；内生潜变量共计 9 项，分别为 PE1、PE2、PE3、RD1、RD2、RD3、UIC1、UIC2、UIC3。

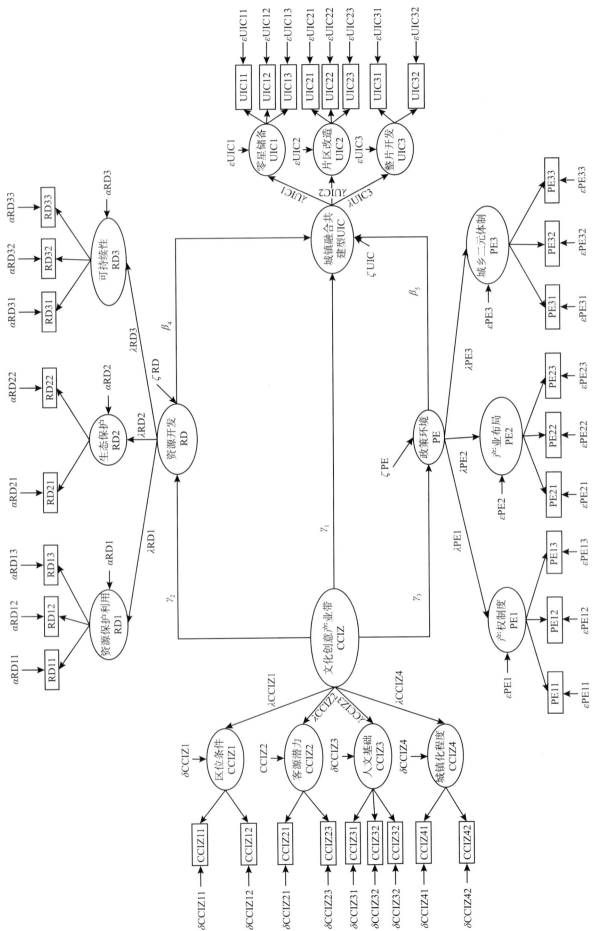

图8-33 文化创意产业带与城镇融合建型系统性保护协同模式的初始结构方程模型

在对文化创意产业带与城镇融合共建型系统性保护协同模式进行数据验证的过程中，本书将对相关变量进行设定，进而构建观测变量的结构方程式。根据前文对文化创意产业带与城镇融合共建型协同模式的相关研究，文化创意产业带（CCIZ）、区位条件（CCIZ1）、客源潜力（CCIZ2）、人文基础（CCIZ3）、城镇化程度（CCIZ4）是外生潜变量，分别用 ξ_{CCIZ}、ξ_{CCIZ1}、ξ_{CCIZ2}、ξ_{CCIZ3}、ξ_{CCIZ4} 来表示。资源开发（RD）、资源保护利用（RD1）、生态保护（RD2）、可持续性（RD3）、政策环境（PE）、产权制度管理与创新（PE1）、产业布局优化（PE2）、城乡二元体制（PE3）、城镇融合共建型（UIC）、零星储备（UIC1）、片区改造（UIC2）、整片开发（UIC3）是内生潜变量，分别用 η_{RD}、η_{RD1}、η_{RD2}、η_{RD3}、η_{PE}、η_{PE1}、η_{PE2}、η_{PE3}、η_{UIC}、η_{UIC1}、η_{UIC2}、η_{UIC3} 来表示。基于此，构建出文化创意产业带与城镇融合共建型系统性保护协同模式的观测模型方程式：

$$
\begin{cases}
X_{CCIZ1} = \lambda_{CCIZ1}\xi_{CCIZ} + \delta_{CCIZ1} & X_{CCIZ2} = \lambda_{CCIZ2}\xi_{CCIZ} + \delta_{CCIZ2} & X_{CCIZ3} = \lambda_{CCIZ3}\xi_{CCIZ} + \delta_{CCIZ3}\\
X_{CCIZ4} = \lambda_{CCIZ4}\xi_{CCIZ} + \delta_{CCIZ4} & X_{CCIZ11} = \lambda_{CCIZ11}\xi_{CCIZ1} + \delta_{CCIZ11}\\
X_{CCIZ12} = \lambda_{CCIZ12}\xi_{CCIZ1} + \delta_{CCIZ12} & X_{CCIZ21} = \lambda_{CCIZ21}\xi_{CCIZ2} + \delta_{CCIZ21}\\
X_{CCIZ22} = \lambda_{CCIZ22}\xi_{CCIZ2} + \delta_{CCIZ22} & X_{CATA31} = \lambda_{CATA31}\xi_{CATA3} + \delta_{CATA31}\\
X_{CCIZ32} = \lambda_{CCIZ32}\xi_{CCIZ3} + \delta_{CCIZ32} & X_{CCIZ33} = \lambda_{CCIZ33}\xi_{CCIZ3} + \delta_{CCIZ33}\\
X_{CCIZ41} = \lambda_{CCIZ41}\xi_{CCIZ4} + \delta_{CCIZ41} & X_{CCIZ42} = \lambda_{CCIZ42}\xi_{CCIZ4} + \delta_{CCIZ42}\\
Y_{PE1} = \lambda_{PE1}\eta_{PE} + \varepsilon_{PE1} & Y_{PE2} = \lambda_{PE2}\eta_{PE} + \varepsilon_{PE2} & Y_{PE3} = \lambda_{PE3}\eta_{PE} + \varepsilon_{PE3}\\
Y_{PE11} = \lambda_{PE11}\eta_{PE1} + \varepsilon_{PE11} & Y_{PE12} = \lambda_{PE12}\eta_{PE1} + \varepsilon_{PE12} & Y_{PE13} = \lambda_{PE13}\eta_{PE1} + \varepsilon_{PE13}\\
Y_{PE21} = \lambda_{PE21}\eta_{PE2} + \varepsilon_{PE21} & Y_{PE22} = \lambda_{PE22}\eta_{PE2} + \varepsilon_{PE22} & Y_{PE23} = \lambda_{PE23}\eta_{PE2} + \varepsilon_{PE23}\\
Y_{PE31} = \lambda_{PE31}\eta_{PE3} + \varepsilon_{PE31} & Y_{PE32} = \lambda_{PE32}\eta_{PE3} + \varepsilon_{PE32} & Y_{PE33} = \lambda_{PE33}\eta_{PE3} + \varepsilon_{PE33}\\
Y_{RD1} = \lambda_{RD1}\eta_{RD} + \varepsilon_{RD1} & Y_{RD2} = \lambda_{RD2}\eta_{RD} + \varepsilon_{RD2} & Y_{RD3} = \lambda_{RD3}\eta_{RD} + \varepsilon_{RD3}\\
Y_{RD11} = \lambda_{RD11}\eta_{RD1} + \varepsilon_{RD11} & Y_{RD12} = \lambda_{RD12}\eta_{RD1} + \varepsilon_{RD12} & Y_{RD13} = \lambda_{RD13}\eta_{RD1} + \varepsilon_{RD13}\\
Y_{RD21} = \lambda_{RD21}\eta_{RD2} + \varepsilon_{RD21} & Y_{RD22} = \lambda_{RD22}\eta_{RD2} + \varepsilon_{RD22}\\
Y_{RD31} = \lambda_{RD31}\eta_{RD3} + \varepsilon_{RD31} & Y_{RD32} = \lambda_{RD32}\eta_{RD3} + \varepsilon_{RD32} & Y_{RD33} = \lambda_{RD33}\eta_{RD3} + \varepsilon_{RD33}\\
Y_{UIC1} = \lambda_{UIC1}\eta_{UIC} + \varepsilon_{UIC1} & Y_{UIC2} = \lambda_{UIC2}\eta_{UIC} + \varepsilon_{UIC2} & Y_{UIC3} = \lambda_{UIC3}\eta_{UIC} + \varepsilon_{UIC3}\\
Y_{UIC11} = \lambda_{UIC11}\eta_{UIC1} + \varepsilon_{UIC11} & Y_{UIC12} = \lambda_{UIC12}\eta_{UIC1} + \varepsilon_{UIC12}\\
Y_{UIC13} = \lambda_{UIC13}\eta_{UIC1} + \varepsilon_{UIC13} & Y_{UIC21} = \lambda_{UIC21}\eta_{UIC2} + \varepsilon_{UIC21}\\
Y_{UIC22} = \lambda_{UIC22}\eta_{UIC2} + \varepsilon_{UIC22} & Y_{UIC23} = \lambda_{UIC23}\eta_{UIC2} + \varepsilon_{UIC23}\\
Y_{UIC31} = \lambda_{UIC31}\eta_{UIC3} + \varepsilon_{UIC31} & Y_{UIC32} = \lambda_{UIC32}\eta_{UIC3} + \varepsilon_{UIC32}
\end{cases}
$$

本书在成功构建文化创意产业带与城镇融合共建型系统性保护协同模式的观测模型的基础上，研究根据结构方程模型的一般形式构建文化创意产业带与城镇融合共建型系统性保护协同模式的结构方程式，具体如下：

$$
\begin{cases}
\eta_{RD} = \gamma_2\xi_{CCIZ} + \zeta_{RD}\\
\eta_{PE} = \gamma_3\xi_{CCIZ} + \zeta_{PE}\\
\eta_{UIC} = \gamma_1\xi_{CCIZ} + \beta_4\eta_{RD} + \beta_5\eta_{PE} + \zeta_{UIC}
\end{cases}
$$

在文化创意产业带与城镇融合共建型系统性保护协同模式的结构方程式中，用 γ_1 表示文化创意产业带对城镇融合共建型的作用路径，γ_2、γ_3 分别表示文化创意产业带对资源开发、政策环境的作用路径。用 β_4、β_5 分别表示资源开发和政策环境对城镇融合共建型的作用路径。

本书在成功构建"文化创意产业带与城镇融合共建型系统性保护协同模式"的初始结构方程模型后，从检验拟合指数、参数和决定系数三方面，对文化创意产业带与城镇融合共建型协同模式的初始结构方程模型进行检验。利用不同的评价方法对以上指标进行检验，从而正确判断文化创意产业带对教育文化遗产系统性保护的作用原始模型是否需要进行修正。

将所构建的文化创意产业带与城镇融合共建型系统性保护协同模式的初始结构方程模型导入 AMOS 22.0 中，在成功导入量表数据后，获得了文化创意产业带与城镇融合共建型系统性保护协同模式的拟合指标值，见表 8 - 44。

表 8 - 44　　　文化创意产业带与城镇融合共建型系统性保护协同模式的初始结构方程模型适配度检验结果

拟合指标	χ^2/DF	CFI	IFI	TLI	PNFI	RMSEA	SRMR
观测值	1.634	0.950	0.950	0.945	0.799	0.048	0.030
拟合标准	<3.00	>0.90	>0.90	>0.90	>0.50	<0.08	<0.08

由表 8 - 44 可以看出，研究所得各个拟合指标检验值都达到了对应的拟合标准，因此，认为研究所构建的文化创意产业带与城镇融合共建型系统性保护协同模式的结构方程模型，能够与调研小组所得数据较好地拟合。基于此，在进行拟合度检测的基础上，将进一步对文化创意产业带与城镇融合共建型系统性保护协同模式的初始结构方程中的各个路径的系数进行测度，如表 8 - 45 所示。

表 8 - 45　　　文化创意产业带与城镇融合共建型系统性保护协同模式的初始结构方程路径估计

路径	模型路径	非标准化路径系数	标准化路径系数	S. E.	C. R.	P
γ_1	CCIZ→UIC	0.330	0.334	0.088	3.804	***
γ_2	CCIZ→RD	0.620	0.618	0.056	10.973	***
β_3	CCIZ→PE	0.560	0.559	0.062	9.044	***
β_4	RD→UIC	0.270	0.268	0.097	2.771	0.006
β_5	PE→UIC	0.250	0.247	0.078	3.162	0.002

注：*** 表示 $P < 0.001$。

由表 8 - 45 可以看出，所有路径都较好地通过了显著性检验。因此，认为所构建的文化创意产业带与城镇融合共建型系统性保护协同模式的结构方程模型为最满意的结构方程，研究对其进过标准化处理之后，路径系数均在 -1 ~ 1，最终得出文化创意产业带与城镇融合共建型协同模式的最终结构方程模型，如图 8 - 34 所示。

为进一步探讨文化创意产业带与城镇融合共建型系统性保护协同模式中各个变量之间的关系，本书将从间接效应和直接效应两个方面对各个作用路径的影响进行解释说明。其中，直接效应是指某一变量作为原因而对另一变量产生的影响，间接效应是指某一变量作为原因通过其他变量对另一变量产生的影响。间接效应的作用路径系数为间接效应发生过程中，每一个过程的系数之积，两个变量之间的总效益为二者直接效应和间接效应之和。为有效测度文化创意产业带与城镇融合共建型系统性保护协同模式的主要变量，本书将对文化创意产业带（CCIZ）、资源开发（RD）、政策环境（PE）、城镇融合共建型（UIC）4 个变量的作用效应进行分解可知，在文化创意产业带与城镇融合共建型系统性保护协同模式的作用过程中，资源开发和政策创新都对城镇融合共建型产生了直接作用，分别为 0.270 和 0.250，文化创意产业带还对城镇融合共建型产生了间接作用，其间接作用为 0.3047。因此，在文化创意产业带与城镇融合共建型系统性保护协同模式的作用过程中，资源开发和政策环境是两个重要的中间变量。

第三，结构方程的假设检验及效应分解。

根据上述对文化创意产业带与城镇融合共建型系统性保护协同模式的实证结构分析，结合前文所提出的研究假设和理论模型，对文化创意产业带与城镇融合共建型系统性保护协同模式的作用假设和路径系数进行了归纳总结，具体如表 8 - 46 所示。

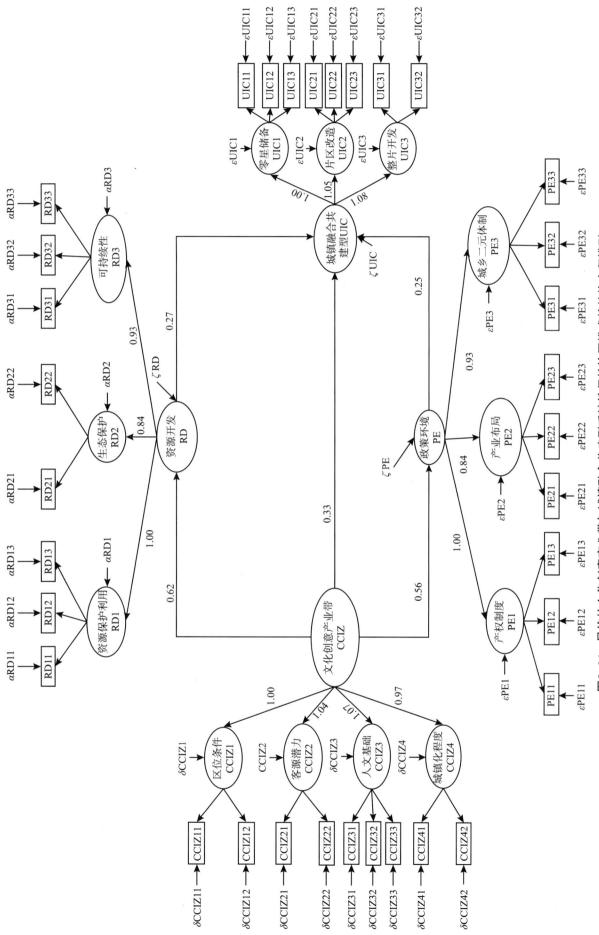

图8—34　最终的文化创意产业带与城镇融合共建型系统性保护协同模式的结构方程模型

表 8 - 46   文化创意产业带与城镇融合共建型系统性保护协同模式结果讨论分析

路径	模型路径	标准化路径系数	显著性水平	对应假设	检验结果
γ_1	CCIZ→UIC	0.334	***	HF1	支持
γ_2	CCIZ→RD	0.618	***	HF2	支持
β_3	CCIZ→PE	0.559	***	HF3	支持
β_4	RD→UIC	0.268	0.006	HF4	支持
β_5	PE→UIC	0.247	0.002	HF5	支持

注：*** 表示 P < 0.001。

文化创意产业带到城镇融合共建型的标准化路径系数为 0.334，P < 0.001，较好地通过了显著性检验。基于此，可以得出"文化创意产业带建设规模对推进城镇融合共建进程具有显著的正向作用"的假设成立，即研究结果支持原假设 HF1。

文化创意产业带到资源开发的标准化路径系数为 0.618，P < 0.001，较好地通过了显著性检验。基于此，可以得出"文化创意产业带建设水平对提升资源开发效率具有显著的正向作用"的假设成立，即研究结果支持原假设 HF2。

文化创意产业带到政策环境的标准化路径系数为 0.559，P < 0.001，较好地通过了显著性检验。基于此，可以得出"文化创意产业带建设水平对营造良好的政策环境具有显著的正向作用"的假设成立，即研究结果支持原假设 HF3。

资源开发到城镇融合共建型的标准化路径系数为 0.268，P 值为 0.006，在 1% 的水平上显著，因此，认为该假设较好地通过了显著性检验。基于此，可以得出"资源开发效率对提升城镇融合共建水平具有显著的正向作用"的假设成立，即研究结果支持原假设 HF4。

政策环境到城镇融合共建型的标准化路径系数为 0.247，P 值为 0.002，在 1% 的水平上显著，因此，认为该假设较好地通过了显著性检验。基于此，可以得出"政策环境水平对提升城镇融合共建效率具有显著的正向作用"的假设成立，即研究结果支持原假设 HF5。

综合以上研究得出，假设 HF1、假设 HF2、假设 HF4、假设 HF5 均存在合理性。本书认为前文所构建的文化创意产业带与城镇融合共建型系统性保护协同模式的结构方程模型中，资源开发和政策环境作为两个重要的中间变量，在文化创意产业带与城镇融合共建型协同作用过程中起着重要作用。文化创意产业带对资源开发和政策环境的直接效应分别为 0.618 和 0.559，资源开发和政策环境对城镇融合共建型的直接效应分别为 0.268 和 0.247，文化创意产业带对城镇融合共建型的直接作用效应和间接作用效应分别为 0.334 和 0.3047，因此可以看出，文化创意产业带对城镇融合共建型的直接作用大于间接作用。

第 9 章　文旅深度融合新业态与军事文化遗产系统性保护协同模式研究

9.1　军事博物馆与军事基地改造型系统性保护协同模式的实证研究

9.1.1　研究假设

第一，军事博物馆的作用。

博物馆能连通过去、现在和未来，高效保护和传承人类文明，促进世界文明交流互鉴。在文旅深度融合理念下，军事博物馆积极拓展服务渠道和创新服务方式，不断融入文化内涵，完善文化产品供给品类，提升产品服务品质，助力于旅游业及相关产业的发展。军事博物馆具有较强的产业关联性，一方面，军事博物馆是在不同类型的军事基础上建立起来的，不同主题的博物馆具有不同的特点和优势，且与周边的生态环境、人文景观是相互关联的，共同构成一个完整的军事博物馆系统；另一方面，军事博物馆的文化内涵丰富，其能产生较强的产业渗透力和辐射力，不仅有着较长的产业价值链，与旅游、影视、建筑等行业相互带动，而且通过传播、复制和整合军事文化产品，彰显文化属性与价值底蕴，满足了人们的精神需要。正是由于军事博物馆强的产业关联性，打破了原先传统的博物馆形式，促进军事与文化、旅游、影视、会展等产业联合发展，产业发展方式多种多样，优化了产业结构模式，其经济价值持续提升。基于此，可以看出，军事博物馆的建设对优化产业结构起着重要的影响作用，故提出如下假设：

HA1：军事博物馆建设对推动产业结构调整具有显著的正向作用。

军事博物馆里所展示的藏品是古代人民和现代人民经过不断斗争形成的，饱含着人类文明和价值财富，其发展离不开人们的力量和特定的发展机遇。军事博物馆的发展机遇包括：国家对军事遗产的保护意识加强；党和政府对博物馆建设的高度重视；政策法规体系日益健全；博物馆设施建设不断完善，运营模式创新优化；游客休闲需求增强，博物馆旅游兴起等几个方面。经济社会的发展，对军事博物馆的发展提出了新要求，一是要跟随人们思想和旅游需求的转变，探寻历史遗迹记忆，这就需要与地方居民、政府相互合作，挖掘遗产历史背景，回溯军事文化，传播军事精神；二是要紧跟信息时代和科技时代的步伐，开发多种博物馆展示形式和游客体验模式，这就需要借鉴专家已有的研究资料和实践经验，针对不同主题和发展定位的博物馆规划出不同的建设建议。在此过程中，还需要引进一定规模的高科技人才参与军事博物馆建设进程当中，高效率建设军事博物馆，在这期间，政府的管理制度、政策经费补贴等起着重要的推动作用。新时代下的军事博物馆对各开发主体的要求更高，为其技能、知识的提升指明了方向，反之，高质量、高品质的开发主体是建设军事博物馆的关键力量。基于此，可以看出，军事博物馆建设对开发主体完善起着重要的影响作用，故提出如下假设：

HA2：军事博物馆建设对开发主体完善具有显著的正向作用。

军事博物馆是主要通过转变军事基地利用模式，利用军事遗址的资源和周围环境作为陈列军事战争史的载体，以展示历史军事人物、军事事件来保护军事文化遗产而修建的博物馆或纪念馆，是保护军事文化遗产最重要的方式之一。军事博物馆强调的是从生态、社会、文化等多角度考虑，在原始军事文化遗产区域进行改造而构建的军事遗产保护基地，构建军事博物馆一方面可以为军事资源注入新生活力，保护和诠释军事历史文化；另一方面，能够充分挖掘军事资源优势，将其与旅游产业、文化产业统一协同发展，提高军事文化遗产的潜在价值，为后续的区域改造升级奠定基本条件。基于此，可以看出，军事博物馆建设对推动军事基地改造型系统性保护起着重要的影响作用，故提出如下假设：

HA3：军事博物馆建设对推动军事基地改造型系统性保护具有显著的正向作用。

第二，产业结构调整的作用。

随着现代科技和经济的发展，第一产业在经济发展中的比例缩小，第二产业和第三产业比例增加，其中，旅游等服务行业占主要部分，产业结构调整与优化是后发展国家转变经济发展方式的根本保证，对经济增长具有重大贡献，对转变文化遗产内在结构、创新文化发展模式、提升遗产市场竞争力也具有关键作用。除此之外，黄惠英（2020）等还指出，产业结构调整有利于发挥城镇化的产业集聚和扩散功能，带动相同产业或不同产业之间的联动发展，保障了军事基地改造型军事文化遗产保护方式的开发，为军事旅游的可持续发展提供了重要指导。基于此，可以看出，产业结构调整对推动军事基地改造型系统性保护起着重要的影响作用，故提出如下假设：

HA4：产业结构调整对推动军事基地改造型系统性保护具有显著的正向作用。

第三，开发主体的作用。

旅游发展的主体是"人"，军事博物馆作为军事旅游的一种，是系统性保护军事文化遗产的重要方法之一，其发展主体也是"人"。在军事旅游发展过程中，同质化现象严重、服务设施老化、管理方式不统一、服务人员素质低等问题日益显现，这与各方主体发挥的作用密切相关。在信息化时代和数字化时代，应顺应互联网快速发展，推动技术创新进程，将先进技术融入军事博物馆当中，采用 VR、AR 等技术，建立数字博物馆，或综合运用静态陈列和动态叙事，展示军事资源，增强博物馆竞争力，满足大众需求。在这过程中，离不开政府、专家、居民等主体的指导与参与，竞争力的核心在于科技，科技发展依赖人才，只有通过政府统一指导，实施科技创新相关政策，提供一定的资金补贴，才能吸引大量专家进行深度研究，也才能提供专业性培训教育，并唤起居民的主动性和积极性，自愿投入到建设新型军事博物馆当中。基于此，可以看出，开发主体对推动技术创新起着重要的影响作用，故提出如下假设：

HA5：开发主体对推动技术创新具有显著的正向作用。

开发主体是军事博物馆事业发展和兴旺的重要推动力和强大支撑，博物馆从原来单一的观赏功能转变为集教育、学习、娱乐、休闲于一体的多元功能，经过专业化培训的开发主体能够不断适应新功能和角色的转变。政府应积极制定帮扶政策，鼓励公众积极参与，加强人才培养，引进优秀的专家学者，增加坚实的学术支撑，最大限度地修复军事遗址地，为军事遗产保护创造条件和提供支持，并同时增强公众的保护意识。基于此，可以看出，开发主体对推动军事基地改造型系统性保护起着重要的影响作用，故提出如下假设：

HA6：开发主体对推动军事基地改造型系统性保护具有显著的正向作用。

第四，技术创新的作用。

创新作为引领发展的第一动力，对建设现代化经济体系具有重要的战略支撑作用，根据党的十九大报告，我国经济发展的推动力正由"低环境成本"向"科技创新驱动"转变，经济质量水平由高速向中高速转变，并逐渐对绿色生态环境的维护和产业结构升级的需求更强烈、关注度更高。技术创新可以表现为新技术成果的充分应用、技术知识水平的全面提升、科学研究的新发现和新探索、技术管理方法的突破和改进，与产业结构升级调整是相互补充的关系。马鹏晴（2018）以上海各产业为例，得出产业创新对产业结构调整升级和经济增长的贡献作用是非常明显的。林春艳和孙凡超（2016）根据研究结果发现，技术创新和技术引进有助于区域产业结构合理化和高级化。

技术创新对产业结构调整主要可以从以下三个方面进行分析：一是技术创新会降低产品成本，节约资源使用，随着消费品的升级换代、游客购买意识的转变以及可替代资源增加，为了满足消费者改变的需求结构，需要创新产业模式，而技术创新能够帮助创造新需求，进而推动产业结构调整。二是随着社会生产方式的转变，产业结构发生变化，并随着社会效益、生态效益和经济效益的提高而不断优化升级，在整个过程中，技术创新是最主要的助推力。三是技术创新促进了生产要素之间的相互融合，从而导致了整个社会生产结构的变化。总体来看，技术创新是军事博物馆发展的关键力量，其通过适应社会需求、提高生产效率、加强要素流动、优化服务质量等方式，推动军事基地以更好的方式改造从而实现军事文化遗产的系统性保护，同时，采用线上与线下相结合的方式拓宽服务人群，全面提升公共文化服务水平，丰富军事博物馆的军事文化供给，宣传军事文化价值，帮助作用于军事文化遗产地区的产业结构优化升级，也进一步为改造军事基地提供了新鲜活力。基于此，可以看出，技术创新对促进产业结构优化和推进军事基地改造型系统性保护起着重要的影响作用，故提出如下假设：

HA7：技术创新对推动产业结构调整具有显著的正向作用。

HA8：技术创新对推动军事基地改造型系统性保护具有显著的正向作用。

第五，关于军事博物馆与军事基地改造型系统性保护协同模式的理论模型。

根据军事博物馆与军事基地改造型系统性保护协同模式的分析框架、研究假设的相关内容，综合考虑军事博物馆与军事基地改造型协同现状，本书构建出军事博物馆与军事基地改造型系统性保护协同模式的理论模型，如图 9-1 所示。

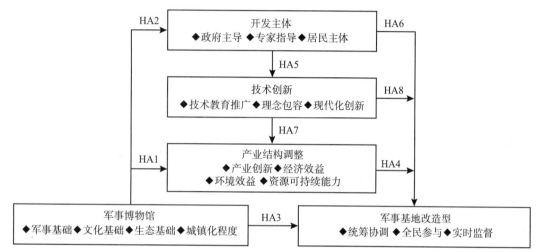

图 9-1 军事博物馆与军事基地改造型系统性保护协同模式的理论模型

根据图 9-1 可以看出，该模式包含军事博物馆、产业结构调整、开发主体、技术创新和军事基地改造型五个变量，其中，军事博物馆包括军事基础、文化基础、生态基础、城镇化程度四个方面；产业结构调整包括产业创新、经济效益、环境效益、资源可持续能力四个方面；开发主体包括政府主导、专家指导、居民主体三个方面；技术创新包括技术教育推广、理念包容、现代化创新三个方面；军事基地改造型包括统筹协调、全民参与、实时监督三个方面。军事博物馆与军事基地改造型之间既具有直接的作用路径，也具有间接的作用路径。间接路径有以下 4 条：①军事博物馆—产业结构调整—军事基地改造型；②军事博物馆—开发主体—军事基地改造型；③军事博物馆—开发主体—技术创新—军事基地改造型；④军事博物馆—开发主体—技术创新—产业结构调整—军事基地改造型。构建军事博物馆与军事基地改造型系统性保护协同模式的理论模型，为利用结构方程模型进行实证分析奠定了理论基础。

9.1.2 实地访谈

第一，关于案例地发展状况。

中国甲午战争博物馆位于刘公岛主干路——丁公路中西段，馆址为北洋海军提督署旧址，是以甲午战争和北洋海军为主题的纪念遗址类博物馆。中国甲午战争博物馆于 1985 年建立开馆，于 1988 年被列为第三批全国文物保护单位，2008 年加入现代化综合性的陈列馆，在我国近代海防设施中，其文物遗址群保存最完整、规模最大、现存数量最多，具有重要的历史价值、科学价值、艺术价值和情感价值，文化遗产价值突出。中国甲午战争博物馆与刘公岛形成同生共荣的关系，依托刘公岛甲午战争纪念地丰富的甲午文化、海权文化、英租文化、刘公文化的文化底蕴、遗址资源以及自然风光，发展军事旅游，经济旅游价值高。本书以中国甲午战争博物馆为案例研究对象，符合本书研究内容，其发展进程和特征对推进文旅深度融合新业态与军事文化遗产系统性保护协同模式具有代表性和特色性。

本书重点从中国甲午战争博物馆的整体发展状况分析"军事博物馆与军事基地改造型系统性保护协同模式"的发展情况。根据前文已有的分析内容，中国甲午战争博物馆具有良好的军事基础、文化基础和生态基础，通过政府、专家和居民的广泛参与，在坚持统筹协调、全民参与、实时监督的基础上得到持续升级发展。

第一阶段：文化遗产旅游资源推动博物馆发展。

中国甲午战争博物馆位于刘公岛上，两者密切的地理历史关系使其整体相互依赖、相互促进，刘公岛依靠自身丰富的文化遗产旅游资源，最大程度激发其遗产价值，营造了中国甲午战争博物馆的良好发展环境。刘公岛的文化遗产旅游价值包括文化遗产旅游环境和文化遗产资源。城市环境、刘公岛自然环境和人造景观环境共同构成文化遗产旅游环境。首先是城市环境，刘公岛是山东省威海市的一部分，主要借助威海的旅游环境、社会环境和历史环境，致力于塑造城市环境的氛围。一是威海卫与刘公岛是我国防御倭寇的军事重镇，是重要的海防要地。二是威海城市的渔捕文化浓郁、祭海仪式独特、海草房等建筑特色鲜明，加之与韩国密集的贸易往来和人员交流成就了独特的韩国风情，社会氛围和谐，吸引了众多游客旅游。三是威海具有山、泉、海、岛、城特色不同的旅游资源，景色优美、气候宜人，结合优越的地理区位环境，与青岛、烟台形成独特的海滨城市旅游效应。其次是自然景观环境，刘公岛是国家海洋公园和国家级文化产业示范基地，也是全国第一个国家级海上森林公园，拥有丰富的海洋资源和森林资源。最后是人造景观环境，刘公岛博览园作为刘公岛人造景观的一种，阐述和补充了刘公传说、甲午遗址、刘公岛英租遗址遗产资源，各文化遗产有机结合，极具观赏价值，共同构成了丰富多彩的旅游景观。

刘公岛的文化遗产资源包括北洋海军、甲午战争、汉代刘公传说、战国遗址以及英国殖民时期遗迹等，蕴含着军事遗产所承载的精神文化内涵，是中国甲午战争博物馆进行爱国主义教育和国防教育的基础。所以，综合来看，北洋海军和甲午战争等军事遗迹的历史文化形成了刘公岛文化遗产旅游的特色资源，并依托城市环境、自然环境和人造景观环境，极大地推动了中国甲午战争博物馆的发展。

第二阶段：全面扩大博物馆功能。

中国甲午战争博物馆结合自身发展的需要，在有效保护原先资源价值的基础上，原状陈列和复原陈列包括北洋海军提督、丁汝昌寓所、黄岛炮台、龙王庙等在内的遗址。在 2010 年，基于历史材料，当地政府启动复原陈列工程，对提督署原貌实现最大程度的恢复，并在保护遗址建筑和环境真实性的基础上增强其展示功能，不仅优化了博物馆服务质量，还为旅游的可持续开发创造了条件。

除了通过修复文物来促进博物馆可持续发展，当地政府还充分利用文化遗产资源和历史文献材料，建立甲午战争研究资料中心和中国甲午战争博物馆学术研究中心等专业性科研组织机构，开展学术教育活动，增加游客的文化价值感知和历史认同感。与此同时，中国甲午战争博物馆还积极开展海防教育活动和爱国主义教育，一是吸引社会大众进入博物馆参观，通过详细的讲解服务和直观的展览方式，让游客感受到战争的残酷与带来的灾难，培养以广大青少年为主的爱国主义情怀。二是深入学校、社区、机关，开展宣传教育，提供宣传资料，使甲午战争历史知识普及化，增强社会大众的爱国精神意念和国防意识。正是因为此，中国甲午战争博物馆被评为国防教育基地、全国爱国主义教育示范基地、全国优秀社会教育基地等，赋予了博物馆教育功能，进一步促进了博物馆的发展。

第三阶段：创新驱动博物馆可持续旅游。

在新时代背景下，现代科技水平持续进步和人们旅游需求发生转变，中国甲午战争博物馆不断创新发展模式。首先，博物馆实现全馆无障碍参观，完善了咨询台、休息室、洽谈室等基础建筑，提供线上语音导览和多种语言人工讲解服务，注重为游客提供人性化服务。其次，博物馆开放官方网站、建立学术研究论坛，发布文物展览资讯和参观指南，拓宽学者之间的交流渠道，并开发数字博物馆，让游客在实际参观之前对中国甲午战争博物馆具有一定程度的初步了解。最后，中国甲午战争博物馆创办了国内首个"黄海海战" 3D 影视厅，将声、光、电与多媒体融合，再现"威海卫保卫战"那震撼人心的战争场面。在如今 5G 时代的到来，博物馆正在探索以更为先进的技术手段创新展示模式，为游客提供高质量的参观体验，满足游客精神上的旅游需求。

第二，中国甲午战争博物馆对军事博物馆与军事基地改造型系统性保护协同模式的作用。

在中国甲午战争博物馆的建设发展过程中，文化遗产资源是开发基础，技术创新是驱动力，基础设施建设是重要支撑，居民参与是关键。综合考量中国甲午战争博物馆发展进程中各方面的要素基础，本书将案例分析的作用点集中在文化遗产资源、居民、技术和地区产业特色等方面，提炼出开发主体、技术创新、产业结构调整三个关键性构念，并对其进行结构化、系统化、科学化的分析讨论，构建出中国甲午战争博物馆建设中开发主体、技术创新及产业结构调整的作用模型，为探讨开发主体、技术创新、产业结构调整在军事博物馆与军事基地改造型协同中的作用进行案例探析。

首先，中国甲午战争博物馆建设中开发主体分析。

中国甲午战争博物馆拥有丰富的文化遗产资源和军事文化内涵，是广大将士浴血杀敌的英勇事迹陈列地，其所属的"刘公岛甲午战争纪念地"，可以说是中国近代史的见证与缩影。中国甲午战争博物馆在不断适应现代社会发展的过程中，形成了政府主导、专家指导、居民参与的局面，有效推动了军事文化遗产深入保护。基于上述分析，参考军事博物馆与军事基地改造型系统性保护协同模式的结构方程实证结果，研究初步科学地构建出中国甲午战争博物馆建设中开发主体的作用模型，见图 9 - 2。

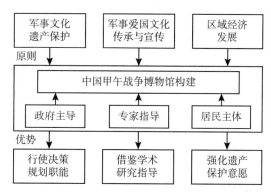

图 9 - 2　中国甲午战争博物馆建设中开发主体的作用模型

图 9 - 2 展示了中国甲午战争博物馆建设中开发主体的作用模型，可以清晰看出，中国甲午战争博物馆从开发主体出发，坚持政府主导、专家指导、居民参与的原则，保证各个开发主体都能发挥主体作用。一是在政府主导方面，威海市及刘公岛人民政府、文化局积极制定抢救保护规划，聘请专业人才修复文物遗址，同时，合理分配政府内部相关部门的职责，将具体工作落实到实处，并依法建立科学的保护体系，挖掘、整合纪念地的历史文化价值。二是专家指导方面，中国甲午战争博物最大程度发挥社会效用，加强与各高校和各类学术机构的交流合作，邀请专家学者开展讲座，为博物馆创新发展和保护提供建议。三是居民主体方面，在政府相关政策的推动下，当地居民积极加入宣传甲午文化的行列当中，在传承军事文化的过程中提高了自身的专业素质，除此之外，由于较多居民一直生活在这里，具有情感依恋，大部分居民还投入到生态环境保护中，为发展军事旅游创造了优美的景观环境，带动当地区域经济，也让外地游客真切感知到军事文化魅力、体会到战争残酷，从而愿意传承甲午军事文化。因此，开发主体是军事文化遗产系统性保护的关键力量，政府统筹规划，制订整体计划；专家根据现实情况加以研究，提出宝贵意见；居民是与遗产亲密接触的主体，最了解当前发展情况，提供针对性政策建议，以保证开展正确的保护模式，促进军事博物馆有效地保护军事文化遗产，假设 HA2、假设 HA3、假设 HA5 和假设 HA6 成立。

其次，中国甲午战争博物馆建设中技术创新分析。

中国甲午战争博物馆的技术创新主要是指运用现代化科学技术和信息技术，规范文物遗址保护、修复工作，创新传统遗产展示方法。技术创新过程中涉及资金、人才、技术、政策等各方面内容，尤其是技术教育推广、理念包容和现代化创新三个方面。基于此，从技术教育推广、理念包容和现代化创新三个角度出发，构建出中国甲午战争博物馆建设中技术创新的作用模型，见图 9 - 3。

图 9 - 3 展示了中国甲午战争博物馆建设中技术创新的作用模型，可以清晰看出，技术创新是实现中国甲午战争博物馆可持续发展的持续推动力，不仅有利于博物馆适应日益升级发展的游客需求，而且有利于博物馆发挥其内在价值，为推动军事文化遗产系统性保护提供了有益条件。技术创新包括技术教育推广、理念包容和现代化创新三部分内容，一是技术教育推广，中国甲午战争博物馆重视技术发挥的重要作用，广泛引进外部企业先进技术，参与相关技术教育，增加内部技术人员，同时，主动与其他博物馆交流经验，共同推动博物馆增加竞争优势，促进可持续发展。二是理念包容，威海市及刘公岛政府部门积极倡

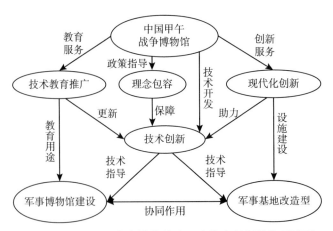

图 9-3　中国甲午战争博物馆建设中技术创新的作用模型

导发展创新产业，不过度依赖以前落后的开发模式，而是将传统发展理念与现代先进的发展理念相互整合，激起发展活力。三是现代化创新，技术永远都处在创新之路上，中国甲午战争博物馆早先运用多媒体技术增强陈列效果、使用电子设备虚拟翻阅《马关条约》以及采用 3D 技术重现"黄海海战"战争场面。目前在大数据、互联网时代，博物馆在不断探索与 AR、VR 全景技术的融合，以更加深刻地展示甲午文化，丰富军事旅游项目。因此，技术创新在军事博物馆与军事基地改造型系统性保护协同过程中起着重要的作用，与创新主体类型和能力、创新教育水平以及创新渠道和模式息息相关，所以，应引进专业技术人才，提供专业化的技术教育培训和指导，加大科研资金支持，鼓励各遗产地利用现代先进技术不断创新军事文化遗产保护模式，及时与当今时代变化挂钩，愿意接受、更新原始保护方法，在这期间还可以节约人力、物力和资金投入，将其应用到其他需要的地方，假设 HA7 和假设 HA8 成立。

最后，中国甲午战争博物馆建设中产业结构调整分析。

产业结构调整与军事文化遗产地的游客需求、资源特色都存在关系。本书阐释了中国甲午战争博物馆各产业、各组织的构成及其相互作用关系，其中，中国甲午战争博物馆的产业创新、经济效益、环境效益及资源可持续发展状况均对产业结构调整产生了直接或间接的影响。本书综合考虑中国甲午战争博物馆产业结构变化的整个过程，着重把握产业创新、经济效益、环境效益及资源可持续能力四个方面，较为科学地构建出中国甲午战争博物馆建设中产业结构调整的作用模型，见图 9-4。

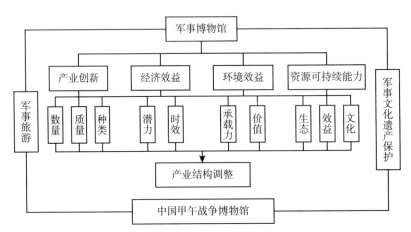

图 9-4　中国甲午战争博物馆建设中产业结构调整的作用模型

图 9-4 展示了中国甲午战争博物馆建设中产业结构调整的作用模型，可以清晰看出，中国甲午战争博物馆的产业结构变化影响着资源数量、资源质量、资源种类、经济潜力、经济时效、环境承载力、环境价值、生态持续、效益持续、文化持续，具体而言，产业结构调整可以体现为以下几个方面：

一是产业创新方面，旅游者对历史文化需求强烈，传统的产业发展模式已不能适应这种需求，中国甲午战争博物馆由于内部潜在的价值内涵无法被充分提炼出，于是逐步与旅游等相关产业协同发展，创新产业，优化产业结构，挖掘深层次的文化内涵，带动军事文化遗产旅游，从而满足人们的文化需求。

二是经济效益方面，虽然博物馆是一种非营利性的社会文化机构，但在文化旅游的持续推进下，中国甲午战争博物馆与旅游产业的深度融合所蕴含的经济价值不容忽视。一方面是纪念品和配套服务收入，北洋海军提督署的部分展厅设置纪念品销售点，与专业旅行社合作进行产品邮购，同时，借助博物馆蕴藏的甲午战争和北洋海军资源，中国甲午战争博物馆设计出售仿美丽中国集邮册、清炮弹打火机、邓世昌头像看盘、定远舰模型等特色商品以及历史图书等。另一方面是中国甲午战争博物馆具有极高的知名度和极强的品牌效应，能有效带动周边餐饮、住宿、旅游、交通等产业，产生经济联动效应，促进城市经济发展。

三是生态效益方面，威海海岛较为脆弱、周围环境较为敏感，生态旅游与文化遗产旅游相辅相成，分别作为刘公岛旅游的重要组成部分。生态环境直接影响着游客参观博物馆的情绪与心理，发展军事旅游时，中国甲午战争博物馆努力达到旅游发展的现实条件，以保护生态环境为原则，积极从事绿色环境建设，在文物遗址复原之前充分考虑环境因素，使自然环境与文物古迹融为一体，优化游客旅游环境，保护环境承载力，提高环境潜在价值。

四是可持续方面，中国甲午战争博物馆通过现代技术手段将图片、影像和文化等资料进行陈列组合，并不断完善旅游基础设施和服务设施，整合资源特色，实现生态、效益和文化可持续发展。

因此，要实现军事博物馆文旅融合新业态与军事基地改造型系统性保护发展模式协同，就要立足于保护资源原真性的角度挖掘遗产文化内涵，推动产业结构调整，并重视现代技术的发展，结合政府、企业专家、居民的意见，多维度、多层次、多角度、系统地保护军事文化遗产的整体性和独特性，假设 HA1 和假设 HA4 成立。

关于案例验证分析：

此次案例研究选取的是中国甲午战争博物馆，调研小组通过实地调研获得了准确性较高的数据资料，对中国甲午战争博物馆的情况了解得更加清楚明晰，同时也保证了资料数据的真实性、严谨性、准确性。为了有效地展开对军事博物馆与军事基地改造型协同模式的案例研究，本研究首先对选择的中国甲午战争博物馆这个研究对象进行了阐释说明，将中国甲午战争博物馆的发展历程和开发方向概况分为三个阶段，一是文化遗产旅游资源推动博物馆发展阶段，二是全面扩大博物馆功能阶段，三是创新驱动博物馆可持续旅游阶段，经过对这三个阶段进行全面而深入的分析，总结提炼出中国甲午战争博物馆发展所面临的挑战及其解决办法，得出中国甲午战争博物馆以悠久的旅游资源基础为出发点和突破口，融合先进技术，有效促进多元化功能发展，塑造旅游品牌形象，实现产业可持续优化。其中，依据前文构建的军事博物馆与军事基地改造型系统性保护协同模式的结构方程实证分析结果，在案例分析中着重把握产业结构调整、技术创新、开发主体三个方面的内容，构建出中国甲午战争博物馆建设中开发主体、技术创新、产业结构调整的作用模型。

本书采用案例研究的方法进行单案例研究，选取中国甲午战争博物馆为典型案例对军事博物馆与军事基地改造型系统性保护协同模式进行验证。结合前文所构建的军事博物馆与军事基地改造型系统性保护协同模式的分析框架、研究假设和结构方程实证分析的相关内容，以中国甲午战争博物馆的发展状况为出发点，着重把握产业结构调整、技术创新、开发主体在文旅深度融合新业态与军事文化遗产系统性保护中的作用，以中国甲午战争博物馆为案例对军事博物馆与军事基地改造型系统性保护协同模式过程中的影响因素进行案例验证，进一步科学有效地验证了军事博物馆与军事基地改造型系统性保护协同模式的有效性。

9.1.3　问卷数据分析

第一，样本数据的描述性统计及信度效度检验。

首先，军事博物馆与军事基地改造型系统性保护协同模式的协同度测算。

军事博物馆与军事基地改造型系统性保护协同模式的协同效应和协同机制通过评价两者的"协同性"进行评估判断。在评估军事博物馆与军事基地改造型系统性保护协同模式的协同性之前，将从实证分析出发，借用前文实证研究中所使用的度量指标来建构相关的指标体系，引入实地调研的数据计算军事博物馆与军事基地改造型系统性保护协同模式的协同度。依据实证分析结果，产业结构调整和开发主体都对军事基地改造型产生了直接影响效应，军事博物馆和技术创新通过其他变量对其产生了间接影响效应，因此，军事博物馆与军事基地改造型协同模式要依靠产业结构调整、开发主体、技术创新3个子系统发挥作用。本书从军事博物馆的军事基础、文化基础、生态基础、城镇化4个变量出发，分析军事博物馆对产业结构调整子系统、开发主体子系统、技术创新子系统产生的直接或间接的影响作用。基于此，对军事博物馆与军事基地改造型系统性保护协同模式进行协同度评价，与此同时，联合评价产业结构调整子系统、开发主体子系统、技术创新子系统并对其评价进行整体检验，进而参考各子系统的协同度来客观反映军事博物馆与军事基地改造型所形成的复合系统的协同度。

本书充分运用协同学的相关理论基础和原理，构建军事博物馆、产业结构调整、开发主体、技术创新和军事基地改造型5个子系统间的协同度模型。军事博物馆、产业结构调整、开发主体、技术创新和军事基地改造型5个子系统的序参量，如表9-1所示。

表9-1　　　　　　　　　　　　　　　　各子系统序参量

子系统	测量指标	序参量
军事博物馆	军事基础、文化基础、生态基础、城镇化程度	M11、M12、M21、M22、M31、M32、M41、M42
产业结构调整	产业创新、经济效益、环境效益、资源可持续能力	IR11、IR12、IR13、IR21、IR22、IR31、IR32、IR33、IR41、IR42
开发主体	政府主导、专家指导、居民主体	DS11、DS12、DS13、DS21、DS22、DS23、DS31、DS32、DS33
技术创新	技术教育推广、理念包容、现代化创新	TI11、TI12、TI21、TI22、TI31、TI32
军事基地改造型	统筹协调、全民参与、实时监督	RMB11、RMB12、RMB13、RMB21、RMB22、RMB23、RMB31、RMB32

在确定各个子系统的序参量后，将对军事博物馆、产业结构调整、开发主体、技术创新和军事基地改造型5个子系统逐一进行有序计算，具体计算见公式（5-6），结合前文对军事博物馆与军事基地改造型协同模式的理论模型的相关分析，得出其他子系统的有序度和序参量之后，计算系统协同度并重新测量子系统的有序度，进而得到总系统的协同度。同理，得出军事博物馆与军事基地改造型协同模式中产业结构调整、开发主体、技术创新、军事基地改造型等其他子系统之间的协同度，见表9-2。

表9-2　　　　　　　　　　　　　　　　各子系统间的系统协同度

子系统	M	IR	DS	TI	RMB
军事博物馆（M）	—	—	—	—	—
产业结构调整（IR）	0.57	—	—	—	—
开发主体（DS）	0.57	0.52	—	—	—
技术创新（TI）	0.59	0.53	0.53	—	—
军事基地改造型（RMB）	0.63	0.57	0.57	0.59	—

根据表4-1系统协同度区间划分，将协同度分为5个区间，结合表9-2关于军事博物馆与军事基地改造型系统性保护协同模式中的各子系统的协同度大小，可以得出协同模式中的军事博物馆、产业结构调整、开发主体、技术创新和军事基地改造型这5个子系统相互之间的协同度都处于高度协同的范围，基于此，判定军事博物馆与军事基地改造型具有良好的协同性。

其次，本书通过对获取的军事博物馆与军事基地改造型协同第一手数据进行初步评估和数量统计，认为有效问卷的数量与结构方程所需量相符合，为下一步进行实证分析奠定了基础。为确保所得数据的准确性和可靠性，在进行实证之前，对问卷数据进行信度分析和效度分析。

再次，对军事博物馆与军事基地改造型系统性保护协同的问卷数据进行描述性统计分析，对军事博物馆、产业结构调整、技术创新、开发主体、军事基地改造型5个主要变量的观测指标进行均值和标准差统计。其中，均值指标是衡量模型中各个变量的分布的平均程度和集中度。标准差指标是衡量模型中各个变量数据的分散程度，即离散程度大小。本书借助于SPSS 25.0计算各个观测变量的均值、标准差、最大值和最小值，详细情况见表9-3。

表9-3　　　　　　　　　　　　　　　描述性统计

主要变量	潜在变量	观测变量	均值	标准差	最大值	最小值
军事博物馆（M）	军事基础（M1）	M11	3.66	0.681	5	1
		M12	3.71	0.730	5	1
	文化基础（M2）	M21	3.58	0.797	5	1
		M22	3.62	0.807	5	1
	生态基础（M3）	M31	3.55	0.753	5	2
		M32	3.54	0.716	5	2
	城镇化程度（M4）	M41	3.63	0.816	5	1
		M42	3.61	0.768	5	1
产业结构调整（IR）	产业创新（IR1）	IR11	3.18	0.694	5	1
		IR12	3.28	0.716	5	1
		IR13	3.13	0.643	5	1
	经济效益（IR2）	IR21	3.30	0.683	5	1
		IR22	3.21	0.748	5	1
	环境效益（IR3）	IR31	3.19	0.791	5	1
		IR32	3.13	0.747	5	1
		IR33	3.09	0.682	5	1
	资源可持续能力（IR4）	IR41	3.38	0.767	5	1
		IR42	3.19	0.700	5	1
开发主体（DS）	政府主导（DS1）	DS11	3.27	0.758	5	1
		DS12	3.18	0.683	5	1
		DS13	3.07	0.693	5	1
	专家指导（DS2）	DS21	3.29	0.726	5	1
		DS22	3.08	0.724	5	1
		DS23	3.13	0.707	5	1
	居民主体（DS3）	DS31	3.20	0.736	5	1
		DS32	3.11	0.688	5	1
		DS33	3.19	0.731	5	1
技术创新（TI）	技术教育推广（TI1）	TI11	3.35	0.796	5	1
		TI12	3.27	0.816	5	1
	理念包容（TI2）	TI21	3.37	0.770	5	1
		TI22	3.37	0.765	5	1
	现代化创新（TI3）	TI31	3.31	0.814	5	1
		TI32	3.38	0.796	5	1

续表

主要变量	潜在变量	观测变量	均值	标准差	最大值	最小值
军事基地改造型（RMB）	统筹协调（RMB1）	RMB11	3.59	0.750	5	1
		RMB12	3.59	0.786	5	1
		RMB13	3.58	0.777	5	1
	全民参与（RMB2）	RMB21	3.62	0.734	5	1
		RMB22	3.63	0.775	5	1
		RMB23	3.69	0.741	5	1
	实时监督（RMB3）	RMB31	3.61	0.838	5	1
		RMB32	3.67	0.766	5	1

最后，为确保军事博物馆与军事基地改造型系统性保护协同模式检测结果具有真实性、可靠性，对其进行信度检测。利用组合信度系数对军事博物馆与军事基地改造型系统性保护协同模式所整合的各类数据进行分析和检测，分别得出军事博物馆、产业结构调整、技术创新、开发主体、军事基地改造型的组合信度系数。同时，根据表5-4的组合信度检测标准对军事博物馆与军事基地改造型系统性保护协同模式的潜在变量的组合信度系数进行评判。为确保信度检测所得数据能够科学合理地反映各个变量的真实构架，在对军事博物馆与军事基地改造型系统性保护协同模式进行信度检测的基础上，进一步对军事博物馆与军事基地改造型系统性保护协同模式进行效度检测，详细情况见表9-4。

表9-4 各变量信度和效度检验

变量	CR	因子荷载		KMO值	累计方差解释率	Bartlett's 球形检验		
						χ^2	df	Sig.
军事博物馆（M）	0.949	M11	0.870	0.901	69.874	1628.173	28	0.000
		M12	0.827					
		M21	0.863					
		M22	0.840					
		M31	0.781					
		M32	0.813					
		M41	0.848					
		M42	0.842					
产业结构调整（IR）	0.907	IR11	0.669	0.907	49.438	1008.169	45	0.000
		IR12	0.732					
		IR13	0.730					
		IR21	0.747					
		IR22	0.798					
		IR31	0.673					
		IR32	0.760					
		IR33	0.701					
		IR41	0.564					
		IR42	0.628					

续表

变量	CR	因子荷载		KMO 值	累计方差解释率	Bartlett's 球形检验		
						χ^2	df	Sig.
开发主体（DS）	0.893	DS11	0.738	0.915	48.247	751.386	36	0.000
		DS12	0.660					
		DS13	0.726					
		DS21	0.668					
		DS22	0.674					
		DS23	0.697					
		DS31	0.749					
		DS32	0.640					
		DS33	0.692					
技术创新（TI）	0.905	TI11	0.845	0.806	61.420	738.975	15	0.000
		TI12	0.787					
		TI21	0.761					
		TI22	0.738					
		TI31	0.778					
		TI32	0.789					
军事基地改造型（RMB）	0.940	RMB11	0.817	0.906	66.007	1390.557	28	0.000
		RMB12	0.831					
		RMB13	0.823					
		RMB21	0.815					
		RMB22	0.841					
		RMB23	0.832					
		RMB31	0.762					
		RMB32	0.775					

如表 9-4 所示，首先，在对军事博物馆与军事基地改造型进行信度所得数据中可以看出，各个数据的相关组合信度系数值都大于 0.8，因此认为所得数据具有较好的可信度。其次，在对军事博物馆与军事基地改造型进行效度检验所得数据中可以看出，所得各个指标的因子载荷均在 0.5 以上，KMO 值均大于 0.8，因此认为所得数据能够较好地进行因子分析。最后，Bartlett's 球形检验显著性水平均在 0.000，因此，认为此次研究过程中，调查问卷所得数据及各组成部分建构之间有较好的效度。

第二，样本数据的结构方程模型构建及调整。

结构方差模型是一种不同于传统回归分析的数据分析方法，能将因素分析和路径分析有机结合，并能同时处理多个因变量并考虑测量误差影响。本书通过结合军事博物馆与军事基地改造型系统性保护协同模式的变量特征和模型选择，来建立军事博物馆与军事基地改造型系统性保护协同模式的结构方程模型，进而进行结构方程模型估计、检验和分析：首先，构建军事博物馆与军事基地改造型系统性保护协同模式的初始结构方程模型，并设置误差变量；其次，对整体模型进行参数估计，判断军事博物馆与军事基地改造型系统性保护协同模式的拟合度；再次，如果拟合度较差，就根据拟合度结果，通过改变模型或删除题项以提高拟合度；最后，根据军事博物馆与军事基地改造型系统性保护协同模式的参数估计和路径系数，对模型中不理想的路径进行修正，完成最终模型的确定。

研究军事博物馆与军事基地改造型系统性保护协同模式时，依据变量性质构建结构方程模型。依据前文中所写的军事博物馆与军事基地改造型系统性保护协同模式的理论模型，军事博物馆、产业结构调整、技术创新、开发主体及军事基地改造型都是不可直接观测到的变量，属于潜在变量的范畴。在确定变量性质的基础上，对军事博物馆与军事基地改造型系统性保护协同作用中的变量进行归类处理，其中，军事博物馆属内生变量，产业结构调整、技术创新、开发主体属中间变量，军事基地改造型属外生变量。因此，构建军事博物馆与军事基地改造型系统性保护协同模式的结构方程模型如图 9-5 所示，箭头方向代表了变量之间的因果关系。

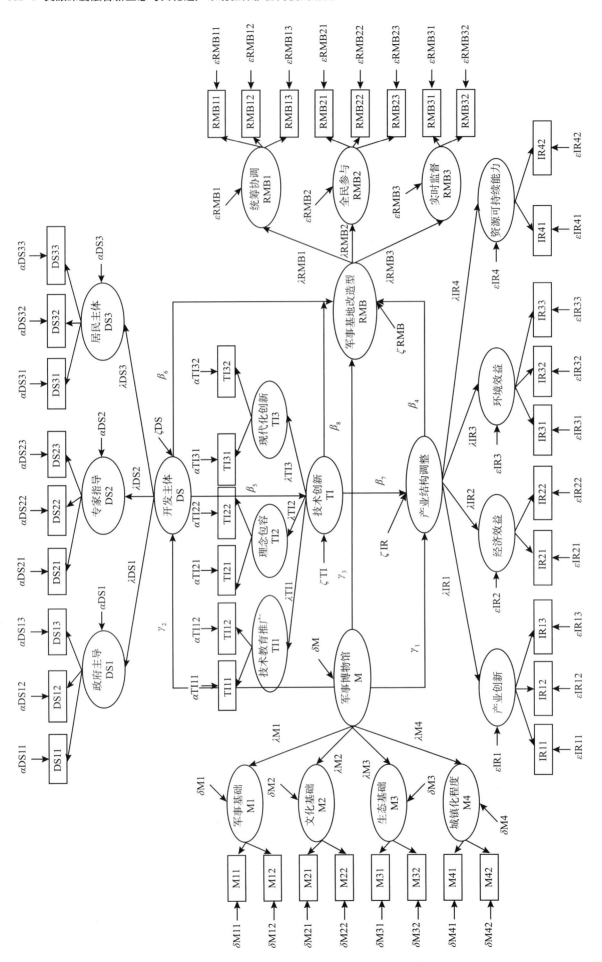

图9-5 军事博物馆与军事基地改造型系统性保护协同模式的初始结构方程模型

　　由图 9-5 所显示的军事博物馆与军事基地改造型系统性保护协同模式的初始结构方程模型可以发现，军事博物馆与军事基地改造型系统性保护协同模式的初始结构方程中存在外生显变量 8 项，具体为 M11、M12、M21、M22、M31、M32、M41、M42；内生显变量共 33 项，具体为 IR11、IR12、IR13、IR21、IR22、IR31、IR32、IR33、IR41、IR42、DS11、DS12、DS13、DS21、DS22、DS23、DS31、DS32、DS33、TI11、TI12、TI21、TI22、TI31、TI32、RMB11、RMB12、RMB13、RMB21、RMB22、RMB23、RMB31、RMB32；外生潜变量共 4 项，具体为 M1、M2、M3、M4；内生潜变量共 13 项，具体为 IR1、IR2、IR3、IR4、DS1、DS2、DS3、TI1、TI2、TI3、RMB1、RMB2、RMB3。这是由观测变量和潜在变量所构成的结构方程模型的测量模型。

　　进行军事博物馆与军事基地改造型系统性保护协同模式的数据验证时，通过对相关变量进行设定以构建观测变量的结构方程式。按照初始结构方程模型，军事博物馆（M）、军事基础（M1）、文化基础（M2）、生态基础（M3）、城镇化水平（M4）为外生潜变量，分别用 ζ_M、ζ_{M1}、ζ_{M2}、ζ_{M3}、ζ_{M4} 表示。产业结构调整（IR）、产业创新（IR1）、经济效益（IR2）、环境效益（IR3）、资源可持续能力（IR4）、开发主体（DS）、政府主导（DS1）、专家指导（DS2）、居民主体（DS3）、技术创新（TI）、技术教育推广（TI1）、理念包容（TI2）、现代化创新（TI3）、军事基地改造型（RMB）、统筹协调（RMB1）、全民参与（RMB2）、实时监督（RMB3）为内生潜变量，分别用 η_{IR}、η_{IR1}、η_{IR2}、η_{IR3}、η_{IR4}、η_{DS}、η_{DS1}、η_{DS2}、η_{DS3}、η_{TI}、η_{TI1}、η_{TI2}、η_{TI3}、η_{RMB}、η_{RMB1}、η_{RMB2}、η_{RMB3} 表示。基于此，构建出军事博物馆与军事基地改造型系统性保护协同模式的观测模型方程式：

$$
\left\{
\begin{array}{lll}
X_{M1} = \lambda_{M1}\xi_M + \delta_{M1} & X_{M2} = \lambda_{M2}\xi_M + \delta_{M2} & X_{M3} = \lambda_{M3}\xi_M + \delta_{M3} \\[4pt]
X_{M4} = \lambda_{M4}\xi_M + \delta_{M4} & X_{M11} = \lambda_{M11}\xi_{M1} + \delta_{M11} & X_{M12} = \lambda_{M12}\xi_{M1} + \delta_{M12} \\[4pt]
X_{M21} = \lambda_{M21}\xi_{M2} + \delta_{M21} & X_{M22} = \lambda_{M22}\xi_{M2} + \delta_{M22} & \\[4pt]
X_{M31} = \lambda_{M31}\xi_{M3} + \delta_{M31} & X_{M32} = \lambda_{M32}\xi_{M3} + \delta_{M32} & \\[4pt]
X_{M41} = \lambda_{M41}\xi_{M4} + \delta_{M41} & X_{M42} = \lambda_{M42}\xi_{M4} + \delta_{M42} & \\[4pt]
Y_{TI1} = \lambda_{TI1}\eta_{TI} + \varepsilon_{TI1} & Y_{TI2} = \lambda_{TI2}\eta_{TI} + \varepsilon_{TI2} & Y_{TI3} = \lambda_{TI3}\eta_{TI} + \varepsilon_{TI3} \\[4pt]
Y_{TI11} = \lambda_{TI11}\eta_{TI1} + \varepsilon_{TI11} & Y_{TI12} = \lambda_{TI12}\eta_{TI1} + \varepsilon_{TI12} & \\[4pt]
Y_{TI21} = \lambda_{TI21}\eta_{TI2} + \varepsilon_{TI21} & Y_{TI22} = \lambda_{TI22}\eta_{TI2} + \varepsilon_{TI22} & \\[4pt]
Y_{TI31} = \lambda_{TI31}\eta_{TI3} + \varepsilon_{TI31} & Y_{TI32} = \lambda_{TI32}\eta_{TI3} + \varepsilon_{TI32} & \\[4pt]
Y_{DS1} = \lambda_{DS1}\eta_{DS} + \varepsilon_{DS1} & Y_{DS2} = \lambda_{DS2}\eta_{DS} + \varepsilon_{DS2} & Y_{DS3} = \lambda_{DS3}\eta_{DS} + \varepsilon_{MBC3} \\[4pt]
Y_{DS11} = \lambda_{DS11}\eta_{DS1} + \varepsilon_{DS11} & Y_{DS12} = \lambda_{DS12}\eta_{DS1} + \varepsilon_{DS12} & Y_{DS13} = \lambda_{DS13}\eta_{DS1} + \varepsilon_{DS13} \\[4pt]
Y_{DS21} = \lambda_{DS21}\eta_{DS2} + \varepsilon_{DS21} & Y_{DS22} = \lambda_{DS22}\eta_{DS2} + \varepsilon_{DS22} & Y_{DS23} = \lambda_{DS23}\eta_{DS2} + \varepsilon_{DS23} \\[4pt]
Y_{DS31} = \lambda_{DS31}\eta_{DS3} + \varepsilon_{DS31} & Y_{DS32} = \lambda_{DS32}\eta_{DS3} + \varepsilon_{DS32} & Y_{DS33} = \lambda_{DS33}\eta_{DS3} + \varepsilon_{DS33} \\[4pt]
Y_{IR1} = \lambda_{IR1}\eta_{IR} + \varepsilon_{IR1} & Y_{IR2} = \lambda_{IR2}\eta_{IR} + \varepsilon_{IR2} & Y_{IR3} = \lambda_{IR3}\eta_{IR} + \varepsilon_{IR3} \\[4pt]
Y_{IR4} = \lambda_{IR4}\eta_{IR} + \varepsilon_{IR4} & Y_{IR11} = \lambda_{IR11}\eta_{IR1} + \varepsilon_{IR11} & Y_{IR12} = \lambda_{IR12}\eta_{IR1} + \varepsilon_{IR12} \\[4pt]
Y_{IR13} = \lambda_{IR13}\eta_{IR1} + \varepsilon_{IR13} & Y_{IR21} = \lambda_{IR21}\eta_{IR2} + \varepsilon_{IR21} & Y_{IR22} = \lambda_{IR22}\eta_{IR2} + \varepsilon_{IR22} \\[4pt]
Y_{IR31} = \lambda_{IR31}\eta_{IR3} + \varepsilon_{IR31} & Y_{IR32} = \lambda_{IR32}\eta_{IR3} + \varepsilon_{IR32} & Y_{IR33} = \lambda_{IR33}\eta_{IR3} + \varepsilon_{IR33} \\[4pt]
Y_{IR41} = \lambda_{IR41}\eta_{IR4} + \varepsilon_{IR41} & Y_{IR42} = \lambda_{IR42}\eta_{IR4} + \varepsilon_{IR42} & Y_{RMB1} = \lambda_{RMB1}\eta_{RMB} + \varepsilon_{RMB1} \\[4pt]
Y_{RMB2} = \lambda_{RMB2}\eta_{RMB} + \varepsilon_{RMB2} & Y_{RMB3} = \lambda_{RMB3}\eta_{RMB} + \varepsilon_{RMB3} & \\[4pt]
Y_{RMB11} = \lambda_{RMB11}\eta_{RMB1} + \varepsilon_{RMB11} & Y_{RMB12} = \lambda_{RMB12}\eta_{RMB1} + \varepsilon_{RMB12} & \\[4pt]
Y_{RMB13} = \lambda_{RMB13}\eta_{RMB1} + \varepsilon_{RMB13} & Y_{RMB21} = \lambda_{RMB21}\eta_{RMB2} + \varepsilon_{RMB21} & \\[4pt]
Y_{RMB22} = \lambda_{RMB22}\eta_{RMB2} + \varepsilon_{RMB22} & Y_{RMB23} = \lambda_{RMB23}\eta_{RMB2} + \varepsilon_{RMB23} & \\[4pt]
Y_{RMB31} = \lambda_{RMB31}\eta_{RMB3} + \varepsilon_{RMB31} & Y_{RMB32} = \lambda_{RMB32}\eta_{RMB3} + \varepsilon_{RMB32} &
\end{array}
\right.
$$

　　进行军事博物馆与军事基地改造型系统性保护协同模式的结构方程实证检验时，借助于前文所提到的军事博物馆与军事基地改造型系统性保护协同模式的研究假设和理论模型，使用 γ_1、γ_2 和 γ_3 表示军事博物馆对产业结构调整、开发主体、军事基地改造型的作用路径。用 β_4 表示产业结构调整对军事基地改造型的作用路径，用 β_5 和 β_6 表示开发主体对技术创新和军事基地改造型的作用路径，用 β_7 和 β_8 表示技术创新对产业结构调整和军事基地改造型的作用路径。结合上述设定的变量之间的作用路径，本书构建结构模型方程表达式如下：

$$\begin{cases} \eta_{DS} = \gamma_2 \xi_M + \zeta_{DS} \\ \eta_{TI} = \beta_5 \xi_{DS} + \zeta_{TI} \\ \eta_{IR} = \gamma_1 \xi_M + \beta_7 \eta_{TI} + \zeta_{IR} \\ \eta_{RMB} = \gamma_3 \xi_M + \beta_4 \eta_{IR} + \beta_6 \eta_{DS} + \beta_8 \eta_{TI} + \zeta_{RMB} \end{cases}$$

成功构建军事博物馆与军事基地改造型系统性保护协同模式的测量模型和结构模型之后，即完成初始结构方程模型构建后，需进一步判断检验拟合指数、参数和决定系数等是否达到要求，采用不同的评价方法对以上各项指标进行检验分析，从而更正确地判断军事博物馆对军事文化遗产系统性保护的作用原始模型是否需要进行修正。

检验拟合度时，采取常见的 7 种拟合指标检验方法对其进行拟合指标检验，即 X^2/DF、CFI、IFI、TLI、PNFI、RMSEA、SRMR，在 AMOS22.0 中导入军事博物馆与军事基地改造型系统性保护协同模式的初始结构方程模型，并同时将问卷数据导入，得到模型的相关拟合指标值，详细情况见表 9 - 5。

表 9 - 5　　　　军事博物馆与军事基地改造型系统性保护协同模式的初始结构方程模型拟合度结果

拟合指标	X^2/DF	CFI	IFI	TLI	PNFI	RMSEA	SRMR
观测值	1.485	0.942	0.942	0.938	0.786	0.044	0.0486

由初始军事博物馆与军事基地改造型系统性保护结构方程模型拟合度结果可以得出，各项拟合指标均达到了拟合标准，说明初始结构方程模型能较好地与调查问卷数据进行拟合。故依据拟合度检验，进一步测度结构方程的路径系数，判断其是否是合理有效，详细情况见表 9 - 6。

表 9 - 6　　　　军事博物馆与军事基地改造型系统性保护协同模式的初始结构方程路径估计

路径	模型路径	路径系数	S. E.	C. R.	P
γ_1	M→IR	0.649	0.046	10.616	***
γ_2	M→DS	0.772	0.048	12.972	***
γ_3	M→RMB	0.214	0.110	1.821	0.069
β_4	IR→RMB	0.262	0.138	2.370	0.018
β_5	DS→TI	0.675	0.080	10.035	***
β_6	DS→RMB	0.334	0.126	3.078	0.002
β_7	TI→IR	0.301	0.048	4.920	***
β_8	TI→RMB	0.121	0.081	1.439	0.150

注：*** 表示 P < 0.001。

根据军事博物馆与军事基地改造型系统性保护的初始结构方程模型路径估计结果可以看出，M→RMB 和 TI→RMB 这两条路径没有通过显著性检验。依据整体结果，军事博物馆与军事基地改造型系统性保护协同的初始结构方程模型的基本构造思路是大致正确的，但还需要对模型部分关系进行调整完善，重新测度关系路径。故而在初始结构方程模型中删除了军事博物馆对军事基地改造型和技术创新对军事基地改造型的直接作用关系路径，即 M→RMB 和 TI→RMB，见图 9 - 6。

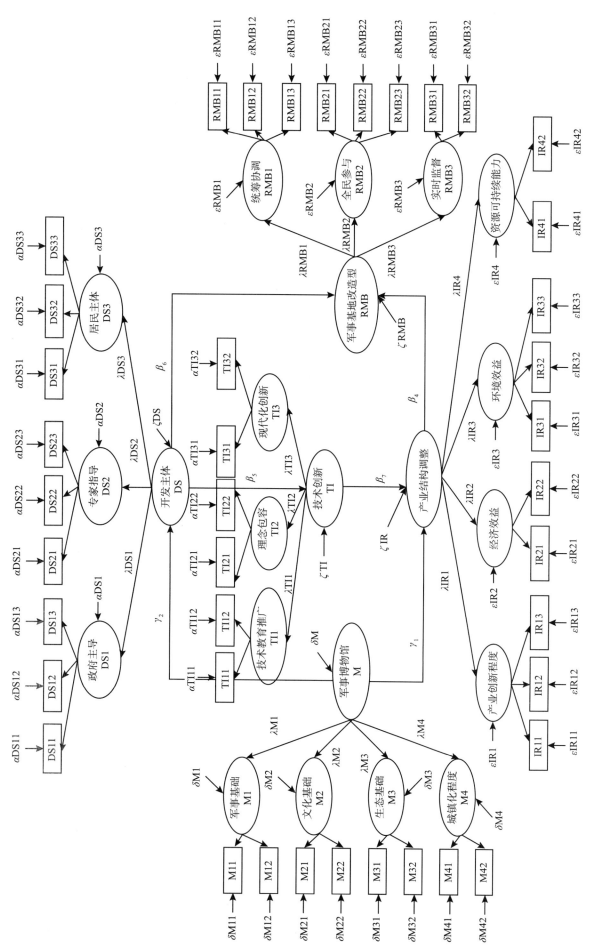

图9-6 调整后的军事博物馆与军事基地改造型系统性保护协同模式的结构方程模型

图 9 - 6 为调整后的军事博物馆与军事基地改造型系统性保护协同模式的结构方程模型，本书将其放入 AMOS22.0 进行拟合度检验，详细结果如表 9 - 7 所示。

表 9 - 7　　　　调整后的军事博物馆与军事基地改造型系统性保护协同模式的结构方程模型拟合度结果

拟合指标	X^2/DF	CFI	IFI	TLI	PNFI	RMSEA	SRMR
观测值	1.487	0.941	0.942	0.937	0.788	0.044	0.0487
拟合指标	<3.00	>0.90	>0.90	>0.90	>0.50	<0.08	<0.08

如表 9 - 7 显示，经调整后的军事博物馆与军事基地改造型结构方程模型拟合度结果中各项拟合指标均满足拟合指标，与原始数据量表之间依旧是匹配拟合的。基于此，将调整后的结构方程模型放入 AMOS22.0 进行路径估计，详细结果见表 9 - 8。

表 9 - 8　　　　　　　　　　　调整后的结构方程路径估计

路径	模型路径	路径系数	S. E.	C. R.	P
γ_1	M→IR	0.654	0.046	10.752	***
γ_2	M→DS	0.780	0.048	13.138	***
β_4	IR→RMB	0.428	0.102	5.256	***
β_5	DS→TI	0.681	0.080	10.164	***
β_6	DS→RMB	0.469	0.097	5.646	***
β_7	TI→IR	0.302	0.047	4.975	***

注：*** 表示 $P<0.001$。

通过表 9 - 8 可以看出，调整后的结构方程模型路径系数均呈现显著水平，大多数达到了 0.001 的显著性水平，判定该模型为满意度最高的模型，路径系数经过标准化处理后，其数值处于 - 1 ~ 1，最终的军事博物馆与军事基地改造型系统性保护协同模式的结构方程模型见图 9 - 7。

第三，结构方程的假设检验及效应分解。

通过分析结构方程实证结果，根据前文提及的研究假设与理论模型，结合军事博物馆与军事基地改造型协同作用的假设验证和路径系数，进行归纳总结，结果如表 9 - 9 所示。

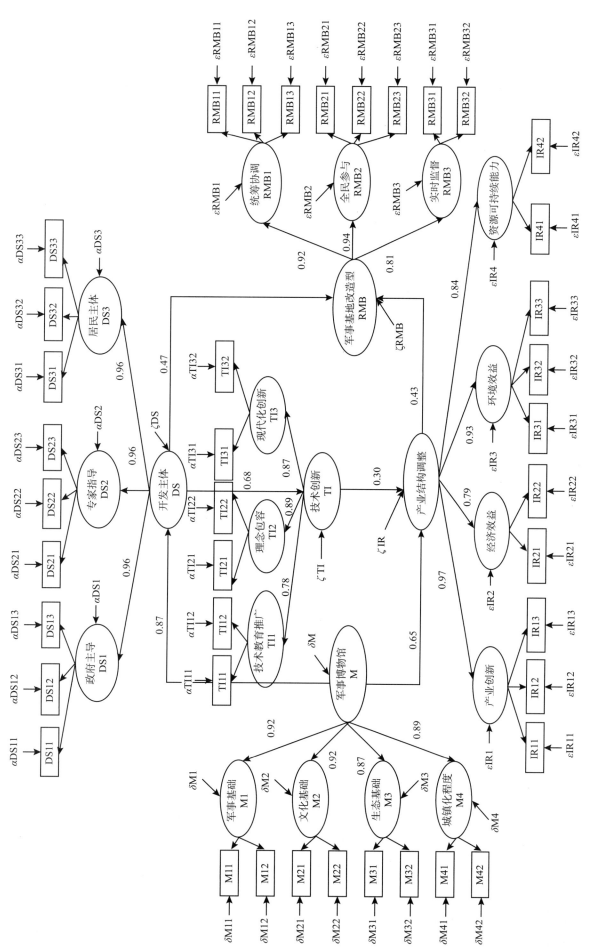

图9-7　最终的军事博物馆与军事基地改造型系统性保护协同的结构方程模型

表 9 - 9			路径结果讨论分析		
路径	模型路径	路径系数	显著性水平	研究假设	检验结果
γ_1	M→IR	0.654	***	HA1	支持
γ_2	M→DS	0.780	***	HA2	支持
γ_3	M→RMB	—	—	HA3	不支持
β_4	IR→RMB	0.428	***	HA4	支持
β_5	DS→TI	0.681	***	HA5	支持
β_6	DS→RMB	0.469	***	HA6	支持
β_7	TI→IR	0.302	***	HA7	支持
β_8	TI→RMB	—	—	HA8	不支持

注：*** 代表 P < 0.001。

军事博物馆到产业结构调整的标准化路径系数为 0.654，P < 0.001，通过显著性检验。因此，原假设 HA1 得到验证支持，"军事博物馆对产业结构调整具有显著的正向影响作用"的假设成立。

军事博物馆到开发主体的标准化路径系数为 0.780，P < 0.001，通过显著性检验。因此，原假设 HA2 得到验证支持，"军事博物馆对开发主体具有显著的正向影响作用"的假设成立。

军事博物馆到军事基地改造型的关系路径在模型调整过程中进行了删除，没有通过显著性检验。因此，原假设 HA3 没有得到验证支持，"军事博物馆对军事基地改造型具有显著的正向影响作用"的假设不成立。

产业结构调整到军事基地改造型的标准化路径系数为 0.428，P < 0.001，通过显著性检验。因此，原假设 HA4 得到验证支持，"产业结构调整对军事基地改造型具有显著的正向影响作用"的假设成立。

开发主体到技术创新的标准化路径系数为 0.681，P < 0.001，通过显著性检验。因此，原假设 HA5 得到验证支持，"开发主体对技术创新具有显著的正向影响作用"的假设成立。

开发主体到军事基地改造型的标准化路径系数为 0.469，P < 0.001，通过显著性检验。因此，原假设 HA6 得到验证支持，"开发主体对军事基地改造型具有显著的正向影响作用"的假设成立。

技术创新到产业结构调整的标准化路径系数为 0.302，P < 0.001，通过显著性检验。因此，原假设 HA7 得到验证支持，"技术创新对产业结构调整具有显著的正向影响作用"的假设成立。

技术创新到军事基地改造型的关系路径在模型调整过程中进行了删除，没有通过显著性检验。因此，原假设 HA8 没有得到验证支持，"技术创新对军事基地改造型具有显著的正向影响作用"的假设不成立。

从军事博物馆与军事基地改造型系统性保护协同模式的结构方程实证结果中可以得到，军事博物馆到军事基地改造型、技术创新到军事基地改造型之间的直接作用路径在模型调整中进行了删除，变量之间的直接影响效应不存在，但是军事博物馆可以通过产业结构调整、开发主体和技术创新 3 个变量实现对军事基地改造型的间接影响作用。间接影响路径主要有 3 条，间接效应分别为 0.280（0.654 × 0.428）、0.366（0.780 × 0.469）、0.069（0.780 × 0.681 × 0.302 × 0.428），总的间接效应为 0.715。由此可以看出，间接效应较大，与变量之间的直接效应一样重要，所以对军事博物馆与军事基地改造型系统性保护协同模式进行研究时，产业结构调整、开发主体和技术创新都是不可缺少的变量，扮演着非常重要的作用。

删除了军事博物馆到军事基地改造型、技术创新到军事基地改造型的关系路径，可以从三方面解释：第一，军事博物馆的建设依托于当地的资源基础和军事设施状况，相对于其他文化遗产，对军事文化遗产的投入和关注较少，政府的投资力度和投资强度还没有达到发展所需要的正常力度，因此，在此基础上进行改造还比较困难。第二，军事博物馆的建设离不开科技的创新，不断进步的技术可以帮助博物馆持续适应大众升级的需求，缺乏科学技术的支撑和经优化的产业结构支持，军事博物馆的军事改造情况难以得到进一步提升。第三，目前国内的军事博物馆还处于初级阶段，基础设施建设还有待改善，政府的投入也主要花费在设施建设上，对于技术创新的花费相对较少，所以初期技术创新对军事改造的影响较小，后期随着基础建设的完善，军事博物馆受技术创新的影响会日益显著。总之，军事博物馆要实现军事基地改造型系统性保护的协同，就务必重视产业结构调整、开发主体和技术创新三个方面。

除此之外，可以明确看到在结构方程模型中，军事博物馆到开发主体的标准化路径系数为 0.780，开发主体到技术创新的标准化路径系数为 0.681，两个都超过了模型中的其他作用路径系数，说明开发主体这一变量在实现军事博物馆与军事基地改造型协同中的重要作用。政府组织协调、规范政策实施，提高居民的保护意识，刺激居民的参与积极性和主动性，专家针对文化遗产发展的实际情况和未来的发展期望，提出有效的指导意见，可以避免破坏文化遗产，实现军事基地的可持续发展和保护，由此可知开发主体在军事文化遗产系统性保护中的作用不可忽视。

基于以上结果，本书获得以下重要启示：军事博物馆作为军事旅游的一种重要类型，是保护军事文化遗产的重要方式。进行军事文化遗产系统性保护时，要着重注意军事博物馆扮演的作用。产业结构调整、开发主体和技术创新都是军事博物馆与军事文化遗产系统性保护协同模式的重要中间变量，尽管技术创新未能产生直接作用，但可借助产业结构调整和开发主体间接影响协同作用，是不可缺少的变量。只有基于军事基地产业资源特色，重塑优化产业结构，依托政府、专家和居民的力量，才能最终实现军事博物馆和军事文化遗产的可持续发展。

9.2　军事文化旅游景区与军事基地改造型系统性保护协同模式的实证研究

9.2.1　研究假设

第一，军事文化旅游景区的作用。

军事景区是军事文化遗产的重要保护方式之一，随着经济全球化进程的加快，大众的旅游消费需求不断升级、消费规模不断扩大，这对景区建设提出了更高的要求。同质化、团体化和标准化的旅游已不能满足当代需要，所以，一方面要加强文化内涵挖掘和创意融入，提升景区基础建设质量，发展个性化、品质化的旅游，满足人们对文化旅游景点的精神文化消费需求；另一方面要根据文化遗产区域的区位条件、军事资源禀赋、军事旅游经济发展模式等，对军事文化旅游景区的旅游空间结构进行重新规划，避免文化内涵挖掘不足、同质化竞争严重、文化创意缺失等现象出现，阻碍军事旅游发展。所以，旅游空间规划受到军事文化旅游景区的基础设施状况、资源价值、经济发展方式等诸多因素的影响，基于此，可以看出，军事文化旅游景区对进行旅游空间规划起着重要的影响作用，故提出如下假设：

HB1：军事文化旅游景区建设对推动旅游空间规划具有显著的正向作用。

军事文化旅游景区不断适应游客需求，是随着游客更加倾向于集体验性、教育性、休闲性多重满足于一体的旅游形式而产生的，能够从多层次、多维度展现军事文化的休闲体验地。军事文化旅游景区是一个完整的地理区域，是自然景物与人文景物并存的综合区域，然而景区管理和服务水平却不足以适应景区的发展速度，法律保障滞后、管理模式不规范、财政投入较少、监管机制不完善等成为制约军事文化旅游景区最主要的因素，要解决景区在管理和服务上的缺陷，就要求景区协调人力资源、加强服务管理，尤其要协调好政府、专家和居民等各主体的关系，推动政府加强与专家沟通，共同制定统一的旅游管理体制，设立旅游投诉渠道，鼓励公众监督，并加大资金投入，给予服务人员专业化的培训和指导，提高基础配套设施质量和优化服务水平。所以，要实现军事文化旅游景区高质量发展，就要积极利用开发主体力量，改善军事旅游现状，推动军事文化遗产的长效保护和传承。基于此，可以看出，军事文化旅游景区建设对规范开发主体行为起着重要的影响作用，故提出如下假设：

HB2：军事文化旅游景区建设对开发主体具有显著的正向作用。

军事文化旅游景区是军事旅游发展的核心环节，是吸引游客最核心的载体，旅游供给侧结构性改革的重点是旅游景区的深层次资源配置和管理的改革。通常，军事文化旅游景区是建立在军事文化遗产基地上的，其内部基础配套设施完善，人文资源丰富，通过建立景区来保护军事资源和军事文化。党的十九大强调要坚定文化自信，大力弘扬中华民族的传统文化，军事文化遗产区域的历史古迹、军事设施、战争遗址以及古老建筑等成为构建我国文化软实力的重要载体，也可以通过评价这些文化遗产的价值为政府制定政策提供参考。换句话说，军事文化旅游景区的景观资源、人文资源和军事资源等能为军事遗产地提供改造意见。综合考虑游客偏好和动机，选择合适的方式进行创新改造，可以增强军事文化遗产在游客心中的满意度。基于此，可以看出，军事文化旅游景区建设对推动军事基地改造型系统性保护起着重要的影响作用，故提出如下假设：

HB3：军事文化旅游景区建设对推动军事基地改造型系统性保护具有显著的正向作用。

第二，开发主体的作用。

军事文化旅游景区是军事文化遗产资源所在地的政府、居民等相关主体长期形成的一种相对稳定、比较和谐、相互默认的社会关系，其间时常通过专家和企业的作用加强沟通和联系，共同帮助改善景区旅游秩序、维护景区旅游环境、提升景区治理水平、降低管理成本。旅游景区是旅游业发展最核心的载体之一，关系着旅游业未来发展状况，如果要构建良好的军事文化旅游景区治理体系，就离不开开发主体的多元化，首先是政府可以根据当地实际发展状况，从未来发展目标出发，制定相关政策，提高居民的参与积极性；其次是专家凭借优秀的学术能力，参考历史实践的经验教训，为政府决策提供专业性见解；最后是居民依托自己对军事文化遗产地的深度了解，亲身参与到景区的管理当中，不仅为政府节约了人力资源投入，还为创新军事遗产地发展以保护历史遗产文化贡献了自己的智慧。基于此，可以看出，开发主体对推动军事基地改造型系统性保护起着重要的影响作用，故提出如下假设：

HB4：开发主体对推动军事基地改造型系统性保护具有显著的正向作用。

第三，旅游空间规划的作用。

军事旅游不仅可以保护军事文化遗产，还能提高区域经济水平，是带动居民就业和增收的重要渠道。只是依托遗产地自然资源和人文资源发展起来的军事旅游饱受景区承载饱和、旅游收入有限、游客体验感低等问题困扰，影响了旅游的可持续健康发展，因此，进行旅游空间规划刻不容缓。一是要改变政府长期的"单中心"旅游管理模式，解决体制机制固化、生态环境恶化、旅游秩序混乱、经营理念落后等难题，最终健全景区管理结构、完善景区管理体系。二是要根据不同的旅游发展阶段，以及人们不同的物质需求和精神需求，转变规划思路，规划科学合理的旅游空间，使军事旅游发展模式向个性化和差异化的体验方式转变。三是旅游空间规划作为对特定区域旅游资源开发的整体部署，空间融合性特征强烈，要重点考虑军事基地特征和属性，规划理念思维，加强旅游空间与区域空间相协调。也就是说，旅游空间规划基于军事基地资源，采取科学的方法改造区域空间，可以促进构建合理的军事文化旅游景区。基于此，可以看出，旅游空间规划对推动军事基地改造型系统性保护起着重要的影响作用，故提出如下假设：

HB5：旅游空间规划对推动军事基地改造型系统性保护具有显著的正向作用。

第四，关于军事文化旅游景区与军事基地改造型系统性保护协同模式的理论模型。

根据军事文化旅游景区与军事基地改造型系统性保护协同模式的分析框架、研究假设的相关内容，综合考虑军事文化旅游景区与军事基地改造型协同现状，本书构建出军事文化旅游景区与军事基地改造型系统性保护协同模式的理论模型，如图9-8所示。

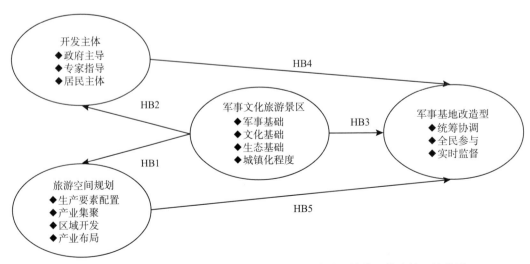

图9-8　军事文化旅游景区与军事基地改造型系统性保护协同模式的理论模型

根据图 9-8 可以看出，该模式包含军事文化旅游景区、旅游空间规划、开发主体和军事基地改造型四个变量，其中，军事文化旅游景区包括军事基础、文化基础、生态基础、城镇化程度四个方面；旅游空间规划包括生产要素配置、产业集聚、区域开发、产业布局四个方面；开发主体包括政府主导、专家指导、居民主体三个方面；军事基地改造型包括统筹协调、全民参与、实时监督三个方面。军事文化旅游景区与军事基地改造型之间既具有直接的作用路径，也具有间接的作用路径。间接路径有以下两条：①军事文化旅游景区—旅游空间规划—军事基地改造型；②军事文化旅游景区—开发主体—军事基地改造型。构建军事文化旅游景区与军事基地改造型系统性保护模式协同的理论模型，为利用结构方程模型进行实证分析奠定了理论基础。

9.2.2　实地访谈

第一，关于案例地发展状况。

山海关位于河北省东北部，地处中国北方长城文化带，依托军事城防构筑物遗址、古迹与建筑类的长城、古城遗址以及地文景观等旅游资源成立了山海关旅游景区。山海关旅游景区包括老龙头景区、天下第一关·古城景区和孟姜女庙景区，于 1979 年 5 月 1 日对外正式开放，景区内是军事文化、长城文化、本土文化、历史文化、民俗文化等多元文化的聚集地。本书以山海关旅游景区为案例研究对象，符合本书研究内容，其发展进程和特征对推进文旅深度融合新业态与军事文化遗产系统性保护协同具有代表性和特色性。

本书重点从山海关旅游景区的整体发展状况分析"军事文化旅游景区与军事基地改造型系统性保护协同模式"的发展情况。根据前文已有的分析内容可知，山海关旅游景区具有良好的军事基础、文化基础和生态基础，在政府、专家和居民的广泛参与的情况下，通过坚持统筹协调、全民参与、实时监督得到持续升级发展。

第一阶段：山海关军事遗产亟须保护。

山海关是明代长城的东部首关，是我国重要的军事要塞以及关内关外的分界线。从结构布局来看，山海关以长城为主线，以山海为中心，包括 5 座卫城和十大关口，从老龙头到九门口的整个军事工程由 10 座烽火台、14 座战台、23 座敌台等不同用途、不同形式、不同等级的建筑构成，点线结合、左辅右弼、主次分明，具有完整科学的军事防御功能。同时，山海关以关城为核心，以长城为一线，由南、北翼城和东、西罗城共同构成，关城、罗城、翼城、哨城、瓮城等 7 座城堡、十大关隘、大量敌台以及墩石既分散又集中、疏密相间，共同形成了一座严密、完整、科学的古代军事城防体系。因为独特、丰富的军事资源和历史文化，山海关在 1961 年被国务院列为第一批全国重点文物保护单位。

由于历史原因，山海关古城内的许多军事文物古迹遭到一定程度的破坏，军事文化、长城文化被淡忘，因此，对山海关军事遗产的保护工作迫在眉睫。于是，山海关借助自身具有的"山、海、关、楼、台"等特色旅游资源，构建文物保护专业组织，建立山海关旅游景区，坚持"一个原则、一个方针、一个主题"，并且每年投入大量资金用来保护文物、景观和古建筑，旨在打造再现明清时代军事、文化、政治的长城军事文化旅游名城。山海关景区从 1979 年开放以来，获得"世界文化遗产名胜地""国家级重点文物保护单位""全国首批 AAAA 级景区"等称号。

第二阶段：逆境中探索发展新模式。

2015 年，山海关由于存在价格欺诈、环境卫生脏乱差、设施老旧、服务质量低等问题，在当年的 10 月 9 日被取消 AAAAA 级资质。究其原因，一是山海关行政管理体制僵化。政府直接参与山海关旅游景区的经营管理，经营权、管理权、所有权三权集一身，承担着全部经营决策风险，导致景区管理部门专业能力不足、承担风险能力小等状况，且政府对景区发展前景不重视，制约了景区的发展前景。二是旅游市场监管弱。山海关各自为政，主体责任不明确，产生"多头管理和无人管理"并存的境况。三是经营管理机制不灵活。山海关旅游景区是由区政府、区旅游局、国有景区管理处等直接管理经营，其在旅游产业的创新认识和能力方面存在不足，同时还存在行政化和事业化行为严重，守摊求稳，自主发展的动力不足。

为了重塑山海关旅游景区的 AAAAA 品牌以及重树山海关旅游形象，山海关区党政从山海关实际情况出发，秦皇岛市委、市政府依据 AAAAA 景区摘牌整改工作相关文件精神的指示与要求，由主要领导亲自部署、谋划和推动，强调产权清晰、权责明确、政企分开，实现所有权、经营权和管理权三权有效分离。

首先是优化景区管理体制，一是构建"3+1"行政管理体制，设立山海关区旅游工作领导小组、山海关景区管理委员会、山海关区旅游发展委员会和组建"山海关区第一关旅游发展有限公司"。二是推行"管委会+街道+公司"管理运行模式，建立、健全管理体制，完善古城景区经营机制。其次是强化旅游监管机制，一是推进构建"1+3+X"旅游综合监管机制，成立区文化和旅游发展委员会；成立区旅游警察大队，推进工商旅游分局进景区，设立旅游巡回法庭；组建山海关区古城旅游管理中心和古城综合执法大队。二是完善联席会议和联合执法机制，明确各相关部门的监管责任，推进旅游市场综合监管体系建设，整顿市场环境，规范市场经营行为。三是加强综合监管，优化旅游景区周边环境，整治景区票务混乱问题，打击旅游企业不正当竞争，治理规范停车场经营管理，打击黑车、黑社、黑导，治理海滩浴场和渔船非法载客，治理旅行社违规经营，治理非法从事旅游运输，治理非法燃香和功德箱捐款。最后是完善景区人才管理机制，实现人随事走保留身份，进出渠道由个人意愿和组织意愿统筹进行，明确绩效奖惩。

具体而言，山海关在推进旅游体制改革过程中，充分考虑、听取各干部职工的意见，广泛调研，统筹兼顾，在积极稳妥中有序推进。除了推进三权有效分离，还通过以下措施继续深化旅游整改。一是拆除违规建筑、涉事"捆绑售票"的5D电影院、违规简易摊位等，将三个景区停车场的经营权全部收回，纳入统一管理，管理体制与运营机制更加健全。二是开展旅游人员专业培训，建立健全销售摊点管理、环卫保洁、服务流程等55项规章，开展"我眼中的山海关"和"为山海关旅游发展建言献策"等众多活动，积极采纳游客意见和建议，旅游管理与服务水平显著提升。三是开展"亮剑行动"和价格秩序整治专项行动，打击黑车、黑导和扰乱秩序的行为，统一票价标准，提升了旅游市场综合整治成效。四是编制《山海关景区整改提升规划》，改造升级设施基础，提升服务功能，完善基础设施和服务设施建设。五是山海关成功举办老龙头"冰雪嘉年华"、山海关古城"非遗民粹闹元宵"年俗灯会、2017"秦皇岛之夏"国画名家邀请展、"山海关美食节"等，丰富了山海关景区的文化内涵，推进了当地军事旅游的创新发展。2017年12月18日，山海关景区重返国家AAAAA级旅游景区金榜。

第三阶段：军事旅游深化可持续发展。

秦皇岛市山海关政府立足全域旅游发展理念，进行统筹规划，首先，加大投资力度，提升旅游交通水平。投资1.4亿元，改造城市路网；投资10亿元，完善山海关火车站，并建设火车站游客服务中心；开通秦皇岛市海上航线，打造海上观光大通道。其次，积极创建全国文明城市，开展景区及周边"双违"整治攻坚战，完善旅游景区游客中心和停车场等基础建筑构建。再次，充分树立"互联网"思维，已经实现景区无线网络全覆盖，并将进一步实现景区电子支付，完善票务管理、数据管理、手机App、网站等功能，以真正实现全智能化服务。山海关旅游景区综合考虑景区的资源优势和环境优势，搭建线上销售平台推出"山海关旅游年卡"，开展销售新模式。最后，在政府宣传部门的参与下，还广泛运用互联网技术，开展"云旅游"宣传，例如借助中央广播电视台"央视频"5G新媒体平台，举行"山海关老龙头，长城连海水连天"慢直播活动，形象生动展示山海关老龙头景观，即使在家中也能实景"游览"山海关景区，将山海关的新时代旅游形象与百姓生活、乡村振兴及产业发展紧密融合，实现旅游的长久可持续发展。

第二，山海关旅游景区对军事文化旅游景区与军事基地改造型协同的作用。

在研究山海关旅游景区建设发展过程中文旅深度融合与军事文化遗产系统性保护的协同模式时，政府和居民是景区发展的重要主体，特色产业是开发基础，技术引进是关键支撑，服务设施建设是推动力。综合考量山海关旅游景区发展进程中各方面的要素基础，本书将案例分析的作用点集中在产业资源、居民、政府、技术和服务设施等方面，提炼出开发主体、旅游空间规划两个关键性构念，并对其进行结构化、系统化、科学化的分析讨论，构建出山海关旅游景区建设中开发主体、旅游空间规划的作用模型，为探讨开发主体、旅游空间规划在军事文化旅游景区与军事基地改造型协同中的作用进行案例探析。

首先，山海关旅游景区建设中开发主体分析。

山海关景区与城区融为一体，具有丰富的自然景观与人文景观，且军事文化底蕴丰厚。随着现代化和城镇化的不断推进，山海关部分企业在发展旅游过程中过度追求利益化，加之经营管理不到位、体制不健全等问题，景区面临着重大挑战。为了适应现代社会发展，山海关景区不断改进发展模式，逐步形成了政府主导、专家指导、居民参与的局面，有效推动军事文化遗产深入保护。基于上述分析，参考军事文化旅游景区与军事基地改造型系统性保护协同模式的结构方程实证结果，初步科学地构建出山海关旅游景区建设中开发主体的作用模型，见图9-9。

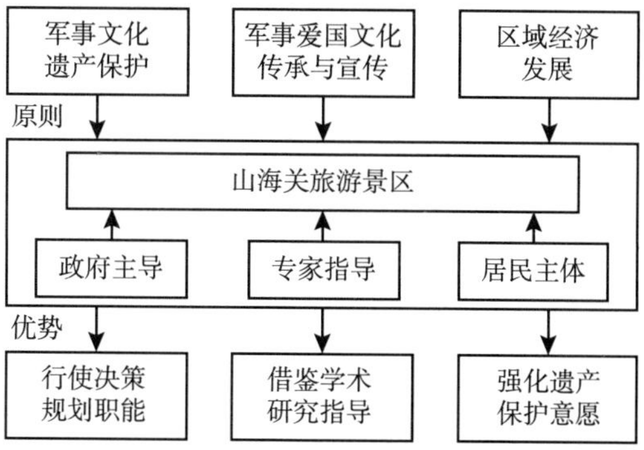

图 9 - 9　山海关旅游景区建设中开发主体的作用模型

图 9 - 9 展示了山海关旅游景区建设中开发主体的作用模型，可以清晰看出，山海关旅游景区从开发主体出发，坚持政府主导、专家指导、居民参与的原则，保证各个开发主体都能发挥主体作用。一是在政府主导方面，秦皇岛市委、市政府亲自指导，坚持将景区的管理权、经营权、所有权实现有效分离，将工作职责落到实处，提高旅游的发展活力，同时，山海关当地政府仔细研究旅游发展的新形势，从游客新需求出发，完善各项基础设施建设，提供配套服务，发展特色餐饮和精品民宿，并融合"互联网"思想，深度挖掘景区资源价值，开展诗歌表演等民俗节会、庆典，进一步丰富旅游业态，推动文旅融合发展。二是在专家指导方面，专家根据以往景区发展状况，同时借鉴优秀景区的经验方案，鼓励政府和企业分开管理监督，提倡拆除违规建筑，重新规划景区面积，改善景区现状。三是居民主体方面，当地居民在相关政策的推动下，越来越多的人加入景区管理，以"主人"的身份，监督市场秩序，为政府节约了不少人力和物力，带动山海关旅游景区发展的同时增加了自身收入。因此，开发主体在军事文化旅游景区与军事基地改造型系统性保护协同中作用巨大，政府发挥主导作用，详细传达中央长期发展规划，根据遗产地本身的发展定位和现实基础，完善遗产保护政策，给予资金、人力、资源等方面的支持，激励公众积极参与到军事文化遗产保护进程中；企业、高校参与遗产保护，借鉴专家对军事文化遗产的现实考察和学术理论，补足开展遗产旅游中的缺失之处，最大可能地为传承军事文化、培育爱国主义精神尽自己一份薄力，假设 HB2 和假设 HB4 成立。

其次，山海关旅游景区建设中旅游空间规划分析。

山海关旅游景区于 1979 年 5 月 1 正式对外开放，区域内"山、海、关、河、林、湖、岛、洞、庙"等要素齐全，旅游的发展提高了山海关的品牌形象，也保护了重要的军事文化遗产。科学、合理的旅游空间规划是山海关旅游景区得以不断进步的关键助力。基于上述分析，参考军事文化旅游景区与军事基地改造型系统性保护协同模式的结构方程实证结果，初步科学地构建出山海关旅游景区建设中旅游空间规划的作用模型，见图 9 - 10。

图 9 - 10 展示了山海关旅游景区建设中旅游空间规划的作用模型，可以清晰看出，山海关旅游景区的军事基础、文化基础、生态基础和城镇化程度都与旅游空间规划密切相关。山海关是重要的军事塞地，"山、海、关、楼、台"等资源丰厚，因而具有丰富的军事基础和文化基础，加之本身所含有的人文景观，为山海关旅游景区的发展奠定了重要的基础。在全域旅游的推进下，山海关积极探索旅游业与相关产业融合发展新模式，并且深入探索长城文化、军事文化、海洋文化、餐饮文化、民俗文化等，发挥每种产业的独特优势，发展观光、演艺、文化体验等特色文化旅游活动，提升城市经济跃升。同时，山海关积极发挥自己作为长城国家文化公园建设重要地段的作用，实现"食、住、行、游、购、娱"旅游六要素联合发展，形成规模效应和联动效应，并且还将城市管理服务标准融入景区管理，优化旅游产业结构，实现军事旅游可持续健康发展。因此，要实现军事文化旅游景区文旅融合新业态与军事基地改造型系统性保护发展模式协同，就要从遗产地的军事基础、文化基础、生态基础、城镇化程度出发，尽量充分利用政府的政策手段、专家的技术和理论指导以及发挥居民主人翁作用，实现军事文化遗产的整体性保护和动态性保护，以更加多元的形式挖掘遗产文化价值，促进遗产旅游健康可持续发展，假设 HB1、假设 HB3 和假设 HB5 成立。

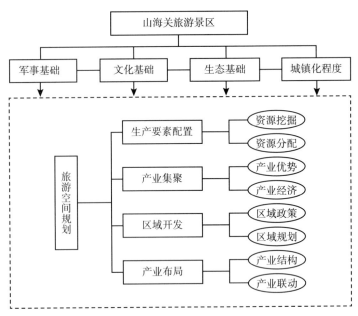

图9-10　山海关旅游景区建设中旅游空间规划的作用模型

关于案例验证分析：

此次案例研究选取的是山海关旅游景区，研究小组通过实地调研获得了准确性较高的数据资料，对山海关旅游景区的情况了解得更加清楚明晰，同时也保证了资料数据的真实性、严谨性、准确性。为了有效地展开对军事文化旅游景区与军事基地改造型系统性保护协同模式的案例研究，本研究首先对选择的山海关旅游景区这个研究对象进行了阐释说明，将山海关旅游景区的发展历程和开发方向概况分为三个阶段，一是山海关军事遗产亟须保护阶段，二是逆境中探索发展新模式阶段，三是军事旅游深化可持续发展阶段，经过对这三个阶段进行全面而深入的分析，总结提炼出山海关旅游景区发展所面临的困境及其解决办法，得出山海关旅游景区以军事遗迹遗址资源保护为出发点和突破口，融合政策改革、技术创新，有效促进旅游新业态、新发展模式，塑造旅游品牌形象，实现景区旅游优化升级。依据前文构建的军事文化旅游景区与军事基地改造型系统性保护协同模式的结构方程实证分析结果，在案例分析中着重把握开发主体、旅游空间规划两个方面的内容，构建出山海关旅游景区建设中开发主体、旅游空间规划的作用模型。

本书采用案例研究的方法进行单案例研究，选取山海关旅游景区为典型案例对军事文化旅游景区与军事基地改造型系统性保护协同模式进行验证。结合前文所构建的军事文化旅游景区与军事基地改造型协同模式的分析框架、研究假设和结构方程实证分析的相关内容，以山海关旅游景区的发展状况为出发点，着重把握开发主体、旅游空间规划在文旅深度融合新业态与军事文化遗产系统性保护中的作用，以山海关旅游景区为案例对军事文化旅游景区与军事基地改造型系统性保护协同模式过程中的影响因素进行案例验证，进一步科学有效地验证了军事文化旅游景区与军事基地改造型系统性保护协同模式的有效性。

9.2.3　问卷数据分析

第一，样本数据的描述性统计及信度效度检验。

首先，军事文化旅游景区与军事基地改造型系统性保护协同模式的协同度测算。

军事文化旅游景区与军事基地改造型系统性保护协同模式的协同效应和协同机制通过评价两者的"协同性"进行评估判断。在评估军事文化旅游景区与军事基地改造型系统性保护协同模式的协同性之前，将从实证分析出发，借用前文实证研究中所使用的度量指标来建构相关的指标体系，引入实地调研的数据计算军事文化旅游景区与军事基地改造型系统性保护协同模式的协同度。依据实证分析结果，军事文化旅游景区、旅游空间规划和开发主体这3个子系统都对军事基地改造型产生了直接影响效应，因此，军事文化旅游景区与军事基地改造型系统性保护协同模式要依靠旅游空间规划、开发主体2个子系统发挥作用。本书从军事文化旅游景区的军事基础、文化基础、生态基础、城镇化程度 4 个变量出发，发现军事文化旅游景区对旅游空间规划子系统、开发主体子系统起着直接或间接的影响作用。基于此，研究对军事文化旅游景区与军事基地改造型系统性保护协同模式进行协同度评价，与此同时，联合评价旅游空间规划子系统、开发主体子系统对其评价进行整体检验，进而，参考各子系统的协同度来客观反映军事文化旅游景区与军事基地改造型所形成的复合系统的协同度。

　　充分运用协同学的相关理论基础和原理，构建军事文化旅游景区、旅游空间规划、开发主体和军事基地改造型 4 个子系统间的协同度模型。军事文化旅游景区、旅游空间规划、开发主体和军事基地改造型 4 个子系统的序参量，如表 9 – 10 所示。

表 9 – 10　　　　　　　　　　　　　　　　　各子系统序参量

子系统	测量指标	序参量
军事文化旅游景区	军事基础、文化基础、生态基础、城镇化程度	MA11、MA12、MA21、MA22、MA23、MA31、MA32、MA41、MA42
旅游空间规划	生产要素配置、产业集聚、区域开发、产业布局	TSP11、TSP12、TSP13、TSP21、TSP22、TSP31、TSP32、TSP33、TSP41、TSP42
开发主体	政府主导、专家指导、居民主体	DS11、DS12、DS13、DS21、DS22、DS23、DS31、DS32、DS33
军事基地改造型	统筹协调、全民参与、实时监督	RMB11、RMB12、RMB13、RMB21、RMB22、RMB23、RMB31、RMB32

　　在确定各个子系统的序参量后，对军事文化旅游景区、旅游空间规划、开发主体、军事基地改造型 4 个子系统之间的有序度进行测量，结合前文对军事文化旅游景区与军事基地改造型系统性保护协同模式的理论模型的相关分析，得出其他子系统的有序度和序参量之后，计算系统协同度并重新测量子系统的有序度，进而得到总系统的协同度。同理，得出军事文化旅游景区与军事基地改造型系统性保护协同模式中旅游空间规划、开发主体、军事基地改造型等其他子系统之间的协同度，见表 9 – 11。

表 9 – 11　　　　　　　　　　　　　　　各子系统间的系统协同度

子系统	MA	TSP	DS	RMB
军事文化旅游景区（MA）	—	—	—	—
旅游空间规划（TSP）	0.58	—	—	—
开发主体（DS）	0.57	0.52	—	—
军事基地改造型（RMB）	0.64	0.57	0.57	—

　　根据表 4 – 1 系统协同度区间划分，结合表 9 – 11 关于军事文化旅游景区与军事基地改造型系统性保护协同模式中各子系统的协同度大小，可以得出协同模式中的军事文化旅游景区、旅游空间规划、开发主体和军事基地改造型这 4 个子系统相互之间的协同度都处于高度协同的范围，基于此，判定军事文化旅游景区与军事基地改造型具有良好的协同性。

　　其次，本书通过对获取的军事文化旅游景区与军事基地改造型协同第一手数据进行初步评估和数量统计，认为有效问卷的数量与结构方程所需量相符合，为下一步进行实证分析奠定了基础。为确保所得数据的准确性和可靠性，在进行实证之前，对问卷数据进行信度分析和效度分析。

　　最后，对军事文化旅游景区与军事基地改造型系统性保护协同模式的问卷数据进行描述性统计分析，对军事文化旅游景区、旅游空间规划、开发主体、军事基地改造型 4 个主要变量的观测指标进行均值和标准差统计。其中，均值指标是衡量模型中各个变量的分布的平均程度和集中度。标准差指标是衡量模型中各个变量数据的分散程度，即离散程度大小。借助于 SPSS 25.0 计算各个观测变量的均值、标准差、最大值和最小值，详细情况见表 9 – 12。

表 9 – 12　　　　　　　　　　　　　　　　　　描述性统计

主要变量	潜在变量	观测变量	均值	标准差	最大值	最小值
军事文化旅游景区（MA）	军事基础（MA1）	MA11	3.67	0.733	5	1
		MA12	3.70	0.718	5	2
	文化基础（MA2）	MA21	3.68	0.735	5	1
		MA22	3.62	0.806	5	1
		MA23	3.67	0.802	5	2
	生态基础（MA3）	MA31	3.60	0.793	5	1
		MA32	3.60	0.750	5	1
	城镇化（MA4）	MA41	3.65	0.836	5	1
		MA42	3.64	0.776	5	1
旅游空间规划（TSP）	生产要素配置（TSP1）	TSP11	3.14	0.694	5	1
		TSP12	3.25	0.702	5	1
		TSP13	3.15	0.664	5	1
	产业集聚（TSP2）	TSP21	3.33	0.678	5	1
		TSP22	3.23	0.747	5	1
	区域开发（TSP3）	TSP31	3.19	0.759	5	1
		TSP32	3.18	0.733	5	1
		TSP33	3.11	0.702	5	1
	产业布局（TSP4）	TSP41	3.22	0.698	5	1
		TSP42	3.23	0.734	5	1
开发主体（DS）	政府主导（DS1）	DS11	3.26	0.758	5	1
		DS12	3.16	0.691	5	1
		DS13	3.03	0.692	5	1
	专家指导（DS2）	DS21	3.28	0.726	5	1
		DS22	3.05	0.728	5	1
		DS23	3.16	0.704	5	1
	居民主体（DS3）	DS31	3.18	0.722	5	1
		DS32	3.11	0.686	5	1
		DS33	3.18	0.737	5	1

续表

主要变量	潜在变量	观测变量	均值	标准差	最大值	最小值
军事基地改造型 （RMB）	统筹协调 （RMB1）	RMB11	3.63	0.728	5	1
		RMB12	3.59	0.768	5	1
		RMB13	3.63	0.751	5	1
	全民参与 （RMB2）	RMB21	3.62	0.737	5	1
		RMB22	3.63	0.774	5	1
		RMB23	3.69	0.749	5	1
	实时监督 （RMB3）	RMB31	3.56	0.808	5	1
		RMB32	3.62	0.758	5	1

　　为确保军事文化旅游景区与军事基地改造型系统性保护协同模式检测结果具有真实性、可靠性，对其进行信度检测。利用组合信度系数对军事文化旅游景区与军事基地改造型系统性保护协同模式所整合的各类数据进行分析和检测，分别得出军事文化旅游景区、旅游空间规划、开发主体、军事基地改造型的组合信度系数。同时，根据表 5-4 的组合信度检测标准对军事文化旅游景区与军事基地改造型系统性保护协同模式的潜在变量的组合信度系数进行评判。为确保信度检测所得数据能够科学合理地反映各个变量的真实构架，在对军事文化旅游景区与军事基地改造型系统性保护协同模式进行信度检测的基础上，进一步对军事文化旅游景区与军事基地改造型系统性保护协同模式进行效度检测，详细情况见表 9-13。

表 9-13　　　　　　　　　　　　　　　　信度和效度检验

变量	CR	因子荷载		KMO 值	累计方差 解释率	Bartlett's 球形检验		
						χ^2	df	Sig.
军事文化 旅游景区 （MA）	0.971	MA11	0.885	0.958	78.980	2383.907	36	0.000
		MA12	0.906					
		MA21	0.885					
		MA22	0.893					
		MA23	0.887					
		MA31	0.867					
		MA32	0.912					
		MA41	0.887					
		MA42	0.875					
旅游空间规划 （TSP）	0.923	TSP11	0.687	0.942	54.564	1128.532	45	0.000
		TSP12	0.738					
		TSP13	0.756					
		TSP21	0.769					
		TSP22	0.820					

变量	CR	因子荷载		KMO 值	累计方差解释率	Bartlett's 球形检验		
						χ^2	df	Sig.
旅游空间规划（TSP）	0.923	TSP31	0.705	0.942	54.564	1128.532	45	0.000
		TSP32	0.767					
		TSP33	0.692					
		TSP41	0.715					
		TSP42	0.726					
开发主体（DS）	0.900	DS11	0.698	0.891	48.970	791.131	36	0.000
		DS12	0.710					
		DS13	0.699					
		DS21	0.678					
		DS22	0.652					
		DS23	0.713					
		DS31	0.732					
		DS32	0.694					
		DS33	0.718					
军事基地改造型（RMB）	0.948	RMB11	0.839	0.927	69.488	1450.852	28	0.000
		RMB12	0.837					
		RMB13	0.825					
		RMB21	0.836					
		RMB22	0.869					
		RMB23	0.840					
		RMB31	0.805					
		RMB32	0.816					

如表 9-13 所示，首先，从对军事文化旅游景区与军事基地改造型进行信度所得数据中，可以看出，各个数据的相关组合信度系数值都大于 0.8，因此认为所得数据具有较好的可信度。其次，从对军事文化旅游景区与军事基地改造型进行效度检验所得数据中，可以看出，所得各个指标的因子载荷均在 0.5 以上，KMO 值均大于 0.8，因此认为所得数据能够较好地进行因子分析。最后，Bartlett's 球形检验显著性水平均在 0.000，因此，认为此次研究过程中，调查问卷所得数据及各组成部分建构之间有较好的效度。

第二，样本数据的结构方程模型构建及调整。

研究军事文化旅游景区与军事基地改造型系统性保护协同模式时，依据变量性质构建结构方程模型。根据前文中所写的军事文化旅游景区与军事基地改造型系统性保护协同模式的理论模型，军事文化旅游景区、旅游空间规划、开发主体及军事基地改造型均是不可直接观测的潜在变量。基于变量性质确定的基础上，对军事文化旅游景区与军事基地改造型系统性保护协同作用中的变量进行整合归类，其中，军事文化旅游景区属内生变量，旅游空间规划、开发主体属中间变量，军事基地改造型属外生变量。因此，构建军事文化旅游景区与军事基地改造型系统性保护协同模式的结构方程模型如图 9-11 所示，箭头方向代表了变量之间的因果关系。

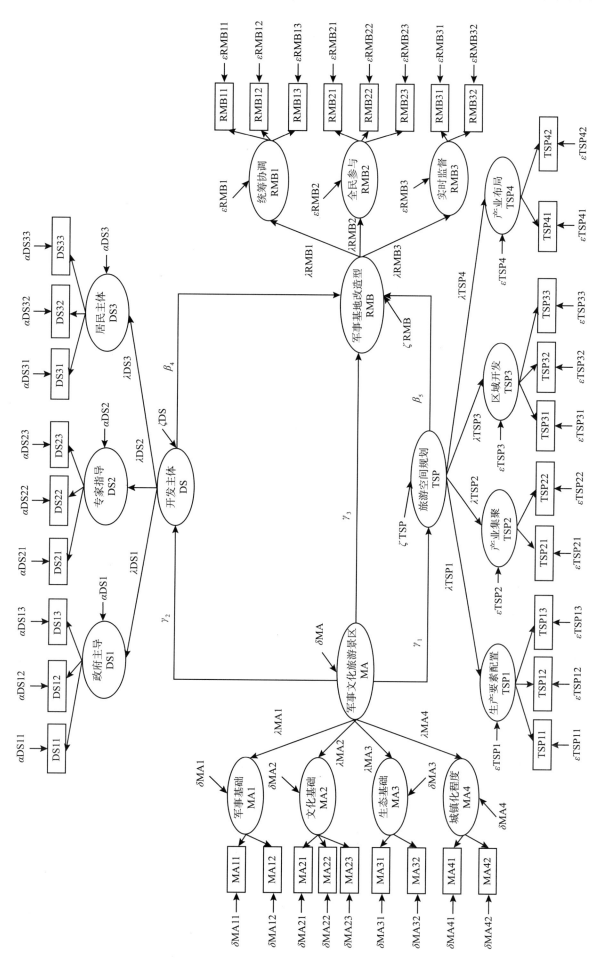

图9-11　军事文化旅游景区与军事基地改造型系统性保护协同模式的初始结构方程模型

　　由图 9–11 所显示的军事文化旅游景区与军事基地改造型系统性保护协同模式的初始结构方程模型可以发现，军事文化旅游景区与军事基地改造型系统性保护协同模式的初始结构方程中存在外生显变量 9 项，具体为 MA11、MA12、MA21、MA22、MA23、MA31、MA32、MA41、MA42；内生显变量共 27 项，具体为 DS11、DS12、DS13、DS21、DS22、DS23、DS31、DS32、DS33、TSP11、TSP12、TSP13、TSP21、TSP22、TSP31、TSP32、TSP33、TSP41、TSP42、RMB11、RMB12、RMB13、RMB21、RMB22、RMB23、RMB31、RMB32；外生潜变量共 4 项，具体为 MA1、MA2、MA3、MA4；内生潜变量共 10 项，具体为 DS1、DS2、DS3、TSP1、TSP2、TSP3、TSP4、RMB1、RMB2、RMB3。这是由观测变量和潜在变量所构成的结构方程模型的测量模型。

　　进行军事文化旅游景区与军事基地改造型系统性保护协同模式的数据验证时，通过对相关变量进行设定以构建观测变量的结构方程式。按照初始结构方程模型，军事文化旅游景区（MA）、军事基础（MA1）、文化基础（MA2）、生态基础（MA3）、城镇化程度（MA4）为外生潜变量，分别用 ζ_{MA}、ζ_{MA1}、ζ_{MA2}、ζ_{MA3}、ζ_{MA4} 表示。旅游空间规划（TSP）、生产要素配置（TSP1）、产业集聚（TSP2）、区域开发（TSP3）、产业布局（TSP4）、开发主体（DS）、政府主导（DS1）、专家指导（DS2）、居民主体（DS3）、军事基地改造型（RMB）、统筹协调（RMB1）、全民参与（RMB2）、实时监督（RMB3）为内生潜变量，分别用 η_{TSP}、η_{TSP1}、η_{TSP2}、η_{TSP3}、η_{TSP4}、η_{DS}、η_{DS1}、η_{DS2}、η_{DS3}、η_{RMB}、η_{RMB1}、η_{RMB2}、η_{RMB3} 表示。基于此，本书构建军事文化旅游景区与军事基地改造型系统性保护协同模式的观测模型方程式：

$$
\begin{cases}
X_{MA1} = \lambda_{MA1}\xi_{MA} + \delta_{MA1} & X_{MA2} = \lambda_{MA2}\xi_{MA} + \delta_{MA2} & X_{MA3} = \lambda_{MA3}\xi_{MA} + \delta_{MA3} \\[4pt]
X_{MA4} = \lambda_{MA4}\xi_{MA} + \delta_{MA4} & X_{MA11} = \lambda_{MA11}\xi_{MA1} + \delta_{MA11} \\[4pt]
X_{MA12} = \lambda_{MA12}\xi_{MA1} + \delta_{MA12} & X_{MA21} = \lambda_{MA21}\xi_{MA2} + \delta_{MA21} \\[4pt]
X_{MA22} = \lambda_{MA22}\xi_{MA2} + \delta_{MA22} & X_{MA23} = \lambda_{MA23}\xi_{MA2} + \delta_{MA23} \\[4pt]
X_{MA31} = \lambda_{MA31}\xi_{MA3} + \delta_{MA31} & X_{MA32} = \lambda_{MA32}\xi_{MA3} + \delta_{MA32} \\[4pt]
X_{MA41} = \lambda_{MA41}\xi_{MA4} + \delta_{MA41} & X_{MA42} = \lambda_{MA42}\xi_{MA4} + \delta_{MA42} \\[4pt]
Y_{DS1} = \lambda_{DS1}\eta_{DS} + \varepsilon_{DS1} & Y_{DS2} = \lambda_{DS2}\eta_{DS} + \varepsilon_{DS2} & Y_{DS3} = \lambda_{DS3}\eta_{DS} + \varepsilon_{DS3} \\[4pt]
Y_{DS11} = \lambda_{DS11}\eta_{DS1} + \varepsilon_{DS11} & Y_{DS12} = \lambda_{DS12}\eta_{DS1} + \varepsilon_{DS12} & Y_{DS13} = \lambda_{DS13}\eta_{DS1} + \varepsilon_{DS13} \\[4pt]
Y_{DS21} = \lambda_{DS21}\eta_{DS2} + \varepsilon_{DS21} & Y_{DS22} = \lambda_{DS22}\eta_{DS2} + \varepsilon_{DS22} & Y_{DS23} = \lambda_{DS23}\eta_{DS2} + \varepsilon_{DS23} \\[4pt]
Y_{DS31} = \lambda_{DS31}\eta_{DS3} + \varepsilon_{DS31} & Y_{DS32} = \lambda_{DS32}\eta_{DS3} + \varepsilon_{DS32} & Y_{DS33} = \lambda_{DS33}\eta_{DS3} + \varepsilon_{DS33} \\[4pt]
Y_{TSP1} = \lambda_{TSP1}\eta_{TSP} + \varepsilon_{TSP1} & Y_{TSP2} = \lambda_{TSP2}\eta_{TSP} + \varepsilon_{TSP2} \\[4pt]
Y_{TSP3} = \lambda_{TSP3}\eta_{TSP} + \varepsilon_{TSP3} & Y_{TSP4} = \lambda_{TSP4}\eta_{TSP} + \varepsilon_{TSP4} \\[4pt]
Y_{TSP11} = \lambda_{TSP11}\eta_{TSP1} + \varepsilon_{TSP11} & Y_{TSP12} = \lambda_{TSP12}\eta_{TSP1} + \varepsilon_{TSP12} \\[4pt]
Y_{TSP13} = \lambda_{TSP13}\eta_{TSP1} + \varepsilon_{TSP13} & Y_{TSP21} = \lambda_{TSP21}\eta_{TSP2} + \varepsilon_{TSP21} \\[4pt]
Y_{TSP22} = \lambda_{TSP22}\eta_{TSP2} + \varepsilon_{TSP22} & Y_{TSP31} = \lambda_{TSP31}\eta_{TSP3} + \varepsilon_{TSP31} \\[4pt]
Y_{TSP32} = \lambda_{TSP32}\eta_{TSP3} + \varepsilon_{TSP32} & Y_{TSP33} = \lambda_{TSP33}\eta_{TSP3} + \varepsilon_{TSP33} \\[4pt]
Y_{TSP41} = \lambda_{TSP41}\eta_{TSP4} + \varepsilon_{TSP41} & Y_{TSP42} = \lambda_{TSP42}\eta_{TSP4} + \varepsilon_{TSP42} \\[4pt]
Y_{RMB1} = \lambda_{RMB1}\eta_{RMB} + \varepsilon_{RMB1} & Y_{RMB2} = \lambda_{RMB2}\eta_{RMB} + \varepsilon_{RMB2} & Y_{RMB3} = \lambda_{RMB3}\eta_{RMB} + \varepsilon_{RMB3} \\[4pt]
Y_{RMB11} = \lambda_{RMB11}\eta_{RMB1} + \varepsilon_{RMB11} & Y_{RMB12} = \lambda_{RMB12}\eta_{RMB1} + \varepsilon_{RMB12} \\[4pt]
Y_{RMB13} = \lambda_{RMB13}\eta_{RMB1} + \varepsilon_{RMB13} & Y_{RMB21} = \lambda_{RMB21}\eta_{RMB2} + \varepsilon_{RMB21} \\[4pt]
Y_{RMB22} = \lambda_{RMB22}\eta_{RMB2} + \varepsilon_{RMB22} & Y_{RMB23} = \lambda_{RMB23}\eta_{RMB2} + \varepsilon_{RMB23} \\[4pt]
Y_{RMB31} = \lambda_{RMB31}\eta_{RMB3} + \varepsilon_{RMB31} & Y_{RMB32} = \lambda_{RMB32}\eta_{RMB3} + \varepsilon_{RMB32}
\end{cases}
$$

　　进行军事文化旅游景区与军事基地改造型系统性保护协同模式的结构方程实证检验时，借助于前文所提到的军事文化旅游景区与军事基地改造型系统性保护协同模式的研究假设和理论模型，使用 γ_1、γ_2 和 γ_3 分别表示军事文化旅游景区对旅游空间规划、开发主体、军事基地改造型的作用路径。用 β_4 表示开发主体对军事基地改造型的作用路径，用 β_5 表示旅游空间规划对军事基地改造型的作用路径。结合上述设

第 9 章　文旅深度融合新业态与军事文化遗产系统性保护协同模式研究 ＼ *701*

定的变量之间的作用路径，构建出军事文化旅游景区与军事基地改造型系统性保护协同的结构方程式，表达具体如下：

$$
\begin{cases}
\eta_{TSP} = \gamma_1 \xi_{MI} + \zeta_{TSP} \\
\eta_{DS} = \gamma_2 \xi_{MI} + \zeta_{DS} \\
\eta_{RMB} = \gamma_3 \xi_{MI} + \beta_4 \eta_{DS} + \beta_5 TSP + \zeta_{RMB}
\end{cases}
$$

　　成功构建军事文化旅游景区与军事基地改造型系统性保护协同模式的测量模型和结构模型之后，即完成初始结构方程模型构建后，研究需进一步判断检验拟合指数、参数和决定系数等是否达到要求，采用不同的评价方法对以上各项指标进行检验分析，从而更正确地判断军事文化旅游景区对军事文化遗产系统性保护的作用原始模型是否需要进行修正。

　　在 AMOS22.0 中导入军事文化旅游景区与军事基地改造型系统性保护协同模式的初始结构方程模型，并同时将问卷数据导入，得到模型的相关拟合指标值，详细情况见表 9 - 14。

表 9 - 14　　军事文化旅游景区与军事基地改造型系统性保护协同模式的初始结构方程模型拟合度结果

拟合指标	X^2/DF	CFI	IFI	TLI	PNFI	RMSEA	SRMR
观测值	1.633	0.943	0.943	0.938	0.803	0.051	0.0561
拟合指标	<3.00	>0.90	>0.90	>0.90	>0.50	<0.08	<0.08

　　由表 9 - 14 可以看出，军事文化旅游景区与军事基地改造型系统性保护协同模式的各项拟合指标均达到了拟合标准，说明调整后的结构方程模型能较好地与调查问卷数据进行拟合。故依据拟合度检验，进一步测度结构方程的路径系数，判断其是否合理有效，详细情况见表 9 - 15。

表 9 - 15　　军事文化旅游景区与军事基地改造型系统性保护协同模式的初始结构方程路径估计

路径	模型路径	路径系数	S.E.	C.R.	P
γ_1	MA→TSP	0.785	0.040	14.937	***
γ_2	MA→DS	0.724	0.044	11.942	***
γ_3	MA→RMB	0.286	0.092	2.778	0.005
β_4	DS→RMB	0.304	0.098	3.857	***
β_5	TSP→RMB	0.301	0.101	3.500	***

注：*** 表示 P<0.001。

　　由表 9 - 15 可以看出，各路径均呈现出显著状态。绝大多数都达到了 0.001 的显著性水平，整个模型显著性通过，军事文化旅游景区与军事基地改造型关系路径 P 值为 0.001，在 1% 水平上显著。因此，判定该模型为满意度最高的模型，路径系数经过标准化处理后，其数值处于 -1~1，最终的军事文化旅游景区与军事基地改造型系统性保护协同模式的结构方程模型，见图 9 - 12。

　　第三，结构方程的假设检验及效应分解。

　　通过分析结构方程实证结果，根据前文提及的研究假设与理论模型，结合军事文化旅游景区与军事基地改造型协同作用的假设验证和路径系数，进行归纳总结，结果如表 9 - 16 所示。

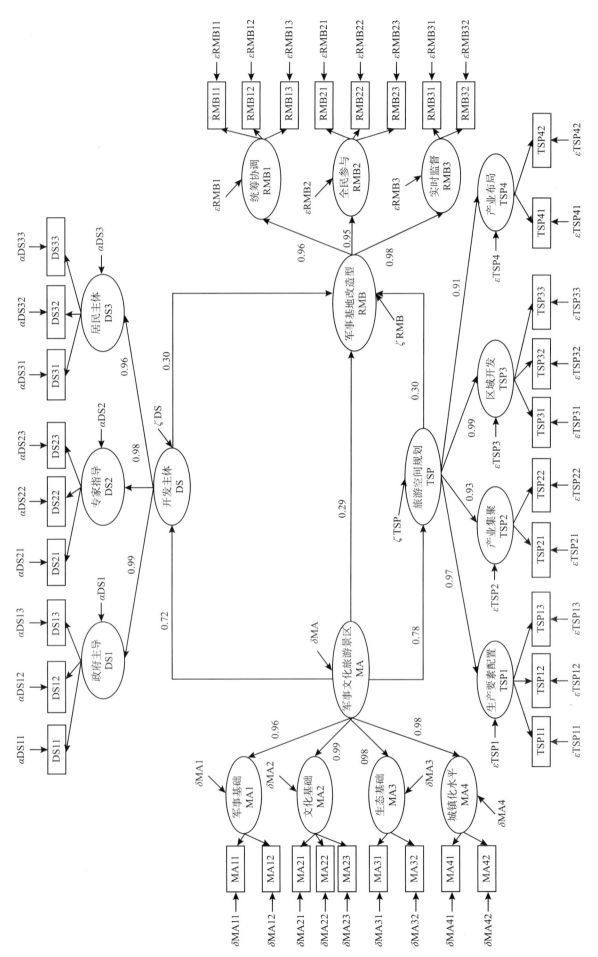

图9-12 最终的军事文化旅游景区与军事基地改造型系统护协同模式的结构方程模型

表 9 – 16 路径结果讨论分析

路径	模型路径	路径系数	显著性水平	研究假设	检验结果
γ_1	MA→TSP	0.785	***	HB1	支持
γ_2	MA→DS	0.724	***	HB2	支持
γ_3	MA→RMB	0.286	0.005	HB3	支持
β_4	DS→RMB	0.304	***	HB4	支持
β_5	TSP→RMB	0.301	***	HB5	支持

注：*** 表示 $P < 0.001$。

军事文化旅游景区到旅游空间规划的标准化路径系数为 0.785，$P < 0.001$，通过显著性检验。因此，原假设 HB1 得到验证支持，"军事文化旅游景区对旅游空间规划具有显著的正向影响作用"的假设成立。

军事文化旅游景区到开发主体的标准化路径系数为 0.724，$P < 0.001$，通过显著性检验。因此，原假设 HB2 得到验证支持，"军事文化旅游景区对开发主体具有显著的正向影响作用"的假设成立。

军事文化旅游景区到军事基地改造型的标准化路径系数为 0.286，P 值为 0.005，小于 0.01，通过显著性检验。因此，原假设 HB3 得到验证支持，"军事文化旅游景区对军事基地改造型具有显著的正向影响作用"的假设成立。

开发主体到军事基地改造型的标准化路径系数为 0.304，$P < 0.001$，通过显著性检验。因此，原假设 HB4 得到验证支持，"开发主体到军事基地改造型具有显著的正向影响作用"的假设成立。

旅游空间规划到军事基地改造型的标准化路径系数为 0.301，$P < 0.001$，通过显著性检验。因此，原假设 HB5 得到验证支持，"旅游空间规划到军事基地改造型具有显著的正向影响作用"的假设成立。

从军事文化旅游景区与军事基地改造型系统性保护协同模式的结构方程实证结果可以得到，旅游空间规划和开发主体都是十分重要的中间变量，军事文化旅游景区分别对旅游空间规划和开发主体产生了 0.785 和 0.724 的直接作用效应，高于研究结构方程模型中的其他作用路径，所以军事文化旅游景区的开发与建设与旅游空间规划和开发主体紧密相关。旅游空间规划是规范军事旅游，带动军事文化旅游景区经济发展的基础，同时也是军事文化遗产系统性保护不可缺少的关键变量。居民是旅游发展的重要主体，能在文化旅游发展过程中提供关键意见，提高游客的感知价值；政府认真解析下发的政策性文件，摘出有效的条文帮助建设军事文化旅游景区，可以提高文化旅游的影响力和吸引力。

基于以上结果，本书获得以下重要启示：一是军事文化旅游景区作为军事旅游的一种重要类型，是保护军事文化遗产的重要路径。进行军事文化遗产系统性保护时，要着重注意军事文化旅游景区扮演的作用，保护生态效益和拉动经济效应，实现其与军事文化遗产系统性保护的协同。二是旅游空间规划和开发主体都是军事文化旅游景区与军事文化遗产系统性保护协同模式的重要中间变量，只有把握好协同重点和难点，合理规划旅游发展空间，依托政府、专家和居民等主体的力量，才能更好地促进军事文化旅游景区可持续发展。

9.3 军事旅游拓展与军事现代化驱动型系统性保护协同模式的实证研究

9.3.1 研究假设

第一，军事旅游拓展的作用。

军事旅游拓展作为保护军事文化遗产的重要模式，以"军民一体化"为设计理念，以内容丰富、形式多样的军事活动为主要吸引力，体验性极高，有利于满足求知、求乐、求健的旅游消费需求，还能缩小军队与公众的思想差距，较大程度地提升人民的军事文化素质。段学成（2012）以舟山为例，指出发展军事拓展需要从更新设施、扩建基地和丰富活动项目三个方面进行。军事设施不仅为军事旅游拓展提供了在建筑、场地和服务设施方面的保障，还拓宽了军事旅游的价值链，极大发挥了资源优势，增加经济收益。与此同时，开发军事旅游拓展保护了军事设施质量和原真性，降低了文化价值的消耗，优化了军事设施创新潜力，为军事旅游拓展可持续发展创造了条件。基于此，可以看出，军事旅游拓展对持续保护军事设施起着重要的影响作用，故提出如下假设：

HC1：军事旅游拓展对保护军事设施具有显著的正向作用。

军事旅游拓展依托丰厚的军事文化底蕴，致力于军旅文化传播、军事拓展、青少年素质教育，打造军事文化产业高地。发展军事旅游拓展依赖以下几个要素：一是依赖一定程度的文化遗产经济效应、较好的经济水平，它们有助于提高军事旅游需求，进而吸引人流和投资；二是依赖雄厚的军事产业资源，丰富的资源基础为活动项目创新提供了资源储备；三是依赖不同产业的融合优势，产业融合产生的新产品、新市场和新业态，是满足游客精神需要和心理需要的重要途径，军事产业与文化产业、旅游产业相互融合，是发展军事旅游拓展的基本前提；四是依赖产业创意创新发展，创意军事产业发展模式，突出特色化、个性化和体验化特征，可以增强军事文化旅游拓展的核心竞争力。总之，军事旅游拓展离不开军事产业的融合创新，如要促进军事旅游持续发展，就要不断升级创意产业形式，开发出独特的活动项目，促进增收，整体保护军事文化遗产。基于此，可以看出，军事旅游拓展对优化创意产业形式起着重要的影响作用，故提出如下假设：

HC2：军事旅游拓展对优化创意产业形式具有显著的正向作用。

军事旅游拓展将户外拓展训练的真谛与军事理论及实践有机地结合在一起，创造性地开发出了军事拓展体验式旅游模式，帮助参与者通过形式各样、生动有趣的项目激发自我潜能。军事旅游拓展作为文旅深度融合新业态的代表之一，也是军事旅游类型之一，具有高度的产业关联性，不仅涉及食、住、行、游、购、娱六种产业，还与服务业、康养业、信息业和金融业紧密相关。周边产业在旅游产业的推动下，形成产业联动，对保持区域内城市经济的长期稳定发展具有重要的意义。军事旅游拓展能够充分发挥优势资源的群聚效应，形成经济和产业联动，强化多种产业之间的合作互补、协同共进，不断推动军事资源适应现代化社会的发展，挖掘潜在价值。基于此，可以看出，军事旅游拓展对推动军事现代化驱动型系统性保护起着重要的影响作用，故提出如下假设：

HC3：军事旅游拓展对推动军事现代化驱动型系统性保护具有显著的正向作用。

第二，创意产业的作用。

目前，产业融合作为经济发展的新动力，备受关注与青睐。旅游业逐渐与军事拓展通过资源融合、技术融合、市场融合和功能融合四条融合路径相互融合发展。军事资源融合文化、旅游、军事拓展训练等多种要素，不断集聚创新，将军事资源以更加多元的形式展示出来，突出资源特色。随着消费水平提高和消费结构优化，文化创意产业与消费升级相互依存、相互促进，共同引领现代化产业发展，进一步促进了军事产业与其他相关产业产生联合效应，形成良性互动，进而推动产业的创意性发展，实现了军事文化遗产的创新性保护，并产生良好的经济效益。总之，创意产业如今已成为经济又一新的增长点和推动社会持续发展的新动力，既为军事旅游拓展可持续发展奠定了必备基础，也为进一步开发军事现代产业创造了前提条件。基于此，可以看出，创意产业对推动军事现代化驱动型系统性保护起着重要的影响作用，故提出如下假设：

HC4：创意产业对推动军事现代化驱动型系统性保护具有显著的正向作用。

第三，军事设施的作用。

军事设施是指为军事目的而建成的建筑、场地及设备的统称，在军事作战、训练和执勤等过程中发挥至关重要的作用，在巩固国防、增强国防力量、保证国家的安全防卫能力方面发挥着重要的作用。军事设施不仅是军事文化遗产中最主要的资源优势，也是发展军事旅游的重要保障。除此之外，军事设施象征着某个地区的经济发展水平，军事设施基础越好的区域，其现代化和城镇化发展程度就越高，对进一步推进军事现代化驱动型系统性军事文化遗产保护模式具有积极影响。所以，军事文化遗产地要重视军事设施建设，相关政府应加大对基础设施的投入，加大经济补贴力度，吸引并投入大量的人力、物力研究军事设施，在推进军事设施的文化建设的同时，提高军事设施的质量，进而更好地实现军事旅游拓展的可持续发展。基于此，可以看出，军事设施对推动军事现代化驱动型系统性保护起着重要的影响作用，故提出如下假设：

HC5：军事设施对推动军事现代化驱动型系统性保护具有显著的正向作用。

第四，关于军事旅游拓展与军事现代化驱动型系统性保护协同模式的理论模型。

根据军事旅游拓展与军事现代化驱动型系统性保护协同模式的分析框架、研究假设的相关内容，综合考虑军事旅游拓展与军事现代化驱动型协同现状，本书构建出军事旅游拓展与军事现代化驱动型系统性保护协同模式的理论模型，见图9-13。

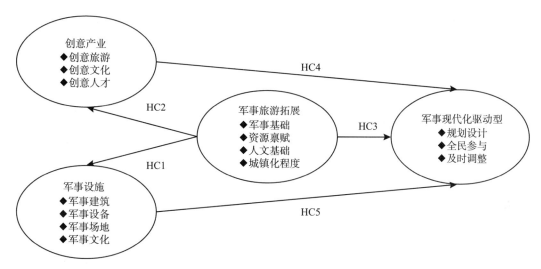

图9-13　军事旅游拓展与军事现代化驱动型系统性保护协同模式的理论模型

根据图9-13可以看出，该模式包含军事旅游拓展、军事设施、创意产业和军事现代化驱动型4个变量，其中，军事旅游拓展包括军事基础、资源禀赋、人文基础、城镇化程度四个方面；军事设施包括军事建筑、军事设备、军事场地、军事文化四个方面；创意产业包括创意旅游、创意文化、创意人才三个方面；军事现代化驱动型包括规划设计、全民参与、及时调整三个方面。军事旅游拓展与军事现代化驱动型之间既具有直接的作用路径，也具有间接的作用路径。间接路径有以下两条：①军事旅游拓展—军事设施—军事现代化驱动型；②军事旅游拓展—创意产业—军事现代化驱动型。构建军事旅游拓展与军事现代化驱动型系统性保护协同模式的理论模型，为利用结构方程模型进行实证分析奠定了理论基础。

9.3.2　实地访谈

第一，关于案例地发展状况。

黄埔军事拓展基地位于广州市黄埔区长洲岛中山路，是依托黄埔军校存有的历史遗迹，以及无数革命先烈和名人志士在实现祖国统一、民族崛起进程中铸就的"黄埔精神"，推广军事爱国教育、传承军事精神而建立的军事旅游基地。黄埔军事拓展基地与黄埔军校旧址纪念馆毗邻，拥有专业的拓展教官队伍，配备训练场地和景观游览区，能为游客提供体验、观赏等多种功能的享受，是集合娱乐休闲、爱国教育、军事训练、军事体验于一体的综合型军事旅游拓展基地。本书以黄埔军事拓展为案例研究对象，符合本书研究内容，其发展进程和特征对推进文旅深度融合新业态与军事文化遗产系统性保护协同具有代表性和特色性。

本书重点从黄埔军事拓展的整体发展状况分析"军事旅游拓展与军事现代化驱动型系统性保护协同模式"的发展情况。根据前文的分析内容可知，黄埔军事拓展具有良好的军事基础、资源禀赋和人文基础，在军事资源的依托下，政府、专家和居民广泛参与其中，在坚持规划设计、全民参与、及时调整的基础上得到持续升级发展，其发展可以概括为以下三个阶段。

第一阶段：黄埔军校旧址军事文化内涵丰富。

黄埔军校位于中国广州市黄埔区长洲岛，是 1924 年新民主主义革命时期国共两党共同创办的首所革命军事学校，于 1927 年改制为中央陆军军官学校，1946 年再改为陆军军官学校。黄埔军校是中国现代史上第一所培养革命军队干部的军事学校，也是该时期最为著名的一所军事学校，培育了众多有名的指挥官，是国民政府北伐战争统一中国的主要军力。在黄埔军校发展过程中，湖湘军事文化中艰苦奋斗、勇于任事、不折不挠的精神作风具有积极的影响效应。黄埔军校以展示军校发展历程为核心，是国内唯一以保护黄埔军校历史文化建筑为目的的纪念馆，具有以下优势：首先是名声响亮，历史资源丰富。黄埔军校在中国新民主主义革命进程中影响深刻，代表着一个时代，也代表着一种精神。其次是地理环境孤立，地理位置偏僻，为文物建筑提供了安全稳定的环境，减少了文物旧址和周边环境在城市现代化进程中受到的冲击。最后是文物保存相对完整，建筑基本保存完好，拥有数量可观的历史遗迹，包括 1996 年重建的校本部、孙总理纪念室、中山公园、孙总理纪念碑、俱乐部、游泳池、白鹤岗炮台、大坡地炮台、东征阵亡烈士墓园、教思亭、济深公园遗址、北伐纪念碑、外国人墓地等史迹点。与此同时，在为祖国统一、民族崛起而奋斗的进程中，大量的黄埔军校革命先烈和名人志士铸就了"黄埔精神"，保护革命旧居是对国家号召的响应，将革命旧居和爱国主义教育基地相结合是保护烈士故居的有效手段，不仅可以使革命旧居活起来，而且可以传播革命文化、传承红色基因、弘扬革命精神，保护军事文化遗产。

第二阶段：转变发展方式，重塑军事记忆。

黄埔军校积极汲取苏联关于组织、制度和训练等建军方面的经验，将体育教育作为塑造军人素质品格的一个重要手段，因此，其在军事体育思想中既包括尚武、勇敢、团结、服从、兼容等品质在内的传统社会军事文化精华，也包括跑步、爬高、射击、跳马、刺杀、拳术等近代西方体育和苏联军事体育的教育原则和训练方法。为了传承这种军事精神以及保护军事遗迹，1993 年，当地成立海军黄埔军事博览中心，1995 年创立"黄埔青少年军校"。黄埔青少年军校汇集了陆海空三军近百余件军事装备，如水陆两栖坦克、各型火炮、护卫艇、导弹快艇、潜艇、轰炸机、战斗机、导弹、鱼雷和深水炸弹等，提供了完整的装备展示。尤其是"爱国主义教育活化石"——"611 海上英雄艇"，这艘舰号 611 的护卫艇曾参加著名的"八·六"海战并建立了不朽功勋，被授予"海上英雄艇"称号。与此同时，借用黄埔军事军校旧址进行军事旅游，可以宣传历史文化。此后，黄埔军校进一步转变发展模式，开展军事旅游拓展，通过借助各种军事设施、开展系列活动，达到传承黄埔精神、保护军事文化的目的。

第三阶段：多元活动融入军事旅游拓展。

黄埔军事拓展基地位于长洲岛中山路，毗邻黄埔军校旧址纪念馆，以"传承黄埔精神、打造企业铁军"为使命，围绕"超强凝聚""高度执行""突破创新""团队蜕变"这四大关键词，依托并融合了闻名遐迩的黄埔军校等历史文化遗存，致力于全面及多样化地诠释中国现代军事文化，是集观赏娱乐、现代化国防教育、特种军事体验、企业军事拓展、青少年军政训练于一身的综合型军事拓展基地。其地理条件优越、空气清新、环境静谧，以人力资源为依托，拥有专业的拓展教官队伍，且黄埔军事拓展基地内部设有部队标准营房和大型军事训练场地，还有以亲身体验为主的特色活动区，内含众多军事游玩和拓展项目，具体包括团建趣味运动系列、军事化拓展训练系列、户外体验式培训系列、野外生存挑战系列、企业管理内训系列、企业年会活动的策划、真人 CS 野战、户外丛林定向越野等领域服务。此外，基地不断推陈出新，通过在军事拓展中融入多项活动，把素质教育与军事体验有机结合，既增加了军事旅游的特色性和多样性，也为更好传承军事文化提供了多条有效路径。

第二，黄埔军事拓展基地建设对军事旅游拓展与军事现代化驱动型系统性保护协同模式的作用。

在研究黄埔军事拓展基地建设发展过程中文旅深度融合与军事文化遗产系统性保护协同模式时，军事资源是发展前提，也是持续发展的保证，特色产业是创意主体，技术支持是坚实基础，人力资源是保障，政策是关键动力。综合考量黄埔军事拓展基地发展进程中各方面的要素基础，将案例分析的作用点集中在资源、产业、政策、技术和人才等方面，提炼出军事设施、创意产业两个关键性构念，并对其进行结构化、系统化、科学化的分析讨论，构建出黄埔军事拓展基地建设中军事设施、创意产业的作用模型，为探讨军事设施、创意产业在军事旅游拓展与军事现代化驱动型协同中的作用进行案例探析。

首先，黄埔军事拓展基地建设中军事设施分析。

军事旅游拓展作为军事旅游的一种形式，主要依托各种废弃军事设施地形特点，依山之势设置废墟、山坡、房屋等作战地形的军事基地。黄埔区军事文化遗产资源丰富，其军事设施保存相对完整，为开展军事旅游拓展补充了条件。黄埔军事拓展基地以传承黄埔精神为最终目的，通过发展军事旅游促进军事文化遗产长期实现系统性保护，这种发展模式离不开军事基地的资源基础，可以说，军事资源是黄埔军事拓展基地得以可持续发展和不断进步的重要助推力。基于上述分析，参考军事旅游拓展与军事现代化驱动型系统性保护协同模式的结构方程实证结果，研究初步科学地构建出军事旅游拓展建设中军事设施的作用模型，见图 9 - 14。

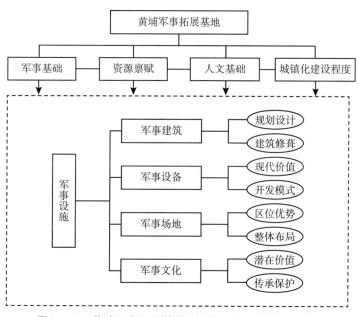

图 9 - 14　黄埔军事拓展基地建设中军事设施的作用模型

依据图 9 - 14 展示的是黄埔军事拓展基地建设中军事设施的作用模型，可以清晰看出，黄埔军事拓展基地的军事基础、资源禀赋、人文基础、城镇化建设程度都与军事设施资源关系密切。黄埔军校在中国新民主主义革命进程中影响重大，代表着一个时代的发展与进步，见证了一个国家民族精神的崛起与发扬，是大量革命先烈和名人志士智慧的聚集地。在黄埔军事拓展基地建设进程中，借助资源优势，凝聚地区黄埔文化，利用现代化发展思维，开展黄埔军事拓展项目，塑造军事拓展形象，既宣传了军事文化，也唤醒了文化遗产保护意愿。黄埔军校旧址虽然在城镇化进程中受到一定程度的冲击破坏，但依托优越的地理条件和有效的保护措施保证了军事设施的完整性，坚实的军事基础条件和丰富的资源储量为黄埔军事拓展基地的高质量发展创造了重要作用。军事旅游拓展基地对军事设施、军事设备、军事场地和军事文化的要求相对较高，要促使军事旅游拓展基地可持续发展，一是要对军事建筑进行规划设计和修葺完善，提升资源价值；二是要对军事设备进行合理开发，深挖其所蕴含的现代价值；三是要充分利用军事遗址的区位优势，对军事场地进行整体布局；四是要依托黄埔军校的人文历史，正确传承黄埔文化，发挥文化潜在价值。综上，军事设施在推进军事文化遗产系统性保护过程中作用不可估计，一方面，其是军事旅游主要依托对象；另一方面，其有利于军事现代化发展，带动军事产业转型升级。因此，军事设施与当地军事资源、人文资源和基础设施建设息息相关，应利用军事文化遗产地的多方资源，充分挖掘和合理利用其中的内涵价值，突出涵养文明乡风的文化价值，以此塑造强有力的资源优势，打造发展军事旅游的环境氛围，活化遗产资源，共同助力军事旅游快速发展，假设 HC1、假设 HC3 和假设 HC5 成立。

其次，黄埔军事拓展基地建设中创意产业分析。

黄埔军事拓展基地是以黄埔军校优秀的历史文化遗产为基础，顺应现代化社会发展，运用科技基础，广泛引进人力资源，创新产业发展模式，打造集户外体验、军事训练、自然观光、活动培训于一体的军事特色产业拓展基地。黄埔军事拓展基地的建设既是军事文化保护模式的创新发展，也是军事资源的充分利用，通过将军事、文化、旅游融为一体，构建出综合包含创意旅游、创意文化和创意人才三方面的创意产业基础，可以在保护军事文化遗产的同时带动区域经济价值。基于对黄埔军事拓展基地发展现状的分析，结合本书研究关键点，构建出黄埔军事拓展基地建设中创意产业的作用模型，见图 9－15。

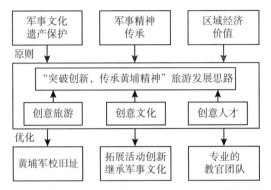

图 9－15　黄埔军事拓展基地建设中创意产业的作用模型

依据图 9－15 展示的黄埔军事拓展基地建设中创意产业的作用模型，可以清晰看出，黄埔军事拓展基地是文游深度融合的新业态，具体包括创意旅游、创意文化和创意人才等创意产业基础，三者共同构成黄埔军事拓展基地发展的创意产业要素。一是在创意旅游方面，创意旅游是旅游和文化相互融合创新的产物，是一种可持续的新型旅游形态，黄埔军事拓展基地依托黄埔军校旧址所存在的文化优势和资源禀赋，有效地将科技元素和人文要素引入军事发展，赋予旅游以深层次的文化附加值，打造具有文化特色、休闲功能、体验价值的旅游项目。二是在创意文化方面，文化创意产业以人的创造力为核心，是高附加值的新兴产业业态，黄埔军事拓展基地通过开展野外体验、军事训练、生态观光、定向越野赛等项目，不断发展创意旅游，打破产业边界促进产业转型升级，从而创新文化发展形式，塑造鲜明的文化形象，构建创意文化产业链，促进区域经济均衡发展。三是在创意人才方面，黄埔军事拓展基地是由专业的军事人才创立和发展的，主旨在于借鉴历史的培训经验和现代培训需求，拓展游客素质能力，并在发展创意旅游的过程中不断重塑服务人员的质量水平，打造新型人才，协调产业发展，为更好传承黄埔精神助力，推进军事文化遗产可持续发展。因此，通过创意旅游发展方式，可以带给游客新的体验感；通过创意文化形式，可以将文化形象化，从而使其获得更好的保护；通过创意人才团队，可以加强管理和服务培训，提高工作人员素质，并鼓励积极创造新点子，创新活动项目，假设 HC2 和假设 HC4 成立。

关于案例验证分析：

此次案例研究选取的是黄埔军事拓展基地，研究小组通过实地调研获得了准确性较高的数据资料，对黄埔军事拓展基地的情况了解得更加清楚明晰，同时也保证了资料数据的真实性、严谨性、准确性。为了有效地展开对军事旅游拓展与军事现代化驱动型系统性保护协同模式的案例研究，本研究首先对选择的黄埔军事拓展基地这个研究对象进行了阐释说明，将黄埔军事拓展基地的发展历程和开发方向概况分为三个阶段：一是黄埔军校旧址军事文化内涵丰富阶段；二是转变发展方式、重塑军事记忆阶段；三是多元活动融入军事旅游拓展阶段，经过对这三个阶段进行全面而深入的分析，总结提炼出黄埔军事拓展发展基地所面临的挑战及其创新发展，得出黄埔军事拓展基地以黄埔军校旧址文化内涵和军事资源为出发点和突破口，融合现代技术和政策理念，创新产业发展模式，对军事设施进行规范布局，挖掘产业现代价值，促进军事旅游拓展优化升级。依据前文构建的军事旅游拓展与军事现代化驱动型系统性保护协同模式的结构方程实证分析结果，在案例分析中着重把握军事设施、创意产业两个方面的内容，构建出黄埔军事拓展基地建设中军事设施、创意产业的作用模型。

本书采用案例研究的方法进行单案例研究，选取黄埔军事拓展基地为典型案例对军事旅游拓展与军事现代化驱动型系统性保护协同模式进行验证。结合前文所构建的军事旅游拓展与军事现代化驱动型系统性保护协同模式的分析框架、研究假设和结构方程实证分析的相关内容，以黄埔军事拓展基地的发展状况为出发点，着重把握军事设施、创意产业在文旅深度融合新业态与军事文化遗产系统性保护中的作用，以黄埔军事拓展基地为案例对军事旅游拓展与军事现代化驱动型系统性保护协同模式过程中的影响因素进行案例验证，进一步科学有效的验证了军事旅游拓展与军事现代化驱动型系统性保护协同模式的有效性。

9.3.3　问卷数据分析

第一，样本数据的描述性统计及信度效度检验。

首先，军事旅游拓展与军事现代化驱动型系统性保护协同模式的协同度测算。

军事旅游拓展与军事现代化驱动型系统性保护协同模式的协同效应和协同机制通过评价两者的"协同性"进行评估判断。本书在评估军事旅游拓展与军事现代化驱动型系统性保护协同模式的协同性之前，将从实证分析出发，借用前文实证研究中所使用的度量指标来建构相关的指标体系，引入实地调研的数据计算军事旅游拓展与军事现代化驱动型系统性保护协同模式的协同度。依据实证分析结果，军事旅游拓展、军事设施和创意产业这 3 个子系统都对军事现代化驱动型产生了直接影响效应，因此，军事旅游拓展与军事现代化驱动型系统性保护协同模式要依靠军事设施、创意产业 2 个子系统发挥作用。本书从军事旅游拓展的军事基础、资源禀赋、人文基础、城镇化程度 4 个变量出发，分析军事旅游拓展对军事设施子系统、创意产业子系统起着直接或间接的影响作用。基于此，对军事旅游拓展与军事现代化驱动型系统性保护协同模式进行协同度评价，与此同时，联合评价军事设施子系统、创意产业子系统对其评价进行整体检验，进而参考各子系统的协同度来客观反映军事旅游拓展与军事现代化驱动型所形成的复合系统的协同度。

本书充分运用协同学的相关理论基础和原理，构建军事旅游拓展、军事设施、创意产业和军事现代化驱动型 4 个子系统间的协同度模型。军事旅游拓展、军事设施、创意产业和军事现代化驱动型 4 个子系统的序参量，如表 9 - 17 所示。

表 9 - 17　　　　　　　　　　　　各子系统序参量

子系统	测量指标	序参量
军事旅游拓展	军事基础、资源禀赋、人文基础、城镇化程度	MTD11、MTD12、MTD21、MTD22、MTD23、MTD31、MTD32、MTD41、MTD42
军事设施	军事建筑、军事设备、军事场地、军事文化	MI11、MI12、MI13、MI21、MI22、MI31、MI32、MI33、MI41、MI42
创意产业	创意旅游、创意文化、创意人才	CI11、CI22、CI13、CI21、CI22、CI23、CI31、CI32、CI33
军事现代化驱动型	规划设计、全民参与、及时调整	MD11、MD12、MD13、MD21、MD22、MD23、MD31、MD32

在确定各个子系统的参量后，将对军事旅游拓展、军事设施、创意产业、军事现代化驱动型 4 个子系统之间的有序度进行测量，具体计算过程见公式（5 - 6），结合前文对军事旅游拓展与军事现代化驱动型系统性保护协同模式的理论模型的相关分析，得出其他子系统的有序度和序参量之后，计算系统协同度并重新测量子系统的有序度，进而得到总系统的协同度。同理，得出军事旅游拓展与军事现代化驱动型系统性保护协同模式中军事设施、创意产业、军事现代化驱动型等其他子系统之间的协同度，见表 9 - 18。

表 9 - 18　　　　　　　　　　　　各子系统间的系统协同度

子系统	MTD	MI	CI	MD
军事旅游拓展（MTD）	—			
军事设施（MI）	0.59	—		
创意产业（CI）	0.58	0.52	—	
军事现代化驱动型（MMD）	0.65	0.58	0.58	—

根据表 4 - 1 系统协同度区间划分，将协同度分为 5 个区间，结合表 9 - 18 关于军事旅游拓展与军事

现代化驱动型系统性保护协同模式中各子系统的协同度大小，可以得出协同模式中的军事旅游拓展、军事设施、创意产业和军事现代化驱动型这4个子系统相互之间的协同度都处于高度协同的范围，基于此，研究判定军事旅游拓展与军事现代化驱动型具有良好的协同性。

其次，本书通过对获取的军事旅游拓展与军事现代化驱动型协同第一手数据进行初步评估和数量统计，认为有效问卷的数量与结构方程所需量相符合，为下一步进行实证分析奠定了基础。为确保所得数据的准确性和可靠性，在进行实证之前，对问卷数据进行信度分析和效度分析。

再次，对军事旅游拓展与军事现代化驱动型系统性保护协同模式的问卷数据进行描述性统计分析，对军事旅游拓展、军事设施、创意产业、军事现代化驱动型4个主要变量的观测指标进行均值和标准差统计。其中，均值指标是衡量模型中各个变量的分布的平均程度和集中度。标准差指标是衡量模型中各个变量数据的分散程度，即离散程度大小。借助 SPSS 25.0 计算各个观测变量的均值、标准差、最大值和最小值，详细情况见表 9-19。

表 9-19 描述性统计

主要变量	潜在变量	观测变量	均值	标准差	最大值	最小值
军事旅游拓展（MTD）	军事基础（MTD1）	MTD11	3.71	0.694	5	1
		MTD12	3.74	0.709	5	2
	资源禀赋（MTD2）	MTD21	3.71	0.726	5	2
		MTD22	3.64	0.777	5	1
		MTD23	3.67	0.815	5	2
	人文基础（MTD3）	MTD31	3.60	0.788	5	1
		MTD32	3.59	0.744	5	2
	城镇化程度（MTD4）	MTD41	3.66	0.788	5	1
		MTD42	3.66	0.759	5	1
军事设施（MI）	军事建筑（MI1）	MI11	3.19	0.720	5	1
		MI12	3.28	0.710	5	1
		MI13	3.15	0.669	5	1
	军事设备（MI2）	MI21	3.29	0.662	5	1
		MI22	3.22	0.725	5	1
	军事场地（MI3）	MI31	3.25	0.759	5	1
		MI32	3.21	0.749	5	1
		MI33	3.14	0.703	5	1
	军事文化（MI4）	MI41	3.50	0.729	5	1
		MI42	3.33	0.681	5	1
创意产业（CI）	创意旅游（CI1）	CI11	3.27	0.734	5	1
		CI12	3.17	0.690	5	1
		CI13	3.02	0.654	5	1

续表

主要变量	潜在变量	观测变量	均值	标准差	最大值	最小值
创意产业 （CI）	创意文化 （CI2）	CI21	3.29	0.714	5	1
		CI22	3.12	0.717	5	1
		CI23	3.10	0.689	5	1
	创意人才 （CI3）	CI31	3.21	0.709	5	1
		CI32	3.19	0.692	5	1
		CI33	3.22	0.705	5	1
军事现代化驱动型 （MMD）	规划设计 （MMD1）	MMD11	3.62	0.730	5	1
		MMD12	3.63	0.754	5	1
		MMD13	3.61	0.772	5	1
	全民参与 （MMD2）	MMD21	3.66	0.733	5	1
		MMD22	3.65	0.776	5	1
		MMD23	3.71	0.742	5	1
	及时调整 （MMD3）	MMD31	3.61	0.816	5	1
		MMD32	3.65	0.761	5	1

为确保军事旅游拓展与军事现代化驱动型系统性保护协同模式检测结果具有真实性、可靠性，对其进行信度检测。研究利用组合信度系数对军事旅游拓展与军事现代化驱动型系统性保护协同模式所整合的各类数据进行分析和检测，分别得出军事旅游拓展、军事设施、创意产业、军事现代化驱动型的组合信度系数。同时，根据表5-4的组合信度检测标准对军事旅游拓展与军事现代化驱动型系统性保护协同模式的潜在变量的组合信度系数进行评判。为确保信度检测所得数据能够科学合理地反映各个变量的真实构架，在对军事旅游拓展与军事现代化驱动型系统性保护协同模式进行信度检测的基础上，进一步对军事旅游拓展与军事现代化驱动型系统性保护协同模式进行效度检测。详细情况见表9-20。

表9-20　　　　　　　　　　　　　　　信度和效度检验

变量	CR	因子荷载		KMO值	累计方差解释率	Bartlett's 球形检验		
						χ^2	df	Sig.
军事旅游拓展 （MTD）	0.971	MTD11	0.897	0.964	78.792	2479.020	36	0.000
		MTD12	0.892					
		MTD21	0.911					
		MTD22	0.886					
		MTD23	0.860					
		MTD31	0.881					
		MTD32	0.907					
		MTD41	0.879					
		MTD42	0.874					

续表

变量	CR	因子荷载		KMO 值	累计方差 解释率	Bartlett's 球形检验		
						χ^2	df	Sig.
军事设施 （MI）	0.918	MI11	0.706	0.939	52.930	1137.940	45	0.000
		MI12	0.738					
		MI13	0.769					
		MI21	0.749					
		MI22	0.801					
		MI31	0.694					
		MI32	0.796					
		MI33	0.720					
		MI41	0.623					
		MI42	0.657					
创意产业 （CI）	0.895	CI11	0.720	0.897	48.551	802.269	36	0.000
		CI12	0.708					
		CI13	0.721					
		CI21	0.685					
		CI22	0.721					
		CI23	0.664					
		CI31	0.733					
		CI32	0.646					
		CI33	0.668					
军事现代化 驱动型 （MMD）	0.951	MMD11	0.849	0.933	70.962	1600.192	28	0.000
		MMD12	0.839					
		MMD13	0.847					
		MMD21	0.839					
		MMD22	0.864					
		MMD23	0.840					
		MMD31	0.831					
		MMD32	0.831					

如表 9 - 20 所示，首先，从对军事旅游拓展与军事现代化驱动型进行信度所得数据中，可以看出，各个数据的相关组合信度系数值都大于 0.8，因此认为所得数据具有较好的可信度。其次，从对军事旅游拓展与军事现代化驱动型进行效度检验所得数据中，可以看出，所得各个指标的因子载荷均在 0.5 以上，KMO 值均大于 0.8，因此认为所得数据能够较好地进行因子分析。最后，Bartlett's 球形检验显著性水平均在 0.000，因此，认为此次研究过程中，调查问卷所得数据及各组成部分建构之间有较好的效度。

第二，样本数据的结构方程模型构建及调整。

研究军事旅游拓展与军事现代化驱动型系统性保护协同模式时，依据变量性质构建结构方程模型。根据前文中所写的军事旅游拓展与军事现代化驱动型系统性保护协同模式的理论模型，军事旅游拓展、军事设施、创意产业及军事现代化驱动型均是不可直接观测的潜在变量。本书在变量性质确定的基础上，对军事旅游拓展与军事现代化驱动型系统性保护协同模式中的变量进行整合归类，其中，军事旅游拓展属内生变量，军事设施、创意产业属中间变量，军事现代化驱动型属外生变量。因此，构建军事旅游拓展与军事现代化驱动型系统性保护协同模式的结构方程模型如图 9 - 16 所示，箭头方向代表了变量之间的因果关系。

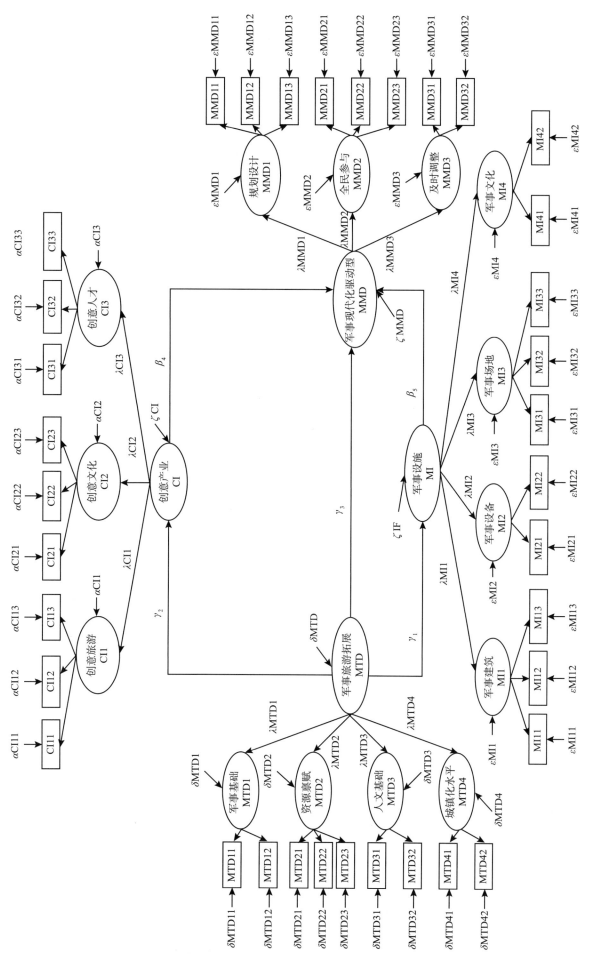

图9-16　军事旅游拓展与军事现代化驱动型系统性保护协同模式的初始结构方程模型

由图 9 - 16 所显示的军事旅游拓展与军事现代化驱动型系统性保护协同模式的初始结构方程模型可以发现，军事旅游拓展与军事现代化驱动型系统性保护协同模式的初始结构方程中存在外生显变量 9 项，具体为 MTD11、MTD12、MTD21、MTD22、MTD23、MTD31、MTD32、MTD41、MTD42；内生显变量共 27 项，具体为 CI11、CI12、CI13、CI21、CI22、CI23、CI31、CI32、CI33、MI11、MI12、MI13、MI21、MI22、MI31、MI32、MI33、MI41、MI42、MMD11、MMD12、MMD13、MMD21、MMD22、MMD23、MMD31、MMD32；外生潜变量共 4 项，具体为 MTD1、MTD2、MTD3、MTD4；内生潜变量共 10 项，具体为 CI1、CI2、CI3、MI1、MI2、MI3、MI4、MMD1、MMD2、MMD3。这是由观测变量和潜在变量所构成的结构方程模型的测量模型。

进行军事旅游拓展与军事现代化驱动型系统性保护协同模式的数据验证时，通过对相关变量进行设定以构建观测变量的结构方程式。按照初始结构方程模型，军事旅游拓展（MTD）、军事基础（MTD1）、资源禀赋（MTD2）、人文基础（MTD3）、城镇化程度（MTD4）为外生潜变量，分别用 ζ_{MTD}、ζ_{MTD1}、ζ_{MTD2}、ζ_{MTD3}、ζ_{MTD4} 表示。军事设施（MI）、军事建筑（MI1）、军事设备（MI2）、军事场地（MI3）、军事文化（MI4）、创意产业（CI）、创意旅游（CI1）、创意文化（CI2）、创意人才（CI3）、军事现代化驱动型（MMD）、规划设计（MMD1）、全民参与（MMD2）、及时调整（MMD3）为内生潜变量，分别用 η_{MI}、η_{MI1}、η_{MI2}、η_{MI3}、η_{MI4}、η_{CIB}、η_{CI1}、η_{CI2}、η_{CI3}、η_{MMD}、η_{MMD1}、η_{MMD2}、η_{MMD3} 表示。基于此，本书构建军事旅游拓展与军事现代化驱动型系统性保护协同模式的观测模型方程式：

$$
\begin{cases}
X_{MTD1} = \lambda_{MTD1}\xi_{MTD} + \delta_{MTD1} & X_{MTD2} = \lambda_{MTD2}\xi_{MTD} + \delta_{MTD2} \\
X_{MTD3} = \lambda_{MTD3}\xi_{MTD} + \delta_{MTD3} & X_{MTD4} = \lambda_{MTD4}\xi_{MTD} + \delta_{MTD4} \\
X_{MTD11} = \lambda_{MTD11}\xi_{MTD1} + \delta_{MTD11} & X_{MTD12} = \lambda_{MTD12}\xi_{MTD1} + \delta_{MTD12} \\
X_{MTD21} = \lambda_{MTD21}\xi_{MTD2} + \delta_{MTD21} & X_{MTD22} = \lambda_{MTD22}\xi_{MTD2} + \delta_{MTD22} \\
X_{MTD23} = \lambda_{MTD23}\xi_{MTD2} + \delta_{MTD23} & X_{MTD31} = \lambda_{MTD31}\xi_{MTD3} + \delta_{MTD31} \\
X_{MTD32} = \lambda_{MTD32}\xi_{MTD3} + \delta_{MTD32} & X_{MTD41} = \lambda_{MTD41}\xi_{MTD4} + \delta_{MTD41} \\
X_{MTD42} = \lambda_{MTD42}\xi_{MTD4} + \delta_{MTD42} \\
\\
Y_{CI1} = \lambda_{CI1}\eta_{CI} + \varepsilon_{CI1} & Y_{CI2} = \lambda_{CI2}\eta_{CI} + \varepsilon_{CI2} & Y_{CI3} = \lambda_{CI3}\eta_{CI} + \varepsilon_{CI3} \\
Y_{CI11} = \lambda_{CI11}\eta_{CI1} + \varepsilon_{CI11} & Y_{CI12} = \lambda_{CI12}\eta_{CI1} + \varepsilon_{CI12} & Y_{CI13} = \lambda_{CI13}\eta_{CI1} + \varepsilon_{CI13} \\
Y_{CI21} = \lambda_{CI21}\eta_{CI2} + \varepsilon_{CI21} & Y_{CI22} = \lambda_{CI22}\eta_{CI2} + \varepsilon_{CI22} & Y_{CI23} = \lambda_{CI23}\eta_{CI2} + \varepsilon_{CI23} \\
Y_{CI31} = \lambda_{CI31}\eta_{CI3} + \varepsilon_{CI31} & Y_{CI32} = \lambda_{CI32}\eta_{CI3} + \varepsilon_{CI32} & Y_{CI33} = \lambda_{CI33}\eta_{CI3} + \varepsilon_{CI33} \\
Y_{MI1} = \lambda_{MI1}\eta_{MI} + \varepsilon_{MI1} & Y_{MI2} = \lambda_{MI2}\eta_{MI} + \varepsilon_{MI2} & Y_{MI3} = \lambda_{MI3}\eta_{MI} + \varepsilon_{MI3} \\
Y_{MI4} = \lambda_{MI4}\eta_{MI} + \varepsilon_{MI4} & Y_{MI11} = \lambda_{MI11}\eta_{MI1} + \varepsilon_{MI11} & Y_{MI12} = \lambda_{MI12}\eta_{MI1} + \varepsilon_{MI12} \\
Y_{MI13} = \lambda_{MI13}\eta_{MI1} + \varepsilon_{MI13} & Y_{MI21} = \lambda_{MI21}\eta_{MI2} + \varepsilon_{MI21} & Y_{MI22} = \lambda_{MI22}\eta_{MI2} + \varepsilon_{MI22} \\
Y_{MI31} = \lambda_{MI31}\eta_{MI3} + \varepsilon_{MI31} & Y_{MI32} = \lambda_{MI32}\eta_{MI3} + \varepsilon_{MI32} & Y_{MI33} = \lambda_{MI33}\eta_{MI3} + \varepsilon_{MI33} \\
Y_{MI41} = \lambda_{MI41}\eta_{MI4} + \varepsilon_{MI41} & Y_{MI42} = \lambda_{MI42}\eta_{MI4} + \varepsilon_{MI42} \\
Y_{MMD1} = \lambda_{MMD1}\eta_{MMD} + \varepsilon_{MMD1} & Y_{MMD2} = \lambda_{MMD2}\eta_{MMD} + \varepsilon_{MMD2} & Y_{MMD3} = \lambda_{MMD3}\eta_{MMD} + \varepsilon_{MMD3} \\
Y_{MMD11} = \lambda_{MMD11}\eta_{MMD1} + \varepsilon_{MMD11} & Y_{MMD12} = \lambda_{MMD12}\eta_{MMD1} + \varepsilon_{MMD12} \\
Y_{MMD13} = \lambda_{MMD13}\eta_{MMD1} + \varepsilon_{MMD13} & Y_{MMD21} = \lambda_{MMD21}\eta_{MMD2} + \varepsilon_{MMD21} \\
Y_{MMD22} = \lambda_{MMD22}\eta_{MMD2} + \varepsilon_{MMD22} & Y_{MMD23} = \lambda_{MMD23}\eta_{MMD2} + \varepsilon_{MMD23} \\
Y_{MMD31} = \lambda_{MMD31}\eta_{MMD3} + \varepsilon_{MMD31} & Y_{MMD32} = \lambda_{MMD32}\eta_{MMD3} + \varepsilon_{MMD32}
\end{cases}
$$

进行军事旅游拓展与军事现代化驱动型系统性保护协同模式的结构方程实证检验时，借助于前文所提到的军事旅游拓展与军事现代化驱动型系统性保护协同模式的研究假设和理论模型，研究使用 γ_1、γ_2 和 γ_3 分别表示军事旅游拓展对军事设施、创意产业、军事现代化驱动型的作用路径。用 β_4 表示创意产业对军事现代化驱动型的作用路径，用 β_5 表示军事设施对军事现代化驱动型的作用路径。结合上述设定的变量之间的作用路径，构建出军事旅游拓展与军事现代化驱动型系统性保护协同模式的结构方程式，表达具体如下：

$$\begin{cases} \eta_{MI} = \gamma_1 \xi_{MTD} + \zeta_{MI} \\ \eta_{CI} = \gamma_2 \xi_{MTD} + \zeta_{CI} \\ \eta_{MD} = \gamma_3 \xi_{MTD} + \beta_4 \eta_{CI} + \beta_5 \eta_{MI} + \zeta_{MD} \end{cases}$$

成功构建军事旅游拓展与军事现代化驱动型系统性保护协同模式的测量模型和结构模型之后，即完成初始结构方程模型构建后，需进一步判断检验拟合指数、参数和决定系数等是否达到要求，采用不同的评价方法对以上各项指标进行检验分析，从而更正确地判断军事旅游拓展对军事文化遗产系统性保护的作用原始模型是否需要进行修正。

在 AMOS22.0 中导入军事旅游拓展与军事现代化驱动型系统性保护协同模式的初始结构方程模型，并同时将问卷数据导入，得到模型的相关拟合指标值，详细情况见表 9-21。

表 9-21　　军事旅游拓展与军事现代化驱动型系统性保护协同模式的初始结构方程模型拟合度结果

拟合指标	X^2/DF	CFI	IFI	TLI	PNFI	RMSEA	SRMR
观测值	1.367	0.968	0.968	0.965	0.826	0.038	0.0571
拟合指标	<3.00	>0.90	>0.90	>0.90	>0.50	<0.08	<0.08

由表 9-21 可以看出，军事旅游拓展与军事现代化驱动型系统性保护协同模式的各项拟合指标均达到了拟合标准，说明研究调整后的结构方程模型能较好地与调查问卷数据进行拟合。故依据拟合度检验，进一步测度结构方程的路径系数，判断其是否合理有效，详细情况见表 9-22。

表 9-22　　军事旅游拓展与军事现代化驱动型系统性保护协同模式的初始结构方程路径估计

路径	模型路径	路径系数	S.E.	C.R.	P
γ_1	MTD→MI	0.773	0.038	14.966	***
γ_2	MTD→CI	0.727	0.042	12.459	***
γ_3	MTD→MD	0.258	0.096	2.501	0.012
β_4	CI→MD	0.221	0.103	2.740	0.006
β_5	MI→MD	0.356	0.106	4.171	***

注：*** 表示 P<0.001。

由表 9-22 可以看出，各路径均呈现出显著状态。绝大多数都达到了 0.001 的显著性水平，军事旅游拓展与军事现代化驱动型关系路径 P 值为 0.012，在 5% 水平上显著，创意产业与军事现代化驱动型关系路径 P 值为 0.006，在 1% 水平上显著。因此，判定该模型为满意度最高的模型，路径系数经过标准化处理后，其数值处于 -1~1，最终的军事旅游拓展与军事现代化驱动型系统性保护协同模式的结构方程模型，见图 9-17。

第三，结构方程的假设检验及效应分解。

通过分析结构方程实证结果，根据前文提及的研究假设与理论模型，结合军事旅游拓展与军事现代化驱动型协同作用的假设验证和路径系数，进行归纳总结，结果如表 9-23 所示。

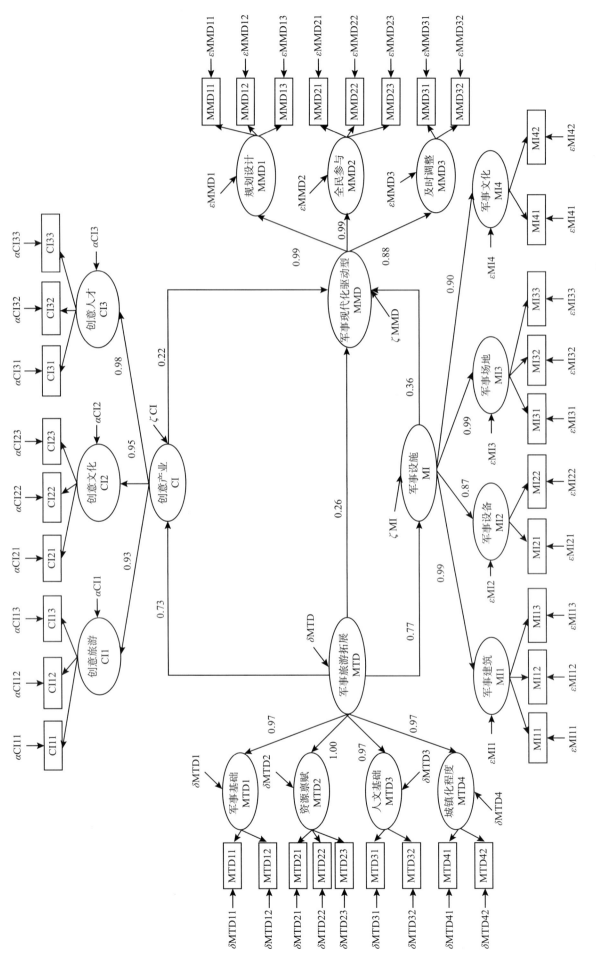

图9-17 最终的军事旅游拓展与军事现代化驱动型系统性保护协同模式的结构方程模型

表 9 - 23　　　　　　　　　　　　　　　　路径结果讨论分析

路径	模型路径	路径系数	显著性水平	研究假设	检验结果
γ_1	MTD→MI	0.773	***	HC1	支持
γ_2	MTD→CI	0.727	***	HC2	支持
γ_3	MTD→MMD	0.258	0.012	HC3	支持
β_4	CI→MMD	0.221	0.006	HC4	支持
β_5	MI→MMD	0.356	***	HC5	支持

注：*** 代表 $P < 0.001$。

军事旅游拓展到军事设施的标准化路径系数为 0.733，$P < 0.001$，通过显著性检验。因此，原假设 HC1 得到验证支持，"军事旅游拓展到军事设施具有显著的正向影响作用"的假设成立。

军事旅游拓展到创意产业的标准化路径系数为 0.727，$P < 0.001$，通过显著性检验。因此，原假设 HC2 得到验证支持，"军事旅游拓展到创意产业具有显著的正向影响作用"的假设成立。

军事旅游拓展到军事现代化驱动型的标准化路径系数为 0.258，P 值为 0.012，小于 0.05，通过显著性检验。因此，原假设 HC3 得到验证支持，"军事旅游拓展到军事现代化驱动型具有显著的正向影响作用"的假设成立。

创意产业到军事现代化驱动型的标准化路径系数为 0.221，P 值为 0.006，小于 0.01，通过显著性检验。因此，原假设 HC4 得到验证支持，"创意产业到军事现代化驱动型具有显著的正向影响作用"的假设成立。

军事设施到军事现代化驱动型的标准化路径系数为 0.356，$P < 0.001$，通过显著性检验。因此，原假设 HC5 得到验证支持，"军事设施到军事现代化驱动型具有显著的正向影响作用"的假设成立。

从军事旅游拓展与军事现代化驱动型系统性保护协同模式的结构方程实证结果可以得到，军事设施和创意产业都是十分重要的中间变量，军事旅游拓展分别对军事设施和创意产业产生了 0.773 和 0.727 的直接作用效应。军事设施是发展军事旅游拓展的关键变量，只有具备一定的军事基础才能实现军事旅游，同时，军事设施也是军事文化遗产系统性保护不可缺少的行动支撑。创意产业保证了军事旅游拓展能不断改进、创新活动项目，满足游客个性化精神需求和特色的服务体验，在军事文化遗产系统性保护的过程中不可忽视。

基于以上结果，本书获得以下重要启示：一是军事旅游拓展作为文旅深度融合理念下的新业态之一，在保护军事文化遗产中起着显著的正向作用。因此，在未来的军事文化遗产系统性保护过程中，不仅要重视军事旅游拓展在军事旅游中的推动作用，而且要注意与自然景观、生态资源和军事文化遗产系统性保护的协同。二是军事设施和创意产业均是影响军事旅游拓展与军事文化遗产系统性保护协同的中间变量，应把握影响协同作用的关键因素，即助力保护军事设施设备，引进创新理念和专业人才，不断开发新型项目，优化旅游体验，提高游客参与感和满足感，从而系统地保护军事文化遗产，传承军事文化。

9.4　军事主题公园与军事现代化驱动型系统性保护协同模式的实证研究

9.4.1　研究假设

第一，军事主题公园的作用。

军事主题公园的军事历史资源丰富、人文底蕴深厚，依托当地的生态资源和军事资源，致力于全面、系统、多元地诠释古代和现代军事文化，打造集博览观赏、项目体验、主题演出、国防教育、团队训练于一体的综合型军事文化主题园。旅游产业随着快速提升的国民经济水平与人民生活水准而得到关注，由单一的观赏形式转为深度体验式旅游，符合游客追求集观赏、体验、休闲于一体的需要。军事主题公园是军事旅游的重要形式，虽然社会经济的带动使其迅速发展，但其在资源配置、特色底蕴挖掘、环境保护等方面的问题越来越严重，即旅游空间结构受到制约和影响，因而亟须科学规划旅游空间。旅游空间结构是指旅游经济客体在某个区域内因相互作用而形成的空间集聚程度和状态，王冠孝（2020）指出，生态环境状况、旅游资源赋存、科技创新实力、经济发展状况、基础设施建设等因素均会在旅游空间结构演变和发展中发挥重要效应。旅游空间结构及其空间规划有单节点、多节点及链状节点三种布局模式，军事主题公园旅游要素有动静结合、点面结合、具体和抽象结合三种不同的组成方式，借助军事文化遗产区域的军事资源禀赋，落实旅游可持续发展理论，能有效优化旅游环境，分配布局旅游资源，加强交通等基础设施建设，共同助力旅游空间规划。基于此，可以看出，军事主题公园对推动旅游空间规划起着重要的影响作用，故提出如下假设：

HD1：军事主题公园对旅游空间规划具有显著的正向作用。

军事主题公园侧重于让游客亲身感受军事文化魅力，体验军事探险和军旅生活。军事主题公园作为文旅深度融合新业态之一，其发展与军事产业、文化产业、旅游产业等产业密切相关，牢固的产业基础是其持久发展的前提。随着我国以特色文化为主题的旅游行业的不断发展，旅游形式逐渐多样化，军事旅游面临着巨大挑战，加之原本就存在的产业发展情况参差不齐、产业结构不匹配、产业融合创新力度不足等问题，军事主题公园发展情况不容乐观。据学者研究，在现代先进技术的推动下，军事主题公园可以通过创新技术，创新旅游产品和旅游项目，优化资源配置，提高产业布局合理性，加速优化升级产业结构，促进相关产业集聚，形成产业优势。除此之外，还能借助相关技术，合理分析产业价值，整合相关产业资源，创新特色文化旅游业发展新模式，奠定产业基础。基于此，可以看出，军事主题公园对巩固产业基础起着重要的影响作用，故提出如下假设：

HD2：军事主题公园对巩固产业基础具有显著的正向作用。

军事主题公园是不断适应现代社会发展和日益升级的游客需求而形成的，根据相关学者研究，目前的军事主题公园资金实力和营销经验更丰富，产业链更完善，品牌形象更有吸引力，并且对技术要求更高，对军事文化遗产的保护方式更加多元。军事主题公园是军事旅游的载体，随着城镇化和现代化进程的推进，主要形成了以下三种类型的公园：一是军事实景公园，进行军事教育和游览观光；二是军事主题乐园，体验、展示军事科技成果；三是真人 CS 和军事拓展训练基地，切身参与军事活动，体验军人生活。通过建设军事主题公园，一方面可以促进军事文化遗产资源不断与现代化发展驱动相适应，提供技术、资金、人才等物质准备，以崭新的姿态保护军事遗产文化，另一方面可以与现代文化和当代精神需求相结合，不断创新传承，与时俱进地提升军事文化遗产保护实力。此外，推动文化遗产实现军事现代化驱动型系统性保护还能为军事主题公园指引方向，给予军事旅游发展助力。简单来说，军事主题公园与军事现代化驱动型系统性保护军事文化遗产模式存在良性互动的关系，基于此，可以看出，军事主题公园对推动军事现代化驱动型系统性保护起着重要的影响作用，故提出如下假设：

HD3：军事主题公园对推动军事现代化驱动型系统性保护具有显著的正向作用。

第二，产业基础的作用。

军事主题公园是一种特殊的文化主题旅游产品，也是一种人造旅游资源，内涵丰富，通过整合军事设施和旅游资源，有助于提炼、展示军事主题公园所承载的文化元素和精神内涵。2019 年 7 月，中央政治局会议提出深化供给侧结构性改革，强调提升产业基础能力和产业链水平；同年 8 月，中央财经委员会第五次会议重点提出充分发挥超大规模的市场优势和集中力量办大事的制度优势，着力打造产业基础高级化和现代化产业链，进一步重视产业基础的作用。振兴产业基础不仅有利于产业结构升级，发展关联产业，加快文化旅游市场创新改革，而且符合党的十九大报告中提出的"产业转型是经济转型的根本，加快军事现代化发展"。基于此，可以看出，产业基础对推动军事现代化驱动型系统性保护起着重要的影响作用，故提出如下假设：

HD4：产业基础对推动军事现代化驱动型系统性保护具有显著的正向作用。

第三，旅游空间规划的作用。

旅游空间规划是支撑旅游地发展规划的核心内容，旅游空间规划大致包括适度发展旅游、有效保护生态环境、改善旅游地物质空间环境、坚持有机更新原则、规划资源布局等五个方面，全方位协调发展人口、经济、资源、环境以及社会各种产业。有效的旅游空间规划既能够优化区域结构，合理配置资源要素，减少核心—边缘现象，推动区域旅游的全方位健康发展，还能够帮助旅游地实现区域资源联动，提升自身的吸引力和竞争力，加快塑造旅游品牌形象，带来良好的经济效益和社会效益。在进行旅游空间规划时，可以借助 GIS 格网化分析方法，形成标准化的资源采集、功能识别技术方法，实现军事旅游区域的功能优化配置，助力旅游空间规划。总体而言，有效合理的旅游空间规划，带动了区域旅游联动发展，不仅为军事文化遗产地带来了资源布局的科学方法和技术指导，而且为其储备了经济优势，一起为开发军事现代化驱动型保护模式打下了坚实基础。基于此，可以看出，旅游空间规划对推动军事现代化驱动型系统性保护起着重要的影响作用，因此，提出以下假设：

HD5：旅游空间规划对推动军事现代化驱动型系统性保护具有显著的正向作用。

第四，关于军事主题公园与军事现代化驱动型系统性保护协同模式的理论模型。

根据军事主题公园与军事现代化驱动型系统性保护协同模式的分析框架、研究假设的相关内容，综合考虑军事主题公园与军事现代化驱动型协同现状，构建出军事主题公园与军事现代化驱动型系统性保护协同模式的理论模型，如图 9 – 18 所示。

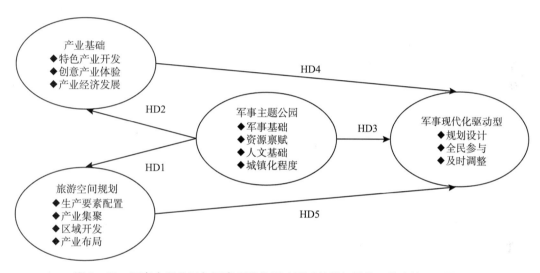

图 9 – 18　军事主题公园与军事现代化驱动型系统性保护协同模式的理论模型

根据军事主题公园与军事现代化驱动型系统性保护协同模式的理论模型可以看出，该模式包含军事主题公园、旅游空间规划、产业基础和军事现代化驱动型四个变量，其中，军事主题公园包括军事基础、资源禀赋、人文基础、城镇化程度四个方面；旅游空间规划包括生产要素配置、产业集聚、区域开发、产业布局四个方面；产业基础包括特色产业开发、创意产业体验、产业经济发展三个方面；军事现代化驱动型包括规划设计、全民参与、及时调整三个方面。军事主题公园与军事现代化驱动型之间既具有直接的作用路径，也具有间接的作用路径。间接路径有以下两条：①军事主题公园—旅游空间规划—军事现代化驱动型；②军事主题公园—产业基础—军事现代化驱动型。构建军事主题公园与军事现代化驱动型系统性保护协同模式的理论模型，为利用结构方程模型进行实证分析奠定了理论基础。

9.4.2　实地访谈

第一，关于案例地发展状况。

天津滨海航母主题公园位于天津市滨海新区汉沽八卦滩，处于滨海旅游区核心区域，是国家 AAAA 级旅游景区，总规划面积 22 万平方米，以"基辅号"航母军事资源为主体，是集航母观光、国防教育、军事武备展示、休闲娱乐、会展旅游为一体的大型军事主题公园。滨海航母主题公园通过实施文旅融合，围绕军事主题，秉承与时俱进的发展理念，创新发展，开发了"飞车特技"、"花车巡游"、"航母风暴"及俄罗斯风情游等精品旅游项目。除此之外，滨海航母主题公园从陆地、海域两方面规划，设计科技含量高、融合海洋和军事两要素的活动项目，打造成京津地区规模最大、影响力最强的国防教育基地，使其成为京津地区的"明星"景区，也是该地区竞争力综合指数较高的景区之一，以"到天津，看航母"旅游品牌为公众所知，成为天津市极具特色和发展潜力的旅游品牌。公园相继获得"国家文化产业示范基地""国家国防教育示范基地""全国研学旅游示范基地"等诸多殊荣。本书以天津滨海航母主题公园为案例研究对象，符合本书研究内容，其发展进程和特征对推进文旅深度融合新业态与军事文化遗产系统性保护协同具有代表性和特色性。

本研究重点从天津滨海航母主题公园的整体发展状况分析"军事主题公园与军事现代化开发型协同模式"的发展情况。根据前文已有的分析内容可知，天津滨海航母主题公园具有良好的军事基础、资源禀赋和人文基础，注重挖掘遗产地特色产业和规划产业布局，在坚持规划设计、全民参与、及时调整的基础上得到持续升级发展，其发展可以概括为以下三个阶段。

第一阶段：城市发展战略促动主题公园建设。

"基辅号"航母于 2000 年抵达天津，于 2001 年 1 月完成合法手续，正式转变为观光用途。纵观天津的发展历程，其历史与军事关系密不可分，由于居于河海要冲和首都门户，在军事、经济和政治三个方面受地理位置的影响深重，战略意义重大，是近代中国军事变革的策源地，也是军事教育的重要摇篮。在国家旅游局、天津市委、市政府的决策指导下，旅游业逐渐呈健康、快速、可持续的发展态势，并逐渐成为支撑天津市经济发展新的增长点和重要产业基础。主题公园可以看作现代旅游业在资源挖掘开发进程中延伸出的吸引力较强的旅游目的地，而打造军事文化主题公园成为天津城市发展之需，一方面，对发展旅游经济具有直接刺激作用，并能以此带动整个旅游产业链的发展；另一方面，可以加速转变社会大众观念，增强全民国防意识，带动地方效益增加。2006 年，天津市依托自身蕴涵的军事文化旅游资源，注入国防元素，通过加强游客流动，创造顾客价值和巩固国防观念，打造了军事文化主题公园，即天津滨海航母主题公园。

第二阶段：创意演绎引领军事旅游。

天津滨海航母主题公园自 2006 年成立运营后，围绕公园未来发展方向和主题特征，着重挖掘资源特色，依托先进的科学基础，以航母主题为载体，开发集休闲娱乐、创意体验于一体的特色主题公园，从而打造成世界一流军事主题公园。最终由游览参观为主、经营方式单一的旅游景点，逐步转变为国防教育、航母观光、武备展示、娱乐休闲、影视拍摄、拓展培训、会展会务、主题演出等多功能融合的军事主题公园，既填补了天津乃至北方军事旅游文化景区的缺口，与深圳"明思克"形成了南北分踞的军事旅游品牌，又缓解了北方旅游季节性问题。具体创意运营发展模式如下。

首先，深挖文化内涵，创新发展军事旅游。滨海航母主题公园以保护性开发作为整体发展思路，尽可能多地保存"基辅号"原貌，并基于此挖掘其所存在的历史性、文化性和艺术性价值，借助人们对"军事梦"和"航母梦"的渴求，以独特的魅力吸引众多游客。其次，推广实景演出，助力旅游市场。天津滨海航母主题公园探索、紧跟实景演出的步伐，依据自身的独特的产业优势，不断摸索和尝试航母实景演出。天津滨海航母主题公园在多次考察环球影城等主题公园的实景演出后，在 2010 年 10 月，量身打造出专属"航母"的实景海战表演——《航母风暴》，此剧引入航母武备及众多特技道具，并由好莱坞特技演员加盟，采用震撼特效、真人特技展示了一场索马里海盗海战大片。最后，延伸文化业态，培育经济增长点。天津滨海航母主题公园再现"基辅号"航母事迹，游客亲身体验水兵生活和作战场景，从而零距离操作、体会航母全套武备系统。而且，主题公园充分整合舰上空间，成立了世界首家舰上酒店和西餐厅，提升了游客休闲感知。滨海航母主题公园依靠"基辅号"特殊的军事魅力，荣获"美丽中国十佳海洋旅游目的地""国家国防教育示范基地"等称号，并在 2010 年 11 月，成为滨海新区第一家国家 AAAA 级景区，为军事旅游带来了新机遇。

第三阶段：全面推进军事主题公园可持续发展。

上海世博会圆满闭幕后，天津馆被整体"搬"至滨海新区航母主题公园，与其景观融为一体，既保留了全部展品，还保留了天津参展的资料文献和影音记录，同时连带补充了大量能体现天津和滨海多样化和现代化发展的重要展品。2011 年 10 月，汉沽航母园区的世博天津馆正式开放，指引了滨海航母主题公园的发展态势，为其提供了方向以及动力支撑，并推动了当地经济。

2014 年 5 月，天津滨海航母主题公园建设了以俄罗斯文化创意为主题的风情街，以续写中俄文化新篇，含有集休闲娱乐、旅游观光、文化艺术、餐饮美食、主题演出等业态于一体的配套服务，让游客全方位品味异国情怀，增加园区文化氛围。2014年12月，滨海航母主题公园利用人工造雪营造雪景，正式开放雪域王国项目，让即使未在俄罗斯居住，也能真切感知"俄罗斯"异国雪景的游客体验爬犁、雪橇、雪圈、滑雪板等趣味体验项目。除此之外，2017年，天津滨海航母主题公园与驻津海军院校通过引进退役护卫艇、潜艇、驱逐舰，打造以"基辅号"为核心的"航母编队"，以不断探索、创新军民融合发展模式，为游客震撼呈现了航母"战斗群"的铁血雄姿和恢宏气势，泰达航母主题乐园一跃成为全国军事主题最鲜明的国家国防教育示范基地。其后，主题公园依靠创新式的开发模式、差异化的经营方式，缔造了业界奇迹，真正意义上为天津市打造了一艘旅游航母，全面推进了军事主题公园可持续发展。

第二，天津滨海航母主题公园对军事主题公园与军事现代化驱动型系统性保护协同模式的作用。

在研究天津滨海航母主题公园建设发展过程中文旅深度融合与军事文化遗产系统性保护的协同模式时，政策指导是动力支持，既引导军事旅游发展，又通过旅游改进，特色产业是创意主体，技术是坚实支撑，配套服务设施建设是重要推动力。综合考量天津滨海航母主题公园发展进程中各方面的要素基础，本书将案例分析的作用点集中在产业、政府、政策、技术和配套服务设施等方面，提炼出产业基础、旅游空间规划两个关键性构念，并对其进行结构化、系统化、科学化的分析讨论，构建出天津滨海航母主题公园建设中产业基础、旅游空间规划的作用模型，为探讨产业基础、旅游空间规划在军事主题公园与军事现代化驱动型协同中的作用进行案例探析。

首先，天津滨海航母主题公园建设中的产业基础分析。

天津拥有丰富历史文化资源丰富和优越的地理海洋条件，为天津滨海航母主题公园提供了基础条件和良好的发展环境，在此基础上，应深入开发内在文化元素，打造高品质旅游文化产品。在推进发展军事旅游过程中，滨海航母主题公园始终坚持特色产业开发、创意产业体验和产业经济发展协调前进，通过将军事主题公园与军事现代化驱动型相结合，探索全域旅游新路径，在保护军事文化遗产的同时提升城市经济价值。基于对天津滨海航母主题公园发展现状的分析，结合本书研究关键点，构建出天津滨海航母主题公园建设中产业基础的作用模型，见图9-19。

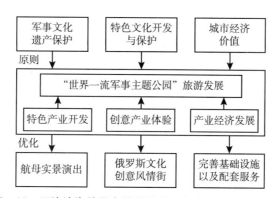

图9-19　天津滨海航母主题公园建设中产业基础的作用模型

依据图9-19展示的天津滨海航母主题公园建设中产业基础的作用模型，可以清晰看出，天津滨海航母主题公园是文旅深度融合的新业态，具体包括特色产业开发、创意产业体验和产业经济发展等产业发展基础，三者共同构成天津滨海航母主题公园发展的产业要素。一是在特色产业开发方面，天津滨海航母主题公园根据自身的产业优势和文化特色，通过不断试验，开发出符合"航母"特性的、专属的《航母风暴》实景演出。二是在创意产业体验方面，天津滨海航母主题公园在原设有的作战指挥中心、士兵生活区、航母放映厅、鱼雷发射舱的基础上，新建航母科技馆、国防教育展厅、航母发展史展览馆、环视大厅、舰上酒店，既帮助游客近距离感受水兵之前作战和生活的场景，也丰富了游客感知，满足其多元需求。与此同时，建设俄罗斯文化创意风情街和开发雪域王国，增加了游客体验异国风情和文化的机会。三是在产业经济发展方面，天津滨海航母主题公园根据天津市政府批复的《天津市滨海新区滨海旅游区总体规划（2009~2020）》，坚持发挥旅游业的主导作用，协调第二、三产业，挖掘产业潜在价值，并充分利用旅游的产业拉动作用，完善周边产业和基础设施，促进区域经济发展。因此，产业基础作为军事主题公园与军事现代化驱动型系统性保护协同的重要因素，主要体现在有效开发特色产业资源、深度体验创意产业项目、助力发展区域产业经济三个方面，从而实现军事文化遗产的可持续保护传承，假设 HD2 和 HD4 成立。

其次，天津滨海航母主题公园建设中旅游空间规划分析。

军事文化主题公园作为军事旅游的一种，既帮助天津延伸出吸引力强的旅游目的地，塑造城市形象，也帮助保护军事文化遗产。空间规划有利于降低政府空间治理的难度，是重要的公共政策。旅游是天津经济发展的重要支持，科学、合理的旅游空间规划是天津滨海航母主题公园得以不断进步的关键助力。基于上述分析，参考军事主题公园与军事现代化驱动型系统性保护协同模式的结构方程实证结果，研究初步科学地构建出天津滨海航母主题公园建设中旅游空间规划的作用模型，见图 9 - 20。

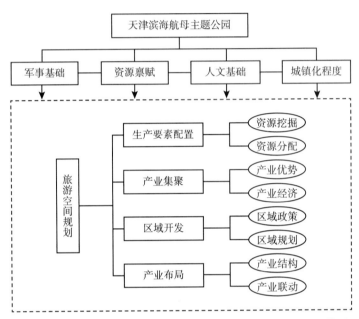

图 9 - 20　天津滨海航母主题公园建设中旅游空间规划的作用模型

图 9 - 20 展示了天津滨海航母主题公园建设中旅游空间规划的作用模型，可以清晰看出，天津滨海航母主题公园的军事基础、资源禀赋、人文基础和城镇化程度都与旅游空间规划密切相关。天津滨海航母主题公园处于滨海新区的海边，具有良好的自然景观和人文景观丰富，"基辅号"航母上存在大量的军事设备和军事仪器，军事资源丰富。天津滨海航母主题公园所在的区域具有良好的产业发展基础，资源合理分配，产业之间相辅相成、相互补充，保持适度竞争，依托较强的产业关联效应优化产业结构，推动主题公园发展。除此之外，滨海航母主题公园还充分发挥其内外部资源优势，对旅游资源进行规范管理，坚持文旅融合发展战略，坚持军事主题，加快完善配套设施，丰富产业要素，帮助天津滨海航母主题公园适应竞争激烈的旅游市场环境。因此，要实现军事主题公园文旅融合新业态与军事现代化驱动型系统性保护发展模式协同，重点要把握军事基础、资源禀赋、人文基础和城镇化程度四个方面，基于遗产地的产业资源，采取合理有效的方式促进产业生产要素有效配置、区域资源合理开发、产业人文特色深度挖掘、产业集体规划布局等，合理调整遗产地空间布局，协调好产业之间的联动效应和带动效应，推动军事主题公园与周边的交通、住宿、餐饮等形成产业链，提升价值链，扩大影响范围，并促进产业创新发展，产生经济发展新潜力，进而实现军事文化遗产的长久保护和传承，假设 HD1、假设 HD3 和假设 HD5 成立。

关于案例验证分析：

此次案例研究选取的是天津滨海航母主题公园，研究小组通过实地调研获得了准确性较高的数据资料，对天津滨海航母主题公园的情况了解得更加清楚明晰，同时也保证了资料数据的真实性、严谨性、准确性。为了有效地展开对军事主题公园与军事现代化驱动型系统性保护协同模式的案例研究，本研究首先对选择的天津滨海航母主题公园这个研究对象进行了阐释说明，将天津滨海航母主题公园的发展历程和开发方向概况分为三个阶段：一是城市发展战略促动主题公园建设阶段；二是创意演绎引领军事旅游阶段；

三是全面推进军事主题公园可持续发展阶段，经过对这三个阶段进行全面而深入的分析，总结提炼出天津滨海航母主题公园发展所面临的难处及其解决办法，得出天津滨海航母主题公园以天津滨海城市未来发展战略为出发点和突破口，融合政策创新，探索产业发展新模式，科学、合理处理特色资源，提升产业价值链，促进军事主题公园优化升级。其中，依据前文构建的军事主题公园与军事现代化驱动型系统性保护协同模式的结构方程实证分析结果，在案例分析中着重把握产业基础、旅游空间规划两个方面的内容，构建出天津滨海航母主题公园建设中产业基础、旅游空间规划的作用模型。

本书采用案例研究的方法进行单案例研究，选取天津滨海航母主题公园为典型案例对军事主题公园与军事现代化驱动型协同模式进行验证。结合前文所构建的军事主题公园与军事现代化驱动型系统性保护协同模式的分析框架、研究假设和结构方程实证分析的相关内容，以天津滨海航母主题公园的发展状况为出发点，着重把握产业基础、旅游空间规划在文旅深度融合新业态与军事文化遗产系统性保护中的作用，以天津滨海航母主题公园为案例对军事主题公园与军事现代化驱动型系统性保护协同模式过程中的影响因素进行案例验证，进一步科学有效的验证了军事主题公园与军事现代化驱动型系统性保护协同模式的有效性。

9.4.3　问卷数据分析

第一，样本数据的描述性统计及信度效度检验。

首先，对军事主题公园与军事现代化驱动型系统性保护协同模式的协同度进行测算。

军事主题公园与军事现代化驱动型系统性保护协同模式的协同效应和协同机制通过评价两者的"协同性"进行评估判断。在评估军事主题公园与军事现代化驱动型系统性保护协同模式的协同性之前，从实证分析出发，借用前文实证研究中所使用的度量指标来建构相关的指标体系，引入实地调研的数据计算军事主题公园与军事现代化驱动型系统性保护协同模式的协同度。依据实证分析结果，军事主题公园、旅游空间规划和产业基础这3个子系统都对军事现代化驱动型产生了直接影响效应，因此，军事主题公园与军事现代化驱动型系统性保护协同模式要依靠旅游空间规划、产业基础2个子系统发挥作用。本书从军事主题公园的军事基础、资源禀赋、人文基础、城镇化程度4个变量出发，研究军事主题公园对旅游空间规划子系统、产业基础子系统起着直接或间接的影响作用。基于此，研究对军事主题公园与军事现代化驱动型系统性保护协同模式进行协同度评价，与此同时，联合评价旅游空间规划子系统、产业基础子系统对其评价进行整体检验，进而参考各子系统的协同度来客观反映军事主题公园与军事现代化驱动型所形成的复合系统的协同度。

本书充分运用协同学的相关理论基础和原理，构建军事主题公园、旅游空间规划、产业基础和军事现代化驱动型4个子系统间的协同度模型。军事主题公园、旅游空间规划、产业基础和军事现代化驱动型4个子系统的序参量如表9－24所示。

表 9 - 24　　　　　　　　　　　　　各子系统序参量

子系统	测量指标	序参量
军事主题公园	军事基础、资源禀赋、人文基础、城镇化程度	MTP11、MTP12、MTP21、MTP22、MTP23、MTP31、MTP32、MTP41、MTP42
旅游空间规划	生产要素配置、产业集聚、区域开发、产业布局	TSP11、TSP12、TSP13、TSP21、TSP22、TSP31、TSP32、TSP33、TSP41、TSP42、TSP43
产业基础	特色产业开发、创意产业体验、产业经济发展	IF11、IF12、IF13、IF21、IF22、IF23、IF31、IF32、IF33
军事现代化驱动型	规划设计、全民参与、及时调整	MMD11、MMD12、MMD13、MMD21、MMD22、MMD23、MMD31、MMD32

在确定各个子系统的序参量后，将对军事主题公园、旅游空间规划、产业基础、军事现代化驱动型四个子系统之间的有序度进行测量，结合前文对军事主题公园与军事现代化驱动型系统性保护协同模式的理论模型的相关分析，得出其他子系统的有序度和序参量之后，计算系统协同度，并重新测量子系统的有序

度，进而得到总系统的协同度。同理，得出军事主题公园与军事现代化驱动型系统性保护协同模式中旅游空间规划、产业基础、军事现代化驱动型等其他子系统之间的协同度，见表9-25。

表9-25 各子系统间的系统协同度

子系统	MTP	TSP	IF	MD
军事主题公园（MTP）	—	—	—	—
旅游空间规划（TSP）	0.58	—	—	—
产业基础（IF）	0.58	0.52	—	—
军事现代化驱动型（MMD）	0.65	0.58	0.58	—

根据表4-1系统协同度区间划分，将协同度分为5个区间，结合表9-25关于军事主题公园与军事现代化驱动型系统性保护协同模式中的各子系统的协同度大小，可以得出协同模式中的军事主题公园、旅游空间规划、产业基础和军事现代化驱动型这四个子系统相互之间的协同度都处于高度协同的范围，基于此，判定军事主题公园与军事现代化驱动型具有良好的协同性。

其次，研究通过对获取的军事主题公园与军事现代化驱动型协同第一手数据进行初步评估和数量统计，认为有效问卷的数量与结构方程所需量相符合，为下一步进行实证分析奠定了基础。为确保所得数据的准确性和可靠性，在进行实证之前，对问卷数据进行信度分析和效度分析。

再次，对军事主题公园与军事现代化驱动型系统性保护协同的问卷数据进行描述性统计分析，对军事主题公园、旅游空间规划、产业基础、军事现代化驱动型四个主要变量的观测指标进行均值和标准差统计。其中，均值指标是衡量模型中各个变量分布的平均程度和集中度。标准差指标是衡量模型中各个变量数据的分散程度，即离散程度大小。借助于SPSS 25.0计算各个观测变量的均值、标准差、最大值和最小值，详细情况见表9-26。

表9-26 描述性统计

主要变量	潜在变量	观测变量	均值	标准差	最大值	最小值
军事主题公园（MTP）	军事基础（MTP1）	MTP11	3.71	0.704	5	1
		MTP12	3.74	0.733	5	1
	资源禀赋（MTP2）	MTP21	3.70	0.766	5	1
		MTP22	3.65	0.797	5	2
		MTP23	3.67	0.793	5	2
	人文基础（MTP3）	MTP31	3.60	0.796	5	1
		MTP32	3.61	0.763	5	1
	城镇化程度（MTP4）	MTP41	3.65	0.798	5	1
		MTP42	3.61	0.774	5	1
旅游空间规划（TSP）	生产要素配置（TSP1）	TSP11	3.16	0.707	5	1
		TSP12	3.17	0.724	5	1
		TSP13	3.15	0.674	5	1
	产业集聚（TSP2）	TSP21	3.27	0.668	5	1
		TSP22	3.23	0.734	5	1
	区域开发（TSP3）	TSP31	3.18	0.768	5	1
		TSP32	3.17	0.737	5	1
		TSP33	3.11	0.721	5	1
	产业布局（TSP4）	TSP41	3.39	0.753	5	1
		TSP42	3.20	0.685	5	1
		TSP43	3.22	0.722	5	1

续表

主要变量	潜在变量	观测变量	均值	标准差	最大值	最小值
产业基础 （IF）	特色产业开发 （IF1）	IF11	3.24	0.770	5	1
		IF12	3.20	0.689	5	1
		IF13	3.05	0.694	5	1
	创意产业体验 （IF2）	IF21	3.31	0.719	5	1
		IF22	3.12	0.758	5	1
		IF23	3.13	0.683	5	1
	产业经济发展 （IF3）	IF31	3.24	0.737	5	1
		IF32	3.14	0.678	5	2
		IF33	3.18	0.716	5	1
军事现代化驱动型 （MMD）	规划设计 （MMD1）	MMD11	3.65	0.708	5	1
		MMD12	3.60	0.743	5	1
		MMD13	3.61	0.769	5	1
	全民参与 （MMD2）	MMD21	3.63	0.745	5	1
		MMD22	3.65	0.789	5	1
		MMD23	3.72	0.750	5	1
	及时调整 （MMD3）	MMD31	3.61	0.819	5	1
		MMD32	3.68	0.760	5	1

为确保军事主题公园与军事现代化驱动型系统性保护协同模式检测结果具有真实性、可靠性，对其进行信度检测。利用组合信度系数对军事主题公园与军事现代化驱动型系统性保护协同模式所整合的各类数据进行分析和检测，分别得出军事主题公园、旅游空间规划、产业基础、军事现代化驱动型的组合信度系数。同时，根据表5-4的组合信度检测标准对军事主题公园与军事现代化驱动型系统性保护协同模式的潜在变量的组合信度系数进行评判。为确保信度检测所得数据能够科学合理地反映各个变量的真实构架，在对军事主题公园与军事现代化驱动型系统性保护协同模式进行信度检测的基础上，进一步对军事主题公园与军事现代化驱动型系统性保护协同模式进行效度检测。详细情况见表9-27。

表9-27 信度和效度检验

变量	CR	因子荷载		KMO值	累计方差 解释率	Bartlett's 球形检验		
						χ^2	df	Sig.
军事主题公园 （MTP）	0.971	MTP11	0.887	0.959	79.094	2456.017	36	0.000
		MTP12	0.890					
		MTP21	0.910					
		MTP22	0.890					
		MTP23	0.874					
		MTP31	0.889					
		MTP32	0.899					
		MTP41	0.883					
		MTP42	0.881					

变量	CR	因子荷载		KMO 值	累计方差解释率	Bartlett's 球形检验		
						χ^2	df	Sig.
旅游空间规划（TSP）	0.926	TSP11	0.707	0.940	53.271	1303.687	55	0.000
		TSP12	0.765					
		TSP13	0.749					
		TSP21	0.755					
		TSP22	0.799					
		TSP31	0.681					
		TSP32	0.749					
		TSP33	0.692					
		TSP41	0.696					
		TSP42	0.685					
		TSP43	0.741					
产业基础（IF）	0.897	IF11	0.729	0.906	49.104	794.970	36	0.000
		IF12	0.710					
		IF13	0.704					
		IF21	0.658					
		IF22	0.668					
		IF23	0.710					
		IF31	0.749					
		IF32	0.690					
		IF33	0.685					
军事现代化驱动型（MMD）	0.950	MMD11	0.838	0.932	70.484	1535.030	28	0.000
		MMD12	0.824					
		MMD13	0.852					
		MMD21	0.848					
		MMD22	0.861					
		MMD23	0.845					
		MMD31	0.831					
		MMD32	0.817					

如表 9 - 27 所示，首先，从对军事主题公园与军事现代化驱动型进行信度检验所得数据中，可以看出，各个数据的相关组合信度系数值都大于 0.8，因此认为所得数据具有较好的可信度。其次，从对军事主题公园与军事现代化驱动型进行效度检验所得数据中，可以看出，所得各个指标的因子载荷均在 0.5 以上，KMO 值均大于 0.8，因此认为所得数据能够较好地进行因子分析。最后，Bartlett's 球形检验显著性水平均在 0.000，因此，认为此次研究过程中，调查问卷所得数据及各组成部分建构之间有较好的效度。

第二，样本数据的结构方程模型构建及调整。

研究军事主题公园与军事现代化驱动型系统性保护协同模式时，依据变量性质构建结构方程模型。根据前文中军事主题公园与军事现代化驱动型系统性保护协同模式的理论模型，军事主题公园、旅游空间规划、产业基础及军事现代化驱动型均是不可直接观测的潜在变量。在变量性质确定的基础上，对军事主题公园与军事现代化驱动型系统性保护协同模式中的变量进行整合归类，其中，军事主题公园属内生变量，旅游空间规划、产业基础属中间变量，军事现代化驱动型属外生变量。因此，构建军事主题公园与军事现代化驱动型系统性保护协同模式的结构方程模型如图 9 - 21 所示，箭头方向代表了变量之间的因果关系。

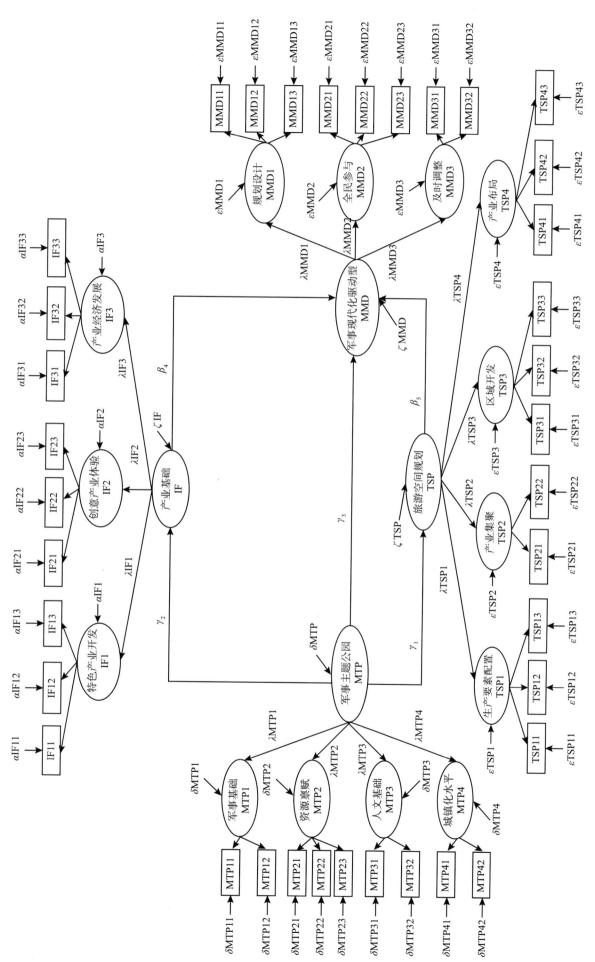

图9-21　军事主题公园与军事现代化驱动型系统性保护协同模式的初始结构方程模型

由图 9 - 21 所显示的军事主题公园与军事现代化驱动型系统性保护协同模式的初始结构方程模型可以发现，军事主题公园与军事现代化驱动型系统性保护协同模式的初始结构方程中存在外生显变量 9 项，具体为 MTP11、MTP12、MTP21、MTP22、MTP23、MTP31、MTP32、MTP41、MTP42；内生显变量共 28 项，具体为 IF11、IF12、IF13、IF21、IF22、IF23、IF31、IF32、IF33、TSP11、TSP12、TSP13、TSP21、TSP22、TSP31、TSP32、TSP33、TSP41、TSP42、TSP43、MMD11、MMD12、MMD13、MMD21、MMD22、MMD23、MMD31、MMD32；外生潜变量共 4 项，具体为 MTP1、MTP2、MTP3、MTP4；内生潜变量共 10 项，具体为 IF1、IF2、IF3、TSP1、TSP2、TSP3、TSP4、MMD1、MMD2、MMD3。这是由观测变量和潜在变量所构成的结构方程模型的测量模型。

进行军事主题公园与军事现代化驱动型系统性保护协同模式的数据验证时，通过对相关变量进行设定以构建观测变量的结构方程式。按照初始结构方程模型，军事主题公园（MTP）、军事基础（MTP1）、资源禀赋（MTP2）、人文基础（MTP3）、城镇化程度（MTP4）为外生潜变量，分别用 ζ_{MTP}、ζ_{MTP1}、ζ_{MTP2}、ζ_{MTP3}、ζ_{MTP4} 表示。旅游空间规划（TSP）、生产要素配置（TSP1）、产业集聚（TSP2）、区域开发（TSP3）、产业布局（TSP4）、产业基础（IF）、特色产业开发（IF1）、创意产业体验（IF2）、产业经济发展（IF3）、军事现代化驱动型（MMD）、规划设计（MMD1）、全民参与（MMD2）、及时调整（MMD3）为内生潜变量，分别用 η_{TSP}、η_{TSP1}、η_{TSP2}、η_{TSP3}、η_{TSP4}、η_{IF}、η_{IF1}、η_{IF2}、η_{IF3}、η_{MMD}、η_{MMD1}、η_{MMD2}、η_{MMD3} 表示。基于此，本书构建军事主题公园与军事现代化驱动型系统性保护协同模式的观测模型方程式：

$$X_{MTP1} = \lambda_{MTP1}\xi_{MTP} + \delta_{MTP1} \quad X_{MTP2} = \lambda_{MTP2}\xi_{MTP} + \delta_{MTP2} \quad X_{MTP3} = \lambda_{MTP3}\xi_{MTP} + \delta_{MTP3}$$

$$X_{MTP4} = \lambda_{MTP4}\xi_{MTP} + \delta_{MTP4} \quad X_{MTP11} = \lambda_{MTP11}\xi_{MTP1} + \delta_{MTP11}$$

$$X_{MTP12} = \lambda_{MTP12}\xi_{MTP1} + \delta_{MTP12} \quad X_{MTP21} = \lambda_{MTP21}\xi_{MTP2} + \delta_{MTP21}$$

$$X_{MTP22} = \lambda_{MTP22}\xi_{MTP2} + \delta_{MTP22} \quad X_{MTP23} = \lambda_{MTP23}\xi_{MTP2} + \delta_{MTP23}$$

$$X_{MTP31} = \lambda_{MTP31}\xi_{MTP3} + \delta_{MTP31} \quad X_{MTP32} = \lambda_{MTP32}\xi_{MTP3} + \delta_{MTP32}$$

$$X_{MTP41} = \lambda_{MTP41}\xi_{MTP4} + \delta_{MTP41} \quad X_{MTP42} = \lambda_{MTP42}\xi_{MTP4} + \delta_{MTP42}$$

$$Y_{IF1} = \lambda_{IF1}\eta_{IF} + \varepsilon_{IF1} \quad Y_{IF2} = \lambda_{IF2}\eta_{IF} + \varepsilon_{IF2} \quad Y_{IF3} = \lambda_{IF3}\eta_{IF} + \varepsilon_{IF3}$$

$$Y_{IF11} = \lambda_{IF11}\eta_{IF1} + \varepsilon_{IF11} \quad Y_{IF12} = \lambda_{IF12}\eta_{IF1} + \varepsilon_{IF12} \quad Y_{IF13} = \lambda_{IF13}\eta_{IF1} + \varepsilon_{IF13}$$

$$Y_{IF21} = \lambda_{IF21}\eta_{IF2} + \varepsilon_{IF21} \quad Y_{IF22} = \lambda_{IF22}\eta_{IF2} + \varepsilon_{IF22} \quad Y_{IF23} = \lambda_{IF23}\eta_{IF2} + \varepsilon_{IF23}$$

$$Y_{IF31} = \lambda_{IF31}\eta_{IF3} + \varepsilon_{IF31} \quad Y_{IF32} = \lambda_{IF32}\eta_{IF3} + \varepsilon_{IF32} \quad Y_{IF33} = \lambda_{IF33}\eta_{IF3} + \varepsilon_{IF33}$$

$$Y_{TSP1} = \lambda_{TSP1}\eta_{TSP} + \varepsilon_{TSP1} \quad Y_{TSP2} = \lambda_{TSP2}\eta_{TSP} + \varepsilon_{TSP2} \quad Y_{TSP3} = \lambda_{TSP3}\eta_{TSP} + \varepsilon_{TSP3}$$

$$Y_{TSP4} = \lambda_{TSP4}\eta_{TSP} + \varepsilon_{TSP4} \quad Y_{TSP11} = \lambda_{TSP11}\eta_{TSP1} + \varepsilon_{TSP11}$$

$$Y_{TSP12} = \lambda_{TSP12}\eta_{TSP1} + \varepsilon_{TSP12} \quad Y_{TSP13} = \lambda_{TSP13}\eta_{TSP1} + \varepsilon_{TSP13}$$

$$Y_{TSP21} = \lambda_{TSP21}\eta_{TSP2} + \varepsilon_{TSP21} \quad Y_{TSP22} = \lambda_{TSP22}\eta_{TSP2} + \varepsilon_{TSP22}$$

$$Y_{TSP31} = \lambda_{TSP31}\eta_{TSP3} + \varepsilon_{TSP31} \quad Y_{TSP32} = \lambda_{TSP32}\eta_{TSP3} + \varepsilon_{TSP32}$$

$$Y_{TSP33} = \lambda_{TSP33}\eta_{TSP3} + \varepsilon_{TSP33} \quad Y_{TSP41} = \lambda_{TSP41}\eta_{TSP4} + \varepsilon_{TSP41}$$

$$Y_{TSP42} = \lambda_{TSP42}\eta_{TSP4} + \varepsilon_{TSP42} \quad Y_{TSP43} = \lambda_{TSP43}\eta_{TSP4} + \varepsilon_{TSP43}$$

$$Y_{MMD1} = \lambda_{MMD1}\eta_{MMD} + \varepsilon_{MMD1} \quad Y_{MMD2} = \lambda_{MMD2}\eta_{MMD} + \varepsilon_{MMD2} \quad Y_{MMD3} = \lambda_{MMD3}\eta_{MMD} + \varepsilon_{MMD3}$$

$$Y_{MMD11} = \lambda_{MMD11}\eta_{MMD1} + \varepsilon_{MMD11} \quad Y_{MMD12} = \lambda_{MMD12}\eta_{MMD1} + \varepsilon_{MMD12}$$

$$Y_{MMD13} = \lambda_{MMD13}\eta_{MMD1} + \varepsilon_{MMD13} \quad Y_{MMD21} = \lambda_{MMD21}\eta_{MMD2} + \varepsilon_{MMD21}$$

$$Y_{MMD22} = \lambda_{MMD22}\eta_{MMD2} + \varepsilon_{MMD22} \quad Y_{MMD23} = \lambda_{MMD23}\eta_{MMD2} + \varepsilon_{MMD23}$$

$$Y_{MMD31} = \lambda_{MMD31}\eta_{MMD3} + \varepsilon_{MMD31} \quad Y_{MMD32} = \lambda_{MMD32}\eta_{MMD3} + \varepsilon_{MMD32}$$

进行军事主题公园与军事现代化驱动型系统性保护协同模式的结构方程实证检验时，借助于前文所提到的军事主题公园与军事现代化驱动型系统性保护协同模式的研究假设和理论模型，本书使用 γ_1、γ_2 和 γ_3

表示军事主题公园对旅游空间规划、产业基础、军事现代化驱动型的作用路径。用 β_4 表示产业基础对军事现代化驱动型的作用路径，用 β_5 表示旅游空间规划对军事现代化驱动型的作用路径。结合上述设定的变量之间的作用路径，构建出军事主题公园与军事现代化驱动型系统性保护协同的结构方程式，表达具体如下：

$$\begin{cases} \eta_{TSP} = \gamma_1 \xi_{MTP} + \zeta_{TSP} \\ \eta_{IF} = \gamma_2 \xi_{MTP} + \zeta_{IF} \\ \eta_{MD} = \gamma_3 \xi_{MTP} + \beta_4 \eta_{IF} + \beta_5 \eta_{TSP} + \zeta_{MD} \end{cases}$$

成功构建军事主题公园与军事现代化驱动型系统性保护协同模式的测量模型和结构模型之后，即完成初始结构方程模型构建后，需进一步判断检验拟合指数、参数和决定系数等是否达到要求，采用不同的评价方法对以上各项指标进行检验分析，从而更准确地判断军事主题公园对军事文化遗产系统性保护的作用原始模型是否需要进行修正。

在 AMOS22.0 中导入军事主题公园与军事现代化驱动型协同模式的初始结构方程模型，并同时将问卷数据导入，得到模型的相关拟合指标值，详细情况见表 9 - 28。

表 9 - 28　　　　　军事主题公园与军事现代化驱动型协同模式的初始结构方程模型拟合度结果

拟合指标	X^2/DF	CFI	IFI	TLI	PNFI	RMSEA	SRMR
观测值	1.482	0.955	0.956	0.952	0.815	0.044	0.0580
拟合指标	<3.00	>0.90	>0.90	>0.90	>0.50	<0.08	<0.08

由表 9 - 28 可以看出，军事主题公园与军事现代化驱动型协同模式的各项拟合指标均达到了拟合标准，说明结构方程模型能较好地与调查问卷数据进行拟合。故依据拟合度检验，进一步测度结构方程的路径系数，判断其是否合理有效，详细情况见表 9 - 29。

表 9 - 29　　　　　军事主题公园与军事现代化驱动型协同模式的初始结构方程路径估计

路径	模型路径	路径系数	S.E.	C.R.	P
γ_1	MTP→TSP	0.772	0.039	14.853	***
γ_2	MTP→IF	0.695	0.044	11.524	***
γ_3	MTP→MD	0.363	0.086	3.786	***
β_4	IF→MD	0.262	0.091	3.539	***
β_5	TSP→MD	0.259	0.097	3.192	0.001

注：*** 表示 $P < 0.001$。

根据军事主题公园与军事现代化驱动型系统性保护的初始结构方程模型路径估计结果可以看出，各路径均呈现出显著状态。表中绝大多数都达到了 0.001 的显著性水平，整个模型显著性通过。因此，判定该模型为满意度最高的模型，路径系数经过标准化处理后，其数值处于 -1 到 1 的范围之间，最终的军事主题公园与军事现代化驱动型系统性保护协同模式的结构方程模型，见图 9 - 22。

第三，结构方程的假设检验及效应分解。

通过分析结构方程实证结果，根据前文提及的研究假设与理论模型，结合军事主题公园与军事现代化驱动型协同作用的假设验证和路径系数，进行归纳总结，结果如表 9 - 30 所示。

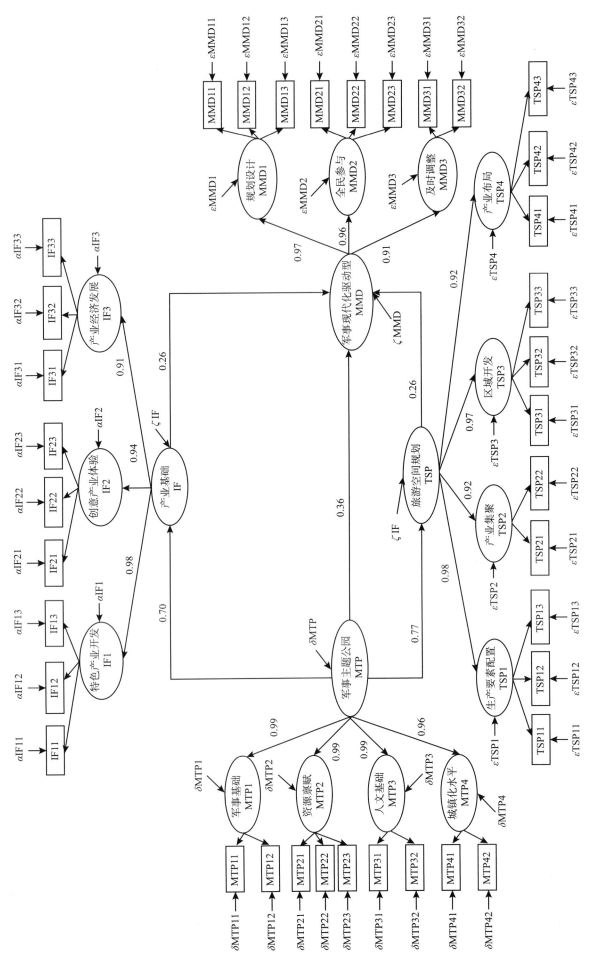

图9-22 最终的军事主题公园与军事现代化驱动型系统性协同模式的结构方程模型

表 9-30			路径结果讨论分析		
路径	模型路径	路径系数	显著性水平	研究假设	检验结果
γ_1	MTP→TSP	0.772	***	HD1	支持
γ_2	MTP→IF	0.695	***	HD2	支持
γ_3	MTP→MMD	0.363	***	HD3	支持
β_4	IF→MMD	0.262	***	HD4	支持
β_5	TSP→MMD	0.259	0.001	HD8	支持

注：*** 代表 $P < 0.001$。

军事主题公园到旅游空间规划的标准化路径系数为 0.772，$P < 0.001$，通过显著性检验。因此，原假设 HD1 得到验证支持，"军事主题公园对旅游空间规划具有显著的正向影响作用"的假设成立。

军事主题公园到产业基础的标准化路径系数为 0.695，$P < 0.001$，通过显著性检验。因此，原假设 HD2 得到验证支持，"军事主题公园对产业基础具有显著的正向影响作用"的假设成立。

军事主题公园到军事现代化驱动型的标准化路径系数为 0.363，$P < 0.001$，通过显著性检验。因此，原假设 HD3 得到验证支持，"军事主题公园对军事现代化驱动型具有显著的正向影响作用"的假设成立。

产业基础到军事现代化驱动型的标准化路径系数为 0.262，$P < 0.001$，通过显著性检验。因此，原假设 HD4 得到验证支持，"产业基础对军事现代化驱动型具有显著的正向影响作用"的假设成立。

旅游空间规划到军事现代化驱动型的标准化路径系数为 0.259，P 值为 0.001，小于 0.01，通过显著性检验。因此，原假设 HD5 得到验证支持，"旅游空间规划对军事现代化驱动型具有显著的正向影响作用"的假设成立。

从军事主题公园与军事现代化驱动型系统性保护协同的结构方程实证结果可以得到，旅游空间规划和产业基础都是十分重要的中间变量，军事主题公园分别对旅游空间规划和产业基础产生了 0.772 和 0.695 的直接作用效应，高于研究结构方程模型中的其他作用路径，所以军事主题公园的建设与发展与旅游空间规划和产业基础紧密相关。旅游空间规划是发展军事旅游的关键点，是发展军事主题公园的基础要素，也是军事文化遗产系统性保护不可缺少的关键变量。旅游只有依托产业基础才能发展起来，是判断军事旅游能否持续发展的标准之一，产业基础的结构、种类为军事主题公园发展方向提供指引，实现产业的融合和创新，有助于旅游的可持续发展，进而有效地保护军事文化遗产。

基于以上结果，本书获得以下重要启示：一是军事主题公园作为文旅深度融合理念下的新业态之一，在保护军事文化遗产中起着显著的正向作用。因此，进行军事文化遗产系统性保护时，要着重注意军事主题公园扮演的作用，积极发挥拉动效应，实现其与军事文化、生态环境和军事文化遗产系统性保护的协同。二是旅游空间规划和产业基础均是影响军事主题公园与军事文化遗产系统性保护协同模式的中间变量，应把握影响协同作用的关键因素，一方面要根据实际发展情况调整旅游空间，设计旅游产品和旅游活动，为游客提供高质量、优质的服务享受；另一方面要挖掘产业资源的特色，将产业有机结合，开发旅游的多功能效益，在增强游客体验的同时系统性保护军事文化遗产。

9.5 军事文化旅游小镇与特色文化依托型系统性保护协同模式的实证研究

9.5.1 研究假设

第一，军事文化旅游小镇的作用。

军事文化旅游小镇立足于当地的资源要素禀赋和比较优势，着力塑造军事特色文化、特色建筑和人文景观，是集游览、住宿、餐饮、体验于一体的旅游基地。改革开放以来，人均收入水平普遍提高，改变了城乡居民的生活方式和消费结构，旅游消费呈现出强劲的发展态势，人民越来越倾向于获得精神和心理方面的满足，崔慧玲（2018）通过研究旅游消费支出结构、旅游消费范围以及旅游消费方式等，从理论与实证综合考虑，进一步验证了居民旅游消费空间发生了转变，旅游消费品质在逐步提升。军事文化旅游小镇作为文旅深度融合新业态之一，包含了文化和旅游多种产业优势，是产业基础丰富、发展潜力巨大、成长能力最强的特色产业。作为城镇化成熟发展的重要标志，特色小镇代表小镇具有最基本的服务设施基础，保障了军事文化旅游小镇能建设成为充分满足游客与时俱进、多元消费需求的空间，进而刺激当地消费，提高居民生活质量。此外，特色小镇将军事特色文化作为核心扩展至旅游产业中，促进文化产业与旅游产业相互依存、彼此促进，延伸产业链和文旅价值链，进而优化旅游消费空间，最大化提高了旅游产品和服务的体验感，推动了小镇经济发展。基于此，可以看出，军事文化旅游小镇对优化旅游消费空间起着重要的影响作用，故提出如下假设：

HE1：军事文化旅游小镇对优化旅游消费空间具有显著的正向作用。

游客是特色小镇旅游产业中的第一消费者，程玉（2020）回顾了我国旅游从改革开放至今的产业现状及发展趋势，得出旅游消费市场主要以游客为中心，进一步证实了游客在旅游发展中的重要性、在军事文化旅游小镇中的重要性。同时，许凌（2019）也指出，在新时代，在文旅特色小镇建设过程中树立以人民为中心的发展理念极其重要，游客、居民等公众在调整产业结构、优化产业配置和激活产业动能等方面起着不可忽视的作用。游客行为包括游客偏好和旅游动机、游客价值感知和旅游评价、游客满意度与忠诚度三部分内容，是评估游客是否具有重游意愿和推荐意愿的重要表现形式。军事文化旅游小镇主要通过以下几个方法适应游客行为，提高游客满意度和忠诚度：一是能够准确定位市场，把握好各个阶层的消费群体，针对不同游客群体的消费特征，创新营销手段，提供优质"口碑"效应，并适当开发研学旅游，满足文化程度较高的游客群体的需求；二是根据军事文化旅游小镇的资源禀赋和历史文化，传播军事文化和军事故事，把潜在游客引入特定情境中，同时，运用大数据分析用户的旅游目的和愿望，提供定制化旅游服务，塑造品牌形象；三是通过完善基础设施，高质量美化绿化、高标准改造旅游路网设施，在维护小镇特色时发展绿色小镇，满足游客日益剧增的绿色需求；四是通过制定相关法律法规，规范管理，避免乱抬价、违规竞争的情况出现，及时关注游客反馈信息，妥善处理好游客投诉问题。所以，军事文化旅游小镇的发展与游客行为密切相关，要关注游客满意度，鼓励游客重复观赏，并推荐他人游玩，进而带动小镇区域经济发展。基于此，可以看出，军事文化旅游小镇对游客行为起着重要的影响作用，故提出如下假设：

HE2：军事文化旅游小镇对游客行为具有显著的正向作用。

军事小镇在建设前期显现出旅游特色不突出、资源内涵挖掘不够深入、旅游人才不足等问题。随着文旅深度融合理念的深入，军事小镇与文化旅游产业融合，形成了军事文化旅游小镇。旅游产业具有很强的带动性、辐射性和外延性，培育了小镇的特色性，而文化产业成为特色小镇灵魂，被隐藏的军事文化得以再现，游客文化认同感增强，旅游体验感提升。建设军事文化旅游小镇，具有文化产业和旅游产业的所有特性，不仅使游客在旅游过程中获得新奇、愉悦和积极情绪的幸福体验，提升幸福感，而且能帮助挖掘当地军事遗产的文化资源，开发潜在价值，形成特色军事文化优势。基于此，可以看出，军事文化旅游小镇对推动特色文化依托型系统性保护起着重要的影响作用，故提出如下假设：

HE3：军事文化旅游小镇对推动特色文化依托型系统性保护具有显著的正向作用。

第二，旅游消费空间的作用。

2016 年的《"十三五"旅游业发展规划》、2018 年的《关于促进全域旅游发展的指导意见》、2019 年的《关于进一步激发文化和旅游消费潜力的意见》等政策的发布，标志着我国旅游消费市场体系逐渐完善，党和政府引导旅游产业转型升级，促进旅游产业与文化产业、农业、工业、军事、教育等相互融合，推动全域旅游发展，刺激国民经济快速增长，健全旅游消费市场。军事旅游从一定层面上可以看成是对空间或地方的一种消费，游客在旅游过程中，既满足了个人需求又实现了消费，在此期间，旅游供给与旅游消费通过互动促进，同时也推动了周边相关产业的发展，有利于扩大内需、促进财富区间流动，进而产生一定区域内的经济空间效应。旅游消费空间适应了游客的多元化休闲需求、人性化休闲需求、体验化休闲需求，科学指导挖掘了军事文化旅游小镇深层次的文化内涵和特色资源，充分利用旅游消费的巨大潜力，推进开发特色文化依托型军事文化遗产保护模式，指引军事旅游向着全域化、优质化的方向发展。基于此，可以看出，旅游消费空间对推动特色文化依托型系统性保护起着重要的影响作用，故提出如下假设：

HE4：旅游消费空间对推动特色文化依托型系统性保护具有显著的正向作用。

第三，游客行为的作用。

自 2015 年底以来，国家有关部门出台了众多指导和规范建设特色小镇、文旅小镇、小城镇的政策，在系列政策利好推动下，特色小镇由单一发展模式转向多元发展模式，不断满足人民日益增长的物质文化和精神文化生活需求。随着以文旅小镇为代表的大型文旅综合体迅速升温，文化旅游小镇在发展过程中显露出许多制约因素，一方面，小镇活动规划不严谨，内容创新性不足、运营维护能力不够；另一方面，针对特色小镇的法律保障不健全，政策缺失现象严重，对小镇缺乏有针对性的政策措施，后续发展乏力问题出现。要应对这些问题，除了依靠政府的力量，因地制宜、切合实际建设严格的监测系统，综合考虑聚集产业要素、提高产出效益、基础设施建设、改革机制体制四个方面，集中意见制定科学有效的政策；还要依靠游客的力量，游客是判断小镇建设是否成功的重要代表，也是评判政策利弊的关键，在政策创新中的作用不可忽视。

在推进政策创新的过程中，为防止军事文化旅游小镇借"融合"之名"搭车"，应鼓励规范和引导开发地域文化、民俗文化和历史文化，推动城乡融合发展、区域协调发展，产生开发特色文化依托型保护模式的助推力。同时，游客行为可以帮助小镇强化"产、学、研、用"一体的技能培训，引进各类人才，创新文化理念，提高服务质量水平，为特色小镇引智、引技和引商注入了原动力，还可以推动政策创新，开发特色文化。基于此，可以看出，游客行为对推进政策创新、特色文化依托型系统性保护起着重要的影响作用，故提出如下假设：

HE5：游客行为对政策创新具有显著的正向作用。

HE6：游客行为对推动特色文化依托型系统性保护具有显著的正向作用。

第四，政策创新的作用。

文化旅游发展是激发消费潜力的重要渠道，《关于促进全域旅游发展的指导意见》和《关于进一步激发文化和旅游消费潜力的意见》等政策举措能有效转变旅游发展模式，为扩大旅游消费空间奠定了基础。传统旅游特色小镇受到居民生活水平、思想和环境等因素的制约，旅游产业附加值低，文化传承和项目创新被限制，已不能满足广大人民的基本物质和精神需求。而加强政策创新，将军事文化融入旅游当中，以文化内涵价值潜在影响旅游发展，推动旅游消费不断向全域旅游、体验旅游转型升级，并借助旅游产业助推文化创新与传承，可以使小镇旧貌换新颜，推动小镇向智能化、品质化、现代化发展。

军事文化遗产地文化底蕴深厚、军事资源丰富，积极的财税政策为遗产地引进了大量资金投资和建设人才，进而能够优化区域资源配置，挖掘文化价值，引导未来军事文化旅游小镇的创建方向。除此之外，文化旅游小镇作为一项地方政府的政策创新成果，对政策创新和政策推广依赖性较强，只有中央政府对地方特色小镇政策创新进行认可与鼓励，评估政策绩效和优劣，才能坚定各地方文旅特色小镇自主探索的决心与信心，进一步推动特色文化依托型军事文化遗产系统性保护模式的进步与可持续发展。基于此，可以看出，政策创新对优化旅游消费空间、推动特色文化依托型系统性保护起着重要的影响作用，故提出如下假设：

HE7：政策创新对旅游消费空间具有显著的正向作用。

HE8：政策创新对推动特色文化依托型系统性保护具有显著的正向作用。

第五，关于军事文化旅游小镇与特色文化依托型系统性保护协同模式的理论模型。

根据军事文化旅游小镇与特色文化依托型系统性保护协同模式的分析框架、研究假设的相关内容，综合考虑军事文化旅游小镇与特色文化依托型协同现状，构建出军事文化旅游小镇与特色文化依托型系统性保护协同模式的理论模型，如图 9 - 23 所示。

根据军事文化旅游小镇与特色文化依托型系统性保护协同模式的理论模型（图 9 - 23）可以看出，该模式包含军事文化旅游小镇、旅游消费空间、游客行为、政策创新和特色文化依托型 5 个变量，其中，军事文化旅游小镇包括区位优势、军事基础、客源容量、人文资源四个方面；旅游消费空间包括旅游需求、空间布局、经济效益、可持续能力四个方面；游客行为包括旅游动机、旅游价值感知、游客满意度三个方面；政策创新包括政策支持、财政支持、特色引领三个方面；特色文化依托型包括统筹协调、全民参与、合作创新三个方面。军事文化旅游小镇与特色文化依托型之间既具有直接的作用路径，也具有间接的作用

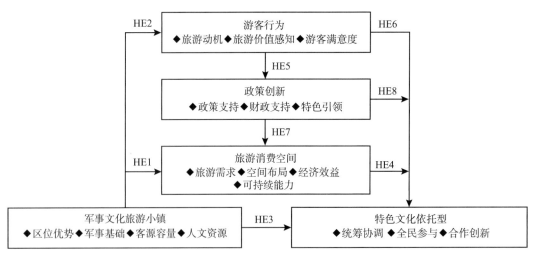

图 9 - 23　军事文化旅游小镇与特色文化依托型系统性保护协同模式的理论模型

路径。间接路径有以下四条：①军事文化旅游小镇—旅游消费空间—特色文化依托型；②军事文化旅游小镇—游客行为—特色文化依托型；③军事文化旅游小镇—游客行为—政策创新—特色文化依托型；④军事文化旅游小镇—游客行为—政策创新—旅游消费空间—特色文化依托型。构建军事文化旅游小镇与特色文化依托型系统性保护协同模式的理论模型，为利用结构方程模型进行实证分析奠定了理论基础。

9.5.2　实地访谈

第一，关于案例地发展状况。

青岩古镇位于贵阳市南郊，地处贵阳南部山地中的平川之中，依山坡走势而建，建于 1378 年的明洪武时期，小镇采用对景手法，丰富了古镇特有的元素，整个镇区根据地形趋势自由布局，房屋根据地势高低进行组合，道路根据地形曲直合理布置，房屋建筑、自然环境和古镇有机融为一体，既是西南古代军事重镇，也是集红色革命文化、明代建筑文化、地域民俗文化、多元宗教文化于一体的特色古镇。青岩古镇历经多次评级肯定，1992 年被贵州政府定为"贵州省历史文化名镇"；2005 年被国家文物局、原建设部评为"中国历史文化名镇"；2013 年在顶峰国际非遗物质文化遗产保护与传承旅游规划项目中被誉为中国最具魅力小镇之一；2017 年 2 月被全国旅游资源规划开发质量评定委员会评定为国家 AAAAA 级景区，得到多层次多部门的高度评价。青岩古镇获膺"中国最具魅力小镇"和"中华诗词之乡"等多项荣誉称号，是花溪区坚持生态文明和可持续发展理论的重要实践地，有助于花溪建设"国家级生态示范区"。本书以青岩古镇为案例研究对象，符合本书研究内容，其发展进程和特征对推进文旅深度融合新业态与军事文化遗系统性保护协同具有代表性和特色性。

本研究重点从青岩古镇的整体发展状况分析"军事文化旅游小镇与特色文化依托型系统性保护协同模式"的发展情况。根据前文已有的分析内容可知，青岩古镇具有良好的区位优势、军事基础、客源容量和人文资源，注重从游客需求和消费空间考虑，深度挖掘遗产地文化产业特色，不断创新，通过在坚持统筹协调、全民参与、合作创新的基础上持续升级发展，其发展可以概括为以下三个阶段。

第一阶段：青岩古镇亟待保护。

青岩古镇作为贵州四大古镇之一，建于明洪武年间（1378 年），至今已有 600 多年的历史，具有深厚的人文历史底蕴，独具地域特色魅力，是一座因军事城防演化而来的山地兵城。青岩古镇历史悠久、保存完整，兼具布依、汉、苗等民族文化，是集地域民俗文化、明代建筑文化、多元宗教文化和红色革命文化于一体的军事古镇。青岩作为贵阳南大门，作战位置的重要性、交通的便利性使其成为明清两朝改土归流的军事咽喉重镇，也使其在明清朝廷经略西南边疆事务时逐渐演变为明清时期军事要塞，中国传统宗教（佛教与道教）和外来宗教（天主教和基督教）等宗教文化在不同时期以不同的方式传入青岩古镇，因而其含有丰富的军事文化和宗教文化。青岩古镇是明清时期车马驿站的重要枢纽，镇内约有 30 处明清古建筑，其中，赵以炯状元故居、文岩书院、慈云寺（现迎样寺）等保存较完整。同时，青岩古镇内含有近代史上震惊中外的青岩教案遗址、红军长征作战指挥部、平刚先生故居、赵状元府第等历史文物。这里既居住过诸多革命前辈及其家属，例如邓颖超母亲、周恩来父亲、李克农，还是浙江大学抗战期间的西迁办学点之一，历史文化底蕴浓厚。

但是，随着经济发展促进城镇化的加速，青岩古镇也出现诸多问题。一是青岩古镇内虽然大多数民居处于原状，但因为自然环境的影响，加之许久未修缮，传统建筑损坏严重，亟待抢救。二是在技术的推动下，古镇内一部分居民自行整改、搭建房屋，乱搭乱建现象严重，破坏了古镇风貌。三是古镇设施无法满足现代化生活需求，居民居住环境较差，市政设施不健全。四是自然灾害一定程度上侵蚀了古镇山体，自然环境遭到污染和破坏。五是镇内人口向城镇迁移，古镇历史文化传承人逐渐减少，历史文化遗存逐渐丧失。所以，青岩古镇保护工作迫在眉睫，青岩古镇政府于是充分整合、分析古镇现有资源，大力发展军事旅游，保护青岩古镇的文化遗产，保护和传承军事文化、红色文化、宗教文化和民俗文化。

第二阶段：政企联动带动军事旅游转型运作。

青岩古镇采取公司—政府联合方式展开军事旅游工作，是公司开发管理和政府协助模式的重要组成部分。贵阳市政府负责审批和提供指导和相关支持，青岩镇、村政府亲自参与辅助旅游规划、设计和建设，主要负责移民、拆迁、治安等工作，还包括社会服务、生态保护、道路安全等工作，顺全旅游投资公司（现"贵阳青岩古镇景区管理公司"）主要负责旅游设计、规划、建设、营销等。政府和企业合作的旅游开发模式，帮助青岩古镇形成了居民聚居村落、古城景区、外围餐饮区和度假区，一是极大地改善了民生，促进了地方社会发展转型；二是帮助了当地居民通过就业或创业的形式参与到旅游项目中，增加收入；三是古镇民族化、商业化的文化氛围，促进当地居民的生活方式日益城市化，生产方式日益现代化。同时，青岩古镇积极与影视公司合作，以青岩古镇为背景，拍摄了《青岩古镇》《长征》《我的长征》《寻枪》等诸多优秀的影视艺术作品，从技术、内容和服务等方面创新了旅游宣传模式，满足了游客个性化需求和市场多元化需求。

除此之外，自 2000 年以来，中央政府每年向贵阳投入大量资金，出台多项优惠政策。2014 年，青岩古镇借助第九届贵州省旅发大会召开的契机，投资包括道路建设、招商引资、旅游配套、公共基础设施等方面近 50 亿元，全面提升景区软硬件质量。党的十九大对贵阳新产业和新发展作了具体指示。在国家政策和资金倾斜下，当地各级政府积极促进旅游业成为地区发展的特色产业和支柱产业，以刺激区域经济增速发展，这对青岩古镇旅游的持续发展创造了机遇和机会。青岩镇政府成立旅游专业开发领导小组，借鉴专家学者意见，编撰了《青岩镇旅游发展规划》《青岩镇总体规划》《青岩古镇保护与发展城市设计》《青岩历史民镇保护与整治规划》等政策文件，为更好地推进旅游工作奠定了基础。在此期间，政府立足于青岩古镇景区人才结构、人才总量、人才素质，引进和培养贵阳高校优秀人才，积极调整了贵阳旅游产业结构，还为古镇未来发展提供了建设性建议，打破了古镇传统的开发局限和固定思维，以转型升级、优化完善为思想建设，以产业系统升级为拍子，以发展模式转型为步调，指引古镇文化产业走向新高度，为青岩古镇创造了巨大的经济效益和价值，有效促进了军事旅游产业健康发展。

第三阶段：探索产业创新模式，塑造品牌形象。

随着经济社会的不断发展，近些年，青岩古镇牢牢把握特色小城镇的建设契机，充分利用 AAAAA 景区优势，依托其良好的生产条件、生态环境和厚重历史文化，以产"化"镇、以绿"化"镇、以文"化"镇，推动农业、文化和旅游深度融合发展，产业链、价值链逐渐完善，以建设中国国际特色旅游小城镇为目标，形成以保护与开发并重的地域发展格局，走出一条贵州山地城镇化新路，特色小城镇建设持续快速推进。

青岩古镇景区依托青岩深厚的历史文化资源，基于青岩明清时期 600 多年的历史沿革，邀请专业团队出谋划策，发动景区商户共同参与，围绕"兵城"两个字进行周密策划，效仿宋城文化的成功经验，复原、宣传青岩"明文化"，"大明志"主题 IP 由此而来。2020 年，贵州 AAAAA 景区花溪青岩古镇依托大明王朝历史背景，推出"魅力青岩·大明志""大明志·将军令""大明志之礼仪千秋"等系列主题营销活动，营造梦回大明时光隧道、定广湖之船湖灯影等网红场景，古镇游客迅速增加，夜间接待量达到日均8 千人以上，餐饮消费同比 2019 年增长 30%，住宿行业入住率从无人问津到一房难求。青岩古镇找准了自己的定位，有效迎合了市场需求，进一步激活了青岩古镇夜间经济，助推文旅消费，增强了区域整体的凝聚力和口碑度。

2021 年，青岩古镇继续深化"大明志"品牌形象，全面升级"大明志"主题 IP，围绕业态和产品提质增效，让游客沉浸在故事情节、主题任务、角色扮演中，新增以大明文化为背景的体验店，如大明酒坊、茶坊、牢房、衙门等文化体验；加快推进青岩停车场及景交系统建设、青雨文轩等文旅融合项目建设；完善基础设施，丰富产品业态；推进线上支付、研学旅行、短视频新媒体宣推、大型实景演艺项目，以变应变，创新融合，形成商业闭环，更好地带动了当地经济发展。

第二，青岩古镇对军事文化旅游小镇与特色文化依托型系统性保护协同模式的作用。

在研究青岩古镇建设发展过程中文旅深度融合与军事文化遗产系统性保护协同模式时，综合考量青岩古镇发展进程中各方面的要素基础，本书将案例分析的作用点集中在政策、游客、资金、基础设施等方面，提炼出游客行为、政策创新、旅游消费空间三个关键性构念，并对其进行结构化、系统化、科学化的分析讨论，构建出青岩古镇建设中游客行为、政策创新及旅游消费空间的作用模型，为探讨游客行为、政策创新、旅游消费空间在军事文化旅游小镇与特色文化依托型协同中的作用进行案例探析。

首先，青岩古镇建设中的游客行为分析。

游客的旅游动机是提升旅游吸引力的关键，也是青岩古镇可持续发展需要重点考虑的内容。游客行为除了包括旅游动机和游客偏好，还包括游客价值感知和价值评价、游客的满意度与忠诚度两个方面。旅游动机和游客偏好代表着游客的新需求，是青岩古镇发展规划的一部分；游客价值感知和价值评价体现了青岩古镇还存在的问题，为青岩古镇发展提供了改进指导意见；游客的满意度与忠诚度是青岩古镇能否可持续发展的重要判断指标。本书从青岩古镇建设的现实基础出发，基于上述分析，参考军事文化旅游小镇与特色文化依托型系统性保护协同模式的结构方程实证结果，对青岩古镇的游客行为进行分析，构建出青岩古镇建设中的游客行为作用模型，见图 9-24。

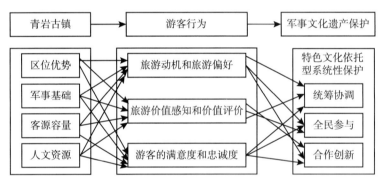

图 9-24 青岩古镇建设中游客行为的作用模型

图 9-24 展示了青岩古镇建设中游客行为的作用模型，可以清晰看出，游客行为在青岩古镇发展过程中起着重要的作用，是军事文化遗产系统性保护中不可缺少的一部分。青岩古镇的区位优势、军事基础、客源容量和人文资源，均对旅游动机和游客偏好、游客价值感知和价值评价、游客的满意度与忠诚度产生了一定程度的影响，并直接关系到青岩古镇特色文化依托型军事文化遗产保护过程。因此，青岩古镇应大力鼓励外来经营者入镇发展，通过引进外来新鲜血液，突破原来传统思维模式，创造适合游客现代需求的产品和服务。同时，当地政府鼓励民宿管理者将青岩古镇文化赋予到民宿设计当中，增强游客的文化价值感知，在此期间，注重对生态环境的维护，保持生态效益和经济效益同步，进而提高了游客的绿色价值感知。青岩古镇在符合游客旅游动机的前提下，强化游客文化和生态的价值感知程度，进一步有效提高了游客的满意度和忠诚度。因此，合理把握好游客行为，提升游客旅游感知价值，提高满意度，可以带来军事旅游的长期健康发展，假设 HE2、假设 HE3、假设 HE5 和假设 HE6 成立。

其次，青岩古镇建设中的政策创新分析。

青岩古镇重点围绕军事文化遗产资源保护制定政策，完善文旅小镇建设进程中的相关政策规定，可以营造优良的军事旅游发展环境。青岩古镇的政策创新涉及财政税收、监管机制、人才机制、产业引领等方面，尤其是政策支持、财政支持和特色引领三部分，可以指导青岩古镇顺利建设发展。基于上述分析，本书从政策支持、财政支持和特色引领等方面出发，构建出青岩古镇建设中政策创新的作用模型，见图 9-25。

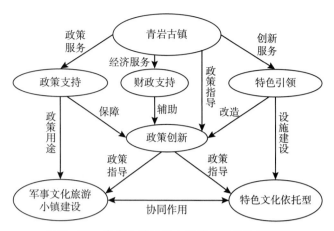

图 9 - 25　青岩古镇建设中政策创新的作用模型

图 9 - 25 展示了青岩古镇建设中政策创新的作用模型，可以清晰看出，政策创新除了为军事文化旅游小镇提供了政策服务和资金财政服务，还为军事文化遗产系统性保护的特色产业提供了支撑。一是党中央从 2000 年以后每年向贵阳给予资金扶持，并出台众多优惠政策，大力支持贵阳发展旅游产业，青岩古镇获得了发展机遇。二是贵州省、贵阳市、花溪区、青岩镇等各级政府制定、完善了《贵阳市总体规划》《青岩镇总体规划》《青岩镇旅游发展规划》《青岩古镇保护规划》《青岩古镇建设实施方案》《青岩历史民镇保护与整治规划》《青岩古镇保护与发展城市设计》等政策文件，规范了旅游秩序，并借助这些扶持政策，激励居民参与遗产保护。三是当地政府科学规划，挖掘旅游特色及其资源优势，挖掘产业的潜在价值和文化内涵，同时还精修旅游服务设施和公共设施，改善旅游环境质量，为产业开发创造条件。因此，军事文化旅游小镇的发展离不开政策创新，地方政府以准确把握特色小镇发展定位为基础，鼓励引进优秀旅游企业和管理机制，培育产业特色，推进产业融合，大力发展特色小镇，假设 HE7 和假设 HE8 成立。

最后，青岩古镇建设中旅游消费空间分析。

随着工业化和城镇化快速发展，游客的旅游消费需求伴随着旅游经历的丰富，逐渐发生变化，愈加倾向文化休闲旅游，注重在旅游过程中对个性化与差异化的追求。旅游消费空间也在悄然发生变化，改变了传统单一、静态的空间模式，形成了多元化、特色化的消费空间结构，与军事旅游发展模式保持高度一致。基于上述分析，本书基于对青岩古镇的实地调研结果获得青岩旅游消费空间的要素，构建出青岩古镇建设中旅游消费空间的作用模型，见图 9 - 26。

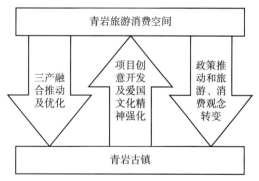

图 9 - 26　青岩古镇建设中旅游消费空间的作用模型

图 9 - 26 展示了青岩古镇建设中旅游消费空间的作用模型，可以清晰看出，青岩旅游消费空间的转变和扩大与产业优化融合、文化特色项目设计、政策改革等方面密切相关，通过对这几个方面进行深入分析，能够帮助青岩古镇揭示出现代旅游消费空间背后的潜藏价值。青岩古镇文化底蕴深厚，具有红军指挥部、苏步青教学旧址、文状元赵以炯故居等人文景观。青岩古镇不断探讨产业融合理论，推动古镇的军事产业与文化产业、旅游产业相互结合，发挥了产业联动效益，产生了创新产业，扩大了旅游消费空间范

围。与此同时，青岩古镇在政策的引领下，逐渐加强与各高校展开合作，定期展开学术研讨，培养和引进优秀人力资源，结合古镇实际发展状况，重点抓住文化传承这个目的，设计并开发了创意性活动，定义和扩大了旅游消费空间。因此，旅游消费空间借助军事文化旅游小镇的区位优势、军事基础、客源容量、人文资源，充分考虑现代化助推下的新型消费方式和消费理念，不断优化自身原始的消费空间，以适应游客不断变化的旅游需求和消费需求，可以保证旅游持久发展，假设 HE1 和假设 HE4 成立。

关于案例验证分析：

此次案例研究选取的是青岩古镇，研究小组通过实地调研获得了准确性较高的数据资料，对青岩古镇的情况了解得更加清楚明晰，同时也保证了资料数据的真实性、严谨性、准确性。为了有效地展开对军事文化旅游小镇与特色文化依托型系统性保护协同模式的案例研究，本研究首先对选择的青岩古镇这个研究对象进行了阐释说明，将青岩古镇的发展历程和开发方向概况分为三个阶段：一是青岩古镇亟待保护阶段；二是政企联动带动军事旅游转型运作阶段；三是探索产业创新模式、塑造品牌形象阶段，经过对这三个阶段进行全面而深入的分析，总结提炼出青岩古镇发展所面临的困境及其解决办法，得出青岩古镇以推进军事文化可持续发展为出发点和突破口，融合政策创新，借助各发展主体的力量，科学整合资源，探索产业发展的新模式，塑造小镇旅游品牌形象，促进军事文化旅游小镇优化升级。其中，依据前文构建的军事文化旅游小镇与特色文化依托型系统性保护协同模式的结构方程实证分析结果，在案例分析中着重把握游客行为、政策创新、旅游消费空间三个方面的内容，构建出青岩古镇建设中游客行为、政策创新、旅游消费空间的作用模型。

本书采用案例研究的方法进行单案例研究，选取青岩古镇为典型案例对军事文化旅游小镇与特色文化依托型系统性保护协同模式进行验证。结合前文所构建的军事文化旅游小镇与特色文化依托型系统性保护协同模式的分析框架、研究假设和结构方程实证分析的相关内容，以青岩古镇的发展状况为出发点，着重把握游客行为、政策创新、旅游消费空间在文旅深度融合新业态与军事文化遗产系统性保护中的作用，以青岩古镇为案例对军事文化旅游小镇与特色文化依托型系统性保护协同模式过程中的影响因素进行案例验证，进一步科学有效的验证了军事文化旅游小镇与特色文化依托型系统性保护协同模式的有效性。

9.5.3 问卷数据分析

第一，样本数据的描述性统计及信度效度检验。

首先，军事文化旅游小镇与特色文化依托型系统性保护协同模式的协同度测算。

军事文化旅游小镇与特色文化依托型系统性保护协同模式的协同效应和协同机制通过评价两者的"协同性"进行评估判断。在评估军事文化旅游小镇与特色文化依托型系统性保护协同模式的协同性之前，将从实证分析出发，借用前文实证研究中所使用的度量指标来建构相关的指标体系，引入实地调研的数据计算军事文化旅游小镇与特色文化依托型系统性保护协同模式的协同度。依据实证分析结果，军事文化旅游小镇、旅游消费空间和游客行为这 3 个子系统都对特色文化依托型系统性保护协同模式产生了直接影响效应，军事文化旅游小镇和政策创新这 2 个子系统还通过其他变量对其产生了间接影响效应，因此，军事文化旅游小镇与特色文化依托型系统性保护协同模式要依靠旅游消费空间、游客行为、政策创新 3 个子系统发挥作用。本书从军事文化旅游小镇的区位优势、军事基础、客源容量、人文资源四个变量出发，研究军事文化旅游小镇对旅游消费空间子系统、游客行为子系统、政策创新子系统产生的直接或间接的影响作用。基于此，对军事文化旅游小镇与特色文化依托型系统性保护协同模式进行协同度评价，与此同时，联合评价旅游消费空间子系统、游客行为子系统、政策创新子系统对其评价进行整体检验，进而参考各子系统的协同度来客观反映军事文化旅游小镇与特色文化依托型所形成的复合系统的协同度。

充分运用协同学的相关理论基础和原理，构建军事文化旅游小镇、旅游消费空间、游客行为、政策创新和特色文化依托型 5 个子系统间的协同度模型。军事文化旅游小镇、旅游消费空间、游客行为、政策创新和特色文化依托型 5 个子系统的序参量，如表 9 – 31 所示。

表 9 – 31　　　　　　　　　　　　　　　　　各子系统序参量

子系统	测量指标	序参量
军事文化旅游小镇	区位优势、军事基础、客源容量、人文资源	MCT11、MCT12、MCT21、MCT22、MCT31、MCT32、MCT41、MCT42
旅游消费空间	旅游需求、空间布局、经济效益、可持续能力	TCS11、TCS12、TCS13、TCS21、TCS22、TCS31、TCS32、TCS33、TCS41、TCS42
游客行为	旅游动机、旅游价值感知、游客满意度	TB11、TB12、TB13、TB21、TB22、TB23、TB31、TB32、TB33
政策创新	政策支持、财政支持、特色引领	PI11、PI12、PI21、PI22、PI31、PI32
特色文化依托型	统筹协调、全民参与、合作创新	CS11、CS12、CS13、CS21、CS22、CS23、CS31、CS32

在确定各个子系统的序参量后，将对军事文化旅游小镇、旅游消费空间、游客行为、政策创新、特色文化依托型 5 个子系统之间的有序度进行测量，结合前文对军事文化旅游小镇与特色文化依托型系统性保护协同模式的理论模型的相关分析，得出其他子系统的有序度和序参量之后，计算系统协同度并重新测量子系统的有序度，进而得到总系统的协同度。同理，得出军事文化旅游小镇与特色文化依托型系统性保护协同模式中旅游消费空间、游客行为、政策创新、特色文化依托型等其他子系统之间的协同度，见表 9 – 32。

表 9 – 32　　　　　　　　　　　　　　　各子系统间的系统协同度

子系统	MCT	TCS	TB	PI	CS
军事文化旅游小镇（MCT）	—	—	—	—	—
旅游消费空间（TCS）	0.58	—	—	—	—
游客行为（TB）	0.58	0.52	—	—	—
政策创新（PI）	0.61	0.55	0.55	—	—
特色文化依托型（CS）	0.64	0.58	0.58	0.61	—

根据表 4 – 1 系统协同度区间划分，将协同度分为 5 个区间，结合表 9 – 32 关于军事文化旅游小镇与特色文化依托型系统性保护协同模式中的各子系统的协同度大小，可以得出协同模式中的军事文化旅游小镇、旅游消费空间、游客行为、政策创新和特色文化依托型这五个子系统相互之间的协同度都处于高度协同的范围，基于此，判定军事文化旅游小镇与特色文化依托型具有良好的协同性。

其次，研究通过对获取的军事文化旅游小镇与特色文化依托型协同第一手数据进行初步评估和数量统计，认为有效问卷的数量与结构方程所需量相符合，为下一步进行实证分析奠定了基础。为确保所得数据的准确性和可靠性，在进行实证之前，对问卷数据进行信度分析和效度分析。

再次，对军事文化旅游小镇与特色文化依托型系统性保护协同模式的问卷数据进行描述性统计分析，对军事文化旅游小镇、旅游消费空间、游客行为、政策创新、特色文化依托型五个主要变量的观测指标进行均值和标准差统计。其中，均值指标是衡量模型中各个变量的分布的平均程度和集中度。标准差指标是衡量模型中各个变量数据的分散程度，即离散程度大小。借助于 SPSS 25.0 计算各个观测变量的均值、标准差、最大值和最小值，详细情况见表 9 – 33。

表 9 – 33　　　　　　　　　　　　　　　　描述性统计

主要变量	潜在变量	观测变量	均值	标准差	最大值	最小值
军事文化旅游小镇（MCT）	区位优势（MCT1）	MCT11	3.71	0.687	5	1
		MCT12	3.73	0.697	5	1
	军事基础（MCT2）	MCT21	3.62	0.796	5	1
		MCT22	3.66	0.784	5	2

续表

主要变量	潜在变量	观测变量	均值	标准差	最大值	最小值
军事文化旅游小镇（MCT）	客源容量（MCT3）	MCT31	3.62	0.771	5	1
		MCT32	3.60	0.748	5	2
	人文资源（MCT4）	MCT41	3.65	0.815	5	1
		MCT42	3.61	0.783	5	1
旅游消费空间（TCS）	旅游需求（TCS1）	TCS11	3.17	0.698	5	1
		TCS12	3.23	0.706	5	1
		TCS13	3.16	0.677	5	1
	空间布局（TCS2）	TCS21	3.33	0.696	5	1
		TCS22	3.23	0.743	5	1
	经济效益（TCS3）	TCS31	3.22	0.756	5	1
		TCS32	3.17	0.739	5	1
		TCS33	3.10	0.710	5	1
	可持续能力（TCS4）	TCS41	3.49	0.729	5	1
		TCS42	3.35	0.691	5	1
游客行为（TB）	旅游动机（TB1）	TB11	3.23	0.731	5	1
		TB12	3.21	0.689	5	1
		TB13	3.05	0.687	5	1
	旅游价值感知（TB2）	TB21	3.31	0.713	5	1
		TB22	3.14	0.701	5	1
		TB23	3.10	0.718	5	1
	游客满意度（TB3）	TB31	3.20	0.752	5	1
		TB32	3.17	0.687	5	2
		TB33	3.18	0.718	5	1
政策创新（PI）	政策支持（PI1）	PI11	3.40	0.768	5	1
		PI12	3.40	0.809	5	1
	财政支持（PI2）	PI21	3.46	0.749	5	1
		PI22	3.40	0.753	5	1
	特色引领（PI3）	PI31	3.39	0.807	5	1
		PI32	3.43	0.812	5	1
特色文化依托型（CS）	统筹协调（CS1）	CS11	3.61	0.721	5	1
		CS12	3.66	0.760	5	1
		CS13	3.59	0.770	5	1
	全民参与（CS2）	CS21	3.62	0.761	5	1
		CS22	3.64	0.748	5	1
		CS23	3.72	0.749	5	1
	合作创新（CS3）	CS31	3.59	0.815	5	1
		CS32	3.68	0.744	5	1

最后，为确保军事文化旅游小镇与特色文化依托型系统性保护协同模式检测结果具有真实性、可靠

性，对其进行信度检测。利用组合信度系数对军事文化旅游小镇与特色文化依托型系统性保护协同模式所整合的各类数据进行分析和检测，分别得出军事文化旅游小镇、旅游消费空间、游客行为、政策创新、特色文化依托型的组合信度系数。同时，根据表 5 - 4 的组合信度检测标准对军事文化旅游小镇与特色文化依托型系统性保护协同模式的潜在变量的组合信度系数进行评判。为确保信度检测所得数据能够科学合理地反映各个变量的真实构架，在对军事文化旅游小镇与特色文化依托型系统性保护协同模式进行信度检测的基础上，进一步对军事文化旅游小镇与特色文化依托型系统性保护协同模式进行效度检测。详细情况见表 9 - 34。

表 9 - 34　　　　　　　　　　　　　　　　信度和效度检验

变量	CR	因子荷载		KMO 值	累计方差解释率	Bartlett's 球形检验		
						χ^2	df	Sig.
军事文化旅游小镇（MCT）	0.965	MCT11	0.888	0.942	77.434	2061.300	28	0.000
		MCT12	0.903					
		MCT21	0.876					
		MCT22	0.862					
		MCT31	0.876					
		MCT32	0.903					
		MCT41	0.863					
		MCT42	0.868					
旅游消费空间（TCS）	0.914	TCS11	0.675	0.924	51.598	1102.276	45	0.000
		TCS12	0.722					
		TCS13	0.766					
		TCS21	0.739					
		TCS22	0.814					
		TCS31	0.681					
		TCS32	0.756					
		TCS33	0.728					
		TCS41	0.632					
		TCS42	0.651					
游客行为（TB）	0.892	TB11	0.712	0.891	47.880	794.284	36	0.000
		TB12	0.700					
		TB13	0.675					
		TB21	0.648					
		TB22	0.683					
		TB23	0.696					
		TB31	0.749					
		TB32	0.657					
		TB33	0.702					

变量	CR	因子荷载		KMO 值	累计方差解释率	Bartlett's 球形检验		
						χ^2	df	Sig.
政策创新（PI）	0.927	PI11	0.824	0.835	67.896	958.299	15	0.000
		PI12	0.846					
		PI21	0.810					
		PI22	0.811					
		PI31	0.802					
		PI32	0.850					
特色文化依托型（CS）	0.952	CS11	0.833	0.934	71.444	1635.188	28	0.000
		CS12	0.848					
		CS13	0.849					
		CS21	0.855					
		CS22	0.858					
		CS23	0.838					
		CS31	0.845					
		CS32	0.834					

如表 9-34 所示，首先，从对军事文化旅游小镇与特色文化依托型进行信度所得数据中，可以看出，各个数据的相关组合信度系数值都大于 0.8，因此认为所得数据具有较好的可信度。其次，从对军事文化旅游小镇与特色文化依托型进行效度检验所得数据中，可以看出，所得各个指标的因子载荷均在 0.5 以上，KMO 值均大于 0.8，因此认为所得数据能够较好地进行因子分析。最后，Bartlett's 球形检验显著性水平均在 0.000，因此，认为此次研究过程中，调查问卷所得数据及各组成部分建构之间有较好的效度。

第二，样本数据的结构方程模型构建及调整。

结构方差模型是一种不同于传统回归分析的数据分析方法，能将因素分析和路径分析有机结合，能同时处理多个因变量并考虑测量误差影响。本研究通过结合军事文化旅游小镇与特色文化依托型系统性保护协同模式的变量特征和模型选择，来建立军事文化旅游小镇与特色文化依托型系统性保护协同模式的结构方程模型，进而进行结构方程模型估计、检验和分析：首先，构建军事文化旅游小镇与特色文化依托型系统性保护协同模式的初始结构方程模型，并设置误差变量；其次，对整体模型进行参数估计，判断军事文化旅游小镇与特色文化依托型系统性保护协同模式的拟合度；再次，如果拟合度较差，则根据拟合度结果，通过改变模型或删除题项以提高拟合度；最后，根据军事文化旅游小镇与特色文化依托型系统性保护协同模式的参数估计和路径系数，对模型中不理想的路径进行修正，完成最终模型的确定。

研究军事文化旅游小镇与特色文化依托型系统性保护协同模式时，依据变量性质构建结构方程模型。依据前文中所写的军事文化旅游小镇与特色文化依托型系统性保护协同模式的理论模型，军事文化旅游小镇、旅游消费空间、游客行为、政策创新及特色文化依托型都是不可直接观测到的变量，属于潜在变量的范畴。在确定变量性质的基础上，对军事文化旅游小镇与特色文化依托型系统性保护协同模式作用中的变量进行归类处理，其中，军事文化旅游小镇属内生变量，旅游消费空间、游客行为、政策创新属中间变量，特色文化依托型属外生变量。因此，构建军事文化旅游小镇与特色文化依托型系统性保护协同模式的结构方程模型如图 9-27 所示，箭头方向代表了变量之间的因果关系。

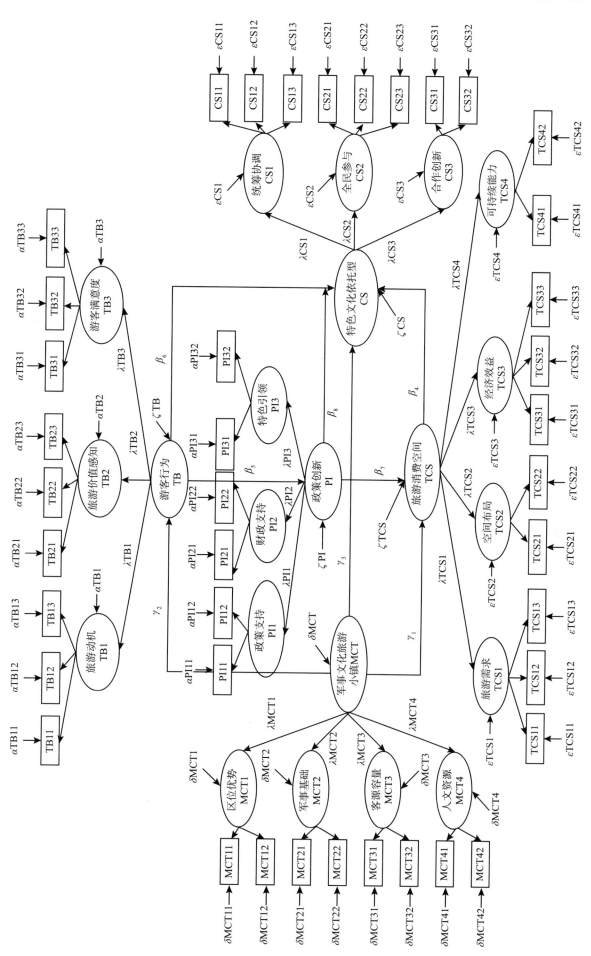

图9-27 军事文化旅游小镇与特色文化依托型系统性保护协同模式的初始结构方程模型

由图 9 - 27 所显示的军事文化旅游小镇与特色文化依托型系统性保护协同模式的初始结构方程模型可以发现，军事文化旅游小镇与特色文化依托型系统性保护协同模式的初始结构方程中存在外生显变量 8 项，具体为 MCT11、MCT12、MCT21、MCT22、MCT31、MCT32、MCT41、MCT42；内生显变量共 33 项，具体为 TCS11、TCS12、TCS13、TCS21、TCS22、TCS31、TCS32、TCS33、TCS41、TCS42、TB11、TB12、TB13、TB21、TB22、TB23、TB31、TB32、TB33、PI11、PI12、PI21、PI22、PI31、PI32、CS11、CS12、CS13、CS21、CS22、CS23、CS31、CS32；外生潜变量共 4 项，具体为 MCT1、MCT2、MCT3、MCT4；内生潜变量共 13 项，具体为 TCS1、TCS2、TCS3、TCS4、TB1、TB2、TB3、PI1、PI2、PI3、CS1、CS2、CS3。这是由观测变量和潜在变量所构成的结构方程模型的测量模型。

进行军事文化旅游小镇与特色文化依托型系统性保护协同模式的数据验证时，通过对相关变量进行设定以构建观测变量的结构方程式。按照初始结构方程模型，军事文化旅游小镇（MCT）、区位优势（MCT1）、军事基础（MCT2）、客源容量（MCT3）、人文资源（MCT4）为外生潜变量，分别用 ζ_{MCT}、ζ_{MCT1}、ζ_{MCT2}、ζ_{MCT3}、ζ_{MCT4} 表示。旅游消费空间（TCS）、旅游需求（TCS1）、空间布局（TCS2）、经济效益（TCS3）、可持续能力（TCS4）、游客行为（TB）、旅游动机（TB1）、旅游价值感知（TB2）、游客满意度（TB3）、政策创新（PI）、政策支持（PI1）、财政支持（PI2）、特色引领（PI3）、特色文化依托型（CS）、统筹协调（CS1）、全民参与（CS2）、合作创新（CS3）为内生潜变量，分别用 η_{TCS}、η_{TCS1}、η_{TCS2}、η_{TCS3}、η_{TCS4}、η_{TB}、η_{TB1}、η_{TB2}、η_{TB3}、η_{PI}、η_{PI1}、η_{PI2}、η_{PI3}、η_{CS}、η_{CS1}、η_{CS2}、η_{CS3} 表示。基于此，本书构建军事文化旅游小镇与特色文化依托型系统性保护协同模式的观测模型方程式：

$$
\begin{cases}
X_{MCT1} = \lambda_{MCT1}\xi_{MCT} + \delta_{MCT1} & X_{MCT2} = \lambda_{MCT2}\xi_{MCT} + \delta_{MCT2} \\
X_{MCT3} = \lambda_{MCT3}\xi_{MCT} + \delta_{MCT3} & X_{MCT4} = \lambda_{MCT4}\xi_{MCT} + \delta_{MCT4} \\
X_{MCT11} = \lambda_{MCT11}\xi_{MCT1} + \delta_{MCT11} & X_{MCT12} = \lambda_{MCT12}\xi_{MCT1} + \delta_{MCT12} \\
X_{MCT21} = \lambda_{MCT21}\xi_{MCT2} + \delta_{MCT21} & X_{MCT22} = \lambda_{MCT22}\xi_{MCT2} + \delta_{MCT22} \\
X_{MCT31} = \lambda_{MCT31}\xi_{MCT3} + \delta_{MCT31} & X_{MCT32} = \lambda_{MCT32}\xi_{MCT3} + \delta_{MCT32} \\
X_{MCT41} = \lambda_{MCT41}\xi_{MCT4} + \delta_{MCT41} & X_{MCT42} = \lambda_{MCT42}\xi_{MCT4} + \delta_{MCT42} \\
Y_{PI1} = \lambda_{PI1}\eta_{PI} + \varepsilon_{PI1} & Y_{PI2} = \lambda_{PI2}\eta_{PI} + \varepsilon_{PI2} & Y_{PI3} = \lambda_{PI3}\eta_{PI} + \varepsilon_{PI3} \\
Y_{PI11} = \lambda_{PI11}\eta_{PI1} + \varepsilon_{PI11} & Y_{PI12} = \lambda_{PI12}\eta_{PI1} + \varepsilon_{PI12} \\
Y_{PI21} = \lambda_{PI21}\eta_{PI2} + \varepsilon_{PI21} & Y_{PI22} = \lambda_{PI22}\eta_{PI2} + \varepsilon_{PI22} \\
Y_{PI31} = \lambda_{PI31}\eta_{PI3} + \varepsilon_{PI31} & Y_{PI32} = \lambda_{PI32}\eta_{PI3} + \varepsilon_{PI32} \\
Y_{TB1} = \lambda_{TB1}\eta_{TB} + \varepsilon_{TB1} & Y_{TB2} = \lambda_{TB2}\eta_{TB} + \varepsilon_{TB2} & Y_{TB3} = \lambda_{TB3}\eta_{TB} + \varepsilon_{TB3} \\
Y_{TB11} = \lambda_{TB11}\eta_{TB1} + \varepsilon_{TB11} & Y_{TB12} = \lambda_{TB12}\eta_{TB1} + \varepsilon_{TB12} & Y_{TB13} = \lambda_{TB13}\eta_{TB1} + \varepsilon_{TB13} \\
Y_{TB21} = \lambda_{TB21}\eta_{TB2} + \varepsilon_{TB21} & Y_{TB22} = \lambda_{TB22}\eta_{TB2} + \varepsilon_{TB22} & Y_{TB23} = \lambda_{TB23}\eta_{TB2} + \varepsilon_{TB23} \\
Y_{TB31} = \lambda_{TB31}\eta_{TB3} + \varepsilon_{TB31} & Y_{TB32} = \lambda_{TB32}\eta_{TB3} + \varepsilon_{TB32} & Y_{TB33} = \lambda_{TB33}\eta_{TB3} + \varepsilon_{TB33} \\
Y_{TCS1} = \lambda_{TCS1}\eta_{TCS} + \varepsilon_{TCS1} & Y_{TCS2} = \lambda_{TCS2}\eta_{TCS} + \varepsilon_{TCS2} & Y_{TCS3} = \lambda_{TCS3}\eta_{TCS} + \varepsilon_{TCS3} \\
Y_{TCS4} = \lambda_{TCS4}\eta_{TCS} + \varepsilon_{TCS4} & Y_{TCS11} = \lambda_{TCS11}\eta_{TCS1} + \varepsilon_{TCS11} & Y_{TCS12} = \lambda_{TCS12}\eta_{TCS1} + \varepsilon_{TCS12} \\
Y_{TCS13} = \lambda_{TCS13}\eta_{TCS1} + \varepsilon_{TCS13} & Y_{TCS21} = \lambda_{TCS21}\eta_{TCS2} + \varepsilon_{TCS21} \\
Y_{TCS22} = \lambda_{TCS22}\eta_{TCS2} + \varepsilon_{TCS22} & Y_{TCS31} = \lambda_{TCS31}\eta_{TCS3} + \varepsilon_{TCS31} \\
Y_{TCS32} = \lambda_{TCS32}\eta_{TCS3} + \varepsilon_{TCS32} & Y_{TCS33} = \lambda_{TCS33}\eta_{TCS3} + \varepsilon_{TCS33} \\
Y_{TCS41} = \lambda_{TCS41}\eta_{TCS4} + \varepsilon_{TCS41} & Y_{TCS42} = \lambda_{TCS42}\eta_{TCS4} + \varepsilon_{TCS42} \\
Y_{CS1} = \lambda_{CS1}\eta_{CS} + \varepsilon_{CS1} & Y_{CS2} = \lambda_{CS2}\eta_{CS} + \varepsilon_{CS2} & Y_{CS3} = \lambda_{CS3}\eta_{CS} + \varepsilon_{CS3} \\
Y_{CS11} = \lambda_{CS11}\eta_{CS1} + \varepsilon_{CS11} & Y_{CS12} = \lambda_{CS12}\eta_{CS1} + \varepsilon_{CS12} & Y_{CS13} = \lambda_{CS13}\eta_{CS1} + \varepsilon_{CS13} \\
Y_{CS21} = \lambda_{CS21}\eta_{CS2} + \varepsilon_{CS21} & Y_{CS22} = \lambda_{CS22}\eta_{CS2} + \varepsilon_{CS22} & Y_{CS23} = \lambda_{CS23}\eta_{CS2} + \varepsilon_{CS23} \\
Y_{CS31} = \lambda_{CS31}\eta_{CS3} + \varepsilon_{CS31} & Y_{CS32} = \lambda_{CS32}\eta_{CS3} + \varepsilon_{CS32}
\end{cases}
$$

进行军事文化旅游小镇与特色文化依托型系统性保护协同模式的结构方程实证检验时，借助于前文所提到的军事文化旅游小镇与特色文化依托型系统性保护协同模式的研究假设和理论模型，使用 γ_1、γ_2 和 γ_3 表示军事文化旅游小镇对旅游消费空间、游客行为、特色文化依托型的作用路径。用 β_4 表示旅游消费空间对特色文化依托型的作用路径，用 β_5 和 β_6 表示游客行为对政策创新和特色文化依托型的作用路径，用 β_7 和 β_8 表示政策创新对旅游消费空间和特色文化依托型的作用路径。结合上述设定的变量之间的作用路径，构建的结构模型方程表达式如下：

$$\begin{cases} \eta_{TB} = \gamma_2 \xi_{MCT} + \zeta_{TB} \\ \eta_{PI} = \beta_5 \xi_{TB} + \zeta_{PI} \\ \eta_{TCS} = \gamma_1 \xi_{MCT} + \beta_7 \eta_{PI} + \zeta_{TCS} \\ \eta_{CS} = \gamma_3 \xi_{MCT} + \beta_4 \eta_{TCS} + \beta_6 \eta_{TB} + \beta_8 \eta_{PI} + \zeta_{CS} \end{cases}$$

在建立军事文化旅游小镇与特色文化依托型系统性保护协同模式的初始结构方程模型后，需要进一步判断检验拟合指数、参数和决定系数等是否符合要求，采用不同的评价方法对以上各项指标进行分析，以更准确判断军事文化旅游小镇对军事文化遗产系统性保护的作用原始模型是否需要进行修正。

在 AMOS22.0 中导入军事文化旅游小镇与特色文化依托型系统性保护协同模式的初始结构方程模型，并同时将问卷数据导入，得到模型的相关拟合指标值，详细情况见表9－35。

表9－35　军事文化旅游小镇与特色文化依托型系统性保护协同模式的初始结构方程模型拟合度结果

拟合指标	X^2/DF	CFI	IFI	TLI	PNFI	RMSEA	SRMR
观测值	1.514	0.947	0.947	0.943	0.802	0.045	0.0464

由表9－35可以得出，各项拟合指标均达到了拟合标准说明研究的初始结构方程模型能较好地与调查问卷数据进行拟合。故依据拟合度检验，进一步测度结构方程的路径系数，判断其是否是合理有效，详细情况见表9－36。

表9－36　军事文化旅游小镇与特色文化依托型系统性保护协同模式的初始结构方程路径估计

路径	模型路径	路径系数	S.E.	C.R.	P
γ_1	MCT→TCS	0.574	0.044	10.077	***
γ_2	MCT→TB	0.745	0.043	12.518	***
γ_3	MCT→CS	0.266	0.092	2.738	0.006
β_4	TCS→CS	0.253	0.121	2.591	0.010
β_5	TB→PI	0.744	0.081	11.424	***
β_6	TB→CS	0.218	0.146	1.976	0.048
β_7	PI→TCS	0.365	0.049	6.326	***
β_8	PI→CS	0.152	0.095	1.693	0.091

注：*** 表示 P<0.001。

由表9－36可以看出，PI→CS 这条路径没有通过显著性检验。依据整体结果，军事文化旅游小镇与特色文化依托型系统性保护协同模式的初始结构方程模型的基本构造思路是大致正确的，但还需要对模型部分关系进行调整完善，重新测度关系路径。故而在初始结构方程模型中删除了政策创新对军事基地改造型的直接作用关系路径，即 PI→CS（见图9－28）。

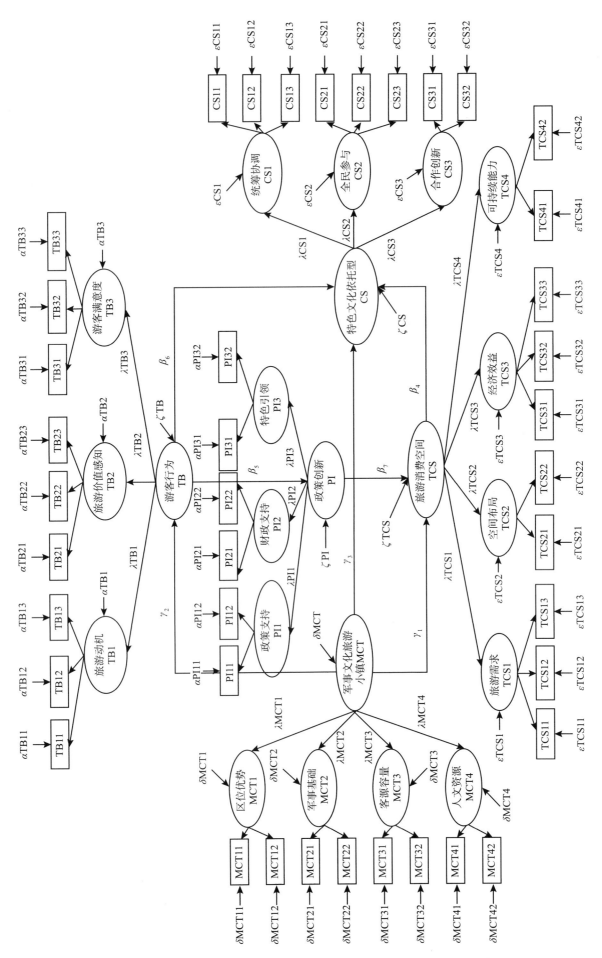

图9-28 调整后的军事文化旅游小镇与特色文化依托型系统性保护协同模式的结构方程模型

图 9 - 28 为调整后的军事文化旅游小镇与特色文化依托型系统性保护协同模式的结构方程模型，本书将其放入 AMOS22.0 进行拟合度检验，详细结果如表 9 - 37 所示。

表 9 - 37　调整后的军事文化旅游小镇与特色文化依托型系统性保护协同模式的结构方程模型拟合度结果

拟合指标	X^2/DF	CFI	IFI	TLI	PNFI	RMSEA	SRMR
观测值	1.516	0.946	0.947	0.943	0.803	0.045	0.0468
拟合指标	<3.00	>0.90	>0.90	>0.90	>0.50	<0.08	<0.08

由表 9 - 37 可以看出，各项拟合指标均满足拟合指标，与原始数据量表之间依旧是匹配拟合的。本书在拟合度达标的基础上，将调整后的结构方程模型放入 AMOS22.0 进行路径估计，详细结果见表 9 - 38。

表 9 - 38　调整后的军事文化旅游小镇与特色文化依托型系统性保护协同模式的结构方程路径估计

路径	模型路径	路径系数	S. E.	C. R.	P
γ_1	MCT→TCS	0.569	0.044	9.975	***
γ_2	MCT→TB	0.746	0.043	12.514	***
γ_3	MCT→CS	0.225	0.085	2.509	0.012
β_4	TCS→CS	0.315	0.109	3.567	***
β_5	TB→PI	0.751	0.081	11.568	***
β_6	TB→CS	0.327	0.114	3.796	***
β_7	PI→TCS	0.372	0.049	6.422	***

注：*** 表示 $P < 0.001$。

通过表 9 - 38 可以看出，调整后的结构方程模型路径系数均呈现显著水平，大多数达到了 0.001 的显著性水平，军事文化旅游小镇与特色文化依托型关系路径 P 值为 0.012，在 5% 水平上显著，判定该模型为满意度最高的模型，路径系数经过标准化处理后，其数值处于 - 1 ~ 1，最终的军事文化旅游小镇与特色文化依托型系统性保护协同模式的结构方程模型，见图 9 - 29。

第三，结构方程的假设检验及效应分解。

通过分析结构方程实证结果，根据前文提及的研究假设与理论模型，结合军事文化旅游小镇与特色文化依托型协同作用的假设验证和路径系数，进行归纳总结，结果如表 9 - 39 所示。

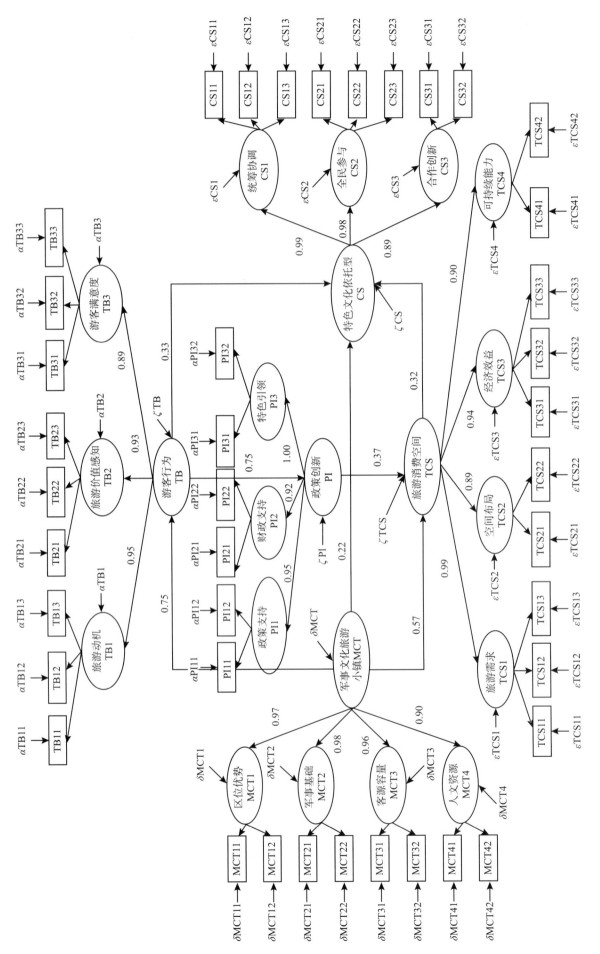

图9-29 最终的军事文化旅游小镇与特色文化依托型系统性保护协同的结构方程模型

表 9 - 39 路径结果讨论分析

路径	模型路径	路径系数	显著性水平	研究假设	检验结果
γ_1	MCT→TCS	0.569	***	HE1	支持
γ_2	MCT→TB	0.746	***	HE2	支持
γ_3	MCT→CS	0.225	0.012	HE3	支持
β_4	TCS→CS	0.315	***	HE4	支持
β_5	TB→PI	0.751	***	HE5	支持
β_6	TB→CS	0.327	***	HE6	支持
β_7	PI→TCS	0.372	***	HE7	支持
β_8	PI→CS	—	—	HE8	不支持

注：*** 代表 $P < 0.001$。

军事文化旅游小镇到旅游消费空间的标准化路径系数为 0.569，$P < 0.001$，通过显著性检验。因此，原假设 HE1 得到验证支持，"军事文化旅游小镇对旅游消费空间具有显著的正向影响作用"的假设成立。

军事文化旅游小镇到游客行为的标准化路径系数为 0.746，$P < 0.001$，通过显著性检验。因此，原假设 HE2 得到验证支持，"军事文化旅游小镇对游客行为具有显著的正向影响作用"的假设成立。

军事文化旅游小镇到特色文化依托型的标准化路径系数为 0.225，P 值为 0.012，小于 0.05，通过显著性检验。因此，原假设 HE3 得到验证支持，"军事文化旅游小镇对特色文化依托型具有显著的正向影响作用"的假设成立。

旅游消费空间到特色文化依托型的标准化路径系数为 0.315，$P < 0.001$，通过显著性检验。因此，原假设 HE4 得到验证支持，"旅游消费空间对特色文化依托型具有显著的正向影响作用"的假设成立。

游客行为到政策创新的标准化路径系数为 0.751，$P < 0.001$，通过显著性检验。因此，原假设 HE5 得到验证支持，"游客行为对政策创新具有显著的正向影响作用"的假设成立。

游客行为到特色文化依托型的标准化路径系数为 0.327，$P < 0.001$，通过显著性检验。因此，原假设 HE6 得到验证支持，"游客行为对特色文化依托型具有显著的正向影响作用"的假设成立。

政策创新到旅游消费空间的标准化路径系数为 0.372，$P < 0.001$，通过显著性检验。因此，原假设 HE7 得到验证支持，"政策创新对旅游消费空间具有显著的正向影响作用"的假设成立。

政策创新到特色文化依托型的关系路径在模型调整过程中进行了删除，没有通过显著性检验。因此，原假设 HE8 没有得到验证支持，"政策创新对特色文化依托型具有显著的正向影响作用"的假设不成立。

从军事文化旅游小镇与特色文化依托型系统性保护协同模式的结构方程实证结果可以得到，政策创新到特色文化依托型之间的直接作用路径在模型调整中进行了删除，变量之间的直接影响效应不存在，但是军事文化旅游小镇可以实现对特色文化依托型的直接影响作用，直接效应为 0.225，也能通过旅游消费空间和游客行为两个变量实现对特色文化依托型的间接影响作用。间接影响路径主要有 3 条，间接效应分别为 0.179（0.569×0.315）、0.244（0.746×0.327）、0.066（0.746×0.751×0.372×0.315），总的间接效应为 0.489。由此可以看出，间接效应明显，与变量之间的直接效应一样重要，所以对军事文化旅游小镇与特色文化依托型系统性保护协同模式进行研究时，旅游消费空间、游客行为和政策创新都是不可缺少的变量，扮演着非常重要的作用。

除此之外，可以明确看到，在结构方程模型中军事文化旅游小镇到游客行为的标准化路径系数为 0.746，游客行为到政策创新的标准化路径系数为 0.751，位于模型中系数前两位，说明游客行为这一变量在实现军事文化旅游小镇与特色文化依托型协同中的重要作用。游客是旅游中的主体之一，其满意度直接影响着旅游收益和可持续能力，故游客行为在军事文化遗产系统性保护中的作用不可忽视。

基于以上结果，本书获得以下重要启示：一是军事文化旅游小镇作为军事旅游的一种重要类型，是保护军事文化遗产的重要路径。因此，进行军事文化遗产系统性保护时，要着重注意军事文化旅游小镇扮演的作用，在保护军事文化的同时充分发挥旅游的联动效应和经济带动效应，实现其与自然环境和军事文化遗产系统性保护的协同。二是旅游消费空间、游客行为和政策创新都是军事文化旅游小镇与军事文化遗产系统性保护协同模式的重要中间变量，尽管政策创新未能产生直接作用，但可借助旅游消费空间和游客行为间接影响协同作用，是不可缺少的变量。因此，既要及时抓住影响协同的关键，把握其中的重点和难点，挖掘潜在价值，优化旅游消费空间，提升游客体验，也要制定军事未来发展规划，持续创新，整合优质资源，促进军事文化旅游小镇可持续发展，从而系统性保护军事文化遗产。

9.6 军事文化旅游节会与特色文化依托型
系统性保护协同模式的实证研究

9.6.1 研究假设

第一，军事文化旅游节会的作用。

经济的全球化为发展全域旅游带来了机会，相比于传统旅游形式，全域旅游对文化内涵、公共服务制度、旅游景观资源和生态环境的要求更高。军事文化旅游小镇作为文旅深度融合新业态的一种，在旅游结构优化升级阶段，也对旅游公共服务体系提出了高标准、高要求。旅游公共服务是军事旅游发展的重要内容之一，旅游公共服务水平的高低、公共服务设施的完善情况、公共服务人员的素质综合衡量了某一区域旅游品牌形象，以及旅游产业发展水平。关志强（2020）等学者以亚博会作为案例，指明游客与旅游公共服务体系期望之间存在显著的正向影响关系，在举办旅游节会时，需及时联合游客旅游需求，提高多元化的旅游公共服务，并完善基础设施和服务设施，健全旅游公共服务体系，与此同时，设立服务监管机制，协调好政府、市场和游客之间的关系，正确处理游客投诉、举报，提升公共服务质量。基于此，可以看出，军事文化旅游节会对健全公共服务体系起着重要的影响作用，故提出如下假设：

HF1：军事文化旅游节会对健全公共服务体系具有显著的正向作用。

军事文化旅游节会侧重通过民众参与期望、感知价值来评估游客参与感，判断旅游节会价值，其中所提供的文化产品和文化服务都是被游客普遍接受和认可的。随着现代经济和社会的快速发展，游客更加倾向于体验性、灵活性、多样性、自主性的旅游活动，对旅游品质和安全要求更高。军事文化旅游节会凭借自身的属性特征，一方面可以在满足游客功能性需求的同时满足游客精神和心理诉求，符合游客对旅游活动的多元化、多层次需求，提高游客幸福度和满意度；另一方面可以赋予旅游活动文化价值内涵，在政府监管和指导下，带动餐饮、住宿、影视相关产业联合发展，满足了游客对多方面的物质需求，也提高了旅游地区的经济效益。基于此，可以看出，军事文化旅游节会对满足游客行为起着重要的影响作用，故提出如下假设：

HF2：军事文化旅游节会对满足游客行为具有显著的正向作用。

军事文化旅游节会属于军事旅游的范畴，是经过精心策划、以举办节日和军事为核心吸引力的特色旅游形式，蕴含丰富的军事记忆，凸显地域文化特色。如果要使某一个地区的旅游业可持续发展，就必须依赖当地的地域特色，而地域特色又依赖于当地深厚浓郁的地域文化，同时，大多数旅游节会能够作为旅游吸引物的重要原因便是其独特的文化特征和文化传播功能。简单而言，军事特色文化是发展军事文化旅游节会的必要前提。所以，建设军事文化旅游节会，一方面需探讨特色文化潜在价值，融合丰富多彩的旅游产品、营造各式各样的节日氛围、开展风采各异的文化活动，传承和保护军事文化；另一方面需借助当地军事特色文化为节会塑造口碑与品牌价值，带动当地经济。基于此，可以看出，军事文化旅游节会对推动特色文化依托型系统性保护起着重要的影响作用，因此，提出以下假设：

HF3：军事文化旅游节会对推动特色文化依托型系统性保护具有显著的正向作用。

第二，游客行为的作用。

当前，扩大客源市场和增强节庆活动认知度是军事文化旅游节会发展中亟须解决的问题，而了解游客在节会旅游中的行为偏好至关重要。军事文化旅游节会中的游客行为包括游客的出游动机、旅游偏好、对节会活动质量的价值感知等方面，直接关系着军事旅游发展、军事文化传播以及可持续发展。要满足这些游客行为，必须在策划旅游活动时积极利用新技术创新，深层次挖掘文化内涵和独特文化价值，但同时要保留地方军事特色文化的原真性，因为特色文化才是开发军事文化旅游节会最关键的内容，也是最能满足游客精神需求和心理需求的资源要素。所以，游客行为为开发军事旅游特色文化提供了具体方向。基于此，可以看出，游客行为对推动特色文化依托型系统性保护起着重要的影响作用，故提出如下假设：

HF4：游客行为对推动特色文化依托型系统性保护具有显著的正向作用。

第三，公共服务体系的作用。

公共服务体系在军事旅游当中，倾向于满足游客公共需求、消费需求和旅游需求，将军事文化旅游节会融于社会公共服务建设之中，有利于营造一种体验性强、旅游地域特色突出、文化价值高的新型旅游项目。公共服务体系在军事旅游中作用巨大，有助于加强社会主义文化建设、提升国家文化软实力；公共旅游服务体系有利于旅游活动不断深入开发文化特色，优化整合军事资源，为游客提供更加精准、完善和人性化的文化服务，从而提高游客获得感、公平感和幸福感。所以，应主要从以下两个方面完善公共服务体系：一是加大旅游公共服务体系建设的投入，确保旅游发展专项资金落到实处，例如加大品牌宣传、完善设施建设、开发旅游活动、安全救助服务培训等，保障军事文化旅游节会的基本服务需要；二是加强旅游公共服务的规制建设，转变旅游管理部门职能，制定服务标准，提高服务效率，激活军事旅游活力。基于此，可以看出，公共服务体系对推动特色文化依托型系统性保护起着重要的影响作用，故提出如下假设：

HF5：公共服务体系对推动特色文化依托型系统性保护具有显著的正向作用。

第四，关于军事文化旅游节会与特色文化依托型系统性保护协同模式的理论模型。

根据军事文化旅游节会与特色文化依托型系统性保护协同模式的分析框架、研究假设的相关内容，综合考虑军事文化旅游节会与特色文化依托型协同现状，构建出军事文化旅游节会与特色文化依托型系统性保护协同模式的理论模型，如图9-30所示。

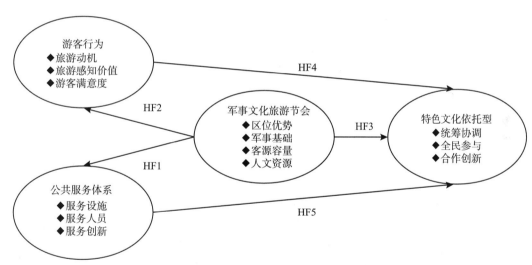

图9-30　军事文化旅游节会与特色文化依托型系统性保护协同模式的理论模型

根据军事文化旅游节会与特色文化依托型系统性保护协同模式的理论模型（图9-30）可以看出，该模式包含军事文化旅游节会、公共服务体系、游客行为和特色文化依托型四个变量，其中，军事文化旅游节会包括区位优势、军事基础、客源容量、人文资源四个方面；公共服务体系包括服务设施、服务人员、服务创新三个方面；游客行为包括旅游动机、旅游感知价值、游客满意度三个方面；特色文化依托型包括统筹协调、全民参与、合作创新三个方面。军事文化旅游节会与特色文化依托型之间既具有直接的作用路径，也具有间接的作用路径。间接路径有两条：①军事文化旅游节会—公共服务体系—特色文化依托型；②军事文化旅游节会—游客行为—特色文化依托型。构建军事文化旅游节会与特色文化依托型系统性保护模式协同的理论模型，为利用结构方程模型进行实证分析奠定了理论基础。

9.6.2　实地访谈

第一，关于案例地发展状况。

昆仑关战役形成了浓厚的昆仑关文化，蕴含着军民自强不息、坚持不懈、同仇敌忾、共同抵御外辱的爱国主义情怀，体现了坚强的革命精神、民族精神和爱国主义精神。广西壮族自治区南宁市利用各种军事文化遗产资源和相关的景观资源，开展了昆仑关民俗文化旅游节，给予游客体验军事、观赏自然景观的机会，促进了军事文化的可持续传承。昆仑关民俗文化旅游节推出舞狮表演、武术表演等多项创意活动，放映露天电影，帮助游客了解中国和世界抗战历史以及传统军事文化，真切感受到昆仑关的魅力和传统民俗表演的魅力，进而推进军事旅游、带动当地经济。此后，昆仑关民俗文化旅游节与当代军事景区、军事小镇相结合，实现产业有机融合，建设爱国主义培训基地，完善旅游产品，发展集爱国主义教育、军事拓展培训、休闲观光于一体的军事旅游项目，创新军事发展模式，加强旅游业的整体竞争优势，推进全域旅游发展之路。本节以昆仑关民俗文化旅游节为案例研究对象，符合本书研究内容，其发展进程和特征对推进文旅深度融合新业态与军事文化遗产系统性保护协同具有代表性和特色性。

在研究昆仑关民俗文化旅游节建设发展过程中文旅深度融合与军事文化遗产系统性保护的协同模式时，综合考量昆仑关民俗文化旅游节发展进程中各方面的要素基础，本书将案例分析的作用点集中在政策、游客、设施建设、服务水平等方面，提炼出游客行为、公共服务体系两个关键性构念，并对其进行结构化、系统化、科学化的分析讨论，构建出昆仑关民俗文化旅游节建设中游客行为、公共服务体系的作用模型，为探讨游客行为、公共服务体系在军事文化旅游节会与特色文化依托型协同中的作用进行案例探析。

第一阶段：昆仑关战役，军事文化底蕴日益深厚。

昆仑关军事资源丰富，相传为汉代伏波将军马援所建，具有两千多年的历史，有"一夫当关，万夫莫开"之势，是我国著名的关隘，也是举世闻名的古今战场。昆仑关战役是抗战时期中国军队的第一次攻坚战，也是中国在抗日战争22次正面战场中唯一一次在民族地区作战的战役，并且是第一次协同使用装甲兵、航空兵、炮兵、步兵共同进行作战的战役，一方面鼓舞了中国军队和中国人民的斗志，沉重打击了日军的嚣张气焰，另一方面加强了国际交通的顺畅性，减轻了东南亚各国的政治和军事压力。

昆仑关战役是中国军队在近代化的历程中迈出的重要一步，与平型关战役、台儿庄大战同享抗战盛誉。昆仑关战役遗址记载着中国人民抗日战争的历程，蕴含着军民自强不息、坚持不懈、同仇敌忾、共同抵御外辱的爱国主义情怀，体现着中华儿女英勇抗战的革命精神、民族精神和爱国主义精神。遗址的保存不仅提供了现代实地研究、军事院校学生开展军事科研、接触实物资料的机会，还能为其提供真实、具体的作战策略、作战环境、地理区位，以获取更为可靠的研究结果。昆仑关军事文化遗产地具有丰富的军事文化、红色文化、民俗特色文化，虽然昆仑关文化被一直传承，但随着现代化和城镇化进程加快，遗址建筑物被不断侵蚀破坏，各种文化相互冲击碰撞，昆仑关的军事文化和红色文化传承受到阻碍，文化内涵不断被遗忘。因此，南宁市政府大力发展旅游产业保护昆仑关文化。文化旅游节会作为文化产业与旅游产业有机结合产生的一种新形态，深受人民喜爱，开展昆仑关民俗文化旅游节，并与周边景区相互结合，通过各种体验项目和观光活动，可以更好地传承军事文化和红色文化。

第二阶段：融入新鲜元素打造文化旅游节会。

2017年《南宁市政府工作报告》提出："大力发展旅游业，并积极打造南宁旅游精品路线。"昆仑关民俗文化旅游节已经成为南宁市尤其是昆仑关极为重要的节日活动，内涵多元、魅力巨大、形式多样，是起着宣传爱国主义教育、传承中华民俗文化的传统民间民俗节庆品牌。2018年举办的第九届昆仑关民俗文化旅游节，围绕"旅游+体育"举办了形式多样的户外体育竞技比赛及表演，包括"战昆仑"武术散打赛、自行车特技表演、古代射箭比赛和大型象棋表演赛等。2019年，第十届昆仑关民俗文化旅游节相关管理部门积极推进，与企业合作，根据大众需求推出多项创意活动，包括舞狮表演、关公磨刀礼表演、成人礼、舞蹈《壮美昆仑》、山歌对唱、武术表演等，同时，已被纳入国家非物质文化遗产名录的宾阳炮龙节中的传统炮龙、邕州八音艺术展演、露圩"蓝衣壮民俗"文化、青秀区芭蕉香火龙、昆仑镇师公戏等非遗民族工艺展演被引入昆仑关民俗文化旅游节，让游客感受传统民俗表演的魅力。在节会期间，组织者推出系列创意旅游产品、手工制品和特色农产品,将文化和美食嵌入旅游当中,富含昆仑关民俗旅游特色,不仅具有纪念意义,而且实用价值巨大。除此之外,昆仑关景区还通过露天电影的形式放映历史文化、抗战影片,让游客更形象、直观地了解中国抗战历史和传统文化,亲身体验昆仑关的独特魅力。一系列的创意活动为昆仑关民俗文化旅游节增添了鲜活色彩,还为推进军事旅游、带动当地经济起到了助推作用。

第三阶段:依托军事遗产旅游致富城市产业。

2019 年 1 月,南宁市正式印发《南宁市全域旅游总体规划(2017—2025 年)》,主打壮乡风情、东盟风情、养生之都三大旅游主题品牌,一方面将南宁建设为具有亚热带风情和壮乡特色的国际养生休闲旅游目的地,另一方面逐步把南宁打造成共建共享、产旅互融、区县联动、城旅一体的国家全域旅游示范区。昆仑关政府深入探讨全域旅游发展要求,积极借助昆仑关民俗文化旅游节的品牌形象,融入昆仑关全域旅游发展规划,2019 年 7 月,昆仑关战役遗址保护管理委员会拟定了《南宁昆仑关旅游风景区创建国家 AAAAA 级旅游景区实施方案(征求意见稿)》,并向有关单位征询意见,在同年 12 月举行的市委十二届八次全会审议通过的《关于全面落实强首府战略的实施意见》也提出了将昆仑关建设成为国家 AAAAA 级旅游景区的要求。在各项政策的支持下,昆仑关旨在打造独具特色的军事历史文化景区,并积极建设昆仑关军事主题文旅小镇,推动产业融合发展,开发集军民融合全产业孵化、国防教育、爱国主义教育、军事拓展培训、休闲体验、旅游观光等于一体的"军民融合 + 教育 + 旅游 + 产业"体验式文化旅游项目。从而,最终实现城旅一体,区县联动,充分发挥全域旅游优势,形成新的发展合力,推动南宁市全域旅游转型升级,推动城市区域产业快速发展。

第二,昆仑关民俗文化旅游节对军事文化旅游节会与特色文化依托型系统性保护协同模式的作用。

在研究昆仑关民俗文化旅游节建设发展过程中文旅深度融合与军事文化遗产系统性保护的协同模式时,综合考量昆仑关民俗文化旅游节发展进程中各方面的要素基础,本书将案例分析的作用点集中在政策、游客、资金、发展方向等方面,提炼出游客行为、公共服务体系两个关键性构念,并对其进行结构化、系统化、科学化的分析讨论,构建出昆仑关民俗文化旅游节建设中游客行为、公共服务体系的作用模型,为探讨游客行为、公共服务体系在军事文化旅游节会与特色文化依托型协同中的作用进行案例探析。

首先,昆仑关民俗文化旅游节建设中游客行为分析。

正确判断游客的旅游动机和旅游偏好是开发军事旅游的关键,也是影响昆仑关民俗文化旅游节会发展的重点要素。旅游动机和游客偏好、游客价值感知和价值评价、游客的满意度与忠诚度三个方面共同组成了游客行为全部内容。其中,满足旅游动机和游客偏好是昆仑关民俗文化旅游节的最初建设目标,也是其未来发展方向和创新方向。游客价值感知和价值评价是游客在游览、体验节会过程中的真实感受和整体评价,是昆仑关民俗文化旅游节的评价标准。游客的满意度与忠诚度是游客最终对节会所作的评判,影响着昆仑关民俗文化旅游节可持续发展。本书从昆仑关民俗文化旅游节建设的现实基础出发,基于上述分析,参考军事文化旅游节会与特色文化依托型系统性保护协同模式的结构方程实证结果,对昆仑关民俗文化旅游节的游客行为进行分析,构建出昆仑关民俗文化旅游节建设中的游客行为作用模型,见图 9 – 31。

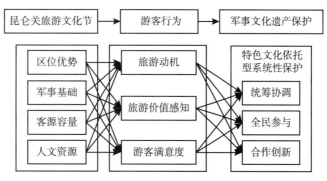

图 9 – 31 昆仑关民俗文化旅游节建设中游客行为的作用模型

图 9 – 31 展示了昆仑关民俗文化旅游节建设中游客行为的作用模型,可以清晰看出,游客行为在昆仑关民俗文化旅游节发展过程中起着重要的作用,是军事文化遗产系统性保护中不可缺少的一部分。本书从昆仑关民俗文化旅游节的区位优势、军事基础、客源容量和人文资源出发,发现其均对旅游动机和游客偏

好、游客价值感知和价值评价、游客的满意度与忠诚度产生了一定程度的直接或间接影响，从而直接影响到昆仑关民俗文化旅游节特色文化依托型军事文化遗产保护过程。基于以上分析得出以下结论，一是昆仑关民俗文化旅游节根据自身的产业优势和文化资源，积极实现军事、旅游和体育等产业的融合发展，创新产业发展模式，开发多元功能，以满足游客多元的旅游需求。二是昆仑关民俗文化旅游节将昆仑关的军事文化、红色文化融入旅游项目设计当中，赋予文化内涵，强化游客价值感知。三是昆仑关民俗文化旅游节全面深入探讨全域旅游，完善基础设施和公共服务设施，优化服务质量水平，进一步提高了节会的感知价值，联动提升游客的满意度和忠诚度。因此，游客行为作为军事文化旅游节会与特色文化依托型协同的重要影响要素，由游客偏好与旅游动机、游客价值感知与主观评价、游客的满意度与忠诚度三方面组成，要保证军事旅游的发展，就要重点把握好游客行为，不断调整旅游模式，推动遗产保护实现更持续、系统的保护，假设 HF1、假设 HF3 和假设 HF5 成立。

其次，昆仑关民俗文化旅游节会建设中的公共服务体系分析。

昆仑关民俗文化旅游节是依托昆仑关优美的自然风景和丰富的军事资源，创造性地将演出与旅游资源相结合的旅游新业态，是推进全域旅游融合发展的重要举措。公共服务体系作为影响昆仑关民俗文化旅游节的重要因素，服务设施建设、服务人员质量和服务创新状况会对游客的价值感知产生一定影响，影响着昆仑关旅游的经营状况和可持续能力。结合昆仑关民俗文化旅游节公共服务体系构建的整个过程，重点把握服务设施、服务人员和服务创新三个方面的内容，较为科学地构建出昆仑关民俗文化旅游节建设中公共服务体系的作用模型，见图 9 - 32。

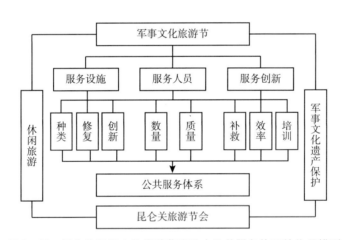

图 9 - 32　昆仑关民俗文化旅游节建设中公共服务体系的作用模型

图 9 - 32 展示了昆仑关民俗服务文化旅游节建设中公共服务体系的作用模型，可以清晰看出，昆仑关民俗文化旅游节的公共服务体系包括服务设施种类、设施修复、设施创新、服务人员数量、服务质量、服务补救、服务效率、服务培训。具体来说，一是昆仑关地方政府积极贯彻国家政策指导，以旅游业作为地方发展支柱，借鉴成功的节会经验，在修复老旧的服务设施的同时引进新型设施，增加服务设施品类和质量，提高文化旅游节会核心竞争力。二是昆仑关在发展民俗文化旅游节时，通过分析得到现在的管理工作还存在巨大问题，于是，当地相关部门联合旅游企业，学习管理经验，并对服务人员进行培训，提升自身素质。在此期间，还大力引进高校人才，增添活力，极大地助力了昆仑关民俗文化旅游节会的可持续发展。三是昆仑关民俗文化旅游节为了减少游客投诉造成的损失，提前培训旅游人员处理突发事件的反应，及时采取补救措施提高游客满意度，挽回节会声誉与形象。因此，要实现军事文化旅游节会与特色文化依托型军事文化遗产系统性保护模式协同，就要以强化旅游价值感知为目的，为游客提供高品质、高满足性的服务体验，这样既能吸引游客前来，助力区域经济，又能增强军事旅游核心竞争力，为系统性保护军事文化遗产提供方法，假设 HF2 和假设 HF4 成立。

关于案例验证分析：

此次案例研究选取的是昆仑关民俗文化旅游节，研究小组通过实地调研获得了准确性较高的数据资料，对昆仑关民俗文化旅游节的情况了解得更加清楚明晰，同时也保证了资料数据的真实性、严谨性、准确性。为了有效地展开对军事文化旅游节与特色文化依托型系统性保护协同模式的案例研究，本书首先对选择的昆仑关民俗文化旅游节这个研究对象进行了阐释说明，将昆仑关民俗文化旅游节的发展历程和开发方向概况分为三个阶段：一是昆仑关战役、军事文化底蕴日益深厚阶段；二是融入新鲜元素打造文化旅游节会阶段；三是依托军事遗产旅游致富城市产业阶段，经过对这三个阶段进行全面而深入的分析，总结提炼出昆仑关民俗文化旅游节发展所面临的机遇及其发展规划，得出昆仑关民俗文化旅游节以传承昆仑关军事文化和红色文化为出发点和突破口，充分考虑游客需求，借助政策指引，不断完善公共服务体系，优化服务质量，探索节会发展新方向、新模式，巩固旅游品牌形象，促进军事文化旅游节会优化升级。其中，依据前文构建的军事文化旅游节会与特色文化依托型系统性保护协同模式的结构方程实证分析结果，在案例分析中着重把握游客行为、公共服务体系两个方面的内容，构建出昆仑关民俗文化旅游节会建设中游客行为、公共服务体系的作用模型。

本书采用案例研究的方法进行单案例研究，选取昆仑关民俗文化旅游节会为典型案例对军事文化旅游节会与特色文化依托型系统性保护协同模式进行验证。结合前文所构建的军事文化旅游节会与特色文化依托型协同模式的分析框架、研究假设和结构方程实证分析的相关内容，以昆仑关民俗文化旅游节的发展状况为出发点，着重把握游客行为、公共服务体系在文旅深度融合新业态与军事文化遗产系统性保护中的作用，以昆仑关民俗文化旅游节为案例对军事文化旅游节会与特色文化依托型系统性保护协同模式过程中的影响因素进行案例验证，进一步科学有效地验证了军事文化旅游节会与特色文化依托型系统性保护协同模式的有效性。

9.6.3 问卷数据分析

第一，样本数据的描述性统计及信度效度检验。

首先，军事文化旅游节会与特色文化依托型系统性保护协同模式的协同度测算。

军事文化旅游节会与特色文化依托型系统性保护协同模式的协同效应和协同机制通过评价两者的"协同性"进行评估判断。本书在评估军事文化旅游节会与特色文化依托型系统性保护协同模式的协同性之前，将从实证分析出发，借用前文实证研究中所使用的度量指标来建构相关的指标体系，引入实地调研的数据计算军事文化旅游节会与特色文化依托型系统性保护协同模式的协同度。依据实证分析结果，军事文化旅游节会、公共服务体系和游客行为这三个子系统都对特色文化依托型产生了直接影响效应，因此，军事文化旅游节会与特色文化依托型系统性保护协同模式要依靠公共服务体系、游客行为两个子系统发挥作用。本书从军事文化旅游节会的区位优势、军事基础、客源容量、人文资源4个变量出发，分析军事文化旅游节会对公共服务体系子系统、游客行为子系统起到的直接或间接的影响作用。基于此，对军事文化旅游节会与特色文化依托型系统性保护协同模式进行协同度评价，与此同时，联合公共服务体系子系统、游客行为子系统对其评价进行整体检验，进而参考各子系统的协同度来客观反映军事文化旅游节会与特色文化依托型所形成的复合系统的协同度。

充分运用协同学的相关理论基础和原理，构建军事文化旅游节会、公共服务体系、游客行为和特色文化依托型4个子系统间的协同度模型。军事文化旅游节会、公共服务体系、游客行为和特色文化依托型4个子系统的序参量，如表9-40所示。

表9-40 各子系统序参量

子系统	测量指标	序参量
军事文化旅游节会	区位优势、军事基础、客源容量、人文资源	MCTF11、MCTF12、MCTF21、MCTF22、MCTF23、MCTF31、MCTF32、MCTF41、MCTF42
公共服务体系	服务设施、服务人员、服务创新	PS11、PS12、PS13、PS21、PS22、PS31、PS32、PS33
游客行为	旅游动机、旅游感知价值、游客满意度	TB11、TB12、TB13、TB21、TB22、TB23、TB31、TB32、TB33
特色文化依托型	统筹协调、全民参与、合作创新	CS11、CS12、CS13、CS21、CS22、CS23、CS31、CS32

在确定各个子系统的序参量后，对军事文化旅游节会、公共服务体系、游客行为、特色文化依托型四个子系统之间的有序度进行测量，具体计算过程见公式（5−6），结合前文对军事文化旅游节会与特色文化依托型系统性保护协同模式的理论模型的相关分析，得出其他子系统的有序度和序参量之后，计算系统协同度，并重新测量子系统的有序度，进而得到总系统的协同度。同理，得出军事文化旅游节会与特色文化依托型系统性保护协同模式中公共服务体系、游客行为、特色文化依托型等其他子系统之间的协同度，见表9−41。

表9−41 各子系统间的系统协同度

子系统	MCTF	PS	TB	CS
军事文化旅游节会（MCTF）	—	—	—	—
公共服务体系（PS）	0.58	—	—	—
游客行为（TB）	0.58	0.52	—	—
特色文化依托型（CS）	0.64	0.58	0.57	—

根据表4−1系统协同度区间划分表，将协同度分为五个区间，结合表9−41关于军事文化旅游节会与特色文化依托型协同模式中的各子系统的协同度大小，可以得出协同模式中的军事文化旅游节会、公共服务体系、游客行为和特色文化依托型这四个子系统相互之间的协同度都处于高度协同的范围，基于此，判定军事文化旅游节会与特色文化依托型具有良好的协同性。

其次，本书通过对获取的军事文化旅游节会与特色文化依托型协同第一手数据进行初步评估和数量统计，认为有效问卷的数量与结构方程所需量相符合，为下一步进行实证分析奠定了基础。为确保所得数据的准确性和可靠性，在进行实证之前，对问卷数据进行信度分析和效度分析。

再次，对军事文化旅游节会与特色文化依托型系统性保护协同的问卷数据进行描述性统计分析，对军事文化旅游节会、公共服务体系、游客行为、特色文化依托型四个主要变量的观测指标进行均值和标准差统计。其中，均值指标是衡量模型中各个变量分布的平均程度和集中度。标准差指标是衡量模型中各个变量数据的分散程度，即离散程度大小。借助于SPSS 25.0计算各个观测变量的均值、标准差、最大值和最小值，详细情况见表9−42。

表9−42 描述性统计

主要变量	潜在变量	观测变量	均值	标准差	最大值	最小值
军事文化旅游节会（MCTF）	区位优势（MCTF1）	MCTF11	3.71	0.692	5	1
		MCTF12	3.70	0.734	5	1
	军事基础（MCTF2）	MCTF21	3.70	0.733	5	1
		MCTF22	3.65	0.781	5	1
		MCTF23	3.66	0.798	5	2
	客源容量（MCTF3）	MCTF31	3.64	0.773	5	1
		MCTF32	3.61	0.763	5	1
	人文资源（MCTF4）	MCTF41	3.67	0.824	5	1
		MCTF42	3.61	0.782	5	1
公共服务体系（PS）	服务设施（PS1）	PS11	3.21	0.724	5	1
		PS12	3.25	0.724	5	1
		PS13	3.13	0.670	5	1
	服务人员（PS2）	PS21	3.28	0.676	5	1
		PS22	3.22	0.741	5	1
	服务创新（PS3）	PS31	3.20	0.758	5	1
		PS32	3.14	0.758	5	1
		PS33	3.10	0.701	5	1

续表

主要变量	潜在变量	观测变量	均值	标准差	最大值	最小值
游客行为 （TB）	旅游动机 （TB1）	TB11	3.27	0.750	5	1
		TB12	3.17	0.714	5	1
		TB13	3.04	0.685	5	1
	旅游感知价值 （TB2）	TB21	3.27	0.725	5	1
		TB22	3.09	0.728	5	1
		TB23	3.12	0.702	5	1
	游客满意度 （TB3）	TB31	3.22	0.714	5	1
		TB32	3.16	0.690	5	2
		TB33	3.17	0.690	5	1
特色文化依托型 （CS）	统筹协调 （CS1）	CS11	3.64	0.727	5	1
		CS12	3.62	0.775	5	1
		CS13	3.60	0.774	5	1
	全民参与 （CS2）	CS21	3.63	0.760	5	1
		CS22	3.66	0.749	5	1
		CS23	3.69	0.753	5	1
	合作创新 （CS3）	CS31	3.59	0.814	5	1
		CS32	3.64	0.752	5	1

　　最后，为确保军事文化旅游节会与特色文化依托型系统性保护协同模式检测结果具有真实性、可靠性，对其进行信度检测。利用组合信度系数对军事文化旅游节会与特色文化依托型系统性保护协同模式所整合的各类数据进行分析和检测，分别得出军事文化旅游节会、公共服务体系、游客行为、特色文化依托型的组合信度系数。同时，根据表 5-4 的组合信度检测标准对军事文化旅游节会与特色文化依托型系统性保护协同模式的潜在变量的组合信度系数进行评判。为确保信度检测所得数据能够科学合理地反映各个变量的真实构架，在对军事文化旅游节会与特色文化依托型系统性保护协同模式进行信度检测的基础上，进一步对军事文化旅游节会与特色文化依托型系统性保护协同模式进行效度检测，详细情况见表 9-43。

表 9-43　　　　　　　　　　　　　　信度和效度检验

变量	CR	因子荷载		KMO 值	累计方差 解释率	Bartlett's 球形检验		
						χ^2	df	Sig.
军事文化 旅游节会 （MCTF）	0.973	MCTF11	0.913	0.961	80.023	2621.817	36	0.000
		MCTF12	0.917					
		MCTF21	0.905					
		MCTF22	0.873					
		MCTF23	0.866					
		MCTF31	0.885					
		MCTF32	0.908					
		MCTF41	0.892					
		MCTF42	0.891					

续表

变量	CR	因子荷载		KMO 值	累计方差解释率	Bartlett's 球形检验		
						χ^2	df	Sig.
公共服务体系（PS）	0.921	PS11	0.737	0.929	59.184	999.709	28	0.000
		PS12	0.790					
		PS13	0.778					
		PS21	0.757					
		PS22	0.799					
		PS31	0.728					
		PS32	0.797					
		PS33	0.766					
游客行为（TB）	0.892	TB11	0.709	0.885	47.898	801.537	36	0.000
		TB12	0.655					
		TB13	0.703					
		TB21	0.653					
		TB22	0.681					
		TB23	0.711					
		TB31	0.745					
		TB32	0.687					
		TB33	0.679					
特色文化依托型（CS）	0.951	CS11	0.855	0.938	70.703	1569.276	28	0.000
		CS12	0.858					
		CS13	0.817					
		CS21	0.840					
		CS22	0.850					
		CS23	0.839					
		CS31	0.842					
		CS32	0.825					

　　如表 9-43 所示，首先，从对军事文化旅游节会与特色文化依托型进行信度检验所得数据中，可以看出，各个数据的相关组合信度系数值都大于 0.8，因此认为所得数据具有较好的可信度。其次，从对军事文化旅游节会与特色文化依托型进行效度检验所得数据中，可以看出，所得各个指标的因子载荷均在 0.5 以上，KMO 值均大于 0.8，因此认为所得数据能够较好地进行因子分析。最后，Bartlett's 球形检验显著性水平均在 0.000，因此，在此次研究过程中，调查问卷所得数据及各组成部分建构之间有较好的效度。

　　第二，样本数据的结构方程模型构建及调整。

　　研究军事文化旅游节会与特色文化依托型系统性保护协同模式时，依据变量性质构建结构方程模型。根据前文中所写的军事文化旅游节会与特色文化依托型系统性保护协同模式的理论模型，军事文化旅游节会、公共服务体系、游客行为及特色文化依托型均是不可直接观测的潜在变量。基于变量性质确定的基础上，对军事文化旅游节会与特色文化依托型系统性保护协同作用中的变量进行整合归类，其中，军事文化旅游节会属内生变量，公共服务体系、游客行为属中间变量，特色文化依托型属外生变量。因此，构建军事文化旅游节会与特色文化依托型系统性保护协同模式的结构方程模型如图 9-33 所示，箭头方向代表了变量之间的因果关系。

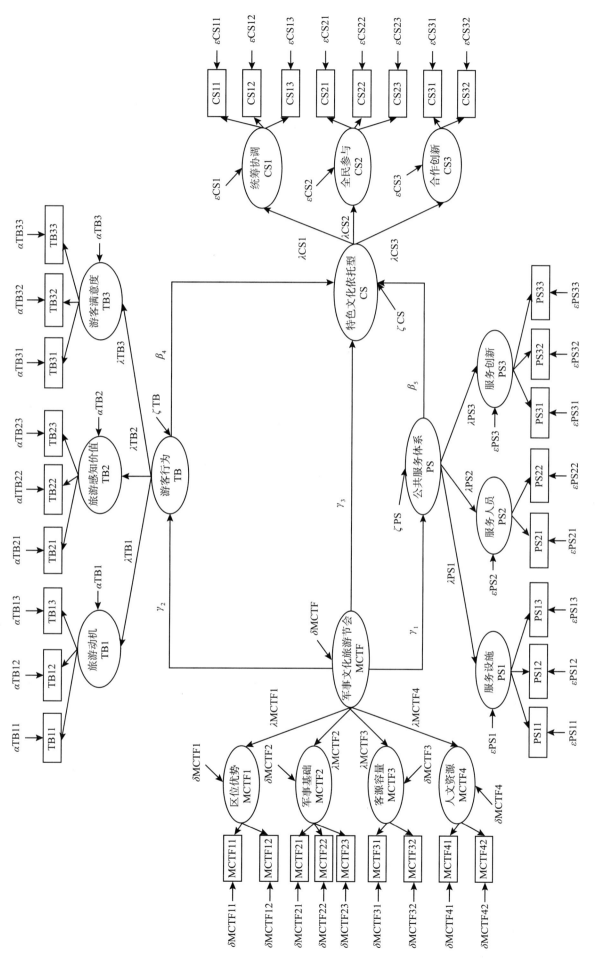

图9-33　军事文化旅游节会与特色文化依托型系统性保护协同模式的初始结构方程模型

由图 9 - 33 所显示的军事文化旅游节会与特色文化依托型系统性保护协同模式的初始结构方程模型可以发现，军事文化旅游节会与特色文化依托型系统性保护协同模式的初始结构方程中存在外生显变量 9 项，具体为 MCTF11、MCTF12、MCTF21、MCTF22、MCTF23、MCTF31、MCTF32、MCTF41、MCTF42；内生显变量共 25 项，具体为 PS11、PS12、PS13、PS21、PS22、PS31、PS32、PS33、TB11、TB12、TB13、TB21、TB22、TB23、TB31、TB32、TB33、CS11、CS12、CS13、CS21、CS22、CS31、CS32；外生潜变量共 4 项，具体为 MCTF1、MCTF2、MCTF3、MCTF4；内生潜变量共 9 项，具体为 PS1、PS2、PS3、TB1、TB2、TB3、CS1、CS2、CS3。这是由观测变量和潜在变量所构成的结构方程模型的测量模型。

进行军事文化旅游节会与特色文化依托型系统性保护协同模式的数据验证时，通过对相关变量进行设定以构建观测变量的结构方程式。按照初始结构方程模型，军事文化旅游节会（MCTF）、区位优势（MCTF1）、军事基础（MCTF2）、客源容量（MCTF3）、人文资源（MCTF4）为外生潜变量，分别用 ξ_{MCTF}、ξ_{MCTF1}、ξ_{MCTF2}、ξ_{MCTF3}、ξ_{MCTF4} 表示。公共服务体系（PS）、服务设施（PS1）、服务人员（PS2）、服务创新（PS3）、游客行为（TB）、旅游动机（TB1）、旅游价值感知（TB2）、游客满意度（TB3）、特色文化依托型（CS）、统筹协调（CS1）、全民参与（CS2）、合作创新（CS3）为内生潜变量，分别用 η_{PS}、η_{PS1}、η_{PS2}、η_{PS3}、η_{TB}、η_{TB1}、η_{TB2}、η_{TB3}、η_{CS}、η_{CS1}、η_{CS2}、η_{CS3} 表示。在此，构建军事文化旅游节会与特色文化依托型系统性保护协同模式的观测模型方程式：

$$
\begin{cases}
X_{MCTF1} = \lambda_{MCTF1}\xi_{MCTF} + \delta_{MCTF1} & X_{MCTF2} = \lambda_{MCTF2}\xi_{MCTF} + \delta_{MCTF2} & X_{MCTF3} = \lambda_{MCTF3}\xi_{MCTF} + \delta_{MCTF3} \\
X_{MCTF4} = \lambda_{MCTF4}\xi_{MCTF} + \delta_{MCTF4} & X_{MCTF11} = \lambda_{MCTF11}\xi_{MCTF1} + \delta_{MCTF11} \\
X_{MCTF12} = \lambda_{MCTF12}\xi_{MCTF1} + \delta_{MCTF12} & X_{MCTF21} = \lambda_{MCTF21}\xi_{MCTF2} + \delta_{MCTF21} \\
X_{MCTF22} = \lambda_{MCTF22}\xi_{MCTF2} + \delta_{MCTF22} & X_{MCTF23} = \lambda_{MCTF23}\xi_{MCTF2} + \delta_{MCTF23} \\
X_{MCTF31} = \lambda_{MCTF31}\xi_{MCTF3} + \delta_{MCTF31} & X_{MCTF32} = \lambda_{MCTF32}\xi_{MCTF3} + \delta_{MCTF32} \\
X_{MCTF41} = \lambda_{MCTF41}\xi_{MCTF4} + \delta_{MCTF41} & X_{MCTF42} = \lambda_{MCTF42}\xi_{MCTF4} + \delta_{MCTF42} \\
Y_{TB1} = \lambda_{TB1}\eta_{TB} + \varepsilon_{TB1} & Y_{TB2} = \lambda_{TB2}\eta_{TB} + \varepsilon_{TB2} & Y_{TB3} = \lambda_{TB3}\eta_{TB} + \varepsilon_{TB3} \\
Y_{TB11} = \lambda_{TB11}\eta_{TB1} + \varepsilon_{TB11} & Y_{TB12} = \lambda_{TB12}\eta_{TB1} + \varepsilon_{TB12} & Y_{TB13} = \lambda_{TB13}\eta_{TB1} + \varepsilon_{TB13} \\
Y_{TB21} = \lambda_{TB21}\eta_{TB2} + \varepsilon_{TB21} & Y_{TB22} = \lambda_{TB22}\eta_{TB2} + \varepsilon_{TB22} & Y_{TB23} = \lambda_{TB23}\eta_{TB2} + \varepsilon_{TB23} \\
Y_{TB31} = \lambda_{TB31}\eta_{TB3} + \varepsilon_{TB31} & Y_{TB32} = \lambda_{TB32}\eta_{TB3} + \varepsilon_{TB32} & Y_{TB33} = \lambda_{TB33}\eta_{TB3} + \varepsilon_{TB33} \\
Y_{PS1} = \lambda_{PS1}\eta_{PS} + \varepsilon_{PS1} & Y_{PS2} = \lambda_{PS2}\eta_{PS} + \varepsilon_{PS2} & Y_{PS3} = \lambda_{PS3}\eta_{PS} + \varepsilon_{PS3} \\
Y_{PS11} = \lambda_{PS11}\eta_{PS1} + \varepsilon_{PS11} & Y_{PS12} = \lambda_{PS12}\eta_{PS1} + \varepsilon_{PS12} & Y_{PS13} = \lambda_{PS13}\eta_{PS1} + \varepsilon_{PS13} \\
Y_{PS21} = \lambda_{PS21}\eta_{PS2} + \varepsilon_{PS21} & Y_{PS22} = \lambda_{PS22}\eta_{PS2} + \varepsilon_{PS22} & Y_{PS31} = \lambda_{PS31}\eta_{PS3} + \varepsilon_{PS31} \\
Y_{PS32} = \lambda_{PS32}\eta_{PS3} + \varepsilon_{PS32} & Y_{PS33} = \lambda_{PS33}\eta_{PS3} + \varepsilon_{PS33} \\
Y_{CS1} = \lambda_{CS1}\eta_{CS} + \varepsilon_{CS1} & Y_{CS2} = \lambda_{CS2}\eta_{CS} + \varepsilon_{CS2} & Y_{CS3} = \lambda_{CS3}\eta_{CS} + \varepsilon_{CS3} \\
Y_{CS11} = \lambda_{CS11}\eta_{CS1} + \varepsilon_{CS11} & Y_{CS12} = \lambda_{CS12}\eta_{CS1} + \varepsilon_{CS12} & Y_{CS13} = \lambda_{CS13}\eta_{CS1} + \varepsilon_{CS13} \\
Y_{CS21} = \lambda_{CS21}\eta_{CS2} + \varepsilon_{CS21} & Y_{CS22} = \lambda_{CS22}\eta_{CS2} + \varepsilon_{CS22} & Y_{CS23} = \lambda_{CS23}\eta_{CS2} + \varepsilon_{CS23} \\
Y_{CS31} = \lambda_{CS31}\eta_{CS3} + \varepsilon_{CS31} & Y_{CS32} = \lambda_{CS32}\eta_{CS3} + \varepsilon_{CS32}
\end{cases}
$$

进行军事文化旅游节会与特色文化依托型系统性保护协同模式的结构方程实证检验时，借助于前文所提到的军事文化旅游节会与特色文化依托型系统性保护协同模式的研究假设和理论模型，研究使用 γ_1、γ_2 和 γ_3 表示军事文化旅游节会对公共服务体系、游客行为、特色文化依托型的作用路径。用 β_4 表示游客行为对特色文化依托型的作用路径，用 β_5 表示公共服务体系对特色文化依托型的作用路径。结合上述设定的变量之间的作用路径，构建出军事文化旅游节会与特色文化依托型系统性保护协同的结构方程式，表达具体如下：

$$
\begin{cases}
\eta_{PS} = \gamma_1\xi_{MCTF} + \zeta_{PS} \\
\eta_{TB} = \gamma_2\xi_{MCTF} + \zeta_{TB} \\
\eta_{CS} = \gamma_3\xi_{MCTF} + \beta_4\eta_{TB} + \beta_5\eta_{PS} + \zeta_{CS}
\end{cases}
$$

在建立军事文化旅游节会与特色文化依托型系统性保护协同模式的初始结构方程模型后，需要进一步判断检验拟合指数、参数和决定系数等是否符合要求，采用不同的评价方法对以上各项指标进行检验分析，以更准确评估军事主题公园对军事文化遗产系统性保护的作用原始模型是否需要修正。

在 AMOS22.0 中导入军事文化旅游节会与特色文化依托型系统性保护协同模式的初始结构方程模型，并同时将问卷数据导入，得到模型的相关拟合指标值，详细情况见表 9-44。

表 9-44　　军事文化旅游节会与特色文化依托型系统性保护协同模式的初始结构方程模型拟合度结果

拟合指标	X^2/DF	CFI	IFI	TLI	PNFI	RMSEA	SRMR
观测值	1.341	0.973	0.973	0.971	0.833	0.036	0.0510
拟合指标	<3.00	>0.90	>0.90	>0.90	>0.50	<0.08	<0.08

由表 9-44 可以看出，军事文化旅游节会与特色文化依托型系统性保护协同模式的各项拟合指标均达到了拟合标准，说明结构方程模型能较好地与调查问卷数据进行拟合。故依据拟合度检验，进一步测度结构方程的路径系数，判断其是否合理有效，详细情况见表 9-45。

表 9-45　　军事文化旅游节会与特色文化依托型系统性保护协同模式的初始结构方程路径估计

路径	模型路径	路径系数	S.E.	C.R.	P
γ_1	MCTF→PS	0.780	0.040	15.139	***
γ_2	MCTF→TB	0.710	0.042	11.932	***
γ_3	MCTF→CS	0.280	0.092	2.857	0.004
β_4	TB→CS	0.271	0.100	3.565	***
β_5	PS→CS	0.324	0.099	3.910	***

注：*** 表示 $P<0.001$。

根据军事文化旅游节会与特色文化依托型系统性保护协同模式的初始结构方程模型路径估计结果可以看出，各路径均呈现出显著状态。表中绝大多数都达到了 0.001 的显著性水平，军事文化旅游节会与特色文化依托型关系路径 P 值为 0.004，在 1% 水平上显著，整个模型显著性通过。因此，判定该模型为满意度最高的模型，路径系数经过标准化处理后，其数值处于 -1~1，最终的军事文化旅游节会与特色文化依托型系统性保护协同模式的结构方程模型，见图 9-34。

第三，结构方程的假设检验及效应分解。

通过分析结构方程实证结果，根据前文提及的研究假设与理论模型，结合军事文化旅游节会与特色文化依托型协同作用的假设验证和路径系数，进行归纳总结，结果如表 9-46 所示。

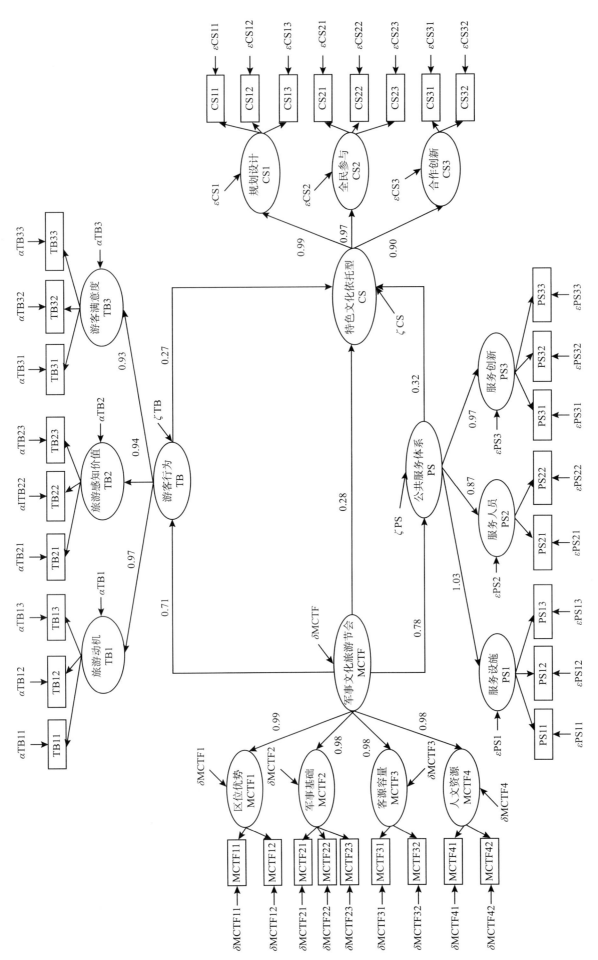

图9-34　最终的军事文化旅游节会与特色文化依托型系统性保护协同模式的结构方程模型

表9-46 路径结果讨论分析

路径	模型路径	路径系数	显著性水平	研究假设	检验结果
γ_1	MCTF→PS	0.780	***	HF1	支持
γ_2	MCTF→TB	0.710	***	HF2	支持
γ_3	MCTF→CS	0.280	0.004	HF3	支持
β_4	TB→CS	0.271	***	HF4	支持
β_5	PS→CS	0.324	***	HF5	支持

注：*** 代表 $P < 0.001$。

军事文化旅游节会到公共服务体系的标准化路径系数为 0.780，$P < 0.001$，通过显著性检验。因此，原假设 HF1 得到验证支持，"军事文化旅游节会对公共服务体系具有显著的正向影响作用"的假设成立。

军事文化旅游节会到游客行为的标准化路径系数为 0.710，$P < 0.001$，通过显著性检验。因此，原假设 HF2 得到验证支持，"军事文化旅游节会对游客行为具有显著的正向影响作用"的假设成立。

军事文化旅游节会到特色文化依托型的标准化路径系数为 0.280，P 值为 0.004，小于 0.01，通过显著性检验。因此，原假设 HF3 得到验证支持，"军事文化旅游节会对特色文化依托型具有显著的正向影响作用"的假设成立。

游客行为到特色文化依托型的标准化路径系数为 0.271，$P < 0.001$，通过显著性检验。因此，原假设 HF4 得到验证支持，"游客行为到特色文化依托型具有显著的正向影响作用"的假设成立。

公共服务体系到特色文化依托型的标准化路径系数为 0.324，$P < 0.001$，通过显著性检验。因此，原假设 HF5 得到验证支持，"公共服务体系到特色文化依托型具有显著的正向影响作用"的假设成立。

从军事文化旅游节会与特色文化依托型系统性保护协同模式的结构方程实证结果可以得到，公共服务体系和游客行为都是十分重要的中间变量，军事文化旅游节会分别对公共服务体系和游客行为产生了 0.780 和 0.710 的直接作用效应，位于研究结构方程模型中的作用路径系数前两位，所以军事文化旅游节会的开发和建设与公共服务体系和游客行为紧密相关。公共服务体系是发展军事旅游的保障，是发展军事文化旅游节会和实现军事文化遗产系统性保护的关键要素，良好的服务体系既为游客提供了满意的服务，又塑造了自身的服务品牌，提高了竞争力。游客作为旅游发展的关键主体，是判断军事旅游成功与否的指标之一，游客行为的变化能为创新军事文化旅游节会提供指引，发展军事旅游首先就是要从游客角度出发，规范旅游服务、创新活动项目，增强游客旅游动机和旅游价值感知程度，进而提高满意度，实现军事文化遗产的持续保护和传承。

基于以上结果，获得以下重要启示：一是军事文化旅游节会作为文旅深度融合理念下的新业态之一，在保护军事文化遗产中起着显著的正向作用。因此，进行军事文化遗产系统性保护时，要着重注意军事文化旅游节会扮演的作用，充分挖掘潜在价值，发挥经济拉动效应，实现旅游与生态环境和军事文化遗产系统性保护的协同。二是公共服务体系和游客行为均是影响军事文化旅游节会与军事文化遗产系统性保护协同的中间变量，要把握影响协同作用的关键因素，通过提高服务的质量和品质来提升游客感知和满意度，大幅度增强游客体验，保证军事文化遗产得到系统性保护。

第 10 章　文旅深度融合新业态与文化遗产系统性保护协同模式的实现路径

随着城市化、工业化进程的加快，旅游方式发生转变，旅游消费诉求不断提升，游客开始对旅游"单要素"产生"全需要"满足的诉求，旅游消费方式逐渐由团队式的观光游览走向个性化、品质化的休闲度假。文化产业和旅游产业作为第三产业中为人们提供精神服务消费的关键产业，主要以文化带动旅游发展、以旅游助推文化发展的模式实现文化产业与旅游产业高质量协同，其融合发展可将高品质的旅游活动与深层次的文化内涵相融合，为文化产业赋予旅游的体验感和趣味性，帮助游客在旅游过程中去感知、体验、认知不同的文化，进而满足游客的高层次精神需求。与传统旅游业相比，文化旅游产业的核心竞争力表现为受众广泛、体验丰富，而其发展的限制性因素为缺乏新鲜感、开发效率低、投资周期长等，从而导致文化旅游在发展过程中因未能充分挖掘和展现地方传统特色，出现缺乏文化底蕴的现象。刘沛林指出，文化旅游的资源优势不仅能够彰显地域文化特色，还符合"产城互动、以产促城、以城带产"的新型城镇化战略。但在社会发展过程中，文化遗产呈加速消亡态势，生存环境恶化，传承途径缺乏创新，传承危机加重，保护制度存在明显短板，亟须创新保护。就目前来看，随着数字化技术的进步，互联网、虚拟现实、增强现实等技术的广泛应用，更多文化遗产、文化资源、文化要素转化为游客喜爱的旅游产品，文旅实现深度融合，催生出文旅深度融合新业态。根据产业融合理论，以文化遗产地资源为基础，发挥产业优势，全方位、系统化地优化和整合遗产资源，以此为核心发展文化旅游，不仅能够提升地区旅游业文化内涵，为旅游业注入文化活力，还能够引导从事文化遗产等相关领域的先进管理人才流向旅游业，进而多维度提高旅游绩效、增加旅游产品附加值，不断形成新的经济增长点。落实文化遗产系统性保护时，要充分考虑不同时段文化遗产的发展特征、资源特色、潜在价值和文化底蕴，进行前期规划和分析、中期设计和实施、后期保障和可持续，全面保护文化遗产，传承遗产文化。

10.1　前期规划与分析：文化遗产系统性保护的规划准备

10.1.1　加大修复遗产环境，高效保护遗产文化

首先，遗产环境是保证遗产旅游健康发展的关键因素，在生态环境方面，政府有责任采取各种措施改善环境质量，通过人为干预和自然恢复相协调，尽量保证将受到损害的生态环境恢复到未受损害前的状态；在资源环境方面，应从史实层面出发，基于遗产设施、人文历史以及技术能力制定特定的修复计划，在保护的同时加以利用，两者同时进行，实现效益的最大化。其次，技术创新是修复资源特色的前提，故要广泛运用互联网、人工智能等高科技手段实现遗产环境和文化资源的创新性发展和创造性改造，识别并挖掘环境和文化资源的潜在价值，针对不同的资源采取不同的修复和保护方法，给予资源创意开发，推动产业特色化，从而达到各种资源长久传承的目的。最后，修复、保护遗产环境及文化目标在于使现存的环境氛围和文化模式能够以原生的姿态继续传承发展，要大力提升人的价值观和规正文化修复观，树立正确的景区发展观，采取积极有效的方式进行修复和保护，引导环境和文化朝着生态性的方向发展。

10.1.2　树立正确的相处观，提高整体生态效益

2020 年新冠疫情的到来，突出了妥善处理好人与自然的关系的重要性，我国环境容量有限，生态脆弱，要正确认识生态自然发展规律，要坚持人与自然和谐共生，实行生态优先、绿色发展。党的十九大报告指出："要加快生态文明体制改革，牢固树立社会主义生态文明观，推动形成人与自然和谐发展现代化建设新格局。"首先，树立正确的绿色发展观念，要在不破坏环境的情况下推动旅游发展，探寻低碳绿色旅游，促进中国生态治理及环境保护理念的重大创新，实现生态价值和社会价值统一，加速资源节约型和环境友好型经济的快速崛起。其次，高水平促进生态环境建设，加强土地、空气、水源防治污染，对水资源，坚持开源节流、优化挖潜并举；对工业产业，优化产业布局，调整结构。再次，改变企业组织和社区基层原先单一的绿色价值宣传形式，广泛利用互联网、大数据、5G 技术，开展多元的宣传模式，精准识别绿色价值，落实正确的绿色价值观，正确处理好人与自然的关系。最后，全方位落实生态文明理念，系统性、全面性、合理性整治和提升生态环境。一方面要加快生态修复和建设的进度，推进退耕还林或退耕还草，另一方面要加快生态城市、乡村建设，降低能耗，推进废弃物资源化利用，绿化净化城区环境，打造美丽乡村。

10.1.3　适度规划遗产资源，合理开展遗产旅游

首先，树立正确的规划理念。目前旅游规划的边界极不清晰，融入了生态环境保护、景观风貌、综合交通等多种要素，要做到从无限思维到边界思维，强化融合理念和空间思维，进行规划理念的转变，遵循生态优先、绿色发展的原则，优先解决旅游先行存在的问题，根据旅游功能与其他功能的融合程度，对旅游进行划分，从而更好地进行管理控制。其次，精准规划内容。调查客源市场，找准目标市场，预测旅游未来的发展趋势和旅游产品开发的方向，根据功能优先开发秩序，同时，围绕规划区域的自然资源特色、文化品牌价值，明确旅游市场推广策略，根据市场需求和特征确定客源和目标客群，开发多种旅游推广的渠道、方式和策略。最后，革新规划技术。大胆运用大数据、云计算等新技术，评价旅游资源评价、分析旅游空间、规划旅游项目，统筹考虑旅游规划实践面临的新形势、新问题，加快研究新的旅游规划技术规范。

10.1.4　加强遗产保护宣传，提升群众保护意识

跨区域、种类丰富的文化遗产，因区域间地理环境和社会经济发展条件的不同，加之文旅深度融合新业态与文化遗产系统性保护涉及多个部门、行业、社区和相关利益主体，因此，其在发展过程中要加强顶层设计，树立好整体意识，明确不同地区的遗产旅游发展的功能定位，充分发展地区潜在优势。具体可以从以下两个方面着手。一是强化文化遗产系统性保护法律和相关法规的实施，有针对性制定、修订符合地方特色的地域性文化遗产保护法规，提升居民文化遗产保护红线意识，并将其作为推进文旅深度融合新业态与文化遗产系统性保护协同发展的工作基础。二是坚持文旅融合发展的发展理念。遗产旅游的发展虽然融入了较多的现代科学技术元素，但是在遗产旅游发展进程中仍应坚持文化引领，始终将文化遗产保护放在首位，坚持保护优先，并将现代科学技术充分应用于加强文化遗产和遗产环境的保护中，以此建设不仅具有文化内涵又具有旅游吸引力和竞争力的遗产旅游地。

10.2　中期设计与实施：文化遗产系统性保护的政策落实

10.2.1　推动要素市场化改革，优化遗产资源配置

结合地区文旅深度融合新业态与文化遗产系统性保护协同发展的现实状况，为推动要素实现市场化改

革，实现遗产资源优化配置，提出如下几种实现路径：一是在文旅深度融合新业态与文化遗产系统性保护协同发展现状的基础上，对城市建设和遗产旅游建设之间的资源进行合理化分配。在遗产旅游经营主体的土地使用上，政府应保持土地价格呈现缓慢上涨的趋势，以避免因土地价格上升而造成的人才外流的问题。在遗产地基础设施设备的使用上，明确征用主体范围、征用规则等。二是优化资源分配，遗产资源是地区文化遗产的重要组成部分，在地区遗产旅游发展过程中，遗产旅游资源分配，不仅要考虑到地区居民基本生活的要求，还要充分考虑城市经济发展的需要，保证因遗产旅游而搬迁或出资的居民，能够获得长期稳定的收入和基本社会保障、社会福利。三是坚持市场取向，建立能够反映各个遗产资源稀缺程度和供求关系的价格体系，解决在文化遗产开发过程中出现的融资约束和金融抑制问题，确保能够把提高资源配置效率与促进地区经济增长相结合，进而为探寻推进地区遗产旅游实现可持续发展的有效途径奠定坚实的基础。

10.2.2 推动产业集聚化发展，培育遗产发展优势

在全球经济形势严峻的背景下，产业竞争力下降、产业同质化严重、小镇发展滞缓等问题都影响着遗产旅游的发展，亟须重构价值链、加速产业创新，促进文化遗产产业转型升级。首先，以新兴产业发展为导向，推动第一、二、三产业的融合，实现产业的整合、重构和升级，加快旅游地文化内涵的提档升级，提升整体知名度。其次，加大基础设施建设和公共环境投资，要在不破坏自然生态环境的基础上，推动传统产业特色优势化转化，不断提高遗产地特色产业的培育价值和吸引力，实现产业的专业化、优质化、规范化和品牌化，助力发展区域经济。最后，根据已有的产业基础和资源禀赋，从实际情况出发，因地制宜地制定合适的产业布局规划，培育与自身资源有优势联结的特色产业，使其具备一镇一产业的特点，从而通过特色产业带动经济发展。

10.2.3 推动遗产品牌化经营，激发遗产发展潜力

2016 年 6 月，《关于发挥品牌引领作用推动供需结构升级的意见》指出，应设立"中国品牌日"，标志着"品牌引领作用"上升到新的高度，遗产旅游作为文化旅游的一种，在促进文旅深度融合新业态与文化遗产系统性保护协同中发挥着重要作用，如要促使遗产地可持续发展，发挥运行价值，就必须发挥品牌效应，打造旅游精品，坚持走品牌化经营之路。首先，完善配套设施，实现旅游区基础设施和服务设施的人性化设计，并要结合旅游区自身的内在文化和外在形象，精心设计旅游标识，使其具有特殊的含义，能够唤醒游客对遗产旅游区的独家记忆。其次，借助政府、行业组织、专业机构的宣传作用，建立舆论传播引导体系，增强社会大众的品牌化建设意识，同时，开辟多元宣传渠道，建立旅游区品牌监督机制，收集游客的反馈信息，建长品牌传播效力。再次，旅游区应依据已有的资源特点和产业优势，优化整合资源，对资源进行长远规划，对不同需求特征的顾客群体进行科学定位，一方面追求短期效益和长期效益，提升旅游区核心竞争力；另一方面将遗产文化融入旅游发展，将文化因子贯穿各个景区品牌化建设的始终，提升旅游的品位和文化内涵，吸引潜在客户群体。最后，遗产旅游区要积极与旅游企业和相关高等院校合作，培养和引进复合型专业人才，建立专业化品牌运营机构，高效运作品牌和旅游区管理，提高旅游区的创牌能力和水平。

10.2.4 推动理念创新化转变，发挥企业独特优势

首先，建立服务型政府，突出企业优势，完善服务设施和基础设施建设，优化旅游外部环境，营造良好的旅游发展氛围，进而提高旅游管理部门服务能力，吸引更多有旅游专业背景的人力资源为遗产地发展助力，同时，加强政府与企业之间的联动协作，进一步规范旅游发展机制。其次，积极发挥旅游行业协会的作用，加深企业间的优势互补。协会组织能将发展方向、发展理念、发展模式相似的企业聚集起来，可以有效推动政府政策宣传推广和诚信体系建设，以及促进企业间的交流合作。企业与企业间的良性互动，一方面可以解决企业融资困难、资源限制、技术能力不足、知识面窄的问题，提高企业在旅游管理中的作

用；另一方面，可以维持创新能力，整体带动旅游可持续发展。最后，提高旅游企业的创新能力，充分发挥企业作用，不断完善公共服务、生产服务和行业服务等功能设施，培训旅游工作人员的专业技能和思想素质，满足游客日益增长的需求，推进遗产旅游发展转型。

10.3　后期保障与可持续：文化遗产系统性保护的可持续推进

10.3.1　强化人才融合建设，培育新型人才队伍

科学的理论指导在乡村振兴中极其重要，农村基层服务队伍的作用也不可忽视。首先，制定相关政策，积极引导高校人才参与乡村管理。可通过学费补助、项目扶持、资金奖励的方式激励更多大学生参与到乡村管理当中，在工作期间，还可提高他们的收入和政治奖励，提升其参与的主动性。其次，利用多媒体、演讲比赛、座谈会等方式，积极宣传农村基层就业情况。通过多种形式向在校大学生进行宣传教育，让其深入了解基层工作，端正认识和态度，愿意在空闲时间到农村做一些力所能及的工作。再次，扩宽、优化人才培养路径，提升整体素质。多方面、多领域培育专业型人才，加强对教育条件的改善、教学环境的优化和师资力量强化，鼓励人才参与到具体实践当中，从而提升管理水平，用辩证的思维分析问题和解决问题。最后，优化乡村环境，为人才提供更好的环境。要提升农村居民的环境保护意识，使其自觉保护环境，还要加强医疗、教育、交通等基础设施的建设，减少人才团队入村的顾虑。

10.3.2　健全服务管理机制，优化旅游服务质量

旅游业已经成为我国国民经济的战略性支柱产业，旅游服务的好坏对游客的满意度具有直接的影响作用，进而会直接影响旅游的可持续发展。旅游服务在不断精细化，产业价值链也在不断延伸，但依然存在不少问题，阻碍遗产旅游的推进，故亟须完善服务管理机制。首先，要积极运用大数据和区块链技术，依据搜集的信息详细规划，整体分析游客需求，以提供满足游客个性化、多元化的服务，改善旅游服务质量。其次，完善游客中心、投诉中心、休息中心等服务配套设施，定期收集游客意见，及时调整、改善服务供给，增强游客旅游感知。再次，引进旅游企业优秀的管理人员，对服务人员进行专业的培训，使其具备一定的知识储备和应急处理能力，并能充分熟知游客的需求，维护好与游客的关系，提高游客满意度，进而塑造旅游品牌形象。最后，制定科学合理的服务评价指标体系，推动政府监管和社会监督的良性互动和高效联动，采用多样的监管方式，利用多元的监管主体，对监管内容实行全方位监督，强化服务监督管理，规范服务体系，建设高质量的遗产旅游。

10.3.3　大力发展新兴产业，探索全域旅游新路

全域旅游是旅游产业协调推进和创新驱动的产物，指在特定的地理空间内，在相关政策以及机制体制的扶持下，整合各种自然资源和社会资源，通过旅游业带动区域特色产业，实现区域经济社会持续协调发展。遗产旅游是以文化遗产为依托发展起来的，基于文旅深度融合新业态与文化遗产系统性保护协同发展的实际情况，提出如下几种全域旅游实现路径：首先，基于文化遗产的文化内涵和遗产资源，借助大数据、云计算、人工智能等信息技术，合理配置遗产资源，有效监督行业绿色发展，促进环境可持续发展，同时，建设资源共享、信息共享平台，推动"旅游+"融合发展，促进旅游与工业、文化、生态、农业等产业融合，创新产业融合模式，提升遗产旅游的知名度。其次，注重旅游消费者为主体，充分了解游客个性化、定制化、品质化和特色化需求，挖掘新型旅游产业消费潜力，推进旅游服务和基础设施建设，创新文化旅游理念，加快全域旅游新进程，增加游客的旅游体验感。最后，在政府政策的推动下，不断加大文化旅游节会与住宿、娱乐、餐饮、金融、交通、购物等产业的融合力度，加深企业合作，打通整个产业链条，形成集群效应，优化全域旅游产品结构，进而拓展文化遗产地的全域旅游发展空间，全面推进文旅深

度融合与文化遗产系统性保护协同。

10.3.4　开拓未来发展前景，促进遗产持续保护

我国旅游市场发展迅速，但环境污染严重、资源过度浪费，对其进行转型发展，促进可持续发展迫在眉睫。旅游业可持续发展要以保护环境为前提，有规划、有目标地开发旅游业，在保证当代人利益不受破坏的同时保护后人利益。首先，发挥政府作用，加大政策扶持。在遗产旅游区建设过程中，一是政府要站在全局角度考量，针对旅游区的特色服务和特色项目，制定具体的奖励政策，鼓励创新精神；二是政府需要增加财政支出，优化地区旅游整体环境，合理划分功能区，并加强旅游宣传；三是保证旅游区发展与当地的经济发展进度、城市发展趋势、生态环境保护的进程保持一致，共同协调发展。其次，强化生态环境保护意识。既要大力推行旅游区保护模式，又要促使各级政府及环保部门发挥职能作用，让大众深刻认识到生态环境对旅游发展的重要性；既要加大环境执法力度，拓宽公众监督渠道，强化绿色环保意识，也要因地制宜地适度开发遗产资源，实现可持续发展。最后，制定旅游区规范，整顿旅游区行为，给予旅游区准确的定位，并要根据未来发展需求，协调好长期效益和短期效益，为旅游可持续发展创造条件。

结　　论

本书以文旅深度融合新业态与文化遗产系统性保护协同模式为研究对象，以寻求文旅深度融合新业态和文化遗产协同路径为核心目标，进而实现文化遗产系统性保护这个最终目的。本书首先通过文献计量法处理文旅深度融合新业态与文化遗产系统性保护协同模式的相关文献，识别出当前研究热点及未来研究方向。其次，对文旅深度融合新业态和文化遗产系统性保护的内涵和特征进行界定和解析，并分析两者之间的动态演化过程和内外部影响机制，在此基础上，根据文旅深度融合新业态发展的战略目标和定位分析，以及文化遗产系统性保护的重点、规划体系和思路设计，构建出文旅深度融合新业态与文化遗产系统性保护协同模式的分析框架、研究假设和理论模型。再次，通过结构方程模型对文旅深度融合新业态与文化遗产系统性保护协同模式的理论模型进行定量分析，还通过系统工程模型测算文旅深度融合新业态与文化遗产系统性保护的协同度，借助案例研究方法对文旅深度融合新业态与文化遗产系统性保护协同模式进行案例验证分析。最后，综合考虑文化遗产在不同阶段的发展特征、资源特色、潜在价值和文化底蕴，从前期规划和分析、中期设计和实施、后期保障和可持续，提出文旅深度融合新业态与文化遗产系统性保护协同模式的实现路径。本书所进行的创新性工作和所得出的主要结论如下：

第一，基于文旅融合的起源发展及文旅深度融合新业态的研究现状两方面，阐述文旅深度融合新业态与文化遗产系统性保护协同模式构建的必要性和可行性，确定文旅深度融合新业态的理论基础和文献依据。在明晰文旅深度融合新业态和文化遗产的内涵、特征、构成维度的基础上，重点结合文旅深度融合新业态与文化遗产系统性保护中所呈现出的时代性、民族性、行业性、特色性、文化特殊性和地域特殊性，运用区域经济学、文化遗产学、民族学、地理学、军事学、历史学、社会学、心理学、旅游管理学等相关学科知识，在正向推导机制上采用协同理论的相关原理，即协同理论，得出系统内部各子系统或组分的协同作用决定了系统能否发挥协同效应，要获得生存和发展的机会，一方面要将系统内部各子系统的关系协同好，另一方面要协同好所有可以协同的力量来弥补自身的不足。按照"保护性开发—动态性改造—传承性融合旅游文化—文化遗产可持续发展"协同原理观点和方法，遵循加快推进文旅融合新业态的主旨，实现"改善文化遗产地环境—积淀文化遗产记忆—复兴遗产文化—提升区域文化品位"的文化遗产系统性保护目标，构建出文旅深度融合新业态与文化遗产系统性保护协同模式的分析框架。

第二，依据文旅深度融合新业态与文化遗产系统性保护协同模式的必要性和可行性，在界定文旅深度融合新业态与文化遗产系统性保护的内涵和特征构的基础上，确定文旅深度融合新业态与文化遗产系统性保护协同模式的划分维度、主被动演化机制和内外部影响机制，基于此构建文旅深度融合新业态与文化遗产系统性保护协同模式的分析框架。第一步，从工业、农业、商业、教育和军事产业五方面出发探讨文化遗产发展，并按照文旅深度融合新业态构成维度划分为工业博物馆、公园风景区、特色创意园、文化记忆圈、文旅一体大景区和休闲服务带的工业文化遗产系统性保护协同模式；生态博物馆、乡村聚落景观、文化创意农业园、文旅特色小镇、农业生态休闲度假区和田园综合体的农业文化遗产系统性保护协同模式；文化产业园、文化商业街、商业文化博物馆、创意产业园和旅游商业区的商业文化遗产系统性保护协同模式；书院文化博物馆、研学游教育学府、休闲游学综合体、文庙文化产业园、智慧风景区和文化创意产业带的教育文化遗产系统性保护协同模式；军事博物馆、军事文化旅游景区、军事旅游拓展、军事主题公园、军事文化旅游小镇和军事文化旅游节会的军事文化遗产系统性保护协同模式等。第二步，按照文化遗产系统性保护协同模式构成维度，工业文化遗产包括厂区改造型、工业区域开发型、厂区城镇融合型三种系统性保护协同模式；农业文化遗产包括农业改造型、农业现代化开发型、农业旅游融合型三种系统性保护协同模式；商业文化遗产包括历史街区改造型、商业区域开发型、旧城区整合型三种系统性保护协同模式；教育文化遗产包括历史片区改造型、区域开发型、城镇融合共建型三种系统性保护协同模式；军事文化遗产包括军事基地改造型、军事现代化驱动型、特色文化依托型三种系统性保护协同模式。第三步,基于前文关于文旅深度融合新业态与文化遗产系统性保护协同模式的必要性和可行性分析,以及演化的主被动演化形态,剖析文旅深度融合新业态与文化遗产系统性保护的内外部影响机制,进而构建文旅深度融合新业态与文化遗产系统性保护协同模式的分析框架。

第三,构建文旅深度融合新业态与文化遗产系统性保护协同模式的结构方程模型,实证检验两者相互作用关系。第一步,构建文旅深度融合与文化遗产系统性保护协同模式的研究假设与理论模型。结合文旅深度融合划分的新业态与文化遗产系统性保护的几种模式,工业文化遗产方面,分别构建起工业博物馆—厂区改造型、公园风景区—厂区改造型、特色创意园—工业区域开发型、文化记忆圈—工业区域开发型、文旅一体大景区—厂区城镇融合型、休闲旅游服务带—厂区城镇融合型六种研究假设及理论模型;农业文化遗产方面,分别构建起生态博物馆—农业改造型、乡村聚落景观—农业改造型、文化创意农业园—农业现代化开发型、文旅特色小镇—农业现代化开发型、农业生态休闲度假区—农业旅游融合型、田园综合体—农业旅游融合型的六种研究假设及理论模型;商业文化遗产方面,分别构建起文化产业园—历史街区改造型、文化商业街—历史街区改造型、商业文化博物馆—商业区域开发型、创意产业园—商业区域开发型、旅游商业区—旧城区整合型、历史文化休闲街—旧城区整合型六种研究假设及理论模型;教育文化遗产方面,分别构建起书院文化博物馆—历史片区改造型、研学游教育学府—历史片区改造型、休闲游学综合体—区域开发型、文庙文化产业园—区域开发型、智慧风景区—城镇融合共建型、文化创意产业带—城镇融合共建型六种研究假设及理论模型;军事文化遗产方面,分别构建起军事博物馆—军事基地改造型、军事文化旅游景区—军事基地改造型、军事旅游拓展—军事现代化驱动型、军事主题公园—军事现代化驱动型、军事文化旅游小镇—特色文化依托型、军事文化旅游节会—特色文化依托型的六种研究假设及理论模型。第二步,通过感知调查问卷数据,基于真实感知,从居民和游客两个维度构建"文旅深度融合新业态与文化遗产系统性保护协同模式"的结构方程模型。工业文化遗产方面,选取青岛啤酒博物馆进行工业博物馆与厂区改造型数据验证,选取中山岐江公园进行公园风景区与厂区改造型数据验证,选取南京晨光1865创意园进行特色创意园与工业区域开发型数据验证,选取鞍钢工业遗产项目进行文化记忆圈与工业区域开发型数据验证,选取江苏南通唐闸工业镇进行文旅一体大景区与厂区城镇融合型数据验证,选取杭州大运河工业遗产带进行休闲旅游服务带与厂区城镇融合型数据验证。农业文化遗产方面,选取浙江青田稻鱼共生文化博物馆进行生态博物馆与农业改造型数据验证,选取红河哈尼稻田乡村聚落景观—云南元阳全福庄中寨进行乡村聚落旅游与农业改造型数据验证,选取四川郫都文化创意农业园进行文化创意农业园与农业现代化开发型数据验证,选取陕西佳县千年古枣园进行文旅特色小镇与农业现代化开发型数据验证,选取陕西佳县千年古枣园进行农业生态休闲度假区与农业旅游融合型数据验证,选取江苏兴化千垛田园综合体带进行田园综合体与农业旅游融合型数据验证。商业文化遗产方面,选取四川成都宽窄巷子进行文化产业园与历史街区改造型数据验证,选取四川成都远洋太古里进行文化商业街与历史街区改造型数据验证,选取山东烟台张裕酒文化博物馆进行商业文化博物馆与商业区域开发型数据验证,选取上海田子坊进行创意产业园与商业区域开发型数据验证,选取浙江杭州南宋御街进行旅游商业区与旧城区整合型数据验证,选取江苏南京1912进行历史文化休闲街与旧城区整合型数据验证。教育文化遗产方面,选取中国书院文化博物馆进行书院文化博物院与历史片区改造型数据验证,选取靖江王府进行研学游教育学府与历史片区改造型数据验证,选取益津书院进行休闲游学综合体与区域开发型数据验证,选取长泰文庙进行文庙文化产业园与区域开发型数据验证,选取南京夫子庙进行智慧风景区与城镇融合共建型数据验证,选取京杭大运河文化遗产带进行文化创意产业带与城镇融合共建型数据验证。军事文化遗产方面,选取中国甲午战争博物馆进行军事博物馆与军事基地改造型数据验证,选取山海关旅游景区进行军事文化旅游景区与军事基地改造型数据验证,选取黄埔军事拓展进行军事旅游拓展与军事现代化驱动型数据验证,选取天津滨海航母主题公园进行军事主题公园与军事现代化驱动型数据验证,选取青岩古镇进行军事文化旅游小镇与特色文化依托型数据验证,选取昆仑关民俗文化旅游节会进行军事文化旅游节会与特色文化依托型数据验证。每个部分主要包括变量度量、样本数据分析、结构方程模型、结果讨论四部分,分析和验证影响文旅深度融合新业态与文化遗产系统性保护协同模式的影响因素和协同模式。

一是在工业文化遗产领域,实证得出工业博物馆、公园风景区、特色创意园、文化记忆圈、文旅一体大景区、休闲旅游服务带等文旅深度融合新业态都对工业文化遗产系统性保护具有显著作用。其中,在工业博物馆与厂区改造型协同模式中，工业博物馆到厂区改造型之间的直接作用路径在模型调整的过程中被删除，两者之间的直接影响效应不存在，但是工业博物馆可以通过开发主体、工业基础和技术创新三个变量实现对厂区改造型工业文化遗产系统性保护的间接影响作用。在公园风景区与厂区改造型协同模式中，公园风景区到厂区改造型之间的直接作用路径在模型调整的过程中被删除，两者之间的直接影响效应不存在，但是公园风景区可以通过开发主体、工业基础和厂区环境三个变量实现对厂区改造型工业文化遗产系统性保护的间接影响作用。在特色创意园与工业区域开发型协同模式中，特色创意园既对工业区域开发型工业文化遗产系统性保护具有直接显著的正向作用，也能通过工业设施和产业基础两个变量来间接对工业文化遗产系统性保护产生作用。在文化记忆圈与工业区域开发型协同模式中，文化记忆圈既对工业区域开发型工业文化遗产系统性保护具有直接显著的正向作用，也能通过政策创新和工业基础两个变量来间接对工业文化遗产系统性保护产生作用。在文旅一体大景区与厂区城镇融合型协同模式中，文旅一体大景区既对厂区城镇融合型工业文化遗产系统性保护具有直接显著的正向作用，也能通过土地规划和游客行为两个变量来间接对工业文化遗产系统性保护产生作用。在休闲旅游服务带与厂区城镇融合型协同模式中，休闲旅游服务带既对厂区城镇融合型工业文化遗产系统性保护具有直接显著的正向作用，也能通过游客行为和资源开发两个变量来间接对工业文化遗产系统性保护产生作用。因此，本书基于工业博物馆、公园风景区、特色创意园、文化记忆圈、文旅一体大景区、休闲旅游服务带等文旅深度融合新业态对工业文化遗产系统性保护的作用机理的识别过程是合理的。

二是在农业文化遗产领域，实证得出生态博物馆、乡村聚落景观、文化创意农业园、文旅特色小镇、农业生态休闲度假区、田园综合体等文旅深度融合新业态都对农业文化遗产系统性保护具有显著作用。其中，在生态博物馆与农业改造型协同模式中，生态博物馆到农业改造型之间的直接作用路径在模型调整中进行了删除，两者之间的直接影响效应不存在，但是生态博物馆能够通过建设主体、农村产业结构和技术推广三个变量实现对农业改造型农业文化遗产系统性保护的间接影响作用。在乡村聚落景观与农业改造型协同模式中，产业基础到农业改造型之间的直接作用路径在模型调整中进行了删除，两者之间的直接影响效应不存在，但是乡村聚落景观既可以实现对农业改造型的直接影响作用，也能够通过乡村空间重构、建设主体和产业基础三个变量实现对农业改造型农业文化遗产系统性保护的间接影响作用。在文化创意农业园与农业现代化开发型协同模式中，文化创意农业园既对农业现代化开发型农业文化遗产系统性保护具有直接显著的正向作用，也能通过农村产业结构和建设主体两个变量来间接对农业文化遗产系统性保护产生作用。在文旅特色小镇与农业现代化开发型协同模式中，文旅特色小镇既对农业现代化开发型农业文化遗产系统性保护具有直接显著的正向作用，也能通过政策创新和社区服务体系两个变量来间接对农业文化遗产系统性保护产生作用。在农业生态休闲度假区与农业旅游融合型协同模式中，农业生态休闲度假区既对农业旅游融合型农业文化遗产系统性保护具有直接显著的正向作用，也能通过乡村消费空间和游客行为两个变量来间接对农业文化遗产系统性保护产生作用。在田园综合体与农业旅游融合型协同模式中，农业经营体系到农业旅游融合型之间的直接作用路径在模型调整中进行了删除，两者之间的直接影响效应不存在，但是田园综合体既可以实现对农业旅游融合型的直接影响作用，也能够通过乡村消费空间、产业基础和农业经营体系三个变量实现对农业旅游融合型的间接影响作用。因此，本书基于生态博物馆、乡村聚落景观、文化创意农业园、文旅特色小镇、农业生态休闲度假区、田园综合体等文旅深度融合新业态对农业文化遗产系统性保护的作用机理的识别过程是合理的。

三是在商业文化遗产领域，实证得出文化产业园、文化商业街、商业文化博物馆、创意产业园、旅游商业区、历史文化休闲街等文旅深度融合新业态都对商业文化遗产系统性保护具有显著作用。其中，在文化产业园与历史街区改造型协同模式中，文化产业园与历史街区改造型之间的直接作用路径在模型调整中进行了删除，两者之间的直接影响效应不存在，但是文化产业园能够通过园区构建和文化内涵两个变量实现对历史街区改造型商业文化遗产系统性保护的间接影响作用。在文化商业街与历史街区改造型协同模式中，文化商业街既对历史街区改造型商业文化遗产系统性保护具有直接显著的正向作用，也能通过资源开发和发展模式两个变量来间接对商业文化遗产系统性保护产生作用。在商业文化博物馆与商业区域开发型协同模式中，空间布局到商业区域开发型之间的直接作用路径在模型调整中进行了删除，两者之间的直接影响效应不存在，但是商业文化博物馆既对商业区域开发型商业文化遗产系统性保护具有直接显著的正向作用，也能通过资源基础这一变量来间接对商业文化遗产系统性保护产生作用。在创意产业园与商业区域开发型协同模式中，创意产业园到发展模式、发展模式到商业区域开发型、发展成效到商业区域开发型之间的直接作用路径在模型调整中进行了删除，变量之间的直接影响效应不存在，但是创意产业园既对商业区域开发型商业文化遗产系统性保护具有直接显著的正向作用，也能通过创意产业园这一变量来间接对商业文化遗产系统性保护产生作用。在旅游商业区与旧城区整合型协同模式中，商业旅游资源到旧城区整合型之间的直接作用路径在模型调整中进行了删除，两者之间的直接影响效应不存在，但是旅游商业区既对旧城区整合型商业文化遗产系统性保护具有直接显著的正向作用，也能通过城市消费空间这一变量来间接对商业文化遗产系统性保护产生作用。在历史文化休闲街与旧城区整合型协同模式中，历史文化休闲街到旧城区整合型之间的直接作用路径在模型调整中进行了删除，两者之间的直接影响效应不存在，但是历史文化休闲街能够通过环境组成要素和城市消费空间两个变量实现对旧城区整合型商业文化遗产系统性保护的间接影响作用。因此，本书基于文化产业园、文化商业街、商业文化博物馆、创意产业园、旅游商业区、历史文化休闲街等文旅深度融合新业态对商业文化遗产系统性保护的作用机理的识别过程是合理的。

四是在教育文化遗产领域，实证得出书院文化博物馆、研学游教育学府、休闲游学综合体、文庙文化产业园、智慧风景区、文化创意产业带等文旅深度融合新业态都对教育文化遗产系统性保护具有显著作用。其中，在书院文化博物馆与历史片区改造型协同模式中，产业结构到历史片区改造型、外部环境到历史片区改造型之间的直接作用路径在模型调整中进行了删除，变量之间的直接影响效应不存在，但是书院文化博物馆能够实现对历史片区改造型教育文化遗产系统性保护的直接影响作用，也能通过技术创新、产业结构和外部环境三个变量实现对教育文化遗产系统性保护的间接影响作用。在研学游教育学府与历史片区改造型协同模式中，外部环境到历史片区改造型、发展规划到历史片区改造型之间的直接作用路径在模型调整中进行了删除，变量之间的直接影响效应不存在，但是研学游教育学府能够实现对历史片区改造型教育文化遗产系统性保护的直接影响作用，也能通过价值功能、外部环境和发展规划三个变量实现对教育文化遗产系统性保护的间接影响作用。在休闲游学综合体与区域开发型协同模式中，休闲游学综合体既对区域开发型教育文化遗产系统性保护具有直接显著的正向作用，也能通过资源优势和规划布局两个变量来间接对教育文化遗产系统性保护产生作用。在文庙文化产业园与区域开发型协同模式中，文庙文化产业园既对区域开发型教育文化遗产系统性保护具有直接显著的正向作用，也能通过产业基础和政策创新两个变量来间接对教育文化遗产系统性保护产生作用。在智慧风景区与城镇融合共建型协同模式中，智慧风景区既对城镇融合共建型教育文化遗产系统性保护具有直接显著的正向作用，也能通过创新能力和发展要素两个变量来间接对教育文化遗产系统性保护产生作用。在文化创意产业带与城镇融合共建型协同模式中，文化创意产业带既对城镇融合共建型教育文化遗产系统性保护具有直接显著的正向作用，也能通过资源开发和政策环境两个变量来间接对教育文化遗产系统性保护产生作用。因此，本书基于书院文化博物馆、研学游教育学府、休闲游学综合体、文庙文化产业园、智慧风景区、文化创意产业带等文旅深度融合新业态对教育文化遗产系统性保护的作用机理的识别过程是合理的。

五是在军事文化遗产领域，实证得出军事博物馆、军事文化旅游景区、军事旅游拓展、军事主题公园、军事文化旅游小镇、军事文化旅游节会等文旅深度融合新业态都对军事文化遗产系统性保护具有显著作用。其中，在军事博物馆与军事基地改造型协同模式中，军事博物馆到军事基地改造型、技术创新到军事基地改造型之间的直接作用路径在模型调整中进行了删除，变量之间的直接影响效应不存在，但是军事博物馆可以通过产业结构调整、开发主体和技术创新三个变量实现对军事基地改造型的间接影响作用。在军事文化旅游景区与军事基地改造型协同模式中，军事文化旅游景区既对军事基地改造型军事文化遗产系统性保护具有直接显著的正向作用，也能通过旅游空间规划和开发主体两个变量来间接对军事文化遗产系统性保护产生作用。在军事旅游拓展与军事现代化驱动型协同模式中，军事旅游拓展既对军事现代化驱动型军事文化遗产系统性保护具有直接显著的正向作用，也能通过军事设施和创意产业两个变量来间接对军事文化遗产系统性保护产生作用。在军事主题公园与军事现代化驱动型协同模式中，军事主题公园既对军事现代化驱动型军事文化遗产系统性保护具有直接显著的正向作用，也能通过旅游空间规划和产业基础两个变量来间接对军事文化遗产系统性保护产生作用。在军事文化旅游小镇与特色文化依托型协同模式中，政策创新到特色文化依托型之间的直接作用路径在模型调整中进行了删除，变量之间的直接影响效应不存在，但是军事文化旅游小镇既可以实现对特色文化依托型军事文化遗产系统性保护的直接影响作用，也能通过旅游消费空间和游客行为两个变量实现对军事文化遗产系统性保护的间接影响作用。在军事文化旅游节会与特色文化依托型协同模式中，军事文化旅游节会既对特色文化依托型军事文化遗产系统性保护具有直接显著的正向作用，也能通过公共服务体系和游客行为两个变量来间接对军事文化遗产系统性保护产生作用。因此，本书基于军事博物馆、军事文化旅游景区、军事旅游拓展、军事主题公园、军事文化旅游小镇、军事文化旅游节会等文旅深度融合新业态对军事文化遗产系统性保护的作用机理的识别过程是合理的。

第四，运用案例研究法验证文旅深度融合新业态与文化遗产系统性保护协同关系，以典型案例进一步实证检验两者相互作用关系。基于系统工程模型，测算文旅深度融合新业态与文化遗产系统性保护的协同度，并分别选取以下案例进行实地考察，对文旅深度融合新业态与文化遗产系统性保护协同模式进案例验证分析：选取青岛啤酒博物馆、中山岐江公园、南京晨光 1865 创意园、鞍钢工业遗产项目、江苏南通唐闸工业镇、杭州大运河工业遗产带等有代表性的工业文化遗产地；选取浙江青田稻鱼共生文化博物馆、云南元阳全福庄中寨、四川郫都文化创意农业园、河北宣化葡萄小镇、陕西佳县千年古枣园、江苏兴化千垛田园综合体等有代表性的农业文化遗产地；选取四川成都宽窄巷子、四川成都远洋太古里、山东烟台张裕酒文化博物馆、上海田子坊、浙江杭州南宋御街、江苏南京 1912 等有代表性的商业文化遗产地；选取中国书院博物馆、靖江王府、益津书院、长泰文庙、南京夫子庙、京杭大运河文化遗产带等有代表性的教育文化遗产地；选取中国甲午战争博物馆、山海关旅游景区、黄埔军事拓展、天津滨海航母主题公园、青岩古镇、昆仑关民俗文化旅游节会等有代表性的军事文化遗产地。通过案例分析得出促进文旅深度融合新业态与文化遗产系统性保护协同发展，就是要把文化遗产旅游开发作为区域经济增长的重要发展战略，以文化遗产旅游为出发点，探索文化底蕴深厚、资源价值丰富的遗产旅游，深析产业发展新动能，延伸产业价值链，寻找区域经济增长点。

第五，在充分考虑文旅深度融合新业态发展的内外部环境的基础上，科学严谨地分析其发展战略目标，结合文旅深度融合新业态发展的战略目标和定位分析，以及文化遗产系统性的保护重点、规划体系和思路设计，对文旅深度融合新业态与文化遗产系统性保护协同模式进行路径规划，并分别从前期规划与分析、中期设计与实施、后期保障与可持续提出文旅深度融合新业态与文化遗产系统性保护协同模式的实现路径，保证文化遗产可持续发展。首先，开展文旅深度融合新业态与文化遗产系统性保护协同的准备工作，对文化遗产进行前期规划和整体分析，具体包括加大修复遗产环境，高效保护遗产文化；树立正确的相处观，提高整体生态效益；适度规划遗产资源，合理开展遗产旅游；加强遗产保护宣传，提升群众保护意识。其次，落实文旅深度融合新业态与文化遗产系统性保护协同的引导政策，对文化遗产进行中期设计与实施，具体包括推动要素市场化改革，优化遗产资源配置；推动产业集聚化发展，培育遗产发展优势；推动遗产品牌化经营，激发遗产发展潜力；推动理念创新化转变，发挥企业独特优势。最后，激发文旅深度融合新业态与文化遗产系统性保护协同的可持续动能，对文化遗产进行后期保障和可持续发展，具体包括强化人才融合建设，培育新型人才队伍；健全服务管理机制，优化旅游服务质量；大力发展新兴产业，探索全域旅游新路；开拓未来发展前景，促进遗产持续保护。

本书中的一些工作还可以进行进一步的研究：

第一，本书只是从文旅深度融合新业态与文化遗产系统性保护的产业经济、产业发展、资源开发与利用等角度进行研究，研究视角相对较为单一，并没有从主观动态的发展趋势去考虑在文旅深度融合新业态与文化遗产系统性保护协同作用过程中，可能遇到多种可变量因素和其他内生性变量的影响作用。在今后的研究中，可以以本研究为基础，增加更多的理论研究和数据验证，并对其进行一定的拓展研究，进一步完善文旅深度融合新业态与文化遗产系统性保护的相关理论原理。同时，可以以多方位视角为切入点，考虑到其他变量对文化遗产旅游发展的影响，或运用协同学的相关理论对所构建的模型进行拓展研究，并对研究中的相关问题展开有规律性的探讨，进而更好地研究文旅深度融合新业态与文化遗产系统性保护协同模式的作用机理。

第二，本书在对文旅深度融合新业态与文化遗产系统性保护进行案例验证时，只是采取了单案例研究，在工业文化遗产领域，以青岛啤酒博物馆为例对工业博物馆与厂区改造型系统性保护协同模式进行案例验证、以中山岐江公园为例对公园风景区与厂区改造型系统性保护协同模式进行案例验证、以南京晨光1865 创意园为例对特色创意园与工业区域开发型系统性保护协同模式进行案例验证、以鞍钢工业遗产项目为例对文化记忆圈与工业区域开发型系统性保护协同模式进行案例验证、以江苏南通唐闸工业镇为例对文旅一体大景区与厂区城镇融合型系统性保护协同模式进行案例验证、以杭州大运河工业遗产带为例对休闲旅游服务带与厂区城镇融合型系统性保护协同模式进行案例验证；在农业文化遗产领域，以浙江青田稻鱼共生文化博物馆为例对生态博物馆与农业改造型系统性保护协同模式进行案例验证、以云南元阳全福庄中寨为例对乡村聚落景观与农业改造型系统性保护协同模式进行案例验证、以四川郫都文化创意农业园为例对文化创意农业园与农业现代化开发型系统性保护协同模式进行案例验证、以河北宣化葡萄小镇为例对文旅特色小镇与农业现代化开发型系统性保护协同模式进行案例验证、以陕西佳县千年古枣园为例对农业生态休闲度假区与农业旅游融合型系统性保护协同模式进行案例验证、以江苏兴化千垛田园综合体为例对田园综合体与农业旅游融合型系统性保护协同模式进行案例验证；在商业文化遗产领域，以四川成都宽窄巷子为例对文化产业园与历史街区改造型系统性保护协同模式进行案例验证、以四川成都远洋太古里为例对文化商业街与历史街区改造型系统性保护协同模式进行案例验证、以张裕酒文化博物馆为例对商业文化博物馆与商业区域开发型系统性保护协同模式进行案例验证、以上海田子坊为例对创意产业园与商业区域开发型系统性保护协同模式进行案例验证、以浙江杭州南宋御街为例对旅游商业区与旧城区整合型系统性保护协同模式进行案例验证、以江苏南京 1912 为例对历史文化休闲街与旧城区整合型系统性保护协同模式进行案例验证；在教育文化遗产领域，以中国书院博物馆为例对书院文化博物馆与历史片区改造型系统性保护协同模式进行案例验证、以靖江王府为例对研学游教育学府与历史片区改造型系统性保护协同模式进行案例验证、以益津书院为例对休闲游学综合体与区域开发型系统性保护协同模式进行案例验证、以长泰文庙为例对文庙文化产业园与区域开发型系统性保护协同模式进行案例验证、以南京夫子庙为例对智慧风景区与城镇融合共建型系统性保护协同模式进行案例验证、以京杭大运河文化遗产带为例对文化创意产业带与城镇融合共建型系统性保护协同模式进行案例验证；在军事文化遗产领域，以中国甲午战争博物馆为例对军事博物馆与军事基地改造型系统性保护协同模式进行案例验证、以山海关旅游景区为例对军事文化旅游景区与军事基地改造型系统性保护协同模式进行案例验证、以黄埔军事拓展基地为例对军事旅游拓展与军事现代化驱动型系统性保护协同模式进行案例验证、以天津滨海航母主题公园为例对军事主题公园与军事现代化驱动型系统性保护协同模式进行案例验证、以青岩古镇为例对军事文化旅游小镇与特色文化依托型系统性保护协同模式进行案例验证、以昆仑关民俗文化旅游节为例对军事文化旅游节会与特色文化依托型系统性保护协同模式进行案例验证。这些只是对单一的案例地进行实地调研和考察，这与其他案例地的实际发展状况之间可能存在一定的差异。在今后的研究中，可以关注本书所选取 36 个案例地后期的发展状况，或选取其他有代表性、相似的案例与本书的研究结果进行对比，对本研究进行修改或补充说明。

第三，由于在撰写过程中一部分信息资料是基于之前的阅读信息整理而来，在构建相关模型和发展理论的过程中夹带主观记忆，因此研究所得数据结果可能存在一定的偏差。在今后的研究中，应结合更多的案例地的综合发展状况和文化遗产旅游未来发展趋势、发展方向、发展模式，获取尽可能丰富的、动态的数据资料，牢牢把握案例地的发展态势，进而更加精准地验证文旅深度融合新业态与文化遗产系统性保护协同模式的作用机理。

参 考 文 献

[1] 艾智科. 文化何在: 中国工业遗产保护的反思 [J]. 东南文化, 2019 (3): 13 - 17.

[2] 敖丽红, 韩远, 贺翔. 中国新型城镇化发展与供给侧结构性改革的路径研究 [J]. 中国软科学, 2016 (11): 98 - 108.

[3] 巴胜超. 文化生态保护实验区建设的理论与建议 [J]. 民族艺术研究, 2019, 32 (4): 139 - 147.

[4] 白崇萍, 王越. 生态旅游融入户外拓展训练模式初探: 以桂林旅游圈为例 [J]. 旅游论坛, 2009, 2 (4): 525 - 529.

[5] 白晋湘, 万义, 白蓝. 乡村振兴战略背景下村落体育非物质文化遗产保护的治理研究 [J]. 北京体育大学学报, 2018, 41 (10): 1 - 7.

[6] 保继刚. 大型主题公园布局初步研究 [J]. 地理研究, 1994 (3): 83 - 89.

[7] 毕绪龙. 推进文化和旅游融合发展要把握六大关系 [J]. 人文天下, 2018 (21): 2 - 5.

[8] 毕颖, 杨小渝. 面向科技前沿的大学跨学科研究组织协同创新模式研究: 以斯坦福大学 Bio - X 计划为例 [J]. 华中师范大学学报 (人文社会科学版), 2017, 56 (1): 165 - 173.

[9] 边云涛, 赵康杰, 景普秋. 资源依赖、产业生态与区域产业演进: 基于全国省域层面的实证检验 [J]. 经济问题, 2021 (1): 66 - 74.

[10] 卞广萌, 程文. 大城市边缘区乡村产业空间的多维优化研究 [J]. 农业经济, 2017 (6): 19 - 20.

[11] 卞显红. 城市旅游空间结构研究 [J]. 地理与地理信息科学, 2003 (1): 105 - 108.

[12] 步丹璐, 王晓艳. 政府补助、软约束与薪酬差距 [J]. 南开管理评论, 2014, 17 (2): 23 - 33.

[13] 才国伟, 刘剑雄. 收入风险、融资约束与人力资本积累: 公共教育投资的作用 [J]. 经济研究, 2014, 49 (7): 67 - 80.

[14] 蔡克信. "1 + N + 1" 规划结构体系 [N]. 中国旅游报, 2013 - 08 - 26 (006).

[15] 蔡萌, 杨传开. 大都市旅游公共服务体系优化研究: 以上海为例 [J]. 现代城市研究, 2015 (10): 125 - 130.

[16] 蔡宁, 王莹, 尚丹, 等. 乡村振兴背景下田园综合体发展路径选择 [J]. 安徽农业科学, 2020, 48 (20): 253 - 254.

[17] 蔡天抒, 袁奇峰. 以 "地方文化认同" 为动力的历史文化遗产保护: 基于广东地方文化保育行动的实证研究 [J]. 国际城市规划, 2017, 32 (2): 114 - 120.

[18] 蔡文东, 莫小丹. 智慧博物馆的建设经验及其对智慧科技馆建设的启示 [J]. 中国博物馆, 2020 (1): 115 - 119.

[19] 曹东勃, 宋锐. 农耕文化: 乡村振兴的伦理本源 [J]. 西北农林科技大学学报 (社会科学版), 2020, 20 (3): 144 - 153.

[20] 曹芳东, 黄震方, 余凤龙, 等. 国家级风景名胜区旅游效率空间格局动态演化及其驱动机制 [J]. 地理研究, 2014, 33 (6): 1151 - 1166.

[21] 曹杰, 熊康宁, 陈丽莎, 等. 梵净山世界遗产提名地环境问题空间分布及整治研究 [J]. 中国园林, 2020, 36 (3): 115 - 119.

[22] 曹诗图, 袁本华. 论文化与旅游开发 [J]. 经济地理, 2003 (3): 405 - 408, 413.

[23] 曹帅强, 邓运员. 非物质文化遗产景观基因的挖掘及其意象特征: 以湖南省为例 [J]. 经济地理, 2014, 34 (11): 185 - 192.

[24] 曹煜玲，游斌，张军涛．乡村振兴视域下的村庄空间重构：现实困境与破解路径 [J]．当代经济管理，2022，44（5）：51-57．

[25] 岑贝．北京工业文化遗产空间特征与保护对策研究 [J]．北京联合大学学报，2019，33（4）：30-37．

[26] 柴荣，梁岩妍．我国文物保护立法模式研究 [J]．西北大学学报（哲学社会科学版），2016，46（1）：76-84．

[27] 常东亮．当代中国城市文化活力问题多维透视 [J]．学习与实践，2019（4）：110-117．

[28] 常明明．农业合作化运动中农业技术改造考察 [J]．中国农史，2015，34（4）：62-72．

[29] 车亮亮，李悦铮，韩雪．近代城市历史文化街区文化景观演变研究：以大连旅顺太阳沟为例 [J]．人文地理，2012，27（5）：30-35．

[30] 陈波，郑唯．中国文化产业示范（试验）园区和产业示范基地投入产出效率研究 [J]．艺术百家，2017，33（5）：33-230．

[31] 陈沧杰，王承华，宋金萍．存量型城市设计路径探索：宏大场景 VS 平民叙事：以南京市鼓楼区河西片区城市设计为例 [J]．规划师，2013，29（5）：29-35．

[32] 陈超．特色小镇景观建设对接乡村旅游创新发展的推进策略 [J]．农业经济，2020（3）：51-52．

[33] 陈传夫，冯昌扬，陈一．面向全面小康的图书馆常态化转型发展模式探索 [J]．中国图书馆学报，2016，42（1）：4-20．

[34] 陈春燕．文化旅游视野下的景区民宿发展研究 [J]．广西社会科学，2018（11）：188-191．

[35] 陈凡，吕正春，陈红兵．STS 视阈中工业遗产保护的困顿与应策 [J]．自然辩证法通讯，2016，38（3）：113-117．

[36] 陈刚强，李映辉．中国区域旅游规模的空间结构与变化 [J]．旅游学刊，2011，26（11）：84-89．

[37] 陈钢华，奚望．旅游度假区游客环境恢复性感知对满意度与游后行为意向的影响：以广东南昆山为例 [J]．旅游科学，2018，32（4）：17-30．

[38] 陈庚，邱润森．新时代完善现代公共文化服务体系建设的路径研究 [J]．江汉论坛，2020（7）：137-144．

[39] 陈海彬．新农村建设背景下乡村旅游产业发展问题及对策建议 [J]．中国农业资源与区划，2016，37（12）：220-225．

[40] 陈海波．旅游的起源及相关问题再考 [J]．旅游学刊，2020，35（9）：123-133．

[41] 陈海江，司伟，刘泽琦，等．政府主导型生态补偿的多中心治理：基于农户社会网络的视角 [J]．资源科学，2020，42（5）：812-824．

[42] 陈红霞，屈玥鹏．基于竞争优势培育的农村一二三产业融合的内生机制研究 [J]．中国软科学，2020（S1）：58-64．

[43] 陈换，章牧．特色小镇文旅融合发展路径与机制研究 [J]．特区经济，2020（6）：100-106．

[44] 陈俊红，田有国，龚晶，等．我国农业技术推广主体的行为实践研究 [J]．农业现代化研究，2018，39（4）：567-575．

[45] 陈黎明，王文平，王斌．"两横三纵"城市化地区的经济效率、环境效率和生态效率：基于混合方向性距离函数和合图法的实证分析 [J]．中国软科学，2015（2）：96-109．

[46] 陈林，罗莉娅，康妮．行政垄断与要素价格扭曲：基于中国工业全行业数据与内生性视角的实证检验 [J]．中国工业经济，2016（1）：52-66．

[47] 陈濛，吴一洲，吴次芳．历史街区商业化改造绩效评估与优化策略：以宁波三大历史文化街区为例 [J]．规划师，2013，29（10）：86-96．

[48] 陈明竺．新世代田园经济的崛起：结合科技、观光、文化与生活资源的绿色产业革命 [J]．城市发展研究，2006（5）：113-121．

[49] 陈培培，张敏．从美丽乡村到都市居民消费空间：行动者网络理论与大世凹村的社会空间重构 [J]．地理研究，2015，34（8）：1435-1446．

[50] 陈茜．农业文化遗产在乡村振兴中的价值与转化 [J]．原生态民族文化学刊，2020，12（3）：

133 – 140.

[51] 陈清. 文化产业供给侧结构性改革的缘由、方向和路径探讨 [J]. 现代传播（中国传媒大学学报），2017，39（10）：120 – 122，142.

[52] 陈润卿. 中华茶文化生活方式发展研究 [J]. 茶叶，2020，46（1）：44 – 48.

[53] 陈望衡，郝娉婷，齐君. 荒野与园林："生态园林主义"建构的思考 [J]. 中国园林，2016，32（10）：50 – 53.

[54] 陈伟，何蕾，王贝. 回归"人本生活"的商业街改造模式 [J]. 规划师，2014，30（7）：123 – 128.

[55] 陈伟斌，张庆顺. 乡村记忆档案文化创意产品的开发与利用 [J]. 北京档案，2019（11）：27 – 29.

[56] 陈炜，蔡银潇. 旅游发展对广西传统村落文化遗产集群化保护的驱动机制研究 [J]. 广西社会科学，2021（10）：64 – 71.

[57] 陈雯，孙伟，吴加伟，等. 长江经济带开发与保护空间格局构建及其分析路径 [J]. 地理科学进展，2015，34（11）：1388 – 1397.

[58] 陈雯. 生态经济：自然和经济双赢的新发展模式 [J]. 长江流域资源与环境，2018，27（1）：1 – 5.

[59] 陈晓华，程佳. 文化传承视角下我国传统村落保护发展研究述评 [J]. 淮北师范大学学报（哲学社会科学版），2018，39（2）：112 – 120.

[60] 陈晓莞. 文化创意产业跨界融合发展问题研究：基于消费升级视角 [J]. 商业经济研究，2020（12）：179 – 181.

[61] 陈亚孟，赵慧宁. 探析城市发展中历史街区的文化保护与设计研究：以南宋御街为例 [J]. 美与时代（上），2020（7）：42 – 44.

[62] 陈正鹏，袁雷，刘亚楠. 城市意象解析：以近代工业文化遗存南通唐闸镇为例 [J]. 住宅科技，2016，36（10）：22 – 25.

[63] 陈卓. 新时代博物馆发展理念的几点思考 [J]. 东南文化，2019（2）：113 – 116.

[64] 陈梓楠. 基于农村产业结构优化的乡村旅游发展模式选择 [J]. 农业经济，2018（9）：58 – 59.

[65] 成德宁，汪浩，黄杨. "互联网 + 农业"背景下我国农业产业链的改造与升级 [J]. 农村经济，2017（5）：52 – 57.

[66] 城所哲夫. 日本城市开发和城市更新的新趋势 [J]. 中国土地，2017（1）：49 – 50.

[67] 程成，孙文致，陈国辉，等. 民族地区特色小镇发展评价体系研究：广西中渡镇的实证 [J]. 广西民族研究，2022（1）：174 – 186.

[68] 程惠芳，陆嘉俊. 知识资本对工业企业全要素生产率影响的实证分析 [J]. 经济研究，2014，49（5）：174 – 187.

[69] 程慧，徐琼，郭尧琦. 我国旅游资源开发与生态环境耦合协调发展的时空演变 [J]. 经济地理，2019，39（7）：233 – 240.

[70] 程莉. 城镇化、乡村旅游与农村经济增长 [J]. 农业经济与管理，2020（1）：78 – 89.

[71] 程瑞芳，程钢海. 乡村振兴：乡村旅游多元价值功能响应调整及开发路径 [J]. 河北经贸大学学报，2019，40（6）：75 – 81.

[72] 程响，何继新. 城乡融合发展与特色小镇建设的良性互动：基于城乡区域要素流动理论视角 [J]. 广西社会科学，2018（10）：89 – 93.

[73] 程玉，杨勇，刘震，等. 中国旅游业发展回顾与展望 [J]. 华东经济管理，2020，34（3）：1 – 9.

[74] 程哲，蔡建明，崔莉，等. 乡村转型发展产业驱动机制：以盘锦乡村旅游为例 [J]. 农业现代化研究，2016，37（1）：143 – 150.

[75] 丛海彬，邹德玲，刘程军. 新型城镇化背景下产城融合的时空格局分析：来自中国 285 个地级市的实际考察 [J]. 经济地理，2017，37（7）：46 – 55.

[76] 崔凤军，徐鹏，陈旭峰. 文旅融合高质量发展研究：基于机构改革视角的分析 [J]. 治理研究，2020（6）：98 – 104.

[77] 崔慧玲. 城镇居民国内旅游消费的构成与发展: 以旅游目的为研究视角 [J]. 商业经济研究, 2018 (12): 38 – 40.

[78] 崔哲浩, 吴雨晴, 李媛媛. 民族地区旅游景区客源市场结构和游客行为分析 [J]. 延边大学学报 (社会科学版), 2020, 53 (5): 99 – 143.

[79] 戴晓丹, 智春阳. 文化创意与休闲农业经营融合的路径探讨 [J]. 产业创新研究, 2018 (9): 33 – 34.

[80] 戴学锋. 从全面深化改革角度看旅游用地改革的重要性 [J]. 旅游学刊, 2017, 32 (7): 3 – 5.

[81] 单延芳. 贵州民族文化旅游演艺产品游客满意度实证研究 [J]. 贵州民族研究, 2015, 36 (10): 155 – 158.

[82] 党东雨, 余广超. 传统村落景观规划的研究: 以临沂市竹泉村为例 [J]. 城市发展研究, 2016, 23 (3): 18 – 20.

[83] 邓良凯, 黄勇, 刘雪丽, 等. 旅游流视角下川西北高原旅游地空间结构特征及规划优化 [J]. 旅游科学, 2019, 33 (5): 31 – 44.

[84] 邓凌雁. 空间与教化: 文庙空间现象及其教育意蕴的生成 [J]. 河南大学学报 (社会科学版), 2017, 57 (5): 132 – 139.

[85] 邓凌月. 加强红色文化遗产保护地方立法研究 [J]. 理论学刊, 2018 (4): 93 – 100.

[86] 邓文君. 数字时代法国文化创意产业的创意环境构建研究 [J]. 深圳大学学报 (人文社会科学版), 2014, 31 (6): 141 – 145.

[87] 邓向荣, 曹红. 产业升级路径选择: 遵循抑或偏离比较优势: 基于产品空间结构的实证分析 [J]. 中国工业经济, 2016 (2): 52 – 67.

[88] 邸茜, 王蕾, 吴静哲, 等. 生态延续、绿野连城: 中卫生态连城项目规划设计 [J]. 中国园林, 2018, 34 (S1): 5 – 10.

[89] 丁仕潮, 佘雯雯. 我国新型城镇化与文化产业发展的耦合协调度评价研究 [J]. 安徽工程大学学报, 2018, 33 (1): 85 – 94.

[90] 董翠. 后工业景观视野下的景德镇工业遗址再利用方法研究 [J]. 工业建筑, 2017, 47 (8): 30 – 34.

[91] 董香书, 肖翔. "振兴东北老工业基地" 有利于产值还是利润?: 来自中国工业企业数据的证据 [J]. 管理世界, 2017 (7): 24 – 188.

[92] 董志勇, 王德显. 科技创新、生产模式变革与农业现代化 [J]. 新视野, 2019 (6): 34 – 40.

[93] 杜文忠, 席玮, 杜金波. 基于 SD 的旅游可持续发展仿真研究: 以桂林为例 [J]. 生态经济, 2020, 36 (12): 104 – 111.

[94] 杜韵红. 乡土传统中生态博物馆之实验与实践 [J]. 贵州社会科学, 2018 (2): 36 – 41.

[95] 段学成. 体验经济背景下舟山军事旅游开发研究 [J]. 国土与自然资源研究, 2012 (6): 71 – 73.

[96] 段学军, 邹辉, 陈维肖, 等. 岸线资源评估、空间管控分区的理论与方法: 以长江岸线资源为例 [J]. 自然资源学报, 2019, 34 (10): 2209 – 2222.

[97] 段亚琼, 张国峰, 王舒阳. 废旧工业锅炉房空间的利用 [J]. 工业建筑, 2020, 50 (1): 69 – 74.

[98] 顿明明, 赵民. 论城乡文化遗产保护的权利关系及制度建设 [J]. 城市规划学刊, 2012 (6): 14 – 22.

[99] 樊军辉. 我国旅游景区服务质量及其标准体系的研究: 以 "山海关景区运行服务质量标准体系" 为例 [D]. 石家庄: 河北师范大学, 2007.

[100] 樊信友, 蒲勇健. 产业融合视角下的工业旅游发展研究 [J]. 商业研究, 2015 (3): 181 – 186.

[101] 樊友猛, 谢彦君. 记忆、展示与凝视: 乡村文化遗产保护与旅游发展协同研究 [J]. 旅游科学, 2015, 29 (1): 11 – 87.

[102] 樊忠涛. 现代军事遗址的旅游价值分析与开发研究 [J]. 经济研究导刊, 2014 (18): 246 – 247.

[103] 范建华. 带状发展:"十三五"中国文化产业发展新趋势 [J]. 云南师范大学学报(哲学社会科学版),2015,47(3):84-93.

[104] 范如国. 复杂网络结构范型下的社会治理协同创新 [J]. 中国社会科学,2014(4):98-206.

[105] 范香花,黄静波,程励,等. 生态旅游者旅游涉入对环境友好行为的影响机制 [J]. 经济地理,2019,39(1):225-232.

[106] 范周,谭雅静. 文化创意赋能文化旅游产业发展 [J]. 出版广角,2020(6):6-9.

[107] 方创琳. 论区域与城市发展规划编制与实施的一体化 [J]. 城市规划,2002(4):15-17.

[108] 方帅. 福建省创意农业发展研究 [D]. 福州:福建农林大学,2014.

[109] 方中权,张雪. 教育旅游:中小学开展弘扬和培育民族精神教育的重要途径 [J]. 教育导刊,2005(2):22-23.

[110] 房艳刚,刘继生. 基于多功能理论的中国乡村发展多元化探讨:超越"现代化"发展范式 [J]. 地理学报,2015,70(2):257-270.

[111] 封志明,杨艳昭,闫慧敏,等. 百年来的资源环境承载力研究:从理论到实践 [J]. 资源科学,2017,39(3):379-395.

[112] 冯奎. 中国新城新区现状与创新发展重点 [J]. 区域经济评论,2016(6):15-25.

[113] 冯林英. 关于博物馆商店的思考 [J]. 中国博物馆,2003(1):45-47.

[114] 冯凌,郭嘉欣,王灵恩. 旅游生态补偿的市场化路径及其理论解析 [J]. 资源科学,2020,42(9):1816-1826.

[115] 冯雪彬,张建英. 农业现代化与新型城镇化耦合协调路径研究 [J]. 农业经济,2020(10):23-25.

[116] 冯应斌,龙花楼. 中国山区乡村聚落空间重构研究进展与展望 [J]. 地理科学进展,2020,39(5):866-879.

[117] 冯英杰,钟水映. 全域旅游视角下的博物馆文化旅游发展研究:基于游客满意度的调查 [J]. 西北民族大学学报(哲学社会科学版),2018(3):66-75.

[118] 付华,张明庆. 北京市工业遗址保护性开发初探 [J]. 首都师范大学学报(自然科学版),2020,41(1):46-52.

[119] 付孟泽,闫凤英,林建桃. 人地关系驱动下浙北乡村聚落空间演变与发展研究 [J]. 地域研究与开发,2019,38(6):152-157.

[120] 付瑞红. 国家文化公园建设的"文化+"产业融合政策创新研究 [J]. 经济问题,2021(4):56-62.

[121] 付铁岩. 生态理念下的农村旅游特色小镇经济体系建构策略研究 [J]. 农业经济,2020(11):59-60.

[122] 付晓东,蒋雅伟. 基于根植性视角的我国特色小镇发展模式探讨 [J]. 中国软科学,2017(8):102-111.

[123] 付晓东,徐涵露. 文化遗产的深度开发:以安阳殷墟世界遗产开发为例 [J]. 中国软科学,2014(7):92-104.

[124] 付业勤,李勇. "一带一路"战略与海南"中国旅游特区"发展 [J]. 热带地理,2015,35(5):646-654.

[125] 付志勇. 面向创客教育的众创空间与生态建构 [J]. 现代教育技术,2015,25(5):18-26.

[126] 付子堂,张善根. 地方法治建设及其评估机制探析 [J]. 中国社会科学,2014(11):123-207.

[127] 傅才武. 论文化和旅游融合的内在逻辑 [J]. 武汉大学学报(哲学社会科学版),2020,73(2):89-100.

[128] 傅美蓉. 符号学视野下的"中华嫁衣"展览 [J]. 南开学报(哲学社会科学版),2017(6):31-38.

[129] 傅起民,曾芳芳. 稻作文化主题创意农业园开发策略研究 [J]. 农村经济与科技,2017,28

(21)：117 – 131.

[130] 伽红凯，卢勇．农业文化遗产与乡村振兴：基于新结构经济学理论的解释与分析 [J]．南京农业大学学报（社会科学版），2021，21（2）：53 – 61.

[131] 甘娜，徐飞，郑涛．田园综合体内生发展的影响因素评价与优化路径研究：以都江堰市天府源国家级田园综合体为例 [J]．农村经济，2022（4）：63 – 72.

[132] 高丙中，宋红娟．文化生态保护区建设与城镇化进程中的非遗保护：机制梳理与政策思考 [J]．西北民族研究，2016（2）：23 – 204.

[133] 高长征，闫芳，龙文燕．基于"共生理论"的工业遗产改造模式探索：以洛阳轴承厂为例 [J]．城市发展研究，2017，24（3）：54 – 60.

[134] 高红艳．地方文化体验视角下青岩古镇民宿发展思考 [J]．农村经济与科技，2020，31（21）：97 – 136.

[135] 高华峰，吕宗耀．旅游景区利益相关者优先度计量分析 [J]．中南民族大学学报（人文社会科学版），2020，40（1）：148 – 154.

[136] 高军波，刘彦随，乔伟峰，等．中国典型农区县域社会不平等空间模式与地域差异：以河南省为例 [J]．地理研究，2016，35（5）：885 – 897.

[137] 高丽，李红波，张小林．中国乡村生活空间研究溯源及展望 [J]．地理科学进展，2020，39（4）：660 – 669.

[138] 高丽泉．贵阳青岩古镇历史人文资源开发现状及发展对策研究 [J]．旅游纵览（下半月），2019（6）：185 – 188.

[139] 高林安．改革开放 40 年陕西旅游业发展回顾与展望 [J]．西安财经大学学报，2020，33（4）：122 – 128.

[140] 高梦浠．改革开放 40 年来我国旅游业的发展历程、成就与展望 [J]．价格月刊，2018（11）：73 – 77.

[141] 高楠，王琳艳，马耀峰，等．旅游业驱动下世界文化遗产依附地城镇化响应机制：以平遥古城为例 [J]．经济地理，2017，37（4）：198 – 207.

[142] 高宁，华晨．工业用地复兴的双向联动功能聚集体模式设计探讨：以京杭大运河（杭州段）沿岸为例 [J]．规划师，2009，25（3）：29 – 33.

[143] 高苹，席建超．旅游地乡村聚落产业集聚的时空演化及其驱动机制研究：野三坡旅游地苟各庄村案例实证 [J]．资源科学，2017，39（8）：1535 – 1544.

[144] 高强，孔祥智．论相对贫困的内涵、特点难点及应对之策 [J]．新疆师范大学学报（哲学社会科学版），2020，41（3）：120 – 128.

[145] 高艳芳，孙正国．日常需求与文化创意："生产性保护"的观念与路径 [J]．民俗研究，2014（3）：151 – 159.

[146] 葛红兵．创意本位的文科及其可能性 [J]．探索与争鸣，2020（1）：14 – 16.

[147] 葛全胜，董晓峰，毛其智，等．雄安新区：如何建成生态与创新之都 [J]．地理研究，2018，37（5）：849 – 869.

[148] 耿达，傅才武．带际发展与业态融合：长江文化产业带的战略定位与因应策略 [J]．福建论坛（人文社会科学版），2016（8）：127 – 133.

[149] 宫麟丰．农业技术推广与乡村文化建设的生态互动探略 [J]．乡村科技，2020，11（25）：29 – 30.

[150] 龚世扬．探索与实践：对广西民族生态博物馆"1 + 10 工程"的回顾、评价和思考 [J]．广西民族研究，2016（1）：143 – 149.

[151] 龚月．数字经济背景下产业结构优化策略分析 [J]．商业经济研究，2020（12）：176 – 178.

[152] 辜胜阻，李行，吴华君．新时代推进绿色城镇化发展的战略思考 [J]．北京工商大学学报（社会科学版），2018，33（4）：107 – 116.

[153] 谷晓萍，李岩泉，牛丽君，等．本溪关门山国家森林公园游客行为特征 [J]．生态学报，

2015，35（1）：204 – 211.

［154］顾朝林. 基于地方分权的城市治理模式研究：以新城新区为例［J］. 城市发展研究，2017，24（2）：70 – 78.

［155］关志强，刘蓉，丁宇，等. 节事活动旅游公共服务设施 IPA 评价：以 2018 中国 – 亚欧博览会为例［J］. 西北师范大学学报（自然科学版），2020，56（4）：120 – 126.

［156］管欣雨，于洋，贾超. 青岛工业遗产中食品工业遗产的使用状况研究［J］. 城市建筑，2019，16（19）：58 – 64.

［157］光娅. 基于乡村振兴的安徽产业集群专业镇的发展研究［J］. 华东经济管理，2018，32（9）：35 – 42.

［158］桂榕，吕宛青. 民族文化旅游空间生产刍论［J］. 人文地理，2013，28（3）：154 – 160.

［159］郭华，曹如中，董凯，等. 长三角文化创意产业融合发展评价研究［J］. 丝绸，2020，57（11）：66 – 74.

［160］郭慧丽. 殷墟文化互动体验项目的开发与利用［J］. 产业与科技论坛，2014，13（13）：28 – 29.

［161］郭克莎. 中国产业结构调整升级趋势与"十四五"时期政策思路［J］. 中国工业经济，2019（7）：24 – 41.

［162］郭立新，朱明敏，闫晓青，等. 广州老城区历史文物资源调查及开发策略分析［J］. 文化遗产，2011（4）：143 – 161.

［163］郭帅新. 新旧城区产业协同发展的推进机制与路径：以成都市为例［J］. 发展改革理论与实践，2018（7）：55 – 60.

［164］郭晓鸣，张耀文，马少春. 农村集体经济联营制：创新集体经济发展路径的新探索：基于四川省彭州市的试验分析［J］. 农村经济，2019（4）：1 – 9.

［165］郭晓勋，李响. 文旅融合背景下黑龙江旅游特色小镇建设路径［J］. 学术交流，2020（11）：19 – 28.

［166］郭永锐，张捷，张玉玲. 旅游社区恢复力研究：源起、现状与展望［J］. 旅游学刊，2015，30（5）：85 – 96.

［167］韩宝华. 文化创意产业的创意实践系统演化本质［J］. 上海财经大学学报，2016，18（1）：25 – 34.

［168］韩非，蔡建明. 我国半城市化地区乡村聚落的形态演变与重建［J］. 地理研究，2011，30（7）：1271 – 1284.

［169］韩福文，王芳. 工业遗产保护视角下的工业特色文化城市建设：以辽宁工业城市为例［J］. 经济地理，2013，33（6）：66 – 72.

［170］韩晶，酒二科. 以产业结构为中介的创新影响中国经济增长的机理［J］. 经济理论与经济管理，2018（6）：51 – 63.

［171］韩强，安幸，邓金花. 中国工业遗产保护发展历程［J］. 工业建筑，2018，48（8）：8 – 12.

［172］韩喜平，崔伊霞. 中国特色资源型城市转型发展的路径思考［J］. 西北工业大学学报（社会科学版），2020（2）：1 – 7.

［173］韩絮. 体育节事活动旅游效应及其 PFCCII 对策研究：以江苏省第十九届运动会为例［J］. 江苏商论，2019（2）：63 – 66.

［174］韩雪晴，王义桅. 全球公域：思想渊源、概念谱系与学术反思［J］. 中国社会科学，2014（6）：188 – 205.

［175］韩宗伟. 中国农业文化遗产的空间分布特征及影响因素分析［J］. 中国农业资源与区划，2017，38（2）：97 – 104.

［176］何红. 城乡融合发展的核心内容与路径分析［J］. 农业经济，2018（2）：91 – 92.

［177］何劲，熊学萍，祁春节. 新型农业经营体系与现代农业发展的关联效应研究：以湖北省为例［J］. 农业现代化研究，2019，40（3）：395 – 402.

［178］何俊良. 研学旅行与文化的融合情况探析：以中小学生研学旅行为例［J］. 国际公关，2019

(7)：253 - 254.

[179] 何平，陈丹丹，贾喜越. 产业结构优化研究 [J]. 统计研究，2014，31 (7)：31 - 37.

[180] 何仁伟，李光勤，曹建华. 酒香真的不怕巷子深吗？：基于国家级风景名胜区的区位选择问题研究 [J]. 旅游学刊，2018，33 (9)：94 - 107.

[181] 何笙. 鸥翔蓝天下，人悦图画中：打造"生态青岛"环境更加宜居 [J]. 走向世界，2019 (11)：16 - 18.

[182] 何卫华，熊正德. 数字创意产业的跨界融合：内外动因与作用机制 [J]. 湖南社会科学，2019 (6)：95 - 102.

[183] 何侠. 葡萄美酒夜光杯：千年匠心造就宣化白牛奶葡萄 [J]. 农村·农业·农民（A 版），2017 (7)：60 - 61.

[184] 何晓雷. 基于免费开放的博物馆改革发展若干思考 [J]. 东南文化，2020 (4)：139 - 144.

[185] 何焱. 服务设计理念下文化旅游景区系统性开发研究 [J]. 福建茶叶，2019，41 (3)：89 - 90.

[186] 侯兵，黄震方. 文化旅游实施区域协同发展：现实诉求与路径选择 [J]. 商业经济与管理，2015 (11)：78 - 87.

[187] 侯鹏，孟宪生. 新时代我国区域经济一体化的空间战略 [J]. 甘肃社会科学，2019 (2)：196 - 203.

[188] 侯守杰. 新时代城乡融合发展的绿色困境与路径 [J]. 理论导刊，2021 (1)：91 - 97.

[189] 侯燚，蒋军成. 乡村振兴战略下文旅特色小镇持续助力精准扶贫研究 [J]. 现代经济探讨，2020 (8)：125 - 132.

[190] 胡惠林. 时间与空间文化经济学论纲 [J]. 探索与争鸣，2013 (5)：10 - 16, 1.

[191] 胡建新，张杰，张冰冰. 传统手工业城市文化复兴策略和技术实践：景德镇"陶溪川"工业遗产展示区博物馆、美术馆保护与更新设计 [J]. 建筑学报，2018 (5)：26 - 27.

[192] 胡孝平，李杨. 江苏省生态休闲旅游发展战略研究 [J]. 旅游纵览（下半月），2017 (6)：152 - 154.

[193] 胡钰，王一凡. 文化旅游产业中 PPP 模式研究 [J]. 中国软科学，2018 (9)：160 - 172.

[194] 黄柏青，李勇军. 都市创意农业创新驱动发展模式研究：以北京市为例 [J]. 财经理论与实践，2020，41 (2)：121 - 129.

[195] 黄光宇，李和平. 山地历史文化遗产的保护观念：论重庆黄山陪都遗址的保护与开发 [J]. 城市规划，1998 (3)：43 - 63.

[196] 黄惠英，杨建利，王莹. 产业结构调整与新型城镇化动态关系分析：以河北省为例 [J]. 商业经济研究，2020 (14)：179 - 181.

[197] 黄剑锋，陆林. 空间生产视角下的旅游地空间研究范式转型：基于空间涌现性的空间研究新范式 [J]. 地理科学，2015，35 (1)：47 - 55.

[198] 黄丽媛. 做好"旅游 + 多产业"融合发展文章 [N]. 贵州日报，2020 - 12 - 22 (003).

[199] 黄猛，李丽霞. 城市旅游节庆体验价值提升策略研究 [J]. 商业研究，2014 (1)：173 - 178.

[200] 黄群慧，倪红福. 基于价值链理论的产业基础能力与产业链水平提升研究 [J]. 经济体制改革，2020 (5)：11 - 21.

[201] 黄群慧. 改革开放 40 年中国的产业发展与工业化进程 [J]. 中国工业经济，2018 (9)：5 - 23.

[202] 黄群慧. "新常态"、工业化后期与工业增长新动力 [J]. 中国工业经济，2014 (10)：5 - 19.

[203] 黄蕊，李雪威. 数字技术提升中国旅游产业效率的机理与路径 [J]. 当代经济研究，2021 (2)：75 - 84.

[204] 黄玮. 历史唯物主义视域中的城乡空间关系及其当代启示 [J]. 人民论坛，2014 (23)：153 - 155.

[205] 黄莘绒，李红波，胡昊宇. 乡村居民消费空间的特征及其影响机制：以南京"五朵金花"为例 [J]. 地域研究与开发，2018，37 (4)：162 - 167.

[206] 黄耀丽，聂磊，李凡. 文化旅游与文化产业互动的研究：以佛山文化旅游资源开发为例 [J]. 热

带地理，2003（4）：376－379.

［207］黄益军，吕振奎. 文旅教体融合：内在机理、运行机制与实现路径［J］. 图书与情报，2019（4）：44－52.

［208］黄宇，杨雪. 建构主义学习理论视角下研学旅行的特征和原则［J］. 地理教学，2019（3）：60－64.

［209］黄渊基，匡立波，贺正楚. 武陵山片区生态文化旅游扶贫路径探索：以湖南省慈利县为例［J］. 经济地理，2017，37（3）：218－224.

［210］黄震方，侯国林，周年兴，等. 旅游地理学［M］. 大连：东北财经大学出版社，2015：208－212.

［211］黄震方，黄睿. 城镇化与旅游发展背景下的乡村文化研究：学术争鸣与研究方向［J］. 地理研究，2018，37（2）：233－249.

［212］黄震方，陆林，苏勤，等. 新型城镇化背景下的乡村旅游发展：理论反思与困境突破［J］. 地理研究，2015，34（8）：1409－1421.

［213］吉林将发掘老工业遗迹 建设特色创意产业园区［J］. 经济视角，2010（8）：12.

［214］贾建锋，唐贵瑶，李俊鹏，等. 高管胜任特征与战略导向的匹配对企业绩效的影响［J］. 管理世界，2015（2）：120－132.

［215］贾建中，邓武功. 中国风景名胜区及其规划特征［J］. 城市规划，2014，38（S2）：55－58，149.

［216］贾静，张强. 墨西哥的城镇化与"去中心化"趋势［J］. 国际城市规划，2017，32（5）：49－58.

［217］建峰. 基于旅游资源开发的空间规划布局研究［J］. 中学地理教学参考，2014（16）：69－70.

［218］江浩. 休闲文化与创意景观［J］. 湖南社会科学，2017（6）：162－166.

［219］江梅. 对全球重要农业文化遗产［D］. 西安：长安大学，2015.

［220］江维国. 我国农业旅游可持续发展研究［J］. 北方园艺，2016（6）：171－175.

［221］蒋柯可，熊正贤. 文旅类特色小镇同质化问题与差异化策略研究：以四川安仁古镇和洛带古镇为例［J］. 长江师范学院学报，2019，35（2）：33－40.

［222］蒋莉，黄静波. 罗霄山区旅游扶贫效应的居民感知与态度研究：以湖南汝城国家森林公园九龙江地区为例［J］. 地域研究与开发，2015，34（4）：99－104.

［223］蒋丽，袁刚. 乡村振兴视域下特色小镇公共政策优化研究：以江苏省为例［J］. 广西社会科学，2021（11）：57－62.

［224］蒋明伟. 壮族历史文化遗产保护与开发的困境与出路探微：以广西靖西县为例［J］. 广西民族研究，2012（1）：175－179.

［225］蒋卫杰，邓杰，余宏军. 设施园艺发展概况、存在问题与产业发展建议［J］. 中国农业科学，2015，48（17）：3515－3523.

［226］焦雯珺，崔文超，张碧天，等. 试论我国重要农业文化遗产保护与发展的科技支撑体系构建［J］. 自然与文化遗产研究，2020，5（6）：19－28.

［227］解学梅，刘丝雨. 协同创新模式对协同效应与创新绩效的影响机理［J］. 管理科学，2015，28（2）：27－39.

［228］解学梅. 协同创新效应运行机理研究：一个都市圈视角［J］. 科学学研究，2013，31（12）：1907－1920.

［229］孔翔，王惠，侯铁铖. 历史文化商业街经营者的地方感研究：基于黄山市屯溪老街案例［J］. 地域研究与开发，2015，34（4）：105－110.

［230］孔翔，吴栋，张纪娴. 社区参与模式下的传统村落旅游空间生产及影响初探：基于苏州东山陆巷古村的调研［J］. 世界地理研究，2019，28（6）：156－165.

［231］雷湘兰，沈振国. 现代农业新型实用人才培养探索［J］. 核农学报，2021，35（2）：512.

［232］雷潇雨，龚六堂. 基于土地出让的工业化与城镇化［J］. 管理世界，2014（9）：29－41.

［233］李爱民，刘家文．新疆文化创意产业发展的挑战与出路：新疆七坊街文化创意产业集聚园区的调查与分析［J］．新疆师范大学学报（哲学社会科学版），2012，33（1）：35 – 39.

［234］李宾．首钢工业景观格局变迁研究（1919—2019）［J］．中国园林，2020，36（3）：15 – 20.

［235］李炳义，梅亮．城市旅游公共服务体系的构建［J］．城市发展研究，2013，20（1）：98 – 102.

［236］李忱，乔世君．我国城市中产阶层消费观念与消费模式研究［J］．商业经济研究，2020（21）：45 – 49.

［237］李楚鸿，周波．田园综合体与乡村发展关系研究：以四川省成都市为例［J］．中国农业资源与区划，2019，40（6）：164 – 169.

［238］李东涵，王展．面向"十四五"的农业现代化产业技术创新模式展望［J］．农业技术经济，2020（9）：143.

［239］李东升，杜恒波，唐文龙．国有企业混合所有制改革中的利益机制重构［J］．经济学家，2015（9）：33 – 39.

［240］李飞．论旅游外交：层次、属性和功能［J］．旅游学刊，2019，34（3）：113 – 124.

［241］李谷成．解析中国特色农业项目的发展机制与路径：评《乡村振兴战略背景下特色农业发展研究》［J］．统计与决策，2019，35（17）：2，189.

［242］李光明，段师锐．人际适应性、孤独感与新市民文化消费意愿［J］．消费经济，2016，32（5）：48 – 53.

［243］李桂静．居民消费结构调整推动产业结构升级的实证研究［J］．商业经济研究，2020（5）：57 – 59.

［244］李红波，张小林，吴启焰，等．发达地区乡村聚落空间重构的特征与机理研究：以苏南为例［J］．自然资源学报，2015，30（4）：591 – 603.

［245］李宏轩，王丽丹，王晓颖，等．沈阳市村庄分类布局策略探索［J］．规划师，2020，36（S1）：85 – 90.

［246］李佳．西部旅游资源富集区旅游经济空间差异分析：以四川省为例［J］．干旱区资源与环境，2015，29（9）：198 – 202.

［247］李建军，万翠琳．文化创意产业与城市经济发展互动机制研究［J］．上海经济研究，2018（1）：44 – 52.

［248］李健，夏帅伟．中国特大城市紧凑度测度及多重效应相关分析［J］．城市发展研究，2016，23（11）：109 – 116.

［249］李健．山海关5A景区摘牌整改问题及对策研究［D］．秦皇岛：燕山大学，2018.

［250］李军，罗永常，李忠斌．"固本扩边"理论视角下民族特色小镇空间圈形扩展研究［J］．广西民族研究，2017（6）：126 – 133.

［251］李丽颖．我国农业现代化水平显著提高［J］．当代农机，2020（10）：19 – 20.

［252］李良成，陈欣，郑石明．科技人才与科技创新协同度测度模型及应用［J］．科技进步与对策，2019，36（10）：130 – 137.

［253］李梅．元阳县梯田渔业现状及发展探讨［J］．云南农业，2017（6）：68 – 69.

［254］李鹏，王英杰，虞虎，等．基于GIS格网化分析支撑的旅游空间规划技术方法研究：以青岛市为例［J］．自然资源学报，2018，33（5）：813 – 827.

［255］李启平，向国成，晏小敏．农村劳动力转移的新途径：创意农业［J］．西北农林科技大学学报（社会科学版），2013，13（6）：1 – 6.

［256］李茜，胡昊，李名升，等．中国生态文明综合评价及环境、经济与社会协调发展研究［J］．资源科学，2015，37（7）：1444 – 1454.

［257］李茜燕．我国旅游产业发展新变化与对策［J］．经济纵横，2015（9）：34 – 37.

［258］李倩，管宁．文化遗产：经典化、保护经验与中国智慧：网络时代文化遗产的历史命运［J］．福建论坛（人文社会科学版），2020，6（6）：58 – 68.

［259］李秋雨，黄悦，刘继生，等．广东省旅游业依赖度与经济增长关系的空间态势［J］．经济地

理，2015，35（5）：185-191.

[260] 李瑞，郭谦，贺跻，等．环渤海地区城市旅游业发展效率时空特征及其演化阶段：以三大城市群为例 [J]．地理科学进展，2014，33（6）：773-785.

[261] 李瑞，王茂强，吴孟珊，等．古镇旅游地游客意象感知测度及优化：以贵州省青岩古镇为例 [J]．城市问题，2018（4）：35-42.

[262] 李瑞宏，方家增．浅论浙江的科技馆建设与发展 [J]．科技通报，2012，28（7）：219-224.

[263] 李飒．文化产业园的产业布局风险管理研究 [J]．管理现代化，2014，34（6）：102-104.

[264] 李飒．文化产业园旅游资源的开发与利用：以北京为例 [J]．未来与发展，2015，39（3）：42-45.

[265] 李绍芃，于斌．文旅融合下的泰山文化遗产景区自导式解说系统优化研究 [J]．山东农业大学学报（自然科学版），2019，50（2）：342-345.

[266] 李胜兰，初善冰，申晨．地方政府竞争、环境规制与区域生态效率 [J]．世界经济，2014，37（4）：88-110.

[267] 李涛，蔡碧凡，陶卓民．城市群休闲农业旅游开发环境健康评价研究：以中国沿海六大城市群为例 [J]．地理研究，2016，35（11）：2125-2138.

[268] 李涛，刘家明，刘锐，等．基于"生产—生活—生态"适宜性的休闲农业旅游开发 [J]．经济地理，2016，36（12）：169-176.

[269] 李甜．全产业链模式推动乡村全域旅游发展路径 [J]．农业经济，2018（12）：49-50.

[270] 李庭筠，罗邱戈，张金萍，等．基于扎根理论的琼北火山地区传统村落新业态发展探讨：以海口市美孝村为例 [J]．自然资源学报，2020，35（9）：2079-2091.

[271] 李玮玮，王媛，王韦．乡村振兴战略背景下皖西地区文化与旅游产业融合发展研究 [J]．安徽农业大学学报（社会科学版），2019，28（3）：23-27.

[272] 李文华，孙庆忠．全球重要农业文化遗产：国际视野与中国实践：李文华院士访谈录 [J]．中国农业大学学报（社会科学版），2015，32（1）：5-18.

[273] 李文军，李巧明．改革开放40年我国文化产业发展历程及其取向 [J]．改革，2018（12）：54-64.

[274] 李晓翠．我国新型小城镇产业布局评价体系研究 [J]．工业技术经济，2015，34（6）：36-44.

[275] 李晓龙，冉光和．农村产业融合发展如何影响城乡收入差距：基于农村经济增长与城镇化的双重视角 [J]．农业技术经济，2019（8）：17-28.

[276] 李晓宇，同琳静，王倩，等．我国城市生态公园建设研究进展与展望 [J]．天津农业科学，2018，24（10）：86-90.

[277] 李新，勾晓华，王宁练，等．祁连山绿色发展：从生态治理到生态恢复 [J]．科学通报，2019，64（27）：2928-2937.

[278] 李新创．新时代钢铁工业高质量发展之路 [J]．钢铁，2019，54（1）：1-7.

[279] 李新瑜．国外农业旅游发展典型模式及对中国的启示 [J]．世界农业，2017（1）：134-136.

[280] 李星丽，王践．场景化与数字化：广西民族博物馆陈列艺术探析 [J]．四川戏剧，2020（4）：61-63.

[281] 李亚娟，陈田，王婧，等．大城市边缘区乡村旅游地旅游城市化进程研究：以北京市为例 [J]．中国人口·资源与环境，2013，23（4）：162-168.

[282] 李炎，何继想．资源配置与区域文化产业发展 [J]．同济大学学报（社会科学版），2015，26（3）：33-40.

[283] 李燕妮．发展铁路专项旅游的思考 [J]．铁道运输与经济，2014，36（1）：66-70.

[284] 李耀申，李晨．博物馆改革发展焦点问题及对策建议 [J]．东南文化，2020（4）：133-138.

[285] 李毅君．在城乡结合部开发高中地理综合考察项目的探究 [J]．地理教学，2015（19）：18-23.

[286] 李永乐．世界农业遗产生态博物馆保护模式探讨：以青田"传统稻鱼共生系统"为例 [J]．生态经济，2006（11）：39-42.

[287] 李勇泉, 李蕊, 阮文奇. 大型节庆活动微博用户情感态势的时空规律: 以故宫上元灯会为例 [J]. 华侨大学学报 (哲学社会科学版), 2019 (6): 27 – 38.

[288] 李渊, 谢嘉宬, 王秋颖. 旅游空间行为冲突评价与空间优化策略研究: 以鼓浪屿为例 [J]. 地理与地理信息科学, 2018, 34 (1): 92 – 97.

[289] 李跃军, 姜琴君, 卢立伟. 基于创造学原理的浙江特色小镇旅游创新研究 [J]. 中国名城, 2018 (6): 29 – 33.

[290] 李志飞. 全域旅游时代的变与不变 [J]. 旅游学刊, 2016, 31 (9): 26 – 28.

[291] 李志强, 钟家雨. 企业经营者对旅游发展环境感知的实证研究 [J]. 经济地理, 2018, 38 (4): 208 – 214.

[292] 李志勇. 非物质文化遗产博物馆建设理念初探: 以南京博物院非遗馆为例 [J]. 东南文化, 2015 (5): 107 – 112.

[293] 李挚萍. 行政命令型生态环境修复机制研究 [J]. 法学评论, 2020, 38 (3): 184 – 196.

[294] 李忠斌, 李军, 文晓国. 固本扩边: 少数民族特色村寨建设的理论探讨 [J]. 民族研究, 2016 (1): 27 – 124.

[295] 厉无畏, 王慧敏. 创意农业的发展理念与模式研究 [J]. 农业经济问题, 2009 (2): 11 – 15, 110.

[296] 廉欢, 王尔大. 历史古迹旅游景区游憩属性价值评价研究: 以沈阳东陵公园为例 [J]. 地域研究与开发, 2019, 38 (4): 92 – 97.

[297] 梁保尔, 潘植强. 基于旅游数字足迹的目的地关注度与共现效应研究: 以上海历史街区为例 [J]. 旅游学刊, 2015, 30 (7): 80 – 90.

[298] 梁瑞华. 培育壮大农业新业态发展路径及对策研究 [J]. 河南社会科学, 2019 (3): 115 – 119.

[299] 梁勇, 胡远男, 刘某承, 等. 陕西佳县古枣园农业文化遗产保护与发展策略研究 [J]. 农村经济与科技, 2014, 25 (1): 21 – 25.

[300] 廖军华. 乡村振兴视域的传统村落保护与开发 [J]. 改革, 2018 (4): 130 – 139.

[301] 林炳坤, 吕庆华. 创意农业业态演化机理及其趋势研究 [J]. 技术经济与管理研究, 2020 (4): 117 – 122.

[302] 林超群. 创意农业发展路径分析: 以成都市为例 [J]. 农村经济, 2015 (9): 51 – 54.

[303] 林春艳, 孔凡超. 中国产业结构高度化的空间关联效应分析: 基于社会网络分析方法 [J]. 经济学家, 2016 (11): 45 – 53.

[304] 林坚, 吴宇翔, 吴佳雨, 等. 论空间规划体系的构建: 兼析空间规划、国土空间用途管制与自然资源监管的关系 [J]. 城市规划, 2018, 42 (5): 9 – 17.

[305] 林建棣, 徐海亮. 军事体育训练现状及发展 [J]. 中国体育科技, 2019, 55 (8): 5 – 8.

[306] 林素钢. 基于创新驱动的特色小镇创建研究: 以南通唐闸为例 [J]. 当代经济, 2018 (5): 55 – 58.

[307] 林文凯, 胡海胜, 徐国良, 等. 中国城乡居民旅游消费周期的区制划分及动态变迁分析 [J]. 旅游科学, 2020, 34 (5): 62 – 79.

[308] 林晓娜, 王浩, 李华忠. 乡村振兴战略视角下乡村休闲旅游研究: 村民参与、影响感知与社区归属感 [J]. 东南学术, 2019 (2): 108 – 116.

[309] 林亦平, 陶林. 乡村振兴战略视域下田园综合体的 "综合" 功能研究: 基于首批田园综合体试点建设项目分析 [J]. 南京农业大学学报 (社会科学版), 2020, 20 (1): 109 – 116.

[310] 林瑛子. 博物馆旅游景点建设的现状分析及其发展策略: 以黄埔军校旧址纪念馆为例 [J]. 美与时代 (城市版), 2017 (4): 71 – 72.

[311] 凌大荣, 肖晓勇, 刘思琦, 等. 军事技术溢出、相关产业集聚与区域经济增长 [J]. 科技进步与对策, 2014, 31 (24): 118 – 123.

[312] 刘安乐, 杨承玥, 明庆忠, 等. 中国文化产业与旅游产业协调态势及其驱动力 [J]. 经济地

理，2020，40（6）：203 - 213.

[313] 刘彪文，余可发. 世界级品牌塑造过程中"民族文化驾驭"研究：基于"佰草集"案例的经验分析 [J]. 当代财经，2015（10）：70 - 78.

[314] 刘彬，陈忠暖. 权力、资本与空间：历史街区改造背景下的城市消费空间生产：以成都远洋太古里为例 [J]. 国际城市规划，2018，33（1）：75 - 80，118.

[315] 刘彬，阚兴龙，陈忠暖. 旅游消费空间的建构与游客感知：以拉萨玛吉阿米餐厅为例 [J]. 世界地理研究，2016，25（3）：151 - 161.

[316] 刘昌雪，汪德根. 城市创意旅游资源空间效应及发展模式：以苏州市中心城区为例 [J]. 地理研究，2016，35（5）：977 - 991.

[317] 刘晨宇，孙颖，孙璐，等. 基于城市文化的巩义市老城区街景改造研究 [J]. 工业建筑，2019，49（12）：69 - 74.

[318] 刘丰祥，唐顺英. 新旧动能转换背景下青岛啤酒对青岛文化建设的作用探讨 [J]. 中共青岛市委党校. 青岛行政学院学报，2019（2）：114 - 118.

[319] 刘锋. 供给侧改革下的新型旅游规划智库建设思考 [J]. 旅游学刊，2016，31（2）：8 - 10.

[320] 刘锋. 三大视角探析京津冀区域旅游合作 [J]. 旅游学刊，2014，29（10）：15 - 16.

[321] 刘抚英. 工业遗产保护与再利用模式谱系研究：基于尺度层级结构视角 [J]. 城市规划，2016，40（9）：84 - 112.

[322] 刘国斌，董俊杰. 产业结构优化与农村三产融合发展研究：以吉林省为例 [J]. 东北农业科学，2020，45（2）：67 - 71.

[323] 刘汉初，周侃，卢明华. 重点开发区域工业空间格局、集疏差异及影响机制：以福建沿海地区为例 [J]. 人文地理，2020，35（1）：85 - 94.

[324] 刘佳，张雨苗. 国内外旅游资源非使用价值评估研究综述 [J]. 热带地理，2017，37（1）：130 - 141.

[325] 刘佳昊，戴学锋. 民间自组织在景区治理中的作用研究：以白洋淀船工自组织为例 [J]. 旅游学刊，2019，34（9）：70 - 79.

[326] 刘江勇. 青岛西海岸新区人力资源开发与经济长期发展趋势研究 [J]. 经贸实践，2018（15）：82 - 84.

[327] 刘婧. 成都旅游节庆活动同质化问题及其对策研究 [J]. 安徽农业科学，2018，46（9）：105 - 106，110.

[328] 刘涓，谢谦，倪九派，等. 基于农业面源污染分区的三峡库区生态农业园建设研究 [J]. 生态学报，2014，34（9）：2431 - 2441.

[329] 刘军杰，郤瑞卿，刘大平，等. 基于 GIS 的乡村聚落空间分布特征与优化模式研究：以吉林省农安县为例 [J]. 土壤通报，2020，51（4）：816 - 823.

[330] 刘磊，邓环. 我国军事工业的技术溢出研究：以航空航天业为例 [J]. 科技进步与对策，2011，28（14）：55 - 60.

[331] 刘丽伟，高中理. 以"双创"驱动我国农业经济发展方式转变探析 [J]. 经济纵横，2014（11）：50 - 54.

[332] 刘栋子. 乡村振兴战略的全域旅游：一个分析框架 [J]. 改革，2017（12）：80 - 92.

[333] 刘蓼. 旅游发展新思路：构建"四全旅游"大格局：以江苏省连云港市赣榆区为例 [J]. 科学咨询（教育科研），2020（12）：123 - 124.

[334] 刘玲，王朝举. 乡村旅游聚落农户最优生计策略选择分析：基于贵州西江苗寨的调研 [J]. 贵州民族研究，2018，39（2）：54 - 57.

[335] 刘凌云，陶德凯，杨晨. 田园综合体规划协同路径研究 [J]. 规划师，2018，34（8）：12 - 17.

[336] 刘龙. 湖南省乡村聚落景观空间分布特征及评价研究 [J]. 中国农业资源与区划，2020，41（2）：284 - 289.

[337] 刘明兴，张冬，章奇. 区域经济发展差距的历史起源：以江浙两省为例 [J]. 管理世界，2015

（3）：34 – 50.

［338］刘沛林．新型城镇化建设中"留住乡愁"的理论与实践探索 ［J］．地理研究，2015，34（7）：1205 – 1212.

［339］刘群垚．传承经典 缔造配电未来：施耐德电气创新峰会上海站成功举行 ［J］．电气时代，2017（9）：36 – 38.

［340］刘锐．农村产业结构与乡村振兴路径研究 ［J］．社会科学战线，2019（2）：189 – 198.

［341］刘润，杨永春，任晓蕾．1990s 末以来成都市文化空间的变化特征及其驱动机制 ［J］．经济地理，2017，37（2）：114 – 123.

［342］刘珊，成帅，谭大珂．青岛啤酒厂早期建筑遗产保存及空间再利用探析 ［J］．工业建筑，2017，47（7）：68 – 72.

［343］刘少坤，阳树英，饶远．客都梅州市休闲农业旅游资源分析及规划 ［J］．中国农业资源与区划，2017，38（12）：241 – 246.

［344］刘顺伶，郝丽贤，杨雪．京西百渡休闲度假区休闲农业转型升级路径探讨 ［J］．安徽农业科学，2017，45（22）：123 – 124.

［345］刘思诚．非物质文化遗产：一宗重大的文化旅游资源 ［J］．财经问题研究，2019（6）：139 – 145.

［346］刘天放．工业遗产可以变"包袱"为"财富" ［N］．中国旅游报，2019 – 08 – 16（003）.

［347］刘天翚，刘沛林，王良健．新型城镇化背景下的古村镇保护与旅游发展路径选择：以萱洲古镇为例 ［J］．地理研究，2019，38（1）：133 – 145.

［348］刘伟丽，袁畅，曾冬林．中国制造业出口质量升级的多维研究 ［J］．世界经济研究，2015（2）：69 – 128.

［349］刘向，万小萍，马费成．基于专利信息的科技创新趋势探测：理论与方法 ［J］．情报科学，2015，33（12）：20 – 50.

［350］刘宵君，曾庆元，袁可怡，等．游客满意度视角下特色小镇旅游发展策略研究 ［J］．中国经贸导刊，2020（5）：146 – 147.

［351］刘孝蓉，蒋佳利，张豆．城郊 A 级景区住宿满意度及影响因素研究：以贵阳青岩古镇为例 ［J］．贵州师范大学学报（社会科学版），2020（5）：92 – 98.

［352］刘心怡，李路遥，吴冰晶．江苏省田园综合体发展模式研究 ［J］．农村实用技术，2019（2）：119 – 122.

［353］刘秀丽．5G 技术引领下乡村旅游形象的游客感知与优化 ［J］．农业经济，2020（12）：140 – 142.

［354］刘秀珍．基于农业可持续发展的休闲农业旅游问题与对策分析：以广东省为例 ［J］．中国农业资源与区划，2016，37（10）：101 – 105.

［355］刘亚丽，纪芬叶．创新导向下特色文化小镇的培育机制和实践 ［J］．深圳大学学报（人文社会科学版），2019，36（2）：42 – 50.

［356］刘妍，马晓英，刘坚，等．文化理解与传承素养：21 世纪核心素养5C 模型之一 ［J］．华东师范大学学报（教育科学版），2020，38（2）：29 – 44.

［357］刘岩岩．论湖湘军事文化对黄埔军校的影响 ［J］．理论月刊，2010（11）：51 – 53.

［358］刘阳．博物馆与旅游业融合发展：机理、动力与路径 ［J］．博物馆管理，2019（1）：35 – 42.

［359］刘洋，杨兰．技术融合·功能融合·市场融合：文化旅游产业链优化策略：基于"多彩贵州"的典型经验 ［J］．企业经济，2019（8）：125 – 131.

［360］刘毅．论中国人地关系演进的新时代特征："中国人地关系研究"专辑序言 ［J］．地理研究，2018，37（8）：1477 – 1484.

［361］刘莹莹．乡村旅游公共服务体系建设理念再审视及其实现研究：基于全域旅游视野 ［J］．农业经济，2020（6）：121 – 123.

［362］刘宇青，邢博，王庆生．旅游产品创新影响体验感知价值的构型研究 ［J］．经济管理，2018，

40（11）：157 - 173.

［363］刘玉，刘彦随，郭丽英．乡村地域多功能的内涵及其政策启示［J］．人文地理，2011，26（6）：103 - 132.

［364］刘治彦．文旅融合发展：理论、实践与未来方向［J］．人民论坛·学术前沿，2019（16）：92 - 97.

［365］柳杰．转向与超越：文化创意人才激励机制构建［J］．探索与争鸣，2020（6）：143 - 160.

［366］龙花楼，刘彦随，张小林，等．农业地理与乡村发展研究新近进展［J］．地理学报，2014，69（8）：1145 - 1158.

［367］龙江智，朱鹤．国土空间规划新时代旅游规划的定位与转型［J］．自然资源学报，2020，35（7）：1541 - 1555.

［368］龙严太华，李梦雅．资源型城市产业结构调整对经济增长的影响［J］．经济问题，2019（12）：75 - 80.

［369］龙月，蔡海生，曾君乔，等．共享农业视角下农村农业经营体系发展研究［J］．安徽农业科学，2019，47（24）：254 - 258.

［370］龙张健健．国外废弃地景观改造的多元解析［J］．规划师，2011，27（10）：115 - 118.

［371］楼嘉军，李丽梅．成都城市休闲化演变过程及其影响因素［J］．旅游科学，2017，31（1）：12 - 27.

［372］楼嘉军，徐爱萍．试论休闲时代发展阶段及特点［J］．旅游科学，2009，23（1）：61 - 66.

［373］卢贵敏．田园综合体试点：理念、模式与推进思路［J］．地方财政研究，2017（7）：8 - 13.

［374］卢世菊，柏贵喜．民族地区旅游扶贫与非物质文化遗产保护协调发展研究［J］．中南民族大学学报（人文社会科学版），2017，37（2）：74 - 79.

［375］卢泽羽，陈晓萍．中国农村土地流转现状、问题及对策［J］．新疆师范大学学报（哲学社会科学版），2015，36（4）：114 - 119.

［376］鲁大立，鲁开国，赵琳．文旅融合下的大遗址保护与利用［J］．人文天下，2020（15）：50 - 56.

［377］陆建松．论新时期博物馆专业人才培养及其学科建设［J］．东南文化，2013（5）：104 - 109.

［378］陆林，任以胜，朱道才，等．乡村旅游引导乡村振兴的研究框架与展望［J］．地理研究，2019，38（1）：102 - 118.

［379］陆天华，于涛．基于社会网络分析的旅游地乡村社会空间重构研究：以南京世凹"美丽乡村"为例［J］．地理科学，2020，40（9）：1522 - 1531.

［380］吕建昌，邱捷．上海世博会与工业遗产博物馆［J］．东南文化，2010（1）：88 - 92.

［381］吕宁，吴新芳，韩霄，等．游客与居民休闲满意度指数测评与比较：以北京市为例［J］．资源科学，2019，41（5）：967 - 979.

［382］吕晓萌，张永亮．技术进步对我国产业结构调整的影响研究：基于产业和区域差异性的实证分析［J］．价格理论与实践，2019（7）：157 - 160.

［383］吕越，罗伟，刘斌．异质性企业与全球价值链嵌入：基于效率和融资的视角［J］．世界经济，2015，38（8）：29 - 55.

［384］"旅游业对国家经济社会发展的战略性作用"课题组，邵琪伟，杜江，等．旅游提升国民幸福：一个分析框架及应用［J］．旅游学刊，2015，30（10）：18 - 27.

［385］律海涛．黄埔军校的军事体育思想与实践［J］．南通大学学报（社会科学版），2013，29（6）：69 - 73.

［386］栾福明，熊黑钢，王芳，等．山东省旅游节庆时空演变特征及影响因素［J］．华中师范大学学报（自然科学版），2015，49（6）：984 - 990.

［387］罗德兵，沈永干．新冠肺炎疫情对兴化市千垛镇乡村旅游发展的影响及启发［J］．现代农业科技，2020（15）：238 - 240.

［388］罗德启．青岩古镇的保护与实践［J］．建筑学报，2006（5）：28 - 33.

［389］罗芬．改革开放40年湖南旅游发展的历程与路径选择［J］．湖南社会科学，2018（6）：133 - 140.

［390］罗罡辉，李贵才，徐雅莉．面向实施的权益协商式规划初探：以深圳市城市发展单元规划为例［J］．城市规划，2013，37（2）：79－84.

［391］罗慧敏，喻忠磊，张华．文化创意型旅游地游客满意度测评及影响因子分析：以上海市田子坊、M50 和红坊为例［J］．资源科学，2016，38（2）：353－363.

［392］罗文斌，孟贝，唐沛，等．土地整理、旅游发展与农户生计的影响机理研究：一个乡村旅游发展的实证检验［J］．旅游学刊，2019，34（11）：96－106.

［393］罗晓东，岳志成，沈思烨．书院教育的复兴与儒家人格培养［J］．当代青年研究，2018（1）：36－91.

［394］罗仲伟，孟艳华．"十四五"时期区域产业基础高级化和产业链现代化［J］．区域经济评论，2020（1）：32－38.

［395］骆晓红．智慧博物馆的发展路径探析［J］．东南文化，2016（6）：107－112.

［396］马斌斌，陈兴鹏，马凯凯，等．中国乡村旅游重点村空间分布、类型结构及影响因素［J］．经济地理，2020，40（7）：190－199.

［397］马鸿谋．西藏县域生态经济可持续发展状况评价指标体系构建：以西藏日喀则市昂仁县为例［J］．西藏民族大学学报（哲学社会科学版），2019，40（5）：125－129.

［398］马会丽，王宏志，李细归，等．中国博物馆空间分布特征的多尺度分析［J］．人文地理，2017，32（6）：87－94.

［399］马静，舒伯阳．中国乡村旅游 30 年：政策取向、反思及优化［J］．现代经济探讨，2020（4）：116－122.

［400］马凯，赵梓铭．保护革命旧居　弘扬黄埔精神：以宜丰县芳溪镇下屋村熊雄故居为例［J］．南方文物，2020（1）：252－255.

［401］马凌，朱竑．面向人的存在的旅游功能再认识研究：基于人文主义的视角［J］．旅游学刊，2018，33（6）：14－23.

［402］马孟丽．特色文化主题下的区域旅游产业化策略［J］．社会科学家，2020（3）：100－106.

［403］马鹏晴．基于投入产出法的上海市技术进步效应分析［J］．山东科学，2018，31（3）：94－100.

［404］马仁锋，沈玉芳．中国创意产业区理论研究的进展与问题［J］．世界地理研究，2010，19（2）：91－101.

［405］马世骏，王如松．社会—经济—自然复合生态系统［J］．生态学报，1984（4）：1－9.

［406］马耀峰，李永军．中国入境后旅游流的空间分布研究［J］．人文地理，2001，16（6）：44－47.

［407］马一德．创新驱动发展与知识产权制度变革［J］．现代法学，2014，36（3）：48－61.

［408］马颖，李静，陈波．中国财政分权、金融发展、工业化与经济增长的省际差异［J］．经济理论与经济管理，2015（2）：5－19.

［409］马跃如，余航海．"互联网＋"背景下社群旅游的兴起、特征与商业模式构建［J］．经济地理，2018，38（4）：193－199.

［410］毛剑峰．江西省打造休闲度假旅游目的地的建议［J］．现代商业，2020（8）：57－59.

［411］茅亚平，李广斌，王勇．农村合作经济与苏南乡村空间互动机制：以基于行动者网络理论的研究，以苏州为例［J］．城市发展研究，2016，23（6）：105－122.

［412］么芳然．文化创意产业园的创新盈利模式［J］．企业改革与管理，2017（3）：129－143.

［413］秘浠祺，全继刚．我国主题公园的发展现状、趋势及策略研究［J］．江苏商论，2020（5）：61－63.

［414］闵祥晓．目的地旅游意象与旅游者地方依恋关系的理论解析［J］．广西社会科学，2018（9）：83－86.

［415］缪慧玲．博物馆文化创意产品发展实践研究：以上海博物馆文创发展为例［J］．中国博物馆，2019（2）：99－103.

［416］倪鹏途，陆铭．市场准入与"大众创业"：基于微观数据的经验研究［J］．世界经济，2016，

39 (4)：3 - 21.

[417] 宁昱西，吉倩妘，孙世界，等. 微更新理念在西安老城更新中的运用 [J]. 规划师，2016，32 (12)：50 - 56.

[418] 牛玉，汪德根. 基于游客视角的历史街区旅游发展模式影响机理及创新：以苏州平江路为例 [J]. 地理研究，2015，34 (1)：181 - 196.

[419] 牛玉. 后现代消费需求下的历史街区旅游空间发展创新模式 [J]. 旅游学刊，2014，29 (7)：9 - 11.

[420] 欧阳宇琦，樊静雅，官梦，等. 财税政策支持特色小镇发展的思考 [J]. 中国商论，2019 (13)：205 - 207.

[421] 潘守永. "第三代"生态博物馆与安吉生态博物馆群建设的理论思考 [J]. 东南文化，2013 (6)：86 - 93.

[422] 潘锡泉. 消费升级引领产业升级：作用机理及操作取向 [J]. 当代经济管理，2019，41 (3)：11 - 16.

[423] 潘熙宁. 文旅融合的路径思考 [J]. 中外企业文化，2019 (8)：58 - 59.

[424] 潘玉香，孟晓咪，赵梦琳. 文化创意企业融资约束对投资效率影响的研究 [J]. 中国软科学，2016 (8)：127 - 136.

[425] 潘镇. 中国企业"走出去"的区位选择和选址决策 [J]. 改革，2015 (1)：140 - 150.

[426] 庞玉清. 国家治理视域下的政府信任生成逻辑与增进策略 [J]. 社会科学战线，2018 (6)：266 - 270.

[427] 裴正兵，田彩云. 基于旅游者需求的文化遗产旅游价值评估维度研究：以北京"三山五园"地区文化遗产为例 [J]. 资源开发与市场，2018，34 (11)：1614 - 1617.

[428] 彭攀屹，陈硕，罗真. 新型城镇化背景下传统村落旅游驱动力研究：以桂林市漓江景区传统村落为例 [J]. 住宅科技，2021 (1)：48 - 53.

[429] 彭勤敏. 协同理论视角下田园综合体发展模式的研究 [J]. 特区经济，2020 (3)：144 - 146.

[430] 彭苏萍，毕银丽. 黄河流域煤矿区生态环境修复关键技术与战略思考 [J]. 煤炭学报，2020，45 (4)：1211 - 1221.

[431] 彭小圣，邓迪元，程时杰，等. 面向智能电网应用的电力大数据关键技术 [J]. 中国电机工程学报，2015，35 (3)：503 - 511.

[432] 彭耀根，梁舒婷. 空间生产理论视域下的乡村聚落景观优化研究：以开平市东和村为例 [J]. 南方建筑，2022 (6)：9 - 16.

[433] 戚聿东，李颖. 新经济与规制改革 [J]. 中国工业经济，2018 (3)：5 - 23.

[434] 齐骥. 新型城镇化背景下文化发展的维度与路径 [J]. 城市发展研究，2014，21 (3)：15 - 20.

[435] 齐义军，巩蓉蓉. 内蒙古少数民族聚居区稳定脱贫长效机制研究 [J]. 中央民族大学学报（哲学社会科学版），2019，46 (1)：108 - 119.

[436] 钱佳，汪德根，牛玉. 城市创意旅游资源分类、评价及空间分异：以苏州中心城区为例 [J]. 经济地理，2014，34 (9)：172 - 178.

[437] 钱雨，张大鹏，孙新波，等. 基于价值共创理论的智能制造型企业商业模式演化机制案例研究 [J]. 科学学与科学技术管理，2018，39 (12)：123 - 141.

[438] 钱云，张敏. 撒马尔罕古城保护系列规划设计：帖木儿时期古城测绘与概念性保护规划（1995 - 1997）[J]. 国外城市规划，2005 (4)：94 - 97.

[439] 乔陆印. 乡村振兴视域下农村土地整治的内涵重构与系统特征 [J]. 农业工程学报，2019，35 (22)：58 - 65.

[440] 乔治. 基于红色基因的陕北杨家沟红色文化旅游景区主题营造研究 [J]. 装饰，2018 (2)：130 - 131.

[441] 屈学书，矫丽会. 乡村振兴背景下乡村旅游产业升级路径研究 [J]. 经济问题，2020 (12)：108 - 113.

［442］渠爱雪，孟召宜．我国文化多样性时空格局及其成因研究［J］．人文地理，2014，29（6）：53 - 124.

［443］冉晓芹．节事活动传播特点及策略分析：以中国（重庆）火锅美食文化节为例［J］．新闻知识，2012（8）：44 - 46.

［444］任忠宝，王世虎，唐宇，等．矿产资源需求拐点理论与峰值预测［J］．自然资源学报，2012，27（9）：1480 - 1489.

［445］荣振霆．旧工业厂区的再利用对其周边社区发展的研究：以厂区景观更新设计为例［J］．住宅与房地产，2020（5）：277.

［446］汝刚，刘慧，沈桂龙．用人工智能改造中国农业：理论阐释与制度创新［J］．经济学家，2020（4）：110 - 118.

［447］邵传林，金立民．商业文化传统如何影响了中国式制度变迁？［J］．经济科学，2015（1）：89 - 98.

［448］邵传林．中国商业传统对现代企业家精神的影响研究：传承机理与实证检验［J］．浙江工商大学学报，2016（4）：61 - 70.

［449］邵明华，张兆友．国外文旅融合发展模式与借鉴价值研究［J］．福建论坛（人文社会科学版），2020（8）：37 - 46.

［450］邵明华，张兆友．特色文化产业发展的模式差异和共生逻辑［J］．山东大学学报（哲学社会科学版），2020（4）：82 - 92.

［451］申军波，石培华，张毓利．乡村文旅产业融合发展的突破口［J］．开放导报，2020（1）：104 - 109.

［452］申云，王锐，张海兵，等．县域农村产业融合发展与城乡收入差距变迁［J］．西南大学学报（社会科学版），2022，48（5）：60 - 72.

［453］沈蕾，陈戎，史东杰．基于 BIM 技术的旧厂区改造项目成本控制研究［J］．建筑经济，2019，40（2）：65 - 68.

［454］沈蕾，孙春晓，陈戎．杭州市旧厂区改造为文化创意园区研究［J］．农村经济与科技，2018，29（21）：217 - 219.

［455］沈璐．南京"晨光 1865"创意产业园的旅游体验营销策略探析［J］．经济研究导刊，2018（21）：59 - 60.

［456］沈瑞艳．乡村旅游品牌整合营销传播策略研究：以兴化市千垛菜花节为例［J］．现代商业，2020（19）：46 - 47.

［457］沈思涵．文旅融合视域下日本文化遗产的保护与传承［J］．歌海，2020（1）：19 - 22.

［458］沈颂东，亢秀秋．大数据时代快递与电子商务产业链协同度研究［J］．数量经济技术经济研究，2018，35（7）：41 - 58.

［459］盛朝迅．推进我国产业链现代化的思路与方略［J］．改革，2019（10）：45 - 56.

［460］盛朝迅．新发展格局下推动产业链供应链安全稳定发展的思路与策略［J］．改革，2021（2）：1 - 13.

［461］石鼎．从生态博物馆到田园空间博物馆：日本的乡村振兴构想与实践［J］．中国博物馆，2019（1）：43 - 49.

［462］石金莲，崔越，黄先开．美国乡村旅游发展经验对北京的启示［J］．中国农业大学学报，2015，20（5）：289 - 296.

［463］石丽璠．游客体验理念下乡村旅游服务智能化建设研究［J］．农业经济，2020（1）：59 - 61.

［464］石琳．语言经济视域下少数民族文化和旅游产业的深度融合与发展［J］．社会科学家，2019（2）：101 - 106.

［465］时少华，孙业红．社会网络分析视角下世界文化遗产地旅游发展中的利益协调研究：以云南元阳哈尼梯田为例［J］．旅游学刊，2016，31（7）：52 - 64.

［466］史雅娟，朱永彬，冯德显，等．中原城市群多中心网络式空间发展模式研究［J］．地理科学，

2012, 32 (12): 1430-1438.

[467] 史艳杰, 唐俏岚. 全域旅游兴起下的健康城规划实践: 以涞源湖健康城为例 [J]. 城市建筑, 2019, 16 (6): 19-40.

[468] 史宇鹏, 李新荣. 公共资源与社会信任: 以义务教育为例 [J]. 经济研究, 2016, 51 (5): 86-100.

[469] 史玉丁. 旅游产业发展与民族文化传承互动关系研究: 以渝东南区域为例 [J]. 四川戏剧, 2016 (11): 152-156.

[470] 舒小林, 高应蓓, 张元霞, 等. 旅游产业与生态文明城市耦合关系及协调发展研究 [J]. 中国人口·资源与环境, 2015, 25 (3): 82-90.

[471] 束惠萍, 管志杰, 徐艳. 乡村振兴战略下旅游度假区可持续发展研究: 以天目湖旅游度假区为例 [J]. 东北农业科学, 2019, 44 (4): 81-120.

[472] 宋长海, 楼嘉军. 江南休闲文化娱乐街区业态结构与服务提升研究 [J]. 江苏商论, 2020 (12): 71-74.

[473] 宋国宇, 杜会永, 尚旭东. 黑龙江省绿色有机食品出口协调发展评价研究 [J]. 哈尔滨商业大学学报 (社会科学版), 2016 (2): 62-70.

[474] 宋瑞. 把握好文旅融合发展的几个关系 [J]. 政策, 2019 (6): 19.

[475] 宋瑞. 旅游行政管理体制改革的背景与重点 [J]. 旅游学刊, 2014, 29 (9): 5-6.

[476] 苏勇, 段雅婧. 当西方遇见东方: 东方管理理论研究综述 [J]. 外国经济与管理, 2019, 41 (12): 3-18.

[477] 苏志华. 国内工业遗产近十五年研究进展: 基于定量与知识图谱的分析 [J]. 现代城市研究, 2020 (6): 87-94.

[478] 孙斌栋, 阎宏, 张婷麟. 社区建成环境对健康的影响: 基于居民个体超重的实证研究 [J]. 地理学报, 2016, 71 (10): 1721-1730.

[479] 孙九霞. 中国旅游消费的日常化与惯性化 [J]. 旅游学刊, 2020, 35 (3): 1-4.

[480] 孙兰, 周德全, 梅再美. 贵阳市青岩古镇旅游区旅游者行为特征分析 [J]. 贵阳学院学报 (自然科学版), 2017, 12 (1): 61-71.

[481] 孙盼盼, 夏杰长. 旅游产业中的地方政府行为: 量化探索与空间效应: 基于2001~2012年中国省际面板数据 [J]. 经济管理, 2017, 39 (6): 147-161.

[482] 孙智君, 李响. 文化产业集聚的空间溢出效应与收敛形态实证研究 [J]. 中国软科学, 2015 (8): 173-183.

[483] 谈国新, 郝挺雷. 科技创新视角下我国文化产业向全球价值链高端跃升的路径 [J]. 华中师范大学学报 (人文社会科学版), 2015, 54 (2): 54-61.

[484] 谭林, 陈岚. 新形势下传统乡村聚落现代功能植入的有效路径探究 [J]. 工业建筑, 2020, 50 (4): 1-5.

[485] 谭娜, 周先波, 林建浩. 上海自贸区的经济增长效应研究: 基于面板数据下的反事实分析方法 [J]. 国际贸易问题, 2015 (10): 14-86.

[486] 谭乔西. "扎根理论" 视角下的文化产业园游客感知评价研究: 以北京798艺术区为例 [J]. 兰州大学学报 (社会科学版), 2018, 46 (3): 70-82.

[487] 谭天, 张子俊. 我国社交媒体的现状、发展与趋势 [J]. 编辑之友, 2017 (1): 20-25.

[488] 汤阳洋, 刘宇波. 新中国军事工业遗产空间重塑与探索: 以江西连胜机械厂改造为例 [J]. 智能建筑与智慧城市, 2020 (1): 113-124.

[489] 汤玉刚, 陈强, 满利苹. 资本化、财政激励与地方公共服务提供: 基于我国35个大中城市的实证分析 [J]. 经济学 (季刊), 2016, 15 (1): 217-240.

[490] 唐斌, 席振华, 侯建国, 等. 创新生态视域下小镇创客聚集的影响因素分析 [J]. 科技管理研究, 2022, 42 (10): 225-234.

[491] 唐承财, 钟林生, 成升魁. 我国低碳旅游的内涵及可持续发展策略研究 [J]. 经济地理,

2011, 31 (5): 862 – 867.

[492] 唐承丽, 贺艳华, 周国华, 等. 基于生活质量导向的乡村聚落空间优化研究 [J]. 地理学报, 2014, 69 (10): 1459 – 1472.

[493] 唐鸿, 刘雨婧, 麻学锋. 旅游业与新型城镇化协调发展效应评价: 以张家界为例 [J]. 经济地理, 2017, 37 (2): 216 – 223.

[494] 唐凌. 昆仑关战役遗址的开发和利用价值 [J]. 广西社会科学, 2006 (7): 82 – 86.

[495] 唐鸣镝. 历史文化名城旅游协同思考: 基于 "历史性城镇景观" 视角 [J]. 城市规划, 2015, 39 (2): 99 – 105.

[496] 唐夕汐, 夏青, 陈非. 旅游发展、技术创新对经济增长的影响研究: 基于省级空间面板数据分析 [J]. 华东经济管理, 2020, 34 (10): 48 – 55.

[497] 唐晓岚, 冒丹. 军事文化遗迹体验叠加旅游开发研究: 以南京明军事文化与贵州屯堡文化为例 [J]. 现代城市研究, 2011 (10): 75 – 79.

[498] 陶宝峰. 结构与危机导向下少数民族体育文化修复与传承 [J]. 贵州民族研究, 2016, 37 (8): 122 – 125.

[499] 陶希东. 中国城市旧区改造模式转型策略研究: 从 "经济型旧区改造" 走向 "社会型城市更新" [J]. 城市发展研究, 2015, 22 (4): 111 – 124.

[500] 田逢军. 中部崛起背景下江西旅游景区发展问题与提升路径 [J]. 经济地理, 2016, 36 (1): 194 – 207.

[501] 田富强. 创意农业向生态文化创意产业的演进 [J]. 广东农业科学, 2011, 38 (15): 216 – 218.

[502] 田娟, 宋宝香. 基于游客满意度的旅游特色小镇发展策略研究: 以泰州溱潼为例 [J]. 江苏商论, 2019 (1): 77 – 81.

[503] 田野, 罗静, 崔家兴, 等. 长江经济带旅游资源空间结构及其交通可进入性评价 [J]. 经济地理, 2019, 39 (11): 203 – 213.

[504] 佟玉权. 工业景观遗产及其结构性保护的路径探索 [J]. 城市发展研究, 2015, 22 (8): 107 – 111.

[505] 涂伟, 郑洁. 非物质文化遗产长乐故事会的文创产品开发策略 [J]. 包装工程, 2019, 40 (10): 119 – 124.

[506] 涂欣. 文化旅游规划编制方法探索: 以济宁城区文化旅游规划为例 [J]. 城市发展研究, 2016, 23 (6): 38 – 44.

[507] 涂正革, 谌仁俊. 排污权交易机制在中国能否实现波特效应? [J]. 经济研究, 2015, 50 (7): 160 – 173.

[508] 屠爽爽, 龙花楼, 张英男, 等. 典型村域乡村重构的过程及其驱动因素 [J]. 地理学报, 2019, 74 (2): 323 – 339.

[509] 屠爽爽, 龙花楼. 乡村聚落空间重构的理论解析 [J]. 地理科学, 2020, 40 (4): 509 – 517.

[510] 屠爽爽, 周星颖, 龙花楼, 等. 乡村聚落空间演变和优化研究进展与展望 [J]. 经济地理, 2019, 39 (11): 142 – 149.

[511] 万利, 黄莹. 新时期休闲农业与乡村旅游业协调发展研究 [J]. 核农学报, 2020, 34 (10): 2380 – 2381.

[512] 万义. "原生态体育" 悖论: 体育非物质文化遗产保护模式的解构与重塑 [J]. 中国体育科技, 2016, 52 (1): 3 – 10.

[513] 汪德根, 牛玉, 陈田, 等. 高铁驱动下大尺度区域都市圈旅游空间结构优化: 以京沪高铁为例 [J]. 资源科学, 2015, 37 (3): 581 – 592.

[514] 汪芳, 吕舟, 张兵, 等. 迁移中的记忆与乡愁: 城乡记忆的演变机制和空间逻辑 [J]. 地理研究, 2017, 36 (1): 3 – 25.

[515] 汪芳, 潘毛毛. 产业融合、绩效提升与制造业成长: 基于1998~2011年面板数据的实证 [J].

科学学研究，2015，33（4）：530 - 548.

[516] 汪光焘. 关于供给侧结构性改革与新型城镇化 [J]. 城市规划学刊，2017（1）：10 - 18.

[517] 汪丽，曹小曙. 历史文化景区旅游交通满意度研究：以西安三大景区为例 [J]. 西北大学学报（自然科学版），2015，45（4）：665 - 669.

[518] 汪秋菊，黄明，刘宇. 城市旅游客流量：网络关注度空间分布特征与耦合分析 [J]. 地理与地理信息科学，2015，31（5）：102 - 127.

[519] 汪三贵. 在发展中战胜贫困：对中国 30 年大规模减贫经验的总结与评价 [J]. 管理世界，2008（11）：78 - 88.

[520] 汪熠杰，吕宛青. 基于多方主体博弈分析的非物质文化遗产旅游开发与保护研究 [J]. 中国旅游评论，2019（3）：102 - 120.

[521] 王波. 青岛啤酒博物馆：老厂区改造出的文化地标 [J]. 董事会，2019（Z1）：118 - 120.

[522] 王昌森，董文静. 乡村振兴战略下农业可持续发展政策的完善路径研究：以山东省为例 [J]. 东北农业科学，2018，43（4）：48 - 52.

[523] 王超，涂志强，郑铁志. 吉林省保护性耕作技术推广应用研究 [J]. 中国农机化学报，2019，40（10）：200 - 203.

[524] 王德刚. 文化和旅游融合发展的理念与路径 [J]. 人文天下，2020（Z1）：3 - 11.

[525] 王佃利，刘洋. 政策学习与特色小镇政策发展：基于政策文本的分析 [J]. 新视野，2018（6）：62 - 68.

[526] 王芳，彭蕾. 浅论工业遗产保护和利用的博物馆模式：从唐山启新水泥工业博物馆的前世今生谈起 [J]. 中国博物馆，2019（2）：23 - 28.

[527] 王冠孝，李小丽，晋迪，等. 供给侧改革视角下山西省旅游空间结构的合理性研究 [J]. 地域研究与开发，2020，39（1）：107 - 111.

[528] 王国莉，骆海峰，陈鸣春，等. 观光农业生态园的规划设计 [J]. 生态环境，2005（3）：439 - 442.

[529] 王海芹，高世楫. 我国绿色发展萌芽、起步与政策演进：若干阶段性特征观察 [J]. 改革，2016（3）：6 - 26.

[530] 王海燕. 协同治理视角下医疗纠纷人民调解机制的完善研究 [J]. 医学与社会，2019，32（7）：119 - 121.

[531] 王弘彦. 乡村振兴战略下资源枯竭型城市的特色小镇培育方案：以抚顺市东洲地区为例 [J]. 国土与自然资源研究，2020（2）：94 - 96.

[532] 王慧军. 新兴小城镇文化建设与人的城镇化问题探究 [J]. 中共天津市委党校学报，2015（4）：89 - 92.

[533] 王建军，张振华，孙永生. 探索工业遗产保护利用的实施机制：基于广州的案例研究 [J]. 城市规划，2018，42（1）：112 - 115.

[534] 王建英，邹利林，李梅凎. 基于"三生"适宜性的旅游度假区潜在土地利用冲突识别与治理 [J]. 农业工程学报，2019，35（24）：279 - 328.

[535] 王敬波. 相对集中行政处罚权改革研究 [J]. 中国法学，2015（4）：142 - 161.

[536] 王娟，胡静，贾垚焱，等. 城市旅游流的网络结构特征及流动方式：以武汉自助游为例 [J]. 经济地理，2016，36（6）：176 - 175.

[537] 王军军，杜英，王建平，等. 旅游产业的溢出效应及其集群化测度研究：基于山西省 11 个地市的实证分析 [J]. 统计与信息论坛，2016，31（4）：74 - 79.

[538] 王开泳，张鹏岩，丁旭生. 黄河流域旅游经济的时空分异与 R/S 分析 [J]. 地理科学，2014，34（3）：295 - 301.

[539] 王珂，赵瑞泽，倪天一. 我国特色小镇发展政策探析 [J]. 中国经贸导刊，2019（23）：11 - 12.

[540] 王克岭，董俊敏. 旅游需求新趋势的理论探索及其对旅游业转型升级的启示 [J]. 思想战线，2020，46（2）：132 - 143.

[541] 王克岭, 李婷, 张灿. 高原特色乡村文化创意旅游研究 [J]. 社会科学家, 2020 (10): 65 – 70.

[542] 王丽霞. 文学名著旅游资源产业化开发的地方实践与提升路径: 山东例证 [J]. 改革, 2019 (9): 115 – 127.

[543] 王利明. 民法上的利益位阶及其考量 [J]. 法学家, 2014 (1): 79 – 177.

[544] 王令祎. 现代公共文化服务体系构建中图书馆的社会责任研究 [J]. 出版广角, 2020 (10): 85 – 87.

[545] 王录仓, 严翠霞, 李巍. 基于新浪微博大数据的旅游流时空特征研究: 以兰州市为例 [J]. 旅游学刊, 2017, 32 (5): 94 – 105.

[546] 王梦婷, 郑莉文. 文旅融合视角下的文化旅游产业园发展路径研究: 以嵩山文化产业园为例 [J]. 国土与自然资源研究, 2018 (6): 65 – 67.

[547] 王敏, 张敏. 南京市居民日常消费时空行为的代际差异 [J]. 人文地理, 2020, 35 (5): 25 – 35.

[548] 王谋. 低碳旅游概念辨识及其实现途径 [J]. 中国人口·资源与环境, 2012, 22 (8): 166 – 171.

[549] 王秋玉, 吕国庆, 曾刚. 内生型产业集群创新网络的空间尺度分析: 以山东省东营市石油装备制造业为例 [J]. 经济地理, 2015, 35 (6): 102 – 108.

[550] 王群, 陆林, 杨兴柱. 国外旅游地社会 – 生态系统恢复力研究进展与启示 [J]. 自然资源学报, 2014, 29 (5): 894 – 908.

[551] 王群, 陆林, 杨兴柱. 千岛湖社会—生态系统恢复力测度与影响机理 [J]. 地理学报, 2015, 70 (5): 779 – 795.

[552] 王瑞雪, 孙海清, 朱彩霞. 农业与旅游业耦合协调发展分析及前景预测: 以云南省为例 [J]. 生态经济, 2020, 36 (8): 107 – 113.

[553] 王若凡. 我国农业旅游发展的政策网络分析 [J]. 社会科学家, 2019 (12): 85 – 88.

[554] 王少剑, 王洋, 赵亚博. 广东省区域经济差异的多尺度与多机制研究 [J]. 地理科学, 2014, 34 (10): 1184 – 1192.

[555] 王守利. 葡萄产业发展存在的问题及对策 [J]. 现代农村科技, 2017 (8): 7.

[556] 王硕. 浅议农业技术推广体系的改革与创新 [J]. 南方农业, 2022, 16 (10): 102 – 104.

[557] 王韬钦. 文化振兴视阈下乡村文化旅游融合发展的内生逻辑及路径选择 [J]. 科技促进发展, 2018, 14 (12): 1186 – 1192.

[558] 王天宇. 论乡村振兴战略背景下特色小镇的培育发展: 基于特色小镇、中小企业与乡村振兴三者契合互动分析 [J]. 河南社会科学, 2020, 28 (7): 105 – 111.

[559] 王文龙. 新型农业经营主体、小农户与中国农业现代化 [J]. 宁夏社会科学, 2019 (4): 101 – 108.

[560] 王文燕. 新型城镇化背景下特色小镇产业选择及其经济效应探讨 [J]. 商业经济研究, 2020 (12): 182 – 184.

[561] 王翔雯. 乡村旅游可持续发展对策研究 [J]. 农业经济, 2020 (12): 54 – 56.

[562] 王晓梅, 邹统钎, 金川. 国外遗产旅游资源管理研究进展 [J]. 资源科学, 2013, 35 (12): 2334 – 2343.

[563] 王新歌, 席建超, 孔钦钦. "实心" 与 "空心": 旅游地乡村聚落土地利用空间 "极化" 研究 [J]. 自然资源学报, 2016, 31 (1): 90 – 101.

[564] 王新越, 候娟娟. 山东省乡村休闲旅游地的空间分布特征及影响因素 [J]. 地理科学, 2016, 36 (11): 1706 – 1714.

[565] 王新越, 宋飏, 宋斐红, 等. 山东省新型城镇化的测度与空间分异研究 [J]. 地理科学, 2014, 34 (9): 1069 – 1076.

[566] 王新越, 吴宁宁, 秦素贞. 山东省旅游化发展水平的测度及时空差异分析 [J]. 人文地理, 2014, 29 (4): 146 – 154.

[567] 王新哲, 孙星. 工业文化概念、范畴和体系架构初探 [J]. 西北工业大学学报 (社会科学版),

2015, 35 (1): 30 – 33.

[568] 王秀伟. 大运河文化带文旅融合水平测度与发展态势分析 [J]. 深圳大学学报 (人文社会科学版), 2020, 37 (3): 60 – 69.

[569] 王雪嫣. 贵州省贵阳市花溪区青岩古镇文化旅游产业发展研究 [D]. 贵阳: 贵州民族大学, 2018.

[570] 王燕, 贾绪红. 生态旅游开发与传统文化保护的融合发展研究: 以青岛地区为例 [J]. 质量与市场, 2020 (9): 56 – 58.

[571] 王玉成. 我国旅游景区管理体制问题与改革对策 [J]. 河北大学学报 (哲学社会科学版), 2017, 42 (3): 143 – 148.

[572] 王玉燕, 林汉川, 吕臣. 中国企业转型升级战略评价指标体系研究 [J]. 科技进步与对策, 2014, 31 (15): 123 – 127.

[573] 王郁英. 乡村旅游包容性发展中的政策倾向及其动态调适 [J]. 农业经济, 2020 (11): 52 – 54.

[574] 王元. 活态世界遗产英国运河管理规划解析: 兼论对中国大运河的启示 [J]. 城市规划, 2015, 39 (6): 90 – 98.

[575] 韦仕川, 杨杨, 林肇宏, 等. 国际旅游岛建设背景下海南省新型城镇化模式研究 [J]. 上海国土资源, 2014, 35 (1): 14 – 26.

[576] 卫思夷, 居祥, 荀文会. 区域国土开发强度与资源环境承载力时空耦合关系研究: 以沈阳经济区为例 [J]. 中国土地科学, 2018, 32 (7): 58 – 65.

[577] 魏超, 戈大专, 龙花楼, 等. 大城市边缘区旅游开发引导的乡村转型发展模式: 以武汉市为例 [J]. 经济地理, 2018, 38 (10): 211 – 217.

[578] 魏大威, 李春明, 温泉, 等. 万物互联背景下我国公共图书馆新业态发展思考 [J]. 中国图书馆学报, 2014, 40 (6): 22 – 32.

[579] 魏峻. 中国博物馆的发展新导向 [J]. 东南文化, 2019 (2): 107 – 112.

[580] 魏志华, 林亚清, 吴育辉, 等. 家族企业研究: 一个文献计量分析 [J]. 经济学 (季刊), 2014, 13 (1): 27 – 56.

[581] 温世扬. 集体经营性建设用地 "同等入市" 的法制革新 [J]. 中国法学, 2015 (4): 66 – 83.

[582] 文丰安. 新时代精准扶贫的实践困境及治理路径 [J]. 西北农林科技大学学报 (社会科学版), 2019, 19 (1): 23 – 28.

[583] 文凌云. 民俗文化旅游发展模式探析 [J]. 农业经济, 2019 (4): 52 – 53.

[584] 文雯, 史怀昱, 石会娟. 陕西省分区城镇化路径研究 [J]. 城市发展研究, 2014, 21 (12): 88 – 96.

[585] 翁钢民, 李凌雁. 中国旅游与文化产业融合发展的耦合协调度及空间相关分析 [J]. 经济地理, 2016, 36 (1): 178 – 185.

[586] 吴德刚, 曾天山, 邓友超. 我国西部地区人才资源开发战略研究 [J]. 教育研究, 2015, 36 (4): 33 – 69.

[587] 吴芳梅. 融合与突破: 龙潭古寨文化旅游创意产业发展研究 [J]. 云南民族大学学报 (哲学社会科学版), 2017, 34 (4): 39 – 46.

[588] 吴海燕. 以智慧旅游视野发展全域旅游的理论和实践 [J]. 经济问题探索, 2018 (8): 60 – 66.

[589] 吴佳雨, 徐敏, 刘伟国, 等. 遗产区域视野下工业遗产保护与利用研究: 以黄石矿冶工业遗产为例 [J]. 城市发展研究, 2014, 21 (11): 73 – 80.

[590] 吴金群. 网络抑或统合: 开发区管委会体制下的府际关系研究 [J]. 政治学研究, 2019 (5): 97 – 128.

[591] 吴理财, 解胜利. 文化治理视角下的乡村文化振兴: 价值耦合与体系建构 [J]. 华中农业大学学报 (社会科学版), 2019 (1): 16 – 163.

[592] 吴立爽. 地方本科院校多元化本科生导师制探析 [J]. 中国高教研究, 2014 (5): 74 – 76.

[593] 吴孟依, 纪雨男. 乡村振兴背景下长三角乡村旅游业的发展探析: 基于田园综合体模式的分析

［J］. 现代管理科学, 2020 (2): 71 - 73.

［594］吴鸣然, 马骏. 新型城镇化进程中农村消费空间的转向与再生产 ［J］. 商业经济研究, 2016 (1): 143 - 145.

［595］吴巧红, 苏晓波. 中国旅游发展笔谈: 新冠肺炎疫情与全球旅游停滞 ［J］. 旅游学刊, 2020, 35 (8): 1.

［596］吴全军. 实现乡村产业振兴的路径研究: 以青州市为例 ［J］. 中国集体经济, 2018 (34): 12 - 14.

［597］吴生华, 全开祥. 创新融媒传播发挥农业农村现代化建设中的视听力量: 2019 年度浙江省广播电视对农节目服务工程建设考核暨对农节目 (活动) 政府奖评选电视对农栏目考核评审综述 ［J］. 视听纵横, 2019 (6): 52 - 55.

［598］吴骁骁, 苏勤, 姜辽. 旅游商业化影响下的古镇居住空间变迁研究: 以周庄为例 ［J］. 旅游学刊, 2015, 30 (7): 26 - 36.

［599］吴晓, 王凌瑾, 强欢欢, 等. 大运河 (江苏段) 古镇的历史演化综论: 以江苏历史文化名镇为例 ［J］. 城市规划, 2019, 43 (4): 93 - 106.

［600］吴业苗. 农民消费空间转向及其对 "人的城镇化" 作用 ［J］. 中国农业大学学报 (社会科学版), 2016, 33 (6): 20 - 29.

［601］吴义宏, 杨效忠, 彭敏. 主题公园拥挤感知的影响因素研究: 以方特欢乐世界为例 ［J］. 人文地理, 2014, 29 (4): 119 - 125.

［602］奚望, 陈钢华, 胡宪洋. 旅游度假区游客地方依恋对心理恢复的影响研究: 环境恢复性感知的中介作用 ［J］. 旅游科学, 2021, 35 (3): 79 - 99.

［603］奚雪松, 许立言, 陈义勇. 中国文物保护单位的空间分布特征 ［J］. 人文地理, 2013, 28 (1): 75 - 79.

［604］习近平. 决胜全面建成小康社会夺取新时代中国特色社会主义伟大胜利: 在中国共产党第十九次全国代表大会上的报告 ［N］. 人民日报, 2017 - 10 - 28.

［605］席建超, 刘孟浩. 中国旅游业基本国情分析 ［J］. 自然资源学报, 2019, 34 (8): 1569 - 1580.

［606］席建超, 王首琨, 张瑞英. 旅游乡村聚落 "生产—生活—生态" 空间重构与优化: 河北野三坡旅游区苟各庄村的案例实证 ［J］. 自然资源学报, 2016, 31 (3): 425 - 435.

［607］席建超, 王新歌, 孔钦钦, 等. 从传统乡村聚落到现代滨海旅游度假区: 过去 20 年大连金石滩旅游度假区土地利用动态演变 ［J］. 人文地理, 2016, 31 (1): 130 - 139.

［608］席建超, 王新歌, 孔钦钦, 等. 旅游地乡村聚落演变与土地利用模式: 野三坡旅游区三个旅游村落案例研究 ［J］. 地理学报, 2014, 69 (4): 531 - 540.

［609］席建超, 赵美风, 葛全胜. 旅游地乡村聚落用地格局演变的微尺度分析: 河北野三坡旅游区苟各庄村的案例实证 ［J］. 地理学报, 2011, 66 (12): 1707 - 1717.

［610］席强敏, 陈曦, 李国平. 中国城市生产性服务业模式选择研究: 以工业效率提升为导向 ［J］. 中国工业经济, 2015 (2): 18 - 30.

［611］夏杰长, 丰晓旭. 新冠肺炎疫情对旅游业的冲击与对策 ［J］. 中国流通经济, 2020, 34 (3): 3 - 10.

［612］夏杰长, 贺少军, 徐金海. 数字化: 文旅产业融合发展的新方向 ［J］. 黑龙江社会科学, 2020 (2): 51 - 159.

［613］夏杰长, 徐金海. 中国旅游业改革开放 40 年: 回顾与展望 ［J］. 经济与管理研究, 2018, 39 (6): 3 - 14.

［614］夏杰长. 促进旅游公共服务体系建设的政策着力点 ［J］. 社会科学家, 2019 (5): 7 - 12.

［615］夏令军, 刘艳芳, 刘国炜. 中国地级城市餐饮业分布格局及影响因素: 基于 "大众点评网" 数据的实证研究 ［J］. 经济地理, 2018, 38 (5): 133 - 141.

［616］向勇, 白晓晴. 新常态下文化产业 IP 开发的受众定位和价值演进 ［J］. 北京大学学报 (哲学

社会科学版），2017，54（1）：123 - 132.

[617] 向勇. 创意旅游：地方创生视野下的文旅融合 [J]. 人民论坛·学术前沿，2019（11）：64 - 70.

[618] 向云，王傲. 空间政治经济学视角下的上海田子坊地区城市更新 [J]. 建筑与文化，2020（3）：135 - 136.

[619] 肖唤元，秦龙. 人类命运共同体：理论溯源、价值意蕴、国际影响 [J]. 广西社会科学，2018（7）：43 - 48.

[620] 谢翠玲，陈秋华，苏玉卿，等. 五感视角下的乡村创意旅游产品开发研究：以棋磐寨采桑园为例 [J]. 林业经济问题，2015，35（1）：63 - 67，74.

[621] 谢涤湘，陈惠琪，邓雅雯. 工业遗产再利用背景下的文化创意产业园规划研究 [J]. 工业建筑，2013，43（3）：36 - 39，107.

[622] 谢地，李梓旗. 城镇化与乡村振兴并行背景下的城乡人口流动：理论、矛盾与出路 [J]. 经济体制改革，2020（3）：39 - 45.

[623] 谢龙公，赵雪影. 田园综合体农旅融合路径探析 [J]. 旅游纵览（下半月），2019（12）：172 - 173.

[624] 谢露露. 产业集聚和工资"俱乐部"：来自地级市制造业的经验研究 [J]. 世界经济，2015，38（10）：148 - 168.

[625] 谢天成，施祖麟. 农村电子商务发展现状、存在问题与对策 [J]. 现代经济探讨，2016（11）：40 - 44.

[626] 谢威. 原住民对生态博物馆发展的影响 [J]. 中国国家博物馆馆刊，2019（4）：129 - 136.

[627] 邢光远，汪应洛. "一带一路"教科文先行的战略思考与资金保障 [J]. 西安交通大学学报（社会科学版），2016，36（1）：1 - 7.

[628] 邢尊明. 我国地方政府体育产业政策行为研究：基于政策扩散理论的省（级）际政策实践调查与实证分析 [J]. 体育科学，2016，36（1）：27 - 37.

[629] 熊海峰，祁吟墨. 基于共生理论的文化和旅游融合发展策略研究：以大运河文化带建设为例 [J]. 同济大学学报（社会科学版），2020，31（1）：40 - 48.

[630] 熊友平. 湖州市农业文化遗产保护式旅游开发路径 [J]. 湖北农业科学，2018，57（18）：141 - 144.

[631] 熊正贤. 特色小镇政策的区域比较与优化研究：以云贵川地区为例 [J]. 云南民族大学学报（哲学社会科学版），2019，36（2）：104 - 116.

[632] 徐岸峰，王宏起，赵天一. 共享平台视角下全域旅游演进机理和服务模式研究 [J]. 中国地质大学学报（社会科学版），2020，20（4）：141 - 155.

[633] 徐翠蓉，赵玉宗，高洁. 国内外文旅融合研究进展与启示：一个文献综述 [J]. 旅游学刊，2020，35（8）：94 - 104.

[634] 徐翠蓉，赵玉宗. 文旅融合：建构旅游者国家认同的新路径 [J]. 旅游学刊，2020，35（11）：11 - 12.

[635] 徐京波. 工业化与农村消费空间的扩展：以胶东 P 市为例 [J]. 农业考古，2017（1）：252 - 258.

[636] 徐凯，房艳刚，李悦铮. 环渤海地区国内游客旅游消费空间演变 [J]. 经济地理，2016，36（10）：207 - 215.

[637] 徐丽华，王慧. 区域农业产业集群特征与形成机制研究：以山东省寿光市蔬菜产业集群为例 [J]. 农业经济问题，2014，35（11）：26 - 110.

[638] 徐谅慧，李加林，杨磊，等. 浙江省大陆岸线资源的适宜性综合评价研究 [J]. 中国土地科学，2015，29（4）：49 - 56，2.

[639] 徐林，曹红华. 从测度到引导：新型城镇化的"星系"模型及其评价体系 [J]. 公共管理学报，2014，11（1）：65 - 141.

[640] 徐宁宁，董雪旺，张书元，等. 游客积极情绪对游客满意和游客忠诚的影响研究：以江苏省无

锡市灵山小镇拈花湾为例 [J]. 地域研究与开发, 2019, 38 (4): 98-103.

[641] 徐倩, 李阳兵, 黄娟. 景区依托型乡村聚落用地格局与功能演变研究: 以黄果树镇石头寨村为例 [J]. 长江流域资源与环境, 2020, 29 (7): 1545-1554.

[642] 徐倩, 李阳兵, 黄娟. 山区民族旅游型乡村聚落格局演变研究: 以贵州西江千户苗寨为例 [J]. 河南师范大学学报 (自然科学版), 2020, 48 (6): 10-18.

[643] 徐升华, 吴丹. 基于系统动力学的鄱阳湖生态产业集群 "产业—经济—资源" 系统模拟分析 [J]. 资源科学, 2016, 38 (5): 871-887.

[644] 徐顽强, 战乃玉, 杜雯洁. 东湖示范区人才激励测度指标体系整合模型研究 [J]. 科技进步与对策, 2013, 30 (12): 142-145.

[645] 徐晓林, 李海波, 马敏. 区块链+旅游服务: 创新前景与潜在挑战 [J]. 中国行政管理, 2019 (4): 53-78.

[646] 徐秀平. 基于地域文化整合的常熟节庆旅游产品开发研究 [J]. 中国商论, 2017 (26): 62-63.

[647] 徐一帆, 张宏磊, 田原, 等. 交通系统对旅游空间结构影响研究进展与展望 [J]. 旅游科学, 2020, 34 (3): 32-46.

[648] 许晖, 许守任, 王睿智. 消费者旅游感知风险维度识别及差异分析 [J]. 旅游学刊, 2013, 28 (12): 71-80.

[649] 许黎, 曹诗图, 柳德才. 乡村旅游开发与生态文明建设融合发展探讨 [J]. 地理与地理信息科学, 2017, 33 (6): 106-124.

[650] 许凌. 基于绿色发展的文旅小镇建设及影响 [J]. 社会科学家, 2019 (8): 80-85.

[651] 许璐, 罗小龙, 王绍博, 等. "洋家乐" 乡村消费空间的生产与乡土空间重构研究: 以浙江省德清县为例 [J]. 现代城市研究, 2018 (9): 35-40.

[652] 薛东前, 黄晶, 马蓓蓓, 等. 西安市文化娱乐业的空间格局及热点区模式研究 [J]. 地理学报, 2014, 69 (4): 541-552.

[653] 严伟, 严思平. 新冠疫情对旅游业发展的影响与应对策略 [J]. 商业经济研究, 2020 (11): 190-192.

[654] 言唱. 大运河非物质文化遗产的活态保护与活化利用 [J]. 海南师范大学学报 (社会科学版), 2020, 33 (3): 136-140.

[655] 阎友兵, 肖瑶. 旅游景区利益相关者共同治理的经济型治理模式研究 [J]. 社会科学家, 2007 (3): 108-112.

[656] 杨爱君, 杨异. 田园综合体: 新型城镇化与扶贫减贫联动发展新路径 [J]. 甘肃社会科学, 2020 (2): 143-150.

[657] 杨毕波. 青岩古镇旅游开发对地方社会转型的驱动方式探析 [J]. 甘肃科技, 2018, 34 (23): 52-56.

[658] 杨波, 何露, 闵庆文. 文化景观视角下的农业文化遗产认知与保护研究: 以云南双江勐库古茶园与茶文化系统为例 [J]. 原生态民族文化学刊, 2020, 12 (5): 110-116.

[659] 杨春利, 白永平, 王芳. 陇南市旅游空间结构的优化模式 [J]. 宁夏大学学报 (自然科学版), 2010, 31 (2): 191-193.

[660] 杨芬, 郭广生, 张士运. 技术创新、产业结构调整与能源消费 [J]. 中国科技论坛, 2020 (6): 75-84.

[661] 杨慧敏, 姜海涛. 游客感知与文化认同: 西部旅游中历史文化资源的利用与保护 [J]. 社会科学家, 2020 (12): 65-69.

[662] 杨京冉. 文化产业与旅游产业融合现状及策略研究 [J]. 商讯, 2020 (26): 134-135.

[663] 杨军昌, 杨蕴希. 清水江流域民族教育文化遗产与乡村旅游融合发展研究 [J]. 西南民族大学学报 (人文社科版), 2018, 39 (5): 1-6.

[664] 杨俊宴, 陈宇. 滨水景观区总体城市设计的理论与方法研究探索: 西湖案例 [J]. 城市规划, 2017, 41 (7): 54-61.

[665] 杨磊，王晶，乔璐．昆明金殿片区农业观光园规划研究 [J]．西部林业科学，2016，45（1）：150 - 155．

[666] 杨立勋，陈晶，程志富．西北五省区旅游产业绩效影响因素分析：基于面板数据分位数回归 [J]．旅游学刊，2013，28（8）：94 - 101．

[667] 杨丽，王晓晓．"一带一路"背景下我国与中东欧国家文化产业国际竞争力比较分析 [J]．经济与管理评论，2018，34（4）：149 - 161．

[668] 杨浏熹．乡村振兴背景下乡村在地资源的认知与利用 [J]．原生态民族文化学刊，2020，12（1）：82 - 87．

[669] 杨明．非物质文化遗产保护的现实处境与对策研究 [J]．法律科学（西北政法大学学报），2015，33（5）：135 - 147．

[670] 杨忍．基于自然主控因子和道路可达性的广东省乡村聚落空间分布特征及影响因素 [J]．地理学报，2017，72（10）：1859 - 1871．

[671] 杨剩富，胡守庚，瞿诗进．城市地价与城镇化水平空间分布关系：基于湖北省80个县（市、区）的测度研究 [J]．资源科学，2017，39（2）：325 - 334．

[672] 杨武．广西文化产业品牌打造策略研究 [J]．广西社会科学，2010（8）：142 - 145．

[673] 杨香春，李鹏宇，谢锦．南京市工业遗产旅游开发研究 [J]．科技和产业，2015，15（3）：24 - 27．

[674] 杨晓楠，李晶，秦克玉，等．关中—天水经济区生态系统服务的权衡关系 [J]．地理学报，2015，70（11）：1762 - 1773．

[675] 杨兴柱，查艳艳，陆林．旅游地聚居空间演化过程、驱动机制和社会效应研究进展 [J]．旅游学刊，2016，31（8）：40 - 51．

[676] 杨兴柱，杨周，朱跃．世界遗产地乡村聚落功能转型与空间重构：以汤口、寨西和山岔为例 [J]．地理研究，2020，39（10）：2214 - 2232．

[677] 杨兴柱，殷程强．旅游地人居空间多功能研究进展与展望 [J]．热带地理，2022，42（5）：813 - 823．

[678] 杨秀云，郭永．基于钻石模型的我国创意产业国际竞争力研究 [J]．当代经济科学，2010，32（1）：90 - 97，127．

[679] 杨亚东，罗其友，伦闰琪，等．乡村优势特色产业发展动力机制研究：基于系统分析的视角 [J]．农业经济问题，2020（12）：61 - 73．

[680] 杨仪青．新型城镇化进程中的我国生态文明建设路径探析 [J]．生态经济，2017，33（10）：221 - 225．

[681] 杨永峰，袁军，朱耀军，等．乡村振兴战略实施背景下的湿地生态经济区建设构想 [J]．湿地科学，2019，17（3）：295 - 303．

[682] 杨勇．互联网促进旅游产业动态优化了吗？[J]．经济管理，2019，41（5）：156 - 170．

[683] 杨志国．共享经济模式下乡村度假休闲旅游资源开发路径 [J]．农业经济，2019（8）：61 - 63．

[684] 姚乐，王健．试论大运河江苏段的特性与文化带建设要点 [J]．江南大学学报（人文社会科学版），2019，18（3）：108 - 127．

[685] 姚士谋，张平宇，余成，等．中国新型城镇化理论与实践问题 [J]．地理科学，2014，34（6）：641 - 647．

[686] 姚新涛，曾坚，吴鼎．湘西山地生态旅游资源空间结构特征研究 [J]．中国农业资源与区划，2020，41（5）：246 - 256．

[687] 冶建明，李静雅，厉亮．草原旅游地游客感知价值、地方认同与行为意向关系研究 [J]．干旱区资源与环境，2020，34（9）：202 - 208．

[688] 叶欠，刘春雨，闫浩楠．特色小镇发展现状与政策选择 [J]．宏观经济管理，2020（9）：26 - 27，30．

[689] 叶世灏，李舟．基于IPA的创意文化园游客满意度影响因素研究：以深圳市创意文化园为例

[J]. 资源开发与市场, 2020, 36 (7): 775 - 781.

[690] 叶兴庆. 我国农业支持政策转型: 从增产导向到竞争力导向 [J]. 改革, 2017 (3): 19 - 34.

[691] 叶迎. 以乡村旅游促进农村剩余劳动力转移机制研究 [J]. 农业经济, 2015 (11): 56 - 57.

[692] 叶玉瑶, 张虹鸥, 吴旗韬, 等. 珠江三角洲村镇产业用地整合的策略、模式与案例分析 [J]. 人文地理, 2014, 29 (2): 96 - 100, 75.

[693] 叶忠海, 张永, 马丽华, 等. 新型城镇化与社区教育发展研究 [J]. 开放教育研究, 2014, 20 (4): 100 - 110.

[694] 衣长军, 李赛, 张吉鹏. 制度环境、吸收能力与新兴经济体 OFDI 逆向技术溢出效应: 基于中国省际面板数据的门槛检验 [J]. 财经研究, 2015, 41 (11): 4 - 19.

[695] 易平. 文化消费语境下的博物馆文创产品设计 [J]. 包装工程, 2018, 39 (8): 84 - 88.

[696] 易善炳. 人工智能在非物质文化遗产保护中的运用 [J]. 科学·经济·社会, 2020, 38 (1): 19 - 25.

[697] 易信, 刘凤良. 金融发展、技术创新与产业结构转型: 多部门内生增长理论分析框架 [J]. 管理世界, 2015 (10): 24 - 90.

[698] 尹宏, 王苹. 文化、体育、旅游产业融合: 理论、经验和路径 [J]. 党政研究, 2019 (2): 120 - 128.

[699] 尹丽. 信阳地区乡村特色旅游空间资源开发规划探析及其应用机制研究 [J]. 北方园艺, 2018 (23): 174 - 181.

[700] 尹霓阳. 特色历史遗址的更新改造策略及模式探索 [J]. 山西建筑, 2020, 46 (22): 39 - 40.

[701] 尹鹏, 刘继生, 陈才. 东北振兴以来吉林省四化发展的协调性研究 [J]. 地理科学, 2015, 35 (9): 1101 - 1108.

[702] 于炳清, 葛鹏. 军事遗产的数字化保护与展示 [J]. 城市建设理论研究 (电子版), 2014 (34): 1338 - 1339.

[703] 于超, 樊治平, 张晓晓. 考虑小型团体游客多类型期望的旅游产品个性化定制方法 [J]. 旅游科学, 2017, 31 (2): 32 - 41.

[704] 于海云, 汪长玉, 赵增耀. 乡村电商创业集聚的动因及机理研究: 以江苏沭阳"淘宝村"为例 [J]. 经济管理, 2018, 40 (12): 39 - 54.

[705] 于淼, 李建东. 基于 RS 和 GIS 的桓仁县乡村聚落景观格局分析 [J]. 测绘与空间地理信息, 2005 (5): 56 - 60.

[706] 于少康, 郭松, 罗璇, 等. 自然生态空间用途管制的"划、管、审": 以江西省高安市为例 [J]. 中国国土资源经济, 2019, 32 (4): 53 - 58.

[707] 于雪梅. 文化遗产旅游视角下的中国甲午战争博物馆研究 [D]. 济南: 山东大学, 2014.

[708] 余斌, 李菅菅, 朱媛媛, 等. 中国中部农区乡村重构特征及其地域模式: 以江汉平原为例 [J]. 自然资源学报, 2020, 35 (9): 2063 - 2078.

[709] 余斌, 卢燕, 曾菊新, 等. 乡村生活空间研究进展及展望 [J]. 地理科学, 2017, 37 (3): 375 - 385.

[710] 余启慧, 余尤骋. 旅游业和素质拓展业的融合与发展研究 [J]. 大众文艺, 2019 (17): 265 - 266.

[711] 余泽娜. 论"人与自然和谐共生"蕴涵的三层关系 [J]. 云南社会科学, 2021 (1): 24 - 30.

[712] 俞孔坚, 李迪华, 李伟. 京杭大运河的完全价值观 [J]. 地理科学进展, 2008 (2): 1 - 9.

[713] 虞虎, 陈田, 陆林, 等. 江淮城市群旅游经济网络空间结构与空间发展模式 [J]. 地理科学进展, 2014, 33 (2): 169 - 180.

[714] 袁俊, 张萌. 中国文化创意产业园与旅游业融合效果的地区对比: 基于网络评论的内容分析 [J]. 世界地理研究, 2016, 25 (6): 119 - 147.

[715] 袁玲. 全域旅游视野下桂林地区乡村旅游公共服务体系建设研究 [J]. 农业经济, 2019 (8): 58 - 60.

［716］袁胜育，汪伟民．丝绸之路经济带与中国的中亚政策［J］．世界经济与政治，2015（5）：21－157.

［717］袁媛．重大节事活动助推城市文化品牌提升［J］．前线，2020（4）：67－70.

［718］岳妍，韩锋．乡村振兴战略下加强农业文化遗产的保护与发展：以乌江流域民族地区为例［J］．城市发展研究，2018，25（11）：17－22.

［719］岳意定，谢伟峰．城市工业转型升级发展水平的测度［J］．系统工程，2014，32（2）：132－137.

［720］翟礼淼，方虹．青年科技人才是创新驱动与核心技术突破的关键［J］．科技导报，2019，37（9）：66－71.

［721］张贝尔，黄晓霞．康养旅游产业适宜性评价指标体系构建及提升策略［J］．经济纵横，2020（3）：78－86.

［722］张彬．大力优化营商环境 推动青岛上合示范区建设快速起势［J］．山东人大工作，2020（3）：54－55.

［723］张灿强，林煜．农业景观价值及其旅游开发的农户利益关切［J］．中国农业大学学报（社会科学版），2022，39（3）：131－140.

［724］张灿强，龙文军．农耕文化遗产的保护困境与传承路径［J］．中国农史，2020，39（4）：115－122.

［725］张超荣，潘芳，邢琰．存量规划背景下北京城镇建设用地再开发机制研究：以房山区存量工业用地再开发为例［J］．北京规划建设，2015（5）：98－103.

［726］张朝辉，刘颖，周乾晨．农户主动选择、政府多元介入与林果亲环境农业技术采纳研究［J］．农业现代化研究，2022，43（4）：638－647.

［727］张朝枝，朱敏敏．文化和旅游融合：多层次关系内涵、挑战与践行路径［J］．旅游学刊，2020，35（3）：62－71.

［728］张春香．基于钻石模型的区域文化旅游产业竞争力评价研究［J］．管理学报，2018，15（12）：1781－1788.

［729］张国超．我国公众参与文化遗产保护行为及影响因素实证研究［J］．东南文化，2012（6）：21－27.

［730］张河清，何奕霏，田晓辉．广东省县域旅游竞争力评价体系研究［J］．经济地理，2012，32（9）：172－176.

［731］张洪恩，孙旭光，徐翀．战争遗址公园的改造与规划设计手法解读：以青岛"一战"遗址公园规划为例［J］．现代城市研究，2014（7）：43－48.

［732］张鸿雁．中国新型城镇化理论与实践创新［J］．社会学研究，2013，28（3）：1－14，241.

［733］张环宙，沈旭炜，吴茂英．滨水区工业遗产保护与城市记忆延续研究：以杭州运河拱宸桥西工业遗产为例［J］．地理科学，2015，35（2）：183－189.

［734］张吉，万宁，王治民，等．建设项目生态环境影响后评价研究：以风电场项目为例［J］．环境保护科学，2014，40（3）：83－87.

［735］张继焦，党垒．边疆地区的中心化还是边缘化？：以海南古代教育为例［J］．青海民族研究，2019，30（2）：72－79.

［736］张继久．新型城镇化的内涵与特征再认识［J］．社会科学动态，2018（2）：89－93.

［737］张建国，庞赞．城市河流旅游开发适宜性评价模型建构及实证分析［J］．经济地理，2017，37（2）：209－215.

［738］张捷，卢韶婧，杜国庆，等．中、日都市旅游街区书法景观空间分异及其文化认同比较研究［J］．地理科学，2014，34（7）：831－839.

［739］张京祥，夏天慈．治理现代化目标下国家空间规划体系的变迁与重构［J］．自然资源学报，2019，34（10）：2040－2050.

［740］张敬沙，方海兰，金一鸣，等．基于生态融合发展理念的田园综合体发展探析［J］．环境保

护，2020，48（15）：59 - 63.

［741］张克俊，杜婵. 从城乡统筹、城乡一体化到城乡融合发展：继承与升华［J］. 农村经济，2019（11）：19 - 26.

［742］张莉. 城市历史文化街区的保护改造探究［J］. 江西建材，2020（10）：214，216.

［743］张立波. 文化产业园的产业链构建［J］. 北京联合大学学报（人文社会科学版），2010，8（4）：91 - 95.

［744］张利华. 江苏工业旅游开发要素与策略分析［J］. 生产力研究，2012（2）：155 - 179.

［745］张敏，刘晓华. 博物馆在旅游活动中的主导作用［A］. 陕西省博物馆学会、陕西省文物局. 博物馆理论与实践研讨会论文集［C］. 陕西省博物馆学会、陕西省文物局：陕西省社会科学界联合会，2005：9.

［746］张明斗. 城市循环经济发展效率的空间差异研究［J］. 中国地质大学学报（社会科学版），2016，16（3）：95 - 104.

［747］张纳新. 文旅融合背景下公共图书馆少儿阅读推广策略研究［J］. 图书馆工作与研究，2020（8）：123 - 128.

［748］张娜，原珂. 乡村振兴视域下田园综合体生态复合发展路径探析［J］. 学习论坛，2019（10）：84 - 90.

［749］张蔷. 中国城市文化创意产业现状、布局及发展对策［J］. 地理科学进展，2013，32（8）：1227 - 1236.

［750］张侨. 旅游扶贫模式和扶贫效应研究：基于海南省贫困地区的调查数据分析［J］. 技术经济与管理研究，2016（11）：124 - 128.

［751］张瑞梅，刘弘汐. 西南三省坡侗族生态博物馆的比较研究［J］. 广西民族大学学报（哲学社会科学版），2015，37（1）：91 - 95.

［752］张三峰，陈亮. 企业成长因素：一个动态的理论分析框架［J］. 贵州财经学院学报，2006（3）：62 - 66.

［753］张少义. 文旅融合让幸福再升级［J］. 红旗文稿，2020（14）：9 - 11.

［754］张胜男. 创意旅游发展模式与运行机制研究［J］. 财经问题研究，2016（2）：123 - 129.

［755］张双双，董斌，高祥，等. 基于地理国情数据的合肥市城镇扩展及其景观生态风险研究［J］. 安徽农业大学学报，2019，46（5）：826 - 833.

［756］张肃，黄蕊. 文化旅游产业融合对文化消费的影响［J］. 商业研究，2018（2）：172 - 176.

［757］张婷. 特色小镇发展文化创意产业问题研究［J］. 农业经济，2020（5）：46 - 47.

［758］张威，张一楠. 工业旅游体验营销对游客认知度影响的实证研究［J］. 软科学，2014，28（9）：109 - 113.

［759］张文宣. 小农户生产现代化的理论分析与经验证实［J］. 经济问题，2020（9）：92 - 99.

［760］张希月，陈田. 基于游客视角的非物质文化遗产旅游开发影响机理研究：以传统手工艺苏绣为例［J］. 地理研究，2016，35（3）：590 - 604.

［761］张希月，虞虎，陈田，等. 非物质文化遗产资源旅游开发价值评价体系与应用：以苏州市为例［J］. 地理科学进展，2016，35（8）：997 - 1007.

［762］张小波. 南宋御街历史文化遗产的数字化建构研究［J］. 美术大观，2017（11）：92 - 93.

［763］张晓晗，罗谦. 成都地区传统民居保护与更新模式研究［J］. 中华文化论坛，2015（2）：157 - 165.

［764］张晓亮. 我国体育旅游景区品牌化建设现状及对策研究［J］. 河南师范大学学报（自然科学版），2020，48（6）：106 - 111.

［765］张新宇，吴剑. 杭州南宋御街公共艺术文化长廊空间系统分析［J］. 装饰，2012（1）：92 - 93.

［766］张燕军. 中东军事现代化进程中的美国因素研究［J］. 南京政治学院学报，2016，32（4）：53 - 61.

［767］张翼. 当前中国社会各阶层的消费倾向：从生存性消费到发展性消费［J］. 社会学研究，

2016，31（4）：74-244.

[768] 张引，杨庆媛，李闯，等. 重庆市新型城镇化发展质量评价与比较分析 [J]. 经济地理，2015，35（7）：79-86.

[769] 张莹莹，王云. 城市道路植物景观色彩的控制 [J]. 上海交通大学学报（农业科学版），2012，30（3）：18-24.

[770] 张颖. 文化创意视角下山东乡村旅游优化升级研究 [J]. 中国农业资源与区划，2017，38（10）：192-197.

[771] 张宇，曹卫东，梁双波，等. 长江经济带城镇化协同演化时空格局研究 [J]. 长江流域资源与环境，2016，25（5）：715-724.

[772] 张羽. 南通唐闸1895工业遗迹复兴规划设计 [J]. 工业建筑，2013，43（7）：8，23-25.

[773] 张志，张雯毓. 浅析旧城历史文化街区更新过程中的公共参与：以汉口历史文化风貌街"文创谷"腾退为例 [J]. 资源开发与市场，2020，36（4）：401-404.

[774] 张智勇. 区域经济内产业联动的实证分析：以晋陕豫"黄河金三角"地区为例 [J]. 经济问题，2018（11）：80-83.

[775] 章晶晶，郑天. 工业遗产旅游综合体规划方法研究：杭州运河旅游综合体开发 [J]. 工业建筑，2015，45（5）：19-23.

[776] 赵波，周楠锋，苟婷婷. 四川省山区农业休闲旅游资源的开发与策略研究 [J]. 西南师范大学学报（自然科学版），2018，43（10）：150-153.

[777] 赵昌文，许召元，朱鸿鸣. 工业化后期的中国经济增长新动力 [J]. 中国工业经济，2015（6）：44-54.

[778] 赵纯. 旅游影响下乡村空间治理中的伦理重塑：基于空间生产理论视角 [J]. 云南师范大学学报（哲学社会科学版），2019，51（3）：142-148.

[779] 赵丛苍，张朝. 军事文化遗产的价值阐释 [J]. 文物春秋，2020（3）：86-90.

[780] 赵含钰，谢冠一. 基于村落重生的乡村旅游建设适应性设计探讨 [J]. 中国农业资源与区划，2016，37（10）：166-173.

[781] 赵华. 旅游特色小镇创新开发探析 [J]. 经济问题，2017（12）：104-107.

[782] 赵建春，刘锋. 民族文化生态修复与民族地区农村经济发展联动探讨 [J]. 贵州民族研究，2015，36（8）：159-162.

[783] 赵静，宣国富，朱莹. 转型期城市居民公园游憩动机及其行为特征：以南京玄武湖公园为例 [J]. 地域研究与开发，2016，35（2）：113-118，133.

[784] 赵军洁，徐田华. 新型农业经营体系的创新实践和改革思考 [J]. 现代经济探讨，2019（3）：93-100.

[785] 赵磊，方成，毛聪玲. 中国存在旅游导向型城镇化吗？：基于线性和非线性的实证分析 [J]. 旅游科学，2016，30（6）：22-38.

[786] 赵磊，方成，吴向明. 旅游发展、空间溢出与经济增长：来自中国的经验证据 [J]. 旅游学刊，2014，29（5）：16-30.

[787] 赵磊，潘婷婷，方成，等. 旅游业与新型城镇化：基于系统耦合协调视角 [J]. 旅游学刊，2020，35（1）：13-31.

[788] 赵磊，唐承财. 产业结构变迁、旅游业与经济增长：来自中国的经验证据 [J]. 资源科学，2017，39（10）：1918-1929.

[789] 赵磊. 旅游发展与经济增长：来自中国的经验证据 [J]. 旅游学刊，2015，30（4）：33-49.

[790] 赵丽娜，翟美珠，王昳昀. 原生态模式下乡村聚落景观空间构建问题研究 [J]. 南方农机，2020，51（2）：11-13.

[791] 赵路平，吕颜婉倩，黄琰秋. 基于报纸和网络文本的非物质文化遗产传播研究 [J]. 图书情报工作，2015，59（14）：37-45.

[792] 赵茂军. 农业现代化建设中的产业发展研究 [J]. 经济纵横，2013（7）：78-82.

[793] 赵鹏军, 马博闻. 基于场地感受的历史街区更新文脉影响研究: 以北京前门大栅栏地区为例 [J]. 城市发展研究, 2015, 22 (3): 63 - 72.

[794] 赵庆寺. 中华传统文化与中国国际话语权的建构路径 [J]. 探索, 2017 (6): 114 - 121.

[795] 赵西君, 李佐军. 国家公园管理体制下的旅游发展模式研究 [J]. 江淮论坛, 2019 (1): 31 - 36.

[796] 赵耀辉. 论信息化条件下我军军事训练的战略地位及功能拓展 [J]. 南京政治学院学报, 2010, 26 (5): 83 - 85.

[797] 赵迎芳. 新时期非物质文化遗产记录和保护的实践与思考 [J]. 民俗研究, 2019 (6): 47 - 158.

[798] 赵振斌, 褚玉杰, 郝亭, 等. 汉长安城遗址乡村社区意义空间构成 [J]. 地理学报, 2015, 70 (10): 1606 - 1621.

[799] 甄峰, 秦萧, 席广亮. 信息时代的地理学与人文地理学创新 [J]. 地理科学, 2015, 35 (1): 11 - 18.

[800] 郑斌, 刘家明, 杨兆萍. 基于"一站式体验"的文化旅游创意产业园区研究 [J]. 旅游学刊, 2008 (9): 49 - 53.

[801] 郑伯红, 杨靖. 人本视角下旅游城市的社会群体需求差异及其规划响应 [J]. 求索, 2019 (5): 112 - 119.

[802] 郑光辉, 蒋涤非, 陈国磊, 等. 中国乡村旅游重点村空间分布格局及影响机理研究 [J]. 干旱区资源与环境, 2020, 34 (9): 194 - 201.

[803] 郑健壮. 田园综合体: 基本内涵、主要类型及建设内容 [J]. 中国农业资源与区划, 2020, 41 (8): 205 - 212.

[804] 郑蕾. 文化创意驱动农业发展研究 [J]. 西南民族大学学报 (人文社科版), 2016, 37 (6): 120 - 124.

[805] 郑胜华, 陈觉, 梅红玲, 等. 基于核心企业合作能力的科创型特色小镇发展研究 [J]. 科研管理, 2020, 41 (11): 143 - 152.

[806] 郑士鹏. "一带一路"建设中文化交流机制的构建 [J]. 学术交流, 2015 (12): 112 - 117.

[807] 郑文泰. 宜居宜业宜游导向下乡村景观规划设计研究 [D]. 合肥: 安徽农业大学, 2015.

[808] 钟华美. 文旅融合背景下乡村旅游产业融合发展理论分析 [J]. 资源开发与市场, 2020, 36 (4): 421 - 426.

[809] 钟曼方. 推进乡村度假式养老建设: 对南京老年群体参与意愿的调查和思考 [J]. 上海农村经济, 2019 (6): 45 - 47.

[810] 钟旭. 基层博物馆社会教育宣传职能调整优化 [J]. 文物世界, 2019 (2): 63 - 65.

[811] 仲计水. 新中国成立70年国际地位提升的历程、经验及展望 [J]. 北京联合大学学报 (人文社会科学版), 2019, 17 (3): 9 - 17.

[812] 周彬, 钟林生, 陈田, 等. 基于生态位的黑龙江省中俄界江生态旅游潜力评价 [J]. 资源科学, 2014, 36 (6): 1142 - 1151.

[813] 周冰怡. 鞍山钢铁集团工业旅游开发研究 [J]. 经济研究导刊, 2019 (34): 168 - 169.

[814] 周海涛, 杨翠霞. 生态博物馆理念下辽西走廊传统村落文化保护与发展研究: 以新堡子村为例 [J]. 美术大观, 2019 (12): 120 - 121.

[815] 周怀东. 当前博物馆文化产业的发展方向 [J]. 艺术百家, 2013, 29 (S2): 439 - 441.

[816] 周建新, 胡鹏林. 中国文化产业研究2016年度学术报告 [J]. 深圳大学学报 (人文社会科学版), 2017, 34 (1): 53 - 66.

[817] 周建新, 胡鹏林. 中国文化产业研究2019年度学术报告 [J]. 深圳大学学报 (人文社会科学版), 2020, 37 (1): 57 - 68.

[818] 周晶晶. 旅游消费市场的变化与新型旅游产业的发展取向 [J]. 社会科学家, 2020 (7): 38 - 43.

[819] 周立, 李彦岩, 罗建章. 合纵连横: 乡村产业振兴的价值增值路径: 基于一二三产业融合的多案例分析 [J]. 新疆师范大学学报 (哲学社会科学版), 2020, 41 (1): 2 - 72.

［820］周敏丹，尹志锋. 农业科技推广、资本深化与就业替代：基于国家科技富民强县专项行动计划的实证分析［J］. 经济学家，2017（5）：91 - 96.

［821］周庆元. 构建新型农业经营体系的动力机制与协同路径［J］. 内蒙古社会科学，2020，41（3）：155 - 161.

［822］周蜀秦. "弹性城市"视角下的大都市旧城区更新治理策略［J］. 南京社会科学，2015（12）：70 - 77.

［823］周玮，黄震方，郭文，等. 南京夫子庙历史文化街区景观偏好的游后感知实证研究［J］. 人文地理，2012，27（6）：117 - 123.

［824］周玮. 基于城市记忆的传统文化旅游地空间溯源：以南京夫子庙秦淮风光带为例［J］. 地域研究与开发，2016，35（3）：74 - 80.

［825］周玮. 基于城市记忆的地方重大节事活动感知维度研究：以南京秦淮灯会为例［J］. 现代城市研究，2017（3）：112 - 116.

［826］周武忠. 基于乡村文化多样性的创意农业研究［J］. 世界农业，2020（1）：21 - 25.

［827］周舞. VR 设计在湖南省博物馆的互动体验研究［J］. 福建茶叶，2020，42（1）：76 - 77.

［828］周扬，郭远智，刘彦随. 中国县域贫困综合测度及 2020 年后减贫瞄准［J］. 地理学报，2018，73（8）：1478 - 1493.

［829］周杨，何军红，荣浩. 我国乡村旅游中的游客满意度评估及影响因素分析［J］. 经济管理，2016，38（7）：156 - 166.

［830］周永博，沈敏，魏向东，等. 遗产旅游地意象媒介传播机制：苏州园林与江南古镇的比较研究［J］. 旅游学刊，2012，27（10）：102 - 109.

［831］周永博，沈敏，吴建，等. 迈向优质旅游：全域旅游供需错配及其治理：苏州吴江案例研究［J］. 旅游学刊，2018，33（6）：36 - 48.

［832］周玉龙，孙久文. 论区域发展政策的空间属性［J］. 中国软科学，2016（2）：67 - 80.

［833］周芸熠，张磊，董群. 文旅融合时代下的公共图书馆发展研究与思考［J］. 图书馆学研究，2020（2）：25 - 24.

［834］朱竑. 中国旅游发展笔谈：旅游领域的认同研究［J］. 旅游学刊，2020，35（11）：1.

［835］朱建江. 田园综合体的前世和今生［J］. 上海农村经济，2018（1）：26 - 31.

［836］朱磊，胡静，周葆华，等. 中国省域森林公园旅游发展效率测度及其时空格局演化［J］. 长江流域资源与环境，2017，26（12）：2003 - 2011.

［837］朱敏. 中小型博物馆的数字化博物馆建设探析：以常州博物馆为例［J］. 东南文化，2020（3）：183 - 188.

［838］朱强. 论传统农业改造与新农村建设［J］. 经济纵横，2010（9）：97 - 100.

［839］朱伟芳，聂爽爽，沈烂. 跨境电商助推绍兴特色小镇产业转型升级路径探讨［J］. 对外经贸实务，2021（2）：30 - 33.

［840］朱晓伟. 农业推广的内涵与农业现代化的关系研究［J］. 科技资讯，2019，17（33）：107 - 109.

［841］朱秀梅，林晓玥，王天东. 数字创业生态系统动态演进机理：基于杭州云栖小镇的案例研究［J］. 管理学报，2020，17（4）：487 - 497.

［842］朱学强. 可持续发展视角下我国旅游经济发展模式［J］. 社会科学家，2018（10）：70 - 78.

［843］朱媛媛，周笑琦，陈四云，等. 中国乡村旅游重点村的空间分布与影响因素研究［J］. 华中师范大学学报（自然科学版），2020，54（5）：874 - 912.

［844］壮哉，不屈的水师之魂：中国甲午战争博物馆［J］. 百科探秘（海底世界），2016（3）：1 - 2.

［845］邹兵. 存量发展模式的实践、成效与挑战：深圳城市更新实施的评估及延伸思考［J］. 城市规划，2017，41（1）：89 - 94.

［846］邹光勇，刘明宇. 区域旅游一体化能实现吗?：基于 Salop 模型的 SPNE 研究［J］. 旅游学刊，

2013, 28 (12): 46 – 53.

[847] 邹广文, 王纵横. 人类命运共同体与文化自信的心理建构 [J]. 中国特色社会主义研究, 2017 (4): 30 – 37.

[848] 邹统钎, 金川, 王晓梅. 中国遗产旅游资源管理体制的历史演变、问题及改革路径研究 [J]. 资源科学, 2013, 35 (12): 2325 – 2333.

[849] 邹卒. 乡村振兴背景下旅游经济的发展对生态环境的影响分析: 以重庆市为例 [J]. 林业经济, 2019, 41 (6): 72 – 76, 82.

[850] 左冰, 陆嘉敏. 主题公园区位分布影响因素的实证检验 [J]. 热带地理, 2018, 38 (6): 781 – 790.

[851] Agnoletti M, Errico A, Santoro A, et al. Terraced Landscapes and Hydrogeological Risk. Effects of Land Abandonment in Cinque Terre (Italy) during Severe Rainfall Events [J]. Sustainability, 2019, 11.

[852] Andriotis K. Hosts, guests and politics: Coastal Resorts Morphological Change [J]. Annals of Tourism Research, 2006, 33 (4): 1079 – 1098.

[853] Awoniyi Stephen. The contemporary museum and leisure: recreation as a museum function [J]. Museum Management and Curatorship, 2001, 19 (3): 227 – 333.

[854] Bourdieu P, Wacqant L. On the Cunning of Imperialist Reason [J]. Acoustics, Speech, and Signal Processing Newsletter, IEEE, 1999, 16 (1): 41 – 58.

[855] Braun V, Kitzinger C. "Snatch," "Hole," or "Honey 、 ot"? Semantic categories and the problem of nonspecificity in female genital slang [J]. Journal of Sex Research, 2001, 38 (2): 146 – 158.

[856] Chao J, Menghan W, Yang Y, et al. Research on Qingdao Industrial Heritage Protection and Utilization History and Its Current Situation [J]. Urbanism and Architecture, 2019.

[857] Chen A, Peng N, Hung K P. Examining tourists' loyalty toward cultural quarters [J]. Annals of Tourism Research, 2015 (51).

[858] Chikurova T, Oshkordina A. Industrial Tourism as a Factor in the Development of a City and Region [C]. Proceedings of the Ecological – Socio – Economic Systems: Models of Competition and Cooperation (ESES 2019), 2020.

[859] C. Michael Hall. Policy learning and policy failure in sustainable tourism governance: from first-order and second-order to third-order change? [J]. Journal of Sustainable Tourism, 2011, 19 (4 – 5).

[860] Cohen E, Avieli N. Food in tourism [J]. Annals of Tourism Research, 2004, 31 (4): 755 – 778.

[861] Connell J. Film tourism – Evolution, progress and prospects [J]. Tourism Management, 2012, 33 (5): 1007 – 1029.

[862] Copic S, Tumaric A. Possibilities of industrial heritage reuse as tourist attractions – A case study of City of Zrenjanin (Vojvodina, Serbia) [J]. Geographica Pannonica, 2015, 19 (2): 44 – 49.

[863] Smith D P, Phillips D A. Socio-cultural representations of greentrified Pennine rurality [J]. Journal of Rural Studies, 2001, 17 (4): 457 – 469.

[864] Emma Waterton, Laurajane Smith. The recognition and misrecognition of community heritage [J]. International Journal of Heritage Studies, 2010, 16 (1 – 2).

[865] Erik H. Cohen. Educational dark tourism at an in populo site [J]. Annals of Tourism Research, 2010, 38 (1).

[866] Fagence M. Geographically-referenced planning strategies to resolve potential conflict between environmental values and commercial interests in tourism development in environmentally sensitive areas [J]. Journal of Environmental Management, 1990, 31 (1): 1 – 18.

[867] Fang D U. Industrial heritage ingrated into urban life: taking the renovation of jingdezhen art factory of porcelain as an example [J]. Study on Natural and Cultural Heritage, 2019.

[868] G Valdés. Bilingualism, heritage language learners, and SLA research: opportunities lost or seized? [J]. The Modern Language Journal, 2005, 89.

［869］ Hall C M. Policy learning and policy failure in sustainable tourism governance: from first-and second-order to third-order change? ［J］. Journal of Sustainable Tourism, 2011, 19 (4 –5): 649 –671.

［870］ Huan Y E. Museum model and protection and utilization of wuhan industrial heritage ［J］. Journal of Wuhan Polytechnic, 2018.

［871］ Jin N P, Lee S, Lee H. The effect of experience quality on perceived value, satisfaction, image and behavioral intention of water park patrons: new versus repeat visitors ［J］. International Journal of Tourism Research, 2015, 17 (1).

［872］ Jones C, Munday M. Blaenavon and united nations world heritage site status: is conservation of industrial heritage a road to local economic development? ［J］. Regional Studies, 2001, 35 (6): 585 –590.

［873］ Jue L I. Industrial heritage reconstruction based on ecological design: a case study of the gongshu section of the grand canal ［J］. Journal of Zhejiang Shuren University (Acta entiarum Naturalium), 2017.

［874］ Juzefovic A. Creative tourism: the issues of philosophy, sociology and communication ［J］. Ceeativity Studies, 2015 (8): 73 –74.

［875］ Kostopoulou S. On the revitalized waterfront: creative milieu for creative tourism ［J］. Sustainability, 2013, 5 (11): 4578 –4593.

［876］ Kruczek Z, Kruczek M. Post-industrial tourism as a means to revitalize the environment of the former oil basin in the Polish Carpathian Mountains ［J］. Polish Journal of Environmental Studies, 2016, 25 (2): 895 – 902.

［877］ Landorf, Chris. A framework for sustainable heritage management: a study of UK industrial heritage sites ［J］. International Journal of Heritage Studies, 2009, 15 (6): 494 –510.

［878］ Laura Watts, John Urry. Moving methods, travelling times ［J］. Environment and Planning D: Society and Space, 2008, 26 (5).

［879］ Lee C I, Hsia T C, Hsu H C, et al. Ontology-based tourism recommendation system ［C］. 2017 4th International Conference on Industrial Engineering and Applications (ICIEA). IEEE, 2017.

［880］ Lin C L. The analysis of sustainable development strategies for industrial tourism based on IOA – NRM approach ［J］. Journal of Cleaner Production, 2019, 241: 118 –281.

［881］ Lipsitt D R. Can we really teach psychosomatic medicine? a review of successes and failures ［J］. Psychotherapy and Psychosomatics, 1991, 56 (1 –2): 102 –111.

［882］ Liu Y, Li Y. Revitalize the world's countryside ［J］. Nature, 2017, 548 (7667): 275 –277.

［883］ Lun L I, Kan L. Research on "museum – mode renewal" and its strategies of ruhr industrial heritage in Germany ［J］. Journal of Human Settlements in West China, 2017.

［884］ Monika Büscher, John Urry. Mobile methods and the empirical ［J］. European Journal of Social Theory, 2009, 12 (1).

［885］ Murphy C, Boyle E. Testing a conceptual model of cultural tourism development in the post-industrial city: A case study of Glasgow ［J］. Tourism & Hospitality Research, 2006, 6 (2): 111 –128.

［886］ Nagatada T. Rural Revitalization with Sunflowers as Amenity Crops in a Japanese Countryside ［J］. Geographical Review of Japan, 2010, 82 (2): 78 –88.

［887］ Navarro L M, Pereira H M. Rewilding abandoned landscapes in Europe ［J］. Ecosystems, 2012, 15 (6): 900 –912.

［888］ Nelson V. Place reputation: representing Houston, texas as a creative destination through culinary culture ［J］. Tourism Geographies, 2015, 17 (2): 192 –207.

［889］ Pickett H M, Poynter R L, Cohen E A, et al. Sub-millimeter, millimeter, and microwave spectral line catalog. http: //spec. jpl. nasa. gov/, 1996.

［890］ Rech Y, Paget E, Dimanche F. Uncertain tourism: evolution of a French winter sports resort and network dynamics ［J］. Journal of Destination Marketing and Management, 2019, 12: 95 –104.

［891］ Robert Freestone. The Mittagong Maltings: history, cultural significance and conservation ［J］. Australian Geographer, 1991, 22 (2).

　　[892] Robert Jarvenpa. Commoditization versus cultural integration: tourism and image building in the klondike [J]. Arctic Anthropology, 1994, 31 (1).

　　[893] Rodzi N I M, Zaki S A, Subli S M H S. Between tourism and intangible cultural heritage [J]. Procedia – Social and Behavioral Sciences, 2013, 85: 411 –420.

　　[894] Rosenberg N. Technological change in the machine tool industry, 1840 – 1910 [J]. The Journal of Economic History, 1963, 23 (4): 414 –443.

　　[895] Ru – You L I. Spatial econometric research on the relationship between tourism development and urbanrural income gap in China [J]. Economic Management Journal, 2016.

　　[896] Shuangshuang T U, Long H. Rural restructuring in China: theory, approaches and research prospect [J]. Journal of Geographical Sciences, 2017, 27 (10): 1169 –1184.

　　[897] Shu G, University L. Industrial chain tracing method for assessing pro-poor tourism impact [J]. Tourism Tribune, 2015.

　　[898] Sofield T H B, Li F M S. Tourism development and cultural policies in China [J]. Annals of Tourism Research, 1998, 25 (2): 362 –392.

　　[899] Stefan Gössling. Consumer behaviour and demand response of tourists to climate change [J]. Annals of Tourism Research, 2011, 39 (1).

　　[900] Subin X, Nobuo A. Industrial heritage preservation in the period of inventory planning [J]. South Architecture, 2016.

　　[901] SUB. Rural tourism in China [J]. Tourism Management, 2011, 32 (6): 1438 –1441.

　　[902] Ted, Silberberg. Cultural tourism and business opportunities for museums and heritage sites [J]. Tourism Management, 1995.

　　[903] The FLF MADS box gene: a repressor of flowering in arabidopsis regulated by vernalization and methylation [J]. The Plant Cell, 1999, 11 (3).

　　[904] Tony S M Tse. Chinese outbound tourism as a form of diplomacy [J]. Tourism Planning & Development, 2013, 10 (2): 149 –158.

　　[905] Tribe J. The indiscipline of tourism [J]. Annals of Tourism Research, 1997, 24 (3): 638 –657.

　　[906] Williams P. Cultural tourism and the UK City of culture. [J]. Tourism Insights, 2010.

　　[907] Xiaoying S. A study of the innovative development and utilization mode of China's industrial heritage in the post – industrial era [J]. Technology Innovation and Application, 2018.

　　[908] Yang L. Cultural tourism in an ethnic theme park: tourists' views [J]. Journal of Tourism & Cultural Change, 2011, 9 (4): 320 –340.

　　[909] York D G. The sloan digital sky survey: technical summary [J]. The Astronomical Journal, 2000, 120.

　　[910] Zervas G, D Proserpio, Byers J W. The rise of the sharing economy: estimating the impact of airbnb on the hotel industry [J]. Journal of Marketing Research, 2017, 54 (5).

　　[911] Zubaran, Medeiros, Foresti, et al. Quality of life and adherence to antiretroviral therapy in Southern Brazil [J]. AIDS Care, 2014, 26 (5).

后　记

　　经过一年多的努力，此书的撰写和修改工作终于接近了尾声。个中艰辛，唯有自知。在本书写作过程中，曾多次遇到写作误区和盲点，所幸最终能坚持下来，囿于学识，不足之处，请诸位指正。

　　首先要感谢专家和同行们的指点，为本书的撰写提供了非常宝贵的建议，使我受益匪浅。同时，书中所涉及的案例内容离不开我团队成员的实地考察和调研，正是有了他们的辛勤和付出，才使得本书得以丰富呈现，在此一并感谢。本书从选题确定到写作提纲，从实地调研到论文撰写，从数据处理到理论分析，既有艰辛和不易，也有快乐和成就。

　　我还要感谢一直以来支持我的父母及家人，你们的支持和鼓励是支撑我前进的动力，尤其要感谢我的丈夫，在我遇到困难时总是能予以我安慰和鼓励，让我重拾信心。感谢一直以来陪伴着我的朋友们，感谢大家对我给予的帮助和支持。

　　最后要特别感谢经济科学出版社的李晓杰编辑，感谢您的辛苦与努力，才有了此书的精彩呈现。

杨莎莎

2023 年 12 月